合同司法观点
总梳理系列

保险合同

02

纠纷处理
司法观点
总梳理

王　军／编著

法律出版社
LAW PRESS·CHINA
——北京——

图书在版编目(CIP)数据

保险合同纠纷处理司法观点总梳理 / 王军编著. --
北京：法律出版社，2024
ISBN 978-7-5197-5707-6

Ⅰ. ①保… Ⅱ. ①王… Ⅲ. ①保险合同－经济纠纷－
法律解释－中国 Ⅳ. ①D923.64

中国版本图书馆 CIP 数据核字(2021)第 116726 号

保险合同纠纷处理司法观点总梳理
BAOXIAN HETONG JIUFEN CHULI
SIFA GUANDIAN ZONGSHULI

王 军 编著

策划编辑 朱海波 杨雨晴
责任编辑 朱海波 杨雨晴
装帧设计 汪奇峰 臧晓飞

出版发行 法律出版社
编辑统筹 法律应用出版分社
责任校对 邢艳萍
责任印制 刘晓伟
经　　销 新华书店

开本 710 毫米×1000 毫米 1/16
印张 59.75　字数 1112 千
版本 2024 年 5 月第 1 版
印次 2024 年 5 月第 1 次印刷
印刷 固安华明印业有限公司

地址：北京市丰台区莲花池西里 7 号(100073)
网址：www.lawpress.com.cn
投稿邮箱：info@lawpress.com.cn
举报盗版邮箱：jbwq@lawpress.com.cn

销售电话：010-83938349
客服电话：010-83938350
咨询电话：010-63939796

书号：ISBN 978-7-5197-5707-6　　定价：228.00 元
凡购买本社图书，如有印装错误，我社负责退换。电话：010-83938349

序　言

近年来,我国保险业获得长足发展,保险经营主体日益增多,保险深度及密度逐步提高,保险业在分散经济主体风险,维护社会和谐等方面发挥越来越重要的作用,成为国家金融体系的重要组成部分,是现代金融体系的重要支柱。

随着保险的普及,诉至人民法院的保险合同纠纷案件大量增加,案件类型纷繁多样,法律关系也日趋复杂。同时保险业内部结构和外部环境的深刻变化,保险合同纠纷案件持续高位运行,新类型纠纷也不断涌现。由于保险业和保险公司的发展,保险合同开始朝专业化、精细化和复杂化的方向发展。《保险法》虽经2002年、2009年、2014年与2015年四次修改,最高人民法院也先后就适用保险法颁布了四个司法解释,《九民纪要》又有三个条文对其争议予以明确,但部分条文仍存在原则性强、可操作性差的问题,现有条文也难以涵盖保险合同关系的复杂性、多样性。法律与司法解释固有的滞后性使得审判实务中遇到的大量问题难以寻找到可以直接适用的规范,再加上保险本身极具专业性,许多问题在实践中认识不统一,需要在适用过程中进一步明确和把握。当前,保险法学研究的热点问题很多,除包括保险合同的成立、条款的解释,当事人权利义务的分配、责任的承担、举证规则等外,网络投保、微信定损、网约车交通事故保险赔偿等新问题也不断涌现,这些问题不仅关涉人民群众的切身利益,还关涉保险业的发展,不仅是法学理论研究的课题,也是司法审判关注的重点。目前我国保险业面临难得的发展机遇和法律环境,但由于起步较晚仍处于发展的初级阶段,还存在一些制约其持续发展的因素和挑战。保险法在我国缺乏一定的历史文化传统,现有保险法的体系、制度结构及所使用的术语很大程度上借鉴了域外法,这种形式大于实质的借鉴,使我国保险业的许多基础性问题没有得到解决,保险业的发展未能处理好本土化问题,保险法理论研究相对滞后。在此背景下,第一要拓展我国保险业发展的本土资源,重塑私法观念,促进保险法解释论的成长。第二要合理地保护被保险人的利益,使得保护被保险人利益趋于"中性化",平等地保护各类主体。第三要促进民生,对理赔程序加以规范。第四要统一交易规则,规范产业发展。第五要鼓励保险创新,促进市场的繁荣发展,大力推进保险市场的保障功能的继续强化。

在民事法律实务图书市场，主要有三类书籍形式。第一类是裁判规则类，对民事纠纷归纳各类裁判规则，简单明确，让法官、律师和广大读者对号入座，为争议类型提供类案参考，节约大量时间，提高效率。但不容忽视的是，现实生活中鲜活的案例绝没有百分之百的等同，任何一个细节忽视都可能造成处理上的偏差，完全照搬规则受到一定限制。第二类是问答类，对司法实践中出现的疑难问题和多发争议，采用问答的形式，做出自己理解的解答，是很受欢迎的形式之一，但不可避免地因缺少鲜活案例诠释法律，容易造成理解上的偏差。第三类是依据法律条文的顺序进行编排，虽附有一定案例或对同一个问题也有一定案例辅助阐述，但现实生活中一个法条或同一个争议反映出争议纠纷呈现多样化，一个争议法院判决出现不同观点，执法尺度并不统一，呈现的面和深度并未能满足实际需求。笔者从检察院、法院再到退休后法律服务的阅历和几十年感悟，试图从另一类途径寻找出有用、实效的办法，从法律理解、法律适用、纠纷处理三个角度诠释鲜活案例反映的实际疑难纠纷。

上述背景和现状确立了本书的定位及指导思想，本书针对保险法律、保险合同的独有特点和立法及司法现状之难点展开。笔者撷取保险合同司法实践中存在争议的热点、疑点、难点问题，结合司法实践和理论对此类问题进行探讨。本书将问题导向思路与纠纷案件处理思路相结合，对已生效的纠纷案件进行总结、梳理进而把握适用法律的精髓。本书以现行法律规定和合同法理论为基础，对保险合同纠纷中存在问题的某一部分进行重点探讨，未展开至该类合同纠纷的全部内容。在全书编写中笔者力争贯穿一个写作指导思想，即选材上的典型性、广泛性；使用上的实用性、方便性；效果上的准确性、有效性。笔者在思考并总结在生效判决中有效利用纠纷裁判规则的方式和程度，使之对纠纷解决、理论的更新和发展起到更大的积极作用。也就是说，笔者始终以好读有用实用进而解决实际问题为目标。

本书从笔者认为的司法实践中多发争议和疑难问题出发，确定了纠纷类型，并以此为基础设计为十二个专题。第一专题为保险合同篇，较为全面介绍分析了保险合同一般性问题，如保险原则、交通肇事逃逸、保险事故、保险期间等，以及未归进专题中的危险程度显著增加、抵销、撤销、执行等内容。其后依次分为合同主体、效力、格式条款、变更与解除、权利、义务、理赔、责任、机动车保险、纠纷举证、其他纠纷等专题。在每一专题中，基本上是从该类专题理解、法律适用以及纠纷处理三大部分展开进行分析，便于读者有重点地查阅。本书围绕专题的纠纷类型特点又进一步分类确定具体内涵，如保险合同责任纠纷，分为四大块即责任内涵、法律适用、免责条款和纠纷处理，每一块都针对实践中存在的问题和争议进行剖析，用 178 个案例佐证阐述。在每一专题三大部分之下，根据笔者要分析问题的多少划分若干细目并列入目录以供阅读。对其阐明的观点，均有一至三个案例佐证。

本书有五个特点。(1)在本书中,笔者省略案情介绍部分直接提取其判决理由,突出生效判决的重点内涵,简明扼要且信息量大,此外,注重实务处理路径,减少过于学术性的概念、术语的理论阐述,以及追求理论上的深度。(2)在每一专题中,笔者首先确定该类纠纷的争议焦点,即从实务纠纷中选择多发和疑难的问题,然后依据现行法律和司法解释规定、民事理论,再辅之以最高人民法院公布或认可的案例,对其进行深入分析,力争使法律条文变为看得清、摸得着的鲜活的规则,希望能给法官、律师办理保险合同纠纷案件提供有价值的参考与借鉴。(3)本书载明分析的案例有1262个,以大量案例展示保险合同纠纷案件裁判的形态。(4)笔者对生效判决中争议的焦点进行分类拆分梳理,而不是展现判决全部内容,最高人民法院审理的案件和复杂疑难案件往往有几个争议焦点,对其多个争议焦点分别归置在笔者分类的不同专题中,力求实现对热点、疑点、难点进行重点研讨,减少重复或避免全部判决理由归置在一个规则下的不利因素,实现有限阅读和理解最大化。(5)在本书中,选择列出了法院内部就同一争议的不同判决,有利于清醒客观认识现状,并提高对进一步完善法律、取得共识、统一执法尺度的迫切性的认识。

需要说明的是,2020年5月28日《民法典》颁布,2020年12月23日最高人民法院对《保险法解释(二)》《保险法解释(三)》《保险法解释(四)》等司法解释进行了修正,相关法律法规发生较大变化。2022年2月24日最高人民法院颁布《民法典总则编解释》,2023年12月4日最高人民法院颁布《民法典合同编通则解释》,本书根据上述新规定进行编写。需要提醒的是,本书正文论述部分引用的相关法律法规、司法解释等的名称和条文序号为图书出版时生效的规定。而选取的案例中,为体现案例说理和裁判的真实情况,其涉及的法律法规、司法解释等的名称和条文序号原则上为裁判生效时的相关规定,请读者朋友在参考时注意。

众所周知,"法律的生命不在于逻辑,而在于经验"。社会在发展,经济在发展,法律也随之发展,《民法典》的颁布就是新的发展,新的发展需要新的实践和新的经验,笔者也在随着社会、法律的发展,而不断地前进。虽然笔者不断地刻苦学习,努力探索,但因水平有限,本书可能有诸多不足,恳请各位给予批评指正,使笔者能为法制建设、社会和谐作出自己应有的贡献。

王 军

2024年春节

法律法规简称表

全称	简称
《中华人民共和国民法典》	《民法典》
《中华人民共和国民事诉讼法》	《民事诉讼法》
《中华人民共和国公司法》	《公司法》
《中华人民共和国刑法》	《刑法》
《中华人民共和国劳动法》	《劳动法》
《中华人民共和国劳动合同法》	《劳动合同法》
《中华人民共和国保险法》	《保险法》
《中华人民共和国企业破产法》	《企业破产法》
《中华人民共和国消费者权益保护法》	《消费者权益保护法》
《最高人民法院关于适用〈中华人民共和国民法典〉总则编若干问题的解释》(法释〔2022〕6号)	《民法典总则编解释》
《最高人民法院关于适用〈中华人民共和国民法典〉时间效力的若干规定》(法释〔2020〕15号)	《民法典时间效力规定》
《最高人民法院关于适用〈中华人民共和国民法典〉合同编通则若干问题的解释》(法释〔2023〕13号)	《民法典合同编通则解释》
《最高人民法院关于适用〈中华人民共和国民法典〉有关担保制度的解释》(法释〔2020〕28号)	《民法典担保解释》
《最高人民法院关于审理民间借贷案件适用法律若干问题的规定》(2020第二次修正)	《民间借贷规定》
《最高人民法院关于适用〈中华人民共和国民法典〉物权编的解释(一)》(法释〔2020〕24号)	《民法典物权编解释(一)》
《最高人民法院关于适用〈中华人民共和国民法典〉婚姻家庭编的解释(一)》(法释〔2020〕22号)	《民法典婚姻家庭编解释(一)》

续表

全称	简称
《最高人民法院关于适用〈中华人民共和国婚姻法〉若干问题的解释(三)》(法释〔2011〕18号)(已失效)	《婚姻法解释(三)》
《最高人民法院关于适用〈中华人民共和国婚姻法〉若干问题的解释(二)》(2017修正)(法释〔2017〕6号)(已失效)	《婚姻法解释(二)》
《最高人民法院关于适用〈中华人民共和国婚姻法〉若干问题的解释(一)》(法释〔2001〕30号)(已失效)	《婚姻法解释(一)》
《全国法院民商事审判工作会议纪要》(法〔2019〕254号)	《九民纪要》
《第八次全国法院民事商事审判工作会议(民事部分)纪要》(法〔2016〕399号)	《八民纪要》
《最高人民法院关于适用〈中华人民共和国民事诉讼法〉的解释》(2022修正)	《民事诉讼法解释》
《最高人民法院关于民事诉讼证据的若干规定》(2019修正)	《民事证据规定》
《最高人民法院关于人民法院办理执行异议和复议案件若干问题的规定》(2020修正)	《执行异议和复议规定》
《最高人民法院关于人民法院民事执行中查封、扣押、冻结财产的规定》(2020修正)	《查封、扣押、冻结规定》
《最高人民法院关于审理民事案件适用诉讼时效制度若干问题的规定》(2020修正)	《诉讼时效规定》
《最高人民法院关于审理买卖合同纠纷案件适用法律问题的解释》(2020修正)	《买卖合同解释》
《最高人民法院关于适用〈中华人民共和国合同法〉若干问题的解释(二)》(法释〔2009〕5号)(已失效)	《合同法解释(二)》
《最高人民法院关于适用〈中华人民共和国合同法〉若干问题的解释(一)》(法释〔1999〕19号)(已失效)	《合同法解释(一)》
《最高人民法院关于审理建设工程施工合同纠纷案件适用法律问题的解释(一)》(法释〔2020〕25号)	《建设工程解释(一)》
《最高人民法院关于审理建设工程施工合同纠纷案件适用法律问题的解释(二)》(法释〔2018〕20号)(已失效)	《建设工程解释(二)》

续表

全称	简称
《最高人民法院关于审理建设工程施工合同纠纷案件适用法律问题的解释》(法释〔2004〕14 号)(已失效)	《建设工程解释》
《最高人民法院关于审理技术合同纠纷案件适用法律若干问题的解释》(2020 修正)	《技术合同解释》
《最高人民法院关于审理城镇房屋租赁合同纠纷案件具体应用法律若干问题的解释》(2020 修正)	《房屋租赁合同解释》
《最高人民法院关于审理商品房买卖合同纠纷案件适用法律若干问题的解释》(2020 修正)	《房屋买卖合同解释》
《最高人民法院关于审理融资租赁合同纠纷案件适用法律问题的解释》(2020 修正)	《融资租赁合同解释》
《最高人民法院关于适用〈中华人民共和国保险法〉若干问题的解释(四)》(2020 修正)	《保险法解释(四)》
《最高人民法院关于适用〈中华人民共和国保险法〉若干问题的解释(三)》(2020 修正)	《保险法解释(三)》
《最高人民法院关于适用〈中华人民共和国保险法〉若干问题的解释(二)》(2020 修正)	《保险法解释(二)》
《最高人民法院关于适用〈中华人民共和国保险法〉若干问题的解释(一)》(法释〔2009〕12 号)	《保险法解释(一)》
《最高人民法院关于审理海上保险纠纷案件若干问题的规定》(2020 修正)	《海上保险案件规定》
《最高人民法院关于审理劳动争议案件适用法律问题的解释(一)》(法释〔2020〕26 号)	《劳动争议解释(一)》
《最高人民法院关于审理劳动争议案件适用法律若干问题的解释(四)》(法释〔2013〕4 号)(已失效)	《劳动争议解释(四)》
《最高人民法院关于审理劳动争议案件适用法律若干问题的解释(三)》(法释〔2010〕12 号)(已失效)	《劳动争议解释(三)》
《最高人民法院关于审理劳动争议案件适用法律若干问题的解释》(2008 调整)(已失效)	《2008 年劳动争议解释》

续表

全称	简称
《最高人民法院关于审理劳动争议案件适用法律若干问题的解释(二)》(法释〔2006〕6号)(已失效)	《劳动争议解释(二)》
《最高人民法院关于审理劳动争议案件适用法律若干问题的解释》(法释〔2001〕14号)(已失效)	《劳动争议解释》
《最高人民法院关于审理工伤保险行政案件若干问题的规定》(法释〔2014〕9号)	《工伤保险案件规定》
《最高人民法院关于审理物业服务纠纷案件适用法律若干问题的解释》(2020修正)	《物业服务解释》
《最高人民法院关于审理建筑物区分所有权纠纷案件适用法律若干问题的解释》(2020修正)	《建筑物区分所有权解释》

目录

contents

专题一　保险合同纠纷概述

专题二　保险合同主体纠纷

专题三　保险合同效力纠纷

专题四　保险合同格式条款纠纷

专题五　保险合同变更与解除纠纷

专题六 保险合同权利纠纷

专题七 保险合同义务纠纷

专题八 保险理赔纠纷

专题九　保险责任纠纷

专题十 机动车保险合同纠纷

专题十一 保险合同纠纷举证

专题十二　保险合同其他纠纷

专题一　保险合同纠纷概述

保险合同作为民事合同的一种类型，也是专业性很强的合同类型，并且涉及权益重大，有必要加大探索力度。本专题就保险合同的一般性问题予以阐述，其相关问题放在其他专题中展开。

一、保险合同原则理解

保险法的基本原则,是指贯穿于保险法律、法规、规章之中的,保险行为主体在保险活动中必须遵循的根本性准则。它既是立法机关和司法机关制定、解释和适用保险法的依据,又是保险活动当事人应当遵循的基本准则。同时,保险法的基本原则对人们深刻理解保险法的基本价值取向,自觉遵守保险法的规定,增强法律意识也有重要意义。[1] 在保险活动中,当事人应遵循诚实信用原则、保险利益原则等诸多原则,而且保险法律规范中许多内容也体现了上述原则。本书侧重对诚实信用原则、保险利益原则、损失补偿原则、近因原则、合理期待原则五个原则的剖析,而对不利解释原则等放在其后阐述。

(一)诚实信用原则

《保险法》第五条规定:"保险活动当事人行使权利、履行义务应当遵循诚实信用原则。"有学者认为,合同法诚实信用原则,是有关合同行为的善意真诚、守信不欺、公平合理的心理状态、价值准则、行为规范和行为事实。[2] 也有学者认为,保险合同当事人订立保险合同及在合同有效期内,应向对方提供影响对方作出订约与履约决定的全部实质性重要事实,同时绝对信守合同订立的约定与承诺。[3] 通说认为,诚实信用原则为保险的基本原则之一,贯穿保险活动的始终,在整个保险法的制度架构中居于基础性地位,具体的制度设计不应与之相违背。诚信是一项比较抽象的原则,或者说,它是一个标准,而不是一项具体权利义务的规定,保险活动当事人在保险活动过程中的任何具体行为,都可以用诚实信用原则来衡量。《保险法》对诚实信用原则进行规定,通过法律条文明确保险合同双方合理使用自身权利的边界,保证对方权利的实现及对自己行为进行约束。在事实无法

---

〔1〕 参见温世扬主编:《保险法》,法律出版社 2007 年版,第 31 页。

〔2〕 参见郑强:《合同法诚实信用原则研究——帝王条款的法理阐释》,法律出版社 2000 年版,第 11 页。

〔3〕 参见梁来存:《保险公司适用诚信原则与一般企业的比较研究》,载《保险研究》2003 年第 11 期。

查清的情况下，诚实信用原则将为证明义务是否履行、权利是否合理行使以及责任的分担提供依据。有学者认为，当事人诚信之义务，实际上是法官正义观念结合个案具体情境，经由合同解释而得出的结果。而诚信原则之高度空灵与抽象的特征，也需要法官在明察当事人之间利益构造的基础上，对诚信义务进行具体化。[1] 实践中，法官按照法律规定适用诚实信用原则，但在没有明确法律规定的情况下，经常以灵活广泛的方式适用该原则。最高人民法院终审判决的一个裁判思路是：遵循诚实信用原则判定当事人的各方权利义务。《民法典》确定了诚实信用原则为当事人行使权利和承担义务的基本原则。即当事人从事民事活动和进行民事诉讼活动，均应当诚实守信，以善意的方式履行其义务，不得滥用权利及规避法律或者合同约定的义务。同时，诚实信用原则要求维护当事人之间的利益以及当事人与社会利益的平衡。诚实信用原则的确立，对于规范民事活动，弘扬道德观念，维护交易秩序，都具有极其重要的作用。[2] 在法律场域中，诚信是法律的重要精神与原则。[3] 换言之，诚实信用原则作为民法中的基本原则，在现行诸多法律中均有明确规定，其既是权利也是义务，既体现在实体法中也体现在程序法中，实体正确需建立在程序正义的基础之上，这才能起到规范、标准的作用。

关于诚信原则的适用范围，有学者指出“诚信原则为法律之最高原则，一切法域皆应受其支配”。[4] 保险活动当然也应遵守，诚信原则适用于所有保险合同。但是，与一般民事活动不同的是，保险活动对当事人诚信的要求更为严格，要求当事人必须具有最大诚信。保险合同是射幸合同，保险危险是不确定的，保险人主要是依据投保人对保险标的的告知和保证来决定是否承保和保险费率的大小。如果投保人欺诈或隐瞒，就可能导致保险人判断失误或者上当受骗。故保险合同又称最大诚实信用合同。[5] 最大诚信原则既是对保险人的要求，也是对投保人的要求。

最大诚信原则的基本内容有四项，即如实告知、保证、条款说明与禁止反言。如实告知和保证是针对投保人而言，条款说明、禁止反言是针对保险人而言。

对投保人的告知是否违反最大诚信原则，是司法实践中常见的疑难问题。按照该原则，投保人对保险标的陈述必须真实，不得欺诈、隐瞒，在保险标的危险增加时，投保人有告知义务。

---

〔1〕 参见叶金强：《合同解释：私法自治、信赖保护与衡平考量》，载《中外法学》2004 年第 1 期。

〔2〕 参见最高人民法院民事审判第一庭编：《民事审判指导与参考》2011 年第 2 辑（总第 46 辑），人民法院出版社 2011 年版，第 138 页。

〔3〕 参见付子堂、类延村：《诚信的自由诠释与法治规训》，载《法学杂志》2013 年第 1 期。

〔4〕 何孝元：《诚实信用原则与衡平法》，台北，三民书局 1997 年版，第 68 页。

〔5〕 参见李玉泉：《保险法》，法律出版社 2003 年版，第 56 页。

【案例1-1】 廖某诉中国平安财产保险股份有限公司深圳分公司保险合同纠纷案

二审法院认为,经查,被上诉人廖某于2003年8月中旬就在《深圳晶报》上刊登了带车求职的广告,同年8月下旬又收取了“王某某”的定金1000元,被上诉人的上述行为表明被上诉人确有以该车辆从事运输服务以达到营利目的的主观意图。在上诉人与被上诉人签订保险合同,保险期间开始起算以后,被上诉人于2003年9月8日又与“王某某”到深圳机场接“老板”后,一同到深圳市平湖镇平建酒店。由于被上诉人所接的并不是其亲戚朋友,其驾车接人的行为显然不是自用车辆,而是从事与营运有关的行为。综上,二审法院认为被上诉人刊登广告、收取定金的行为反映了其带车从事营运活动的明确的意思表示,在双方签订保险合同,约定车辆的用途为“非营运”的情况下,被上诉人仍然与“王某某”到深圳机场接“老板”前往酒店,其行为表明被上诉人开始实施营运活动。[1]

【案例1-2】 江苏外企公司诉丰泰保险(亚洲)有限公司上海分公司海上货物运输保险合同纠纷案

判决观点,保险合同的订立应遵循最大诚信原则。被保险人在发出要约、接受新的要约、作出承诺的整个过程中,都应依据最大诚信原则,向保险人如实告知其知道或者在通常业务中应当知道的,可能影响保险人作出是否承保与是否增加保险费决定的任何重要情况。“被保险人知道”,是指其实际知情;“被保险人在通常业务中应当知道”,既包括保险人已经询问到的情况,更包括在通常业务中应当由被保险人查询掌握的其他情况。“如实告知”,是指全部告知和正确告知,凡对某一重要情况的全部或部分内容未告知或错误告知,均属未尽到如实告知义务。被保险人履行如实告知义务的期限,应当自提出投保请求时开始,在双方协商过程中持续,直到保险合同成立时为止。在双方协商期间被保险人才了解到的重要情况,以及从不重要变为重要的情况,被保险人都有义务告知保险人。涉案货运船舶于1999年9月12日开航,同年10月11日据说因大量进水而被船员放弃,10月14日在距南非德班港750海里处遇强烈暴风雨沉没。作为货物买方,原告江苏外企公司在船舶开航一个月后,没有通过各种有效途径对货物现状进行必要了解,以致将已面临海损的货物投保,未尽到一个善意被保险人应当承担的恪尽职责合理查询并如实告知的义务。现有证据证明,1999年10月14日20时38分,江苏外企公司收到S公司发来的货损传真。此时,江苏外企公司虽然已

---

〔1〕 参见最高人民法院中国应用法学研究所编:《人民法院案例选》2006年第4辑(总第58辑),人民法院出版社2007年版,第336页。

向被告丰泰保险(亚洲)有限公司上海分公司投保,但保险合同尚未成立。作为被保险人,江苏外企公司并未遵守最大诚信原则,在保险合同成立前将自己知道的足以影响保险合同成立的重要情况告知保险人。江苏外企公司以其投保时不知道发生货损为由,否认自己有如实告知这一情况的义务,理由不能成立。[1]

对保险人是否履行说明和禁止反言义务的判断,即保险人是否违反最大诚信原则的判断,是司法实践中的焦点问题之一。按照该原则,在订立合同时保险人必须向投保人就保险合同内容,特别是保险合同中约定的有关保险人责任免除条款向投保人作出明确说明,如果保险人事先不明确说明,就违反了保险的诚实信用原则,同时也违背了投保人投保的初衷,应当使投保人明确其投保的法律后果和法律意义,这样才能反映投保人的真实意思。保险人在发生约定的保险事故时,应当及时查明和确定保险事故的性质、原因和保险标的损失程度,及时赔付保险金,不得拖延或逃避承担保险责任。

【案例1-3】 中国人民财产保险股份公司宁波市分公司诉奉化市顶盛船务有限公司不当得利纠纷案

判决观点,在该案中,保险人明知事故不属于保险合同项下的保险事故却仍赔付因事故产生的有关费用后,又以涉案事故不属于保险合同承保范围,主张被保险人所收赔款为不当得利并请求返还,构成弃权和反言,违反了《保险法》第五条关于诚实信用原则的规定,人民法院不予支持。[2]

【案例1-4】 某毛纺公司诉某保险公司保险合同纠纷案

判决观点,保险公司明知应在保险合同中将作为保险标的导带的品牌、型号、制造年份、价值、外部特征等基本情况作详细记载,明确自己的责任范围,却放弃,权利签发保险单,该行为属于弃权行为,保险人不能在保险事故发生后,以不能确定受损导带是否系投保时的导带为由拒绝赔付。毛纺公司确实存在逾期交付第二期保险费的情形,但是,保险公司当时并未对毛纺公司的逾期交费行为提出异议,而是予以接受,则自其接受该笔保费时起,其保险责任又恢复原定的时间继续进行。因此,保险公司在接受了毛纺公司的逾期交付的保险费之后又作出的其保险责任已终止的辩解,违背诚实信用原则,不予采纳。

保险人的禁止反言规则在我国《保险法》中的很多条文中得到体现,但是并

---

〔1〕 参见《最高人民法院公报》2005年第11期。

〔2〕 参见李一川、李钢:《保险公司赔付后请求返还行为的司法认定》,载《人民司法·案例》2009年第8期。

未在总则中系统确认。禁止反言是最大诚信原则的题中应有之义，虽然我国《保险法》明文规定保险活动当事人行使权利、履行义务应当遵循诚实信用原则，但保险人的行为应受禁止反言规则约束。

有关其他违背诚实信用原则行为的判断，诚实信用原则体现在保险活动的诸多环节、方面中，并非在具体的合同条款中都明确载明，而需要从订立保险合同的目的、保险功能等方面去理解和把握。如判断免责条款是否符合诚实信用原则，主要应考量合同目的是否因免责条款的存在而不能实现。又如在预先收取保险费的情形下，保险人负有对投保人的投保请求及时进行审核，并在合理期限内尽快作出是否承保的意思表示的先合同义务。如果保险人及其代理人因自身过错，未及时作出是否同意的意思表示，即属于原《合同法》第四十二条规定的“其他违背诚实信用原则”的行为，此时发生保险事故的，保险人应当承担相应的缔约过失责任，保险人应当对他方因信赖保险合同得以缔结所遭受的损失承担赔偿责任。

【案例 1-5】　张某某诉安某某等机动车交通事故责任纠纷案

判决观点，安某某投保时，双方在保险合同中对车辆的厂牌型号、发动机号码、车架号等车辆数据进行了约定，太平洋保险公司在承保时，对该车辆未上牌的事实也是清楚的，但其仍同意对该车辆进行承保，并收取了安某某支付的保险费，当交通事故发生后又以车辆未上牌照为由拒赔，违反诚实信用原则，法院判决太平洋保险公司承担保险责任正确。[1]

被保险人故意隐瞒保险事故真实发生情况的，亦应认定为在保险合同履行过程中违反最大诚实信用原则。

【案例 1-6】　胡某诉天安财产保险股份有限公司宜昌中心支公司保险合同纠纷案

一审法院认为，2016 年 5 月 7 日晚，本为胡某驾驶机动车发生翻覆事故，但在交警部门、保险公司勘验人员到场后，胡某让员工宋某某就驾驶员一事作虚假陈述，致使保险公司、交警部门对驾驶员真实状态无法查证，进而无法对事故成因、真实情况作出正确判断。胡某的行为违反了《保险法》的相关规定以及保险合同的约定，因此产生无法理赔的不利后果应当由胡某承担。据此判决驳回原告胡某的全部诉讼请求。二审法院亦持同样意见，维持一审判决。[2]

---

〔1〕 参见国家法官学院案例开发研究中心编：《中国法院 2013 年度案例》（道路交通纠纷），中国法制出版社 2013 年版，第 188 页。

〔2〕 参见国家法官学院案例开发研究中心编：《中国法院 2018 年度案例》（保险纠纷），中国法制出版社 2018 年版，第 97 页。湖北省宜昌市中级人民法院（2016）鄂 05 民终字第 2323 号民事判决书。

【案例1－7】 任某某诉中国太平洋财产保险股份有限公司沈阳中心支公司保险合同纠纷案

二审法院认为，任某某在事故发生后，虽履行了向保险公司及时报险的义务，但未在第一时间如实告知车辆的实际驾驶人，导致客观上已无法检测驾驶员是否存在饮酒驾驶等情形，致使该事故的原因、性质等可能影响保险公司理赔责任的事由无法查清，任某某的这种故意行为违反了最大诚信原则，因此导致的客观事实无法查清的法律后果，应自行担责。此外，任某某隐瞒事发时实际驾驶员身份的行为，亦与诚实守信的正面价值导向相背离，故一审在此情况下，仍判决保险公司承担涉案保险赔偿责任，不符合保险法的基本原则，且易引发道德风险，应予以纠正。二审法院撤销一审判决，驳回任某某的诉讼请求。〔1〕

保险合同的履行中必须遵守最大诚实信用原则。

【案例1－8】 上海一成物流有限公司诉中国太平洋财产保险股份有限公司航运保险事业营运中心财产保险合同纠纷案

二审法院认为，首先，从已查明的事实来看，虽现无证据证明中国太平洋财产保险股份有限公司航运保险事业营运中心（以下简称太平洋航运营运中心）曾提前30日书面通知上海一成物流有限公司（以下简称一成公司）将对投保手续条款进行修改，但根据签订的《补充协议》表明双方已就月申报变更为日申报达成一致意见。一成公司以太平洋航运营运中心未按约履行通知义务主张《补充协议》无效，于法无据，依法不能成立。《补充协议》系双方的真实意思表示，对双方均具有法律约束力，一成公司理应按照该协议的约定在每日17:00就过去24小时内的出运清单向太平洋航运营运中心进行申报。然而事实上，发生保险事故的车辆于2013年1月18日上午出运，一成公司未将该出运清单纳入当日的申报中，直至次日中午11:18才向太平洋航运营运中心进行申报，此时所涉保险事故已经发生，一成公司的该项行为显然有违《补充协议》的约定。关于一成公司提出合同实际履行中其均是后一日申报前一日的出运清单这一意见，法院认为，由于一成公司未在出运清单上载明出运货物的具体时间，无法证明太平洋航运营运中心对于一成公司未按《补充协议》约定进行申报的行为予以认可。其次，本案中，一成公司投保的是货物险预约保险，根据合同的约定，一成公司就出运清单向太平洋航运营运中心进行的申报是确定保险责任范围的重要依据。众所周知，射幸性是

〔1〕 参见国家法官学院案例开发研究中心编：《中国法院2018年度案例》（保险纠纷），中国法制出版社2018年版，第126页。辽宁省沈阳市中级人民法院（2016）辽01民终字第8575号民事判决书。

保险合同的特征之一,保险合同的履行是建立在事件发生的不确定性基础之上的。而本案中,一成公司在向太平洋航运营运中心申报所涉出运清单时保险事故已经发生,一成公司的这一行为有违保险合同的射幸性,亦不符合双方订立保险合同的目的。最后,从一成公司提供的申报邮件显示,一成公司在2012年1月29日保险事故发生日前后申报的保险金额均未超过100万元,而保险事故发生这一日申报的保险金额高达507万元,一成公司当日的申报有违常理。鉴于此,太平洋航运营运中心予以拒赔,于法有据。[1]

对保险活动的当事人是否违背最大诚实信用原则的判断的实质是法官自由裁量权的行使。正如学者所言,诚实信用原则的实质在于授予法官以自由裁量权。[2] 即诚实信用原则可以授权法官进行创造性的司法活动,甚至在合同有明文规定的情况下,法官仍可依据诚实信用原则对合同不予承认,依照诚实信用原则进行判决。

【案例1-9】 上海惠骏物流有限公司诉中国平安财产保险股份有限公司上海分公司等财产保险合同纠纷案

判决观点,判断保险合同当事人最终合意形成的真实意思表示,应当结合投保单、保险单或其他保险凭证、保险条款等保险合同的组成内容综合判断。依法订入合同并已产生效力的合同内容,对保险合同各方当事人均有法律约束力。当事人仅以违约过程中未形成最终合意的单方意思表示主张其保险合同权利的,人民法院不予支持。[3]

【案例1-10】 马某某诉中国平安人寿保险股份有限公司青海分公司等保险合同纠纷再审案

再审法院认为,根据《保险法》第十六条第一款和《保险法解释(二)》第五条的规定,结合本案涉案保险合同签订当日,李某某本人即按所投保险合同约定支付保费,李某某如数缴纳保费的行为表明其知晓合同记载的内容,对与保险人订立保险合同关系予以确认。马某某对该部分事实的辩解理由不能成立,不予采信。李某某对保险人询问事项未如实告知,保险人依据法律规定可以解除合同。原一、二审判决以投保单不是李某某本人所签,及保险人未提供证据证明在李某某投保时保险人履行了询问义务为由,支持马某某的诉求,无事实和法律依据,再审予以纠正。再审法院撤销一、二审判决,

---

〔1〕 参见国家法官学院案例开发研究中心编:《中国法院2017年度案例》(保险纠纷),中国法制出版社2017年版,第129页。上海市第二中级人民法院(2015)沪二中民六(商)终字第274号民事判决书。

〔2〕 参见冉富强等:《合同责任研究》,吉林大学出版社2008年版,第87页。

〔3〕 参见《最高人民法院公报》2023年第8期。

驳回马某某的诉讼请求。[1]

诚实信用原则适用于所有保险合同和审理保险纠纷案件的全过程，它既是对保险人、投保人的约束，也是对法官的约束。诚实信用原则并非空洞的理论，正确把握诚信原则，对于理解保险法律立法本意及基本精神十分重要，并且有助于引导法官正确处理案件。在司法实践中，法官审理保险合同纠纷，当根据现有的法律规定无法直接决定应该适用的法条时，此时应当从现有的法理和法律原则或相关的法律规定中推导出最相适应的规定来比照适用。同时，应该注意最大诚信原则对解决具体案件的指导功能，适时适当地应用这一原则，必定会减轻法官在无明确法律规定的情况下审理保险合同纠纷时的负担，同时亦能使裁判经得起考验和质疑。也就是说，依据诚实信用原则行使权利和履行义务是保险市场的基本要求，也是促进保险业发展和提高保险业竞争力的根本，同样该原则的适用也能保障法官对保险纠纷的处理真正体现公平公正。

诚信原则也有适用的例外。保险法上的不可抗辩条款作为最大诚信原则严格适用的一个例外，有助于平衡保险合同各方利益进而促进保险行业的健康发展。不可抗辩条款，又称不可争议条款，是指自成立之日起，经过一定期间，保险合同即成为不可争议的文件，此后保险人不得以投保人在投保时违反最大诚信原则、有欺骗、错误陈述和隐瞒重要事实的行为为由而解除合同或主张合同无效或拒绝给付保险金。[2] 2009 年修订后《保险法》的不可抗辩条款在保险合同部分，不仅适用于人身保险合同还适用财产保险合同，信息范围从仅限于年龄问题即扩宽至一切的“有关情况”，抗辩权在知道解除事由后超过 30 日未行使将消灭，保险人在承保就已经了解投保人未如实告知的情况，事后不得主张解除合同或者拒绝赔付，上述内容应视为诚实信用原则适用的例外情形。

(二)保险利益原则

所谓保险利益，也称可保利益，是指投保人或者被保险人对保险标的具有的法律上承认的利益，即保险事故发生时可能遭受的损失或失去的利益。理论界对保险利益的定义有不同观点，学者们从不同的角点界定保险利益，如保险利益是可以转嫁的不确定风险，[3] 又如称保险利益是被保险人或受益人对保险

[1] 参见国家法官学院案例开发研究中心编：《中国法院 2018 年度案例》(保险纠纷)，中国法制出版社 2018 年版，第 196 页。青海省高级人民法院(2015)青民提字第 41 号民事判决书。

[2] 参见罗秀兰：《论保险法上的不可抗辩条款及其修订》，载《法学杂志》2009 年第 12 期。

[3] 参见孙积禄：《保险利益原则及其应用》，载《法律科学(西北政法学院学报)》2005 年第 1 期。

标的所具有的合法的经济利益关系。[1] 也有学者提出应将“保险利益”统一替换为“可保利益”，并界定为可以确定的经济利益或法律承认的其他利害关系。[2]《保险法》第十二条第六款规定：“保险利益是指投保人或者被保险人对保险标的具有的法律上承认的利益。”该条款被认为是保险利益原则。保险利益原则是保险活动的一项基本原则，也是保险制度不同于普通民事合同的重要因素。

关于保险利益的构成要素，通说认为，保险利益必须具备三项要素，缺失任何一项即不能构成保险利益：一合法性，二确定性，三可计算性。[3]

关于保险利益的范围，在理论和实践中有不同观点。有学者认为，可保利益是一个开放性很强的概念，其实质是特定主体对保险标的具有的特种关系，该种关系只要满足特定主体的利益得失与保险标的受损与否保持同一即可，可以是经济利害关系，也可以是精神上利害关系，可以是法律权利，也可以是适法利益。[4] 也有学者认为，保险利益为财产保险和人身保险的共同要求，但由于财产保险和人身保险的性质和功能不同，必须对财产保险利益和人身保险利益进行区分，并分别作出认定。要将人身保险利益从经济利益中解放出来，将之限定为投保人和被保险人之间的人身依附关系或者信赖关系。[5] 笔者认为，《保险法》第十二条第六款对保险利益的规定较为原则，宜作具体化。保险利益是合法的经济利益，应包括被保险人具有的所有权、担保物权、用益物权、占有权、合同债权、侵权损害赔偿债权等。保险利益的具体外延，有较大不确定性、开放性，尚需在理论和实践上深入探讨。最高人民法院法官认为，审判实践中应当从宽认定保险利益。从维护诚实信用市场的角度来看，也应从宽认定保险利益。[6] 保险利益认定中有些疑难问题，如同一保险标的物上存在不同的保险利益，究竟什么是“法律上承认的利益”，如何认定被保险人或投保人是否具有保险利益？对于这些问题《保险法》都没有明确的规定，这就导致实务中对保险利益的判断缺乏可操作标准并引发争议。《保险法解释(二)》第一条明确了规定财产保险中同一保险标的不同保险利益。对“法律上承认的利益”的理解，应将保险标的物合法性与保险利益合法性相区别，与合同效力保持一致，对于违反管理性规定的，不应认定为不具备保险利

---

〔1〕 参见孙玉芝：《保险利益的概念分析》，载《河北法学》2004 年第 1 期。

〔2〕 参见杨芳：《可保利益效力研究——兼论对我国相关立法的反思与重构》，法律出版社 2007 年版，第 282 页。

〔3〕 参见刘建勋：《保险法典型案例与审判思路》，法律出版社 2012 年版，第 62 页。

〔4〕 参见杨芳：《可保利益效力研究——兼论对我国相关立法的反思与重构》，法律出版社 2007 年版，第 7 页。

〔5〕 参见许崇苗：《保险法原理及疑难案例解析》，法律出版社 2011 年版，第 79 页。

〔6〕 参见最高人民法院民事审判第二庭编著：《最高人民法院关于保险法司法解释（二）理解与适用》，人民法院出版社 2013 年版，第 47 页。

益。对保险标的物不合法以及保险标的违法取得等情形下的保险利益是否存在等问题留待深入研究。

根据保险标的的不同,保险合同分为人身保险合同和财产保险合同,在两种合同中保险利益有别。

1. 人身险中的保险利益

人身保险是以人的寿命和身体为保险标的保险。人身保险的保险利益,是指投保人对于被保险人的生命或身体所具有的利害关系,即以被保险人的生与死、意外伤害和疾病等为保险事故的保险,也就是投保人将因保险事故的发生而遭受损失,因保险事故的不发生而维持原有的利益。根据《保险法》第三十一条规定的范围,投保人对本人,配偶,子女,父母,与投保人有抚养、赡养或者扶养关系的家庭成员、近亲属,与投保人有劳动关系的劳动者具有保险利益。还有被保险人同意投保人为其订立合同的,视为投保人对被保险人具有保险利益。人身险中,投保人在订立合同时,对被保险人应当具有保险利益,订立合同时,投保人不具有保险利益的,合同无效。从该条法律规定看,关于人身保险的保险利益,我国采用的是利益和同意兼顾原则,即当投保人和被保险人之间有经济利益或其他利害关系时,投保人对被保险人有保险利益;当投保人和被保险人之间没有经济利益或其他利害关系时,如果投保人征得被保险人同意,投保人对被保险人有保险利益。

关于被保险人同意的形式,修订前《保险法》规定必须以“书面”形式为之。2009年修订后的《保险法》删除了“书面”要求,此处的“同意”包括口头同意和书面同意两种形式,其比修订前《保险法》“书面同意”的形式要件宽松。《保险法解释(三)》第一条第一款规定:“当事人订立以死亡为给付保险金条件的合同,根据保险法第三十四条的规定,‘被保险人同意并认可保险金额’可以采取书面形式、口头形式或者其他形式;可以在合同订立时作出,也可以在合同订立后追认。”该条规定明确了同意形式,体现了尽量促成合同有效及最大限度促进交易的目的,是对被保险人、受益人利益的有力保护。被保险人同意的形式有多种,如订立合同时在投保书被保险人签字处签字,合同订立后以书面形式或者其他形式对投保人订立合同的行为进行追认。书面形式包括向保险公司提交书面声明等,声明其认可该保险合同效力,其他行为包括以其行为进行追认等,例如,保险事故发生后,被保险人提出理赔申请,被拒赔之后,被保险人提起诉讼,要求保险公司给付保险金。但是,在实践中对于没有书面同意形式的合同,如何认定“同意”,成为困扰法官认定合同效力的新问题,这也需要法官从《保险法》第三十一条规定的立法目的出发,认定具体案件中“同意”的形式。

【案例1－11】　辽宁省公安英烈救助协会诉民安保险(中国)有限公司辽宁分公司保险合同纠纷案

二审法院认为,辽宁省公安英烈救助协会作为投保人,为包括刘某某在内的会员办理不记名因公牺牲团体保险。作为投保人的辽宁省公安英烈救助协会未在该保险合同中获得任何利益,签订保险合同的目的是给因公牺牲的会员及其家属更多的抚慰与救助。这就从根本上排除了赌博行为与道德风险。本案中的保险合同与保险利益原则不相违背。〔1〕

《保险法解释(三)》第一条第二款规定:"有下列情形之一的,应认定为被保险人同意投保人为其订立保险合同并认可保险金额:(一)被保险人明知他人代其签名而未表示异议的;(二)被保险同意投保人指定的受益人的;(三)有证据足以认定被保险人同意投保人为其投保的其他情形。"该条规定明确了同意认定的具体情形。

【案例1－12】　蒋某甲等五人诉中国平安财产保险股份有限公司淮安中心支公司保险合同纠纷案

一审法院认为,如果声明书中"蒋某乙"的签名并非本人所写,则保险合同无效;然而,根据《保险法》第三十四条第一款的规定,不再强调必须以"书面"形式同意并认可保险金额。而庭审中,第三人陈述投保前对员工进行了宣传并要求集中投保。根据该陈述内容结合第三人已为蒋某乙等多人投保的事实,足以证明该保险合同经过了被保险人的"同意"并认可保险金额,故无论"蒋某乙"的签名真或伪,依照《保险法》,都不能以未经被保险人书面同意为由认定保险合同无效。二审法院持同样意见。〔2〕

在劳动关系包括事实劳动关系中,《保险法》规定用人单位对其劳动者具有保险利益。用人单位未告知劳动者,保险合同仍有效,视为劳动者同意。

【案例1－13】　黄某诉某人寿保险公司北京分公司保险合同纠纷案

判决观点,黄某所在单位在2003年为包括黄某在内的全体职工向保险公司投保了养老保险,但是,贸易公司、保险公司均未将有关保险的事宜告知黄某。黄某于2007年9月退休,2010年3月得知此事后向保险公司索赔遭拒便向法院起诉,请求保险公司给付保险金5万元。法院认为,黄某作为保险合同的被保险人,依法享有保险金请求权,且该保险金请求权不能被投保

---

〔1〕　参见国家法官学院案例开发研究中心编:《中国法院2012年度案例》(保险纠纷),中国法制出版社2012年版,第181页。

〔2〕　参见最高人民法院中国应用法学研究所编:《人民法院案例选》2012年第2辑(总第80辑),人民法院出版社2012年版,第209页。

人、保险人的约定所限制。黄某在贸易公司工作至法定年龄正常退休,符合合同所约定的领取保险金的条件,因此保险公司拒绝向其给付保险金的理由不能成立,法院对黄某的诉讼请求予以支持。[1]

应引起注意的是,同意作为一种心理态度,外在表现则为意思表示。以非书面形式作出同意的意思表示,包括以行为或其他形式作出的意思表示。被保险人在有条件了解合同内容的情况下,不但在长时间内未提出异议,而且在保险事故发生后亲自向保险人行使保险金请求权,并且在保险人解除保险合同、拒赔后提出投诉,这些行为足以佐证同意的真实意思。法官对于被保险人主观心理态度的认定,是依据其他证据进行推论的结果。

【案例1－14】 刘某诉某保险公司保险合同纠纷案

判决观点,史某虽未亲自在投保书被保险人声明栏中签字,但其在患病后向保险公司请求给付保险金,在保险公司作出拒赔与解约决定后向保险公司提出投诉。史某上述行为产生以下法律效果:(1)即便史某对于刘某为其订立保险合同一事并不知情,但是史某对刘某以其为被保险人订立保险合同的行为在事后表示了追认;(2)史某追认行为的效力及于保险合同订立之时;(3)保险合同因史某的追认行为,在该合同被保险公司解除前处于有效状态。综上所述,投保人刘某以被保险人史某不同意订立本案争议所涉及的保险合同为由,要求判决确认该保险合同无效、判决保险公司退还保险费并赔偿利息损失,没有事实依据,对其诉讼请求不予以支持。法院据此判决驳回原告的诉讼请求。[2]

关于被保险人同意的时间点问题。《保险法》第三十四条第一款所采取的文字表述是"同意"而不是"允许","允许"显然带有"事先同意"的意思,而"同意"则既包括"事先的同意",也包括"事后的同意"。被保险人的"事后同意"(或称其为承认、追认)之权属于形成权,由被保险人依其单方意思表示行使,既无须与保险人形成合意,也无须获得保险人的许可,因此该"事后同意"的时间点,不能限定于保险人同意承保之前。被保险人在投保人提出保险要求之后的任何时间点作出"同意投保并认可保险金额"的意思表示,均可以导致保险合同有效的结果,即便该意思表示作出的时间点在合同成立很长时间之后亦如此。[3]《保险法解释(三)》第一条第一款规定进一步明确了同意的时间,既包括合同订立时也可以包括合同订立后。

---

〔1〕 参见刘建勋:《保险法典型案例与审判思路》,法律出版社2012年版,第77页。
〔2〕 参见安凤德主编:《保险合同纠纷诉讼指引与实务解答》,法律出版社2013年版,第248页。
〔3〕 参见刘建勋:《保险法典型案例与审判思路》,法律出版社2012年版,第19页。

关于特殊主体涉及保险利益的问题,即保单受让人是否具有保险利益,现行法律无明确规定。人身保险合同存续期间,应允许保单的自由流动,以求实现投资利润最大化,但对其受让人是否具有保险利益则有争议。最高人民法院法官认为,投保人将保险合同转让给无保险利益的第三人,从性质上与投保人在保险合同存续期间丧失保险利益等同。保险合同受让人没有保险利益并不影响保险合同的效力。[1] 人身保险存续期间,投保人死亡,保险合同由其继承人承继,继承人没有保险利益的,是否影响保险合同效力。对此学者们存在分歧。最高人民法院法官认为,投保人的继承人即使不具有保险利益,也仍然可以继承投保人的地位,成为保单的持有人。[2]

人身险中存在一些与保险利益有关的疑难问题,如被保险人是否可以禁止对其具有保险利益的投保人的缔约行为,再如合同成立后情形发生变化,投保人对被保险人不再具有保险利益的,合同应当如何处理等,对此现行《保险法》并未明确规定。投保人订立保险合同时,被保险人当时明确表示不同意投保,在此情形下不宜简单采取投保人有权利缔结合同的标准进行判断,应具体问题具体分析。夫妻一方为对方投保,双方虽然尚未离婚,但感情已经严重恶化长期分居,此时应尊重被保险人不同意权。在自己没有固定收入依赖子女赡养的父母为子女投保时,不应当任由子女行使同意权,即便子女作出了不同意的意思表示,如果没有充足的理由,可以认定保险合同有效。保险合同订立时投保人对被保险人具有保险利益,但在保险合同成立后,投保人因其与被保险人的身份关系发生变化,如夫妻离婚、解除收养关系等,对被保险人提出不同意投保此时的保险合同效力如何,尚有待探讨。

应注意的是,人身保险合同的受让人和继承人不需要有保险利益。[3] 制定司法解释的法官认为,由于投保人的继承人在法律地位上与受让人基本相同,甚至其与投保人、被保险人关系更为密切,基于相同的原理,没有必要要求投保人的继承人必须对保险合同具有保险利益,这也符合《保险法》的规定。投保人的继承人即使不具有保险利益,也仍然可以继承投保人地位,成为保单持有人。[4]

用人单位对其正式员工与非正式员工均具有不计名团体保险的保险利益。

---

〔1〕 参见最高人民法院民事审判第二庭编著:《最高人民法院关于保险法司法解释(二)理解与适用》,人民法院出版社2013年版,第71页。

〔2〕 参见最高人民法院民事审判第二庭编著:《最高人民法院关于保险法司法解释(二)理解与适用》,人民法院出版社2013年版,第71页。

〔3〕 参见最高人民法院保险法司法解释起草小组编著:《〈中华人民共和国保险法〉保险合同章条文理解与适用》,中国法制出版社2010年版,第214~216页。

〔4〕 参见最高人民法院民事审判第二庭编著:《最高人民法院关于保险法司法解释(三)理解与适用》,人民法院出版社2015年版,第102页。

【案例1-15】 陈某某等诉中国太平洋人寿保险股份有限公司镇江中心支公司意外伤害保险合同纠纷案

判决观点,第一,死者陈某某是案涉建筑工程(C)团体意外伤害保险的被保险人,理由如下:鉴于建筑工程施工过程中用工流动性大,案涉建筑工程(C)团体意外伤害保险,投保时采取的是不记名和不记名的方式。保险条款约定被保险人为建筑工程或建设工程的管理人员、作业人员及该合同约定的其他相关人员,本案死者陈某某身故前在该电灌站翻建工程的工地上清理基槽底部碎土,符合被保险人的范畴即"建筑工程的作业人员或本合同约定的其他相关人员",是案涉建筑工程(C)团体意外伤害保险的被保险人。四原告未能提供投保人出具的人事证明或者聘用合同证明,并不是保险条款约定的保险公司责任免除的情形,法院对于保险公司该抗辩不予采信。第二,死者陈某某的死亡情形,符合保险条款约定,理由如下:死者陈某某在保险单约定的施工工地,为避让基槽塌方泥土于2017年5月3日摔倒受伤,符合保险条款关于意外伤害的约定;陈某某遭遇意外伤害后于当月5日死亡,经尸体检验排除了暴力致死的因素,也符合保险条款关于保险责任和意外身故保险金的约定。据此,法院判决保险公司给付四原告保险金500,000元。[1]

针对涉建筑工程领域相关人身保险之保险产品,保险人以被保险人与投保人之间不具有劳动关系而提出抗辩并据此要求免除赔偿责任的,法院应当依据相关法律规定适当从宽适用保险利益原则。

【案例1-16】 卢某某诉中国大地财产保险股份有限公司重庆分公司保险合同纠纷案

一审法院认为,双方对贵州桥梁集团投保事实、保险金计算方法和金额并无争议,争议的焦点在于:卢某某是否具有被保险人身份以及保险事故是否发生。根据《意外伤害保险条款》约定,被保险人应当是与施工单位建立劳动关系,并在施工现场从事工作和劳动的管理和作业人员。实践中,建筑施工企业转包分包现象较为普遍,项目工地上做工的农民工往往由包工头招用,很难与建筑施工企业直接建立严格法律意义上的劳动关系。为保障农民工权益,已将用工主体责任归入了劳动关系项下的工伤赔偿范畴。同时基于公平原则,《意外伤害保险条款》中的"劳动关系"应作广义理解,被保险人应当包括在投保人承建的相应工程工地提供劳动或劳务,与投保人建立劳动关系或用工关系的人员。大地公司在庭审中亦陈述,因工地上工人流动性大,

---

〔1〕 参见国家法官学院案例开发研究中心编:《中国法院2019年度案例》(保险纠纷),中国法制出版社2019年版,第182~183页。江苏省镇江市丹徒区人民法院(2017)苏1112民初2967号民事判决书。

在投保时并未明确约定被保险人,能够印证被保险人不仅包括与施工单位建立劳动关系相对稳定的管理人员,也包括提供劳务的流动性较大的施工人员。《意外伤害保险条款》载明了申请给付保险金时应提供的书面证明材料,包括人事证明或聘用合同、事故证明材料等,同时也约定"保险金申请人因特殊原因不能提供下列证明和资料的,应当提供其他合法有效的证明和资料",并非严格限定于大地公司主张的劳动合同、工资表和意外事故证明材料。本案中,卢某某的委托代理人持法院出具的调查令到贵州桥梁集团项目部调取劳动合同未果,但其举示的《认定工伤决定书》认定了贵州桥梁集团为用人(工)单位,调查核实了在卢某某工地做工受伤的事实,并将卢某某受伤认定为工伤;《仲裁裁决书》亦查明卢某某在贵州桥梁集团项目工地做工受伤的事实,认定卢某某为劳动者,裁决贵州桥梁集团支付工伤保险待遇;《司法鉴定意见书》系受贵州桥梁集团项目经理部和卢某某共同委托出具,上述证据足以证明卢某某在贵州桥梁集团投保的城建工程项目工地做工并受伤的事实。综上,法院认定,卢某某具有被保险人身份,保险事故真实发生,大地公司应承担保险责任,并根据保险合同条款约定,支付相应的意外伤残保险金及医疗保险金。

二审法院认为,根据卢某某举示的《认定工伤决定书》《仲裁裁决书》等证据,可以认定卢某某与案涉保险合同的投保人存在合法的劳动关系,结合《意外伤害保险条款》的约定,可以认定卢某某是案涉保险合同的被保险人。其次,《民事诉讼法解释》第九十条规定……本案中,大地公司抗辩卢某某与投保人未建立合法劳动关系,故否认卢某某系案涉保险合同的被保险人,根据前述规定,应当由大地公司对其抗辩事实承担相应举证责任。审理中,大地公司并未举示充分的证据来证明其主张或推翻前述卢某某所举示的证据的效力,根据前述规定,应当由其承担举证不能的不利后果。据此,依法认定卢某某系案涉保险合同的被保险人。大地公司关于卢某某并非案涉保险合同被保险人的意见与在案证据相悖且无事实依据,不能成立,不予采纳。综上,一审判决认定事实清楚,适用法律正确,故驳回上诉,维持原判。[1]

2. 财产险中的保险利益

财产保险是指以财产及其有关利益为保险标的保险。财产保险利益是指被

〔1〕 参见最高人民法院中国应用法学研究所编:《人民法院案例选》2022 年第 6 辑(总第 172 辑),人民法院出版社 2022 年版,第 146 ~ 148 页。重庆市第一中级人民法院(2019)渝 01 民终 10676 号民事判决书。

保险人对财产保险标的所具有的法律承认的经济利益。有法官认为，财产保险的保险利益，包括现有利益以及现有利益产生的责任利益、期待利益等法律上承认的利益。[1]《保险法解释(二)》第一条规定："财产保险中，不同投保人就同一保险标的分别投保，保险事故发生后，被保险人在其保险利益范围内依据保险合同主张保险赔偿的，人民法院应予支持。"同一保险标的物上虽存在不同保险利益，但不同保险利益的性质并不相同，每个被保险人只能在自己的保险利益范围内获得赔偿。[2] 因此，同一保险标的物上依据不同的法律关系可以同时存在数个保险利益，而不同主体可以就同一保险标的分别投保与其保险利益相对应的保险类别。可保利益不同，可以投保的保险类别亦不同，不能相互替代。故在财产保险中，财产的使用人、租赁人、承运人、承包人等虽然不是财产所有权人，但也可基于不同的保险需求，就同一保险标的分别向保险公司投保与其保险利益相对应的保险险种，成立不同的保险合同，并在各自的保险利益范围内获得保险保障，从而实现利用保险制度分散各自风险的目的。[3]

关于财产险保险利益的类型，在保险法学界经历了由窄到宽的演化过程。

司法实践中，法官应当吸收借鉴保险法学界对于保险利益的研究成果，对于保险利益作出"从宽"的认定，尽量使更多的财产受到保险保障，进而维护整体社会财富的安全。被保险人对其借用的财产具有保险利益的，因借用获得财产使用权是法律所承认的合法权利类型之一，随之而产生的财产利益应当具有保险利益。

【案例1-17】 李某某诉安诚财产保险股份有限公司北京分公司财产保险合同纠纷案

判决观点，保险车辆的车主是郑某某，郑某某将该车辆借给李某某实际使用。在保险事故发生时，李某某基于借用获得了车辆的使用权，该使用权是法律所承认的合法权利类型之一，并且承载了李某某与该车辆有关的财产利益。例如，李某某可以通过使用该车辆为其生活提供方便，或者将该车辆用于经营活动并且盈利等。上述财产利益均属合法，李某某对于保险车辆具有保险利益。[4]

实务中，因车辆出借、挂靠产生的保险纠纷发生得最多。车辆出借后发生保

---

〔1〕 参见王静：《保险类案裁判规则与法律适用》，人民法院出版社2013年版，第65页。

〔2〕 参见最高人民法院民事审判第二庭编著：《最高人民法院关于保险法司法解释(二)理解与适用》，人民法院出版社2013年版，第52页。

〔3〕 参见最高人民法院民事审判第二庭编：《商事审判指导》2018年第2辑(总第47辑)，人民法院出版社2019年版，第232页。

〔4〕 参见最高人民法院中国应用法学研究所编：《人民法院案例选》2012年第1辑(总第79辑)，人民法院出版社2012年版，第298页。

险事故,借用人或借用人安排的驾驶人员具有合法驾驶身份,保险人以被保险人(车主)对第三者不承担赔偿责任为由拒绝赔偿保险金的,则法院不予支持。车辆挂靠人以被挂靠单位名义投保,发生保险事故后直接以自己的名义起诉保险人,并能够证明其与被挂靠单位之间存在挂靠关系的,对于保险人以挂靠人无保险利益为由要求裁定驳回起诉或拒绝赔偿保险金的请求,则法院不予支持。在分期付款(款付清前卖方保留所有权)、融资租赁购车的情况下,买方、承租人对车辆具有保险利益。发生保险事故时,如卖方或出租人对车辆享有运营利益或使用利益,则其对车辆亦具有保险利益;反之,则其对车辆不具有保险利益。

应注意在挂靠关系中,车辆所有权人与被保险人不一致的,经被保险人同意所有权人可以主张保险利益。

【案例 1－18】 北京安顺汇通土方工程有限公司诉中国人民财产保险股份有限公司孝义支公司财产保险合同纠纷案

判决观点,北京安顺汇通土方工程有限公司作为京 AJ××××重型自卸货车的所有权人,对该车辆享有保险利益,经询问,双方当事人及龚某某本人均同意北京安顺汇通土方工程有限公司在该案中主张保险利益,法院对此不持异议。[1]

出租、转租中的保险的利益认定,是一个疑难问题。

【案例 1－19】 段某某、冯某某诉中国人民财产保险股份有限公司河口支公司及第三人丁某某保险合同纠纷案

一审法院认为,原告冯某某虽然是在未取得原告段某某同意的情况下将该车转租给第三人丁某某,但因该车是在保险期限内发生的事故,是在被保险人冯某某将车转租给有着合法驾驶证的丁某某驾驶的过程中发生的事故,并未违反《中国人民财产保险股份有限公司机动车辆第三者责任保险条款》第七条第(七)项、《中国人民财产保险股份有限公司营业用汽车损失保险条款》第六条第(八)项"非被保险人允许的驾驶人员使用保险车辆"责任免除的规定。法院判决保险公司承担保险责任。二审法院维持原判。[2] 从本案情况来看,当时投保时,车主段某某与承租人冯某某以共同被保险人的身份购买的保险,而且保险公司也予以认可。至于冯某某的承租人身份,由于保险公司并未询问,而从一般意义上判断,承租人对车辆拥有使用、收益等权利,因此对车辆应享有保险利益,可以作为被保险人。

---

〔1〕 参见国家法官学院案例开发研究中心编:《中国法院 2015 年度案例》(保险纠纷),中国法制出版社 2015 年版,第 132 页。北京市大兴区人民法院(2013)大民初字 6430 号民事判决书。

〔2〕 参见最高人民法院中国应用法学研究所编:《人民法院案例选》2007 年第 1 辑(总第 59 辑),人民法院出版社 2007 年版,第 371 页。

在财产保险合同的变更中,保险利益往往随着保险标的的转让而转移。《保险法》第四十九条第二款规定:"保险标的转让的,被保险人或者受让人应当及时通知保险人,但货物运输合同和另有约定的合同除外。"因此,《保险法》规定保险标的转让是通知保险人而不是取得保险人的同意。2009 年修订前的《保险法》第三十四条是规定在通知保险人后还必须经其同意,否则保险合同自保险标的转让时起即行终止。具体而言,对一般财产保险合同,由保险人在原保险单或其他保险凭证上批注或者附贴批单,作为被保险人通知的证明。在保险标的是风险转移还是所有权变动的问题上,制定司法解释的法官认为,《保险法》第四十九条所规定的保险标的"转让",应当理解为风险负担的转移,而非所有权的变动。[1]

《保险法解释(四)》第一条规定:"保险标的已交付受让人,但尚未依法办理所有权变更登记,承担保险标的毁损灭失风险的受让人,依照保险法第四十八条、第四十九条的规定主张行使被保险人权利的,人民法院应予支持。"该条规定包含以下五层含义:其一,标的物已经交付,交付的方式不限于现实交付,也可能是拟制交付。其二,受让人实际承担保险标的毁损灭失的风险,但双方特别约定的除外。其三,保险标的物类型应属于《民法典》上规定的物权变动需要办理登记的物,包括以登记为生效要件的不动产和登记为对抗要件的特殊动产,一般动产转让不涉及登记,不适用此条。其四,本条指的风险是不可归责于双方当事人的原因造成的。其五,保险标的物转让后,被保险人和受让人应当及时通知保险人。

机动车的转让过户登记,属于对抗要件而非生效要件,发生交付即为所有权已转移给受让人,此时受让人承担风险,具有保险利益。

【案例1-20】 黄某与某保险公司保险合同纠纷案

判决观点,2005 年 10 月 9 日,田某为辽 K××××3 出租车与被告中保辽阳分公司订立机动车保险合同,后该车变更车牌照号为辽 KT×××9,并由原告黄某取得该车所有权,虽未办理过户登记,但黄某已为该车实际车主,承继原被保险人的权利和义务。原告与被告就该车的保险合同是双方当事人的真实意思表示,且不违反法律、行政法规的强制性规定,应为有效。2006 年 10 月 4 日,原告雇用的司机杨某驾驶辽 KT×××9 出租车与周某驾驶的两轮摩托车发生交通事故,造成周某和摩托车乘坐人陈某受伤。经交警部门认定,杨某负事故主要责任,周某负事故次要责任。对此责任认定,法院确认其证明力。案涉车辆事故发生在保险期间内,原告黄某对保险标的具有保险

[1] 参见最高人民法院民事审判第二庭编著:《最高人民法院关于保险法司法解释(四)理解与适用》,人民法院出版社 2018 年版,第 36 页。

利益。[1]

车辆质押权人享有保险利益。

【案例1-21】 赵某诉保险增城支公司财产保险合同纠纷案

二审法院认为,赵某是案涉车辆质押权人,案涉车辆一直由赵某实际占有、使用。案涉车辆由赵某投保并支付保费,保险单也载明行驶证车主为蔡某,保险增城支公司在承保时已知悉登记车主不是赵某,亦并未否认赵某具有保险利益。保险事故发生至今,并无其他人就案涉车辆向保险增城支公司索赔,也无证据显示登记车主或其他权属人曾对赵某主张案涉车辆的相关权利。综上,赵某作为投保人和被保险人,合法占有、使用车辆并实际支付了维修费,赵某对案涉车辆具有保险利益,一审法院判决并无不当。判决:驳回上诉,维持原判。[2]

司法实践中,在办理变更期间发生保险事故,保险人是否承担保险责任?按修订前的《保险法》是通知变更,只要是通知了保险人,则应视为保险人同意变更,保险人应承担保险责任。修订后的《保险法》将变更修改为自动变更,保险标的转让的,保险标的受让人承继被保险人的权利和义务,避免产生保险合同转让空白期,减少争议。

【案例1-22】 史某某与中国人民财产保险股份有限公司天津市河西支公司保险合同纠纷案

二审法院认为,史某某合法取得被保险标的的所有权后,即与储备库共同办理保险合同的变更手续。本案争议的焦点为:中国人民财产保险股份有限公司天津市河西支公司(以下简称人保财险河西公司)是否应对史某某的车辆被盗承担赔付的责任。在2006年6月13日保险事故发生时,车辆仍在人保财险河西公司的保险期内,车辆被盗后,史某某及时通知了人保财险河西公司,人保财险河西公司在明知车辆被盗的情况下,仍然为史某某变更了保险合同,人保财险河西公司的上述行为表明对史某某在发生保险事故时享有保险利益的追认,故人保财险河西公司主张发生保险事故时,史某某并不是保险合同的主体,其不应承担赔付责任的主张、事实及法律依据不足,二审

---

〔1〕 参见最高人民法院民事审判第二庭编著:《最高人民法院关于保险法司法解释(四)理解与适用》,人民法院出版社2018年版,第42页。

〔2〕 参见国家法官学院、最高人民法院司法案例研究院编:《中国法院2023年度案例》(保险纠纷),中国法制出版社2023年版,第29~30页。广东省广州市中级人民法院(2020)粤01民终23888号民事判决书。

法院不予支持。[1]

关于财产保险利益的合法性，凡当事人对于某个具有法律所承认之利益者，皆应首先考虑该当事人对于相关标的具有保险利益的可能。不合法的标的所承载的经济利益不为法律所承认，该标的以及有关的非法利益即使损失，也不构成法律意义上的“损失”。例如，当事人非法持有的枪支、毒品，或者通过盗抢而获得的财物，虽然可以通过非法交易兑换成金钱，但是当事人持有上述物品的非法性决定了有关利益不能为法律承认，因此，上述物品不能作为保险合同的标的，该物品所承载的利益也不能构成保险利益。以非法产品投保，因不具有保险利益，保险公司有权拒绝。

【案例1－23】 广东琪田农药化工有限公司与中国人民财产保险股份有限公司深圳市分公司、马某某保险合同纠纷再审案

最高人民法院认为，广东琪田农药化工有限公司（以下简称琪田农药公司）生产440包（每包25千克）果保Ⅱ号可湿性粉剂的行为，违反了相关法律规定，因而不具有法律承认的利益，对该项保险标的也就不具有保险利益。广东省高级人民法院（2005）粤高法民一终字第49号民事判决认定受损的果保Ⅱ号可湿性粉剂是已经完成了实质生产过程的农药产品，琪田农药公司对受损的果保Ⅱ号可湿性粉剂不具有保险利益，判令驳回琪田农药公司的诉讼请求是正确的，应予维持。[2]

关于货物运输中保险利益认定，在货物运输关系中，承运人并非承运货物的所有权人，承运人负有把承运货物安全运到指定地点的义务，对运输过程中货物的毁损、灭失等应承担赔偿责任，这应视为对其所运输的货物具有实质的经济利益。在这种情形下，承运人进行投保就是为了为分散风险，弥补运输过程中可能出现的种种事故而受到的财产损失。严格地讲，承运人与所有权人对其承运的货物存在不同的保险利益。保险利益存在复合性，即同一保险标的物存在有多个不同角度的保险利益。保险人分别针对不同的保险利益订立不同的保险合同，只要保险合同的订立不以赌博为目的，则应认定其具有保险利益。

【案例1－24】 芜湖安得物流股份有限公司诉中国太平洋财产保险股份有限公司佛山中心支公司保险合同纠纷案

二审法院认为，原审以芜湖安得物流股份有限公司（以下简称安得物流

---

〔1〕 参见最高人民法院中国应用法学研究所编著：《人民法院案例选》（月版）2009年第7辑（总第7辑），中国法制出版社2009年版，第65页。

〔2〕 参见最高人民法院审判监督庭编：《审判监督指导》2010年第2辑（总第32辑），人民法院出版社2010年版，第100～110页。

公司)与涉案货物不具有保险利益为由认定案涉《货物运输保险协议》无效不当,安得物流公司与中国太平洋财产保险股份有限公司佛山中心支公司(以下简称太保佛山公司)签订《货物运输保险协议》合法有效,诉争货物的损失系由约定的保险事故责任引起,太保佛山公司应按约定理赔。[1]

实践中,保险利益是否存在具有复杂性,且由法官行使自由裁量权。

【案例1-25】　绍兴市丁味商贸有限责任公司诉中国太平洋财产保险股份有限公司绍兴中心支公司保险合同纠纷案

本案中,原告提供的保险业务录入界面打印件反映出本案所涉保险为续保,并记载有保险单号。而根据原保险单的内容,本案保险标的有两项,分别为租赁房屋和存货。对于存货,原投保人绍兴市越城南汇食品配送中心将货物协议转让给原告所有,若存货已经发生物权变动,原告因对存货享有所有权而享有保险利益;若存货尚未发生物权变动,原告可依据协议约定,要求绍兴市越城南汇食品配送中心履行交付义务,原告则对存货具有期待获得物权的预期利益。况且,从本案查明的事实来看,原告公司与案外人绍兴市越城南汇食品配送中心实际由案外人沈某某投资经营,原投保人绍兴市越城南汇食品配送中心将存货以协议形式转让给原告,并由原告继续进行投保,符合常理,且可以解释在投保人不同的情况下,被告的保险业务录入界面中反映的却为"续保"。因此,原告对本案所涉保险标的物中的存货享有法律上承认的利益。至于租赁房屋,因系原告出租给案外人姜某某,姜某某具有对租赁房屋的占有、使用以及维持房屋结构和状态完好的利益需求,且在房屋因火灾烧毁后,姜某某实际赔付了出租人的房屋损失,故应当认为原告对涉案标的物中的租赁房屋亦具有保险利益。一审法院认定保险合同成立,判决保险公司承担保险责任。二审调解结案。[2]

对被保险人不享有所有权的保险标的作出被保险人不具有保险利益认定,是常态。被保险人对于实际占有的保险标的可以具有保险利益,但保险利益的存在以合法占有为前提。这里讲的合法占有包括两种情形,一是基于法律规定而占有,二是基于合同约定而占有。实践中,被保险人虽然实际占有他人名下的财产,但是该占有既未获得该财产所有权人的同意,也没有法律依据,应认定其占有不合法。在此情形下,因不具有保险利益,被保险人不应获得保险赔偿。

---

〔1〕　参见国家法官学院案例开发研究中心编:《中国法院2013年度案例》(保险纠纷),中国法制出版社2013年版,第143页。

〔2〕　参见最高人民法院中国应用法学研究所编:《人民法院案例选》2011年第2辑(总第76辑),人民法院出版社2011年版,第183页。

【案例1－26】 某财产保险公司北京分公司诉祝某保险合同纠纷案

判决观点，就本案而言，被保险车辆登记的所有人为万某，但被保险合同的投保人是甲公司，被保险人是祝某，据此作为保险标的的被保险车辆，存在所有人与占有人不是同一人的情形。占有人可以基于占有保险标的对保险标的具有保险利益，但以占有合法为前提。本案的实际情形是：一方面，祝某在审理本案的过程中，没有向法院提交证据证明，其与甲公司对被保险车辆的占有系合法的；另一方面，被保险车辆登记的所有人万某向法院陈述称，其对被保险车辆失去控制系由于他人将该车辆"强行开走"，其对此虽然无奈但不同意。据此法院判定，甲公司、祝某对于被保险车辆的占有不具有合法性，因此他们对于被保险车辆均不具有保险利益，判决祝某退还保险公司保险金114,845.4元。[1]

关于保险利益与保险价值关系问题，保险价值是财产损失保险中特有范畴，不适用于责任保险，当然更不适用于人身险。在法之本质上，保险价值不是对保险标的物的货币评价，而是对保险利益的货币评价，体现保险价值的是保险利益之价值。有学者认为，保险价值是被保险人对保险标的物所享有的保险利益之价额。除非双方当事人另有约定，保险价值应被认定为保险事故发生时替换或修理费用减去保险标的物折旧之费用。[2]

保险标的物范围的具体认定关系到保险利益认定，是司法实践应把握问题之一。

3. 保险利益界定的时间点

保险利益存在的时间，是指保险利益存在、起算的时间，人身保险与财产保险二者界定的时间点不同。

关于人身保险利益的界定时间，投保人在保险合同订立时，对被保险人应当具有保险利益，订立后投保人丧失保险利益的，原则上不应影响保险合同的效力，保险事故发生时是否具有保险利益在所不问。在保险合同成立后，如果出现某些特定情形导致投保人不再对被保险人具有保险利益，如夫妻离婚、解除收养、解除劳动关系，被保险人由同意投保转为不同意投保等，均不能导致合同自始无效的结果发生。最高人民法院法官认为，在人身保险合同中，投保人在保险合同成立后丧失保险利益的，保险合同仍然继续有效。[3] 也就是说，人身保险合同中，保

---

〔1〕 参见刘建勋：《保险法典型案例与审判思路》，法律出版社2012年版，第72页。

〔2〕 参见樊启荣、康雷闪：《保险价值之法本质及功能解释》，载《法学》2013年第4期。

〔3〕 参见最高人民法院保险法司法解释起草小组编著：《〈中华人民共和国保险法〉保险合同章条文理解与适用》，中国法制出版社2010年版，第214页。

险利益是否存在以保险合同订立的时间为判断时间点,并不要求保险利益在整个保险合同存续期间都存在。

【案例1-27】 王某诉某保险公司保险合同纠纷案

判决观点,张某以其受某国建筑公司委托为该公司招收、组织劳务人员出国打工为由,通过服务公司招收王某等人出国打工,张某与王某之间因出国劳务事项形成雇佣关系,且张某在与王某所签订的《劳务协议书》中明确约定为王某办理人身意外保险,这可以说明王某同意为其投保,应认定作为投保人的张某对被保险人具有保险利益。张某与保险公司签订的保险合同,是双方当事人的真实意思,且不违反法律、行政法规的强制性规定,合法有效。人身保险合同的投保人在保险合同订立后,失去其在订立保险合同时所具有的保险利益,但不影响已经订立的人身保险合同的效力。王某被遣返回国后,自行去打工,虽在事实上终止了与投保人在保险合同订立时存在的雇佣关系,但保险合同中工种栏原先所涉及的职业并没有改变。保险公司关于王某回国后与投保人不存在雇佣关系,回国后打工风险增加未通知保险人,未与保险人协商调整保险费,王某所受伤害不在其保险范围的辩称意见,法院也不予采信。法院判决支持王某家人的诉讼请求。[1] 应予说明的是,本案法院依据张某与王某之间存在雇佣关系认定保险利益,并在二者雇佣关系终止后认定保险利益丧失,并不十分妥当。当然,由于保险利益丧失不影响保险合同效力,该瑕疵并不影响案件的审理结果。

关于财产保险利益界定时间,财产保险的被保险人应在保险事故发生时,对保险标的具有保险利益。现代保险理论普遍认为,保险利益一般要求在保险事故发生时存在,而并不要求在投保时存在。所以,在财产保险合同中,保险利益应存于被保险人。或者说,对于财产保险合同,被保险人对保险标的不仅在投保前享有所有权,且在投保后、保险事故发生时具有保险利益,应认定其对保险标的具有保险利益,保险合同有效。

【案例1-28】 叶某诉中华联合财产保险股份有限公司等保险合同纠纷案

二审法院认为,叶某以个人身份与中国农业银行兵团分行乌鲁木齐城西支行签订了机动车辆(挖掘机)消费借款合同,并在公证处将本案所涉的PC220-6型挖掘机办理抵押登记,公证抵押登记及挖掘机销售发票记载机主为叶某,按揭贷款之还款人亦为叶某。因此,本案无论是机动车辆消费贷款保险合同,抑或是机动车辆保险合同,合同的相对方均是上诉人保险公司

---

〔1〕 参见林海权:《人身险投保人于合同存续期间丧失保险利益的法律效果》,载谢宪、李友根主编:《保险判例百选》,法律出版社2012年版,第199页。

与被上诉人叶某。叶某虽与建工五建签订有“协议”,但该“协议”不能对抗公证登记记载的效力,且叶某与建工五建之间的“协议”与本案系不同的法律关系。故叶某对本案所涉保险标的具有法律上承认的利益。上诉人保险公司称被上诉人叶某对保险标的无保险利益,本案所涉保险合同无效的上诉理由不能成立,二审法院不予支持。[1]

被保险车辆在保险期内转让,发生保险事故后,被保险人无保险利益。

【案例1-29】 马某诉安邦财产保险股份有限公司云南分公司保险合同纠纷案

判决观点,依照《保险法》第四十八条的规定,本案保险事故发生时,被保险人蔡某某已经将作为保险标的的云C10186的东风牌大型货车转让给原告,蔡某某对保险标的不再具有保险利益,故被告只能向原告(车上人员)马某赔偿保险金,其向蔡某某支付的人民币11,993.71元不能视为对原告的赔偿。[2]

应注意的是,保险人以被保险人对保险标的不具有保险利益为由主张不承担责任的,应慎重对待,具体分析。投保人投保的保险标的虽存在物权上的瑕疵,但在发生保险事故时,其已具备了合法的物权,应视为有保险利益。保险标的物出险时虽存在物权上的瑕疵,但投保人实际占有该保险标的并具有经济上的利益,且投保人占有该保险标的并不违反法律强制性规定和公序良俗,亦应视为有保险利益。

4. 保险利益疑难问题

关于保险利益竞合问题,由于同一保险标的上可能存在不同的保险利益,不同投保人可能会为同一保险标的基于不同被保险人的保险利益投保多份保险,保险事故发生损及同一主体时,源于不同保险利益的多个承保主体可能存在同时理赔的情形,也就是所谓的保险竞合。[3] 实践中,最常见、最典型的竞合是财产损失险与财产责任险的竞合,及财产损失险与抵押物信用保险的竞合。对于保险竞合,现行法律没有规定,主流观点和实际处理为应根据不同险种的性质进行裁量。

关于财产险种与被保险人保险利益不一致问题,在保险市场上,并非所有的

---

〔1〕 参见最高人民法院中国应用法学研究所编:《人民法院案例选》2009年第2辑(总第68辑),人民法院出版社2009年版,第322页。

〔2〕 参见国家法官学院案例开发研究中心编:《中国法院2013年度案例》(保险纠纷),中国法制出版社2013年版,第108页。

〔3〕 参见最高人民法院民事审判第二庭编:《保险案件审判指导》(增订版),法律出版社2018年版,第70页。

保险利益都有其相对应的险种。如果某种保险利益没有相对应的险种，该保险利益的主体为转移风险，只能投保与其保险利益不一致的险种，保险公司基于自身业务扩展也愿意承保该类保险，此时形成投保险种与其所欲保障的保险利益不对称。另一种不一致的情形是，有的保险利益虽然有相对应的保险产品，因不同保险产品其风险不同费率不同，有的投保人为降低成本，投保风险大费率低的产品。有法官认为，保险事故发生时，被保险人对保险标的具有的保险利益与保险人所承保险种的保险利益不相符的，被保险人主张保险人依保险合同约定承担保险责任的，人民法院应不予支持。因投保的险种与被保险人的保险利益不相符，导致被保险人无法获得赔偿，保险人对此有过错的，被保险人可以诉请保险人承担缔约过失责任或者侵权责任。值得注意的是，保险人有证据证明投保人、被保险人存在过错，主张依据投保人、被保险人的过错程度减轻或者免除赔偿责任的，亦应予以支持。[1] 对此类纠纷，司法实践中存在不同观点，法院执法尺度不同，有待于加大探索，不断总结实践经验。

不同主体对于同一保险标的可以具有不同的保险利益，可就同一保险标的投保与其保险利益相对应的保险险种，成立不同的保险合同，并在各自的保险利益范围内获得保险保障，从而实现利用保险制度分散各自风险的目的。可保利益不同，可以投保的保险类别亦不同，不能相互替代。

【案例1-30】 中国平安财产保险股份有限公司江苏分公司诉江苏镇江安装集团有限公司保险人代位求偿权纠纷再审案

再审法院认为，因发包人和承包人对保险标的具有不同的保险利益，只有分别投保与其保险利益相对应的财产保险类别，才能获得相应的保险保障，二者不能相互替代。首先，发包人华东联合制罐有限公司（以下简称华东制罐公司）和华东联合制罐第二有限公司（以下简称华东制罐第二公司）作为保险标的的所有权人，其投保的安装工程一切险是基于对保险标的享有的所有权保险利益而投保的险种，旨在分散保险标的的损坏或灭失风险，性质上属于财产损失保险；附加险中投保的“内陆运输扩展条款A”约定“保险公司负责赔偿被保险人的保险财产在中华人民共和国境内供货地点到保险单中列明的工地，除水运和空运以外的内陆运输中因自然灾害或意外事故引起的损失”，该项附加险在性质上亦属财产损失保险。江苏镇江安装集团有限公司（以下简称镇江安装公司）并非案涉保险标的所有权人，不享有所有权保险利益，其作为承包人对案涉保险标的享有责任保险利益，欲将施工过程中可能产生的损害赔偿责任转由保险人承担，应当投保相关责任保险，而不

〔1〕 参见最高人民法院民事审判第二庭编：《商事审判指导》2016年第4辑（总第43辑），人民法院出版社2017年版，第70～73页。

能借由发包人投保的财产损失保险免除自己应负的赔偿责任。其次,发包人不认可承包人的被保险人地位,案涉《安装工程一切险投保单》中记载的被保险人为华东制罐公司及华东制罐第二公司,并明确记载承包人镇江安装公司不是被保险人。因此,镇江安装公司关于"由发包人向平安财险公司投保的业务,承包人也应当是被保险人"的答辩意见,不能成立。《建设工程施工合同》明确约定"运至施工场地内用于工程的材料和待安装设备,由发包人办理保险,并支付保险费用"及"工程分包不能解除承包人任何责任与义务,分包单位的任何违约行为或疏忽导致工程损害或给发包人造成其他损失,承包人承担连带责任"。由此可见,发包人从未作出在保险赔偿范围内免除承包人赔偿责任的意思表示,双方并未约定在保险赔偿范围内免除承包人的赔偿责任。最后,在保险事故发生后,被保险人积极向承包人索赔并向中国平安财产保险股份有限公司江苏分公司(以下简称平安财险公司)出具了权益转让书。根据以上情况,镇江安装公司以其对保险标的也具有保险利益,且保险标的所有权人华东制罐公司和华东制罐第二公司已投保财产损失保险为由,主张免除其依建设工程施工合同应对两制罐公司承担的违约损害赔偿责任,并进而拒绝平安财险公司行使代位求偿权,没有法律依据,不予支持。〔1〕

实践中,面对保险利益与投保险种不符合或不易直接识别财产保险合同纠纷中承担保险责任的依据时,不应简单以投保的保险名称直接确定财产保险性质,应当综合保险利益原则以及合同目的解释方法认定是否承担保险责任或承担何种保险责任。

【案例1-31】 北京燕房华兴仓储有限公司诉中国人民财产保险股份有限公司北京市燕山支公司等保险合同纠纷案

二审法院认为,在保险合同双方当事人意思表示形成一致的情况下,应当结合合同目的,尊重当事人意思表示,以此判断案涉库存商品的保险性质。燕房公司向保险公司投保的目的,是希望在发生保险事故造成库存商品损失时,能够将自己对第三方货主承担的赔偿责任的风险,转移由保险人承担。燕房公司对于库存商品并不具有物权,仅是基于其与货主之间的仓储保管合同关系,对于仓储商品具有保管义务;在保险事故发生时,仓储商品发生毁损灭失的,燕房公司并不直接产生物权意义上的损失,虽然"财产保险基本险"从字面意义上看是为库存商品的物品损失提供保障,实际上是基于所负的保

〔1〕 最高人民法院指导案例第74号。江苏省高级人民法院(2012)苏商再提字第0035号民事判决书。

管义务产生对于货主承担的赔偿责任。因此,对于燕房公司而言,在保险公司发生之时,其对保险标的物享有的保险利益是弥补其赔偿责任损失的责任利益。[1] 本案是责任保险,而非财产保险。

关于保险利益影响保险合同的效力,如欠缺保险利益的保险合同效力、保险合同存续期间丧失保险利益的情况下保险合同的效力等阐述见“保险合同效力纠纷”专题。

(三)损失补偿原则

损失补偿原则,是指当保险事故发生并使被保险人遭受损失时,保险人必须在其承担的保险金给付义务范围内履行合同义务,对被保险人所受实际损失进行填补。损失补偿原则是财产保险适用的一项重要原则,保险人履行给付义务旨在弥补被保险人因承保危险发生的所失去的利益,被保险人不能因保险给付义务的履行而获得额外利益。具体内容有二:其一,被保险人只有遭受损失后,才能要求补偿。其二,保险人承担的保险金应该与损失基本一致。赔付范围为承保风险内被保险人遭受的实际损失,主要是保险事故发生时保险标的的直接损失,如维修费用、重置费用等,一般不包括间接损失,如贬值损失、交通费、误工费、违约损失等,但保险合同另有约定的除外。保险领域内的损失补偿原则,目的在于避免道德风险,防止被保险人为获得超过实际损失的保险赔偿而追求保险事故的发生。

损失补偿原则适用于财产保险,人身保险原则上不适用该原则。从人身保险合同的性质看,损害补偿原则不存在必然适用的基础。人身保险是以人的身体和生命作为保险标的,在保险有效期限内,当被保险人死亡、伤残、疾病或者达到保险合同约定的年龄期限时,保险人依照约定给付保险金的一种保险。人身保险合同的保险利益为被保险人的生命和身体,其价值不能用金钱予以准确衡量,受损利益与所得利益的大小无法比较。尽管保险事故发生后被保险人或受益人可能会获得大大高于保险费的赔偿,但被保险人同时也是保险标的,被保险人一般不会以自己的身体健康为赌注博取保险金,故人身保险实无适用损害补偿原则之必要。从请求权基础讲,被保险人或受益人向第三者请求损害赔偿系基于损害赔偿之债,被保险人或受益人向保险公司主张保险金则系基于保险合同之债。损害赔偿之债是因侵权人的侵权行为而产生的法定之债,其适用的侵权法上的补偿性原则,填补被害人的损失。而保险合同是有偿合同,投保人以支付保险金为对价,不

[1] 参见国家法官学院、最高人民法院案例研究院编:《中国法院2020年度案例》(保险纠纷),中国法制出版社2020年版,第105~106页。北京市第二中级人民法院(2018)京02民终10616号民事判决书。

受侵权法补偿性原则的限制。该两种请求权之间不存在民法上的补充性关系，权利人可以同时主张。从现行法律规定说，《保险法》对财产保险合同适用损害补偿原则作出了明确规定，但却未规定人身保险合同适用损害补偿原则。该法第四十六条规定："被保险人因第三者的行为而发生死亡、伤残或者疾病等保险事故的，保险人向被保险人或者受益人给付保险金后，不享有向第三者追偿的权利，但被保险人或者受益人仍有权向第三者请求赔偿。"从该条规定看，其对被保险人已从第三者处获得赔偿后能否再向保险公司主张保险金请求权虽未作出明确规定，但也未禁止被保险人或受益人同时主张损害赔偿请求权与保险金请求权。也就是说，损失补偿原则上不适用于人身保险合同，被保险人或受益人从第三者处获得赔偿并不能免除保险人支付保险金的义务，但不能排除约定的例外情况。

实践中，将人身险与财产险相混同，而错误适用损失补偿原则的现象时有发生。

【案例1－32】 陈某某诉中国人民人寿保险股份有限公司灵山县支公司人身保险合同纠纷案

二审法院认为，对于人身保险合同是否适用损失补偿原则和不盈利原则，《保险法》并没有限制人身保险的重复投保，也没有规定重复投保的情况下各保险人赔偿保险金的总和不得超过损失。且按照《保险法》第四十六条"被保险人因第三者的行为而发生死亡、伤残或者疾病等保险事故的，保险人向被保险人或者受益人给付保险金后，不享有向第三者追偿的权利，但被保险人或者受益人仍有权向第三者请求赔偿"的规定，人身保险合同是不适用保险补偿原则和不盈利原则的。上诉人主张人身保险合同适用保险补偿原则和不盈利原则，没有法律依据。[1]

学生平安险属于人身险，故也不适用损失补偿原则。

【案例1－33】 邓某诉中华联合财产保险股份有限公司四川分公司金堂营销服务部人身保险合同纠纷案

判决观点，原告在被告处投保的学生平安险，是在被保险人因疾病或遭受意外伤害造成死亡或身体残疾时，由保险人按约定给付保险金的保险，属于人身保险。其中意外伤害保险和附加意外伤害医疗险，是以被保险人身体因遭受意外伤害并需要治疗为给付保险金条件的保险，其性质亦属人身保险。由于被保险人的生命、健康遭受损害，其损失是无法用金钱衡量和弥补

〔1〕 参见国家法官学院案例开发研究中心编：《中国法院2016年度案例》（保险纠纷），中国法制出版社2016年版，第154页。广西壮族自治区钦州市中级人民法院（2014）钦民一终字第247号民事判决书。

的，被保险人或受益人获得双重赔偿，并不会产生所获赔偿超过所受损失的问题。依据《保险法》第四十六条的规定，无论原告的残疾赔偿金和后续治疗费是否在第三人处获得了赔偿，被告仍应向被保险人支付保险金。〔1〕

被保险人自行投保附加意外医疗保险，其已向商业险保险公司报销的医疗费，仍可向侵权人主张赔偿。

【案例1-34】　程某诉刘某交通意外事故赔偿纠纷案

判决观点，被告刘某应在其过错范围内对程某的损失承担赔偿责任。因程某在中国人寿保险公司自行购买的附加意外伤害医疗保险属商业保险中的人身保险，程某在向保险公司报销了相应医疗费后，仍有权向被告主张赔偿，但原告程某报销费用总额中包括被告刘某所支付的部分医疗费，应按相应比例予以扣除。〔2〕

《保险法》没有区分定额给付型与费用补偿型保险，将所有健康保险与意外伤害保险统统排列在人身险一节，形成一种所有健康保险与意外伤害保险一概纳入人身险范畴的表象，易误导法官和社会公众得出损失补偿原则根本不适用于人身险的结论。被《保险法》归为人身保险业务范畴的健康保险与意外伤害保险，在现实中都可分为定额给付与费用补偿两种类型。其中费用补偿型的保险，保险人在保险事故发生后按照约定补偿被保险人的费用支出或减少的收入，保险功能在于填补保险事故造成的被保险人的财产损失，因而具有财产保险的属性与特征，应当适用损失补偿原则。有学者认为，采用补偿方式的医疗保险从形式上看似乎属于人身保险，但实质上是一种费用损失的保险，应属于财产保险性质，适用损失补偿原则。〔3〕也有学者认为，固然人的生命和身体无法用金钱来衡量，但人身保险的补偿功能与财产保险并不相同，保险人补偿的并不是被保险人的生命和身体，而是因保险事故所失去的经济利益，这种经济利益虽然很难准确估计，但无疑是可以补偿的。实务中，往往由投保人与保险人在订立保险合同时，通过约定保险金额的方式确定补偿标准。〔4〕笔者认为，根据现行法律的规定，损失补偿原则不适用于人身险是原则，但应有例外。实践中，在人身险中并未区分费用补偿型的健康保险与意外伤害保险，一概排斥损失补偿原则适用的现象普遍存在。

---

〔1〕参见国家法官学院案例开发研究中心编：《中国法院2014年度案例》（保险纠纷），中国法制出版社2014年版，第5页。四川省成都市金堂县人民法院（2012）金堂民初字第1820号民事判决书。

〔2〕参见北京市高级人民法院编：《审判前沿——新类型案件审判实务》2012年第2集（总第44集），法律出版社2013年版，第91页。

〔3〕参见温世扬主编：《保险法》，法律出版社2003年版，第348页。

〔4〕参见方乐华：《保险与保险法》，北京大学出版社2009年版，第294页。

【案例1－35】 李某某诉西陵人保公司人身保险合同纠纷案

二审法院认为，损失补偿原则不适用于人身保险，当然也不适用于本案中属于人身保险的意外伤害医疗保险。[1]

【案例1－36】 冯某某诉光大永明人寿保险公司保险合同纠纷案

判决观点，人身意外伤害保险不适用损失补偿原则。原告冯某某因涉案交通事故受伤后，在已经获得交通事故肇事司机赔偿的情况下，可以再向被告光大永明人寿保险公司主张保险理赔，光大永明人寿保险公司应依照保险合同给予保险理赔。[2]

在实践中法院也将附加意外伤害医疗保险和附加住院医疗保险划入人身险范畴，拒绝适用损失补偿原则。

【案例1－37】 庄某某诉中国人寿保险股份有限公司人身保险合同纠纷案

二审法院认为，本案中的“附加意外伤害医疗保险”和“附加住院医疗保险”应属人身保险范畴。“损失补偿原则”不适用于人身保险，当然也不适用于本案中属于人身保险的“附加意外伤害医疗保险”和“附加住院医疗保险”。[3]

费用补偿型的健康险与意外险纠纷案件不适用损失补偿原则的结果为，费用补偿型健康险、意外险的被保险人，可以同时获得商业保险或社会保险与侵权人的重复赔偿，在客观上造成了被保险人由于发生保险事故而获利的情况，进而为道德风险的发生提供了空间。[4]

在交通事故中，受害人基于侵权获得赔偿后，仍有权向其投保人寿险的保险公司请求赔付保险金。

【案例1－38】 杨某某诉中国人寿保险股份有限公司江门分公司保险合同纠纷案

二审法院认为，杨某某发生交通事故后，其医疗费已从第三方中国太平洋财产保险股份有限公司江门中心支公司获得足额赔付，但杨某某的该赔偿请求是依据杨某某与侵权人之间产生的侵权法律关系。杨某某要求中国人寿保险股份有限公司江门分公司赔偿保险金，是依据双方之间签订的保险合同产生的合同法律关系。同时，杨某某与中国人寿保险股份有限公司江门分

〔1〕 参见《最高人民法院公报》2006年第7期。

〔2〕 参见《最高人民法院公报》2007年第11期。

〔3〕 最高人民法院中国应用法学研究所编：《人民法院案例选》2012年第2辑（总第80辑），人民法院出版社2012年版，第202页。

〔4〕 参见刘建勋：《保险法典型案例与审判思路》，法律出版社2012年版，第99页。

公司签订的保险合同并未约定,若被保险人从第三人处获得赔偿后,保险人不再给付相应的保险金。〔1〕

实践中,对损失补偿原则在人身险中是否存在例外情况,仍有争议,学者们仍在探索。

【案例1-39】 徐某某诉中国平安财产保险股份有限公司海盐支公司保险合同纠纷再审案

原告徐某某驾驶摩托车与案外人苏某某驾驶的轿车发生交通事故,并从中国平安财产保险股份有限公司海盐支公司及苏某某处获得交通事故赔偿款共计54,161.88元(其中包括医疗费8230.24元)。之后,原告到被告处理赔个人人身意外伤害医疗保险时遭到拒绝,故诉至法院,请求判令被告支付其人身意外伤害医疗保险金2000元。本案审理中就是否适用损害补偿原则出现三种观点。第一种观点认为应当适用,主要理由为被保险人不能通过保险而获得额外利益,否则将违反公平原则,也易滋生道德风险。第二种观点认为不应适用,主要理由为人身保险的保险标的是无法估价的人的生命或身体机能,被保险人或受益人依照人身保险合同请求给付保险金,并不会发生双重赔偿和不当得利。第三种观点则认为不能一概而论,应根据保险合同的性质来决定,即原则上人身保险并不适用损害补偿原则,被保险人或受益人从第三者处取得赔偿并不能免除保险人支付保险金的义务,但不排除约定的例外情况。承办法官同意第三种观点。一些保险合同中约定"被保险人、受益人自第三者处获得赔偿后不再享有保险金给付请求权",该类条款从内容上来看恰恰是损害补偿原则的体现,对其效力在实践中也存在否定与肯定两种观点。该法官认为,法律未明确规定被保险人自第三者处获赔后仍有权主张保险金,该类条款并未违反法律强制性规定,而且该类保险的目的在于补偿被保险人的医疗费用等损失,如果保险人对于该条款已尽到明确说明义务,则应认可该约定的效力。〔2〕

损失补偿原则是否适用于商业医疗保险目前仍存在争议。保险界认为,依据《保险法》第四十六条的规定,损失补偿原则不适用于第三者行为引起损失的人身保险,但不能由此推出损失补偿原则也不能适用于其他类型的人身保险。而《保险法》对于其他类型人身保险是否适用损失补偿原则没有作出规定,因此,也不能说这些类型的人身保险就应当适用损失补偿原则,这就给保险合同当事人在

---

〔1〕 参见国家法官学院案例开发研究中心编:《中国法院2013年度案例》(保险纠纷),中国法制出版社2013年版,第159页。

〔2〕 参见王海燕:《人身保险合同损害补偿原则的适用》,载《人民法院报》2012年5月30日,第7版。

合同约定上留下了空间。在《保险法》没有作出明确规定的情况下，保险公司在实际操作中可以在保险条款中加入相关的约定，如在保险单上列明只对剩余的医疗费用给予补偿等。当然，在这种情况下，还有必要根据购买公费医疗和社会保险的情况对被保险人加以区分，实行差别定价，以求公平。[1]

【案例1－40】 柯某某诉中国人寿喀什分公司保险合同纠纷案

判决观点，在医疗保险中，如果保险合同未明确约定保险人只对扣除社保机构支付医疗费用后的部分进行赔付，则保险人不得按照扣除社保机构支付的医疗费的金额给付医疗保险金。[2] 笔者认为，医疗费用保险不适用补偿原则，但保险合同可以另有约定，且由保险人履行明确说明义务。

损失补偿的范围，通说认为应当包括实际损失和合理费用两大部分，即不仅应当赔偿实际发生的损失，对于保险事故发生后，被保险人因尽减损义务而进行施救以及按照保险人的要求为特定行为（如协助保险人勘验事故，保险标的的检验、估价、出售等）所支出的合理费用，保险人也应当赔偿。

损失补偿原则也有适用的限制。基于损失补偿原则，保险公司通过保险赔付，填补其承保的危险所造成的损害结果。财产保险标的的损毁，如果并非保险人承保的危险所造成的，即不是保险责任意义上的损失，保险公司对该损毁不承担填补义务。

（四）近因原则

近因原则在我国《保险法》中虽然没有明文规定，但却在司法实践中得到承认，同时，这也是世界各国所公认的保险法的基本原则。[3] 在保险法理论上，一般认为近因原则是我国保险合同法的基本原则之一。[4]《保险法解释（三）》第二十五条规定，即是近因原则的体现。

所谓近因，是指引起保险标的损失的最直接的、最有效的，起决定性作用的因素。[5] 对于同时发生且相互独立的多种原因的情况，任何一个原因都可以导致

---

〔1〕 参见恒安标准人寿保险有限公司法律部编著：《人身保险法律实务解析》，法律出版社2012年版，第36页。

〔2〕 参见最高人民法院中国应用法学研究所编：《人民法院案例选》2005年第2辑（总第52辑），人民法院出版社2006年版，第285页。

〔3〕 参见最高人民法院民事审判第二庭编著：《最高人民法院关于保险法司法解释（三）理解与适用》，人民法院出版社2015年版，第577～578页。

〔4〕 参见偶见：《"意外伤害"构成研究》，载《上海保险》2009年第2期。

〔5〕 参见张洪涛、郑功成主编：《保险学》，中国人民大学出版社2004年版，第51页。

损失发生,故均被认定为近因。[1] 有学者认为,保险法上的近因原则,是指在分析、判断危险事故与损害结果之间因果关系的基础上,确定何为近因,并在审核近因是否为保险事故的基础上,决定是否承担保险责任的原则。[2] 也就是说,保险关系上的近因,并非是指在时间上或空间上与损失最接近的原因,而是指造成损失的最直接、最有效的、起主导作用或支配作用的原因。近因原则是保险法的基本原则之一,其含义为只有在导致保险事故的近因属于保险责任范围时,保险人才应承担保险责任。保险事故的发生与损失结果的形成,需要有直接的因果关系(近因),保险人才对损失负赔偿责任。我国现行《保险法》未直接规定近因原则,英美法上所称的近因原则,在我国法律上称为因果关系。在司法实践中,近因原则已成为判断保险人是否应承担保险责任的一个重要标准。有学者认为,近因原则也应采用有条件的"相当因果关系"学说来确定保险事故发生的近因,主要通过原因力来判断,并不含有法律价值的判断。[3]

对于单一原因造成的损失,单一原因即为近因;对于多种原因造成的损失,持续地起决定或有效作用的原因为近因。如果该近因属于保险责任范围内,保险人应承担保险责任。判断近因的原则是,近因不是最近的原因,而是造成事故最直接、最有效的原因。

【案例1-41】　赵某某等诉中国人民财产保险股份有限公司漳州市分公司营业部保险合同纠纷案

二审法院认为,虽然刘某某在交通事故中所受的损伤为非致命性外伤,但尸体检验报告书并未对刘某某猝死的原因进行进一步分析,被告也未能举证证明刘某某生前具有某种疾病或本案交通事故的发生具有《中国人民财产保险股份有限公司机动车驾驶人员意外伤害保险条款》责任免除情形,据此,可以认定该交通事故的发生是刘某某猝死的近因。[4]

【案例1-42】　戴某某等诉曾某某、中国大地财产保险股份有限公司福建分公司等交通事故损害赔偿纠纷案

一审法院认为,在本次交通事故中,被告曾某某因违章驾驶致事故发生,造成郎某某全身多处损伤,因"外伤后6小时,心慌、气短4小时",经"120"送至厦门市第二医院治疗,后抢救无效死亡。且福建鼎力司法鉴定中心出具

---

[1] 参见最高人民法院民事审判第二庭编著:《最高人民法院关于保险法司法解释(三)理解与适用》,人民法院出版社2015年版,第583页。

[2] 参见方乐华:《保险与保险法》,北京大学出版社2009年版,第307页。

[3] 参见许崇苗:《保险法原理及疑难案例解析》,法律出版社2011年版,第79页。

[4] 参见国家法官学院案例开发研究中心编:《中国法院2012年度案例》(保险纠纷),中国法制出版社2012年版,第124页。

了临床法医学司法鉴定书，载明“郎某某入院时有明确的外伤时，不存在非外伤性危及生命的危重病症”，并确认郎某某的死亡和外伤存在一定的因果关系，可以认定郎某某因交通事故死亡。因此，大地保险服务部作为保险人，应当在第三者责任强制保险限额内承担赔偿责任，大地保险支公司、中国大地财产保险股份有限公司福建分公司承担连带赔偿责任。二审法院持同样态度。[1]

【案例1－43】 北京某某综合超市股份有限公司诉中国人民财产保险股份有限公司某某分公司公众责任险纠纷案

在本案中，对于引起责任事故的近因双方争议较大，保险公司认为某某超市存在电梯超载现象，保险事故的发生是电梯超载造成的，电梯超载是该保险事故的近因。而依据附加电梯责任条款的规定，电梯超载属于责任免除的范围，因此保险公司拒绝赔偿。庭审中，保险公司代理人对电梯最大承载人数进行了具体的数据分析，最终结论是每部电梯不应超过120人，两部电梯最多承载240人，依据某某超市开业当天顾客总人数，可以推断出当时共有四五百人，每部电梯的人数在200人以上。某某超市指出，四五百人是总人数，并不是站在电梯上的人数，电梯超载只是保险公司的主观猜测，没有事实依据。保险事故的近因是“电梯运行中的突然故障即电梯在运行过程中忽然倒转”。其依据是辽宁省沈阳市皇故区人民法院（2004）沈皇民一初字第550号调解书以及受害人对事实的描述。承办法官认为，保险公司对事故当天电梯实际承载人数的数据分析，由于仅限于推理、缺乏事实依据，所以不予采信。保险公司对于保险事故近因是“电梯超载”而要求责任免除的抗辩不能成立。[2]

实践中，当存在多个原因时，近因认定是一个疑难问题。确定近因必须具体分析，可能有多个原因导致损害发生，也可能只有一个原因，而这个原因本身也有其原因，但只有对损害发生起决定作用的原因才是近因。对于近因的认定方法，学者主张采取逻辑顺推理或逻辑逆推理的方法。[3] 逻辑顺推理与逻辑逆推理二者的着眼点不同，逻辑顺推理是从最初事件出发依次向下推理，而逻辑逆推理是从保险标的受损的结果沿时间链条逆向推理。也有学者提出，对于同时发生的多

---

〔1〕 参见最高人民法院中国应用法学研究所编著：《人民法院案例选》（月版）2010年第3辑（总第15辑），中国法制出版社2010年版，第3页。

〔2〕 参见北京市高级人民法院编：《审判前沿——新类型案件审判实务》2008年第4集（总第22集），法律出版社2008年版，第126页。

〔3〕 参见任自力主编：《保险法学》，清华大学出版社2010年版，第67～68页；马宁主编、肖新喜等撰稿：《保险法理论与实务》，中国政法大学出版社2010年版，第87～88页。

种原因造成的损害，首先，应按照近因原则所采用的因果关系理论进行定性分析，确定造成损害的近因；其次，进行定量分析，依据对损害后果发生的原因力的大小确定保险人承担保险责任的比例。[1]

【案例1－44】　叶某诉保险公司保险合同纠纷案

判决观点，本案中，先后发生的保险车辆侧覆的这一保险事故与保险车辆修理过程中未正确处理的行为都是造成保险车辆损坏的原因，根据鉴定结论，后一原因是导致保险车辆发动机损坏的直接的、起决定作用的原因，并且对发动机损坏结果起到独立的、决定性的作用，该原因并非属于保险公司的保险责任范围。保险公司对于保险合同约定的保险事故承担保险责任，因修理质量所发生的损失属于叶某与修理单位之间的纠纷。故法院对叶某的诉讼请求不予支持。[2]

在多个原因共同作用导致损害结果发生的情形下，各个原因并非是相互独立的，而是存在内在必然联系的，要准确确定导致损害发生的近因。有学者认为，在特殊情况下认定近因时，为体现公平原则，可以借助"实质诱发"理论或者"比例因果关系"等理论，对传统"因果关系"理论进行修正。如果近因对损害后果发生的原因力小于50%，要求保险人承担全部保险责任是不公平的，需要进行定量分析。[3] 以时间先后顺序为标准，可分为连续原因造成损害结果和间断原因造成损害结果两种。前者指造成保险标的最终损害结果的数个原因之间，既存在时间上的先后顺序，又具有一定程度的内在因果关系。后者指造成保险标的最终损害结果的数个原因之间，虽然存在时间上的先后顺序，但其间的因果关系断裂，后因既不是前因的合理延续，也不是前因的自然延长的结果，在此情况下近因的认定在实践中是疑难复杂的问题。

【案例1－45】　上海名家敬老院诉都邦财产保险股份有限公司上海分公司保险合同纠纷案

判决观点，对于第二个争议焦点，即被保险人骨折、肺部感染与死亡之间是否具有因果关系，确认保险责任承担与否的关键是确定保险损因是否属于保险承保的范围，而认定本案因果关系的关键在于确认该案的损因是意外骨折还是肺部感染。被保险人摔跤导致骨折而后卧床治疗，在生病护理期间导致了肺部感染，进而因肺部感染导致最终死亡。从表面来看，似乎肺部感染强行介入了保险事故发生原因，从而切断了最初原因骨折和死亡之间的联

---

〔1〕参见许崇苗：《保险法原理及疑难案例解析》，法律出版社2011年版，第147页。

〔2〕参见安凤德主编：《保险合同纠纷诉讼指引与实务解答》，法律出版社2013年版，第132页。

〔3〕参见许崇苗：《保险法原理及疑难案例解析》，法律出版社2011年版，第145页。

系，且被告举证骨折和肺部感染之间没有必然联系，但是在实际情况下，受伤卧床极易导致肺部感染并且肺部感染存在一定的概率导致死亡，而且被保险人作为年事已高的老人，三者之间存在因果联系的可能性较高。本案中，意外骨折和肺部感染都是导致被保险人胡某某死亡的原因，意外骨折和肺部感染作为保险事故发生的连续的原因，有先后之分。骨折虽然不是死亡的直接原因，但是确实导致肺部感染引发死亡，骨折、肺部感染和死亡之间具有先后的因果联系，骨折是死亡的诱发因素。如果仅因为直接导致死亡的肺部感染不是保险合同约定的非意外事故的疾病从而拒赔，显然有违公平合理原则。被告举证的所谓临床医学表明卧床之后如果经过精细的护理大多数可以避免肺部感染，但应当注意到的是，卧床后完全避免肺部感染是理论医学的研究状况，而在受许多客观条件限制的护理情况下却难以完全避免。[1]

【案例1－46】 深圳美视电力工业有限公司与华安财产保险股份有限公司保险合同纠纷案

最高人民法院认为，保险公司与投保人订立保险合同，分别投保财产险、机损险和利益险三个险种。本案中的爆炸已确认是因机器设计错误引起，尽管所涉损失不是单一原因所致，而是机器设计错误和爆炸等两个原因使然。但我国保险理赔遵循的是国际保险通行的近因原则。据此原则，引发本案一连串事故的前因是机器管破裂和设计逻辑错误，爆炸是前因发展的必然结果，由此，设计错误是本案损失发生的近因，属于保险公司承保的机损险及其项下利损险保险单约定的保险责任范围。[2]

在某些情况下，多个原因同时发生共同作用并造成保险标的受损。这里讲的多个原因同时发生，是指这些原因的影响力和作用力在时间上存在交集，而不是多个原因的出现时间点一致。在多个原因连续发生时，要根据多个原因之间联系的紧密度的不同，而分别处理。如果后因是前因直接的、自然的结果，是前因的合理延续，那么最先发生并造成一连串事故的前因即为近因。依该近因的性质，确定保险责任承担与否。如果后因只是前因的可能性结果，则保险近因的确定，要比较前因和后因对结果的原因力。也就是说，如果能够确认原因力的大小，宜采用比例关系确定保险责任。不能确认原因力的大小，则采用公平原则分摊责任。

【案例1－47】 王某诉某保险公司保险合同纠纷案

判决观点，在保险合同的有效期内，投保车辆因外界物体的坠落而被砸

---

〔1〕 参见陈萌、林晓君、黄宗琴：《保险责任中近因原则的适用》，载《人民司法·案例》2011年第10期。

〔2〕 最高人民法院(2001)民二终字第200号民事判决书。

坏,根据该保险合同第4条第3项的约定,保险公司应在机动车损失保险限额内予以赔偿。气象服务费系为查明和确定保险事故性质和原因的合理费用,保险公司亦应在机动车损失保险限额内予以赔偿。王某要求保险公司赔偿保险金的理由正当,法院予以支持。保险公司关于事故发生当天的风力未达到暴风标准且系王某自家房顶坠落导致投保车辆受损而不承担赔偿责任的抗辩意见,于法无据,法院不予采信。〔1〕

在认定健康保险与意外伤害保险范畴内的近因时,应注意的是,侵权的近因属于哲学上外因的范畴,侵权近因并不考虑在损失形成过程中受损标的自身的因素,仅考虑损失形成中外部力量的作用,但保险近因与哲学的外因和内因均有联系。〔2〕

实践中,法官经常适用近因原则判断造成保险车辆损失的最主要的原因。

【案例1-48】 辽宁融丰典当有限公司诉中国人民财产保险股份有限公司沈阳市分公司保险合同纠纷案

二审法院认为,暴雨与发动机进水既可能属于不同的事件,也可能属于同一事件的不同阶段,暴雨中涉水行驶可能导致发动机进水,车辆驶入水塘、人为向车辆灌水等其他原因也会导致发动机进水,在出现因暴雨使发动机进水且导致发动机损失的情况下,应按照近因原则判断造成保险车辆损失的最主要原因,并据此认定保险公司是否应承担相应的保险责任。本案中,辽宁融丰典当有限公司(以下简称融丰典当公司)提交的证据证明了车辆在暴雨中行驶时熄火,而中国人民财产保险股份有限公司沈阳市分公司虽主张涉案车辆发动机损失是在发动机进水后二次点火造成的,但因其撤回了相关的鉴定申请,而且未提供其他证据证明融丰典当公司在发动机进水后存在二次点火等行为,故应认定造成保险车辆损失的最主要原因是暴雨。对于暴雨所致损失,属于保险合同约定的保险责任范围,故保险公司应对相关损失予以赔付。〔3〕

【案例1-49】 无锡永发电镀有限公司诉中国人民财产保险股份有限公司无锡市锡山支公司保险合同纠纷案

判决观点,本案中涉保车辆发动机进水受损并非暴雨造成,而是耿某某

---

〔1〕 参见北京市高级人民法院研究室编:《审判前沿——新类型案件审判实务》(总第55集),法律出版社2017年版,第172页。

〔2〕 参见梁鹏:《保险法近因论》,载《环球法律评论》2006年第5期。

〔3〕 参见最高人民法院中国应用法学研究所编:《人民法院案例选》2014年第4辑(总第90辑),人民法院出版社2016年版,第253~254页。辽宁省沈阳市中级人民法院(2013)沈中民四终字第36号民事判决书。

驾驶涉保车辆涉水行驶的行为所造成,具体理由如下:(1)无锡永发电镀有限公司(以下简称永发公司)与中国人民财产保险股份有限公司无锡市锡山支公司对于事故发生当日无锡地区并无降雨,事故路段隧道中的积水系事故前日无锡地区的降雨导致的事实均无异议,故本案中,涉保车辆在隧道积水中被淹、发动机进水并非由于暴雨发生当时隧道内形成的积水所导致,而是由于耿某某于事故当日在积水的隧道中驾驶涉保车辆涉水行驶的行为所导致;(2)永发公司诉称,导致涉保车辆发动机进水受损的近因是暴雨。本案中,事故隧道中的积水虽然是事故前日无锡地区的降雨所致,但该降雨导致隧道中积水的事实与事故当日耿某某驾驶涉保车辆在积水隧道中涉水行驶的事实并无必然的、直接的因果关系,而耿某某驾驶涉保车辆涉水行驶的行为与涉保车辆被淹、发动机进水受损的事实之间存在必然的、直接的因果关系,故本案中,导致涉保车辆发动机进水受损的近因是耿某某的涉水行驶行为而非暴雨。〔1〕

虽然是车载货物洒落造成第三者损失,但根据近因原则,驾驶员操作不当致保险机动车侧翻才是本案事故的近因。该近因属于保险责任范围,因此保险公司应当承担赔偿责任。

【案例1-50】 重庆顺庆汽车运输有限公司诉太平财产保险有限公司重庆分公司保险合同纠纷案

判决观点,交通事故才是本案事故的直接原因,根据近因原则保险公司应当承担责任。本案事故是驾驶员驾驶保险车辆操作不当使车辆侧翻,致车辆上装载的货物洒落于侧面的房屋里,造成第三者财物损失。分析本案事故原因,造成本案保险事故的直接原因是保险车辆发生侧翻,才导致车载货物洒落造成损失,而不是车辆在正常行驶过程中单独的货物洒落造成的第三者损失。投保时太平财产保险有限公司重庆分公司(以下简称太平财保重庆分公司)明知保险车辆使用性质与车辆用途,保险车辆用于货物运输为正常使用,而用于货物运输的车辆发生侧翻的交通事故后,车载货物洒落是其直接结果,难以避免,车载货物洒落与发生交通事故不能割裂来看,驾驶员操作不当导致侧翻,车上货物洒落造成损失,是一个没有其他因素介入的连续过程,由此造成的第三者损失应当认定为交通事故造成的直接后果,这与车辆在正常行驶过程中单独的货物洒落造成损失不同,不属于保险条款中关于"车载货物掉落、泄漏、腐蚀造成的任何损失和费用保险人不负责赔偿"免责条款中

---

〔1〕 参见最高人民法院中国应用法学研究所编:《人民法院案例选》2013年第4辑(总第86辑),人民法院出版社2014年版,第245页。江苏省无锡市锡山区人民法院(2012)锡法商初字第0595号民事判决书。

的情况。因此,即使上述免责条款产生效力,本案保险事故也不属于该免责条款约定的情况,保险公司不能以此为由不承担保险金赔偿责任。综上,本案保险事故符合本案保险责任的约定范围,太平财保重庆分公司应当承担保险金赔偿责任。[1]

保险近因确定直接关系到保险责任范围的确定。

【案例1-51】 周某某诉中国太平洋财产保险股份有限公司无锡分公司保险合同纠纷案

一审法院认为,本案中,苏B8××××小型轿车过火烧损,虽然火灾与交通事故的发生间隔了数小时,但是消防大队已对事故发生原因作出认定,表明起火原因为碰撞后汽车发生故障引起的火灾,法院认为消防大队对火灾事故起火原因的认定事实清楚、程序合法,法院予以确认,故本案中导致苏B8××××小型轿车过火烧损的最直接、最有效、起决定性作用的原因为交通事故中的碰撞。保险机动车因碰撞所造成的损失属于双方约定的保险责任范围,保险公司理应按照保险合同的约定予以赔偿。保险公司辩称苏B8××××小型轿车系由于停放不当等非承保风险造成的损失,但其未能提供证据予以证明,一审法院对其抗辩意见不予采纳。二审调解结案。[2]

关于财产保险合同中意外事故的近因认定,保险标的发生意外事故,未造成直接损失,但造成人员伤害,为抢救人员而对保险标的物进行拆解而产生损失,虽然不是造成保险标的损失的时间上或空间上最近的原因,但其是导致损失发生的最直接、最有效的、起决定作用的原因。该原因从事故发生开始一直主导事件的发生,对最终的财产损失起决定和主导作用。因此,将此类事故认定合同约定的保险事故,由保险人承担保险责任,符合保险法的近因原则。

【案例1-52】 江苏省常州希望之星数码图文快印有限公司诉中国平安财产保险股份有限公司江苏分公司保险合同纠纷案

一审法院认为,本案中,在正常工作过程中裁纸刀突然落下致操作员手指被切,该事故完全符合保险条款中对于意外事故的约定。事故发生后,为营救受伤人员,消防人员通过切割的方法拆解了裁纸机,救出伤者,从而造成机器的损失,中国平安财产保险股份有限公司江苏分公司(以下简称平安财险江苏分公司)应按保险合同约定进行赔偿。平安财险江苏分公司辩称系机

---

〔1〕 参见姚铸、高婷桦:《交通事故致车载货物洒落造成第三者损失保险公司应赔偿》,载《人民司法·案例》2015年第22期。

〔2〕 参见国家法官学院案例开发研究中心编:《中国法院2018年度案例》(保险纠纷),中国法制出版社2018年版,第68页。江苏省无锡市中级人民法院(2015)锡商终字第1075号民事判决书。

器内在或潜在缺陷造成的事故，但并未提供证据证明该机器设备存在内在的质量缺陷，故对平安财险江苏分公司的辩称意见，一审法院不予采纳；平安财险江苏分公司辩称事故属于非外力造成机械或电气设备本身损失的意见，一审法院亦不予采纳。投保时，保险人与投保人约定根据设备清单来确定保险金额，设备清单载明的裁纸刀价格为2.5万元，现该设备经消防人员拆解后已无法使用，江苏省常州希望之星数码图文快印有限公司（以下简称希望之星快印公司）亦提供了设备生产厂家的证明，故案涉设备已全部损失，无法修复使用。保险合同约定了每次事故绝对免赔额为1000元或损失金额的10%，以高者为准。综上，平安财险江苏分公司应赔偿希望之星快印公司保险金22,500元（25,000元－2500元）。二审法院亦持同样意见，维持一审判决。〔1〕

（五）合理期待原则

所谓合理期待原则，是指当投保人、被保险人或受益人对保险合同的保障存在客观上合理的期待时，无论保险合同条款是否明确地将所期待的保障排除在外，法院都应当保护该种期待的合同解释原则。〔2〕有法官将合理期待原则诠释为，当保险合同当事人就合同内容的解释发生争议时，应以投保人或被保险人对于合同缔约目的的合理的期待为出发点对保险合同进行解释。〔3〕

1970年，美国基顿法官在总结美国40年间无数保险案例的基础上发表了题为《在保险法上存在的与保单条款相冲突的权利》一文，该文提出合理期待原则。此后，合理期待原则渐为美国大多数州法院所接受，近年来英国法院也开始采纳，我国理论界也有人关注并研究保险合同解释中的合理期待原则。我国《保险法》中已有明确规定的保险合同解释原则（如不利解释原则），但仍不能满足司法在裁判保险合同纠纷时的需要，因为在很多情况下，仅运用这些解释原则无法充分保护被保险人的利益。《保险法》虽没有明确规定合理期待原则，但该原则在司法实践中时有运用。

---

〔1〕 参见荣艳：《财产保险合同中意外事故的认定》，载《人民司法·案例》2014年第12期（总第695期）。江苏省南京市中级人民法院（2013）宁商终字第1237号民事判决书。

〔2〕 参见宋鹏：《保险法合理期待原则研究》，载《民商法学》2008年第1期。

〔3〕 参见陈百灵：《论保险合同解释中的合理期待原则》，载《法律适用》2004年第7期。

【案例1-53】 董某某诉中国人寿保险股份有限公司昆明分公司等保险合同纠纷案

判决观点,原告董某某所患疾病属于保险合同约定的"急性坏死性胰腺炎",所施行的手术虽为"胰腺胰床引流术",但该手术被云南省法庭科学鉴定中心《鉴定书》明确认可为属治疗急性胰腺炎的手术方式,且医学原则、对症施治的实践证明,该手术方式同样能达到该合同注释6解释的"进行坏死组织清除"的目的,原告现在康复就是很好的证明。对于原告所患病症,该手术方案属于科学的最佳方案。法院支持原告的诉讼请求。[1] 保险合同明确约定"急性坏死性胰腺炎"属于保险范围之内,原告术后诊断结果为"急性坏死性胰腺炎",仅仅因为施行的手术方式与合同约定不符,就认定原告所患疾病不属于保险合同约定的重大疾病范围,这显然是不符合人们的通常理解和被保险人的合理期待的。据此,法院支持原告董某某的诉讼请求,自然符合法律规定。从另一方面讲,本案董某某施行的手术严格来说不符合合同约定,但由于以手术方式界定重大疾病存在诸多不科学之处。因此,应当从人们的通常理解和被保险人的合理期待的角度解释董某某所患疾病是否属于重大疾病,对此,答案无疑是肯定的。法院以此作为裁判理由,判决被告给付董某某重大疾病保险金,更令人信服。可见,支持本案裁判结果正确性的理由就是"满足被保险人的合理期待"。

本案所据以裁判的正当理由突破了现行《保险法》的明文规定,提出了一种新的保险合同解释规则,即合理期待原则。医疗技术已经进步,保险公司却仍然要求被保险人按保险合同约定的医疗措施(落后的技术治疗)实施治疗并拒付,此时法官完全能够援引一个极其重要的理由——被保险人的合理期待原则,判决该条款无效,以平衡保险公司与普通投保人签订重大疾病合同时所处优势、劣势地位,限制保险公司滥用强势地位,最终实现双方之间的公平正义,矫正和修补重大疾病保险中存在的问题,以使整个社会和谐发展。

关于合理期待原则的适用范围,该原则只适用于保险人制定的格式条款,而不包括由法律、法规规定抑或保险监管部门制定的基本保险条款。基本保险条款本质上并未体现过多的保险人的自由意志,已失去了格式条款的本来意义,若此时强行适用合理期待原则,势必损害我国保险制度的基础。对于经保险双方当事协商所拟订的非格式条款,也限制该原则的适用,否则将有违公平原则。

关于合理期待原则的适用条件和适用顺序,法官应以一个普通的、理性的社会成员的身份,置身于合同缔结的情境中,探究当事人的真意,调和自由与公平,

---

〔1〕 参见最高人民法院中国应用法学研究所编:《人民法院案例选》2006年第3辑(总第57辑),人民法院出版社2007年版,第270页。

充分平衡双方当事人的利益。这要求法官应当重视并尊重被保险人以及受益人对保险合同条款的客观合理的期待(即使保单中严格的条款术语并不支持这些期待),最终使合同解释结果不显失公平,双方的利益大致平衡。合理期待原则的适用在实质上会与保险合同表示的意思相冲突,合理期待的认定存在很大主观性,这一原则实际是对一般合同解释(《民法典》第四百六十六条)和不利于提供格式条款一方的解释原则(《保险法》第三十条)的补充,故应由法官行使自由裁量权进行裁定。合理期待原则的适用条件为,其一,满足前提条件,即用尽一般解释原则仍不能有效救济被保险人或受益人的利益。法官在适用合理期待原则时,应综合考虑被保险人身份、保险营销方式、保单标题及广告用语和保险代理人是否有误导行为等因素。只有在适用这两个原则后仍不能解决争议的前提下才考虑适用合理期待原则。其二,满足限制性条件,首先,投保人或被保险人产生合理期待并在主观上没有过错,这要以普通人的期待为标准进行认定,而不能以保险人为标准。如果投保人或被保险人存在主观过错、事故风险不属于承保范围,则不能产生合理期待。其次,保险人获得不正当利益。合理期待的适用必须慎之又慎。如果存在适用不利解释、禁止反言以及失权等原则的条件之时,则考虑优先适用其他原则。

实务中,如果适用不利解释原则不能对被保险人或受益人进行救济时,可以恰当地适用合理期待原则。因为投保人购买保险系期待保险人给予保护,保险人不应过多地规定免责事由,特别是含混不清的条款。不是法律法规禁止性规定的行为,在免责条款中均不应规定,否则可以认定该条款无效。

【案例1-54】 王某诉泰康人寿保险股份有限公司连云港中心支公司等保险合同纠纷案

二审法院认为,王某在购买涉案保险产品时,其缔约目的之一显然在于为自己患有重大疾病时提供保障,鉴于左侧椎动脉夹层动脉瘤可能危及生命,且手术难度大、手术风险高、治疗费用高,严重影响患者本人及其家庭的正常生活,属于日常生活和临床医学意义上的危重疾病,故王某将该疾病理解为保险条款约定的“重大疾病”并期待保险理赔,具有客观合理性,符合投保人的缔约目的和普通人的合理期待。总之,本案符合适用合理期待原则的情形,且无优先适用其他救济手段的余地,适用该原则确属必要。在本案投保人与保险人对保险条款的理解发生争议时,二审法院基于合理期待原则采纳投保人一方的解释,即左侧椎动脉夹层动脉瘤属于涉案保险条款所约定的“重大疾病”且在涉案保险合同的承保范围内。[1]

---

〔1〕 参见国家法官学院案例开发研究中心编:《中国法院2019年度案例》(保险纠纷),中国法制出版社2019年版,第231页。江苏省连云港市中级人民法院(2016)苏07民终2050号民事判决书。

合理期待原则亦可用于确定残疾赔偿金数额。

【案例1-55】　江某诉中国平安财产保险股份有限公司温岭支公司保险合同纠纷案

判决观点，江某因交通事故受伤，并经台州华鸿司法鉴定所按道交伤残标准评定为两个十级伤残，综合考虑设立学生平安保险的本意、权利与义务的对等性等因素，对中国平安财产保险股份有限公司温岭支公司（以下简称平安保险公司）关于不应承担意外残疾赔偿保险金的辩解意见法院不予采纳，但本案系意外伤害保险合同纠纷，酌情确认由平安保险公司按比例表中最低的七级伤残给付比例的10%，在平安学生意外伤害保险范围内，承担意外残疾赔偿保险金4000元。[1]

合理期待原则适用的关键是对期待是否合理的准确认定。笔者赞同法官提出的期待为合理的两个条件，其一，要求该期待具有明确的内容，没有明确内容的期待不可能具有合理性。其二，要求该期待可以获得理性公众的普遍认同，不能为社会公众所普遍接受的期待同样不具有合理性。所谓合理期待，不是指某一特定的保险相对人的特定期待，而是指上述人群对于保险合同所应当具有之保障功能的理性的群体性期待。[2] 合理期待的认定的两个条件是一个整体，缺少任何一个条件，则不构成合理期待。

关于合理期待原则与其他合同解释方法的区别问题，合理期待原则的适用是对文义解释的否定，尤其是对某些专业术语其在专业上的意义与其在日常生活中广泛使用的定义排斥，如“暴风”“暴雨”等，但当被保险人对其有明确合理的期待，且保险人未履行明确的说明义务时，法官仍然应当满足被保险人的明确合理期待。合理期待原则与目的解释最根本的区别在于，在合理期待原则之下，法官既无须探究合同当事人是否具有共同的缔约目的，也无须探究保险相对人的某些缔约目的是否为保险条款所明确承载，而是将保险相对人假想为具有通常知识水平与认知能力的理性人，并且在此基础上分析其对于保险合同之保障功能的预期是否合理。[3] 关于合理期待原则与疑义利益解释的区别，合理期待原则从合同解释结果的唯一性考量，以被保险人对于保险保障功能的理性期待为出发点，其对受争议条款的解释就是唯一的通常理解，而疑义利益解释则是在合同条款的含义有两种以上时从通常理解中作出选择。

---

〔1〕　参见国家法官学院案例开发研究中心编：《中国法院2014年度案例》（保险纠纷），中国法制出版社2014年版，第9~10页。浙江省温岭市人民法院（2012）台温民初字753号民事判决书。

〔2〕　参见刘建勋：《保险法典型案例与审判思路》，法律出版社2012年版，第233页。

〔3〕　参见刘建勋：《保险法典型案例与审判思路》，法律出版社2012年版，第231页。

二、保险合同法律适用

(一)交通肇事逃逸认定

实践中,学界对于交通肇事后车辆驾驶人员在什么样的情形下可以认定为肇事逃逸争议颇大,且该认定也关系到保险公司的理赔问题。

《机动车交通事故责任强制保险条例》(以下简称《交强险条例》)第二十四条第三项提出了“肇事后逃逸”这一概念,但《保险法》《交强险条例》等未对“肇事后逃逸”作出具体定义。对于交通肇事逃逸有多种理解,有学者认为,逃逸是指行为人明知自己的行为造成了重大交通事故的发生,为逃避法律追究逃离事故现场的行为。[1] 也有学者认为,逃逸是指行为人明知自己的行为造成了重大交通事故,为逃避法律追究而不依法报警、保护现场、等候处理等,私自逃离现场的行为。[2] 还有学者认为,逃逸是指发生交通事故后,行为人没有履行法律所规定的,对受害人或受毁损财物做必要的救治或处理的义务,未按法律规定向公安机关报告,而逃离现场,使交通事故所引起的刑事、民事、行政责任无法确定和追究的行为。[3] 《最高人民法院关于审理交通肇事刑事案件具体应用法律若干问题的解释》第三条规定:“‘交通运输肇事后逃逸’,是指行为人具有本解释第二条第一款规定和第二款第(一)至(五)项规定的情形之一,在发生交通事故后,为逃避法律追究而逃跑的行为。”应该看到,上述肇事逃逸是在刑事领域中的理解,在保险条款中“肇事逃逸”的概念远宽泛于交通肇事罪中的“逃逸”。刑法和民法两大领域在法律解释的基本要求和价值追求方面存在很大差异,因此刑事领域关于“逃逸”的解释,尤其是其所强调的主观恶意性,不能简单地适用于民事领域。民事角度对逃逸的认定没有必要分清行为主观上是直接故意还是间接故意或是过失,而应以是否具有过错作为判断标准和归责原则。笔者认为,依民法解释学的观点,在一法律条文的规定不明确时,法官当以文义、体系、法益、比较、目的和合

---

〔1〕 参见胡康生、李福成主编:《中华人民共和国刑法释义》,法律出版社1997年版,第152页。

〔2〕 参见鲍遂献、雷东生:《危害公共安全罪》,中国人民公安大学出版社1999年版,第349页。

〔3〕 参见林亚刚:《论“交通运输肇事后逃逸”和“因逃逸致人死亡”——兼评〈关于审理交通肇事刑事案件具体应用法律若干问题的解释〉的若干规定》,载《法学家》2001年第3期。

宪等解释方法,探究法律规范之意旨,解释肇事逃逸。根据查明的事实,肇事人在交通事故发生后离开现场,离开的原因既非出于救助,又非报案,而是为了逃避法律责任,法官可以比照上述司法解释的规定,认定其行为构成肇事逃逸。在民法上构成交通肇事的要件为,其一,行为人知道已经发生交通事故。其二,行为人主观是为逃避法律责任。其三,行为人已经离开现场,逃逸行为已经发生和实施,而不是仅仅有逃逸想法或者预备。其四,行为人是故意或过失。常见情形包括:认为自己没有责任,驾车驶离现场的;行为人有酒后和无证驾车等嫌疑,报案后不履行现场听候处理义务,弃车离开现场后又返回的;行为人将伤者送到医院,但未报案且无故离开医院或者留下假姓名、假地址、假联系方式离开医院的;行为人接受调查期间逃匿的;行为人离开现场且不承认曾发生交通事故,但有证据证明的;经协商未能达成一致或未经协商给付赔偿费用明显不足,行为人未留下真实信息,有证据证明其强行离开现场的。实践中,不能认定为肇事逃逸的情形有:有证据证明行为人不知道或不能发现事故发生的;行为人因受伤需到医院救治等原因离开现场,未能及时报案的;行为人因可能受到人身伤害而被迫离开现场并及时报案的;对事故无争议,撤离现场自行协商解决,达成协议,并留下真实姓名、联系方式后,一方反悔并报案的;行为人为及时抢救事故伤者,标明车辆和伤者位置后驾车驶离现场并及时报案的;行为人将伤者送到医院后,确因筹措医疗费用需暂时离开医院,经其伤者或伤者亲属同意,留下本人真实信息,并在商定时间内返回的。

驾驶员发生交通事故后,经目击证人提醒后仍驾车驶离现场,交警部门因成因无法查清未能作出逃逸的认定,在此情况下在保险理赔纠纷中对保险免责条款中"肇事逃逸"的认定不应适用刑事标准,应当以行为人是否具有过错作为判断标准和归责原则。

【案例1-56】　无锡市华东气体有限公司诉中国太平洋财产保险股份有限公司财产保险合同纠纷案

一审法院认为,无锡市华东气体有限公司(以下简称华东公司)聘用的驾驶员张某某驾驶保险车辆发生交通事故,虽然交警大队未认定张某某属交通肇事逃逸,但是根据当时的路况、天气情况、张某某本人的精神状况,以及张某某被他人拦下告知发生了交通事故,张某某应当知道其所驾保险车辆发生交通事故的情况,张某某既未报警亦未即时返回事故现场,属交通事故肇事逃逸。二审法院认为,判断是否构成肇事逃逸,是法院结合相关事实及法律规定而对驾驶员行为所作的定性,属于对事实的认识和理解,而非直接查明的事实。因此,即便交警大队以及宝应县人民法院没有明确认定张某某构成交通肇事逃逸,亦不足以在本案中成为可以径直引用的事实。投保人华东公司聘用的驾驶员张某某在发生交通事故且经他人告诫之后,仍将肇事车辆驶离现场,其主观上存在过错,且确已造成事故成因无法查清、事故责任无法认定的客观结果，故应认定属于保险免责条款中约定的“交通肇事逃逸”情形，保险公司对此不负理赔责任。原审判决认定事实清楚，适用法律正确，应予维持。[1]

交通事故发生后，除了现场情况外，驾驶员是否饮酒，是否具有合法的驾驶员证，是否具有违法驾驶等因素，均是确定其是否承担交通事故责任及保险公司确定是否赔偿损失的依据，因此，只有在双方当事人对事实及成因无争议，或基本事实清楚，仅造成轻微财产损失的情况下，当事人才可以撤离现场。因此，事故发生后，被保险人在未依法采取措施的情况下遗弃被保险机动车逃离的，应认定为逃离事故现场。

认定交通肇事逃逸必须要求行为人具备主客观两方面要件，即主观上明知自己的行为已经造成了交通事故，客观上有为逃避法律追究而逃离事故现场的行为。二者必须齐备，否则不能构成交通肇事逃逸。实践中，交警部门未对关键事实做出认定的，法官可根据当事人的陈述、现场勘验的笔录，结合日常生活经验、逻辑和其他证据，对于此类关键事实进行综合判定。在无证据证明时，不应认定为交通肇事逃逸。

【案例1－57】 无锡市星雅运输有限公司诉都邦财产保险股份有限公司无锡中心支公司财产保险合同纠纷案

判决观点，事发后刘某某确有驾车离开现场的行为，但是构成交通肇事逃逸须主观上明知发生交通事故，客观上为逃避法律追究而逃离事故现场。在本案中并无直接证据可以证明刘某某在离开现场时主观上已明知发生交通事故。本案事故虽是刘某某所驾车辆右侧前方碰擦对方，但实践中也不排除侧前方发生碰擦而驾驶员不知情的情况；作为专业认定职能部门的交警部门在对事故调查后亦未得出刘某某逃逸的结论。江阴市人民法院在处理刘某某交通肇事案时仅判处其有期徒刑1年，也未认定刘某某存在交通肇事逃逸行为。[2]

对肇事人是否成立肇事逃逸，由法官自由裁量。

【案例1－58】 凌某某诉永诚财产保险股份有限公司北京分公司保险合同纠纷案

原告即被保险人认为自己虽于事故发生后离开现场，但时隔仅3小时即

---

〔1〕 参见最高人民法院中国应用法学研究所编：《人民法院案例选》2011年第4辑（总第78辑），人民法院出版社2011年版，第216页。

〔2〕 参见国家法官学院案例开发研究中心编：《中国法院2012年度案例》（保险纠纷），中国法制出版社2012年版，第74页。

向公安机关投案，故不属于逃逸。法院仍认定其为逃逸，因为原告虽于事发后3小时即向公安机关投案，但此情节并不能否定其逃逸时主观上具有逃避法律追究的目的，且客观上，其逃逸行为不仅破坏了事发现场，亦未能使受害人得到更为及时的救助。故原告虽然具有投案行为，但仍应认定其肇事逃逸成立。〔1〕

关于肇事逃逸的范围具体包括哪种情形实践中有争议。

【案例1－59】 厦门旺群旺商贸有限公司诉中国人民财产保险股份有限公司厦门市分公司保险合同纠纷案

对于《机动车辆第三者责任保险条款》中第七条第（五）项“保险车辆肇事逃逸”免责条款的解释，原告厦门旺群旺商贸有限公司（以下简称旺群旺公司）认为应单指肇事车辆逃逸，而被告中国人民财产保险股份有限公司厦门市分公司（以下简称中保公司）认为应包括驾驶人驾驶车辆逃逸或者遗弃车辆逃逸两种情形，法院认为，对照原告旺群旺公司同时投保的《营业用汽车损失保险条款》中第六条第（六）项关于责任免除的约定“事故发生后，被保险人或其允许的驾驶人在未依法采取措施的情况下驾驶车辆或者遗弃车辆逃离事故现场……”可知，《机动车辆第三者责任保险条款》中第七条第（五）项“保险车辆肇事逃逸”的约定语义模糊，在保险人与投保人对于保险合同的条款有争议时，人民法院应当作有利于被保险人情形的解释，因此，《机动车辆第三者责任保险条款》中第七条第（五）项“保险车辆肇事逃逸”应特指驾驶人肇事后驾驶车辆逃逸的情形，不包括驾驶人遗弃车辆逃逸的情形。〔2〕

【案例1－60】 中山市三乡镇志来鞋厂诉中国平安财产保险股份有限公司中山支公司保险合同纠纷案

判决观点，保险车辆肇事逃逸实际指交通肇事逃逸，应包括驾驶车辆逃离现场与遗弃车辆逃离事故现场两种情形。弃车逃逸因未履行法律规定的保护现场、及时抢救伤者等义务，其逃逸行为严重违反了交通法律法规，属于合同约定的保险车辆肇事逃逸的情形。〔3〕

---

〔1〕 参见最高人民法院中国应用法学研究所编著：《人民法院案例选》（月版）2009年第12辑（总第12辑），中国法制出版社2010年版，第21页。

〔2〕 参见最高人民法院中国应用法学研究所编：《人民法院案例选》2008年第3辑（总第65辑），人民法院出版社2009年版，第314页。

〔3〕 参见张煌辉：《弃车逃离现场能否成立保险免责》，载《人民司法·案例》2009年第8期。

（二）自杀与自身死亡认定

保险纠纷中，被保险人自杀或自身死亡的认定，是有争议的问题。笔者认为，《保险法》意义上的自杀，必须具有主观上的故意，是被保险人在意思自主状态下作出的自杀决定并完成自杀的行为。如果不具有主观的故意，则不应认定为自杀。《最高人民法院关于如何理解〈中华人民共和国保险法〉第六十五条"自杀"含义的请示的答复》（现为第四十四条）中指出，"本案被保险人在投保后两年内因患精神病，在不能控制自己行为的情况下溺水身亡，不属于主动剥夺自己生命的行为，亦不具有骗取保险金的目的，故保险人应按合同约定承担保险责任"。[1]最高人民法院对《保险法》的自杀条款采取了狭义解释排除了非故意自杀。2009年修订后的《保险法》第四十四条明确了无行为能力人自杀，保险人也应当承担保险责任。但应注意的是，该条款未纳入限制行为能力人自杀的情形，因此，如果被保险人为限制行为能力人，保险公司仍然可以不给付保险金。与无行为能力人不同，限制行为能力人有部分的意思能力，但对其行为当时是否具有意思能力，是否故意实施了结束自己生命的行为的判断，仍缺乏确定性和可操作性。

在保险领域，与身故保险责任有关的死亡原因一般可以分为三种：自杀、疾病和意外。精神病人发生意外事故或自杀，由于其患有精神疾病使其不具备正常人的思维，因此不能简单地将其死亡确定为自杀、疾病或意外，而是应当结合具体案情确定其死因，进而依据《保险法》规定以及立法精神来确定保险公司是否应当承担保险责任。

【案例1－61】 杨某某等诉中国太平洋人寿保险股份有限公司宁波分公司保险合同纠纷案

二审法院认为，杨某某、陈某1、陈某2在本案一审中已提供了保险合同、慈溪市人民医院疾病证明书和慈溪市宗汉派出所死亡证明，要求中国太平洋人寿保险股份有限公司宁波分公司（以下简称太平洋人寿保险公司）按照保险合同予以理赔。太平洋人寿保险公司认为陈某3是精神失常所致的自杀，系因病死亡，不属意外事故，但其应当就此提供证据予以证明。但太平洋人寿保险公司提供的事故现场照片并不能证明陈某3是自己钻入井中，陈某3虽患有分裂情感性精神病，有自杀倾向，但不能以此推定其溺亡也是自杀行为所致，也即精神病并不直接导致溺亡。太平洋人寿保险公司上诉认为双方

---

〔1〕 李国光主编、最高人民法院民事审判第二庭编：《民商审判指导与参考》2002年第2卷（总第2卷），人民法院出版社2003年版，第136页。

在一审均认可陈某3的身亡系精神失常所致,与事实不符。即便陈某3系自杀,但其当时处于精神病发病期间,不具有主动剥夺自己生命的故意。〔2001〕民二他字第18号《最高人民法院关于如何理解〈中华人民共和国保险法〉第六十五条"自杀"含义的请示的答复》中已明确,被保险人在投保后两年内因患精神病,在不能控制自己行为的情况下溺水身亡,不属于主动剥夺自己生命的行为,亦不具有骗取保险金的目的,故保险公司应按合同约定承担保险责任。因此,太平洋人寿保险公司以陈某3系精神病死亡,而非意外事故死亡为由不予赔付,理由不能成立,二审法院不予支持。〔1〕

【案例1-62】 周某诉泰康人寿保险股份有限公司广安中心支公司人身保险合同案

判决观点,根据本案事实,原告提供的华蓥市公安局对廖某某、周某1、周某2、周某3的询问笔录及华蓥山广能集团总医院的病情介绍证明,能说明周某4死亡前可能患有精神病症,且前死亡前二天对其行为不能自控;同时,被告提供的华蓥市公安局刑事侦查大队的"周某4系生前从广华大道彩霞楼高坠死亡。因无任何证据证明有犯罪事实发生,根据《刑事诉讼法》第八十六条之规定,我局决定不予立案侦查"的答复及其他证据,也不能证明周某4的死亡就属于自杀。故被告以周某4系自杀身亡而拒绝向原告理赔的辩解理由不能成立,应按照合同约定向原告支付保险金10万元。〔2〕

被迫结束自己的生命的行为不属于自杀。所谓被保险人"被迫自杀",必须同时满足两个条件,第一,行为人主观上追求被保险人自杀的结果;第二,行为人采取的强迫措施应当达到一定的程度。自杀必须出于被害人的自主决定,是其自由意志的真实体现,即自愿性是自杀必须具备的主观要件。由此可见,当被保险人被胁迫自杀时,其因为缺乏自愿性,不能成就自杀,保险人不能以此为由拒绝承担给付保险金的责任。〔3〕

当无法辨认自己行为的精神病人,包括间歇性精神病人,在精神病发作、无法辨认自己行为期间自杀的,由于其主观方面对于自杀缺乏认识因素、意识因素、自愿性因素,不能认定其成就了自杀行为,保险人不能以此为由拒绝承担相应的赔

---

〔1〕 参见最高人民法院中国应用法学研究所编:《人民法院案例选》2009年第2辑(总第68辑),人民法院出版社2009年版,第332页。

〔2〕 参见国家法官学院案例开发研究中心编:《中国法院2013年度案例》(保险纠纷),中国法制出版社2013年版,第151页。

〔3〕 参见最高人民法院民事审判第二庭编著:《最高人民法院关于保险法司法解释(三)理解与适用》,人民法院出版社2015年版,第521页。

偿责任。[1]

关于交通事故引发受害人自杀的认定问题,交通事故引发受害人患上抑郁病进而自杀,虽然死亡损害与肇事行为之间存在因果关系,但仍应认定为受害人是故意行为。

【案例1-63】 石某家属诉周某、中国人民财产保险股份有限公司南京市分公司纠纷案

判决观点,石某的死亡是其自身投河自杀所致,石某之所以会自杀与交通事故发生后引发其焦虑、抑郁状态存在一定程度的因果关系,故法院认定周某应对石某死亡负30%的赔偿责任。判决支持了原告的部分诉讼请求。[2]

关于2年后自杀的处理问题,根据《保险法》第四十四条的规定,在合同生效或复效后2年内被保险人自杀的,保险人不承担给付保险金责任,但在2年后被保险人自杀的,除非能够证明存在其他免责事由,否则保险人应给付保险金。

【案例1-64】 郭某、周某诉某保险公司保险合同纠纷案

判决观点,根据本案证据,可排除被保险人郭某某属于正常死亡、意外致死和因刑事案件致死的可能,根据被保险人郭某某服药行为,可认定为郭某某存在自杀的意图且实施了自杀的行为。被保险人郭某某在保险合同成立之日起2年内自杀,保险公司有权拒付保险金。二原告的诉讼请求,因缺少事实、合同及法律依据,法院不予支持,故判决驳回原告的诉讼请求。[3]

【案例1-65】 张某某与新华人寿保险股份有限公司鹤壁中心支公司人身保险合同纠纷案

判决观点,被保险人王某某在合同签订后2年内服药自杀,显然属保险合同约定的免责事由范畴。法院判决驳回张某某的诉讼请求。[4]

关于遗书认定为自杀的依据问题,有法官认为,在审判实践中,一方面,遗书是认定被保险人实施了自杀的最有力的证据,但是,并非每一个自杀者自杀前都会留有遗书。另一方面,没有遗书也未必不能认定被保险人有自杀行为。也就是说,要综合案件的全部证据,运用逻辑推理的方法具体分析。

---

〔1〕 参见最高人民法院民事审判第二庭编著:《最高人民法院关于保险法司法解释(三)理解与适用》,人民法院出版社2015年版,第520页。

〔2〕 参见税兵:《交通事故引发受害人自杀的因果关系认定》,载谢宪、李友根主编:《保险判例百选》,法律出版社2012年版,第68页。

〔3〕 参见安凤德主编:《保险合同纠纷诉讼指引与实务解答》,法律出版社2013年版,第266页。

〔4〕 参见王静:《保险类案裁判规则与法律适用》,人民法院出版社2013年版,第271页。

被保险人在犯罪中自杀的认定是难点问题。被保险人在故意犯罪中自杀死亡,不论这种原因是直接原因还是间接原因,保险人都不承担给付保险责任。最高人民法院法官认为,被保险人因故意犯罪或者因抗拒依法采取的刑事强制措施而导致其伤残,如果该被保险人因实施犯罪行为而受到了刑事处罚,鉴于刑事判决书所具有的证明力,使被保险人实施的故意犯罪或抗拒依法采取的刑事强制措施的行为比较容易被认定。但是,如果被保险人因其故意犯罪或者因抗拒依法采取的刑事强制措施而导致死亡,由于不能对已经死亡的人追究刑事责任,故不存在依照生效判决书确认被保险人有罪的可能性。在此情形下,认定被保险人是否因其故意犯罪或者抗拒依法采取的刑事强制措施而造成其死亡,即成为相对困难的问题。在上述情形下,保险金请求权利人往往以"无罪推定""未经审判程序不得认定被保险人有罪"为由,否认被保险人具有故意犯罪或者抗拒依法采取的刑事强制措施的行为。[1]

【案例1-66】 李某某诉中国人寿保险公司慈利县公司人身保险合同纠纷案

二审法院认为,被保险人向某某因涉嫌犯贪污罪,被慈利县检察院立案侦查,在取保候审期间自杀身亡,属于因故意犯罪而导致的死亡,中国人寿保险公司慈利县公司依法不应承担给付保险金的责任。[2]

实践中,被保险人故意犯罪后因其他因素自杀的,被保险人故意犯罪和自杀没有因果关系的,保险人是否承担保险责任值得深入探讨。

关于被保险人故意犯罪导致其死亡的情况下,其故意犯罪的界定问题,如何理解和认定《保险法》第四十五条规定中的"被保险人故意犯罪",由于无立法解释,实践中有两种相对立的观点。第一种观点认为,未经法院判决,不能认定为《保险法》中的故意犯罪。第二种观点持反对意见。有学者认为,因为《保险法》关注的是事实问题,强调的是行为人在刑法上是否构成故意犯罪;而《刑事诉讼法》关注的是惩罚问题,强调的是对有罪的人进行惩罚。[3]《保险法解释(三)》第二十二条规定:"保险法第四十五条规定的'被保险人故意犯罪'的认定,应当以刑事侦查机关、检察机关和审判机关的生效法律文书或者其他结论性意见为依据。"该条规定包含以下几层含义:其一,认定犯罪的主体是公检法三机关。其二,认定犯罪的依据是生效法律文书或者其他结论性意见。其三,否定了法院在审理

---

〔1〕 参见最高人民法院保险法司法解释起草小组编著:《〈中华人民共和国保险法〉保险合同章条文理解与适用》,中国法制出版社2010年版,第305~306页。

〔2〕 参见最高人民法院中国应用法学研究所编:《人民法院案例选》2005年第1辑(总第51辑),人民法院出版社2005年版,第333页。

〔3〕 参见许崇苗:《保险法原理及疑难案例解析》,法律出版社2011年版,第239页。

保险赔偿纠纷案件中有权依据证据认定是否构成犯罪的做法。即使承认犯罪概念的多义性,被保险人是否构成犯罪也应当以《刑事诉讼法》规定的侦查机关、检察机关和审判机关的生效法律文书或者其他结论性意见为唯一依据。运用民事诉讼程序来确定犯罪与否,在发现犯罪事实和保障嫌疑人权利方面,都存在无法逾越的制度性障碍。审理保险案件的法院受民事诉讼程序的限制,既不具有认定被保险人是否犯罪和是否应受刑罚的职能,也不能有效保护"犯罪"嫌疑人的权利。[1]

【案例1－67】 蓝某等诉中国人寿保险股份有限公司南宁分公司人身保险合同纠纷案

判决观点,由于淡某某已经死亡,其行为是否属于保险法中所称的"犯罪",应以其行为是否符合犯罪构成要件来衡量。南宁市中级人民法院作出的(2010)南市刑一初字第87号刑事附带民事判决书,认定淡某某有了帮助何某某责骂覃某某的行为,当被在场人劝阻后,淡某某则用椅子朝覃某某砸过去,覃某某被砸倒后才持刀捅向淡某某,淡某某对案件的发生负有一定的责任。上述判决描述的案件经过,不足以认定淡某某的行为事实上已构成故意犯罪行为,被告无充分证据证明淡某某具有故意犯罪事实以及与淡某某上述行为死亡结果之间因果关系的直接性、必然性,应承担举证不能的不利后果,对其抗辩理由法院不予采纳。因此,原告蓝某、淡某某作为保险合同的受益人,有权请求被告承担保险责任,对二人要求被告给付保险金30,000元的诉请,法院予以支持。[2]

因认识不同,有的法院在审理保险合同纠纷案中认定被保险人行为的属于犯罪。

【案例1－68】 孙某某诉中国人寿保险股份有限公司重庆分公司人身保险合同纠纷再审案

再审法院认为,被保险人曾某因对王某某劝解他人纠纷的行为不满,与之发生争执,便邀约数人殴打王某某,经人劝阻纠纷平息。当日,曾某又邀约多人携带砍刀与王某某相互砍杀,曾某被王某某当场砍死。可见,曾某的行为应当认定为保险人不承担给付保险金责任的被保险人故意犯罪。按照保险法原理,保险人承保的是由于外来因素所造成的保险事故,而被保险人死于自己的故意犯罪不属于此种情况,故中国人寿保险股份有限公司重庆分公司(以下简称人保重庆公司)应当免除保险责任。综上所述,人保重庆公司

---

〔1〕 参见最高人民法院民事审判第二庭编著:《最高人民法院关于保险法司法解释(三)理解与适用》,人民法院出版社2015年版,第539页。

〔2〕 参见国家法官学院案例开发研究中心编:《中国法院2013年度案例》(保险纠纷),中国法制出版社2013年版,第206页。

申请的理由成立,重庆市高级人民法院对其请求予以支持。原二审法院判决适用法律错误,重庆市高级人民法院依法予以纠正。原一审判决结论正确,依法应予维持。[1]

司法实践中,认定已经死亡的被保险人实施了故意犯罪行为或者抗拒依法采取的刑事强制措施的依据有:(1)公安机关侦查案卷所反映的事实。(2)检察机关对与被保险人有关的其他犯罪嫌疑人进行侦查和起诉的案卷所反映的事实。(3)法院针对与被保险人有关的刑事案件的被告作出的刑事判决书所反映的事实。[2]

(三)意外伤害认定

意外伤害险是以被保险人遭受的意外伤害以及因遭受意外伤害而导致的伤残、死亡为承保范围的险种。意外伤害险是各国保险实务中非常普遍的险种,也是司法实践中引起争议较多的险种之一。

1. 意外伤害险中“意外”的理解

意外伤害保险主要包括三种情形。其一,团体意外伤害保险。其二,旅行意外保险。其三,交通意外保险。在意外伤害保险中,被保险人受伤害的原因大致包括三种情形。其一,因被保险人自身疾病或者其他自然生理原因所导致的伤害,如疾病、生育导致的伤残或死亡等。其二,因被保险人恶意的故意行为所导致的伤害,如自杀、刑事犯罪。其三,因被保险人不能预见、意料之外的其他“意外”因素所导致的伤害。其第三种情形,即为本文所要分析的“意外”。在意外伤害保险中,特定情形下,如因被保险人的故意而造成的保险事故,保险人不承担保险责任。但被保险人是基于道德和社会公共利益等原因考虑,为了保护国家、集体、他人的人身和财产安全而遭受伤害的,即使是故意也应成立意外伤害保险事故。对被保险人为了自身利益必须作出某种行为,如发生大火无路可逃从楼上跳下造成残废,亦应将此种故意按非故意认定。

伤害保险是对“意外”的风险进行承保,以“意外”为保险事故。[3] 主流观点

---

[1] 参见最高人民法院中国应用法学研究所编:《人民法院案例选》2011 年第 2 辑(总第 76 辑),人民法院出版社 2011 年版,第 192 页。

[2] 参见最高人民法院保险法司法解释起草小组编著:《〈中华人民共和国保险法〉保险合同章条文理解与适用》,中国法制出版社 2010 年版,第 306 页。

[3] 参见范健主编:《商法》,高等教育出版社 2007 年版,第 509 页。

认为，是否构成“意外”，采用的是“意外就是意外”的理论，原因和结果有一项是意外即可。一般认为，意外伤害保险中，“意外”的构成要件有四个。其一，外来性。这是指伤害是由来自被保险人自身以外的，比如外力的碰撞、挤压等原因所导致，而不是由其自身的疾病等内在原因所导致。其二，突发性。这是相对于缓慢发生的事件而言的。伤害一般均是在短时间内发生的剧烈行为，使得被保险人来不及预见或者不可能预见就已经受到了伤害。一般情况下，缓慢发生的伤害不认为是意外伤害。其三，非本意性、非疾病的。非本意的，这是相对于被保险人主观状态而言的，是指被保险人不能预见和不希望发生保险事故，而且这种事故必须不是由被保险人的有意行为所导致。有学者认为，若被保险人因过失包括重大过失未能预见损害后果，也构成“非本意”。且在认定是否构成“非本意”时，应以特定的被保险人能否预见作为判断标准，而不能采用正常理智之人的判断标准。至于预见的程度，只需要预见到损害的性质和损害发生的方式即可，而不管损害发生的后果的大小。〔1〕 非疾病的，这是在客观上对损害来源的描述。对于损害来源是否需要具备危险性和侵害性，并不明确，至少在保险合同的意外伤害定义中并不明确。从有利于被保险人以及保险风险保障的属性上考虑，不应当以此缩小意外伤害的外延。故而非疾病的是一种中性描述，实际上是由损害结果反推出的一种“原因力”。这两个方面表明了意外事故既不是个人主观意愿和客观行为的倾向性选择结果，也不属于疾病方面的各种原因。其四，意外伤害的结果。不论何种意外原因，最终都必须导致对被保险人身体的事实伤害，只有存在事实伤害的结果，才可能是保险合同约定的意外伤害事故。在这里蕴含两点内容：一为伤害的对象一般是被保险人的身体，而精神或感情上的影响则不属于定义范围；二为有伤害事实的发生，仅有事故而未导致任何损伤也不属于其定义约定的范围。

应该看到，保险学界和实务界就“意外”的定义比通常意义上的理解窄得多，除了在非本意的属性方面与“意外”通俗说有一定重叠外，其他属性与“意外”通俗说完全不同，此为“意外”理赔争议频发的根源。〔2〕

对意外伤害的认定，是实践中经常发生争议的问题。意外伤害保险事故成立，其实质上是对被保险人非本意的主观心态的判定，对外来的、突发的、非疾病的损害这一客观事实的考量，其认定是在个案中进行的，且要求四个要件齐备。

【案例1－69】 手术过程中急性肺水肿是否为条款所规定的意外伤害事故案

一审法院认为，本案被保险人虽因病进行手术，但导致其死亡的并非其所患的“子宫内膜息肉”，而是手术过程中发生的意外，故认定被保险人死亡

〔1〕 参见许崇苗：《保险法原理及疑难案例解析》，法律出版社2011年版，第252页。
〔2〕 参见林刚：《如何理解人身保险中“意外伤害”的定义》，载《上海保险》2011年第7期。

符合原告、被告之间的保险合同约定的意外伤害身故情形。二审法院认为，被保险人手术前并未患有"急性肺水肿"疾病，其死亡的原因系在手术过程中发生"急性肺水肿"导致呼吸衰竭死亡。故符合保险合同中约定的外来的、突发的、非本意的、非疾病的使身体受到伤害的客观要件，即意外伤害，以此维持一审判决。[1]

【案例1－70】　张某诉某保险公司保险合同纠纷案

一审法院认为，根据接诊医院抢救时的病历记载，陈某当时在山洞内游玩时突感胸闷、气促，后昏迷不醒直至死亡。从病历记载的陈某死亡事发经过，以及原告张某在本案诉状中陈述的事发经过来看，在此过程中并无外来的、突发的客观事件导致被保险人死亡。因此，被保险人陈某的死亡原因并非意外伤害，不属于旅游公司投保的旅行社旅客旅游意外险的保险责任范围。而且，根据2008年补充协议约定，被保险人因自身疾病或其他原因造成的猝死属于除外责任，据此，保险公司也不应承担保险责任。一审法院判决驳回原告的诉讼请求。宣判后，各方当事人均未提起上诉。[2]

区别疾病与意外伤害是意外伤害保险中的难点问题。在现行的法律规范中，没有关于疾病、意外伤害等概念的正式定义。在保险合同中，疾病与意外伤害是两个不同的概念。而在社会生活中，疾病与意外伤害存在一定交叉。在发生纠纷后，应由法官运用解释方法对其疾病与意外伤害进行解释，裁量其争议中的是疾病抑或意外事件。

【案例1－71】　文甲、文乙诉某保险公司保险合同纠纷案

一审法院对文某的死亡进行了鉴定，证明其死亡的主要原因为酒精中毒，中枢抑制，呕吐物误吸至窒息导致心跳呼吸骤停。法院认为，文某应属意外伤害致死，从而判决保险公司依照约定全额给付各项保险金。二审法院认为，醉酒虽属一种故意行为，但醉酒后误吸呕吐物导致窒息，并最终导致死亡则不属故意范畴，保险合同中亦未明确将该种情形列为免责条款。保险合同对意外伤害的含义约定不明确，应做出有利于受益人的解释，判决驳回上诉，维持原判。本案中，文某的死亡应该是意外伤害所致，而不是由疾病引起的。在金某诉某保险公司保险合同案中，法院认为，原告在保险期间感染霍乱，系非先天性疾病，而是来自外界的、突发性的自然事件客观上造成了原告身体健康受到霍乱的侵害的后果，符合保险合同"意外伤害"的特征，应认定原告

---

〔1〕　参见方祥：《手术过程中急性肺水肿是否为条款所规定的意外伤害事故》，载谢宪、李友根主编：《保险判例百选》，法律出版社2012年版，第269页。

〔2〕　参见王剑峰：《意外伤害保险合同中"意外"的认定》，载谢宪、李友根主编：《保险判例百选》，法律出版社2012年版，第284页。

感染霍乱为意外伤害。学者对金某诉某保险公司保险合同案提出不同看法，即霍乱虽系先天性的，具备外来的、突发的、非本意的等要件，但霍乱是一种因病菌造成的疾病，不具备非疾病这个构成要件，也就不构成意外伤害，其法院判决是错误的。[1]

然而，也有法院认为饮酒过量死亡，不属于意外伤害。

【案例 1 －72】 赵某、朱某某诉中美联泰大都会人寿保险有限公司保险合同纠纷案

判决观点，原告赵某、朱某某对赵某某生前喝酒的事实无异议，《南京市急救中心院前医疗急救病历》和《接处警工作登记表》的记载，可以证实赵某某系醉酒导致死亡，上述记载并未出现其他外在因素的介入。原告提供的《死亡证明》仅记载了死亡原因为“酒后意外死亡”，并未记载导致死亡的其他意外因素，故其认定的意外因素为“酒后”。至于喝酒致死是否是意外身故，则需根据案涉保险合同的约定加以认定。根据保险合同约定，意外伤害是指遭受外来的、突发的、非本意的、非疾病的使身体受到伤害的客观事件。喝酒过量有害身体健康属生活常识，赵某某作为完全民事行为能力人，完全可以控制是否需要喝酒及喝酒量的多少，故喝酒行为本身不符合意外伤害定义的外来的、突发的和非本意的因素，不属于意外伤害。在赵某某喝酒死亡的过程中，并无证据表明存在外部因素的介入，故其喝酒导致死亡不属于意外身故，原告主张被告中美联泰大都会人寿保险有限公司承担意外身故保险金责任于法无据，法院不予支持。[2]

2. 猝死属于意外伤害的认定

猝死是意外伤害保险纠纷中的多发现象，猝死是否属于意外伤害也是意外伤害保险纠纷判定中的疑难问题。所谓猝死，是指未能预测到的忽然性死亡。猝死分为外伤性和非外伤性两种类型。外伤性猝死包括因交通事故或意外暴力产生严重的颅脑和胸膜内脏急性损伤、电击伤、溺水等导致生命器脏的严重损害或大量出血致死。该类猝死并没有其他疾病或者潜在疾病，死亡原因是意外伤害导致器脏受损，不是意外事故引发的疾病。非外伤性猝死，一般是由死者患有的疾病或者潜在的疾病导致其突然死亡。该类猝死又可细分为受外力作用和没有受外力作用两种情形下的死亡。

---

〔1〕 参见许崇苗：《保险法原理及疑难案例解析》，法律出版社 2011 年版，第 260 页。

〔2〕 参见最高人民法院中国应用法学研究所编：《人民法院案例选》2018 年第 2 辑（总第 120 辑），人民法院出版社 2018 年版，第 7 页。

对猝死是否属于意外伤害事故的认定,应依据其四个要件加以判断,并根据保险合同的近因原则进行分析。社会生活中,被保险人患有某种疾病,不小心摔倒,该种疾病导致突发死亡。摔倒并不是死亡的近因,疾病突发才是死亡的近因,被保险人的死亡不符合意外伤害中外来的要件,自然不应认定为意外伤害。在被保险人患有某种疾病,同时又遭受严重的意外伤害事件的情况下,两种原因均可能导致被保险人死亡结果的发生,对于具体是何种原因导致死亡,法院可以通过法医检验加以判定,在其判定不能的情况下,根据原告、被告双方提供的证据确定何种原因导致被保险人死亡。

【案例1－73】　原告诉某保险公司保险合同纠纷案

判决观点,本案中,被保险人的死亡原因为猝死,公安机关未认定他杀或自杀,根据法医学对猝死的通常定义,猝死为外表似乎健康的人因内在病变而发生的死亡,而原告又未能举证证明被保险人的死亡确系外来原因所致,因此,被保险人的猝死不应认定为团体意外伤害保险条款中所明确的"意外伤害",原告要求被告支付意外身故保险金,依据不足,法院不予支持。[1]

【案例1－74】　何某某、吴某某等诉众合人寿保险股份有限公司上海分公司保险合同纠纷案

判决观点,本案中,被保险人身故属于保险合同中约定的"意外伤害事故"所致。保险合同未直接约定猝死属于承保范围还是免责范围,所以对被告责任的判定应根据被保险人死亡是否属于所承保的意外伤害或免责条款中所约定的既有疾病的急性发作。涉案保险条款中对意外伤害进行了释义,其中外来的、突发的、非本意的、非疾病的四个要素同时具备才构成意外伤害。本案中,双方当事人主要对涉案事故是否具备非疾病的要素存在争议。法院认为,猝死的原因不仅包括疾病,还包括病理性以外的其他因素,不能将猝死等同于疾病死亡。[2]

【案例1－75】　高某某等诉保险公司人身保险合同纠纷案

二审法院认为,被保险人高某生前患有哮喘和心脏病,有突然发作猝死之可能。如果没有疾病,一个成年人在正常情况下吃面条噎死缺乏合理性,而且,医院的急诊病历也未记载医生曾对噎食进行过抢救。因医院没有确认被保险人高某死亡的确切原因,尸检无疑成为判断死因的有效手段,但无法进行尸检系因高某某等人在向保险公司报案之前、被保险人高某死亡不到

---

〔1〕 参见叶启洲:《猝死的认定与举证责任分配》,载谢宪、李友根主编:《保险判例百选》,法律出版社2012年版,第277页。

〔2〕 参见林晓君:《猝死案件的保险责任认定》,载《人民司法·案例》2012年第24期。

24 小时之时即匆忙将尸体火化而致,高某某等人应承担举证不能的法律后果。[1]

实践中,由法官在其个案中视具体情况认定猝死是否为意外伤害。涉案的保险合同未约定将争议的猝死排除在意外伤害保险事故范围之外的,则应认定为意外事故。

【案例 1 –76】 柴某父母诉某保险公司保险合同纠纷案

对柴某在自家卫生间洗澡时猝死一事,一审法院认为,因柴某的死亡不属于团体意外伤害条款第 4 条约定的责任免除的 11 种情形,柴某父母向保险公司申请给付保险金是符合保险合同的约定的,故柴某父母的诉请合法有据,法院予以支持,判决保险公司予以赔付。二审法院认为,对于柴某的死亡虽然保险公司认为不属于"意外伤害",但又不属条款第 4 条约定的责任免除的 11 种情形,所以保险公司应承担理赔的民事责任。二审法院维持一审判决。

恶劣情况下的突发死亡可推定为意外。

【案例 1 –77】 陈甲等诉中国人寿保险股份有限公司沈阳市分公司保险合同纠纷案

判决观点,本案中,陈乙的死亡符合外来的、突发的和本意的特征,双方就陈乙是否系因疾病死亡产生分歧。从陈乙的入院症状来看,呼吸性酸中毒合并代谢性酸中毒是最终导致陈乙心肺复苏后、蛛网膜下腔出血的直接死亡原因之一,而呼吸性酸中毒产生的医学原因为体内生成的 CO_2 不能充分排出,结合陈乙在地下管道内作业仅十余分钟即突发此症,与该作业空间狭小空气流通不畅有直接关系,在无证据证明陈乙下井前即有身体不适症状或者其之前曾有相关病史的情形下,陈乙的死亡与井下作业有直接关系,应认定为意外,保险公司应当承担保险责任。[2]

在被保险人死亡原因不明的情况下,法官应行使自由裁量权对案件进行裁定。

车辆未失控情形下驾驶员溺亡构成保险意外事故。

---

〔1〕 参见余勋盛主编:《保险诉讼典型案例年度报告》(第 2 辑),法律出版社 2010 年版,第 126 ~ 127 页。

〔2〕 参见国家法官学院、最高人民法院案例研究院编:《中国法院 2020 年度案例》(保险纠纷),中国法制出版社 2020 年版,第 119 页。四川省成都市青白江区人民法院(2018)川 0113 民初 3058 号民事判决书。

【案例1－78】 况甲诉人保重庆分公司保险合同纠纷案

二审法院认为,肉眼可见的外来突发状况不能成为况乙将车辆驶入长江的唯一原因,海事执法船的监控录像很难清晰辨别况乙驾驶车辆时的详细状况。但况乙将车辆驶入长江并造成了其死亡的结果是客观事实,况乙并非正常死亡。其死亡具体有外来的、突发的、非疾病的特征。二审法院同意一审法院裁判意见。判决:驳回上诉,维持原判。[1]

法官的自由裁量权更多地用于推定被保险人的死亡原因。

【案例1－79】 潘某某等诉中国平安财产保险股份有限公司广西分公司意外伤害保险合同纠纷案

二审法院认为,马某某在泡温泉时突然身亡,死亡原因已经排除了他杀或外伤的可能。根据一般社会经验可知,其死亡的可能原因仅为两种:第一种为因冷热交替或过度疲劳、情绪波动、剧烈运动等引起身体潜在性疾病突然发作或恶化;第二种为溺水、窒息导致肺功能衰竭、肾功能衰竭、心脏骤停等。如上文所述,第一种原因导致的死亡属于疾病性死亡,不在本案保险范围之内,第二种原因属于外来的、突发的、非本意的客观事件,在本案保险范围之内。马某某死亡之后虽然没有进行尸检,但是尸检并不是确定死亡原因的唯一方法。首先,湛江市第四人民医院出具的《居民死亡医学证明(推断)书》,载明马某某"死亡原因"为"猝死",该推断书载明的"猝死"显然不是马某某的死亡原因,而仅是马某某死亡的临床表现形态。但如果是溺水、窒息引发的器官功能性衰竭导致死亡,医疗病例中应当有相应的记录,推断书上一般也不会将死亡原因写为"猝死"。其次,泛华保险公估股份有限公司广州分公司对事故原因进行调查时,走访了事发现场,询问了事发现场工作人员、第一时间抢救的医生、湛江市第四人民医院的治疗医生、处理此次事件的警察,上述事件亲历者、参与者均陈述马某某是在泡温泉时突然晕倒、昏迷,之后就立刻被拉出水面救治,救治的过程中出现了测量不到血压、呼吸微弱、心脏跳动微弱等症状,没有人陈述马某某存在溺水的情形。最后,马某某有高血压既往病史。综合以上三点,二审法院认为马某某的死亡原因为"因冷热交替或过度疲劳、情绪波动、剧烈运动等原因引起身体潜在性疾病突然发作或恶化"已经具备高度可能性,即马某某为自身潜在性疾病导致死亡,其死亡不在本案保险范围之内。[2]

---

〔1〕 参见国家法官学院、最高人民法院司法案例研究院编:《中国法院2023年度案例》(保险纠纷),中国法制出版社2023年版,第167页。重庆市第三中级人民法院(2021)渝03民终1656号民事判决书。

〔2〕 参见国家法官学院案例开发研究中心编:《中国法院2019年度案例》(保险纠纷),中国法制出版社2019年版,第139页。广西壮族自治区南宁市中级人民法院(2018)桂01民终57号民事判决书。

未进行死因鉴定的情况下,法官可根据具体案情认定意外伤亡死亡。

【案例1-80】 汪某等诉中国太平洋人寿保险股份有限公司安庆中心支公司意外伤害保险合同纠纷案

一审法院认为,保险合同约定"对被保险人的死因有争议,双方均有权提请司法鉴定机构对被保险人进行死因鉴定,另一方应当予以配合"。太平洋寿险公司对异议事项未按合同约定行使自行鉴定的权利。高甲家属不同意做尸检的意见,仅是对《尸检告知书》内容的回复,不能仅以此证明其拒不配合鉴定。公安机关依职权作出的《死亡证明》明确载明"因溺水死亡",与《接处警情况登记表》、多人询问笔录、现场照片、村委会证明等形成相对完整的证据链,高甲系溺水意外死亡具有高度可能性,为优势证据,可以确认。高甲死亡是突然的、非本意的,符合一般人对意外死亡的通常理解,应属于保险合同中意外伤害(外来的、突发的、非本意的、非疾病的客观事件直接致使身体遭受的伤害)的涵摄范围。太平洋寿险公司认为不属于意外伤害,应承担相应的举证责任。综上,法院采信高甲系意外溺水死亡,三原告作为法定受益人,有权主张本保险合同项下的保险权益,故对三原告主张赔付保险金的请求予以支持。太平洋寿险公司仅以死因不明为由不履行支付保险金义务,不能成立。因保险合同对迟延支付保险金的损失有明确约定,故应自作出拒赔决定之日起支付利息。二审法院同意一审法院裁判意见。[1]

3.斗殴属于意外伤害的认定

被保险人与他人发生纠纷受到伤害,在此情况下能否认定为意外伤害,直接关系到保险金的给付。在人身保险合同中,保险公司一般把斗殴作为免责事由。

区分斗殴的性质,是正确认定被保险人是否属于意外伤害的关键所在。斗殴的性质可以分为侵害性、防御性两种类型。侵害性斗殴实质就是故意伤害行为,被保险人受到的伤害,毫无疑问将排除在意外伤害保险事故范围之外。对被保险人因斗殴行为,被司法机关认定为犯罪,其在斗殴过程中受到的伤害,自然应排除在意外伤害保险范围之外。对于防御性斗殴,是指被保险人遭受不法侵害而不得不实施的防卫行为,即正当防卫。如果不允许被保险人反抗不法侵害,而只能被动接受或逃避,不符合法律正义、社会公共利益和保护受害人合法权益之要求。将反抗不法侵害而受的伤害界定为意外伤害范畴,具有正当性和合理性。

实践中,应注意正确把握斗殴性质的判断标准。笔者认为,判断标准是被保

---

〔1〕 参见国家法官学院、最高人民法院案例研究院编:《中国法院2020年度案例》(保险纠纷),中国法制出版社2020年版,第166~167页。安徽省安庆市中级人民法院(2018)皖08民终1604号民事判决书。

险人对于斗殴行为造成的损害结果是否承担责任。这种责任应作广义的理解,既包括刑事责任、行政责任,也包括民事责任。行为人实施斗殴行为,经法定程序判定其对斗殴行为所造成的结果不承担责任,即应认定为该行为是防御性的,而不是侵害性的。反之,则应不认定为是防御性的,而应认定为是侵害性的。同时还要注意防卫过当的行为应视为侵害性行为。

【案例1-81】 商某诉某保险公司保险合同纠纷案

判决观点,保险公司没有证据证明商某积极主动斗殴,商某亦没有因为该次斗殴承担法律责任。因此,保险公司不能以此拒赔。意外伤害医疗保险的保险金额为1万元,商某实际支付的医疗费用已经超过上述金额,保险公司应当在意外伤害医疗保险项下向商某给付保险金1万元。[1] 本案中,商某对斗殴行为的结果不承担责任,其受到的伤害构成意外伤害保险事故。

(四)保险事故认定

所谓保险事故,是指保险合同中约定的由保险人承担保险责任的事项。保险事故的认定,需要把握以下几个方面,其一,保险事故是客观上可能存在的偶然事故,具有不可预料性。其二,保险事故须是包括在保险合同的范围内的事项。其三,保险合同中需要明确保险公司不予赔偿的情形。

【案例1-82】 李某诉某保险公司保险合同纠纷案

判决观点,张某的死亡是杨某驾驶车辆碰撞造成的,是杨某驾驶的车辆发生意外事故造成张某的死亡,李某驾驶的车辆并非致使张某死亡的直接原因,故张某死亡所发生的损失不属于李某驾驶的被保险车辆第三者责任险和交强险的赔偿范围。李某投保的车辆在使用过程中并未发生意外事故,张某发生的意外事故不构成李某与某保险公司签订的保险合同中所约定的保险事故,故李某以第三者责任险、交强险为由要求某保险公司理赔缺乏合同依据,判决驳回原告李某的全部诉讼请求。[2]

交强险保险事故的认定以所发生事故是否属于交通事故为核心。交通事故的认定不以是否"在道路上"这一场所为限制要件,而应当以车辆是否处于作为

---

〔1〕 参见安凤德主编:《保险合同纠纷诉讼指引与实务解答》,法律出版社2013年版,第262页。

〔2〕 参见北京市高级人民法院编:《审判前沿——新类型案件审判实务》2012年第2集(总第44集),法律出版社2013年版,第87页。

交通工具使用的通行状态为核心要件。

【案例1－83】 镇江九龙大件运输公司诉中国人民财产保险股份有限公司南京分公司保险合同纠纷案

一审法院认为，首先，本案中，被保险起重机致人损害的事故发生地虽位于华电句容电厂施工现场之内，但在事故发生时被保险车辆所在的施工现场并未实施封闭管理，亦未限制社会公众入内，符合法律对“道路”的本质要求。其次，事故发生时被保险车辆发动机处于启动状态，并正在进行起吊作业，故被保险车辆处于使用过程中。综上，本案事故属于在使用被保险车辆过程中发生的交通事故，受害人因此事故而遭受人身伤害的损失，应当由保险人在交强险责任限额内承担。二审法院调解结案。〔1〕

法律并未明确规定交通事故以发生碰撞为必要条件。专项作业车在道路上行驶时因故障发生漏油，导致电动车驾驶人摔倒受伤，该事故与专项作业车在道路上的驾驶行为存在法律上的直接因果关系，应认定为交通事故。

【案例1－84】 吴某某诉某污水处理公司、保险公司机动车交通事故责任纠纷案

二审法院认为，吴某某的受伤与金某某驾驶车辆在道路上的驾驶行为，存在法律上的直接因果关系，应认定本次事故为交通事故，该起交通事故造成车辆以外的第三人吴某某受伤，保险公司应承担相应的保险责任。至于金某某未及时采取措施如设置警示标志等，只是认定金某某对本次事故的过错程度和交通事故责任的重要情节，并不能免除保险公司的责任。〔2〕

法律并没有明确规定交通事故必须以接触为前提条件。如保险合同也未明确约定交通事故必须以接触为前提条件，则车辆抛锚后，为维修车辆在道路上摆放石头致使第三者遭受人身伤亡或财产损失，符合交通事故的构成要件，属于机动车交通事故。

【案例1－85】 翁某诉赵某、中国太平洋财产保险股份有限公司阜阳中心支公司机动车交通事故责任纠纷案

一审法院认为，翁某虽然与赵某驾驶的车辆没有直接接触，但法律并没有规定且合同也没有明确约定交通事故必须以接触为前提条件。赵某驾驶的车辆抛锚，其违停修车，摆放石头，导致翁某受伤，整个过程符合交通安全

---

〔1〕 参见最高人民法院中国应用法学研究所编：《人民法院案例选》2014年第2辑（总第88辑），人民法院出版社2015年版，第250页。江苏省南京市中级人民法院(2012)宁商终字第952号民事调解书。

〔2〕 参见沈君燕：《车辆漏油致伤构成交通事故的 保险公司应赔付》，载《人民法院报》2017年8月17日，第6版。江苏省苏州市中级人民法院(2016)苏05民终9936号民事判决书。

法规定的交通事故，也符合机动车第三者责任保险规定的保险事故特征。据此判决中国太平洋财产保险股份有限公司阜阳中心支公司在保险限额内赔偿501,402.21元，剩余部分由雇主王某按30%的比例承担1500元，采风运输公司作为挂靠单位对上述1500元承担连带责任。二审法院亦持同样意见，维持一审判决。[1]

公安机关交通管理部门制作的交通事故认定，不是认定交通事故事实和保险公司理赔的必要条件。

【案例1-86】　李某甲、李某乙诉中国太平洋财产保险股份有限公司漯河中心支公司保险合同纠纷案

二审法院认为，双方争议的焦点是本案事故是否是豫LDS368号车造成，中国太平洋财产保险股份有限公司漯河中心支公司（以下简称太平洋保险漯河支公司）是否应承担赔偿责任。本案事故虽然没有交警部门的事故认定书，但当事人梁某某、李某甲、李某乙的陈述，二审提交的2011年9月14日太平洋保险漯河支公司给李某甲所发的短信内容、漯河市源汇区空冢郭乡卫生院开具的诊断证明书及出具的"证明"，已经形成完整的证据链条，能够证明2011年9月14日，李某乙驾驶其所有的豫LDS368号车发生事故，导致梁某某受伤后将梁某某立即送入医院治疗，后赔偿梁某某损失9116.89元的事实。因豫LDS368号车在被上诉人太平洋保险漯河支公司投有交强险，且该事故发生在保险期间，故太平洋保险漯河支公司应当向李某甲、李某乙支付该9116.89元。李某甲、李某乙的上诉请求与理由有事实和法律依据，二审法院予以支持。原审判决认定事实不清，处理欠当，二审法院予以纠正。据此撤销一审判决，判决被告赔付原告9116.89元。[2]

关于保险事故与安全事故区别认定，二者的主要区别有六点。其一，发生地点不同。交通事故发生在公众通行的场所，安全事故发生在生产经营场所。其二，发生原因不同。交通事故因驾驶车辆引起，安全事故因生产经营活动引起。其三，损害客体不同。交通事故损害的是道路交通安全，安全事故损害的是生产安全。其四，行为人身份不同。交通事故的行为人为一般主体，安全事故的行为人仅为从事生产、作业的自然人，为企业、事业单位的职工，或者个体经营户的从业人员。其五，主观表现不同。交通事故为一般主观过失，安全事故与业务有关，属于业务过失。其六，适用法律不同。

---

〔1〕　参见徐蓬勇等：《接触不是认定交通事故发生的前提条件》，载《人民法院报》2019年5月23日，第7版。浙江省温州市中级人民法院（2018）浙03民终2776号民事判决书。

〔2〕　参见国家法官学院案例开发研究中心编：《中国法院2015年度案例》（保险纠纷），中国法制出版社2015年版，第25页。河南省漯河市中级人民法院（2014）漯民三终字第26号民事判决书。

【案例1－87】 王某某诉如皋市中都汽车销售有限公司、安邦财产保险股份有限公司江苏分公司安全生产事故责任纠纷案

二审法院认为，本案事故系在车辆维修过程中，为检查机油是否泄漏而将汽车发动引起的，徐某某的发动行为仅为检查车辆，其主观上并没有驾驶车辆的意思。因此，原审将本案所涉事故定性为安全生产事故并无不当。是否为交通事故，应当根据案件事实综合判断，而非仅凭公安机关的事故责任认定书来确定事故的性质，原审法院基于民事案件的性质确定案由并无不妥。综上，原审认定事实清楚，适用法律正确，实体处理并无不当，应予维持。〔1〕

【案例1－88】 福州吉成建材有限公司诉中国太平洋财产保险股份有限公司厦门分公司保险合同纠纷案

判决观点，机动车交通事故责任强制保险只适用被保险机动车发生道路交通事故时，而本案事故是发生施工现场停车作业，属施工安全事故，因此吉成建材有限公司主张适用《交强险条例》责任限额理赔的诉请不能成立。〔2〕

同一保险事故，可能属于商业三者险中的保险事故，而不属于交强险中的保险事故，从而影响赔偿责任的成立。

【案例1－89】 苏某某诉中国人民财产保险股份有限公司高邮支公司责任保险合同纠纷案

判决观点，首先，本案中，原告是在使用投保车辆进行吊装作业时触碰高压线而发生的事故，该起事故发生时车辆既不是在道路上通行，也非在道路以外的地方通行，车辆不处于通行状态，不属于交通事故，故本案不属于交强险责任赔偿范围。其次，根据第三者责任保险条款第四条的约定，被告承担保险责任适用的是被保险人或其允许的合法驾驶人在使用被保险机动车过程中发生的意外事故，并未特别约定保险理赔事故必须为道路交通事故，因此应属于第三者责任保险的赔偿范围。〔3〕

判断交通事故的要件为，其一，交通事故必须发生在道路上或者允许社会机动车和公众自由通行的场所，即符合《道路交通安全法》第一百一十九条关

---

〔1〕 参见国家法官学院案例开发研究中心编：《中国法院2015年度案例》（保险纠纷），中国法制出版社2015年版，第52页。江苏省南通市中级人民法院（2013）通中民终字第1816号民事判决书。

〔2〕 参见国家法官学院、最高人民法院案例研究院编：《中国法院2020年度案例》（保险纠纷），中国法制出版社2020年版，第9页。福建省闽侯县人民法院（2018）闽0121民初468号民事判决书。

〔3〕 参见国家法官学院案例开发研究中心编：《中国法院2015年度案例》（保险纠纷），中国法制出版社2015年版，第143页。江苏省高邮市人民法院（2014）邮商初字第0002号民事判决书。

于道路的规定。其二,交通事故的发生是因为过错或意外。其三,车辆造成了人身伤亡或者财产损失的后果。其四,过错或意外与损害后果之间存在因果关系。

车辆在公路边停车修理,由于第三人的过错致使车辆发生爆炸造成他人伤亡,应当认定为交通事故。

【案例 1-90】　平顶山平运汽车运输有限公司货运三分公司、焦某某诉中华联合财产保险股份有限公司平顶山中心支公司保险合同纠纷案

一审法院认为,本案豫 D60957 货车在焦村北门十字路口处停车修理,因无资质修车人操作不当引发爆炸,造成人员伤亡、财产损失,该事故发生于该车在道路上修理期间,属于交通事故。二审法院亦持同样意见,维持一审判决。[1]

驾驶人在道路上违规停放机动车辆,轮胎突然爆炸致路人受伤,符合《道路交通安全法》关于交通事故定义的构成要件,应认定为道路交通事故。

【案例 1-91】　薛某某诉魏某某、中国人寿财产保险股份有限公司淮安市中心支公司等保险合同纠纷案

一审法院认为,关于涉案事故的定性,道路交通事故是车辆在道路上因为过错或意外造成人身损害或财产损失的事件。涉案事故发生在《道路交通安全法》规定的道路上;事故发生的主要原因是实际使用人疏于维修保养,未定期进行胎检,导致车辆存在安全隐患,实际使用人对事故的发生存在主观过错。该事件符合《道路交通安全法》第一百一十九条第五项有关交通事故定义范围的规定,应当认定为道路交通事故。交警部门就涉案事故是否作出交通事故的认定,并不必然影响法院对案件的定性。中国人寿财产保险股份有限公司淮安市中心支公司应在交强险限额内及商业三者险内承担责任。二审法院亦持同样意见,维持一审判决。[2]

驾驶人被认定为过失致人死亡罪,但罪名认定并不影响其驾驶机动车因过失造成受害人死亡这一事件本身的性质,其事故符合《道路交通安全法》第一百一十九条第五项关于交通事故的规定。

---

〔1〕 参见国家法官学院案例开发研究中心编:《中国法院 2015 年度案例》(保险纠纷),中国法制出版社 2015 年版,第 165 页。河南省平顶山市中级人民法院(2012)平民二终字第 459 号民事判决书。

〔2〕 参见马作彪:《停放在道路边的机动车爆胎致人损害属于交通事故》,载《人民司法·案例》2014 年第 18 期。江苏省淮安市中级人民法院(2013)淮中民终字第 1265 号民事判决书。

【案例1-92】 北京市恒基客运有限公司诉中国人民财产保险股份有限公司北京市通州支公司保险合同纠纷案

一审法院认为,就本案而言,虽然投保车辆驾驶员李某某被认定为过失致人死亡罪,但事故的发生系李某某疏忽大意未能仔细查看车辆前方情况所致,其驾车过失致人死亡这一事故本身应属于交通事故。二审法院亦持同样意见,维持一审判决。[1]

还贷保证保险的保险事故的认定应以合同约定为依据。

【案例1-93】 何某某诉中华联合财产保险公司舟山中心支公司、中国银行股份有限公司舟山定海支行贷款保险合同纠纷案

二审法院认为,关于涉案事故的定性问题,对涉案事故是否属于合同约定的保险事故,应从涉案事故即陈某因发生抢劫事件下落不明并被法院宣告死亡的内涵和外延来判断。首先,从合同约定的内容来看,住房抵押贷款保险条款中未载明宣告死亡的情形下保险公司可不予赔付的内容,也未列明宣告死亡属于免赔的情形,并对保险人不承担保险责任的情形进行了详细列明。其次,从事故的发生原因来看,事故发生后公安机关经现场勘查和调查,发现陈某的出租车留有血迹、财物被劫,事故发生的原因是难以预料的,非出于陈某本人意愿,可以认定为住房抵押贷款保险条款约定的意外事故。最后,从事故发生的结果来看,经公安机关侦查和法院公告仍未发现陈某下落,法院通过法定程序宣告陈某死亡,达到保险合同约定的因保险事故发生导致死亡应承担还贷责任的赔付标准。综上,陈某因抢劫下落不明并被法院宣告死亡的事实可以认定为保险合同约定的意外伤害事故,属于中华联合财产保险公司舟山中心支公司的保险责任范围。[2]

不属于保险意义上的危险,不构成保险事故。

【案例1-94】 李某某诉中国人民健康保险股份有限公司北京分公司保险合同纠纷案

二审法院认为,本案中,李某某在患有慢性肾功能衰竭尿毒症期、肾性高血压、肾性贫血、双肾多发囊肿,已属患重大疾病的情况下,与保险公司订立保险合同。事实上,李某某投保的已经不再是"不确定事件",而是确定的重

〔1〕 参见国家法官学院案例开发研究中心编:《中国法院2015年度案例》(保险纠纷),中国法制出版社2015年版,第168页。北京市第二中级人民法院(2013)二中民终字第00508号民事判决书。

〔2〕 参见冷海波:《还贷保证保险中借款人被宣告死亡的出险时间界定》,载《人民司法·案例》2017年17期。浙江省舟山市中级人民法院(2015)浙舟商终字第74号民事判决书。

大疾病，是已经发生的致损事件，不属于保险意义上的危险，不构成保险事故。[1]

（五）保险期间认定

保险期间应依据当事人的真实意思确定，而并非以保险单载明时间来计算保险期间，保险合同成立并生效的时间并不等同于保险期间的起算时间。

【案例1－95】　张某某诉中国人民财产保险股份有限公司北京分公司保险合同纠纷案

判决观点，本案中，北京大容汽车技术服务有限公司（以下简称大容公司）作为被告方的保险中介机构，具有以被告名义签发保险单的代理权限。证人苏某系大容公司客户经理，亦具有保险代理人从业资格，故其具有代理被告，与原告签订保险合同的权限。根据苏某的证人证言，原告在订立保险合同时的真实意思表示为保险期间自2013年3月1日起至2014年2月28日止，保险单上载明的保险期间系其工作失误所造成，故被告在签发保险单时的真实意思表示亦应为保险期间自2013年3月1日起至2014年2月28日止。现原告主张的保险期间起算日能够与其上一年度保险期间终止日期相衔接，亦与其投保并缴纳保费的时间相衔接，而被告未能对保险单载明的保险期间起算日与收费确认时间、投保确认时间、保单打印时间不一致作出合理的解释，亦未能提出足以推翻证人证言的反驳证据，故对原告要求确认保险期限为2013年3月1日至2014年2月28日的诉讼请求，应当予以支持。[2]

---

〔1〕参见最高人民法院中国应用法学研究所编：《人民法院案例选》2015年第3辑（总第93辑），人民法院出版社2016年版，第198页。北京市第二中级人民法院（2013）二中民终字第15882号民事判决书。

〔2〕参见国家法官学院案例开发研究中心编：《中国法院2015年度案例》（保险纠纷），中国法制出版社2015年版，第59页。北京市东城区人民法院（2013）东民初字第12517号民事判决书。

三、保险合同纠纷疑难问题

（一）危险程度显著增加认定

现行《保险法》对于何为危险程度显著增加没有规定，导致法院裁判尺度并不统一。《保险法解释（四）》第四条第一款规定："人民法院认定保险标的是否构成保险法第四十九条、第五十二条规定的'危险程度显著增加'时，应当综合考虑以下因素：（一）保险标的用途的改变；（二）保险标的使用范围的改变；（三）保险标的所处环境的变化；（四）保险标的因改装等原因引起的变化；（五）保险标的使用人或者管理人的改变；（六）危险程度增加持续的时间；（七）其他可能导致危险程度显著增加的因素。"该条规定包含以下含义：其一，这些因素可单一、叠加出现或此消彼长等，其作用足以影响保险人继续承保或提高保险费率时，可最终认定构成危险程度显著增加。在个案中，不强求上述因素缺一不可或某个因素必须存在。其二，危险程度显著增加与保险事故发生存在因果关系。其三，危险程度显著增加时，被保险人应及时通知保险人。通说认为，危险程度显著增加的构成要件为重要性、持续性和不可预见性。

【案例1－96】 周某诉H保险支公司等机动车交通事故责任纠纷案

二审法院认为，本案中，周某2对车辆桂P×××××系为了日常生活的出行所用，并未用于营业性质的运输，与私人生活用车并无本质性区别予以认可。事故车辆桂P×××××是登记在简某个人名下的，即使简某在本次事故中是将该车辆租赁给了周某2，但因H保险支公司未能提交充分确凿证据证实简某长期将事故车辆桂P×××××作为出租车辆营利，其使用该车辆是为了从事营业性的运输，导致该车辆危险程度显著增加，故本案并不符合H保险支公司与简某签订的《华安财产保险股份有限公司机动车商业保险条款（2009）版》第二部分通用条款第九条约定的"在保险期间内，保险车辆因改装、加装、变更用途后导致危险显著增加的，应当及时通知保险人，保险人可以增加保费或者解除合同。被保险人未履行本通知义务，因保险车辆危险程度显著增加而发生的保险事故，保险人不承担赔偿责任"的情形。对于H保险支公司关于投保人简某将投保车辆桂P×××××出租给周某2，属于改变车辆的性质,由私家车变成了营运车辆,增加了投保车辆的风险,未向其说明,其在商业第三者保险范围内免予赔偿的抗辩,不予采纳,H 保险支公司应在商业第三者责任险 50 万元的限额内依法对本案的损害后果承担赔偿责任。H 保险支公司的上诉请求不能成立,判决:驳回上诉,维持原判。[1]

实践中,私家车从事载客营运活动被认定为导致车辆危险程度显著增加。

【案例 1－97】 文某某诉亚太财产保险有限公司四川分公司保险合同纠纷案

一审法院认为,根据文某某与亚太财产保险有限公司四川分公司(以下简称亚太保险公司)订立的保险合同约定,亚太保险公司承保的是案涉车辆作为家用的风险,即基于个人或家庭的生活性能使用的风险。但 2017 年 1 月文某某购买案涉车辆后即通过"滴滴出行"软件注册为滴滴车主,在"顺风车"平台上数次发布出行行程接受订单搭载乘客。本案事故发生之日 2017 年 5 月 1 日适逢国家法定节假日,文某某通过"顺风车"平台发布行程并接受四名乘客的订单从成都前往重庆,按照常理,该时间不属于工作日,亦不属于一般上下班时间,文某某搭载乘客至其指定目的地并按照该软件自动计算的金额收取乘客费用,为营业性运输行为。文某某擅自改变了被保险车辆的使用性质,使保险标的危险程度增加,未通知保险人。对于营运过程中发生的交通事故以及造成的损失,亚太保险公司有权拒绝赔偿。二审法院认为,一审判决认定事实清楚,适用法律正确,应予维持。[2]

【案例 1－98】 李某某诉阳光财产保险股份有限公司天津市分公司财产保险合同纠纷案

判决观点,本案保险车辆行驶证所载明的使用性质为"非营运",保险单亦载明使用性质为"家庭自用",法院依据保险公司申请向公安机关调取的李某某的询问笔录、犯罪嫌疑人的讯问笔录可以证明,李某某驾驶登记使用性质为"非营运"的保险车辆从事载客运营过程中,造成了保险车辆的危险程度显著增加,且保险车辆受损与保险标的危险程度显著增加有直接因果关系。本案所涉保险单正面重要提示以及保险条款的约定内容意味着:保险车辆在保险期间内改变使用性质将导致其危险程度显著增加;保险相对人应当就上述危险程度显著增加的情形向保险公司履行通知义务。然而李某某没

---

〔1〕 参见最高人民法院民事审判第二庭编著:《最高人民法院关于保险法司法解释(四)理解与适用》,人民法院出版社 2018 年版,第 97 页。广西壮族自治区北海市中级人民法院(2016)桂 05 民终 266 号民事判决书。

〔2〕 参见国家法官学院案例开发研究中心编:《中国法院 2019 年度案例》(保险纠纷),中国法制出版社 2019 年版,第 21 页。四川省成都市中级人民法院(2017)川 01 民终 14506 号民事判决书。

有将保险车辆被用于载客营业运输的情形通知保险公司，即没有履行合同所约定的通知义务。判决：驳回原告李某某的全部诉讼请求。[1]

事故发生时未收取乘客费用，并不影响私家车营运危险程度增加的认定。

【案例1－99】 宋某诉中国人民财产保险有限公司武汉市车商营销服务部财产保险合同纠纷案

二审法院认为，宋某通过“滴滴打车”软件的“顺风车”平台，以约定的10元价格搭载案外人陆某某的行为，存在收取一定费用的目的，应属营运行为。本案宋某所驾车辆使用性质为家庭自用，虽然宋某因事故的发生并未收取本次搭载乘客的费用，但并未影响双方当时所达成的约定，即抵达目的地后收取相应费用的意思表示。宋某通过“滴滴打车”软件的“顺风车”平台搭载乘客所从事的营运行为，改变了车辆使用性质，明显地增加了涉案车辆在行驶中的危险程度，作为投保人应当及时向中国人民财产保险有限公司武汉市车商营销服务部（以下简称人保财险武汉服务部）履行相关告知义务并增加相应的投保费用。由于宋某未向人保财险武汉服务部履行相关告知义务，应自行承担不利后果。[2]

被保险人将约定用途为“非营业个人”的被保险车辆出租给他人，并允许承租人通过网络向不特定用户转租，系以获取租金收益为目的的商业性使用，改变了保险标的的用途，且超出保险合同订立时保险人预见或应当预见的保险合同的承保范围，属于《保险法》第五十二条危险程度显著增加的情形。

【案例1－100】 郑某诉某某财产保险（中国）有限公司财产保险合同纠纷案

判决观点，关于被保险车辆的用途改变是否导致危险程度显著增加的问题，可以综合车辆的出行频率、出行范围、管理使用状况的改变进行具体分析。提高了车辆的出行频率、扩大了出行范围，车辆在运行过程中出险的几率也相应大幅提高。关于危险程度增加是否属于保险人预见或应当预见的保险合同承保范围的问题，应当综合合同订立时被保险人的基本情况、被保险车辆合理的使用用途、保费的承受范围等因素综合考量。按照“非营运个人”所确定的保费无法承受被保险车辆向不特定人出租经营后所带来的行驶风险，车辆危险程度的增加完全超出了保险人可预见的范围。如果由保险人来承担风险，将违反财产保险合同中对价平衡的原则，不利于保险业的健康

---

〔1〕 参见国家法官学院案例开发研究中心编：《中国法院2018年度案例》（保险纠纷），中国法制出版社2018年版，第57页。北京铁路运输法院（2016）京7101民初字第333号民事判决书。

〔2〕 参见国家法官学院案例开发研究中心编：《中国法院2017年度案例》（保险纠纷），中国法制出版社2017年版，第40页。湖北省武汉市汉阳区人民法院（2015）鄂汉阳民三初字第00801号民事判决书。

长久稳定发展。[1]

事故发生时被保险车辆未处于运营状态,被保险车辆危险程度增加的事实并不因此而改变。

【案例1-101】 王某诉财险北京分公司保险合同纠纷案

判决观点,关于王某改变车辆使用性质,是否造成被保险车辆危险程度显著增加一节。首先,《保险法解释(四)》第四条第一款规定……本案中,王某驾驶涉案车辆承接网约车运营业务,改变了车辆用途,且自2019年7月至11月一直从事网约车运营业务,增加了车辆使用频率,符合危险程度显著增加基本情形。其次,根据《保险法》第五十二条之规定……本案中,王某改变车辆使用性质从事营运行为导致车辆危险程度显著增加,在此情形下,王某的通知义务属法定义务,王某未履行法定的通知义务,致使财险北京分公司不能行使合法的解除合同权利或者要求增加保费的权利,对此王某应承担相应的法律后果。再次,因保险费与保险赔偿金存在对价关系,保险人会根据投保人告知情况,评估保险标的的危险程度进而决定是否对其进行承保、承保险种以及收取保险费率。保险合同成立后,在保险标的危险程度显著增加而发生事故的情况下,仍要求保险公司依原合同承担保险责任,与法律规定及双方保险条款不符。最后,王某在事故发生后签署了《被保险人自愿放弃索赔、注销案件申请书》,现无相反证据足以推翻,对该申请书予以确认。因此,财险北京分公司有权拒绝承担商业保险的赔偿责任。需要说明的是,结合本案事故发生在凌晨、事故发生前车辆营运的单数,虽然事故发生时被保险车辆并未处于运营状态,但是被保险车辆危险程度显著增加的事实并不因此而改变。综上,王某要求财险北京分公司支付理赔款,不予支持。判决:驳回原告王某的全部诉讼请求。[2]

将投保客车较长时间或不定期违规用于载货,可视为使保险标的危险程度显著增加的情形。

【案例1-102】 秦某诉财保无锡分公司保险合同纠纷案

二审法院认为,本案中,案涉车辆的用途已被被保险人小型普通客车改变成为自己所设立的公司运输货物,该用途改变具有长期性。据此,对照是否构成“危险程度显著增加”评判标准,评述如下:(1)涉案车辆属于客车,除

---

〔1〕 人民法院案例库2023-08-2-333-008。上海市闵行区人民法院(2019)沪0112民初18496号民事判决书。

〔2〕 参见国家法官学院、最高人民法院司法案例研究院编:《中国法院2022年度案例》(保险纠纷),中国法制出版社2022年版,第57~58页。北京市朝阳区人民法院(2020)京0105民初16696号民事判决书。

本身设置的行李架和行李箱外不得载货,而将车辆座椅部位拆除用于装货,明显违背了行政法规关于安全性问题的禁止性规定,因此,该行为属于法律推定为危害行车安全的行为。(2)从驾驶员被认定承担全部责任可知,翻车事故非他人道路交通违规行为或其他外力因素导致。如果车辆的重量和重心发生与车辆原本设计所不符的变化,在驾驶员急速避让时的车辆平衡与制动发生问题的概率将会增大。本案翻车事故发生时保险标的装载了包装外形较大的六箱货物,导致行车安全存在上述不利因素。在此情况下,秦某如主张违规载货情形与本案翻车事故并无因果关系,应当提供相关证据证明,现其未能提供证据证明,应当认定保险事故发生与涉案客车违规载货存在一定的因果关系。(3)对日常生活中利用客车搭载货物的情形应根据使用目的、方式、状态等综合判断其合理性及人为增加危险性的程度。如果为持续的商业用途需要在较长时间内定期或固定将客车用于载货,会使得车辆的安全隐患在较长时间内存在,可以认定对车辆的不合理使用,使得车辆危险程度显著增加。本案中,秦某将家用客车拆除座椅后在较长时间内不定期用于运输公司货物,且在载货期间发生了交通事故,该情形应当为车辆危险程度显著增加。秦某未将该情形通知财保无锡分公司,且无证据证明财保无锡分公司曾发现该情形并继续承保,故车辆因此发生交通事故后,财保无锡分公司有权拒绝理赔。判决:一、撤销一审判决;二、驳回秦某的诉讼请求。[1]

共享租车行为导致危险程度显著增加的判断标准。

【案例1-103】 戴某某诉中国人民财产保险股份有限公司上海市分公司财产保险合同纠纷案

一审法院认为,本案的争议焦点为:第一,原告通过共享平台出租车辆是否改变了保险标的用途;第二,如果原告改变了保险标的用途,是否会导致保险标的危险程度显著增加;第三,如果确认危险程度显著增加,保险人在订立保险合同时,是否能预见或者应当预见该增加的危险属于保险合同的承保范围。关于争议焦点一,首先,原告投保时的车辆使用性质为家庭自用汽车,排除了对涉案车辆以营利为目的的商业性使用。原告所参照的《道路交通运输条例》仅针对道路交通运输,不含车辆租赁。对于非营运机动车的标准应当以公安部发布的《中华人民共和国安全行业标准机动车类型术语和定义》为准,在该术语和定义中已经明确非营运机动车是指个人或者单位不以获取利

---

〔1〕 参见国家法官学院、最高人民法院司法案例研究院编:《中国法院2022年度案例》(保险纠纷),中国法制出版社2022年版,第78页。江苏省无锡市中级人民法院(2020)苏02民终1183号民事判决书。

润为目的而使用的机动车。其次,原告及其儿子连续多年将自有及他人的车辆挂在凹凸租车平台对外出租,本案所涉车辆已在其列。最后,凹凸租车本身就是一个租车共享平台,车主可以通过平台将闲置车辆租给他人使用。挂在该平台车辆的最终目的系出租,且有证据显示案外人王某曾支付过租金。综上,原告将涉案车辆通过凹凸租车平台出租给他人使用,获取利润,违反了保险合同约定的家庭自用汽车的使用性质,改变了保险标的用途,且未将上述情况及时通知保险人。关于争议焦点二,保险合同约定的使用性质为家庭自用汽车,主要是用于家庭生活需要,所使用的范围、频率和环境与车辆租赁有很大的差别。原告将车辆登记在凹凸租车平台对外出租,对象为不特定大众,客观上提高了车辆的出行频率,扩大了出行的范围,增加了运行过程中的出险概率。庭审中,原告亦表示车辆交由儿子管理和使用,不认识案外人王某,证明其对车辆使用的专业能力及资质未进行审查,亦无证据证明其对出租车辆有进行规范管理、控制的能力,作为车辆登记人,持完全放任的态度。因此,系争车辆用途改变足以导致危险概率的提高,符合危险程度显著增加的法律规定。关于争议焦点三,原告以个人名义对自己所拥有的非营运车辆向保险人投保商业车险,投保时的使用性质为家庭自用汽车,保险人在订立保险合同时,无法预见该车辆将被用于租赁经营活动,故本案所涉车辆所增加的危险不属于保险人在订立合同时预见或者应当预见的承保范围。判决:驳回原告戴某某的全部诉讼请求。二审法院认为,一审判决认定事实清楚,适用法律正确,应予维持。判决:驳回上诉,维持原判。[1]

车辆油改汽符合国家环保和能源政策,并不必然导致危险程度显著增加。保险公司是否承担保险责任关键不在于投保人是否履行通知义务,而在于具体事故的发生原因与油改气之间是否存在因果关系。

【案例 1-104】 张某某诉江苏安邦保险公司保险合同纠纷案

一审法院认为,原告车辆在保险期间内发生交通事故,造成原告方车辆维修费等损失,计 70,750 元,该损失在保险赔偿范围内。除已赔付的费用外,被告方以原告私自将车辆加装天然气使用装置、使标的车的使用危险系数增加等为由拒赔。因原告将车辆的燃油种类由汽油改装为天然气,使用油改气装置系在保险合同订立前,同时,根据被告所作《机动车辆保险事故现场查勘报告》,事故原因为疏忽大意、措施不当,原告车辆油改气与事故发生无因果关系。被告方抗辩称因使用油改气装置导致车辆危险显著增加应免于

〔1〕 参见陈昶主编:《2022 年上海法院案例精选》,上海人民出版社 2022 年版,第 153~154 页。

赔偿,缺乏根据,不予支持。二审法院亦持同样意见,维持一审判决。[1]

厢式货车登记为非营运后从事快递运输业务,符合其正常用途并未导致危险显著增加。

【案例1-105】 宗某某等诉中国人民财产保险股份有限公司南通市分公司保险合同纠纷案

二审法院认为,4500千克以下厢式货车无须登记为营运,从事快递运输系该车正常用途,未改变车辆使用性质,难谓危险程度显著增加,中国人民财产保险股份有限公司南通市分公司不能据此免责。[2]

驾驶员驾驶机动车在沙漠中冲沙不算危险程度增加。

【案例1-106】 康某诉财保石河子分公司保险合同纠纷案

判决观点,本案中,被告财保石河子分公司以原告进行沙漠竞赛,违反了维护保险标的安全和危险增加通知义务为由,作出了拒赔处理。但被告财保石河子分公司提交的事故现场照片无法证明被保险车辆危险程度增加,也无法证明被保险车辆在事故发生时原告驾驶车辆正在进行冲沙竞技运动,且没有其他证据佐证被告财保石河子分公司的拒赔理由。因此,被告财保石河子分公司的拒赔理由不成立,应当承担举证不能的法律后果。被告财保石河子分公司应当依照保险合同的约定赔偿原告车辆发生事故支出施救费8500元,车辆维修费31,070元。判决:被告财保石河子分公司赔付原告康某施救费8500元,车辆维修费31,070元。[3]

保险人在知悉投保的车辆用于租赁的情况下,订立保险合同。并且投保车辆是货车,送货是基本用途。因此,实际使用人将其投保车辆用于公司内部送货的情况,并未发生保险人未知的变化和危险。

【案例1-107】 财保桂林支公司诉孔某等保险合同纠纷案

一审法院认为,关于涉案车辆是否存在改变使用性质,导致危险程度显著增加的情况。首先,财保广东分公司知悉该车辆系用于租赁。其次,认定车辆的使用性质是"营业"还是"非营业",不仅要看车辆的使用状况,更重要

---

〔1〕 参见潘玉君等:《车辆油改气装置变更不必然影响保险责任的承担》,载《人民法院报》2016年7月7日,第6版。江苏省南京市中级人民法院(2016)苏01民终370号民事判决书。

〔2〕 参见谷昔伟等:《非营运轻型货车用于快递运输时"危险程度显著增加"的判断》,载《人民法院报》2019年10月24日,第7版。江苏省南通市中级人民法院(2019)苏06民终2662号民事判决书。

〔3〕 参见国家法官学院、最高人民法院司法案例研究院编:《中国法院2022年度案例》(保险纠纷),中国法制出版社2022年版,第53页。新疆维吾尔自治区石河子市人民法院(2020)兵9001民初2122号民事判决书。

的是看车辆的使用目的。现无证据证实纺织公司使用该车辆并收取运费，不足以认定A号车系营运车辆。最后，广东分公司未提供证据证明已就该责任免责条款履行明确说明义务，该免责条款不产生效力。财保广东分公司应支付赔偿款36,911元。判决：一、被告财保广东分公司向原告财保桂林支公司支付理赔款36,911元；二、驳回原告财保桂林支公司的其余诉讼请求。二审法院认为，A号车本就是货车，财保广东分公司明知该车系用于租赁给第三方公司，故即使该车用于送货和收货，也不足以证实危险程度显著增加。据此，一审判决并无不当，予以维持。判决：驳回上诉，维持原判。[1]

《保险法解释（四）》第四条第二款规定："保险标的危险程度虽然增加，但增加的危险属于保险合同订立时保险人预见或者应当预见的保险合同承保范围的，不构成危险程度显著增加。"该条款是不能认定为危险程度显著增加的事由规定，也就是说，对于订立保险合同时预见或者应当预见的危险，保险人不能以危险显著增加为由免除保险责任。

融资性信用保险合同危险程度增加的认定。

【案例1-108】 交银金融租赁有限责任公司诉中华联合财产保险股份有限公司内蒙古分公司财产保险合同纠纷案

一审法院认为，被告可否以原告未履行保险标的的危险程度显著增加的通知义务为由拒赔。被告认为未足额收取首期款项及他人代付租金增加承租人不履约的风险，根据保险条款第十四条，原告未履行通知义务，因上述保险合同重要事项变更而导致保险事故发生的，保险人不承担赔偿责任。对此，第一，针对未足额收取首期款项，根据保险条款第十四条，危险程度显著增加应当指发生在保险期间的相关情形。如前所述，是否足额收取款项发生于被告承保之前，不属于该条款适用范围。第二，针对他人代付租金增加承租人不履约的风险。租赁信用险的保险标的本身就是承租人的履约风险，承租人不按期支付租金的风险，不仅是订立保险合同时可预见的风险，其本身就是被告承保范围。根据《保险法解释（四）》第四条规定，增加的危险属于保险合同订立时保险人预见或者应当预见的保险合同承保范围的，不构成危险程度显著增加。再者，即使系他人代付，也并非导致承租人不履约的原因，反而是承租人不履约在前，他人代付在后，且他人代付对债权人而言是保障而非风险，故对被告的抗辩不予采信。判决：中华财产保险赔偿交银租保险理赔款807,150.81元。二审法院认为，一审判决认定事实清楚，适用法律正

---

〔1〕 参见国家法官学院、最高人民法院司法案例研究院编：《中国法院2022年度案例》（保险纠纷），中国法制出版社2022年版，第65～66页。广东省广州市中级人民法院（2020）粤01民终3996号民事判决书。

确,应予维持。判决:驳回上诉,维持原判。[1]

(二)保险代理人过错处理

常见的保险人的代理人有,推销其保险产品的代理人和受委托对被保险人进行体检的医疗机构。代理人在保险人的业务活动授权范围内,对外与投保人、被保险人发生法律关系,其所实施的法律行为的后果由被代理人即保险人承受。但对于代理人给保险人造成的损失,推销保险产品的代理人违反提供客户真实签名文本合同义务,医疗机构未将被保险人真实的体检结果告知保险人,保险人可依据保险代理合同起诉代理人主张损失赔偿。

【案例1-109】 单某与某人寿保险股份有限公司委托合同纠纷案

二审法院认为,单某与保险公司之间签订了保险代理合同,根据合同的约定,单某负有向保险公司提供客户真实签名文本的合同义务,违反合同义务则应承担赔偿损失的违约责任。相关合同条款并无无效事由,应当对单某发生法律约束力。保险公司比照退保计算的财产损失是其可得利益损失,依法应当列入违约赔偿范围,一审法院根据保险公司的自身过错,减轻了单某的赔偿责任,并无不当,法院予以确认,单某拒绝承担赔偿责任的理由不充分,法院不予采信。[2]

保险代理人虚假宣传、混淆合同性质、夸大收益的,投保人因而对合同内容产生重大误解的,可以请求撤销合同。投保人对人寿保险合同的订立存在过错的,保险人在退还保险费时可以扣除相应的手续费。

【案例1-110】 卡某诉新华人寿保险股份有限公司等人身保险合同纠纷案

一审法院认为,本案中,卡某在华某某“名义是份保险,实际上是新华推出的一个理财产品,购买越多利润越多,年收益率可以达10%”的误导下订立涉案合同,高额利率回报是其订立合同时所期待的理财目的。而合同约定给予卡某保险费10%的利益仅是签订合同首年的关爱年金,以后每年只有1%,显然与华某某介绍的内容不相符,与卡某订立合同的真实意思和目的亦不相符,故卡某有权请求撤销该合同,新华人寿保险股份有限公司上海分公司(以下简称新华保险上海分公司)应当返还卡某保险费,卡某应当返还已

---

〔1〕 参见陈昶主编:《2022年上海法院案例精选》,上海人民出版社2022年版,第175页。

〔2〕 参见最高人民法院民事审判第二庭编著:《最高人民法院关于保险法司法解释(三)理解与适用》,人民法院出版社2015年版,第129页。

取得的首年关爱年金99,864元;卡某对于合同的订立,缺乏经验,在签订投保金额如此之大的合同之前不核实情况,合同订立后又不仔细阅读条款,只片面相信业务员一面之词,存在疏忽大意的过失,对回访电话也不实回复,丧失在犹豫期内解除合同的机会,给保险人的营运成本等带来一定的损失,故除对已缴纳保险费的利息损失应自行承担外,仍应赔偿新华保险上海分公司、新华保险公司相应损失,法院酌定该损失为保险费的10%,即99,964元。综上,扣除卡某应返还的关爱年金99,964元,新华保险上海分公司实际应退还卡某保险费799,812元。据此,判决撤销保险合同,被告退还卡某保险费799,812元。二审法院亦持同样意见,维持一审判决。[1]

保险代理人有过错给保险人造成损失的,应当承担赔偿责任,保险人有过错的酌情减轻保险代理人的赔偿责任。

【案例1-111】 某保险公司与高某保险代理合同纠纷案

二审法院认为,查明的案件事实表明高某确实向涉案44份投诉保单的投保人进行了误导性宣传,未尽到保险代理人的基本职责,已构成违约,应当对由此给某保险公司造成的损失承担赔偿责任。高某因违反合同约定销售保险产品所得佣金应当予以返还,一审法院据此判决高某退还佣金11,062.19元,有事实和法律依据。当事人一方违约造成对方损失,对方对损失发生有过错的,可以减少相应的损失赔偿额。在高某销售涉案保险产品之前,某保险公司虽然组织过保险代理人岗前培训,但是对于保险产品的相关功能存在未能准确传达给保险代理人的情况。此外,高某在短短几个月内从事保险代理业务销售的问题保单比例如此之高,显然与某保险公司核保不严、监管不力有关,保险公司对退保损失的发生存在过错。一审法院认定某保险公司应当承担相应法律责任并无不当,在综合考虑当事人违约情况、过错程度的基础上,决定高某应向保险公司赔偿损失121,214元,裁量适当。二审法院据此驳回某保险公司上诉请求,维持原判。[2]

【案例1-112】 丁某诉甲保险公司人身保险合同纠纷案

二审法院认为,本案的争议焦点在于甲保险公司能否以投保人未尽如实告知义务而解除合同并予以拒赔。涉案《人身保险投保书》(电子版)、《人身保险(个险渠道)投保提示书》上张某和丁某的签字均系本人所签,但上述保险单证上打钩均为保险代理人黄某代为填写。涉案保险合同签订时,投保人

---

〔1〕 参见国家法官学院案例开发研究中心编:《中国法院2016年度案例》(保险纠纷),中国法制出版社2016年版,第222页。上海市第二中级人民法院(2014)沪二中民六(商)终字第38号民事判决书。

〔2〕 上海金融法院(2021)沪74民终529号民事判决书。

张某向保险代理人黄某出示了丁某的体检报告,该体检报告载明了丁某患有甲状腺结节。保险代理人黄某在明知丁某患有甲状腺结节的情况下,仍代张某和丁某在投保书询问事项"甲状腺或甲状旁腺疾病"中勾选"否",该行为属阻碍投保人履行如实告知义务,被保险代理人黄某上述代为填写的内容不能视为投保人张某的真实意思表示,应视为张某在投保时已经履行了如实告知义务,甲保险公司应当向受益人丁某支付保险金30万元。[1]

出单方未善尽代理职责时应承担赔偿责任。

【案例1-113】 中国人民财产保险股份有限公司上海市分公司与中国平安财产保险股份有限公司上海分公司责任保险合同纠纷案

二审法院认为,平安上海分公司是否应当赔偿上述损失。代理人不履行职责而给被代理人造成损害的,应当承担民事责任。根据诚实信用原则,代理人应在代理权限范围内,谨慎、勤勉、忠实地履行行使代理权。本案中,平安上海分公司在对外理赔时,本应按照《保险法》的规定审查被保险人职工度假公司是否已就第三者沈某立、刘某惠、张某忠的保险事故进行赔偿,并确保在其未作赔偿时不予支付保险金。但其作为专业的保险机构,明知法律上的上述规定,却违反了作为代理人应尽的审慎注意义务,将人保上海分公司应付的理赔款径行支付给了职工度假公司,导致人保上海分公司于此后就相同的保险事故进行了再次赔付,显然存在重大过错,故应对造成的损失承担赔偿责任。平安上海分公司辩称人保上海分公司作为共保项目的主承保人,在预赔付和保险金摊回时均未提出异议,故应视为其同意直接向职工度假公司支付保险金。但是,根据《共保协议书》及《四方协议》,人保上海分公司虽为主承保人,却并非出单公司,其职责虽包括与其他共保方共同对事故现场进行勘验、定损等,但并不包括对外支付保险赔款。而被保险人是否已向第三人赔偿损失,正是对外支付保险金时应当审查的内容,应由出单公司即平安上海分公司完成,人保上海分公司并不参与也无从知悉,故对平安上海分公司的上述抗辩不予采纳。[2]

是否构成表见代理,由法官根据具体案情裁量。

---

〔1〕 上海金融法院(2019)沪74民终373号民事判决书。2019年度上海法院金融商事审判十大案例之五。

〔2〕 参见最高人民法院中国应用法学研究所编:《人民法院案例选》2022年第1辑(总第167辑),人民法院出版社2022年版,第131页。上海金融法院(2020)沪74民终541号民事判决书。

【案例 1-114】 刘某诉汪某剑、朱某荣、天安保险盐城中心支公司交通事故人身损害赔偿纠纷案

二审法院认为,天安盐城支公司在响水县设有营销部,该营销部对外签订保险合同时使用天安盐城支公司的业务章。刘某星曾任该营销部的负责人,在任职期间伪造天安盐城支公司的业务专用章,私自印制保险单进行销售。天安盐城支公司认为刘某星 2004 年 12 月便擅自离开公司,自 2005 年起就不再是响水县营销部负责人,但未能提供证据证实。且本案中,所涉摩托车保险单即通过响水县营销部的销售员在该营销部内销售的,内容由销售员填写,保险单的内容和形式与真保险单一致。作为善意相对人的被保险人朱某荣是在响水县营销部购买第三者综合损害责任险,朱某荣有理由相信其购买的保险是真实的,保险单的内容并不违反有关法律的规定,响水县营销部的行为在民法上应当视为天安盐城支公司的行为,因此,虽然朱某荣持有的保险单是假的,但此系天安盐城支公司的工作人员利用职务上的行为所致,投保人无从察知,保险人应当加强管理监督,故不能据此免除天安盐城支公司应当承担的民事责任,一审法院判决保险人在保险限额内承担赔偿责任并无不妥。[1]

【案例 1-115】 刘某典诉中国人寿保险有限公司徐州分公司及迟某、戚某单保险合同纠纷再审案

再审法院认为,本案中迟某不构成表见代理,案涉保险合同的形式、内容及办理流程存在诸多不合理之处,刘某典在 2003 年至 2011 年多次通过迟某办理过多份真实有效的保险合同,对保险合同内容具有辨识能力,但刘某典对案涉保险合同的真实性疏于审查,缴纳保费时不收取保险公司的收据,领取分红时也未签字,且保险周期过后仍然领取分红,故难以认定刘某典系善意无过失,不排除其以保险合同掩盖其他行为的可能,遂指令再审。[2]

(三)诉讼中抵销

《民法典》第五百六十八条第一款规定:“当事人互负债务,该债务的标的物种类、品质相同的,任何一方可以将自己的债务与对方的债务抵销,但依照法律规定或者按照合同性质不得抵销的除外。”

《民法典合同编通则解释》第五十五条规定:“当事人一方依据民法典第五百六

---

〔1〕 参见《最高人民法院公报》2012 年第 3 期。

〔2〕 江苏省高级人民法院(2020)苏民申 8660 号民事裁定书。

十八条的规定主张抵销,人民法院经审理认为抵销权成立的,应当认定通知到达对方时双方互负的主债务、利息、违约金或者损害赔偿金等债务在同等数额内消灭。”

《民法典合同编通则解释》第五十六条规定:“行使抵销权的一方负担的数项债务种类相同,但是享有的债权不足以抵销全部债务,当事人因抵销的顺序发生争议的,人民法院可以参照民法典第五百六十条的规定处理。

行使抵销权的一方享有的债权不足以抵销其负担的包括主债务、利息、实现债权的有关费用在内的全部债务,当事人因抵销的顺序发生争议的,人民法院可以参照民法典第五百六十一条的规定处理。”

《民法典合同编通则解释》第五十七条规定:“因侵害自然人人身权益,或者故意、重大过失侵害他人财产权益产生的损害赔偿债务,侵权人主张抵销的,人民法院不予支持。”

《民法典合同编通则解释》第五十八条规定:“当事人互负债务,一方以其诉讼时效期间已经届满的债权通知对方主张抵销,对方提出诉讼时效抗辩的,人民法院对该抗辩应予支持。一方的债权诉讼时效期间已经届满,对方主张抵销的,人民法院应予支持。”

法律没有作出禁止性规定,当事人在保险合同也作了约定,同时双方之间的债务又都到清偿期,则保险人有权提出抵销。至于诉讼中主张抵销的程序,并非提起反诉。当事人在诉讼中主张抵销权,与对方当事人主张的诉讼请求并不必然要求具有牵连性,只需标的物的种类、品质相同即可,故一般无须提出反诉。

【案例1-116】 刘某诉阳光人寿保险股份有限公司等人身保险合同纠纷案

二审法院认为,在本案中,虽然存在人寿保险合同和保单质押贷款合同两个法律关系,但在保险条款中同样亦约定了保单质押贷款以及抵销。阳光人寿保险股份有限公司(以下简称阳光保险公司)及阳光人寿保险股份有限公司上海分公司(以下简称阳光保险上海分公司)虽仅提出抵销的抗辩,而未提出反诉,不影响其在诉讼中行使抵销权,也不影响法院就抵销债务以及抵销权行使进行审查。至于是否需要对抵销债务另行诉讼确定的问题,一方面,法律没有对主张抵销的债务必须要另行诉讼确定的规定;另一方面,将抵销债务在本案中一并处理更符合当事人合同约定的真实意思和抵销制度的特征、功能,达到当事人通过行使抵销权以抗辩对方当事人的债权履行请求,而使双方的债权债务归于全部或部分消灭的法律后果。何况各方当事人在一审庭审中亦均明确表示同意将上述债务在本案中一并处理。因此,阳光保险公司及阳光保险上海分公司主张抵销,无须提起反诉和另行诉讼,法院应在本案中依法查明上述债务,将阳光保险公司及阳光保险上海分公司主张抵销的债务一并处理。现阳光保险公司及阳光保险上海分公司在二审中仍坚持抵销,而在一审中,当事人就用以抵销的保单质押贷款债务证据已进行了质证,此节事实也已基本查明,二审中又进一步组织当事人对相关争议进行了审查,为减少当事人的讼累,法院依据查明的事实和法律规定对抵销债务在本案中一并作出处理。一审法院认为本案双方系人寿保险合同纠纷,与贷款系独立的两个法律关系,故阳光保险公司及阳光保险上海分公司以保单条款的约定请求一并结算贷款,无法律依据而不作处理,存有不当,二审法院予以纠正。经二审法院审核,对当事人之间互负债务相抵销折算后,认定阳光保险公司及阳光保险上海分公司尚应支付给刘某25,286.26元。[1]

(四)保险合同撤销

《民法典合同编通则解释》第四十三条规定:“债务人以明显不合理的价格,实施互易财产、以物抵债、出租或者承租财产、知识产权许可使用等行为,影响债权人的债权实现,债务人的相对人知道或者应当知道该情形,债权人请求撤销债务人的行为的,人民法院应当依据民法典第五百三十九条的规定予以支持。”

《民法典合同编通则解释》第四十六条规定:“债权人在撤销权诉讼中同时请求债务人的相对人向债务人承担返还财产、折价补偿、履行到期债务等法律后果的,人民法院依法予以支持。债权人请求受理撤销权诉讼的人民法院一并审理其与债务人之间的债权债务关系,属于该人民法院管辖的,可以合并审理。不属于该人民法院管辖的,应当告知其向有管辖权的人民法院另行起诉。债权人依据其与债务人的诉讼、撤销权诉讼产生的生效法律文书申请强制执行的,人民法院可以就债务人对相对人享有的权利采取强制执行措施以实现债权人的债权。债权人在撤销权诉讼中,申请对相对人的财产采取保全措施的,人民法院依法予以准许。”

根据《民法典》第五百三十九条(原《合同法》第五十四条第一款)规定,构成重大误解的投保人有权主张撤销保险合同。

【案例1-117】　吴某某诉泰康人寿保险股份有限公司达州中心支公司人寿保险合同纠纷案

判决观点,原告、被告达成的退还保费约定应当撤销。本案中,吴某某申请退还保费,是在泰康人寿保险股份有限公司达州中心支公司作出解除合同、拒赔决定后,认为理赔无望,而作出的举动。退还保费的约定是在被告拒赔后,吴某某认为保险合同无效的情形下与被告达成的。吴某某对保险合同的效力产生了重大误解,因此,原告要求撤销该约定,于法有据,法院予以支持。

---

〔1〕　参见郭伟清主编:《2017年上海法院案例精选》,上海人民出版社2018年版,第139~140页。

故原告获得退还保费15,000元应当予以返还,可在保险中予以扣除。[1]

保险公司工作人员错误说明,导致投保人产生误解而签订保险合同的,投保人可以主张撤销。

【案例1－118】 李某某诉泰康人寿保险股份有限公司丹东中心支公司保险合同纠纷案

判决观点,本案中,因被告公司的业务员错误地向原告讲解了保险合同的内容,造成原告对保险合同的内容产生了重大误解,原告与被告订立保险合同的意思表示是基于对合同内容的误解所作出的,该保险合同不能实现原告订立合同的真实目的,原告有权要求撤销该保险合同,并有权要求被告返还其已经支付的保险费,故对原告请求判令撤销原告、被告之间签订的保险合同,并要求被告向其返还保险费的诉讼请求,法院予以支持。[2]

投保人用变造的身份证及车辆行驶证等虚假信息进行投保,导致保险公司在违背真实意思的情况下订立合同,保险公司请求撤销该保险合同的,对符合原《合同法》第五十四条规定情形的,法院应当予以撤销。

【案例1－119】 某保险公司诉殷某财产保险合同纠纷案

一审法院认为,殷某委托为其投保的保险公司营业部在投保时故意提供了变造的身份证、车辆行驶证、标的车辆车牌号码,而隐瞒了殷某的真实投保信息,不符合《保险法》规定的投保人如实告知义务,使保险公司陷入错误而订立了保险合同,投保人的行为构成欺诈,符合原《合同法》第五十四条规定,判决撤销保险公司与殷某签订的保险合同。二审法院亦持同样意见,维持一审判决。[3]

对于上述情况,实践中存在不同的处理方式。有的法院认为,保险人不享有以欺诈为由的保险合同撤销权。车辆已注销登记,投保人伪造车辆产品合格证和销售发票,虚构车辆暂未办理牌照号码和登记日期的事实,为车辆投保交强险,是对法定重要事项如实告知义务的违反,保险人应通过法定解除权救济权利,而非主张撤销权。对保险人就此主张撤销权的,法院不予支持。

法律规定对于合同因显失公平可行使撤销权的除斥期间为一年,且自知道或

---

〔1〕 参见国家法官学院案例开发研究中心编:《中国法院2017年度案例》(保险纠纷),中国法制出版社2017年版,第194页。四川省达州市渠县人民法院(2015)达渠民初字第344号民事判决书。

〔2〕 参见国家法官学院案例开发研究中心编:《中国法院2015年度案例》(保险纠纷),中国法制出版社2015年版,第189页。辽宁省丹东市振兴区人民法院(2013)兴民三初字第00433号民事判决书。

〔3〕 参见谢宾等:《保险人请求撤销使用虚假材料投保的保险合同应予支持》,载《人民法院报》2019年6月13日,第7版。兰州铁路运输中级人民法院(2019)甘71民终17号民事判决书。

者应当知道撤销事由之日起算。投保人对合同内容未提出任何异议且实际接受并签署了合同文本,其撤销权行使的除斥期间应自签署保险合同时起算。

【案例1-120】　昌吉市江北再生纸业有限公司诉中国平安财产保险股份有限公司新疆分公司昌吉回族自治州中心支公司保险合同纠纷案

二审法院认为,上诉人与被上诉人于2011年6月15日签订财产基本险保单,从此时起,被上诉人就知道或者应当知道特别约定的第十条第四项"每次赔偿限额50万元"的内容,被上诉人在2013年2月5日主张撤销该约定,超过了法律规定的一年期间。据此,二审法院撤销一审判决,驳回昌吉市江北再生纸业有限公司的诉讼请求。[1]

(五)人寿保险单质押

对于人寿保险单是否可以质押,亦有不同观点。有法官认为,人寿保险单具有储蓄价值,保单所有人可以退保收取保单的现金价值,也可以通过转让获取保单的对价。因此,从理论看,人寿保险保单具有交换价值,可以作为质押的标的。从我国当前保险实践来看,保单质押,尤其是人寿保单质押业务是得到保险监督管理部门承认的。[2]

(六)保险金涉及执行问题

对于债务人作为投保人交纳的保险费或者保险单的现金价值,是否可作为法院强制执行标的,是当前法院执行过程中经常遇到的疑难问题,各地法院的态度和做法也不尽一致。根据《民事诉讼法》的基本原理,法院强制执行的标的是被执行人的财产或行为。投保人交纳保险费后解除保险合同可以获得保险单的现金价值,对投保人来说,保险单的现金价值不是所有权而是债权。因此,法院不能直接强制划转投保人交纳的保险费或者保险单的现金价值,但可以对投保人交纳的保险费或者保险单的现金价值予以冻结。理由是投保人有权获得的保险单的

---

〔1〕 参见国家法官学院案例开发研究中心编:《中国法院2015年度案例》(保险纠纷),中国法制出版社2015年版,第182页。新疆维吾尔自治区昌吉回族自治州人民法院(2013)昌中民二终字第193号民事判决书。

〔2〕 参见最高人民法院民事审判第二庭编:《商事审判指导》2014年第2辑(总第38辑),人民法院出版社2015年版,第25~26页。

现金价值可以视为一种预期收益,因为投保人可以依自己的意愿随时解除合同获得保险单的现金价值。对于预前收益,可以采取冻结措施。《保险法》并未明确否认保险合同可以依据法院执行裁定而解除,但如何执行应作深入研究。

【案例1-121】 某保险公司诉郭某保险合同纠纷案

债权人王某向法院申请执行债务人郭某偿还50万元本金及利息,执行法院划扣了郭某在某保险公司所投10份保单的现金价值46万元,某保险公司按照执行法院要求解除与被执行人郭某的保险合同。郭某将保险公司诉至法院,请求判决某保险公司继续履行保险合同。法院判决某保险公司继续履行合同。判决后,原告、被告均未提出上诉,该案判决现已生效。对于执行异议案,执行法院认为,郭某作为投保人投保的10份保险合同,合同约定的保险利益尚未到期,郭某交纳的保险费所有权归某保险公司,其合法权益应予保护,法院在保险合同未解除,郭某在某保险公司也没有已到期尚未支取的保险收益的情况下,裁定提取被保险人郭某在某保险公司的保险金收入与事实不符,裁定撤销原民事裁定书和协助执行通知书,要求申请执行人王某立即将现金46万余元返还至某保险公司。[1]

对此类情形,有法官认为,在保险金请求权价值尚未确定时,不得执行。《人民司法》研究组亦认为人身保险费不能强制执行。也有法官认为,人身保险单具有现金价值,是属于投保人的财产。当投保人没有其他财产偿还债务时,投保人的债权人可以申请解除保险合同以退还的保单现金价值来清偿债务。[2]

对于保险公司在强制保险责任限额内的限额赔偿金可以采取先予执行的强制措施。

人寿保险合同是为被保险人因身体和生命所产生的利益的保障,这一利益因为无法用金钱计算,具有很强的人身依附性。据此,应将人身保险合同排除在强制执行标的范围之外。

关于保险单现金价值的执行,保险单现金价值,也称为解约金或者解约返还金,是指在保险期间内,投保人中途解除合同时,保险人所应当返还的金额。[3]就来源及归属而言,保单现金价值是投保人缴纳的保险费在保险人处累积所形成的,是属于投保人的债权性质的财产,可以由投保人自行处分。这是保单现金价值具有可执行的前提。保单现金价值不属于不可执行的财产。[4] 不同的执行法

---

〔1〕 参见许崇苗:《保险法原理及疑难案例解析》,法律出版社2011年版,第345~350页。

〔2〕 参见王静:《保险类案裁判规则与法律适用》,人民法院出版社2013年版,第225页。

〔3〕 参见吴定富主编:《〈中华人民共和国保险法〉释义》,中国财政经济出版社2009年版,第120页。

〔4〕 参见王静:《保单现金价值强制执行若干问题研究》,载高彬峻主编:《民商法实务精要6》,中国法制出版社2018年版,第215页。

院对于保险现金价值的观点不同，在执行时是否必须先解除保险合同还是直接执行投保人缴纳的保险费方面认识有别。如前所述，有的法院认为保单现金价值可执行的前提是投保人自行解除合同，但合同解除权专属投保人，法院不能代为解除；但之后，同一家法院在另一起执行复议案中又认为，从保单现金价值请求权的形成上看，保单现金价值是从投保人缴纳的保险费所有权转化而来，一旦投保人提出要求，保险人就必须向投保人给付，这项权益是属于投保人的合法债权，与被保险人的人身利益无关，属于强制执行的对象。[1]

对于经过法院判决确认的机动车交通事故应承担赔偿义务的主体与该机动车第三者责任保险合同中的被保险人不一致时，执行法院是否有权对被保险人的保险理赔款进行强制提取，学界和实务界有不同观点。法院在执行保险理赔款的程序中，向保险公司提交办理理赔款所需的相关材料，实际上是由于被保险人并不是判决确定的赔偿义务主体而怠于行使保险理赔请求权，法院在执行过程中为保护受害人的利益代替被保险人办理相关理赔。依据保险合同，保险理赔款赔付的主体应为被保险人。而在法院被执行的主体并不是被保险人时，则应限制执行法院依法作出裁定来提取被保险人在保险公司的保险理赔款。

【案例1－122】 方某申请执行王某机动车交通事故纠纷案

执行法院认为，商业第三者责任保险的赔偿对象应为被保险人，而被保险人在本案中依据判决确与案件并无直接联系，不应强制提取相关的保险理赔款。但为维护申请执行人的合法权益，执行法院多次同保险公司阐明其中涉及的多种法律关系，后保险公司主动将保险理赔款汇至执行法院账户内。[2]

人身保险产品现金价值可以依法强制执行。

【案例1－123】 邓某、兴铁一号产业投资基金合伙企业财产份额转让纠纷执行复议案

最高人民法院认为，本案的争议焦点问题是：(1)能否强制执行本案人身保险产品的现金价值；(2)对于人身保险产品现金价值应如何执行。结合邓某所提复议理由，一并分析如下：一是关于能否强制执行本案人身保险产品的现金价值问题。《民事诉讼法》第二百四十一条规定，被执行人未按执行通知履行法律文书确定的义务，应当报告当前以及收到通知之日前一年的财产状况。《最高人民法院关于适用〈中华人民共和国民事诉讼法〉执行程序若干问题的解释》第三十二条规定，被执行人财产报告义务的对象包括

---

〔1〕 转引自王静：《保单现金价值强制执行若干问题研究》，载高彬峻主编：《民商法实务精要6》，中国法制出版社2018年版，第212页。

〔2〕 参见北京市高级人民法院编：《审判前沿——新类型案件审判实务》2012年第3集(总第45集)，法律出版社2013年版，第136页。

"债权、股权、投资权益、基金、知识产权等财产性权利",《查封、扣押、冻结规定》第二条第一款规定,人民法院可以查封、扣押、冻结登记在被执行人名下的不动产、特定动产及其他财产权。商业保险产品属于前述法律规定的其他财产权利的范围。意外伤害、残疾保障保险产品虽然有一定的人身保障功能,但其根本目的和功能是经济补偿,其本质上属于一项财产性权益,具有一定的储蓄性和有价性,除《民事诉讼法》第二百四十四条及《查封、扣押、冻结规定》第五条规定的被执行人及其所扶养家属的生活必需品豁免财产外,人民法院有权对该项财产权益进行强制执行。人身保险的保单现金价值系投保人交纳的,为了支付后年度风险之用的费用,与保险事项发生后,保险公司应当支付的保险金不同,并不具有人身依附性的专属性,也不是被执行人及其所扶养家属所必需的生活物品和生活费用。根据许某婷与中国人寿保险股份有限公司四川分公司签订的国寿乐行宝两全保险和国寿附加乐行宝意外伤害住院定额给付医疗保险合同的内容,以及《保险法》第十五条的规定,在保险金给付之前,投保人许某婷对该保险现金价值享有确定的物权所有权。江西省高级人民法院对该保单的现金价值及利息等财产性权益冻结并强制扣划并无不当。二是对人身保险产品的价值应如何执行的问题。江西省高级人民法院(2019)47号之四协助执行通知书,要求中国人寿保险股份有限公司四川分公司协助的内容是:冻结被执行人许某婷及邓某名下的保险产品的现金价值、红利及利息等财产性权利,并将上述两项财产性权益用现金转账形式扣划至该院。首先,人民法院可以强制解除保险合同。根据《最高人民法院关于限制被执行人高消费及有关消费的若干规定》第三条第八项关于被执行人为自然人的,不得支付高额保费购买保险理财产品的规定精神,若被执行人拒不执行法律文书确定的义务,在其可以单方面行使保险合同解除权而未行使,致使债权人的债权得不到清偿,人民法院在此情形下可以强制被执行人予以行使,代替投保人行使强制解除所购的保险合同。其次,由于江西省高级人民法院执行裁定未明确强制要求保险公司解除保险合同,可以实现保单现金价值,投保人也可以继续与保险公司协商,由符合条件的第三人行使介入权。至于邓某提出保单的现金价值相当于本案债权等实现价值较低,难以切实有效保证债权人债权的理由。经查,许某婷及邓某为案件被执行人以投保人身份为双方购买了多份保险产品,保单现金价值的总额数万元,不属于现金价值较低的情况,且债权人强烈主张予以执行,仅以此理由不足以阻却执行,邓某该复议理由不能成立。[1]

---

〔1〕 最高人民法院(2020)法执复71号民事裁定书。

专题二　保险合同主体纠纷

在保险合同纠纷案件中，涉及的主体类型多且繁杂，无论是在理论中还是在实践中都有诸多难点和热点问题。

一、保险合同主体理解

(一)保险家庭成员

关于何为保险家庭成员,现行法律并未作出明确定义,笔者赞同学者提出的"家庭成员应作广义解释"之观点。[1] 这里家庭成员指特殊家庭成员,即无血缘、婚姻、扶养关系且又共同生活的人。其外延应包括同被保险人长期居住在一个地方,与被保险人享有共同的财物的人,同时也包括虽然没有居住在一个地方,与被保险人不享有共同财物,但是有法律上规定的赡养、抚养、扶养义务和对被保险人造成损失后没有赔偿责任的家庭成员。

【案例2-1】 李某甲诉四川省汽车运输成都公司、王某某、永安财产保险公司成都市武候支公司交通事故损害赔偿案

判决观点,原告虽然不是死者的近亲属,但属旁系血亲关系,并且与李某乙长期共同居住生活,李某乙死亡,必然造成原告家庭费用的直接支出和经济收入的丧失,精神上也使之产生痛苦,因而原告可以成为赔偿权利人,原告主体是适格的,原告主张的赔偿请求应予支持。[2] 本案原告李某甲是受害人李某乙的侄子,两人之间只是旁系血亲关系,不属于近亲属的范畴。李某乙并非丧失劳动能力而必须由李某甲赡养的人,李某甲也不是《婚姻法》所规定的对李某乙具有赡养义务的人,两人之间没有法定的赡养与被赡养的权利义务关系。按司法解释对赔偿权利人的界定,李某甲是不具备赔偿权利人的条件的,一般情况下,侄子对叔叔受害死亡,没有主张赔偿的权利。由于李某甲与李某乙之间建立了一种特殊的家庭成员的关系,他们生活在一起,是基于叔叔是单身,没有婚配,没有父母和其他亲人的事实,侄子接纳叔叔一起生活,形成了事实赡养关系,可以认定李某甲有赔偿请求权。

对于特殊家庭成员的保险金请求权,笔者认为不能简单地加以否定,而应放

---

〔1〕 参见丁风楚、方巍等:《论医疗责任强制险受害第三人的直接求偿权》,载《福建政法管理干部学院学报》2009年第2期。

〔2〕 参见刘建勋:《保险法典型案例与审判思路》,法律出版社2012年版,第395页。

在个案中具体分析。注意以下几点：其一，特殊的家庭成员关系在社会中实际存在。《民法典》规定的家庭关系，只规定了婚姻家庭成员之间、父母子女之间的权利义务，对于特殊情况下组成的家庭，其成员间的权利义务关系，并无法律规范予以调整。如上述案件中叔侄在一起组成的家庭，还有由多个无血缘关系、婚姻关系、收养关系的人组成的家庭，家庭成员之间的权利义务，法律并没有明确的规定，他们之间一般是靠生活中建立的情感以及道德和基本财产规范来维系家庭关系。在共同的家庭生活当中，这类家庭成员之间建立的相互扶助、事实上的扶养关系，以及经济利益关系是客观存在的，符合社会道德观念和维护社会和谐的要求，因而法律应当承认其合法性，并给予应有的法律保护。其二，事实上的扶养关系建立了权利义务关系。在现实社会中，不具有婚姻关系、父母子女关系或者法定的扶养关系的人组成的家庭，本身就具有某种特殊的情况。这些家庭成员在长期生活期间，已形成事实上的相互扶助关系，当一方丧失劳动能力时，另一方将负担起扶养的义务。这一义务不是法定的，而是作为家庭成员之间长期共同生活而产生的。基于权利义务可以根据法律产生、合同产生、行为产生的法律理论，这种以共同生活的行为事实产生的扶养义务，应当得到法律的承认和保护。其三，家庭成员之间建立起的经济利益关系，形成一个利益共同体，当其利益遭受侵害时，家庭成员享有请求侵权人赔偿的权利。

关于丧失劳动能力，没有生活来源且无其他扶养义务人的成年弟、妹是否可以作为兄、姐的被扶养人即保险金请求权人主张权利问题，虽然原《婚姻法》没有规定兄、姐对于成年弟、妹负有扶养义务，但如果成年弟、妹丧失劳动能力、缺乏生活来源，又没有尽抚养或赡养义务的直系亲属，并且已与兄、姐形成了实际扶养关系，其可以作为兄、姐的被扶养人主张其生活费。笔者认为，此类请求权人范围，应当符合被扶养人的范围。《最高人民法院关于审理人身损害赔偿案件适用法律若干问题的解释》（以下简称《人身损害赔偿解释》）第十七条第二款规定："被扶养人是指受害人依法应当承担扶养义务的未成年人或者丧失劳动能力又无其他生活来源的成年近亲属。"根据该款规定，能够成为被扶养人的应当是受害人根据法律规定负有承担扶养义务的人。具体而言，包括两类：一类是不满十八周岁的未成年人；另一类是虽已成年，但属于无民事行为能力人或限制民事行为能力人。由此可见，不论被扶养人是否已经成年，他首先应当是受害人负有法定扶养义务的人，这是能够作为受害人的被扶养人主张权利的前提条件。《民法典》第一千零七十五条规定："有负担能力的兄、姐，对于父母已经死亡或父母无力抚养的未成年的弟、妹，有扶养的义务。由兄、姐抚养长大的有负担能力的弟、妹，对于缺乏劳动能力又缺乏生活来源的兄、姐，有扶养义务。"但兄、姐对于父母已经死亡的、缺乏劳动能力又无生活来源的成年弟、妹是否负有扶养义务，仍未作出明确的规定。笔者认为，鉴于上述情况的存在，可对《民法典》第一千零七十五条的规定作适当扩大解释。参照《民法典》有关规定的精神，认定此种情形下兄、姐对成年弟、妹在法律上负有扶养、监护的义务，而不应向社会推卸责任，这符合我国历来近亲属关系密切、相互扶助的传统道德。

【案例2-2】　周某甲等诉中国人民财产保险股份有限公司南京市分公司、吴某某交通事故损害赔偿纠纷案

二审法院认为，本案中，周某甲系受害人周某乙的弟弟，未结婚，父母均已去世，周某甲虽已成年，但原告提供的证据能够证明周某甲自幼患精神病，丧失劳动能力，生活不能自理，缺乏生活来源，又无直系亲属扶养，需要有负担能力的其他成年近亲属对其进行扶助和监护。所以，根据原《婚姻法》第二十九条规定的精神，应当认为其兄周某乙对其依法负有扶养的义务。而且，原告提供的证据证明在父母双亡之后，周某甲一直与周某乙共同生活，由周某乙实际扶养。因此，周某甲属于法律规定的受害人依法应当承担扶养义务的、丧失劳动能力又无其他生活来源的成年近亲属，其可以作为受害人周某乙的被扶养人主张被扶养人生活费，中国人民财产保险股份有限公司南京市分公司认为周某甲不能主张被扶养人生活费的上诉请求，缺乏事实与法律依据，不予支持。综上，原审判决认定事实清楚，适用法律正确，应予维持。[1]

应注意的是，交通事故受害人的兄弟，因其早年被他人收养，形成了事实收养关系，与受害人之间的权利义务关系已经消除，不能作为赔偿权利人起诉，主体不适格。

（二）保险受益人

作为保险法上的一个术语，受益人一般是指享有保险金请求权的人。[2] 即由被保险人或者投保人在保险合同中指定，在保险事故发生后直接向保险人行使保险金请求权的人。在保险法中，受益人的概念主要用于人身保险合同。在财产保险合同中，受益人实质上就是被保险人，保险事故发生后，只有被保险人才享有保险金请求权，因此，受益人的概念在财产保险中不具有特别重要的意义。实践中，财产保险中约定受益人的情况仍然存在，对此，有学者认为，既然财产保险可以利他合同方式成立，则如果投保人于财产保险合同中约定保险人应优先给付保

---

〔1〕　参见刘嫣妮：《机动车强制责任保险中受害人直接请求权制度研究》，载谢宪主编：《保险法评论》（第1卷），法律出版社2012年版，第173页。

〔2〕　参见最高人民法院民事审判第二庭编著：《最高人民法院关于保险法司法解释（三）理解与适用》，人民法院出版社2015年版，第271页。

险金与受益人之条款，或约定必须得到受益人的同意才能将保险金给予投保人时，该受益人严格言之虽非保险法上固有意义的“受益人”，但仍属利他财产保险合同的“第三人”。[1]

从法律上讲，受益人是基于保险合同的约定享有保险金请求权的主体，而不是保险合同的主体。根据保险法的理论，受益人所享有的仅是一种期待权，只有在投保的保险事故发生后才能实现转化为现实的财产权，另外受益人所享有的收益期待权往往在未发生保险事故前，会因为投保人或被保险人随时撤回或变更他人为受益人而被取消。法律对受益人的资格一般没有限制，任何自然人、法人或者其他组织都可以成为人身保险合同指定的受益人，唯一的限制就是已经死亡的人不得作为受益人。

1. 受益人指定

《保险法解释（三）》第九条第一款规定：“投保人指定受益人未经被保险人的同意的，人民法院应认定指定行为无效。”该条明确规定了对于保险合同中的受益人，只能由被保险人或者投保人指定（投保人指定受益人时须经被保险人同意）。

关于团体人身险的受益人问题，《保险法》第三十九条第二款规定：“投保人指定受益人时须经被保险人同意。投保人为与其有劳动关系的劳动者投保人身保险，不得指定被保险人及其近亲属以外的人为受益人。”该条规定有两层含义：一是投保人（团体、雇主）不得指定其自身为受益人，二是被保险人也不得指定其与近亲属以外的人为受益人。最高人民法院法官认为，投保人为与其有劳动关系的劳动者投保人身保险，即便被保险人本人亲自指定雇主为受益人，该受益人指定也为无效。[2] 应注意的是，依据2009年修订前《保险法》成立的保险合同，没有该条款的内容，亦应参照其修订后的《保险法》适用。

【案例2-3】 蒋某甲等五人诉中国平安财产保险股份有限公司淮安中心支公司保险合同纠纷案

一审法院认为，对于单位投保以死亡为给付保险金条件的意外伤害险，被保险人基于人身依附关系通常不会指定亲属而指定用人单位为受益人。因此，声明书中关于受益人的指定非保险人的真实意思表示。二审法院认为，根据2009年《保险法》第三十一条规定，上诉人对蒋某乙具有保险利益，

---

〔1〕 叶启洲：《受益人概念的适用范围》，载谢宪、李友根主编：《保险判例百选》，法律出版社2012年版，第219页。

〔2〕 参见最高人民法院保险法司法解释起草小组编著：《〈中华人民共和国保险法〉保险合同章条文理解与适用》，中国法制出版社2010年版，第266页。

根据《保险法解释(一)》第二条规定,适用2009年《保险法》认定保险合同有效并无不当。此外,因蒋某乙在声明中的签名真实性不能认定,故不能认定蒋某乙同意指定上诉人为受益人,2009年《保险法》第三十九条第一款、第二款规定与本案处理并无关联,故二审法院无须进一步审查一审法院引用2009年《保险法》第三十九条第一款、第二款规定作出判决是否构成适用法律错误。故判决驳回上诉,维持原判。[1]

关于投保单记载的受益人与保险单记载的受益人不一致时认定问题,投保人在投保单中确定的受益人是甲,保险公司因为疏忽在出具的保险单上记载受益人为他人或法定继承人,投保人收到保险单后可能未发现而未提出异议,则产生以投保单记载还是以保险单记载来确定受益人的问题。由于指定受益人的权利由投保人或被保险人行使,既然投保人指定了甲为受益人,则保险公司对此应予尊重。在投保人未向保险公司提出变更受益人的情况下,保险公司出具的保险单上记载的受益人与投保人指定的受益人不一致,自然应以投保人指定的受益人为准。投保单是反映投保人意思的书面文件,无疑应以投保单记载的为准,而不能错误理解为既然保险单的记载与投保单不一致,受益人就已经变更。当然,如果投保单原来记载的是甲,但投保人欲变更受益人,则可以在经过保险公司同意后,由其在保险单上批注,进行变更。

保险合同指明受益人的姓名或名称,同时又指明被保险人与受益人的关系,在受益人与被保险人的关系发生变化的情况下,认定受益人是实践中的疑难问题。有学者认为,只要在保险合同中载明了受益人的姓名或者名称,无论其与被保险人的关系发生了什么变化,受益人仍以姓名或者名称为准。[2] 笔者赞同学者的观点,在保险合同载明以上二者时,应以载明的受益人为准。如果没有载明受益人的姓名或名称,在被保险人与受益人的关系发生变化时,被保险人可以变更受益人。在指定受益人时,受益人与被保险人并不存在合同中所载明的关系,在这种情况下,保险人不能否定受益人的受益权。

2. 受益人指定不明

受益人不明包括两种情形,一种是保险合同没有填写受益人或受益人指定不明无法确认的,另一种是保险合同受益人为“法定”。对于保险合同没有填写或指定受益人,主要是指被保险人生前未指定,投保人指定后被保险人生前未同意等情形。在这种情形下,保险金应向被保险人支付。如果保险合同对受益人指定

---

[1] 参见最高人民法院中国应用法学研究所编:《人民法院案例选》2012年第2辑(总第80辑),人民法院出版社2012年版,第206页。

[2] 参见许崇苗:《保险法原理及疑难案例解析》,法律出版社2011年版,第215页。

不明无法确认的,亦应作为没有填写受益人处理。

对于“法定”受益人含义的确定,一种意见为“法定”意味着指定了所有法定继承人作为受益人,保险金不能作为遗产处理,只能依照相关规定由受益人平分保险金。另一种意见是“法定”视作未指定受益人,保险金只能作遗产处理,由法定继承人依照继承法处理。最高人民法院法官认为,“法定”一词并无确切指向,既不能据此确定某个特定的自然人,也不能据此确定某种特定的人身关系,因此投保人或被保险人将受益人指定为“法定”,应视为没有指定受益人。保险事故发生之后,应当区别以下两种不同情形确定保险金的归属:(1)被保险人尚且生存的,保险金请求权属于被保险人;(2)被保险人死亡的,保险人按照《继承法》的规定向被保险人的继承人履行给付保险金的义务。[1]《保险法解释(三)》第九条第二款规定:“当事人对保险合同约定的受益人存在争议,除投保人、被保险人在保险合同之外另有约定外,按以下情形分别处理:(一)受益人约定为‘法定’或者‘法定继承人’的,以民法典规定的法定继承人为受益人;(二)受益人仅约定为身份关系,投保人与被保险人为同一主体的,根据保险事故发生时与被保险人的身份关系确定受益人;投保人与被保险人为不同主体的,根据保险合同成立时与被保险人的身份关系确定受益人;(三)受益人的约定包括姓名和身份关系,保险事故发生时身份关系发生变化的,认定为未指定受益人。”该条规定包含以下几层含义:其一,对于约定“法定”或者“法定继承人”为受益人的,以继承法确定受益人名单有“法定继承人”身份的取得保险合同项下的受益人的身份,而非继承遗产。其二,该条区分投保人与被保险人是否为同一人,兼顾两种结果,作出不同规定。其三,以姓名附加身份方式指定受益人,当身份关系发生改变时,保险金作为被保险人的遗产由法定继承人继承。笔者认为,被保险人或者投保人指定的受益人可以是一人,也可以是数人,但必须是明确的、具体的。保险合同记载受益人为“法定”的,应视作没有指定受益人,依照《继承法》的规定确定受益人名单。

【案例2-4】 陈某与江某保险金请求权纠纷案

判决观点,本保险合同中身故受益人一栏填写“法定”,从探究被保险人指定受益人的真实意思来看,其指定受益人的意愿是存在的,且已经以“法定”的表述形式进行指定。将这种指定理解为被保险人愿意将保险金给予与其具有最密切身份关系的法定继承人,以照顾因为自己不测而遭受损失的法定继承人,符合情理。但根据《继承法》的规定,继承从被继承人死亡时开始,也即继承人从被继承人死亡之时才产生,故吴某的法定继承人应包含其母亲及配偶,由其二人作为保险金受益人分割保险金。吴某的母亲江某关于

---

〔1〕 参见最高人民法院保险法司法解释起草小组编著:《〈中华人民共和国保险法〉保险合同章条文理解与适用》,中国法制出版社2010年版,第270~271页。

以投保时的法定继承人为据及陈某主张以"法定"方式指定受益人即为未指定的观点均不能成立,但陈某关于讼争保险金由双方诉讼当事人依法分割的主张可以采纳。最终,判决江某和陈某就该笔10万元身故保险金各领取5万元。[1]

【案例2-5】　某工厂与某保险公司侵权纠纷案

判决观点,尽管投保人在签订保险合同时没有具体明确"法定继承人",但是在被保险人死亡后,法定继承人是明确的,因此,被保险人死亡时的法定继承人就是保险合同所指定的受益人,保险金不应被作为被保险人的遗产来处理,故该工厂作为被保险人(投保人)的债权人无权向被保险人的继承人请求以保险金偿还债务。[2]

对于上述情形,实践中,有的法院有不同的处理方式,即将保险金的受益权等同于按遗产处理的继承权。

【案例2-6】　张某、任某父母诉某保险公司保险合同纠纷案

判决观点,本保险合同中受益人一项填写"法定",应视为未指定受益人,相应的人身保险金应作为被保险人任某的遗产。依据《继承法》的有关规定予以处理。任某的配偶张某,被保险人的父母均在世,故该笔人身保险金应由张某、任某的父母三人作为法定继承人受领。于是判决保险公司分别向三位法定继承人给付等份的保险金。

关于确定受益人的问题,未指定受益人时,保险金应作为被保险人的遗产,由保险人向其继承人履行给付义务。这里面涉及事实收养关系能否成立法律承认的收养关系的问题,即受益人成立的问题。根据收养是否依法成立,可将收养分为法定收养和事实收养。对事实收养现行法律尚没有统一的定义。一般把符合法律规定的实质要件和形式要件的收养称为法定收养,不具备或不完全具备《收养法》规定的实质要件或形式要件,但当事人以父母子女关系长期共同生活,并为周围群众所认可的,未办理收养手续的收养为事实收养。在事实收养能否成立继承关系即事实收养关系的当事人能否成为受益人的问题上,笔者认为,法官依照《收养法》的相关规定,结合具体案情,由法官行使自由裁量权确认成立收养关系,即符合受益人条件。

---

〔1〕 参见最高人民法院民事审判第二庭编著:《最高人民法院关于保险法司法解释(三)理解与适用》,人民法院出版社2015年版,第260页。

〔2〕 参见最高人民法院民事审判第二庭编著:《最高人民法院关于保险法司法解释(三)理解与适用》,人民法院出版社2015年版,第261页。

【案例2－7】 原告诉保险公司保险合同纠纷案

原告与前妻于1976年5月离婚后未再婚娶，其弟在1984年年初将自己出生不久的儿子（本案被保险人）送给原告抚养，其户籍也与原告登记于一户，2008年1月保险事故发生时，被保险人尚未结婚及生育子女。法院认为，1984年年初，被保险人在出生后不久即被送养至原告处，并由原告抚养至成年，其户籍也与原告登记于一户，应当认定双方收养关系成立。收养成立后，养父母与养子女的权利义务关系适用父母子女之间的法律规定，养子女与生父母的关系同时解除。被保险人未结婚及生育，故其合法继承人为原告。被告保险公司应当向原告履行赔付义务。〔1〕 本案中，法院认定成立收养关系是正确的。

夫妻关系存续期间，一方指定另一方为人身保险合同受益人，保险事故发生在双方离婚之后的，夫妻之间基于婚姻产生的身份关系不再存续，其不应认定另一方为人身保险合同的受益人。在离婚未对受益人约定的情形下，应认定为未指定受益人。

【案例2－8】 刘某诉保险北京分公司人身保险合同纠纷案

判决观点，本案中约定保险合同的受益人包括姓名和身份关系，即李某的配偶刘某；但保险事故发生时，李某与刘某已经解除婚姻关系，且刘某认可未就案涉保单项下的权利归属进行约定，故应认定为未指定受益人，保险金作为被保险人李某的遗产应由第一顺序的法定继承人即李某父母继承。受益人确定的方式系法律规定，不属于保险公司免除责任的情形，故被告保险北京分公司依据李某父母索赔申请进行赔偿，符合法律规定。综上，原告刘某要求被告保险北京分公司赔付200,000元的诉讼请求无事实和法律依据，不予支持。判决：驳回刘某的诉讼请求。〔2〕

3. 团体保险受益人

在团体保险没有填写受益人的情况下，关于受益人可否为投保人的问题是实务中的疑难问题。笔者认为，团体保险的受益人，应是团体保险中的具体的被保险人的受益人，而不是投保人。保险期间，发生保险事故，应由保险公司直接向某被保险人的受益人或受益人委托的代理人支付保险金，除非被保险人书面同意指定投保人为受益人，否则保险公司不得将保险金支付给投保单位或者其委托的代

---

〔1〕 参见谷凌：《保险受益人的确定——事实收养关系认定》，载谢宪、李友根主编：《保险判例百选》，法律出版社2012年版，第220页。

〔2〕 参见国家法官学院、最高人民法院司法案例研究院编：《中国法院2022年度案例》（保险纠纷），中国法制出版社2022年版，第191页。北京市东城区人民法院（2020）京0101民初3773号民事判决书。

理人。在没有被保险人同意的情况下,保险公司不得与投保单位达成协议或特别约定,将保险金支付给投保单位。被保险人指定投保单位为受益人,或同意保险公司将保险金支付给投保单位的,保险公司应当要求投保单位提供每一被保险人签字的证明。

【案例2－9】　某医院诉某保险公司保险合同纠纷案

判决观点,人民医院在本案中的身份是投保人,不是保险单中注明的"被保险人数"475人其中之一,另外,医院也没有在保险单上写明"被保险人"是"投保人",所以原告没有向被告申请保险金的权利。法院判决驳回人民医院的起诉。[1] 本案中,投保人人民医院没有指定受益人,而在被保险人数处写明475人。保险合同期满,依照通常的保险条款,被保险人在主合同期满日没有发生保险事故没有指定受益人的,期满保险金应该向被保险人支付。如投保人不向被保险人支付保险金,应该经被保险人书面同意。因此法院判决驳回人民医院的申请符合法律规定和保险惯例,也是正确的。

关于劳动者将人身保险的受益权或保险金请求权转让给用人单位的效力,各法院因认识不同执法尺度也不统一。

【案例2－10】　某砂石公司诉李某、某保险公司人身保险合同纠纷案

法院基于用人单位是为自己的利益购买意外伤害险的原因认可该约定效力。[2]

【案例2－11】　杨某诉某保险公司、某工程公司人身保险合同纠纷案

判决观点,意外伤害保险与工伤赔偿相互独立,不能以工伤赔偿为条件要求劳动者转移意外伤害保险保险金,且用人单位不属于法律规定的合格受益人,基于以上理由认定,保险金转让无效。[3]

制定司法解释的法官认为,该问题虽目前尚难以达成共识,但有两条原则可能需要遵守:一是保险事故发生前的受益权具有人身属性,不能转让,即用人单位与劳动者不能在劳动合同中事先约定将受益权转让给用人单位;二是保险事故发生后的保险金请求权与工伤赔偿金相互独立,用人单位原则上不能以取得保险金请求权作为支付工伤赔偿的条件。用人单位与劳动者双方经充分协商,劳动者完全基于自由意志将保险金请求权转让给用人单位,且该转让符合法律规定的,对

---

〔1〕 参见罗忠敏主编:《新保险法案例精析》,中国法制出版社2009年版,第163页。

〔2〕 参见最高人民法院民事审判第二庭编著:《最高人民法院关于保险法司法解释(三)理解与适用》,人民法院出版社2015年版,第308页。

〔3〕 参见最高人民法院民事审判第二庭编著:《最高人民法院关于保险法司法解释(三)理解与适用》,人民法院出版社2015年版,第310页。

其效力是否认可则存在探讨空间。[1]

4. 受益人变更

《保险法》第四十一条规定，"被保险人或者投保人可以变更受益人并书面通知保险人。保险人收到变更受益人的书面通知后，应当在保险单或者其他保险凭证上批注或附贴批单"。《保险法解释(三)》第十条规定，"投保人或者被保险人变更受益人，当事人主张变更行为自变更意思表示发出时生效的，人民法院应予支持。投保人或者被保险人变更受益人未通知保险人，保险人主张变更对其不发生效力的，人民法院应予支持。投保人变更受益人未经被保险人同意，人民法院应认定变更行为无效"。该条规定有下几层含义：其一，变更的主体是投保人、被保险人，由投保人、被保险人自主决定。其二，变更的意思表示发出时生效。其三，变更受益人未通知保险人的不发生法律效力。其四，变更受益人是投保人或者被保险人的单方行为，无须保险人同意。

【案例2-12】 某保险公司与刘某人身保险合同纠纷案

二审法院认为，黄某手持投保人的户口和保险合同原件去办理变更受益人的有关手续，符合表见代理的法律特征，保险公司在《保险合同变更申请书》的"处理意见"一栏签署"同意"并加盖了印章，可以认定保险人与被保险人已经就变更受益人一事达成一致，本案保险合同的受益人由此变更为被保险人刘某之子小刘。在本案中，虽然保险人未在保险单上批注或附贴批单，但保险人与被保险人在《保险合同变更申请书》中表明了各自的意见并已达成合意，《保险合同变更申请书》即具有了变更受益人的书面协议的性质，保险公司虽未将批单附贴至保险单上，但这并不足以导致变更受益人无效。更重要的是，本案保险合同变更后的受益人小刘系被保险人刘某之子，是被保险人刘某的法定第一顺序继承人，对于本案讼争的标的具有合法的保险利益。变更小刘为受益人不仅有利于保护被保险人的利益，而且符合传统的道德观念，更有利于避免不必要的道德风险。因此，认定小刘为本案保险合同的受益人更为适宜。法官在评析中指出，二审以表见代理为由认定变更行为有效，似有不当。因受益人变更是投保人的单方法律行为，其效力不取决于保险公司是否办理批注手续。[2]

关于遗嘱变更受益人的问题，虽然《保险法》第四十一条规定被保险人或者

---

〔1〕 参见最高人民法院民事审判第二庭编著：《最高人民法院关于保险法司法解释(三)理解与适用》，人民法院出版社2015年版，第311页。

〔2〕 参见最高人民法院民事审判第二庭编著：《最高人民法院关于保险法司法解释(三)理解与适用》，人民法院出版社2015年版，第296~297页。

投保人可以变更受益人,但对于其能否通过遗嘱方式变更受益人,理论界和实务界存在颇多争议。有法官认为,遗嘱变更受益人的行为一般无效,往往不能对原受益人产生抗辩力。有学者认为,被保险人或投保人变更受益人的行为属于单方民事法律行为,无须保险人或受益人的同意。在受益人可变更的前提下,被保险人以遗嘱方式变更受益人也是仅以其一方之意思表示处分保险契约利益的行为,应当认定为有效。[1] 制定司法解释的法官认为,以遗嘱方式变更受益人,需要遵循遗嘱生效规则,只有在遗嘱产生效力时受益人的变更才有效。遗嘱是遗嘱人生前处分其死亡后财产的行为,遗嘱以遗嘱人的死亡为生效条件。投保人或被保险人以遗嘱形式变更受益人的,也须等待投保人或被保险人死亡后才发生变更的效力。在投保人与被保险人不一致,投保人以遗嘱方式变更受益人的情况下,在投保人死亡前被保险人死亡的,因投保人的遗嘱尚未生效,投保人变更受益人的行为不产生效力,仍应由原受益人取得保险金。[2] 也就是说,遗嘱是遗嘱人单方作出的变更的意思表示,这种意思表示生效后必须通知并到达相应主体,不需征得保险人的同意,自然也无须征得受益人的同意。遗嘱方式通知的主体,包括被保险人、被保险人的继承人、变更后的受益人等利益关系主体,投保人只要能提供真实有效的"变更受益人"的书面文件,即应被视为适格的通知人。关于通知的方式,适格主体能够向保险人提供直接表明变更受益人的意思的遗嘱(不限于书面遗嘱,具备法律效力的遗嘱均可),或间接反映该意思表示的信件,即可产生对抗保险人的法律效力。关于通知到达的时间,在遗嘱变更行为中,通知到达的时间只可能发生在保险事故之后,但可以延展至保险人理赔前,只要在保险人向受益人支付保险金之前,变更通知到达,该通知都可以对抗保险人。

【案例2－13】　陈某与某保险公司人身保险合同纠纷案

判决观点,案件争议焦点在于如何理解王某遗嘱中安排保险金归属行为的效力。王某的遗嘱从字面意思看可有不同理解,即可能是遗嘱,也可能是追加受益人的通知。但考虑到被保险人及执笔人的自身条件,不能要求其用准确的专业术语表达意思,而且王某的三位朋友也证明,王某的本意是让其母对1万元保险金享有受益权,被保险人意志符合社会"老有所养"的道德规范,王某的表示应被视为增加受益人的安排,应认定有效,因此,王母享有1万元保险金受益权。[3]

---

〔1〕　参见王倩:《遗嘱变更保险受益人的法律效力》,载谢宪、李友根主编:《保险判例百选》,法律出版社2012年版,第229页。

〔2〕　参见最高人民法院民事审判第二庭编著:《最高人民法院关于保险法司法解释(三)理解与适用》,人民法院出版社2015年版,第300页。

〔3〕　参见最高人民法院民事审判第二庭编著:《最高人民法院关于保险法司法解释(三)理解与适用》,人民法院出版社2015年版,第301页。

实践中，有的法院对于遗嘱变更受益人的处理不同。

【案例2－14】 余某、刘某与某险公司人身保险合同纠纷案

判决观点，投保人变更受益人必须及时到保险公司办理手续，而不能用遗嘱的方式随意变更受益人，据此认定遗嘱行为无效。王某未指定受益人，因此保险金由被保险人的法定继承人继承。[1]

【案例2－15】 王某诉某人寿保险公司保险合同纠纷案

一审法院以被保险人王某没有书面通知保险人为由，否认王某变更受益人行为的效力，驳回原告的诉讼请求。二审法院认为，保险单中的受益人为法定，按照《遗嘱书》的内容所反映出的意思，王某已将该笔保险的受益人确定为原告，因此王某某应确定为受益人，相关保险利益应确认为由原告享有，原告上诉要求继承该笔保险相关权益的主张成立，二审法院依法予以支持。二审法院改判支持上诉人（原审原告）的诉讼请求。[2]

关于对承诺不变更受益人的问题，实践中，投保人或者被保险人在指定受益人时作出了不变更受益人的承诺，且有的写明终生不得变更受益人，民事活动应遵循诚实信用原则，如果承诺者作出了不变更受益人的承诺，该承诺对承诺者有约束力，不得随意行使已经明确放弃的权利。笔者认为，对承诺不变更受益人的处理不能绝对化，应视个案中的情况分别处理。原则上，应当坚持诚实信用原则，不得轻易变更受益人。在承诺者有充分正当的理由时，法官可以依据承诺者的请求予以变更。如甲因对乙实施暴力而导致离婚，在甲乙双方夫妻关系存续期间乙投保人身险指定甲为受益人并承诺永不变更。解除婚姻关系后，乙要求变更受益人时，基于公平原则法院应支持乙的变更请求。承诺不变更受益人既是对承诺者的约束，也是对法院的约束，没有承诺者的请求，法官不能依职权主动变更。法官对其承诺的变更，必须在承诺者请求的前提下，审查承诺者的理由及事实是否成立，否则限制变更。

关于保险事故发生后投保人、被保险人是否可以变更受益人的问题是有争议的。保险事故发生前，受益人享有的是一种期待权，是否能够实现尚不确定，故投保人、被保险人可以随时变更受益人，学者们对此无争议。有观点认为，保险事故发生后，受益人的受益权转化为保险金请求权，因该权利已从期待权变为确定性权利因而不能变更受益人。《保险法解释（三）》第十一条规定："投保人或者被保险人在保险事故发生后变更受益人，变更后的受益人请求保险人给付保险金的，

---

〔1〕 参见最高人民法院民事审判第二庭编著：《最高人民法院关于保险法司法解释（三）理解与适用》，人民法院出版社2015年版，第302页。

〔2〕 参见王倩：《遗嘱变更保险受益人的法律效力》，载谢宪、李友根主编：《保险判例百选》，法律出版社2012年版，第226页。

人民法院不予支持。”该条规定明确了变更受益人的时间点,即在保险事故发生之前。制定司法解释的法官认为,在适用本条时,必须注意本条所指的保险事故、受益人均限指一份实质意义上的保险合同,禁止变更仅限于该次业已发生的保险事故所发生保险给付请求权对应之受益权。如果存在数份保险合同,投保人或被保险人仍可以变更尚未发生保险事故的保险合同受益人。如果保险合同约定的保险事故发生后,保险合同并不终止的,被保险人则仍可以就将来发生的事故变更受益人,只是此次事故对应的保险赔偿金仍归原受益人。[1] 在数种不同性质的保险合同合并为一份的复数合同中,应区分情况认定受益人的变更,投保人笼统地将全部保险合同设为一个受益人的,则应限制保险事故发生后变更受益人。投保人分别设立受益人的,未发生保险事故的保险合同受益人仍可以变更。

5. 共同受益人

《保险法解释(三)》第十二条规定了受益人是数人的,受益顺序和受益份额的处理。这有利于法院统一执法尺度,化解此类纠纷。该条规定包含了以下几层含义:其一,受益人是多人的,该多人均处于共同受益地位。其二,适用前提条件为,数人中的部分受益人在保险事故发生前死亡、放弃受益权或者依法丧失受益权。其三,保险合同的约定优先。其四,部分受益人在保险事故发生前死亡、放弃受益权或者依法丧失受益权,该受益人应得份额由其他受益人享有,当事人另有约定的除外。

保险事故发生后,保险人应该严格按照受益顺序及受益份额的要求给付保险金。共同受益人之间受益份额明确的,其中一个受益人只能取得本人应得的份额。

【案例2-16】 张某诉保险公司人身保险合同纠纷案

判决观点,被保险人郑某与保险公司签订的人身保险合同意思表示真实,符合法律规定,为有效合同。张某作为保险合同指定的身故保险金受益人之一,在被保险人郑某身故后,向保险公司提出理赔,保险公司应按其受益份额50%予以赔付。法院判决,保险公司给付张某保险金6万元。[2]

【案例2-17】 刘某与某保险公司保险合同纠纷案

二审法院认为,投保人宋某与保险公司签订的保险合同约定如果发生保

---

〔1〕 参见最高人民法院民事审判第二庭编著:《最高人民法院关于保险法司法解释(三)理解与适用》,人民法院出版社2015年版,第322页。

〔2〕 参见最高人民法院民事审判第二庭编著:《最高人民法院关于保险法司法解释(三)理解与适用》,人民法院出版社2015年版,第344页。河南省驻马店市中级人民法院(2010)驻民三终字第519号民事判决书。

险事故，则支付相应的理赔金，理赔金优先用于支付宋某与农村信用合作社之间的贷款合同债务，超出部分赔付法定继承人，合同约定合法有效，予以支持。因保险公司是否赔付理赔金关系到刘某贷款合同债务的免除，其与本案有法律上的利害关系。同时，保险合同只约定了第一受益人和第二受益人的受益顺序，未约定主张权利顺序，刘某作为受益人是本案适格主体，可以作为原告提起诉讼。涉案保险合同约定："第一受益人为发放贷款的金融机构，如身故保险金超过第一受益人额度，上诉人将剩余部分的保险金给付保险人或投保人指定的第二受益人。"该约定合法有效，保险事故发生后，保险公司应当依照合同约定将保险金80,000元赔付给农村信用社。保险公司上诉理由不能成立，不予支持。[1]

6. 被保险人同意受益人的指定问题

学者们对于被保险人对受益人的同意权有不同观点。制定司法解释的法官认为，基于防止道德风险之发生及保护被保险人人格权之理念，对于受益人指定的同意权，应同时包括保险合同签订时的允许权和保险合同签订后的追认权，即未经被保险人事前同意指定的受益人，可以为被保险人事后所承认；签约时未经被保险人同意，签约后被保险人明确表示不同意的，该指定无效；事前未经被保险人同意，发生被保险人死亡的保险事故的，该指定也无效。[2] 被保险人同意的方式以书面形式为宜，以口头形式的允许或者事后同意应由证据证明。

7. 受益人的特殊问题

关于生存保险金和死亡保险金的区分与受益人的关系问题，保险人在订立保险合同时，经常将保险金区分为生存保险金和死亡保险金，并且针对上述两种保险金要求投保人或被保险人指定不同的受益人。生存保险金中的受益人指定为被保险人自身，而死亡保险金指定为被保险人以外的其他人。最高人民法院法官认为，实际上，《保险法》中并未引入生存保险金和死亡保险金这两个概念，二者在性质上并无本质不同，都是保险人的给付义务。区别之处仅在于保险人履行给付义务时，被保险人是否处于生存的状态。按照私法意思自治的原则，当事人有权按照被保险人是否生存的不同状态，分别确定不同情形下保险金请求权的归

---

〔1〕 参见最高人民法院民事审判第二庭编著：《最高人民法院关于保险法司法解释（三）理解与适用》，人民法院出版社2015年版，第346页。山东省德州市中级人民法院（2011）德中少民终字第3号民事判决书。

〔2〕 参见最高人民法院民事审判第二庭编著：《最高人民法院关于保险法司法解释（三）理解与适用》，人民法院出版社2015年版，第266～267页。

属。因此，投保人或被保险人指定生存保险金受益人和死亡保险金受益人的行为，虽然与《保险法》所规定的“确定受益顺序和受益份额”的含义并不完全相符，但鉴于上述行为并不违反《保险法》的强制性规定，故应当认定上述行为有效。[1]也就是说，生存保险金与死亡保险金两者的受益人是有区别的。

在保险合同中，当受益人为数人时，其中一人故意致被保险人死亡或伤残，保险公司是否还应当承担向其他受益人给付保险金的义务，2009 年修订前的《保险法》第六十五条对此规定并不明确，2009 年修订后的《保险法》第四十三条第二款规定：“受益人故意造成被保险人死亡、伤残、疾病的，或者故意杀害被保险人未遂的，该受益人丧失受益权。”笔者认为，在一般情况下，即保险合同的投保人和受益人为同一人的情况时，受益人有故意致害行为的，受益人丧失受益权，保险人当然不再承担给付保险金的责任。而当保险合同受益人为二人以上时，其中一个受益人实施了故意致害行为，该受益人丧失受益权，而其他受益人不因此丧失受益权。因为受益人为数人时，其中之一的受益人的故意致害行为，应该由该受益人负责，而不应当牵连其他受益人，而且从被保险人的真实意思来看，被保险人在设定多个受益人时，实际上对自己享有的保险金请求权作了处分，虽然部分受益人丧失了受益权，但其他受益人对受益权的享有，仍符合被保险人最初的意思表示，法律无权取消其他受益人的受益权。

【案例 2 - 18】　范某某、郭某某与太平洋保险有限公司威海中心支公司保险合同纠纷案

二审法院认为，当保险合同的受益人为二人以上时，其中一个受益人实施了上述行为，该受益人丧失受益权，而其他受益人并不因此丧失受益权。原审法院判决上诉人承担给付保险金的责任，符合《保险法》的规定，上诉人上诉理由不当，二审法院不予支持。原审判决正确，应予维持。[2]

法院应在“有利法律溯及既往”原则指导下，协调解决新旧《保险法》受益权丧失规定不同的问题。

【案例 2 - 19】　鲁某某等诉中美联泰大都会人寿保险有限公司保险合同纠纷案

判决观点，鲁某在投保时未指定受益人，鲁某作为被保险人，其死亡后保险金作为被保险人的遗产，由保险人依照《继承法》的规定履行给付保险金的义务。本案被保险人鲁某在意外伤害保险期间内，被其妻子吴某杀害，吴

---

〔1〕 参见最高人民法院保险法司法解释起草小组编著：《〈中华人民共和国保险法〉保险合同章条文理解与适用》，中国法制出版社 2010 年版，第 271 页。

〔2〕 参见最高人民法院中国应用法学研究所编著：《人民法院案例选》（月版）2009 年第 6 辑（总第 6 辑），中国法制出版社 2009 年版，第 41 页。

某因其故意杀害被继承人的行为，而丧失继承权。但原告鲁某某、高某某作被保险人鲁某的第一顺序继承人依法享有继承被保险人鲁某保险金的权利。被告认为，依据法律规定和合同的约定受益人杀害被保险人的，保险公司不负保险责任的抗辩意见不能成立。〔1〕

应强调的是，《保险法》第四十三条第二款的适用要求行为人具有故意的主观要件，而过失则不能适用该条规定，该条规定没有强调动机，这就是表明，不论动机如何都不影响受益权的剥夺。

关于受益人缺失问题，《保险法解释（三）》第十四条规定："保险金根据保险法第四十二条规定作为被保险人的遗产，被保险人的继承人要求保险人给付保险金，保险人以其已向持有保险单的被保险人的其他继承人给付保险金为由抗辩的，人民法院应予支持"。该条规定包含以下几层含义：其一，受益人缺失的，保险金作为被保险人遗产由其继承人继承。其二，被保险人的继承人有权持有保单申请理赔，不需要寻找全部被保险人的继承人。其三，不持有保单的被保险人继承人申请理赔，保险人有权拒绝支付保险金。

【案例2－20】　周某与某保险公司保险合同纠纷案

判决观点，因案涉人身保险合同未指定受益人，根据《保险法》第四十二条的规定，保险金应作为被保险人遗产。周某妻子为第一顺序法定继承人，向保险公司请求给付保险金，保险公司在核实其与被保险人的身份关系，并核实周某妻子所持有的保单后，向周某妻子支付了全部保险金，已经尽到合同约定的支付保险金义务。至于周某妻子、女儿以及父母关于保险金的分配问题，属于法定继承关系，与本案保险合同纠纷不是同一法律关系，可另行解决。故驳回周某父母的诉讼请求。〔2〕

《保险法》第四十二条第二款规定："受益人与被保险人在同一事件中死亡，且不能确定死亡先后顺序的，推定受益人死亡在先。"如果能够证明受益人的死亡时间在被保险人之后，则保险金应作为受益人的遗产，由受益人的继承人受领。应注意的是，如果人身保险合同有多个受益人，仅有部分受益人与被保险人死亡而不能确定死亡先后顺序的，推定该死亡的受益人先于被保险人死亡，但是其他受益人的受益权仍然存续，有权请求保险公司给付保险金。对存在继承关系的受益人与被保险人在同一事件中死亡的，一种意见为应当向受益人的法定继承人理赔，另一种意见为向被保险人的继承人理赔。按照国际惯例，受益人取得保险金

---

〔1〕　参见国家法官学院案例开发研究中心编：《中国法院2015年度案例》（保险纠纷），中国法制出版社2015年版，第238页。上海市黄浦区人民法院（2012）黄浦民五（商）初字第1868号民事判决书。

〔2〕　参见最高人民法院民事审判第二庭编著：《最高人民法院关于保险法司法解释（三）理解与适用》，人民法院出版社2015年版，第369页。

的权利是以他在被保险人死亡时仍生存为条件,实务中法官也持该种观点。[1]《保险法解释(三)》第十五条规定:"受益人与被保险人存在继承关系,在同一事件中死亡且不能确定死亡先后顺序的,人民法院应依据保险法第四十二条第二款的规定推定受益人死亡在先,并按照保险法及本解释的相关规定确定保险金归属。"该条规定包含以下几层含义:其一,适用前提条件为,受益人与被保险人在同一事件中同时死亡且不能确定死亡顺序。其二,推定受益人先死亡,有证据证明的除外。其三,受益人的继承人不能继承保险金。其四,被保险人和受益人存在多份保单,应严格依据规则进行推定。

【案例2-21】　徐某与某保险公司保险合同纠纷案

判决观点,本案中,当保险事故发生时,受益人与被保险人同时死亡,因此受益人的继承人不能继承他的受益权。另外,在人寿保险合同中习惯上往往认为投保人是为自己的利益而投保,当发生受益人和被保险人同时死亡的情形,推定受益人先于被保险人死亡更符合投保人为自己利益投保的目的。在本案中,受益人与被保险人同时死亡使得投保人为受益人设定的利益落空,如果将保险金理赔给予投保人没有保险利益的受益人的继承人,不符合投保人为自己利益投保的目的,也不符合我国《保险法》的精神。判决驳回许某的诉讼请求。[2]

【案例2-22】　余某与某保险公司保险合同纠纷案

判决观点,从法律适用的角度上看,《保险法》属于特别法,应当优先适用。根据《继承法司法解释》的有关规定,相互有继承关系的几个人在同一事件中死亡,如不能确定死亡先后时间的,推定没有继承人的人先死亡。死亡人各自都有继承人的,如几个死亡人辈分不同,推定长辈先死亡;几个死亡人辈分相同,推定同时死亡,彼此不发生继承,由他们各自的继承人分别继承。该规定解决的是相关主体是否有继承权的问题,其前提是被继承的遗产已经确定,不存在遗产归属的争议。但在本案中,被保险人顾某与受益人小余在一起事故中同时死亡,保险金应当成为谁的遗产尚且存在争议,不存在适用上述司法解释的前提条件。同时,《继承法司法解释》只是规定了在继承过程中相互有继承关系的几个人在同一事件中死亡的情况下,遗产处理的一般原则。而相互有继承关系的几个人在同一事件中死亡,其中两个还存在被保险人与受益人这一特殊法律关系的情况下,《保险法》则作出了推定受益人先死亡的特殊规定。因此,根据特别法优于普通法的原则,上述《保险

---

〔1〕 参见王静:《保险类案裁判规则与法律适用》,人民法院出版社2013年版,第260页。

〔2〕 参见最高人民法院民事审判第二庭编著:《最高人民法院关于保险法司法解释(三)理解与适用》,人民法院出版社2015年版,第384~385页。

法》的规定应当予以适用。判决：保险公司应当支付的保险金作为顾某的遗产，由其继承人继承。[1]

在受益人与投保人、被保险人不一致时，如果投保人、被保险人向保险人提出主张保险金请求权的诉讼，而受益人未主张时，投保人、被保险人作为原告主体是适格的。在保险实践中，尤其是在保险标的之上存在银行的抵押权等担保物权时，财产保险合同中一般均有受益人条款，且银行作为第一受益人。在上述情形下，具有保险利益的投保人，依然可以作为原告主张保险金请求权。

【案例2－23】 王某某诉中国人民财产保险股份有限公司长春市双阳支公司保险合同纠纷案

二审法院认为，中国人民财产保险股份有限公司长春市双阳支公司（以下简称人保双阳支公司）提出王某某主体不适格问题，虽然被保险车辆所有人不是王某某，但王某某在人保双阳支公司处对本案所涉车辆投保第三者商业责任保险，且被保险车辆所有人卓某某亦明确表示将主张某险理赔的权利转让给王某某，自己不再主张该车辆保险利益，故王某某向人保双阳支公司主张涉案车辆的保险利益并无不当，人保双阳支公司提出的王某某主体不适格的上诉理由不能成立，法院对此不予采信。[2]

根据现行法律规定，财产保险合同中并没有第一受益人。但在实践中，大量财产保险合同约定了第一受益人，该约定应视为特别约定条款。法官不宜对该特别规定的效力进行评价，可根据具体案情判断是否能支持请求权人的诉讼请求。

【案例2－24】 何某某诉华安财产保险股份有限公司南宁市江南支公司等保险合同纠纷案

判决观点，原告与华安财产保险股份有限公司南宁市江南支公司（以下简称江南支公司）签订的商业保险单特别约定，当一次事故的保险赔款高于人民币5000元时，保险人须征得“第一受益人”上汽公司书面同意后方可支付给被保险人。本案的保险赔款已超过5000元。上汽公司陈述，其设定“第一受益人”的目的是确保车辆抵押权的实现。交通事故发生后，原告已经自费将事故车辆修复，且截至庭审结束时，原告仅剩数期按揭贷款未付，因此保险公司直接向原告支付保险赔款不会损害上汽公司权益，不会影响合同目的的实现，故保险公司应直接向原告支付保险理赔款。上汽公司要求保险

---

〔1〕 参见最高人民法院民事审判第二庭编著：《最高人民法院关于保险法司法解释（三）理解与适用》，人民法院出版社2015年版，第389页。江苏省南京市鼓楼区人民法院（2012）鼓商初字第497号民事判决书。

〔2〕 参见国家法官学院案例开发研究中心编：《中国法院2018年度案例》（保险纠纷），中国法制出版社2018年版，第45页。北京市第一中级人民法院（2016）京01民终字第590号民事判决书。

公司将理赔款支付给该公司,其主张与合同约定不符,且其并未就此向法院提起民事诉讼,故不予支持。桂 AT××××号车负本次事故的全部责任,被告防城港支公司应在交强险范围内赔偿桂 PR××××号车的维修费用。[1]

未办理收养手续的养父母实际履行了抚养义务的享有保险金给付请求权,属于保险合同所称的法定受益人。

【案例 2-25】 王某某等诉众安在线财产保险股份有限公司保险合同拒赔纠纷案

二审法院认为,本案的争议焦点为被上诉人王某某和李某是否享有主张取得案涉保险合同保险金的权利。上诉人众安在线保险公司认为被上诉人王某某和李某与被保险人王某翠之间不构成合法有效的养父母子女关系,故其不属于法定受益人,无权主张取得案涉保险合同保险金,即使根据《继承法》第十四条的规定王某某和李某享有分得遗产权,也应分得部分而非全部保险金。对此,法院认为,首先,本案保险合同约定的身故受益人为法定受益人,而被保险人王某翠死亡时未婚,未生育子女,亲生父母无法查找,也未与王某某和李某形成法律意义上的收养关系,由此根据《保险法》第四十二条之规定,案涉保险金因受益人指定不明无法确定从而成为被保险人王某翠的遗产,依照《继承法》的规定履行给付保险金的义务。而王某翠出生不久即被王某某和李某抱养并抚养至成年,未形成法律意义上的收养关系,但从所在基层组织和户籍登记机关均认可王某翠系养女的事实来看,王某某和李某属于《继承法》第十四条规定的继承人以外的对被继承人王某翠抚养较多的人,可以分得适当的遗产,故依据《继承法》和《保险法》的相关规定,王某某和李某享有向保险人众安在线保险公司请求履行给付保险金的权利。其次,关于酌情分得保险金份额的问题,法院认为,继承人以外的对被继承人抚养较多的人,分给他们的遗产应按具体情况,可多于或少于继承人。本案中,被保险人王某翠亲生父母不详且无法查找,其意外身亡导致血缘关系更无从考证,而王某某和李某在王某翠出生不久即抱养,抚养其长大并与其共同生活二十余年直至其意外身亡,本案根据实际抚养情况由王某某和李某取得全部保险金并无不妥。判决:驳回上诉,维持原判。[2]

---

[1] 参见国家法官学院案例开发研究中心编:《中国法院 2018 年度案例》(保险纠纷),中国法制出版社 2018 年版,第 94 页。广西壮族自治区上思县人民法院(2015)上民初字第 1070 号民事判决书。

[2] 参见陈昶主编:《2022 年上海法院案例精选》,上海人民出版社 2022 年版,第 279~280 页。

8. 受益权

受益权是指受益人根据保险合同中投保人或者被保险人的指定，享有的保险金请求权。除保险合同约定外，受益人取得的权利仅以保险金的请求权为限，保险费的返还请求权等原则上仍属于投保人，受益人不能取得。受益权以被保险人死亡时受益人尚生存为条件，若受益人先于被保险人死亡，则受益权应归于被保险人，或由投保人或被保险人另行指定新的受益人，而不能由受益人的继承人继承受益权。

对于受益权能否转让的问题，《保险法》并无明确规定。《保险法解释（三）》第十三条规定："保险事故发生后，受益人将与本次保险事故相对应的全部或者部分保险金请求权转让给第三人，当事人主张该转让行为有效的，人民法院应予支持，但根据合同性质、当事人约定或者法律规定不得转让的除外。"该条规定包含以下几层含义：其一，受益权转让的时间点在保险事故发生后。其二，在保险事故发生前，受益人无权转让受益权。在保险事故发生前的受益权实际上并不存在，受益人并不享有法律上予以保护的权利，而是仅享有一种期待利益，特别是在投保人和被保险人没有放弃变更受益人的权利时。在保险事故发生前，保险合同的受益人是随时可被变更或撤销的，该权益并不归受益人所有，也不由受益人控制。因此，受益权的获得与否取决于其权利的来源即投保人或者被保险人的指定，非经投保人或者被保险人的同意，受益人不能将该权利转让给他人，经同意后的受益权转让从本质上仍是投保人或者被保险人对其权利的处分。在现实的保险业务中，如果受益人要转让受益权，必须经投保人或被保险人同意，并按照受益人变更的法定程序通知保险人，只有符合《保险法》第四十一条的规定时，其转让行为才发生效力。其三，受益权转让受例外性规定的限制。其四，受益人转让的范围是全部或部分请求权。其五，未指定受益人的情况下，被保险人亦有权转让保险金请求权。

【案例 2－26】 吴某父母诉某保险公司保险合同纠纷案

判决观点，我国《保险法》规定人身保险的受益人由被保险人或者投保人指定，投保人指定受益人时须经被保险人同意，被保险人或者投保人可以变更受益人并书面通知保险人，投保人变更受益人时须经被保险人同意。因此，只有投保人和被保险人可以指定和变更受益人，受益人自身无权转让受益权。于是判决吴某将其受益权转让给蔡某的行为无效。本案中，吴某未经投保人和被保险人即其父母同意，擅自通过保险公司更改保险单，该行为显然属于无权处分，吴某父母有权在知道无权处分的事实后撤销该行为，法院判决是合乎法律规定的，亦是正确的。

【案例2-27】　北京孚融通投资管理有限公司等诉中国太平洋人寿保险股份有限公司北京分公司保险合同纠纷案

判决观点,因被保险人韩某1未指定受益人,根据《保险法》第四十二条之规定,本案韩某1的死亡保险金属于其死亡时遗留的个人合法财产,其第一顺位继承人有权协商处分该遗产。虽然北京孚融通投资管理有限公司(以下简称孚融通公司)不是继承人,但基于韩某1第一顺位法定继承人孔某、韩某2、韩某3、韩某4在取得工伤赔偿的情况下,一致同意将该笔死亡保险金直接给付给孚融通公司,故孚融通公司有权取得该笔保险金。保险公司应按照法定继承人的共同意思表示直接将保险金支付给孚融通公司。[1]

劳务派遣中,用人单位或用工单位在为劳动者投保人身保险后,限制被保险人或受益人为达到填补工伤或工亡损失赔偿义务的目的,将受益权转让给投保人。

【案例2-28】　杨某甲诉中国人寿保险股份有限公司建湖支公司保险合同纠纷案

判决观点,死者杨某乙生前在第三人中铁十五局集团有限公司北京国际工程分公司(以下简称中铁十五局北京分公司)的沙特阿拉伯王国哈伊勒省别墅建设工程项目施工过程中因交通事故意外死亡后,其近亲属按照规定有获得死亡赔偿金、丧葬费、被抚养人生活费等赔偿的权利。第三人中铁十五局北京分公司作为死者杨某乙生前的用人单位,其履行赔偿义务后,不影响原告杨某甲要求保险人即被告中国人寿保险股份有限公司建湖支公司(以下简称人寿保险建湖支公司)支付被保险人杨某乙的身故保险金。第三人中铁十五局北京分公司与原告杨某甲及其法定代理人王某某达成的赔偿协议中,虽然载有保险理赔的相关内容,但对理赔权益转让的意思表示并不具体明确,该相关内容并不能证明第三人中铁十五局北京分公司即已成为理赔权益受让人。同时,人身保险合同是以将来可能发生的保险事故为基础为受益人设立的利益,具有一定的人身依附关系。我国法律对人身保险合同受益人的范围及其变更有特殊的规定,投保人为与其有劳动关系的劳动者投保人身保险的,不得指定被保险人及其近亲属以外的人为受益人,受益权即使转让也不应超出法定范围,故对被告人寿保险建湖支公司辩称、第三人中铁十五局北京分公司述称原告杨某甲已将其享有的对被保险人杨某乙身故保险金的理赔权益转让给第三人中铁十五局北京分公司,杨某甲不再享有理赔请求

---

〔1〕 参见国家法官学院案例开发研究中心编:《中国法院2017年度案例》(保险纠纷),中国法制出版社2017年版,第156~157页。北京铁路运输法院(2015)京铁民(商)初字第750号民事判决书。

权，以及第三人中铁十五局北京分公司认为原告杨某甲不履行合同约定义务的理由，法院不予采纳。[1]

关于保险受益权能否撤销问题，现行法律并未明确规定，理论界和司法实务界对此有不同观点。在投保人负有债务无法偿还，且以自己为被保险人投保人身保险的情况下，其指定受益人的行为明显损害债权人的债权的实现，则应允许债权人行使撤销权，撤销被保险人对受益人的指定，使保险金成为被保险人的遗产偿还债务。在投保人负有债务无法偿还，以他人为被保险人投保人身保险且指定了受益人的情况下，一般应限制债权人行使撤销权，不应使用该保险金来偿还投保人的债务。因为受益人享有的保险金受益权是被保险人让与的保险金请求权，债权人不能要求以债务人以外的其他人的财产来偿还自己的债务，但也不能绝对化，仍应视具体情况而定。对于带有明显储蓄性质的人身保险，如果投保人的投保行为带有明显的转移财产以逃避债务的情形，在符合债权人行使撤销权的情形时，学者认为，债权人也可以要求撤销投保人的投保行为，要求在所交保险费或者保险单的现金价值的范围内来偿还债务。对超过所交保险费的保险金，被保险人或者受益人有权要求保险人支付。[2] 笔者认为该学者观点有其合理性，在实践中可以进一步探讨。

保险受益权究竟应适用于哪些险种之中，对此可谓仁智互见。《保险法》第三十九条、第四十条、第四十一条、第四十二条等规定涉及受益权，受益权与受益人严格定位于人身保险合同之中的，与财产保险无涉，此种观点正是保险学中的主流观点。另有学者在论述受益人、受益权存在的意义时，主张受益人制度仅于死亡保险中存在，而在生存保险中，领取保险金的权利只能由被保险人享有，于被保险人之外并无受益人存在之必要。但也有一部分学者就财产保险合同中可否存在受益权范畴之争执，持肯定观点。他们认为，在财产保险合同中，如果投保人或被保险人指定受益人，如李某以其自身的房屋订立保险合同，而以王某为受益人，应允许此种行为，这种行为实际上是为第三者设定权利的行为，亦是合法的。笔者认为，人身保险包括人寿保险（生存保险、死亡保险、生死两合保险）、健康保险及意外伤害保险，因常发生被保险人死亡的保险事故，尚需有受益人存在之必要，以免于保险事故发生时，无人行使保险金请求权，而与投保初衷相悖。因此，以死亡为给付保险金条件的保险合同中存在受益权、受益人范畴，当无疑义。至于生存保险金有无受益人、受益权范畴存在之必要，笔者原则上持否定意见，但有例外情况，即允许在保险合同中特别约定受益权，因为允许被保险人或投保人处

〔1〕 参见国家法官学院案例开发研究中心编：《中国法院 2015 年度案例》（保险纠纷），中国法制出版社 2015 年版，第 212 页。江苏省盐城市建湖县人民法院（2013）建少民初字第 0017 号民事判决书。

〔2〕 参见许崇苗：《保险法原理及疑难案例解析》，法律出版社 2011 年版，第 222 页。

分自己的私权且未损及任何第三方利益。而财产保险合同,也不能绝对排除受益权适用之空间。实践中不乏有人以自己的财产投保,而指定第三人(或债权人)为受益人,法律没有理由否定财产保险投保人将自身权利转让给第三方的行为之法律效力。保证保险中是否存在受益权、由谁行使受益权是有争议的问题。还贷保证保险合同约定受益人是银行的,则银行应当享有保险金请求权。无论银行是否放弃受益权,被保险人、继承人均无保险金请求权,还贷保证保险金不属于被保险人的遗产。

实践中不乏持相反观点的案例的存在,即认为只有财产保险合同中才有受益人。

【案例 2-29】 孙某某诉中国人民财产保险股份有限公司泊头支公司财产保险合同纠纷案

二审法院认为,只有在人身保险合同中才能有受益人,而本案所涉及的是财产保险合同,在本案所涉及的财产保险合同中约定受益人显属不当,故原审判决认定被上诉人作为车辆的所有者及投保人理应对保险赔偿金享有受偿权,符合法律规定,依法予以维持。[1]

(三)特殊投保主体

根据《保险法》第三十三条的规定,只有未成年父母可以为未成年子女投保死亡险。关于未成年人的其他监护人是否可以为未成年人投保以死亡为给付保险金条件的保险合同,是有争议的问题。笔者认为,在现有保险法和司法解释对其未作明确规定的情况下,不宜作扩张解释。原则上父母之外的其他人不得为未成年人投保死亡险,除非经过未成年父母同意。在未成年父母死亡情况下,可以允许未成年的近亲属或者其他监护人为未成年子女投保死亡险。

卡式电子保单中,自助保险卡的购卡人通常是投保人。在自助保险卡被转让的情况下,购卡人将自助保险卡及其附随的获得相应保险保障的投保权利转让,受让人通过激活或委托他人激活自助保险卡成为投保人。

【案例 2-30】 顾某某诉华夏人寿保险股份有限公司江苏分公司保险合同纠纷案

判决观点,施某某受让该卡后,以自己为被保险人激活该卡,故施某某既

〔1〕 参见国家法官学院案例开发研究中心编:《中国法院 2017 年度案例》(保险纠纷),中国法制出版社 2017 年版,第 55 页。河北省沧州市中级人民法院(2015)沧民终字第 03232 号民事判决书。

是投保人，也是被保险人。保险人已经通过其网站上的流程设置，在投保人激活自助保险卡的过程中，向投保人履行了说明义务及保险人免责条款的明确说明义务，本案电子保单中的《团险职业分类表》以及意外伤害保险金额与职业类别赔付比例的规定等内容应予适用。施某某出险时所从事的工作，对应《团险职业分类表》中的4类人员。根据意外伤害保险金额与职业类别赔付比例的规定，应按80%理赔。[1] 本案中，原告为其公司员工购买了多张自助保险卡，并将其中一张交与施某某。

保险人在承保时知道实际车主隐名投保的，应认定实际车主为投保人。

【案例2－31】 南某诉人保连云港分公司财产保险合同再审案

二审法院认为，刘某在案外某公司投保的保险合同中的法律地位如何。受托人以自己的名义，在委托人授权范围内与第三人订立的合同，第三人在订立合同时知道受托人与委托人之间代理关系的，该合同直接约束委托人和第三人，但有确切证据证明该合同只约束受托人和第三人的除外。本案中，虽然2015年的保险合同以案外某公司名义投保，但根据刘某和人保连云港分公司的当庭陈述以及证人袁某的证言，可以认定人保连云港分公司在承保时知道案外某公司与刘某之间的隐名代理关系，故该保险合同可以直接约束委托人刘某和第三人人保连云港分公司，即刘某系该保险合同的投保人。再审法院同意一审、二审法院裁判意见。[2]

（四）被保险人组成人员

被保险人组成人员，是指非自然人的被保险人内部与其存在共同经济利害关系的人员或组织，可从保险分散的本质和职能，公平和损失补偿等保险的原理和理念出发予以合理界定。具体分为以下几类主体：其一，为被保险人的利益或者受被保险人的委托而进行活动的人，包括被保险人的员工、雇佣人员和代理人等，实践中可以考虑以与被保险人是否存在劳动关系作为判断标准。其二，与被保险人有某种特殊法律关系而进行活动的人，包括股东、合伙人、母公司。其三，被保险人的子公司或分公司。其四，被保险人为同一股东、合伙人或者母公司投资设立的其他子公司或者分公司。

---

〔1〕 江苏省南京市鼓楼区人民法院(2011)鼓商初字第396号民事判决书。

〔2〕 参见国家法官学院、最高人民法院司法案例研究院编：《中国法院2023年度案例》(保险纠纷)，中国法制出版社2023年版，第17页。江苏省高级人民法院(2020)苏民申858号民事裁定书。

【案例 2－32】　某财险公司诉某科技公司等保险人代位求偿权纠纷再审案

再审法院认为，保险法以填补损失与防止不当得利为基本原则，为了防止保险赔偿金出现“左手进、右手出”，实际仍由被保险人承担了损失的情况发生，保险法第六十二条将被保险人的家庭成员或组成人员排除在行使保险人代位求偿权之外，但法律并未明确对组成人员进行界定。根据保险法第六十二条的设立目的，对组成人员共同经济利益不宜做扩张解释，应限定为与被保险人有直接法律关系，该“利益一致性”应当是法律意义上的、直接的联接，即在经济利益上具有同一性、法律人格上具有依附性的主体范围内，这部分人通常是代替被保险人履行职务行为的人，其行为造成的损害由被保险人承担责任，保险人不能向其求偿。〔1〕

【案例 2－33】　太平财产保险股份有限公司天津分公司诉天津赛克电动车有限公司保险人代位求偿权纠纷案

一审法院认为，保险事故发生后，消防部门并未对此次火灾事故作出责任认定，科林公司作为厂房所有人，被告作为该厂房的承租人，是否对火灾的发生负有责任，原告未举证证明，且原告委托的民太安财产保险公估股份有限公司在对事故原因进行了调查和分析后，认定该事故为意外事故引发的火灾，属于保险的保险范围，原告、被告双方对此并无异议，故不能认定科林公司及被告在此次火灾中负有责任。科林公司与被告在法律关系上属于彼此独立的法人，但被告公司股东除科林公司现有的股东王乙等七人外，科林公司亦为被告公司股东，两公司的法定代表人均为王乙，另外，王乙、王甲等七人或为父子（女）、或为兄弟、或为叔侄等关系，为同一家庭成员，故两公司在经济利益上具有高度一致性，科林公司受损，被告的利益也受到损害，反之亦然，两公司应属于利益共同体。如允许原告在赔偿后向被告追偿，则等于向科林公司索回赔偿，由科林公司自己承担损失，其与原告签订的保险合同亦无意义。二审法院同意一审法院裁判意见。〔2〕

---

〔1〕 人民法院案例库 2024－08－2－333－004。山东省高级人民法院（2022）鲁民申 12725 号民事裁定书。

〔2〕 参见国家法官学院、最高人民法院案例研究院编：《中国法院 2020 年度案例》（保险纠纷），中国法制出版社 2020 年版，第 203～204 页。天津市第二中级人民法院（2018）津 02 民终 5052 号民事判决书。

二、保险合同主体范围

（一）保险金请求权主体

实践中，因交通事故或其他侵权行为致受害人死亡，何人可向保险公司主张保险金请求权（或何人享有诉权），该问题看起来简单但现实社会生活中往往有争议，现就实践中较为常见也较难处理的几种情形加以讨论。

1. 家庭成员的保险金请求权人。

2. 特殊身份的请求权人，如在交通事故中死亡身份无法确认请求权的，福利院、养老院和孤儿院等社会福利机构请求权，死者生前抚养的人中遗腹子请求权，当地政府的赔偿请求权等。

3. 受益人的保险金请求权人。

4. 车辆转让的请求权人。

被保险车辆在保险期内转让，发生保险事故后，车上人员有权向保险人主张保险金请求权。车上人员责任险依附于被保险机动车，而非依附于车主。

【案例2-34】 马某诉安邦财产保险股份有限公司云南分公司保险合同纠纷案

判决观点，本案系因车上人员责任险产生的纠纷，应当依照《保险法》第六十五条的规定处理，即车上人员责任险属于责任保险，车上人员系责任保险的第三者。原告作为责任保险的第三者，在保险事故中遭受损害，有依法向被告（保险人）安邦财产保险公司主张保险金赔偿的权利。[1]

关于挂靠车辆转挂靠单位时的，请求权主体，挂靠车辆转挂靠其他单位的，新的被挂靠人承继保险合同权利和义务，新的被挂靠人是请求权主体。

关于发生交通事故致车辆受损，车辆修复后转让他人的情况下，请求权主体确定的问题，修复车辆转让行为发生在交通事故之后，因保险受益人应为原车主，原车主有权主张保险索赔。如原车主与新车主事先有约定，则应按双方约定办

---

〔1〕 参见国家法官学院案例开发研究中心编：《中国法院2013年度案例》（保险纠纷），中国法制出版社2013年版，第108页。

理。如果是新车主自行修复车辆，或者明确约定修车费用由新车主支付，并将保险索赔权转让给新车主的，则应由新车主向保险公司索赔。如果双方未约定保险索赔的处理办法，按照“谁保险，谁受益”的精神，由原车主主张权利且不损害新车主利益的，可由原车主请求。但因此造成新车主权益受损的，应先解决新老车主的权利关系，其后确定请求权主体。

连环买卖的车辆财产损失保险金的理赔，应按照实际法律关系确认权利义务，如构成借款合同关系的，应认定买受人为车辆所有权人，并有权基于财产保险合同的被保险人身份向保险公司主张保险理赔。

【案例2-35】　尹某诉融资租赁公司等财产保险合同纠纷案

一审法院认为，基于以下几点理由，可以认定尹某是案涉车辆的实际车主，其有权直接要求财保无锡分公司赔偿保险金：第一，从购车流程来看，尹某为了购买案涉车辆，需要付款给指定收款人融资租赁公司。这并非在取得案涉车辆的情况下进行融资，约定的融资款也是指定支付给车辆最初出卖人吴某，因此不符合融资租赁的法律特征，名为融资租赁实为借款，尹某与融资租赁公司之间的法律关系应按借款合同关系处理。第二，融资租赁回租合同约定的车辆归属、占有改定、保险理赔的条款均是基于融资租赁法律关系，而尹某与融资租赁公司之间的法律关系应按借款合同关系处理，故上述约定对尹某不产生效力。第三，尹某持有保险单正本，且实际占有使用车辆，其应认定为实际车主，其有权直接向财保无锡分公司主张保险利益。第四，保险单特别约定载明融资租赁公司为第一受益人，受益人是《保险法》对人身保险的规定，而本案保险财产保险，该约定违反《保险法》的相关规定，应为无效。综上，尹某可以基于车辆损失向财保无锡分公司主张赔偿保险金。保险事故发生后，财保无锡分公司应承担保险责任。关于保险车辆损失金额，财保无锡分公司推定车辆全损，应按保险金额赔偿保险金，财保无锡分公司在赔偿保险金后取得涉案车辆残值。尹某要求相应被告配合理赔没有合同和法律依据，不予支持。判决：(1)财保无锡分公司赔偿保险金119,340元，财保无锡分公司在赔偿保险金后取得该车的产值；(2)驳回尹某的其他诉讼请求。融资租赁公司未在指定的期限内缴纳诉讼费，二审法院按自动撤回上诉处理。[1]

5.借用车辆的请求权人。

借用他人所有的车辆，并以该车辆向保险公司投保，在发生保险事故后，借用

---

〔1〕 参见国家法官学院、最高人民法院司法案例研究院编：《中国法院2022年度案例》（保险纠纷），中国法制出版社2022年版，第16页。江苏省无锡市中级人民法院(2020)苏02民终1527号民事裁定书。

人能否享有请求权，学者们对此有争议。笔者认为，如果借用车辆并以该车辆投保的，其对于保险车辆具有的利益应当为法律所承认，借用人是对保险标的具有保险利益的被保险人，享有保险金请求权，其请求应得到法律支持。反之，借用车辆人未以该车辆投保，则不应具有保险金请求权。换言之，经被保险人同意使用车辆造成他人人身或财产损失的，借用人已对受害人实际赔付的，实际赔付人有权行使保险金给付请求权。尚未对实际受害人赔付的，如出借人或借用人请求将保险金直接给付受害人的，法院应予支持。

【案例2－36】 武某某、赵某诉中国平安财产保险股份有限公司菏泽中心支公司保险合同纠纷案

二审法院认为，具有驾驶资格的武某某借用投保车辆肇事且已承担赔偿责任，故武某某享有保险金请求权，中国平安财产保险股份有限公司菏泽中心支公司应给付保险金。[1]

6. 挂靠关系下实际车主的保险金请求权。

实际车主作为投保车辆的所有权人，对保险标的具有保险利益，其有权向保险公司请求赔偿保险金。被挂靠人作为被保险人投保车辆第三者责任险的，享有保险金给付请求权。挂靠人举证证明挂靠关系存在且被靠挂人怠于行使保险索赔权，挂靠人基于其对投保车辆享有的保险利益，对保险人享有保险金给付请求权。挂靠人作为记名被保险人的，可以请求保险人给付保险金。

【案例2－37】 娄某某诉中国平安财产保险股份有限公司平顶山中心支公司保险合同纠纷案

一审法院认为，陈某某负该起事故的次要责任，故其权利人应得的赔偿数额为399,367.73元。事故发生在交强险及第三者责任险的承保期限内，且汝州市某汽车运输服务有限公司同意以娄某某名义主张权利，因此，娄某某履行赔偿义务后，有权要求中国平安财产保险股份有限公司平顶山中心支公司（以下简称平安财险平顶山支公司）按照保险合同约定在交强险及第三者责任险的保险限额内予以赔偿，平安财险平顶山支公司应向娄某某支付保险金399,367.73元，娄某某的诉讼请求部分成立，部分予以支持。平安财险平顶山支公司所称娄某某事故后逃逸，保险公司不应承担赔偿责任的意见，与查明的事实不符，不予采纳。二审法院亦持同样意见，维持一审判决。[2]

---

〔1〕 参见国家法官学院案例开发研究中心编：《中国法院2013年度案例》（保险纠纷），中国法制出版社2013年版，第113页。

〔2〕 参见国家法官学院案例开发研究中心编：《中国法院2016年度案例》（保险纠纷），中国法制出版社2016年版，第7页。河南省平顶山市中级人民法院（2014）平民金终字第287号民事判决书。

【案例 2－38】　李某某诉焦作市方圆运业有限公司、中华联合财产保险股份有限公司焦作中心支公司保险合同纠纷案

二审法院认为，豫 HA5826 重型半牵引车、豫 HK826 挂重型罐式半挂车在中华联合财产保险股份有限公司焦作中心支公司投保，投保险种为机动车交强险、第三者责任险（并不计免赔）的保险。李某某为实际车主，焦作市方圆运业有限公司为名义车主。故中华联合财产保险股份有限公司焦作中心支公司与焦作市方圆运业有限公司形成了保险合同关系，双方应当按照合同约定履行各自的义务。李某某作为实际车主交纳保费后，依据与焦作市方圆运业有限公司挂靠协议，请求中华联合财产保险股份有限公司焦作中心支公司在基本保险金额范围内赔偿损失，焦作市方圆运业有限公司也表示同意，故原审判决理由正当。上诉人以原审判决违反法定程序、认定事实不清为由，请求二审依法撤销原判，发回原审人民法院重审，因未向二审法院提供新证据，理由不足，二审法院不予支持。[1]

承运人责任险的被保险人不限于保险单所载的被保险人，还包括经车辆登记所有权人许可使用被保险车辆的合法驾驶人，或者其他与被保险车辆存在利益关系且在法律上应对被保险车辆的使用负责任之人，后者又被称为附加被保险人。车辆挂靠经营中的实际车主应认定为附加被保险人，并具有请求给付保险金的诉讼主体资格。

【案例 2－39】　黄某某诉长安责任保险股份有限公司福州中心支公司保险合同纠纷案

二审法院认为，黄某某主张其系事故车辆的实际车主及赔偿责任的实际承担人，并提交了福州吉安运输有限公司出具的《证明》以证明福州吉安运输有限公司确认黄某某享有保险利益。若黄某某所述属实，则其因与被保险的承运车辆存在利益关系且对于车辆使用负有法定赔偿责任，故其有权以附加险被保险人的身份提起本案诉讼。一审法院以黄某某并非保险单载明的被保险人为由驳回黄某某的起诉，将导致黄某某的损失难以获得救济，有违案涉保险合同之目的。因黄某某提起本案诉讼，实质上系行使被保险人的保险金请求权，故应当追加具名被保险人福州吉安运输有限公司作为第三人参与本案诉讼，避免权利冲突并有利于查明双方挂靠关系等相关事实。[2]

---

〔1〕 参见国家法官学院案例开发研究中心编：《中国法院 2015 年度案例》（保险纠纷），中国法制出版社 2015 年版，第 68～69 页。河南省焦作市中级人民法院（2012）焦民三终字第 243 号民事判决书。

〔2〕 参见最高人民法院中国应用法学研究所编：《人民法院案例选》2016 年第 5 辑（总第 99 辑），人民法院出版社 2016 年版，第 144 页。福建省福州市中级人民法院（2015）榕民终字第 5063 号民事判决书。

7. 被允许驾驶被保险车辆的保险金请求权。

司法实践中，挂靠人、车辆借用人通常会认为享有保险利益而被认定为附加被保险人。同理，根据经济保险利益规则，认定驾驶车辆且垫付损失款的雇员享有保险利益，系被保险人。换言之，雇员因驾驶车辆发生道路交通事故垫付本车及三者车维修费等损失，后未获记名被保险人偿付的，有权要求本车车损险、三者险的保险人支付保险金。

【案例2－40】 环境科技公司诉保险上海分公司财产保险合同纠纷案

一审法院认为，保险条款第六条、第二十二条约定保险人对"被保险人或其允许的驾驶人"在使用被保险车辆的过程中，被保险车辆的损失以及被保险车辆造成第三者的损失负责赔偿。就本车损失，虽然原告系本车所有权人和记名被保险人，但其并未支付本车修理费而承担损失。第三人葛某作为原告所允许的驾驶人，就本车损失支付了修理费（第一次），故其系因保险事故而遭受损失的主体。同理，就三者车损失，第三人而非原告有权向被告行使保险金请求权。判决：(1) 被告保险上海分公司赔付第三人葛某保险金88,160元；(2)驳回原告环境科技公司的诉讼请求。二审法院认为，上诉人提出的车辆超过年检、施救费金额有误等上诉请求，不能成立，应予驳回，一审判决认定事实清楚，适用法律正确，应予维持。判决：驳回上诉，维持原判。[1]

8. 财产保险合同中的受益人保险金请求权。

现行《保险法》只规定了人身保险合同有保险受益人，但未规定财产保险合同有保险受益人。实践中，存在个别财产保险合同约定受益人的情形，关于其受益人有无请求权存在不同观点。有法官认为，财产保险合同中指定受益人虽不为法律所禁止，但其与人身财产保险合同中的受益人并不当然具有相同法律内涵，在合同未予明确约定的情况下，其不能直接主张行使保险金请求权。[2] 制定司法解释的法官认为，财产保险合同中的受益人并不当然享有保险金请求权。[3] 笔者认为，因法律没有禁止财产保险合同中的受益人及保险金请求权，在保险合同明确约定有受益人时，其受益人享有保险金请求权。

〔1〕 参见国家法官学院、最高人民法院司法案例研究院编：《中国法院2022年度案例》（保险纠纷），中国法制出版社2022年版，第61～62页。上海金融法院(2021)沪74民终208号民事判决书。

〔2〕 参见熊建安：《财产保险合同中的受益人能否行使保险金请求权》，载《福建审判》2015年第4期。

〔3〕 参见最高人民法院民事审判第二庭编著：《最高人民法院关于保险法司法解释（三）理解与适用》，人民法院出版社2015年版，第263页。

【案例2－41】 某典当公司与某保险公司财产保险合同纠纷案

判决观点,原告某典当公司主张行使涉案财产保险合同约定的保险金请求权,既无合同依据,也无法律依据,其不具备本案诉讼主体资格。拟裁定驳回原告典当公司的起诉。但原告在法院宣判前以双方庭外和解为由申请撤诉,法院裁定准许其撤回起诉。[1]

【案例2－42】 尹某诉太平洋财保云阳支公司财产保险合同纠纷案

二审法院认为,因受益人是人身保险合同中的特有概念,故在财产保险合同中约定的受益人不是保险法意义上的受益人,尹某主张自己系本案财产保险受益人,其享有的权利基础应理解为被保险人张某向其转让保险金的请求权。在纠纷过程中,被保险人张某并未认可其将保险金请求权转让给尹某,对此已有生效法律文书予以确认,而尹某并无相反证据予以推翻,应承担举证不能的不利后果。故尹某以"受益人"的身份主张太平洋云阳支公司支付保险金,无事实依据,其请求不应得到支持。判决:(1)撤销一审判决;(2)驳回尹某的诉讼请求。[2]

9.既是继承人又是侵权人时主体资格问题。

【案例2－43】 杨某甲等诉中国人民财产保险股份有限公司惠州市惠阳支公司保险合同纠纷案

二审法院认为,第一,杨某甲在本案中有双重身份,他既是侵权人,也是死者杨某乙的法定继承人,杨某甲享有两种身份的选择权,本交通事故中,杨某甲负事故次要责任,杨某甲在本案中不存在丧失继承权的行为,且杨某乙的另一继承人何某某没有要求杨某甲赔偿,如果不允许杨某甲作为本案原告,假如杨某乙只有杨某甲一个继承人,则会存在继承人无索赔权利的情形,这显然是不合理的。受害人不要求侵权人赔偿,并不能免除保险公司的赔偿责任。故杨某甲以原告身份起诉符合《民事诉讼法》的规定。第二,因被保险人李某某怠于向保险公司行使请求赔偿的权利,故原告依法可以直接起诉保险公司,中国人民财产保险股份有限公司惠州市惠阳支公司(以下简称中国财保惠阳支公司)作为本案被告,主体是适格的。第三,中国财保惠阳支公司与投保人李某某在保险合同中约定发生保险纠纷交由惠州仲裁委员会处理,但因原告是该合同的第三人,不是保险合同的当事人,不受保险合同的仲裁条款约束。第四,本案根据保险条款对"第三者"作定义时,并未将被保险

---

〔1〕 参见最高人民法院民事审判第二庭编著:《最高人民法院关于保险法司法解释(三)理解与适用》,人民法院出版社2015年版,第263页。

〔2〕 参见国家法官学院、最高人民法院司法案例研究院编:《中国法院2021年度案例》(保险纠纷),中国法制出版社2021年版,第34页。重庆市第二中级人民法院(2019)渝02民终3002号民事判决书。

机动车本车驾驶人家庭成员排除在外。而根据该责任保险条款责任免除第五条第二项的规定"第三者"应该排除本车驾驶人的家庭成员。因以上两个条款的规定存在矛盾,根据《保险法》第三十条的规定,杨某乙属第三者责任险的第三者。原审判决中国财保惠阳支公司在保险限额内承担赔偿责任是正确的,应予维持。[1]

10. 保险利益的请求权人。

保险事故发生时,对保险标的不具有保险利益的主体,不享有请求赔偿保险金的权利。

【案例 2 -44】 邓某诉财险浦城支公司、某林场财产保险合同纠纷案

二审法院认为,《林木经营权转让合同》约定转让的实质应当是林木所有权,财产保险合同标的转让后,相应的保险权利义务由受让人承继,保险合同继续有效,故自林木所有权转让之日,邓某承继某林场的被保险人权利和义务。《保险法》第四十八条规定……在案证据表明在邓某与某林场签订《林木经营权转让合同》前,案涉林木已发生有害生物危害这一保险事故,该保险利益应当归属于当时的林木所有者某林场所有。病虫害保险发生时,因邓某对林木尚不具有保险利益,《林木经营权转让合同》亦未约定林场将合同订立前产生的保险金赔偿请求权让渡给邓某,故邓某无权就案涉保险事故向财险蒲城支公司请求赔偿金,其作为本案原告主体不适格,其起诉依法应予驳回。判决:驳回上诉,维持原裁定。[2]

被保险人未向第三者赔偿,可以要求保险公司向第三者支付赔偿。

【案例 2 -45】 王某诉财保北京分公司保险合同纠纷案

判决观点,本案中,涉案交通事故造成第三人胡某手表损害,虽然王某尚未向胡某赔偿相应损失,但是王某基于其财保北京分公司存在的保险合同纠纷提起本案诉讼,王某作为投保人和被保险人具有诉讼主体资格,故王某系适格主体,对财保北京分公司的该项抗辩意见不予采信。[3]

11. 保险金请求权转让主体。

员工在获得用人单位足额赔偿的情况下,可以将保险金请求权转让给用人单

---

〔1〕 参见国家法官学院案例开发研究中心编:《中国法院 2014 年度案例》(保险纠纷),中国法制出版社 2014 年版,第 102 页。广东省茂名市中级人民法院(2012)茂中法民三终字第 42 号民事判决书。

〔2〕 参见国家法官学院、最高人民法院司法案例研究院编:《中国法院 2023 年度案例》(保险纠纷),中国法制出版社 2023 年版,第 78 ~79 页。福建省南平市中级人民法院(2021)闽 07 民终 1319 号民事裁定书。

〔3〕 参见国家法官学院、最高人民法院司法案例研究院编:《中国法院 2023 年度案例》(保险纠纷),中国法制出版社 2023 年版,第 25 页。北京市朝阳区人民法院(2021)京 0105 民初 14859 号民事判决书。

位,用人单位是适格的请求权主体。

【案例 2 -46】　实业公司诉保险当阳支公司意外伤害保险合同纠纷案

二审法院认为,用人单位为劳动者投保团体意外伤害保险,对被保险人具有保险利益。出于防范道德风险考虑,《保险法》规定,用人单位作为投保人,不能指定为该类险种的保险金受益人,但法律并不禁止用人单位向被保险人或其继承人赔偿了全部经济损失之后,被保险人或其继承人将保险金的请求权部分或全部转让给用人单位。这也是用人单位投保该类险种,以其分担用工风险的意义所在。被保险人或其继承人将保险金的请求权转让给用人单位的,其转让金额应以用人单位实际赔付的金额为限。本案中,实业公司已经向被保险人的法定继承人赔偿了 100 万元,大于本案保险理赔金额。被保险人的法定继承人将保险金的请求权转让给实业公司,不违反法律规定,转让协议有效,实业公司是本案适格的当事人。一审判决认定事实清楚,适用法律正确,应予维持。判决:驳回上诉,维持原判。[1]

12. 请求权人的除外范围。

关于《最高人民法院关于审理道路交通事故损害赔偿案件适用法律若干问题的解释》(以下简称《道路交通损害赔偿解释》)第十五条关于请求保险公司在交强险责任范围内予以赔偿的“当事人”的范围,驾驶人在存在违法驾车等严重过错的情况下,被保险人不是道路交通事故的受害人,故不是保险金请求权主体。

【案例 2 -47】　韩某诉中国人民财产保险股份有限公司龙江支公司保险合同纠纷再审案

再审法院认为,保险公司的赔偿责任是指“受害人”对向侵权人请求赔偿或向保险公司请求赔偿具有选择权,且在受害人已经从侵权人处获得全部赔偿的情况下,其无权再向保险公司请求赔偿。据此,上述司法解释中的“当事人”是指交通事故中受害的第三人或其近亲属。本案中韩某不属于该司法解释意义上的“当事人”,对中国人民财产保险股份有限公司龙江支公司(以下简称人保龙江公司)不享有赔偿请求权。原审判决依据上述司法解释判令人保龙江公司赔偿保险金适用法律错误,再审法院予以纠正。[2]

车上人员责任险中,保险标的为对他人的损害赔偿责任。如果被保险人作为驾驶人,自己在驾驶过程中遭受人身伤害,车上人员责任险是不应当赔偿其损失

---

〔1〕 参见国家法官学院、最高人民法院司法案例研究院编:《中国法院 2023 年度案例》(保险纠纷),中国法制出版社 2023 年版,第 192 页。湖北省宜昌市中级人民法院(2021)05 明珠 2401 号民事判决书。

〔2〕 参见国家法官学院案例开发研究中心编:《中国法院 2018 年度案例》(保险纠纷),中国法制出版社 2018 年版,第 20 页。黑龙江省高级人民法院(2016)黑民再字第 229 号民事判决书。

的，因为自己不可能对自己负有“损害赔偿责任”，其作为原告的主体不适格。在上述情况下，应由意外伤害险予以赔偿。

【案例2-48】 刘某某诉中国人民财产保险股份有限公司北京市分公司保险合同纠纷案

一审法院认为，车上人员责任险作为一种责任保险，其保险标的为被保险人对第三人所负的赔偿责任。根据《保险法》第六十五条的规定，在事故中遭受伤害的第三者，只有在被保险人对第三者应负赔偿责任，并且被保险人怠于向保险人请求保险赔偿的前提下，才可以就其应当获得赔偿部分直接向保险人请求赔偿保险金。本案中，刘某某作为保险人、被保险人以外的第三者，在本次诉讼中，没有证据证明被保险人某商贸公司应当对其承担赔偿责任以及具体明确的赔偿数额，亦没有证据证明被保险人某商贸公司存在怠于向保险人请求保险赔偿，故目前刘某某并不享有直接请求中国人民财产保险股份有限公司北京市分公司赔偿的权利。判决驳回原告刘某某的诉讼请求。刘某某上诉后又撤回上诉。[1]

（二）死亡人员身份不明时的请求权主体

交通事故中死亡人员身份无法确认，由谁来行使包括保险金在内的赔偿请求权，缺乏统一、明确的法律规定。在《道路交通损害赔偿解释》颁布之前，理论界和实践中就谁来代赔偿权利人行使权利存在多种观点，各地法院对于由谁代为行使赔偿权利人的权利意见不一，从而导致了赔偿的混乱。有关此类案件的处理规定散见于部分地方法规和法院的案件处理指导意见，实践中亦未形成统一的结论。在实践中一般由处理事故的公安交管部门或民政部门代为行使，并保管赔偿金。保险公司对于被保险人已承担的赔偿责任，除不属于保险合同约定的赔偿责任外，不得拒绝理赔。

【案例2-49】 北京祥龙省际客运股份有限公司诉中国财产保险股份有限公司北京市西城支公司受害人为无名氏的责任保险理赔纠纷案

二审法院认为，沾化县公安交警大队根据此次交通事故的实际情况，根据《道路交通安全法》及公安部《道路交通事故处理程序规定》，代表受害的

---

〔1〕 参见国家法官学院案例开发研究中心编：《中国法院2018年度案例》（保险纠纷），中国法制出版社2018年版，第54页。北京市房山区人民法院（2016）京0111民初字第5376号民事判决书。

无名氏一方与北京祥龙省际客运股份有限公司(以下简称祥龙公司)就赔偿问题达成调解并收取祥龙公司交纳的赔偿金,暂时代为保管,并无不妥。[1]

【案例2-50】　高淳县民政局诉王某某、吕某、天安保险公司机动车强制责任保险损害赔偿纠纷案

一审、二审法院均认定县民政局不是适格原告。[2]

《道路交通损害赔偿解释》第二十三条第一款规定:"被侵权人因道路交通事故死亡,无近亲属或者近亲属不明,未经法律授权的机关或者有关组织向人民法院起诉主张死亡赔偿金的,人民法院不予受理。"最高人民法院法官认为,在被侵权人因道路交通事故死亡后,无近亲属或者近亲属不明时,包括民政部门、道路交通事故社会救助基金管理机构等未经法律授权的机关或组织无权向人民法院起诉,主张死亡赔偿金。[3]

【案例2-51】　徐某某诉中国人民财产保险股份有限公司咸阳市分公司财产保险合同纠纷案

一审法院认为,依照《道路交通安全法》《交强险条例》《道路交通事故社会救助基金管理试行办法》《陕西省道路交通事故社会救助基金管理实施细则(试行)》等现行有效的规定,本案中的道路交通事故社会救助基金专户不属于《道路交通损害赔偿解释》第二十六条第一款中的"未经法律授权的机关或者有关组织"的情况,故原告徐某某向道路交通事故社会救助基金管理机构支付无名氏死者死亡赔偿金的行为有其合法依据。被告中国人民财产保险股份有限公司咸阳市分公司应在交强险死亡伤残限额内向原告徐某某赔偿其支付的死亡赔偿金。2009年1月1日起施行的《道路交通事故处理工作规范》第八十二条规定:"对未知名死者的人身损害赔偿,公安机关交通管理部门应当将其所得赔偿费交付有关部门保存,其损害赔偿权利人确认后,通知有关部门交付损害赔偿权利人。"第三人户县公安局交通警察大队依照该规定要求第三人王某某将其应承担的无名氏的死亡赔偿金缴纳至户县道路交通事故社会救助基金专户是合法的。二审法院亦持同样意见,维持一审判决。[4]

---

〔1〕　参见最高人民法院中国应用法学研究所编:《人民法院案例选》2011年第4辑(总第78辑),人民法院出版社2011年版,第222页。

〔2〕　参见《最高人民法院公报》2007年第6期。

〔3〕　参见最高人民法院民事审判第一庭编著:《最高人民法院关于道路交通损害赔偿司法解释理解与适用》,人民法院出版社2012年版,第312页。

〔4〕　参见国家法官学院案例开发研究中心编:《中国法院2017年度案例》(保险纠纷),中国法制出版社2017年版,第84~85页。陕西省西安市中级人民法院(2015)西中民二终字第00460号民事判决书。

(三)社会福利机构的请求权主体资格

现行法律和司法解释并没有规定福利院、养老院和孤儿院等社会福利机构的请求权,《人身损害赔偿解释》第一条第二款规定,“本条所称‘赔偿权利人’,是指因侵权行为或者其他致害原因直接遭受人身损害的受害人、依法由受害人承担扶养义务的被扶养人以及死亡受害人的近亲属”。该条界定的赔偿权利人范围的明显特征是赔偿权利人与受害人之间存在法律上的亲属关系,限定为被抚养人和近亲属,但该条对于社会福利机构等请求权人未进行规定,客观上存在漏洞。在司法实践中,法官应从法律权利义务对等和维护社会公平正义的价值角度出发,对人身损害赔偿权利人进行扩张性的填补漏洞的解释,对凡是完全、实际履行了抚养、收养义务的社会福利机构,在被抚养人、被收养人因人身损害致死,又无遗产继承人的情形下,有权作为人身损害赔偿的权利人,享有原告主体资格,可以直接以社会福利机构的名义提起损害赔偿民事诉讼。

【案例2-52】 荥经县社会福利院诉陈某某、吴某道路交通事故人身损害赔偿纠纷案

判决观点,本案受害人艾某某于1964年10月被原告荥经县社会福利院(以下简称荥经福利院)收养,终身未婚,无子女,无其他近亲属,且属肢体残疾二级,故受害人艾某某生前由原告荥经福利院扶养、照顾的事实清楚。根据权利义务相统一的原则,原告荥经福利院作为孤老残幼的法定收养单位,在履行扶养义务的同时,也应享有相对的权利。受害人艾某某死亡后存在赔偿权利而又没有近亲属可以主张该权利,基于原告荥经福利院在艾某某生前对其履行了扶养和照顾义务,所以有权就受害人艾某某因人身损害赔偿而应得到的赔偿金提出请求。原告荥经福利院具备要求被告陈某某、吴某、第三人永诚保险公司承担人身损害赔偿责任的主体资格。法院判决永诚保险公司承担保险责任。[1]

(四)死者生前抚养的人的请求权主体资格

依据《民法典》第一千一百七十九条规定:“侵害他人造成人身损害的,应当

〔1〕 参见国家法官学院案例开发研究中心编:《中国法院2012年度案例》(道路交通纠纷),中国法制出版社2012年版,第182页。

赔偿医疗费、护理费、交通费、营养费、住院伙食补助费等为治疗和康复支出的合理费用,以及因误工减少的收入。造成残疾的,还应当赔偿辅助器具费和残疾赔偿金;造成死亡的,还应当赔偿丧葬费和死亡赔偿金。"对死者生前抚养的人,不能机械地理解,应理解为既包括死者生前实际抚养的人,也包括应当由死者抚养,但因为死亡事故发生而尚未抚养的子女即遗腹子。

【案例2-53】 佛山市顺德区汽车运输有限公司诉阳光财产保险股份有限公司佛山中心支公司保险合同案

二审法院认为,死者梁某某与梁某系父女关系,梁某在梁某某死亡时虽未出生,但其是梁某某应当抚养的人。梁某出生后,佛山市顺德区汽车运输有限公司(以下简称顺德汽运公司)赔偿梁某的生活费,符合原《民法通则》的规定。因此,阳光财产保险股份有限公司佛山中心支公司(以下简称阳光保险佛山公司)应当就梁某的生活费向顺德汽运公司承担支付保险金的责任。此外,原《继承法》第二十八条规定了遗产继承时应为胎儿保留份额,体现了胎儿权益保护的立法精神。一审判决阳光保险佛山公司就梁某的生活费向顺德汽车公司支付保险金,符合以权利延伸保护的民法理论及实事求是、有损害即有救济的民事裁判原则,故对原审判决予以支持。[1]

(五)当地政府的赔偿请求权主体资格

关于"五保户"车祸身亡的法律救济制度,目前在我国立法上尚处于空白状态。对于该由谁来为其维权,有两种不同的观点,一种观点依据现有法律规定,认为当地政府不具有诉讼主体资格。另一种观点认为,从道德救济的角度出发,在特殊情形下当地政府可以代"五保户"亲属之位,行使损害赔偿请求权。笔者赞同后一种观点,但在个案中不宜判决结案,而宜用调解结案,因为缺乏法律依据,以实现法律效果和社会效果的统一。

【案例2-54】 中国人民财产股份有限公司宜宾分公司营业部诉荣县度佳镇人民政府等道路交通事故人身损害赔偿案

涉案死者曾某某于2001年起被确定为荣县度佳镇农村"五保供养对象",在该镇度新敬老院集中供养,其无近亲属,系孤寡老人。2009年2月8日19时8分,曾某某在305省道155KM+200M处被叶某驾驶小客车撞倒

〔1〕 参见国家法官学院案例开发研究中心编:《中国法院2013年度案例》(保险纠纷),中国法制出版社2013年版,第27页。

死亡。交警大队认定叶某与曾某某负事故同等责任。荣县度佳镇人民政府(以下简称度佳镇政府)起诉请求赔偿曾某某死亡造成的各项损失,一审法院支持其诉讼请求。中国人民财产股份有限公司宜宾分公司营业部(以下简称财保宜宾营业部)提起上诉。在二审法院主持下,双方达成调解协议,财保宜宾营业部和叶某共计赔偿度佳镇政府60,656元,扣除叶某已支付的10,656元,财保宜宾营业部向度佳镇政府赔偿50,000元。[1]

(六)被保险人死亡时权利义务承继主体

《保险法》第四十九条规定了保险标的转让时权利义务的承继问题,但未规定保险标的所有权因继承而发生变动时权利义务的承继问题。《保险法解释(四)》第三条规定:"被保险人死亡,继承保险标的的当事人主张承继被保险人的权利和义务的,人民法院应予支持。"该条包含以下几层含义:其一,被承继的对象是自然人,而不是公司、企业等组织。其二,只限于被保险人死亡情形,而不包括终止情形。其三,承继人承继的是财产保险的标的,即该条适用范围为财产保险,而不适用于人身保险。其四,承继人承继的范围为权利和义务,并享有保险利益。其五,保险合同可以另行约定保险标的承继主体。制定司法解释的法官认为,财产保险合同中另行约定在被保险人死亡时保险标的承继主体,应予以认可。[2]其六,承继主体享有保险合同解除权,合同另有约定除外。

(七)保证保险中的诉权主体

保证保险约定的保险事故发生后,若保险人不履行保险理赔义务,被保险人与受益人谁享有诉权,对此主要有三种观点:

第一种观点认为,受益人有诉权,而被保险人无诉权。主要理由是,被保险人虽为保险合同主体,但当其将合同权利让渡给第三方后即丧失了主张合同利益的权利。原合同项下的所有权利转归受益人,受益人如果不积极主张保险利益并要求被保险人承担还贷义务,被保险人可以还款责任已移转为由进行抗辩而拒绝付款,但无权起诉保险人。

---

〔1〕 参见国家法官学院案例开发研究中心编:《中国法院2012年度案例》(道路交通纠纷),中国法制出版社2012年版,第189页。

〔2〕 参见最高人民法院民事审判第二庭编著:《最高人民法院关于保险法司法解释(四)理解与适用》,人民法院出版社2018年版,第71页。

【案例2-55】　何某诉某保险公司保险合同纠纷案

一审法院认为，保险单所记载的还贷保证保险的受益人为中国民生银行总行营业部。通常情况下，所谓受益人是指人身保险合同中由被保险人或者投保人指定的享有保险金请求权的人。但是，鉴于《保险法》并不禁止财产保险所经营的险种指定受益人，而在本案所涉及的保险合同中指定受益人为中国民生银行总行营业部，既是当事人真实意思的表示，又符合收回贷款是中国民生银行总行营业部的权利这一基本事实，可以认定有权自保险公司处领取保险金的主体是中国民生银行总行营业部，而不是何某或其遗产继承人。保险合同条款中有关约定被保险人向保险公司申请赔偿时应当提交相关单证的内容，赋予了被保险人申请保险公司赔偿的权利，但对于上述申请赔偿权利的正确理解是被保险人有权申请保险公司将贷款余额给付给受益人中国民生银行总行营业部，而不是被保险人有权直接自保险公司处领取贷款余额。二审法院认为，《保险法》并没有对保证保险这一险种作出专门规定，故本案应依据保险合同的约定和法理来确定当事人的权利义务。故原告何某上诉称根据《保险法》第二十二条第三款（现为第十八条第三款）规定，人身保险合同中才存在受益人的定义，财产保险合同没有受益人这一概念，对此法院不予支持。[1]

第二种观点认为，被保险人有诉权而受益人无诉权。主要理由为，还贷保证保险合同中，被保险人指定银行为受益人，应理解为被保险人仅仅是将保险利益的实体权利转让给银行，并没有也不能够给银行设定义务，并且银行也不具备出险事实的举证能力。因此，这种保险利益的转让，不是保险合同的转让，保险主体并不因此发生改变，如因出险而发生合同争议，诉权仍由被保险人享有，受益人并无诉权。受益人可督促被保险人向保险人理赔并向银行兑现保险利益。

第三种观点认为，被保险人与受益人均享有诉权。主要理由为，保险合同系保险人和被保险人双方订立的合同，作为合同当事人，若一方当事人不履行合同义务，相对人当然享有诉权。同时，受益人（银行）作为保险合同的利益关系人，当事人若不履行义务，利害关系人亦当然享有诉权。有法官认为，被保险人（若被保险人已死亡，则为被保险人的继承人）和第一受益人均享有起诉权。[2] 笔者赞同这种观点。从法理上讲，还贷保证保险，是对贷款银行和被保险人利益的双重保障。还贷保证保险，既包括保险公司向贷款银行承担的本应由被保险人承担的

---

〔1〕 参见北京市高级人民法院编：《审判前沿——新类型案件审判实务》2008年第6辑（总第24辑），法律出版社2008年版，第28页。

〔2〕 参见倪佳丽：《关于房屋贷款保证保险合同纠纷的若干法律问题探讨》，载谢宪主编：《保险法评论》（第4卷），法律出版社2012年版，第154页。

还款责任,又包括被保险人对贷款银行还贷责任的减免,即作为被保险人消极财产的债务减少或消灭,被保险人基于保险合同得到的此项权益具有金钱价值,属于财产范畴,在被保险人已经死亡的情况下,其基于保险合同获得的利益应归属房屋继承人。贷款银行既是保险合同约定的受益人,又是房屋抵押权人。保险事故发生后,既可以通过行使房屋抵押权,也可以通过行使保险金请求权实现自己的贷款权益。在保险公司未按照约定将保险赔偿金直接支付给贷款银行、贷款银行亦不行使独立诉权请求保险赔偿金的情况下,如果房屋继承人无权依据保险合同约定主张保险公司将保险金支付给贷款银行,那么被保险人基于保险合同获得的财产收益就不能为房屋继承人继承,被保险人的合同权益就不能真正实现,这不符合个人贷款抵押房屋综合保险对被保险人的保障目的和保险本身的应有之义。必须指出的是,在个人贷款抵押房屋综合保险中,被保险人指定贷款银行为受益人,是将保险合同项下的利益转让给贷款银行,并非保险合同的转让。且被保险人让渡的保险合同项下的利益仅仅是保险理赔请求权中的实体权利即保险金领取权,但理赔请求权中的程序性权利仍应由被保险人或其继承人享有。

从法律规定看,《民事诉讼法》第一百二十二条规定,提起诉讼的原告是与案件有直接利害关系的公民、法人和其他组织。故保证保险合同纠纷中,与系争保险合同有直接利害的公民、法人和其他组织依法享有诉权。保证保险合同记载的被保险人,约定的受益人即贷款银行均对保证保险纠纷有直接利害关系,具有起诉资格,是适格的原告。一些地方法院对此问题,已作了明确要求。如《浙江省高级人民法院关于审理财产保险合同纠纷案件若干问题的指导意见》第十五条规定,在财产保险合同中约定受益人条款的,发生保险合同纠纷,在受益人与被保险人非同一人的情形下,在被保险人未主张保险金请求权时,受益人可以作为原告向保险人主张权利。因此在财产保险约定受益人条款的,被保险人和受益人均具有保险金请求权。

从司法实践看,法院对被保险人、受益人拥有起诉权持肯定态度。

【案例 2－56】 郑甲、王某诉中国人民财产保险股份有限公司北京市昌平支公司及第三人中国建设银行股份有限公司北京市昌平支行保险合同纠纷案

一审法院认为,关于保险公司辩称原告郑甲、王某不是保险合同的受益人,不能作为原告,诉讼主体不适格的问题。因郑甲、王某是死者郑乙的直系亲属,二人与本案保险合同有直接利害关系,且在个人抵押商品住房综合保险中,银行作为受益人只是因为被保险人将保险合同项下的利益转让给银行,被保险人并非将保险合同转让给受益人,理赔请求权仍应由被保险人或其继承人享有。因此,作为被保险人郑乙之法定继承人的郑甲、王某享有诉讼主体资格。故对保险公司的此抗辩观点,法院不予采信。一审法院判决被告保险公司直接向第三人中国建设银行股份有限公司北京市昌平支行支付个人贷款抵押房屋综合保险项下保险赔偿金203,269.53元。[1]

在还贷保证保险中对受益人的正确理解十分重要。还贷保证保险属于财产保险,"受益人"系人身保险中的概念,"财产保险无受益人存在之必要,若被保险人与保险人约定于保险事故发生时,由第三人受领保险赔偿者,此第三人虽依一般用语亦可称为'受益人',但和保险法上所称之'受益人'性质不同。"[2]还贷保证保险中,被保险人指定第三人为受益人,系将保险合同项下的利益转让给第三人,而非保险合同转让。

【案例2-57】　黄某、沈某甲以被保险人意外死亡为由诉天安保险股份有限公司按照还贷保证保险合同约定还贷责任案

二审法院认为,本案系争合同的保险标的是房屋及相关利益,属于财产保险合同,故系争保险合同约定的"第一受益人"并非上述法律规定的受益人,相应保险金请求权仍应由被保险人享有。系争保险合同约定第一受益人为原审第三人,实质系双方当事人约定发生保险事故时,上诉人应将保险金支付给指定的第三方,即被保险人的债权人(原审第三人),但该合同并未约定同时将保险金的请求权一并转让,而《上海个人抵押住房综合保险条款》第十六条规定:发生还贷保证保险责任范围内的事故,被保险人申请赔偿时,应提供相应证明。该条款也已实际上明确了申请赔偿的权利由被保险人而非"第一受益人"享有,故原审第三人只能依据上诉人和被保险人的约定获得收取保险金的权利,并未获得合同权利上的保险金请求权,系争保险合同的保险金请求权仍由被保险人沈某乙享有,该请求权的内容系请求上诉人向原审第三人支付保险金。由于被保险人沈某乙已死亡,故其对保险金的请求权应由继承该项财产权利的人行使,故二审法院认为两被上诉人具有本案诉权。[3]

与此相关的是,个人住房抵押贷款综合保险合同的被保险人应当如何确定。对被保险人的确认,既事关保险人是否承担保险责任,又直接关系到何人有权行使保险金请求诉权问题。如个人住房抵押贷款综合保险合同约定了"主贷人",则"主贷人"为个人住房抵押贷款合同项下本保险合同的被保险人。如个人住房抵押贷款合同并未约定"主贷人",在此情况下应以个人住房抵押贷款合同的借

---

〔1〕 参见北京市高级人民法院编:《审判前沿——新类型案件审判实务》2010年第4集(总第34集),法律出版社2011年版,第18页。

〔2〕 参见江朝国:《保险法基本理论》,中国政法大学出版社2002年版,第115页。

〔3〕 参见最高人民法院中国应用法学研究所编:《人民法院案例选》2005年第3辑(总第53辑),人民法院出版社2006年版,第323页。

款人为被保险人。

【案例2-58】 孙某甲诉中华联合财产保险公司上海分公司财产保险合同纠纷案

一审法院认为,被告的保险合同条款中明确约定,借款合同的主贷人为保险合同的被保险人,这一条款是判断本案双方争议焦点,即被保险人主体问题时不得不考虑的重要因素。由于"主贷人"并非个人住房抵押借款合同的必备条款,故被告在保险合同条款中如此约定有欠妥当之处。若借款合同就"主贷人"问题作出了明确约定,可以由此确定被保险人。但本案在借款合同中并未明确"主贷人",合同条款和保险单发生了冲突,保险合同由此产生歧义。本案不能由于保险单中将原告定为被保险人,便推论原告即为"主贷人"。被告此一论点,逻辑上实难成立。孙某乙和原告作为共同借款人,彼此承担连带责任,无主从之分。原告认为孙某乙是主贷人,缺乏合同上的依据。事实上,原告和孙某乙在履行借款合同时,负有同等的义务,借款合同的债权人可向两者中的任何一人主张权利,原告和孙某乙的收入差异、姓名在借款合同中的排列次序等,对连带还款义务均无影响。原告虽未在借款合同中签章,但其对参与借款的事实并未否认,且对该合同亦未表异议,在本案审理过程中也认可其有效性,应视为原告对借款合同的追认。原告以其未签章为由,主张孙某乙是"主贷人"一说,亦难成立。判决保险公司给付原告贷款的一半即248,814.44元。[1]

(八)团体保险中的请求权主体

对于团体保险,其保险金请求权只能由被保险人(员工)或其指定的受益人行使,而不应由投保人(雇主)代为行使。

【案例2-59】 北京裕龙大酒店诉生命人寿保险股份有限公司北京分公司保险合同纠纷案

判决观点,本案中,团体保险服务协议已明确约定被保险人范围为北京裕龙大酒店聘用的员工及其认可的员工子女,故北京裕龙大酒店作为投保人起诉生命人寿保险股份有限公司北京分公司属诉讼主体不适格。[2]

---

〔1〕 参见最高人民法院中国应用法学研究所编:《人民法院案例选》2007年第3辑(总第61辑),人民法院出版社2008年版,第252页。

〔2〕 参见国家法官学院案例开发研究中心编:《中国法院2015年度案例》(保险纠纷),中国法制出版社2015年版,第217页。北京市海淀区人民法院(2013)海民初字第24948号民事判决书。

在团体意外伤害保险合同纠纷案件中，通常会涉及两个法律问题：一是被保险人身份认定，二是如何认定被保险人身份适格。

【案例 2－60】　华地设计院诉信达保险万州支公司保险合同纠纷案

二审法院认为，关于李某某是否系本案意外伤害保险合同中的被保险人的问题，首先，信达保险万州支公司的时任负责人黄某某、前台工作人员余某某证实，被保险人清单系信达保险万州支公司为应付上级公司检查，先由华地设计院在空白表格上盖章，再由信达保险万州支公司的前台工作人员所编造，且被保险人清单上的人员均与投保工地无关。因此，信达保险万州支公司不能以编造的被保险人清单否认李某某的被保险人身份。其次，李某某确系在华地设计院投保的工程从事建筑施工作业时意外死亡，认定李某某系本案意外伤害保险合同之适格被保险人，更符合本案意外伤害保险投保时的实际情况及建工险险种本身的性质。〔1〕

建筑工程团体意外伤害保险，一般难以从固定被保险人名册的方式上去确定被保险人，需要结合工程实际，合理并合法地确定被保险人。鉴于团体保险的特殊性，被保险人同意的意思表示应作相对宽松的认定。团体保险是一种总括性的合同，团体保险合同的效力并不能因为某些个别被保险人的团体成员资格存在错误陈述而受影响。如果某些成员资格存在错误陈述，它所涉及的仅仅是该成员属于团体保险的承保范围之内的问题，与保险合同的有效性无关。保险公司未在投保时要求投保人提供被保险人名单，发生保险事故后又以伤亡人员不是被保险人为由拒绝支付保险金的，应由保险公司对伤亡人员不是被保险人这一事实负举证责任，保险公司无法举证的，只要能够确认伤亡人员系涉案工程施工人员且在施工过程中发生保险事故导致伤亡的事实，即使无进一步的证据证明伤亡人员与投保人之间建立了劳动关系，也应当认定该伤亡人员属于被保险人。

【案例 2－61】　蒋某、刘某等诉百年人寿保险股份有限公司四川分公司意外伤害保险合同纠纷案

二审法院认为，本案中，四川明越建筑工程有限公司与百年人寿保险股份有限公司四川分公司签订保险合同，是双方真实意思表示，未违反法律规定，保险合同成立生效。虽然保险条款约定的投保范围是"凡年满 16 周岁至 60 周岁、能够正常工作或劳动，在建筑工地施工现场从事管理和作业并与施工企业建立合法劳动关系的人员"，但百年人寿保险股份有限公司四川分公司在四川明越建筑工程有限公司投保时，未要求四川明越建筑工程有限公司

〔1〕　参见国家法官学院案例开发研究中心编：《中国法院 2019 年度案例》（保险合同纠纷），中国法制出版社 2019 年版，第 154 页。重庆市第二中级人民法院（2017）渝 02 民终 150 号民事判决书。

提供50名被保险人名册，是百年人寿保险股份有限公司四川分公司对风险的管理和控制问题，是其对自己民事权利的处分。结合保险合同，保险费是按建筑工程施工面积来收取的，可见建立保险合同关系时被保险人是不确定的，只要符合保险合同约定即可。《百年建筑工程团体意外伤害保险B款》第二条约定："……在建筑工地施工现场从事管理和作业并与施工企业建立合法劳动关系的人员，可作为被保险人……"对其中劳动关系的理解，保险公司认为应当是劳动关系或事实劳动关系，蒋某、刘某、郑小乙、郑小甲则认为对该工程进行了施工即可，双方对此理解有争议，而该保险条款的释义条款并未对"劳动关系"的概念作出解释，根据不利解释原则，此处的劳动关系不应限缩理解为劳动合同关系或事实劳动关系，而应指广义的劳动施工事实关系。且本案所涉及的建筑工程施工人员团体意外伤害保险，通常理解为对工程施工人员受到的意外伤害进行赔偿，该保险的保险风险来自建筑工程施工。而死者郑某是案涉工地的施工人员，劳动成果归于该工程，后也是在施工中意外受伤导致死亡，符合该保险合同约定的被保险人范围。综上，原审判决认定事实清楚，适用法律正确。据此，二审法院判决：驳回上诉，维持原判。[1]

（九）胎儿赔偿时的请求权主体

《民法典》第十六条明确规定："涉及遗产继承、接受赠与等胎儿利益保护的，胎儿视为具有民事权利能力。但是，胎儿娩出时为死体的，其民事权利能力自始不存在。"该条没有明确胎儿是否享有损害赔偿请求权，但该条规定在文字表述上使用了一个"等"字。其立法的本意是留待司法实践中，由法官根据案件实际情况，从儿童最大利益原则角度考虑，处理具体问题。原《民法总则》第十六条亦作了同样规定。

【案例2-62】 鄂尔多斯市舜龙物流有限责任公司诉中国太平洋财产保险股份有限公司淮南中心支公司保险合同纠纷案

二审法院认为，儿童最大利益原则已逐渐成为社会共识。与其他的法定继承人或者被扶养人相比，遗腹子出生后的被抚养利益，更应该受到"特殊保护"。上述原则在《未成年保护法》《继承法》等相关法律中均有体现。《民法

---

〔1〕 参见国家法官学院、最高人民法院案例研究院编：《中国法院2020年度案例》（保险纠纷），中国法制出版社2020年版，第138页。四川省南通市中级人民法院（2018）川13民终1524号民事判决书。

总则》第十六条规定涉及遗产继承、接受赠与等胎儿利益保护的,胎儿视为具有民事权利能力。但是胎儿娩出时为死体的,其民事权利能力自始不存在。《民法总则》虽然在本案审结之时尚未正式实施,但立法理念应得到贯彻。因此,从儿童最大利益原则出发,在死亡赔偿金的认定和分配过程中,应当保护遗腹子的利益。中国太平洋财产保险股份有限公司淮南中心支公司上诉主张,案涉交通事故发生时以及达成赔偿协议时受害人的遗腹子聂乙并未出生,尚不属于法定意义上的"自然人",不具有民事权利能力,不应计算其抚养费,不予支持。据此,驳回上诉,维持原判。[1]

(十)机动车租期届满后交通事故责任主体

机动车所有人在租期届满后而未及时收回租赁车辆时,应当及时采取合同约定的管理方法或者采取报案、备案等公力救济方法对租赁车辆进行有效管理、控制。在机动车所有人系专业性、营利性汽车租赁公司时,其所负有的管理注意义务高于一般非营利性机动车所有人。机动车所有人未尽上述管理注意义务的,不能保证"车"及"人"具有相应性能、能力的,应当认定机动车所有人、管理人对交通事故发生具有一定过错,应为承担交通事故责任主体。

(十一)出租车发生意外伤害时乘客的请求权主体资格

乘客乘坐出租车发生交通事故,可以获得相应的乘客意外伤害保险的保障,具有保险金的请求权。

【案例 2-63】 沈某诉上海海博出租汽车有限公司、中国人寿保险股份有限公司上海市分公司等意外伤害保险合同纠纷案

一审法院认为,系争保险合同主要涉及意外伤害残疾保险金、医疗费用、补偿费用三项。关于身体残疾保险金和医疗费用,系争保险既包括伤残赔偿金等人身保险,也包括医疗费、误工费等财产保险,属于综合性保险。按照《保险法》的规定,财产保险以填补损失为原则,通过其他途径获得赔偿的,不再重复赔偿;人身保险则以人的寿命和身体为保险标的,在获得韩某某赔

[1] 参见国家法官学院案例开发研究中心编:《中国法院 2019 年度案例》(保险合同纠纷),中国法制出版社 2019 年版,第 241～242 页。安徽省淮南市中级人民法院(2017)皖 04 民终 742 号民事判决书。

偿后，原告可以继续依法要求中国人寿保险股份有限公司上海市分公司（以下简称人寿保险公司）赔付。关于保险金中的补偿费用，虽然理赔细则未明确无责赔付比例，也未约定无责免赔，但从合同约定驾驶员承担事故责任比例从次责至全责保险人由低到高承担相应比例来看，该约定主要是对驾驶员未起到安全驾驶的行为进行惩罚，合同约定驾驶员承担次责的被告人寿保险公司应承担95%的赔付责任，而本次事故中，出租车驾驶员已尽到谨慎驾驶义务，在事故中不承担责任，被告人寿保险公司反而主张不承担赔付责任，显然不能达到当初的保险合同缔约目的，失去了乘客意外伤害保险的保障作用。二审法院亦持同样意见，维持一审判决。[1]

---

〔1〕 参见国家法官学院案例开发研究中心编：《中国法院2017年度案例》（保险纠纷），中国法制出版社2017年版，第237页。上海市第一中级人民法院（2015）沪一中民六（商）终字第533号民事判决书。

三、保险合同主体纠纷处理

(一)交通事故中第三者

交通事故中第三者,是机动车辆商业第三者险、交强险的受害人。一般认为,广义的受害人是指因交通事故而遭受损害的一切主体,不仅包括因事故受害的第三人,也包括本车人员和被保险人;狭义的受害人是指除本车人员外的受害第三人,如《交强险条例》第三条规定:"本条例所称机动车交通事故责任强制保险,是指由保险公司对被保险机动车发生道路交通事故造成本车人员、被保险人以外的受害人的人身伤亡、财产损失,在责任限额内予以赔偿的强制性责任保险"。第三者的范围和判断问题,是理论和实践中的一个争议焦点。

1. 交通事故中第三者范围界定

商业第三者险、交强险中的第三者的认定一直就是备受关注的问题。长期以来,保险理论界和司法实务界一直存有"大三者"(包括本车乘客)和"小三者"(不包括本车乘客)两种不同说法。

《道路交通安全法》第七十六条规定:"机动车发生交通事故造成人身伤亡、财产损失的,由保险公司在机动车第三者责任强制保险责任限额范围内予以赔偿。"该条规定将重心和侧重点落在了"责任限额范围内",回避了对"第三者"范围的界定。《交强险条例》第二十一条规定:"被保险机动车发生道路交通事故造成本车人员、被保险人以外的受害人人身伤亡、财产损失的,由保险公司依法在机动车交通事故责任强制保险责任限额范围内予以赔偿。"该规定间接地对受害第三者范围做了界定,即受害第三者指的是被保险车辆本车人员、被保险人以外的受害人。

对于第三者的界定,截至目前在法律层面上并没有明确规定,且在不同国家、地区,甚至在保险业内部都有较大差别。根据《保险法》第六十五条第一款规定:"保险人对责任保险的被保险人给第三者造成的损害,可以依照法律的规定或者合同的约定,直接向该第三者赔偿保险金。"确认第三者的范围的依据有两个,一是保险合同的约定,由双方当事人的意思自治产生。二是法律的直接规定,即带有强制性。第三者范围是一个开放性范围，即第三者是一个不确定性的人群，但损害是由被保险人造成的，而非他人造成的。第三者的损害可以是人身伤亡，也可以是财产的损失。应注意的是，商业险限制条款中第三者的范围大于交强险。

在实践中，第三者是指不属于保险合同任何一方的人。按照通常的理解和国际通行的保险理念，第三者责任险和交强险中的第三者，是指订立保险合同的双方当事人即保险人、被保险人（包括被保险车辆上的人员）以外所有的人。该第三者在事故发生前处于不确定状态，是个不特定的主体。只有发生意外事故造成他人损害后，这个第三者才被具体化和特定化为因事故受损的受害人。但并非所有意外事故中的受害者都可以成为商业三者险、交强险中的第三者，因为第三者责任险是相对于被保险人的“赔偿责任”产生的，只有被保险人依法应对其承担责任的受害人才是此处所指的第三者。第三者能否排除被保险人的近亲属，是有争议的问题。

【案例2－64】 杨某某诉中国平安财产保险股份有限公司天津市宝坻支公司保险合同纠纷案

一审法院认为，原告杨某某驾驶车将院墙撞倒后致其母亲死亡，此次交通事故的发生纯属偶然。原告的母亲作为涉案交通事故的受害者，与通常情况下与交通事故肇事者无直系血亲或其他亲属关系的第三者并无不同。在现有法律、法规没有明确规定的情况下，涉案机动车辆第三者责任险保险合同的格式化免责条款将被保险人或被保险车辆驾驶人员的家庭成员排除在外，属人为故意缩小第三者范围。二审法院亦持同样意见。[1]

【案例2－65】 杨某甲等诉中财保险惠阳支公司等财产保险合同纠纷案

二审法院均认定杨某甲是侵权人，受害人杨某乙为杨某甲、何某某的女儿，但杨某乙仍为第三者。[2]

根据《交强险条例》规定，第三者的范围是指本车人员、被保险人以外的受害人，第三者是不是家庭成员在所不问，家庭成员可以成为交强险的受偿主体。也就是说，保险车辆致家庭成员人身损害的，其家庭成员可以划入第三者范围。对丈夫驾车致妻子受伤的，仍应认定妻子为交强险第三者。

【案例2－66】 徐某诉中国人民财产保险股份有限公司南通市通州支公司保险合同纠纷案

判决观点，关于第三者的范围，保险条款第三条并未将被保险人和被保

---

〔1〕 参见《最高人民法院公报》2007年第11期。

〔2〕 参见李艳等：《家庭成员间交通事故案中第三者的认定》，载《人民法院报》2013年9月5日，第6版。

险车辆本车驾驶员的家庭成员排除在第三者之外,我国现行法律法规亦无这样的规定。原告徐某与受害人李某某虽为夫妻关系,但系不同的民事主体,法律并未规定夫妻一方致另一方人身伤害的,可免除侵权人的赔偿责任。本案原告徐某已对李某某进行了赔偿,根据保险合同其可向被告人中国人民财产保险股份有限公司南通市通州支公司(以下简称通州支公司)请求支付赔偿金。本案保险条款第五条关于保险人对保险车辆造成被保险人家庭成员伤亡和财产损失不负赔偿责任的约定,免除了保险人的法定义务,与第三者责任险设立宗旨不符,属无效条款,故通州支公司应当对李某某的人身损害进行赔偿。[1]

【案例 2 -67】　胡某某、邢某甲诉邢某乙、中国大地财产保险股份有限公司佛山中心支公司纠纷案

一审法院认为,机动车第三者责任保险中的"第三者"包括被保险机动车本车驾驶人的家庭成员,保险公司应该按照保险条款第四条的规定,向原告承担保险责任。二审调解结案。[2]

在责任保险中,被保险人不能转化为第三者。同一被保险人的不同车辆相撞发生事故时,由于被保险人不能成为自己的侵权主体,构成责任基础的侵权法律关系不存在,故其不能作为本车的机动车责任保险受害人向保险人请求赔偿,因被保险的机动车事故而遭受的被保险人身或财产损失。即第三者责任险被保险人不能纳入机动车责任保险的第三者范围内获得赔偿。

【案例 2 -68】　陈某某诉中国太平洋财产保险股份有限公司广州市番禺支公司机动车交通事故责任纠纷案

判决观点,第三者责任险的性质属责任保险,即保险人的赔偿责任以被保险人应负的赔偿责任为基础。因为被保险人不能成为自己的侵权人,也就是构成责任事故基础的侵权法律关系不存在,所以,因被保险的机动车事故导致的被保险人人身或财产损失,被保险人不能作为本车的机动车责任保险受害人向保险人请求赔偿,否则就违反了责任保险的最基本原则。在同一个责任保险事故中,被保险人不能成为第三者。被保险人人身伤亡或者财物损失风险可以通过人身意外险或者其他的非责任保险予以化解。因此本案交强险条款和第三者责任保险条款约定的第三者不包括被保险人,没有违反法

---

〔1〕 参见国家法官学院案例开发研究中心编:《中国法院 2015 年度案例》(保险纠纷),中国法制出版社 2015 年版,第 139 页。江苏省南通市通州区人民法院(2013)通商初字第 0784 号民事判决书。

〔2〕 参见最高人民法院中国应用法学研究所编:《人民法院案例选》2014 年第 4 辑(总第 90 辑),人民法院出版社 2016 年版,第 187 页。广东省佛山市中级人民法院(2013)佛中法民一终字第 1764 号民事调解书。

律规定,对双方具有约束力。原告就其临牌粤D×××小型越野客车受损的维修费以及其他损失向保险公司索赔,缺乏合同和法律依据,法院不予支持。[1]

《道路交通损害赔偿解释》第十四条规定:“投保人允许的驾驶人驾驶机动车致使投保人遭受损害,当事人请求承保交强险的保险公司在责任限额范围内予以赔偿的,人民法院应予支持,但投保人为本车上人员的除外。”该条规定的主要目的是解决投保人在特定情况下能否纳入第三者范围的问题。在交强险中,如果本车实际驾驶人不是投保人(如投保人允许的合法驾驶人),被保险人就不是投保人而是本车实际驾驶人,投保人与其他普通第三人一样,对机动车的危险失去控制力,当然也可以成为“交强险”赔偿的受害人。[2] 根据《交强险条例》第三条、第四十二条规定,交强险中的被保险人区分为记名和无记名的两种类型。记名被保险人即为投保人,无记名的被保险人为其允许的驾驶人。现行交强险制度是以机动车为基准,而不是以人为基准,所以被保险人范围除投保人之外,还包括其允许的驾驶人,因而出现投保人与本车实际驾驶人相分离的情形。在发生的交通事故中,被保险人只能是投保人本人或者其允许的驾驶人之一,即《交强险条例》第四十二条规定的两类人中只能出现一种,而不能同时出现。也就是说,交强险中所谓的“被保险人”,是需要特定化的概念,只有在交通事故发生时才能确定。因此,投保人允许的合法驾驶人驾驶机动车造成非本车上人员损害时,被保险人为投保人允许的合法驾驶人而非投保人,投保人此时与其他人一样,处于第三人的地位,交强险应予赔偿。[3]

应该看到,《道路交通损害赔偿解释》只用一个条文对第三者的范围作了规定,因而不能涵盖特殊情形,也不能明确第三者的范围。实践中的特殊情形众多,比如,车上人员下车休息时被驾驶员撞死等,根据交强险目的和对危险控制力,宜应将其认定为第三者。在车辆处于静止状态且驾驶员离车的情况下,是可以将驾驶员排除在车内人员和被保险人范围之外,此时的驾驶员不属于《交强险条例》第三条规定的除外情形,可以获得本车交强险的赔付。

【案例2-69】 邹某某等诉祝某某等道路交通事故人身损害赔偿案

二审法院认为,被上诉人邹某某虽然是A牌号车的驾驶员,但在交通事

---

〔1〕 参见国家法官学院案例开发研究中心编:《中国法院2017年度案例》(保险纠纷),中国法制出版社2017年版,第20页。广东省广州市南沙区人民法院(2014)民二初字第395号民事判决书。

〔2〕 参见最高人民法院民事审判第一庭编著:《最高人民法院关于道路交通损害赔偿司法解释理解与适用》,人民法院出版社2012年版,第227页。

〔3〕 参见最高人民法院民事审判第一庭编著:《最高人民法院关于道路交通损害赔偿司法解释理解与适用》,人民法院出版社2012年版,第227页。

故发生时，其并未在A牌号车驾驶座位上驾驶车辆，而是在车下与送行人员话别时受伤，其身份已由车上人员、被保险人身份转化为车下第三者，符合交强险中的第三者情形。[1]

实践中，通常认为以下人员不能构成第三者：

同一被保险人的不同车辆相撞发生事故时，受损害一方不能构成相对的第三者。最高人民法院法官认为，因为被保险人不能成为自己的侵权人，也就是构成责任保险事故基础的侵权法律关系并不存在，所以，因被保险的机动车事故导致的被保险人人身或者财产损失，不能作为本车的机动车责任保险受害人向保险人请求赔偿，否则就违反了责任保险的最基本原则。在同一个责任保险事故中，被保险人不能成为第三者。被保险人的人身伤亡或者财物损失风险可以通过人身意外险或者是其他的非责任保险予以化解。[2]

实施侵权行为的被保险人，不属于其所有的被侵害车辆的第三者。

【案例2－70】　物流公司诉人保财险公司财产保险合同纠纷案

判决观点，本案系财产保险合同纠纷案件。庭审时，原告明确请求被告承担赔偿责任的基础是其为A车投保的交强险、商业三者险。因交强险、商业三者险均为责任保险，依照《保险法》第六十五条第四款的规定，本案被告进行保险赔付须以原告依法应对第三者承担赔偿责任为前提，无赔偿责任则无保险赔付。根据侵权法基本原理，任何侵权行为的行为人不能成为该类侵权案件的受害人，当侵权行为因此而受到损害时，应基于其他理由(如劳动安全)请求赔偿，通过人身意外险或者其他非责任保险予以化解。换言之，在一般侵权行为中，侵权行为人不能要求自己对自己的损害承担赔偿责任。也就是说，依照保险法对责任保险的定义并结合保险合同对保险责任的约定，实施一般情况侵权行为的原告自身不能成为该侵权行为所侵害的第三者。在本案中，陈某、苏某均为原告正在执行工作任务的员工，执行法人和非法人组织工作任务的人员，就其职权范围内的事项，以法人和非法人组织的名义实施民事法律行为，对法人和非法人组织发生效力。用人单位的工作人员因执行工作任务造成他人损害的，由用人单位承担侵权责任。本案交通事故的直接侵权人为原告，C号车、“D挂”号挂车因本案交通事故所产生的车辆维修费、施救费、吊车费等财产损失的权利人为原告。综上所述，原告不能成为该部分损失请求自己承担赔偿责任，原告该部分诉请缺乏事实和法律依据，法

---

〔1〕 参见国家法官学院案例开发研究中心编：《中国法院2013年度案例》(道路交通纠纷)，中国法制出版社2013年版，第208页。

〔2〕 参见最高人民法院保险法司法解释起草小组编著：《〈中华人民共和国保险法〉保险合同章条文理解与适用》，中国法制出版社2010年版，第431页。

院不予支持。至于730元的公路路产损失,其权利人为怀集县公路局,原告依法应承担赔偿责任,该部分损失属于保险责任范围且不构成责任免除,被告依法应在交强险及商业三者险范围内予以赔付。判决:(1)被告人保财险佛山公司赔偿原告物流公司730元;(2)驳回原告物流公司的其他诉讼请求。[1]

实践中,同一被保险人投保的车辆之间发生事故的亦有将被保险人认定为第三者的案例。

【案例2－71】 吉林森林工业股份有限公司北京分公司诉信达财产保险股份有限公司北京分公司保险合同纠纷案

一审法院认为,原告驾驶员战某某驾驶京AH4969车辆在倒车时与原告公司驾驶员刘某某驾驶的京AH5109车辆发生碰撞,造成京AH5109车辆前部损坏。此时交通事故的发生纯属偶然。原告所有的另一辆投保车辆京AH5109作为受害方,与通常情况下第三者车辆并无不同。在现有法律法规没有明确规定的情况下,涉案机动车三者险保险合同的相关格式化免责条款将被保险人所有的其他车辆排除在外,属人为缩小第三者的范围。二审法院亦持此观点,维持原判。[2] 本案中虽然机动车所有人同为原告公司,但加害方与受害方不同,导致原告公司同时具有两种身份,从保护不特定的第三者利益出发,可认定受害方为第三者。

关于车辆驾驶员是否可以作为商业三者险第三者的问题,如果驾驶人同时又是被保险人,就不能成为本车的第三者。如果驾驶人不是被保险人,需要根据把驾驶人排除在第三者之外的合同约定是否产生效力区别对待。最高人民法院法官认为,如果该约定有效,则驾驶人即使符合第三者的全部特征,也不能作为本车商业三者险的第三者。如果约定不产生效力,驾驶人在事故发生时又符合第三者的特征,即可以作为本车商业三者险的第三者。[3]

关于拼车中的搭车人员能否成为第三者的问题,当今社会存在拼车现象,在拼车关系中,一般情况下搭车人都属于"本车人员"的范畴,因此无法通过交强险或者商业第三者险得到赔偿。在所拼车辆与其他车辆发生交通事故时,搭车人所

---

〔1〕 参见国家法官学院、最高人民法院司法案例研究院编:《中国法院2022年度案例》(保险纠纷),中国法制出版社2022年版,第69～70页。广东省佛山市三水区人民法院(2021)粤0607民初536号民事判决书。

〔2〕 参见国家法官学院案例开发研究中心编:《中国法院2013年度案例》(保险纠纷),中国法制出版社2013年版,第79页。

〔3〕 参见最高人民法院保险法司法解释起草小组编著:《〈中华人民共和国保险法〉保险合同章条文理解与适用》,中国法制出版社2010年版,第432页。

受的伤害属于其他车辆投保的交强险或商业第三者险的赔偿范围。

【案例2－72】 丽某家属诉保险公司保险合同纠纷案

2008年12月14日，陈某与王某同约各自女友黄某、丽某，共乘轿车出去游玩，陈某当司机。可是刚驶出市区，陈某所驾车辆就越过道路中心实线撞向对面人行道上的街道大树，丽某被抛出车外，当场死亡。经交警大队认定，陈某承担事故的全部责任。丽某父母起诉陈某、保险公司。法院认为，经过现场勘查和调查取证，陈某承担此事故的全部责任，伤者黄某、王某和丽某不承担此事故的责任。另因丽某系车内乘客，不属于第三者责任险承保范围，而应按乘客险即商业保险合同寻求赔偿，故法院不支持丽某家属对保险公司的诉讼请求。法院判决陈某赔偿丽某家属59.65万元。[1]

2.交通事故中第三者判断与转化

对交通事故中第三者的判断标准，现行法律和司法解释没有明确规定。有学者提出四点判断标准，即时间点、空间位置、近因原则、致损害发生的情形。[2] 一般认为，判断因保险车辆发生意外事故而受害的人属于第三者还是车上人员，应以事故发生时受害人所处的位置，即以该人在事故发生当时这一特定的时间是否身处保险车上来界定。如果车上人员和驾驶人均离开保险车辆明显不属于车上人员，应属于第三者的范畴。也就是说，因保险车辆发生意外交通事故而受害的人在交通事故发生当时在车上即为车上人员，在车下即为第三者。这里讲的交通事故发生时，是指一个时间点，即受害人伤亡或死亡的瞬间，并非事故危险发生的那一瞬间，也不是从事故危险发生时到损害结果出现的时间段。同时，由于机动车辆是一种交通工具，任何人都不可能永久地置身于机动车辆之上，故机动车辆保险合同中所涉及的第三者和车上人员均为在特定时空条件下的临时性身份，即第三者与车上人员均不是永久的、固定不变的身份，二者可以因特定时空条件的变化而转化。

【案例2－73】 新余市赣顺汽车运输服务有限公司诉中国人民财产保险股份有限公司新干支公司保险合同纠纷案

判决观点，本案交通事故发生瞬间，乘车人徐某和驾驶人均离开保险车辆，明显不属于“车上人员”，故本案两个伤亡人员应当是本案保险的第三者，应属第三者责任险范畴。综上，原告提出的诉讼请求均于法有据，法院应

---

〔1〕 参见安凤德主编：《道路交通纠纷诉讼指引与实务解答》，法律出版社2013年版，第189页。

〔2〕 参见熊进光：《被保险车辆“车上人员”之第三者身份的转化——兼评〈关于审理道路交通事故损害赔偿案件适用法律若干问题的解释（征求意见稿）〉第5条》，载《法学杂志》2013年第1期。

予以支持。[1]

【案例2-74】 李某、刘甲诉华安财产保险股份有限公司黑龙江分公司哈尔滨中心支公司保险合同纠纷案

二审法院认为,具体到本案中,关于刘乙是否属于交强险"第三者"的问题,应以发生事故时即受害人遭受损失的当时身体所处位置为依据,结合受害人因事故所损害的原因来加以分析。在该案中,刘乙在下车作业之前是驾驶员身份,属于"车上人员"。其在车辆停止以后、下车作业时发生了交通事故,事故发生时受害人刘乙已经离开车辆,在做与驾驶无关的事情,已经不属于"车上人员",应认定为"第三者"。华安财险公司主张刘乙作为被保险人和机动车驾驶人,不属于机动车交通事故责任强制保险和机动车第三者责任险中的第三人,华安财险公司不应承担本车交强险的保险责任,依据不足,不予支持。华安财险公司的上诉请求不能成立,应予驳回;一审判决认定事实清楚,适用法律正确,应予维持。[2]

应注意的是,如果受害人被甩出车后或紧急情况下跳车而受到损害的,应区分两种情况来判断其是否转化为第三者,如果被保险车辆仍处于行驶状态而撞击、碾压或以其他方式接触受害人的,应认定受害人转化为第三者;反之,被保险车辆处于事故状态(侧倾、翻滚、坠落、与另外机动车碰撞等)撞击、碾压或以其他方式接触受害人的,因是交通事故的连续状态,受害人在事故发生时车上人员的性质未改变,则不应认定其转化为第三者。受害人被甩出后或紧急情况下跳车受到损害的,没有其他因素介入则不符合转化条件,则不能认定转化为第三者,不能仅以损害结果是否发生于车下作为唯一认定依据。实践中对后种情况,有的法院以紧急避险跳车自救行为而认定受害人构成第三者,如王某某诉周口市通顺汽车运输有限公司等机动车交通事故责任案。[3]

对保险车辆驾驶员在出险时能否向第三者转化,是司法实践中极有争议的问题。笔者认为,不能简单从字面含义来理解驾驶员,并不是持有驾驶证并驾驶汽车的均能视为驾驶员。对车辆驾驶员和第三者身份的确定,主要应依照其在事故发生时对车辆的操作和控制状况来进行。保险车辆出险时,驾驶员已停止驾驶行为,在车外遭受人身伤害的,应认定驾驶员已向第三者转化,受第三者责任险

---

[1] 参见国家法官学院案例开发研究中心编:《中国法院2012年度案例》(保险纠纷),中国法制出版社2012年版,第121页。

[2] 参见国家法官学院、最高人民法院案例研究院编:《中国法院2020年度案例》(保险纠纷),中国法制出版社2020年版,第13页。黑龙江省哈尔滨市中级人民法院(2018)黑01民终7608号民事判决书。

[3] 参见国家法官学院案例开发研究中心编:《中国法院2013年度案例》(道路交通纠纷),中国法制出版社2013年版,第229页。

保护。

【案例2－75】　温某某与中华联合财产保险股份有限公司梅州中心支公司财产保险合同纠纷案

二审法院认为，鉴于本案交通事故发生时，被保险车辆的驾驶员吴某某已停止驾驶行为并走到车外遭刮碰而最终死亡，对其发生交通事故时的身份应认定为第三者而非驾驶员较为合理。〔1〕

【案例2－76】　刘某甲等诉人保财险邯山支公司等机动车交通事故责任纠纷案

判决观点，被告刘某乙雇用的司机曹某某在停车后下车检查车辆时，因车辆发生滑动而被碾压致死，经鹤壁市公安局交巡警支队认定曹某某负事故的全部责任，故本案应为交通事故人身损害赔偿纠纷。曹某某驾驶车辆虽属车上人员，但在发生事故时，曹某某已离开车体，已停止了该车辆的操作和控制，在做与驾驶无关的事情，虽然他未将车辆停放好，但只是违反了机动车操作规范，实际上他已失去了对车辆的控制，此种情况下，其身份已转化为第三者。〔2〕

【案例2－77】　张某某诉中国人民财产保险股份有限公司新疆维吾尔自治区分公司保险合同纠纷案

二审法院认为，本案中常某既非投保人，也非被保险人，更非保险人，且发生意外事故时常某在保险车辆下，符合第三者的条件，故常某应当属于第三者。保险条款所称驾驶员是指意外事故发生时使用保险车辆的驾驶员，而本案常某虽是张某某雇用的驾驶员，但发生事故时常某并非使用保险车辆的驾驶员，故该免责条款并不适用本案。〔3〕

实践中，亦有驾驶员因下车修车发生事故而不被认为第三者的实例。

【案例2－78】　中国太平洋财产保险有限公司济宁支公司申请撤销仲裁裁决案

仲裁庭认为，《交强险条例》第三条所规定的除外范围应包括下车后履行修车义务的驾驶员，即在行车过程中，驾驶员的身份不因其下车修车而发

---

〔1〕　参见最高人民法院中国应用法学研究所编著：《人民法院案例选》（月版）2009年第6辑（总第6辑），中国法制出版社2009年版，第7页。

〔2〕　参见赵同彪：《司机下车检修车辆时被碾轧致死应为交通事故中的"第三者"》，载《人民法院报》2012年8月9日，第6版。

〔3〕　参见最高人民法院中国应用法学研究所编：《人民法院案例选》2005年第3辑（总第53辑），人民法院出版社2006年版，第306页。

生改变,不属于交强险第三人范围,其损失不应得到交强险的赔付。〔1〕

关于车上人员转化为第三者问题,实践中有两种不同观点,一种观点是可以转化为第三者,另一种观点是不可以转化为第三者。最高人民法院于2008年7月公布了车上人员转化为第三者的公报案例。

【案例2-79】 郑某某诉徐某某、中国人民财产保险股份有限公司长兴支公司道路交通事故人身损害赔偿纠纷案

一审法院认为,在涉案交通事故发生之前,原告是浙EB1662车上的乘客,属于车上人员,但原告先是因车辆失控被甩出车外,落地后被该车碾压致伤,涉案交通事故发生时原告已经置身于浙EB1662车之下,根据上述事实,可以认定原告属于"因保险车辆发生意外事故遭受人身损害的保险车辆下的受害者",即在涉案交通事故发生时,原告已经由"车上人员"(乘客)转化为"第三者"。二审法院认为,郑某某在涉案交通事故发生时已经从车上人员转化为第三者。不论郑某某是被动地从涉案保险车辆上"甩出"还是主动从该车上离开,均不能改变在涉案交通事故发生时郑某某已经不在涉案保险车辆之上的事实,不影响其第三者身份。〔2〕

实践中,也不乏认定车上人员跳车被本车致害不能转化为第三者的案例。

【案例2-80】 段某某诉中国人民财产保险股份有限公司重庆市高新技术产业开发区营业部保险合同纠纷案

二审法院认为,本案中蒋某某跳车与车轮碾压相伴而生,其跳车与损害发生均是本案事故不可割裂的环节。本车人员在特殊形态下因被保险机动车发生道路交通事故遭受人身伤亡、财产损失,把此种情况下的本车人员纳入第三者的赔偿范围,有悖于机动车交通事故责任强制保险设立目的,也没有明确的法律依据。故不能将蒋某某视为本案所涉机动车交通事故责任强制保险中的被保险机动车外的人员,不应将其作为本案所涉机动车交通事故责任强制保险限额赔偿范围内的理赔对象。据此,二审法院撤销一审判决,驳回段某某的诉讼请求。〔3〕

---

〔1〕 参见屈庆东、孙冰:《法院认为需要重新仲裁,可裁定中止撤销程序》,载《人民司法·案例》2008年第2期。

〔2〕 参见《最高人民法院公报》2008年第7期。

〔3〕 参见国家法官学院案例开发研究中心编:《中国法院2019年度案例》(保险纠纷),中国法制出版社2019年版,第3页。重庆市第二中级人民法院(2017)渝02民终133号民事判决书。

【案例2-81】　吉安市金辉物流有限公司、康某诉中国人民财产保险股份有限公司安福支公司财产保险合同纠纷案

二审法院认为,本案中,康某驾驶重型货车在下坡时,刹车失灵,导致乘车人周某某跳车受伤身亡。受害人周某某在跳车前,车辆刹车已经失灵,驾驶人无法自主控制车辆,现实、即刻的危险已经产生、存在,周某某为了躲避该危险才跳离车辆。故在本案的保险事故中,周某某应当认定为车上人员,不属于交强险及第三者责任险的赔偿范围,上诉人的上诉没有事实与法律依据,二审法院不予支持。[1]

随着此类纠纷的不断增多,最高人民法院的态度有了变化。最高人民法院在《民事审判指导与参考》刊登的案例中,表明了态度。

【案例2-82】　张某亲属诉保险公司保险合同纠纷案

张某乘坐李某驾驶的汽车行驶在山路上,在经过一处急转弯道路时,车辆发生险情,张某打开车门跳出车外,以求避险,但该车已经失去了平衡,向张某着地方向翻滚,将张某当场轧死。事故发生后,张某亲属要求该事故车辆的保险人某保险公司在机动车第三者责任强制保险限额范围内对张某遭受人身伤亡的损害予以赔偿,但该保险公司以张某为车上人员为由拒赔,张某亲属诉至法院,要求该保险公司依法承担保险理赔责任。一审法院认为,张某跳车身份发生变化,被事故车辆轧死,应视为第三者。二审法院认为,张某跳车时,被保险车辆处在事故的进行状态中,张某仍是车上人员,不能成为被保险车辆以外的第三者。张某的死亡损失不属于机动车第三者责任强制保险限额赔偿范围。判决驳回张某的亲属要求保险公司理赔的诉讼请求。[2]

最高人民法院民一庭倾向性认为,当被保险车辆发生交通事故时,如本车人员脱离了被保险车辆,不能视其为机动车第三者责任强制保险中的第三者,不应将其作为机动车第三者责任强制保险限额赔偿范围的理赔对象。[3]　在《道路交通损害赔偿解释》解读中,最高人民法院认为,车上人员与车外人员的区别是比较固定的,因交通事故的撞击等原因导致车上人员脱离本车的,不存在转化为第三

〔1〕　参见国家法官学院案例开发研究中心编:《中国法院2017年度案例》(保险纠纷),中国法制出版社2017年版,第3页。江西省吉安市中级人民法院(2016)赣08民终129号民事判决书。

〔2〕　参见最高人民法院民事审判第一庭编:《民事审判指导与参考》2010年第3集(总第43集),法律出版社2011年版,第139页。

〔3〕　参见最高人民法院民事审判第一庭编:《民事审判指导与参考》2010年第3集(总第43集),法律出版社2011年版,第142页。

人的问题，上述人员仍属车上人员，不应由交强险赔偿。[1] 对于驾驶人下车查看车辆状况被碾压致死的，在现有法律规定下，这种情况下的驾驶人不属于第三者。[2] 也就是说，车辆驾驶员不能转化为第三者。从驾驶员支配和控制机动车的作用和职责角度看，即使因其检查车辆状况等停车后行至车外，其仍负支配和控制该机动车的义务，不能因暂时与机动车运行在空间上的隔离，而认为其已经不是本车人员而转化为第三者。

被保险车辆车上人员在甩出车外，遭受本车之外其他车辆伤害的，无疑构成其他车辆的第三者，而有争议的是在受到本车伤害时，车上人员之第三者身份之转化问题，对此学界和司法实务界的争论和探讨正不断深入。有法官认为，交强险排除本车人员和被保险人，未能充分体现交强险的社会保障功能。在交通事故中，车内的人员都可能是受害者，但是，我国现行法律法规仅将交通事故受害人限定在车外受害的第三人，将车上人员和被保险人（包括车内驾驶员）都排除在交强险的保障范围之外，这显然不能完全弥补各方受害者在交通事故中遭受的损失，应当实现对受害者的真正保护，体现交强险制度赔偿损害、弥补损失的人性化关怀。实践中，许多地方法院对交强险中的第三人进行扩大了解释，将被保险人驾驶员以外的本车人员在特定时空条件下纳入交强险第三人范围，这是一种积极的探索。[3] 也有学者认为，机动车强制保险制度中的受害第三人因侵权行为而产生，因此，界定受害人的范围必须回归侵权法，与侵权法上的损害赔偿请求权人保持一致。无论是从我国立法现状分析还是借鉴其他国家地区立法例，我国强制责任保险中受害人范围应当适当扩大，主要从以下三个方面考虑：一是车外人员，二是本车人员（非驾驶员），三是被保险人。对于我国而言，应当对强制保险合同下的受害第三人的范围作扩张解释，并引进实际驾驶人的概念，动态把握受害人的界定，除了被保险人即实际驾驶或控制被保险车辆的所有人、管理人及其允许的驾驶人之外，均为受害第三人。不应区分其是否为被保险人或驾驶员的家庭成员，还应包括本车人员。[4] 笔者亦赞同上述观点，应从法律的立法精神和宗旨出发，正确理解与适用法律，是否为第三者应根据交通事故发生时的具体情况而定。

在交强险和商业三者险中，投保人允许的驾驶人的法律地位相当于被保险人，原则上不能纳入第三者的范围。如驾驶人因本人过错发生交通事故被撞击，

---

〔1〕 参见最高人民法院民事审判第一庭编著：《最高人民法院关于道路交通损害赔偿司法解释理解与适用》，人民法院出版社 2012 年版，第 232 页。

〔2〕 参见最高人民法院民事审判第一庭编著：《最高人民法院关于道路交通损害赔偿司法解释理解与适用》，人民法院出版社 2012 年版，第 232 页。

〔3〕 参见最高人民法院民事审判第一庭编：《民事审判指导与参考》2012 年第 3 辑（总第 50 辑），人民法院出版社 2012 年版，第 70 页。

〔4〕 参见刘嫱妮：《机动车强制责任保险中受害人直接请求权制度研究》，载谢宪主编：《保险法评论》（第 4 卷），法律出版社 2012 年版，第 169 ~ 172 页。

致其脱离本车又与本车接触受到二次伤害的,该驾驶人请求承保本车交强险和商业三者险的保险公司予以赔偿的,法院不予支持。应注意的是,车上乘客与被保险人或其允许的驾驶人在认定第三者上存在差异。

【案例2-83】 邵某诉贾某、杨某、中国人民财产保险公司北京市分公司九五五一八营销服务部等机动车交通事故责任纠纷案

判决观点,邵某作为负事故主要责任的驾驶员,不能既是侵权人又是受害人,不得主张"自己赔自己"。根据侵权法基本原理,任何危险作业的直接操作者不能构成此类侵权案件的受害人。驾驶人作为车辆的操作者,因过错发生交通事故产生损害,其危险驾驶行为本身是损害产生的直接原因,这种因果关系不因驾驶人物理位置的变化而变化,即不论驾驶人于事故发生时处在车上还是车下,都无法改变其自身的危险驾驶行为是事故发生原因的事实。如果机动车驾驶人因本人的过错行为造成自身损害,他不能成为自身过错行为的受害者并以此要求赔偿。本案中,邵某作为负事故主要责任的驾驶人,对自身及其他事故当事方损害结果的发生负有重大过错。北京骏马客运有限公司(以下简称骏马公司)基于用人单位责任对其他事故当事方承担的赔偿责任属于替代性赔偿责任,其责任基础仍为邵某的过错行为,邵某不能以其不承担赔偿责任为由否定自身的过错行为,也不能成为自身过错的受害人。邵某所引公报案例的事实与本案存在重大差异,该公报案例中关于车上人员、第三者的认定方法有特定的事实前提,即原告郑某某为致害车辆的乘客,不是保险合同关系中的投保人、被保险人,也非保险人,因此在特定情况下可以转化为第三者。而本案中的原告邵某是致害车辆的驾驶人,如前所述,其地位相当于被保险人,不是第三者。乘客和被保险人(本案中的驾驶人)是两个不同的法律主体,所产生的法律关系和应适用的法律规定亦不相同,故公报案例的裁判方法和裁判结论无法适用于本案。综上,虽然邵某于事故发生过程中被甩出车外又与本车发生二次事故,但由于邵某系骏马公司的司机,是大型普通货车的驾驶人,负事故主要责任,故法院认为不应将邵某视为本车的第三者,中国太平洋财产保险股份有限公司不应对邵某承担赔偿责任。[1]

3. 交通事故第三者认定相关问题

关于交强险中本车人员的理解问题,因涉及交强险赔偿对象之范围的扩张与

---

〔1〕 参见北京市高级人民法院研究室编:《审判前沿——新类型案件审判实务》(总第55集),法律出版社2017年版,第211~212页。

限缩，可从两方面加以考量。其一，与被保险车辆关系。何谓本车人员法律无明确解释，但应当将其理解为与被保险车辆存在一定关联的人员。这种关联并不简单地体现为事故发生时是否在车上，同时应当考虑其与该车辆之间是否存在控制关系以及出现在被保险车辆上是否存在必然性。如驾驶人出现在被保险车辆上是客观必然，且对车辆具有控制能力，故应当属于本车人员。其二，与被保险人的关系。对本车人员的理解不能单纯地局限在所在方位是否是车上，还应当考虑其与被保险人之间是否存在特定关联。如被保险人的雇佣人员，因与被保险人存在雇佣关系，故将其纳入受害人范围显然不利于防范保险的道德风险。又如被保险车辆的乘客，因对被保险人作出了搭乘被保险车辆的意思表示，系自愿处于被保险车辆上，其利益的保护可以通过与被保险人的合同关系加以保护，故不宜纳入交强险的保护范围。

【案例2－84】 上海前中模具有限公司诉中华联合财产保险公司保险合同纠纷案

一审法院认为，本案死者虽发生保险事故时在原告的被保险机动车上，但其并非原告的驾驶员或者雇员，也未与原告方达成搭乘的合意，故其不应被排除在本案交强险受害人范围。二审法院认为，将本车人员界定为司乘人员具有合理性，判决驳回上诉，维持原判。[1]

被保险机动车发生道路事故造成除本车人员、被保险人以外的受害人人身伤亡、财产损失的，由保险公司依法在机动车交通事故责任强制保险责任限额范围内予以赔偿。对于车上人员的认定，在实践中存在争议。

【案例2－85】 张某甲诉国泰财产保险股份有限公司财产损失保险合同纠纷案

一审法院认为，本案中张某乙系被保险车辆京NK××××的驾驶人即车上人员，亦是受损车辆京N2××××的所有权人，不符合上述条例的赔付范围，故国泰财产保险股份有限公司在交强险范围内对于张某甲的请求不予赔付。对于张某甲主张京N2××××实际车主并非张某乙，而是张立丙使用张某乙的购车指标购买此车的主张，因登记车主为张某乙，根据登记的公示效力，一审法院对此辩解不予采信。二审法院亦持同样意见，维持一审判决。[2]

---

〔1〕 参见国家法官学院案例开发研究中心编：《中国法院2013年度案例》（保险纠纷），中国法制出版社2013年版，第35页。

〔2〕 参见国家法官学院案例开发研究中心编：《中国法院2018年度案例》（保险纠纷），中国法制出版社2018年版，第11页。北京市第二中级人民法院（2016）京02民终字第1727号民事判决书。

商业险中第三者与车上人员责任险中的本车人员的区分问题,所谓本车上人员,是指发生事故时乘坐于保险车辆之上,除被保险人及驾驶人之外的其他人员,包括售票员、乘务员、乘客等。车上人员在车辆运行过程中虽与保险车辆处于同一运行状态,但其并非车辆的实际控制人,并无能力防止意外事故的发生。他们在意外事故发生并受到损害后,不论是与被保险人存在雇佣关系,还是存在运输合同关系,均可依法要求被保险人承担损害责任,被保险人对车上人员的赔偿责任并不因其在车上而免除。笔者认为,车辆发生意外事故时,在被保险车辆之上的,除投保人、被保险人、保险人允许驾驶车辆的合格驾驶员、被保险车辆上的同乘、搭乘者以外的,与被保险车辆具有他人性的受害人,应当认定为第三者责任险中的第三者,由保险人按第三者责任险的约定对投保人进行理赔,而不应适用车上人员责任险条款确定保险合同当事人的权利义务。

【案例 2-86】 孙某某诉中国人民财产保险股份有限公司昆明分公司昆钢营业部保险合同案

判决观点,根据"本车上其他人员"相对应险种,即车上人员责任险条款的约定及通常解释,"本车上其他人员"是指除投保人、被保险人、保险人以外的,被保险人允许的驾驶车辆上的同乘、搭乘者。首先,被保险车辆在本次意外事故并未处于运送状态中。其次,本次意外事故中的伤亡者王某某系在被保险车斗中进行装卸作业的工人,其对被保险车辆的驾驶并不具有支配能力,其只是在被保险车辆非乘坐位置即车斗中作业的工人,其对被保险车辆具有他人性。因此,本次意外的伤亡者王某某不属于车上人员责任险的"本车上其他人员",其应属第三者范围,应按双方订立的中国人民财产保险股份有限公司《机动车辆第三者责任保险条款》约定确定双方在保险合同中的权利义务关系。[1] 本案中,王某某在发生事故造成伤害时,正在车斗装卸货物,已脱离保险车辆驾驶室与车厢。即便按照原告、被告双方保险合同的规定,第三者的范围不包括在保险事故发生时保险车辆上的其他人员,由于保险事故发生时王某某已不在保险车辆之内,自然应属"保险车辆下"的受害人范围。

有地方法院认为,座位险仅适用于车上人员在座位上发生的保险事故。车上人员正常下车,其身份已经转换为第三者,故应当适用第三者责任险。当车辆出现危险状态,车上人员跳离车辆过程中或因车辆事故被抛出车外所致伤害,对离

---

〔1〕 参见最高人民法院中国应用法学研究所编著:《人民法院案例选》(月版)2009 年第 12 辑(总第 12 辑),中国法制出版社 2010 年版,第 27 页。

车人员应当适用座位险。[1]

交通事故发生时,主车驾驶室被挂车撞击脱落,致主车驾驶员死亡。此时,主车的驾驶员相较于挂车转化为第三者,挂车的承保公司应承担商业三者险的赔偿责任。主车的驾驶员相对于主车仍是车上人员,主车的承保公司应承担司机座位险的赔偿责任。

【案例2-87】 李某甲诉渤海财险公司六安公司等机动车交通事故责任纠纷案

一审法院认为,本起交通事故属单方事故,交警部门认定受害人李某乙负事故的全部责任,其驾驶的重型半挂车与挂重型平板半挂车为各自独立的机动车,各自独立登记、独立投保,主车与挂车应视为各自独立的客体。主、挂车在驾驶中连接在一起使用,这是由车辆的特殊性决定的。受害人李某乙驾驶重型半挂牵引车与道路右侧边护栏相撞后掉头又与挂车相撞,相较于挂车而言,受害人李某乙作为重型半挂牵引车驾驶人,属于重型半挂牵引车车上人员,其亲属诉请渤海财险公司六安公司在其承保的商业三者险限额内赔偿,应予支持。受害人李某乙作为重型半挂牵引车驾驶人,属于重型半挂牵引车车上人员,其亲属诉请渤海财险公司六安公司在车上人员责任险限额内赔偿,予以准许。二审法院亦持同样意见,维持原判。[2]

关于交强险条款与商业三者险条款中的第三者的差别问题,在这两种险中的第三者有其共同点,法律都没有明确界定概念和范围,都是受害者,保险人均需承担赔偿责任。但两者在车上人员界定范围和转化上有其差异,这种差别的原因在于两种险的性质不同。交强险具有强制性、法定性和公益性,而商业三者险具有自愿性、补充性和商业性。前者中的本车车上人员是指被保险本车车上人员、被保险人员(投保人及其允许的驾驶员)之外的任何人,也就是说,被保险人之外,只要被保险车辆的车上人员符合第三者身份转化条件的,均应认定为交强险的第三者。后者因其商业保险的属性,可以在保险责任或免责条款中任意将被保险人及其允许的驾驶员、家庭成员、本车驾驶员及其家庭成员和本车上的其他人员排除在第三者之外。也就是说,被保险车辆的所有车上人员并不能转化为第三者,基于受害人的身份限制,即使保险事故发生时也不能转化。在两种险中,交强险的第三者范围大于商业三者险的第三者范围,换言之,商业三者险的受害人小于交强险中受害人的范围。

---

〔1〕 参见最高人民法院民事审判第二庭编:《商事审判指导》2011 年第 1 辑(总第 25 辑),人民法院出版社 2011 年版,第 51 页。

〔2〕 参见赵应军:《主车驾乘人员能否转化为挂车的第三者》,载《人民法院报》2016 年 5 月 26 日,第 6 版。安徽省六安市中级人民法院(2015)六民一终字第 01053 号民事判决书。

(二)无名氏驾车肇事赔偿主体

在交通事故中,交警部门因肇事逃逸或路面监控存在死角无法查明肇事司机,仅能查明肇事车辆。交警部门认定交通事故车辆的,则由事故车辆所有人投保的保险公司在交强险范围内承担赔偿责任。

【案例2-88】 阳某某诉赣州市永朋商贸有限公司、太平洋财产保险股份有限公司赣州中心支公司等机动车交通事故责任纠纷案

判决观点,本案的争议焦点在于涉案道路交通事故实际侵权人未在交警部门出具的《道路交通事故责任认定书》中列明的情形下如何确定赔偿主体。首先,结合全案案情,结合《道路交通事故责任认定书》中载明的证据分析,涉案道路交通事故发生的事实是可信的,从病历记载内容来看,原告阳某某所受的人身损伤也符合道路交通事故致损的特征,故太平洋财产保险股份有限公司赣州中心支公司(以下简称太平洋保险)关于涉案道路交通事故事实有待查明的辩解不能成立。其次,《道路交通安全法》第七十六条已规定了道路交通事故赔偿的处理原则,即优先在交强险责任限额范围内对受害人进行赔偿。该规定表明交强险的设置目的着重于完善道路交通安全基本保障功能和分散风险,即保障道路交通事故受害人得到及时救治和赔偿,该赔偿不考虑机动车方是否有过错,保险公司的赔偿责任与被保险人的侵权责任相互脱钩,不因侵权人未能查明即可借此免除保险公司的交强险赔偿责任。本案中,实际侵权人未在交警部门出具的《道路交通事故责任认定书》中列明的辩解不能成为保险公司拒绝在交强险责任限额内赔偿的理由。公安交警部门认定本次交通事故由赣BP×××号小型轿车驾驶人(未确定)承担全部责任,被告永朋公司所有的赣BP×××号肇事车辆在被告太平洋保险处投保了机动车交通事故强制责任保险。因此,原告阳某某和被告赣州市永鹏商贸有限公司要求被告太平洋保险在交强险赔偿范围内承担赔偿责任的主张于法有据,予以采纳。[1]

---

〔1〕 参见国家法官学院案例开发研究中心编:《中国法院2017年度案例》(保险纠纷),中国法制出版社2017年版,第11页。江西省赣州市章贡区人民法院(2015)章民三初字第2578号民事判决书。

(三)保险单现金价值归属主体处理

《保险法解释(三)》第十六条规定:"保险合同解除时,投保人与被保险人、受益人为不同主体,被保险人或者受益人要求退还保险单的现金价值的,人民法院不予支持,但保险合同另有约定的除外。投保人故意造成被保险人死亡、伤残或者疾病,保险人依照保险法第四十三条规定退还保险单的现金价值的,其他权利人按照被保险人、被保险人继承人的顺序确定。"该条规定包含以下几层含义:其一,明确保险单现金价值应归属投保人,而不是被保险人。其二,因投保人主观故意而丧失保险单现金价值时,保险人依《保险法》规定退还保险单现金价值。其三,区分保险合同有效与无效对保险单现金价值归属作出不同的规定。保险单有效而解除,退还保险单现金价值,而保险合同无效的,退还保费。

【案例2-89】 高某与某险公司保险合同纠纷案

二审法院认为,高某要求退还保费,理由是其实际交纳的保险费与生命人寿保险公司给付的现金价值存在差价。被保险人管某因无证驾驶导致交通事故,并因此身故,根据涉案保险合同的约定,被保险人因无证驾驶导致事故的,保险公司不承担保险责任,且合同终止,由保险公司退还合同的现金价值。该约定不存在违反法律规定或者公平原则之处,属合法有效条款。因保险合同中约定的涉案情形的处理方式是退还保险合同的现金价值,并无退还保险费的约定。高某要求退还保险费的主张无合同及法律依据,二审法院对其上诉主张不予支持。另外,保险公司所举的投保单及电话回访记录等证据,能够证实该公司已经对免责条款履行了明确说明义务,高某上诉称合同免责条款不发生法律效力的主张依据不足。因本案中高某的诉求明确为要求保险公司退还保费,而非给付保险金及退还现金价值问题,高某上诉称保险合同的现金价值表对其不产生效力的主张与其退还保费诉求无关,对其上诉观点不予支持。综上,一审判决认定事实清楚,适用法律正确,二审判决驳回上诉,维持原判。[1]

---

〔1〕 参见最高人民法院民事审判第二庭编著:《最高人民法院关于保险法司法解释(三)理解与适用》,人民法院出版社2015年版,第438~439页。江苏省连云港市中级人民法院(2014)连商终字第0260号民事判决书。

专题三　保险合同效力纠纷

保险合同作为合同的一种类型，也应当遵循《民法典》合同编的基本原则和基本制度，但因为保险合同成立与生效条件错综复杂，有其特殊性，实践中容易产生一些误区。保险合同成立与生效，关系到保险赔付和保险赔付金额的多少，是保险纠纷的争议焦点之一。

一、保险合同成立与生效

（一）保险合同成立的认定

《保险法》第十三条第一款规定："投保人提出保险要求，经保险人同意承保，保险合同成立。"根据该条规定，保险合同成立要件与一般合同成立要件相同。订立保险合同是投保人与保险人双方的法律行为，而非单方的法律行为。所谓保险合同的成立，是指订立合同的当事人经过要约和承诺两个阶段，对合同内容协商一致，从而达成协议建立了合同关系。其构成要件包括三个方面，第一，当事人意思表示一致，即合意，这是合同成立的根本要件。凡意思表示不一致，虽经协议但未形成合意，合同也不能成立。第二，合意须有两个或两个以上的当事人，即合同主体要符合数量要求。第三，当事人须追求某种目的（经济的、精神的等）的实现，否则即使达成合意，也无实际意义。注意保险合同为诺成性非要式合同，而不是实践性合同。

关于人身保险合同中的体检是否为合同成立的要件问题，被保险人在投保时是否需要体检，主要是依据当事人之间的约定。通常，只有以死亡为给付条件的人寿保险和以疾病为给付条件的健康保险，才需要进行体检，在这类保险中，保险人会提出"体检条款"为合同成立的要件之一。如果双方约定"被保险人参加体检并且体检合格"为成立合同的步骤之一，则"体检条款"其实是保险合同的成立要件。[1]

保险合同的订立须经过投保、核保、承保三个阶段，其中，投保是要约，承保是承诺。在实践中，区分要约与要约邀请是比较困难的。要约邀请是希望他人向自己发出要约的意思表示，而要约是希望和他人订立合同的意思表示，要约与要约邀请的本质区别在于，要约必须具有缔约目的并表明经承诺即受此意思表示的拘束，而要约邀请则不包含这些内容。[2] 判断保险人作出的某个意思表示是要约还是要约邀请，关键在于该意思表示是否具备"经投保人同意，保险人即受该意思

〔1〕 参见张旭升：《人身保险合同"体检条款"简析》，载《上海保险》2009 年第 4 期。

〔2〕 参见胡康生主编：《中华人民共和国合同法释义》（第 2 版），法律出版社 2009 年版，第 35 页。

表示约束”的含义，一般可根据当事人所表达的意愿、提议的内容是否包括了合同的主要条款以及交易习惯等来区分。有一种观点认为保险公司按照一定格式印制的投保单是保险公司发出的要约，即保险公司作出了与投保人订约的意思表示。如投保人对此达成合意，即按要求填写投保单则视为承诺，作为最后的确认，保险公司会在投保单上盖章。但保险公司发出的投保单没有特定的对象，只是希望别人向自己发出订立合同的提议，且保险公司对投保单中内容的认定和审核，应是保险公司是否同意承保的一个关键环节，如果以保险人印制投保单为要约，投保人填写投保单为承诺将使整个保险合同成立过程缺少保险公司的审核环节，势必违背保险的原则和保险功能。所以，保险人事先拟就并印制好各种保险单证作为要约的邀请，提供给投保人，投保人索取并如实、完整地填写相应的投保单，在认可保险人设计的保险条款和费率的前提下，将填好的投保单交付给保险人，便构成要约。保险人对投保单进行必要的审核，无异议时便在投保单上签章或者出具保险单，便为承诺。当然，实践中也有保险人先作要约，经投保人承诺而达成合意的情形。比如，保险人对某些险种采取特殊的销售方式，或者在某些情况下放弃核保权时，保险人的招揽行为可以构成要约。保险人对投保人所发出投保要约同意承保的，即作出承诺。保险人就投保人提出的投保书，对其在投保书所填写的各项投保条件审核后同意或认可，此为明示承诺；或虽未明示承诺，但投保人已给付保险费，而保险人经过合理期间未退回保险费，也应视为已经承诺。承诺的内容应该与要约的内容一致。但承诺可以变更，如果受要约人对要约的内容作出实质性变更的，为新要约。有关合同标的、数量、质量、价款或者报酬、履行期限、履行地点和方式、违约责任和解决争议方法等的变更是对要约内容的实质性变更。实践中，投保人以提交投保单的形式发出要约，保险人经过核保之后同意承保，作出承诺，在这个过程中，保险人和投保人仍可能对保险合同的条款进行多次的磋商，此时应根据具体情况判断何时为要约，何时为承诺，且要约人和承诺人的地位也可能发生变化。

【案例3－1】 赵某诉中国人寿保险股份有限公司北京分公司人身保险合同纠纷案

中国人寿保险股份有限公司北京分公司（以下简称人寿公司）印制的投保单的内容应为要约邀请，赵某填写投保单应为要约。双方的纠纷产生于受要约人人寿公司的承诺环节，从双方所持的内容不一致的投保单看，人寿公司所持投保单上保险期限被涂改为46年，而非赵某在填写投保时的保险期限3年，并且多了“保险金额64，700元”的内容。人寿公司向赵某出具的保险单上记载“保险合同生效日期为2007年4月24日”，“保险期间46年”“保险期间为合同生效之日起至被保险人年满75周年的年生效对应日止”。人寿公司显然已经通过出具以46年保险期限并附有相应现金价值表的保险单内容和保险条款，对赵某的要约内容作了变更，应视为人寿公司发出了新的要约，赵某通过确认保险单及保险合同条款内容的方式接受了人寿公司的新要约，双方的保险合同订立体现了完整的要约、承诺过程。因此，认定该保险合同内容是双方意思表示一致所达成的，并无不妥。[1]

应当注意的是，在认定双方是否达成续保意思表示时，对于保险人认为其未同意续保的，或者双方各执一词的，不能证明双方达成续保意思表示的，则应当认定保险合同未能成立，保险人不承担保险责任。[2]

保险合同的非要式属性决定其可以采用书面形式，也可以采用口头形式或其他形式订立。但是，法律、行政法规另有规定或保险合同另有约定的，应当从其规定。最高人民法院法官认为，保险合同是专业性很强的合同类型，并且涉及权益巨大，与投保人业务开展、人身健康关系密切，应当予以高度重视。所以，订立保险合同必须以书面形式，不可以口头形式订立，即使口头形式订立的，也应当补签书面合同。[3] 保险合同的书面表现形式主要有以下五种。第一，保险单。投保单为最基本的保险合同形式。第二，保险凭证。保险凭证是一种简化的保险单。第三，投保单。投保单的格式和项目都由保险人设计，并以规范的形式提出。在保险人出具正式保险单后，投保单成为保险合同的组成部分。第四，暂保单。暂保单会在正式保险单交付时自动失效。第五，其他书面形式，诸如批单和附加保险条款等。保险合同的其他形式，是指数据电文形式的电子保险单、网页、音频、视频等。应当注意的是，保险合同属于非即时合同，特别是寿险合同有效期往往比较长，而且体现较强的专业性、内容比较复杂等，为明确双方的权利义务关系，宜采用书面形式。

关于合同成立的时间，根据保险合同的不要式和诺成性的特征，保险合同在投保人与保险人就保险条款达成合意时成立，即保险人作出承诺时为合同成立的时间。需注意保险合同有其自身的特殊性，即代办人、代理人具体操作代办事宜、对保险合同的审批、审核时间，将保险单盖章送给投保人，这都表现在承诺的时间上。最高人民法院法官认为，保险合同的成立，只以投保人和保险人之间的要约与承诺为要件，并不以保险人交付保险单或者保险凭证为条件。保险人在收到投保书和保险费后的合理期限内既未作出承诺，又未作出拒保的，应当认定合同已经成立。应注意的是，保险人接受了投保人交付的投保单，不只是收到了要约人

〔1〕 参见北京市高级人民法院编：《审判前沿——新类型案件审判实务》2009 年第 5 集（总第 29 集），法律出版社 2010 年版，第 44 页。

〔2〕 参见最高人民法院民事审判第二庭编：《民商事审判指导》2008 年第 2 期（总第 14 期），人民法院出版社 2008 年版，第 250 ~ 251 页。

〔3〕 参见最高人民法院民事审判第二庭编：《保险案件审判指导》（增订版），法律出版社 2018 年版，第 22 ~ 23 页。

的要约，投保单是保险人了解投保人、保险标的物、被保险人状况、进行风险评估的前提和基础，从保护投保人利益出发，保险人未在合理期间完成核保并通知投保人的，视为同意承保。这里的合理期限，由司法解释规定。在人身保险合同中，如果双方约定被保险人应当参加体检且需要体检合格的，则在其符合该约定时合同成立。保险合同约定有“犹豫期”的，并不影响保险合同的成立时间，保险合同自保险人承保时成立。

判定保险合同成立的过程中会涉及一些与投保人有关的问题。按照《保险法》的相关规定，判断一个保险合同是否成立，首先需要认定的问题为投保人是否提出了保险要求，投保人的代签名问题是此类纠纷判定的重点。实践中代签名现象较多且比较复杂，除了保险代理人代签名外，还有可能其他人代为签名。保险人或其代理人代投保人签字的行为，属于保险行业内一顽症，应明确禁止，否则会对保险市场造成较大损害。对代签名是否影响保险合同成立的，应在个案中具体分析。

【案例3－2】　王某诉某保险公司保险合同纠纷案

判决观点，王某在张某代其签署投保书后，取得了张某转交的保险合同文本及保险费发票，应视为其已经明知张某所实施的代签约行为。在此后长达5年的时间里，王某按照保险合同的约定及时足额交纳各年度保险费的行为，即属于以积极参与合同履行的方式表达了对于张某代其签约行为的追认。[1] 本案中可以认定王某确有向保险公司投保的意思表示。因为在保险合同签订时，王某出差在外地，首期保险费是保险公司业务员张某到王某家中从王某妻子处取得。王某的妻子在将保险费给付张某时，必定会向王某询问该笔费用的用途。如此时王某没有投保意向，则不会要求其妻子将保险费给付张某。该认定符合《保险法解释（二）》第三条第一款后半段“但投保人已经交纳保险费的，视为其对代签字或者盖章行为的追认”。

代签名的追认是实践中另一个值得关注的问题。关于追认的方式，一般认为可以采取口头、书面方式作出，而且普遍认为也可通过行为来推定投保人是否具有追认的意思表示。至于哪些行为具有推定的效力，应视个案而定，如投保人在电话回访中承认签名为其自己所签的，投保人按期交纳保费，领取保险金红利、接受保险单证或保险凭证等，由于社会现象的复杂性应赋予法官自由裁量权进行裁定。

---

〔1〕 参见北京市高级人民法院编：《审判前沿——新类型案件审判实务》2008年第5集（总第23集），法律出版社2008年版，第11页。

【案例3－3】 谢某某诉都邦财产保险股份有限公司大连分公司保险合同纠纷案

尽管原告并没有在保险合同上签名，但其通过第三人向保险公司发出的订立合同的要约已经达到保险人，保险人出具了保险合同并交付原告，原告对于第三人替其签名的行为没有提出异议，接受了该合同，实际上是对第三人签名行为的追认，法院认定保险合同应当成立是正确的。[1]

【案例3－4】 孙某诉太平洋人寿保险有限公司本溪中心支公司人身保险合同纠纷案

判决观点，保险合同是由他人代签的，但事后经被保险人即本案原告追认，法院认为，原告于2007年12月3日办理了补签名手续，应视为原告对合同效力加以确认。虽原告辩称其在2007年12月3日已不在本市居住，但该辩解推翻不了其签字确认保险合同的事实。[2]

关于追认的期限，应对投保人追认的时间进行限制，以免使保险合同效力长期处于未决状态，对此可由司法解释予以明确。关于追认的效力，有两种不同观点，一种观点是投保人的追认及于全部条款，投保人拒绝对全部保险条款一并予以追认的，保险合同不生效。另一种观点认为，追认不包括对有关明确说明义务履行情况的追认。笔者同意第二种观点，追认的效力范围不包括有关明确说明义务履行情况，对应明确说明的条款则应由保险人予以说明。最高人民法院法官认为，需要指出的是，在发生代签名现象后认定投保人以缴纳保险费的形式追认的效果不同。投保人交纳保险费的，仅表明其愿意订立该保险合同，是对代签保险合同行为的追认，保险合同对其生效。但不能因此认为投保人认可保险人已经向其履行了保险免责条款的明确说明义务，因为保险人是否已经向其履行保险免责条款的明确说明义务是个事实问题，应当实事求是地认定，如果保险人事实上并未向其履行该项义务，不能因为投保人交纳了保险费而推定保险人向其履行了该义务。[3]

关于追认的主体，主体除投保人之外还可以予以扩大。在一些保险合同，尤其是人身保险合同中，投保人可能在保险事故发生时已经死亡，此时仍然要求投保人进行追认已不可能，如果仅投保人追认后保险合同才生效，不利于对投保人、

---

〔1〕 参见国家法官学院案例开发研究中心编：《中国法院2012年度案例》（保险纠纷），中国法制出版社2012年版，第37页。

〔2〕 参见国家法官学院案例开发研究中心编：《中国法院2012年度案例》（保险纠纷），中国法制出版社2012年版，第45页。

〔3〕 参见最高人民法院民事审判第二庭编著：《最高人民法院关于保险法司法解释（二）理解与适用》，人民法院出版社2013年版，第101页。

被保险人利益的保护。关于保险合同履行期已经开始时甚至保险事故发生后，投保人还能否追认问题，最高人民法院法官的倾向性意见为，保险合同履行期开始包括损失发生之后，只要是在保险期间届满前，投保人均可行使追认权。[1]

判断保险合同是否成立的关键在于依据保险人的行为能否认定保险人已经作出同意承保的意思表示。保险实务中，保险人与订立合同有关的行为通常包括以下几种：一是接受投保人交付的投保单，二是预收保险费，三是签发保险单或者其他保险凭证，对于这几种行为中哪些可以被认为是保险人同意承保的意思表示常有争议。一般情况下，保险人同意承保的意思表示为承诺行为，保险合同于保险人作出同意承保的意思表示之时成立，即保险人作出承诺时间作为保险合同成立时间，不以签发保险单为成立要件，但并不排除保险人直接以签发保险单作为承诺方式，此时保险合同即于保险单签发之时成立。这里强调保险单不是保险合同的成立要件，但可以作为承诺的方式之一。签发保险单是保险人在保险合同成立后应当履行的义务。保险单或者其他保险凭证载明的是当事人双方约定的全部内容。实践中，有保险人口头通知投保人其同意承保的，也有保险人在投保人填写的投保单上签署"同意承保"字样或加盖承保专用章的，还有保险人在投保人提交投保单后直接向投保人签发保险单而不另行作出同意承保的意思表示的。从理论上说，上述三种方式均不违反法律的规定，因此，均具有法律效力。但是，根据《保险法》的规定，无论以何种形式作出同意承保的意思表示，保险人都应向投保人签发保险单或其他保险凭证。于是，保险人在以口头通知或签字、盖章方式作出同意承保的意思表示后，又向投保人签发保险单，与保险人在未作出其他同意承保的意思表示情况下直接向投保人签发保险单，对于保险合同成立的意义就有了本质的不同。前者不是承诺行为，此行为作出与否不影响合同成立；后者则是承诺行为，是保险合同成立的标志，无此行为则合同没有成立。从形式上看，两种情况下签发的保险单都是保险合同文本的组成部分，似乎并无区别。但从实质意义上讲，二者的性质有根本不同，保险人作出同意承保的承诺后签发的保险单，其签发时间在保险合同成立之后，因此，它不可能是保险合同本身，只能是保险合同的一种书面确认形式，保险合同在保险单之外，早于保险单而存在。作为同意承保方式签发的保险单，其本身就是保险合同，没有保险单的签发，就没有保险合同，保险单之外无保险合同。

【案例3－5】 李某诉某保险公司保险合同纠纷案

某保险公司收到投保人李某填写的投保单，在李某交纳了首期保险费后又向李某签发了保险单。根据该事实可以认定，保险公司在此前已经同意承

〔1〕 参见最高人民法院民事审判第二庭编著：《最高人民法院关于保险法司法解释（二）理解与适用》，人民法院出版社2013年版，第102页。

保，至于其"同意"的方式，因没有书面证据，应当认定为口头同意。保险公司向李某出具保险单就不是承诺的方式，不是保险合同成立的标志，保险合同在此前某保险公司口头作出同意承保的意思表示时即已成立。也就是说，某保险公司是在其口头同意承保之后，即是在保险合同成立之后签发保险单的，因此，保险单不是保险合同本身，只是保险合同成立的证明，在诉讼中是一种证明保险合同成立的证据。〔1〕

实践中，保险人出具的保险凭证或保险手续不齐的，仍应视为保险合同成立。

【案例3－6】　日照国际公司诉中国平安保险股份有限公司日照支公司机动车辆保险合同纠纷案

本案中，许某某以急着出差为由向保险公司业务员李某索要保险卡，李某明知保险卡是中国平安保险股份有限公司日照支公司与保户签订保险合同后才能向保户发放的联系卡，具有小保单的性质，却向许某某出具了盖有保单专用章的空白保险卡，应视为李某已经同意承保，且履行出具保险凭证的义务。尽管双方未签订书面保险合同，但李某出具盖有保单专用章的空白保险卡的行为，足以认定保险合同已经成立。一审、二审法院均认定保险合同成立是正确的。〔2〕

【案例3－7】　卫某某诉中保财产保险有限公司台山市支公司等渔船保险合同纠纷案

二审法院认为，由于被上诉人卫某某与原审被告中国农业银行台山市支行下川营业所（以下简称农行营业所）已经就渔船保险一事达成一致的意思表示，特别是卫某某已经履行了投保人交纳保险费的义务，且此项费用已经被农行营业所收入保险费账户，农行营业所代理上诉人中保财产保险有限公司台山市支公司（以下简称台山保险公司）与卫某某订立的保险合同依法成立。保险手续只是对保险合同的一种书面记载，并不能等同于保险合同。保险手续没有完善，不等于保险合同没有成立。就本案而言，卫某某作为投保人，符合其意思表示的投保单已经填写出来，保险费已经交纳，投保人在保险合同中的义务已经完成。剩下的手续，应当由保险人或者其代理人去完善。农行营业所的工作人员为了促成此笔保险业务，同意给卫某某代办船舶年检证书，这是二人之间的另一法律关系。台山保险公司借此将农行营业所的工作人员说成是卫某某的代理人，把必须由农行营业所去完善的保险手续说成

---

〔1〕　参见北京市高级人民法院编：《审判前沿——新类型案件审判实务》2008年第2集（总第20集），法律出版社2008年版，第108页。

〔2〕　参见最高人民法院中国应用法学研究所编：《人民法院案例选》（2004年商事·知识产权专辑）（总第49辑），人民法院出版社2005年版，第292页。

是必须由卫某某完成，而农行营业所的工作人员同意给其代理，不仅与事实不符，且于理不通。[1]

应当引起注意的是，签发保险单不是保险合同成立的要件，而是保险人的合同义务。[2]

作为保险合同文本组成部分的保险单及投保单等其他相关凭证的内容应当是一致的。但因种种原因，实践中也难免出现保险单内容与其他相关凭证不一致的情况，此时是否对保险合同成立产生影响，应作具体分析。第一，保险人作出同意承保的意思后向投保人签发保险单的，不影响保险合同成立。因为投保单系投保人的要约行为，保险人在投保单上加盖投保专用章并告知投保人，意味着承诺行为完成，保险人已经完全接受了投保单内容。第二，在保险人直接以签发保险单作为承诺方式的情况下，保险单与投保单不一致会影响到保险合同的成立，如保险合同成立，则应以保险单内容为准。根据《民法典》合同编的规定，承诺的内容应当与要约的内容一致。受要约人对要约的内容作出实质性变更的，为新要约。承诺对要约的内容作出非实质性变更的，除要约人及时表示反对或者要约表明承诺不得对要约的内容作出任何变更以外，该承诺有效，合同的内容以承诺的内容为准。如果保险单的内容与投保单内容的不一致是非实质性的，则保险合同成立，其内容以保险单为准。如果二者的不一致是实质的，则保险合同不能成立。保险人签发的保险单，只能视为新的要约，保险合同要成立，须投保人作出新承诺。

有学者和法官认为，应当注意的是，投保人发出要约，保险人若为承诺，其意思表示的内容必须与投保人要的内容保持一致。如果保险人的承保内容是对投保人的投保要约作出了实质性的变更，那么保险人的意思表示便构成了一个新的要约，需经过投保人的承诺，缔约人双方意思表示才能达成一致，保险合同方告成立。[3]

合同成立是指合同因符合一定的要件而被法律认为客观存在，其具体表现就是将要约人单方面的意思表示转化为双方一致的意思表示。合同成立的时间节点，保险人一般以收取保费行为来表明对投保人的投保请求作出承诺，此时合同成立。对投保人来说，双方确定保险险种时保险合同成立。

---

〔1〕 参见《最高人民法院公报》2001 年第 3 期。

〔2〕 参见许崇苗：《保险法原理及疑难案例解析》，法律出版社 2011 年版，第 153 页。

〔3〕 参见最高人民法院民事审判第二庭编：《商事审判指导》2011 年第 4 辑（总第 28 辑），人民法院出版社 2012 年版，第 95 页。

【案例3-8】　绍兴市顶味商贸有限责任公司诉中国太平洋财产保险股份有限公司绍兴中心支公司保险合同纠纷案

一审法院认为,本案中,原告提供的保险业务录入界面打印件反映,被告已经根据原告投保要求,确定险种、保险金额、保险期间、保险费等保险合同的必要要素,被告也已确定了新的保险单号,同时因保险人推行的险种须经保险监督管理部门的审批,就投保险种涉及的权利义务,除保险双方在保险单上可以特别约定外,对于保险条款投保人并无可与保险人协商的余地。因此,在双方确定险种之时,可认为双方对合同条款达成协议。现被告的保险代理人已经根据录入计算机系统的确定金额向原告收取了保险费,应认为被告对原告的投保要约作出了承诺的意思表示,因此,原告、被告之间的保险合同成立。二审调解结案。[1]

关于电子保单的成立问题,在网上业务中,保险人在其公司网站上宣传自己的各种保险产品,向有意在网上购买保险并浏览其网站的潜在客户发出要约邀请。投保人在该网站上选中特定的险种进行点击,满足保险人设定的投保条件,并通过网银或其他方式缴费作出要约,在此过程中并不形成投保单。投保人按网上程序设置完成激活流程后,生成电子保单,构成保险人同意承保的承诺,保险合同成立。与纸质保单相比,没有保险人在保险单上的签章行为。卡式业务中,投保人向保险人缴费购买保险卡构成要约,其所缴费用系保险合同的保费。保险人收取保费时,证明双方已就保险卡载明的保险责任范围、保费金额、保险限额、保险期间、责任免除等保险合同主要内容达成合意,保险合同成立。

对于合同成立与合同的有效,近年来理论研究较多,学界已基本取得共识。一般认为,一个已成立的合同未必一定是有效的,当法律对一个已经成立的合同给予否定性评价时,该合同便是一个无效合同,不过无效合同也是一种已成立的合同。[2]

(二)保险合同生效的认定

保险合同的生效,是指依法成立的合同具备生效要件,完全发生法律效力。其构成要件亦包括三个方面,第一,当事人在订立合同时必须具有相应的订立合同的行为能力,这实质上是法律对合同主体资格作出的一种规定,主体不合格,所

---

〔1〕 参见最高人民法院中国应用法学研究所编:《人民法院案例选》2011年第2辑(总第76辑),人民法院出版社2011年版,第181页。

〔2〕 参见余延满:《合同法原论》,武汉大学出版社1999年版,第210页。

订立的合同不能发生法律效力。第二,合同当事人的意思表示真实,意思表示不真实的合同是不受法律保护的,合同即使成立也属无效。第三,合同合法。合同不违反法律或社会公共利益,这是合同生效要件中最为重要的一个,它包括合同的目的和内容都不得违反法律或社会公共利益。有法官认为,保险利益一般是保险合同的生效条件。

一般来讲,合同生效的起始时间不能脱离合同成立的时间而独立确定,而且在绝大多数情况下,合同成立的时间就是合同生效的时间。也就是说,如双方没有特别约定,合同成立即生效。合同是否生效属于国家对合同的效力进行价值判断和评价的范畴,体现了国家对合同关系的干预。换言之,是法律对当事人的合意进行评判。对于不具备法定生效要件的合同,由于当事人的意志不符合国家意志,故其不能发生当事人所预期的法律效果,且当事人不能依据自由意志对法定生效要件加以变更和排除。保险合同种类繁多,寿险与非寿险,长期险与短期险,个人险与团体险,再加上体检、生存调查、次标准体加费等条件,使得日常实际生活中保险合同的成立与生效要件、状态错综复杂。人身平安险种是属于简易人身险,而不需要体检、生存调查、次标准体加费条件。这类合同的特点是,保险公司出具了收据,即可认为保险公司已经同意承保,保险合同已经成立,也即生效。我国保险业目前的行业惯例是"零点起保"。即一般的财产保险合同,以及不需要体检、生存调查、次标准体加费等条件的长期性寿险,如终身养老险、"生死两全类保险"等,在收费之日的夜里12时开始承担保险责任。对合同成立生效有争议的,由法官裁定,如在王某某诉中国人寿保险公司永顺县支公司保险合同纠纷案中,二审裁定原中国人民保险公司永顺县支公司和代表6名女职工的原中国人民保险公司永顺县支公司工会签订的保险合同成立生效。[1]

合同成立与生效一般是同时发生,但二者并非等同,同时发生也并非绝对化。有学者认为,合同成立仅解决当事人之间合意的问题,其是否生效或发生法律效力,尚有待于满足一定的生效要件,在他看来,合同的生效要件可分为一般生效要件和特别生效要件:一般生效要件就是《民法通则》第五十五条(后变迁为《民法总则》第一百四十三条)规定的三个条件,即行为人具有相应的民事行为能力、意思表示真实,不违反法律或社会公共利益;而如果法律规定了特殊生效要件,如批准,则合同还需满足该特别生效要件后方生效。[2] 此外,他还认为,附条件或期限的合同所附的条件或期限,是当事人约定的合同特别生效要件。[3]《民法典》总则编中关于合同可以附条件、附期限的规定,自然也适用于《保险法》规定的保

---

〔1〕 参见《最高人民法院公报》2001年第4期。

〔2〕 参见王利明:《合同法研究》(第1卷),中国人民大学出版社2002年版,第500~510页。

〔3〕 参见王利明:《合同法研究》(第1卷),中国人民大学出版社2002年版,第529页。

险合同,也就是说,即使《保险法》不规定保险合同可以附条件、附期限,《民法典》总则编的上述规定对保险合同也是适用的。这里应当明确的是,《民法典》总则编所称的附条件的"条件",是指尚不确定的、可能发生的合法事实,这种事实应是客观的,不是一方当事人主观可以控制的。否则,已成立的合同是否生效,完全取决于一方当事人的主观意志,显然是不合理的。至于有些保险条款中规定的本合同"自保险人签发保险单时生效",所附的是合同生效期限而不是生效条件。因为按照《保险法》的规定,保险合同成立后,保险人应当及时签发保险单,这是保险人应履行的法定义务,而不是不确定的事实。[1]

判断保险合同的生效时间,应从当事人对保险合同有无特别约定、保险合同生效时间的特别约定是否是投保人的真实意思、保险公司对保险合同不即时生效的风险是否向投保人尽到了提示说明义务这几个方面着手。

【案例3-9】 叶某某等诉太平养老保险股份有限公司河北分公司保险合同纠纷案

二审法院认为,保险公司原审提供的"太平至尊全家卡(A款)"显示,保险公司将"本产品承保5日后生效,保险期限一年"记载于特别约定一栏,而投保声明栏并无投保人王某某的签名,证实该特别约定并非充分体现投保人的意思表示,且保险公司也未就该特别约定向投保人以书面或口头方式履行提示或明确说明义务,该条款不产生效力。因此,涉案保险合同应在投保人履行支付保费的义务后生效,本案事故发生在保险期内,保险公司应当承担相应的保险责任。[2]

在保险公司与投保人未进行特别约定的情况下,交强险合同效力应起于"即时生效"止于"保险期间到期的同一时间"。目前各地的司法实践普遍否定了交强险合同的"次日零时起保"条款的效力。

【案例3-10】 张某某等诉中国人民财产保险有限公司抚顺市分公司机动车交通事故责任纠纷案

一审法院认为,本案中,被告郝某某与被告人保公司之间的交强险合同,自2011年6月28日9时19分即已成立。关于保险合同的期限,被告人保公司设定的自投保后次日凌晨起生效的模式,无法律依据。二审法院认为,本案中上诉人单方拟定的格式条款所规定的"保险期间自2011年6月29日零时起至2018年6月28日24时止"的起始时间,上诉人没有证据证明与投

---

〔1〕 参见安建主编:《中华人民共和国保险法(修订)释义》,法律出版社2009年版,第4页。

〔2〕 参见国家法官学院、最高人民法院案例研究院编:《中国法院2020年度案例》(保险纠纷),中国法制出版社2020年版,第142页。河北省沧州市中级人民法院(2018)冀09民终6519号民事判决书。

保人郝某某协商达成合意，且被上诉人郝某某也不予认可，该“次日零时起保”条款将生效时间推迟，不是投保人的真实意思，加重了投保人的责任，排除了投保人从缴纳保费到格式条款起保这一时间段可能获得期待利益的权利，故一审法院认定该条款对被上诉人郝某某不具有约束力并判令上诉人承担本案事故保险金的赔付责任并无不当，上诉人的诉请二审法院不予支持。〔1〕

一般来说，依法成立的保险合同自成立时生效，如果有约定的生效条件、生效期限，则于约定条件成就或者期限届满时，合同开始生效，保险合同可以附条件，只要该条件合法即可。所谓附生效条件的合同，主要是指合同既要符合一般合同条款的要件，也要符合保险合同条款的生效要件。实践中，有些保险合同是附有合理的生效条件或者生效期限的。比如，人身健康保险的保险条款中附有核保条件的规定，要求自保险体检合格后，保险合同生效。如果否认保险合同可以附合理的生效条件，不利于保护保险合同各方当事人的利益，对诚实的投保人、被保险人反而不公平，甚至可能产生逆向调节的效应，不利于保险业的健康发展。

【案例3－11】 卫某某诉中保财产保险股份有限公司台山市支公司等渔业保险合同纠纷案

一审法院认为，农业营业所在收取卫某某的保险费之前，曾提出因其船舶年检证书过期，等办理好年检手续后才能办理保险手续。这一行为符合《民法通则》第六十二条（后变迁为《民法总则》第一百五十八条）关于“民事法律行为可以附条件，附条件的民事法律行为在符合所附条件时生效”的规定，是对保险合同能否生效以及何时生效提出的附加条件，不影响合同的成立。卫某某的渔船证书年检手续已于1999年5月19日办理完毕，合同所附条件成就，该渔船保险合同应当从此时起生效。二审法院持同样意见。〔2〕

【案例3－12】 中国人民财产保险股份有限公司大连市西岗支公司诉大连北良石化有限公司保险合同纠纷案

判决观点，双方在保险单所附机器损坏险条款中已经约定按期交付保险费是保险公司承担保险责任的前提条件，可视为约定的条件。〔3〕

保险合同约定保险合同于交纳保险费后生效，则投保人对交纳保险费前所发生的损失不承担赔偿责任。

---

〔1〕 参见国家法官学院案例开发研究中心编：《中国法院2014年度案例》（保险纠纷），中国法制出版社2014年版，第180～181页。辽宁省抚顺市中级人民法院（2012）抚中民二终字第00129号民事判决书。

〔2〕 参见《最高人民法院公报》2001年第3期。

〔3〕 参见国家法官学院案例开发研究中心编：《中国法院2012年度案例》（保险纠纷），中国法制出版社2012年版，第141页。

【案例3－13】 云南福运物流有限公司与中国人寿财产保险股份有限公司曲靖中心支公司财产损失保险合同纠纷再审案

最高人民法院认为，本案云南福运物流有限公司（以下简称福运公司）向保险公司投保所提交的《国内货物运输保险投保单》上关于“投保人应当在保险合同成立时交付保险费。保险费未交清前发生的保险事故，保险公司不承担责任。保险责任开始后15天内投保人未交清保险费，保险人有权解除保险合同”的“特别约定”，属于附生效要件的合同。由于本案保险合同约定交纳保险费后生效，故保险人对投保人保险费交纳前所发生的损失不承担赔偿责任。综上，福运公司要求中国人寿财产保险股份有限公司曲靖中心支公司（以下简称人寿财保曲靖公司）承担保险责任的请求，因与其投保单所载明的内容不相符，最高人民法院不予支持。福运公司关于人寿财保曲靖公司没有对特别约定向其履行明确说明条款内容义务的主张，最高人民法院不予采信。[1]

保险合同可以附条件，如果所附条件是决定合同生效或免责等的特别条款，该条件是否成立，在实践中争议颇大。《保险法》第十八条第二款规定：“投保人和保险人可以约定与保险有关的其他事项。”保险合同可以约定“其他事项”，而“其他事项”包括附条件，但《保险法》并没有直接而又明确规定特别条款的种类，这大抵是因为特别条款的范围较广，无法以列举方法一一规定的缘故。从法律规定和法理上看，合同生效条件是没有限制的。但是，保险合同与一般合同还是有很大区别的，如果所附条件太多，反而制约了保险合同在社会经济生活中作用的发挥，特别是对保护投保人利益极为不利。所以，保险合同中所附条件应当加以限制，不宜一律认可。[2] 这里强调了保险合同中所附条件有一定的度，超过一定的度对投保人不利。至于这一定度的把握，需要法官根据具体案情裁定，法官享有自由裁量权。如果生效条件就是免责条件，则制定该条件的目的就与一般的生效条件的制定目的发生矛盾，甚至大多数合同可能因该免责条件的存在而不能生效，这是对立法精神的违背，也是对投保人利益的一种损害。所以，免责条件应当是指在合同生效后，在合同有效期内，如果发生某种行为，或者产生某种情形，则保险人免责的可能性出现，而不能将其解释为必然全部免责。因此，如果免责条件与合同成立和有效产生直接冲突，该免责条件必然不能成立，也不能对抗合同

---

〔1〕 参见《最高人民法院公报》2016年第7期（总第237期）。最高人民法院（2013）民申字第1567号民事裁定书。

〔2〕 参见最高人民法院民事审判第二庭编：《民商事审判指导》2008年第2期（总第14期），人民法院出版社2008年版，第250～251页。

的其他有效条款。[1] 应该强调的是，如果合同约定的条件，对合同生效有直接影响的，就应该对该合同所附条件持否定态度。

作为保险合同关系及保险合同主要权利义务内容的证明，保险单具有特定的法律地位，保险单上的特别约定条款效力应当根据具体条款内容区分认定。

【案例3－14】 劳某某诉华泰财产保险股份有限公司上海分公司财产保险合同纠纷案

判决观点，保险单特别约定第二条载明的“本保险单保险责任自行驶证正式登记之日起生效”，应被认为系双方对本保险合同所附的生效条件。根据《合同法》，当事人对合同的效力约定附条件，附生效条件的合同，自条件成就时生效，附解除条件的合同，自条件成就时失效。2002年3月28日本案保险事故发生时，原告行驶证尚未正式登记，且其正式登记日期为2003年3月，已超过保险合同约定的保险责任期间即2001年9月18日至2002年9月17日，因此根据保险合同，在本案保险事故发生时本保险合同尚未生效，被告关于涉案保险事故发生时保险合同尚未生效故其不应承担相应的保险责任的抗辩成立。[2]

在实践中，应注意他人代签合同是否生效的问题。一般认为，他人代被保险人签名属于一种民事代理行为，这种他人在未经被保险人授权的情况下实施的代签名行为，须经被保险人事后追认方能有效。在被代理人拒绝追认的情况下，如果代理人有能力，愿意履行合同，而合同另一方也同意，合同就可以有效。反之，如果合同不能转化为代理人与合同另一方之间的合同，则应由代理人承担赔偿责任。

【案例3－15】 孙某诉太平人寿保险有限公司本溪中心支公司人身保险合同纠纷案

判决观点，保险合同是由他人代签，但事后经被保险人即本案原告追认已经生效，原告的诉讼请求无依据。[3]

【案例3－16】 罗某诉某人寿保险公司北京分公司保险合同纠纷案

判决观点，鉴于双方当事人在本案审理过程中一致认同，本案争议所针对之投保单上“罗某”的签名不是罗某本人亲笔签名，故法院对于上述无争

〔1〕 参见最高人民法院民事审判第二庭编：《民商事审判指导》2008年第2期（总第14期），人民法院出版社2008年版，第250～251页。

〔2〕 参见最高人民法院中国应用法学研究所编：《人民法院案例选》2009年第1辑（总第67辑），人民法院出版社2009年版，第346页。

〔3〕 参见国家法官学院案例开发研究中心编：《中国法院2012年度案例》（保险纠纷），中国法制出版社2012年版，第164页。

议之事实予以确认。进而认定,投保单上“罗某”之签名系由他人代为签写。保险公司在本案审理过程中,没有向法院提交证据证明代罗某签署投保单有代理权,法院据此判定行为人代罗某签署投保单的行为是无权代理行为。此外,罗某在本案诉讼中提出的诉讼请求,显然带有“不追认”行为人代订合同行为的意思。本案争议所针对的以“罗某”为投保人的保险合同对于罗某不发生效力。保险公司基于对罗某不生效的合同自罗某银行存款账户内扣划的保险费2385元,应当退还给罗某。[1]

【案例3-17】 宋某某诉民生人寿保险股份有限公司河南省分公司保险合同纠纷案

判决观点,本保险合同中保险单的送达回执由被告业务员代签,被告无证据证明代签经过原告的同意,原告事后也未以认可,此代签行为违反了合同约定,被告按照代签的送达回执上标注的日期计算犹豫期,致使原告在实际取得保险合同后丧失了犹豫期10天内退保的权利,被告违约。[2]

应注意法律还有特别规定,《保险法》第三十四条第一款规定如果被保险人事后声称其不知情,不予追认,则保险合同视为无效合同,而不是未生效。

关于电子保单的生效问题,在网上业务中,投保人激活流程后,保险人作出同意承保的承诺,保险合同成立并同时生效。在卡式业务中,保险人收取保费时保险合同生效。激活保险卡并生成电子保单,是在保险公司网站上以数据电文形式确定被保险人,该时间点为保险责任开始时间,但激活保险卡并生成电子保单并非合同的生效条件。实践中,购卡人以购卡的形式交纳保险费,取得了激活该卡的权利,如需要保险代理人代为激活,应为授权委托,保险代理人未激活的,责任由保险公司承担。关于在保险事故发生后,才开通之前购买的保险卡,此时保险合同是否生效问题,在保险卡上记载“激活”“开通”在法律上是一个赋予保险合同始期的行为,投保人在发生事故前怠于履行该行为,致使保险合同一直处于成立却未生效的状态。发生事故后又开通保险卡,该事故由于已确定的发生,不再属于保险卡保障的范围,且该行为确实有违最大诚信义务,不应发生使保险合同生效的法律效果。换言之,保险卡未激活,保险合同不生效。

【案例3-18】 陆某某诉生命人寿保险股份有限公司徐州中心支公司保险合同纠纷案

判决观点,原告陆某某购买的生命幸福家庭保险卡是自助保险卡,该卡

---

〔1〕 参见刘建勋:《保险法典型案例与审判思路》,法律出版社2012年版,第10页。

〔2〕 参见国家法官学院案例开发研究中心编:《中国法院2013年度案例》(保险纠纷),中国法制出版社2013年版,第182页。

只是投保的一种工具,并不是保险有效凭证,持卡人必须在自助保险卡的有效期内按保险公司的投保说明在网上进行激活,获得相应的保险确认书后,该卡所对应的保险合同才能生效。基于保险合同的成立与生效是两个不同的法律概念,生命幸福家庭保险卡又对保险合同的生效条件作出了明确约定,即投保人必须将该卡激活才能使合同生效。如果不进行激活,仅凭持有该卡并不代表该卡对应的保险合同已生效。原告陆某某未能将该卡激活,从而导致保险合同未生效,根据保险条款"保险责任在激活注册以后才开始"的约定,被告生命人寿保险股份有限公司徐州中心支公司(以下简称生命寿险徐州支公司)不应承担保险责任。而且根据保险卡及服务手册上的说明,保险卡激活的义务在于原告陆某某,故原告陆某某没有将该卡激活导致合同生效条件不成就,其应承担相应的不利后果。鉴于保险合同未生效,被告生命寿险徐州支公司自然不用承担保险责任。[1]

在理论与实践中,对合同生效和合同有效的区分是极有分歧的。《民法典》对合同生效和合同有效未作严格区分,因而许多合同法论著和教材中往往混淆了这对概念,在保险活动中亦同样存在这种情况。合同的有效与合同的生效都是《民法典》中关于合同效力的重要概念,它们各自独立又相互联系,各有其独特的、内在的规定性。合同的有效是对一个已经成立的合同的法律评价,而合同的生效则与合同的成立一样是对一个有效合同状态的事实判断;合同的有效以合同的成立为基础,这是合同效力的典型的表现形式,而合同的生效是建立在合同有效的基础上,解决的是有效成立的合同何时发生法律效力问题;合同的有效只有依赖于合同的生效才具有现实意义,而合同的生效是当事人订立合同的最终目的。合同有效与合同生效的制度价值、构成要件、判断标准以及法律效果是完全不同的,但两者又有着递进、共生的关系。[2]

司法实践中,法官对保险合同效力争议主要体现在免责条款审查上,即是先审查其是否无效还是审查其是否生效,对此有不同的观点,一种观点是优先适用《保险法》第十九条审查是否无效,另一种观点先审查条款是否生效。笔者同意后一种观点。这是因为免责条款生效是针对格式条款之免责条款的特定目标,生效的确切含义并非"条款具有法律意义上的约束力",而是"被订入合同之中"。[3] 只有被订入保险合同之中的条款才对当事人产生法律意义上的约束力,才有可能谈有效和无效的问题,否则就不存在审查效力的基础。条款的不生效并

---

〔1〕 参见国家法官学院案例开发研究中心编:《中国法院 2016 年度案例》(保险纠纷),中国法制出版社 2016 年版,第 204 页。江苏省徐州市丰县人民法院(2014)丰商初字第 0086 号民事判决书。

〔2〕 参见吴一平:《合同的有效与合同的生效》,载《法学杂志》2006 年第 5 期。

〔3〕 参见崔建远主编:《合同法》,法律出版社 2007 年版,第 63 页。

不等同于无效,也不等同于有效,还存在效力补正问题。当免责条款由保险人履行法定义务而成为合同的组成部分即生效之后,此时才符合《保险法》第十九条无效审查对象的条件,法官方能对其审查。法官应先审查条款是否生效,其后审查其是否无效。这里有必要谈到,保险合同的生效并不等于免责条款也亦生效,二者有联系,但也有区别。

(三)保险合同成立与生效的区别

保险合同的成立不同于保险合同生效,合同成立与合同生效是两个既有联系又有区别的概念。合同的成立是事实问题,合同的生效是法律问题。事实问题应当通过审判活动和民事证据规则来查明,而法律问题则应通过适用法律来判明。只有在查明合同成立的基础上才谈得上确认合同效力的问题。也就是说,合同的成立是合同生效的前提条件,不成立的合同不存在生效问题,而成立的合同也并非当然有效。合同的成立与生效是两个不同性质的问题,应加以区分。一般认为,二者的区别主要表现在以下几个方面:

其一,二者处于两个不同的阶段,分属两个不同的制度范畴。虽然合同的成立与生效是两个联系比较紧密的概念,在起始时间上往往很难区分开,但从逻辑分析的角度讲,二者毕竟是处于两个不同的阶段,合同成立是判断合同生效的前提,合同只有成立以后,才谈得上生效问题。

其二,二者的构成要件不同。合同的成立,应具备成立的条件,而合同生效,应符合生效的条件。合同的成立,是订约当事人就合同的主要条款达成合意,亦即合同因承诺生效而成立,故合同成立的条件一般就是承诺生效的条件。合同生效的条件是判断合同是否具有法律效力的标准。合同生效有一般要件(实质要件)和特殊要件(形式要件)之分。《民法典》第一百四十三条规定称之为一般要件,为其第一百五十八条、第一百六十条规定的附条件、附期限,第五百零二条规定另有约定、办理批准等手续生效的为特殊要件。

其三,二者产生的法律效果不同。合同的成立仅仅是反映当事人的意志,如当事人间的合意符合国家的意志,将被赋予法律拘束力,反之则不能产生法律拘束力。合同不成立,是指合同当事人就合同的主要条件未达成一致意见,并非合同的内容违反了法律的强制性规定和社会公共利益,因而合同不成立与合同无效是两个不同性质问题,不能把不成立的合同作为无效合同处理。不成立的合同,有过失的一方当事人应根据缔约过失责任制度,赔偿另一方所受的经济损失。如果当事人已实际履行,应各自向对方返还已接受履行的标的物。合同不成立只能产生民事责任,而不能产生其他法律责任。对于无效合同,因违反法律强制性规定,不仅产生民事责任,而且还可能引起民事制裁责任和行政责任,甚至是刑事责任。不区分合同的成立与生效的根本弊端,在于将大量依法不成立的合同认定为无效合同,抹杀了合同不成立的责任与合同无效的责任之间的区别,不恰当地扩大了无效合同的范围,不正当扩大增加了国家对合同关系干预的程度。

实践中,已经成立的保险合同是否生效的争议时有发生。

【案例 3-19】 胡某某诉渤海财产保险股份有限公司宁波分公司保险合同纠纷案

判决观点,原告向被告投保并交纳了保险费,被告接受原告的投保,收取了保险费并向原告签发了保险单,双方保险意思表示一致,保险合同成立。原告在保险期间发生保险事故,被告应按约定对原告的损失承担赔偿责任。被告辩称原告投保车辆未办理正式牌照,盗抢险并未生效,且原告投保车辆没有行驶证,属于保险条款中约定的免责事由,故被告可以免责。关于保险单中的特别约定,因原告并未填写过投保单,被告在保险单上的特别约定系被告单方的意思表示,双方并未达成合意,故该条特别约定对原告没有约束力。从另一个角度来讲,盗抢险自办理正式牌照并到被告公司办理批改后次日生效的情况下,否则盗抢险不生效,也就是说,此时如果投保车辆被盗抢,被告可以免除赔偿责任,所以从这个意义上来说,这条特别约定也是一条免责条款,被告就这条特别约定也应尽明确说明义务,但被告未举证证明其已履行该义务,故该条特别约定不产生效力。综上,被告辩称理由不足,法院难以采信,被告应在保险金额内承担全部赔偿责任,原告的诉讼请求,法院应予支持。[1]

应注意的是,合同已成立但未生效并不意味着合同不发生任何法律效力,而仅指不发生当事人请求履行合同的效力。[2]

(四)保险合同成立生效与交付保险费的关系

《保险法》第十四条规定:“保险合同成立后,投保人按照约定交付保险费,保险人按照约定的时间开始承担保险责任。”依据该条款的规定,投保人交付保险费的时间是在保险合同成立之后,而不是在成立之前,当然也可以是同时,是否交付保险费并不影响保险合同的成立。法律规定交付保险费的具体时间属于意思自

---

〔1〕 参见最高人民法院中国应用法学研究所编:《人民法院案例选》2009 年第 4 辑(总第 70 辑),人民法院出版社 2010 年版,第 405 页。

〔2〕 参见刘贵祥:《合同效力研究》,人民法院出版社 2012 年版,第 188 页。

治的范畴，即由双方自行约定，可以安排在保险合同订立时或其后的某一具体时间。如果未对交付保险费的时间进行特别约定，则保险合同成立后即生效。

【案例3-20】　日照国际公司诉中国平安保险合同纠纷案

保险合同成立时，保险公司与日照国际公司未约定保险费的交付期限，就承担保险责任的时间，亦未作出特别约定。一审、二审法院认定，本案保险合同成立的时间就是生效的时间。[1]

如果双方约定交付保险费是合同生效的条件，这说明该保险合同事实上是一种附生效条件的合同。投保人交付保险费，保险合同生效；如果投保人没有交付保险费，尽管保险合同成立，但是不能生效。而只有保险合同生效才能对双方当事人产生约束力，因此如果投保人没有交付保险费，则保险合同不能生效时，保险人不需要承担赔付责任。应注意的是，保险费的支付是保险合同约定的投保人在保险合同成立后所应履行的义务，是合同成立的结果，而非成立的条件，支付保险费的义务在合同成立之前是不存在的。

《九民纪要》第九十七条规定："当事人在财产保险合同中约定以投保人支付保险费作为合同生效条件，但对该生效条件是否为全额支付保险费约定不明，已经支付了部分保险费的投保人主张保险合同已经生效的，人民法院依法予以支持。"该条是关于未依约支付保险费的合同效力规定，该条适用范围为财产保险合同，其保险合同约定不明，已经支付部分保险费的应当认定合同已生效，剩余部分保险费交纳仍为投保人应当履行的主要合同义务。

实践中，无论是在人身险还是财产险中都存在保险人预先收取保险费的情况，是否可以认定其与投保人建立了保险关系？有法官认为，投保人交纳保险费，保险人接受的，显然意味着保险人与投保人已经达成保险意思表示，应当认定双方成立了保险合同关系。书面保险合同未签订的，只要立即签署即可，不能以此认定双方未成立法律关系。[2]

实践中，亦有否认预收保险费后保险合同即成立的实例。

【案例3-21】　孙某诉某保险公司保险合同纠纷案

二审法院认为，保险合同在保险人作出同意承保的承诺时成立。《投保书》只能说明谢某投保的事实，并不当然意味着保险人已同意承保。从签订《投保书》至谢某遇害身亡，保险合同仍处于核保阶段，保险人尚未作出同意承保的意思表示。根据《保险法》的规定，在保险合同成立后，投保人才按照

---

〔1〕 参见最高人民法院中国应用法学研究所编：《人民法院案例选》（2004年商事·知识产权专辑）（总第49辑），人民法院出版社2005年版，第288页。

〔2〕 参见最高人民法院民事审判第二庭编：《民商事审判指导》2008年第2辑（总第14辑），人民法院出版社2008年版，第250~251页。

约定支付保险费，即保险合同的成立不以交付保险费为必要条件，投保人缴付保险费与否，不影响保险合同的成立。所以，谢某向保险人缴纳了相当于首期保险费 11,944 元的行为并不足以认定保险人已作出同意承保的承诺。二审改判驳回原告孙某的诉讼请求。[1]

《保险法解释（二）》第四条的立场是，保险人预收保险费，且符合承保条件的，则认定合同成立生效，保险人应当按照保险合同承担赔偿或者给付保险金的责任。[2]

（五）保险合同成立生效与保险责任的关系

所谓保险责任，是指保险人根据保险合同的约定，在保险事故发生后，对被保险人或受益人所承担的赔偿或给付保险金的合同责任。保险责任即为合同责任，其起始时间应在保险合同成立后。保险合同成立、生效与保险责任三者之间的关系问题，在理论和实务中都存在争议。

保险责任开始与保险合同成立关系是：在通常情况下，自保险合同成立时起，保险人开始承担保险责任；但是在双方约定的保险人开始承担保险责任的时间与保险合同成立时间不一致的情况下，应当依保险合同的约定加以认定。即除法律另有规定外，保险人得以保险合同未成立为由，主张不承担保险责任。[3]

保险合同生效与保险责任的关系为，保险生效是保险人承担保险责任的必要条件，即保险合同不生效，保险人无须承担保险责任，也不存在保险责任开始的问题。但是保险合同生效，并不当然意味着保险人开始承担保险责任，即当事人没有特别约定的，保险责任开始时间与保险合同生效时间是一致的，若当事人另行约定保险责任的开始时间的，保险责任的开始时间与保险合同生效时间没有任何关系。因此，保险合同的生效时间并不当然是保险责任的开始时间，保险责任开始的时间才是被保险人真正开始享受保险合同的时间。[4] 应注意的是，保险合同约定的保险责任开始时间与保险合同生效时间不一致的，保险责任开始时间早

---

〔1〕 参见王静：《人身保险保险人同意承保前发生保险事故的处理》，载谢宪、李友根主编：《保险判例百选》，法律出版社 2012 年版，第 205 页。

〔2〕 参见最高人民法院民事审判第二庭编著：《最高人民法院关于保险法司法解释（二）理解与适用》，人民法院出版社 2013 年版，第 133 页。

〔3〕 参见最高人民法院民事审判第二庭编：《商事审判指导》2011 年第 4 辑（总第 28 辑），人民法院出版社 2012 年版，第 97 页。

〔4〕 参见最高人民法院民事审判第二庭编：《商事审判指导》2011 年第 4 辑（总第 28 辑），人民法院出版社 2012 年版，第 99 页。

于合同生效时间的，以合同生效时间为准，保险责任结束时间相应顺延。保险责任开始时间晚于合同生效时间的，以保险责任开始时间为准。

在通常情况下，保险责任开始、保险合同成立和生效的关系是，自保险合同成立时起保险合同生效，保险人开始承担保险责任；保险合同生效附条件或附期限的，自保险合同生效时起，保险人开始承担保险责任。[1]

【案例3－22】　中国人民财产保险股份有限公司大连市西岗支公司诉大连北良石化有限公司保险合同纠纷案

本案争议焦点为，保险合同是否为附生效条件的合同，即保险人承担保险责任的条件是否为投保人已经交付了保险费。由于原告与被告在保险单所附机器损坏险条款中已经约定"被保险人或其代表应根据本保险单明细表和批单中的规定交付保险费"及"被保险人严格的遵守本保险单的各项规定，是本公司在本保险单项下承担赔偿责任的先决条件"的条款，故投保人按照约定按期交付保险费是保险公司承担保险责任的前提条件。保险公司承担保险责任的起始时间，即投保人应交付保险费的起算时间。原审法院认为，承诺书是保险合同的附加协议，保险责任应是合同约定的日期，投保人也应按照合同约定的金额交付保险费。而二审法院认为，保险公司应自承诺书签订的日期开始承担保险责任，投保人也应按照承诺书签订的日期开始交付保险费。[2]　通过二审判决可以看出，本案中交付保险费是保险公司承担保险责任的前提条件，即虽然投保人与保险人签订了保险合同，但如果投保人未交付保险费，保险期间如发生了保险事故，保险公司可不予赔偿。

对于大多数合同而言，保险合同生效意味着保险责任开始，即保险责任开始时间和保险合同生效时间是一致的，但是在个别情况下，保险合同生效后，保险责任未必同时开始，这多存在于人身保险合同中。如在某些人身保险合同中，保险条款约定，合同自投保人交付首期保险费、保险人签发保险单后生效，但自被保险体检合格后，保险人开始承担保险责任。此时，保险责任开始时间就晚于保险合同生效时间。在实践中，是否承担保险责任，应综合考量多种因素。

【案例3－23】　祁某诉中国人民财产保险股份有限公司太原市分公司南城营销服务部财产保险合同纠纷案

二审法院认为，本案情况是保险单签发日期为2007年3月28日，保险单注明的保险期间自2007年3月31日0时起至2008年3月30日24时止，

---

〔1〕　参见最高人民法院民事审判第二庭编：《商事审判指导》2011年第4辑（总第28辑），人民法院出版社2012年版，第99页。

〔2〕　参见国家法官学院案例开发研究中心编：《中国法院2012年度案例》（保险纠纷），中国法制出版社2012年版，第140页。

保险事故发生于2007年3月31日,在保险期间内,保险费缴费发票的开票日期为2007年4月5日,当事人对实际缴纳保险费的时间存在争议。本案可以认定的是祁某最晚缴费日期为2007年4月5日,系在保险合同成立后的合理期间内。中国人民财产保险股份有限公司太原市分公司南城营销服务部按照约定的保险期间全额收取了保险费,应按约定在保险期间内承担保险责任,其不承担保险责任的上诉理由二审法院不予支持。[1]

电子保险合同自保险人收到保险费时成立并生效,激活是确定被保险人的时间和保险责任开始时间,如韩某某等诉阳光人寿保险股份有限公司江苏分公司保险合同纠纷案。[2]

应注意两种例外情形,其一,追溯保险,即保险责任期间追溯到保险期间开始前的某一个时点。也就是保险人对于合同成立前所发生的保险事故也要承担保险责任,通常适用于海上保险合同。其二,观察期间的规定,一般是合同生效若干日后,保险人才开始承担保险责任。即保险责任开始的时间在保险合同生效之后,比如健康保险合同。[3]

保险人接受投保单或收取保险费,但未在合理期间内作出是否承保的意思表示,发生应予赔偿或者给付保险金的保险事故的,如果符合承保条件的,保险公司应承担保险责任,不符合承保条件的,保险公司不承担保险责任。其依据为保险公司在签发保单之前,保险合同已经成立,保险公司应当承担保险责任。

〔1〕 参见北京市高级人民法院编:《审判前沿——新类型案件审判实务》2010年第6集(总第36集),法律出版社2011年版,第11页。

〔2〕 参见《最高人民法院公报》2010年第5期。

〔3〕 参见最高人民法院保险法司法解释起草小组编著:《〈中华人民共和国保险法〉保险合同章条文理解与适用》,中国法制出版社2010年版,第58页。

二、保险合同效力

(一)保险合同效力审查原则

在作为上位法的《民法典》中,没有明确规定合同效力的审查权归属。《保险法》第三十四条第一款规定:“以死亡为给付保险金条件的合同,未经被保险人同意并认可保险金额的,合同无效。”但《保险法》始终未就法院是否应主动审查保险合同,是否受当事人有关效力主张的拘束的问题作出明确规定。[1] 也就是说,对于保险合同效力由谁审查,法官能否主动审查的问题,法律未有规定。

《保险法解释(三)》第三条规定:“人民法院审理人身保险合同纠纷案件时,应主动审查投保人订立合同时是否具有保险利益,以及以死亡为给付保险金条件的合同是否经过被保险人同意并认可保险金额。”该条规定包含以下几层含义:其一,包括人身保险合同在内的合同效力审查主体是法院,法院是依职权审查。其二,对保险合同效力的审查是主动进行的,不以当事人同意认可为依据。其三,《保险法》第三十四条与第三十一条在效力认定上有区别。《保险法》第三十四条与第三十一条虽然都使用了“无效”一词,都将合同评价为不发生法律效力,但后者的“无效”一词侧重于表达法律对合同的否定评价,而前者强调的是合同因欠缺特别生效要件不生效。[2] 其四,《保险法》第三十一条中“被保险人同意”应排除事后的同意、事后追认。制定司法解释的法官认为,被保险人有关保险利益的同意应限于投保时,事后同意是不允许的,尤其是事故发生后的同意和拟制同意应当被绝对禁止。[3]

---

〔1〕 参见最高人民法院民事审判第二庭编著:《最高人民法院关于保险法司法解释(三)理解与适用》,人民法院出版社2015年版,第55页。

〔2〕 参见最高人民法院民事审判第二庭编著:《最高人民法院关于保险法司法解释(三)理解与适用》,人民法院出版社2015年版,第65页。

〔3〕 参见最高人民法院民事审判第二庭编著:《最高人民法院关于保险法司法解释(三)理解与适用》,人民法院出版社2015年版,第77页。

（二）保险合同有效

《保险法》第三十一条第三款规定，“订立合同时，投保人对被保险人不具有保险利益的，合同无效。”但未明确规定人身保险合同订立后投保人丧失保险利益的合同效力问题，有法官认为，投保人丧失保险利益是否影响保险合同的效力，取决于有没有必要通过保险利益原则来防范其中的道德风险：如果投保人丧失保险利益后继续维持保险合同效力不会增加道德风险的，则保险合同效力不应因为投保人丧失保险利益而受影响；如果投保人丧失保险利益后继续维持合同效力会增加道德风险的，则保险合同应因投保人丧失保险利益而归于无效。〔1〕《保险法解释(三)》第四条规定：“保险合同订立后，因投保人丧失对被保险人的保险利益，当事人主张保险合无效的，人民法院不予支持。”该条规定包含以下几层含义：其一，投保人只要在保险合同订立时存在保险利益即可。其二，保险关系存续期间丧失保险利益不影响保险合同的效力。其三，该条符合我国现行人身保险立法精神。也就是说，人身保险合同订立后，投保人丧失保险利益的不影响保险合同的效力。

【案例3－24】 马某与某保险公司、王某保险合同纠纷案

判决观点，本案中，王某为马某投保时系在双方夫妻关系存续期间，王某对马某具有保险利益。2013年11月16日，双方协议离婚。此时，如果投保人王某不能或不愿承担交费义务而又不允许被保险人转化身份为投保人的话，则该保险合同的效力只能中止进而导致合同被解除。从保险人方面来讲，其承担的是被保险人的风险，收取的保费是保险人承担风险的对价。至于保费由谁交纳，并不影响保险公司对保险标的危险程度的判断，亦不损害保险公司的利益。从马某方面讲，马某与王某离婚后，保险费一直由其自行向保险公司交纳。允许马某转化身份成为投保人，符合权利义务对等原则和公平原则。因此，根据原《民法通则》第四条(后变迁为《民法典》第五条、第六条、第七条)“民事活动应当遵循自愿、公平、等价有偿、诚实信用的原则”的规定，对于马某要求王某、保险公司变更保险合同投保人的主张，予以支持。〔2〕

---

〔1〕 参见林海权：《人身险投保人于合同存续期间丧失保险利益的法律效果》，载谢宪、李友根主编：《保险判例百选》，法律出版社2012年版，第201页。

〔2〕 参见最高人民法院民事审判第二庭编著：《最高人民法院关于保险法司法解释(三)理解与适用》，人民法院出版社2015年版，第100页。

被保险人在他人保险利益范围内投保的,保险利益在合同订立时即不存在,而且在整个保险合同存续期间,投保人对合同约定的被保险人都不具有保险利益,对此有的法院认定保险合同有效。

【案例3-25】 阜新市金运储运有限公司诉中国人民财产保险股份有限公司杭州市分公司财产保险合同纠纷案

一审法院认为,本案原告对保险标的具有责任保险利益而不具有所有权保险利益,但在他人保险利益上投保的保险,虽然不具有合同约定的保险利益,但并不当然是无效合同,不但《保险法》没有规定在他人利益上投保的保险合同为无效合同,根据原《合同法》第五十二条的规定,该合同也没有法律规定的无效情形,所以该合同应是合法有效的。根据保险合同约定,当发生保险事故时,保险人应当按照合同约定对被保险人的损失进行赔偿。被告作为专业保险机构和专业保险代理机构,在原告投保时并未向被保险人明确说明在他人保险利益上投保,保险公司依据保险合同不承担赔偿责任。通过本案审理,原告与被告及被告保险代理机构的投保与承保行为延续二年,且在发生保险事故时双方就赔偿问题进行充分协商,因此被告是明知被保险人在他人保险利益上投保,仍然为其承保,且在发生保险事故后并未明确拒绝赔偿,被告行为视为保险人弃权,保险人应当承担赔偿责任。二审法院认为,上诉人与被上诉人之间的保险合同真实合法有效,法院予以确认。[1]

投保人在投保单中由保险人的代理人代为打勾或填写的部分签名的,保险合同有效。

【案例3-26】 习某诉中国人民人寿保险股份有限公司宜昌分公司保险合同纠纷案

判决观点,关于投保单上习某某和原告习某签名的效力问题。原告认为投保单和提示书上所有的打勾和字均不是习某和习某某亲笔所写,仅签名部分为本人亲笔所写,故该证据不能证明被告向原告询问了相关病史。法院认为,根据《保险法解释(二)》第三条第二款的规定,“保险人或者保险人的代理人代为填写保险单证后经投保人签字或者盖章确认的,代为填写的内容视为投保人的真实意思表示。但有证据证明保险人或者保险人的代理人存在保险法第一百一十六条、第一百三十一条相关规定情形的除外”,习某某与原告习某均系年满18周岁具有完全民事行为能力的成年人,且投保单的“声明与授权”栏均用黑体字加粗显示,故原告的亲笔签名具有法律约束力,现原告

---

〔1〕 参见国家法官学院案例开发研究中心编:《中国法院2019年度案例》(保险纠纷),中国法制出版社2019年版,第134页。河北省沧州市中级人民法院(2017)冀09民终1711号民事判决书。

未提交证据证明被告在与其订立保险合同时,存在《保险法》第一百一十六条、第一百三十一条相关规定,那么即便是被告的代理人在询问表格中所打的勾也应视为习某某、习某的真实意思表示。〔1〕

关于保单受让人没有保险利益是否影响合同效力是有争议的问题。制定司法解释的法官认为,投保人将保险合同转让给无保险利益的第三人,从性质上与投保人在保险合同存续期间丧失保险利益等同。在《保险法》已经通过比较完善的制度对保险合同转让中可能导致的道德风险进行防范的情况下,应允许投保人将保单转让给不具有保险利益的受让人,以更好地发挥人身保险中保单的投资功能,促进人身保险业务的发展。保险合同受让人没有保险利益不影响合同的效力,〔2〕即合同有效。

意外伤害保险条款关于"被保险人发生意外伤害保险事故导致身体残疾的,按照《人身保险残疾程度与保险金给付比例表》给付残疾保险金"的约定,是关于保险范围和保险赔付标准的约定,并未在保险人承担保险责任的范围内减轻或排除其应当承担的风险与损失,不属于免除或者减轻保险人责任的条例,保险人不需要特别的提示、说明,条款即生效。如王某某诉中国人寿保险公司泰州分公司意外伤害保险合同纠纷案。〔3〕

《保险法》有关备案的规定并非强制性规定,违反该规定并不必然导致合同无效。

【案例3-27】 神龙汽车有限公司诉中保财产保险有限公司武汉市汉阳区支公司购车保险合同纠纷案

最高人民法院认为,虽然本案保证保险合同所约定险种的保险条款和保险费率未报经金融监督管理部门备案,有关金融监督管理部门可以依照上述法律规定对中保财产保险有限公司武汉市汉阳区支公司(以下简称财保汉阳公司)予以行政处罚,但并不能因此而认定本案所涉保证保险合同无效。本案保证保险合同应为有效,当武汉博大汽车贸易公司不能偿还神龙汽车有限公司的欠款时,财保汉阳公司应依照约定承担相应的赔偿责任。〔4〕

关于保险合同中等待期条款的效力问题,等待期又称观察期或免责期,是指保险合同在生效的指定期间内,即使发生保险事故,被保险人或受益人也不能获

---

〔1〕 参见国家法官学院案例开发研究中心编:《中国法院2016年度案例》(保险纠纷),中国法制出版社2016年版,第158页。湖北省宜昌市当阳市人民法院(2014)鄂当阳民初字第00119号民事判决书。

〔2〕 参见最高人民法院民事审判第二庭编著:《最高人民法院关于保险法司法解释(三)理解与适用》,人民法院出版社2015年版,第101页。

〔3〕 参见《江苏省高级人民法院公报》2016年第3辑。

〔4〕 最高人民法院(1999)经终字第428号民事判决书。

得保险赔偿。实践中,法官认定保险合同中等待期条款的效力时,应结合保险条款的内容及编排方式,区分等待期是属于一般格式条款还是免责条款。

【案例 3－28】　闫某某诉中国平安人寿保险股份有限公司北京分公司人身保险合同纠纷案

判决观点,本案中,《平安附加平安福提前给付重大疾病保险(2016)条款》第 1.1 条约定"附加险合同生效(或最后复效)之日起 90 日"为等待期,故保险责任的开始时间为附加险合同生效(或最后复效)之日起的第 91 日,上述等待期条款是保险公司提供的格式条款,但并未不合理地扩大投保人、被保险人的义务或限制保险公司应承担的保险责任,不属于免责条款。闫某某认可收到保险单及保险条款,等待期条款对其发生法律效力。[1]

以死亡为给付保险金条件的人身保险合同未经被保险人书面同意并认可保险金额的,在被保险人死亡之后,法院不应认定合同无效。

【案例 3－29】　郑某诉中华联合财产保险股份有限公司舟山公司海上保险合同纠纷案

判决观点,郑某系本案保险合同的投保人,被保险人刘某某受其雇用在其所有的"浙嵊 97 × × ×"船上工作,根据《保险法》第三十一条第一款第四项的规定,郑某对刘某某具有保险利益。被保险人刘某某生前并未书面同意本案保险合同并认可保险金额,至于其主观意愿,因其已身故而不得可知,从其继承人签订调解协议以及转让保险权益的行为可知其继承人对保险合同并无异议,且在被保险人已身故的前提下推定其不同意本案保险合同,不利于保护刘某某继承人的利益,再者船舶所有人为船员投保团体人身意外险系舟山地区渔船的通行做法,是为了船员在船期间遭受人身意外时能得到相应的赔偿,通常情况下船员对此都无异议。投保单虽系被告保险业务人员代为签字,但郑某交纳保险费的行为视为对签字行为的追认,合同成立。综上,法院认为本案保险合同依法成立,合法有效。[2]

人寿保险单质押是否有效是一个疑难的问题。《民法典》并没有明确规定人寿保险单是否可以质押,但是该法第四百四十条第七项规定:"债务人或者第三人有权处分的下列权利可以出质:……法律、行政法规规定可以出质的其他财产权利"。而《保险法》第三十四条第二款规定:"按照以死亡为给付保险金条件的合

---

〔1〕　参见国家法官学院案例开发研究中心编:《中国法院 2019 年度案例》(保险纠纷),中国法制出版社 2019 年版,第 211 页。原北京铁路运输人民法院(2017)京 7101 民初 948 号民事判决书。

〔2〕　参见国家法官学院案例开发研究中心编:《中国法院 2016 年度案例》(保险纠纷),中国法制出版社 2016 年版,第 198 页。浙江省宁波海事法院(2014)甬海法商初字第 595 号民事判决书。

同所签发的保险单，未经被保险人书面同意，不得转让或抵押。”因此，以死亡为给付保险金条件的人寿保险单，经被保险人书面同意，可以质押且质押有效。

【案例3－30】 刘某诉阳光人寿保险股份有限公司等人身保险合同纠纷案

二审法院认为，我国的保单质押贷款是指投保人在合同生效满一定期限后，按照合同约定质押保单的现金价值，向保险公司申请贷款。保单质押贷款是长期人寿保险合同的特有功能，作为一种被广泛运用的担保融资方式具有一定的市场需求，并经监督机构认可。本案中，当事人约定以本案保单现金价值为质押标的设立质权，并签订了《保单贷款申请书》《保险条款》等书面协议，为当事人真实意思表示，且不违反法律、法规的强制性规定，保单质押合同已成立生效。然而，保单质押的质权是否设立并生效，还应符合法律法规的相关规定。当事人约定以保单现金价值为质押标的，我国当前保险制度中的保单是保险人与被保险人订立保险合同的正式书面证明，之所以能成为质押标的是因为其实质上为现金价值请求权的外在形式载体，而现金价值请求权则包含了经济利益，投保人可将其人寿保单现金价值请求权作为质押标的出质。可见，保单质押的性质属权利质押。根据《物权法》第二百二十四条规定，质权自权利凭证交付质权人时设立；没有权利凭证的，质权自有关部门办理出质登记时设立。此规定旨在要求设立质权时对所质押的权利进行一定方式的公示，以保护质权人、出质人和第三人的合法权益，这也符合质权作为担保物权所具优先受偿的排他效力的特点。而本案中，当事人在设立系争质权时没有交付权利凭证或以适当形式公示登记，故该保单质权并未设立，亦不产生担保物权的效力。虽然系争质权并未设立生效，但由于当事人所签订的《保单贷款申请书》《保险条款》等质押合同条款已依法成立，均系当事人真实意思表示，且不违反法律的强制性规定，其中以现金价值折抵保单贷款本息等不涉及质权的部分内容仍然有效，各方当事人应予遵守。而本案中，各方当事人也确认本案外各方并无其他纠纷，也没有任何第三方向本案系争的保单现金价值等主张权利，故仍可按照《保单贷款申请书》《保险条款》有效约定处理争议。[1]

违反法律、行政法规的强制性规定，是指合同的缔约目的、手段、内容或者效果等为法律、行政法规所禁止。持伪造的行驶证与保险公司签订保险合同，双方意思表示一致，该合同成立的目的、手段、内容或者效果均未违反任何法律、行政法规的禁止性规定。行驶证是否真实，只是被保险车辆上路行驶的条件之一，并非保险合同成立和生效的法定要件。

---

〔1〕 参见郭伟清主编：《2017年上海法院案例精选》，上海人民出版社2018年版，第138～139页。

【案例3－31】　中华联合财产保险股份有限公司北京分公司诉胡某某财产保险合同纠纷案

二审法院认为，投保人提出保险要求，经保险人同意，保险合同成立。依法成立的保险合同，自成立时生效。本案中，胡某某与保险公司以河北E6××××号自卸农用运输车为保险标的签订了《机动车辆保险合同》，约定了各自的权利义务。合同成立后，胡某某依照约定交纳了保险费，保险公司签发了保险单。依据已查明的事实，该保险合同系双方真实意思表示。保险公司以涉案机动车行驶证系伪造为由主张保险合同违反法律、行政法规的强制性规定故应无效，对此二审法院认为，违反法律、行政法规的强制性规定是指合同的缔约目的、手段、内容或者效果等为法律、行政法规所禁止，机动车行驶证是《道路交通安全法》认可的机动车上路行驶的法定证件，而非机动车保险合同成立和生效的法定要件。而且，持伪造的行驶证驾驶被保险机动车发生事故，保险人对此是否应当承担保险金责任，也应是保险合同履行过程中发生的争议，并不涉及保险合同的效力争议。现保险公司并无证据证明保险合同的缔约目的、手段、内容或者效果等为法律、行政法规的强制性规定所禁止，保险合同合法有效，故对其主张二审法院不予认可。此外，根据已查明的事实，胡某某提出保险要求，中华联合财产保险股份有限公司北京分公司经审核同意承保，并收取了保险费，签发了保险单，在保险事故发生后，又以被保险车辆使用伪造的行驶证为由主张保险合同不成立，也有违保险合同的最大诚信原则。[1]

即使存在有人冒用保险人工作人员名义，以加盖保险人业务专用章的空白保险单与投保人签订保险合同的情况，投保人有理由相信行为人有代理权的，该代理行为有效，保险人仍应承担相应的法律责任。保险人单方声明保单作废，不影响合同效力，其保险合同依然有效。

对保险条款中出现的法律、行政法规的强制性禁止性规定，保险人仅作提示即为有效。

【案例3－32】　范某甲诉信达财产保险股份有限公司北京分公司财产保险合同纠纷案

一审法院认为，本案中，范某甲所投车辆尚未进行修理，范某甲亦认为信达财产保险股份有限公司北京分公司（以下简称信达保险公司）没有对保险条款尽到说明提示义务，保险条款应属无效。对此，一审法院认为，家庭自用

---

〔1〕 参见国家法官学院案例开发研究中心编：《中国法院2018年度案例》（保险纠纷），中国法制出版社2018年版，第49页。北京市第四中级人民法院（2016）京04民终24号民事判决书。

汽车损失保险条款第六条第六项的免责条款为区别于其他合同条款，已经以加黑加粗特殊字体进行标注，因此信达保险公司已经尽到提示投保人的注意义务。从该免责条款内容看，约定的是车辆驾驶人违反法定义务的情形，车辆驾驶人范某乙及被保险人范某甲对其应承担的该项法定义务的含义应当清楚明了。现范某乙在事故发生后逃逸行为属家庭自用汽车损失保险条款第六条第六项规定的遗弃被保险机动车逃离事故现场之情形，该行为属于法律禁止性规定，故范某甲认为该项条款无效的主张，一审法院不予采纳，信达保险公司有权依据该项约定，不承担赔偿责任，故范某甲的诉讼请求，一审法院不予支持。二审法院维持一审判决。[1]

通过网络平台在同一家保险公司重复购买多份内容相同保险，并非重复保险，应为有效。

【案例3-33】 吴甲诉某某保险公司苏州分公司人身保险合同纠纷案

判决观点，通过互联网平台在同一家保险公司重复购买多份内容完全相同的保险不属于我国法律中的重复保险，该重复购买的多份保险合同在无法定合同无效情形下均成立且有效，保险公司不得单方解除；保险事故发生后此类情形下的理赔规则应视保险性质而定，即补偿性保险应当类推适用重复保险的限制理赔规则，非补偿性保险应按每份保险合同予以“重复理赔”。判决：被告向原告支付赔偿款43,753元（含意外医疗费20,000元、意外住院津贴900元、骨折意外补偿3000元、意外残疾赔偿金20,000元，扣除被告已退回的147元）。[2]

在团体意外保险中，名义投保人与实际投保人不一致的保险合同有效，实际投保人具有保险利益。

【案例3-34】 杨某诉人寿山东分公司、产联公司意外伤害保险合同纠纷案

一审法院认为，本案中，创造公司以产联公司的名义为包括原告在内的708人向人寿山东分公司投保团体人身保险，产联公司经营范围包括保险代理业务，故产联公司为名义投保人，创造公司为实际投保人，对原告杨某具有保险利益，而涉案保险合同被保险人总数达708人，人寿山东分公司未尽基本审查义务仍与产联公司签订合同并收取保费，双方之间的保险合同依法成立且合法有效，双方均应依约行使权利并履行义务。故原告作为涉案保险合

〔1〕 参见国家法官学院案例开发研究中心编：《中国法院2015年度案例》（保险纠纷），中国法制出版社2015年版，第8页。北京市第一中级人民法院(2014)一中民终1840号民事判决书。

〔2〕 参见国家法官学院、最高人民法院司法案例研究院编：《中国法院2022年度案例》（保险纠纷），中国法制出版社2022年版，第125页。广东省广州市海珠区人民法院(2020)粤0105民初23689号民事判决书。

同的被保险人在保险期间内发生意外事故后，有权要求人寿山东分公司履行保险金赔付义务。判决：(1)人寿山东分公司支付杨某保险理赔款合计683,714.39元；(2)驳回杨某的其他诉讼请求。二审法院同意一审法院裁判意见。[1]

(三)保险合同效力待定

一般认为，效力待定的合同通常不具有违约性因素，当事人的意思表示也不存在瑕疵，主要是因为当事人缺乏相应的缔约能力。现行《保险法》和司法解释未对效力待定的保险合同作出特别规定，根据《民法典》合同编的规定，下列情况中的保险合同效力待定：其一，限制民事行为能力人订立的保险合同；其二，无权代理人订立的保险合同。

对于效力待定的保险合同，限制民事行为能力人的法定代理人或权利人追认的合同有效；反之合同无效。

(四)保险合同复效

恢复已经中止的保险合同的效力，称为保险合同的复效。[2]

《保险法解释(三)》第八条规定："保险合同效力依照保险法第三十六规定中止，投保人提出恢复效力申请并同意补交保险费的，除被保险人的危险程度在中止期间显著增加外，保险人拒绝恢复效力的，人民法院不予支持。保险人在收到恢复效力申请后，三十日内未明确拒绝的，应认定为同意恢复效力。保险合同自投保人补交保险费之日恢复效力。保险人要求投保人补交相应利息的，人民法院应予支持。"该条规定包含以下几层含义：其一，复效的条件为，投保人提出申请并补交保险费。其二，复效的期限是保险人收到申请后30日内。其三，复效的起始时间为投保人补交保险费及利息之日。其四，复效的限制为危险程度在中止期间显著增加。

保险合同复效的适用范围，即复效适用于何种保险合同，取决于保险合同中

---

〔1〕 参见国家法官学院、最高人民法院司法案例研究院编：《中国法院2021年度案例》(保险纠纷)，中国法制出版社2021年版，第134页。江苏省南京市中级人民法院(2019)苏01民终9385号民事判决书。

〔2〕 参见最高人民法院民事审判第二庭编著：《最高人民法院关于保险法司法解释(三)理解与适用》，人民法院出版社2015年版，第188页。

止的适用范围。现行《保险法》在第二章保险合同第二节人身保险合同中规定了中止和复效制度,这就表明人身保险合同可以适用复效制度。人身保险包括人寿保险、健康保险和伤害保险三个险种,现行《保险法》并未限定保险合同复效适用的人身保险合同的具体类型。主流观点认为复效制度可以适用于所有的人身保险合同。财产保险合同原则上不能适用复效制度,但也存在例外即某些财产保险合同亦可以适用,其中哪些险种可以适用需要在理论和实践上加大探索以取得共识。

关于保险合同复效的条件,一般认为复效的条件为,其一,有请求保险人恢复合同效力的意思表示。其二,被保险人的状况符合投保条件。其三,投保人补交齐保险费和利息。其四,投保人和保险人形成复效合意即复效协议。

保险公司不能依据被保险人在保险合同效力中止之前患有的疾病拒绝恢复保险合同效力。

【案例3-35】 黄某某诉中国人寿保险股份有限公司无锡市分公司人身保险合同纠纷案

判决观点,黄某某因急性主动脉夹层(Stanford A 型)以及高血压病 2 级(极高危组)在长海医院住院治疗,进行手术治疗并非发生在保险合同效力中止期间,黄某某的危险程度在合同效力中止之前即已增加,因此保险合同效力恢复,不会增加中国人寿保险股份有限公司无锡市分公司(以下简称人寿公司)的责任,人寿公司拒绝恢复效力缺乏正当性。判决:原告补交拖欠保险费及利息,保险合同于原告补交上述保险费后恢复效力。〔1〕

保险合同中约定复效须达成合意的,应遵从双方约定。双方未达成协议,则不能恢复保险合同效力。

【案例3-36】 孙某诉人保石河子公司人身保险合同纠纷案

二审法院认为,上诉人与被上诉人签订的康健吉顺定期防癌疾病保险合同系当事人双方真实意思表示,不违反法律、法规的禁止性规定,合法有效,具有约束力。当事人双方均应按照合同的约定享受权利履行义务。合同签订后,上诉人在按时缴纳 2014 年、2015 年、2016 年三期保费后,因上诉人个人原因,其未能按照合同约定的日期缴纳后期保费,导致保单在宽限期届满后于 2017 年 7 月 22 日零时中止。在保险合同中止后未满两年内,上诉人向被上诉人申请恢复保险合同的效力,并递交了保全作业申请书、新疆维吾尔自治区人民医院出具的出院诊断证明及上诉人填写的健康告知书,表达了缴

---

〔1〕 参见国家法官学院案例开发研究中心编:《中国法院 2018 年度案例》(保险纠纷),中国法制出版社 2018 年版,第 210 页。江苏省无锡市滨湖区人民法院(2016)苏 0211 民初字第 3241 号民事判决书。

纳保险费、恢复合同效力的意思。《保险法解释(三)》第八条第一款规定:……被上诉人根据保险合同中复效规则进行审查时,认为上诉人在合同效力中止期间发生的疾病主要是继发性高血压(三期)、脑缺血灶等疾病,造成其危险程度显著增加。且足以影响保险人是否同意恢复保险或者提高保险费率。另根据康健吉顺定期防癌疾病保险条例第3.4条约定,保险合同中止后两年内,被保险人可以申请恢复合同效力,但是必须与保险人达成协议。本案中,上诉人与被上诉人就是否恢复保险合同,未能达成合意。故上诉人要求被上诉人继续履行与其签订的保险合同于法无据,其上诉理由法院不予采纳。判决:驳回上诉,维持原判。[1]

关于保险合同复效与保险合同有效的区分,实践中,凡有自动垫交条款且符合条件的,保险人不能以投保人未续交保险费为由使合同效力中止。在现金价值超出投保人应交保险费的情况下,保险人应该自动垫交该项欠交保险费使保险合同继续有效,其投保人迟延交保险费的行为不应看作申请复效。

【案例3-37】 王某与某人寿保险股份有限公司保险合同纠纷案

判决观点,双方争议的焦点是王某于2012年10月24日交保险费时,比按合同约定的时间2012年8月15日晚了70天,所产生的后果是申请复效还是合同继续有效。根据保险公司终身保险条款第七条第二款约定:"如未按上述规定日期交付保险费的,自次日起六十日为宽限期;在宽限期内发生保险事故公司仍负保险责任;逾宽限期间仍未交付保险费的,如本合同当时具有现金价值,且现金价值扣除保险费及利息、借款及利息后的余额足以垫交到期应交保险费时,本公司将自动垫交该项欠保险费使本合同继续有效;当本合同当时的现金价值余额不足以垫交到期应交的保险费时,或前项垫交的费用及利息达到本合同现金价值时,本合同效力中止。"王某从2008年开始按时交保险费到2012年时,已交足4年,根据终身保险的现金价值表规定,已交足4年的每1000元的现金价值是497元,则王某当时的现金价值应该是9184.56元,远超出王某2012年8月15日应欠保险费4620元。根据前述保险条款约定,保险公司应该自动垫交该项欠保险费使本合同继续有效。保险公司将王某2012年10月24日续交保险费看作申请复效,并以此为由

[1] 参见国家法官学院、最高人民法院司法案例研究院编:《中国法院2021年度案例》(保险纠纷),中国法制出版社2021年版,第162页。新疆生产建设兵团第八师中级人民法院(2019)兵08民终597号民事判决书。

拒赔,不符合合同约定。〔1〕

《保险法》第三十六条和第三十七条规定的几个期间,实际上属于半强制性规范,或者说相对性规范。半强制性规范,原则上不允许保险合同约定排除,但如果有利于投保人一方,则不在此限,亦不应否定其效力。

【案例3－38】 王某某诉中国人寿保险股份有限公司北京市分公司保险合同纠纷案

二审法院认为,本案中,双方当事人关于复效的约定遵循了《保险法》中的保险合同复效的规则。依据现有证据,双方之间的保险合同仍处于效力中止状态,被保险人王某的危险程度在中止期间并未显著增加,现投保人王某依据保险合同的约定提出复效申请,人寿保险公司不得拒绝。〔2〕

(五)保险合同效力疑难问题

保险利益存在与否是否影响财产保险合同效力是实践中经常发生的争议。从现行《保险法》规定来看,财产保险合同中,不以投保人对保险标的具有保险利益为保险合同效力要件,被保险人不具有保险利益的并不导致保险合同无效。换言之,基础买卖合同被认定无效,不必然导致保险合同无效。

【案例3－39】 中国航空技术上海有限公司诉中国出口信用保险公司上海分公司保险合同纠纷案

一审法院认为,原告与案外人所签合同的效力,是否影响其与被告签订保险合同的效力。原告与案外人所签销售合同,以合法形式掩盖非法目的,系无效合同,但不必然影响保险合同效力。对于原告主张其无保险利益,涉案保险合同无“危险性”的主张,法院认为,其一,财产保险合同中,不以投保人对保险标的具有保险利益为保险合同生效的要件。《保险法》第十二条第二款要求被保险人在保险事故发生时应对保险标的具有保险利益;第四十八条明确,保险事故发生时,被保险人对保险标的不具有保险利益则不得向保险人请求赔偿保险金,即保险利益存在与否不必然导致保险合同效力变化。其二,原告从事出口贸易,并向被告投保短期出口信用保险,保险标的系原告

〔1〕 参见最高人民法院民事审判第二庭编著:《最高人民法院关于保险法司法解释(三)理解与适用》,人民法院出版社2015年版,第235页。河南省光山县人民法院(2014)光民初字第01095号民事判决书。

〔2〕 参见国家法官学院案例开发研究中心编:《中国法院2019年度案例》(保险纠纷),中国法制出版社2019年版,第234页。北京市第四中级人民法院(2017)京04民终104号民事判决书。

就保险期间内所有出口贸易回收货款的利益,而非自具体、特定的进口商处收取货款的利益,原告向被告申报具体进口商的名称、贸易额,仅为双方区分、计算相应保险费所需,与双方每年签订续转保单,原告根据出口贸易情况逐笔向被告申报,双方于约定时间进行保险费核定的交易模式相符。故原告从事出口贸易,即对保险合同项下的保险标的(回收货款)具有保险利益,原告认为其对涉案保险合同保险标的无保险利益的抗辩意见,不予采信。故原告与被告签订的短期出口信用保险综合保险单系双方真实意思表示,真实、有效,原告以保险合同无效而要求被告返还保险费的诉讼请求,于法无据,判决对原告的诉讼请求不予支持。二审法院亦持同样意见,维持一审判决。

在保险事故发生后,人身保险合同的保险金成为确定的、纯财产性质的债权,此时的保险金请求权不具有人身依附性,可以自由转让,转让人身商业险的保险金请求权不违反法律禁止性效力性规定,应为有效。

【案例3-40】 胡某等诉人保绍兴分公司、电梯公司保险合同纠纷案

二审法院认为,胡某等四人关于涉案理赔受益权转让无效,要求支付保险金80万元的主张不宜得到支持,理由如下:第一,涉案理赔受益权转让系在人身伤亡事故发生之后,在人保绍兴分公司的见证下,由胡某等四人与电梯公司经协商达成,是双方真实意思表示;第二,电梯公司给死者吴某缴纳了工伤保险,按照法律规定,公司没有必要主动与吴某的家属签订涉案工伤死亡赔(补)偿协议,电梯公司也称系死者吴某的家属主动要求其签订协议;第三,涉案理赔受益权系商业险,吴某死亡后,保险金系其遗产,胡某等四人作为遗产的继承人,有权依法进行处置,故涉案理赔受益权转让协议并不违反法律的禁止性规定,为合法有效协议;第四,死者吴某的工伤保险金核定为85万元,而胡某等四人获得85万元,理赔受益权转让协议签订时,对于该保险能不能获得理赔及具体理赔金额尚需保险公司进行调查、决定。胡某等四人自愿从电梯公司处获得85万元而不走正常的工伤保险申请、商业保险理赔程序,也是其经权衡而作出的决定。判决:驳回上诉,维持原判。[1]

---

〔1〕 参见国家法官学院、最高人民法院司法案例研究院编:《中国法院2022年度案例》(保险纠纷),中国法制出版社2022年版,第130~131页。浙江省绍兴市中级人民法院(2020)浙06民终4829号民事判决书。

三、保险合同无效

所谓合同无效，是指合同虽然已经成立，但因其违反法律、法规的强制性规定或社会公共利益，因此应被确认无效。[1] 保险合同纠纷案件中，双方争议的焦点之一可能就是围绕保险合同无效进行的，其认定和处理是相当复杂的。

(一)保险合同无效范围

保险合同无效的范围，依《保险法》明确规定，主要从以下方面认定：

1. 无保险利益

根据《保险法》第十二条的规定，没有保险利益的合同无效。认定是否有保险利益，应看是否符合保险利益的构成要件以及法律规定。

【案例 3-41】 重庆腾辉地维水泥有限公司等诉渤海财产保险股份有限公司等保险合同纠纷案

判决观点，报废车辆上道行驶违反法律相关规定，且存在严重安全隐患，影响社会公共安全，重庆金磊运输有限公司（以下简称金磊公司）与渤海财产保险股份有限公司重庆分公司（以下简称渤海公司重庆分公司）就报废的金磊22#车辆签订的保险合同，应属无效。重庆腾辉地维水泥有限公司（以下简称腾辉公司）、曾某某、金磊公司要求渤海公司重庆分公司承担保险金赔付责任的请求，法院不予支持。[2] 在本案中，认定报废车辆所有人除了因报废车辆拆解产生的收益属于法律承认并为法律所保护的利益外，其他以报废车辆营运等方式进行牟利的行为均被法律所禁止，已不符合保险利益的合法性特征，即金磊公司对报废车辆无保险利益，故法院判决正确。

---

〔1〕 参见王利明：《合同法研究》（第1卷），中国人民大学出版社2002年版，第507页。

〔2〕 参见国家法官学院案例开发研究中心编：《中国法院2012年度案例》（保险纠纷），中国法制出版社2012年版，第21页。

【案例 3－42】　李某甲与中国人寿汝州支公司等人身保险合同纠纷案

判决观点，被保险人李某乙不是原告李某甲之子，在原告李某甲与被告人寿河南分公司签订的保险合同中，原告李某甲作为投保人，与被保险人不具有保险利益，同时该合同中含有以死亡为给付保险金条件的内容，该合同违反了《保险法》的强制性规定，应为无效合同。[1]

2. 保险人免除依法应承担的义务

《保险法》第十九条第一项前半段规定"免除保险人依法应承担的义务"，这里讲的法，除包括《保险法》外，还应包括《民法典》及其他法律、行政法规。这里的"依法应承担的义务"，只能是法律、行政法规为保险人明确规定的义务。主要有交付格式条款义务、明确说明的义务、赔偿或者给付保险金的义务等。保险人免除自己依法承担的义务，主要是以免责条款的形式表现的。保险人免责分为原因免责和结果免责两种。原因免责，是指保险人对于某些原因造成的保险事故不承担保险责任。结果免责，是指特殊情形下保险人对于保险责任范围内的保险事故不承担保险责任。

【案例 3－43】　宜兴市玉阳陶瓷艺术品厂诉民安保险（中国）有限公司宜兴支公司保险合同纠纷案

二审法院认为，保险条款虽约定保险人依据保险机动车一方在事故中所负事故责任比例承担相应的赔偿责任，但该条约定应属无效。理由是按该条约定，当保险事故由第三方引起时，即保险车辆方无事故责任时，保险人将不承担责任，这就使保险人在收取投保人保险费的同时免除了其赔偿的义务，也使《保险法》规定的"因第三者对保险标的损害而造成保险事故的，保险人自向被保险人赔偿保险金之日起，在赔偿金额范围内代位行使被保险人对第三者请求赔偿的权利"条款形同虚设。并且，如果适用该条款，容易出现同样是交通事故造成保险车辆受损，有过错的驾驶人能得到保险赔偿而没有过错的驾驶人却得不到保险赔偿的不公平情况，也会引发驾驶员为了规避约定而自揽责任的道德风险，故该条款作为保险公司提供的格式条款，免除了保险公司的责任、排除了被保险人依据保险合同获得保险金这一主要权利，违背了投保人的投保目的，根据原《合同法》第四十条的规定，应属无效。[2]

---

〔1〕　河南省汝州市人民法院（2010）汝经初字第 80 号民事判决书。

〔2〕　参见国家法官学院案例开发研究中心编：《中国法院 2012 年度案例》（保险纠纷），中国法制出版社 2012 年版，第 137 页。

【案例3－44】 郭某某诉中国太平洋财产保险股份有限公司北京分公司财产保险合同纠纷案

判决观点，在因第三者对保险标的造成损害的保险事故中，保险人是否向被保险人赔偿保险金，并不以该保险事故发生时保险车辆驾驶员在事故中是否承担责任或者承担多少责任为标准。同时，《保险法》并没有赋予保险合同订立各方在订立合同时对该法律规定有另作约定的权利。因此，保险合同条款中赔偿处理项下第十五条的约定，系利用格式条款，排除对方主要权利，并违反了法律的强制性规定，应当认定无效。[1]

类似的案例还有陆某某诉中国大地财产保险股份有限公司南通中心支公司保险合同纠纷案。

保险合同中从业资格证等免责条款亦应按无效认定。

【案例3－45】 唐某诉中国人民财产保险股份有限公司盐城市分公司财产保险合同纠纷案

一审法院认为，涉案免责条款仅表述为“无交通运输管理部门核发的许可证书或其他必备证书”，人保盐城公司仅依据该表述即认定此处“证书”专指“从业资格证”明显不当。涉案保险条款系格式条款，应作出有利于投保人的解释。从合法驾驶人资格的认定标准来探讨，驾驶人能否驾驶机动车的前提是驾驶人是否按照《道路交通安全法》的规定取得驾驶证，而非从业资格证。该格式条款中“无交通运输管理部门核发的许可证或其他必备证书，不予赔偿”的规定，显属免除保险人依法应承担的义务并加重投保人、被保险人责任的免责条款，依法应认定无效。二审法院认为，对于案涉免责条款的效力认定问题，二审法院同意一审法院裁判意见。[2]

应注意的是，对保险合同约定的保险人可不尽或排除说明义务的条款，亦应认定无效。但约定保险人承担保险责任范围的合同条款，不因保险人未履行说明义务而不生效，更谈不上无效。减轻保险人依法应承担的责任的免责条款在此情况下是否也应认定无效，有不同观点，尚需深入探讨。

3. 排除投保人、被保险人和受益人依法享有的权利

即《保险法》第十九条第二项的规定。“依法享有的权利”包括两类：一类是由《保险法》或者其他法律、行政法规明确规定的权利，如起诉、受教育、劳动、解

---

〔1〕 参见国家法官学院案例开发研究中心编：《中国法院2012年度案例》（保险纠纷），中国法制出版社2012年版，第80页。

〔2〕 参见国家法官学院、最高人民法院案例研究院编：《中国法院2020年度案例》（保险纠纷），中国法制出版社2020年版，第31～32页。江苏省盐城市中级人民法院（2018）苏09民终4305号民事判决书。

除合同等;另一类是虽然未经法律明确赋予,但是依照"民事活动凡法律未禁止者皆可为"的原理可以任意进行,且一旦被限制将严重影响当事人生活的权利,如餐饮、购物、旅游等。投保人、被保险人和受益人享有的权利内容十分广泛,但是其权利是否与保险法律关系相联系,是否是在保险法律关系中的权利,则需要界定。一般来说,在保险法律关系中,基于权利与义务的相对性,保险人的法定义务,通常即为投保人、被保险人和受益人的法定权利。保险人在格式条款中,通常会设置一定数量的条款,专门用于排除对方当事人的权利。主要包括行为限制和结果限制。前者指保险人不允许被保险人为某种行为,否则即承担不利后果。后者指保险人对于保险事故造成的某些结果不承担保险责任。实践中,保险人排除投保人、被保险人和受益人法定权利,并非公然的排除,而是利用隐性条款变相地排除。例如,中国太平洋保险股份有限公司《神行车保机动车综合险》(2009 年版)机动车损失保险条款第十五条第一款规定,除保险合同另有约定外,保险人依据保险机动车一方在事故中所负责任比例、承担相应的赔偿责任。

【案例 3-46】 吴某某诉中国平安保险股份有限公司财产保险合同纠纷案

涉案的《中国平安机动车保险条款(2007 年版)》第一章"商业第三者责任险"及第二章"车辆损失险"中"赔偿处理"之下第十条的内容是:"保险车辆发生道路交通事故,本公司根据驾驶人在交通事故中所负事故责任比例相应承担赔偿责任。"一审、二审法院均认为该条款排除原告主要权利,认定该条款无效。[1]

【案例 3-47】 王某某诉阳光财产保险股份有限公司宿迁支公司人身保险合同纠纷案

二审法院认为,在双方保险合同中,关于"被保险人如果已从其他途径获得补偿,则本公司只承担合理医疗费用剩余部分的保险责任"的约定,属于格式条款中的免责条款。上述保险合同条款,实质上排除了被保险人可以同时享有的向第三者请求损害赔偿的权利与要求保险公司给付保险金的权利,应属于无效条款。故即使被保险人已经提起侵权诉讼,也仍然有权向上诉人主张保险金。[2]

保险合同中"违反建筑安全生产相关规定即免除保险责任"的条款限制了受益人的主要权利,属于无效条款。

---

〔1〕 参见最高人民法院中国应用法学研究所编著:《人民法院案例选》(月版)2009 年第 10 辑(总第 10 辑),中国法制出版社 2010 年版,第 88 页。

〔2〕 参见国家法官学院案例开发研究中心编:《中国法院 2013 年度案例》(保险纠纷),中国法制出版社 2013 年版,第 210 页。

【案例3-48】 集团第四工程公司诉人寿保险公司人身保险合同纠纷案

一审法院认，具体至本案，首先，对于何为“违反建筑安全生产”、违反的建筑安全生产规定层级以及由谁来证明违反了建筑安全生产等，在涉案合同中均没有明确定义、释义，一旦发生建筑安全生产事故，人寿保险公司以此笼统、宽泛、不明确的表述就剥夺受益人请求保险金的权利，对受益人有所不公，限制和排除了受益人的主要权利。其次，对于违反建筑工程安全生产相关规定，在主观上亦有故意和重大过失、一般过失之分，不区分情形而笼统不予赔付，无异于架空了被保险人、受益人基于意外伤害而享有的保险金请求权和分散风险的权利，剥夺了被保险人、受益人的主要权利。人寿保险公司指出，“安全生产的规定不可能在保险合同中尽数列明，就如同保险合同中对于故意犯罪行为免赔责任中不会就犯罪的罪名尽数列明”。其也认为，免赔责任应针对主观故意。本案中，通渭县安全生产监督管理局认定事故为一般事故，非重大事故，亦无证据表明付某系故意违反安全生产管理规定造成保险事故或者存在自杀行为。因此，受益人应享有基于本案保险合同而产生的保险金请求权。判决：(1)人寿保险公司支付集团第四工程公司保险金30万元；(2)驳回集团第四工程公司的其他诉讼请求。二审法院同意一审法院裁判意见。[1]

4. 加重投保人、被保险人责任

《保险法》第十九条第一项后半段对此作了规定。投保人、被保险人的义务来源主要为，一是《保险法》等法律和行政法规所规定的法定义务，二是保险合同约定的合同义务。所谓“加重责任”，是指格式条款中含有通常情形下投保人、被保险人不应承担的责任内容，如保险合同中约定，投保人需主动告知其身体疾病情形，如不主动告知，发生保险事故的，保险人免责。该约定违反《保险法》规定询问告知模式，实质是要投保人主动告知而加重了其责任。

【案例3-49】 邢某某等诉中国人民财产保险股份有限公司芜湖市分公司保险合同纠纷案

二审法院认为，根据保险条款第二十五条的约定，在因第三人的原因造成财产损失的，被保险人只能向第三人请求损害赔偿，保险人却不承担理赔责任。该条款限制和剥夺了被保险人选择请求权的权利，单方面减免了保险人本应承担的理赔责任，为被保险人索赔设置了障碍，加重了被保险人的责任。原审法院对该条款的内容进行审查，并作出该条款无效的认定符合法律

〔1〕 参见国家法官学院、最高人民法院司法案例研究院编：《中国法院2022年度案例》(保险纠纷)，中国法制出版社2022年版，第112～113页。北京市第一中级人民法院(2020)京01民终3404号民事判决书。

规定。[1]

5. 超额保险部分

《保险法》第五十五条第三款规定："保险金额不得超过保险价值。超过保险价值的，超过部分无效，保险人应当退还相应的保险费。"这里的"超过保险价值的，超过部分无效"，是指保险金额超过保险价值，各国保险法对超额保险都作了限制性规定，有依投保人的善意与恶意，规定保险合同超额部分无效或全部无效，有的则不论善意与恶意，规定凡超额的，超额部分无效。我国《保险法》第五十五条第三款的规定即从后者。该条规定，超额保险将导致保险合同部分无效。在人身险中，父母为未成年子女订立的保险合同的死亡保险金额超过保险监管机构规定的，如何认定其效力，最高人民法院法官认为，未成年子女死亡，给付保险金总和超过最高限额的，超过部分因违反《保险法》规定而无效，如果该部分不影响合同其他部分效力的，则该保险合同仍然有效，但应将保险合同的保险金额直接推定为保险监管机构明确规定的最高限额。[2]

6. 违反人身险中特别规定行为

《保险法》第三十四条第一款规定："以死亡为给付保险金条件的合同，未经被保险人同意并认可保险金额的，合同无效。"第三十三条第一款规定："投保人不得为无民事行为能力人投保以死亡为给付保险金条件的人身保险，保险人也不得承保。"最高人民法院法官认为，投保人为与其有劳动关系的劳动者投保人身保险，投保人与被保险人均不得指定被保险人及其近亲属以外的人为受益人。对于这一类保险合同而言，即使被保险人本人亲自指定雇主受益人，该受益人指定也为无效。[3]

在实践中对于没有书面同意形式的合同，如何认定"同意"成为困扰法官认定合同效力的新问题，这也需要法官从《保险法》第三十四条规定的立法目的出发认定具体案件中"同意"的形式。如辽宁省公安英烈救助协会诉民安保险（中国）有限公司辽宁分公司保险合同案。[4]

《保险法解释（三）》第六条规定："未成年人父母之外的其他履行监护职责的

---

〔1〕 参见最高人民法院中国应用法学研究所编：《人民法院案例选》2008 年第 3 辑（总第 65 辑），人民法院出版社 2009 年版，第 305 页。

〔2〕 参见最高人民法院保险法司法解释起草小组编著：《〈中华人民共和国保险法〉保险合同章条文理解与适用》，中国法制出版社 2010 年版，第 266 页。

〔3〕 参见最高人民法院保险法司法解释起草小组编著：《〈中华人民共和国保险法〉保险合同章条文理解与适用》，中国法制出版社 2010 年版，第 266 页。

〔4〕 参见国家法官学院案例开发研究中心编：《中国法院 2012 年度案例》（保险纠纷），中国法制出版社 2012 年版，第 181 页。

人为未成年人订立以死亡为给付保险金条件的合同,当事人主张参照保险法第三十三条第二款、第三十四条第三款的规定认定该合同有效的,人民法院不予支持,但经未成年父母同意的除外。"该条规定包含以下几层含义:其一,对投保人的身份进行了严格的限制,只扩大到未成年父母之外的其他履行监护职责的人。虽是未成年的近亲属,但未因法定或委托而享有监护权的,则不具有投保死亡险的资格,其所签的保险合同无效。其二,未成年的父母,是指法律意义上的父母,包括生父母也包括养父母。如果未成年人既有生父母也有养父母的,则应当经过养父母的同意,而非生父母同意。其三,未成年的父母同意中的父母应当有监护权和监护能力。

【案例3-50】 陆某某与中国人寿保险股份有限公司无锡市分公司人身保险合同纠纷再审案

再审法院认为,本案中,5959号保险合同的投保人是无民事行为能力人陆某某的祖父陆某某,但该合同已经过陆某某父亲的同意,因此,投保的道德风险已被防范,符合《保险法》的立法本意。再者,此保险合同经过被保险人的法定监护人的同意,即可视为经被保险人同意,故应属有效。综上,对无锡市人民检察院及陆某某提出的该合同因违反《保险法》第三十三条的规定而无效的理由及主张,再审法院不予采纳。对保险公司提出的"此类人身保险,只要征得其父母同意,应当有效"的答辩意见,再审法院予以采纳。原审判决认定事实清楚,适用法律正确,应予维持。[1]

7. 其他无效的法定情形

《保险法》以外的法律规定的无效情形主要指《民法典》总则编与合同编等规定的无效情形。

实践中,保险业务员诱导投保人订立保险合同并垫付保险费,其后又以个人名义到法院起诉主张自身债权,其行为变相为以诉讼方式要求投保人支付保险费,行为目的是避开法律禁止规定,双方签订的保险合同应属无效合同。

【案例3-51】 李某某诉中国太平洋人寿保险股份有限公司上海分公司人身保险合同纠纷案

判决观点,李某某系退休人员,为弥补伤病损失及获得相应的分红利益而购买保险,确有投保意愿。但从其收入来看,每年高达5万余元并需缴纳5

---

〔1〕 参见最高人民法院民事审判第二庭编著:《最高人民法院关于保险法司法解释(三)理解与适用》,人民法院出版社2015年版,第163页。江苏省无锡市中级人民法院(2014)锡商再提字第00004号民事判决书。

年的保险费，显然是超出其支付能力的，其在本案中未能一次性向中国太平洋人寿保险股份有限公司上海分公司（以下简称太平洋保险上海分公司）支付首期保险费也足以说明该事实。在此情况下，毛某某非但不考虑李某某履行合同的能力以及不能履行合同将给李某某带来的损失，反而采用垫付保险费的引诱手段，促成保险合同的订立，其行为显属违法。嗣后，其又以诉讼的方式向李某某追讨保险费，将保险费的支付转化为个人债权债务，作为太平洋保险上海分公司业务员，其行为应认定为太平洋保险上海分公司变相以诉讼方式要求投保人支付保险费。故本案所涉保险合同的订立违反了法律规定，依法确认为无效。[1]

保险合同中无责免赔条款无效。

【案例3－52】 吴某某诉中国平安财产保险股份有限公司垫江支公司财产保险合同纠纷案

一审法院认为，本案双方当事人争议所涉及的无责免赔条款无疑是典型的格式条款。首先，本案双方争议所涉无责免赔条款却位于“赔偿处理”之下而非“责任免除”之下，处于非明显的位置，也不属于明示告知应详细阅读的内容，故应认定保险人未尽到提请注意及明确说明之义务。其次，保险人设定的无责免赔条款，在客观上免除己方责任、加重对方责任、排除对方主要权利，依法亦应认定为无效条款。再次，责任保险是指以被保险人对第三者依法应负的赔偿责任为保险标的的保险。本案商业第三者责任保险是典型的责任保险。本案原告向第三者所承担的赔偿责任，是依照我国《道路交通安全法》第七十六条第一款第（二）项“机动车一方没有过错的，承担不超过百分之十的赔偿责任”的规定，由人民法院依法判决所应承担的法律责任，依法属于保险人应当承担责任的范围。最后，设定无责免赔条款，无疑与鼓励机动车驾驶人遵守交通法规的社会正面导向背离，也不符合投保以分散社会风险之缔约目的，同时有违保险立法尊重社会公德与诚实信用之原则。因此，确认无责免赔条款无效，符合正义这一法律的基本价值，亦符合社会和谐发展的科学内涵。二审法院亦持同样意见，维持一审判决。

【案例3－53】 陈某某诉永诚财产保险股份有限公司重庆公司保险合同纠纷案

二审法院认为，《永诚保险公司机动车保险商业保险条款》（2009版）的车上人员责任险条款载明：“保险车辆无事故责任的，保险人不承担赔偿责

〔1〕 参见国家法官学院案例开发研究中心编：《中国法院2012年度案例》（保险纠纷），中国法制出版社2012年版，第177页。

任”。该条款属保险人提供的免除其主要责任的格式条款，且依据该条款，投保车辆遵守交通规则无责时不能获得赔偿，违反交通规则有责时反而可以获得保险赔偿，这与引导公民遵纪守法的法治原则相悖。故永诚财产保险股份有限公司重庆分公司不能依据该条款免责。[1]

保险合同中按事故责任比例赔付的条款无效。

【案例3－54】 钱某某诉大众保险股份有限公司绍兴中心支公司保险合同纠纷案

判决观点，对于被告关于要求对原告的车辆损失应按事故责任比例进行赔偿的主张，因为车辆损失险是一种损失补偿保险，被保险人获得赔偿的依据是其实际损失，而非其承担的赔偿责任。按责任比例进行赔偿是第三者责任险的基础，在车辆损失险中不应当适用。且保险条款关于驾驶员在交通事故中无责任则保险人不承担赔偿责任的规定不符合保险法法理，不符合缔约目的，亦有违公平原则，应当按照原《合同法》第四十条及《保险法》第十九条的规定，认定该条款无效。[2]

【案例3－55】 刘某某诉中国人民财产保险股份有限公司灌云支公司保险合同纠纷案

判决观点，被告辩称的本次事故应依据保险合同按责任比例承担赔偿责任，本次事故中对方造成的损失应由原告自行向对方主张，保险合同关系与因第三方侵权而发生的侵权法律关系属于不同的法律关系，如果保险标的在保险责任范围内的损失是由于第三方造成的，被保险人在获得保险赔付后必须将向第三方索赔的权利转移给保险人，被保险人并负有尽力协助保险人向第三方索赔的义务。保险条款中规定的保险人按被保险事故责任进行赔偿，与法律规定的被保险人协助义务不符，免除了保险人依法应承担的义务亦加重了被保险人的责任，也与保险代位求偿制度相悖，法院对被告该辩称不予采信。[3]

对于假借保险合同实施违法拆借的行为应认定为无效，如保险公司与客户订立保险合同时约定，无论出险与否，期限届满后均返还保险金并获得固定赔付，该约定违反了法律规定的未出险不得发生赔付的规定。

---

〔1〕 参见国家法官学院案例开发研究中心编：《中国法院2016年度案例》（保险纠纷），中国法制出版社2016年版，第142页。重庆市第三中级人民法院（2014）渝三中法字第89号民事判决书。

〔2〕 参见国家法官学院案例开发研究中心编：《中国法院2016年度案例》（保险纠纷），中国法制出版社2016年版，第131页。浙江省绍兴市嵊州市人民法院（2013）绍嵊商初字第629号民事判决书。

〔3〕 参见国家法官学院案例开发研究中心编：《中国法院2015年度案例》（保险纠纷），中国法制出版社2015年版，第273页。江苏省连云港市灌云县人民法院（2013）灌商初字第1193号民事判决书。

【案例3－56】 中国石油天然气管道局与中国太平洋人寿保险股份有限公司大连分公司保险合同纠纷案

最高人民法院认为,《保险法》规定,当投保人与保险人约定的风险成就后,保险受益人方可获得赔偿。所约定的风险没有成就,投保人不得要求返还交纳的保险费,受益人也不能获得赔偿,更不应获得固定赔付。本案中国石油天然气管道局(以下简称管道局)与中国太平洋人寿保险股份有限公司大连分公司(以下简称大连分公司)、中国太平洋人寿保险股份有限公司大连市甘井子支公司(以下简称甘井子支公司)签订的保险代理协议和家庭综合保险单,约定了无论出险与否管道局均享有固定的赔付,并在约定期限届满后由大连分公司、甘井子支公司返还管道局所有保险储金,故本案保险代理协议和家庭综合保险单不具备保险法律关系的性质和特征。管道局与大连分公司、甘井子支公司发生的民事关系并非保险法律关系。大连分公司、甘井子支公司和中国太平洋保险(集团)股份有限公司关于本案民事关系既不是保险法律关系,也不是大连分公司、甘井子支公司与管道局之间的借贷关系,而是在保险合同掩盖下的管道局与大连龙兴海运有限公司之间的非法融资关系的上诉主张成立,最高人民法院予以支持。[1]

格式合同中约定保险人有权单方变更合同的条款,实质是保险人通过格式条款强行赋予自己任意变更合同之权利,该条款损害了相对人对于合同的利益期待,违背合同法的基本原理,因此无效。

【案例3－57】 冯某诉某健康保险公司北京分公司保险合同纠纷案

判决观点,冯某与保险公司订立的健康保险合同,经审查不具有现行法律所规定的导致合同无效的情形,因此该合同整体有效。以此为基础本案之争议焦点在于:保险合同约定“保险公司保留变更指定医疗机构的权利”,该条款的效力应当如何认定,保险公司是否可以依据该条款拒绝向冯某给付保险金。单方变更合同从来不是合同当事人的权利,更不是格式合同提供者的权利,保险公司自称“保留该权利”,在事实上、法理上、逻辑上皆不存在可能性。本案争议所涉及的保险合同有关“保险公司保留变更指定医疗机构的权利”的内容无效,以此为基础,即便保险公司取消甲医院之指定医院资格的通知到达了冯某,除非冯某明示作出“同意”的意思表示,否则保险公司取消甲医院之指定医院资格的意思表示对冯某不具有约束力。[2]

---

〔1〕 参见最高人民法院民事审判第二庭编:《最高人民法院商事审判指导案例》(金融卷),中国法制出版社2011年版,第304页。

〔2〕 参见刘建勋:《保险法典型案例与审判思路》,法律出版社2012年版,第177～179页。

被保险人在投保时至保险合同成立前,未向保险人告知其所知或者通常业务过程中应知的、足以影响保险人作出是否承保以及如何确定保险费决定的一切重要情况,违反了最大诚信原则,保险人可以因此宣告保险合同无效。如江苏外企公司诉上海丰泰保险公司海上货物运输合同纠纷案。[1]

被保险人在保险期间内发生意外,死亡时间虽然超出意外伤害保险合同设置的时间界限,但从因果关系、保险合同目的以及可能引发的道德风险出发,该时间限制条款应认定为无效。

【案例3-58】 刁某甲、刁某乙诉和谐健康保险股份有限公司泰州中心支公司保险合同纠纷案

一审法院认为,涉案保险条款中意外身故保险责任范围表述为"被保险人因遭受意外伤害事故,并自事故发生之日起180日内因该事故身故"。该意外身故保险责任范围存在两层限制:一是因遭受意外事故身故;二是自事故发生之日起180日内身故。从意思自治和契约自由的合同基本原则看,只有同时符合遭受意外事故身故和自事故发生之日起180日内身故才属于意外身故保险责任范围,保险人才支付身故保险金。但保险法律关系除了受一般法律意义上的《合同法》规制,更应受作为特别法的《保险法》的规制。保险合同并非普通合同,而是由保险人单方面制定的一种附合合同,时间限制条款并非投保人与保险人协商一致的结果,被告提供的格式条款规定自事故发生之日起180日内身故才能获得赔偿,这是投保人无法更改的,该时间限制条款的规定也免除了被告作为保险人依法应承担的赔付义务。根据《保险法》第十九条规定,采用保险人提供的格式条款订立的保险合同中包含免除保险人依法应承担义务的条款无效,加之该时间限制条款既违背了意外伤害保险目的、保险法的合理期待原则,也违反了公序良俗原则,故该时间限制条款应认定为无效条款。二审调解结案。[2]

违反近因原则的保险条款应认定为无效。

【案例3-59】 陈某诉阳光财产保险股份有限公司金华中心支公司保险合同纠纷案

二审法院认为,保险合同约定的"未按规定检验"与《关于加强和改进机动车检验工作的意见》规定的"每2年需要定期检验"所指"检验"含义应作相同解释,陈某未在规定时间内申请领取检验标志属于保险合同条款"未按

---

[1] 参见《最高人民法院公报》2005年第11期。

[2] 参见孙素华:《意外伤害保险合同中忽视因果关系的时间限制条款无效》,载《人民司法·案例》2018年第29期。

规定检验”。本案不存在两种以上解释,不适用疑义利益解释规则。但是,从损害发生的原因看,事故发生是由于“陈某未与前车保持安全距离,造成追尾”所致,陈某未及时申领检验标志对于损害发生不具有决定性的意义,即本次事故发生的唯一有决定性意义的因素是驾驶者的不当驾驶。由于陈某追尾所导致的事故属于承保事故,保险人应负赔偿责任。虽然,双方之间签订的保险合同约定了“未按规定检验”作为免责事由,但该约定免除了保险人依法应承担的义务,根据《保险法》第十九条第一项的规定,该约定无效。[1]

交强险实行统一的保险条款和基础保险费率,保险公司不得提出附加其他条件的要求,保险公司在统一保险条款之外另行制定的免责条款无效。

保证保险中,投保人或投保人与经销商恶意串通,采取高贷低购、空车套贷、一车多贷等手段骗取保险公司承保的,应属于以欺诈手段、积极制造伪造有关证明、资料或其他证据的方式骗取保险人在违背真实意思的情况下承保,应根据《民法典》的有关规定,认定保险合同无效。对于经销商、借款购车人(投保人)以出借的身份证或虚假的身份证或拾得的身份证签订借款合同或保险合同,其顶贷顶保事实成立的,应当以投保人意思不真实认定保险合同无效。

(二)保险合同无效判断

1. 判断依据

判断保险合同效力,应根据《民法典》总则编第六章和合同编第三章规定。换言之,法院判断保险合同无效的依据是法律、行政法规,而不是保险监管部门下发的部门规章,保险监管部门下发的部门规章不能成为认定合同无效的法律依据,且对未违反《保险法》效力禁止性规定的,也不能认定为无效。如协议承保的方式虽然违反了保险监管部门的规定,但未违反法律法规的强制性规定,不应影响保险合同的效力,保险合同不宜轻易认定为无效。

【案例3-60】　华能海口发电有限责任公司与中国人寿保险股份有限公司海南分公司保险合同纠纷案

判决观点,本案保险合同虽然采取协议的方式承保,但其适用的条款均为在保险监管部门备案的条款。被告以协议的方式承保,违反的是1999年

[1] 参见国家法官学院、最高人民法院案例研究院编:《中国法院2020年度案例》(保险纠纷),中国法制出版社2020年版,第40页。浙江省金华市中级人民法院(2017)浙07民终4566号民事判决书。

发布的《中国保险监督管理委员会关于人身保险业务有关问题的通知》(已失效)第一条第三项的规定,但该规定属于保监会下发的部门规章。被告的行为未违反《保险法》中关于合同效力的禁止性规定。《保险法》第一百零六条(现为第一百一十六条)是第四章保险经营规则中有关保险公司员工的职业操守的规定,属于保险监管的法律规定,保险监管法律规定和保险合同法律规定的后果是不一样的,违反《保险法》强制性规定才能导致人身保险合同无效,而违反保险监管规定只能按规定内容承担行政或刑事处罚,并不必然导致保险合同的无效。[1]

对保险合同效力评判时,在认定合同目的是否合法时,应当适用《民法典》,而不是适用《保险法》的规定。

【案例3-61】 中华联合财产保险股份有限公司沈阳中心支公司诉沈阳飞跃教育培训学校保险合同纠纷案

判决观点,本案中,被告因管理不善导致案外人吴某某利用工作之便私自挪用被告公章与原告签订了保险合同,该行为符合表见代理的构成要件,构成表见代理,被告应对表见代理产生的后果承担责任。涉案合同表面看起来形式合法,但其真实目的是将产权不明的肇事车辆的肇事风险转移给原告,为了达到此非法目的,不露出任何破绽,吴某某在原始车架纵梁上涂了腻子以盖住原始车架号(WA1AV74L07D004694),并精心打造了与京A×××××车辆相同的车架号(WAUAV94L07D099532)独立矩形金属板,将该独立矩形金属板钉在了车架纵梁上,用来覆盖住原始车架号,这充分证明了吴某某故意将来源不明的车辆伪装成与京A×××××车辆一模一样的信息,给人造成假像,让不知情者误认为该肇事车辆就是真实的京A×××××车辆,当肇事车辆在保险期间内出现了约定的保险责任时,该肇事车辆就能冒用京A×××××车辆的信息得到赔偿,这种行为严重违反了法律的强制性规定,《道路交通安全法》明确规定任何单位或者个人不得有下列行为:改变机动车型号、发动机号、车架号或者车辆识别代号;使用其他机动车的登记证书、行驶证、检验合格标志、保险标志。综上,该合同目的非法,违反了法律的强制性规定,扰乱了国家对社会经济秩序的管理,理应受到法律的否定评价。[2] 法院以《民法通则》第七条(现为《民法典》第一百三十二条)、《合同法》第五十二条第三项对本案作出判决。

---

〔1〕 参见最高人民法院中国应用法学研究所编:《人民法院案例选》2006年第3辑(总第57辑),人民法院出版社2007年版,第304页。

〔2〕 参见国家法官学院案例开发研究中心编:《中国法院2012年度案例》(保险纠纷),中国法制出版社2012年版,第55页。

关于判断保险合同的具体标准,有法官认为,其一是订约能力标准,其二是公共利益和社会秩序标准。关于保险合同基于加重责任而无效的问题,加重责任的基础是保险相对人"本应承担的责任",而保险相对人"本应承担的责任",既包括法定责任,也包括合同约定的那些符合公平原则、诚实信用原则、保险学特殊原理的责任。在判定保险条款是否存在加重相对人责任的情形时,应当充分考虑保险合同的特殊性。判定格式保险条款基于"加重责任"而无效时应当满足以下两方面的条件:从权利义务内容上看,格式条款为保险相对人设定的义务缺乏法律依据、严重不合理或者超出其负担能力;从结果上看,保险相对人一旦承担上述义务将导致其合理利益受到重大损失。[1] 有学者认为,加重责任的实质是被保险人一方的权利因此受到重大的不利影响,使其合理的利益受到损害。[2] 笔者同意以上观点。格式条款违反了保险的一般性规则,明显具有不合理地加重保险相对人责任以及显失公平的因素应当被认定为无效。

保险合同无效判断要依据《民法典》第一百五十三条(原《合同法》第五十二条)的规定,判断时应区分法律规定是效力性强制性规定还是管理性强制性规定,对签订保险合同违反法律、法规效力性强制性规定的,亦应认定为合同无效。如常见的"套牌"车辆签订的财产保险合同无效的判断依据是《道路交通安全法》第十六条第四款的禁止性规定。

【案例3-62】　中华联合财产保险股份有限公司北京分公司诉田某某财产保险合同纠纷案

判决观点,本案中,根据查明的事实,田某某投保的车辆所有人与车辆号牌登记人不符。该行为违反法律的禁止性规定,故其就涉案车辆与保险公司签订的保险合同应属无效。[3]

2. 具体判断

对保险标的所有权未通知保险人转移的,保险合同效力如何认定?根据《保险法》第四十九条第一款规定,"保险标的转让的,保险标的的受让人承继被保险人的权利和义务。"也就是说对标的转让的,受让人自然承继被保险人的权利义务,其原保险合同依法有效。而不是像2002年《保险法》规定的保险标的转让应经保险人同意,才能变更保险合同并将保险单或保险凭证批改后方为有效,否则保险合同从保险标的所有权转移时即行终止,如果发生保险事故,被保险人已不

---

〔1〕　参见刘建勋:《保险法典型案例与审判思路》,法律出版社2012年版,第185页。

〔2〕　参见吴定富主编:《〈中华人民共和国保险法〉释义》,中国财政经济出版社2009年版,第56页。

〔3〕　参见国家法官学院案例开发研究中心编:《中国法院2018年度案例》(保险纠纷),中国法制出版社2018年版,第13页。北京市密云区人民法院(2016)京0118民初字第8569号民事判决书。

能行使保险金请求权。

【案例3－63】 王某某等诉中华联合财产保险股份有限公司北京分公司财产保险合同纠纷案

判决观点，原告王某某与他人办理车辆过户手续后，未按照保险合同约定告知被告亦未办理批改手续，故保险合同的效力从被保险车辆的所有权转移时即行终止。据此，被告拒赔理由成立。原告王某某的诉讼请求因缺少合同及法律依据，法院不予支持。故判决驳回原告的诉讼请求。一审判决已经发生法律效力。〔1〕

应注意的是，在《保险法》第四十九条第二款前半段规定，"保险标的转让的，被保险人或者受让人应当及时通知保险人"，但"通知"并非"同意"，且二者所代表的法律后果亦不相同。

【案例3－64】 林某甲等诉中国人寿保险公司会同支公司保险合同纠纷案

判决观点，处理本案的关键，在于正确认定林某乙两次参保的保险期间。2001年9月和2002年9月，中国人寿保险公司会同支公司（以下简称会同支公司）在为林某乙办理保险业务时，单方面将保监会确定、必须遵照执行的学生、幼儿平安保险期间由1年改为6个月，违反了行业规章对此险种保险期间的强制性的规定，因而，会同支公司先后两次将林某乙的保险期间批注为6个月的行为均是无效的。〔2〕 本案中，会同支公司为林某乙办理学生、幼儿平安保险时，亦必须使用1999年9月经保监会核准备案的《条款》内容，而《条款》第五条明文规定："本合同的保险期间为1年，自本公司同意承保、收取保险费并签保险单的次日零时起至期满日24时止"。因此，会同支公司在为林某乙办理学生、幼儿平安保险时，以批注的形式将保险期间由1年改为6个月，属于"自行制定条款"，大大缩小了其承担风险的期间，违背了上述《通知》和《条款》之规定。笔者认为，本案讲的更改保险期间无效，其实质是加重对方责任，其判断依据是《保险法》的明确规定，而不应依据保监会的规章认定无效。

关于违反《保险法》有关备案规定时保险合同效力问题，《保险法》有关备案的规定并非强制性规定，违反该规定并不必然导致合同无效。

---

〔1〕 参见最高人民法院中国应用法学研究所编：《人民法院案例选》2009年第1辑（总第67辑），人民法院出版社2009年版，第340页。

〔2〕 参见最高人民法院中国应用法学研究所编：《人民法院案例选》（2004年商事·知识产权专辑）（总第49辑），人民法院出版社2005年版，第283页。

【案例 3－65】　神龙汽车有限公司诉中保财产有限公司武汉市汉阳区支公司、武汉博大汽车贸易有限公司购车保险合同纠纷案

最高人民法院认为，虽然本案保证保险合同所约定险种的保险条款和保险费率未报经金融监督管理部门备案，有关金融监督管理部门可以依照上述法律规定对中保财产有限公司武汉市汉阳区支公司（以下简称财保汉阳公司）予以行政处罚，但并不能因此而认定本案所涉保证保险合同无效。本案保证保险合同应为有效，当武汉博大汽车贸易有限公司不能偿还神龙汽车有限公司的欠款时，财保汉阳公司应依照约定承担相应的赔偿责任。〔1〕

关于投保人在被保险人死亡的保险事故发生后恶意退保的效力认定问题，投保人与被保险人（同时为受益人）离婚后，在被保险人死亡的保险事故已经发生的情况下，事先未经受益人的继承人同意退保，其欲获得退保金的目的十分明显，带有明显的恶意，并损害受益人的合法利益。投保人申请退保，保险公司为其办理退保手续，应属无效法律行为。

【案例 3－66】　刘某甲诉中国人寿保险股份有限公司桐柏支公司、第三人宿某某保险合同纠纷案

判决观点，原告的女儿刘某乙在保险合同约定的保险期间内意外身亡，被告理应承担给付保险金的责任。因刘某乙死亡，该保险金应归原告继承，被告应按约定将保险金支付给原告刘某甲。被告辩称投保人已退保，因其辩称的退保时间系在保险事故发生之后，且宿某某与刘某乙离婚时明确约定除一辆钱江摩托车以外其余财产全部归刘某乙所有。宿某某在离婚后明知被保险人死亡，事先未经受益人同意而恶意退保，损害了被保险人的合法权益，系无效民事行为。〔2〕

保险人作出的《理赔决定通知书》，未通知投保人和被保险人的应认定为无效。

【案例 3－67】　谭某、胡某诉人寿黔江支公司保险合同纠纷案

判决观点，关于人寿黔江支公司于 2018 年 12 月 26 日作出的《理赔决定通知书》：其一，从对象看，是对被保险人的答复和送达，没有对投保人通知和送达；其二，从拒赔和解除理由看，是投保前即患胆汁反流性胃炎等病史未告知，但告知的内容中没有明确约定患胆汁反流性胃炎属于可保资料中第十二

---

〔1〕　参见肖扬总主编、最高人民法院民事审判第二庭编：《中华人民共和国最高人民法院判案大系》（民商事卷一 1999 年卷·下卷），人民法院出版社 2003 年版，第 1178～1182 页。

〔2〕　参见最高人民法院中国应用法学研究所编著：《人民法院案例选》（月版）2009 年第 8 辑（总第 8 辑），中国法制出版社 2009 年版，第 96 页。

条第e项中的慢性胃肠炎,故人寿黔江支公司解除合同的理由不能成立;其三,从合同解除时间看,人寿黔江支公司于2018年12月26日作出《理赔决定通知书》,自认保险合同于2018年11月12日解除,于2018年12月29日向被保险人送达,相差47天,超过了《富德生命健康无忧A款重大疾病保险条款》第11条、第12条中的投保人因故意或重大过失未如实履行告知义务的,自被告公司知道有解除事由之日超过30天不行使而消灭的约定。因此,该《理赔决定通知书》无效,原告请求继续履行保险合同的主张,予以支持。判决:人寿黔江支公司于2018年12月26日作出的《理赔决定通知书》无效,保险合同继续履行。[1]

3. 保险合同部分无效部分有效问题

《民法典》第一百五十六条规定:"民事行为部分无效,不影响其他部分效力的,其他部分仍然有效。"认定是否"影响其他部分",就保险合同而言可以从以下几个方面判断。其一,合同条款内容是否具有实质可分性。其二,无效条款部分分离后,有效部分能否不受牵连影响而继续独立存在。其三,有效部分继续履行是否影响合同目的实现,是否违背交易习惯及诚信公平原则,是否违背当事人意思表示。如果合同不具备实质可分性,无效条款部分分离后,剩余部分不能独立存在,继续履行将违背交易习惯以及当事人意思表示,则应认定该合同整体无效。

《保险法》及其司法解释并未明确"以死亡为给付保险金条件的合同"指的是死亡给付保险条款还是保险合同整体。分红型人寿保险中的死亡给付条款因违反《保险法》而无效,合同剩余部分与无效条款存在牵连关系,如果独立存在并继续履行,被保险人所领取的生存类保险金和分红与所支付的保险费相比难以实现平衡,也谈不上获益,显然违背了公平原则,亦不能实现合同目的。以死亡给付保险条款无效,分红型人寿保险合同整体无效。

【案例3-68】 武某某诉中国人寿保险股份有限公司重庆分公司等人身保险合同纠纷案

判决观点,本案国寿福禄金尊两全保险(分红型)合同既有投资理财性质,也有保险性质,同样不得违反保险法关于以死亡为给付保险金条件的人身保险投保条件。本案被保险人聂某系无民事行为能力人,武某某未经其父母同意,为其签订以死亡为给付保险金条件的人身保险条款,违反《保险法》相关规定,应属无效。同时,本案保险合同项下其他保险责任、保险期间、红

〔1〕 参见国家法官学院、最高人民法院司法案例研究院编:《中国法院2021年度案例》(保险纠纷),中国法制出版社2021年版,第158页。重庆市黔江区人民法院(2019)渝0114民初2047号民事判决书。

利分配等条款都与被保险人寿命状况相关，该保险合同不具有可分性，本案合同中死亡给付保险条款无效，该保险合同整体无效。故判决本案保险合同无效。〔1〕

笔者认为，保险合同部分无效的，并不必然导致整个合同无效。保险合同部分无效，不影响其他部分效力的，其他部分仍然有效。

【案例3-69】　中国太平洋人寿保险有限公司大连分公司等与中国石油天然气管道局、大连龙兴海运有限公司履约保险合同纠纷案

判决观点，中国石油天然气管道局（以下简称管道局）与大连龙兴经贸有限公司（以下简称龙兴公司）和有关金融机构签订委托贷款协议进行融资并不违反国家法律法规的禁止性的规定，对于管道局与龙兴公司之间约定的高息部分在原审判决中已认定为无效，且合同条款的部分无效不影响委托贷款合同的效力认定。〔2〕

人身险中，父母为未成年子女订立的保险合同的死亡保险金超过保险监管机构规定的限额的部分无效。人身保险合同中部分条款被判定无效的，其他部分将继续有效。

（三）保险合同无效与未生效的区别

合同未生效与合同无效究竟有何区别，在理论和实践中都是既模糊而又有争议的。有学者认为，不生效和无效的区别在于："不生效"仅指法律行为欠缺特别生效要件，"没有跨过门槛"，但行为的效力可经由当事人、第三人或国家为一定行为而嗣后补正；而"无效"是指一个行为违反了强行规范，对国家而言不仅是不被承认的而且是受到禁止的，本身具有反社会性而不能见容于法律秩序，不可能借转换而继续生效，其效力也不可能补正，甚至对无效行为还要予以追究和打击。〔3〕有法官认为，合同无效是因合同具有法律规定的无效事由而确定地自始不具有约束力，不具有可履行性、可补救性，即使已经履行的也要恢复到原来的状态；但是，未生效合同则处于效力不确定状态，可通过补救而成为有效合同。例如，在法律、行政法规规定应当办理批准手续时，即可通过办理批准手续使其成为

〔1〕　参见国家法官学院案例开发研究中心编：《中国法院2017年度案例》（保险纠纷），中国法制出版社2017年版，第207页。重庆市渝北区人民法院（2014）渝北法民初字第10666号民事判决书。

〔2〕　参见最高人民法院民事审判第二庭编：《最高人民法院商事审判指导案例》（金融卷），中国法制出版社2011年版，第307页。

〔3〕　参见苏永钦：《私法自治中的国家强制》，中国法制出版社2005年版，第42~43页。

有效合同。[1]《保险法》第十七条规定,“未作提示或者明确说明的,该条款不产生效力”。笔者理解是,保险人未对责任免除条款作明确说明的,其产生的后果是该条款不产生效力,其结果是保险合同中由于责任免除条款不能约束双方当事人,保险人须在更大范围内承担保险责任,是一种合同责任的扩大。而合同无效则产生法律规定的后果,如返还财产、赔偿损失等。应当注意的是,不能将“未作提示或者明确说明的,该条款不产生效力”视为无效合同条款,因为合同无效与合同未生效是不能等同的。

关于以死亡为给付保险金条件的保险合同代签名的效力问题,《保险法》第三十四条第一款规定“同意”作为判定以死亡为给付保险金条件的保险合同的效力,但没有对被保险人同意事实的认定标准以及证明标准作出具体的规定。司法实践中,主张被保险人已经同意的一方应举证到何种程度方为完成举证责任处于不明状态,因此,同意规则在法律应用过程中的模糊也就导致裁判标准上的不统一。推定之同意是指表意人实施一定积极作为行为,相对人依据法律规定、习惯或合同约定间接推知其意思表示的形式。对于《保险法》中的“同意”,法官应谨慎适用推定规则。根据《保险法》第三十四条第一款规定,由投保人代被保险人签名所产生的保险合同,如果被保险人事后声称其不知情,不予追认,合同无效并非未生效,被保险人为投保人的未成年子女的除外。作为规范保险合同行为的特别法,《保险法》本身并未对其第三十四条所规定的合同无效的情形如何处理作出规定。原《合同法》中并未将因无权代理行为产生,事后被保险人又拒绝追认的合同界定为无效合同。该法第四十八条第一款规定:“行为人没有代理权、超越代理权或者代理权终止后以被代理人名义订立的合同,未经被代理人追认,对被代理人不发生效力,由行为人承担责任。”他人代被保险人签名属于一种民事代理行为,这种由他人在未经被保险人授权的情况下实施的代签名行为,须经被保险人事后追认方能有效。在被代理人拒绝追认的情况下,如果代理人有能力,愿意履行合同,而合同另一方也同意,合同就可以有效。反之,如果合同不能转化为代理人与合同另一方之间的合同,则应由代理人承担赔偿责任。在判定以死亡为给付条件的保险合同代签名的效力时,应适用《保险法》第三十四条的规定,而不适用原《合同法》第四十八条的规定,保险合同无效后责任承担适用原《合同法》第四十八条由行为人承担责任之规定。保险合同被确认无效后,保险公司应将保险费退还投保人,而不是退还被保险人,退还的保险费金额应根据其投保人和保险公司业务员的过错判定。

---

〔1〕 参见刘贵祥:《合同效力研究》,人民法院出版社 2012 年版,第 185 页。

【案例3-70】 张某诉某保险公司保险合同纠纷案

判决观点，涉案合同系以死亡为给付保险金的保险合同，投保书中被保险人签字为张某代签。张某某在本案审理过程中向法院表示，不同意张某为其投保该合同，因此，该合同为无效合同，保险公司应将保险费退还给张某。[1]

实践中，作为夫妻一方不能相互代理订立此类合同，只能由被保险人亲自明确地作出同意的意思表示。

【案例3-71】 张某某诉陈某某、中国平安人寿保险股份有限公司广西分公司保险合同纠纷案

二审法院认为，中国平安人寿保险股份有限公司广西分公司(以下简称平安人寿)提供的证据电话回访录音中并没有明示张某某讼争的保险合同是以死亡为给付保险金条件的合同，也没有其他证据证明平安人寿征得被保险人张某某的同意而签订该合同，综合在庭审中陈某某自认该合同签字是其代张某某所签，且平安人寿不请求对签字的笔迹进行鉴定的事实，二审法院认定该保险合同没有征得张某某的同意，不符合法律规定的要件，自始无效。[2]

实践中应注意被保险人事后同意形式(向保险公司请求给付保险金、投诉等)对保险合同效力的影响，如刘某诉某保险公司保险合同纠纷案。[3]

(四)保险合同无效后果

根据《保险法解释(二)》第二条规定，人身保险中，因投保人对被保险人不具有保险利益导致保险合同无效，投保人主张保险人退还扣减相应手续费后的保险费的，人民法院应予支持。

1. 保险费返还范围

保险合同无效后，保险人应当返还的保险费是保险公司从投保人处收取的全部保险费，而不是投保人的保单现金价值，这是保险合同无效与保险合同解除的根本区别。保单现金价值与保险费并不等同，保单现金价值是保险公司在扣除退

---

〔1〕 参见安凤德主编：《保险合同纠纷诉讼指引与实务解答》，法律出版社2013年版，第244页。

〔2〕 参见国家法官学院案例开发研究中心编：《中国法院2013年度案例》(保险纠纷)，中国法制出版社2013年版，第203页。

〔3〕 参见安凤德主编：《保险合同纠纷诉讼指引与实务解答》，法律出版社2013年版，第248页。

保手续费之后应当退还给投保人的责任准备金，其已经扣除了手续费。合同无效后，保险人在向投保人退还保险费时是否应同时返还利息是有争议的问题。实践中，有的法院对投保人致合同无效有过错的，不支持投保人的利息诉求。

【案例 3－72】 刘某与某险公司保险合同纠纷案

一审法院认为，本案争议的焦点是本案所涉保险合同的效力问题。本案所涉保险合同根据其保险条款，明显是以死亡为给付保险金条件的合同，在投保时，被保险人在投保单上没有签字，某保险公司也未对刘某某进行问询，没有证据证明刘某某同意并认可保险金额，现刘某某也称对该合同并不知情，也未对合同效力进行追认，因此该保险合同应确认无效。保险公司抗辩称该合同既有以死亡为给付保险金条件的内容，亦有以生存为给付保险金的内容，因此应部分有效。本案所涉保险合同的内容显然并不具有可分割性，保险公司抗辩没有法律依据，不予支持。根据原《合同法》第五十八条，保险合同无效，保险公司应该退还刘某所缴纳的保费，由于刘某已经从保险公司处领取年度红利 20，115.93 元，保险公司可将该部分款项从退还保费中予以扣除。刘某在投保中有隐瞒被保险人签字非本人所签的事实，对保险合同被确认无效具有过错，因此，其关于利息的诉请不予支持。二审法院亦持同样意见维持一审判决。〔1〕

2. 手续费扣减

投保人对人身保险合同无效有过错的，保险人在退还保险费时可以扣减相应的手续费。但扣减手续费应当是合理的且与其投保人的过错相当，如果保险人对保险合同无效存在过错，应自行承担部分手续费。

3. 其他法律后果

《保险法解释(二)》第二条关于保险合同无效的法律后果规定并非排除其他法律后果。对于保险人违背诚实信用原则劝说投保人投保，造成保险合同无效，则应依据缔约过失责任承担相应的赔偿责任。

【案例 3－73】 梁某诉华夏人寿保险股份有限公司陕西分公司、华夏人寿保险股份有限公司三原支公司保险合同纠纷案

二审法院认为，梁某对梁某某具有保险利益，可为梁某某订立人身保险

〔1〕 参见最高人民法院民事审判第二庭编著：《最高人民法院关于保险法司法解释（三）理解与适用》，人民法院出版社 2015 年版，第 418～420 页。山东省青岛市中级人民法院（2013）青民四商终字第 217 号民事判决书。

合同。梁某为其叔父梁某某购买保险未告知本人,其为梁某某购买保险与华夏人寿保险股份有限公司三原支公司(以下简称华夏三原公司)之间签订的人身保险合同属无效合同。另华夏人寿保险股份有限公司陕西分公司(以下简称华夏陕西公司)的新版至尊宝自助保险已经明确该险种的投保人、被保险人须为同一人,身体健康且能正常工作或学习。但华夏三原公司的工作人员并未依照该险种的销售要求进行审查。华夏三原公司的工作人员在销售经营活动中存在重大疏忽,是导致本保险合同无效的主要原因,应承担主要的缔约过失责任。被上诉人梁某对部分条款未能尽到合理的注意义务也是保险合同无效的原因之一,也应承担一定的缔约过失责任。缔约过失责任的承担范围以善意相对人的可期待利益为限,现虽保险合同无效,但对于该7万元的可期待利益,梁某应获得其中的90%的数额,其余的10%因梁某自身具有一定责任故由其自行承担。[1]

---

〔1〕 参见国家法官学院案例开发研究中心编:《中国法院2016年度案例》(保险纠纷),中国法制出版社2016年版,第186页。陕西省咸阳市中级人民法院(2014)咸中民终字第00013号民事判决书。

专题四　保险合同格式条款纠纷

实践中，绝大多数保险合同是采用格式条款订立的附合合同。投保人对格式条款的内容只能选择接受或者不接受，鲜有表达自己意志的机会。保险人利用制定格式条款的便利，在合同中免除其依法应承担的责任，加重投保人、被保险人和受益人的责任，并排除其权利，且不履行或不完全履行格式条款中的义务的现象时有发生，此类条款往往容易引发争议。

一、格式条款理解

《民法典》第四百九十六条第一款规定:"格式条款是指当事人为了重复使用而预先拟定,并在订立合同时未与对方协商的条款。"《民法典合同编通则解释》第九条规定:"合同条款符合民法典第四百九十六条第一款规定的情形,当事人仅以合同系依据合同示范文本制作或者双方已经明确约定合同条款不属于格式条款为由主张该条款不是格式条款的,人民法院不予支持。从事经营活动的当事人一方仅以未实际重复使用为由主张其预先拟定且未与对方协商的合同条款不是格式条款的,人民法院不予支持。但是,有证据证明该条款不是为了重复使用而预先拟定的除外。"

所谓格式条款(也称定式合同条款、一般契约条款、定型化契约等),系指一方当事人事先制定好的其内容未经双方当事人讨论的合同条款。[1] 它针对的签约对象具有广泛性、不特定性,因而格式条款具有一般性和通用性。

(一)格式条款基本内容

关于格式条款中的意思表示,格式条款只有在投保人接受的情况下才产生法律效力,格式条款在拟定时只体现了拟定方的意思表示,其本身无法律效力,保险合同签订过程中,只有投保人签名后保险合同告以成立。在格式条款的订立中,一方虽未参与协商,但并非不能表达其意思,也并非不存在承诺的意思表示。[2] 相对人在格式条款的订立中,有权作出承诺的意思表示。此种表示可以通过在书面文件上签字的方式,也可能通过实施一定的行为(如拍电报、购买物品)等表示出来。无论如何,相对人是否愿意接受另一方提供的服务和愿意购买其生产的产品,由相对人自己决定,另一方无权强迫相对人接受。至于某些相对人在不了解格式条款以前就表示接受,或者要约人已出示格式条款,而相对人对此条款未予

---

〔1〕 参见最高人民法院研究室编:《最高人民法院关于合同法司法解释(二)理解与适用》,人民法院出版社2009年版,第59页。

〔2〕 参见王利明:《合同法研究》(第1卷),中国人民大学出版社2002年版,第392页。

注意,则只能归咎于相对人自己的疏忽,不能认为合同的成立,不存在合意。[1]但是,采用格式条款订约中的“合意”具有其特殊性,即相对人对格式条款没有协商的余地,只能概括地接受,即全盘接受格式条款作为合同内容。[2] 在保险人提供的格式条款的订立过程中,保险人与投保人之间虽然也有磋商行为,但应看到这种磋商行为仅针对投保险种、保险期限、保险金额等不能为格式条款所覆盖的内容。格式条款预先设定的内容,不可能由于当事人的磋商行为而发生变化,当事人针对格式条款进行的磋商,其结果只能是投保人对于格式条款的接受或不接受,而这种接受或不接受就是投保人的意思表示。投保人表示接受的形成合意,保险合同成立,反之未形成合意,保险合同不成立。有学者认为,就格式保险合同而言,当事人的真正合意应当表现为投保人在充分理解合同条款的内容及其含义的基础上作出愿受其约束的意思表示。该合意包括合同条款的理解和接受两个方面,理解是接受的前提,不理解而接受,不构成真正的合意。[3] 保险合同中特殊条款就是一种真正合意的体现,但仍需进行审查。保险合同的特殊条款,通常被简称为特别约定或者特约条款,是指在保险人提供的格式条款之外,由保险人与投保人通过磋商予以确定的合同条款。保险单为特殊条款的载体,保险人在保险单等文件上打印的特殊条款对保险相对人是否具有约束力,取决于这些内容是否属于当事人的合意。反之,如果保险单所承载的某些内容不能与投保人的意思表示形成合意,该部分内容即为保险人的单方意思表示,对于保险相对人不能具有必然的约束力。应注意到保险合同订立过程的特殊性,即投保人是要约人,而保险人是承诺人。

关于格式条款的范围,格式条款包括被保险人范围条款、保险责任条款、保证条款、专业术语解释条款、程序条款、合同生效条款、解除条款、免除责任条款、隐性免责条款、不可争条款等。最有争议的是免责条款。保险人往往在格式条款中设置大量免除其义务的条款,这些条款被简称为免责条款。免责条款,是指依照法律规定或者保险合同的约定,保险人不承担保险责任的范围。[4] 隐性免责条款,是指虽然在该条款中没有明文规定合同一方免责,但是根据条款的规定,在一定情况下实际上是可以免责的。不可争条款,又称不可抗辩条款或者不可争辩条款,是人身保险合同常见条款,指人身保险合同生效之日起满一定时间后(通常为两年),保险人将不得以投保人违反最大诚信原则,未履行如实告知义务为理由,而主张解除保险合同或拒绝赔付保险金。对格式条款范围的界定,主要在于对免责条款的把握,详见保险责任纠纷专题中免责条款部分阐述。应注意的是,保险

---

〔1〕 参见王利明:《合同法研究》(第1卷),中国人民大学出版社2002年版,第392页。
〔2〕 参见苏号朋:《格式合同条款研究》,中国人民大学出版社2004年版,第147页。
〔3〕 参见温世扬:《保险人订约说明义务之我见》,载《法学杂志》2001年第2期。
〔4〕 参见温世扬主编:《保险法》,法律出版社2003年版,第72页。

公司经招投标程序与卫生行政部门签订保险合同,约定的责任免除条款不属于格式条款。

【案例4-1】 刘某某等诉中国太平洋人寿保险股份有限公司宜宾中心支公司保险合同纠纷案

二审法院认为,刘某某、肖甲作为独生子女肖乙的亲生父母,符合上诉人中国太平洋人寿保险股份有限公司宜宾中心支公司(以下简称太平洋保险支公司)与宜宾卫生和计划生育委员会(以下简称宜宾市卫计委)签订的《独生子女保险合同》中约定的申请理赔条件。虽然太平洋保险支公司主张的《独生子女保险合同》中约定的保险对象为不特定的被保险人,但该《独生子女保险合同》并非保险人太平洋保险支公司为了重复使用而预先拟定的格式条款,而是由宜宾市卫计委作为投保人自行提供,并经招投标程序由太平洋保险支公司中标后进行自愿协商所签订的,双方均应按照保险合同的约定履行各自义务。[1]

关于格式条款的类型,保险人在格式条款中,通常会设置一定数量的条款,专门用于排除对方当事人的权利。主要包括两种类型:一类是行为限制,另一类是结果排除。前者指保险人不允许保险相对人为某种行为,否则即承担不利后果。后者指保险人对于保险事故造成的某些结果不承担保险责任。

关于格式条款的适用,当保险合同一般条款和特殊条款不一致时,应当优先适用双方当事人约定的特殊条款。

【案例4-2】 陈某某诉中国人民财产保险股份有限公司惠安支公司保险合同纠纷案

判决观点,本案中,保险车辆在保险合同有效期限内,陈某某驾驶该车发生致行人汪某某死亡的交通事故,保险公司应按该保险合同的约定履行赔付保险款义务。依照保险合同的特别约定条款,保险公司应按照《人身损害赔偿解释》规定的赔偿范围、项目和标准以及本保险合同的约定,在保险单载明的责任限额内核定赔偿金额。[2]

这里有必要提到经保险监管机构审批的保险合同条款是否属于格式条款问题,实践中对此有不同的理解。笔者认为,保险监管机构审批的保险合同条款不是法律也不是行政法规,而且符合在订立合同时未与对方协商的格式条款的特

---

〔1〕 参见国家法官学院案例开发研究中心编:《中国法院2017年度案例》(保险纠纷),中国法制出版社2017年版,第172页。四川省宜宾市中级人民法院(2015)宜民终字第1731号民事判决书。

〔2〕 参见最高人民法院中国应用法学研究所编:《人民法院案例选》2006年第4辑(总第58辑),人民法院出版社2007年版,第329页。

征，应该属于格式条款。格式条款提供方的义务，主要包括提示义务和说明义务。

《民法典合同编通则解释》第十条规定："提供格式条款的一方在合同订立时采用通常足以引起对方注意的文字、符号、字体等明显标识，提示对方注意免除或者减轻其责任、排除或者限制对方权利等与对方有重大利害关系的异常条款的，人民法院可以认定其已经履行民法典第四百九十六条第二款规定的提示义务。

提供格式条款的一方按照对方的要求，就与对方有重大利害关系的异常条款的概念、内容及其法律后果以书面或者口头形式向对方作出通常能够理解的解释说明的，人民法院可以认定其已经履行民法典第四百九十六条第二款规定的说明义务。

提供格式条款的一方对其已经尽到提示义务或者说明义务承担举证责任。对于通过互联网等信息网络订立的电子合同，提供格式条款的一方仅以采取了设置勾选、弹窗等方式为由主张其已经履行提示义务或者说明义务的，人民法院不予支持，但是其举证符合前两款规定的除外。"

（二）格式条款与选择性条款的关系

在实践中，保险人与投保人签订合同时均使用格式条款，但是因为种种原因其格式条款制作得并不完善，势必会疏忽遗漏诸多情形，其合同中的选择性条款具有补充功能。

【案例4－3】 宁波锦鹏物流有限公司诉中国人民财产保险股份有限公司宁波市镇海支公司保险合同纠纷案

判决观点，本案保险合同在保险条款赔偿处理部分约定了保险事故发生时被保险车辆实际价值的计算公式，但是未约定车辆折旧率和最高折旧金额。在同一条款中的保险金额与责任限额部分对车辆折旧率和最高折旧金额进行了约定，在最终计算保险车辆实际价值时应予以适用。这是因为，首先，即使是未被选择适用的选择性条款作为格式合同上的组成部分表达了格式合同制定者对特定事物的认知和态度，蕴含着相应的法律后果；其次，保险金额与责任限额部分约定的是涉案保险条款中唯一的对特种车的折旧率数值以及最高折旧金额的约定，如果不适用特种车折旧率将无法计算特种车辆实际价值；最后，如果本案仅适用保险金额与责任限额部分约定的特种车折旧率而不适用最高折旧金额的约定就会出现被保险车辆实际价值为0的结果，对本案来说，显失公平。根据以上结论，结合本案案情，出险车辆的保险金额与新车购置价相同，为190,530元，双方均予认可出险时的新车购置价为190,530元。发生事故时距该车初始登记日期已满97个月，如果仅按照折旧率计算，出险车辆已无价值，适用最高折旧金额的条款，其价值为新车购置价的20%，即38,106元。法院据此判决被告保险公司赔偿原告保险金38,106元。[1]

〔1〕 参见国家法官学院案例开发研究中心编：《中国法院2017年度案例》（保险纠纷），中国法制出版社2017年版，第114～115页。浙江省宁波市镇海区人民法院(2015)甬镇商初第1160号民事判决书。

二、格式条款法律适用

(一)格式条款效力

对格式条款效力的认定,就是区分格式条款的生效、不生效或无效问题,也是法官在格式条款争议裁决中所要解决的内容。其中,免责条款是格式条款效力裁判的重点。

1. 格式条款生效的认定

法官在于审查确认对法律规定所实施的缔约行为是否符合法律规定。《保险法》第十七条第二款的规定可作为审查的依据,具体而言,法官着重审查保险人是否履行了上述法律规定的交付格式条款义务、提示注意义务和明确说明义务。法律规定保险人在订立合同过程中必须履行上述缔约义务,目的在于使投保人有条件理解格式条款的内容,并且有条件在此基础上对于保险交易的价值作出相对准确的判断,进而作出接受合同约束的意思表示。投保人的理解是接受的前提,不理解而接受,不构成真正的合意。[1] 保险人对免责条款进行明确说明的,则该条款生效,反之则不生效。

【案例4-4】 万某某诉中国人民财产保险股份有限公司铜梁支公司保险合同纠纷案

判决观点,保险公司对保险标的过户批注后,应对保险合同的受让人即新投保人就免责条款负有明确说明义务,保险公司未履行此义务,该免责条款对保险标的受让人不发生效力。[2]

【案例4-5】 宋某诉中国人寿保险股份有限公司桐柏支公司保险合同纠纷案

判决观点,保险人在订立保险合同过程中,对隐性免责条款未向投保人

---

〔1〕 参见温世扬:《保险人订约说明义务之我见》,载《法学杂志》2001年第2期。

〔2〕 参见杨咏梅、苟文山:《保险合同免责条款无效与不生效》,载《人民司法·案例》2009年第10期。

履行明确说明义务，该条款不产生法律效力，保险人应按合同约定支付保险金。[1]

有法官认为，生效裁判的实质是法院针对格式条款中的免责条款进行的合同准入审查，保险人未履行前述缔约义务的后果，是免责条款不能成为保险合同的组成部分，进而不能成为保险人主张其对于保险责任范围内的保险事故减轻或者免除保险责任的合同依据。[2]

【案例4－6】　董某某等诉永诚财产保险股份有限公司四川分公司人身保险合同纠纷案

一审法院认为，对于永诚财产保险股份有限公司四川分公司（以下简称永诚财保四川分公司）是否履行了对保险合同条款的说明及提示义务的问题，高某某在投保时，根据保险公司向高某某提交的永诚卡B款人身意外伤害综合保险《说明》，该《说明》中并未载明职业的划分标准以及对赔偿标准进行足以引起对方注意的提示，且保险公司也未提供相应的证据证明对职业的划分以及赔偿标准向高某某履行了说明义务。保险公司是在理赔时才向董某某、高某出示的《人身意外伤害保险职业分类表》。一审法院支持原告的诉讼请求，二审法院维持原判。[3]

所谓"生效"在特定情况之下，其确切含义并非"具有约束力"，而是"被订入合同之中"。[4] 这实际上是指免责条款经保险人履行法定缔约义务而被订入合同并且成为合同的组成部分之后，方产生约束力的可能性。涉案的免责条款经法院审查确认定为有效条款之后，才对当事人产生法律意义上的约束力。需要注意的是，法官只是针对免责条款的缔约行为合法性进行审查，而不审查涉案争议条款内容是否公平合理。

有学者提出，任意性的合同法规范并非无限制地具有任意性，由此决定了格式条款法上内容控制的界限，这也是格式条款的规制，即若格式条款中的规定违背诚信原则而不适当地损害合同相对人的利益，则其不生效力；以发生疑义为限，不适当地损害利益特别是指格式条款中的规定与所背离的法律规定的实质性基本思想不相符合。也就是说，在一个具体的情形之下，如果能够认定一个格式条

---

〔1〕 参见徐朋、王立申：《未向投保人明确说明的隐性免责条款无效》，载《人民司法·案例》2008年第16期。

〔2〕 参见刘建勋：《格式保险条款无效裁判研究》，载谢宪主编：《保险法评论》（第4卷），法律出版社2012年版，第34页。

〔3〕 参见国家法官学院案例开发研究中心编：《中国法院2012年度案例》（保险纠纷），中国法制出版社2012年版，第150页。

〔4〕 崔建远主编：《合同法》（第4版），法律出版社2007年版，第63页。

款与所背离的法律规定的实质性基本思想不相符合，如与所背离的损害赔偿法之法律规定的实质性基本思想不相符合，或者与所背离的解除权法之法律规定的实质性基本思想不相符合，那么在存有疑义的情形下，该格式条款不生效力。[1]

2. 格式条款无效认定

对格式条款效力的认定，是指法官对涉案争议条款内容是否合法进行确认。也就是说，法官认定格式条款中的某些内容（包括但不限于保险人免责条款）符合法律所规定的特定情形并因此无效，从而在根本上否定了该条款对当事人的约束力。学者们对判断格式保险条款的"法"是否存在外延问题有争议，有学者认为，所谓"依法"应解释为依据法律，如果按照民事立法的精神扩充解释，至多包括行政法规。[2] 也有学者不同意该种观点，认为根据确立无效保险合同条款制度以保护被保险人和受益人的权利和利益的修法精神，凡是赋予了投保人、被保险人或者受益人权利的法律、法规、规章等任何制度性文件，均是判断保险合同条款是否无效的根据。法不仅包括具体的行为规范，而且包括抽象的立法宗旨等。[3] 有法官认为，在认定保险合同格式条款是否属于《保险法》第十九条规定的无效条款时，应当根据合法性与合理性原则对格式条款进行效力评价。笔者认为，判断依据的法律，既包括《民法典》也包括《保险法》。既包括《民法典》总则编第六章规定行为无效的情形，也包括合同编第三章合分同效力的规定。法院在适用《民法典》第四百九十七条对格式保险条款进行无效裁判时，应当对该条文作出目的性限缩解释：在格式保险合同中，免除保险人依照法律规定应当负担的责任的条款无效；不合理地加重保险相对人责任的条款无效；排除保险相对人依照法律规定应当享有的权利的条款无效。这样的解释结果，更符合立法本意。总之，法院在适用原《合同法》第四十条的规定对格式保险条款进行无效裁判时，应当参照《保险法》第十九条的文字表述，对原《合同法》第四十条的内容作出理解与适用。[4] 对《保险法》第十九条的把握应注意三个方面：

其一，保险人依法应当承担的义务，只能是《保险法》或者是其他法律、行政法规为保险人明确设定的义务，要防止片面性、不正当扩大或缩小保险人应承担的义务倾向。这就要求在认定某一格式条款免除保险人依法应承担的责任并确

---

〔1〕 参见杜景林：《合同规范在格式条款规制上的范式作用》，载《法学》2010 年第 7 期。

〔2〕 参见刘学生：《保险条款的效力评价——新〈保险法〉第十九条的理解与适用》，载《保险研究》2009 年第 6 期。

〔3〕 参见管贻升：《无效保险合同条款的类型化分析》，载胡晓珂、陈飞主编：《保险法律评论》2010 年第 1 集，法律出版社 2010 年版，第 185 页。

〔4〕 参见刘建勋：《格式保险条款无效裁判研究》，载谢宪主编：《保险法评论》（第 4 卷），法律出版社 2012 年版，第 36 页。

认其无效时,必须找到法律为保险人设定该项义务的具体规范。例如,格式条款不合理或者投保人难以接受的内容并不鲜见,有的保险公司在机动车辆保险条款中约定,保险人对于地震及其次生灾害造成的损失不负赔偿。该免责条款所免除的保险人义务,显然不符合多数投保人与被保险人对于保险合同之保障功能的期待,但鉴于赔偿地震造成的损失,并非保险人依法应当承担的责任,法官不能依法裁定其条款无效。但有学者认为,与立法宗旨和立法精神不符的保险合同条款也属于无效保险合同条款。根据《保险法》中特别确定的维护被保险人和受益人的立法精神,凡是不能满足被保险人合理期待的保险合同条款无效,即属于合理地判断适用保险合同条款的必然结果。[1]

其二,关于排除投保人、被保险人和受益人依法享有的权利的问题,首先应明确投保人、被保险人和受益人享有权利的内容和范围,准确判断涉案争议条款所排除的权利,是否为保险法律关系中依法享有的权利。保险合同中人员多样性决定保险合同项下权利义务内容的复杂性,因此,《保险法》强调了投保人的主要权利如合同解除权、保险金请求权、指定变更受益人权、向第三者请求赔偿权等。保险条款"按责赔偿、无责不赔",就是最典型的保险人排除对方法定权利的表现。如果保险人的排除符合保险原理,且没有损害相对方的法定权利、没有影响相对方的基本生活与重大利益的权利,法官不能轻易地认定其无效。这里还应注意的是,如果保险公司变相否定投保人、被保险人和受益人权利的,保险合同无效。例如,变相否定不可抗辩条款的保险条款无效,保险人在保险条款中规定,尽管在投保人不如实告知时,其将不解除保险合同,但是有权降低甚至取消其应负的赔偿或者给付保险金的责任。

【案例4-7】 陆某某诉中国大地财产保险股份有限公司南通中心支公司保险合同纠纷案

判决观点,保险人提供的格式合同条款违背公平原则,免除其责任、加重对方责任、排除对方主要权利的,该条款无效。

其三,关于加重投保人、被保险人的责任的问题,关键是涉案争议条款是否存在加重责任的情形。准确把握加重责任情形,就在于理解加重责任的基础是投保人、被保险人和受益人"本应承担的责任",应是法定责任。对是否可以依据公平原则和诚实信用原则适当扩大确定的责任,笔者认为从法律上讲,将加重责任理解为要求相对人负担该扩大责任缺乏依据。所有的格式合同都会为合同提供者的对方当事人设定一定的责任,但是并非一切设定责任的条款皆为无效。判定格

---

〔1〕 参见管贻升:《无效保险合同条款的类型化分析》,载胡晓珂、陈飞主编:《保险法律评论》2010年第1集,法律出版社2010年版,第185页。

式保险条款“加重责任”应当满足以下两方面的条件:从内容上看,格式条款为保险相对人设定的义务缺乏法律依据、严重不合理或者超出其负担能力;从结果上看,保险相对人一旦承担上述义务将导致其合理利益受到重大损失。[1] 有学者认为,加重责任的实质是被保险人一方的权利因此受到重大的不利影响,使其合理的利益受到损害。[2]

应强调的是,对格式条款无效确认不是以缔约行为为审查对象的,而是针对格式合同的内容合法性进行审查。免责条款不生效不等于无效,免责条款生效也不意味着必然有效。免责条款经保险人履行说明义务而生效,为法官对其进行效力判断的前提。在判断的顺序上,首先应当进行生效审查,在免责条款生效之后,方可进行无效审查并作出判断。格式保险条款无效,并不等于含有格式条款的保险合同无效。含有格式保险条款的合同无效,是指整个保险合同无效。而格式保险条款的无效,可能只是指某些格式保险条款的无效,属于部分无效,但不影响保险合同其他条款的效力,也不影响保险合同的整体效力。

应注意的是,格式条款未生效与无效是一对容易混淆的概念。合同未生效与合同生效是相对的概念,合同有效和无效是相对的概念,不能把合同未生效和合同无效混同。效力未定的合同条款欠缺有效要件,对社会公共利益的侵害相对轻微,与合同制度的目的未根本性抵触,于是法律允许有权人通过追认消除该瑕疵,既保护当事人的合法权益,又促成交易,还维护了市场秩序。与此不同,无效合同欠缺有效要件,与合同制度的目的背道而驰,严重侵害国家利益、社会公共利益,其瑕疵不可治愈,于是,法律便做出否定性的评价,令其绝对地当然地无效。[3] 免责条款不产生效力,绝不是无效,但对于其是否能够补正,有分歧意见。有法官认为,因保险人在订立保险合同时未对保险合同中的免责条款履行提示及明确说明义务造成的不产生效力的免责条款,原则上其效力不能补正。[4] 笔者同意该观点。欠缺效力的条款不能补正,并不限制投保人或被保险人同意保险人履行提示及说明义务补正免责条款的效力,因为这里的同意并未违反法律的禁止性规定,仍旧是其真实意思表示,投保人或被保险人有权利承认补正效力。

对格式条款无效的范围,是否能以类型化方式列举的问题,理论和实践尚在探索,主要为:

其一,规定保险合同的订立、生效或者保险责任的开始以保险公司签发保险

---

〔1〕 参见刘建勋:《格式保险条款无效裁判研究》,载谢宪主编:《保险法评论》(第4卷),法律出版社2012年版,第43页。

〔2〕 参见吴定富主编:《〈中华人民共和国保险法〉释义》,中国财政经济出版社2009年版,第56页。

〔3〕 参见崔建远主编:《合同法》(第4版),法律出版社2007年版,第111页。

〔4〕 参见刘崇理:《保险合同免责条款的识别、效力与解释》,载王利明主编:《判解研究》2011年第2辑(总第56辑),人民法院出版社2011年版,第138页。

单为准的保险条款。无论是在财产险业务还是在人身险业务中，以保险公司签发保险单作为保险合同成立条件的保险条款非常普遍。根据该条款可以认为条款使用者为自己对要约之承诺或者拒绝以及债务履行期间保留了过长的时间或者未确定该时间。类似的条款在《德国民法典》中被列入可以进行价值判断的灰名单，由法官决定其效力的有无。[1] 司法实践中，多数法院所持态度为，投保人预交了保险费和提交了投保单后保险公司未及时签发保险单的，如果被保险人符合承保条件，应认定保险合同成立。发生保险事故的，保险人应当承担责任。但也应清醒看到，在此问题上法院执法尺度并不统一，也有的法院并未否定保险公司签发保险单作为保险合同成立、生效或者保险责任开始条件条款的法律效力，《保险法解释(二)》第四条对此已予以明确。

其二，设定索赔前置条件。规定被保险人向负有责任的第三人求偿后才能向保险人主张权利的保险条款。

其三，规定保险人依据被保险机动车驾驶人所负的事故责任比例承担相应的赔偿责任的机动车辆损失险条款。

其四，规定保险人依据被保险机动车驾驶人所负的事故责任比例承担相应的赔偿责任的机动车第三者责任险条款。

其五，规定保险事故发生后，只要投保人、被保险人或者受益人未履行及时通知义务，保险人即不承担保险责任的保险条款。

其六，限定被保险人治疗方式条款。有些医疗保险条款会在合同中载明，重大疾病的手术治疗是指实际实施了开胸或开腹进行的切除、置换、修补病损的手术治疗，排除被保险人采取腔镜或介入等微创手术治疗。如王某某诉中国人寿保险公司淮安市楚州支公司保险合同纠纷案。[2]

其七，规定举证责任分配不当的保险条款。《保险法》《民事诉讼法》未针对保险合同特点规定相应责任分配制度，《保险法解释(二)》规定了部分举证责任条款。实践中，举证责任分配更多由保险条款决定。如果将结果责任的保险合同条款规定为列明风险责任的保险条款，由于该条款的适用加重了被保险人或者受益人的举证责任，则应认定相关的条款无效。如将定期寿险的保险人的给付保险金责任限定为被保险人因为意外或者疾病身故。依据该条款被保险人的继承人或者受益人不仅需要证明被保险人因为意外或者疾病身故，而且需要证明被保险人死亡的原因(疾病或者身故)，这无疑加重了被保险人的举证责任负担，应属加重被保险人责任的范畴。

保险条款未经备案，不影响保险合同效力。有法官认为，备案从性质上看是

---

〔1〕 参见苏号朋：《格式合同条款研究》，中国人民大学出版社2004年版，第112页。

〔2〕 参见《最高人民法院公报》2015年第12期(总第230期)。

行政行为,是行政机关知悉相关情况的一种手段,不决定合同效力。保险条款未经备案,有关金融管理部门可以依照相关法律规定予以行政处罚,但只要不属于原《合同法》第五十二条规定的情形,就不能认定所涉保险合同无效。

应注意的是,《交强险条例》明确规定,物流业甩挂车不再投保交强险,意味着只有主车承担交强险责任。则原先规定主车与挂车连为一体发生事故后,两车的保险赔偿限额以主车的保险限额为限的保险条款被认定为无效条款应予重新定位。

(二)格式条款甄别

格式保险合同既可以由全部格式条款构成,也可以由格式条款和非格式条款构成。在有些情况下,非格式条款的数目及其所涉及的内容甚至会比格式条款还要多。格式条款与非格式条款往往都被放入一份名为“合同”或“合同书”的书面文件之中,但有时格式条款会作为独立于此种合同文件的独立部分。但是,格式条款与非格式条款的结合方式对于确定格式条款的性质无关紧要。格式条款一般不必与其他条款区别显著标明其为格式条款,只需一方当事人将其合同条款制成格式,供不特定之多数相对人一体适用,而将此项条款纳入个别契约之中,即已构成格式条款。[1] 对由保险人提供的格式保险条款投保人只能选择接受或不接受,当然也存在例外,如实际磋商才形成的格式条款。保险人把条款制定的相当复杂,投保人根本无法理解其意思,更没有能力提出修改时,笔者认为,投保人没有可能施加影响的保险条款应界定为格式条款,对个别投保人具有施加实际影响可能的,应排除在格式条款范围之外。

在保险纠纷案件中,存在格式条款与非格式条款的冲突现象。根据《民法典》第四百九十八条规定,格式条款和非格式条款不一致的,应当采用非格式条款。

【案例4-8】 中国工商银行太原市迎宾路支行诉永安财产保险公司山西分公司等借款保证合同及保证保险合同纠纷案

本案中,保险公司、银行、山西飞麟汽车贸易有限公司(以下简称飞麟公司)(汽车销售商)为合作开展汽车消费贷款保证保险业务协商一致达成协议。被告孟某某向银行借款415,120元,购买飞麟公司的汽车,在保险公司办理了个人汽车消费贷款保证保险。孟某某未能按期归还借款,银行诉至法

〔1〕 参见黄越钦:《论附合契约》,载《政大法律评论》1977年第16期。

院。二审法院认为,永安财产保险公司山西分公司(以下简称永安保险公司)、中国工商银行太原市迎宾路支行(以下简称工行迎宾路支行)与飞麟公司在《个人汽车消费贷款保证保险条款》的基础上签订了《个人汽车消费贷款保证保险合作协议》(以下简称《三方协议》),该协议与投保单、批单、保险单及其所附的《个人汽车消费贷款保证保险条款》共同组成了保证保险合同。上述法律文件均不违反法律和行政法规的强制性规定,是当事人的真实意思表示,合法有效,故均为确定各方当事人权利义务和法律责任的依据。虽然本案保证保险合同以永安保险公司最后签发的保险单为最终生效的标志,但保险单背面所附保证保险条款则在《三方协议》签订之前已经保监会批准而公布于众,并由《三方协议》约定为保证保险合同的有效组成部分。故保险单背面所附保证保险条款早在《三方协议》签订时已为该协议当事人所明确且认可。保证保险条款是格式条款,而《三方协议》则是永安保险公司对本案汽车消费贷款提供保证保险业务的前提条件,永安保险公司、银行、飞麟公司三方在该协议第十二条中特别约定:“各相关协议内容不得与本协议相抵触。”故此,既为当事人真实的一致意思表示,且又不违反法律强制性规定,应当尊重当事人的意思自治。故《三方协议》与保证保险条款二者内容如有抵触,就应优先适用《三方协议》的约定。[1]

【案例4-9】　南京贝龙通信科技有限公司诉中国人寿保险股份有限公司南京市分公司保险合同纠纷案

判决观点,被告与原告签订的保险合同虽未打印“追溯期条款”,但被告发送给原告的《员工保障方案》明确载明“追溯期条款”,而该方案系被告向原告发出的要约,经原告提示,被告经办人郦某某根据要约内容,在保险合同中加入“追溯期条款”,故郦某某并未违反被告意思表示。虽然,个人保险代理人不得办理团体人身险业务,但被告并未提供证据证明郦某某作为保险代理人隶属于保险代理机构,也不配合法院安排郦某某出庭作证,故郦某某在保险合同中写入“追溯期条款”,应当视为其履行被告缔约义务的职务义务。郦某某向原告承诺“追溯期条款”的效力,并依据“追溯期条款”向原告员工履行保险人赔偿义务。而原告对保险业务不具备专业知识,无法判断郦某某行为的性质,有理由信赖郦某某所作承诺,认为郦某某代表被告。故即使郦某某是被告保险代理人,根据《保险法》规定,原告亦基于合理期待权,自郦某某在特别约定中手写加入“追溯期条款”之日,被告均受“追溯期条

---

〔1〕　参见最高人民法院中国应用法学研究所编:《人民法院案例选》2006年第4辑(总第58辑),人民法院出版社2007年版,第339页。

款"约束。[1]

对于非格式条款优于格式条款,不能简单机械理解成只要非格式条款与格式条款不一致时,就绝对地以非格式条款取代格式条款。在两者产生实质冲突时,方可采用非格式条款。也就是说,如果格式条款与非格式条款并不存在实质性矛盾,则非格式条款与格式条款同时适用。[2]

〔1〕 参见国家法官学院案例开发研究中心编:《中国法院 2018 年度案例》(保险纠纷),中国法制出版社 2018 年版,第 199~200 页。江苏省南京市鼓楼区人民法院(2016)苏 0106 民初字第 4258 号民事判决书。

〔2〕 参见最高人民法院民事审判第二庭编著:《最高人民法院关于保险法司法解释(二)理解与适用》,人民法院出版社 2013 年版,第 332 页。

三、保险合同解释

《保险法》第三十条规定了不利解释原则。不利解释原则，又称疑义利益解释原则，是指当事人对格式条款发生争议时，应作出不利于提供格式条款一方的解释。对于保险合同而言，不利解释是指当事人对格式条款发生争议时，应作出不利于保险人，有利于被保险人和受益人的解释。[1]《民法典》第四百九十八条(原《合同法》第四十一条)的规定，是一般化的规范解释规则，适用于合同的格式条款，而不适用于其中的非格式条款。《保险法》第三十条的内容则属于特殊的解释规则。保险合同多是格式条款，对合同内容发生争议在司法实务中比较常见。由于该规则条文相对简单，以至于实务中存在一些误区，导致该条款设立的宗旨往往不能妥当地实现。

不利解释原则顺应了现代市场经济生活中格式合同大量存在的实际情况，是对社会公平正义的一次矫正，具有十分重要的现实意义和理论价值。

《民法典合同编通则解释》第一条规定："人民法院依据民法典第一百四十二条第一款、第四百六十六条第一款的规定解释合同条款时，应当以词句的通常含义为基础，结合相关条款、合同的性质和目的、习惯以及诚信原则，参考缔约背景、磋商过程、履行行为等因素确定争议条款的含义。有证据证明当事人之间对合同条款有不同于词句的通常含义的其他共同理解，一方主张按照词句的通常含义理解合同条款的，人民法院不予支持。对合同条款有两种以上解释，可能影响该条款效力的，人民法院应当选择有利于该条款有效的解释；属于无偿合同的，应当选择对债务人负担较轻的解释。"

(一)保险合同解释理解

由于合同中语言文字的多样性、模糊性，当事人法律意识的局限性以及交易成本的考虑等因素，合同中有些条款不能充分表达当事人的真实缔约意图，当事

---

〔1〕 参见最高人民法院保险法司法解释起草小组编著：《〈中华人民共和国保险法〉保险合同章条文理解与适用》，中国法制出版社2010年版，第201页。

人对这些条款的理解产生分歧无法解决时,法官就有必要解释。所谓解释,是指运用各种解释规则和方法,确定合同条款的真意,以探究当事人的效果意思,消除纷争的作业。[1] 有学者认为,民法上所谓合同解释,仅指法庭所作的解释。[2] 保险业自身的特点经常会造成合同条款的含义不明确,保险合同就是要对未知的事故进行赔付,所以合同必须写的相当宽泛,这种宽泛难免会使条款在适用时产生多重含义。[3] 这是保险合同产生歧义的根本原因。在实践中,保险合同产生歧义的原因多种多样,如争议的事项在客观上没有明确的界定标准,条款词句模糊、条款指向不同的对象等。

1. 合同解释立场

如何选择保险合同解释的立场,是首先需要解决的一个问题。有学者认为,合同解释立场的选取不应偏颇于任何一方当事人,而应同时兼顾合同双方。[4] 在无法区分表意人和意思受领人的场合下,合同应被置于双方当事人共同的视域之中,以获取意义。在可区分表意人和意思受领人的场合,应采取双重合理性标准,即将合同置于意思受领人的视域,以获取意义,但由此获取的意义,不能超出表意人可以合理预见的范围,即表意人能合理预见受领人之理解的,合同按受领人的理解赋义。[5] 对于保险合同的解释立场,有别于普通合同的解释。基于保险合同是附合合同,投保人或被保险人对保险合同的条款通常没有进行真正意义上的磋商的机会,在诸多情况下,投保人或被保险人是受领方,因此在一般情况下,对保险合同条款的解释应站在投保人或被保险人的立场上解释。

2. 合同解释对象

在合同解释对象上,有法官指出,在对合同争议条款进行解释时,应首先对争议的部分进行解释,如果通过双方当事人的协商消除了争议,或仅根据日常生活能判断争议条款含义的,则没有必要对其他非争议的条款进行解释。反之,则有必要将争议的条款置于合同整体中予以考虑,以获得与合同整体协商一致的理解。当然,并非合同的所有条款对于争议条款的解释都有参照意义,对与争议条

---

〔1〕 参见李国光主编:《合同法解释与适用》(上册),新华出版社 1999 年版,第 518 页。

〔2〕 参见梁慧星:《合同的解释规则》,载梁慧星主编:《民商法论丛》(第 6 卷),法律出版社 1997 年版,第 539 页。

〔3〕 参见[美]小罗伯特 · H. 杰端、[美]道格拉斯 · R. 里士满:《美国保险法精解》,李之彦译,北京大学出版社 2009 年版,第 7 页。

〔4〕 参见施卫忠:《不利解释原则的适用》,载谢宪、李友根主编:《保险判例百选》,法律出版社 2012 年版,第 126 页。

〔5〕 参见叶金强:《合同解释:私法自治、信赖保护与衡平考量》,载《中外法学》2004 年第 1 期。

款没有关联的条款加以解释,无疑是徒劳的。[1] 笔者赞同以上观点。

3. 合同解释标准

关于合同解释的标准,《民法典》第一百四十二条规定了意思表示的解释。有学者认为,原《合同法》第一百二十五条规定采纳的观点为,在对合同进行解释时,应当将意思主义和表示主义结合起来考虑。从原《合同法》的目标来看,不仅是要实现当事人的合同自由,也要维护交易安全和秩序,强调合同正义。因此合同解释也应当要体现原《合同法》的双重目标,在适用基础理论上采取折中的原则。[2] 实践操作时,应以一个合理人的标准来执行折中原则。对于合理人的标准,有法官认为,第一,要有初中毕业作为文化条件,但不具有该学历水平的,也不见得不符合一般人的条件,这只是作为一个基本的衡量条件。第二,要有自己的技能、劳动能力,能够自食其力。也就是说,自己是个健全的,有一定劳动能力的人,而未绝对丧失。第三,有正常面对一般事务的基本能力和鉴别能力。对于一般大众来说,不能期待过高的鉴别能力,也不要期待太高的鉴赏力,只要有一般的是非辨别能力,具备一般的识别能力就可以了。[3] 当然,从目前我国人民的综合文化水平和司法现状来看,上述标准无疑是合理的。但标准并非亘古不变,随着社会的进步和法制的健全,标准也应当体现出与时俱进的状态。保险合同解释比较合理的标准是,对于大众化的、采格式合同形式订立的保险合同在争议解释时应主要运用表示主义,辅之以意思主义;对于准格式化的、由双方经协商产生的保险合同则运用意思主义和表示主义相结合的原则。[4] 在保险合同中的理性人是一个相对具体化的人,具有特定保险合同当事人所有的特质。不同的案件中,理性人标准本身具有相当的弹性。个案审理时,法官必须通过自身对合理性的主观性理解来构建理性人,需要在案件事实的基础上重新确立本案中的理性人标准,法官的个人价值及信仰、教育背景、职业经历、经验等不可避免地会对理性人标准的建构和适用产生影响。因此,即使是以所谓的理性人标准对合同条款进行解释时,仍然会存在不同的理解,仍然需要根据一定的原则在不同的理解中进行选择。

4. 合同解释原则

保险合同双方对合同条款发生争议时,应作出不利于提供格式条款的保险人一方的解释。

---

〔1〕 参见张海棠主编:《保险合同纠纷》,法律出版社2010年版,第62页。

〔2〕 参见王利明:《合同法研究》(第1卷),中国人民大学出版社2002年版,第419页。

〔3〕 参见最高人民法院民事审判第二庭编:《民商事审判指导》2008年第2辑(总第14辑),人民法院出版社2008年版,第253页。

〔4〕 参见张海棠主编:《保险合同纠纷》,法律出版社2010年版,第69页。

【案例4－10】 曹某甲等诉民生人寿保险股份有限公司江苏分公司保险合同纠纷案

判决观点，本案中，保险人免责条款，以及保险条款的释义中，均未对机动车的认定标准作出规定。事故发生当日交管部门出具的道路交通事故现场图显示，曹某乙驾驶的为48cc助力车。而之后交管部门出具的物证检验意见书、车辆技术检验报告及交通事故认定书，又将该车定性为轻便摩托车。可见，即使是交管部门在处理本案交通事故过程中，对案涉车辆属性的认知也存在差异。审理中，原告、被告双方对被保险人发生交通事故时所驾驶的案涉车辆是否属于免责条款中所指的机动车存在不同解释。虽然，被告根据上述交通事故认定书、物证检验意见书，以及交通事故车辆技术检验报告，认为案涉车辆属于机动车的解释，符合相关国家标准对机动车的规定。但是，原告对案涉车辆不符合免责条款中规定的机动车的解释，符合一个没有专业知识的普通人的认知标准，理由如下。首先，一个普通的投保人、被保险人或受益人对机动车的概念，只能是根据其日常生活经验法则来作出解释。消费者对其购买产品的认识，通常是基于产品的说明书及合格证书形成的。由于案涉事故车辆的产品说明书及产品检验合格证均显示，该车为“先锋”牌助力车，生产厂商这种对产品性质的误导行为，使得被保险人曹某乙作为一个普通的购买者无法知晓其所购买的车辆就是机动车，不可能产生该车系保险人责任免除条款中所指的机动车的认识，亦无从根据机动车的管理需要去办理相关的驾驶证和机动车行驶证。案涉车辆虽然未领取相关的机动车证照，但该车并未经过改装，事故发生后的检验结果表明其制动合格。因此，被保险人主观上没有违反保险人免责条款相关规定中的故意与过失。其次，被保险人客观上无法对案涉车辆进行登记并取得机动车号牌。《道路交通安全法》第八条规定：国家对机动车实行登记制度。机动车经公安机关交通管理部门登记后，方可上道路行驶。但是，因为该型号车辆的数据未进入车管部门颁发证照所依据的全国机动车辆产品公告查询服务系统，根据对机动车辆管理的规定，以及保险条款的释义中，没有对机动车的认定标准作出规定的情况下，基于存在生产厂家误导的产品说明书、产品检验合格证，以及被保险人客观上无法取得机动车号牌的事实，作出案涉车辆不属于保险人免责条款中所规定的机动车之解释，符合一个普通车辆购买人及使用人的认知标准，应作出有利于被保险人的解释，案涉车辆应认定为不属于本案保险人免责条款中所规定的机动车。此时，被保险人在不领取驾驶证的情况下驾驶案涉车辆，亦不属于免责条款规定的无证驾驶情形。综上所述，对被告主张被保险人曹某乙无驾驶证驾驶无有效行驶证的轻便摩托车导致身故的，属于保险人免责事由而不承担赔偿责任的抗辩意见,法院不予采纳。[1]

【案例4-11】 莫某某诉中国人民财产保险股份有限公司广州市分公司财产保险合同纠纷案

一审法院认为,在保险期间内,原告允许的驾驶人驾驶被保险车辆发生水浸事故,被告确认涉案车辆除发动机以外的损失部分属于保险责任范围,但辩称发动机进水后导致的发动机损坏不属于保险责任范围,且其对该免责条款已尽到说明提示义务,故本案的争议焦点在于在暴雨气候条件下,被保险车辆发动机进水是否属于保险合同免责范围。案发当天,广州属暴雨天气,在暴雨天气条件下,原告允许的驾驶员无法对降水量、路面积水深度作出预料,对于积水多深导致发动机进水无法作出准确判断,驾驶员在主观上不具有故意或重大过失。造成涉案车辆发动机进水的最主要原因是暴雨,原告投保的车辆损失险中明确约定因"暴雨"造成车辆损失,被告应予以赔付,发动机作为机动车不可分割的关键部件,属于保险标的的重要组成部分,理应属于保险公司的赔偿范围。被告辩称保险条款中约定"发动机进水后导致的发动机损坏,保险人不予赔偿",显然,保险条款约定暴雨责任与发动机进水免责两种情形同时出现且存在矛盾,法院认为,根据《保险法》第三十条的规定,原告与被告对此种情形是否属于理赔范围的理解发生重大分歧,应当作出不利于格式条款提供者即被告的解释。本案中发动机进水损失是暴雨原因造成的,故被告应当承担赔偿责任。二审法院亦持同样意见,维持一审判决。[2]

对于碰撞存在两种解释的,法官作出对保险人不利的解释。

【案例4-12】 射阳县华厦混凝土有限公司诉中国人民财产保险股份有限公司射阳县支公司财产保险合同纠纷案

一审法院认为,案涉保险条款约定:保险期间内,被保险人或其允许的合法驾驶人在使用被保险机动车过程中,因下列原因造成被保险机动车的损失,保险人依照本保险合同的约定负责赔偿:(1)碰撞、倾覆、坠落……(3)暴风、龙卷风……从气象证明、现场人员陈述事故的经过可证明,事发当天的风力较大,施工时泵车六节泵臂全部展开,泵臂的重心前移,抖动幅度大,泵车头极有可能受风力影响冲击地面,二臂断裂损坏。涉案保险条款中对"碰撞"的定义是指被保险机动车与外界物直接接触以及外界物体为何物。该保

---

〔1〕 参见《最高人民法院公报》2014年第10期(总第216期)。

〔2〕 参见国家法官学院案例开发研究中心编:《中国法院2018年度案例》(保险纠纷),中国法制出版社2018年版,第71页。广东省广州市中级人民法院(2016)粤01民终字第12644号民事判决书。

险合同属于格式条款,对保险人应当适用不利解释原则。泵车臂因风力影响导致展开的车臂与地面直接接触发生撞击,符合条款中约定的"碰撞"的情形。二审法院同意一审法院裁判意见。[1]

对是否构成外意外伤害保险责任存在两种解释的,法官作出对保险人不利的解释。

【案例4-13】 买某某等诉中国大地财产保险股份有限公司焦作中心支公司保险合同纠纷案

一审法院认为,原告、被告双方对保险合同的成立生效以及保险事故的发生均不持异义,双方主要争议买某某意外死亡的情形是否属于通行无忧意外伤害保险的保险责任范围。对本案保险条款中"乘坐或者驾驶交通工具期间"的表述,不能作机械解释和适用。买某某虽然并非在乘坐车辆行驶过程中遭遇意外伤害,但交通事故发生后,因其乘坐的车辆损坏严重,无法移动,需要施救,买某某离开车辆在施救作业区内等候,是当时情况下保障自身安全的必要行为,整个过程应属于其乘坐交通工具期间的自然延伸。买某某意外死亡的情形属于通行无忧意外伤害保险的保险责任范围。因此,原告诉求于法有据,应予以支持。二审法院持同样意见维持一审判决。[2]

对于存在两种以上保险合同解释的,可以同时适用不利解释原则和合理期待原则来确定最佳解释。

【案例4-14】 汤某等诉人寿保险灌南公司保险合同纠纷案

二审法院认为,关于骨髓增生异常综合征(MDS)是否属于涉案保险合同的承保范围。汤某、王某某主张骨髓增生异常综合征属于恶性肿瘤且在涉案保险合同的承保范围内,人寿保险灌南公司则主张骨髓增生异常综合征不属于恶性肿瘤且不在涉案保险合同的承保范围内,这一问题的实质是如何妥善解释涉案保险条款,可从以下两个方面分别展开分析。一方面,基于不利解释原则,如果骨髓增生异常综合征的性质有两种以上解释,人民法院应当作出有利于被保险人的解释。在涉案保险条款注释5引用的《国家卫生部国际疾病伤害及死因分类标准》或《世界卫生组织疾病和有关健康问题的国际统计分类》(ICD-10)中,受当时医学水平限制,虽未将骨髓增生异常综合征归入"恶性肿瘤"项下,但又将其性质定为"动态未定或动态未知的肿瘤",对

---

〔1〕 参见国家法官学院、最高人民法院案例研究院编:《中国法院2020年度案例》(保险纠纷),中国法制出版社2020年版,第74~75页。江苏省盐城市中级人民法院(2018)苏09民终5517号民事判决书。

〔2〕 参见《人民司法·案例》2019年第17期(总第856期)。河南省焦作市中级人民法院(2019)豫08民终782号民事判决书。

其是否属于恶性肿瘤未作定论，同时，保险条款亦未将骨髓增生异常综合征列入免责范围。而专家意见表明，随着医学研究的深入，目前医学界已经普遍认知骨髓增生异常综合征属于恶性肿瘤。现保险人与被保险人对骨髓增生异常综合征究竟是否属于恶性肿瘤各执一词，并各自援引了《世界卫生组织疾病和有关健康问题的国际统计分类》的分类或医学专家意见为己方观点提供支持，均有一定依据，故涉案保险条款注释5作为格式条款存在两种以上解释，其中被保险人王某某主张骨髓增生异常综合征属于恶性肿瘤且在涉案保险合同的承保范围内，该主张有利于被保险人，故予以采纳。另一方面，基于合理期待原则，投保人汤某有正当理由对被保险人王某某患有骨髓增生异常综合征时可获得保险理赔怀有合理期待，故应以此为出发点对保险合同予以解释。合理期待原则认为，当保险合同当事人就合同内容的解释发生争议之时，应以投保人或被保险人对于合同缔约目的的合理期待作为出发点对保险合同进行解释，即使保单中严格的条款术语并不支持这些期待。合理期待原则是诚实信用原则和合同自由原则的自然延伸和逻辑结果，而诚实信用原则、合同自由原则均为我国《保险法》基本原则。本案中，因涉案保险条款系由保险人单方制定，且保险条款注释5及其引用的《世界卫生组织疾病和有关健康问题的国际统计分类》均具有较强的专业性，投保时保险人未向投保人提供《世界卫生组织疾病和有关健康问题的国际统计分类》，更未就专业术语向其作出详细解释，故汤某作为普通保险消费者在投保时很难准确理解保险条款注释5的真实含义，而其主观上并无过错。汤某在购买涉案“康宁终身保险”时，其缔约目的之一显然在于为被保险人王某某患有重大疾病时提供保障，鉴于骨髓增生异常综合征属于日常意义上的重大疾病，当代医学研究也揭示了骨髓增生异常综合征应归属于重大疾病中的癌症，并且骨髓增生异常综合征不在“康宁终身保险”免除保险责任的范围内，故汤某将骨髓增生异常综合征理解为保险条款约定的重大疾病并期待保险理赔，具有客观合理性。在投保人与保险人对保险条款的理解发生争议时，二审法院基于合理期待原则采纳投保人一方的解释，即骨髓增生异常综合征属于涉案保险条款所约定的重大疾病且在涉案保险合同的承保范围内。[1]

5. 合同解释的行使

对保险合同的解释，属于法官行使自由裁量权的范围，主要为，一是决定是否

---

〔1〕 参见国家法官学院案例开发研究中心编：《中国法院2019年度案例》（保险纠纷），中国法制出版社2019年版，第207～208页。江苏省连云港市中级人民法院（2015）连商终字第00426号民事判决书。

解释,二是决定如何解释。

【案例4－15】 宋某某诉中国平安人寿保险股份有限公司上海分公司人身保险合同纠纷案

本案中,保险公司制定伤残赔付标准时,将其解释为被保险人伤残程度符合约定标准的某一项目才予以赔付,因而拒绝赔付被保险人非约定项目。法官根据保险条款的文字表述和条款之间的关系,认为条款所附的“残疾程度与给付比例表”是用于衡量被保险人残疾之严重程度,并根据被保险人的残疾之严重程度按照相应的比例支付保险金,即被保险人的残疾严重程度如与“残疾程度与给付比例表”中的某一级别相当,保险公司就应当按照相应的比例支付保险金,而并不需要被保险人的残疾状况符合“残疾程度与给付比例表”中所列明的某一项目。另外,即使被告对保险条款的文意有不同的解释,因保险条款属于格式条款,故应就格式条款作不利于条款提供方的解释。据此,法官对伤残标准条款采取了更为宽松的理解。[1]

【案例4－16】 海南丰海粮油工业有限公司诉中国人民财产保险股份有限公司海南省分公司海上货物运输保险合同纠纷再审案

最高人民法院认为,鉴于中国人民银行的上述复函不是法律法规,亦不属于行政规章。根据《立法法》的规定,国务院各部、委员会、中国人民银行、审计署以及具有行政管理职能的直属机构,可以根据法律和国务院的行政法规、决定、命令,在本部门的权限范围内,制定规章;部门规章规定的事项属于执行法律或者国务院的行政法规、决定、命令的事项。因此,保险条款亦不在职能部门有权制定的规章范围之内,故中国人民银行对保险条款的解释不能作为约束被保险人的依据。另外,中国人民银行关于一切险的复函属于对保险合同条款的解释。而对于平等主体之间签订的保险合同,依法只有人民法院和仲裁机构才有权作出约束当事人的解释。为此,上述复函不能约束被保险人。要使该复函所做解释成为约束被保险人的合同条款,只能是将其作为保险合同的内容附在保险单中。之所以产生中国人民财产保险股份有限公司向主管机关请示一切险的责任范围,主管机关对此作出答复,恰恰说明对于一切险的理解存在争议。而依据《保险法》第三十条的规定,对于保险合同的条款,保险人与投保人或者受益人有争议时,人民法院和仲裁机构应当作出有利于被保险人和受益人的解释。行业主管机关作出对本行业有利的解释,不能适用于非本行业的合同当事人。综上,应认定本案保险事故属一

---

〔1〕 参见国家法官学院案例开发研究中心编:《中国法院2012年度案例》(保险纠纷),中国法制出版社2012年版,第162页。

切险的责任范围。二审法院认为海南丰海粮油工业有限公司(以下简称丰海公司)投保货物的损失不属一切险的责任范围错误,应予纠正。丰海公司的再审申请理由依据充分,应予支持。[1]

在保险双方对格式条款的理解有分歧时,应从合同条款、案件事实及被保险人的合法利益出发,综合考虑。

【案例4-17】　刘某某、干某诉太平洋人寿保险有限公司四川分公司保险合同纠纷案

判决观点,对本案保险合同约定的"意外伤害"的概念应如何理解,虽保险条款对意外伤害以"释义"的形式进行了解释,但保险合同中的有关条款属格式条款,在保险双方对"意外伤害"的理解产生分歧时,保险公司对"意外伤害"的条款解释不是唯一依据,应从合同条款、案件事实及被保险人的合法利益出发,综合考虑。现干某某的尸体已经火化,无法查明死亡原因的,鉴于干某某的死亡不属于保险合同第四条责任免除的情形,且系意外的、突然的、非本意的死亡,故被告应当承担相应的赔付责任。刘某某、干某请求太平洋人寿保险有限公司四川分公司给付保险金100,000元的诉讼请求,应予支持。[2]

【案例4-18】　申通快递有限公司诉中国太平洋财产保险股份有限公司上海分公司财产保险合同纠纷案

一审法院认为,本案被保险车辆在发生交通事故后经鉴定部门检测车辆行车制动性能不符合标准技术要求,该情形是否构成保险合同所约定的"检验不合格"免责事由,由于理解存在争议,其解释需结合常理、条款文义进行判断。其一,让被保险人承担法律规定的定期检验义务以外的责任和风险不符合社会常情,有失公允,格式条款内容应按照通常理解予以解释。条款中"检验不合格"应作通常理解,即仅指定期检验为宜,保险公司的事后解释超出一般驾驶人员对于车辆检验的常规理解和理性预期,随意扩大解释将导致被保险人利益保护的不确定性。本案驾驶员已履行上路前检查义务,但其并非检查鉴定的专业人员,不能合理期待其在每次上路前均对车辆进行全方位的精细安全检查,并发现所有安全性能不合格的情况,被告亦无证据证明该车辆存在驾驶员在上路前可以合理发现的明显安全性能问题。而且,投保车辆事发时仍在年检有效期内,距离通过年检审核仅短短数月,此期间车辆还

---

〔1〕 人民法院案例库2015-18-2-230-001。最高人民法院指导案例52号。

〔2〕 参见国家法官学院案例开发研究中心编:《中国法院2012年度案例》(保险纠纷),中国法制出版社2012年版,第184页。

定期进行保养维护，被保险人业已尽到确保车辆安全上路的谨慎注意义务，如果认为事故发生后车辆凡经检验不合格者，被保险人皆要自行承担责任和意外风险，未免过苛，有悖人之常情，客观上亦不现实。本案事故车辆制动性能不合格的偏差值较小，并不被驾驶人员必然感知，且事故发生突然，车辆制动性能不合格并非造成受害人死亡的直接原因，故以该事由作为免赔理由不尽合理。其二，从合同条款的上下文内容及文义表述判断，诉争保险条款约定的"检验"应为特定机构组织开展的车辆定期检验。综观诉争条款所引用的"公安机关交通管理部门及其他相关管理部门""按规定"等措辞的上下文表达，该条款本意仍为强调被保险人遵照行政管理部门的要求，按照法律规定履行确保车辆安全行驶的义务。根据《道路交通安全法》及其实施条例，以及《机动车安全技术检验机构监督管理办法》第二条第二款"对上道路行驶的机动车进行检验检测的活动，包括机动车注册登记时的初次安全技术检验和登记后的定期安全技术检验"的规定，法律、法规及规章所称车辆检验均有特定指向，即定期的安全技术检验。本案事故车辆所做检测并非相关规定所指的检验，不符合条款设定的"按规定"的前提适用要件，被保险人对法律规定以外的义务无从知晓，也不应承担由此产生的不利法律后果。被告脱离合同条款制定本意扩大解释，缺乏法律和事实依据。其三，本案诉争条款"未按规定检验或检验不合格"所隐含的具体情形指向不明，内涵模糊，亦未对检验主体作出明确约定，条款内容在语义上并未清晰明确地予以表达和界定，客观上确实产生了两种以上的不同理解，即便穷尽解释方法，诉争保险条款理解仍存在争议的，被告作为格式条款的拟定方，应承担不利解释的最终后果。故法院认定交通事故发生后车辆安全性能检验不合格不构成相关免责条款约定的免责事由，涉案保险车辆在保险期间内发生了保险合同约定的保险事故，被告应当按约承担理赔责任。双方对生效判决确认的赔付722,980元无异议，法院予以确认。二审法院亦持同样意见维持一审判决。〔1〕

保险人与投保人、被保险人和受益人对保险条款有争议时，应按保险条款订立目的、交易习惯以及诚实信用原则，确定该条款的真实意思。保险合同专用术语以专门领域的解释为准。

【案例4－19】 张某某诉泰康人寿保险股份有限公司沁阳营销服务部等人身保险合同纠纷案

一审法院认为，某一疾病是否属于"重大疾病"，应以通行的医学标准并结合其对患者健康与生活的影响程度而确定。本案原告由医院对其实施了

〔1〕 参见郭伟清主编：《2017年上海法院案例精选》，上海人民出版社2018年版，第251页。

动脉瘤拴塞术，治疗其蛛网膜下腔出血，颅内动脉瘤，应属于双方保险合同约定的颅脑手术。故一审法院确认原告所患疾病属于保险责任范围内的重大疾病。二审法院持同样意见。[1]

【案例 4－20】　顾某诉保险公司保险合同纠纷案

一审法院认为，原告经其主治医生诊断，符合主险条款约定的"长期护理状态"，被告则认为主治医生系"副主任医师"不属于合同约定的主任医师，其诊断属于主观臆测，不能作为保险事故的认定依据，应委托鉴定机构进行鉴定。涉案保险条款约定，相应诊断应由"主任级专业技术资格的医师"作出，就该表述理解，被告认为，仅指"主任医师"；原告认为，主任级应指"主任级别"，主任医师和副主任医师都是主任级别医师；其主治医生也认为，其已系高级专业技术职务，在医院里，主任、副主任医师应该都属于"主任级别"。对此，双方对条款表述的理解各有道理，因条款系保险人提供的格式条款，对条款有两种以上解释的，应当作出有利于被保险人的解释，故采信原告的解释。原告提供专业医生的诊断，符合合同约定的形式，被告对该诊断未能提供反证，对其鉴定申请不予准许，原告符合主险约定的"长期护理状态"。判决：被告保险公司支付原告顾某保险金 78，505.86 元。二审法院同意一审法院裁判意见。[2]

【案例 4－21】　崔某与某保险公司人身保险合同纠纷案

二审法院认为，本案的争议在于合同的解释。本案双方当事人订立保险合同之时，保险市场尚不完善，相关的《保险法》《合同法》均未出台，在保险术语的界定上尚不清晰。正如一审法院所述，应按照合同有关条款、合同的目的、交易习惯及诚实信用原则进行解释。本案中，由于双方约定了增值红利随着保单保额一并给付。在崔某提前退保时，并未发生保险事故或保单满期的情况，即不存在保单保额的给付。不给付保单保额，表明增值红利给付的前提条件未成就。如果严格按照合同解释，保险公司在崔某提前退保时无须支付任何增值红利。崔某认为保险合同订立时未明确针对增值红利单独约定退保的现金价值，即应当退还全部的增值红利，该理解有所不当。[3]

---

〔1〕 参见最高人民法院中国应用法学研究所编：《人民法院案例选》2006 年第 3 辑（总第 57 辑），人民法院出版社 2007 年版，第 284 页。

〔2〕 国家法官学院、最高人民法院司法案例研究院编：《中国法院 2023 年度案例》（保险纠纷），中国法制出版社 2023 年版，第 229 页。上海金融法院（2021）沪 74 民终 717 号民事判决书。

〔3〕 参见最高人民法院民事审判第二庭编著：《最高人民法院关于保险法司法解释（三）理解与适用》，人民法院出版社 2015 年版，第 428 页。上海市第二中级人民法院（2013）沪二中民六（商）终字第 25 号民事判决书。

在实践中，应注意区分格式条款解释与合同补充问题。格式条款的解释与合同补充同为合同解释范畴，但它们是合同解释中的不同问题，有着很大的区别。首先，格式条款的解释适用于重复使用而未与对方协商的条款的情形，该条款的内容应该是确实存在的，只是对条款含义的理解不一致，会得出两个或两个以上合同履行方案的结论。而合同补充是指合同中对相关的内容根本就没有约定，或者约定的内容不明确，根本不能得出合同应该如何履行的结论。其次，格式条款的解释原则是作出不利于提供格式条款一方的解释；而合同的补充则应当遵循合同习惯、公平以及诚实信用原则，并不必然得出有利于非合同提供方解释的结论。最后，格式条款解释的目的是对非格式条款提供方利益提供保护，而合同补充的目的则是在于填补合同约定的缺憾，在公平、诚实信用原则基础上，保证合同的履行。

【案例 4－22】 中宇物资贸易进出口公司诉中国大地财产保险股份有限公司北京分公司财产保险合同纠纷案

二审法院认为，双方当事人在保险合同只约定保险人按短期月费率收取保险责任期间的保险费，但对于短期月费率所对应的保险费基数是投保人应交的保险金额还是实交的保费金额并未明确约定，中国大地财产保险股份有限公司北京分公司在承保时对此也未向中宇物资贸易进出口公司（以下简称中宇公司）作出明确说明，因此应认定双方当事人就此问题没有明确约定。在无法定亦无当事人明确约定的情形下，对于应按实收还是按应收保费作计算依据的问题，应结合案件的具体情况以及保险合同的公平互利，诚实信用原则予以综合裁量。对保险合同约定的条款有争议，是适用不利解释原则的条件，而本案中对双方当事人没有约定的条款不应存在合同解释问题，故上诉人中宇公司的该条上诉理由不成立。[1]

在实践中，保险公司对保险条款中何谓意外事故死亡既没有作出明确的解释，亦未罗列意外事故死亡的情形，也没有将宣告死亡列为保险人免责的情形时，宣告死亡是否属于意外事故死亡，应否得到理赔，对此学界和实务界有不同意见。

【案例 4－23】 徐某某、冯某某诉中国平安人寿保险股份有限公司陕西分公司保险合同纠纷案

判决观点，对保险合同有争议的，人民法院应作出有利于被保险人和受益人的解释，在上述情况下，宣告死亡应属意外事故死亡，保险公司应予

〔1〕 参见北京市高级人民法院编：《审判前沿——新类型案件审判实务》2009 年第 5 集（总第 29 集），法律出版社 2010 年版，第 60 页。

理赔。[1]

这里要注意防止两个误区,即防止有保险合同纠纷就应适用不利解释原则之误区,这种观点混淆了法律适用之前提,没有找到案件适用的法律条文,其直接后果就是将保险人置于极其不利的地位,人为地在保险合同当事人之间制造不平等。另一个误区是有保险合同理解歧义就适用不利解释原则,这种观点混淆了保险合同解释的基本规则与特殊规则的逻辑关系,结果导致保险合同失去本有的约束力。根据《保险法》第三十条的规定,如果保险合同条款明确无误,表明当事人对保险条款没有争议,当然也就无须进行额外的保险合同解释。法官运用不利解释原则的目的在于保护弱势者一方利益,"但如果无原则地扩大适用,可能会损害保险人一方的利益,这也违背了合同公平原则"。[2]

责任免除条款解释的要求保险人对有争议的免责条款应提供证据证明已履行了提示说明义务。

【案例4-24】　段某某诉中国人民财产保险股份有限公司南京市分公司保险合同纠纷案

判决观点,保险人在订立保险合同时必须向投保人就责任免除条款作明确说明,前述义务是法定义务,也是特别告知义务,这种义务不仅是指经过专业培训而具有从事保险资格的保险人在保险单上提示投保人特别注意,更重要的是要对有关免责条款内容作出明确解释,如合同当事人对保险人就保险合同的免责条款是否明确说明发生争议,保险人应当负有证明责任,即保险人还必须提供其对有关免责条款内容作出明确解释的相关证据,否则该免责条款不产生效力。本案中,中国人民财产保险股份有限公司南京市分公司(以下简称人保南京分公司)为证明已经尽到告知义务而提供的证据是涉案保险投保单的投保人声明,不能证明人保南京分公司已经向段某某陈述了该条款包含"医保外用药不予理赔"即部分免除保险人责任的含义。因此,即使该条款可以被理解为"医保外用药不予理赔",也不能发生相应的法律效力。[3]

保险格式合同中不同条款内容发生冲突,应作出对投保人有利的解释。

【案例4-25】　张某诉人寿陕西分公司保险合同纠纷案

一审法院认为,2019年4月8日,西安市公安局未央分局草滩派出所向杨某之父杨甲、伯父杨乙调查时,杨甲、杨乙对死因无异议,且明确表示不进

[1] 参见孙海龙、姚建军:《宣告死亡应否得到理赔》,载《人民司法·案例》2009年第2期。

[2] 参见徐卫东主编:《商法基本问题研究》,法律出版社2002年版,第365页。

[3] 参见《最高人民法院公报》2011年第20期(总第631期)。

行尸体解剖。公安机关的调查结论为死亡事件,排除刑事案件。在杨某的尸体火化后,其家属才向保险公司报案。结合本案证据,根据证据的高度盖然性原则,对杨某的死因确定为自杀。人寿陕西分公司的保险条款虽对意外伤害作出了解释,但同时又有免责条款,在两者存在不一致的情况下,应当作出不利于人寿陕西分公司的解释,故应当按照免责条款的内容来确定是否属于一般意外事故。从保险合同免责条款内容看,超出两年自杀死亡的,应认为一般意外事故。因杨某的自杀死亡为一般意外事故,按照保险合同约定,人寿陕西分公司应当向第一顺序受益人张某支付一般意外身故保险金20万元。鉴于张某已领取理赔款8448元,故人寿陕西分公司应当向张某支付一般意外身故保险金19.1552万元。人寿陕西分公司的抗辩,不符合法律规定,依法不予采纳。判决:人寿陕西分公司支付张某保险理赔金19.1552万元。二审法院同意一审法院裁判意见。〔1〕

(二)保险合同解释范围

保险合同解释适用范围是格式条款,解释的对象是有疑义的合同条款。所谓疑义,是指对保险格式条款内容规定的不明确,致使当事人的意图不明确,而产生的争议。如果格式条款意义是明确的,则不属于本文中的疑义之范围。换言之,所谓疑义系指种种合理解释之间的分歧,不合理解释与合理解释之间的差别,则不构成“疑义”。

【案例4-26】 何某某诉中国人民财产保险股份有限公司保险合同纠纷案

一审法院认为,虽然交通管理部门认定原告的车辆制动不合格,但不能以交通部门认定制动不合格的结果,认定原告没有履行对车辆维护、保养工作。从原告提交的证据可以证明,原告的车辆经交通部门年审合格,在事故发生前按营运车辆定期维护规定,对车辆进行了二级维护,已尽了一般的注意义务。被告的拒赔理由不成立,被告应依照合同的约定,赔偿原告保险金。二审法院同意一审裁判意见。〔2〕本案中,车辆保险条款第6.2条约定:被保险人及其驾驶员应做好保险车辆的维护、保养工作,保险车辆装载必须符合

---

〔1〕参见国家法官学院、最高人民法院司法案例研究院编:《中国法院2021年度案例》(保险纠纷),中国法制出版社2021年版,第110~111页。陕西省西安市中级人民法院(2019)陕01民终13773号民事判决书。

〔2〕参见最高人民法院中国应用法学研究所编:《人民法院案例选》2006年第4辑(总第58辑),人民法院出版社2007年版,第323~324页。

规定,使其保持安全行驶状态。原告认为,车辆已经过交通部门年审合格,在事故发生前按营运车辆规定,对车辆进行了二级维护,已尽了一般的注意义务,符合本条的规定,应予赔偿。被告认为,原告的车辆制动系统不合格,原告发生的损失不属于保险责任赔偿范围,违反该项义务。原告、被告双方对第6.2条款的理解即是疑义。

【案例4-27】　厦门国旅旅运服务有限公司诉中国太平洋财产保险股份有限公司厦门分公司保险理赔纠纷案

二审法院认为,保险合同第五条第四款约定:主要是因为车辆在营业性修理场所维修、保养期间,车辆的适驾性没有保障且脱离投保人的掌控,因此,从保险车辆进入营业性修理场所维修、保养结束并验收合格提车时止,保险公司的保险责任免除。[1] 本案中,原告、被告对“车辆在营业性场所维修、保养期间”产生重大分歧,即是疑义。

实践中,对有些特殊情形下的部分保险合同条款能否列为不利解释范围有争议。如对再保险合同条款发生争议时,应否适用不利解释的问题,最高人民法院法官认为,不利解释原则适用的法理基础是采用格式条款签订保险合同的当事人双方地位不平等,合同不具有协商性和公平性。而对于再保险合同的双方当事人而言,其均为专营保险业务的保险公司,地位平等,信息对称、协商能力相等,不存在一方处在强势地位、意思不自治、内容不平等的问题。因此,对再保险合同的条款发生争议,不应适用不利解释原则。[2]

对保监会依法核准的保险格式条款,是否可适用不利解释的问题,有两种对立观点。一种是不能适用,另一种是可以适用。对此,《保险法》并未明确。笔者倾向于后一种观点,保险监督管理机构仅对强制保险的险种和新开发的人寿保险险种等保险条款和保险费率进行审批,对于其他保险险种的保险条款和保险费率,仅要求报其备案。审批和备案的含义并不相同,审批是保险监督管理机构需对内容的合法性进行审查、批准,而备案不需要进行审查、批准,只是登记备查,使主管机关了解相关法律行为的存在。事实上,无论是审批还是备案,保险人均为格式保险条款的起草者,保险监督管理机构在审批过程中虽应根据法理对不公平的保险条款不予审批,但不能根本杜绝不公平条款的存在以及否定保险人系保险格式条款提供者的事实,因此,尽管保险合同条款经过了保险监督管理机构审批或者备案,但存在不公平条款的情形时,仍应适用不利解释原则。保险监督管理

---

〔1〕 参见最高人民法院中国应用法学研究所编:《人民法院案例选》2006年第1辑(总第55辑),人民法院出版社2006年版,第244页。

〔2〕 参见最高人民法院保险法司法解释起草小组编著:《〈中华人民共和国保险法〉保险合同章条文理解与适用》,中国法制出版社2010年版,第204页。

机构的行政规制行为不能取代司法判断。[1]

对于专业术语,其含义一般是确定的专业解释,保险条款做出专业意义解释的,通常情况下不适用不利解释原则,但这并不意味着专业术语绝对不适用不利解释原则,因保险条款的设置不明或专业术语本身的释义不明等原因导致存在两种以上合理解释且不利于投保人、被保险人、受益人的,仍需适用不利解释原则。

【案例4-28】 陈某诉某人寿保险公司、某人寿保险公司北京分公司保险合同纠纷案

判决观点,本案的争议焦点为原告所患疾病是否属于保险责任范围,被告是否应当承担相应保险责任。法院认为,根据被保险人陈某自2014年1月22日至2014年4月24日在宣武医院持续治疗的全过程分析,医院对其病情的认定经历了一个过程,从最初入院的卵巢囊肿到第一次出院诊断右侧卵巢交界粘液性乳头状囊腺瘤,至第二次入院卵巢交界恶性肿瘤、出院诊断右侧卵巢粘液性交界性乳头状囊腺瘤Ia期术后,第二次住院期间医院对陈某实施了"卵巢癌全面分期术"的手术,到2014年4月24日出具诊断证明书,明确临床诊断为卵巢交界性恶性肿瘤。因双方对诊断疾病有争议,经法院与宣武医院医师周某核实,陈某的诊断是右侧卵巢粘液性交界性乳头状囊腺瘤Ia期。故右侧卵巢粘液性交界性乳头状囊腺瘤是否属于保险责任范围则成为本案的关键,"交界性"为本案的关键词。第一,依据《世界卫生组织疾病和有关健康的国际统计分类》(ICD-10)以及(ICD-10)肿瘤学形态学编码第M8473/3条显示,乳头状囊腺瘤与交界性恶性是被划分在同一条目,从分类上已经将其视为偏恶性。第二,乳头状粘液性囊腺瘤,交界恶性(C56)与第二章C56卵巢恶性肿瘤相对应,进一步明确了该疾病恶性的性质。第三,交界性肿瘤是一种低度恶性潜能的肿瘤,具有一定的生长性、转移性、复发性,治疗这种疾病的方法也主要是参照卵巢癌(恶性肿瘤)手术方法进行全面分期术或肿瘤细胞减灭术的手术治疗方法。也符合保险条款恶性肿瘤定义中表述的增长、扩散、转移的特征。第四,在宣武医院采用的电脑系统分类中也将卵巢交界性肿瘤划为卵巢交界性恶性肿瘤。另外,从长期重大疾病保险(2006)条款第十三条释义重大疾病的约定分析,该保险条款是采取一般定义加排除的方式对恶性肿瘤进行释义,释义中没有明确交界性肿瘤是否属于恶性肿瘤,在排除的疾病中也没有列明交界性肿瘤。第五,本案涉及的保险条款中"恶性肿瘤"虽然属于医学专业术语,但从原告所患疾病治疗及诊断的过程、《世界卫生组织疾病和有关健康的国际统计分类》(ICD-10)

---

〔1〕 参见最高人民法院保险法司法解释起草小组编著:《〈中华人民共和国保险法〉保险合同章条文理解与适用》,中国法制出版社2010年版,第209页。

的规定情况、保险条款的约定情况分析，本案涉及的交界恶性与恶性极易产生歧义，不就该差别进行明确揭示将对投保人产生普遍性误导，被告保险公司应当就上述差别进行揭示，使投保方对该项内容有全面了解，且不致产生理解歧义。否则就会发生双方当事人权利义务不对等，合同显失公平的情况。[1]

保险合同格式条款对险种和赔付标准约定不明时，应作出有利于被保险人的解释。

【案例 4－29】　谭某诉保险宜昌支公司保险合同纠纷案

一审法院认，原告提交的保单上清楚载明保险宜昌支公司承保的险种名称，三项险种为并列关系，并不存在补充、替代或包含关系，且合同条款也未约定按照附加险赔付残疾赔偿金后原主险的残疾赔偿金不再赔付。故被告应当按照三项险种分别进行赔付。《建筑工程施工人员团体人身意外伤害保险条款》及《附加法定伤残鉴定标准和保险条款》对两个险种的赔偿标准均有约定。但保单上有特别约定："本保单伤残赔付采用法定工伤标准，伤残赔付比例按照附加法定伤残鉴定标准条款执行。"两险种的赔付应当按照特别约定执行。原告、被告对该条款的理解存在分歧：原告认为采用法定工伤标准，包括鉴定等级及赔付金额的计算，故主险应当按照仲裁裁决的工伤伤残补助金额赔付；被告认为该条款仅指伤残等级按照法定工伤鉴定等级计算，故应当以险种的保险金额乘以工伤伤残等级计算。当保险合同条款有两种以上解释时，应当作出有利于受益人的解释。但保单特别约定条款明确伤残赔付应当按照一定比例执行，原告提出直接按照仲裁裁决的工伤伤残补助金进行赔付的主张，与条款原意不符。若按照仲裁裁决的工伤补助金再乘以相应的比例赔付，则更不利于原告。判决：(1)保险宜昌支公司支付谭某建筑工程施工人员团体人身意外伤害保险金 60,000 元；(2)保险宜昌支公司支付谭某法定伤残鉴定标准赔偿金 60,000 元；(3)保险宜昌支公司支付谭某意外伤害医疗保险金 4320 元。二审法院同意一审法院裁判意见。[2]

保险合同中特别约定不明确的，应作出有利于被保险人的解释。

---

〔1〕　参见韩武：《格式保险条款专业术语并非绝对不适用"不利解释原则"》，载《人民司法 · 案例》2017 年第 26 期(总第 793 期)。北京铁路运输法院(2015)京铁民初字第 570 号民事判决书。

〔2〕　参见国家法官学院、最高人民法院司法案例研究院编：《中国法院 2022 年度案例》(保险纠纷)，中国法制出版社 2022 年版，第 103～104 页。湖北省宜昌市中级人民法院(2020)鄂 05 民终 1781 号民事判决书。

【案例4－30】 建设公司诉保险萧山公司意外伤害保险合同纠纷案

判决观点，保险合同是投保人和保险人约定保险权利义务关系的协议，建设公司、保险萧山公司之间的团体意外伤害保险合同合法有效，双方均应按约履行合同义务。吴某作为涉保险合同的被保险人之一，在保险期间发生保险事故，系相应保险金的受益人。现建设公司已赔偿吴某相关费用，并受让吴某保险合同项下的保险金请求权，不违反法律规定，且建设公司已就受让的保险金请求权向保险萧山公司申请理赔，故建设公司系本案适格的原告，依约享有向保险萧山公司主张保险金的权利。建设公司起诉其与保险萧山公司签订的保险合同中未约定“保险人对高空作业产生的意外不承担责任”，且建设公司事先已告知案涉工程存在高空作业内容，保险萧山公司未采取合理方式提醒建设公司投保单中“此工程不涉及高空作业”系免除责任情形，不能据此免除责任；双方对“此工程不涉及高空作业”理解有争议，应当作出对建设公司有利的解释；故保险萧山公司对吴某在案涉工程施工过程中发生的意外伤害应承担保险金给付义务。保险萧山公司认为双方已特别约定“此工程不涉及高空作业”，且建设公司在投保单中对上述约定亦签字盖章确认，案涉意外伤害属于高空作业过程中发生的，不在保险责任范围。故本案争议焦点是保险期间内吴某在案涉工程施工过程中发生的意外伤害是否属于保险萧山公司保险责任约定范围。首先，吴某系在案涉工程采光顶施工过程中不慎从3米左右高空摔下致伤属于案涉保险合同约定的保险事故，对此建设公司、保险萧山公司均不持异议，均认为系案涉工程高空作业过程中发生的意外伤害，法院对该事实予以认定。其次，“此工程不涉及高空作业”不属于保险条款约定的责任免除情形，双方在特别约定中仅载明“此工程不涉及高空作业”，但并未就“此工程不涉及高空作业”是否系责任免除情形作出明确约定，故不能据此认定“此工程不涉及高空作业”系责任免除情形。另外，建设公司在投保时已向保险萧山公司提供案涉工程《采光顶、采光井制作安装合同》，保险萧山公司对案涉工程是否存在高空作业理应知悉，即便约定中“此工程不涉及高空作业”系免除保险人责任的条款，保险萧山公司亦应当在投保单、保险单或者其他保险作出足以引起投保人注意的提示，并对该条款内容以书面或者口头形式向投保人作出明确说明。保险萧山公司仅在投保单、保险单中载明“此工程不涉及高空作业”，未对上述约定会产生责任免除的法律后果作明确说明，应视为保险公司未就免责条款向投保人履行明确告知义务，该条款不生效。最后，建设公司、保险萧山公司对“此工程不涉及高空作业”条款的理解存在争议，在保险条款等未将高空作业排除在保险责任范围的情况下，根据不利解释原则，本案亦应当作出不利于保险萧山公司的解释。故认定吴某因案涉工程高空作业过程中发生的保险事故属于保险萧山公司保险责任范围,保险萧山公司应当按照保险条款的约定承担保险责任。……判决:一、保险萧山公司赔付建设公司保险金65,485.6元;二、驳回建设公司的其余诉讼请求。[1]

超标电动车是否为机动车理解发生争议时,应作出有利于被保险人的解释。

【案例4-31】　尹某等诉保险宁波分公司保险合同纠纷案

判决观点,首先,被保险人张甲驾驶的电动车在发生道路交通事故后被交警部门鉴定为"机动车"仅表明该电动车空车质量、电动机功率、最高时速等方面符合正三轮轻便摩托车的标准,法律、法规未明确规定该类电动车属于机动车,不能要求电动车车主履行高于法律、法规等规定的义务。其次,原告、被告对被保险人张甲发生交通事故时所驾驶的涉案车辆是否属于免责条款中所指的机动车存在不同解释。虽然被告根据上述交通事故认定书及鉴定报告书认为涉案车辆属于机动车,但是涉案车辆的产品说明明确该车为电动车,被保险人及原告基于产品说明而认为涉案车辆及非机动车的理解,符合普通人的认知标准。从社会公众的通常理解来看,国家实行机动车登记制度及机动车交通事故责任强制保险制度,涉案电动车未纳入机动车管理范围,其与机动车的使用范围和路权规则不同,购买者无法进行登记并取得机动车号牌,亦无法投保机动车交通事故责任强制保险,社会公众一般认为涉案车辆系非机动车,故原告基于社会公众的通常理解认为本案事故不应适用免责条款,亦符合普通人的认知标准。另外,采用保险人提供的格式条款订立的保险合同,保险人与投保人、被保险人或者受益人对合同条款有争议的,应当按照通常理解予以解释。对合同条款有两种以上解释的,人民法院或者仲裁机构应当作出有利于保险人和受益人的解释。据此,双方对涉案车辆是否属于机动车存在不同理解,而案涉保险合同的责任免除条款中无有效驾驶证驾驶机动车的内容未能明确机动车的具体类别,故该免责条款不应适用于本案所涉车辆。原告主张,被告未明确告知张甲私家车的具体内涵,故应当适用案涉保险合同第三条,按保单现金价值3倍赔付。而经审理查明,张甲签名确认已阅读合同条款,涉案保险合同也对"私家车"进行了加黑提示、详细释义且该释义符合社会公众的通常理解,故对原告上述主张不予支持。案涉事故符合保险合同第四条的约定,应按本合同基本保险金的2倍给付一般意外伤害身故保险金127,800元(63,900元×2)。综上,投保人张甲与被告签订的保险合同系视当事人真实意思表示,不违反法律、法规的规定,应为合

---

〔1〕 参见国家法官学院、最高人民法院司法案例研究院编:《中国法院2022年度案例》(保险纠纷),中国法制出版社2022年版,第107~109页。浙江省杭州市萧山区人民法院(2020)浙0109民初17519号民事判决书。

法有效。现张甲因一般意外伤害身故，三原告作为法定继承人，有权要求被告支付身故保险金127,800元，对三原告超出部分的诉请，不予支持。判决：(1)保险宁波分公司向尹某、张乙、张丙支付保险金127,800元；(2)驳回尹某、张乙、张丙的其他诉讼请求。[1]

投保人与保险公司就交纳保险费截止日期发生争议的，应作出有利于被保险人的解释。

【案例4－32】 罗某诉人寿保险公司保险合同纠纷案

一审法院认为，本案的主要争议焦点为罗某缴纳保险费的截止期限是2019年7月8日还是2029年7月9日。罗某基于所持养老金保险单，保险费缴纳期限截至2019年7月8日；人寿保险公司基于合同条款的推定，认为罗某的保险费期限截至2029年7月9日，保险单所在截止日期系笔误。而人寿保险公司提交的证据未明确指向罗某收到的保险条款，亦未能证明其曾向罗某进行过说明，且其作为持有保险单(副本)的一方，在长达二十年的时间里，从未向罗某声明过保险单所载日期为笔误。现罗某所持保险本(正本)与人寿保险公司的保险单(副本)均载明罗某的缴费期限截至2019年7月8日，故对于罗某关于交费保险期限截止期限为2019年7月8日的主张予以采信。保险合同载明的保险费交费期限为1998年7月9日至2019年7月8日，双方应当按照合同约定的期限缴纳和收取保险费。现保险公司在保险合同约定的缴费期限截止后，仍然继续从罗某银行账户内扣划保险费，显属违约，其多扣划的保险费亦应予以返还。罗某关于人寿保险公司出具缴费期满凭证批单并加盖公章的请求，超出合同约定，不予支持。判决：(1)人寿保险公司停止从罗某银行账户内扣划保险费并退还罗某至2019年7月9日起至停止扣划之日止所扣的保险费(截至2020年10月15日，共计3000元)；(2)驳回罗某的其他诉讼请求。二审法院同意一审法院裁判意见。[2]

(三)保险合同解释方法

根据《保险法》第三十条规定，在出现争议时，应先按照通常理解予以解释。

---

〔1〕 参见国家法官学院、最高人民法院司法案例研究院编：《中国法院2022年度案例》(保险纠纷)，中国法制出版社2022年版，第181～182页。浙江省宁波市海曙区人民法院(2020)浙0203民初2274号民事判决书。

〔2〕 参见国家法官学院、最高人民法院司法案例研究院编：《中国法院2022年度案例》(保险纠纷)，中国法制出版社2022年版，第186～187页。北京市第一中级人民法院(2020)京01民8583号民事判决书。

所谓“按照通常理解予以解释”又称通常解释、客观解释方法，是指依据具有一般智识能力的正常人的理解进行的解释。[1] 有学者指出，所谓通常理解，系指以保险格式条款所适用对象群的共同期待或了解为准。因为保险契约是以定型化契约为主的契约，是仅低于法律的交易制度，其解释与法规的解释和意思表示的解释均不相同。对法规的解释着重于法规文意的客观性和安定性，注重法规的客观文意，以谋求法规规范目的的达成；对意思表示的解释，则注重探求当事人的真意，注重意思表示目的的达成。对定型化契约的解释，应当介于对法规的解释和对当事人意思表示的解释之间，寻求定型化契约适用对象的共同了解或者合理期待。[2] 保险界人士认为，通常理解的标准就是按照当时社会所普遍接受的语法规则和语汇含义对合同条文作出的理解。[3] 笔者认为，尽管学界和实务界对通常理解的理解并不尽一致，有一点是应注意或应做到的，就是法官在解释合同、探究合同的通常理解时，既要考虑词句时在日常生活中的语义，也要考虑词句在保险领域或者其他专业领域内的特殊含义。探究合同的通常理解时，要考虑当事人签订合同当时的周围情势，包括当事人是否具有相应的商业背景、交易习惯、通常的生活经验等诸多因素。如果不坚持通常理解标准，就会在解释保险条款上出现错误，就会不当地加大保险公司的负担，就会对保险公司一方不公，而保险公司为了转移负担，显然会提高保险费，最终也不利于投保人。

【案例4－33】　李某甲等诉永诚财险聊城公司保险合同纠纷案

按照通常理解，“使用被保险车辆”不仅应当包括车辆在行使中的使用，也应当包括车辆处于静止状态时装货或卸货的使用。本案中，李某甲投保的车辆系货车，货车主要经营的是运输货物业务，装货和卸货系货车的使用方式之一，并不能狭义地认为车辆在行驶中才属于使用车辆。一审、二审法院均认为，李某乙在卸车过程中因被石块掩埋窒息死亡，应当认定为被保险车辆在使用过程中发生的保险事故。[4]

【案例4－34】　邵某某诉中国人民财产保险股份有限公司无锡市崇安支公司财产保险合同纠纷案

二审法院认为，本案所涉车损险合同载明的保险责任中包括洪水造成的车辆损失。双方对保险条款中“洪水”的理解有争议。对于争议条款，应先

---

〔1〕 参见最高人民法院保险法司法解释起草小组编著：《〈中华人民共和国保险法〉保险合同章条文理解与适用》，中国法制出版社2010年版，第199页。

〔2〕 参见樊启荣：《保险法》，高等教育出版社2010年版，第97～98页。

〔3〕 参见恒安标准人寿保险有限公司法律部编：《人身保险法律实务解析》，法律出版社2012年版，第365页。

〔4〕 参见刘颖：《“使用被保险车辆”的认定》，载《人民法院报》2013年4月18日，第6版。

按照通常理解来解释,如果按通常理解仍有两种以上解释的,则应作有利于被保险人的解释。对“洪水”的通常理解为因暴雨、急剧融冰化雪、风暴潮等自然因素引起的江河湖海水量迅速增加,水位迅猛上涨并超过一定水位,威胁有关地区安全的一种自然灾害。对此通常并无两种以上解释,故应按此通常理解来定义“洪水”。本案中,车辆系因涨潮受淹。潮汐是海水在天体引力作用下产生的一种周期性的、可预见的自然现象,并非突发的、不可预见的自然灾害。邵某某也未提供证据证明车辆被淹时的涨潮超过其原有的规律性并形成“洪水”,故其车辆被涨潮所淹,并不属保险责任范围内的“洪水”。[1]

关于合同解释方法之间的关系,《民法典》第一百四十二条规定了文义解释、整体解释、目的解释、习惯解释和诚信解释等完整的解释方法,第四百九十八条规定了不利解释原则。从合同解释的方法体系讲,不利解释方法属于第一百四十二条所规定的目的解释范畴。保险合同是合同的一种类型,同时又具有附合性的特征,即大多数的保险合同都是保险公司事先拟定的格式条款,所以《保险法》第三十条对保险合同格式条款的解释原则作了专门规定。从条文的关系上看,《民法典》第一百四十二条是相当于合同解释的总则性规定,而第四百九十八条则是关于格式条款解释的特别规定,《保险法》第三十条与《民法典》第一百四十二条、第四百九十八条相当于特别法与普通法的关系。应当明确一点,把保险合同的解释原则等同于普通合同的解释原则固然不算错,但是很多保险案件确实不是按照普通合同的解释原则来处理的。[2] 在一般合同解释方法里,包括多种方法,虽然其目的都是确认合同条款的真意,探求当事人的效果意思,进而正确处理纠纷,但各种方法的运用也要遵循一定的顺序。文义解释方法是应首先被适用的,但并不是强调必须或一律先作文义解释,再援用其他方法进行解释,文义解释与其他方法并行不悖,文义解释自然是受其他方法限制的。解释方法适用时有大致的顺序,但不可拘泥于顺序,应以使合同合法、有效、合理、公平为解释的指导原则。根据《民法典》第一百四十二条规定,正确确定合同解释规则的顺序,对争议条款进行解释,从而得出合同意思表示的结论。也就是说,法官在解释合同争议条款中,应坚持合同是当事人相互信赖的关系契约,诚信为合同缔结与履行的最重要原则等观点,坚持运用客观标准与主观标准相结合,既要根据合同的语言文字,又要注意研究有关证据,进行综合分析,实事求是,妥善解决纠纷。有学者认为,根据格式条款的特殊性要求、我国《民法典》的规定以及相关学说,格式条款的解释规则应

〔1〕 参见国家法官学院案例开发研究中心编:《中国法院 2017 年度案例》(保险纠纷),中国法制出版社 2017 年版,第 75 页。江苏省无锡市中级人民法院(2015)锡商终字第 0613 号民事判决书。

〔2〕 参见李玉泉:《保险法》,法律出版社 1997 年版,第 141 ~ 146 页。

当包括客观解释、限制(严格)解释、统一解释、为不利条款使用人的解释、调和解释和个别约定优先的解释规则。[1] 换言之,格式条款的独特性质决定了它一方面应当适用普通合同解释方法予以解释,另一方面还需要运用与其特点相符的特殊方法开展解释作业,以修正运用普通合同解释方法可能出现的偏差。

有法官认为,在当事人就保险合同条文含义发生争议时,应首先判断争议是由条款模糊导致还是因欠缺条款形成漏洞所致,对于因条款含义模糊导致的争议,应依表示主义运用一般解释方法解释争议,并首选文义解释方法对该条款的准确含义进行解释。如果该条款涉及合同的其他条款或规定,则应当适用整体解释的方法。如果保险合同的履行中涉及交易习惯的,则在解释中须运用习惯解释方法。如果依合同本身的文字材料不能进行解释时,则可以采用目的解释方法以及诚信解释原则等方法进行解释。如果是因合同漏洞产生的争议,则应当采取法律规定的专事填补漏洞的方法解决争议。[2]

在适用保险合同解释的顺序上,先是通常解释,其后才是不利解释。如果穷尽了《民法典》第一百四十二条所规定的所有解释方法,对争议的合同条款应该能够得出确定的唯一理解,不可能出现合同条款仍然存在两种以上合理解释的情形。因此,不能将《保险法》第三十条规定通常理解的含义简单等同于《民法典》第一百四十二条规定的全部合同解释方法。《保险法》第三十条通常理解的含义应当是指在根据文义解释、体系解释以及历史解释对争议条款进行解释后仍然有两种以上合理解释的情况下,才适用目的解释中的不利解释方法。不利解释原则是法律为解释合同提供的最终解释,只有在其他解释无法领会合同用语的含义时才能适用。适用不利解释原则前提是依照通常解释后仍有两种以上的解释,且两种以上的解释必须都是符合通常理解的。也就是说,在客观标准下用尽一切解释原则不能得出合理解释,仍未能解决当事人之间争议的情况下,方能适用不利解释原则。2009 年修订前的《保险法》第三十一条并未有“应当按照通常理解予以解释”,而《保险法》修订后的第三十条对此作了明确规定,即在适用不利解释原则之前必须先进行通常理解解释的顺序。通说认为,不利解释应作为第二位合同解释方法,即只有在通常解释无法解决争议的情况下,才可以将不利解释规则作为一种辅助手段进行解释。[3] 如果运用一般解释的方法即可确定保险合同约定条款的真实意思的,则不必运用不利解释原则进行解释。

---

〔1〕 参见苏号朋:《格式合同条款研究》,中国人民大学出版社 2004 年版,第 225 页。

〔2〕 参见张海棠主编:《保险合同纠纷》,法律出版社 2010 年版,第 84 页。

〔3〕 参见最高人民法院民事审判第二庭编:《商事审判指导》2010 年第 2 辑(总第 22 辑),人民法院出版社 2010 年版,第 57 ~59 页。

【案例4－35】 顾某某诉中国人民财产保险股份有限公司新沂支公司财产保险合同纠纷案

本案中,双方均能理解“酒后驾驶”免赔条款含义,运用保险合同目的解释方法和比较解释等方法即可确定保险合同双方约定条款的真实意思,而不必运用不利解释原则进行解释。[1]

【案例4－36】 北京春乔综合商店诉中国人民财产保险股份有限公司北京市延庆支公司财产保险合同纠纷案

二审法院认为,本案中春乔商店对冯某的损害赔偿责任已经生效判决予以认定,故依法应系本案保险合同项下之保险标的。虽然从常理来看,机动车的使用应理解为发挥机动车的使用价值,即在道路上合法行驶,但本案中冯某作为被保险人允许的合法驾驶员,其对被保险机动车的管理行为与损害发生之间具有连续性,亦具备事实上的关系,故法院认为对“使用”应进行扩大解释,不宜作狭隘理解。判断是否属于“车上人员”应以该人在事故发生时这一特定时间是否身处保险车辆之上为依据,其中包括在被保险机动车车体内或车体上的人员,亦包括正在上下车的人员。本案中冯某系在登上涉案车辆取钥匙时发生的事故,其应属于保险条款中约定的“车上人员”。本案中春乔商店认可当时冯某系在维修中心修理被保险机动车,而保险条款中明确约定对在营业性场所维修、保养、改装期间发生的事故保险公司不论何原因均不予赔付,且对该免除保险人责任的条款,中保延庆公司已经在保险条款中予以加黑提示,春乔商店亦盖章确认中保延庆公司已对免除保险人责任的条款向其作了明确说明。因此,对保险条款中约定的修理期间应解释为从送去修理至取走车辆的整个连续期间,亦属于保险合同中约定的责任免除情形。综上,人保延庆公司的上诉请求成立,应予支持,一审法院认定事实有误,判决结果错误,依法予以纠正。据此,二审法院撤销一审判决,驳回春乔商店的诉讼请求。[2]

司法实践中,应当从《保险法》第三十条的立法目的出发作限缩性解释,避免对“不利解释原则”有错误的理解和滥用,以公平合理地保护当事人的权益。采用普通的文义解释与通常理解的限缩性解释之间,后者符合格式条款解释的一般法理。

商业三者险中格式免责条款之“驾驶人在未依法采取措施的情况下驾驶被保

---

〔1〕 参见最高人民法院中国应用法学研究所编著:《人民法院案例选》(月版)2010年第3辑(总第15辑),中国法制出版社2010年版,第30页。

〔2〕 参见国家法官学院、最高人民法院案例研究院编:《中国法院2020年度案例》(保险纠纷),中国法制出版社2020年版,第70～71页。北京市第一中级人民法院(2018)京01民终4781号民事判决书。

险机动车离开事故现场",应按照肇事逃逸免责解释,保险公司必须证明肇事者有逃逸的主观故意。即不能按普通的文义解释,而应采用限缩性解释。

【案例 4－37】　江某某等诉田某、罗某、重庆普驰物流有限公司、中国人民财产保险股份有限公司重庆市分公司财产保险合同纠纷案

二审法院认为,中国人民财产保险股份有限公司重庆市分公司(以下简称人保重庆分公司)上诉提出的主要问题,在该公司已向被保险人就该免责条款履行提示和说明义务后,按照第三者责任险保险条款约定,只要"驾驶人在未依法采取措施的情况下驾驶被保险机动车离开事故现场",无论驾驶人属于主观逃逸还是客观不知情,人保重庆分公司均应当免责。按照一般人的通常理解,"驾驶人未依法采取措施驾驶被保险机动车离开事故现场"即为肇事逃逸,驾驶人肇事逃逸必须具有明知事故发生为逃避法律追究而逃跑的主观故意,此种情形下只要保险公司尽到了提示义务,即应当免责。根据交警部门出具的道路交通事故认定书,无充分证据表明田某在该事故中有逃逸的主观故意,故本案中田某客观不知情而驾车离开是否属于人保重庆分公司的免责范围?法院认为,人保重庆分公司对该保险条款的解释,既不符合一般人的通常理解,也不能充分发挥保险公司防灾防损的社会职能,既不利于保护受害人的合法权利,也不能实现被保险人减少损失的投保目的,且在对格式保险条款有争议的情形下也应当作出对提供条款一方不利的解释,因此人保重庆分公司的上诉理由不能成立,法院不予采信,遂判决驳回上诉。[1]

需要注意的是,尽管与《民法典》相比,《保险法》中规定的保险合同规则属于特别法,但这并不意味着不利解释原则应排除文义解释等基本解释方法而得以优先适用。因为,从性质上看,基本解释方法的立法基础在于根据合同自身的信息以及与其有最紧密相关的因素(如合同目的、交易习惯等),来证实合同条款在整体背景下的真实含义,其着重点在于合同意义的真实性,属于事实判断;不利解释原则是一种价值判断,即不采取有利于保险人的措施,而要保护其利益相对的一方,这种价值是原则的生命力所在。从这个角度讲,不利解释原则在保险合同解释规则中是个"殿后"条款,只有在保险合同基本解释方法穷尽后仍不能消除对保险合同条款歧义时,才能适用该原则。因不利解释原则仅是解释保险合同疑义条款的一种手段或途径,它本身不能取代合同解释的一般原则。不利解释原则不是与文义解释、体系解释、目的解释等方法并列的,可以独立适用的解释方法,而是在合同条款的含义特别含混暧昧,法官穷尽其他方法仍然不能获得有效解释的

---

〔1〕　参见林洋、黄庆华:《对交通险免责条款应按肇事逃逸免责解释》,载《人民司法·案例》2018 年第 26 期(总第 829 期)。重庆市第一中级人民法院(2017)渝 01 民终 7804 号民事判决书。

前提下不得不采取的措施,针对争议的条款同时存在两个或两个以上的解释,且各种解释均为合理,方构成适用不利解释原则的必要条件。要准确把握不利解释原则之精神,在司法实践中要慎用,并防止被滥用的危险。其次,即使格式条款按通常理解导致两种以上解释时,亦应作出不利于提出格式条款一方的解释,在案例4-37中应作出不利于保险公司的解释。当然在一个案件中,有诸多保险险种的约定,涉及某一约定争议时,可参照其他险种对此问题的约定。

【案例4-38】 厦门旺群旺商贸有限公司诉中国人民财产保险股份有限公司厦门市分公司保险合同纠纷案

对《机动车辆第三者责任保险条款》中第七条第(五)项"保险车辆肇事逃逸"免责条款的争议,法院认为,对照原告厦门旺群旺商贸有限公司(以下简称旺群旺公司)同时投保的《营业用汽车损失保险条款》中第六条第六项关于责任免除的约定"事故发生后,被保险人或其允许的驾驶员在未依法采取措施的情况下驾驶车辆或者遗弃车辆逃离事故现场"可知,《机动车辆第三者责任保险条款》第七条第(五)项"保险车辆肇事逃逸"的约定语义模糊,在保险人与投保人对于保险合同的条款有争议时,人民法院应当作有利于被保险人的解释。因此,《机动车辆第三者责任保险条款》中第七条第(五)项"保险车辆肇事逃逸"应特指驾驶人肇事后驾驶车辆逃逸的情形,不包括驾驶员遗弃车辆逃逸的情形。〔1〕

【案例4-39】 中国人民财产保险有限公司石家庄市分公司与李某恒财产保险合同纠纷案

二审法院认为,要明确对格式条款有争议时如何解释。《保险法》第三十条规定,格式条款的解释应当首先按通常理解进行解释,采用有利于被保险人和受益人的解释的前提是,合同条款具有合理性不相上下的两种以上的解释。获得合同通常理解的方法,在于《民法典》第一百四十二条第一款的规定,即"按照所使用的词句,结合相关条款、行为的性质和目的、习惯以及诚信原则,确定意思表示的含义。"关于意思表示的解释,《民法典》仅规定了以上方法,相应的逻辑是,穷尽上述解释方法之后,意思表示的歧义即应当被消除,合同仍然存在两种以上合理性不相上下的解释的可能性微乎其微。采用有利于被保险人和受益人的解释方法,不是文义解释、体系解释、目的解释、习惯解释、诚信解释等方法并立的、可以独立适用的合同解释方法,而是在合同条款含义特别模糊,穷尽其他方法依然不能获得有效解释的前提下,不得

---

〔1〕 参见最高人民法院中国应用法学研究所编:《人民法院案例选》2008年第3辑(总第65辑),人民法院出版社2009年版,第312页。

不采取的救济措施。在追求通常理解的基本要求下,有利于被保险人和受益人的解释方法的适用空间极为有限。本案中,就“倾覆”一词作出唯一解释其可获得通常理解,不存在两种以上合理性不相上下的解释,一审法院以“有利解释”对“倾覆”作出的解释方法不当,予以纠正。[1]

司法解释对解释规则有明确规定的,法官在解释中应从其规定。司法实践中,保险合同记载不一致时发生争议颇多,如投保单与保险单或其他保险凭证的记载不一致、特约条款与格式条款不一致等。对此,《保险法解释(二)》第十四条规定:“保险合同中记载的内容不一致的,按照下列规则认定:(一)投保单与保险单或者其他保险凭证不一致的,以投保单为准。但不一致的情形系经保险人说明并经投保人同意的,以投保人签收的保险单或者其他保险凭证载明的内容为准;(二)非格式条款与格式条款不一致的,以非格式条款为准;(三)保险凭证记载的时间不同的,以形成时间在后的为准;(四)保险凭证存在手写和打印两种方式的,以双方签字、盖章的手写部分为准。”最高人民法院法官认为,在投保单与保险单或其他保险凭证记载不一致的,如果保险人已将保险单或其他保险凭证送达给投保人,投保人未提出异议的,以保险单或其他保险凭证的内容为准;保险人未将保险单或其他保险凭证送达给投保人,或投保人在收到保险单或其他保险凭证后已提出异议,保险人仍同意承保的,以投保人填写的投保单记载内容为准。[2]

【案例4-40】 杨某某诉巧家保险公司保险合同纠纷案

一审法院认为,关于死亡保险金的计算,被告出具的《保险证》上特别手写注明“意外伤害保险金额每年10,000.00元”,并在该字样上加盖业务公章,依法属于双方就保险合同作出的特别约定,被告出具的《保险证》及其所附《两全保险条款(试行)》,依法属于格式合同,依照原《合同法》第四十一条和《保险法》第三十条的规定,应以被告之工作人员手写注明的“意外伤害保险金额每年10,000.00元”作出对投保人杨某某有利的解释,即被告应按1万元/年向受益人杨某某支付意外死亡保险金。但计算年限应自投保之年起,至被保险人发生保险事故时止,整数年为12年。原告的该项主张,符合《保险法》第三十三条第二款和保监发〔1999〕43号《中国保险监督管理委员会关于父母为其未成年子女投保死亡人身保险限额的通知》(已失效)的规定,予以支持。二审法院亦持同样意见维持原判。[3]

---

〔1〕 北京金融法院(2021)京74民终576号民事判决书。

〔2〕 参见最高人民法院保险法司法解释起草小组编著:《〈中华人民共和国保险法〉保险合同章条文理解与适用》,中国法制出版社2010年版,第203页。

〔3〕 云南省昭通市中级人民法院(2010)昭中民三终字第157号民事判决书。

需要强调一点，保险合同专业用语应以专门领域的解释为准；保险合同对非保险专业术语作出的解释符合专业的意义，或者解释虽不符合专业意义，但有利于被保险人和受益人的，应当根据保险合同的解释确定该专业术语的意义；保险合同对保险人提供的格式条款中使用的非保险专业术语作出解释，应当按照其《保险法》第三十条规定进行解释。保险人与投保人、被保险人或者受益人对保险合同的条款有争议时，应按保险条款订立目的、交易习惯以及诚实信用原则，确定该条款的真实意思。书面约定与口头约定不一致的，以书面约定为准。应注意的是，投保人与保险人对保险条款的理解发生争议，当适用前面所述方法不能得出合理解释时，应对保险条款作出不利于保险人的解释，但是投保方拟定保险合同的，应当作出有利于接受方的解释。

（四）保险合同解释限制

保险合同采用不利解释原则，原因在于保险人的意志在保险合同中占了主导地位，使得保险合同的内容有偏向保险人利益的趋势，法律为了纠正由此可能给保险合同当事人的法律地位和利益状况带来的偏差，遂有了不利于保险人的解释。如果不顾保险合同签订时的具体情况，无条件地适用不利解释原则，也可能产生矫枉过正的后果，反倒不利于保护保险人的正当利益。因此，有必须对不利原则进行必要的限制。

对保险合同内容清楚的，限制启动解释程序。格式条款或者合同用语有“含糊之处”，致使当事人的意图不明确的场合，才有解释的必要。要求法官应按照一个具有正常智力和一般知识的普通人对保险合同内容的理解进行解释。若保险合同用语无歧义，则没有解释合同条款的余地，法官不能对合同条款进行强制解释。在被解释的条款存在语言含义与投保人投保的目的相悖，争议双方对此有两种不同理解时，自然应将其界定为解释之范围。

【案例4－41】 崔某诉中国平安人寿保险股份有限公司北京分公司保险合同纠纷案

本案中，百佳泰信息技术（北京）有限公司（以下简称百佳泰公司）向中国平安人寿保险股份有限公司北京分公司（以下简称平安分公司）投保“平安团体意外伤害保险、附加意外伤害医疗保险”，崔某为该保险项下的被保险人，其所享受的意外伤害险的保险金额为5万元，附加意外伤害医疗保险金额为25,000元。崔某与他人发生纠纷被打伤，就医共花费医疗费3201.50元。经万寿寺派出所调解，致害人赔偿崔某医疗费、营养费、后期医疗补偿费共计18,000元。平安分公司以事故不属保险责任范围为由，拒绝承担保险责任。崔某遂诉至法院,要求保险公司理赔。一审法院认为,保险条款中“被保险人如果已从其他途径获得补偿,则被告只承担合理医疗费用剩余部分的保险责任”的约定符合法律规定,该约定合法有效,判决驳回原告的诉讼请求。二审法院认为,上述保险条款本身约定的内容较为明确,以通常人的认识水平即可知悉其含义,所以虽属于格式条款,但该条款在理解上并无歧义,所以对崔某的上诉意见法院亦不予采信。[1] 本案争议条款的表述应该是清晰的,故一审、二审法院不支持崔某的解释及诉讼请求,是合法合理的。

投保人的状况,是决定是否适用不利解释原则时应审查的内容。其一,作为保险合同当事人的投保人在签订保险合同时,对保险合同条款的理解程度以及对保险条款内容的决定力量等同或者大于保险人的相关要素时,就不能适用不利解释原则,作出对保险人不利的判断。因为在这种情形下,投保人与保险人势均力敌甚至拥有强于保险人的能力,他们在保险合同签订过程中,基本上达到了“意思自治”,他们要为出于真实意志而作出的行为负担责任,承受相应的后果,包括不利的后果,而不能把对自己不利的后果转嫁给对方。而且,在这种情况下,如果保险合同的确存在意义不明之处,也表明保险人对该瑕疵具有可归责的事由,他也要为此承担相应责任。其二,作为保险人相对方的投保人、被保险人是特定的营业人,就保险合同条款内容涉及其特定营业部分,应按照其职业或营业特点进行界定,而不能随意适用不利解释原则。

在进行通常解释后,仍存在多种理解的,则应选取对保险人不利的解释,但须注意利益衡量的限制,不得超出法律允许的范围,对合同条款的解释不能超出词语所涵盖的意义。实践中,尽管保险条款本身约定不清楚或者条款之间的描述彼此有出入,但经通常解释仅能得出一种解释,则仍然不能适用不利解释原则。法院应综合考虑纠纷的事实情况、当事人对合同条款的争议能否用基本解释方法予以处理、当事人在缔约过程中实际所处的地位等因素,绝不能只要合同条款出现争议,就不顾纠纷的实际情况,直接作出对保险人不利的解释。

【案例4-42】　宋某某诉中国平安人寿保险股份有限公司上海分公司人身保险合同纠纷案

判决观点,根据保险条款的文字表述,条款所附的“残疾程度与给付比例表”是用于衡量被保险人残疾之严重程度,并根据被保险人的残疾严重程度如符合“残疾程度与给付比例表”中的某一级别,保险公司就应当按照相应的比例支付保险金,而不需要被保险人的残疾状况符合“残疾程度与给付比

---

〔1〕 参见北京市高级人民法院民事审判第一庭编:《北京民事审判疑难案例与问题解析》(第3卷),法律出版社2007年版,第373页。

例表”中所列明的某一项目，故被告拒赔的理由法院认为不能成立。即使被告对保险条款的文义有不同的解释，因保险条款属于格式条款，故应就格式条款作不利于条款提供方的解释。本案原告的残疾之严重程度，按照《道路交通事故受伤人员伤残评定》的标准构成十级伤残和九级伤残，对照“残疾程度与给付比例表”中第七级和第六级残疾程度的描述，法院认为原告的残疾程度与该两级别相当，被告应按照保险金额的10%和15%给付保险金。[1] 本案中，法官对保险人、被保险人两方的地位进行了比较和利益衡量，并对合同条款的语义进行细致分析，认为保险合同并未要求被保险人的残疾状况需符合合同附表中列明的项目，故可作对保险人不利的解释。

【案例4－43】 周某某诉中国平安财产保险股份有限公司梧州中心支公司保险合同纠纷案

二审法院认为，首先，保险合同订立目的是分散风险，免责条款订立的目的是控制保险风险，本案上诉人周某某驾驶证逾期未更换的行为实际上并没有加大保险风险，且交警部门出具的事故认定书也确认该行为与事故的发生无事实上的因果关系。其次，如果将该条款的内容理解为所持驾驶证上注明的有效期届满，那么实际上就缩短了本案讼争保险合同中保险人的保险期间，对被保险人明显不公平，亦不符合诚实信用原则，故根据《保险法》第三十条的规定，宜认定该条款应作有利于被保险人的解释，即本案上诉人虽然超过驾驶证载明的有效期限，但其在宽展期内换取新证，在宽展期内使用该驾驶证仍合法有效。[2]

实践中，应对所争议的文义解释作严谨限制，存在歧义时不宜适用扩大解释，应适用不利解释原则。

【案例4－44】 钟某诉中国人寿保险股份有限公司广州市分公司保险合同纠纷案

一审法院认为，双方的争议焦点在于钟某患有脑部恶性肿瘤的确诊时间。据广东三九脑科医院出具的病历可知，钟某入院后医院于2017年8月6日诊断钟某脑部右侧颞叶占位性病变存在胶质母细胞瘤可能，即在该时间点对钟某的脑部肿瘤的性质仅能作出一种判断，未能得出明确诊断意见；而在2017年8月16日术后作出的病理报告单中，通过对细胞瘤切除后的病理分析，则确认钟某患有脑部恶性肿瘤，该日距合同生效之日已满一年，人保广州

---

〔1〕 参见沈志先主编：《2011年上海法院案例精选》，上海人民出版社2012年版，第173页。

〔2〕 参见最高人民法院中国应用法学研究所编：《人民法院案例选》2017年第9辑（总第115辑），人民法院出版社2017年版，第119页。广西壮族自治区梧州市中级人民法院（2016）桂04民终91号民事判决书。

分公司应按约定豁免钟某癌症确诊日后的保费，并向钟某赔付保险金。二审法院认为，钟某于2017年8月6日入院时作出的诊断仅为初步诊断结果，并非确诊结果。案涉保险条款关于癌症的释义"经病理学检查结果明确诊断，临床诊断属于世界卫生组织《疾病和有关健康问题的国际统计分类》的恶性肿瘤范畴"表明人保广州分公司承保的癌症责任范围亦要求患者经病理学检查学结果作为确诊的条件。[1]

关于对非格式条款限制适用不利解释原则，在实践中，对于保险合同中非格式条款，不应作出不利于保险人的解释。格式条款和非格式条款不一致的，应当采用非格式条款，因为非格式条款是由保险人和投保人双方协商所拟定的条款。在这种情形下，当事人双方对于条款的制定拥有平等的权利，不宜再适用不利解释原则，否则有违法律的公平原则。对投保人提供的非格式条款，也不适用不利解释原则。也就是说，《保险法》第三十条的适用范围，一是仅适用于采用保险人提供的格式条款订立的合同。如果是保险人与投保人充分协商形成的条款，其解释不适用第三十条的规定。二是采用保险人提供的格式条款订立的合同，双方对条款的理解有争议时，不是当然适用有利于被保险人、受益人解释的原则，而是首先按照通常的理解予以解释。只是在有两种以上通常理解的，才适用有利于被保险人、受益人的解释。[2]

关于约定排除不利解释的限制，《民法典》第四百九十八条关于格式合同的不利解释原则是格式条款的特殊解释规则，《保险法》第三十条的不利解释原则也是对保险合同的特殊解释原则，其均属于强制性法律规定，不允许当事人以约定排除其适用。因此，保险人在保险合同中所谓保留最终解释权的规定，因违反强制性规定，应认定无效。[3]

保险合同中不同条款记载的内容不一致的，一般不适用不利解释原则，因为此种情况超出不利解释原则的调整范围，应按《保险法解释（二）》第十四条的规定处理。

专业术语的解释不适用不利解释原则。专业术语因为有其特定含义，不应属于保险人自行拟定的条款，应当按专业术语本身固有的含义进行解释。《保险法解释（二）》第十七条规定："保险人在其提供的保险合同格式条款中对非保险术语所作的解释符合专业意义，或者虽不符合专业意义，但有利于投保人、被保险人

---

〔1〕 参见国家法官学院、最高人民法院案例研究院编：《中国法院2020年度案例》（保险纠纷），中国法制出版社2020年版，第179页。广东省广州市中级人民法院（2018）粤01民终11900号民事判决书。

〔2〕 参见安建主编、袁杰等撰稿：《中华人民共和国保险法（修订）释义》，法律出版社2009年版，第63页。

〔3〕 参见最高人民法院保险法司法解释起草小组编著：《〈中华人民共和国保险法〉保险合同章条文理解与适用》，中国法制出版社2010年版，第202页。

或者受益人的，人民法院应予认可。”司法解释的制定者认为，将专业术语进一步区分为保险术语与非保险术语，并根据保险条款中是否就非保险术语作出了符合专业意义的解释这一标准来决定是否适用疑义解释规则。对于非保险术语，在保险条款中作出了解释且该解释合乎专业含义的，则不适用疑义解释原则；而对于保险术语，司法解释未作相同规定。[1] 保险人对非保险术语所作的解释，应当适用不利解释规则的情况有以下三种，其一，不符合专业上通常理解的含义。其二，内涵不明确，有歧义且产生了两种以上合理解释的。其三，未作解释的。因保险术语在解释规则方面与普通词语并无区别，无论保险人是否在保险格式条款中就保险术语的含义作出了解释，均适用不利解释规则。

法律术语的解释有其特殊性，一般应依相关法律的界定进行解释。当双方对保险条款中的法律有不同理解时，应当考查相关法律对争议用语是否已有界定。需要强调的是，这时所指的法律一定是与保险条款相关的法律，使双方当事人能够在相同的语境下理解该保险条款。如果相关法律已有明确界定，应当以法律界定为准。[2] 但该法律术语在理论或实践中存在合理争议，而格式条款也未作出确定性解释的，则应适用不利解释原则。

行业主管机关作出解释的限制。

【案例 4 －45】 海南丰海粮油工贸有限公司诉中国人民财产保险股份有限公司海南省分公司海上货物运输保险合同纠纷案

最高人民法院认为，作为行业主管机关作出本行业有利的解释，不能适用非本行业的合同当事人。[3]

建筑工程质量潜在缺陷保险（IDI）保险合同纠纷中投保人是否有权解除 IDI 保险合同，关系到此类保险合同今后的发展和推进进程，建筑工程质量潜在缺陷保险为公益保险，格式条款保险条款约定了投保人在一定条件下有合同解除权。在保险合同中约定的解除条件因政策原因无法成就时，对格式条款不应简单适用“作出不利于提供格式条款一方的解释”，而应从保险性质、保险体系设定、保险条款相对应的政策规定及沿革、当事人真实意思等出发，通过合同的整体解释、目的解释、诚信原则解释等合同解释方法，探究合同条款的真实意思。

---

〔1〕 参见最高人民法院民事审判第二庭编著：《最高人民法院关于保险法司法解释（二）理解与适用》，人民法院出版社 2013 年版，第 390 页。

〔2〕 参见最高人民法院民事审判第二庭编著：《最高人民法院关于保险法司法解释（二）理解与适用》，人民法院出版社 2013 年版，第 402 页。

〔3〕 最高人民法院指导案例 52 号。

【案例4－46】 中国太平洋财产保险股份有限公司上海分公司诉上海骏丰嘉陆房地产开发有限公司财产保险合同纠纷案

二审法院认为，系争2012年保险格式条款中约定了IDI保险的解除条件，但因物业保修金制度取消的客观因素导致解除条件不能成就时，合同条款可以理解为投保人享有任意解除权还是就此理解为合同不能解除引发争议。上述争议的焦点关键在于对系争合同条款的解释。在以文义解释的方法无法直接确定该解除权条款含义的情况下，应采取整体解释、目的解释、习惯解释、诚信原则解释等合同解释方法共同确定约定内容的真实含义：其一，从IDI保险性质看，该保险依据规范性文件设立，其合同的受益人和索赔权益人均为业主，带有较强的公益性质。因建设工程涉众面广，风险周期长，给开发商以任意合同解除权有所不当。其二，从保险条款设定投保人的合同解除权目的看，2012年保险条款拟定时，物业保险金有效施行，单位交纳物业保险金和投保IDI保险功能重复，因此格式条款赋予保险人交纳物业保修保险金和投保IDI保险合同的选择权，具体体现为保险合同中的约定解除权条款。在其后推出的2016年保险条款中，直接规定该保险合同不得解除。说明系争解除权条款设定的目的是物业保修金和投保二择一，并非任意解除权。其三，从当事人的意思表示来看，2018年7月嘉定区房管局退还了骏丰公司交纳的物业保修金，但其款项处于冻结状态。2018年9月，骏丰公司向嘉定房管局提交申请，明确已按要求购买IDI保险，请求解冻相应物业保修金，并提供涉案保险单佐证。结合规范性文件和当事人的行为及意思表示，骏丰公司对于以IDI保险的方式代替物业保修金的保障功能的投保目的应属明知。因此，骏丰公司获得物业保修金后再解除保险合同，有违诚信原则。其四，从规范性文件的约束看，《上海市住宅工程质量潜在缺陷保险实施细则》（以下简称2019年《实施细则》）对于签订于2017年11月1日以前，签订于2017年11月1日至2019年3月13日，以及签订于2019年3月14日后的保险合同的保险范围分别进行了具体的规定，说明2019年《实施细则》的效力应及于上述三时间段签订的保险合同。本案保险合同于2018年8月签订，2019年上海市《关于本市推进商品住宅和保障性住宅工程质量潜在缺陷保险的实施意见》及2019年《实施细则》应予适用。综上，骏丰公司提出的格式合同有两个以上的解释应作出不利于格式条款提供方的理由，通过上述合同解释方法可以得出条款的真实意思，并不存在两个以上的解释，在骏丰公司已获取退回到物业保修金的情况下，应认定投保人不符合涉案IDI保险合同的解除条件。二审法院维持一审判决，支持太保财险上海分公司要求骏丰公司支付剩余保险费652,211.83元的诉请。[1]

对机动车概念的理解差异不属于“对格式条款理解有争议”情形。

【案例4－47】 于某诉保险公司意外伤害保险合同纠纷案

二审法院认为，关于是否应根据格式条款不利解释原则将案涉电动三轮车解释为非机动车，《道路交通安全法》第一百一十九条对“机动车”与“非机动车”进行了定义。机动车与非机动车的主要区分标准在于：机动车是以动力装置驱动或牵引，非机动车是以人力或畜力驱动，例外情形是虽有动力装置驱动但设计最高时速、空车质量、外形尺寸符合有关国家标准的残疾人机动轮椅车、电动自行车等交通工具应认定为非机动车。于某辩称保险条款及条款释义只是对机动车进行了概念解释，社会大众对于机动车的概念只能依据其生活经验作出判断。对此，法律用语系立法者对于一定社会生活经验的抽象与升华，系剔除个体理解差异而从一般理性人角度进行的定义，在法律已对机动车作出定义的前提下，不应采用笼统的“普通人认识”解释。依据前述分析，相关法律规范已对“机动车”的定义及认定标准作出了规定。机动车的认定方法可区分为常规手段与技术手段，随着科技发展，判断新类型车辆是否属于机动车往往需要借助技术手段结合法律规定标准予以认定。据此，对于何谓机动车，在已存在法律规定的基础上，保险公司未单独在保险合同条款中进行定义并无不妥；若保险合同双方对于机动车定义产生分歧，亦应以法律规定为准；仅以保险公司系提供合同一方为由一律适用格式条款相关规定，作不利于保险公司的解释，并不符合格式条款及不利解释原则的设立宗旨，亦不利于保险分担社会风险作用的发挥和保险行业的发展。故对机动车的认定系事实认定范畴，不属于格式条款中对法律责任承担与否或权利受限与否的理解存在争议需要解释的内容，即对案涉电动三轮车能否认定为机动车，不应视为“对格式条款理解有争议”情形。[2]

关于保险合同解释限制的例外，当保险合同条款文义明确并无疑义，法官仍然可以探求被保险人的合理期待而作出与条款文义不同的解释，即合理期待原则的适用并不以保险合同有疑义为前提。也就是说，援引《保险法》已有明确规定的合同解释原则不能满足裁判需要时，法官可忽略合同明示条款规定，依据合理期待原则，从人们的通常理解及满足被保险人对于合同缔约目的的合理期待的角度进行解释，突破保险合同表面上的形式正义，进而实现实质正义。

---

〔1〕 参见最高人民法院中国应用法学研究所编：《人民法院案例选》2021年第9辑（总第163辑），人民法院出版社2022年版，第142～143页。上海金融法院（2020）沪74民终1162号民事判决书。

〔2〕 参见国家法官学院、最高人民法院司法案例研究院编：《中国法院2023年度案例》（保险纠纷），中国法制出版社2023年版，第172页。北京金融法院（2022）京74民终382号民事判决书。

【案例 4 -48】　李某某诉中国人寿保险股份有限公司渑池支公司人身保险合同纠纷案

判决观点，根据合同约定，被保险人在本合同生效之日起 180 日后初次发生、并经保险公司指定或认可的医疗机构确诊患重大疾病（无论一种或多种）时，保险公司按基本保额给付重大疾病保险金 40,000 元。该保险合同第 23 条虽然对重大疾病中的心脏病作了详尽说明，但是被告业务员在向原告推荐该保险业务时未向原告作详尽说明，使一个毫无医学知识的原告对此产生误解。根据《合同法》和《保险法》的规定，被告作为格式保险合同条款的提供方未向投保人或者被保险人尽明确说明义务的，依法应作出不利于被告的解释，因此，原告作为被保险人诉求被告赔付保险金理由正当，应予支持。[1]

【案例 4 -49】　薛某某诉中国平安财产保险股份有限公司上海分公司保险合同纠纷案

二审法院认为，除此之外，国家基本医疗保险是为补偿劳动者因疾病风险造成的经济损失而建立的一项具有福利性的社会保险制度。旨在通过用人单位和个人缴费建立医疗保险基金，参保人员患病就诊发生医疗费用后，由医疗保险经办机构给予一定的经济补偿，以避免或减轻劳动者因患病、治疗等所带来的经济风险。为了控制医疗保险药品费用的支出，国家基本医疗保险限定了药品的使用范围。而涉案保险合同是一份商业性的保险合同，保险人收取的保费金额远高于国家基本医疗保险。因此，如果按照平安公司“医保外用药”减少理赔数额的主张对争议条款进行解释，就明显降低了平安公司的风险，限制了投保人的权利。在未能尽到明确说明义务的情况下，平安公司按照商业性保险收取保费，却按照国家基本医疗保险的标准理赔，超出了投保人的心理预期。当然，如果平安公司认为本案事故受害人存在过度医疗以及过度用药，则应在机动车交通事故人身损害赔偿纠纷案中提出并举出相应证据，但由于该案中平安公司未能充分举证，导致相关意见未能被一审法院采纳，责任在于平安公司。[2]

《保险法》及其司法解释规定保险合同中非格式条款与格式条款不一致的以非格式条款为准，只有当格式条款与非格式条款存在实质冲突，必须做出取舍时，才绝对排除格式条款的适用。如果非格式条款的具体含义难以确定，违背了一方当事人签订合同时可以合理期待的真实意思，或者超出了法律定义的解释范围

---

〔1〕 河南省渑池县人民法院(2010)渑民一初字第 838 号民事判决书。

〔2〕 参见邹碧华主编：《2013 年上海法院案例精选》，上海人民出版社 2013 年版，第 254 页。

的，就需要结合其他格式条款的约定来准确理解和认定双方当事人的真实意思表示。

【案例4－50】 诺菲博尔板业（杨凌）有限公司、诺菲博尔建材销售（北京）有限公司与中国平安财产保险有限公司北京分公司保险合同纠纷案

最高人民法院认为，本案中，双方当事人均认可营业中断险保险条款为格式条款，营业中断险保险明细表为合同当事人协商签订的非格式条款。因此从法律适用的一般原则出发，营业中断险保险明细表的特别约定应当优先适用。但是，如果非格式条款的具体含义难以确定，违背了一方当事人签订合同时可以合理期待的真实意思，或者超出了法律定义的解释范围的，就需要结合其他格式条款的约定来准确理解和认定双方当事人的真实意思表示。诺菲博尔杨凌公司与诺菲博尔北京公司主张1031号鉴定意见书依据特别约定第十三条作出，故应以该鉴定意见作为依据认定营业中断险保险金的数额。但营业中断险作为财产一切险的附加险，主要用于赔偿因保险事故导致被保险人营业中断所产生的间接损失，而该间接损失应当与因保险事故导致被保险人营业中断具有直接的因果关系。如果完全依据1031号鉴定意见书认定本案营业中断险保险金数额，则意味着该营业中断险属于定值保险。显然，该种计算标准已经超出了作为附加险的营业中断险的含义范畴。无论是从该1031号鉴定意见书中还是从火灾事故发生后诺菲博尔杨凌公司实际营业状况来看，该公司在火灾事故发生后并非完全停止全部的营业活动。1031号鉴定意见书所列费用项目和具体的明细等，难以合理区分哪些部分的维持费用和工资与损失具有相当的关联性和直接的因果关系，也即无法准确认定因火灾事故的发生而产生的为恢复到原有水平仍在支出的维持费用和工资，因此，虽然双方当事人在营业中断险保险明细表中第十三条约定了营业中断险保险金额的计算标准，但因该计算标准不具有可操作性，无法依据该条约定认定本案营业中断险的保险金数额。根据对营业中断险保险明细表第十三条的理解，营业中断险赔偿的显然并非全部“维持费用”，而是与损失相关且仍在支出的部分。但该部分如何确定，该条未作明确约定，还需结合保险合同其他条款作进一步解释。在格式条款营业中断险保险条款第三条中，双方约定“维持费用”是指被保险人为维持正常的营业活动而发生的、不随被保险人营业收入减少而成正比例减少的成本和费用，其所包含的具体费用，可参照双方当事人均予认可的营业中断险保险毛利润计算表中列明的相关项目。因此对营业中断险保险明细表第十三条“与损失相关”的理解，有必要结合营业中断险保险条款第三条和第二十四条格式条款的计算方法进一步明确，1044号鉴定意见书依据营业中断险保险条款第三条和第二十四条所列公式进行计算更能反映被保险人诺菲博尔杨凌公司与诺菲博尔北京公司相关的维持费用，相关鉴定意见可以作为本案认定营业中断险损失的依据。综上，一审法院对营业中断险保险金数额的认定合理有据，二审法院予以维持。[1]

---

〔1〕 参见杨临萍主编、最高人民法院第六巡回法庭编：《最高人民法院第六巡回法庭裁判规则》，人民法院出版社2022年版，第131～132页。最高人民法院(2021)民终1256号民事判决书。

专题五　保险合同变更与解除纠纷

本专题分为两部分阐述，即保险合同变更和保险合同解除。

一、保险合同变更

保险合同变更有广义和狭义之分。广义的保险合同变更,是指合同关系主体、客体和内容三要件中任何一个要件的变更。狭义的保险合同变更,是指合同法律关系客体和内容的变更。《保险法》第二十条第一款规定:“投保人和保险人可以协商变更合同内容。”该条款主要是指保险合同内容的变更,在保险合同有效期内,双方当事人协商一致,并经法定程序对保险合同内容予以修改或者补充。该条规定的变更不包括合同主体的变更,但保险合同关系人的变更也属于保险合同变更的范畴。

(一)保险合同变更理解

保险合同变更的条件与一般合同变更条件相对应,主要为:

第一,保险合同有效存在。保险合同有效是合同变更的前提,如果保险合同未成立生效,则不存在合同变更问题。

第二,双方当事人协商一致。这是法律规定的强制性要件,即双方当事人必须形成合意。实践中,保险合同履行中由保险人改变交费方式,而投保人未提出异议的,应视为双方就合同变更达成一致意见。

【案例5-1】 刘某诉中国人寿保险有限公司阿克苏分公司保险合同纠纷案

从1999年1月起,由于刘某某所在的单位改变分配方式,由每月发放工资变为年终根据生产经营效益一次发放工资,这样就使受委托的协保员不能继续代保险分公司从刘某某每月的工资中扣除保险费。这种情况一直延续到同年9月28日,保险分公司仍没有因投保人中断交付保险费而提出解除保险合同。相反,作为保险人的保险分公司明确要求协保员曹某某将保险单证退还给包括刘某某在内的若干投保人,并明确告知各投保人由本人持保险单证向保险人交付保险费,交保险费的时间从此时起可以宽限两个月。保险分公司同意变更合同中关于交付保险费的时间和方式的约定这一意思以通知形式送达后,包括刘某某在内的各投保人没有表示不接受。这证明双方就

交付保险费的时间和方式问题已经达成了变更协议。〔1〕

保险条款变更应遵循合同自治原则，法院不能强制变更。

【案例5－2】 张某某诉新华人寿保险股份有限公司北京分公司保险合同纠纷案

判决观点，本案中，合同双方在约定的合同条款因客观原因无法继续履行时，双方应当在协商一致的基础上进行变更，在原告、被告协商不一致的情形下法院强制划定一个利率标准，违反了民事合同自愿、意思自治的原则。故法院对原告主张以中国银行的五年期存款利率作为涉案条款适用的标准不予支持。〔2〕

第三，符合法定形式要求。《保险法》第二十条第二款规定："变更保险合同的，应当由保险人在保险单或者其他保险凭证上批注或者附贴批单，或者由投保人和保险人订立变更的书面协议。"该条规定了三种法定形式，但没有规定必须采取哪一种形式，而是由其双方选择。

值得注意的是，在我国，保险条款须经过监管部门的审批或备案。根据有关保险监管规定，对保险条款的实质变更可能还应经过重新审批或备案这一程序。〔3〕

保险合同变更的批单未达到投保人时，不发生合同变更的法律效力。

【案例5－3】 石某某等诉阳光财产保险股份有限公司湖北省分公司保险合同纠纷案

一审法院认为，二被告没有向法院提交确切证据证明保险事故发生前通惠公司收到了变更后的保险批单，保险代理人曹某虽于保险事故发生前领取保险批单，但因其是保险人的委托代理人，其领取保险批单的行为并不能对投保人通惠公司产生效力，故一审法院认定通惠公司实际取得保险批单的时间为保险事故发生后。同时保险公司未向通惠公司收取主保险费的10%的保费，因此，一审法院认为，截至保险事故发生之时，上述保险变更批单未对投保人通惠公司发生效力。二被告所提保险批单签发之日2011年7月8日

---

〔1〕 参见最高人民法院中国应用法学研究所编：《人民法院案例选》2002年第1辑（总第39辑），人民法院出版社2002年版，第218页。

〔2〕 参见国家法官学院案例开发研究中心编：《中国法院2018年度案例》（保险纠纷），中国法制出版社2018年版，第227页。北京铁路运输法院（2016）京7101民初字第20号民事判决书。

〔3〕 参见吴定富主编：《〈中华人民共和国保险法〉释义》，中国财政经济出版社2009年版，第59页。

已生效的辩解一审法院不予采纳。二审法院亦持同样意见，维持一审判决。[1]

与保险合同变更密切相关的问题，系除了投保人和保险人之外，还有谁能够作为变更合同主体。在保险法律关系中，投保人和保险人是合同的主体，当然有权变更合同。在投保人、被保险人、受益人并非同一人时，保险合同的被保险人、受益人是否有权变更保险合同学界和实务界对此有争议。根据合同法原理，只有合同当事人才有权变更合同，因此，只有投保人有权变更合同，被保险人、受益人无权变更合同。被保险人、受益人在无投保人授权的情况下变更合同且未经投保人认可，该变更对投保人不发生效力。如果投保人死亡，谁有权提出合同变更，《保险法》对此没有规定，也无司法解释的规定。多数观点认为，投保人的继承人有权变更合同，被保险人无权变更合同。[2] 最高人民法院法官认为，根据《继承法》，保险合同属于可继承的财产范围，投保人死亡后，投保人的继承人继承保险合同后成为保险合同一方主体，其有权对合同作出变更。[3]

关于保险合同主体变更，一般商业险主体与交强险主体的变更不同。根据《保险法》第四十九条第三款规定，对于商业保险而言，如果保险标的所有权转移导致危险程度显著增加的，投保人有义务通知保险公司即有义务办理保险合同变更手续，而且保险人对投保人的这种变更要求无必须同意的义务，既可以同意（条件是增加保险费），也可以予以拒绝即解除合同。但是对于交强险合同主体，《交强险条例》第十八条规定："被保险机动车所有权转移的，应当办理机动车交通事故责任强制保险合同变更手续"。这一规定表明，如果被保险机动车所有权发生转移，交强险合同当事人即应当办理交强险合同的变更手续，保险公司对此不得拒绝。也就是说，交强险制度下保险公司的强制承保义务决定了交强险合同的变更不具有重要意义，保险公司必须同意保险合同的变更。在交强险合同有效期内，无论机动车变更是否导致危险程度显著增加，保险公司均不得解除保险合同。《保险法》与《交强险条例》对合同主体的变更规定明显不同，后者规定更体现交强险的强制性特点。

---

〔1〕 参见最高人民法院中国应用法学研究所编：《人民法院案例选》2013 年第 3 辑（总第 85 辑），人民法院出版社 2014 年版，第 279 页。湖北省宜昌市中级人民法院（2012）鄂宜昌中民二终字第 256 号民事判决书。

〔2〕 参见赵亚军、白恒晶：《财产保险中保险利益的移转与保险合同的效力》，载《法学杂志》2006 年第 1 期；刘建勋：《保险法新型疑难案例判解》，法律出版社 2007 年版，第 262 页。

〔3〕 参见最高人民法院保险法司法解释起草小组编著：《〈中华人民共和国保险法〉条文合同章理解与适用》，中国法制出版社 2010 年版，第 141 页。

(二)保险合同内容变更认定

保险合同内容变更,是指合同合法成立后,双方当事人改变合同中的约定的行为。保险合同内容变更包括,保险责任范围、责任免除事项、保险期限、交费数额、交付方式、交费期间,当事人住所或地址,争议处理有关事项等内容。

实践中,投保人提出变更未经合同另一方同意的,合同不得变更。

【案例5-4】 夏某某诉中国人寿保险股份有限公司北京市分公司保险合同纠纷案

一审法院认为,夏某某要求变更年交保费金额及领取金额,涉及对中国人寿保险股份有限公司北京市分公司(以下简称人寿公司)权利义务的变更,人寿公司不同意夏某某提出的变更内容,双方未能就变更的内容达成一致,故夏某某提出的该项变更内容属于单方意思表示,对人寿公司不能产生法律上的约束力,因此,未经人寿公司同意,夏某某无权单方变更合同。二审法院持同样意见,维持原判。〔1〕

保险合同成立后,保险人对保险时间、范围和方式进行变更的,须经投保人同意。

【案例5-5】 朱某某诉中国人寿保险股份有限公司西华支公司、刘某某保险合同纠纷案

判决观点,本案原告购买被告中国人寿西华公司的保险,被告中国人寿西华公司应当按照双方约定的趸交方式及保险种类为原告签发保险单。被告中国人寿西华公司的工作人员刘某某在未征得原告同意下擅自变更双方约定的保险种类及交费方式的行为,违反了订立合同的诚实信用原则。由于原告未在变更后的保险合同送达回执上签字确认,因此被告擅自变更后的合同未成立。〔2〕

本案特殊在保险人变更的时间、范围和方式。从变更的时间看,本案的合同变更发生在保险合同成立后和保险单签发前,也就是说,保险代理人向投保人发出要约邀请后,投保人表示同意投保,并将保险费交给保险代理人,即为向保险代

---

〔1〕 参见恒安标准人寿保险有限公司法律部编:《人身保险法律实务解析》,法律出版社2012年版,第392页。

〔2〕 参见恒安标准人寿保险有限公司法律部编:《人身保险法律实务解析》,法律出版社2012年版,第394页。

理人发出要约,而保险代理人收下保险费即为接受要约,此时合同已经成立。保险合同成立后,保险代理人并未按照双方约定的条件向投保人出具保险单,而是按照自己随意改动的投保条件出具了保险单。从变更的范围看,保险代理人进行了全面的变更,合同主要条款和已成立的合同完全不同,可以说是另外的合同。从变更的方式来看,并非保险公司要对自己认知的合同条款进行了变更,而是保险代理人擅自变更了投保人的投保条件,但由于保险代理人是保险公司的代理人,其行为后果应由保险公司承担,所以最终导致保险公司的无效变更。

保险公司私自变更报备条款,是单方变更保险合同内容的一种类型。保险合同与一般合同不同之处在于,保险合同受保险监管机构的监管。保险公司开发完成一件保险产品,应将该产品的相关文件,包括保险合同的条款,向保险监管机构报备。在报备后,保险公司不得修改合同条款。如果保险公司想变更合同条款,应重新履行报备手续。即使保险公司对报备条款的修改是在投保人签订保险合同之前作出的,法院也认为是对保险合同的单方变更。

【案例5-6】 林某某等诉中国人寿保险公司会同支公司保险合同纠纷案

本案中,保险公司并非在保险合同签订后单方变更合同的内容,而是在合同签订前变更了向保险监管机构报备的合同条款。法院认为这种变更无效。《人民法院案例选》责任编辑认为,我国对保险公司的业务活动实行金融监督管理部门监管的制度,保险公司将其拟定的险种保险条款和保险费率报金融监督管理部门核准备案,即为监管的形式之一;监管部门对保险公司的业务活动发出规范性文件,对保险公司具有约束力,也是监管形式之一。由此,保险公司的保险业务活动既应当受其上报核准备案的有关保险条款的约束,也同时受监管部门的规范性文件的约束。这种约束体现在,对于作为保险合同重要内容的保险条款所规定的内容,保险人必须向投保人明确告知并说明其具体含义,非经双方协商同意,保险人不得单方变更;监管部门制定的规范性文件规定不得变更保险条款的内容,保险人必须遵守。如果保险人违背这种约束,单方变更保险条款的有关内容,所产生的相应法律后果就应当是:(1)在解释合同上,要遵循《保险法》第三十一条规定的有利于被保险人和受益人的解释规则;(2)保险人违反监管部门关于不得变更的保险条款内容的规定,擅自变更的行为无效,应按保险条款的规定认定变更的内容。[1]

关于意外伤害保险中被保险人职业类别变更是否为保险合同内容变更的问题,《保险法》中并没有关于职业类别变动需要通知保险人进行变更的规定,但保

---

〔1〕 参见最高人民法院中国应用法学研究所编:《人民法院案例选》(2004年商事·知识产权专辑)(总第49辑),人民法院出版社2005年版,第286页。

险公司应该在保险条款中规定该类内容。保险公司如果要按照职业类别调整保险费或保险金的,其前提必须是保险人在签订保险合同时向投保人告知了职业类别的相关内容,否则不能按照职业类别的规定调整保险费或保险金。在当前保险实务中,保险公司在和投保人签订保险合同时,一般不会向对方告知相关内容,而只是把职业分类作为自身内部核保的依据,此时的职业分类的内容就不是合同的一部分,也就不对投保人产生效力,且经常引起纠纷。

认定保险合同履行过程中的变更,要依据保险合同约定,在个案中具体分析。

【案例5-7】 中国太平洋人寿保险股份有限公司大连分公司等与中国石油天然气管道局等保险合同纠纷案

最高人民法院认为,从本案的事实和合同关系来看,中国石油天然气管道局(以下简称管道局)和大连龙兴经贸有限公司(以下简称龙兴公司)在履约中的变更没有改变保险合同的标的和动摇保险合同的基础。因为本案的履约保险合同并不是以融资合同中银行出具存单作为保险合同成立的前提和基础的。首先,本案保险合同签订在先,管道局与龙兴公司融资合同签订在后。在签订保险合同之前,中国太平洋人寿保险股份有限公司大连分公司(以下简称太平洋保险大连分公司)已为龙兴公司承保,并致函管道局,函件明确说明太平洋保险大连分公司愿为龙兴公司承保的原因是基于龙兴公司的经济实力,而不是融资中有银行出具存单保证本金安全。其次,在签订保险合同时,太平洋保险大连分公司的保险范围已经确定在2亿元人民币的范围内。而且,双方还在履约保险合同中进行了特殊约定,即如果龙兴公司未能及时还本付息而发生太平洋保险大连分公司代龙兴公司偿还管道局及其下属单位债务时,太平洋保险大连分公司有权将龙兴公司的营运收入和其他收入扣留,直到赔付本息和由此产生的利息足够时,方可解除扣留。该约定赋予了保险公司在理赔后对投保人龙兴公司的追偿权。这种对太平洋保险大连分公司利益保护的条款也不依赖于银行是否出具存单。最后,管道局和龙兴公司为融资与有关金融机构形成的委托贷款关系同管道局和龙兴公司与太平洋保险诸公司之间形成的履约保险关系是不同的法律关系。一旦龙兴公司不能偿还融资款项,管道局既可以依据保险合同向太平洋保险诸公司主张其保险合同项下的权利,也可以依据委托贷款合同主张其权利,即管道局可以行使选择权。太平洋保险诸公司承保的范围不因管道局与龙兴公司在融资过程中是否履行了由银行出具存单的约定而改变。即便管道局与龙兴公司在融资过程中履行了由银行出具存单的约定,只是对管道局的权利增加一份保障,并不能依此改变太平洋保险诸公司承保的责任范围。且太平洋保险诸公司亦没有以银行是否出具存单作为承保的条件,即使存在这种信赖利益,但该利益亦应符合国家法律法规的规定。因此,上诉人太平洋保险诸公司以管道局和龙兴公司在履约中改变保险合同标的为由,请求免除其保险责任的上诉主张,缺乏事实和法律依据,依法不能成立。[1]

保险公司同日与两家公司分别签订包括同一雇员在内的雇主责任险保险单,应认定为对保险合同条款雇员的定义进行了实质性变更。

【案例5-8】 甲公司诉保险北京分公司保险合同纠纷案

二审法院认为,保险北京分公司为甲公司签发的雇主责任险保险单所附的保险条款中列明了“被保险人应在投保时列明被保险人雇员名单,对发生保险事故时未列入名单的雇员的经济赔偿责任,保险人不负责赔偿”、“被保险人的雇员在其雇佣期间从事被保险人的工作而遭受意外事故致死时应由被保险人承担的经济赔偿责任”、“被保险人对其承包商所雇佣的员工责任,保险人不负责赔偿”及“雇员”定义等。即保险公司对发生保险事故是否理赔以雇员名单为依据,而判断雇员的身份的依据为是否签订有劳动合同并判断是否属于被保险人的承包商所雇人员。由此可见,上述将可获赔人员限定于特定范围的理赔条件,在保险合同订立之初既已明确,在约束投保人、被保险人的同时,保险公司亦受到约束并理应在决定是否承保之时以此为依据。现廖某出现在甲公司投保时的雇员名单中,且甲公司、案外人乙公司两份保单的保险北京分公司办理人员为同一人,保险北京分公司对廖某亦出现在案外人乙公司投保的雇员名单的情况完全知悉且并无异议。因此,应视为保险北京分公司已同意将廖谋纳入所承保涉案保险的人员范围。原审法院认定保险北京分公司事实上变更了保险条款中关于保险责任和雇员定义的约定,并无不当。保险北京分公司上诉称投保人投保是指固定人数,保险公司核保时并不审核人员名单的理由,缺乏合同依据和法律依据。原审判决保险北京分公司对甲公司进行赔付,处理正确。因保险北京分公司拒赔保险金的理由不能成立,按照《保险法》相关规定,保险人未及时履行相关义务的,除支付保险金外,还应当赔偿被保险人或者受益人因此受到的损失,故原审判决保险北京分公司向甲公司支付利息损失,处理正确。综上所述,保险北京分公司上述请求与理由无法律及事实依据,不予支持。原审判决认定事实清楚,适用法律正确,应予维持。判决:驳回上诉,维持原判。[2]

通融赔付或给付保险金不应视为合同变更。实践中,保险业有通融赔付的做法。所谓通融赔付是保险公司认为被保险人发生的事故不在保险责任的范围内,

---

〔1〕 参见最高人民法院民事审判第二庭编:《最高人民法院商事审判指导案例》(金融卷),中国法制出版社2011年版,第316页。

〔2〕 参见国家法官学院、最高人民法院司法案例研究院编:《中国法院2022年度案例》(保险纠纷),中国法制出版社2022年版,第200页。北京市第二中级人民法院(2020)京02民终3611号民事判决书。

但出于其他的原因,如维护客户关系、避免诉讼等,保险公司愿意向对方给付部分或全部的请求金额。通融赔付作为保险合同履行过程中的一种行为,即使多次发生,也不应视为对保险合同的修改。保险公司一般会签订通融赔付协议,约定赔付行为的性质。给付保险金与通融赔付有区别,给付保险金是保险公司认为保险人的事故在保险责任范围,而作出的履行合同约定的行为。如果保险事故不在保险责任范围内,保险公司因受益人提供错误理赔资料或其他原因影响,错误认为属于保险责任范围并给付保险金,不应视为对保险合同的变更。一些地方法院也是这种意见,如《广东省高级人民法院关于审理保险合同纠纷案件若干问题的指导意见》(粤高法发〔2011〕44 号)第三条规定:“保险人对不属于保险责任范围内的事故予以赔付保险金的行为不应作为认定变更保险合同的依据。”

应注意的是,保险人明知事实的,不属于《民法典》第一百四十七条(原《合同法》第五十四条)所规定的重大误解情形,不得以重大误解为由请求变更合同。保险人明知事实的,不得以显失公平为由变更合同。如保险费条款与保险金额在合同订立时业已确定,亦即投保人交费数额、保险人保障金额在投(承)保时即已明确,保险弃权不以具备对价为条件,如果保险人在知悉某一重要事项时可要求限制承保条件,但如果对此予以放弃,限制事后对其主张添加条件的变更。

(三)保险人单方行使变更权

保险人单方变更权,是指保险人对已经生效保险合同约定的条件,享有减少保险金额等相关的权利。保险人的单方变更权具有以下法律特征。一是单方变更权行使的前提为保险合同已经成立并生效,未成立且未生效的保险合同不存在变更权。二是单方变更权行使的原因是投保人未履行保险合同约定的义务,如迟延履行保险费交纳义务、合同标的转让导致危险显著增加的。三是单方变更权行使的法律后果是按照保险合同约定减少保险金额,减轻自身的保险义务或增加保险费或解除保险合同。四是单方变权的行使属于保险人自己的独立意志范围内,是否行使由保险人自行决定,不需要与投保人协商。

实践中,由于各种原因的影响,保险人单方变更行为时有发生,是否应认定为无效行为,应区别情况加以界定。

在投保人迟延履行交人身保险费时,保险人享有单方变更权。《保险法》第三十六条第一款、第三十七条第一款规定人身保险合同中有关逾期支付保险费的处理,在投保人未按期支付保险费时,保险人享有合同单方变更权。按照第三十六条第一款、第三十七条第一款规定,保险人单方变更权适用于人身保险合同,在财产险中却没有相应的规定。有法官认为,实践中财产保险合同中投保人逾期支付保费的情况屡见不鲜,《保险法》未对此作出相应的规定实乃一大纰漏,不利于法官直接依法对该情况作出相应的处理。但是,没有具体的规定并不意味着法官可以以法无明文规定为由而拒绝适用,根据《保险法》的基本原则,同时比照人身保险合同中的相应规定,在财产保险合同也应当赋予保险人保险合同变更权。[1]笔者赞同上述观点,在保险人无权解除保险合同的情况下,针对投保人迟延履行保险费交纳义务的情况,行使合同单方变更权,不失为一种较好的救济措施。《保险法》作为我国保险业的基本法,其基本原理原则是在《保险法》立法和实务中为大家所一致认可的,因此,人身保险合同中有关逾期支付保险费时保险人的变更权的规定也可以并且应当适用于财产保险合同。但是,由于财产保险合同的保险费是风险保费,而不像人身保险合同那样具有储蓄性质,因此,应当根据投保人所交纳的保险费占所有的保险费的比重的大小,来决定变更抑或解除。[2]

大部分人身保险合同具有履行期限较长的特点。保险公司在经营中常会根据社会情势的变化,修改部分条款内容。这种单方变更保险合同条款,因为没有合同约定,也未取得投保人同意,并不能产生合同变更的法律效力,如前面举出的林某某等诉中国人寿保险公司保险合同纠纷案。

保险公司的单方变更权是否有效,应依据保险合同的约定,或者投保人是否有事后追认行为来判断。保险公司应在保险合同中对变更的方式作出明确约定,向投保人提示并明确说明。也就是说,保险合同应明确保险人单方变更保险合同内容的范围。《保险法》第四十九条第三款规定的因保险标的转让导致危险程度显著增加的,保险人可以依照保险合同约定增加保险费或者解除合同的变更,这种保险公司单方变更权的行使亦是有效的。

实践中,应注意保险人单方变更权的特殊形态。保险同业公会发布公告对保险责任进行扩展,应视为对保险合同内容的变更,作为保险同业会会员单位的保险公司知道该公告而不作否认表示,应当认为公布内容系保险公司的意思表示。这种公告形式的实质是对被保险人、受益人有利的变更,应视为有效的变更。

【案例5-9】 黄某、沈某某诉天安保险股份有限公司财产保险合同纠纷案

上海市保险同业公会(以下简称同业公会)于2001年11月15日发布公告明确,经中国保险监督管理委员会批准,在上海地区自2001年11月15日零时起统一实施“上海个人抵押住房综合保险条款”。原持有上海地区各保险公司签发的有关抵押住房保险的有效保单,自动扩展该条款新增的还贷保证保险责任。各保险公司自扩展相应责任起承担保险责任,原有效保单持有人不必到各保险公司办理有关批改及变更手读。该公告由同业公会在报刊

---

〔1〕 参见宫邦友:《保险纠纷案件中欠缴保费涉及的几个法律问题》,载《人民司法》2005年第5期。

〔2〕 参见宫邦友:《保险纠纷案件中欠缴保费涉及的几个法律问题》,载《人民司法》2005年第5期。

媒体上向社会颁布。被告作为承保该险种的保险公司之一,并未在公告发布后将相关事宜通知投保人和利益相关人。一审法院认为,在该公告的主文下,刊登了被告单位的名称、地址与电话号码。这是让公众认为被告作为会员与同业公会一起对社会作了单方的承诺。如果同业公会未经被告同意,擅自公告强迫被告扩大保险责任,被告必然会像处理本案纠纷一样,依法捍卫自己的权益。但是,被告在庭审中回答法庭询问时,明确表示迄今尚无书面证据证明被告已经向同业公会提出异议。更何况被告在公布之后,又按照公布内容印制了保险单。因此,一审法院根据公告内容和被告新印制的保险单以及被告在重大利益问题上的无异议的不作为表现和法官的司法认知能力,并根据原《民法通则》第六十六条之规定"本人知道他人以本人名义实施民事行为而不作否认表示的,视为同意",认定被告同意同业公会代表自己对社会公众作出扩展保险责任范围的承诺。二审法院认为,通过发布公告的方式对合同内容进行变更,系上诉人的单方行为,并非合同约定的变更方式。[1]

(四)保险合同内容更正

保险合同的变更与内容的更正的法律性质不同。保险合同内容更正是指改正合同内容中的错误。合同的错误从法律上来说是双方对合同的误解或重大误解,根据《民法典》,相对方可以要求撤销,实现正确的表达。在实践中,对于不影响双方实质权利义务或对其影响不大的合同错误,双方可能自行达成协议予以更正。对实质权利义务关系有重大影响的合同错误,在一方拒绝协商更正的情况下,另一方可通过诉讼对合同进行更正。

关于保险人可以单方更正的法定情形,《保险法》第三十二条第二款规定:"投保人申报的被保险人年龄不真实,致使投保人支付的保险费少于应付保险费的,保险人有权更正并要求投保人补交保险费,或者在给付保险金时按照实付保险费与应付保险费的比例支付"。该条规定了被保险人年龄错误的可以更正,当然保险人依据有效证件也可以拒绝更正。

【案例5-10】 刘某诉新华人寿保险股份有限公司北京分公司人身保险合同纠纷案

判决观点,刘某在保险期限内更改了被保险人张某的出生年月日,造成了被保险人的年龄不符合两款保险条款约定的投保范围,新华人寿保险股份

---

〔1〕 参见最高人民法院中国应用法学研究所编:《人民法院案例选》2005年第3辑(总第53辑),人民法院出版社2006年版,第313页。

有限公司北京分公司不同意更改合同上被保险人的年龄的做法，没有过错，不应对此承担责任。[1]

【案例5-11】　李某诉某保险公司保险合同纠纷案

本案中，李某请求法院撤销某保险公司单方面作出的变更保险合同的行为，继续履行双方之间的保险合同。某保险公司认为，保险单中保险金额的表述不是其真实意思表示，李某投保时女儿12岁，而保险公司将其作为2岁投保计算了保险金，保险金额是错误的，应按可变更、可撤销处理。本案经法院调解，双方达成案外和解协议，李某撤回起诉。[2] 本案中，某保险公司在填写保险单时由于对投保人年龄发生误认而致填写的保险金额与双方已达成的协议出现差异，故某保险公司的行为属重大误解，故其要求更正具有法律依据，双方保险合同的内容应按投保单的内容予以确定。需要说明的是，某保险公司所要求变更的是其在保险单中所作出的意思表示，因该意思表示并未经对方承诺，没有构成保险合同的内容，因此，保险公司所变更的并非保险合同，换言之，此变更并非合同变更，实际上仅是一种笔误的更正而已。

关于一方或双方通过诉讼更正合同错误的情形，可以通过诉讼更正的合同错误，主要是指重大误解，这包括一方重大误解或双方重大误解。对是否构成重大误解，由法官行使自由裁量权裁定。

【案例5-12】　宣某、刘某某诉中国人寿保险股份有限公司上海市分公司人身保险合同纠纷案

一审法院认为，本案当事人争议的养老金还本保险金额即养老金月领取额，根据《中国人民银行关于中国人民保险公司养老金还本保险条款的批复》文件、中国人民保险公司养老金还本保险条款以及相关计算，公司明确规定了本案所涉养老金还本保险金额应为362.41元，排除了当事人约定其他保险金额的可能性，中国人寿保险股份有限公司上海市分公司(以下简称人保上海公司)主张变更原合同约定的保险金额并以该金额作为系争保险合同的保险金额的请求，应予支持。宣某、刘某某认为应以合同约定保险金额4160元为养老金月领取额的意见，不符合保险行业的基本规则，亦不符合保险公司的经济利益原则，原审法院难以采纳。二审法院认为，本案的争议焦点是本案所涉保单月领取养老金应为保单上所载的4160元还是被上诉人原

〔1〕 北京市丰台区人民法院(2009)丰民初字第15183号民事判决书。

〔2〕 参见北京市高级人民法院编：《审判前沿——新类型案件审判实务》2008年第2集(总第20集)，法律出版社2008年版，第108页。

审反诉提出的362.41元。本案所涉保单约定上诉人自1996年12月26日年交保费2000元至2009年1月1日，之后领取4160元至身故，即上诉人十余年实际共交纳保费总额仅为其可领取一年养老金的一半，对此原审法院认为这不符合保险行业的基本规则及保险公司的经济利益原则并无不当。另外，我国保险行业中对客户营销的各类保险险种及保险合同文本均需经相关职能部门的批准和备案，故被上诉人在原审中提供中国人民银行关于本案所涉险种报批的文件及该险种备案的文本资料，对本案所涉保单中保险金额的误记事实予以佐证亦无不当。综上所述，两上诉人的上诉理由并无事实和法律依据，原审法院认定事实清楚，所作判决并无不当。判决驳回上诉，维持原判。[1]

在现实生活中不时可见类似案例5－12的情形，保险公司因为疏忽将保险金额或保险单的现金价值打印错误，与送交保险监管机构备案的保险产品文件不一致，这种情况应认定为合同的重大误解，应允许保险公司的更正而不宜让其履行错误的保险合同。

关于诉请更正合同错误的时间限制，《民法典》第一百五十二条规定，具有撤销权的当事人自知道或者应当知道撤销权事由之日起一年内没有行使撤销权的，撤销权消灭。该条还规定，具有撤销权的当事人知道撤销事由后明确表示或者以自己的行为放弃撤销或变更的，撤销权消灭。这里的一年为除斥期间，不因其他原因中断、中止或延长。因此，在保险合同错误更正的纠纷中，如果一方明知或应知该错误的发生超过一年而未要求更正的，其更正合同错误的请求将得不到法律的支持。

【案例5－13】 中国人寿保险股份有限公司新乡分公司诉李某甲、李某乙、李某保险合同纠纷案

二审法院认为，李某甲、李某乙与中国人寿保险股份有限公司新乡分公司（以下简称保险公司新乡分公司）签订的保险合同是双方当事人的真实意思表示，属有效合同，双方均应按约履行。保险公司新乡公司所称保险证上填写的21,044.90元属于笔误，根据合同附表《期满领取婚嫁金额对照表》应为18,833元的理由，属对合同有重大误解，根据原《合同法》第五十四条、第五十五条的规定，应在一年内向法院主张撤销或变更，因其未在法律规定的期间内主张权利，对此难以支持。故上诉理由不能成立，法院不予支持。[2]

关于保险合同复效期间的变更问题，制定司法解释的法官认为，原则上不应

---

〔1〕 上海市第二中级人民法院（2009）沪二中民三（商）终字第358号民事判决书。
〔2〕 河南省新乡市中级人民法院（2009）新中民二终字第244号民事判决书。

当允许保险人在复效时变更保险条款。变更保险条款属于合同的变更,产生了新的合同权利与义务。如果允许保险人单方对保险条款进行修改后再同意复效,则投保人本可以通过复效制度享有的利益会因保险人对原保险条款的修改而抵销,这显然违背合同复效制度设立的初衷,对投保人而言亦不公平。[1]

---

〔1〕 参见最高人民法院民事审判第二庭编著:《最高人民法院关于保险法司法解释(三)理解与适用》,人民法院出版社 2015 年版,第 229 页。

二、保险合同解除

保险合同解除，是指保险合同有效成立之后，履行期满之前，法律规定或当事人约定的解除条件具备时，双方协议或当事人一方或双方行使解除权，而使保险合同关系消灭的法律行为。在现实社会生活中，投保人或保险人就解除保险合同经常发生纠纷，该问题成为保险合同纠纷的焦点问题之一。

（一）保险合同解除范围

根据法律规定保险合同有法定解除、协议解除或任意解除三种情形。本小节着重阐述单方解除，即法定解除问题。

1. 投保人的解除

根据《保险法》的规定，在保险合同中，合同解除权是投保人的固有权利，除非《保险法》或保险合同有特别的禁止性规定。投保人的合同解除权，在实践中称"退保"，是法定的任意解除权，投保人无须任何理由即可解除已经成立的保险合同，并且无须保险人的同意。法律上之所以赋予投保人绝对的合同解除权，目的在于授予投保人解除合同的充分自由，使投保人有更多的选择相对人的机会，以保护自己的利益。[1] 实践中，投保人未通知解除，而只是不交保险费的，不应视为投保人行使合同解除权。

【案例5－14】 某保险公司诉乙烯公司保险合同纠纷案

一审法院认为，由于保险合同已经生效，且投保人已支付了约定保险费数额的一半，虽然投保人没有交付另一半保险费，但并不意味着投保人解除了合同，只能说明投保人欠交或降低了保险费。少交保险费并不影响合同的有效性，只会影响赔偿金的给付。二审法院认为，在保险合同有效存在的情况下，交付保险费是投保人的主要义务，投保人逾期不交费则构成违约，一审

〔1〕 参见樊启荣：《论保险合同的解除与溯及力》，载《保险研究》1997年第8期。

法院适用法律有误,改判乙烯公司补交保险费并承担违约责任。虽然一审、二审法院在处理上不同,但在认定乙烯公司不交保费的行为不构成解除保险合同上是一致的。保险合同签订后,投保人对保险公司服务不满意的可以解除合同。

【案例5－15】　中国太平洋财产保险股份有限公司深圳分公司诉郑某某财产保险合同纠纷案

判决观点,被告在原告多次向其催付的情况下明确拒付保险费,并为同一保险标的另行向其他保险公司购买相同保险时段的保险,被告上述行为应视为行使解除合同的权利。因本案保险合同不属法律禁止解除的保险合同类型,也无证据证明双方有不得解除合同的约定,因此,被告可单方解除保险合同,对此,原告只可要求对方按约定支付手续费。但原告却凭借已打印出的保险发票请求判令被告按上面的金额支付保险费62,126元,因该发票是原告在被告没有实际交付保险费的情况下出票,违反了相关操作规范,且按通常理解,发票系已付费的凭据,不能作为被告欠其保险费的凭证。[1]

在实践中,如果投保人提出解除保险合同,不存在法律规定或保险合同另有约定的情形,同时又不与当地的政策性规定相冲突的,法院应支持投保人解除合同的请求。

【案例5－16】　顾某某诉中国人民财产保险股份有限公司宁波市江北支公司财产保险合同纠纷案

判决观点,本案中不存在《保险法》中投保人不得解除保险合同的法定事由,而且原告、被告的保险合同没有限制投保人合同解除权的特别约定,故法院认为原告要求解除与被告间的保险合同的诉请应予支持,对被告抗辩的在抵押期间,原告不得解除保险合同的理由不予采纳。[2] 涉案房贷险投保人享有合同解除权符合宁波当地公积金贷款的政策性规定。2007年7月12日公布施行的《宁波市住房公积金管理委员会关于宁波市住房公积金贷款管理暂行办法》第三十八条规定:"住房公积金贷款的抵押房屋保险,由借款人自主决定是否办理。"本案保险合同成立于2006年12月,当时办理公积金贷款时文件要求借款人必须办理抵押房屋保险,既然之后实行的住房公积金贷款管理暂行办法已经对该要求作出变更,将原先的强制保险变为当事人可以自主选择的保险,判决本案原告胜诉,并不损害贷款人的利息。

---

〔1〕 参见国家法官学院案例开发研究中心编:《中国法院2013年度案例》(保险纠纷),中国法制出版社2013年版,第86页。

〔2〕 参见最高人民法院中国应用法学研究所编:《人民法院案例选》2010年第1辑(总第71辑),人民法院出版社2010年版,第262页。

为他人利益订立的保险合同中单方解除权归属认定是一个疑难问题。《保险法解释(三)》第十七条规定:“投保人解除保险合同,当事人以其解除合同未经被保险人或者受益人同意为由主张解除行为无效的,人民法院不予支持,但被保险人或者受益人已向投保人支付相当于保险单现金价值的款项并通知保险人的除外。”该条规定包含以下几层含义:其一,本条适用的前提是为他人利益订立的保险合同,而在为自己利益订立的保险合同中则不存在这一前提。其二,任意解除权归投保人享有,原则上不受任限制。其三,被保险人、受益人支付了合理对价,可以限制投保人任意解除权,即被保险人、受益人支付等同于保险合同解除后退还的现金价值,取得变更合同投保人权利,实质上具备概括受让保险合同的条件。

在司法解释颁布之前,法官因认识不同对此类纠纷的执法尺度不统一,判决各异。

【案例5-17】 卢某与某保险公司人身保险合同纠纷案

二审法院认为,卢某与李某虽已办理离婚手续,但系争保险合同的投保人仍为卢某。根据系争保险合同的约定,享有退保权利的是投保人,故保险公司按照卢某的申请解除系争保险合同并无不当。关于李某主张保险公司未征得李某同意擅自接受卢某申请,解除系争保险合同的行为无效的请求,首先,无论是从法律规定还是系争保险合同的约定来看,均未赋予被保险人解除保险合同的权利,而卢某作为保险合同的投保人,享有合同解除权,故保险公司根据卢某的申请解除系争保险合同符合合同约定。其次,无证据证明保险公司在解除系争保险合同过程中与卢某存在恶意串通或有其他法律所规定的无效情形,故李某就此提出的上诉理由,于法无据,法院不予采信。〔1〕该案观点为投保人行使解除权无须第三人同意。

【案例5-18】 王某某与中国人寿保险公司永顺县支公司保险合同纠纷案

二审法院认为,认定本案的保险合同不能解除,不仅因为它是以无效的批单形式解除的,更因为解除时没有通知陈某并征求她的意见。陈某虽然不是该保险合同的签约人,但作为人身保险合同的被保险人和受益人,其有权知道合同的效力情况。在无人通知的情况下,她有理由相信该保险合同仍然存在。当她患了癌症并据此申请理赔时,保险公司才出具解除合同的批单,此举违背了民事行为应当遵循的诚实信用原则,当然无效。据此,该院判决维持原审有关判令保险人应支付保险赔偿金的判决。〔2〕该案观点为未经第

〔1〕 参见最高人民法院民事审判第二庭编著:《最高人民法院关于保险法司法解释(三)理解与适用》,人民法院出版社2015年版,第451页。上海市第二中级人民法院(2009)沪二中民三(商)终字第411号民事判决书。

〔2〕 参见《最高人民法院公报》2001年第4期。

三人同意投保人不得解除合同。

当保险标的转让后,原投保人就不能再要求解除合同,解除保险合同的权利归受让人和保险人。此时,受让人成为合同当事人,其享有保险合同约定的权利并负担约定义务,当然可以依《保险法》相关规定主张权利。

在财产保险合同中,关于被保险人死亡的继承人享有合同解除权问题,制定司法解释的法官认为,具体而言,继承人具有保险合同的投保人身份时,其承继保险合同权利义务,根据《保险法》第十五条、第四十七条的规定,继承人有权行使合同解除权,解除财产保险合同,并获得应得退费或现金价值。但继承人如果不具有投保人身份,其仅是被保险人,作为保险合同关系人并无保险合同解除权,除非保险合同另有特别约定。[1]

需要讲明的是,投保人的任意解除权存在两种例外情形,其一是《保险法》另有规定,其二是合同另有约定。但在人身险和财产险两种类型中是不同的。在人身险中,投保人任意解除权不存在法定例外情形,只有约定例外情形。基于保险合同的特性,赋予投保人任意解除权应为一般原则,从性质上讲,这个原则应该是一个强制性原则,而不能理解为可以在合同中约定不能解除合同。有学者认为,"保险合同当事人可以通过约定限制投保人的上述自由解除权,或者赋予保险人更多的解除权。"[2]但保险合同是否能约定限制投保人解除合同,如约定投保人只能在两年后解除合同等,是有争议的问题。

【案例5-19】　朱某某诉中国平安保险公司营口支公司保险合同纠纷案

保险合同第三条约定:"投保人交费满两年且保险期限已满两年者,投保人可以申请退保,本公司接到申请后,应按规定及时给付退保金。"法院认为,该合同中的第三条与《保险法》相悖,属无效条款,对原告无约束力。[3]

类似的案例还有庞某某与中国人寿保险公司博白支公司保险合同纠纷案。[4]

2009年《保险法》修订后,已取消2002年《保险法》第六十九条的规定(1995年《保险法》第六十八条),即前述案例法律依据在当时是存在的,而现在则应研究这一问题。在财产险中,投保人任意解除权既存在法定情形,也存在约定情形。其法定情形为《保险法》第五十条的规定,"货物运输保险合同和运输工具航程保险合同,保险责任开始后,合同当事人不得解除保险合同"。对于《保险法》第十

〔1〕　参见最高人民法院民事审判第二庭编著:《最高人民法院关于保险法司法解释(四)理解与适用》,人民法院出版社2018年版,第70页。

〔2〕　参见吴定富主编:《〈中华人民共和国保险法〉释义》,中国财政经济出版社2009年版,第41页。

〔3〕　参见祝铭山主编:《保险合同纠纷》,中国法制出版社2004年版,第68页。

〔4〕　广西壮族自治区玉林市中级人民法院(2000)玉中经终字第88号民事判决书。

五条的规定,有法官认为,应当作出以下理解:通过合同约定限制投保人行使合同解解除权主要包括两种情形,一是保险人将法律限制投保人解除合同的规定纳入格式条款,使之合同条文化;二是当事人通过个别磋商就投保人解除权的限制形成了合意。除此之外,保险人不得利用格式条款限制投保人的合同解除权。〔1〕

投保人死亡后任意解除权由谁行使在实务中是疑难问题。根据继承法原理,法律或契约上的地位,除基于信任关系或具有人身属性外,均得由继承人继承。现行《继承法》第三条将遗产界定为公民死亡时遗留的个人遗产,对合同上的地位能否作为继承的客体没有明确规定,也就是说没有排除这一点。有学者认为,投保人享有的保险合同解除权也当然应该由其继承人继承。〔2〕也就是说,在投保人死亡的情况下,投保人享有的解除权应由其继承人行使。

关于团体保险投保人解除权的问题,因团体保险与个人保险存在的差异极大,现行司法解释未作规定,但应该积极探索以取得共识。

2. 被保险人的解除

人身保险的保险标的是被保险人的寿命或身体,在某些特殊情形下保险合同不但不是被保险人的保障,反而可能成为被保险人的危险来源。因此应当考虑,在特定情形下赋予被保险人合同解除权或者合同解除请求权。这是因为人身保险的保险期限长,有可能发生各种情形,需要从公平的角度考虑问题。保险合同既关系到被保险人的安全,也关系到被保险人的人格尊严。保险合同成立之后,投保人与被保险人的人身关系有可能发生变化,如夫妻离婚、解除收养等。在此情形之下,如果不允许被保险人对于合同关系的维系表达异议,听任投保人继续履行合同,既可能危及被保险人的人身安全,也可能损害被保险人的人格权。〔3〕

《保险法解释(三)》第二条规定,“被保险人以书面形式通知保险人和投保人撤销其依据保险法第三十四条第一款规定所作出的同意意思表示的,可认定为保险合同解除”。该条规定包含以下几层含义:其一,适用本条规定的前提条件为投保人与被保险人非同一人的情况。其二,必须采取书面形式的通知。其三,被保险人向保险人和投保人书面通知撤销同意的意思表示。其四,被保险人同意撤销的法律后果为合同解除。

3. 保险人的解除

根据《保险法》的规定,保险人享有解除合同的权利。保险人在以下情形下

---

〔1〕 参见刘建勋:《保险法典型案例与审判思路》,法律出版社2012年版,第336页。

〔2〕 参见王静:《人身保险合同解除所引起的若干问题解析——以投保人死亡其继承人的解除为中心》,载李劲夫主编:《保险法评论》(第1卷),中国法制出版社2008年版,第314页。

〔3〕 参见刘建勋:《保险法典型案例与审判思路》,法律出版社2012年版,第341页。

享有法定解除权。其一,投保人违反如实告知义务的,见《保险法》第十六条第二款的规定。其二,被保险人或受益人骗取保险金的,见《保险法》第二十七条第一款的规定。其三,投保人、被保险人故意制造保险事故的,见《保险法》第二十七条第二款的规定。其四,投保人虚报年龄且超过年龄限制的,见《保险法》第三十二条第一款的规定。其五,效力中止的人身保险合同逾期未复效的,见《保险法》第三十七条第一款的规定。其六,保险标的转让导致风险显著增加的,见《保险法》第四十九条第三款的规定。其七,投保人、被保险人违反风险维持义务的,见《保险法》第五十一条第三款的规定。其八,保险标的风险显著增加的,见《保险法》第五十二条第一款的规定。其九,保险标的发生部分损失的,合同另有约定的除外,见《保险法》第五十八条第一款的规定。

4. 合同解除权行使期间范围

司法实践中,由于保险合同成立的时间、保险责任的起算时间、保险事故发生的时间各不相同,以致造成对合同解除权的行使期间理解上的偏差。

其一,关于保险合同成立前是否可以解除合同,告知义务是一项法定的先合同义务,其履行时间为保险合同订立前。而保险合同解除的对象是已成立的合同,因此在保险合同成立前,不存在解除权。

其二,关于保险责任开始前是否可以解除合同,保险责任的期间不同于保险期间,保险期间是保险合同的有效期间,自合同生效起至合同终止时止,而保险责任的期间是对保险人承担保险危险期间的约定。在实践中,它可以追溯至合同成立前的某段时间,也可以在合同成立后一段时间再承担保险责任。

其三,关于保险事故发生后是否可以解除合同,一般来说,合同解除权行使的期间至保险事故发生前止,但是保险人经常直至保险事故发生后方知投保人违反告知义务。在这种情况下,应视保险人在保险事故发生后才知道行使解除权的原因,在法律规定的除斥期间内,保险人享有解除权。《保险法》第十六条第三款规定:“前款规定的合同解除权,自保险人知道有解除事由之日起,超过三十日不行使而消灭。自合同成立之日起超过二年的,保险人不得解除合同;发生保险事故的,保险人应当承担赔偿或者给付保险金的责任。”也就是说,《保险法》并没有规定保险事故发生后不能解除保险合同。保险事故发生后,合同当事人的权利发生变化,保险金权利人的期待权利变为现实的财产性权利,但性质上仍然是个人的私权利。基于当事人意思自治原则,不应禁止相关权利人依法处分自己的权利,这包括解除合同的权利。在人身保险合同的被保险人身故后,保险标的消失,保险责任自动终止,也有的保险合同约定合同效力也终止。在上述情况下,在保险合同履行完毕之前,可以解除保险合同。以被保险人的身故是否为保险人应承担责任的保险事故为界讨论解除合同,如果是,则因保险人履行给付保险金义务前,投保人可以要求解除保险合同。反之,则因保险合同已经履行完毕,投保人不能解除保险合同。

【案例5-20】 陈某诉中国平安人寿保险股份有限公司乐山中心支公司人身保险合同纠纷案

一审法院认为,投保人陈某在陈某某因右肺腺癌住院治疗好转后,于出院次日即向被告投保,在投保时故意隐瞒被保险人陈某某患有右肺腺癌的情况,违反了如实告和义务,依据《保险法》第十六条第二款的规定,保险人依法享有合同解除权。因上述解除事由在保险合同订立时已发生,且陈某某在2010年9月6日至2012年6月6日,即合同成立后二年内因右肺腺癌先后9次入院治疗,却在合同成立二年后才以2012年3月28日的住院病历为据向被告申请赔付重大疾病保险金,又在陈某某因右肺腺癌死亡之后要求被告赔付身故保险金8万元,其主观恶意明显,该情形不属于《保险法》第十六条第三款的适用范围,原告不得援引该条款提出抗辩。被告自原告方向其申请理赔的2012年9月11日起始知该解除事由,即于2012年9月17日向原告送达书面通知拒付并解除合同。原告未在三个月异议期内提出异议。根据原《合同法》第九十六条第一款的规定,双方合同已于2012年9月17日解除。原告以2014年3月24日陈某某因病死亡为由诉请被告支付保险金8万元没有依据,判决驳回原告的诉请。二审法院亦持同样意见,维持一审判决。[1]

其四,关于保险期限届满时是否可以解除合同,保险期限届满是保险合同终止的一个原因。保险合同期限届满后,合同可能已经履行完毕,也可能尚未履行完毕。对于尚未履行完毕的保险合同,当事人可以解除合同。

其五,关于已履行完毕的合同是否可以解除,一般认为,已经履行完毕的保险合同不能解除,但合同当事人如发现对方在签订和履行过程中有欺诈或违约行为的,可按照《民法典》的规定,请求法院撤销合同或诉请赔偿。如保险公司在给付保险金后发现投保人有不履行如实告知义务的,且因合同已经履行完毕而不能解除的,可以按照《民法典》的规定请求法院撤销合同,双方返还各自因合同向对方支付的金额。

应注意的是,在犹豫期内可以解除合同,而不是撤销合同。在犹豫期内解除合同,是基于保险合同已经成立,并不是犹豫期过后合同才成立。但犹豫期内和期后解除合同的后果不同,在犹豫期内解除保险合同的,投保人可以获退全部的

---

〔1〕 参见最高人民法院中国应用法学研究所编:《人民法院案例选》2016年第6辑(总第100辑),人民法院出版社2016年版,第67页。

保险费,而犹豫期过后解除合同的,只能获退一部分保险费。

【案例5－21】 王某诉某保险公司保险合同纠纷案

判决观点,王某收到保险合同后10日内并未行使犹豫期内解除合同的权利,其已失去了无条件解除保险合同的权利,由于合同并没有解除,保险公司不应退还其保险费,故对于王某要求保险公司退还保险费的诉讼请求亦不予支持。[1]

关于被保险人死亡后保险合同能否解除,在理论和实践中有不同观点。笔者认为,被保险人死亡不影响合同的解除。如果保险合同存在尚未履行完毕的其他合同义务,如拖欠保险费、保险金等,则保险合同应当继续履行,保险合同在全部权利义务履行完毕时方终止。在此情况下,即便保险标的灭失并不代表保险合同不能继续履行,也不能限制保险合同的解除。

(二)保险合同解除条件成就

保险合同中的解除,主要是法定解除,即保险人的单方解除,当然也包括投保人的解除在内,而协议解除这种情形在实践中比较少见。

法定条件成就的解除,是指法律对解除合同事由作出明确的规定,当这种法定事由出现以后,当事人根据法律规定行使解除权的情形。与约定条件单方解除不同,法定条件的单方解除不是依据当事人的意思,而是由法律对可以解除合同的情形作出规定,当出现这些法定情形时,为维护合同主体的利益,法律赋予没有责任的合同当事人合同的解除权。由于法律规定的原则性和客观违约情形的复杂性,使得法定条件的单方解除的适用条件很难把握。

关于投保人违反如实告知义务的解除,有证据认定,投保人故意隐瞒事实,不履行如实告知义务,或者因重大过失未履行如实告知义务,足以影响保险人决定是否同意承保或者提高保险费率的,保险人有权解除保险合同。是否足以影响应从保险合同的射幸性角度,根据射幸性特点,保险事故是否发生处于不确定状态,因此不能以事故发生的因果必然性作为“足以影响”的认定条件,而只能以订立合同时可能预见的发生保险事故的较大可能性作为考量的客观标准。

【案例5－22】 王某某诉中国太平洋人寿保险股份有限公司六安中心支公司人身保险合同纠纷案

二审法院认为,本案中王某某在2009年投保时签名确认的患病记录回

[1] 参见安凤德主编:《保险合同纠纷诉讼指引与实务解答》,法律出版社2013年版,第241页。

答不属实。王某某在投保前患有尿毒症，该情况不符合保险事故发生的不可预料性；本案保险合同约定保险责任范围为初次诊断为患有合同约定的重大疾病，王某某的病情并非是在保险合同成立之后被初次诊断，不符合保险责任赔付的情形。尿毒症属保险赔付情形，投保人未如实告知，保险公司有权解除。另外，根据《保险法解释（二）》第九条第二款的规定，保险人因投保人、被保险人违反法定或者约定义务，享有解除合同权利的条款，不属于免除保险人责任的条款。王某某因违反作为投保人的如实告知义务，故其主张保险公司未对免责条款尽到明确说明义务之理由，不能成立。同时，本案保险合同成立于现行保险法实施之前，依据《保险法解释（一）》第五条第三项的规定，本案保险公司二年解除权期限应自2009年10月1日起算。另外，依王某某申请理赔的2012年5月金寨县人民医院病案记载，王某某在两年前被确诊为尿毒症及进行透析，其主张的保险事故发生的时间距双方于2009年1月签订保险合同不足二年，距2009年10月1日则更近。故依法保险公司也可以解除合同。此外，2007年武警安徽省总队医院病案是对病情治疗的直接记载，证明力应当高于2012年金寨县人民医院病案记载中的病史记录部分。因此，该案的保险事故发生在保险合同成立之前，既不得适用在合同成立二年后保险公司不得解除的规定，也有违保险事故的不可预料性，本案保险公司解除合同符合法律规定，应予支持。据此，二审法院撤销一审判决，驳回王某某的诉讼请求。[1]

【案例5－23】 周某婷诉人保宜昌分公司保险合同纠纷案

一审法院认为，被告与周甲签订的国寿祥瑞终身寿险、国寿附加祥瑞提前给付重大疾病保险等保险合同，虽然原告称合同不是周甲本人所签，但不论周甲是否亲笔签名，投保后周甲按照合同约定按时缴纳保险费，依据《保险法解释（二）》第三条第一款规定，视为对合同效力的追认，合同约定的内容是双方真实意思表示，本案所涉的保险合同成立并生效。周甲为周某婷投保，应当按照保险合同的约定，如实向保险公司陈述，确保投保人、被保险人及身故受益人信息、投保事项信息、银行账户信息均正确无误，健康、财务及其他告知内容属实，与投保有关的问卷、体检报告书及对体检医生的各项陈述均无误。原告周某婷于2016年3月31日在医院进行“左淋巴结切除术”，出院诊断为非霍奇金B细胞淋巴癌，该疾病属恶性肿瘤的一种，2016年10月15日周甲在为周某婷投保时单上签名确认，视为周甲已详知《电子投保单》《人身保险投保提示书》中的内容，但周甲并未就周某婷患恶性肿瘤疾病

---

〔1〕 参见国家法官学院案例开发研究中心编：《中国法院2017年度案例》（保险纠纷），中国法制出版社2017年版，第176～177页。安徽省六安市中级人民法院（2014）六民二终字第00373号民事判决书。

的事实如实告知保险公司。综上,周甲未履行如实告知义务,2019 年 4 月 15 日周某婷被诊断出的非霍奇金 B 细胞淋巴癌并非首次发生并经确诊的重大疾病,保险公司有权解除保险合同,并对合同解除前发生的保险事故不承担保险责任。原告主张《电子投保单》《保险营销员保险代理合同(A 类)》中周甲的签名不是其本人所签,其不是被告公司的保险销售人员,对投保单中的《人身保险投保提示书》的内容不知情,并申请对《电子投保单》中周甲的签名进行笔迹鉴定。2016 年 10 月周甲入职被告公司,从 2016 年 12 月至 2017 年 4 月被告向周甲提供的中国邮政储蓄银行账户支付了其所销售保险的佣金,周甲不能就其提供身份证复印件、中国邮政储蓄银行账号等资料入职、收取被告支付佣金的事实给出合理解释,且证人亦证实周甲与其是同一时期进入保险公司从事保险销售工作,应认定周甲是被告的保险营销员,其作为本案所涉保险合同的销售人员,对其销售的保险产品的保险利益条款及《人身保险投保提示书》的内容应当是知悉的,故无须对《电子投保单》中周甲的签名进行笔迹鉴定。判决:驳回周某婷的诉讼请求。二审法院同意一审法院裁判意见。[1]

关于投保人故意或者明知会增加保险标的风险时合同的解除,最大诚实信用原则是保险合同的基本原则,它要求当保险标的风险增加时,投保人应当及时告知保险人,并采取合理措施降低风险。如果能够认定投保人故意或者明知会增加的风险而仍然行为,就符合保险合同法定的解除条件。

【案例 5 -24】　廖某诉中国平安财产保险股份有限公司深圳分公司保险合同纠纷案

二审法院认为,被上诉人刊登广告、收取定金的行为反映了其有带车从事营运活动的明确的意思表示,在双方签订保险合同,约定车辆的用途为"非营运"的情况下,被上诉人仍然与"王某某"到深圳机场接"老板"前往酒店,其行为表明被上诉人不仅有利用该车辆继续从事营运活动的故意,实际上也已经开始实施营运活动。[2]

关于保险标的危险显著增加时解除条件成就的认定,包括两种情形,一是保险标的转让导致危险增加,指《保险法》第四十九条规定。二是合同期限内保险标的危险增加,指《保险法》第五十二条第一款规定。危险显著增加的认定,是解

---

〔1〕 参见国家法官学院、最高人民法院司法案例研究院编:《中国法院 2022 年度案例》(保险纠纷),中国法制出版社 2022 年版,第 173 ~174 页。湖北省宜昌市中级人民法院(2020)鄂 05 民终 1797 号民事判决书。

〔2〕 参见最高人民法院中国应用法学研究所编:《人民法院案例选》2006 年第 4 辑(总第 58 辑),人民法院出版社 2007 年版,第 336 页。

除条件成就的关键所在。所谓危险增加，是指保险合同当事人在订立合同时未曾预见到，但在保险期内有关保险标的的危险因素或危险程度的增加。[1] 对危险增加的理解应把握三个特性：第一是重要性，如果危险的加重程度轻微，并未动摇当事人之间的对价平衡关系，投保人无须履行通知义务；第二是持续性，即危险改变这一状况须持续一段时间，如果危险只是一时的变化，继而又恢复原状的，则不构成危险增加；第三是不可预见性，即危险增加必须是当事人订约之初未曾预料到，保险人未估算在危险之内的。[2] 有学者也作了类似的阐述。[3] 导致保险标的危险程度增加的原因，既可以是被保险人的主观原因，也可能是被保险人所无法控制的客观原因。现行《保险法》没有规定危险显著增的具体情形，在社会生活中不同的保险标的所面临的危险程度并不一致，对于同一保险标的而言，其面临的危险也不是一成不变的，这就存在以什么标准进行判断的问题。最高人民法院法官认为，判断危险程度是否显著增加，应当以"是否足以影响保险人决定是否同意承保或者提高保险费率"为标准。[4] 对生产经营化工等高危品的行业，还应以是否获得行政许可作为保险标的危险程度增加的参考标准。

【案例5－25】 常熟市赛礼隆新能源材料科技有限公司诉中银保险有限公司苏州中心支公司保险合同纠纷案

二审法院认为，常熟市赛礼隆新能源材料科技有限公司（以下简称赛礼隆公司）的经营范围为锂电池电解液添加剂、硅烷偶联剂制造、加工，在使用的危险化学品没有危险化学品烯丙基缩水甘油醚登记。安监部门出具的50吨/年锂电池电解液添加剂生产方案告知性备案证明明确了赛礼隆公司锂电池电解液添加剂生产的原辅材料、工艺流程等，其中并无危险化学品烯丙基缩水甘油醚及其提纯环节。危险化学品烯丙基缩水甘油醚属于危险化学品，无论为自行生产需要还是以增加利润为目的为他人加工提纯都必须经过行政许可，而是否必须获得行政职能部门的行政许可可作为是否构成危险程度显著增加的参考标准。综合"1·12"爆炸事故调查结果，赛礼隆公司未经行政许可擅自进行危险化学品烯丙基缩水甘油醚提纯构成保险标的危险程度

---

[1] 参见吴定富主编：《〈中华人民共和国保险法〉释义》，中国财政经济出版社2009年版，第128页。

[2] 参见温世扬主编：《保险法》，法律出版社2007年版，第110页。

[3] 参见施文森：《试析江苏省高级人民法院关于新保险法之问卷》，载谢宪主编：《保险法评论》（第3卷），法律出版社2010年版，第30～31页。

[4] 参见最高人民法院保险法司法解释起草小组编著：《〈中华人民共和国保险法〉保险合同章条文理解与适用》，中国法制出版社2010年版，第348页。

显著增加。[1]

危险显著增加条件成就后，必须经投保人通知之后在法定期间之内才能解除保险合同，这是时间条件。对保险标的转让的，保险公司在30日内行使解除权。在保险合同有效期限内，被保险人应当及时通知保险公司，保险公司决定是否解除合同。两个条件之间是递进关系，而不是平行关系。在第一个基础条件成就后，尔后又满足第二个条件的，保险标的危险显著增加这一解除合同条件才符合成就之含义。两个条件是一个整体，不能随意割裂。

关于保险欺诈解除条件成就认定，所谓保险欺诈，是指投保人、被保险人、受益人以骗取保险金为目的，以虚构保险标的，编造保险事故的发生或保险事故发生的原因、夸大损失程度、故意制造保险事故等手段，致使保险人陷于错误认识而向其支付保险金的行为。[2] 认定欺诈解除合同条件成就，必须符合相应构成要件。应注意的是，行为人的过失无论严重至何种程度均不构成欺诈。

关于保险合同效力中止解除条件成就认定，《保险法》第三十七条后半段规定，"自合同效力中止之日起满二年双方未达成协议的，保险人有权解除合同"。该条款规定了由于保险人不同意合同复效致使合同效力中止后满二年仍未达成复效协议的，保险公司有权解除保险合同。也就是说，保险公司不同意复效的满二年可以解除合同。通说认为，现行《保险法》给予保险公司的同意权过于宽泛，容易导致保险公司滥用同意权阻碍保险合同复效，使保险相对人的复效请求落空。[3] 进而造成保险合同大量解除，不利于对处于弱势地位的投保人与被保险人正当利益的保护。

关于保险标的部分损失的解除条件成就认定，根据《保险法》第五十八条第一款规定，解除条件必须是保险公司对投保人的损失已经赔付完毕，没有赔付完毕的不得认定为解除条件成就。该条款同时规定投保人在30日内行使解除权、保险公司应当提前15日通知投保人的期限条件。在保险赔付的基础条件上，也应遵循后一期限条件。

【案例5-26】　齐某诉某财产保险公司保险合同纠纷案

判决观点，根据《保险法》第五十八条的规定，对于保险标的的部分损失，保险公司在赔偿后，可以解除合同，但须提前15日通知投保人。本案中，

---

〔1〕参见国家法官学院案例开发研究中心编：《中国法院2013年度案例》（保险纠纷），中国法制出版社2013年版，第132页。

〔2〕参见吴定富主编：《〈中华人民共和国保险法〉释义》，中国财政经济出版社2009年版，第70页。

〔3〕参见吴伟央、高宇：《寿险合同复效之立法变动及规范方向》，载《保险研究》2009年第10期；梁鹏：《保险合同复效制度比较研究》，载《环球法律评论》2011年第5期。

保险公司对于保险标的部分损失进行了赔偿,故有权解除合同。[1]

交强险合同解除条件的成就有其特殊性。对于交强险的保险合同,原则上是不能解除的。交强险合同只有法定解除,而无约定解除。《交强险条例》规定交强险保险人的解除权只有一种即第十四条规定,投保人未履行如实告知义务,影响承保的,保险公司有解除权。如果不影响承保的,则不能解除保险合同。因此,对告知义务范围和违反程度问题的界定将是保险公司行使解除权条件的关键。第十四条第二款规定,保险人要以投保人对重要事项未履行如实告知义务为由解除交强险合同的,应书面通知投保人,如果投保人在收到该书面通知之日起5个工作日内如实履行了告知义务,则保险公司不得解除合同。笔者理解为,保险公司发现投保人未履行如实告知义务,不能立即解除合同,即解除条件不成就。投保人在5个工作日内履行了告知义务的,保险公司不得再解除合同,此时解除合同的条件消灭。按照保监会的要求,保险公司应当在投保人提出退保申请,并且出示在其他保险公司购买交强险的凭证后才能退保,否则,退保无效,保险公司仍需对投保人或者被保险人承担交强险项下的保险责任。也就是说,保险公司解除保险合同的法定条件为投保人的申请与在其他保险公司购买交强险的发票,二者皆具备后解除条件方成就。

(三)保险合同解除限制

法律既赋予当事人解除保险合同的权利,同时又对其解除保险合同的权利作出一些限制。在保险合同解除中,不论是法定解除还是协议解除均受到一定的限制。

1. 协议解除的限制

按照"意思自治"这一合同法的基本原则,当事人协议一致可以解除合同。但该原则也有适用的例外,特别是合同涉及公共利益或第三人合法利益时,当事人的权利将受到限制。比如养老保险合同中,如果被保险人作为第三人对于养老保险合同有合理预期,并且该合同经过被保险人同意,则养老保险合同的解除应当适用"为第三人利益订立的合同"的规则,不经被保险人同意而解除合同行为无效。

---

〔1〕 参见安凤德主编:《保险合同纠纷诉讼指引与实务解答》,法律出版社2013年版,第109页。

【案例5－27】 吕某某诉中国人寿保险股份有限公司宜兴支公司、宦某某保险合同纠纷案

一审法院认为,2004年2月1日,被告宦某某以非法占有为目的,隐瞒养老保险合同中投保人已被注销营业执照的真相,虚构投保人要求解除保险合同的申请,从而骗取保险费的行为已构成诈骗罪。保险公司作为从事人寿保险业务的专业公司,理应知道养老保险合同系长期合同,只有征得吕某某的同意后才能解除合同。但保险公司未尽审查义务,仅根据宦某某的申请即办理解除合同手续,并退还保险费,故该解除养老保险合同的行为无效。原告吕某某要求确认宦某某与保险公司之间解除养老保险合同的行为无效的诉讼请求,应予以支持。[1]

2. 投保人解除限制

投保人的合同解除权虽然是任意解除权,但该权利的行使并不是不受任何约束的,而是受到一定限制的。这种限制主要体现在以下方面:

强制性保险合同解除的限制。强制性保险是指法律规定投保人必须参加的保险,该类保险是国家基于社会公共利益考虑而建立的,随意的解除势必影响社会公共安全。《交强险条例》第十六条规定:“投保人不得解除机动车交通事故责任强制保险合同,但有下列情形之一的除外:(一)被保险机动车被依法注销登记的;(二)被保险机动车办理停驶的;(三)被保险机动车经公安机关证实丢失的。”《旅行社条例》第三十八条规定:“旅行社应当投保旅行社责任险。”在强制性保险合同中,投保人任意解除合同的权利受到限制。

政策性保险合同解除的限制。政策性保险是国家基于政策性因素及目的所设立的保险。在政策性保险中,国家为鼓励投保人参加保险,承担一部分保险费,投保人参加保险之后不得中途退保。

以流动性物品为保险标的的保险合同解除的限制。这主要是指以运输工具或者运输途中的货物为保险标的保险合同。《保险法》第五十条规定:“货物运输保险合同和运输工具航程保险合同,保险责任开始后,合同当事人不得解除合同。”《海商法》第二百二十八条规定:“货物运输和船舶的航次保险,保险责任开始后,被保险人不得要求解除合同。”与一般财产保险合同相比,这类保险合同具有以下两个明显特征:(1)保险标的具有高流动性和高风险性;(2)保险责任期限表现为一定的航程和运程,而不是一定的时间期限,风险较为集中。如果允许投保人任意解除合同,投保人可能在保险标的通过最危险航程或运程后主张解除合

[1] 参见最高人民法院中国应用法学研究所编:《人民法院案例选》2007年第1辑(总第59辑),人民法院出版社2007年版,第366页。

同，容易引发道德风险。〔1〕 如果支持投保人解除合同，对保险人是不公平的。

为他人利益订立的合同解除的限制。为他人利益订立的合同，是指由投保人以外的其他人享有保险金给付请求权的保险合同，包括投保人自己为被保险人，而指定他人为受益人；投保人以他人为被保险人，未指定受益人或以他人为受益人；投保人以他人为被保险人，另行指定受益人等三种情形。因此类合同中，投保人与保险金受领人并不是同一人，投保人解除保险合同将使得保险金受领人丧失保险利益，遭受损失。在如何限制此类保险合同解除上，最高人民法院法官认为，从投保人、被保险人以及受益人利益平衡角度考虑，可以要求投保人解除保险合同前必须告知被保险人和受益人，由其选择是否继续维持保险合同的效力；如果要继续维持保险合同的效力，应向投保人支付其解除保险合同可以获取的保险单价值，并且替代投保人作为保险合同当事人，承担继续交纳保险费的义务。〔2〕 笔者赞同上述观点，其处理上体现公平合理精神。《保险法解释(三)》第十七条但书规定，"但被保险人或者受益人已向投保人支付相当于保险单现金价值的款项并通知保险人的除外的"。不需被保险人、受益人同意，并非不需要通知。注意投保人对此类合同行使任意解除权时通知与同意的区别，除法律或合同另有禁止性或限制性规定的，无须征得被保险人、受益人同意，但投保人仍需通知。

对他人身保险合同中，投保人解除保险合同的限制有两种不同观点，主要涉及保单现金价值与保险金产生冲突，需要在理论上加大探索。

3. 保险人解除合同限制

实践中，保险人解除保险合同不符法律规定或保险合同特别约定的，则应限制其解除。

人寿保险合同的投保人与保险人未明确约定保险费的分期交纳方式及交纳期间的，投保人与保险人之间长期以来形成固定的保险费交纳模式的，应视为双方成就了特定的交易习惯。保险人如对保险费的交纳未尽到催告义务，单方改变收费方式的，对于投保人的不定期交费行为，保险人不能依据《保险法》第三十七条规定，以其交费已超过法定期限不可续保为由将保险合同解除。

【案例5－28】 纪某某诉中国人寿保险股份有限公司徐州市分公司人寿保险合同纠纷案

判决观点，从双方当事人履行保险合同的方式来看，双方存在长期间断

〔1〕 参见苗海刚:《完善我国保险合同解除制度若干问题探析》，载李劲夫主编:《保险法评论》(第1卷)，中国法制出版社2008年版，第113页。

〔2〕 参见最高人民法院保险法司法解释起草小组编著:《〈中华人民共和国保险法〉保险合同章条文理解与适用》，中国法制出版社2010年版，第78页。

交纳保险费的习惯。由此,原告、被告所举的证据均不能证实双方对保险费分期付费的交纳方式及交纳期间作出约定,故法院确认原告、被告在签订保险合同时未明确约定保险费的交纳期间及方式。被告在约定不明的情况下没有进行保险费交纳的催告,在投保人有不定期交纳保险费行为时,单方解除保险合同没有法律依据。原告主张要求交纳保险费,继续履行保险合同的诉讼请求依法成立,法院予以支持。[1]

【案例5-29】 陆某某诉中国人寿保险股份有限公司太仓支公司保险合同纠纷案

一审法院认为,本案保险条款中并未约定具体的保险费交纳方式,根据多年来形成的固定交费模式,应认定双方已成就了特定的交易习惯,2010年后保险公司已不再发送交费通知书,单方改变了交易习惯,则无权依照《保险法》的规定和保险条款的约定中止合同效力并解除保险合同,故对陆某某要求保险公司继续履行合同义务的诉讼请求原审法院予以支持。二审法院持同样意见,维持原判。[2]

下列情况是保险人以投保人违反如实告知义务为由解除保险合同的限制:其一,保险人以投保人违反了对投保单询问表中所列“其他”等兜底事项的如实告知义务的。其二,保险人以投保人对其不知道的事项未作披露违反如实告知义务的。其三,在学生平安险中,保险人就该险仅向学校询问而未向学生或者其监护人提出询问,而以投保人未履行如实告知义务为由解除合同的。其四,保险人知道被保险人的体检结果与投保人的告知不符而仍然承保,或者体检机构未将体检结果告知保险人以致保险人仍然承保,保险人以投保人未履行如实告知义务为由的。其五,根据《保险法》第十六条第二款规定,投保人未如实告知,不足以影响保险人决定是否同意承保或者提高保险费率的。其六,保险人有《保险法》第十六条第三款规定的情形,即自合同成立之日起超过两年的,保险人不得解除合同。其七,保险人有《保险法解释(二)》第七条规定情形的,即知道或者应当知道未履行如实告知仍然收取保险费的。保证保险中,保险人明知保证保险的投保人投保时故意或因重大过失未履行如实告知义务,足以影响保险人是否同意承保或调整保险费率而仍然同意承保的,不得要求解除保险合同。其八,投保人因过错未告知的事实属于影响保险人决定是否同意承保或者提高保险费率的重要事实,但对于已发生的保险事故并无影响的。

---

〔1〕 参见最高人民法院中国应用法学研究所编:《人民法院案例选》2011年第1辑(总第75辑),人民法院出版社2011年版,第29页。

〔2〕 参见《最高人民法院公报》2013年第11期(总第205期)。

【案例 5-30】 张某某诉某保险公司保险合同纠纷案

判决观点,本案中,原告张某某在投保前患有保险条款约定的疾病,有如实告知的义务,被告某保险公司在知晓原告的患病情况后有解除合同的权利。但被告某保险公司在原告理赔时未行使解除合同的权利,在本案审理过程中亦未要求解除合同,其解除权已消灭。[1]

【案例 5-31】 郭某某、张某甲等诉中国人寿保险股份有限公司安阳分公司保险合同纠纷案

判决观点,张某乙在投保时未将其职业为长途客货运输车司机的情况如实告知被告保险公司,该内容对保险公司决定是否同意承保或者提高保险费率具有决定性影响,故被告依据《保险法》第十六条第二款的规定享有解除合同的权利,而被告在 2013 年 6 月 1 日事故发生后,投保人张某乙的继承人提出理赔请求后,至四原告于 2013 年 6 月 28 日向法院提起诉讼及被告于 2013 年 7 月 15 日收到本院开庭传票、应诉通知书时,被告早已知道投保人存在违反如实告知义务的情形,至法院开庭审理前,并未在《保险法》第十六条第三款规定的 30 日不可抗辩期间内提出解除合同,而仅在法院于 2013 年 8 月 19 日开庭审理时提出解除保险合同,则被告丧失保险合同解除权,不得再解除合同。在解除权已丧失的情况下,被告不得再以投保人违反如实告知义务为由拒赔,因此被告应当按照本案所涉保险合同的约定承担给付四原告保险金 18 万元的保险责任。[2]

保险人或其委托的代理人出售自助式保险卡未尽说明义务,又未对相关事项向投保人提出询问,自行代替投保人激活保险卡形成数据电文形式的电子保险单,在保险合同生效后,保险人以电子保险单内容不准确,投保人违反如实告知义务为由主张解除保险合同的,法院不予支持。

【案例 5-32】 韩某某等诉阳光人寿保险股份有限公司江苏分公司保险合同纠纷案

判决观点,阳光人寿保险股份有限公司江苏分公司(以下简称阳光人保)网站上可查阅被保险人的职业分类表,网上激活的过程中,被保险人职业档如选择"营业用货车司机",保险卡会因被拒绝承保而不能激活。但是,本案所涉保险卡系民兴代理公司内勤代为激活,激活过程中,徐州民兴保险代理有限责任公司(以下简称民兴代理公司)仅向其业务员宗某而未向投保人

---

〔1〕 参见国家法官学院案例开发研究中心编:《中国法院 2018 年度案例》(保险纠纷),中国法制出版社 2018 年版,第 216 页。河南省安阳市滑县人民法院(2016)豫 0526 民初字第 2481 号民事判决书。

〔2〕 参见国家法官学院案例开发研究中心编:《中国法院 2015 年度案例》(保险纠纷),中国法制出版社 2015 年版,第 235 页。河南省安阳市殷都区人民法院(2013)殷民二初字第 379 号民事判决书。

刘某进行询问,而宗某并未询问过刘某的职业,使刘某没有机会就其职业状况履行如实告知义务。因此,刘某并未违反投保人如实告知义务。阳光人保作为保险人认为刘某违反告知义务主张解除合同,要求免除相应的赔偿责任请求没有事实根据与法律依据。[1]

关于解除保险合同期限的限制,根据《保险法》第十六条规定,如果投保人违反如实告知义务,保险人在合同成立后二年内拥有解除权,同时自保险人知道有解除事由之日起,超过30日不行使而消灭。上述两个期间系除斥期间,不因任何原因而中断、中止或延长。

【案例5-33】　田某某等诉中国人寿保险股份有限公司忠县支公司等人身保险合同纠纷案

二审法院认为,从2009年12月25日起保险公司就应当知道有解除事由,而其未在法律规定的期间内行使解除权,其解除权已消灭。保险合同对双方仍具有约束力。保险公司在其解除权消灭后,应当按照保险合同的约定承担向田某某等三人给付保险金的责任。[2]

【案例5-34】　刘某某诉中国太平洋人寿保险股份有限公司南阳中心支公司人身保险合同纠纷案

判决观点,距保险事故发生已过三年,且投保人也依照合同约定履行了相应的义务,因此,保险人不得解除合同。[3]

【案例5-35】　汪某诉人保重庆分公司保险合同纠纷案

二审法院认为,《保险法》第十六条第三款规定……该条款为我国《保险法》中的不可抗辩条款,强调了保险人行使解除保险合同的权利仅限于法律明文规定的期间,否则该抗辩期间经过,该权利即丧失。现人保重庆分公司于2017年8月31日才明确提出解除合同,已超过两年,根据法律规定其不得解除合同,保险事故发生后,其仍需支付保险金。判决:驳回上诉,维持原判。[4]

保险人在知道投保人未履行如实告诉义务超过30日未行使合同解除权的,合同解除权消灭。

---

〔1〕 参见《最高人民法院公报》2010年第5期。

〔2〕 参见国家法官学院案例开发研究中心编:《中国法院2012年度案例》(保险纠纷),中国法制出版社2012年版,第200页。

〔3〕 参见国家法官学院案例开发研究中心编:《中国法院2013年度案例》(保险纠纷),中国法制出版社2013年版,第192页。

〔4〕 参见国家法官学院、最高人民法院司法案例研究院编:《中国法院2021年度案例》(保险纠纷),中国法制出版社2021年版,第152页。重庆市第三中级人民法院(2019)渝03民终209号民事判决书。

【案例5－36】 陈某诉人保豫南分公司保险合同纠纷案

判决观点，本案中，原告与被告签订的《人身保险合同》系双方当事人的真实意思表示，法律保护双方应当按照合同约定履行自己的义务。该保险合同签订后，原告依约向被告交纳了首期保险费，被保险人陈某在保险合同生效180日后患有脑梗死，被告应依约向原告支付保险金10,000元，并豁免原告缴纳“金佑人生终身寿险分红型A款(2017年版)”和“附加金佑人生提前给付重大疾病A款(2017年版)”后期的保险费。关于被告是否有权解除双方所签保险合同的问题，《保险法》第十六条第二款、第三款规定……根据保险单显示，被告公司为陈某办理保险业务的业务员为于某，经庭后向于某核实，原告在出院后及时申请了理赔，被告公司当时即以原告隐瞒病史为由拒绝，可知被告公司在原告提起诉讼前已得知原告之前患病事项，至本案开庭审理已超过30日，被告解除权已消灭。在该保险合同未被解除的情况下，对双方具有约束力，被告应当按照保险合同的约定承担给付原告保险金的责任，并豁免原告交纳后期保险费。判决：(1)人保豫南分公司给付陈某保险金10,000元；(2)豁免陈某向人保豫南分公司交纳“金佑人生终身寿险分红型A款(2017年版)”和“附加金佑人生提前给付重大疾病A款(2017年版)”自第二保单年度起的保险费共计46,170元；(3)驳回人保豫南分公司解除合同的诉讼请求。[1]

实践中，非保险合同当事人请求解除合同的，法院不予支持。

【案例5－37】 李某诉某保险公司保险合同纠纷案

本案中，某食品厂是投保人，李某等职工是被保险人。尽管镇政府是该食品厂的主管单位，但是它不是养老保险合同的当事人，无权与保险公司协商解除李某等职工的保险合同。因此，镇政府与保险公司直接协商解除李某等职工的保险合同的行为是无效的，保险合同依然有效，镇政府应当向保险公司返还其收到的保险费。

应注意的是，《保险法》规定保险合同成立之后，投保人可以解除合同，并没有规定其他人解除保险合同的权利，这当然包括被保险人，即被保险人没有保险合同解除权。在人身保险合同中，投保人死亡之后，谁有权解除保险合同，是投保人的继承人，还是被保险人或受益人是一个应研究的问题。有法官认为，在投保人死亡的情况下，投保人享有的解除权应由其继承人行使，保险合同解除后的保

〔1〕 参见国家法官学院、最高人民法院司法案例研究院编：《中国法院2021年度案例》(保险纠纷)，中国法制出版社2021年版，第165～166页。河南省西平县人民法院(2019)豫1721民初1831号民事判决书。

单现金价值也应由其继承人享有。[1] 保险业界人士认为，要确定谁有权解除合同，要先确定保险合同的权益归谁。谁拥有保险合同的权益，谁就有权解除保险合同。[2] 这种以保险权益归属作为判断合同解除权归属的标准，笔者认为是符合法律规定的。社会生活中，投保人和被保险人为同一人，且未指定受益人的，在投保人死亡之后，保险合同的权益属于投保人也就是被保险人的继承人，该继承人自然有权解除保险合同。二者不为同一人的，则投保人的继承人无权解除保险合同。

【案例5－38】　田某诉某保险公司、王某保险合同纠纷案

判决观点，该解除保险合同的权利在田某某在世时没有行使，也没有合法授权他人行使，应视为该解除权在其死亡后自动消灭。保险合同解除权不是继承法意义上的财产，也不是公民死亡之前遗留的合法财产，不属于遗产范围，被告王某不能以田某某继承人的身份主张解除保险合同，其解除行为侵犯了被保险人的合法权益，为无效行为，其行为因没有相应法律依据而归于无效，应以保险合同的约定继续履行合同义务。学者对此案解析为，若法律没有保险合同不得解除的规定，保险合同也没有不得解除的约定，则难以得出投保人的继承人提出解除保险合同不符合投保人意愿的结论。当然，在投保人死亡的情况下，投保人的继承人可以解除保险合同，确实不利于保护被保险人的利益，需要对《保险法》进行修改和完善，建立保护被保险人利益的制度。但依据目前的法律规定，认定投保人的继承人不得解除保险合同于法无据。[3]

《保险法解释（二）》第七条规定，“保险人在保险合同成立后知道或者应当知道投保人未履行如实告知义务，仍然收取保险费，又依照保险法第十六条第二款的规定主张解除合同的，人民法院不予支持。”该条是弃权的规定，即保险人知道或者应当知道投保人未履行如实告知的又收取保险费的，限制合同解除。

【案例5－39】　杨某某诉新华人寿保险股份有限公司玉溪中心支公司保险合同纠纷案

二审法院认为，本案中，虽然在投保人签字确认的《个人业务投保书》中对被保险人武某某的身体健康状况的填写与被保险人武某某存在心脏疾病治疗史的事实不符，但代表保险公司一方签订保险合同并办理该业务的保险

〔1〕 参见最高人民法院民事审判第二庭编：《商事审判指导》2014年第2辑（总第38辑），人民法院出版社2015年版，第18页。

〔2〕 参见恒安标准人寿保险有限公司法律部编：《人身保险法律实务解析》，法律出版社2012年版，第455页。

〔3〕 参见许崇苗：《保险法原理及疑难案例解析》，法律出版社2011年版，第351～352页。

代理人为武某某本人,其在明知填写情况不符的情况下依然收取保险费用,办理保险事宜,现上诉人依照《保险法》第十六条第二款的规定提出解除合同,不承担保险赔偿责任的抗辩主张不能成立,二审法院不予支持。[1]

保险公司无法回溯投保流程,限制以投保人未如实告知为由解除合同。

【案例 5-40】 刘某诉财险北京分公司保险合同纠纷案

判决观点,关于财险北京分公司是否享有合同解除权问题。财险北京分公司认为涉案意外伤害保险的被保险人刘父在投保时已超过60周岁,不符合涉案保险的投保条件,投保人对此未进行如实告知,故财险北京分公司享有解除合同的权利。依照法律规定,订立保险合同时,保险人就保险标的或者被保险人的有关情况提出询问的,投保人应当如实告知。投保人故意或者因重大过失未履行前款规定的如实告知义务,足以影响保险人决定是否同意承保或者提高保险费率的,保险人有权解除合同。本案中,刘某认为在投保时并未看到被保险人年龄的限制,结合刘某、财险北京分公司提交的保险单,保险单均载明被保险人的范围,故涉案保险承保范围仅针对1~60周岁的被保险人。投保人提出投保要求,经保险人同意承保,保险合同成立。刘某为刘父投保时,刘父已超过60周岁,财险北京分公司并未提交证据证明刘某存在故意隐瞒刘父年龄的情形。保险人在核保时并未提出异议,亦未提示投保人被保险人年龄超过承保范围,并向刘某签发保险单,应当视为保险公司同意承保。保险公司在承保后再以刘某未向保险人如实告知为由解除合同,于法无据。[2]

4. 被保险人同意解除保险合同

对于以保险事故发生为给付保险金前提的人身保险合同,在保险事故前投保人要求解除保险合同的,无须获得被保险人的同意,也没有通知被保险人的法定义务。投保人在保险事故发生后,要求解除合同的情形在现实生活中很少见,但并非没有。《保险法》原则上规定了投保人可以解除保险合同,但对于保险事故发生后,投保人可否退保,退保时是否应获得被保险人同意没有明确规定。有法官认为,投保人行使解除权不能损害他人利益,而保险事故发生后保险金权利人

〔1〕 参见最高人民法院中国应用法学研究所编:《人民法院案例选》2015年第2辑(总第92辑),人民法院出版社2016年版,第270页。云南省玉溪市中级人民法院(2014)玉中民二终字第18号民事判决书。

〔2〕 参见国家法官学院、最高人民法院司法案例研究院编:《中国法院2022年度案例》(保险纠纷),中国法制出版社2022年版,第117页。北京市东城区人民法院(2020)京0101民初8744号民事判决书。

领取保险金的权利就是不能损害的第三人权利。[1] 保险业界人士认为，基于保障型保险合同的宗旨和性质，保险金权利人的受益权应优先于投保人的退保权。也就是说，保险事故发生后，投保人要退保的，应获得被保险人的同意。[2] 在人身保险中，以保险人生存为给付保险金的前提情况下，以领取保险金日为标志可分为两个阶段，保险金领取日前的，投保人可以解除合同，无须获得被保险人的同意。保险金领取日后的，投保人可以解除合同，但依据《保险法》规定是须征得被保险人同意。对于团体人身险中的定期寿险、意外伤害保险或医疗保险等保障性保险，由于该类保险一般是一个组织给予其组织成员的一项待遇，带有福利的性质，在实例中只要通知被保险人即可，而不需要被保险人的同意。对年金或养老金保险合同的解除，则必须征得被保险人的同意。

【案例 5－41】　蒋某与某人寿保险公司等保险合同纠纷案

判决观点，与人寿保险公司订立保险合同的是马某，虽然原告诉称保费一直由原告交纳，实际投保人应为原告，但是交费发票上显示的付款人为马某，即使实际付款人不是马某，也应视为他人代马某付款。因此马某是本案所涉保险合同的投保人，并履行了支付保险费的义务。根据《保险法》规定，保险合同成立后，投保人有权解除保险合同。保险合同中虽约定了解除合同应提交保险合同、最近一次保险费凭证和投保人的身份证明，但这只是对解除合同的程序性约定，并不能构成对投保人法定解除的限制，且投保人与保险人也可合意对此约定作出变更。因此，马某作为投保人解除保险合同的行为并未违反法律规定。法院判决驳回蒋某请求判令两被告解除保险合同的行为无效、被保险合同继续履行等诉讼请求。[3]

5. 被保险人限制保险合同解除

在财产保险合同中，被保险人不是订立保险合同的当事人，通常情况下不享有合同解除权。保险标的转让的不影响投保人解除保险合同，并且仍应限制被保险人解除合同。

【案例 5－42】　宋某诉某财产保险公司北京分公司保险合同纠纷案

判决观点，就本案而言，被保险车辆虽然转卖给范某，但范某不能基于受

---

〔1〕 参见罗军等：《被保险人死亡之后投保人解除保险合同是否有效》，载《人民法院报》2008 年 7 月 8 日，第 6 版。

〔2〕 参见恒安标准人寿保险有限公司法律部编：《人身保险法律实务解析》，法律出版社 2012 年版，第 415 页。

〔3〕 参见常乐：《被保险人对投保人解除合同的异议权》，载谢宪、李友根主编：《保险判例百选》，法律出版社 2012 年版，第 13 页。

让该车辆而获得保险合同解除权。因此,范某解除保险合同的行为,对于真正的解除合同权利人即投保人宋某不生效。[1] 案中的被保险车辆的投保人和被保险人均为宋某。

6. 继承人、受益人限制保险合同解除

《保险法》并未规定在被保险人死亡的情况下,投保人解除合同时应经受益人或被保险人的继承人同意,也未规定保险事故发生后人身保险合同不得解除。团体人身险中,被保险人身故后,应限制投保人解除保险合同。依据继承法律的一般原理及保险业的惯例,投保人死亡后,应当由其继承人继承其中保险合同的权利义务,其中当然包括合同解除权,剥夺投保人继承人的合同解除权,缺乏法律依据。

【案例5-43】 小韩诉某保险公司、杨某保险合同纠纷案

二审法院认为,目前相关法律并未对投保人死亡之后其权利义务的继承问题作出明确的规定,但依据《继承法》的有关规定可知,继承人继承的遗产范围应当包括被继承人财产上的权利及相应的义务。因此,依据《继承法》的一般原理,投保人死亡之后,应由其继承人继承其权利义务。同时,本案的保险合同是以被保险人的生存或死亡及投保人在交费期内死亡为保险事故的人身保险合同,投保人对保险标的应当具有保险利益。韩某生前无遗嘱,其父母先于其死亡,其法定继承人为杨某、小韩、小余三人。保险合同的被保险人为小韩,小韩对自身有保险利益,能够成为投保人;杨某是与小韩有扶养关系的继母,也有保险利益,能够成为投保人;小余是韩某的继女,其时尚未成年,与小韩之间不存在抚养、赡养或扶养关系,其不具有保险利益,不能成为投保人。韩某死亡后,未到期的保险费应当免交,而保险人仍要承担保险责任,该保险合同对小韩而言已经成为纯获利益的合同。虽然小韩曾写过要求退保的字据,但当时小韩尚未成年,对解除合同的法律后果不具备相应的认识能力,所写字据不能代表其真实意思表示。而且,杨某作为小韩的监护人,除为了被监护人的利益外,不得处理被监护人的财产。杨某解除保险合同的行为因违反法律规定而无效,保险合同自解除之日起继续履行;杨某解除合同时领取的保单现金价值应当返还给保险公司。[2]

---

〔1〕 参见刘建勋:《保险法典型案例与审判思路》,法律出版社2012年版,第334页。

〔2〕 参见王静:《投保人继承人的保险合同解除权》,载谢宪、李友根主编:《保险判例百选》,法律出版社2012年版,第9页。

(四)保险合同解除疑难问题

1.保险标的转让后解除合同

保险标的转让后,保险合同解除权归属的认定与法律后果的判断是实务中的疑难问题。

【案例5-44】 孙某诉中银保险公司北京分公司保险合同纠纷案

一审法院认为,财产保险的保险标的被转让后,保险标的受让人取代原来的被保险人继续参与保险合同的履行。但是,鉴于解除保险合同的权利本不属于被保险人,故保险标的受让人不能基于受让保险标的事实获得保险合同的解除权。因此,冯某虽然受让了保险标的,但未能据此获得保险合同解除权,保险公司与冯某合意解除保险合同的行为,对于真正的解除合同解除权人即投保人孙某不生效。保险公司依据冯某的申请解除合同并且将保险费退还冯某的做法,虽然符合北京保险行业协会相关文件的规定,但是该文件属于保险行业自律机构制定的经营规范,文件的内容如果与法律规定不一致,即不能成为法律裁判案件的依据。按照《合同法》的一般原理,解除合同的权利属于形成权,合同自解除合同的通知到达对方时解除。孙某在起诉书中虽然没有明确提出"解除合同"的诉讼请求,但是使用了"保险没有意义""要求退还剩余保险费"等词语,上述词语显然带有解除合同的含义,因此该起诉书可以产生解除合同通知书的作用。本案争议所涉及的商业保险合同,于法院将孙某的起诉书副本送达于保险公司的2010年5月17日解除。商业保险合同的保险期间为2010年1月17日至2011年1月16日,该合同于2010年5月17日解除,履行了122天。商业保险合同项下的保险费总额为4084.25元,除以365天后,保险公司可以扣除上述122天内的保险费1365.15元,其余保险费2719.10元应当退还孙某。本案争议所涉及的交强险合同,显然不存在上述可以被解除的法定事由,因此该合同不能被解除,保险公司也无须退还保险费。二审法院判决驳回其上诉,维持一审判决。[1]

保险标的转让后,应对投保人行使任意解除权进行限制。

---

〔1〕 参见北京市高级人民法院编:《审判前沿——新类型案件审判实务》2011年第5集(总第41集),法律出版社2012年版,第28~29页。

【案例5－45】 蒋某诉财保盐城分公司财产保险合同纠纷案

二审法院认为，本案双方就案涉车辆保险订立的保险合同是双方的真实意思表示，且不违反法律、行政法规的强制性规定，依法应认定合法有效，对双方具有约束力。本案中，蒋某起诉请求财保盐城分公司退还保险费，其实质是作为投保人行使合同解除权。根据《保险法》第十五条规定，除本法另有规定或者保险合同另有约定外，保险合同成立后，投保人可以解除合同，保险人不得解除合同。据此，投保人依法享有任意解除权，但就本案而言，蒋某作为投保人的合法解除权应受到限制，其提出的财保盐城分公司退回保险费的诉讼请求不应得到支持。理由是：第一，蒋某向财保盐城分公司主张解除案涉保险合同的时间是2018年1月16日，而根据蒋某的陈述，其已于2017年12月20日将案涉车辆卖给案外人王某已办理过户。根据《保险法》第四十九条第一款规定，“保险标的转让的，保险标的的受让人承继被保险人的权利和义务”，案涉保险合同中的被保险人已自动变更为王某。被保险人虽然不是保险合同的当事人，但其依法受保险合同保障，享有保险金请求权，与案涉保险合同的存续与否具有利害关系。第二，蒋某转让案涉车辆前，案涉车辆的车主与案涉保险合同中的投保人、被保险人均是蒋某；蒋某转让案涉车辆后，虽然案涉保险合同中的投保人未变更受让人，但案涉车辆的车主以及案涉保险合同中的被保险人均已变更为受让人，蒋某与案涉车辆已无任何利害关系，涉案保险车辆转让合同中未涉及车辆保险合同问题。保险合同系依附于车辆而订立，当事人转让车辆时若存在保险合同而未作出特别约定，应当视为保险合同权利一并转让，原投保人不享有解除权。此时，若还允许其接触案涉保险合同，显然不利于保险标的的受让人的权益保护。第三，对于蒋某而言，其原本可以在转让案涉车辆前向上诉人主张解除合同，但其却在转让案涉车辆后约一个月才提出解除，并且在案涉保险合同有效期间届满后一年多才提起本案诉讼，其行为目的的正当性也值得怀疑，存在道德风险。据此，财保盐城分公司的上述理由虽然缺乏相应的法律依据，但其上诉请求应当予以支持，一审判决认定事实清楚，但裁判结果不当，应予纠正。判决：一、撤销一审判决；二、驳回蒋某的诉讼请求。[1]

2. 合同解除与撤销

在投保人存在欺诈的情形下，《保险法》规定的解除权系对欺诈而为的意思

〔1〕 参见国家法官学院、最高人民法院司法案例研究院编：《中国法院2023年度案例》（保险纠纷），中国法制出版社2023年版，第3～4页。江苏省盐城市中级人民法院（2020）苏09民终4257号民事判决书。

表示的特别规定,《民法典》规定的撤销权不再适用,即《保险法》关于解除权的规定应排除《民法典》关于撤销权的规定。保险公司丧失合同解除权后无权再行使合同撤销权。

【案例5-46】　中国平安人寿保险股份有限公司诉陈某某人身保险合同纠纷案

二审法院认为,《保险法》与《合同法》系普通法与特别法之关系,故《保险法》解除权应排斥《合同法》撤销权的适用。且对于投保人的欺诈行为,《保险法》既已赋予了保险人依据第十六条进行救济的权利,在两年的可辩期间内保险人怠于行使该解除权,再以欺诈为由主张撤销合同,将导致《保险法》的不可抗辩条款形同具文。原审判决认定事实清楚,适用法律正确,应予维持。[1]

【案例5-47】　中国太平洋人寿保险股份有限公司宁波分公司诉杨某人身保险合同纠纷案

一审法院认为,原告要求撤销保险合同的诉讼请求,缺乏依据。理由如下。首先,虽罗某某投保时故意未履行如实告知义务,但保险合同和《保险法》中对该情形引起的法律后果均作了明确约定和规定,已赋予中国太平洋人寿保险股份有限公司宁波分公司(以下简称太平洋人寿宁波分公司)在一定的期限内行使解除合同的权利,该期限为除斥期间。因原告未在保险合同订立后2年内或在其知道解除事由之日起30日内行使解除合同的权利,故解除合同权归于消灭。其次,适用同一机关制定的法律时遵循特别法优于普通法的规则,特别法没有规定时适用普通法。本案系保险合同引发的纠纷,首先应当适用《保险法》,《保险法》没有规定时适用《合同法》。即便罗某某故意未履行如实告知义务的行为符合《合同法》第五十四条第二项规定的"欺诈",但根据法律适用原则,本案仍应适用《保险法》。因为对于罗某某的行为《保险法》已赋予原告法律救济途径,保险合同的解除或撤销均能引起免除保险人保险责任的法律后果,原告怠于行使《保险法》赋予的解除合同的权利后再行选择适用《合同法》中关于撤销权的规定,不符合法律规定。据此,法院驳回原告太平洋人寿宁波分公司的诉讼请求。二审法院维持原审判决。[2]

交强险的立法目的在于保障交通事故中不特定第三人利益,具有强制性,交

---

〔1〕 参见国家法官学院案例开发研究中心编:《中国法院2018年度案例》(保险纠纷),中国法制出版社2018年版,第213~214页。福建省厦门市中级人民法院(2016)闽02民终字第1539号民事判决书。

〔2〕 参见国家法官学院案例开发研究中心编:《中国法院2017年度案例》(保险纠纷),中国法制出版社2017年版,第204页。浙江省宁波市中级人民法院(2015)浙甬民二终字第561号民事判决书。

强险保险合同的解除应以《保险法》第十六条以及《交强险条例》第十一条、第十四条、第十五条、第十六条为依据。在投保人故意伪造销售发票、车辆合格证等恶意投保时，保险人仅可主张合同解除权，且对解除前的保险事故承担赔偿责任，不得以《民法典》第一百四十七条、第一百五十一条行使撤销权。

【案例5－48】 天安财产保险股份有限公司吉林中心支公司诉邓某某保险合同纠纷案

二审法院认为，邓某某在投保过程中存在欺诈行为，但该欺诈行为与天安财产保险股份有限公司吉林中心支公司（以下简称天安财保吉林公司）的承保行为不具有因果关系，天安财保吉林公司的承保行为乃基于《交强险条例》的强制性规定，其表意自由并未受到侵扰，无权行使基于欺诈的撤销权。[1]

3. 部分未告知的解除

投保人未告知某一事项是否就构成了未履行如实告知义务，以及能否解除合同。笔者认为，部分未告知情况下是否能解除保险合同，应放在个案中根据具体案情确定，学界与实务界应加强探索，取得共识。

投保人、被保险人、受益人不是同一人时，投保人解除保险合同是否应征得被保险人和受益人同意，实务界对此有不同观点。法官认为，在投保人为他人利益签订的保险合同中，投保人作为保险合同的当事人，有权解除合同，无须征得被保险人或受益人的同意。被保险人、受益人不能以投保人解除保险合同未经其同意，而主张解除行为无效。另外，被保险人、受益人虽然并非利他保险合同的当事人，但鉴于保险合同系为其利益而设定，保险合同的存续对被保险人、受益人的利益影响较大，投保人在依法行使合同解除权时，应当遵循诚信原则，通知被保险人和受益人，使被保险人和受益人可以有机会选择通过支付相应对价，来承受投保人的合同地位，继续维持保险合同的效力。投保人未通知被保险人、受益人即解除保险合同的，应当对被保险人、受益人因保险合同解除所遭受的损失承担赔偿责任。[2] 有法官认为，在为他人利益订立的保险合同中，合同当事人是投保人与保险人，被保险人是保险合同的保障对象，受益人是根据保险合同享有保险金请求权的主体，但二者均不是保险合同当事人，而只是关系人，故保险合同的解除原则上并不取决于被保险人与受益人的意愿。这也更为符合保险运行原理。被保

---

〔1〕 参见刘琰等：《交强险保险人不因投保人伪造合格证投保而享有撤销权》，载《人民司法·案例》2017年第11期（总第448期）。江苏省南通市港闸区人民法院（2015）港商初字第00527号民事判决书。

〔2〕 参见最高人民法院民事审判第二庭编：《商事审判指导》2018年第2辑（总第47辑），人民法院出版社2019年版，第231页。

险人、受益人的权利应当从属于投保人。[1]

4. 保险合同中的"自动解除"的认定

【案例5-49】 钦州某公司诉某航运保险公司海上、通海水域保险合同纠纷再审案

最高人民法院认为,原《合同法》第九十六条第一款规定:"当事人一方依照本法第九十三条第二款、第九十四条的规定主张解除合同的,应当通知对方。合同自通知到达对方时解除。"虽然这一规定并非商事合同当事人完全不能变更的强制性规定,但"当事人约定自动解除"并不意味着出现违约情形即当然解除,而不需要根据本条规定通知对方。如果合同包含的相关条款为:"投保人未按保单中列明的付费日期缴付保险费的,本保险合同自合同逾期之日起自动解除,保险人不承担保险责任"。合同解除条款既可能被理解为保险合同无需通知被保险人而解除,也可被理解为保险公司自动取得了合同解除权,那么根据原《合同法》第四十一条规定,对格式条款有两种以上解释的,应作出对保险公司不利的解释,即应理解为保险公司取得了合同解除权,而解除权需要经过通知来实现。同时,还应当根据保险公司在事故发生后的行为和交易习惯综合判定合同约定解除权的行使。[2]

(五)保险合同解除纠纷处理

保险合同解除的处理,涉及保险合同当事人的实体权利,极易形成多方面的争议。对保险合同解除的溯及力问题,见后文的阐述。

1. 保险费退还处理

《保险法》第五十四条规定,对保险合同解除后的处理分为两种情况。保险责任开始前,投保人要求解除合同的,因此时保险人还没有开始履行合同约定的义务,保险人应当将已经收取的保险费退还给投保人。保险责任开始后,投保人要求解除合同的,此时保险人已经开始履行其合同义务,承担起保障保险财产的风险损失的责任。保险人收取的保险费与其承担的保险责任是相对应的。因此,该条规定在这种情况下,保险人退还保险费的,可以按照合同约定扣除自保险责

〔1〕 参见最高人民法院民事审判第二庭编:《商事审判指导》2014年第2辑(总第38辑),人民法院出版社2015年版,第16页。

〔2〕 人民法院案例库2023-10-2-230-006。最高人民法院(2020)民申3029号民事裁定书。

任开始之日起至合同解除之日止这一期间的应收部分,剩余部分退还投保人。也就是说,保险责任开始后解除保险合同的,保险人不应当退还全部保险费,保险合同解除时已经经过的期间应当收取的保险费不予退还,这样做是为了保护保险人的利益。

【案例5-50】 顾某某诉中国人民财产保险股份有限公司宁波市江北支公司财产保险合同纠纷案

判决观点,因本案保险责任已经开始,故原告主张返还的保险费应扣除保险责任开始之日起至合同解除之日止的部分。[1]

【案例5-51】 华侨大厦与某保险公司保险合同纠纷案

判决观点,保险公司有权收取自保险责任开始之日至合同解除之日止的保险费,剩余部分则应退还。对未解除合同前发生的保险事故,保险公司应予赔偿。本案中,9份保险合同合法有效,其保险责任已经开始,不因保险人未及时履行赔偿保险金责任或投保人华侨大厦解除合同而消灭。保险公司有权收取自保险责任开始之日至合同解除之日止的保险费,剩余部分应予退还。华侨大厦未解除合同前,保险公司对保险标的发生的保险事故,仍应承担保险责任。法院判决合法合理。

一般来说,双方当事人订立保险合同时就应对保险费收取的计算方法和数额作了约定,解除保险合同之后按约定退还保险费。在一般情况下,对于保险费的退换大多没有什么争议,收取保险费的时候怎么计算,退还保险费的时候还应该怎么计算,保险人只收取自保险责任开始之日起至合同解除之日止的保险费,剩余部分退还投保人。但投保人是按照优惠费率计算并收取保险费的,退还保险费时能否按优惠费率计算并退还实务中对此有争议。

【案例5-52】 中宇物资贸易进出口公司诉中国大地财产保险股份有限公司财产保险合同纠纷案

二审法院认为,现保险合同解除后,双方当事人对退还保险费的计算方式产生争议,中宇物资贸易进出口公司(以下简称中宇公司)主张应按实收保费的金额作为退还保费的计算依据,而中国大地财产保险股份有限公司(以下简称大地保险公司)则主张应按标准保费即优惠前的应收保费金额作为计算依据。根据我国《保险法》的规定,保险责任开始后,投保人要求解除合同的,保险人可以收取自保险责任开始之日起至合同解除之日止的保险费,剩余部分退还投保人。但是,对于合同解除后保险人在保险责任期间内

---

〔1〕 参见最高人民法院中国应用法学研究所编:《人民法院案例选》2010年第1辑(总第71辑),人民法院出版社2010年版,第262页。

应收保费及退还保费的计算标准,法律、法规对此并无强制性规定,可以由合同当事人自行约定。本案中,双方当事人在保险合同中只约定保险人按短期月费率收取保险责任期间的保险费,但对于短期月费率所对应的保险费基数是投保人应交的保费金额还是实交的保费金额并未明确约定,大地保险公司在承保时对此也未向中宇公司作出明确说明,因此应认定双方当事人就此问题没有明确约定。在无法定亦无当事人明确约定的情形下,对于应按实收还是按应收保费作计算依据的问题,应结合案件的具体情况以及保险合同的公平互利、诚实信用原则予以综合裁量。结合本案案情,虽中宇公司提前解除保险合同,是《保险法》赋予投保人的权利,但双方庭审陈述及证据材料表明,中宇公司投保车辆的数量和保险期限是其享受大地保险公司给予费率幅度优惠的条件,在该条件下,大地保险公司实际收取的保费金额能够满足其预期的风险成本、经营成本和合理利润。现中宇公司在保险责任开始后,因其内部以及其他保险公司提供的保费优惠要高于大地保险公司的原因,将其过半的投保车辆在短期内提前退保,而大地保险公司对此无过错,故中宇公司为其自身利益提前退保的行为,显然会给大地保险公司造成合同信赖利益损失。在此情况下,中宇公司通过提前退保行为再次享受保费优惠,有违公平互利、诚实信用原则。据此,本案中关于退保费用的计算,应以中宇公司享受优惠前应交的保险费金额即大地保险公司所主张的标准保费作为退还保费的基数。〔1〕

解除保险合同将面临现金价值退还请求主体和现金价值归属主体的认定问题,学者们对此有不同的观点。最高人民法院法官认为,保险单现金价值退还请求权人应当是投保人或者经投保人同意或授权的其他权利人。明确合法的权利人亦有保险单现金价值退还请求权,可以避免保险实务和司法实践中很多混淆和争论,并且《保险法》第四十三条已经对此作出了规定,此处对于保险单现金价值退还请求权主体的理解应当与之统一起来。〔2〕 笔者赞同上述观点,现金价值退还请求权人不仅是投保人,因人身保险单可以转让质押,而可以将主体扩大到投保人同意或授权的其他权利人,这是合法的。但由此可能引发团体保险中,被保险的个人在退保后要求保险人向其退还保险费,而导致以合法形式私分投保人单位财产问题,有待于进一步研究。

〔1〕 参见北京市高级人民法院编:《审判前沿——新类型案件审判实务》2009 年第 5 集(总第 29 集),法律出版社 2010 年版,第 60 页。

〔2〕 参见最高人民法院保险法司法解释起草小组编著:《〈中华人民共和国保险法〉保险合同章条文理解与适用》,中国法制出版社 2010 年版,第 319 页。

2. 保险人选择权行使

《保险法》第三十二条第一款、第四十九条第三款、第五十一条第三款、第五十二条第一款等条文，赋予了保险人在解除保险合同与增加保费之间的选择权。

3. 保险合同解除的其他问题

保险合同解除后，保险公司对合同解除前发生的保险事故是否承担保险责任的问题，依据《保险法》规定"重大过失"不如实告知，保险人需要证明未如实告知的事实对保险事故的发生有重大影响，才可以拒绝承担给付保险金的责任。也就是说，一般情况下保险人对保险合同解除前发生的保险事故应承担保险责任。

保险合同解除后，被保险人有异议的应当在三个月内向法院起诉，请求确认合同效力，否则不能得到法律支持。《民法典》第五百六十五条第一款后半部分规定："对方对解除合同有异议的，任何一方当事人均可以请求人民法院或者仲裁机构确认解除行为的效力。"原《合同法解释(二)》第二十四条规定，没有约定异议期间的，异议方应当在合同解除通知到达之日起三个月内向法院起诉请求确认合同的效力，逾期起诉的，法院不予支持。

【案例5－53】 郑某某诉中国人寿保险股份有限公司三亚分公司人身保险合同纠纷案

判决观点，郑某某于2010年11月22日向法院起诉主张合同解除异议，显然，郑某某对解除合同的起诉时间已超过法定的三个月期限，对郑某某的异议主张法院不予支持。[1]

关于保险合同解除与保险赔偿的关系问题，《保险法解释(二)》第八条规定了保险人未行使合同解除权，以投保人违反如实告知义务拒赔的，法院不予支持。在二者的关系上，保险人应先解除保险合同，在未解除保险合同时，就必须赔偿。也就是说，保险人没有解除权或者丧失解除权后，不得再依据《保险法》第十六条第四款、第五款拒赔。该条款规定例外情形，即"但当事人就拒绝赔偿事宜及保险合同存续另行达成一致的情况除外。"

在为他人利益订立的人身保险合同中，解除权行使前已发生了保险事故的，应区分两种情况处理，其一，保险人尚未退还现金价值的，保险人应向受益人按约给付保险金。其二，保险人已向投保人按约退还现金价值的，制定司法解释的法

〔1〕 参见国家法官学院案例开发研究中心编：《中国法院2013年度案例》(保险纠纷)，中国法制出版社2013年版，第163页。

官倾向于认为,被保险人、受益人在合同解除前即已经发生保险事故,受益人之保险给付请求权成为现实债权,故保险人应当承担保险给付责任。而保险人、投保人因不知道事故业已发生,办理了退保手续,保险人因此蒙受利益损失,而投保人获得本不应获得的现金价值的,保险人可以向投保人主张不当得利。至于投保人的解除是否发生效力,可考虑合同就终止有无特别约定,保险事故是否属于约定终止的情形,解除权通知的发出有无意思表示上的瑕疵等情形,作出处理。[1]

《民法典》第四百九十六条第二款不能作为请求解除保险合同的法律依据。

【案例5-54】 龚某诉人保重庆分公司人身保险合同纠纷案

判决观点,龚某主张解除保险合同的理由不能成立。第一,虽然按照《最高人民法院关于适用〈中华人民共和国民法典〉时间效力的若干规定》第三条规定,《民法典》第四百九十六条第二款规定可以溯及适用,但按照该款规定,采用格式条款订立合同的提供格式条款的一方应当遵循公平原则确定当事人之间的权利和义务,并采取合理的方式提示对方注意免除或减轻其责任与对方有重大利益关系的条款,按照对方要求,对该条款予以说明。提供格式条款的一方未履行提示或者说明义务,致使对方没有注意或者理解与其有重大利害关系的条款的,对方可以主张该条款不成为合同的内容。即使龚某认为人保重庆分公司未尽到对格式条款的提示说明义务,其也仅可以主张相关条款不成为合同内容,现龚某依此主张解除合同,缺乏法律依据。第二,投保人解除保险合同时,保险人返还现金价值而非保费系法律明确规定,并非不当免除或减轻保险人责任,龚某主张以上条款属于免责条款进而应进行提示说明不能成立。本案中,保险公司以表格对现金价值情况进行了完全列举,足以供投保人充分了解掌握。且在电话回访中,龚某也知晓了犹豫期后退保将产生损失等情况。故龚某关于现金价值偏低且不了解计算方式的主张缺乏事实依据,不能成立。虽然龚某主张解除合同的理由不能成立,但保险合同仍应解除。首先,根据《保险法》第十五条规定及双方保险合同条款第5.2条约定,龚某作为投保人享有合同解除权,对其解除合同请求予以支持。其次,关于保险合同解除后费用退还的问题。依据双方明确约定,人保重庆分公司应退还保险合同的现金价值。对于合同解除的时间。龚某未在起诉前通知保险公司解除,故合同解除的时间应为起诉状副本送达人保重庆分公司时的2021年10月8日。对于现金价值的金额,人保重庆分公司当庭举示系统的计算金额为715.1元,龚某对其真实性无异议,予以确认。判决:(1)龚某与人保重庆分公司之间签订的保险合同于2021年10月8

---

[1] 参见最高人民法院民事审判第二庭编著:《最高人民法院关于保险法司法解释(三)理解与适用》,人民法院出版社2015年版,第473页。

日解除;(2)人保重庆分公司支付龚某715.1元;(3)驳回龚某的其他诉讼请求。[1]

保险事故发生在合同之日起两年内的,保险人不受两年不可抗辩期间约束而享有解除权。

【案例5-55】 杨某诉保险南京支公司人身保险合同纠纷案

二审法院认为,案涉保险合同订立过程中,在保险南京支公司就杨某身体状况向投保人邹某询问时,邹某未如实告知杨某患有疾病,隐瞒的事实足以影响保险南京支公司决定是否同意承保或者提高保险费率,故保险南京支公司有权解除保险合同。《保险法》第十六条第三款规定,前款规定的合同解除权,自保险人知道有解除事由之日起,超过三十日不行使而消灭。自合同成立之日起超过两年的,保险人不得解除合同;发生保险事故的,保险人应当承担赔偿或者给付赔偿金的责任。此处"自合同成立之日起超过两年的,保险人不得解除合同",是指自合同成立之日起超过两年后新发生保险事故,保险人不得解除合同,案涉保险事故发生在合同之日起两年内,两年后才申请理赔,不属于保险人不得解除合同的情形。杨某以其向保险南京支公司申请理赔时合同成立超过两年,保险南京支公司不得解除合同为由进行抗辩,系对《保险法》第十六条第三款规定的错误理解。杨某主张保险南京支公司丧失合同解除权,于法无据。判决:(1)撤销一审判决;(2)驳回杨某的诉讼请求。[2]

4. 被保险人或受益人于投保人通知解除后提出异议处理

制定司法解释的法官认为,根据合同法的原理被保险人或受益人向投保人支付相当于保险单现金价值在法律性质上属于保险合同的概括转让,在通知到达保险人之前,双方的转让行为对保险人不发生法律效力。所以,当保险人不知道被保险人或受益人已经与投保人达成了转让合同合意的情况下,其在收到投保人的解除通知后向投保人退还现金价值的,保险合同仍应归于消灭,保险人清偿债务的行为有效。[3]

---

〔1〕 参见国家法官学院、最高人民法院司法案例研究院编:《中国法院2023年度案例》(保险纠纷),中国法制出版社2023年版,第136页。重庆自由贸易试验区人民法院(2021)渝0192民初10712号民事判决书。

〔2〕 参见国家法官学院、最高人民法院司法案例研究院编:《中国法院2023年度案例》(保险纠纷),中国法制出版社2023年版,第211~212页。江苏省南京市中级人民法院(2020)苏01民终11209号民事判决书。

〔3〕 参见最高人民法院民事审判第二庭编著:《最高人民法院关于保险法司法解释(三)理解与适用》,人民法院出版社2015年版,第471页。

5. 保险合同解除损害赔偿处理

在人身保险合同中,投保人行使解除权一般无须对第三人进行补偿或赔偿,现行司法解释也未对此予以规定,但并非一概不予处理。投保人未通知被保险人、受益人即解除保险合同的,被保险人、受益人以解除导致损失为由将投保人诉至法院,法官应当对其争议审查以下内容,一是根据对价关系性质确定案由和原告的请求权基础,二是解除有无违反约定或法律规定,三是损失与解除之间有无因果关系。其后,根据具体的案情作出判决。对于被保险人、受益人因保险合同解除所遭受的损失,投保人应承担赔偿责任。

6. 保险人权利救济处理

分期交费的财产保险合同中,在投保人未依约支付当期保险费时,保险人应如何进行权利救济,现行法律未对此问题进行明确规定,而实践中此类纠纷却大量存在。对于财产保险合同解除而言,即使保险事故未发生,投保人已经支付的保险费也不予退还。由于投保人在合同解除前一直享有被保险人的权利,故投保人欠付到期保险费的,还应继续支付保险费。保险人对于该笔保险费的主张具有可诉性,可向法院请求判令投保人向其支付,法院应予支持。

【案例 5－56】　新余市骏达物流有限公司诉国泰财产保险有限责任公司广东分公司财产保险合同纠纷案

一审法院认为,本案争议焦点在于新余市骏达物流有限公司(以下简称骏达公司)是否需向国泰财产保险有限责任公司广东分公司(以下简称国泰保险公司)支付第二期保险费 150,000 元。由于被保险人履行支付保险费的义务是其享受保险权利的前提,骏达公司在未按期支付第二期保险费的情况下,出现保险事故后又起诉要求国泰保险公司承担保险责任,故骏达公司在保险合同解除前享受被保险人权利的同时应当继续支付合同解除前已到期的第二期保险费 150,000 元,并按迟延付款期间计付相应的利息。据此,判决保险合同解除,骏达公司支付保险费 150,000 元和该款利息。二审法院亦持同样意见,维持一审判决。[1]

---

〔1〕 参见国家法官学院案例开发研究中心编:《中国法院 2015 年度案例》(保险纠纷),中国法制出版社 2015 年版,第 149 页。广东省广州市中级人民法院(2013)穗中法金民终字第 800 号民事判决书。

专题六　保险合同权利纠纷

本专题分为五部分阐述权利纠纷，即保险代位求偿权、保险金请求权、责任保险第三者直接请求权、保险人弃权和保险人其他请求权。

一、保险代位求偿权

保险代位求偿权，是指财产保险的保险人在赔偿被保险人损失后，所取得的向负有责任的第三方请求赔偿的权利。[1] 法官认为，保险代位求偿权，又称“代位追偿”或“权益转让”，是指保险标的因第三人的责任发生保险事故而导致损失，保险人向被保险人支付保险赔偿金后，依法取得对第三人损害赔偿请求权。[2] 保险代位求偿权是财产保险合同关系中的一个概念，《保险法》第六十条第一款是关于保险代位求偿权的定义条款，第六十一条和第六十二条分别是对保险人保险代位求偿权的保障和限制，第六十三条规定了被保险人对于保险代位求偿权的辅助义务，以上法律规定构成了我国《保险法》中的保险代位求偿权制度。保险代位制度是保险损失补偿原则的派生产物，主要功能在于防止被保险人不当得利，同时可以防止第三人逃避法律责任，并且给保险人降低保险费提供了可能性。[3] 代位求偿权的目的和功能在于保障被保险人获得双重保障。代位求偿权制度的设计在于保障被保险人在遭受第三人侵害时有自由选择求偿的权利。[4]

司法实践中，因《保险法》有的规定不明确，造成理论上和审判中保险代位求偿权的理解与适用出现分歧，因而有必要深入研究。

（一）保险代位求偿权行使条件

保险代位求偿权的实现必须满足相应的条件，保险公司要行使保险代位求偿权，就必须证明其相应条件成立，否则，法院对其请求不予支持。司法实践中，保险公司实现保险代位求偿权是否具备相应条件的问题还是比较突出。根据保险法理论，保险代位求偿权取得方式有自然取得和授权取得两种。在一般财产保险

---

〔1〕 参见安建主编：《中华人民共和国保险法（修订）释义》，法律出版社2009年版，第100页。

〔2〕 参见最高人民法院保险法司法解释起草小组编著：《〈中华人民共和国保险法〉保险合同章条文理解与适用》，中国法制出版社2010年版，第386页。

〔3〕 参见许良根：《保险代位求偿权制度研究》，法律出版社2008年版，第32页。

〔4〕 参见李伟群、李虎广：《车损险中约定比例责任的效力》，载谢宪、李友根主编：《保险判例百选》，法律出版社2012年版，第418页。

中，我国《保险法》对该权利的取得方式没有明文规定，属于自然取得；而《海事诉讼特别程序法》则对保险公司如何取得保险代位求偿权作了明确规定，因此，属于授权取得。

通常而言，保险公司要实现保险代位求偿权，必须满足以下条件：

其一，保险合同有效。保险公司与被保险人之间存在财产保险合同关系，这是保险代位求偿权产生的基础。

【案例6－1】 兆丰产物保险股份有限公司诉深圳市永兴物流有限公司等保险人代位求偿权纠纷再审案

二审法院认为，根据《保险法》第六十六条的规定，即使日月公司取得旭隼公司让与的保险金请求权，兆丰公司向其支付了保险金，被保险人仍然是旭隼公司，兆丰公司依法享有的是被保险人旭隼公司的代位求偿权，即兆丰公司在支付保险金以后，可基于旭隼公司与涉案货物卖方订立的买卖合同代旭隼公司行使求偿权。而在本案中，永兴公司、永记公司、安迅公司与被保险人旭隼公司之间没有任何合同关系，兆丰公司基于合同关系向旭隼公司主张代位求偿权缺乏事实和法律依据。再审法院认为，本案保险合同的被保险人不是日月公司，而是旭隼公司。根据我国台湾地区"保险法"第五十三条第一款的规定，被保险人因保险人应负保险责任之损失发生，而对于第三人有损失赔偿请求权者，保险人得于给付赔偿金额后，代位行使被保险人对第三人之请求权，但其所请求之数额，以不逾赔偿金额为限。兆丰公司支付保险赔款而取得的代位求偿权来源于旭隼公司。因旭隼公司与永兴公司、永记公司及安迅公司之间不存在运输合同关系，故兆丰公司代位请求永兴公司、永记公司及安迅公司依据运输合同赔偿本案货物损失，没有事实和法律依据，二审判决对此认定并无不当。综上，兆丰公司的再审申请不符合《民事诉讼法》第二百条规定的再审情形，予以驳回。〔1〕

其二，行使的对象必须是对保险标的损害负有责任的人。也就是说，第三者对保险标的损害负有向被保险人赔偿的义务。

【案例6－2】 中华联合财产保险公司珠海中心支公司与珠海市格力物业管理有限公司保险合同纠纷案

二审法院认为，按照张某某居住的华南名宇小区确定的物业服务费每月每平方米1.2元的标准，很显然，张某某所缴的113.30元只是物业服务费，并不包含停车费。本案中，没有其他证据能证明张某某与格力物业公司达成

---

〔1〕 参见国家法官学院案例开发研究中心编：《中国法院2019年度案例》（保险纠纷），中国法制出版社2019年版，第252～253页。广东省高级人民法院（2016）粤民申3270号民事裁定书。

了车辆保管服务的合意,或格力物业公司愿意为张某某保管车辆的意思表示。因此,本案现有证据不足以证明张某某与格力物业公司之间存在车辆保管关系,张某某显然也不享有基于车辆保管法律关系所产生的损害赔偿请求权。相应地,中华保险珠海公司在本案中所要行使的代位求偿权也就没有了权利来源,其向格力物业公司提出的诉讼请求,显然无法得到支持。[1] 保险公司即便通过赔付保险金取代了被保险人的地位,也不可能由此取得对格力物业公司的追索权,因为该权利本来就不存在。

货物运输代办人以承运人的身份签署运单时,应当承担承运人的责任,对货物在承运责任期间发生的毁损或者灭失承担赔偿责任,保险人有权在赔偿金额范围内代位行使被保险人对其请求赔偿的权利。

【案例6-3】　中华平安财产保险公司北京分公司诉大顺快运(北京)有限公司保险人代位求偿权纠纷案

二审法院认为,关于原告是否有权向被告行使代位求偿权的问题,被告以自己的名义承揽货物,并分别与埃森恒信公司、平川军联公司订立了货物运输合同,其法律地位实质上是货物运输代办人。根据交通部《汽车货物运输规则》第七十二条的规定,货物运输代办人以承运人的身份签署运单时,应承担承运人的责任。因此,被告即使不是实际承运人,也应当对埃森恒信公司承担承运人的责任,即有义务按照合同约定将货物按期、完好送至目的地,并对货物在承运期间发生的毁损或者灭失承担责任。现被告在埃森恒信公司不知晓的情况下将货物委托其他公司运输,并在运输途中发生货物碰撞毁损,被告的行为对埃森恒信公司已经构成违约,其对埃森恒信公司的损失负有赔偿义务。原告在埃森恒信公司赔偿之后,即在赔偿限额内依法取得了对被告的求偿权,故被告称其不是实际承运人,原告无权向其求偿的答辩意见,不具有合同及法律依据,二审法院不予采信。[2]

《保险法》第六十条中的"第三者"应当认定为事故责任人,而不是挂靠人、车辆投保的保险公司等。当获得代位求偿权的保险公司将驾驶员、挂靠单位、车辆投保的保险公司同时列为被告的情形下,法官应向当事人释明,由当事人选择事故责任人为被告。

---

〔1〕　参见最高人民法院中国应用法学研究所编著:《人民法院案例选》(月版)2009年第6辑(总第6辑),中国法制出版社2009年版,第27页。

〔2〕　参见最高人民法院中国应用法学研究所编:《人民法院案例选》2014年第2辑(总第88辑),人民法院出版社2015年版,第241页。北京市第二中级人民法院(2012)二中民终字第15082号民事判决书。

【案例6-4】 中国太平洋财产保险股份有限公司徐州中心支公司诉沙某等代位求偿纠纷案

判决观点,第一,关于代位追偿权的获得问题。保险公司在向被保险人理赔后,即取得代位求偿权,有权向导致保险事故发生的第三者主张赔付的数额。对于保险公司代位追偿权的限制不应扩大化,应仅限制在《保险法》第六十二条规定的情形。本案中不存在该条情形,故原告太平洋财险徐州中心支公司在支付赔付款后,即具有追偿权,向被告追偿并不无不当,三被告的异议不能成立。第二,关于《保险法》第六十条所规定的"第三者"范围问题,也即向谁追偿的问题。该条款中的"第三者"应理解为导致保险事故发生的当事人,也即本案的沙某,而非挂靠公司、保险公司。沙某与挂靠公司、保险公司则属另一法律关系,不予评判。当事人可以另行提起诉讼解决。第三,关于合并审理的问题。鉴于三被告之间存在不同的法律关系,原告请求三被告承担责任实则是将不同的法律关系予以合并审理。追偿权纠纷不同于道路交通事故损害赔偿纠纷,原告请求挂靠公司与沙某承担连带责任,所依据的法律关系仍属另一法律关系,与本案追偿权法律关系非同一法律关系,原告的这一诉请不予支持。[1]

其三,保险标的损害因第三者的违约或者侵权而产生,如果保险标的的损害不是因第三者的原因造成的,则不能行使保险代位求偿权。在这个问题上有不同观点:一种观点认为,只有侵权行为可以引起保险代位求偿权;另一种观点则认为,侵权行为和违约行为都可以引起保险代位求偿权。实践中,多数人认为赔偿请求权既可以是侵权行为产生的,也可以是违约行为产生,还可以包括不当得利返还请求权、所有物返还请求权、共同海损请求权。

【案例6-5】 中国人民财产保险股份有限公司天津经济技术开发区支公司与上海未来岛投资置业有限公司等保险代位求偿权纠纷再审案

最高人民法院认为,未来岛投资公司将仓库交给施耐德电气公司使用后,尽管施耐德电气公司专门委托物业公司进行管理,业主和物业公司对仓库都负有管理责任,但作为业主,其对物业所有设施负有安全、维护、保养、维修、管理责任,应当是全面的。业主未来岛投资公司对承租人施耐德电气公司擅自改变仓库照明电路安装自制灯具防空气开关动作锁闭装置并长期使用所带来的安全隐患,未能及时检查到或者放任,也是存在过错的。未来岛

---

〔1〕 参见最高人民法院中国应用法学研究所编:《人民法院案例选》2020年第12辑(总第154辑),人民法院出版社2021年版,第121页。安徽省五河县人民法院(2019)皖0322民初1469号民事判决书。

投资公司作为业主,对本案火灾起因主要是吉汇公司电工对仓库高压电控系统进行保养时操作不当也应当负有责任,属于业主未来岛投资公司未完全履行合同约定义务。这种行为的后果既可以构成合同违约,也可以构成侵权,是两个行为的竞合。同时,根据《租赁合同》第6.1条的约定,“在租期内,业主或业主指定的管理公司应负责厂房、外围区域,以及附件2规定的相关设备、设施和公用事业设施的物业管理,包括但不限于定期及不定期的保养维护、修理、清洁、绿化和保安。业主应当对管理公司的作为和不作为承担连带责任”。因此,人保公司向未来岛管理公司和未来岛投资公司追偿是有法律依据的。人保公司关于未来岛投资公司为诉争仓库电气、消防设施设备维修保养的法定义务人,其对未来岛管理公司未尽注意、提醒和督促等管理、监督义务,对火灾发生负有直接责任和领导责任,以及按照《租赁合同》第6.1条的约定,未来岛投资公司应当对未来岛管理公司的作为和不作为承担连带责任的上诉请求和理由成立,本院予以支持。原审判决对此认定和处理不当,本院予以纠正。[1]

【案例6-6】　中国人民财产保险股份有限公司宜宾市分公司诉江安川南医院保险代位求偿权纠纷案

二审法院认为,首先,江安川南医院不是造成保险事故的第三者,中国人保宜宾分公司主张行使保险代位求偿权缺乏事实前提和法律基础。《保险法》第六十条第一款规定……按照交管部门的事故责任认定,本案不是因江安川南医院的损害而造成保险事故的事实前提。因此,中国人保宜宾分公司主张行使保险代位求偿权的请求不成立。其次,中国人保宜宾分公司向江安川南医院主张权利,缺乏权利让渡基础。江安川南医院与黄某系医疗服务合同关系,江安川南医院在医疗过程中是否存在医疗损害、是否存在医疗过错、是否存在民事责任,属于黄某与江安川南医院之间的问题,黄某并未明确向中国人保宜宾分公司让渡对江安川南医院的赔偿请求权,故中国人保宜宾分公司不能向江安川南医院主张权利。最后,从举证责任的分配来看,本案中,中国人保宜宾分公司仅举示了一份黄某委托出具的法医学鉴定意见书复印件,并未提供原件予以核对,黄某也未到庭说明相关情况,中国人保宜宾分公司提供的证据不足以证明其主张。[2]

---

〔1〕 参见最高人民法院民事审判第二庭编:《最高人民法院商事审判指导案例》(合同与借贷担保卷),中国法制出版社2013年版,第361~373页。

〔2〕 参见国家法官学院、最高人民法院案例研究院编:《中国法院2020年度案例》(保险纠纷),中国法制出版社2020年版,第228~229页。四川省宜宾市中级人民法院(2018)川15民终1885号民事判决书。

其四，保险公司已经根据保险合同实际赔付，并取得权益证明。从理论上讲，一方面，若保险公司尚未对被保险人给付即可行使代位求偿权，则可能导致保险公司尚未保险给付，但已自第三者处获得赔偿，成为无给付而获得赔偿之权利者；另一方面，若允许保险公司先代位追偿后为给付，则可能导致被保险人无法及时获得赔偿，从而降低或失去购买保险的意义，故保险公司须给付保险金之后，方能取得代位求偿权。

【案例6－7】 倪某诉中国人民财产保险股份有限公司临沂市兰山支公司保险合同纠纷再审案

再审法院认为，关于保险人财保兰山支公司应赔偿的保险金额的问题，因投保人投保的保险单中明确其投保的第三者责任险保险金额为20万元，倪某经交警部门调解向陈某某赔付26万元，根据《保险法》的有关规定，被保险人已向第三者赔偿的，有权要求保险人赔偿保险金，保险人以其承保金额对投保人承担赔偿责任。因此，保险人对此保险事故应以保险金额为限承担赔偿责任。[1]

【案例6－8】 中国电子系统工程第二建筑有限公司与中国人民财产保险股份有限公司上海市分公司等保险代位求偿权纠纷再审案

最高人民法院认为，根据查明的事实，人保上海公司已实际向广电公司支付了保险赔偿金，有权代替广电公司向应承担赔偿责任的二建公司主张权利。二建公司要求法院对赔付进行实质审查的再审理由与法不合，其有关一审判决对人保上海公司是否具有代位求偿权及其是否具有一审原告资格尚未审查就进入实体裁判，从而构成程序违法的再审理由不能成立。本案系保险代位权诉讼纠纷，因原属广电公司的赔偿请求权已依法转移给人保上海公司，故广电公司不再是该部分权利的权利人，亦非必须参加的诉讼当事人，一审法院未通知其参加诉讼并无不当，二建公司有关一审、二审遗漏第三人因此构成程序违法的再审理由亦不能成立。[2]

实践中，容易发生履约保证保险的保险公司未履行或只履行部分义务而酿成行使代位求偿权纠纷。应注意的是，保险公司与被保险人关于“代位求偿权可以在保险赔偿前行使”的效力约定无效。因为，在保险公司未赔付保险金前，保险公司的赔偿义务尚存未确定的可能性，可能会加重第三者的责任。

其五，第三者对保险标的损害属于约定的保险事故，如果不属于约定的保险

---

〔1〕 参见国家法官学院案例开发研究中心编：《中国法院2012年度案例》（保险纠纷），中国法制出版社2012年版，第106页。

〔2〕 最高人民法院（2013）民申字第577号民事裁定书。

事故,保险人不承担保险责任。如果保险事故的发生系地震等不可抗力或被保险人自身过错导致,则不存在保险公司追偿的可能。

其六,被保险人必须对第三者享有赔偿请求权。保险代位求偿权建立在被保险人对第三者享有的赔偿请求权基础之上。只有赔偿请求权存在,被保险人才可能在获得保险赔偿后向保险人转让其对第三者享有的赔偿请求权,从而产生保险代位求偿权。如果没有被保险人对第三者享有的赔偿请求权,也就不可能产生保险代位求偿权。

需要注意的是,保险代位求偿权条件是一个整体,任何一个条件的缺失,均会使保险公司代位求偿权无法实现。也就是说,认定代位求偿权的成立,不能只是部分条件成就,而必须是6个条件同时具备。

【案例6-9】　中国大地财产保险股份有限公司与吉林省恒昌物流有限公司保险代位求偿权纠纷申请再审案

最高人民法院认为,一汽大众公司对其商品车倒运、发运和仓储投保综合保险,在向承运人支付运费的同时,另外通过购买保险分担其商品车在运输中的风险,反映了一汽大众公司和承运人之间的特殊关系:一方面,一汽大众公司支付了保费而减少了运费;另一方面,可以维系与承运人之间的良好合作关系。承运人没有对其承运的商品车投保并非其不知其责任,而是信赖一汽大众公司和大地保险公司之间的《保险协议》可以分担其责任。包括大地保险公司在内的保险公司在与一汽大众公司签订保险合同时应知悉这种特殊关系。大地保险公司认为其可以向恒昌物流公司行使代位求偿权,既与其在《三方协议》中的承诺相悖,有违诚实信用原则,也与其所作的承担一汽大众公司商品车倒运、发运和仓储中的风险的承诺不符。另外,大地保险公司在再审申请书中提到的《商品轿车公路发运合同》附件A《2007年商品轿车发运技术条件书》、《商品车轿车公路发运合同》附件C《轿车专用运输车肇事商品车管理办法》等文件,只是长春陆捷物流有限公司与恒昌物流公司之间的约定,而且大地保险在签订《三方协议》时也应注意到上述文件的内容。综上,依法裁定驳回大地保险公司的再审申请。[1]

对于保证保险保险人理赔之后的求偿权,理论上有不同观点。笔者认为,保险人理赔之后的求偿权属于法定求偿权,即使保证保险合同没有约定,保险人承担保险责任之后也有权向投保人追偿。无论该权利的性质如何,都必须是被保险人基于保险事故而直接对第三者取得的权利。

---

〔1〕　参见《最高人民法院民商事案件审判指导》(第1卷),人民法院出版社2012年版,第667~668页。

关于保险代位求偿权成立的时间问题。有学者认为,主张保险代位权不是成立于保险合同订立时,要把保险代位权的成立与行使分开。另外,保险代位权也不是期待权。事实上,保险代位权为既得权,其成立时间是构成要件全部得到满足时,而这些构成要件通常被视为其行使要件。[1] 笔者同意上述观点,保险代位求偿权的成立与保险合同成立的时间并不等同,其晚于保险合同成立的时间,且并不产生保险代位求偿权。在保险代位求偿权全部条件成就时,保险代位求偿权方才成立。

代位求偿权是在保险人赔付保险金之后取得的,保险人是否能实际取得第三者的赔偿以及能获得多少赔偿都具有不确定性。但是这种不确定能获得损失弥补的风险已经通过保险合同的方式从被保险人转移到保险人。只要符合保险合同约定的保险人承担保险责任的情形而无其他的法定或约定的免责情形,不论保险人将来是否能取得第三者赔偿,都应该向被保险人赔付保险金。实践中,被保险人在保险事故发生时,未取得第三者的联系方式,不是导致保险人不能行使代位求偿权的条件,被保险人也不具有重大过失。

【案例6-10】 孙某某诉中国人寿财产保险有限公司苏州市中心支公司财产保险合同纠纷案

判决观点,交警部门出具的事故责任认定书上,载明了事故相对方胡某某的姓名和身份号码,且真实性经过了公安部门的确认,即便被告不能够联系上胡某某,以上信息都足够被告将来行使代位求偿权。并且原告在整个事故处理过程中,及时报案,行为得当,并不存在任何过错。因此,被告以原告无法提供能够联系胡某某的电话和地址为由,就依据车损险第二十条第三款认定原告存在重大过失导致其无法行使代位求偿权的观点不能成立。[2]

债权的意定转移不是保险人代位求偿权的诉讼标的。债权的意定转移,是指债权基于当事人的合意而发生主体变动。保险人代位求偿权性质上系债的法定转移,系基于保险法的规定而由保险人取得的权利,该权利的行使主体和条件都有明确限制。如果保险人在保险人代位求偿权纠纷中所主张的权利不是基于保险法的规定,而是基于债权的意定转移所取得的,则该权利不属于保险人代位求偿权,亦不构成保险人代位求偿权纠纷的诉讼标的,法院应当判决驳回其诉讼请求。保险人可以另寻法律途径解决。也就是说,意定让与取得的权利不符合行使代位求偿权的条件。

---

〔1〕 参见许崇苗:《保险法原理及疑难案例解析》,法律出版社2011年版,第126页。

〔2〕 参见国家法官学院案例开发研究中心编:《中国法院2013年度案例》(保险纠纷),中国法制出版社2013年版,第237页。

【案例6-11】 中国平安财产保险股份有限公司陕西分公司诉北京星城商厦商贸有限责任公司等保险人代位求偿权财纠纷案

一审法院认为,涉案被保险人为海底捞公司,因此平安保险公司代位行使的是海底捞公司对星城商厦公司、国美公司请求赔偿的权利。在性质上,该权利不仅包括侵权请求权,也包括合同请求权。关于海底捞公司与星城商厦公司之间的关系。首先,租赁合同的承租方为海鸿达公司。海底捞公司与星城商厦公司之间不存在合同关系,海底捞公司对星城商厦公司不存在任何合同上的请求权。其次,在侵权请求权方面,主张他人承担侵权责任的基本前提是自己的民事权益受到了侵害。平安保险公司要求星城商厦公司承担侵权的赔偿责任,应举证证明评估报告涉及的财产损失的权利人为海底捞公司。最后,保险人代位求偿权在本质上系债权的法定转移,系基于保险法的规定而由保险人取得的权利,该权利的行使主体和条件都有明确限制。在保险人代位求偿权纠纷中,诉讼标的为被保险人是否基于保险事故对第三者享有请求赔偿的权利。如上所述,作为被保险人的海底捞公司并无请求星城商厦公司赔偿的权利,因此平安保险公司所主张的保险人代位请求权无法成立。至于海鸿达公司出具的索赔权转让说明,不属于本案保险人代位求偿权纠纷的审理范围,法院不予处理。关于海底捞公司对国美公司之间的关系。一方面,海底捞公司对国美公司不存在合同关系;另一方面,平安保险公司亦不能证明海底捞公司对国美公司享有侵有侵权赔偿请求权。据此判决:驳回平安保险公司的全部诉讼请求。二审法院同意一审法院裁判意见。[1]

(二)保险代位求偿权行使依据

这里讲的"行使依据"是指基础法律关系。法官认为,《保险法》第六十条的赔偿请求权不仅包括侵权行为所产生的损害赔偿请求权,也包括违约赔偿请求权,还包括不当得返还请求权、所有物返还请求权、占有物返还请求权、连带责任的内部追偿权等。[2]《保险法解释(四)》第七条规定:"保险人依照保险法第六十条的规定,主张代位行使被保险人因第三者侵权或者违约等享有的请求赔偿的权利的,人民法院应予支持。"该条规定有以下几层含义:其一,保险代位求偿权属于保险人对第三者请求赔偿的权利,该权利具有法定权利性质。其二,行使依据

〔1〕 参见国家法官学院、最高人民法院案例研究院编:《中国法院2020年度案例》(保险纠纷),中国法制出版社2020年版,第237页。北京市第二中级人民法院(2018)京02民终5528号民事判决书。

〔2〕 参见吴庆宝主编:《最高人民法院专家法官阐释民商裁判疑难问题》(2013~2014年卷),中国法制出版社2013年版,第83页。

的基础法律关系范围,亦包括侵权、违约等诸种法律关系。司法解释制定者认为,根据《保险法》第六十条的立法本意,这里"第三者对保险标的的损害"是导致被保险人享有向第三者请求赔偿的法律事实,而基于该法律事实产生的法律关系究竟为合同法律关系还是侵权法律关系抑或其他法律关系,并不应进行限定。[1]其三,引发该权利的法律事实是因第三者对保险标的的损害而发生保险事故。其四,保险人以自己的名义行使代位求偿权,这里也包括再保险人也可以以自己的名义行使。其五,保险代位求偿权应在法定限额内行使。

【案例6－12】 某采购供应站、某棉麻公司与某财产保险公司北京分公司保险人代位求偿权纠纷案

一审法院认为,本案中,某保险公司已依约向某棉花交易公司进行了保险赔付,某棉花交易公司也将其对保险事故发生负有责任的第三者的赔偿请求权让渡于某保险公司,故依照法律规定,某保险公司依法享有保险代位求偿权。……关于某供应站是否违约,对火灾所造成损失是否应承担责任问题。某棉花交易公司与某供应站之间是仓储合同关系。某供应站与某棉花交易公司签订的《仓库合作协议书》第12条约定:"甲方(××)交易商参与甲方业务的具体安全保管参照国家关于储备棉管理的有关规定执行。"第18条第(3)项约定:"乙方(侯马仓库)承诺,按照《仓库管理办法》和本协议有关规定做好甲方交易商在库业务棉花的安全保管工作,对由于工作失误或保管不善而发生棉花灭失、短少、水渍、污染、霉烂、盗窃等损失负责全额赔偿。"建设部、国家计委颁布的《棉麻仓库建设标准》第28条第(4)项规定:"棉麻库房、露天堆场、铁路站台钢罩棚必须按照第三类建筑物、构筑物采取防雷措施。"(注:三类防雷建筑的滚球半径按60米计算)《仓库管理办法》第6条第(4)项规定:"……仓库应配备符合棉花仓储保管要求的设施和力量。"从以上合同约定和相关规范规定可知,某供应站仓库防雷设施不符合规范问题,应视为违约行为。最高人民法院亦持同样意见,维持一审判决。[2]

责任保险中,保险公司向被保险人的支付不免除其向第三者的赔偿义务。

【案例6－13】 甲保险公司诉郑某、乙保险公司保险人代位求偿权纠纷案

判决观点,本案中,首先,乙保险公司仅提交其向物流公司支付赔偿款的系统记录,甲保险公司不认可其真实性,法院亦无法核实该截图的真实性,乙保险公司应承担举证不能的法律后果。其次,即便乙保险公司向某物流公司

---

〔1〕 参见最高人民法院民事审判第二庭编著:《最高人民法院关于保险法司法解释(四)理解与适用》,人民法院出版社2018年版,第147页。

〔2〕 参见最高人民法院民事审判第二庭编著:《最高人民法院关于保险法司法解释(四)理解与适用》,人民法院出版社2018年第1版,第150～151页。最高人民法院(2016)民终347号民事判决书。

支付了8479元赔偿款,现无证据证明在交通事故发生后某物流公司对赵某进行了赔偿,仍不能免除乙保险公司的保险责任。综上,乙保险公司应在交强险范围内向甲保险公司承担2000元赔偿责任,在第三者责任险范围内承担6479元赔偿责任,甲保险公司要求乙保险公司承担8479元赔偿责任,予以支持。乙保险公司承担责任后,郑某无须在本案中承担责任。判决:(1)被告乙保险公司向原告甲保险公司支付赔偿款8479元;(2)驳回原告甲保险公司的其他诉讼请求。〔1〕

保险公司行使代位求偿权,不以被保险人出具权益转让书为前提。

【案例6-14】　中国太平洋财产保险股份有限公司上海分公司与上海泛亚航运有限公司等海事海商纠纷案

判决观点,根据我国法律规定,保险人的代位求偿权属于保险人的法定权利,被保险人的权益转让书不是取得代位求偿权的必要条件,不影响保险人代位求偿权的合法取得。〔2〕

【案例6-15】　安盛天平财产保险股份有限公司江苏分公司与江苏沿海高速公路管理有限公司保险人代位求偿权纠纷案

二审法院认为,虽然权益转让书中表述为高速路政,但保险公司追偿的主体应当是事实上负有赔偿责任的第三人,而不是权益转让书中载明的第三人,因保险公司在承担保险责任后享有的追偿权是《保险法》明确规定的法定权利,并非以权益转让书为依据所取得的合同权利,即使没有权益转让书,保险公司亦依法取得向沿海高速公司追偿的权利。〔3〕

(三)保险代位求偿权行使范围

根据《保险法》的规定,保险公司在赔偿金额范围内行使代位求偿权。在司法实践中,有必要对保险代位求偿权的行使范围加以区分。

1. 行使险种的范围

保险代位求偿权适用于商业保险中的财产型保险,在人身险中是否适用,有

〔1〕 参见国家法官学院、最高人民法院司法案例研究院编:《中国法院2023年度案例》(保险纠纷),中国法制出版社2023年版,第262~263页。北京市朝阳区人民法院(2021)京0105民初41594号民事判决书。

〔2〕 上海海事法院(2018)沪72民初899号民事判决书。

〔3〕 江苏省盐城市中级人民法院(2015)盐商终字第00290号民事判决书。

两种对立观点:第一种观点认为不能适用;第二种观点认为,应由该保险本身的性质决定,不能一概加以排斥。因现行法律未规定,故在探索之中。商业医疗保险,根据《保险法》第四十六条的规定,保险人不享有代位求偿权。

通说认为,财产保险适用保险代位权制度,依据现行《保险法》第九十五条的规定,保证保险即属于财产保险的一种,其性质为保险而非保证,如无特别规定亦应适用保险代位权制度。笔者认为,保险公司承担保险责任后,可以依据其与被保险人的有关约定或法律规定要求被保险人将其借款合同项下的主债权及从债权转让给保险公司,保险公司可以在其承担保险责任范围内向借款人及担保人追偿。

在医疗费保险中,应区分情形处理。根据保监会《健康保险管理办法》第五条的规定,医疗费用可以分为补偿性医疗保险(亦称费用补偿型医疗保险)和非补偿性医疗保险(亦称定额给付型医疗保险)。补偿性医疗保险适用补偿原则和保险代位制度,非补偿性医疗保险不适用补偿原则和保险代位制度。在保险代位求偿权纠纷中,法院应根据保险合同的约定,确定系争保险是否属于补偿性医疗保险。保险合同中明确本保险适用补偿原则、"以实际支出医疗费作为赔付"等内容的,保险公司在向被保险人支付赔偿金后,有权向第三者行使代位求偿权。如果保险合同明确约定本保险为定额给付保险或不适用补偿原则等内容的,保险公司在向被保险人支付保险金赔偿后,无权向第三者行使保险代位求偿权。医疗费用保险金合同对是否适用补偿原则未作约定或约定不明的,视为非补偿性医疗保险,保险公司无权向第三者行使保险代位求偿权。

车辆损失险中,保险人向非机动车行使代位求偿权的应受到限制。

【案例6-16】 A保险公司诉石某、B保险公司保险人代位求偿权纠纷案

二审法院认为,本案系交通事故发生的纠纷应优先适用《道路交通安全法》。从《道路交通安全法》第七十六条来看,机动车驾驶人负有安全行驶的义务,机动车一方造成非机动车一方损害的,除非机动车故意碰撞,否则无论机动车是否有过错,均应承担相应赔偿责任。由此可见,《道路交通安全法》虽未明确规定机动车与非机动车发生碰撞造成的机动车如何赔偿,鲜明体现了向非机动车一方倾斜保护的原则。从立法目的来看,非机动车一方倾斜保护具有多种因素的考量。一方面,机动车与非机动车在危险程度上存在明显不同,机动车在行驶过程中具有"高速危险",理应承担更高的注意义务和避险义务,体现了"优者危险负担"的公平原则。另一方面,从利益衡量的角度来看,体现了人身权优于财产权的法律价值位价。同时,若事故双方按责任比例承担损失,可能出现非机动车一方得不到赔偿或倒赔非机动车的情况,造成双方利益严重失衡。从当事人的过错来看,机动车驾驶人是高速运输工具便利利益的拥有者及"高速危险"结果的控制者,故其又是侵害发生的行为主体及责任主体。但若存在非机动车一方故意碰撞机动车,机动车驾驶员丧失了对"高速危险"结果的控制权,机动车驾驶员此时仅为该侵害行为主体而非责任主体,由非机动车一方承担赔偿责任。此类情形可类推适用《道路交通安全法》第七十六条第二款的规定,由故意碰撞机动车造成交通事故损失的非机动车一方承担赔偿责任。本案中,经交警支队认定,石某虽在事故中负同等责任,但不能以此证明其存在故意碰撞机动车的情形,也不足以证明石某的行为符合上述侵权责任的构成要件。保险公司作为对分散风险具有社会保障功能的主体,不能据此对非机动车一方行使保险代位求偿权。判决:驳回上诉,维持原判。[1]

交强险中,不能适用保险代位求偿权。根据原《侵权责任法》第四十八条、《道路交通安全法》第七十六条的规定,机动车发生交通事故致人身伤亡、财产损失的,交强险保险人在责任限额内予以赔偿,不足部分由机动车一方依法承担赔偿责任。因此,保险公司所承担的赔偿责任是法定责任、终局性责任,而机动车一方承担的是补充赔偿责任。交强险保险人支付保险赔偿金后,依据《保险法》第六十条的规定向第三者行使保险代位求偿权的,不应得到法律支持。

应注意的是,根据《交强险条例》第二十一条、第二十二条的规定,存在无证驾驶、醉酒等四种情形之一,发生道路交通事故的,保险公司仍然应当对人身伤亡承担赔偿责任。保险公司承担保险责任后可以再依据与投保人达成的保险合同免责条款和追偿权约定向责任人追偿。《道路交通损害赔偿解释》第十八条第二款规定:"保险公司在赔偿范围内向侵权人主张追偿权的,人民法院应予支持。"该条中规定的保险公司追偿权是代受害第三人之位向侵权人求偿的权利,侵权人是指该条第一款规定的三种违法情形。这里的追偿权不同于保险代位求偿权,保险代位求偿权是代被保险人之位。

无论侵权人在交通事故中承担全部责任还是部分责任,承保交强险保险公司在已向受害人先行赔付后,其向侵权人进行追偿的范围应为其赔偿范围,即保险公司应按照其实际赔偿的全部数额向侵权人进行追偿,而不应按侵权人应承担责任的比例确定追偿数额范围。

【案例6-17】　中华联合财产保险股份有限公司潍坊中心支公司诉孟某追偿权纠纷案

二审法院认为,本案中,中华联合财险在涉案交通事故赔偿纠纷中已在交强险限额内向受害人王甲等赔偿损失12,000元。故中华联合财险要求孟

[1] 参见国家法官学院、最高人民法院司法案例研究院编:《中国法院2023年度案例》(保险纠纷),中国法制出版社2023年版,第244~245页。上海金融法院(2022)沪74民终200号民事判决书。

某偿还垫付款120,000元符合法律规定,应当予以支持。综上所述,中华联合财险的上诉请求,应予支持。[1]

【不同处理】 有的法院认为,交强险保险人依据《交强险条例》第二十二条向致害人行使追偿权提起的诉讼,案由可以适用保险代位求偿权纠纷。

责任保险中,我国目前未明确规定保险人享有代位求偿权,存在法律空白。责任保险,是指以被保险人对第三者依法应负的赔偿责任为保险标的保险。责任保既不同于一般财产保险,也不属于人身保险,是一种新型险种。《保险法》没有规定保险代位求偿权,故实践中法院不支持保险公司代位求偿权。

保险公司赔付客运承运人责任险后,限制其行使追偿权。

【案例6-18】 太平财产保险有限公司云南分公司诉张某某等保险人代位求偿权纠纷案

一审法院认为,本案中,张某某醉酒驾驶等违法行为造成了案外人崔某死亡的后果,保险公司依照保险合同的约定在客运承运人责任保险范围内向崔某家属支付了人民币200,000元的保险金,但保险人代位求偿权仅适用于财产保险,客运承运人责任保险系人身保险,保险人并不享有代位求偿权,故原审法院对保险公司的诉讼请求不予支持。二审法院认为,在交通事故发生后,受害人崔某的家属已向本案被上诉人提起交通事故赔偿之诉,相关判决也确认了张某某和东能公司的赔偿责任。现保险公司向张某某和东能公司行使代位求偿权将会使张某某和东能公司因同一侵权行为而承担双重赔偿责任,明显有悖民法的公平原则。[2]

在司法实践中,对责任保险代位权有无的探索并未停止。责任保险具有损失补偿之财产属性,适用保险的损失补偿原则;保险代位求偿权本质系债之法定转让,责任保险的保险人享有代位求偿权。

【案例6-19】 中国人寿财产保险股份有限公司泰安市中心支公司诉周某等保险人代位追偿权纠纷案

一审法院认为,因涉案交通事故系由周某造成并负全部责任,人寿财保公司根据人民法院的生效判决直接代山东泰安交通运输集团有限公司肥城公司向闫某、宋某、乔某进行赔偿后,取得了代受伤乘客向茌平全通公司、周某、张某主张损失的权利,即代位求偿权。以挂靠形式从事道路运输经营活

---

〔1〕 参见国家法官学院、最高人民法院案例研究院编:《中国法院2020年度案例》(保险纠纷),中国法制出版社2020年版,第19页。山东省淄博市中级人民法院(2018)鲁03民终2304号民事判决书。

〔2〕 参见国家法官学院案例开发研究中心编:《中国法院2014年度案例》(保险纠纷),中国法制出版社2014年版,第195页。云南省昆明市中级人民法院(2012)昆民四终字第375号民事判决书。

动的被告机动车发生交通事故造成损害,属于该机动车一方责任,人寿财保公司请求由挂靠人和被挂靠人茌平全通公司承担连带责任的,人民法院应予支持;雇员周某在从事张某的雇佣活动中致人损害的,雇主张某应承担赔偿责任,雇员周某因重大过失致人损害,应当与雇主承担连带责任;周某、张某、茌平全通公司都应对人寿财保公司代位赔偿的车上人员承担赔偿责任,因人寿财保公司已经替侵权人承担了赔偿责任,所以人寿财保公司要求茌平全通公司、周某、张某承担赔偿责任的请求,法院予以支持。茌平全通公司上诉后不到庭参加诉讼,二审法院按撤回上诉处理,一审判决发生法律效力。[1]

再保险中,可以适用保险代位求偿权。根据合同相对性原则,保险人投保再保险的,保险人对第三者的保险代位求偿权不因此受到影响。保险人可以就全部金额向第三者行使保险代位求偿权,获得赔偿后再按保险合同分摊给再保险人。在保险代位求偿权纠纷中,再保险人在转移之前无权向第三者行使保险代位求偿权,因此,法官无须审查再保险合同的签订和履行情况。

【案例6-20】 华安财产保险股份有限公司青岛分公司与青岛金世纪实业有限公司保险代位求偿权纠纷案

最高人民法院认为,再保险是保险人在原保险合同的基础上将其所承保的风险和责任向其他保险人进行摊派的行为。再保险接受人在根据再保险合同给付保险金给原保险人后,如果原保险人依法享有对第三人的代位求偿权的,该代位求偿权在再保险赔偿金额范围内,当然转移于再保险接受人,这也符合《保险法》第六十条规定的可以行使代位求偿权的情形。虽然再保险与原保险具有关联性,但两者系不同的法律关系,当事人、标的、法律性质各不相同。再保险合同关系的当事人是在保险接收人和原保险人,而原保险的投保人系与原保险人成立保险合同法律关系。《保险法》第二十九条中第一款、第二款对于原保险合同与再保险合同两个法律关系的不同也有明确的界定:"再保险接收人不得向原保险的投保人要求支付保险费。原保险的被保险人或者受益人不得向再保险接受人提出赔偿或者给付保险金的请求。"正因如此,根据合同的相对性,保险代位求偿权也应发生在承担保险金赔付责任的原保险人与第三者之间,再保险接收人不直接向第三者行使代位求偿权。综上,原保险人在得到再保险人理赔后有权行使代位求偿权。且金世纪公司在一审中未提出此项抗辩,只在二审上诉中说明,故此,金世纪公司上诉中主张华安财险青岛分公司不具有代位求偿权,无事实与法律依据,本院不

---

〔1〕 参见国家法官学院、最高人民法院案例研究院编:《中国法院2020年度案例》(保险纠纷),中国法制出版社2020年版,第210~211页。山东省聊城市中级人民法院(2019)鲁15民终859号民事判决书。

予支持。[1]

2. 行使对象的范围

保险人能否向投保人行使代位权是有争议的问题。一般认为，对投保人，应区分两种情况决定适用保险代位求偿权。投保人和被保险人为同一人、被保险人家庭成员或者其组成人员的，保险人不得对其行使保险代位求偿权。投保人和被保险人不是同一人的，则不受限制。《保险法解释（四）》第八条规定："投保人和被保险人为不同主体，因投保人对保险标的的损害而造成保险事故，保险人依法主张代位行使被保险人对投保人请求赔偿的权利的，人民法院应予支持，但法律另有规定或者保险合同另有约定的除外。"该条规定有以下几层含义：其一，该条规定仅适用于财产保险范畴，而不适用于人身保险，对一些特殊的保险品种，应结合具体情况具体判断。其二，投保人与被保险人不为同一的前提下，投保人是第三者的身份。其三，投保人对保险标的的损害不以主观故意为限，只要第三者损害保险标的造成保险事故即可，即符合保险人行使代位权的前提条件，而不在于第三者是否具有主观故意。其四，保险人向投保人行使代位求偿权的范围包括侵权、违约等，而不仅限于侵权一种。其五，规定了除外事由，即法律另有规定或者保险合同另有约定除外。应注意的是，与被保险人具有遗赠扶养关系的人，因其扶养关系的存在，与被保险人具有经济上的一致利益，尽管其司法解释界定的是近亲属，但仍然可以认定为被保险人的家庭成员。换言之，家庭成员的界定应以是否具有经济上的一致利益作为主要判断标准。

【案例6－21】 H公司与Z保险公司保险代位求偿权纠纷案

一审法院认为，本案中，虽然是由H公司支付保险费与某保险公司签订保险合同，但其系按运输委托单约定接受Y公司委托的代付代办保险行为，最终目的是Y公司在发生货损事故后能够及时得到赔偿，根据我国《保险法》的规定，H公司对其为Y公司承运的货物不具有保险利益，不能作为投保人，因此，H公司实际上并非保险合同的当事人，而是《保险法》中所称的第三者。……因本案中H公司实际上不是保险合同的投保人，而是造成保险事故及货损的承运人，即便H公司是投保人，保险公司在保险合同既有被保险人又有投保人的情况下，也应当依据《保险法》及保险合同的约定向被保险人支付保险金，《保险法》并无规定在财产保险合同中投保人可以对其所造成保险标的损害免除赔偿责任，故本案的货损理应由H公司承担责任。

---

〔1〕 参见最高人民法院民事审判第二庭编：《商事审判指导》2019年第1辑（总第48辑），人民法院出版社2019年版，第179～180页。最高人民法院（2019）民终299号民事判决书。

据此，一审法院判决H公司赔偿某保险公司379,210元。二审法院亦持同样意见，维持原判。[1]

商业责任险中，对被保险人与其他侵权人承担连带责任的，可以适用保险代位求偿权。《民法典》第一百七十八条第二款规定，支付超出自己赔偿数额的连带责任人，有权向其他连带责任人追偿。如保险公司对被保险人给付的保险赔偿金已超出被保险人依法应自行承担部分的，保险公司有权向其他连带责任人就超出部分行使保险代位求偿权。

机动车损失保险项下，被保险人允许的合法驾驶人应排除在《保险法》第六十条第一款规定的第三者范围之外。保险人不得在机动车损失保险项下，向被保险人允许的合法驾驶人行使代位求偿权。机动车第三者责任保险项下的第三者与《保险法》第六十条第一款规定的第三者含义不同。在机动车第三者责任保险项下，保险人亦不得依据《保险法》第六十条第一款的规定行使代位求偿权。

【案例6－22】　中国大地财产保险股份有限公司北京分公司诉北京冀东丰汽车销售服务有限公司保险合同纠纷案

二审法院认为，维修保养后具有合法驾驶资格人员的试车行为，符合国土伟业公司的利益，李某某应属于国土伟业公司允许的合法驾驶人，而李某某的行为显然属于代表冀东丰公司的职务行为。依据法院前述第三项的论述可知，在非营业机动车损失保险项下，应将冀东丰公司排除在《保险法》第六十条第一款规定的“第三者”范围之外。二审期间，大地北分公司虽然提出了李某某驾驶京MQ3×××车辆是在进行与维修保养无关的事情发生的交通事故的主张，但其该项主张与其有关陈述不一致，亦无有效证据证明，法院对此不予采信。……在机动车第三者责任保险项下，大地北分公司不能依据《保险法》第六十条第一款的规定行使代位求偿权。[2]

对保险利益共同体不能适用保险代位求偿权。保险的目的是分散被保险人的风险。因此，如果与被保险人有共同利益关系者造成保险事故，而由保险公司在给付保险金后代位向他们求偿，则由于共同利益关系的存在，会造成仍然由被保险人承担风险的结果，同样也不符合保险目的。因此，各国均对可行使保险代位求偿权的第三者进行限制。从保险法立法规定看，这一限制主要在于第三者不能是被保险人的家庭人员、受雇人等，而这些对象与第三者均属于利益共同体。

---

〔1〕　参见最高人民法院民事审判第二庭编著：《最高人民法院关于保险法司法解释（四）理解与适用》，人民法院出版社2018年版，第174～175页。上海市第二中级人民法院（2006）沪二中民三（商）终字第27号民事判决书。

〔2〕　参见最高人民法院中国应用法学研究所编：《人民法院案例选》2015年第1辑（总第91辑），人民法院出版社2016年版，第244页。北京市第一中级人民法院（2013）一中民终字第12431号民事判决书。

因而不能行使代位求偿权对象的范围,即被保险人的利益共同体除了法律规定的以外,还可以依据具体情形进行解释。可见专题二保险合同主体纠纷的相关论述。

修订前《保险法》第四十七条对保险代位求偿权的行使对象的限制没有利益共同体这一概念,而是规定为"被保险人的家庭成员或其组成人员",《保险法》修订后为第六十二条,仍未对此点考虑进去,尚有待进一步探讨。对任被保险人为法人、其他组织体的等情形下,组成人员的构成,仍应采用与被保险人是否具有经济上的一致的利益为标准衡量。实践中,被保险人内部与其在共同经济利害关系的人员,一般包括被保险人的雇佣人员、合伙人等。但"受雇人应作狭义解释,即第三人仅须受被保险人雇佣,且被保险人对其行为,亦应负责任而言"。[1]

托运人与承保人就运输货物享有不同的保险利益。承运人未就承运风险另行投保的,不享有托运人投保合同项下保险金请求权。保险公司基于托运人之间的保险合同可向有过错的承运人主张代位求偿权。如托运人在保险合同订立前已放弃对承运人的索赔权,且已告知保险公司的,保险公司不得向承运人行使代位求偿权。

《保险法》第六十二条中对保险代位求偿权对象限制的规定,不适用于《国内水路货物运输规则》中的承运人与实际承运人之间的保险代位求偿权的行使,即保险人代位求偿权的限制对象不包括实际承运人。

【案例6-23】 中国平安财产保险股份有限公司广西分公司诉广西世纪船务有限责任公司等保险代位求偿权纠纷案

二审法院认为,本案的焦点问题在于,世纪公司是否属于《保险法》第六十二条所规定的被保险人的组成人员而为保险公司限制行使代位权的对象。因案涉的船舶从事内河水路运输,且案涉运单载明"承运人、实际承运人、托运人、收货人的有关权利义务适用《国内水路货物运输规则》",故本案承运人与实际承运人的权利义务应当根据《国内水路货物运输规则》的规定予以确定。根据本案事实及相关规定,世纪公司并非润桂公司的组成人员,保险公司有权对其行使保险代位求偿权。……综上,承运人润桂公司与实际承运人世纪公司具有不同的经济利益关系,世纪公司并非润桂公司的代理人、合伙人及雇佣人,即并非润桂公司的组成人员。一审判决认定本案的实际承运人世纪公司为承运人润桂公司的组成人员不当,本院予以纠正。因保险公司已向承运人润桂公司支付了保险赔款,取得了代位润桂公司向与其有委托运输合同关系的世纪公司追偿的权利,世纪公司作为事故的最终责任方,应当

---

〔1〕 施文森:《保险法总论》,台北,三民书局1985年版,第204页。

向保险公司承担相应的赔偿责任。[1]

保险人不能就给付项目保险金之外的项目行使保险代位求偿权。当被保险人有多项损失,而保险人依据保险合同的约定仅就其中部分项目的损失予以赔付的,被保险人可以就未获赔付的项目损失,向第三者行使赔偿请求权。保险人则只能就已经给付保险赔偿金的项目损失行使保险代位求偿权,而不能对未给付项目保险金行使保险代位求偿权。

保险人能否向第三者(公法人)主张代位求偿权是有争议的问题。倾向性观点认为,保险人享有代位求偿权的基础是保险合同法律关系,由此可以代位行使私权(也包括代位提起诉讼的公权)。[2]

保险人能否向第三者的担保人追偿,现行《保险法》未有规定,因分歧过大,司法解释中也未形成一致意见。笔者认为,对第三者保证人可以行使保险代位求偿权。根据《民法典》第四百零七条的规定,让与主债权时,该债权的保证债权、抵押权一并转移给受让人,但法律另有规定或者当事人另有约定的除外。赔偿请求权因保险代位求偿权转让给保险公司时,被保险人对第三者的保证债权、抵押权等从权利一并转移给保险公司,保险公司对保证人、抵押人行使代位求偿权,但法律另有规定或者当事人另有约定的除外。

对第三者的担保人行使代位求偿权的,最高人民法院作二审的个案中亦持该种观点。

【案例6-24】 某采购供应站、某棉麻公司与某财产保险公司北京分公司保险人代位求偿权纠纷案

一审法院认为,关于某棉麻公司是否应承担连带清偿责任问题。某棉麻公司针对案涉《仓库合作协议书》向棉花交易公司出具了《保证函》,承诺愿为某供应站承担连带清偿责任。因某棉麻公司的保证具有连续性,且某棉花交易公司向该院出具的《情况说明》对某棉麻公司保证行为的真实性进行了论述,而某棉麻公司未对之提出反驳意见,故某棉麻公司的保证担保行为合法有效,其应承担连带清偿责任。最高人民法院亦持同样意见,维持一审判决。[3]

【不同处理】 无特别约定时贷款保证保险人无权向其他贷款担保人行使追

---

〔1〕 参见《人民司法·案例》2018年第26期(总第829期)。广西壮族自治区高级人民法院(2017)桂民终148号民事判决书。

〔2〕 参见最高人民法院民事审判第二庭编著:《最高人民法院关于保险法司法解释(四)理解与适用》,人民法院出版社2018年版,第141页。

〔3〕 参见最高人民法院民事审判第二庭编著:《最高人民法院关于保险法司法解释(四)理解与适用》,人民法院出版社2018年版,第151~152页。最高人民法院(2016)民终347号民事判决书。

偿权。

【案例6－25】 保险镇江分公司诉制桶公司追偿权纠纷案

二审法院认为，案涉保险事故系债务人制桶公司不履行借款合同约定的义务而引起，故制桶公司属于《保险法》第六十条第一款规定的"第三者"，保险镇江分公司可以向其行使代位求偿权；但塑料五金厂等系借款合同担保人，不属于上述法律规定的"第三者"，故保险镇江分公司无权向上述担保人行使代位求偿权。保险镇江分公司二审提交权益转让书，亦证明某银行句容支行已将对债务人及担保人的索赔权益转让给保险镇江分公司。对此，保险法代位求偿权的行使对象有明确规定，保险镇江分公司不能依据该权益转让书在法律规定的"第三者"之外向其他主体代位求偿。关于保险镇江分公司一审提交的贷款保证保险条款，其中虽有"保险人自向被保险人赔偿保险金之日起，在赔偿金额范围内代位行使对投保人、担保人请求赔偿权利"等内容，但是保险镇江分公司不能依据保险合同条款的约定向塑料五金厂、赵甲、赵乙、许某追偿。判决：驳回上诉，维持原判。[1]

在车损险中，保险人代位求偿的对象涉及网约代驾责任主体是争议问题。在车损险中，被保险人的范围并不包括其允许的合法驾驶人，代驾人不是被保险人。代驾人在车损险中属于"第三者"而非被保险人，故可成为保险人代位求偿的对象。在网约代驾的情况下，保险人代位求偿的对象是代驾平台还是代驾司机，取决于代驾平台与代驾司机双方之间的法律关系。在雇佣关系的前提下，代驾司机提供的服务行为构成职务行为，造成他人损害，应由网约代驾平台承担侵权责任，网约代驾平台成为保险人代位求偿的对象。

【案例6－26】 中国平安财产保险股份有限公司广东分公司诉吴某某等保险人代位求偿权纠纷案

一审法院认为，车辆并未转移占有，代驾人对保险标的车辆也不存在占有利益，因此，代驾人不能成为涉案保险合同的被保险人。代驾人作为第三人在提供有偿服务的过程中造成投保车辆受损并负全责，对被保险人的财产构成侵权，王某某有权请求代驾人赔偿，平安保险公司可代位行使权利，代驾人应当作为代位求偿对象。吴某某未能提供与亿心公司存在雇佣关系的证据，而且也没有固定的工作场所、工作时间，不按约领取劳动报酬，因此双方并非雇佣关系。吴某某、亿心公司共同在《委托代驾服务协议》被委托方署名及签章并通过对服务费分成方式收益，且亿心公司与王某某签订《赔偿协

---

〔1〕 参见国家法官学院、最高人民法院司法案例研究院编：《中国法院2023年度案例》（保险纠纷），中国法制出版社2023年版，第122页。江苏省镇江市中级人民法院(2020)苏11民终3142号民事判决书。

议书》赔偿了部分款项，故吴某某与亿心公司应为共同代驾人，共同承担赔偿责任。但亿心公司已经向王某某赔偿的款项应在赔偿总额中扣除。据此判决：亿心公司、吴某某共同向平安保险公司支付赔偿款124,834元。二审法院认为，亿心公司与吴某某应为雇佣关系，吴某某系履行职务行为，应由亿心公司承担赔偿责任。因此，对一审判决部分改判，由亿心公司承担赔偿责任。〔1〕

在车损险中，有偿代驾人既未取得保险利益，亦不属于法定限制追偿对象，其"有偿性"又打破了其与被保险人利益的一致性，故保险人有权向其追偿。

【案例6－27】　中国大地财产保险股份有限公司营业部诉陈某某、上海安师傅汽车驾驶服务有限公司保险人代位求偿权纠纷案

一审法院认为，有偿代驾不属于法定不允许追偿对象。因被保险人的家庭成员或其组成人员与被保险人对保险标的在经济上具有一定程度的共同利益，《保险法》将其列为不允许追偿的对象。本案中，代驾人显然不属于家庭成员；而组成人员一般是针对"组织"而言，而本案被保险人系自然人，又因代驾人系有偿服务，其与被保险人对涉案车辆不具有共同经济利益，故不属于组成人员。……再者，与亲友之间无偿借用不同，代驾公司系有偿服务，收取对价，以营利为目的，属于经营行为，由经营者自担经营风险更符合社会责任的公正分配，且该经营风险亦可以通过另行购买相应保险如代驾责任险予以分摊。至于《代驾服务协议》中的限制代驾人责任的条款，因未明确说明，对被代驾人不具有约束力。安师傅公司与陈某某之间成立雇佣关系，应由雇主安师傅公司承担赔偿责任。二审法院持同样意见，维持一审判决。〔2〕

代驾公司对交通事故负有损害赔偿责任的，属于保险代位求偿的对象。

【案例6－28】　中国平安财产保险股份有限公司北京分公司诉壹零壹捌汽车俱乐部（北京）有限公司等保险人代位求偿权纠纷案

一审法院认为，代驾公司属于《保险法》第六十条第一款规定的"第三者"。在提供有偿代驾服务过程中，因代驾员孙某的操作不当发生事故造成代驾车辆损失，并负事故全部责任，基于代驾服务合同，对车辆所有人即被保险人王某构成违约，王某享有向其请求赔偿的权利，因此本案存在代位

---

〔1〕　参见国家法官学院案例开发研究中心编：《中国法院2019年度案例》（保险纠纷），中国法制出版社2019年版，第266～267页。广东省广州市中级人民法院（2017）粤01民终13837号民事判决书。

〔2〕　参见国家法官学院案例开发研究中心编：《中国法院2018年度案例》（保险纠纷），中国法制出版社2018年版，第237页。上海市第一中级人民法院（2016）沪01民终字第5966号民事判决书。

求偿的基础权利，平安保险公司可以对孙某、壹零壹捌公司进行代位求偿。另外，代驾人显然不属于被保险人的家庭成员，而组成人员一般应当针对"组织"而言，是指作为法人或者其他组织的被保险人的内部工作人员。本案被保险人系自然人，显然不是组成人员。二审法院同意一审法院裁判意见。[1]

保险人行使代位求偿权的对象为车主、租赁人或借用人在实践中时常发生争议。在机动车所有人与使用人分离的情况下，如果发生交通事故，只有机动车所有人对损害的发生有过错，才需承担赔偿责任；反之无过错，则不承担赔偿责任。也就是说，出租或出借车辆，发生事故时车主是否承担赔偿责任应以过错为标准加以区分。

【案例6－29】 中国平安财产保险股份有限公司福鼎支公司诉卓某某、黄某某等保险人代位求偿权纠纷案

判决观点，《道路交通事故认定书》中认定卓某某负本案交通事故全部责任，并且已由生效判决予以确认，中国平安财产保险股份有限公司福鼎支公司主张卓某某承担本案全部赔偿责任的请求，具有事实及法律依据，不违反法律、行政法规的强制性规定，法院予以支持。黄某某作为案涉车辆的所有人，其将案涉车辆出租给张某使用收取租赁费用，并不违反法律规定，在案涉车辆交付张某使用后，黄某某本人已失去对案涉车辆的实际控制能力和支配管理能力，对案涉交通事故的发生并无过错，故不应承担赔偿责任。本案闽J××520小轿车驾驶员卓某某系无证驾驶，中国平安财产保险股份有限公司福鼎支公司在黄某某购买车辆保险时已告知其无证驾驶发生损失，保险机构不承担赔偿责任。《交强险条例》第二十二条也规定，驾驶人未取得驾驶资格或者醉酒的，造成受害人的财产损失，保险公司不承担赔偿责任。故中国平安财产保险股份有限公司福鼎支公司要求中国人民财产保险股份有限公司福鼎支公司在交强险及商业险的范围内对本案的车辆维修、施救费用承担赔偿责任无事实与法律依据，法院不予支持。[2]

驾驶机动车与非机动车人、行人发生交通事故，即便非机动车人、行人在交通事故中负有一定的责任，依法只是根据非机动车人、行人的过错程度适当减轻机动车一方的赔偿责任，法律上并未规定机动车一方就其财产损失可以向非机动车人、行人一方索赔。因此，保险人不享有向非机动车人、行人行使车辆损失保险理

---

〔1〕 参见国家法官学院、最高人民法院案例研究院编：《中国法院2020年度案例》（保险纠纷），中国法制出版社2020年版，第225页。北京市第四中级人民法院（2018）京04民终30号民事判决书。

〔2〕 参见国家法官学院案例开发研究中心编：《中国法院2019年度案例》（保险纠纷），中国法制出版社2019年版，第274页。福建省福鼎市人民法院（2017）闽0982民初1386号民事判决书。

赔款的代位求偿权。

【案例6－30】 中国人寿财产保险股份有限公司德州市支公司诉冯某保险人代位求偿权纠纷案

一审法院认为,本案中,被告系非机动车方,姜某系机动车方,被告对事故发生并无故意,故应由机动车方姜某承担赔偿责任。同时交通事故责任认定被告对事故的发生负同等责任,故在(2017)鲁1523民初627号民事判决中,已据此相应减轻姜某的赔偿责任,作为对于被告的过错评价。被告不承担案外人姜某车辆维修损失的赔偿责任。原告述称2017年2月18日,依据保险车辆损失情况确认书,已确认本案事故造成×号轿车车辆损失的维修费为37,638元,原告于2017年4月21日代姜某支付了上述车辆维修费用,原告据此取得了代位求偿权。根据上述证据分析,仅凭现有证据,无法证实原告的上述主张,故原告丧失向被告追偿的前提基础。且即使原告的主张成立,其已因代姜某支付了上述车辆维修费而享有向第三者追偿的权利,但《保险法》第四十四条保险人对第三人行使保险代位求偿权的前提,是被保险人对第三人具有赔偿请求权,第三人对保险标的的损失负有赔偿责任。本案中,被告并非姜某车辆维修损失的赔偿义务人,即姜某对于被告并无赔偿请求权,故原告亦不能向被告行使保险代位求偿权。故原告要求被告赔偿车辆损失的请求,无事实法律基础,一审法院依法予以驳回。二审法院同意一审法院裁判意见。[1]

保险人可以基于被保险人与第三者之间的合同关系而向第三者行使保险人代位求偿权。

【案例6－31】 中国平安财产保险股份有限公司北京分公司诉大顺快运(北京)有限公司保险人代位求偿权纠纷案

二审法院认为,埃森恒信公司是平安保险北京分公司《国内水路、陆路货物运输保险单》中载明的被保险人,受保险合同保障,享有保险金请求权,该依法享有的权利并不受是否实际支付保险费的影响。大顺快运公司与埃森恒信公司签订货运委托书,大顺快运公司应当保证货物在运输过程中不受损坏,尽管大顺快运公司将涉案货物的运输转交其他公司办理,该义务并不免除。因此,平安保险公司有权向大顺快运公司请求赔偿。[2]

---

〔1〕 参见国家法官学院、最高人民法院案例研究院编:《中国法院2020年度案例》(保险纠纷),中国法制出版社2020年版,第207页。山东省聊城市中级人民法院(2018)鲁15民终2982号民事判决书。

〔2〕 参见国家法官学院案例开发研究中心编:《中国法院2014年度案例》(保险纠纷),中国法制出版社2014年版,第199页。北京市第二中级人民法院(2012)二中民终字第15082号民事判决书。

被保险人基于不同的法律关系对多个第三者享有赔偿请求权，保险人支付保险金后即取代被保险人，有权分别起诉各个第三者，也可同时对数个第三者提起诉讼。

【案例6－32】 中银保险有限公司深圳分公司诉山东省枣庄明坤配载有限责任公司等保险人代位求偿权纠纷案

二审法院认为，保险人深圳公司从被保险人三九公司处所取得的权利在其理赔的范围内，应与被保险人三九公司从承运人明坤公司和侵权人物流公司、张某处所取得的赔偿请求权是一致的。一审法院对此理解有误，二审法院予以纠正。另外，本案中，三九公司基于不同的法律关系对多个第三者享有赔偿请求权而提起的诉讼属于普通的共同诉讼。依据《侵权责任法》的相关规定，债权人有权分别起诉，也可以同时起诉数个债务人。因此，物流公司和张某以其与保险公司或被保险人之间没有合同关系而不应对其行使追偿权的答辩理由亦不能成立。[1]

就《保险法》第六十二条规定的立法目的而言，旨在避免被保险人因保险人行使代位求偿权而无法实际获得损失补偿，从而导致保险制度损失填补基本功能的落空。因此限制保险人代位求偿权行使对象，包括“被保险人的组成人员”具体范围的核心依据应当着眼于被保险人与保险人代位求偿权的相对人之间的经济利益上的“同一性”。本案判决遵循了保险法该条的立法宗旨，基于被保险人与其关联公司之间法律属性的分析，指出关联公司之间具有独立的法律人格即具有独立财产和独立利益，关联公司之间对于不属其所有的财产也并非当然具有保险利益，从法律上将被保险人的法定利益与其关联公司的法定利益予以切割，进而认定被保险人的关联公司不构成《保险法》第六十二条规定的保险人的组成人员，保险人可以把对关联公司行使代位求偿权，完全符合《保险法》第六十二条规定的立法目的。[2]

【案例6－33】 中国人民财产保险有限公司青岛市分公司与青岛日联华波科技有限公司保险人代位求偿权纠纷案

二审法院认为，日联华波公司作为被保险人（该三家公司）的关联公司，与被保险人之间不存在经济利益的同一性，在法律人格上亦不具有依附性，故其不构成《保险法》第六十二条规定的“被保险人的组成人员”，保险人可依法在对该三家公司赔偿保险金后，对日联华波公司行使代位求偿权。[3]

---

〔1〕 参见《人民司法·案例》2014年第4期（总第687期）。山东省枣庄市中级人民法院（2012）枣商终字第1号民事判决书。

〔2〕 参见王静编著：《保险违法案件办理总成》，法律出版社2023年版，第527页。

〔3〕 2022年度全国法院十大商事案件之八。

个案中，由法官根据案情确定被追偿的主体适格性。

【案例6－34】　中国太平洋财产保险股份有限公司南京分公司与刘某、宿州市中诚运输有限公司、中顺汽车服务有限公司保险人代位求偿权纠纷再审案

再审法院认为，本案中太平洋财险南京分公司在理赔后依法取得向负有交通事故全责的机动车皖LCX货车一方追偿的权利。《民法典》第一千二百一十三条规定了投保机动车发生交通事故负有赔偿责任的，由保险公司先行予以赔偿，不足部分由该机动车一方赔偿，该规定适用的前提是车辆在依法设立的保险公司投保。本案中，中顺服务公司在市场监管部门注册成立，并没有经过法定的设立保险公司批准程序，其注册资本未达到保险公司注册资本最低限额2亿元，其登记的经营范围亦不包括保险业务。故根据《保险法》第六条规定，中顺服务公司并非依法设立的保险公司，本案侵权机动车所“投保”的机动车三者责任安全统筹亦不是机动车商业保险。因此，本案不适用《民法典》第一千二百一十三条规定关于保险公司先行赔偿，不足部分再由机动车一方赔偿的规定，太平洋财险南京分公司直接向侵权的皖LCX货车一方追偿，有事实、法律依据，依法应予支持。太平洋财险南京分公司主张中顺服务公司提供的机动车三者责任安全统筹服务类似于担保，故要求中顺服务公司承担连带责任，无事实、法律依据，不予支持。太平洋财险南京分公司实际支付理赔款45,000元，承保皖LCX货车交强险的中国平安财产保险股份有限公司礼泉支公司已向太平洋财险南京分公司支付了2000元的赔偿款，太平洋财险南京分公司在43,000元范围内享有追偿权。《民法典》第一千二百一十一条规定，以挂靠形式从事道路运输经营活动的机动车，发生交通事故造成损害，属于该机动车一方责任的，由挂靠人和被挂靠人承担连带责任。本案中侵权的皖LCX货车实际车主系刘某，车辆挂靠在宿州运输公司，刘某应当承担给付43,000元赔偿款责任、宿州运输公司应承担连带赔偿责任。刘某和宿州运输公司抗辩称应由中顺服务公司承担赔偿责任，无事实和法律依据，不予采信，其可依据和中顺服务公司之间的合同另行向中顺服务公司主张权利。综上，原审判决适用法律不当，予以纠正。判决：撤销原判决；刘某给付太平洋财险南京分公司赔偿款43,000元，宿州运输公司承担连带赔偿责任。驳回太平洋财险南京分公司对中顺服务公司的诉讼请求。[1]

被挂靠人、承运人应当对保险人代位求偿权承担连带赔偿责任。

---

〔1〕　江苏省南京市中级人民法院(2022)苏01民再6号民事判决书。

【案例 6－35】 保险公司诉商贸公司、吴某保险人代位求偿权纠纷案

一审法院认为，被保险人运输公司将保险标的的货物委托给商贸公司进行运输，实际承运人与被保险人之间形成委托合同关系，则实际承运人应被认定为被保险人之外的第三者；吴某虽主张其与被保险人之间系共同合伙关系，但其提供的证据不足以证明其主张，其相关意见不予采纳。保险人行使代位求偿权，应以被保险人对第三者享有损害赔偿权为前提，这里的赔偿请求权既可因第三者对保险标的实施的侵权行为而产生，亦可基于第三人的违约行为等产生。吴某、商贸公司在承接被保险人的货物运委托后，因其自身原因导致货物受损无法完成所授委托，构成违约，被保险人享有损害赔偿权。关于吴某主张的保险人未提示代位求偿条款的意见，因其并非投保人也非被保险人，且代为求偿条款也不是免除保险人责任的条款，故该意见亦不予采纳。对于保险公司主张的利息损失，首先，该利息损失主张已超出其赔偿金额范围；其次，保险公司未举证证明其曾向吴某、商贸公司主张相应权利而被拒，故对该利息损失的请求不予支持。判决：(1) 商贸公司、吴某连带向保险公司支付理赔款 324,909.46 元；(2) 驳回保险公司的其他诉讼请求。二审法院同意一审法院裁判意见。[1]

3. 行使保险合同约定范围

保险代位求偿权的内容，必须与保险人填补损失的内容具有一致性，保险公司才能行使代位求偿权。当被保险人有多项损失的，而保险公司依据保险合同的约定仅就其中部分项目的损失予以赔付的，被保险人可以就未获赔付的损失项目，向第三者行使赔偿请求权。保险公司则只能就已经给付保险赔偿金的损失项目行使保险代位求偿权。

4. 保险代位求偿权数额范围

保险公司行使代位求偿权的范围不得超过其实际赔偿金额的范围。因为设立代位求偿权的目的在于防止被保险人因保险事故的发生而获得双重利益，保险公司也不应因行使代位求偿权而获得额外利益。有必要对保险公司对其行使代位求偿权进行限制，即不得超出实际赔付金额的限度。

---

〔1〕 参见国家法官学院、最高人民法院司法案例研究院编：《中国法院 2023 年度案例》(保险纠纷)，中国法制出版社 2023 年版，第 249 页。北京金融法院(2021)京 74 民终 441 号民事判决书。

【案例6－36】　联合通达物流公司与中国人民财产保险股份有限公司北京市宣武支公司保险代位求偿权纠纷案

二审法院认为,人保宣武支公司与医药销售公司于2008年5月30日签订了预约保险合同,2008年6月19日,医药销售公司又作为投保人投保了货物运输保险,故人保宣武支公司与医药销售公司之间存有合法的货物运输保险合同关系。医药销售公司委托联合公司运输保险标的物,联合公司对在运输过程中出现的货损应当承担赔偿责任。人保宣武支公司在承保的货物发生保险事故后,向医药销售公司赔付了免赔额以外的保险金36,000元,人保宣武支公司依法可以在赔偿金额范围内代位行使医药销售公司对联合公司请求赔偿的权利。人保宣武支公司向法院提交的证据材料足以证明,涉案货物损失金额为37,000元,人保宣武支公司要求联合公司给付36,000元赔偿有据,应当予以支持。二审法院维持原判。[1]

保险事故发生后,被保险人已经从第三者取得赔偿的,保险公司赔偿保险金时,可以相应扣减被保险人从第三者已取得的赔偿金额。保险公司不承担赔偿保险金责任的前提是被保险人对第三者的赔偿请求予以放弃或者已经取得全额赔偿。

【案例6－37】　中国人民财产保险股份有限公司佳木斯市永红支公司与中国工商银行股份有限公司佳木斯分行保险代位求偿权纠纷案

关于第三人佳工行对华联商厦的损害应负的赔偿责任范围,一审、二审法院综合考虑了被保险人和第三人对本案火灾起因及其造成重大损失原因的过错综合,最终认定被保险人华联商厦对本案火灾所造成的损失应当承担主要的责任,自行承担其财产损失的70%;佳工行因违规使用电器未尽到承租人应尽的防火注意义务从而对本案火灾事故造成的重大损失负次要责任,对华联商厦的财产损失应承担30%的赔偿责任,符合事实和法律,故永红公司对佳工行行使代位求偿权不能超过佳工行对华联商厦的赔偿责任范围。[2]

《保险法》第六十条虽然只是规定了保险公司只能向被保险人偿付的保险金额向第三者行使求偿的权利,但其实质是规定了保险人向第三者追偿赔偿金的上限幅度,而并非规定无论在何种情况下,保险人均有权就其向被保险人偿付的赔

---

〔1〕 参见最高人民法院保险法司法解释起草小组编著:《〈中华人民共和国保险法〉保险合同章条文理解与适用》,中国法制出版社2010年版,第405页。

〔2〕 参见最高人民法院保险法司法解释起草小组编著:《〈中华人民共和国保险法〉保险合同章条文理解与适用》,中国法制出版社2010年版,第401页。

偿数额向第三者追偿。保险代位求偿权的基础与来源是被保险人对第三者请求赔偿的权利,被保险人对第三者的赔偿请求权存在范围或者说大小(以保险人支付的赔偿金额为限)问题,受其自身有无过错之影响。换言之,保险代位求偿权的最大值,并非必须实现,应根据个案情况在其最大值以下确定。

案件诉讼费的产生是基于第三人对于侵权人的损害赔偿请求权,保险公司实际赔付后就取得了代受害第三人之位向侵权人求偿的权利,因此,追偿权范围以保险公司实际赔付为限,其鉴定费用应包括在追偿范围内。

【案例6-38】 天安财产保险股份有限公司无锡中心支公司诉还某某、日新电机(无锡)有限公司保险代位求偿权纠纷案

判决观点,本案中,天安财险无锡支公司对顾某某的赔偿是基于法律的强制性规定,主要是基于交强险制度功能和救济目的的实现。交强险突出的特点是公益性和强制性,不以营利为目的,它将具有严重损害性的机动车交通事故风险社会化,从而实现更便捷救济受害人的目的。但保险公司承担的仅是垫付责任,由交通事故损害的严重过错方承担终局的赔偿责任。日新公司辩称追偿范围仅包括赔偿款不应包括诉讼费,法院认为,诉讼费的产生是基于第三人对侵权人的损害赔偿请求权,保险公司实际赔付后就取得了代受害第三人之位向侵权人求偿的权利,因为追偿权范围以保险公司实际赔付为限,本案中诉讼费用应包括在追偿范围内,日新公司的抗辩理由于法无据,不予采信。[1]

关于保险求偿权数额是否包括求偿金期间的利息问题。对此,不能"一刀切",应视个案中求偿权范围是否确定情形而予以处理。司法实践中往往有两种情形:第一种观点认为被保险人对第三者享有的赔偿损失请求权在给付保险金时已经确定,当事人并无争议;第二种观点认为尚存争议,尚不明确,如第三者和被保险人均对保险事故的发生具有过错,但对第三者的过错程度和责任范围在保险人给付保险金时尚存争议。有法官认为,在前一种情形下,由于保险代位求偿权的范围确定,一经保险人请求即应履行给付义务,但应给予合理的宽限期,故第三者在保险人请求时拒绝履行或者在请求时虽未拒绝但在宽限期届满后仍拒绝履行的,则构成迟延履行,应赔付迟延履行期间的资金损失。在后一种情形下,由于代位求偿权范围尚未确定,故第三者以此为由不履行给付义务的,不构成迟延履行,不应赔付已给付金额的损失。[2]

---

〔1〕 参见国家法官学院案例开发研究中心编:《中国法院2018年度案例》(保险纠纷),中国法制出版社2018年版,第234页。江苏省无锡市南长区人民法院(2015)南商初381号民事判决书。

〔2〕 参见最高人民法院民事审判第二庭编:《商事审判指导》2011年第1辑(总第25辑),人民法院出版社2011年版,第106页。

【案例6-39】 中国人民财产保险股份有限公司佳木斯市永红支公司与中国工商银行股份有限公司佳木斯分行保险代位求偿权纠纷案

最高人民法院认为,由于本案为民事侵权引发的代位求偿权纠纷,而追偿的责任尚处在不确定状态之中,因而由此责任而形成的债权也并非确定。责任人应否承担责任?如是,则应承担多大的责任,亦尚处在不确定状态。只有在当事人对本案责任和债务没有争议时或者由法院作出裁定后,当事人迟延履行其应当履行的义务才产生迟延债务的责任问题。本案永红公司主张佳工行支付赔款利息的上诉请求,本院亦不予支持。[1]

【案例6-40】 中国平安财产保险股份有限公司上海分公司诉厦门西北南物流有限公司保险人代位求偿权纠纷案

一审法院认为,诉争保险事故经公估后进行理赔,平安财险公司赔偿508,899.96元并未超过公估数额。万隆华江公司厦门分公司并非涉案货物的货主,而是缔约承运人,西北南公司违约给万隆华江公司厦门分公司造成的经济损失应为万隆华江公司厦门分公司为此向托运人ABB公司赔付的金额,即450,000元,保险公司代位万隆华江公司厦门分公司要求赔偿的金额不得超过万隆华江公司厦门分公司的实际经济损失金额,因此,西北南公司应赔偿平安财险公司450,000元。保险人可向第三者追偿的范围仅限于其已赔付的保险金,平安财险公司要求另行支付利息,缺乏法律依据。二审法院亦持同样意见,维持一审判决。[2]

在不足额保险中,保险人的保险代位求偿权与被保险人对第三者赔偿请求权同时存在,两者的赔偿金额按下列原则确定:(1)第三者对外赔偿义务的范围维持不变;(2)优先满足被保险人对第三者的赔偿请求权,使被保险人的损失获得最大补偿;(3)保险人仅能向第三者代位求偿剩余部分;(4)被保险人明确放弃自己对第三者的赔偿请求权的,保险人可以在全部赔偿金额的范围内行使保险代位求偿权。[3]

因第三者原因导致被保险人受损,在保险人理赔前,第三者已对受损部分进行了修复,保险人在向被保险人理赔后,依据保险代位请求第三者承担赔偿责任。由于第三者已经进行了修复,不应再承担赔偿责任,故对保险人的主张不应予以

[1] 参见最高人民法院保险法司法解释起草小组编著:《〈中华人民共和国保险法〉保险合同章条文理解与适用》,中国法制出版社2010年版,第401页。

[2] 参见国家法官学院案例开发研究中心编:《中国法院2018年度案例》(保险纠纷),中国法制出版社2018年版,第249页。福建省厦门市中级人民法院(2015)厦门终字第4850号民事判决书。

[3] 参见《上海市高级人民法院关于审理保险合同纠纷案件若干问题的解答(二)》。

支持。

【案例6－41】 某保险公司与某影楼保险代位求偿权纠纷案

判决观点，本案的争议焦点为某影楼在保险公司理赔之前修复的一楼中庭天花及外墙饰面受损部分是否包含在理赔范围之内。被告某影楼在涉案火灾发生后，对某广场一楼中庭天花的受损部分及外墙饰面进行了维修。据前述《保险公估报告》记载，该报告所认定的应维修的受损天花是指某广场三楼的天花而非一楼中庭天花。某影楼在火灾发生后对一楼中庭进行维修的行为不应视为其已对前述《保险公估报告》核定的受损财物进行了赔偿。另甲公司确认某影楼对外墙饰面的受损部分进行了维修，且其已就外墙饰面受损部分向保险公司索赔并已取得了赔偿。涉案火灾系由某影楼所致，保险公司依据保险合同于2008年3月2日向甲公司赔偿17,972.80元之后，即在其理赔范围内取得了向两被告追偿的权利。但某影楼在原告理赔之前，已经对受损的外墙饰面进行了维修，故不应再对这部分损失承担赔偿责任。据前述《保险公估报告》核定，外墙饰面的核损金额为4752.00元，扣除这部分赔偿费用后，某影楼应赔偿原告13,220.80元。保险公司与甲公司均未提供证据证明甲公司向原告出具前述《权益转让书》后，已将债权转让事宜通知了被告某影楼，故法院对保险公司要求某影楼支付赔偿款利息的主张不予支持。保险公司支付的2000元公估费系其为了确定甲公司的损失而支出的必要费用，这笔费用依法应由原告自行承担。〔1〕

关于非机动车、行人赔偿机动车车辆损失代位求偿例外问题，从法律适用、法律解释、利益衡量等角度综合分析，有条件地采用过错责任原则，结合事故的发生原因、责任划分、非机动车一方的人身损害、机动车的财产损失及投保情况等多种因素，对机动车财产损失的救济进行权利平衡。由法官根据案情裁量，限制保险人代位请求赔偿数额。

【案例6－42】 中国太平洋财产保险股份有限公司无锡分公司诉蔡某某保险人代位求偿权纠纷案

判决观点，根据公平原则，若因法无规定即对非机动车方的赔偿推定按一般侵权处理，判定其按照事故成因中的责任大小对车辆进行赔偿，将导致个案中“人命不如车贵”的显著不公问题，故法院酌定由蔡某某承担55%的责任，即28,235元，周某某一方承担剩余45%的责任。尽管原告已经履行了

---

〔1〕 参见最高人民法院民事审判第二庭编著：《最高人民法院关于保险法司法解释（四）理解与适用》，人民法院出版社2018年版，第219页。广东省深圳市南山区人民法院（2008）深南法民二初字第1475号民事判决书。

全部赔付义务,但其只可在28,235元范围内代位行使周某某对蔡某某请求赔偿的权利。[1]

在保险人代位求偿权中,法官应注意对善意第三者已赔偿部分的审核。

【案例6-43】　中华联合财产保险股份有限公司无锡中心支公司诉何某保险人代位求偿权纠纷案

判决观点,本案中,何某负本起事故的全部责任,应赔偿B汽车的损失。鉴定费属于为查明和确定保险标的的损失程度所支付的必要的、合理的费用,是保险人为理赔支出的成本,不属于保险金范畴,不能代位求偿,故法院对中华保险公司要求何某赔偿鉴定费1740元的诉讼请求不予支持。法院调取的预付条、修理费发票可以证明何某支付邵某的1500元系预付的车损赔偿款,何某主张的该款系全部赔偿,事故已经处理完毕,但未提供相应的证据予以证明,不予采信,已预付的1500元应当予以扣除,故对中华保险公司要求何某支付赔偿款35,248元的诉讼请求依法予以支持,超出部分不予支持。[2]

保证保险合同保险人主张代位求偿权的,金额范围应限于赔付金额及资金占用期间的利息损失。

【案例6-44】　财保公司诉李某保证保险合同纠纷案

判决观点,被告在原告提供的投保单中签名确认向原告投保履约保证险,原告已出具被告作为投保人、案外人某银行作为被保险人的保险单,故原告与被告之间成立保证保险合同关系。因被告未按照约定履行还款义务,某银行向原告提出索赔申请。原告为此支付了代偿款72,114.91元,原告已履行了保险赔付义务,故原告作为保险人有权在贷款金额内向被告追偿。原告要求被告支付代偿款72,114.91元,依法应予支持。因未有证据显示被告已支付2019年12月21日至2020年2月29日的保费,原告有权要求被告支付保费4925.25元,符合合同约定,法院亦予支持。关于原告主张的违约金。依据保险条款约定,被告未付保费,应按照每日千分之一的标准,自代偿之日向原告支付违约金。但考虑到违约金主要具有补偿性质,本案中因被告未及时付款而给原告造成的损失主要体现在利息方面,合同约定的违约金过分高于原告的实际损失,故法院酌情将违约金标准调整为全国银行间同业拆借中

---

〔1〕　参见国家法官学院案例开发研究中心编:《中国法院2018年度案例》(保险纠纷),中国法制出版社2018年版,第246页。江苏省盐城市经济技术开发区人民法院(2016)苏0991民初字第930号民事判决书。

〔2〕　参见国家法官学院、最高人民法院案例研究院编:《中国法院2020年度案例》(保险纠纷),中国法制出版社2020年版,第214页。江苏省江阴市中级人民法院(2018)苏0281民初13673号民事判决书。

心公布的一年期贷款市场报价利率，即违约金计算方式以77,040.16元(72,114.91元+4925.25元)为基数，按照全国银行间同业拆借中心公布的同期一年期贷款市场报价利率自2020年3月9日起计算至实际清偿之日止。原告超出上述范围部分的诉讼请求法院不予支持。[1]

5. 不属于保险代位求偿数额的范围

其一，公估费、鉴定费等必要费用不应列入保险代位求偿数额范围。保险公司向投保人收取的保险费(亦称毛保费)由两部分构成：一是纯保费，对应于每个单位保额的可能损失额；二是附加保费，即保险公司就每单位保额支出的经营费用，包括保险公司的手续费、佣金和固定成本等各种费用。查明和确定保险事故的性质、原因和损失程度是保险公司理赔工作的一部分，是理赔必须支出的费用，属于附加保费的范畴。《保险法》第六十四条规定，在理赔程序中支出的公估费等必要费用，由保险公司承担。保险公司支出的公估费不属于《保险法》第六十条规定的保险赔偿金。在保险代位求偿权纠纷中，保险公司要求第三者赔偿公估费的，法院不应对其支持。

其二，其他项目不应列入保险代位求偿权数额范围。保险公司根据保险合同的约定，仅就当被保险人所受损失中的特定项目承担赔偿责任后，不能就其他赔偿项目行使保险求偿权。也就是说，保险公司仅有对涉及已赔偿项目的求偿权，而不涉及未赔偿的项目。

海上货物运输合同中，如果货物在运输过程中受损，则数额合理的货损检验费系为确定保险标的损失程度而必须支付的费用，应当由保险人承担，即使这笔费用先由被保险人对外支付，保险人也应当向被保险人支付该笔费用，且应于保险标的赔偿范围之外另行支付。可见，货损检验费用是保险人为履行保险合同而必须承担的费用，该笔费用不属于保险标的的损失。换言之，保险人支付的货损检验费不属于代位求偿权范围。

【案例6-45】 中国平安财产保险公司苏州分公司诉上海海骏物流有限公司等海上货物运输合同纠纷案

二审法院认为，涉案货损发生后，系由保险人方申请对货物进行检验，并支付了相应检验费用，故保险人平保苏州公司向被保险人澳洋公司赔付的仅是保险单项下的保险标的的损失，澳洋公司亦通过出具权益转让书的形式确认将赔偿款部分保险标的的一切权益转让给平保苏州公司。故在此情况下

---

〔1〕 参见国家法官学院、最高人民法院司法案例研究院编：《中国法院2023年度案例》(保险纠纷)，中国法制出版社2023年版，第107~108页。广东省深圳市福田区人民法院(2021)粤0304民初5689号民事判决书。

判断保险人是否有权向承运人追偿货损检验费，需明确保险人对外支付的检验费用的性质，以及保险人基于代位求偿权向承运人追偿的范围问题。关于货损检验费的性质，《保险法》第六十四条规定："保险人、被保险人为查明和确定保险事故的性质、原因和保险标的的损失程度所支付的必要的、合理的费用，由保险人承担。"《海商法》第二百四十条第一款规定："被保险人为防止或者减少根据合同可以得到赔偿的损失而支出的必要的合理费用，为确定保险事故的性质、程度而支出的检验、估价的合理费用，以及为执行保险人的特别通知而支出的费用，应当由保险人在保险标的的损失赔偿之外另行支付。"据此，海上货物运输合同中，如果货物在运输过程中受损，则数额合理的货损检验费系为确定保险标的的损失程度而必须支付的费用，应当由保险人承担，即使这笔费用先由被保险人对外支付，保险人也应当向被保险人支付该笔费用，且应于保险标的的赔偿范围之外另行支付。可见，货损检验费用是保险人为履行保险合同而必须承担的费用，该笔费用不属于保险标的的损失。关于保险人代位求偿权向承运人追偿的范围，《海商法》第二百一十六条第一款规定……据此，在海上运输合同中，如果运输途中受损，保险人应依约向被保险人赔偿保险标的的损失，而被保险人向保险人转移的亦是就保险责任范围内的损失向第三人追偿的权利。可见，在承运人应当对货损承担责任的情况下，保险人基于代位求偿权向承运人追偿的范围限于保险标的在保险责任范围内的损失。故本案中保险人为对货物进行检验而支付的相应检验费，系平保苏州公司为履行保险合同、向被保险人澳洋公司赔付货款而必须承担的费用，该笔检验费并非涉案保险标的的损失，不属于平保苏州公司基于代位求偿权可向承运人海骏公司赔付的仅是保险单项下的保险标的的损失，以及澳洋公司向平保苏州公司转让的仅是赔偿部分标的的一切权益的事实，也印证了海上货物运输合同保险代位求偿权纠纷中，保险人平保苏州公司无权就货损检验费向承运人海骏公司追偿。据此，二审法院依法判决：驳回上诉，维持原判。[1]

应当注意的是，对于不应赔偿或者有争议有的损失，保险公司"自愿"赔偿后行使保险代位求偿权是有争议的问题。第三者认可并不抗辩的，愿意满足保险公司的代位求偿权或者保险公司与第三者均确认此系保险公司的自愿给付，保险公司不行使代位求偿权的，则自无争议。在保险公司主张代位求偿权而第三者不予认可，并据此抗辩的情形下，以是否超出第三者承担赔偿责任范围为界，区分情况处理。保险公司超出应赔偿范围但未超出损失范围自愿给付的，应属于其对自身

---

〔1〕 参见邹碧华主编：《2013 年上海法院案例精选》，上海人民出版社 2013 年版，第 380 ~ 381 页。

权利的处分,享有保险代位求偿权;如超出加重了第三者的赔偿责任,应限制其行使保险代位求偿权。第三者在保险人承担赔偿责任之后,仍向被保险人作出赔偿的,应当根据通知的情况分别处理。通知到达前,第三者已经向被保险人作出赔偿的,属善意清偿,可以产生债务消灭的法律效力。保险人向第三者行使保险代位求偿权的,法院不予支持。保险人可以另行起诉,要求被保险人返还从第三者处取得的赔偿金。通知到达后,第三者仍向被保险人赔偿的,属于恶意清偿,不产生债务消灭的法律效力。保险人对第三者行使保险代位求偿权的,法院应予支持。第三者与被保险人之间的关系可另案处理。[1]

需要研究的问题是,保险人能否对被保险人的前手行使代位求偿权。《保险法》有关代位权的规定,未说明代位取得的权利是否包括票据权利。《票据法》第三十一条规定了"以其他合法方式取得",但未明确合法方式取得范围。从本质上讲,保险代位权是债权的转让形式。如果保险人可以通过理赔代位取得票据权利,保险人全额理赔后,被保险人就将其票据权利转让给保险人。但问题是,根据《票据法》第四条第四款的规定,票据权利包括付款请求权和追索权。也就是说,保险人在付款请求权得不到满足时,可以向前任一前手,包括其直接前手即被保险人请求支付票据金额,这显然有违当事人合同的目的乃至整个保险制度的存在目的。

【案例6-46】 中国出口信用保险公司广东分公司诉广州市番禺华南摩托企业集团有限公司等保险代位求偿权纠纷案

一审法院认为,票据追索权系持票人的权利,以持有票据为前提。信用保险公司并非上述商业承兑汇票当事人,更非该票据的持有人,其本身不享有该票据上的任何权利,也不因理赔贴现损失而代位取得票据追索权。信用保险公司对第三人承保的是商业承兑汇票贴现后付款人到期不能付款的风险,是信用保险。华南摩托在汇票到期后不能支付汇票金额,造成信用保险事故。原告在向第三人理赔后,有权代位行使第三人对华南摩托请求损害赔偿的权利。但骏力公司并非信用保险事故责任人,原告也不享有对骏力公司的票据追索权,因此,原告要求骏力公司承担还款责任,本院不予支持。二审法院持同样意见。[2]

---

〔1〕 参见吴庆宝主编:《最高人民法院专家法官阐释民商裁判疑难问题》(2013~2014年卷),中国法制出版社2013年版,第87页。

〔2〕 参见国家法官学院案例开发研究中心编:《中国法院2013年度案例》(保险纠纷),中国法制出版社2013年版,第224页。

(四)第三者对保险标的损害

《保险法》第六十条规定的"第三者对保险标的的损害",是司法实践中极有争议的问题。主要存在五个方面的争议。

1.第三者范围问题

第三者是相对于保险合同当事人而言的,但又受到一定限制。第三者应泛指保险合同当事人以外的所有人,不仅包括自然人,也包括法人及非法人团体。第三者是指损害保险标的而造成保险事故的行为人,即第三者与保险事故或被保险人存在特定关系。要从保险目的和功能来确定第三者,应根据个案来界定第三者。

【案例6-47】　中国太平洋财产保险公司徐州中心支公司诉沙某等保险人代位求偿权纠纷案

判决观点……第二,关于《保险法》第六十条所规定的"第三者"范围问题,也即向谁追偿的问题。该条款中的"第三者"应理解为导致事故发生的当事人,也即本案中的沙某,而非挂靠公司、保险公司,沙某与挂靠公司、保险公司则属另一法律关系,不予评判。当事人可以另行提起诉讼解决。第三,关于合并审理的问题。鉴于三被告之间存在不同的法律关系,原告请求三被告承担责任实则是将不同的法律关系予以合并审理。追偿权纠纷不同于道路交通事故损害赔偿纠纷,原告请求挂靠公司与沙某承担连带赔偿责任,所依据的法律关系乃属另一法律关系,与本案追偿权法律关系非同一法律关系,原告的这一诉请不予支持。[1]

旅行社责任保险中,运输公司不是纯正的第三人,限制保险公司履行赔偿义务后应另行向运输公司行使保险代位求偿权。

【案例6-48】　中华联合财产保险公司株洲中心支公司诉株洲长乐旅游运输有限责任公司等保险人代位求偿权纠纷案

判决观点,在本案中,车辆的安排、发车的时间、线路、停靠地点完全按照旅游公司意志作出,驾驶员驾驶车辆载运旅客的行为是完成旅游服务行为不可分割的组成部分,驾驶员应当视为被保险人的组成人员,其过失等同于旅

---

〔1〕 参见最高人民法院中国应用法学研究所编:《人民法院案例选》2020年第12辑(总第154辑),人民法院出版社2021年版,第121页。安徽省五河县人民法院(2019)皖0322民初1469号民事判决书。

游公司的过失,旅游公司违反规定将车辆驶入景区,对交通事故的形成负有责任,保险公司作为保险人应承担赔偿责任,原告承保了株洲市交通旅行社有限责任公司该次旅游服务期间的"旅行社责任保险",本应当依法承担保险赔偿义务,而不是在履行赔偿义务后另行转嫁风险规避自身保险责任。对原告请求行使保险代位求偿权诉讼请求,因被告并非本案适格的第三者,法院不予以支持。对两被告认为株洲长乐旅游运输有限责任公司不是本案的适格第三人应当驳回原告的诉讼请求的主张,法院予以支持。[1]

因第三者违约行为给被保险人的保险标的造成损害的,可以由保险人向第三者行使代位求偿权。

【案例6-49】 中国平安财产保险股份有限公司江苏分公司诉江苏镇江安装集团有限公司保险人代位求偿权纠纷再审案

再审法院认为,该条款使用的是"因第三者对保险标的损害而造成保险事故"的表述,并未限制规定为"因第三者对保险标的的侵权而造成保险事故"将保险代位求偿权的权利范围理解为限于侵权损害赔偿请求权,没有法律依据。从立法目的看,规定保险代位求偿权制度,在于避免财产保险的被保险人因保险事故的发生,分别从保险人及第三者获得赔偿,取得超出实际损失的不当利益,并因此增加道德风险。将《保险法》第六十条第一款中的"损害"理解为仅指"侵权损害",不符合保险代位求偿权制度设立的目的。故保险人行使代位求偿权,应以被保险人对第三者享有损害赔偿请求权为前提,这里的赔偿请求权既可因第三者对保险标的实施的侵权行为而产生,亦可基于第三者的违约行为等产生,不应仅限于侵权赔偿请求权。本案平安保险公司基于镇江安装公司的违约行为而非侵权行为行使代位求偿权,镇江安装公司对保险事故的发生是否有过错,对案件的处理并无影响。并且,《建设工程施工合同》约定"承包人不得将本工程进行分包施工"。因此,镇江安装公司关于其对保险事故的发生没有过错因而不应承担责任的答辩意见,不能成立。平安财险公司向镇江安装公司主张权利,主体适格,并无不当。[2]

对侵权第三者的认定,要以是否造成损害承担责任来确定。

【案例6-50】 中国人民财产保险股份有限公司无锡市分公司诉无锡中房物业有限公司等保险代位求偿纠纷案

一审法院认为,本案中,月秀花园小区13楼3楼房屋系小区的配套用

---

〔1〕 参见国家法官学院案例开发研究中心编:《中国法院2015年度案例》(保险纠纷),中国法制出版社2015年版,第261页。湖南省株洲市荷塘区人民法院(2013)株荷法民二初字第121号民事判决书。

〔2〕 最高人民法院指导案例74号。江苏省高级人民法院(2012)苏商再提字第0035号民事判决书。

房,月秀花园小区业主委员会与被告中房公司签订物业委托管理合同,委托中房公司对小区附属配套建筑和包括屋顶、外墙面等的共用部位进行维修、养护及管理,应当认定,中房公司即相关房屋及其外墙面的管理人。中房公司应当尽勤勉的管理义务,对使用达一定年限的建筑物进行及时的检验、维护,对需要整饬、维修的部分采取适当的措施进行整修,防止外墙脱落,损害他人。现房屋外墙的水泥、瓷砖脱落,造成他人车辆损害,则需由中房公司对其管理行为无过错承担举证责任。现中房公司不能证明对房屋外墙的养护没有过错,故应当对本案车辆承担民事赔偿责任。二审法院持同样意见,维持原判。[1]

代驾司机及代驾信息服务平台不属于《保险法》第六十条规定的第三者。

【案例6-51】 人保揭阳公司诉宜行公司、王某保险人代位求偿纠纷案

一审法院认为,本案中,被告王某系投保人庄某1通过e代驾平台找的代驾人,被告王某具有合法驾驶资格,不存在任何禁驾情形,系发生事故时投保人允许的合法驾驶人,认定为交强险、三者险及车损险的被保险人,不属于被保险人以外的第三者,原告人保揭阳公司依据保险合同承担保险责任后,依法不享有再向保险合同被保险人王某追偿的权利。判决:驳回人保揭阳公司的诉讼请求。二审法院同意一审法院裁判意见。[2]

试驾司机构成被保险人员的组成人员,而不属于《保险法》第六十条规定的第三者。

【案例6-52】 天平公司诉姚某保险人代位求偿纠纷案

二审法院认为,在车损险法律关系中,天平公司是依据车损险合同约定,对被保险人银河公司允许的合法驾驶人姚某造成的保险事故中的保险车辆损失承担保险责任,姚某本身是天平公司承担保险责任的受益对象,自然属于被保险人的组成人员,适用《保险法》第六十二条……规定,而排除在天平公司可以行使代位求偿权"第三者"之外。故天平公司的上诉请求和理由依据不足,法院不予支持。判决:驳回上诉,维持原判。[3]

关于第三者在性质上为公法人的争议问题。有法官认为,如果第三者在性质

---

〔1〕 参见国家法官学院案例开发研究中心编:《中国法院2012年度案例》(保险纠纷),中国法制出版社2012年版,第217页。

〔2〕 参见国家法官学院、最高人民法院司法案例研究院编:《中国法院2021年度案例》(保险纠纷),中国法制出版社2021年版,第195页。江苏省南通市中级人民法院(2019)苏06民终3952号民事判决书。

〔3〕 参见国家法官学院、最高人民法院司法案例研究院编:《中国法院2021年度案例》(保险纠纷),中国法制出版社2021年版,第204页。江苏省无锡市中级人民法院(2019)苏02民终2269号民事判决书。

上为公法人,但引发保险事故发生的损害行为系私法行为,则保险人行使代位求偿权应无异议,因为在该情形下,其在私法法律关系中的身份应为私法人。这里讨论的关键问题是第三者是公法人,因公法上的损害行为导致保险事故发生,保险人可否行使代位求偿权的问题。其核心是保险代位求偿权的范围是仅限于私权利还是也包括公权利的问题。这应综合考量保险合同约定的责任范围,以及社会公共利益保护等因素进行具体判断。[1]

2. 第三者损害性质方式问题

有观点认为,第三者对保险标的以侵权的方式造成损害。也有观点认为,既应包括侵权损害,也应包括违反合同约定造成的损害。还有观点认为,其不仅包括因第三者的不法行为而成立,也包括因第三者的适法行为而成立,如共同海损中的弃货行为,当保险人赔付后,有权向其他共同海损债务人行使分摊请求权。最高人民法院法官认为,这里的"第三者对保险标的的损害"是使被保险人享有向第三者请求赔偿的法律事实,而基于该法律事实产生的法律关系究竟为合同法律关系还是侵权法律关系抑或其他法律关系,并不应进行限定。正如前文所述,设立代位赔偿请求权制度的法理基础之一是禁止双重受偿、产生不当得利,实现保险的补偿功能,故被保险人对第三者债权的发生原因为何,并不能影响保险代位权的行使。只要该保险事故的方式也使被保险人享有对第三者赔偿请求权,则保险人均可向第三人行使代位权。[2]《保险法》第六十条明确规定保险代位求偿权,但没有规定第三者损害行为性质和方式,但可得出代位求偿权不以侵权为限,合同责任也能引起代位求偿权,立法者解释时也认为,"保险标的因第三者违约或者侵权而产生损害",[3]这与目前大多数学者的理论观点相吻合。笔者认为,《保险法》第六十条的赔偿请求权不仅包括侵权行为所产生的损害赔偿请求权,也包括违约赔偿请求权,还包括不当得利请求权、所有物返还请求权、占有物返还请求权、连带责任的内部追偿权等。

3. 第三者的过错问题

在确定了侵权行为和合同行为都可以引起保险代位求偿权这一前提下,又涉及合同责任的归责原则问题。违约责任的归责原则分为过错责任和无过错责任。

---

〔1〕 参见最高人民法院民事审判第二庭编:《商事审判指导》2011 年第 1 辑(总第 25 辑),人民法院出版社 2011 年版,第 96 页。

〔2〕 参见最高人民法院保险法司法解释起草小组编著:《〈中华人民共和国保险法〉保险合同章条文理解与适用》,中国法制出版社 2010 年版,第 389 页。

〔3〕 安建主编:《中华人民共和国保险法(修订)释义》,法律出版社 2009 年版,第 100 页。

在过错责任原则中，第三者因自己的过错，应对自己的违约行为承担赔偿责任，保险公司据此行使代位求偿权理所当然；但无过错的合同责任能否引起代位求偿权，即第三者并无主动违约行为，根据法律规定，其应承担无过错的赔偿责任，此时保险公司能否对无过错的第三者行使代位求偿权是争议的焦点。

如果第三者的损害并非基于故意，而是由于过失，并不影响保险公司行使保险代位求偿权。最高人民法院法官认为，所谓代位权构成的要件之一是第三者对保险标的的损害，且第三者应对被保险人承担赔偿责任，至于该赔偿责任的法律关系基础以及过错形态，并不影响代位权的行使。因此，如果是基于第三人的过失行为而致保险标的物损害，且第三者应对保险人承担赔偿责任的，保险人仍享有代位求偿权。[1] 第三者与被保险人均有过错的，保险人对第三者承担责任份额承担范围行使代位权。

【案例6－53】 中国平安财产保险股份有限公司北京分公司诉华北高速公路股份有限公司保险代位求偿权纠纷案

一审法院认为，华北高速未及时发现道路上的方钢，进而未采取设置相应警示标志或尽快清除方钢的措施，导致事故发生、他人财物受损，系违约行为，理应承担赔偿责任。投保车辆在高速路上行驶本身亦存在过失，应适当减轻华北高速公司的赔偿责任。此次事故华北高速公司应承担70%的赔偿责任。二审法院持同样意见维持一审判决。[2]

侵权案件的第三人损害中的过失相抵对保险代位求偿权的影响。

【案例6－54】 中国人民财产保险股份有限公司无锡市分公司诉无锡中房物业有限公司等保险代位求偿纠纷案

一审法院认为，民事损害赔偿适用过失相抵的条件之一，是受害方对损害结果的发生也有过失。是否构成过失，又应当以行为人对行为的后果能否预见为前提，应当预见而没有预见或者已经预见而轻信可以避免则构成过失。本案中，朱某某虽然将车辆停放于没有停泊位的人行道上，其违章停车时显然无法预见到上方会有水泥等脱落物掉落下来。所以，朱某某的违章行为不构成车辆受侵害这一结果的过失，本案不适用过失相抵原则。二审法院维持了一审判决中的被告中房公司给付原告中保无锡公司12,300元的判决。[3]

---

〔1〕 参见最高人民法院保险法司法解释起草小组编著：《〈中华人民共和国保险法〉保险合同章条文理解与适用》，中国法制出版社2010年版，第392页。

〔2〕 参见国家法官学院案例开发研究中心编：《中国法院2013年度案例》（保险纠纷），中国法制出版社2013年版，第229页。

〔3〕 参见国家法官学院案例开发研究中心编：《中国法院2012年度案例》（保险纠纷），中国法制出版社2012年版，第217页。

4. 第三者损失数额界定问题

在理赔公估过程中以及对保险标的物残值处理时,应当通知第三者,第三者享有抗辩权利。

【案例6-55】 安联保险公司广州分公司诉天津市路通大型物件运输服务有限公司保险代位求偿权纠纷案

二审法院认为,事故发生后,被上诉人与第三人之间未就损失数额进行过确认。在整个公估过程中,上诉人与第三人均未通知被上诉人到场,使被上诉人丧失了提出异议的权利,而后损坏货物又被第三人处理,无法重新评估或鉴定;且公估公司出具的公估报告又将事故发生日期记载错误,依据错误日期的汇率牌价折算免赔金额,必然导致最后确定的损失数额有误,因此,该公估报告内容亦存在瑕疵,被上诉人行使其对第三人的抗辩权,主张该公估报告不能作为其向第三人赔偿损失数额的依据,有事实依据,原审法院未予采纳该公估报告并无不当。综上,上诉人的上诉请求依据不足,原审法院认定事实清楚,适用法律正确,予以维持。[1]

5. 第三者抗辩问题

保险人在向被保险人支付保险金后获得对第三人的债权,第三人可以保险人主张其对被保险人的抗辩事由。被保险人与第三人之间的法律关系呈多样性,保险人对被保险人与第三人之间的法律关系无法完全掌控,因此,被保险人与第三人之间的法律关系中的约定如运输合同的保价条款能否对抗保险人是疑难问题。笔者认为,根据《民法典》第五百零六条的规定,实际承运人在故意或重大过失导致货物损失的情况下,应排除减轻自身责任约定(或保价条款)的适用。

【案例6-56】 三井住友海上火灾保险(中国)有限公司诉上海迅林物流有限公司保险代位求偿权纠纷案

二审法院认为,鉴于系争保价条款限制了迅林公司的赔偿范围,依照《合同法》相关规定,其适用范围应限于迅林公司在合同履行过程中不存在故意或重大过失的情形下。本案系争合同为运输合同,而运输合同的标的系承运人的运输行为,现迅林公司作为承运人擅自将运输义务转由他人实施,不履行对货物的运输义务和管控责任,实际未履行合同的主要义务,迅林公司亦未能举证证明托运人四通公司对其转运行为予以认可,故可认定迅林公司对

---

〔1〕 参见国家法官学院案例开发研究中心编:《中国法院2013年度案例》(保险纠纷),中国法制出版社2013年版,第233页。

此构成重大过失。在此情况下，系争保价条款应排除适用，迅林公司不得据此对抗四通公司及其代位权利人的相关主张。[1]

未经通知第三者，第三者向被保险人赔偿，可以对抗保险人的代位求偿权。

【案例6－57】　人保公司诉医疗器械公司保险代位求偿权纠纷案

一审法院认为，人保公司已向某医院赔偿保险金，且某医院已将追偿权转让给人保公司，人保公司有权在转让金额范围内行使代位求偿权。本案中，2017年2月25日，人保公司向某医院支付保险赔款后，并未将其获得代位请求赔偿权利的情况通知医疗器械公司，因此，保险人获得代位求偿权的情况对医疗器械公司不发生效力。而医疗器械公司与某医院于2018年5月16日达成协议约定，除更换血管造影X线机一套外，还赔偿价值160万元的移动DR一台，并约定某医院不得因此次事故再主张权利。因此，医疗器械公司向某医院履行的行为在法律上产生了消灭债务的效力。现人保公司向医疗器械公司行使代位求偿权，因医疗器械公司的债务已消灭，代位求偿权作为债权请求权已不复存在，故人保公司请求医疗器械公司支付其保险赔款及利息的诉讼请求不予支持。关于人保公司认为其保险赔偿范围与医疗器械公司的赔偿范围并不一致的意见，医疗器械公司与某医院达成的协议针对的是整体事件，并没有指定赔偿范围，也没有证据表明医疗器械公司对于保险赔偿范围知晓，对人保公司的上述意见不予采信。综上所述，对人保公司的全部诉讼请求不予支持。判决：驳回人保公司的全部诉讼请求。二审法院同意一审法院裁判意见。[2]

（五）保险代位求偿权适用

保险公司的代位求偿权属于法定权利，在适用中因《保险法》未规定或规定的不清楚，尚需对有些问题加以探讨。

1. 被保险人放弃请求权

保险合同订立前或保险事故发生前，被保险人放弃对第三者请求赔偿权利的，《保险法》没有明确规定。《保险法解释（四）》第九条第一款规定："在保险人以第三者为被告提起的代位求偿权之诉中，第三者以被保险人在保险合同订立前

〔1〕 参见郭伟清主编：《2015年上海法院案例精选》，上海人民出版社2016年版，第165页。

〔2〕 参见国家法官学院、最高人民法院司法案例研究院编：《中国法院2022年度案例》（保险纠纷），中国法制出版社2022年版，第220页。北京市第三中级人民法院（2020）京03民终13702号民事判决书。

已放弃对其请求赔偿的权利为由进行抗辩,人民法院认定上述放弃行为合法有效,保险人就相应部分主张行使代位求偿权的,人民法院不予支持。”该条规定有以下几层含义:其一,本条规定适用的前提是保险人提起代位求偿权之诉,保险人已实际全部或部分赔付。其二,被保险人有预先放弃对第三者的赔偿请求权事实。其三,被保险人放弃对第三者赔偿请求权的时间是合同订立之前。其四,由法官依法审查被保险人预先放弃行为的效力。其五,对被保险人的弃权行为有效,法院不支持保险人的这部分诉求。也就是说,保险人在保险合同中明确承诺同意放弃行使代位求偿权,表明被保险人的弃权行为得到了保险人的同意,该条款应当有效。这里应注意的是,由于被保险人放弃对第三者请求赔偿的权利既可以是全部放弃也可以是部分放弃,故保险人不承担赔偿金的范围也应视被保险人放弃的赔偿权利的范围而定。〔1〕

《保险法解释(四)》第九条第二款规定:“保险合同订立时,保险人就是否存在上述放弃行为情形提出询问,投保人未如实告知,导致保险人不能代位行使请求赔偿的权利,保险人请求返还相应赔偿金的,人民法院应予支持,但保险人知道或应当知道上述情形仍同意承保的除外。”该条规定有两层含义:其一,被保险人未如实告知放弃行为的,返还赔偿金。其二,保险人知道或应当被保险人弃权同意承保的,法院不支持其返还赔偿金的诉求。

【案例6-58】 A保险公司与B物流公司、C保险公司代位求偿权纠纷案

二审法院认为,关于A保险公司预先同意D物流公司放弃对第三者的损害赔偿请求权的意思表示是否有效的问题。根据《保险法》第六十二条的规定可以推定,《保险法》并不禁止保险合同约定保险人同意被保险人事先放弃追究与其有共同利益的第三者的民事责任。本案所涉运输合同成立在先,而所涉运险批单出具在后,因此,A保险公司在承保时明知D物流公司事先放弃对第三者的损害赔偿请求权的,与其在保险合同中作出同意放弃代位求偿权的意思表示可以相互印证。再根据《保险法》第十六条第六款的规定,A保险公司在已经收取足够保费的情况下,应当承担相应的保险责任。〔2〕

【案例6-59】 美亚财产保险有限公司广东分公司诉安得物流股份有限公司代位求偿权纠纷案

二审法院认为,本案的主要争议焦点为美亚保险公司是否有权行使保险

〔1〕 参见最高人民法院保险法司法解释起草小组编著:《〈中华人民共和国保险法〉保险合同章条文理解与适用》,中国法制出版社2010年版,第409页。

〔2〕 参见最高人民法院民事审判第二庭编著:《最高人民法院关于保险法司法解释(四)理解与适用》,人民法院出版社2018年版,第197页。广东省广州市中级人民法院(2016)粤01民终19279号民事判决书。

人代位求偿权。在保险人代位求偿权诉讼中,保险人取得的代位权不得超过被保险人即原权利人所享有的追究第三人民事责任的请求权边界。美亚保险公司在保险合同中放弃向安得公司行使代位求偿权,表明美亚保险公司对于夏晖公司事先放弃追究安得公司的违约责任的行为予以确认,即保险人同意被保险人放弃对第三者请求赔偿的权利,夏晖公司的上述行为有效。因此,美亚保险公司取得的代位求偿权不能超过夏晖公司的权利边界,即放弃追究安得公司的违约责任。尽管美亚保险公司在随后出具的第 044 号货运险批单中删除了上述同意条款,但是该条款不具有溯及力。[1]

保险合同订立后,保险事故发生前被保险人放弃且未告知的,保险人可以扣减或者要求返还相应的保险金。

保险事故发生后,保险人未赔偿保险金之前,被保险人放弃对第三者请求权,尽管保险人此时不享有保险代位求偿权,但势必影响其保险代位求偿权的行使,损害保险人的利益。司法解释制定者认为,如果保险事故发生后,保险人未给付保险金之前,被保险人放弃对第三人的请求赔偿的权利,但保险人不知该弃权事实而如约赔偿后,无法向第三人行使代位求偿权的,可以被保险人违反保险合同的代位权条款为由向被保险人主张合同权利。如果被保险人与第三人存在恶意串通情形的,可以请求被保险人或者第三人,或者二者共同承担侵权损害赔偿责任。[2]

保险事故发生后,保险人已向被保险人赔偿保险金,被保险人未经保险人同意,与第三者签订部分免除责任或以物抵债协议,即放弃向第三者请求权的,则该协议无效。保险人向第三者行使保险代位求偿权的,法院应予支持。第三者与被保险人之间的关系可另案处理。

与此相关联的问题,保险事故发生后,在交警部门未能认定事故责任的情况下,当事人在法院主持下达成调解协议并制成调解书,这不影响保险人的代位求偿权,保险人不能以被保险人自行承诺支付赔偿金额为由拒绝赔偿,除非保险人能够证明被保险人与第三者恶意串通或者存在违法行为。

【案例 6－60】　厦门国旅旅运服务有限公司诉太平洋保险公司保险理赔案

二审法院认为,(2004)湖民初字第 2732 号民事调解书并不能作为国旅公司放弃对第三者请求赔偿的权利和依据。本案中不存在代位求偿的问题。民事调解书是在事故发生后交警部门未能认定事故责任的情况下,罗某某向

---

〔1〕 参见国家法官学院案例开发研究中心编:《中国法院 2019 年度案例》(保险纠纷),中国法制出版社 2019 年版,第 256 页。广东省广州市中级人民法院(2016)粤 01 民终 19279 号民事判决书。

〔2〕 参见最高人民法院民事审判第二庭编著:《最高人民法院关于保险法司法解释(四)理解与适用》,人民法院出版社 2018 年版,第 187 页。

法院起诉要求刘某某和修理厂承担全部责任，修理厂与刘某某在法院的主持下与罗某某达成的调解协议，是经法院确认自愿、合法、有效而制作的生效法律文书。人民法院审理民事案件，系根据当事人自愿的原则，在事实清楚的基础上，分清是非，进行调解，调解协议经调解书确认已发生法律效力，不存在保险公司向罗某某代位求偿的问题。同时，民事调解书明确约定，罗某某赔偿款项同意以保险理赔金额为准，因此，该民事调解书并非修理厂及刘某某自行承诺支付的赔偿金额。[1]

应注意的是，保险人在理赔后反悔进而向第三者主张代位求偿权的，违反保险法最大诚信原则，也不具有请求权基础，即使被保险人单方变更意思表示同意保险人行使代位求偿权，也不能变更被保险人与第三者之间的合同约定，因此，保险人因被保险人的预先弃权行为而不得行使代位求偿权。

2. 请求权竞合

被保险人因同一法律事实，依据不同法律规定，可以向同一第三者主张两个以上请求权，而这些不同请求权又不能同时得到满足的，属于请求权竞合。在被保险人对保险公司的赔偿请求权和第三者的赔偿请求权发生重合时，被保险人有自由选择权，其获得的补偿不能超过其损失的范围。既可以先请求第三者赔偿，也可以先请求保险公司补偿。保险公司行使代位求偿权的，不影响被保险人就未取得的赔偿部分向第三者请求赔偿的权利。在不足额保险中，保险公司仅能向第三者代位求偿剩余部分。被保险人明确放弃自己对第三者的赔偿请求权的，保险公司可以在全部赔偿金额的范围内行使保险代位求偿权。

根据《民法典》第一百八十六条的规定，保险公司依据保险代位制度行使原属被保险人的上述竞合的请求权时，法官应当予以释明，要求保险公司进行选择。经法官释明后保险公司作出明确选择的，法院按照保险公司确定的请求权进行审理。释明后，保险公司未作选择的，法官应根据最有利于纠纷解决的原则依职权确定。

【案例6－61】 中国人寿财产保险股份有限公司北京分公司诉北京凯捷风公交客运有限公司保险人代位求偿权案

二审法院认为，于某某的车辆在凯捷风公司管理的停车场因墙体倒塌产生损失，人寿财险北京分公司依据保险合同向于某某赔付了保险金，现人寿财险北京分公司代于某某向凯捷风公司主张赔偿责任，该请求权的基础存在

〔1〕 参见最高人民法院中国应用法学研究所编：《人民法院案例选》2006年第1辑（总第55辑），人民法院出版社2006年版，第249页。

违约责任和侵权责任的竞合。经查,一审法院明确告知人寿财险北京分公司本案存在违约责任和侵权责任的竞合,询问人寿财险北京分公司的意见,人寿财险北京分公司明确表示按照侵权责任向凯捷风公司主张赔偿责任。一审法院已经依据上述法律规定向人寿财险北京分公司进行了释明,人寿财险北京分公司亦进行明确选择,现人寿财险北京分公司在本案二审中另行基于凯捷风公司违约要求其承担违约责任,本院不予审查。据此判决:驳回上诉,维持原判。[1]

3. 请求权转让

根据《民法典》第五百四十五条的规定,债权人可以将合同权利全部或部分转让第三人。保险代位求偿权是一种法定的请求权转让,保险公司代位求偿权取得原属于被保险人对第三者的赔偿权利后,即成为债权人,可以对外转让其取得的赔偿请求权,但根据法律规定或当事人约定禁止转让的除外。

4. 过错问题

保险公司与被保险人在其活动中存在过错的,将影响或限制保险公司行使代位求偿权。

(1)被保险人的过错。被保险人对第三者的赔偿请求权是否实现还要受到其自身有无过错之影响,在被保险人无过错的情况下,是被保险人所受损害的全额赔偿请求权;在被保险人也有过错情况时,按混合过错的责任形态,被保险人就自己过错所造成的那部分损失无权向第三者请求赔偿。所以,第三者向被保险人所赔偿责任,是以第三者在损害关系中的责任大小为限的。被保险人能够对第三者行使的请求权大小就决定了保险人代位求偿权的大小。据此,不是保险人向被保险人支付了多少赔偿金额,就可以代位向第三者求偿多少金额,保险人代位向第三者的求偿金额,在保险人向被保险人支付的赔偿金额内以被保险人有权向第三者请求赔偿的金额为限。

【案例6-62】　中国人民财产保险股份有限公司无锡市崇安支公司诉中国人民解放军第一〇一医院保险人代位求偿权纠纷案

判决观点,关于涉案车辆的驾驶人将车辆停放在篮球场上,主观上是否有过错。法院认为,首先,一〇一医院在院内已经设置了专门的停车位,不仅有一个规模较大的地下停车场,亦在露天设置了多个停车位,供入院人员停

---

[1] 参见国家法官学院案例开发研究中心编:《中国法院2019年度案例》(保险纠纷),中国法制出版社2019年版,第253页。北京市第二中级人民法院(2017)京02民终10881号民事判决书。

放车辆;其次,篮球场并非医院划定停车位,未设置禁止停车标志并不代表医院默许该处可以停车,且根据正常人的认知,篮球场是用来运动健身的场地,并非专门的停车场场所,一般情况下不可用于停放车辆。据此,法院认为,在事发当天,涉案车辆驾驶人将车辆停放在没有专门停车标识的篮球场上,自身存在一定过错。关于过错比例,法院认为,虽然涉案车辆驾驶人将车辆停放在篮球场上与车辆受损之间存在一定关联,但树木折断才是导致车辆损毁的直接原因和主要原因,且在驾驶人停放车辆时,院方并未加以阻止,亦未在篮球场设置禁止停车的标志,同时经法院拍照取证,在 2015 年 6 月 5 日当天,一〇一医院的篮球场上依然停放了 10 多辆汽车,可见其对于篮球场的停车行为采取的是放任的态度,并未采取合理措施避免乱停车现象的发生,因此,一〇一医院对此依然要承担主要的责任。综合车辆受损的因果关系以及双方的过错程度,法院确定一〇一医院承担 80% 的责任,人保崇安支公司自行承担 20% 的责任。[1]

实践中,被保险人将车辆借给他人使用肇事无过错,对借用人的过错不应当承担责任。

【案例 6-63】 某保险公司诉殷某、赵某代位求偿权纠纷案

判决观点,本案交通事故中被告殷某负全部事故责任,对杨某的轿车造成了损害,杨某按照与原告之间的保险合同请求原告支付保险金,自原告履行合同义务后,取得向被告殷某请求赔偿的代位追偿权,故被告殷某应当支付原告保险赔偿款。被告赵某将肇事车辆出借给具有驾驶资格的殷某驾驶,对损害的发生没有过错,故不应承担赔偿责任。法院判决殷某支付原告保险公司相应赔偿款。[2]

(2)保险人过错。在个案中,保险公司存在过错时,亦应承担相应责任,限制其全部行使追偿权。

【案例 6-64】 中国太平洋财产保险股份有限公司无锡中心支公司诉无锡市宝龙汽车销售有限公司等汽车赔偿纠纷案

一审法院认为,根据《保险法》的相关规定,太保无锡支公司在赔付之后有权向羊某某进行追偿。但是太保无锡支公司在羊某某向其投保分期付款购车履约保证险时,对于汽车销售发票本身所存在的瑕疵却没有按照规定尽

---

〔1〕 参见国家法官学院案例开发研究中心编:《中国法院 2017 年度案例》(保险纠纷),中国法制出版社 2017 年版,第 240 页。江苏省无锡市北塘区人民法院(2015)北商初安第 0209 号民事判决书。

〔2〕 参见赵文杰:《车损险中保险人向借用人追偿问题》,载谢宪、李友根主编:《保险判例百选》,法律出版社 2012 年版,第 358 页。

到谨慎审查义务，致使羊某某投保成功从而获得了贷款，因此虽然其中有当时9座以上车辆私人领牌限制的具体因素，但对于最终的赔付损失，太保无锡支公司自身还是应为其疏于审查承担15%的责任。二审法院持同样意见。〔1〕

司法实践中，第三人无过错保险人即不能向其追偿，〔2〕笔者赞同这一观点。

5. 代位求偿权诉讼管辖

《保险法解释(四)》第十二条规定："保险人以造成保险事故的第三者为被告提起代位求偿权之诉的，以被保险人与第三者之间的法律关系确定管辖法院。"该条规定有以下几层含义：其一，由法官对基础法律关系审查。其二，确定管辖原则，是被保险人与第三者之间的法律关系，由侵权行为地或者被告住所地法院管辖，而不应当根据保险合同法律关系确定。其三，仲裁协议适用。对于涉外仲裁，最高人民法院很多关于保险代位求偿权的批复一直认为被保险人与第三者之间的仲裁条款不约束保险人，除非保险人明确表示接受。〔3〕在不具有涉外因素的纠纷案件中，仲裁条款对受让人有拘束力。〔4〕

【案例6－65】　华泰财产保险有限公司北京分公司诉李某某、天安财产保险股份有限公司河北省分公司张家口支公司保险人代位求偿权纠纷案

判决观点，本案中，第三者实施了道路侵权行为，造成保险事故，被保险人对第三者有侵权损害赔偿请求权；保险人行使代位权起诉第三者的，应当由侵权行为地或者被告住所地法院管辖。现二被告的住所地及侵权行为地均不在北京市东城区，故北京市东城区人民法院对该起诉没有管辖权，应裁定不予受理。〔5〕

【案例6－66】　甲保险公司与张某某、乙保险公司保险人代位求偿权纠纷案

黑龙江省高级人民法院认为，保险人代位求偿权的基础是被保险人对第三者享有债权，因第三者对保险标的的损害造成事故，保险人向被保险人赔

---

〔1〕参见最高人民法院中国应用法学研究所编：《人民法院案例选》2007年第2辑(总第60辑)，人民法院出版社2007年版，第331页。

〔2〕参见刘建勋：《保险法新型疑难案例判解》，法律出版社2007年版，第184～191页。

〔3〕参见最高人民法院民事审判第二庭编著：《最高人民法院关于保险法司法解释(四)理解与适用》，人民法院出版社2018年版，第249页。

〔4〕参见最高人民法院民事审判第二庭编著：《最高人民法院关于保险法司法解释(四)理解与适用》，人民法院出版社2018年版，第250页。

〔5〕最高人民法院指导案例25号。北京市东城区人民法院(2012)东民初字第13663号民事裁定书。

偿保险金后,代位行使被保险人对第三者请求赔偿的权利而提起诉讼的,应根据保险人所代位的被保险人与第三者之间的法律关系确定管辖法院。本案中,王某某所有的黑A×××××牌号小型轿车与张某某所有的黑K×××××牌号小型轿车在哈伊公路发生交通事故,甲保险公司作为保险人向被保险人王某某进行了赔偿,甲保险公司现行使保险人代位求偿权起诉张某某和为张某某的小型轿车承保交强险的乙保险公司,应按照代位求偿权所依据的法律关系即侵权纠纷来确定管辖法院。《民事诉讼法》第二十八条规定:"因侵权行为提起的诉讼,由侵权行为地或者被告住所地人民法院管辖。"张某某住所地位于海伦市,乙保险公司住所地位于哈尔滨市南岗区,本案诉讼标的额13,474.60元,甲保险公司选择向南岗区法院提起诉讼,符合法律规定。且《民事诉讼法解释》第三十五条规定……南岗区法院在本案开庭审理后,以乙保险公司在立案前已对张某某赔付完毕,履行了保险赔付义务,不应再承担赔付责任为由,裁定将本案移送铁力市法院审理不当,黑龙江省高级人民法院予以纠正。[1]

《九民纪要》第九十八条规定:"被保险人和第三者在保险事故发生前达成的仲裁协议,对行使保险代位求偿权的保险人是否具有约束力,实务中存在争议。保险代位求偿是一种法定债权转让,保险人在向被保险人赔偿保险金后,有权行使被保险人对第三者请求赔偿的权利。被保险人和第三者在保险事故发生前达成的仲裁协议,对保险人具有约束力。考虑到涉外民商事案件的处理常常涉及国际条约、国际惯例的适用,相关问题具有特殊性,故具有涉外因素的民商事纠纷案件中该问题的处理,不纳入本条规范的范围。"也就是说,在没有涉外因素的前提下,有效的仲裁协议对行使代位求偿权的保险人而言,具有扩张效力,保险人应当受仲裁协议的约束。

【案例6-67】 中国人民财产保险股份有限公司重庆市分公司诉众安在线财产保险股份有限公司保险人代位求偿权纠纷案

二审法院认为,争议焦点为案件是否由法院管辖的问题。……因一审法院未依照前述规定作出处理,故对一审法院作出的移送成都仲裁委员会的裁定,予以撤销,由原审法院重新作出处理。一审法院再次审查认为,在提起保险人代位求偿权诉讼中,应根据保险人所代位的被保险人与第三者之间的法律关系确定管辖法院。蜀宇物流公司与辛普森公司签订的货物运输合同第七条约定,"发生争议双方应当友好协商,如协商不成,双方同意向成都仲裁

---

〔1〕 参见最高人民法院民事审判第二庭编著:《最高人民法院关于保险法司法解释(四)理解与适用》,人民法院出版社2018年版,第261页。黑龙江省高级人民法院(2017)黑民辖字第19号民事裁定书。

委员会申请仲裁”,故本案的管辖应以辛普森公司与蜀宇物流公司的约定进行确定,蜀宇物流公司与辛普森公司之间所签协议管辖条款对中国人险重庆市分公司具有约束力,本案应当由成都仲裁委员会管辖。而根据《民事诉讼法解释》第一百二十四条第(二)项……法院在认为仲裁协议有效前提下,依照上述规定对原告方依法告知,但原告方坚持起诉。据此,依照《民事诉讼法解释》第一百二十四条、第二百五十一条的规定,裁定驳回中国人保重庆分公司的起诉。[1]

【案例6－68】　上海西门子高压开关有限公司与中国太平洋财产保险股份有限公司无锡分公司确认仲裁效力纠纷案

一审法院认为,本案系申请确认仲裁效力的案件,双方当事人的争议实为《订货合同》中约定的仲裁条款对于太平洋公司无锡分公司是否具有约束力。《仲裁法司法解释》第九条规定:债权债务全部或部分转让的,仲裁协议对受让人有效,但当事人另有约定、在受让债权债务时受让人明确反对或者不知有单独仲裁协议的除外。现西门子公司对太平洋公司无锡分公司享有保险代位求偿权并无异议,而保险代位求偿权作为一种法定的债权转让,亦应适用《仲裁法司法解释》第九条之规定,故《订货合同》对于太平洋公司无锡分公司具有约束力。虽然太平洋公司无锡分公司曾起诉西门子公司,并在诉讼中表示不受系争仲裁条款约束,但该意思表示并非在其受让债权时作出,故不符合《仲裁法司法解释》第九条所规定的除外情形,西门子公司认为因太平洋公司无锡分公司之前的行为或表述已排除系争仲裁条款对其约束力,缺乏法律依据。此外,本案审理中,太平洋公司无锡分公司亦明确表示根据合同法律关系向西门子公司追偿,故西门子公司以太平洋公司无锡分公司请求权基础为侵权为由,认为双方之间无仲裁协议之意见亦难以成立,不予支持。综上,裁定驳回申请人西门子公司的申请。二审法院维持一审裁定。[2]

6. 保险人对除外利益弃权

保险人依据保险合同无须承担保险责任而给予被保险人赔偿,属于保险人放弃了保险合同约定的除外利益。虽然一旦弃权成立,就不能向被保险人要求返还,但被保险人获得保险人赔偿后,保险人并不丧失对第三人的保险代位权。如

〔1〕 参见《人民司法·案例》2019年第8期(总第847期)。四川省成都市中级人民法院(2018)川01民辖终868号民事裁定书。

〔2〕 参见最高人民法院民事审判第二庭编著:《全国法院民商事审判工作会议纪要》,人民法院出版社2019年版,第509～510页。上海市闵行区人民法院(2019)沪74号民特10号民事裁定书。

果保险人在这种情况下不能享有保险代位权,被保险人还可以从第三人处获得赔偿,有悖于保险的损失补偿原则。而且,保险代位权是保险人的法定权利,保险人放弃保险合同约定的除外利益,并不意味着保险人放弃了法律规定的保险代位权。因此,第三人不能以之对抗被保险人的赔偿请求权,也不能对抗保险人的保险代位权。[1] 也就是说,保险人放弃除外利益,不影响保险代位求偿行使,不影响第三人的赔偿责任。

7. 第三者向被保险人赔偿问题

《保险法解释(四)》第十条规定:"因第三者对保险标的的损害而造成保险事故,保险人获得代位请求赔偿的权利的情况未通知第三者或者通知到达第三者前,第三者在被保险人已经从保险人处获赔的范围内又向被保险人作出赔偿,保险人主张代位行使被保险人对第三者请求赔偿的权利的,人民法院不予支持。保险人就相应保险金主张被保险人返还的,人民法院应予支持。保险人获得代位请求赔偿的权利的情况已经通知到第三者,第三者又向被保险人作出赔偿,保险人主张代位行使请求赔偿的权利,第三者以其已经向被保险人赔偿为由抗辩的,人民法院不予支持。"该条规定有以下几层含义:其一,保险人已经对被保险人赔偿。其二,未通知或者通知第三者前,保险人获得代位求偿权的情况对第三者不发生效力,第三者仍然可以向被保险人履行债务,限制保险人向第三者行使代位求偿权,但可以向被保险人主张返还不当得利。其三,在经通知第三者后,第三者向被保险人作出赔偿不能消灭对保险人的债务,保险人有权行使代位求偿权。

第三者在保险赔付保险金的通知到达前向被保险人支付赔偿金,第三者为善意清偿,可对抗保险人的代位求偿权,保险人应向被保险人主张返还保险金,获得重复赔偿的被保险人应返保险金。

【案例6-69】 中国人民财产保险股份有限公司上海市分公司诉上海江南长兴造船有限责任公司等保险合同纠纷案

判决观点,审理中,人民保险公司未提供证据证明在2016年8月30日向被保险人陆某赔偿保险金后,在2016年9月2日国源公司向陆某进行赔偿前已将人民保险公司取得代位请求赔偿权利的情况通知到国源公司。在国源公司对于陆某已在保险人处取得赔偿的事实不知情的情况下,国源公司与陆某进行了协商并已履行赔偿义务,若再要求国源公司向人民保险公司进行赔偿,显然超出了国源公司应当承担的赔偿责任范围。一审法院判决:对

[1] 参见许崇苗:《保险法原理及疑难案例解析》,法律出版社2011年版,第127页。

人民保险公司的诉讼请求不予支持。[1]

本案判决生效后，人民保险公司另行起诉陆某返还保险金，最终该案[案号：(2019)沪0151号民初第8161号]经调解，以陆某返还人民保险公司保险金1万元结案。

8. 保险代位求偿权与合同代位权区别

保险人代位求偿权，源于民法理论上的“代位权”，是“代位权”在保险领域的应用。保险代位求偿权与《民法典》合同编中代位权，两者存在诸多共同点，主要表现为：性质均属于法定权利，均存在两种法律关系、三方当事人；权利人均可向第三人主张权利。但两者亦有明显差别，并不完全等同。其一，两者的目的、功能不同。保险代位权制度是填补损害，禁止双重赔偿，实现对造成损害的第三者进行民事惩罚的目的，合理平衡双方当事人的利益，更好地保护投保人利益，并非保全债权人的债权。合同编上的代位权制度是合同保全制度，目的在于保全合同债权，避免债权人的债权因债务人不作为或者放弃行为而受损害。其二，两者法律效果不同。保险代位求偿权行使的效力，是代位行使的债权在被保险人与第三者之间因代位行使而消灭，其后果直接归属于自己。合同编上的代位权制度行使的效力是直接求偿代位者的债权，代位部分的债权在债务人与次债务人之间消灭，其后果归属债务人而且因行使代位权而增加的财产为全体债权人的共同担保，代位人不能优先受偿。如债务人怠于受领，债权人可代位受领，但债务人仍有权请求债权人交付其受领的财产。其三，两者行使的方式不同。保险代位求偿权可以诉讼方式主张，也可以当事人自助行使。合同编上的代位权必须通过诉讼方式行使。其四，两者行使范围不同。在保险代位求偿权中，保险人只能在赔偿金额范围内代位行使被保险人对第三人的请求赔偿的权利，合同编上的代位权以保全自己的债权为必要限度。其五，两者受限制不同。保险代位求偿权仅适用于财产保险合同，而不适用人身保险合同。因为人身保险标的是人的寿命和身体，无法用价值进行衡量，不适用财产保险的补偿原则，人身保险中的被保险人的损害赔偿请求权与保险金的给付请求权是并存的。即使被保险人获得了保险金，仍有权向侵权人请求赔偿。而且保险代位求偿权也不适用于与被保险人有特定关系之人。与被保险人有特定关系之人是指其家庭成员及其组成人员。因为一般情况下家庭成员与被保险人的利益是一致的，可阻却保险代位求偿权行使。但被保险人的家庭成员或者其组成人员故意造成保险事故的，也可适用保险代位求偿权。合同编上的代位权以保全债权为必要限度。

---

〔1〕 参见《人民司法·案例》2019年第23期(总第862期)。上海市崇明区人民法院(2018)沪0151民初6747号民事判决书。

9. 保险代位权与保险追偿权的区别

主要区别为,其一,法律性质不同。保险代位权是保险人在履行保险责任之后,取代被保险人的地位向肇事方行使索赔的权利,实质上是被保险人索赔权利的法定转移。保险追偿权保险人承担保险责任后挽回代偿损失,适用于交强险中。其二,适用对象不同。保险代位权的对象只能是对保险事故负有法律责任的第三方,《保险法解释(四)》也明确了当投保人与被保险人为不同主体,保险人可以向投保人主张代位求偿。保险人追偿权的对象为交强险中的无证驾驶人、无相应驾驶资格驾驶人、醉酒驾驶人、服用国家管制的精神药品或麻醉药品后的驾驶人,包括投保人,只适用于交强险中。其三,权利行使程序不同。保险人取得代位权的前提是给付保险金履行保险责任,是法定的权利转移,转移方式是被保险人出具权益转让书,由保险公司向第三者索赔。保险人行使追偿权是保险事故发生及保险人履行赔付责任,不需要权利转让程序。

【案例6－70】 财险北分公司诉郑某追偿权纠纷案

判决观点,根据本案查明的事实,郑某驾驶A号摩托车与案外人陈某发生交通事故,A号摩托车在财险北分公司投保了机动车交通事故责任强制保险,事故发生在保险期限内,法院已经判决财险北分公司在机动车交通事故责任强制保险范围内赔偿陈某损失12万元,财险北分公司已经向陈某履行了赔偿责任。由于陈某在事故发生时未取得机动车驾驶证,因此财险北分公司在向陈某赔偿后,有权依照前述法律规定和司法解释的规定向郑某追偿。财险北分公司起诉要求郑某赔偿财险北分公司12万元,有法律依据,法院予以支持。对于郑某的抗辩意见,法院不予采纳。判决:郑某赔偿财险北分公司财产损失12万元。[1]

10. 保险代位权限制

保险公司行使代位求偿权受以下限制:一是适用范围的限制;二是追偿对象的限制;三是时效限制。本文前段对限制一、限制二已分别阐述,对第三个限制放在诉讼时效纠纷专题中阐述。

---

〔1〕 参见国家法官学院、最高人民法院司法案例研究院编:《中国法院2021年度案例》(保险纠纷),中国法制出版社2021年版,第188页。北京市朝阳区人民法院(2019)京0105民初24785号民事判决书。

二、保险金请求权

保险金请求权,是指被保险人、受益人和受害人请求保险人依约履行保险金给付义务的权利。保险金请求权产生于保险合同,专属于被保险人、受益人或受害人。

(一)保险金请求权人范围

保险金请求权人范围的详见"保险合同主体纠纷"专题。

(二)保险金请求权行使

在实践中,保险金请求权行使尚存在一些问题,需要进一步厘清。

1. 请求权顺序

被保险人或者受益人行使请求权的顺序、应如何行使,《保险法》对该问题并无明确规定。《保险法解释(二)》第十九条第一款规定:"保险事故发生后,被保险人或者受益人起诉保险人,保险人以被保险人或者受益人未要求第三者承担责任为由抗辩不承担保险责任的,人民法院不予支持。"也就是说,被保险人或者受益人既可以先向第三人也可以先向保险人主张请求权,现行法律并没有保险人可以被保险人尚未请求第三人承担责任为由不承担保险责任的规定,保险人的抗辩不能成立。被保险人在对保险人的保险金赔偿请求权实现后,仍然可以向第三人请求赔偿,但其请求数额以未取得赔偿部分为限。[1] 应注意的是,该款"未要求第三者承担责任"仅指第三者导致的保险事故发生后,被保险人或受益人未要求第三者承担责任,而并非已经放弃或者将来要放弃要求第三者承担责任。

---

〔1〕 参见最高人民法院民事审判第二庭编:《最高人民法院关于保险法司法解释(二)理解与适用》,人民法院出版社 2013 年版,第 424 页。

2. 请求权竞合

发生保险赔偿请求权与侵权请求权赔偿的竞合多发生于交通事故损害案件中。一般认为,享有请求权人可以自由选择行使,法律应支持其选择。

【案例6－71】 邢某某等诉中国人民财产保险股份有限公司芜湖市分公司保险合同纠纷案

二审法院认为,在财产损失险中,如果因为第三人的原因造成被保险人财产损失的,被保险人可以基于侵权关系向第三人请求侵权损害赔偿,也可以基于保险合同关系向保险人请求承担理赔责任,是向第三人主张还是向保险人主张,被保险人有选择的权利。〔1〕

关于重大疾病保险金和死亡保险金请求权竞合问题。在一般情形下,二者只存在选择其一的关系,即在被保险人尚未死亡的情况下,保险公司给付了重大疾病保险金后便完成了给付义务,保险合同终止;即便被保险人在领取重大疾病保险金后死亡,保险公司给付的死亡保险金也将扣除已给付的重大疾病保险金后予以支付。这种一般情形适用的对象是重大疾病被保险人与受益人为同一人,当被保险人与受益人并非同一人时,被保险人身患重大疾病未领取保险金即死亡,重大疾病保险金请求权与死亡保险金请求权同时存在,发生竞合。此时,重大疾病保险金请求权的受益人名为被保险人,但因被保险人的死亡,受领保险金者为被保险人死亡后被保险人的所有继承人,而死亡保险金的受领者则为投保人预先指定的保险金受益人,出现死亡保险金的受益人完全不同于重大疾病保险金受益人、死亡保险金受益人同时也是重大疾病保险金受益人之一的两种情况。现行《保险法》对此尚未有规定,绝大多数保险合同也未有规定,对实践中出现的此类纠纷如何处理,是有争议且需深入探讨的问题。

【案例6－72】 林某、陈某等诉某保险公司保险合同纠纷案

二审法院认为,被保险人林女并未自行或委托他人提出申请(重大疾病保险金)。而保险条款第四条保险责任第一款重大疾病保险金给付责任与第二款身故保险金给付责任系并列关系,在被保险人林女未向保险公司主张重大疾病保险金即已身故的情况下,保险公司根据身故保险金指定受益人王某的申请,按约适用第四条第二款履行身故保险金给付责任,并无不当。且康宁终身保险中重大疾病保险金给付的根本目的是为被保险人因病情严重而

〔1〕 参见最高人民法院中国应用法学研究所编:《人民法院案例选》2008年第3辑(总第65辑),人民法院出版社2009年版,第304页。

花费巨大的疾病治疗提供经济支持,保险公司的上诉理由成立,应予采纳。[1] 本案中,丈夫王某是被保险人林女的受益人,林某、陈某、王某等均为被保险人的继承人,王某在保险公司已领取身故保险金30万元,二审法院的处理妥当。

有法官参考日本保险业的做法,提出重大疾病保险金和死亡保险金请求竞合时的处理原则:一是遵循保险合同约定为基本原则;二是未有合同约定时应充分考量保险目的。[2] 笔者认为,上述处理原则在法律、司法解释未有明确规定的前提下,是解决此类纠纷的可取方法,且符合保险理论和合同法的基本精神,有利于平衡双方当事人的利益,亦是公平合理的。

3. 请求权再主张

被保险人或受益人从第三人处获取侵权赔偿后,再向保险人主张保险理赔问题。对人身保险或财产保险,被保险人受到第三人的致害行为受伤,且该致害行为属于保险责任范围,被保险人或受益人同时享有保险金请求权和对第三者的损害请求权。被保险人或受益人从实施致害行为的第三人处获得侵权赔偿后,仍然可以向保险人主张保险理赔,保险人不得以被保险人或者受益人已经获得侵权赔偿为由拒绝履行保险理赔责任。人身保险被保险人与第三人和保险人之间的请求权,构成请求权聚合关系,[3]所以就不存在请求权行使顺序问题。

【案例6－73】　庄某某诉中国人寿保险股份有限公司常州市分公司人身保险合同纠纷案

二审法院认为,被保险人已从第三人即实施致害行为人处获得侵权赔偿后,仍享有保险金请求权,即其仍可以向保险人主张保险理赔,保险人不得以被保险人已经获得侵权赔偿为由拒绝承担保险理赔责任。[4] 基于损失补偿原则不适用本案中属于人身保险的"附加意外伤害医疗保险"和"附加住院医疗保险",因此,本案原告(上诉人)庄某某同时享有损害赔偿请求权和保险金请求权,保险人人寿公司以第三人已经向被保险人庄某某赔偿为由拒绝承担保险理赔责任,以及一审法院作出的庄某某因保险事故发生的损失已经

---

〔1〕 参见刘思萱:《重大疾病保险金请求权和死亡保险金请求权的关系》,载谢宪、李友根主编:《保险判例百选》,法律出版社2012年版,第238页。

〔2〕 参见刘思萱:《重大疾病保险金请求权和死亡保险金请求权的关系》,载谢宪、李友根主编:《保险判例百选》,法律出版社2012年版,第239页。

〔3〕 参见最高人民法院民事审判第二庭编著:《最高人民法院关于保险法司法解释(二)理解与适用》,人民法院出版社2013年版,第428页。

〔4〕 参见最高人民法院中国应用法学研究所编:《人民法院案例选》2012年第2辑(总第80辑),人民法院出版社2012年版,第203页。

通过诉讼从第三人处取得了赔偿，人寿公司不需再承担赔偿义务的判决，没有法律依据。二审法院撤销一审判决，判令人寿公司按照保险合同的约定向庄某某支付保险金13,428元是正确的。财产保险被保险人与第三者和保险权之间的请求权，构成请求权竞合或者聚合关系。而无论是请求权聚合关系还是请求权竞合关系，被保险人对于请求权的行使顺序都有自由的选择权。〔1〕

《保险法解释(二)》第十九条第二款规定："财产保险事故发生后，被保险人就其所受损失从第三者取得赔偿后的不足部分提起诉讼，请求保险人赔偿的，人民法院应予依法受理。"至于被保险人赔偿保险金的请求能否支持，支持的保险金金额是多少，需经过实体审理后方能确定。

在被保险人或继承人已经获得法院生效文书确认的权利且实际已取得交强险限额的赔偿款项后，无权再向保险人主张交强险赔付。

【案例6-74】 林某某等诉中国人民财产保险股份有限公司厦门市分公司、第三人厦门鼎立纸业有限公司保险合同纠纷案

一审法院认为，本案交通事故后，林某某等5人直接与鼎立公司达成调解协议并经海沧区法院司法确认，由鼎立公司一次性赔偿林某某等5人360,000元，鼎立公司陆续支付林某某等5人244,000元并向中保公司进行保险理赔，中保公司已将交强险赔偿款120,000元支付给鼎立公司，中保公司通过向被保险人赔偿保险金履行保险合同义务，符合法律规定。林某某等5人已通过鼎立公司获得赔偿金，其就同一损失再向中保公司主张赔偿没有依据。二审法院亦持同样意见，维持一审判决。〔2〕

被保险人先主张侵权后无财产执行再向保险人主张问题。在第三人致害的保险事故中，被保险人在向侵权人主张权利获得法院生效判决支持后，因侵权人无可供执行财产导致其损失无法填补时，能否再向保险公司主张权利法律并无规定。笔者认为，保险事故发生后，因第三人(侵权方)原因造成被保险人车辆损失的，发生保险合同关系与侵权关系的竞合，此时，第三人(侵权方)与保险人应负不真正连带赔偿责任，既可以向第三人主张侵权责任，也可以依据保险合同关系要求保险公司承担保险责任。被保险人请求保险人就未获得赔偿部分进行赔偿的，法院应予支持，但应注意防止被保险人因此获得双重赔偿。

---

〔1〕 参见最高人民法院民事审判第二庭编著：《最高人民法院关于保险法司法解释(二)理解与适用》，人民法院出版社2013年版，第428页。

〔2〕 参见国家法官学院案例开发研究中心编：《中国法院2014年度案例》(保险纠纷)，中国法制出版社2014年版，第149页。福建省厦门市中级人民法院(2012)厦民终字第2188号民事判决书。

【案例6-75】 张某某诉中国大地保险股份有限公司慈溪支公司保险合同纠纷案

一审法院认为,原告不仅没有放弃对第三者请求赔偿权利;反之,积极向第三者起诉主张了赔偿权利,待判决生效后,原告申请了执行,但仅获得658.84元,尚有71,741.16元未得到赔偿,因被执行人即第三者无可供执行的财产,而被法院裁定予以终结执行,现被告又以此理由拒绝赔付原告,与法相悖,不能成立。至于被告另所辩称的原告是否获得双重赔偿的可能,就损害赔偿案而言,申请恢复执行也须由原告提出申请而才能启动,只要原告就车辆损失部分不提出恢复执行申请,则车辆损失部分的执行仍处于终结状态,而就第三者经济状况而言,原告的经济损失无法得到弥补,更不能获得额外利益,至于原告已取得的赔偿款,无非在被告所应付的保险款中相应扣减而已。二审法院持同样意见。[1]

被保险人未实际或足额向受害人赔偿时,被保险人是否可以请求给付保险金的理解。责任保险的被保险人在向受害人履行赔偿义务之前不得请求给付保险金,保险人不得向其赔偿保险金,以此防止被保险人获得保险赔付却不赔偿受害人的道德危险与不当得利。

【案例6-76】 齐某某诉某财产保险公司北京分公司保险合同纠纷案

法院判定,保险公司向被保险人齐某某赔偿保险金,以齐某某向第三者实际履行赔偿义务为必要条件。在齐某某未实际赔偿第三者的情形下,保险公司无须向齐某某赔偿,否则导致齐某某不当得利。关于保险公司自愿赔偿齐某某保险金1万元,法院的观点为,法院以“判决”的方式对于其审理的民事案件作出结论,是审判机关依照法律规定确定当事人之民事责任的审判活动。有别于“调解结案”所遵循的“当事人自愿且不违背法律规定”的原则,“判决”作为法院确定当事人民事责任的方式,依据在于法律的规定。法院通过判决确定当事人承担责任,是法律规定的结果,而不是当事人意思自治的结果。本判决前文已述,依照相关法律的规定,保险公司不应当向齐某某承担赔偿保险金的责任,保险公司自愿赔偿齐某某保险金1万元意思表示,并不能改变该公司依法不应当向齐某某赔偿保险金的结果。此外,双方当事人在本案中并未基于“保险公司赔偿1万元”而形成合意,因此,审理本案的法院判决驳回齐某某的诉讼请求。如果保险公司自愿在本案诉讼程序之外向齐某某赔偿保险金,法院不持异议。[2] 也就是说,被告保险公司是否自愿

---

〔1〕 参见最高人民法院中国应用法学研究所编:《人民法院案例选》2010年第1辑(总第71辑),人民法院出版社2010年版,第254页。

〔2〕 参见刘建勋:《保险法典型案例与审判思路》,法律出版社2012年版,第388页。

在案件诉讼之外另行赔偿原告1万元，与法院判决无关，也不能改变保险人不得向其赔偿保险金的法律规定。

【不同处理】 在物流责任保险中，在物流公司（承运人）未赔偿实际货主（托运人）的情况下，物流公司（承运人）可直接向保险公司索赔，亦有实例支持。

【案例6－77】 佛山市顺德区湘越物流有限公司与太平财产保险有限公司广东分公司保险合同纠纷案

一审法院认为，被告主张的该项条款明显加重了原告的责任，本案的损失较大，被告如不先行赔偿，则原告也无能力赔偿第三人的损失。因此，《物流责任保险条款》约定被保险人给第三者造成损害，被保险人未向该第三者赔偿的，保险人不得向被保险人赔偿保险金的条款无效。对被告上述辩解意见，法院不予采信。据此，判决被告支付原告物流责任险理赔款125.784万元。二审法院亦持同样意见，维持一审判决。[1] 本案中，一审、二审法院以格式条款无效进而支持原告的诉求，有待商榷。根据物流责任保险的目的，从充分保护物流企业利益出发，不适用《保险法》第六十五条第三款之规定，由保险公司向物流公司直接赔付货物损失，亦也可为审理的一条思路。

实践中，被保险人未足额赔偿时请求权成立认定为难点。《保险法》第六十五条第三款强调被保险人的实际支付，其该条第四款规定“责任保险是指以被保险人对第三者依法应负的赔偿责任为标的保险”却是指“应负的赔偿责任”，两个条款在此是否存在矛盾有疑义。笔者认为，上述两个条款指向不同，二者表述的是一个问题的两个方面。其第四款规定以“应负的赔偿责任”为保险标的，只是赔偿对象视情况有所不同。一旦确定损害赔偿责任，保险人就应承担赔偿责任。在责任确定的前提下，如果被保险人向受害人实际赔付，则保险金的支付对象是被保险人；反之，如未向受害人实际赔付，则保险金的支付对象应是受害人。换言之，被保险人未向受害人足够赔偿时，可以先就赔付的部分向保险人主张给付保险金。并非被保险人在向受害人履行全部赔偿义务责任的，保险人才支付保险金。对被保险人未向受害人赔偿部分，原则上限制其向保险人主张。

【案例6－78】 王某诉某保险公司保险合同纠纷案

判决观点，原告已经支付了第三者赔偿款77,004元，尚余184,105元未付，根据《保险法》第六十五条之规定，原告无权就其未支付的部分要求保险人支付保险金。因此，保险人应给付保险金77,004元，其余部分不予

〔1〕 参见最高人民法院中国应用法学研究所编：《人民法院案例选》2015年第1辑（总第91辑），人民法院出版社2016年版，第236页。湖南省湘潭市中级人民法院（2014）潭中民二终字第25号民事判决书。

支持。[1]

责任保险的被保险人向第三者赔偿责任已被生效判决确认,但尚未履行该判决,亦未履行能力,法院通知保险人协助执行被保险人在赔偿第三者应在保险人处得到的保险赔偿金。保险人协助执行后,应视为被保险人已向第三者赔偿,被保险人起诉请求保险人向被保险人赔偿该部分保险赔偿金的,应得到法院支持。

【案例6-79】　董某某诉永诚财产保险股份有限公司河南分公司保险合同纠纷案

二审法院认为,董某某给第三者造成损害应承担的赔偿数额,已经山东省聊城市东昌府区人民法院(2011)聊东民一初字第2189号民事判决、(2011)聊东民一初字第2682号民事判决予以确定,并且董某某已按(2011)聊东民一初字第2682号民事判决向第三者宁某支付赔偿款40,605元及诉讼费2312元。投保车辆发生保险事故后,第三者责任险的赔偿内容是保险人向第三者赔偿保险金,而不是保险人向被保险人赔偿保险金。《保险法》第六十五条第三款规定的立法目的正是基于第三者责任险的赔偿内容为保险第三者的合法权益而制定的。本案中,虽然(2011)聊东民一初字第2189号民事判决所判决董某某承担的向第三者的数额董某某没有履行,但该判决范县人民法院已依法通知永诚财产保险股份有限公司河南分公司协助执行,原审判决依据(2011)聊东民一初字第2189号民事判决所确定的董某某应承担的赔偿数额,判决保险公司向董某某承担保险赔偿责任不能产生侵害第三者合法权益的后果,故永诚财产保险股份有限公司河南分公司应当向董某某承担该部分保险金的赔偿责任。[2]

未经保险人定损情形下,被保险人的请求权问题。被保险人在保险事故发生后有通知义务和协助义务,从性质上讲这两种义务应属法定义务。在保险事故发生后,被保险人违反通知义务,并且在没有经过保险公司定损或第三方认定的情况下,自行对事故车辆予以修理,被保险人的请求权行使是有争议的。笔者认为,被保险人的通知义务和协助义务与被保险人的保险金请求权是两个概念,并不等同,二者无内在必然联系和因果关系,保险人不能一律以违反通知义务而拒赔。也就是说,保险事故发生后,被保险人是否履行法律规定的通知义务和协助义务,不影响向保险人提出赔偿请求权。被保险人不履行通知义务和协助义务,不是法

---

〔1〕 参见杨晔旻:《责任保险中受害人的保险金给付请求权》,载谢宪、李友根主编:《保险判例百选》,法律出版社2012年版,第332页。

〔2〕 参见最高人民法院中国应用法学研究所编:《人民法院案例选》2014年第1辑(总第87辑),人民法院出版社2014年版,第284页。河南省濮阳市中级人民法院(2013)濮中法民三终字第73号民事判决书。

律规定禁止提出赔偿请求权的要件。被保险人不履行通知义务和协助义务,只是对行使请求权所期望达到的法律后果有影响,在保险人无法查清并确定保险事故的性质、原因、损失程度等时,保险人对这一部分损失取得相应的抗辩事由,可以不予赔偿或给付保险金。当然,在被保险人履行相应义务后,可以在法律规定的范围内自由行使其保险金请求权。

【案例6－80】 张某诉人民财产保险公司保险合同纠纷案

判决观点,本案中原告张某未能举证证明在事故发生后已按照合同约定履行了及时通知保险人、协助保险人勘验事故现场的义务,亦未能举证证明其主张的维修费用与2009年9月14日发生的交通事故的关联性,致使保险事故的损失程度难以确定,保险公司因此拒赔,并请求驳回原告的诉讼请求,符合双方合同约定和法律规定。法院判决驳回原告的诉讼请求。[1] 本案中,张某在保险事故发生后,确实未履行及时通知保险人的义务,并且在没有经过保险公司定损或第三方认定的情况下,自行对事故车辆予以修理。在本案中,交警部门出具的道路交通事故责任认定书,当事人陈述以及维修单位出具的维修费发票,维修费用结算清单等证据均能够及时、准确地反映保险事故的性质、原因和损失情况,且并无证据显示因原告的迟延通知而导致被告无法确定保险事故的相关内容。因此,保险公司不应以原告单纯的迟延通知而拒绝其赔偿请求。

4. 请求直接向第三者赔偿

《保险法》第六十五条第二款规定,"根据被保险人的请求,保险人应当直接向该第三者赔偿保险金",这是被保险人行使请求权的法律依据。在被保险人对第三者依法应负的赔偿责任已经确定的条件下,被保险人可以行使对保险人直接向第三者赔偿保险金请求,保险人应当满足被保险人的请求。对被保险人而言,可以行使请求保险人直接赔偿权利,也可以不行使这项权利。对保险人而言,被保险人的赔偿请求带有法律上强制性,保险人不允许自由选择且无权拒绝。保险人根据被保险人的请求直接向第三者赔偿保险金,是其在被保险人提出请求之下的法定义务,而不是保险人与被保险人在合同中的约定义务,即不论是否约定,只要被保险人提出请求便自动成为保险人的强制义务,在这一点上有别于《合同法》第六十四条、第六十五条规定的约定义务。被保险人行使请求权的前提是其对第三者的民事责任已经确定,没有确定民事责任的不得行使这项权利。确定民

---

〔1〕 参见陈耀东、田智:《未经保险人定损情形下被保险人的保险金请求权》,载谢宪、李友根主编:《保险判例百选》,法律出版社2012年版,第394页。

事责任的途径必须是合法的方式,包括当事人自行和解、行政调解、人民调解、仲裁以及诉讼等。

【案例6－81】 武某诉某财产保险公司北京分公司保险合同纠纷案

王某(武某)依法应当向第三者承担的赔偿责任,经法院审理判决已经确定。在此情形下,针对王某(武某)已经赔偿燕某的9000元,保险公司应当向被保险人武某赔偿保险金;针对王某(武某)尚未赔偿给燕某的三者车贬值损失25,700元、评估费2000元,合计27,700元,则应当适用2009年《保险法》第六十五条第二款的规定,由保险公司按照武某的请求直接向第三者燕某赔偿保险金。另需说明的问题是,鉴于燕某已经申请东城法院执行其生效判决,因此,在该案件的执行程序中,如果另出现王某向燕某履行判决义务的情形,保险公司在赔偿保险时即应当将相应金额赔偿给武某,而不是燕某。法院判决,保险公司赔偿武某保险金9000元,赔偿燕某保险金27,700元。[1]

商业险中,借用人承担赔偿责任后,保险人应向其支付理赔款,而不是向不承担责任的投保人支付。

【案例6－82】 武某某、赵某诉中国平安财产保险股份有限公司菏泽支公司保险合同纠纷案

二审法院认为,本案中,具有驾驶资格的武某某借用投保车辆肇事且已承担赔偿责任,故武某某为享有保险金请求权人,保险人平安公司应给付保险金。赵某在本案所涉保险事故中无经济损失,故原审判决由平安公司将赔偿金支付给投保人赵某,再由赵某支付武某某,无事实和法律依据,属适用法律不当,应驳回赵某的诉讼请求,由平安公司直接向武某某支付理赔款。综上,原审判决认定事实清楚,但适用法律不当。据此,二审法院撤销一审判决,平安公司赔付武某某保险金164,561.07元,驳回赵某的诉讼请求。[2]

5. 请求追偿条件

未知身份的人在交通事故中死亡时,被保险人无法直接将赔偿款赔付受害人亲属。在这种情况下,依当前的相关规定,被保险人将其赔偿款交付基金管理人,应当视为被保险人已依法承担赔偿责任,保险公司应承担给付赔偿金责任。

---

〔1〕 参见刘建勋:《保险法典型案例与审判思路》,法律出版社2012年版,第393页。

〔2〕 参见国家法官学院案例开发研究中心编:《中国法院2015年度案例》(保险纠纷),中国法制出版社2015年版,第135页。山东省菏泽市中级人民法院(2009)菏商终字第267号民事判决书。

【案例6－83】 蒋某某诉中国平安财产保险股份有限公司上海分公司保险合同纠纷案

判决观点，由于死者身份无法确认，故原告在事故发生后，未能将赔偿款直接赔付给死者亲属，而是交给了丹阳市公安局交通巡逻警大队，丹阳市公安局交通巡逻警大队又将支付了死者丧葬费后的余款298,587元交由江苏省道路交通事故社会救助基金管理人提存保管。法院判决保险公司给付原告蒋某某保险金298,587元。[1]

受害人不明，被保险人提存后有权向保险人追偿。

【案例6－84】 陆某某诉中国人寿财产保险股份有限公司三门峡市中心支公司保险合同纠纷案

二审法院认为，郭某某驾驶陆某某所有的车辆发生交通事故，将一未知名男子撞伤致死，依据公安交通警察部门出具的道路交通事故认定书，郭某某负事故的全部责任，故陆某某应在责任范围内承担赔偿责任。陆某某为其所有的车辆在中国人寿财产保险股份有限公司三门峡市中心支公司投保了交强险，依据相关法律规定，受害人的经济损失应由中国人寿财产保险股份有限公司三门峡市中心支公司在投保车辆的投保的交强险赔偿范围内予以赔偿。本案中受害人身份不明，陆某某为赔偿受害人损失，主动向法院交付赔偿款100,000元，该行为符合提存的法律要件，应认定提存成立。而提存成立，则应视为陆某某在提存范围内已履行了对受害人的赔偿义务。现陆某某向中国人寿财产保险股份有限公司三门峡市中心支公司追偿，其诉讼请求应予支持。该提存款项由原审法院依照相关规定向有关部门移交，中国人寿财产保险股份有限公司三门峡市中心支公司上诉理由不足，不予支持。故判决驳回上诉，维持原判。[2]

6. 请求权转让

被保险人请求权转让问题是难点之一。《保险法》第四十九条规定了保险合同转让，而没有涉及保险金请求权的转让，其他条款也未规定保险金请求权转让。《交强险条例》也未有转让的规定。《道路交通损害赔偿解释》第二十四条规定："当事人主张交强险人身伤亡保险金请求权转让或设定担保的行为无效的，人民法院应予支持。"该条款明确了交强险人身伤亡保险金请求权禁止转让。人身伤

〔1〕 参见国家法官学院案例开发研究中心编：《中国法院2013年度案例》（保险纠纷），中国法制出版社2013年版，第39页。

〔2〕 参见国家法官学院案例开发研究中心编：《中国法院2015年度案例》（保险纠纷），中国法制出版社2015年版，第40～41页。河南省三门峡市中级人民法院（2013）三民二终字第32号民事判决书。

亡保险金请求权,是特指根据《交强险条例》,由被保险人、受害人或死亡受害人近亲属对承保交强险的保险公司主张的保险金请求权。[1] 根据《保险法解释(三)》第十三条的规定,保险金请求权是可以转让的,这主要基于保险事故发生前,收益权是依附于特定人身关系的期待性,不能随便转让;保险事故发生后,收益权转化为保险金给付请求权,该请求权与普通债权并无本质区别,禁止其转让缺乏法律依据。可见,保险合同主体纠纷专题中的受益权转让阐述。

人身保险属于商业险,商业险与交强险的价值取向、制度设计不完全相同,为保护受害第三者的利益,应禁止"交强险"人身伤亡保险金请求权的转让,但不能禁止"商业险"人身伤亡保险金请求权的转让。人身保险金请求权转让不违反法律禁止性规定,为有效行为。

【案例 6-85】 吴某某诉百年人寿保险股份有限公司河北分公司保险合同纠纷案

二审法院认为,转让商业险保险金请求权不违反法律禁止性效力性规定,转让协议有效。人身保险属于商业险,商业险与交强险的价值取向不完全相同。交强险具有强制性、公益性,能充分彰显社会保障功能;而商业险除具有分散风险的保障功能外,还具有交强险所不具备的资本融通功能。由于交强险与商业险的目的不同,致使二者的制度设计也有所区别。虽然《道路交通损害赔偿解释》第二十四条规定,当事人主张交强险人身伤害保险金请求权转让或者设定担保的行为无效的,人民法院应予支持。但上述规定仅禁止"交强险"人身伤亡保险金请求权的转让,并未禁止"商业险人身伤亡保险金请求权的转让";且该规定的目的是保障受害人及死亡受害人近亲属享受到保险金请求权带来的利益,避免受到伤害,该条款系特别授权受害人及死亡受害人近亲属享有主张转让无效的权利。本案中,百年护驾保险不属于强制投保的险种,而属于自由投保的商业险;且主张转让无效的不是享受法律特别保护的弱势群体——受害人及其近亲属,而是具有雄厚物力、财力的保险人。所以,上诉人作为保险人主张商业险(百年护驾)保险金请求权转让无效,没有法律依据。[2]

对于专属人身损害赔偿请求权,限制其转让。

---

〔1〕 参见最高人民法院民事审判第一庭编著:《最高人民法院关于道路交通损害赔偿司法解释理解与适用》,人民法院出版社 2012 年版,第 312 页。

〔2〕 参见最高人民法院中国应用法学研究所编:《人民法院案例选》2013 年第 4 辑(总第 86 辑),人民法院出版社 2014 年版,第 234 页。河北省沧州市中级人民法院(2012)沧民终字第 2966 号民事判决书。

【案例6－86】 天津云海裕森工贸有限公司诉中华联合财产保险股份有限公司天津分公司保险合同纠纷案

二审法院认为，云海裕森公司与受害者周某平的家属李某彩、李某英、周某青签订了一份协议书，约定的人身伤害赔偿请求权专属于债权人自身的债权，属不能转让之债，依据《合同法》第五十二条的规定，云海裕森公司与受害者家属签订的合同无效。二审法院撤销一审判决，驳回云海裕森公司的起诉。[1]

应注意的是，保险金请求权的转让与保险合同转让、保险标的转让的关系。保险金请求权转让不要求受让人有保险利益，而保险合同转让要求受让人有保险利益。保险金请求权虽通知但不要求保险人同意，而保险合同转让完全不可能或须经保险人同意不能转让。保险金请求权转让的赔偿基础为被保险人损失，而保险合同转让的赔偿基础为受让人损失。保险金请求转让的保险人抗辩可以对抗受让人，而保险合同转让后保险人抗辩不可以对抗受让人。最高人民法院法官认为，保险标的转让导致保险合同转让，保险金请求权必然转让，没有单独转让的余地。然而，如果不转让保险标的，则不妨碍保险金请求权的单独转让。除此之外，保险金请求权转让可以适用于为债权人提供担保等情形，而且其要件与后果均与保险合同转让不同。因此，有独立存在的价值。[2]

企业为职工投保的团体意外伤害保险，其性质属于职工福利，当职工发生工伤事故，受伤职工就享有要求企业工伤赔偿和保险公司赔偿的双重权利。企业不能以向职工履行工伤赔偿为对价，受让职工从保险公司获赔意外伤害保险的权利。

【案例6－87】 昊辰(无锡)塑业有限公司诉华夏人寿保险股份有限公司无锡分公司保险合同纠纷案

判决观点，昊辰公司要求华夏人寿保险公司赔偿团体意外伤害保险项下保险金的主张于法无据，理由如下：第一，涉诉徐某某、林某某、王某某、李某某、周某某、罗某某6名职工系昊辰公司投保的团体意外伤害保险的被保险人，在发生保险事故后，徐某某等6名职工有权按照保险合同、保险条款的约定向华夏人寿保险公司主张团体意外伤害保险项下的相关赔偿。同时，徐某某等6名职工又是昊辰公司的在职职工，该6人所受事故伤害已经社会保险行政部门认定为工伤且经调解后由昊辰公司对徐某某等6名职工进行工伤

〔1〕 参见国家法官学院案例开发研究中心编：《中国法院2016年度案例》(保险纠纷)，中国法制出版社2016年版，第237页。天津市第二中级人民法院(2015)二中民一终字第0154号民事判决书。

〔2〕 参见最高人民法院民事审判第一庭编著：《最高人民法院关于道路交通损害赔偿司法解释理解与适用》，人民法院出版社2012年版，第315页。

赔偿。徐某某等6名职工同时享有向用人单位昊辰公司及华夏人寿保险公司主张赔偿的权利,两项求偿的权利虽均基于徐某某等6名职工所受事故伤害,但赔偿主体及依据并不相同。据此,法院认为,昊辰公司所称为减轻企业经济负担,就已经向受伤职工垫付的赔偿款向保险公司主张赔偿的理由不能成立。第二,徐某某等6名职工向昊辰公司签订了权益转让书,从权益转让书上载明的内容可知,徐某某等6名职工向昊辰公司转让向华夏人寿保险公司求偿权利的对价是昊辰公司已向6名职工进行赔偿。如前所述,昊辰公司对6名职工所负工伤赔偿义务系自身应负义务,不应以此为对价受让受伤职工向保险公司主张商业保险赔偿的权利。第三,根据昊辰公司与华夏人寿保险公司签订的投保单,双方在签订保险合同时,华夏人寿保险公司已向昊辰公司说明合同所附条款内容,即团体意外伤害保险条款所指被保险人发生意外伤害应以合同所附《人身保险伤残评定标准》进行伤残评定及比例给付。法院判决驳回昊辰公司的诉讼请求。[1]

【不同处理】 实践中,有的法院认为,建筑工程施工人员团体意外伤害保险及附加意外伤害医疗保险的保险金请求权可以转让。

【案例6-88】 四川明兴建设工程有限公司诉中华联合财产保险股份有限公司广安中心支公司保险合同纠纷案

判决观点,原告、被告签订的保险合同是双方真实意思表示,合法有效。被保险人唐某某自愿将保险金请求权转让给原告,且书面通知了被告,原告据此取得向被告请求支付保险金的权利。[2]

【案例6-89】 阿拉善盟云峰道桥有限责任公司诉中国平安财产保险股份有限公司商洛中心支公司保险合同纠纷案

一审法院认为,原告为其员工投保了团体意外伤害保险,陈某作为被保险人之一,在施工过程中发生意外事故身亡,被告应依约承担保险理赔义务。被保险人陈某的法定继承人将保险理赔请求权转让与原告,原告有权向被告主张理赔保险金。虽然保险单上的特别约定明确了未取得对应的特种作业证书进行特种作业操作引起的意外事故,保险公司不承担保险责任。但保险单及保险条款并未约定驾驶压路机属特种作业,且被告未能举证证明对该条款向投保人作了提示或明确说明,该条款对原告不产生法律效力。故原告要求被告按照保险合同约定给付保险金300,000元的理由充分,法院予以支

---

〔1〕 参见国家法官学院案例开发研究中心编:《中国法院2019年度案例》(保险纠纷),中国法制出版社2019年版,第173~174页。江苏省无锡市锡山区人民法院(2016)苏0205民初4443号民事判决书。

〔2〕 参见国家法官学院案例开发研究中心编:《中国法院2016年度案例》(保险纠纷),中国法制出版社2016年版,第195页。四川省广安市广安区人民法院(2014)广安民初3057号民事判决书。

持。二审法院同意一审法院裁判意见。[1]

保险责任确定后,受益人将人身保险金转让第三人的行为有效。

【案例6－90】 顾某诉人寿吉林分公司保险合同纠纷案

二审法院认为,贝塔公司与人寿吉林分公司之间签订的案涉团体保险合同系双方真实意思表示,并未违反法律、行政法规的强制性禁止性规定,应为合法有效,各方当事人均应受到该合同的约束。顾某在保险人名单中,人寿吉林分公司应依法依约承担赔偿责任。但人寿吉林分公司已经根据顾某出具的保险金权益转让声明等材料,向贝塔公司实际支付了理赔款,顾某现以贝塔公司未向其实际支付工伤赔偿金以及案涉保险金请求权不得转让为由,要求人寿吉林分公司向其支付理赔款及调查费用等。对此法院认为,首先,顾某工伤事故发生后,所涉意外伤害保险受益权随即转变为现实的、能够体现出数额的一项财产性权利,不再具有人身专属性,该权利可以约定转让。顾某虽称其可能在贝塔公司让其签署相关材料时一并签订了保险金权益转让声明,但其中字迹确系其本人所签,应当认定其具有将保险金申请权及与之相关的其他权利转让给贝塔公司的意思表示。人寿吉林分公司基于对赔偿协议、转让声明以及两份转账凭证材料等材料的形式审查,而向贝塔公司支付理赔款,具有事实依据,应当认定该公司已经履行了保险理赔责任,顾某在本案中再次向其主张理赔并无事实与法律依据。其次,顾某对贝塔公司一审提交的两份网银往来账单凭证所涉款项的性质有异议,认为不属于其与贝塔公司2017年1月12日达成的工伤赔偿协议项下的赔偿款。但本案为团体意外保险纠纷,保险事故发生后产生的保险金请求权与顾某依据其与贝塔公司之间的劳动关系产生的工伤赔偿请求权系相互独立的两种法律关系,贝塔公司有无向顾某实际支付工伤赔偿不影响案涉保险金权益转让的效力,亦不影响本案审理。如顾某认为贝塔公司未根据双方赔偿协议约定实际支付工伤赔偿款,其可另行主张权利。综上所述,顾某的上诉请求不能成立,应予驳回;一审法院适用法律正确,判决结果正确,应予维持。判决:驳回上诉,维持原判。[2]

车损险保险金请求权转让的,认定为有效,其转让范围在已确定的损失金额内。

---

〔1〕 参见国家法官学院、最高人民法院案例研究院编:《中国法院2020年度案例》(保险纠纷),中国法制出版社2020年版,第163页。陕西省商洛市中级人民法院(2018)陕10民终42号民事判决书。

〔2〕 参见国家法官学院、最高人民法院司法案例研究院编:《中国法院2021年度案例》(保险纠纷),中国法制出版社2021年版,第117～118页。江苏省南通市中级人民法院(2019)苏06民终1165号民事判决书。

【案例6－91】　中泰公司诉安邦公司保险合同纠纷案

一审法院认为，杜某与中泰公司签订合同，约定车辆维修费用直接由中泰公司向保险公司索赔，并通知安邦公司。该合同是保险金请求权转让合同。根据民法的基本原理，该约定应以保险金请求权存在为前提条件。车辆因事故产生损失，受益人持有与保险公司签订的保险合同，但并非一定能获得赔偿。因此，在保险公司审查确认或者经其他法律规定的程序确认赔偿之前，并不能认定受益人已经享有保险金请求权。在此情况下，受益人与他人签订保险金请求权转让合同并不当然生效，而是在保险金请求权得到确认时才生效。保险公司对车损进行勘查并经定损为18,000元，且通知了当事人，确认了受益人的保险金请求权，此时转让合同生效。可转让的保险金请求权18,000元，受让人只能按18,000元主张权利。判决：(1)安邦公司支付中泰公司理赔款18,000元；(2)驳回中泰公司的其他诉讼请求。二审法院认为，本案中保险合同双方并未就赔偿金额达成一致，赔偿金额尚不确定，且在双方仍存在争议的情况下，即对车辆进行维修，致车辆损失难以查清，故一审对安邦公司对已确认的损失金额予以判决，并无不当。判决：驳回上诉，维持原判。〔1〕

保险金请求权具有可分性，受益人可以部分转让，也可以整体转让。发生保险事故后，用人单位因赔付死者家属获得保险金请求权，应当认为死者家属作为保险合同的受益人转让的范围限于用人单位的赔付范围，对于未转让部分受益人仍享有保险公司请求支付的权利。

【案例6－92】　建安公司诉人保镇江公司保险合同纠纷案

二审法院认为，关于该保险金请求权应否全额支持的问题。本案中，事故发生后，建安公司支付给赵某家属的各项补偿费用为838,000元，并以此为条件受让所得保险金请求权。建安公司将因此获利162,000元(1,000,000元－838,000元)。保险是一种受法律保护的分散危险、补偿损失的法律制度，具有经济补偿性质，但绝无获利功能。《保险法》第四条亦明确规定，从事保险活动必须遵守法律、行政法规，尊重社会公德，不得损害社会公共利益。人民法院作为国家审判机关，职能之一就是鼓励和倡导善良功德，具有诉讼导向作用。如果无视用工单位实际支付给身故被保险人家属的各项费用少于被保险人的身故保险金的实际情况，判决保险公司全额支付用工单位受让而来的保险金，无疑将产生巨大的道德风险；个别单位或个人有

---

〔1〕　参见国家法官学院、最高人民法院司法案例研究院编：《中国法院2021年度案例》(保险纠纷)，中国法制出版社2021年版，第47页。江苏省盐城市中级人民法院(2019)苏09民终4410号民事判决书。

可能利用优势地位强压被保险人或其受益人转让保险金请求权，从中获利；更严重的后果可能就是个别单位或个人认为有机可乘，无视生产安全甚至制造安全责任事故，从中牟取不当利益。因此，应倡导善良公德，遵循公平原则，不违背公序良俗，以实际付出的赔偿额为限支持建安公司的诉讼请求。因建安公司已取得案涉保险金400,000元，故人保镇江公司仍应向建安公司支付保险金438,000元。判决：(1)维持一审判决第二项；(2)变更一审判决第一项为人保镇江公司向建安公司支付保险金438,000元。[1]

商业险"人身保险金请求权"不禁止转让。

【案例6－93】 胡某等诉人保绍兴分公司、电梯公司确认合同无效案

一审法院认为，四原告对理赔受益权转让协议上的签字真实性无异议，结合当时四原告均为完全民事行为能力人的实际情况，该转让协议项下约定内容应属其真实意思表示。虽协议中未明确受益权项下的保险金数额，但协议约定转让的标的即概括性权利明确且具体，双方当事人遵照字面意思理解及履行义务不会产生分歧，可以认为理赔受益权转让协议具体、明确且属于双方当事人的真实意思表示。即便当时原告对协议内容未进行查看，在未尽审慎注意义务的情况下签订该协议处分其民事权利，在转让协议不存在无效或依法被撤销的情况下，依法亦应认定该协议的法律效力。综上，理赔受益权转让协议属于协议相对方的真实意思表示。至于协议约定内容是否违反法律、行政法规的强制性规定，关键在于审查保险金请求权能否依法转让。《保险法》第三十九条第二款之规定系禁止投保人为与其有劳动关系的劳动者投保时指定被保险人及其近亲属以外的人为受益人，旨在避免道德风险，即防止投保人受益人为了获得保险金而故意制造被保险人死亡、伤残或疾病。然而保险事故发生后，保险金请求权的转让并不属于该条款所规范的行为内容，亦不会引发上述道德风险，因此《保险法》第三十九条并不适用于案涉保险金请求权转让的情形。保险事故发生后，商业险保险金请求权属于纯财产性质的债权，不具有人身依附性。根据《保险法》第四十二条之规定，被保险人死亡后，没有指定受益人，或者受益人指定不明无法确定的，保险金作为被保险人的遗产，由保险人依照《继承法》的规定履行给付保险金的义务。即在被保险人死亡且没有指定受益人的情况下，保险金便成为被保险人的遗产，遗产作为纯财产性权益，当然可以自由转让。现原告主张被告电梯公司返还其基于转让协议取得的经济利益，有失诚信且无相应法律依据，本院依

[1] 参见国家法官学院、最高人民法院司法案例研究院编：《中国法院2021年度案例》（保险纠纷），中国法制出版社2021年版，第131页。江苏省镇江市中级人民法院(2019)苏11民终558号民事判决书。

法不予支持。鉴于此,保险公司向理赔受益权受让人电梯公司履行赔付义务不存在赔付错误,原告无权再行请求人保绍兴分公司赔付保险金。综上,对原告提出的全部诉讼请求,依法予以驳回。判决:驳回原告胡某、吴甲、吴乙、吴丙的诉讼请求。

二审法院认为,胡某等四人关于涉案理赔受益权转让协议无效、要求支付保险金80万元的主张不宜得到支持。理由如下:第一,涉案理赔受益权转让协议系在人身伤亡事故发生之后,在保险公司的见证下,由胡某等四人与电梯公司经协商达成,是双方真实意思表示;第二,电梯公司给死者吴某缴纳了工伤保险,按照法律规定,该公司没有必要主动与吴某的家属签订涉案工伤死亡赔(补)偿协议,电梯公司也称系死者吴某的家属主动要求其签订该协议;第三,涉案理赔受益权系商业险,吴某死亡后,保险金系其遗产,胡某等四人作为该遗产的继承人,有权依法进行处置,故涉案理赔受益权转让协议并不违反法律的禁止性规定,为合法有效协议;第四,死者吴某的工伤赔偿金最终核定为65万余元,而胡某等四人获得85万元,理赔受益权转让协议签订时,对于该保险能不能获得理赔及具体理赔金额尚需保险公司进行调查、决定。胡某等四人自愿从电梯公司处获得85万元而不走正常的工伤保险申请、商业保险理赔的程序,也是其经权衡而做出的决定。判决:驳回上诉,维持原判。[1]

(三)被保险人放弃请求权

《保险法》第六十一条第一款规定:“保险事故发生后,保险人未赔偿保险之前,被保险人放弃对第三者请求赔偿的权利的,保险人不承担赔偿保险金的责任。”在发生因第三者对保险标的损害而造成的保险事故以后,被保险人同时享有两个请求权,即向保险人请求赔偿保险金的权利和向第三者请求赔偿的权利。以保险事故发生为时间界点,该条款规定保险事故发生后放弃请求处理情况,而未对保险事故发生前放弃请求权作出明确规定。修订后的《保险法》对其该条款未作修订,实践中此类现象时有发生,成为适用法律的难点问题。

保险事故发生前,被保险人放弃对第三者请求权可分两个阶段加以讨论,即保险合同签订前和保险合同签订后履行阶段分析,因为被保险人放弃对第三者请求权的行为不可能同时存在于两个阶段之中。在保险合同签订前,保险人对投保人(与被保险人为同一人时)弃权行为提出询问的,投保人必须如实告知,否则保

〔1〕 浙江省绍兴市中级人民法院(2020)浙06民终4829号民事判决书。

险人不承担赔偿责任。保险人没有对该事项询问,或投保人如实告知后保险人同意承保的,一旦发生保险事故,保险人应给付保险金,但无权向第三者行使保险代位求偿权。保险合同签订后,因合同处于履行阶段,被保险人是否可以行使放弃对第三者请求权有两种不同观点:一种观点认为不能放弃;[1]另一种观点认为可以放弃。[2] 两种观点涉及保险代位求偿权成立的时间,其法律后果关系到保险人行使代位求偿权问题,可以进一步探讨。有法官认为,保险事故发生前,保险代位求偿权并未产生,故被保险人放弃对第三人的赔偿请求的行为,不能被认为造成对该权利的侵害。可以引用我国《保险法》第六十一条第三款的规定作为保险人抗辩被保险人行使保险赔偿金给付请求权的依据,被保险人先于保险事故的发生放弃对第三人的赔偿请求权,且没有尽到如实告知义务,有违保险合同的最大诚信原则,可以认定是导致保险人在事故发生后不能行使保险代位求偿权的"故意或者重大过失",保险人可以扣减或者要求返还相应的保险金。在保险事故发生前,被保险人放弃对第三者赔偿请求权的,《保险法》没有明确规定。法官通行做法是依照《民法典》的规定审查放弃权利行为、免责条款的法律效力。被保险人的放弃权利行为、免责条款无效,第三者要求免责的,法官不予支持。被保险人的放弃权利行为、免责条款有效,保险人对被保险人放弃的赔偿权利部分主张保险代位求偿权的,法官不予支持。笔者认为,在合同履行阶段被保险人可以自由处分对第三者的损害赔偿请求权。被保险人一旦放弃对第三者赔偿请求权,在保险事故发生后,第三者依法享有抗辩权不仅对抗被保险人,亦对抗保险人。合同履行阶段,被保险人放弃第三者赔偿请求权的,被保险人必须及时通知保险人,由保险人决定解除保险合同或提高保险费。保险人解除保险合同的,自然不承担保险责任;在保险人决定提高保险费的,则应该承担保险责任。保险人收到通知在合理期限未作表示,视为其同意继续承保。保险人收到通知同意继续承保的,一旦发生保险事故,保险人应给付保险金但无权向第三者行使保险代位求偿权。如果被保险人不及时通知的,保险人免于保险金给付。也就是说,在合同履行阶段,被保险人放弃对第三者赔偿请求权的,保险人并非一律拒绝给付保险金,而是区分不同情况作出处理,以弃权有效与无效分别认定。

【案例6-94】 某保险公司诉某货运公司保险合同纠纷案

受卖方A公司委托C公司与货运公司在签订的货物运输协议中,约定货运公司在发生货物损害时,最高赔偿额为20万元。C公司并非本案财产保险合同的投保人或被保险人。货运公司发生交通事故,事故造成100万元损失,保险公司就该损失向卖方A公司理赔后,起诉货运公司。一审法院认

---

〔1〕 参见胡尚永:《免责条款与代位权是否冲突》,载《上海保险》1996年第12期。

〔2〕 参见刘春平:《保险代位求偿权相关法律问题探讨》,载《保险研究》2005年第3期。

为,第三者货运公司不能以免责条款对抗保险公司的代位求偿权,判决被告货运公司赔偿原告损失及相应利息,二审法院调解结案。本案就涉及A公司对货运公司在保险事故发生前对第三者的损害赔偿请求权的放弃,因二审调解结案,故对该争议未作出认定。[1]

对《保险法》第六十一条规定放弃第三者请求赔偿的权利,应作广义的理解,即包括全部放弃、部分放弃、以物抵债等。以物抵债的认定处理,如上段所述放弃权利的内容。在不足额保险中,被保险人明确放弃自己对第三者赔偿请求权的,保险人可以在全部赔偿的范围内行使保险代位求偿权。

在交通事故纠纷中,投保人与侵权人交通事故发生负同等责任,受害人有权放弃对投保人的诉讼请求。对诉讼权利的处分不代表实体权利的放弃。

【案例6-95】 毛某某诉中国人寿财产保险股份有限公司萧山区支公司保险合同纠纷案

二审法院认为,关于毛某、丁某在交通事故案件诉讼中放弃要求毛某某承担赔偿责任权利的问题,合同约定:每次事故车上人员人身伤亡标准按照国家标准、法规规定的赔偿范围,项目和标准以及本保险合同的约定进行赔偿,每位乘客的赔偿金额不超过保险单载明的乘客每次事故每人责任限额,赔偿人数以投保乘客座位为限。因毛某、丁某与毛某某系父女、母女关系,交通事故案件放弃对女儿的诉讼赔偿权利系在情理之中,并没有放弃要求毛某某最终的赔偿责任。根据现有证据,毛某某要承担的赔付毛某、丁某责任均超过保险合同约定的责任限额。综上,原审法院判决人寿公司赔付毛某某车上人员责任保险(乘客)保险金20,000元并无不妥。经审查,原审法院适用法律及证据认定正确。原审判决事实认定清楚,适用法律正确,人寿公司的上诉理由本院不予支持。[2]

挂靠车辆的实际车主放弃第三人请求赔偿权利的,车损险保险人不承担相应的保险金赔偿责任。

【案例6-96】 上海两淮汽车运输有限公司诉永安财产保险股份有限公司上海分公司保险合同纠纷案

判决观点,第三人韩某在保险事故发生后、保险人未赔偿保险金之前,在《协议书》中放弃向第三者请求赔偿的权利。在本次交通事故中,向某、沈某

---

〔1〕 参见袁滔:《被保险人损害赔偿请求权的放弃与保险代位求偿权》,载谢宪、李友根主编:《保险判例百选》,法律出版社2012年版,第347页。

〔2〕 参见国家法官学院案例开发研究中心编:《中国法院2017年度案例》(保险纠纷),中国法制出版社2017年版,第105页。浙江省杭州市中级人民法院(2015)浙杭商终字第2008号民事判决书。

负有同等事故责任。根据《道路交通安全法》第七十六条第一款第一项“……机动车之间发生交通事故的,由有过错的一方承担赔偿责任;双方都有过错的,按照各自的比例分担责任”的规定,向某、沈某按照50%承担责任,故被告抗辩对第三人韩某放弃部分的50%不承担保险金赔偿责任,于法有据,法院予以采信。审理中,原告和第三人韩某当庭陈述上述费用已由原告支付,且第三人韩某同意由原告向被告主张保险金请求权,故被告应向原告赔偿上述费用。[1]

〔1〕 参见国家法官学院、最高人民法院案例研究院编:《中国法院2020年度案例》(保险纠纷),中国法制出版社2020年版,第64页。上海市浦东新区人民法院(2018)沪0115民初36841号民事判决书。

三、责任保险第三者直接请求权

责任保险为财产保险的业务范畴,交强险在责任保险中有特殊性。我国《道路交通安全法》引入强制保险制度后,《交强险条例》等一系列法规随之出台,逐步建立起了机动车强制责任保险制度。该制度存在的一大缺憾是,在这一保险制度框架内迟迟未明确赋予受害人直接请求权。2009 年 10 月 1 日修订的《保险法》实施,在其第六十五条明确赋予责任保险受害人直接请求权,但也存在一些问题。

责任保险中第三者的直接请求权是因被保险人之行为而遭受损害的第三者依照法律规定或者合同约定,直接请求保险人向己方赔偿保险金的权利。[1] 在 2002 年《保险法》施行期间,最高人民法院民一庭认为,责任保险中的受害第三人作为合法的请求权人在被保险人未及时支付赔偿费用时,可以依据合同请求保险人支付保险金。[2] 修订后的《保险法》第六十五条规定了受害人直接请求权,司法解释制定者认为,第三者直接请求权的独立性不仅体现在独立存在,不受其他权利的制约,还体现在第三者可以自由选择行使上述任一权利,选择由保险人直接支付保险金或由被保险人进行损害赔偿,除非发生重复填补,上述任一请求权的行使均不影响其他。[3]

应注意的是,在车辆保险合同中不能约定车辆抵押权人为第三者责任险的第一受益人,即抵押权人不享有请求权。

【案例 6-97】 曾某某请求中国人民财产保险股份有限公司海阳支公司支付第三者责任理赔案

法院执行中冻结了被执行人驾驶的鲁 F·A1×××号大货车在保险公司的理赔款 20 万元,但保险公司以被执行人非本保险的投保人,且本保险是

〔1〕 参见最高人民法院民事审判第二庭编著:《最高人民法院关于保险法司法解释(四)理解与适用》,人民法院出版社 2018 年版,第 406 页。

〔2〕 参见最高人民法院民事审判第一庭编:《中国民事审判前沿》2005 年第 1 集(总第 1 集),法律出版社 2005 年版,第 262 页。

〔3〕 参见最高人民法院民事审判第二庭编著:《最高人民法院关于保险法司法解释(四)理解与适用》,人民法院出版社 2018 年版,第 315 页。

商业险非强制险，只能依照保险合同约定，向第一受益人中国银行海阳支行支付保险款，而不能直接支付给曾某某为由，提出异议，要求解除冻结。法院审查后认为，本案的险种包含第三者责任险，保险法的立法目的是在机动车辆发生保险事故时，保险人应当支付保险赔偿金，最终起到减少事故责任人的经济损失和对受害人进行经济补偿的作用。而异议人提出应将本案全部保险金支付给银行，这需要以受害人死亡或伤残为代价，违背了法律规定，该约定无效，故驳回了异议人的异议。〔1〕

(一)直接请求权法律依据

通说认为，责任保险第三者直接请求权主要体现在《保险法》第六十五条中。该条第二款规定："责任保险的被保险人给第三者造成损害，被保险人对第三者应负的赔偿责任确定的，根据被保险人的请求，保险人应当直接向第三者赔偿保险金。被保险人怠于请求的，第三者有权就其应获赔偿部分直接向保险人请求赔偿保险金。"该条款是否适用交强险目前有两种对立的观点：一种是可以适用；另一种不能适用。前一种观点认为，因为《保险法》属于上位法，所有的责任保险都应适用该法，无论是强制责任保险还是商业责任险。后一种观点则强调，修订后的《保险法》并未明文规定仅适用商业责任险，但从其条文来看，通常只能适用商业责任险。因商业责任险与强制责任险在设立目的、投保自由性与保险合同内容规定皆不相同，自然在受害人直接请求权行使方面存在差异。该条以权利转移说为基础设计的强制责任保险受害人直接请求权与商业责任的法理并不符合。笔者赞同第一种观点，《保险法》作为上位法，应当适用各个保险领域，交强险亦应包括在内。只要是被保险人对第三者应负的赔偿责任确定的，经被保险人请求或者被保险人怠于行使索赔权的，第三者均有权请求保险人直接向其支付保险金。2015 年《保险法》修订后，第三者享有向保险人直接请求保险金的权利得到进一步确认，司法实践亦统一了法律适用。需要说明的是，实践中对合同约定受害人的直接请求权极少，故不作分析。

《保险法》第六十五条前三款(第四款除外)存在一个共同的前提，即保险人应当承担保险责任。从逻辑关系上看，形成依法递进与彼此承接的关系。换言之，被保险人在保险期间内造成的受害第三者的人身或财产损害属于保险合同约定的保险责任范围，否则没有适用该条规定之必要和可能。《保险法》第六十五

〔1〕 参见最高人民法院中国应用法学研究所编著：《人民法院案例选》(月版)2009 年第 4 辑(总第 4 辑)，中国法制出版社 2009 年版，第 102 页。

条第三款明确并强调了责任保险的保险人原则上应当向第三者给付保险金，只有被保险人先行赔付时才能向被保险人给付保险金，并赋予受害第三者特定情形下的直接索赔请求权，意在充分保障受害第三者获得责任保险的赔付，由此实现责任保险分散和转移风险与保护第三者利益双重目的。

应注意的是，《保险法》第六十五条第三款所谓的"保险人不得向被保险人赔偿保险金"，不能理解为被保险人没有向第三者进行赔偿，保险人则可以拒绝向被保险人赔偿保险金，而是应该解读为在被保险人没有先行向第三者给予赔偿之前，保险人不应当向被保险人给付保险金，而是应当将保险金赔付给第三者。也就是说，在被保险人没有向第三者进行赔偿之前，保险人可以以此为由对抗被保险人要求向他进行赔付的请求，但却不能以此为由对抗被保险人的索赔请求。

【案例6－98】　薛某诉中国人寿财产保险股份有限公司上海市分公司保险合同纠纷案

二审法院认为，在本案中，原告系责任保险合同法律关系中的第三者，在被告和被保险人袁某某之间无特别约定的前提下，被告理应直接向原告赔偿保险金。现被告仅提供证据证明其向被保险人袁某某支付全额保险金的凭证，却未提供证据证明被保险人袁某某已向原告赔偿，故被告向袁某某的理赔行为违反法律的强制性规定，不发生被告已向原告进行赔偿的法律效力。因此，法院对原告的诉请予以支持。至于被告已向袁某某支付原告修车费5800元，可另向袁某某主张返还。[1]

（二）直接请求权条件

《保险法》第六十五条第二款中实质蕴含了两个请求权的条件，也有法官提出是三个请求权条件，即增加了被保险人尚未向第三者履行已经确定的赔偿义务，[2]现对两个请求权条件解析如下：

第一个条件为"赔偿责任确定的"，如果赔偿责任尚有争议，被保险人是否承担赔偿责任不确定、不清楚的，自然阻挡了第三者请求权的行使。这里讲的"赔偿责任确定"，应包括两个方面的内容：一是被保险人依法对第三者承担侵权责任。应注意对过失相抵规则的适用问题。有学者认为，至于保险公司在其赔偿范围内

---

〔1〕　参见国家法官学院案例开发研究中心编：《中国法院2017年度案例》（保险纠纷），中国法制出版社2017年版，第140～141页。上海市第二中级人民法院（2016）沪02民终1149号民事判决书。

〔2〕　参见最高人民法院中国应用法学研究所编著：《人民法院案例选》（月版）2009年第2辑（总第64辑），人民法院出版社2009年版，第154页。

是否适用过失相抵，法无明文规定。综合《道路交通安全法》及相关规定，从立法者的意图来看，保险公司在其强制保险金额范围内应不得适用过失相抵，即在强制责任保险金额范围内，只要加害人造成了他人的损害，保险公司首先承担保险金给付责任，加害人和受害人的过失都不予以考虑，保险人不能适用过失相抵来减轻自己的责任。保险人不能适用过失相抵的实质，是被保险人即加害人在保险责任限额内不能适用过失相抵。因为责任保险中“保险人责任应以被保险人责任为依归”，保险人给付保险金的行为不过是在保险责任限额内代替被保险人承担侵权赔偿责任而已。〔1〕 二是被保险人对第三者应负赔偿数额确定。这里讲的“赔偿责任确定”，实践中一般包括以下情况：一是法院判决或者仲裁机构的仲裁裁决确定了被保险人应当向第三者赔偿的具体金额；二是被保险人与第三者达成的并经保险人同意的赔偿协议确定了具体赔偿数额。当然，保险人向第三者赔偿的保险金应当在合同约定的保险金额范围内。如果法院判决或者赔偿协议确定的赔偿数额超过了保险金额，超过部分由被保险人自己承担。〔2〕 因此，法官必须审查确认被保险人向第三者“依法应负赔偿责任”的具体内容，被保险人就第三者的损失所承担的赔偿责任系依法承担，该赔偿责任的负担具有法理依据。被保险人自愿向第三者承担的赔偿义务，如果不符合请求权条件，则该赔偿义务即不能成为保险标的，保险人无须就此承担赔偿保险金的责任。

第二个条件为“被保险人怠于请求”。所谓“怠于行使权利”，通常被理解为“应行使并且能行使而不行使其权利”。〔3〕 被保险人怠于请求的内容应是请求保险公司向第三者赔偿保险金，而非请求保险公司向被保险人赔偿保险金。如何判断被保险人是否构成怠于请求，对此《保险法》并未作出详细规定。《保险法解释（四）》第十五条规定：“被保险人对第三者应负的赔偿责任确定后，被保险人不履行赔偿责任，且第三者以保险人为被告或者以保险人与被保险人为共同被告提起诉讼时，被保险人尚未向保险人直接向第三者赔偿保险金的请求的，可以认定为属于保险法第六十五条第二款规定的‘被保险人怠于请求’的情形。”该条规定有以下几层含义：其一，怠于请求外在表现是，被保险人不作为，即不赔偿、不索赔、不协助。其二，对怠于请求成立不审查主观状态。其三，被保险人的请求，在时间上必须是在第三者对保险人提起或对保险人与被保险人共同诉讼之前，在内容上必须明确要求保险人直接向第三者而非本人支付保险金。其四，怠于请求事实举证责任是保险人。其五，被保险人应负的赔偿责任尚未确定，被保险人请求保险

---

〔1〕 参见最高人民法院中国应用法学研究所编著：《人民法院案例选》（月版）2008 年第 12 辑（总第 12 辑），中国法制出版社 2010 年版，第 67 页。

〔2〕 参见国家法官学院案例开发研究中心编：《中国法院 2013 年度案例》（道路交通纠纷），中国法制出版社 2013 年版，第 33 页。

〔3〕 崔建远主编：《合同法》，法律出版社 2007 年版，第 144 页。

人向自己支付、不可抗力等非人为因素介入产生的阻碍等不应认定为怠于请求。

【案例6－99】　甲保险公司与乙保险公司海上保险合同纠纷案

判决观点,本案中,乙保险公司提交邮件用以证明丙公司已要求乙保险公司向甲保险公司支付保险赔偿金。但法院认为,从乙保险公司提供的邮件内容看,丙公司的确就涉案货损向乙保险公司提出保险理赔,但并未明确保险赔付的对象是与丙公司自身还是甲保险公司;另外,因同一碰撞事故,丙公司与乙保险公司就《船舶油污责任保险保险单》项下的责任达成了和解,丙公司已要求乙保险公司向其先行赔偿了责任保险。故在语意不详的情况下,应认定丙公司就涉案货损赔偿责任未明确要求乙保险公司将保险赔偿金直接支付给甲保险公司。因此,在丙公司对甲保险公司应负的赔偿责任已由另案生效判决予以确定,丙公司未履行赔偿责任,在甲保险公司向乙保险公司提起诉讼前,被保险人丙公司未明确要求保险人乙保险公司直接向第三者甲保险公司支付保险赔偿金的情况下,可认定丙公司"怠于请求",甲保险公司依据《保险法》第六十五条第二款的规定可直接要求乙保险公司向其支付保险赔款。故甲保险公司依照法律规定享有对乙保险公司的相应诉权。一审法院判决支持了甲保险公司的诉求,双方服判。〔1〕

【案例6－100】　马某、马某峰诉中国人民财产保险股份有限公司仪征支公司保险代位求偿权案

判决观点,原告提供的证据能够证明马某银未能给付全部赔偿款,自2010年7月21日双方调解至今,一直未请求被告向第三者赔偿保险金,应当认定被保险人怠于请求,故原告有权就赔偿部分直接向被告请求赔偿保险金。〔2〕

实践中,有的被保险人对第三者造成损害后,无力赔偿,又不向保险人请求直接向第三者赔偿保险金,损害了第三者的利益。根据《合同法》中关于因债务人怠于行使到期债权,对债权人造成损害的,债权人可以以自己的名义代位行使债权规定。客观上不能请求,能否认定为怠于请求需分析。被保险人在赔偿第三者之前破产,属于第六十五条第三款所规定的未赔偿第三者的情形,即便破产管理人亦难以向保险人提出保险赔偿请求,第三者只能等待保险金成为被保险人的破产财产,其后以破产债权人的身份参与破产财产分配,这对第三者来说是不公平的。当被保险人在交通事故中因其共同侵权承担连带责任,但仅按其内部责任份

---

〔1〕　参见最高人民法院民事审判第二庭编著:《最高人民法院关于保险法司法解释(四)理解与适用》,人民法院出版社2018年版,第331～332页。上海海事法院(2017)沪72民初2556号民事判决书。

〔2〕　参见国家法官学院案例开发研究中心编:《中国法院2013年度案例》(保险纠纷),中国法制出版社2013年版,第240页。

额向保险公司申请理赔，则对剩余部分未全额请求，亦构成怠于行使请求权。

【案例6－101】 陈某某诉安邦财产保险股份有限公司上海分公司保险合同纠纷案

二审法院认为，现陶某某既未履行其应承担的连带赔偿义务，又未积极向安邦财保公司请求支付保险金，该事实足以表明其怠于行使请求支付保险金的权利，该行为损害了陈某某的合法权益。因此，陈某某就陶某某应连带赔偿部分直接要求安邦财保公司赔付保险金依法有据，应予以支持。〔1〕

实践中，被保险人下落不明的，不能简单认为是怠于行使请求权，应在个案中视情形而定。

【案例6－102】 董某某等诉中国人民财产保险股份有限公司嵊州支公司债权代位权纠纷案

一审法院认为，人保嵊州公司提供的投保单上虽打印有投保人声明，投保人签名处也签了“周某”的名字，但董某某等6人对该签名的真实性提出异议，而周某现下落不明，投保人声明处的“周某”签名是否真实不能确定，人保嵊州公司是否需进行理赔不确定，即使需理赔，理赔的数额和履行期限尚不能确定，故周某对人保嵊州公司享有的保险理赔权是否实现尚处于不确定状态，不能视为到期债权。现董某某等6人起诉要求代位周某向人保嵊州公司行使求偿权尚不符合法律规定的条件，法院对董某某的诉讼请求依法不予支持。二审法院持同样意见。〔2〕

从《保险法》第六十五条第二款的规定内容可以看出，第三者的直接请求权建立在被保险人请求权的基础之上，只是在符合一定条件下，将其转移给第三者，或在第三者符合一定条件下代位行使该权利。就法理基础而言，该条款采用的是权利转移说的观点。该项转移给第三者的权利，以被保险人的权利范围为限，保险人可以对被保险人抗辩，自然也可以向第三者抗辩。在两个条件关系中，“赔偿责任确定”是前提性条件，是基础性条件，而“被保险人怠于请求”的是建立在前一个条件之上的，是限制性条件，两个条件必须齐备才可以行使请求权，但有例外，即后一个条件存在应区分情况而定。也就是说，该条款是有条件的，限制性赋予第三者直接请求权。只要被保险人客观上能够请求却不请求保险人向第三者支付保险赔偿金的，均视为怠于请求。所谓能够请求，是指被保险人请求保险人

---

〔1〕 参见最高人民法院中国应用法学研究所编：《人民法院案例选》2012年第4辑（总第82辑），人民法院出版社2013年版，第175页。

〔2〕 参见国家法官学院案例开发研究中心编：《中国法院2012年度案例》（保险纠纷），中国法制出版社2012年版，第219页。

向第三者支付保险赔偿金，不存在任何障碍，其完全有能力自行或通过代理人向保险人作出请求的意思表示。是否存在请求障碍，在个案中由法官裁定。

【案例 6－103】　孙某诉永安财产保险有限公司北京分公司保险合同纠纷案

判决观点，本案的争议焦点是，孙某作为保险事故的第三者，是否具备直接向保险公司请求赔偿保险金的条件。首先，孙某权与孙某的道路交通事故人身损害赔偿纠纷，昌平法院作出的判决已生效，孙某权对孙某的赔偿责任已经生效判决确定。孙某权应当及时履行生效判决确定的义务，但孙某权至今未履行其对孙某应负的赔偿责任。其次，在昌平法院一审中，孙某权与保险公司作为共同被告应诉，且保险公司在昌平法院作出判决后履行了其应负的给付机动车强制责任保险金的义务。孙某权对孙某应负的赔偿责任属于孙某权与保险公司的保险合同中机动车商业险的第三者责任险的保险责任范围。虽然孙某权称其曾口头向保险公司提出索赔，但保险公司认为孙某权至今没有正式提出索赔申请，尚未启动索赔程序，且保险公司至今未向孙某权或孙某支付机动车商业保险的赔偿金。孙某权客观上能够请求却至今未向保险公司提出索赔申请，不请求保险公司向孙某支付保险赔偿金，显属怠于请求的情形。故孙某依据法律规定有权直接向保险公司请求赔偿保险金。保险公司及孙某权关于孙某权并未怠于行使权利、孙某直接向保险公司索赔不符合法律规定的意见，法院不予采信。最后，孙某向保险公司请求赔偿保险金的权利范围，限于其未从孙某权处获得的赔偿数额，但不得超过保险合同约定的责任限额，亦不包括保险公司责任免除的情形。本案中，孙某权与保险公司在保险单中约定第三者责任险的赔偿限额为 50 万元，昌平法院生效判决分别确定的孙某权对孙某和马某某的赔偿总数并未超过赔偿限额。但是，孙某权与保险公司在保险条款中约定精神损害赔偿属于责任免除的范围，孙某无权就精神抚慰金 2 万元向保险公司主张保险赔偿金。保险公司关于精神损失费不在赔偿范围之内的答辩意见，符合其与孙某权保险条款的约定，法院予以采信。因此，孙某要求保险公司赔偿保险金 233,759.28 元中 213,759.28 元的部分，于法有据，法院予以支持；对于其经济损失中精神抚慰金部分的诉讼请求，因超出了保险公司应当承担的赔偿责任的范围，法院不予支持。一审判决后，各方当事人均未上诉。[1]

---

〔1〕 参见国家法官学院案例开发研究中心编：《中国法院 2012 年度案例》（保险纠纷），中国法制出版社 2012 年版，第 225 页。

【案例6-104】 尉某某诉中国人民财产保险有限公司濮阳市分公司保险合同纠纷案

二审法院认为,当责任险被保险人对第三者的赔偿责任已经明确却不履行赔偿义务时,第三者向责任险保险人直接索赔的权利是经我国《保险法》规定的合法权益,属于我国《保险法》明确界定的范围,故本案定性为财产保险合同纠纷并无不当,尉某某有权提起本案诉讼。濮阳人民财险主张其不负有向尉某某理赔义务,若其赔付则尉某某将获得双重赔偿,并以此申请追加赵某某为当事人,但实现其该抗辩目的只要由其举证证实赵某某已将相关损失赔付给尉某某即可,该举证系濮阳人民财险举证责任范围内的义务,追加赵某某为本案当事人并不是为查清本案事实所必经的程序,也不是尉某某举证责任的要求或法院必须主动审查的内容。在濮阳人民财险自身也不能确认赵某某是否已赔付责任险第三者尉某某的情况下,濮阳人民财险作为责任险的保险人对责任险的被保险人赵某某的赔付系其违背《保险法》规定的自愿支付行为,与尉某某无关,与本案无关。[1]

应注意的是,对“被保险人怠于请求的”条件理解,有不同观点。笔者赞同学者之言,在此问题上,应当区分强制责任险与任意责任险。强制责任险中的受害人直接请求权源于法律直接规定,法理基础为原始取得说,因其非继受自被保险人而具有独立性,不应受到“被保险人怠于请求”的限制。任意责任保险基于投保人的自愿性和契约的自由性,受害人直接请求权因被保险人权利转移取得,法理基础即为新法所采用的权利转移说,在符合法律规定的条件时,第三者才取得对保险人的直接请求权,其仍需受到合同的约束,即可理解为“被保险人怠于请求”这一条件的限制。就保险人角度而言,不能在保险法中一概不加任何条件的直接规定,如果无原则地扩大对第三者利益的保护,允许任何责任保险合同中的第三者直接行使保险金请求权,则将造成直接请求权制度的滥用,保险公司经营成本大大增加,最终加重投保人的负担,不利于实现社会公平。因此,针对任意责任险“被保险人怠于请求”这一条件有必要存在,强制责任保险中的直接请求权可以在特殊法中进行规定,而不受“被保险人怠于请求”的限制。[2] 在合同相对性原理适用上,区分强制责任险与任意责任险。对于任意责任险仍然适用合同相对性原理,仍旧要坚持分离原则,即第三者无权向保险人行使直接请求权。对于

---

〔1〕 参见最高人民法院中国应用法学研究所编:《人民法院案例选》2019年第8辑(总第138辑),人民法院出版社2019年版,第141~142页。山东省日照市中级人民法院(2018)鲁11民终449号民事判决书。

〔2〕 参见刘嫣妮:《机动车强制责任保险中受害人直接请求权制度研究》,载谢宪主编:《保险法评论》(第4卷),法律出版社2012年版,第175页。

包括交强险在内第三者责任强制保险,不再适用合同相对性原则,赋予第三者直接请求权。

(三)直接请求权范围和限制

第三者直接请求权的行使范围即损害赔偿范围,一般分为人身伤亡赔偿和财产损失赔偿,在二者项下又可包括许多具体项目。《道路交通安全法》第七十条和《交强险条例》第二十一条规定,机动车发生交通事故造成人身伤亡、财产损失的,由保险公司在机动车第三者责任强制保险责任限额范围内予以赔偿。在法律、法规中,机动车强制保险的保障范围同时包括了人身伤亡和财产损失。

第三者直接请求权行使的限制主要体现在责任限额、诉讼时效、不保事项及除外责任与保险人的抗辩之上。交强险法定责任限额目前为 12.2 万元,在 12.2 万元总的责任限额下,实行分项限额。应注意的是,2020 年交强险法定责任限额为 22.2 万元。在诉讼时效适用上,第三者对保险人直接请求权,与第三者对被保险人请求权二者为同一性质,归结于同一损害而致,其两种请求权均应适用民法侵权损害赔偿的诉讼时效规定,任何一个请求权诉讼时效经过、中止或中断,就是另一个请求权的经过、中止或中断,也就是坚持以一个标准界定,而不是分别计算诉讼时效,这当然包括第三者同时或分开行使请求权的情形。关于不保事项或除外责任,《保险法》第四十三条、第四十五条均规定,对被保险人故意致人损害的责任,保险人不承担赔偿责任。《交强险条例》第二十二条亦规定,被保险人故意制造交通事故的,保险人不承担赔偿责任。保险实践中,大多数保险合同条款也把被保险人的故意行为列为保险人免责条款。笔者认为,在交强险中,即便是被保险人的故意行为,保险人应先于赔付,其后行使追偿权,这样才符合交强险的社会公益性。关于保险人的抗辩,保险人可以对抗被保险人的事由对抗受害人。

(四)直接请求权行使

主流观点认为,第三者在行使请求权时享有选择权,第三者既可以向加害人即肇事车的车主要求赔偿,也可以直接向保险人要求赔偿,究竟向谁提出赔偿请求,决定权掌握在第三者手中。在一般情况下,第三者自然会作出对自己最为有利的选择,即谁最有可能使其获得充分的赔偿,就会向谁提出请求。第三者作出选择向加害人即被保险人或保险人提出请求后,并不当然免除了未受索赔一方所应负的义务。如果第三者选择直接向保险人索赔，而保险人在保险金额范围内对第三者的给付不足以弥补其实际损失时，受害人还可以向被保险人即肇事车主索赔不足部分。同样，如果第三者选择向加害人即被保险人索赔，而被保险人虽然愿意履行其赔偿义务但所能赔付额尚不足交强险的保险金额时，不足部分，第三者仍然有权向保险人索赔。司法实践中，当前多数法院的做法是第三者起诉加害人肇事车主时要求同时起诉保险人，即保险人作为共同诉讼被告。这从有利于减少诉讼、降低社会成本方面来讲是好的，但对保险人而言，则加大了经营成本。应当讲明的是，上述第三者选择请求权行使是在赔偿责任已经确定的情况下，但保险人对赔偿责任及数额存在异议的情况下，必须将被保险人与保险人一同起诉，以便查明被保险人的赔偿责任及数额。

保险人以已理赔为由对抗第三者请求权问题。在被保险人尚未向第三者赔偿之前，承保交强险的保险公司不能以其已经向被保险人理赔为由，对抗第三者的赔偿请求权。责任保险尤其是交强险的赔偿金应专用于赔偿第三者的损失。因此，若交通事故发生后，被保险人已先行向第三者及时支付赔偿金的，保险公司可向被保险人支付相应交强险赔偿金，若被保险人既未及时支付赔偿金也怠于向保险公司请求的，保险公司可以第三者的请求而向其直接支付交强险赔偿金。换言之，保险公司已向被保险人理赔但不能免除其对受害人的赔偿责任。

【案例6－105】 宋某某诉中国平安财产保险股份有限公司镇江中心支公司等保险纠纷案

一审法院认为，本案中，保险公司虽已将相关赔偿款汇付被告柳某，然柳某未将款项交付原告，原告的损失并未得到足够赔偿，故被告保险公司仍应在交强险范围内赔偿原告损失，超出交强险范围内的数额，应由侵权人王某某负责赔偿，因被告王某某持有驾驶证，原告要求被告柳某承担共同赔偿责任，依据不足，本院不予支持。二审法院亦持同样意见，维持一审判决。[1]

【不同处理】 司法实践中，对此类纠纷处理亦存在不同认识。

【案例6－106】 陈某诉高某、朱某和保险公司保险纠纷案

一审法院认为，肇事车辆向保险公司购买了交强险，但事故后保险公司已向高某支付了交强险的财产损失赔偿限额2000元，故保险公司在本案中不再直接对陈某承担赔付责任。判决驳回了保险公司应向其支付交强险财产损失赔偿限额2000元的诉讼请求。二审法院认为，本案中，保险公司已经向被保险人高某赔偿了保险金，其向被保险人理赔保险金的行为并未违反

---

〔1〕 参见国家法官学院案例开发研究中心编：《中国法院2016年度案例》（保险纠纷），中国法制出版社2016年版，第225页。江苏省泰州市中级人民法院（2014）泰中民四终字第00589号民事判决书。

《交强险条例》第三十一条第一款的规定，其不再对受害人陈某承担赔偿保险金的义务。故判决驳回上诉，维持原判。[1]

最高人民法院民一庭意见为，《保险法》第六十五条以及《交强险条例》第二十一条规定，在被保险人没有依法向受害人承担赔偿责任的情况下，保险公司不能以其已经向被保险人理赔完毕为由，对抗受害人的赔偿请求权。[2]

生效判决虽进入执行程序但未获清偿问题。《保险法解释（四）》第十七条规定："责任保险的被保险人对第三者所负的赔偿责任已经生效判决确认并已进入执行程序，但未获得清偿或者未获得全部清偿，第三者依法请求保险人赔偿保险金，保险人以前述生效判决已进入执行程序为由抗辩的，人民法院不予支持。"该条规定有以下几层含义：其一，第三者请求符合法定条件，即赔偿责任确定、被保险人怠于请求。其二，适用条件为生效判决虽进入执行程序但未获执行，包括未能执行和部分执行两种情形。司法解释制定者认为，《保险法》第六十五条赋予第三者直接请求权的立法目的是"使被加害人对加害人的损害赔偿请求权得以迅速实现"。在符合《保险法》第六十五条规定条件的情况下，即使第三者在执行程序中已经获得部分清偿，其仍有权按照法律的规定对保险人行使第三者直接请求权。[3] 也就是说，即便生效判决虽进入执行程序也不影响第三者直接请求权。其三，仅限于金钱债务，而不含停止侵害、赔礼道歉等民事责任。其四，保险人可以对第三人主张其对被保险所享有的抗辩权，由法官裁量抗辩是否成立。

【案例6－107】　高某与保险公司乐亭支公司、马某、H运输公司保险合同纠纷案

一审法院认为，本案中，原告高某诉第三人马某等道路交通事故损害赔偿纠纷一案，已经一审、二审法院判决并生效，判决由第三人马某赔偿原告高某各项人身损失605,258.17元。自2013年9月6日二审法院终审判决确定赔偿数额后，原告高某便向法院申请执行第三人马某等相关责任人，均因暂无执行能力没有得到赔偿款，而作为具有保险利益的肇事车主即第三人马某一直不履行赔偿义务，也不依据《保险法》第六十五条第二款的规定向保险人即被告保险公司请求保险金，致使原告高某的合法权益近两年来始终得不到保护。由此可以看出，第三人马某作为具有保险利益的人明显属于《保

---

〔1〕参见最高人民法院民事审判第一庭编：《民事审判指导与参考》2010年第2集（总第42集），法律出版社2011年版，第160页。

〔2〕参见最高人民法院民事审判第一庭编：《民事审判指导与参考》2010年第2集（总第42集），法律出版社2011年版，第162页。

〔3〕参见最高人民法院民事审判第二庭编著：《最高人民法院关于保险法司法解释（四）理解与适用》，人民法院出版社2018年版，第358页。

险法》第六十五条第二款中的怠于请求保险金,此时,作为受害人的原告高某有权依法向保险人即被告保险公司直接请求保险金,故原告高某依法具备本案的诉讼主体资格。二审中,就第三者直接请求权问题,各方当事人未提出上诉。〔1〕

第三者赔偿请求权自行转让问题。理论界持肯定转让的意见不在少数,其理由亦有一定道理。〔2〕《道路交通损害赔偿解释》第二十一条规定:“当事人主张交强险人身伤亡保险金请求权转让或者设定担保的行为无效的,人民法院应予支持。”该条中含有第三者赔偿请求权,因被保险人的侵权行为使得第三者依法取得了侵权赔偿请求权,其价值表现为保险金请求权的实现。该规定特别授权第三者享有主张转让(或担保)无效的权利。在第三者向法院提出人身伤亡保险金转让无效的诉求时,法官应支持第三者的诉求,受让人即应将行使保险金请求权所取得保险金返还第三者,切实保障第三者受到保险金请求权带来的利益。

---

〔1〕 参见最高人民法院民事审判第二庭编著:《最高人民法院关于保险法司法解释(四)理解与适用》,人民法院出版社2018年版,第367页。山东省宁津县人民法院(2015)宁商初字第350号民事判决书,山东省德州市中级人民法院(2016)鲁14民终731号民事判决书。

〔2〕 参见最高人民法院民事审判第一庭编著:《最高人民法院关于道路交通损害赔偿司法解释理解与适用》,人民法院出版社2012年版,第317页。

四、保险人弃权

弃权是英美法上的概念,意指自愿和故意放弃自己所享有的权利。在保险中,弃权是指保险人知道其享有关于保险单的撤销权或抗辩权等权利,而有意识地以明示或者默示的方式向投保人(被保险人)表示自愿放弃该撤销权或抗辩权的制度。[1] 弃权的主体通常是针对保险人而言的,弃权构成的前提是保险人知悉有权利的存在,如果不知道该权利的存在,则不构成弃权。弃权可以产生使保险人或其代理人放弃,本来可以对投保人或被保险人的不实陈述、不告知、违反保证或违反保险条件行使抗辩权利的这样一种法律效果。

(一)弃权判断

弃权是保险人放弃合同的某项权利,其构成要件为:

第一,保险人有弃权的意思表示,该意思表示可以是明示的也可以是默示的。保险人弃权的意思表示可以从其行为推定,如投保人未按其交纳保险费或违背其他约定义务,保险人获得了合同的解除权。而保险人继续收取投保人逾期交纳的保险费,即足以证明保险人有继续维持合同效力的意思表示。因此,其本享有的合同解除权及其他抗辩权均视为抛弃。

第二,保险人必须知道有权利的存在,否则其作为或不作为不能视为弃权。所谓知悉权利的存在,原则上应以保险人确切知情为准。如果保险人不知道有违背约定义务的情况及因此可享有抗辩权和解约权,其作为或不作为均不得视为弃权。

第三,保险人弃权的意思表示必须是向保险合同的对方当事人作出并且到达对方当事人,方发生弃权的法律效果。

第四,在主观上,保险人必须对放弃权利是明知的,其形态是自愿或故意放弃已有的权利。

---

[1] 参见张海棠主编:《保险合同纠纷》,法律出版社 2010 年版,第 298 页。

通常认为,保险人所放弃的权利是指其知道可以行使的权利,“知道”为保险人的主观认知程度,外人无从探究,只能依靠证据进行推理,因此,所谓“知道”,既包括保险人自认的“明知”,也包括其他证据可以佐证的保险人的“应当明知”。此外,对于某些事项,保险人虽然并不明知,但是了解调查线索,可以通过调查获得有关的信息,在此情形下,保险人如果由于疏于调查而未获得有关信息,也属于弃权之举。[1] 司法解释制定者倾向认为,弃权的适用条件并不限于保险人投保人未如实告知的情形,还应包括其应当知道投保人未如实告知的情形,但应将其主观过错限定为“因重大过失应知而不知”。[2] 也就是说,判断保险人弃权,关键在于对“知道”的界定。保险人知道或者应当知道的时间点,最高人民法院法官认为将其限于“保险合同成立后”,[3] 而不包括保险合同成立前或成立时。实践中,应注意特殊情况下知道的认定,即保险人及其代理人代投保人填写保险单证并代投保人签字确认的。

【案例6-108】 严某诉某人寿保险公司北京分公司保险合同纠纷案

判决观点,保险人并不知悉被保险人在合同成立之前具有影响保险人决定承保或者提高保险费的情况,但是保险代理人代投保人回答了保险人的询问,并且代投保人签字确认,将询问权、知情权一并放弃,该弃权同样可以产生禁止抗辩的效果,保险人既然放弃了知情权,即不得以对方阻碍自己知情为由要求对方承担不利后果。严某在保险合同成立后被诊断患肺癌,该疾病属于附加险提前给付重大疾病保险条款所约定的重大疾病之一,按照该保险条款所约定的保险责任,保险责任应当给付保险金10万元。法院判决被告保险公司给付原告严某保险金10万元。[4]

在保险法上,保险人的知悉原则上以实际情况为准,当保险人并不实际知悉可以解除合同或其他抗辩的行为,但根据已知的情况,保险人应当做进一步调查而未调查或询问时,是否构成保险人的弃权？传统保险法上的保险人通常不负调查或核实的一般义务。但现代保险法的通行规则是,如果投保人或被保险人的告知存在明显的矛盾和疑点,一个合理和审慎的保险人应当询问和调查的,但未询问或调查,一般会构成对告知义务违反所产生的解除权的放弃。

---

〔1〕 参见刘建勋:《保险法典型案例与审判思路》,法律出版社2012年版,第280页。

〔2〕 参见最高人民法院民事审判第二庭编著:《最高人民法院关于保险法司法解释(三)理解与适用》,人民法院出版社2015年版,第131页。

〔3〕 参见最高人民法院民事审判第二庭编著:《最高人民法院关于保险法司法解释(二)理解与适用》,人民法院出版社2013年版,第191页。

〔4〕 参见刘建勋:《保险法典型案例与审判思路》,法律出版社2012年版,第279页。

【案例6－109】 孙某某诉中华联合财产保险公司上海分公司财产保险合同纠纷案

一审法院认为,本案原告未在投保单中明确被保险人(被告制定的投保单,未要求投保人对被保险人加以明确),被告应当根据《保险法》第十七条的规定,向原告说明保险合同的条款内容,并就保险标的或者被保险人的有关情况提出询问,但被告的投保书中,未就被保险人作出询问。被告想当然地以投保人(原告)作为被保险人,作出了承保决定,由此引发本起诉讼。[1] 投保人认为,保险人未尽职审查贷款合同,直接确认其投保人即为被保险人,存在过错,故应按照借款合同上其父一人的签名确定为主贷人,从而确定被保险人应为其父亲。保险人则抗辩,其已在保单上通过"注意事项"提示投保人注意,但投保人对保险单上确认的被保险人并未提出异议。因此,其对被保险人的确认不存在过错,双方应以保险单为依据,确认原告为被保险人。笔者认为,保险人在承保时负有审核保险利益的义务,有义务查明对保险标的享有保险利益的为何者,避免保险合同因丧失保险利益而演变成为赌博的工具,从而确保保险合同存在的合法性。对有义务查明而未查明的应视为弃权,亦应承担相应责任。本案中,一审法院判决被告承担50%的贷款,双方均未上诉,判决已发生效力。

实践中,根据交易习惯,保险人在投保人投保时明知不符合条件而接受的,应视为知道。

【案例6－110】 珙县观斗跃进联办煤矿诉中华联合财产保险股份有限公司宜宾中心支公司保险合同纠纷案

根据交易习惯,原告投保时应如实提供营业执照等证明原告主体资格的相关资料,被告在办理投保时经审查原告的相关资料,应当知晓原告的营业执照期限过期。如被告未审查原告资料,亦属被告未尽自身责任问题。原告依其规定交清了保险费,保险合同成立并生效。被告接受投保的行为,应视为明知。[2]

未在拒赔通知书上载明的拒赔理由视为保险公司弃权。

【案例6－111】 张某某诉中国人民财产保险股份有限公司武汉市汉阳支公司财产保险合同纠纷案

一审法院认为,本案中,被保险车辆从公路边掉入水沟中,由于沟岸较

---

〔1〕 参见最高人民法院中国应用法学研究所编:《人民法院案例选》2007年第3辑(总第61辑),人民法院出版社2008年版,第251页。

〔2〕 参见国家法官学院案例开发研究中心编:《中国法院2013年度案例》(保险纠纷),中国法制出版社2013年版,第155页。

高,汽车落水时应是处于整车腾空下落的状态,故该车掉入水沟时的状态符合坠落概念的基本特征。保险条款中并没有将坠落限定在落向地面,而将落向水面排除在坠落的范围之外,且人保财险汉阳支公司对坠落只限于落向地面而不包括落向水面的理解,不符合社会公众对坠落概念的通常理解,故人保财险汉阳支公司对保险车辆因坠落而造成的损失,不论是落向地面还是水面,均应按保险合同的约定予以赔偿。二审法院亦持同样意见,维持一审判决。[1] 本案中,保险人发出拒赔通知书,仅提出以涉水造成的内部损坏不包含在车损的范围内,在事故发生时及一审审理过程中应当知悉其权利的存在却并未提出抗辩,其行为可视为已经默示放弃其他抗辩理由。

应进一步研究的是,从合同自由的角度来讲,放弃代位求偿权并没有受到法律的特别禁止,应该允许,但是,这种弃权是不是本书所论述的保险弃权,尚有疑问。从性质上讲,代位求偿权更接近于请求权而非抗辩权,其目的是请求而非对抗,且受其代位的请求权的时效限制,保险法对放弃一项请求权没有特别规制的必要,因此,放弃代位求偿权不是保险法上的弃权。保险人放弃代位求偿权不会使被保险人因保险而获利,故代位求偿权可放弃。保险人放弃代位求偿权后不应再主张代位求偿权,否则有违诚实信用原则。

【案例6-112】 中国大地财产保险股份有限公司吉林分公司与吉林省恒昌物流有限公司保险代位求偿权纠纷再审案

最高人民法院认为保险公司已经放弃代位求偿权,裁定驳回再审请求。[2]

应注意的是,不能将保险人受理被保险人的理赔申请也视为弃权,最高人民法院法官对此持同样意见。[3]

(二)弃权适用范围

一般来说,保险合同的一方可以放弃一个有效合同项下的任何权利,因此,保险人可以放弃任何保单调控下的利益,即使是标准合同规定的利益,甚至是保单

---

〔1〕 参见国家法官学院案例开发研究中心编:《中国法院2014年度案例》(保险纠纷),中国法制出版社2014年版,第48~49页。湖北省武汉市中级人民法院(2012)鄂武汉中民商终字第00267号民事判决书。

〔2〕 参见《最高人民法院民商事案件审判指导》(第1卷),人民法院出版社2012年版,第668页。

〔3〕 参见最高人民法院民事审判第二庭编著:《最高人民法院关于保险法司法解释(二)理解与适用》,人民法院出版社2013年版,第192页。

中特别规定禁止放弃权利的条款,也可以被放弃。[1]

由于我国保险市场起步晚,保险人从事保险业务时往往存在不规范行为,明知诸多行为不符合合同约定或法律规定而弃权。例如,普遍存在投保人不如实告知、对投保人如实告知而代理人填写不实等情形,保险人明知仍然签发保单的情形。也就是说,保险人未就投保单中的不完全回答做进一步询问的法律后果按弃权处理。司法实践中,法院一般也将此种发生在保险合成立时应当知道的情形按弃权认定。

【案例6-113】 何某某诉中国人寿保险股份有限公司佛山市顺德支公司等保险合同纠纷案

一审法院认为,保险人虽然可以以投保人不履行如实告知义务为由解除保险合同并拒绝承担赔偿责任,但如果保险人在明知投保人未履行如实告知义务的情况下,不是要求投保人如实告知,而是仍与之订立保险合同,则应视为其主动放弃了抗辩权利。佛山分公司的上述行为,即属于主动放弃了要求投保人如实告知的权利,构成法律约束力的弃权行为,故无权再就该事项继续主张抗辩权利。二审法院持同样意见。[2]

【案例6-114】 庄某诉某保险公司保险合同纠纷案

二审法院认为,保险公司在接到驾驶证号为空白的保单时,就应当询问投保人并且要求其如实填写,但却未有相应行为,且在未提出异议的情形下仍然承保。据此,应当推定保险公司已经以自己的行为向庄某表示保险合同具有执行力,让庄某对此产生合理期待,那么,在涉及理赔时就不得再以此理由提出抗辩。[3]

实践中,有的医疗机构未将被保险人真实的体检结果告知保险人。医疗机构接受保险人委托进行体检,从而在二者之间形成委托代理关系。医疗机构作为保险人的代理人,在保险人对被保险人进行体检授权范围内,对外与投保人、被保险人发生法律关系,其所实施的法律行为的后果由被代理人保险人承受。对保险人而言,应产生弃权法律后果。

最高人民法院法官的态度为,保险合同成立前或成立时知道或者应当知道投保人未如实告知的,不存在适用弃权的情形,故将其仅适用"保险合同成立后"知

---

〔1〕 参见陈欣:《保险法》(第3版),北京大学出版社2010年版,第91页。

〔2〕 参见《最高人民法院公报》2008年第8期。

〔3〕 参见最高人民法院民事审判第二庭编著:《最高人民法院关于保险法司法解释(二)理解与适用》,人民法院出版社2013年版,第193页。

悉或应当知悉的情形。[1]

签订保险合同时，被保险人放弃对第三者请求权的，在保险人对该事实提出询问，投保人如实告知后保险人同意承保的情形下，因保险人明知且不可行使代位求偿权而接受投保，应认定其认可对第三者的放弃行为，也是其自身的弃权行为，故发生保险事故后，保险人应赔付保险金，且无权利向第三者行使代位求偿权。

保险合同履行阶段，弃权有以下几种情形：

其一，投保人未按时交付保险费或有其他违反保险合同约定的情形，但保险人不解除合同，仍然收取保险费的，保险人对之后的保险事故承担保险责任。保险代理人为自己的利益收取保险费的，视作保险人的弃权行为。

其二，保险事故发生后，被保险人在约定或法定时间内通知保险人，保险人未就此作出解除合同，或者免除或减轻保险责任意思表示的，应认定为放弃抗辩权利。

其三，签订保险合同之后，被保险人放弃对第三者请求权，保险人同意继续承保的，应认定保险人对被保险人放弃对第三者请求权的行为予以认可，故保险事故发生后，保险人赔付保险金后，无权向第三者行使代位求偿权。

其四，保险人明知有免除保险责任的抗辩权利，但核定被保险机动车的损失时，不要求被保险人或投保人提供保险事故证明材料的，应视作弃权。

其五，保险人在合同中约定的禁止弃权条款，但代理人作出弃权行为，应当适用弃权制度。

（三）弃权限制

弃权通常由保险人单方面作出。一般而言，保险合同的一方当事人可以放弃一个有效合同项下的任何权利。但应依法受到必要的限制，主要为：

其一，限制保险人放弃与公共利益有关的权利。社会公共利益原则是《保险法》新增加的一项保险活动的基本原则，不违反社会公共利益原则要求在保险活动中，各民事主体应当遵守国家的法律和行政法规，尊重社会公德，承担社会责任、保险标的和保险活动不得违背社会公共利益。[2]

其二，限制保险人抛弃强制性法律所赋予的权利。

其三，限制保险人对事实的弃权。事实是客观发生的情况，并不因当事人的

---

〔1〕 参见最高人民法院民事审判第二庭编著：《最高人民法院关于保险法司法解释（二）理解与适用》，人民法院出版社2013年版，第191页。

〔2〕 参见周玉华编著：《最新保险法条文释义与案例解析》，人民法院出版社2009年版，第18页。

主观意志而得以改变。如保险人代表的是投保人的利益，不能因为保险人将其认定自身代理人，就可以变更经纪人的真实身份。

其四，限制保险人对不属于保险合同的承保范围的弃权。保险合同双方以对价为基础承担各自的权利义务，如因弃权就要求保险人承担超越保险合同的责任，突破对价原则，对保险人不公平。应注意的是，弃权制度的适用对象为保险人原有的权利，保险人不能放弃其并未拥有的权利。

其五，口头证据规则对弃权限制。保险人在法庭对某种权利事实作出了陈述，法律禁止保险人否认先前的陈述或改变立场。

其六，保险单明确对某项权利的放弃，或者限制弃权保险单条款对其弃权有明确约定。

应注意的是，如果保险人放弃是对投保人、被保险人相关违约行为及所对应的权利，而当投保人、被保险人另有违约行为，其保险人先弃权行为不包含、不影响对另外违约行为行使权利时，仍然可依据法律规定或当事人约定享有相应的抗辩权或合同解除权。

(四)弃权法律后果

在保险合同中，保险人已明知投保人、被保险人的违约行为或其他事实不提出异议，其行为符合有意识放弃一项权利的条件，构成法律约束力的弃权，无权就该事实继续主张权利。在保险期限内发生了合同约定的保险事故，保险人就不能以各种理由拒绝履行合同。之所以这样适用弃权制度，能够合理地平衡保险人、被保险人与受益人的权益，也符合《保险法》关于从事保险活动必须遵守诚实信用原则的立法要求相适应。也就是说，弃权的法律后果为发生保险事故后，保险人履行保险责任。

【案例6－115】　石某某诉中国人民财产保险股份有限公司荥阳支公司财产保险合同纠纷案

一审法院认为，虽然该保险合同的投保人、被保险人与付款人所写名字均是靖某某，但投保时原告是保险标的豫A59×××牌号东风大货车的实际所有人，且原告也将豫A59×××牌号东风大货车买卖情况告知了被告，并缴纳了保险费。被告按行驶证上的车主将投保人、被保险人与付款人写为靖某某，原告虽未提出异议，但保险业务专业性强，对保险人而言，投保人处于弱者地位，且第三者责任险是针对车辆危险性而设立的，靖某某将车辆转让后，其对该车辆已不具有保险利益，故可认定原告是实际的投保人与被保险人，被告应当在第三者责任的限额内承担赔偿责任。判决后，原告、被告均未提出上诉，本案已发生法律效力。[1]

在保险期间内发生了合同约定的保险事故，根据诚实信用原则，保险公司应依据保险合同对作为实际投保人的实际车主履行给付合同约定的保险金的业务，而不能以保险合同中的被保险人与实际投保人名字不符而拒绝履行合同。

【案例6－116】 金某某诉中国人寿财产保险股份有限公司齐齐哈尔中心支公司保险合同纠纷案

二审法院认为，人寿财保没有按照法律规定和合同约定要求金某某提交车辆行驶证和驾驶证复印件，并未进行认真审查，人寿财保对未能发现投保人没有如实告知应负有一定的责任。根据保险的弃权理论，人寿财保也不应享有合同解除权。[2]

《保险法解释(二)》第七条规定："保险人在保险合同成立后知道或者应当知道投保人未履行如实告知义务，仍然收取保险费，又依照保险法第十六条第二款的规定主张解除合同的，人民法院不予支持。"该条明确规定了保险人对未履行告知义务的法律后果。

【案例6－117】 廖某等与中国人寿保险公司商丘分公司等人身保险合同纠纷再审案

一审法院认为，保险公司业务员明知马某有吸烟、喝酒习惯和其父患肺癌病故的情况，马某在投保单上填"否"时未提出异议对其纠正，仍签发保单收取保费，应视为对投保人未如实告知责任的放弃。因该保险合同和投保单上加盖的是商丘分公司印章，所以商丘分公司应是赔付保险金的主体。二审法院撤销一审判决。再审法院撤销二审判决，维持一审判决。[3] 在本案中，保险公司弃权，不能再以投保人未如实告知免除给付责任。保险公司在明知马某有吸烟、喝酒习惯和其父患肺癌病故的事实以后，依照法律规定，可以选择拒绝签发保险单或提高保险费率，也可以选择签发保险单和收取保险费，如果选择了后者，就等于对前者权利的放弃，等于自认为马某未如实告知吸烟、喝酒的习惯和其父患肺癌病故并不影响投保，故发生保险事故后，保险公司就不能再以马某有吸烟、喝酒习惯和其父患肺癌病故的理由拒付保险金。

---

〔1〕 参见最高人民法院中国应用法学研究所编:《人民法院案例选》2007 年第 3 辑(总第 61 辑)，人民法院出版社 2008 年版，第 271 页。

〔2〕 参见国家法官学院案例开发研究中心编:《中国法院 2013 年度案例》(保险纠纷)，中国法制出版社 2013 年版，第 47 页。

〔3〕 参见汤相彬、司连杰:《保险公司明知投保人患病而承保不适用免责》，载《人民法院报》2007 年 12 月 5 日，第 5 版。

实践中,保险公司明知不符合赔付条件,在赔付后请求返还的,亦应构成弃权,不应得到法院支持。

【案例6－118】　中国人民财产保险股份有限公司宁波市分公司诉奉化市顶盛船务有限公司不当得利纠纷案

裁判规则为,在船舶保险合同中,保险人明知事故不属于保险合同项下的保险事故却仍赔付因事故产生的有关费用后,又以涉案事故不属于保险合同承保范围,主张被保险人所收赔款为不当得利并请求返还的,构成弃权和反言,违反了《保险法》第五条关于诚实信用原则的规定,人民法院不予支持。[1]

---

〔1〕　参见《人民司法·案例》2009年第8期。

五、保险人其他请求权

(一)保险人和解参与权

所谓责任保险中的保险人参与权,是指当责任保险的责任发生后,保险人在被保险人和第三人协商赔偿的过程中,享有决定、和解以及进行抗辩的权利。[1]

被保险人与第三者自行和解的范围较广,指法院判决或仲裁机构裁决以外,行政调解、人民调解与当事人自行和解,对在法官主持下达成的调解协议基于当事人意思自治而得以实现的基本属性,宜列入自行和解之范围。这里的自行和解所确定的被保险人赔偿金额,是否符合责任保险之保险标的,即通过和解确定的被保险人赔偿责任是否属于"依法承担的赔偿责任"有争议。在责任保险中,被保险人与第三者达成和解协议的,对保险人有无效力、是否承担保险责任,现行保险法并无明确规定,实践中,有法官对保险人提出自行和解异议不予认可。笔者认为,在现行法律的框架下,法官在处理此类纠纷时,应当综合案件的具体情况,从公平公正原则出发,不宜轻易否定被保险人与第三者自行协商确定的赔偿义务,保险人有权重新核定自行和解的内容即被保险人自愿承担赔偿责任,对其被保险人自愿承担赔偿责任中明显缺乏法律依据部分,保险人可以不承担赔偿责任,支持保险人合理抗辩。

【案例6-119】 某商贸公司与某财产保险公司北京分公司保险合同纠纷案

保险期间内2010年8月1日,商贸公司的司机孔某驾驶被保险车辆与骑行电动自行车的杜某1、乘坐该电动自行车的杜某2发生交通事故,该事故造成被保险车辆和电动自行车受损,杜某1与杜某2受伤。经交警部门调解,商贸公司负担了杜某1与杜某2的全部医疗费、误工费等,并赔偿杜某2今后治疗费。被保险车辆的驾驶员承担事故主要责任。在此情形下,被保险人依据《道路交通安全法》的有关规定以及生活常识,应当作出其无须负担的全部实际损失的合理判断。但是,被保险人不但赔偿了第三者已经发生的

[1] 参见最高人民法院民事审判第二庭编:《商事审判指导》2011年第3辑(总第27辑),人民法院出版社2012年版,第168页。

全部损失，而且向第三者赔偿了尚未实际发生的并且未必一定发生的后续治疗费，审理本案的法院据此判定，被保险人自愿承担的赔偿义务中，有一部分不属于“依法应当承担的赔偿义务”。法院没有判决被告保险公司按照原告赔偿第三者的金额向原告赔偿保险金，而是酌情扣减。[1]

1. 保险人认可和解协议

《保险法解释(四)》第十九条第一款规定：“责任保险的被保险人与第三者就被保险人的赔偿责任达成和解协议且经保险人认可，被保险人主张保险人在保险合同范围内依据和解协议承担保险责任的，人民法院应予支持。”该条规定包含以下几层含义：其一，保险人已参与到和解中并且同意和解协议，保险人应受其约束。这种同意不限于书面形式，被保险人能够证明保险人通过其他方式对调解协议认可的，亦受法律保护。其二，保险人认可的法律后果，是保险责任在保险合同范围内承担。其三，保险人参与权的范围不仅限于诉讼外的和解，也包括诉讼中的和解及法官主持下达成的和解。司法解释制定者认为，被保险人与第三人达成的和解协议，经法院审查确认并出具调解书，在本质上仍是被保险人与第三人两方之间达成的合意，在第三方保险人未经参与并认可的情况下，对保险人不能发生拘束力。司法实务中，多数地方法院亦采纳该观点。[2] 其四，保险合同中约定保险人参与并核定条款的效力，应放在个案中根据具体案情而界定。笔者认为，保险人的和解参与权，其实质是保险人同意认可承担保险责任的权利。

2. 保险人不认可和解协议

《保险法解释(四)》第十九条第二款规定：“被保险人与第三者就被保险人的赔偿责任达成和解协议，未经保险人认可，保险人主张对保险责任范围以及赔偿数额重新予以核定的，人民法院应予支持。”该条规定有以下几层含义：其一，保险人未参与和解的，保险人不受和解协议的约束，不同意承担保险责任。其二，保险人已参与到和解中，但明确表示不同意和解方案的，当然不受和解协议约束，也不承担保险责任。

值得注意的是，保险人不受和解协议的约束，并不意味着保险人免除了保险责任。只是在此种情况下，保险人有权请求依法确定被保险人对第三者依法所负

---

[1] 参见刘建勋：《保险法典型案例与审判思路》，法律出版社2012年版，第399～409页。

[2] 参见最高人民法院民事审判第二庭编著：《最高人民法院关于保险法司法解释(四)理解与适用》，人民法院出版社2018年版，第390页。

的赔偿责任并依据保险合同对保险责任进行核定。[1]

实践中,调解书仅起到证明事故发生以及造成损失的作用,保险公司是否应当理赔,还必须根据个案具体情况予以确定。

【案例6-120】 王某某诉中国平安财产保险股份有限公司厦门分公司保险合同纠纷案

二审法院认为,本案所涉及的交通事故已经由交警部门作出机动车驾驶员与案外人邱某某双方负同等责任的认定。而王某某与邱某某又在交通事故引发的人身损害赔偿诉讼中通过调解对责任承担问题达成协议,调解协议中确定的责任比例是双方当事人在自愿合法的前提下,综合考虑各种因素后协商一致达成的,而王某某没有证据证明其与邱某某通过协商确定的责任比例分担就是双方在事故中依法所应当负责任比例的情况下,平安公司主张依照交警部门认定的责任比例进行赔付合法有据。因此,虽然民事调解书与民事判决书具有同等法律效力,但是,由于人民法院是否在法律文书中对责任承担比例直接作出明确认定,导致二者在被保险人向保险人申请理赔的过程中所起的作用是不同的。调解书仅起到证明事故发生以及造成损失的作用,保险公司是否应当理赔以及如何理赔,还要根据个案具体情况予以确定。综上,上诉人王某某主张保险公司应当依据民事调解书确定的赔偿责任比例进行赔偿,理由不能成立。原审判决认定事实清楚,适用法律正确,应当予以支持。[2]

(二)保险人分摊请求权

重复保险的分摊请求权的成立和行使是疑难争议问题。

【案例6-121】 A保险中山分公司诉B保险东莞分公司财产保险合同纠纷案

二审法院认为,本案为财产保险合同中的重复保险分担纠纷。首先,化肥公司在案涉两份保险中均为被保险人,化肥公司堆存在麻涌港区的化肥是两份保险合同共同承保财产且可与其他承保财产分割,化肥公司在两份保险中对该财产所享有的利益相同,结合两份保险符合其他重复保险构成要件的

〔1〕 参见最高人民法院民事审判第二庭编著:《最高人民法院关于保险法司法解释(四)理解与适用》,人民法院出版社2018年版,第389页。

〔2〕 参见最高人民法院民事审判第二庭编著:《最高人民法院关于保险法司法解释(四)理解与适用》,人民法院出版社2018年版,第398页。

情况,案涉两份保险合同构成重复保险。其次,重复保险下的已赔付保险人享有分摊请求权,有权就超额赔付部分向未赔付保险人追偿。虽然《保险法》第五十九条未明确规定重复保险分摊请求权,但该条是对保险人内部责任的最终分配,未禁止超额赔付。保险人赔付后,依据《保险法》第五十九条取得保险标的全部或部分权利,包括要求未赔付保险人进行赔偿的权利。海上保险的重复保险已赔付保险人追偿权可作为一般保险的重复保险分摊请求权正当性依据。确认分摊请求权体现了利益平衡原则和对保险人积极赔付行为的肯定,有利于发挥保险的制度价值,营造诚信社会环境。本案中,A保险中山分公司分摊请求权符合其成立的积极和消极要件,其分摊请求权成立。最后,分摊请求权的行使需要符合法律规定、当事人约定,体现权利性质和制度价值。已赔付保险人对重复保险下的未赔付保险人、第三者、投保人的主体有不同的请求权,有权主张分摊请求权。分摊请求权的行使范围为被保险人对未赔付保险人享有的全部或部分保险赔偿请求权及其从权利,以及分摊请求权的从权利,排除不符合法定或约定的权利;分摊请求权的责任比例应当依据其请求权行使对象所承担的重复保险下的保险赔偿责任比例确定;分摊请求权的数额应以实际赔付数额为基础结合责任比例和免赔额予以确定。A保险中山分公司分摊请求权对应数额为17,324,928元[43,200,000元×50.13%×(1-20%)]。一审法院判令B保险东莞分公司支付分摊付款数额和利息低于A保险中山分公司起诉请求的数额和分摊请求权及其利息对应的数额,A保险中山分公司未提起上诉,二审法院对处理结果予以维持。判决:驳回上诉,维持原判。[1]

〔1〕 参见国家法官学院、最高人民法院司法案例研究院编:《中国法院2023年度案例》(保险纠纷),中国法制出版社2023年版,第91~92页。广东省高级人民法院(2021)民终318号民事判决书。

专题七　保险合同义务纠纷

保险法中涉及的义务，主要包括三个方面的内容，即保险人说明义务、投保人告知义务和保险相对人义务。

一、保险人说明义务

《保险法》第十七条规定了保险人说明义务，该条款为保险法律的核心条款。保险人的订约说明义务，是指保险人在订立保险合同之前，应向投保人说明保险合同格式条款的真实含义。[1] 法官认为，保险人说明义务，又称“醒意义务”，是指保险人在保险合同订立过程中，依法承担的将保险合同条款向投保人进行说明的义务。[2] 依据本条的规定，保险人的说明义务具有法定性、先合同性、主动性三大特点，其保险人的说明义务是法定义务，不得违反。实践中，往往发生保险人主张已“说明或明确说明”，而投保人却主张保险人未予说明或已说明但不明确，由此产生了许多纠纷，因此，值得对其说明义务进行深入研究。

《民法典合同编通则解释》第十条规定：“提供格式条款的一方在合同订立时采用通常足以引起对方注意的文字、符号、字体等明显标识，提示对方注意免除或者减轻其责任、排除或者限制对方权利等与对方有重大利害关系的异常条款的，人民法院可以认定其已经履行民法典第四百九十六条第二款规定的提示义务。

提供格式条款的一方按照对方的要求，就与对方有重大利害关系的异常条款的概念、内容及其法律后果以书面或者口头形式向对方作出通常能够理解的解释说明的，人民法院可以认定其已经履行民法典第四百九十六条第二款规定的说明义务。

提供格式条款的一方对其已经尽到提示义务或者说明义务承担举证责任。对于通过互联网等信息网络订立的电子合同，提供格式条款的一方仅以采取了设置勾选、弹窗等方式为由主张其已经履行提示义务或者说明义务的，人民法院不予支持，但是其举证符合前两款规定的除外。”

---

〔1〕 参见安建主编：《中华人民共和国保险法(修订)释义》，法律出版社2009年版，第46页。

〔2〕 参见最高人民法院保险法司法解释起草小组编著：《〈中华人民共和国保险法〉保险合同章条文理解与适用》，中国法制出版社2010年版，第101页。

(一)说明主体和说明对象

根据《保险法》第十七条的规定,保险人负有明确说明义务,是当然法定的履行主体。在实践中,保险人作为法律虚拟的主体,应承担的明确说明义务往往通过其他主体予以具体实施。在我国,一般情况下,保险人即指保险公司,并不能通过其他方式就保险合同条款的具体内容向投保人作具有针对性、区别性的解释,其说明义务的履行还可通过其工作人员来完成。也就是说,保险公司的工作人员也是明确说明义务的履行主体。另外,说明主体还包括保险代理人。保险代理人根据保险人的委托,以保险人的名义,在保险人授权的范围内,独立与第三人办理保险业务,由此产生的法律效果直接由保险人承担的法律制度。《保险法》第一百二十七条规定,保险代理人根据保险人的授权代为办理保险业务的行为,由保险人承担责任。保险代理人包括专业代理机构、兼业代理机构和个人代理人三类。注意,对于保险经纪人,因保险经纪公司在代投保人办理投保手续,其本质应当是投保人的代理,代投保人同保险人签订保险合同,应当成为接受保险人说明义务的人。

保险人说明的对象,自然是投保人,现行法律并无规定向被保险人履行说明义务。保险人向投保人的代理人说明的,应认定为是对投保人的说明,但如果向被保险人(与投保人并非同一人情况下)说明的,亦不能认定为是对投保人的说明。在实践中,就说明对象发生的争议不断。

投保人为企业法人时,保险人履行说明义务的具体对象应是谁?现行《保险法》并未有明确规定。笔者认为,企业法人作为投保人,其具体行为必须由有权代表他的自然人实施,故保险人对该法人履行说明义务也必须向有代表该法人的自然人作出,即法定代表人、非法人组织的负责人或其授权的代理人,除此之外的人不属于说明的对象。

【案例7-1】 厦门旺群旺商贸有限公司诉中国人民财产保险股份有限公司厦门分公司保险合同纠纷案

判决观点,原告旺群旺公司向被告中保公司保险业务员提出投保要求,被告中保公司收取保险费同意承保并出具保险单,因此,原告、被告之间的保险合同成立。但因投保人原告旺群旺公司系一企业法人,因此,被告中保公司对投保人就保险合同中的免责条款履行明确说明义务时,其说明对象应为原告旺群旺公司的法定代表人或其授权的代理人,但在被告提交的投保单上签字确认“保险人已将投保险种对应的保险条款(包括责任免除部分)向本人做了明确说明”的“廖某”并非原告的法定代表人,亦非原告的授权代理人,因此可以认定,在订立保险合同时,被告中保公司并未对保险合同中的免责条款向投保人旺群旺公司明确说明,故保险合同中关于责任免除的条款依法不产生效力。〔1〕

在团体投保中,保险人是否应当就免责条款向每个投保人作出说明有争议。笔者认为,在团体投保中,保险人应当按照《保险法》的规定就责任免除条款向每个投保人明确说明,即履行说明义务的对象应是全部投保人,未明确说明的,该条款不产生效力。

【案例7-2】　张某某诉中国人寿保险股份有限公司洛阳市吉利支公司等保险合同纠纷案

判决观点,本案系乡计划生育办公室以团体投保的方式与保险公司签订的,原告仅是按照通知交纳了保险费,保险人公司没有按照《保险法》的有关规定向每个投保人就责任免除条款进行说明,责任免除条款对原告不产生效力。因此,无论原告在投保前是否患有未治愈的疾病,均不影响保险公司对原告承担给付医疗保险的责任。〔2〕

需要注意的是,《江苏省高级人民法院关于审理保险合同纠纷案件若干问题的讨论纪要》第七条规定:"学生平安险不属团体险,保险人应当逐一向投保人履行明确说明义务。保险人仅对学校履行明确说明义务的,或者保险人提供了履行免责条款说明义务的《告家长书》但无涉案被保险人或者其监护人签字的《告家长书》回执栏的,对于保险人已经履行了明确说明义务的抗辩,人民法院不予支持。"〔3〕

【不同处理】　对公司团体投保,亦有保险公司向团体代表人履行明确说明义务视为向实际投保人履行明确说明义务判例。

【案例7-3】　牛某山等诉中国人寿保险股份有限公司北京市分公司保险合同纠纷案

一审法院认为,作为牛某全的保险受益人,牛某山、郭某某、张某某、牛某艺提出人寿北京分公司未尽到明确说明义务,但根据新星蓝天公司向人寿北京分公司出具的投保声明书,针对该团体险,人寿北京分公司已经将被保险人必须表示同意并知悉保险事宜的相关法律条文、保险合同的条款内容及有

---

〔1〕 参见最高人民法院中国应用法学研所编:《人民法院案例选》2008年第3辑(总第65辑),人民法院出版社2009年版,第309页。

〔2〕 参见最高人民法院中国应用法学研所编:《人民法院案例选》2007年第4辑(总第62辑),人民法院出版社2008年版,第223页。

〔3〕 最高人民法院民事审判第二庭编:《商事审判指导》2011年第1辑(总第25辑),人民法院出版社2011年版,第30页。

关事项向新星蓝天公司经办人李某某作详细说明,新星蓝天公司表示已将保险责任、保险金额、保险费、责任免除、解除合同、受益人等有关情况告知了各被保险人,同时根据投保单声明部分,新星蓝天公司亦确认保险公司已对保险合同的条款内容履行了说明义务,并对责任免除条款履行了明确说明义务,故牛某山、郭某某、张某某、牛某艺关于未履行明确说明义务的意见,本院不予采信。二审调解结案。[1]

【不同处理】 对公司团体投保,亦有保险公司仅需向投保人履行明确说明义务判例。

【案例7-4】 朱某某等诉中国人寿保险股份有限公司成都市第一支公司保险合同纠纷案

一审法院认为,团体保险的目的是提高单位成员福利水平。因此,被保险人一一签字同意并没有多大必要和可能。为保障被保险人的利益和转移投保人的风险,虽然被保险人没有签字同意投保,但其所在单位为其投保的团体人身保险是应视为已经被被保险人同意,故人身保险合同有效。被保险人张某某无证驾驶摩托车是属于中国人寿保险股份有限公司国寿团体人身意外伤害保险条款约定的免责范围,而且在投保人及被保险人声明中,注明了保险人,即本案被告已对免责条款履行了明确说明义务,无须对被保险人个人重复履行说明义务。二审法院亦持同样意见,维持了一审驳回朱某某等诉讼请求的判决。[2]

在代理人代为投保时,保险人向投保人的代理人所为的一切行为均视为向投保人所为,故保险人向投保人的代理人就免责条款进行提示并作出明确说明的,免责条款对投保人产生法律效力。换言之,保险人可以向投保人的代理人履行明确说明义务。

【案例7-5】 邱某诉中国太平洋保险股份有限公司台州中心支公司保险合同纠纷案

二审法院认为,本案争议的是被上诉人对免责条款是否履行明确说明的告知义务。上诉人系被保险人,享有保险利益,上诉人妻子王某在投保单上投保人声明处签名,说明其对保险条款尤其是对免除保险人责任条款部分的内容已经理解并予以接受。由此可以证实被上诉人向王某履行了责任免除

---

〔1〕 参见国家法官学院案例开发研究中心编:《中国法院2015年度案例》(保险纠纷),中国法制出版社2015年版,第186页。北京市第二中级人民法院(2013)二中民终字第14854号民事判决书。

〔2〕 参见国家法官学院案例开发研究中心编:《中国法院2014年度案例》(保险纠纷),中国法制出版社2014年版,第16页。四川省成都市中级人民法院(2012)成民终字第6535号民事判决书。

条款的提示说明义务。上诉人投保的车辆系家庭用车,王某作为上诉人的妻子,在投保单上签名的行为应当属于家事代理,故被上诉人向王某履行免责条款提示说明义务及于上诉人,该免责条款对上诉人产生效力。[1]

在财产保险合同非投保人本人签名的情形下,若保险人能够证明签名人系有权代理或代签行为构成表见代表理的,保险人就免责条款向签名人履行提示说明义务的法律效力及于投保人。

【案例7-6】　杨某诉中国人民财产保险股份有限公司海安支公司保险合同纠纷案

二审法院认为,案涉车辆一直在人保海安支公司投保,且此前大部分投保事宜都是由刘某代办相关手续。本次投保过程中,刘某以杨某银行卡交费及签署杨某名字等行为,足以使人保海安支公司相信刘某系履行普通家事代理行为,人保海安支公司有理由相信刘某的签字确认行为可以代表杨某。刘某在投保人声明栏上签字确认,说明其对保险条款尤其是对免除保险人责任条款部分的内容已经理解并予以接受,由此可证实人保海安支公司已对刘某履行了明确说明义务,刘某签上杨某的名字加以确认,该免责告知效果及于杨某。故案涉免责条款对杨某具有约束力,案涉车辆系自燃毁损,人保海安支公司主张免责具有事实与法律依据。综上所述,杨某的上诉请求不能成立。[2]

对于特殊主体的说明。被保险人为无行为能力人或限制行为能力人的,必须将免责条款的内容应转达到至其法定代理人或监护人,在取得被保险人确认后,以上内容方能成为有效条款。

(二)履行说明义务范围

保险人是否对一切保险合同均负有说明义务?《保险法》对此并没有作出明确规定。笔者认为,保险人的说明义务仅适用格式条款订立的保险合同或具有"附合契约"性质的保险合同。格式条款或附合契约并不是保险合同的唯一表现形式,实践中还有少量的采取非格式条款订立保险合同的情形。对于非格式条款合同,保险人不必负说明义务。也就是说,特别约定条款如经投保人和保险人平

---

〔1〕 参见《人民司法·案例》2017年第17期(总第784期)。浙江省台州市中级人民法院(2015)浙台商终字第38号民事判决书。

〔2〕 参见《人民司法·案例》2019年第35期(总第874期)。江苏省南通市中级人民法院(2017)苏06民终3850号民事判决书。

等协商、自愿达成合意,可不进行特别说明。因为,在此种情形下保险合同条款系由投保人与保险人共同协商拟定,投保人在订立过程中可充分了解合同条款,若仍使保险人担负说明义务,既非必要,也有失公平。因说明义务的法定性,不能在保险合同中约定可以不履行或排除。

保险人履行说明义务,要重点解决说明什么、什么样的内容必须说明。实践中,保险人没有必要也不可能事无巨细都说明一番。说明范围应限于:其一,影响投保人决定投保与否的有关条款,主要是保险合同的基本条款。其二,影响投保人合法权益的其他条款,主要包括合同生效的时间与条件、免责条款、保险人的合同解除权,保险索赔的先决条件、退保处理事项、退保金的数额及计算方法和其他影响被保险人索赔权利的条款。保险人说明的范围当然也不能局限于免责条款。保险人说明的范围应当是足以影响投保人决定与否,对投保人权利义务有重大影响的重要条款和基本条款,还有一些专业术语。实践中通常归结为免责条款和隐性免责条款。

1. 对免责条款的说明

免责条款有广义和狭义之分。广义的责任免除条款,是指根据法律或双方协商一致,免除或限制保险人承担赔偿责任的条款;狭义的责任免除条款,即除外责任条款,意指免除保险人所负赔偿责任之条款。根据对明确说明义务的规定可以推断,《保险法》修订前中的免责条款为狭义,而在其修订后免责条款大大扩展,包括不负赔偿责任的条款、限制责任条款的条款和涉及特定责任的条款。笔者认为,由于保险人所固有的实力和语义上的强势,为了保险合同双方当事人的实质平等,保险合同的免责条款应采用广义说,应包括:其一,除外责任条款。它又可分为原因除外责任条款和损失除外责任条款:前者是指约定保险人对特定原因造成的损失不负赔偿责任,如约定因被保险人的自杀、自伤、饮酒过度、滥用药物、吸食或注射毒品、斗殴等违法犯罪行为导致出现保险事故的,保险人不承担保险责任;后者指约定对何种损失保险人不负赔偿责任。其二,免赔率(额)条款。它是指保险人对标的物损失可免除一定限额的责任条款,在性质上属于限制责任条款。不同观点,可见本书保险责任纠纷专题中的免责条款部分。其三,比例赔付或者给付条款。此类条款同除外责任条款一样,实际上也是免除保险人责任的一种条款。其四,影响保险合同效力的条款。保险合同中有关合同是否即时生效、何时生效或何种情况下生效的条款直接影响投保人或被保险人合同期待利益的实现,而保险人为维护自身利益,常常在保险合同中作出一些限制性规定,如必须体检合格、必须取得合法的汽车牌照等,以推迟合同生效的时间,因其影响保险合同效力的条款在很大程度上起到了限制保险人责任的作用,这也属于广义的责任免除条款。根据《保险法》的规定,保险合同中关于保险人责任免除条款的,保险人在订立保险时除了在保险单上提示投保人注意外，还应当对有关免责条款的概念、内容及其法律后果等，以书面合同或者口头形式向投保人或其代理人作出解释，以使投保人明了该条款的真实含义和法律后果。

何谓免责条款，难以下一个周全而准确的定义，实践中可以从法律对免责条款规制的立法旨意以及保险实务中免责条款的设定原因予以识别，包括与承包风险相违背而免责、基于被保险人故意或重大过失而免责、与其他险种相区分而免责以及保险人限制自身风险而限责或免责等。

2. 对隐性条款的说明

所谓隐性条款，是指虽然在该条款中没有明文规定合同一方免责，但是，根据条款的规定，在一定情况下实际上是可以免责的。有法官提出区别观点认为，并非只要是免责条款，保险人都负有提请注意并明确说明的义务。隐性免责条款只有显著违背了公平原则、内容不合理时，其效力才能被讨论，《保险法》第五条诚信原则和第十七条保险人的说明义务，才有适用的必要。

【案例7－7】　宋某诉中国人寿保险股份有限公司桐柏支公司保险合同纠纷案

判决观点，保险人在订立保险合同过程中，对隐性免责条款未向投保人明确说明，该条款不产生法律效力，保险人应按合同约定支付保险金。[1]

合同条款在“责任免除”部分之下，则必然属于免责条款。如果合同条款在“责任免除”之外，只要在性质上属于减轻或者免除保险公司保险责任的条款，没有该条款，保险公司就应当承担保险责任，则该条款即属于免责条款。

【案例7－8】　房某诉某保险公司保险合同纠纷案

判决观点，保险责任条款并没有载明保险公司给付保险金的前提是需要在指定医院治疗。保险条款中对医院的释义“经保险公司指定的依法设立的医疗机构”，实质为减轻保险公司责任的条款，属于免责条款。该条款没有包含在保险条款“责任免除”部分，保险公司在订立合同时对免责条款的提示说明义务不能及于该条款。因此，该条款对于房某来说不生效，保险公司不能以此拒绝给付保险金。[2]

【案例7－9】　薛某某诉中国平安财产保险股份有限公司上海分公司保险合同纠纷案

二审法院认为，双方在本案中争议的主要焦点在于医保外的自费项目是

---

〔1〕 参见《人民司法·案例》2008年第16期。

〔2〕 参见安凤德主编：《保险合同纠纷诉讼指引与实务解答》，法律出版社2013年版，第278页。

否应由平安公司理赔,而这又涉及保险条款的解释。平安公司在保险合同第十七条约定:保险事故发生后,保险人按照国家相关法律法规规定的赔偿范围、项目和标准以及本保险合同的规定,并根据国务院卫生主管部门组织制定的交通事故人员创伤临床诊疗指南和国家基本医疗保险标准,在保险单载明的赔偿限额内核定人身伤亡的赔偿标准与程序,但实际上与最终的理赔额相关。保险公司经常引用该条款降低及免除自己的理赔数额,因此,该条款应视为免责条款。从保险合同的性质来看,保险合同是最大的诚信合同,保险合同的免责条款决定着投保人的投保风险和投保根本利益,对于投保人是否投保具有决定性的影响。正如一审法院所认为的,此类条款必须根据《保险法》第十七条第一款、第十八条的规定,保险公司应当向投保人尽到明确说明义务,未明确说明的,该条款不产生效力。上述义务是法定义务,也是特别告知义务,这种义务不仅是指经过专业培训而具有从事保险资格的保险人在保险单上提示投保人特别注意,更重要的是要对有关免责条款内容作出明确解释。相反,平安公司在自己制作的格式化保险合同中,没有把这一关于医保标准的免责条款与其他免责条款放在一起,并使用相对容易引起注意的字体予以提示,而是单独隐藏于其他条款之中。这种做法难以认定尽到提示义务,更不用说尽到明确说明义务了。[1]

保险公司对免责条款的提示说明不能及于隐性免责条款。

【案例7-10】 杨某某诉某财产保险公司保险合同纠纷案

判决观点,"赔偿处理"部分印制的"10%的绝对免赔率"的内容,就其性质与作用而言,属于减轻保险公司保险责任的条款,虽然未被印制于"责任免除"这一合同组成部分中,但仍然属于责任免除条款。保险公司未以较为显著的黑体字印制上述合同条款,属于未履行《保险法》所规定的"提示义务"。此外,投保单上"投保人声明栏"印制的文字意味着,保险公司在订立保险合同时,仅就以黑体字印制的"责任免除"部分向投保人作出了明确说明,而对于设置于"赔偿处理"部分的未以黑体字印制的具有免责条款性质的合同条款,未向投保人作出明确说明。因此,保险条款中位于"赔偿处理"段落中的具有责任免除性质的条款,因保险公司未履行说明义务而不生效,保险公司不能援引上述合同约定内容减轻保险责任。[2]

事实免责情形应归属于隐性条款范畴之内。在5年期的保险合同中,保险人

---

〔1〕 参见邹碧华主编:《2013年上海法院案例精选》,上海人民出版社2013年版,第253~254页。

〔2〕 参见北京市高级人民法院编:《审判前沿——新类型案件审判实务》2012年第4集(总第46集),法律出版社2013年版,第129页。

应当将宣告死亡超过保险期事实免责范围，依据《保险法》第十七条予以说明。

【案例7－11】　陈某某诉中国人寿保险股份有限公司金堂县支公司保险合同纠纷案

二审法院认为，判决宣告之日为其死亡的日期，故本案被保险人陈某益的死亡日期应为金堂法院判决宣告其死亡之日即2008年12月25日，该时间并不在5年的保险合同期间内。人保金堂公司一方面承认对生理死亡和宣告死亡同样承担保险责任，另一方面实际将被保险人下落不明被宣告死亡的情形排除在外，使得其在事实上不可能赔付。这种矛盾的出现是因为人保金堂公司所设计的保险条款不周延所造成，其在拟定保险条款时并未将上述宣告死亡的情形作为责任免除条款在保险合同中明确载明，亦未对合同中的"身故"含义作出周延、准确的界定。鉴于保险关系的特殊性，决定了保险活动双方当事人行使权利、履行义务应当遵循诚实信用原则。基于此，人保金堂公司对本案所涉的不周延保险合同条款以及前述情形下的宣告死亡事实上不予赔付的后果应以善意、诚实、守信的态度履行说明义务，以便投保人、被保险人获得必要的信息，明确自己的权利和义务，了解签订合同的法律后果，避免权利的无谓丧失。但在订立保险合同时，人保金堂公司未以合理方式向投保人陈某益提示、说明，使其在尚无充分获取相关信息并完全理解保险条款的前提下，作出缔约的意思表示，陈某益并不知道其所可能发生的保险风险不属于保险人承保范围，却期待得到保险保障。发生保险事故时，人保金堂公司又以被保险人被宣告死亡日期不在合同有效期内为由拒赔，人保金堂公司在合同订立和履行过程中的上述行为有违诚实信用原则。[1]

职业类别赔付限制属于格式条款，保险公司应尽到提示告知义务。

【案例7－12】　杨甲等诉某某保险公司意外伤害保险合同纠纷案

判决观点，第一，关于李丁是否属于钢骨结构工人，某某保险公司仅以李丁被工地中的钢管砸伤为由，认定其在钢管现场工作属于钢骨结构工人依据不足。第二，关于该赔付比例条款的效力，该条款属于保险责任条款，即属于保险人承担给付责任范围的条款。本案中，该赔付比例条款属于某某保险公司为重复使用而预先拟定，未与投保人协商的条款。条款中关于赔付比例的限制涉及保险责任，其应在投保人进行投保时采取合理的方式提请对方注意，并按照对方要求进行说明。本案中，某某保险公司虽在特别约定和投保须知处列明了"5～6类职业的被保险人保额为基本保额的1%"，但其未将具

〔1〕　参见最高人民法院中国应用法学研究所编：《人民法院案例选》2013年第1辑（总第83辑），人民法院出版社2013年版，第232页。四川省成都市中级人民法院（2010）成民终字第255号民事判决书。

体的职业类别予以列明,亦未提交证据证明在投保时问了李丁具体工作内容、告知其职业的具体类别以及其职业类别对保险理赔金额的影响,应当认定某某保险公司未就该条款提李丁注意,李丁已无法理解该条款的含义。因此,该条款并非李丁与某某保险公司保险合同的内容。某某保险公司要求按照基本保额的1%支付保险费,缺乏依据,不予采信。判决:(1)被告某某保险公司向原告杨甲、李乙、李丙支付保险赔偿金100,385元;(2)驳回原告杨甲、李乙、李丙的其他诉讼请求。[1]

3. 对保险监管机关审核过的保险条款的说明

最高人民法院法官认为,尽管根据合同格式条款的控制理论,如果格式条款已经预先经过了行政机关审核,就意味着经过了行政规制,具有形式上的公正性,但该格式条款的拟定方为保险人,尽管行政机关的审核是对于其公正性、合法性进行审核,但该审核毕竟是行政审核而非司法审查,不能完全避免不公正条款的存在。而且,投保人不同于保险监管部门,其信息掌握力、注意能力和交涉能力较弱,对于条款的理解仍需保险人予以说明,故在这种情形下,保险人仍应负说明义务。[2]

4. 对各类违法情形条款的说明

保险条款中,保险公司的免责事由,基本是围绕法律法规确定的各类违法情形来进行列举,如事故发生时驾驶人员存在违法情形,保险公司即可拒赔,则保险合同根据违法行为所作的免责事由约定,从理论上说可视为没有必要说明。针对明显违法行为而规定的免责条款,可否免除保险人的明确说明义务,现行法律无规定,在《保险法解释(二)》出台前,各地法院做法不同。有的法院认为,涉案的行政法规虽向全社会具有公示性,但在保险合同中作为免责条款仍应对各类违法情形向投保人作明确说明义务。

【案例7-13】 吴某强诉天安保险股份有限公司湖州中心支公司保险合同

判决观点,本案中,吴某如因违法行为予以记分14分,不得再驾驶机动车上路行驶,虽公安机关交通管理部门未及时扣留其驾驶证,但扣分的行政处罚均发生在事故发生之前,作为驾驶人员应当知晓。因吴某如的违法处罚行为系其个人行为,作为雇主的吴某强在吴某如不告知的情况下未必全部清

---

〔1〕 参见国家法官学院、最高人民法院司法案例研究院编:《中国法院2023年度案例》(保险纠纷),中国法制出版社2023年版,第195页。北京市西城区人民法院(2021)京0102民初13405号民事判决书。

〔2〕 参见最高人民法院保险法司法解释起草小组编著:《〈中华人民共和国保险法〉保险合同章条文理解与适用》,中国法制出版社2010年版,第111页。

楚,其中,交通管理部门未予扣证的情形下仍安排吴某如驾车,其主观上并无过错,而保险公司未提供证据证明对免责条款以及“依照法律法规或公安机关交通管理部门有关规定不允许驾驶被保险机动车的其他情况下驾车”所包含的范围已向被保险人吴某强作明确说明,由此,上述免责条款不发生法律效力。[1]

【不同处理】 有些法院持肯定态度对此即可免除说明义务。

【案例7-14】 邵某某诉中华联合保险公司增城支公司保险合同纠纷案

一审法院认为对被保险车辆未办理牌照上路的免责条款应履行说明义务,二审法院则认为对该类法律明确禁止行为条款无须说明并撤销一审判决,驳回原告邵某某的全部诉讼请求。[2]

《保险法解释(二)》第十条规定:“保险人将法律、行政法规中的禁止性规定情形作为保险合同免责条款的免责事由,保险人对该条款作出提示后,投保人、被保险人或者受益人以保险人未履行明确说明义务为由主张该条款不生效的,人民法院不予支持。”该条明确了对此类条款只是进行提示,而不再需要明确说明。法律法规的禁止性规定不同于法定免责条款,这里的行政法规,应是国务院制定的行政法规中的禁止性规定。

将法定禁止性情形纳入免责条款,即免责条款仅提示即为履行说明义务。

【案例7-15】 赵某、赵某某、倪某某诉中国人民财产保险股份有限公司某公司、张某某机动车交通事故责任纠纷再审案

再审法院认为,对于保险人将法律禁止性规定作为免责事由的格式条款,保险人的提示和明确说明义务是否可以减轻或者免除。对于违反禁止性规定,应根据该规定的立法目的受到相应的行政处罚或者刑事处罚,并不当然对私法上的民事合同产生影响,更不产生免除保险责任的法律效果。因此,对于该种情形的免责条款,保险人仍需进行提示,但明确说明义务的举证责任可以适当减轻。[3]

---

〔1〕 参见国家法官学院案例开发研究中心编:《中国法院2012年度案例》(保险纠纷),中国法制出版社2012年版,第46页。

〔2〕 参见国家法官学院案例开发研究中心编:《中国法院2013年度案例》(保险纠纷),中国法制出版社2013年版,第11页。

〔3〕 人民法院案例库2023-16-2-374-011。宁夏回族自治区高级人民法院(2020)宁民再23号民事判决书。

【案例7－16】 厦门车缘商贸有限公司诉中国人民财产保险股份有限公司厦门市分公司保险合同纠纷案

二审法院认为，综合本案投保单中车缘公司的签章、商业保险单中重要提示的内容、保险条款中“责任免除”部分的字体和内容，可以认定人保厦门公司对双方保险合同中的前述免责条款已履行提示义务。车缘公司虽认为人保厦门公司未对“驾驶人在实习期内驾驶机动车上高速公路行驶，应当由持相应或者更高准驾车型驾驶证三年以上的驾驶人陪同”的内容单独作出说明，但法律、法规、规章自公布后即具有法律效力，社会公众应当知悉和理解，且车辆的驾驶人更应当学习、了解和遵守道路安全法律、法规及规章，故人保厦门公司对前述概括性条款作出提示和告知之后，不必再就其具体内容作出明确的说明和解释。[1]

提示和明确说明并不等同，但保险人不履行提示义务的保险条款亦不生效。

【案例7－17】 张某南等诉中国太平洋财产保险股份有限公司苍梧支公司保险合同纠纷案

判决观点，保险人虽将“酒后驾车”这一法律、行政法规中的禁止性规定情形作为保险合同免责条款的免责事由，但保险人的提示义务并不因此免除，保险人仍需要向投保人作出“酒后驾车不赔”的提示，且该提示必须到达投保人，对投保人才发生法律效力。虽然太保苍梧支公司主张保险条款已经以加黑加粗字体的形式对责任免除条款作出了足以引起投保人注意的提示，履行了提示义务。但是，在本案中，投保单的内容由太保苍梧支公司的员工代为填写，投保人的签名也并非张某群本人签字，保险单存放在农行苍梧县支行处，没有送达投保人，也没有投保人的签名。保险人仅是在投保单上对免责条款以特殊字体进行标示，但没有向投保人出示“酒后驾车”这一免责条款，投保人本人是否注意或者看到这一加黑加粗字体的免责条款，是否知道这一免责条款的存在无法确认，太保苍梧支公司提供的证据也不足以证实其已经向投保人履行了提示，依据《保险法解释（二）》第十三条，太保苍梧支公司应承担举证不能的不利后果，酒驾免责的条款不生效。[2]

---

〔1〕 参见最高人民法院中国应用法学研究所编：《人民法院案例选》2016年第9辑（总第103辑），人民法院出版社2017年版，第106页。福建省厦门市中级人民法院（2014）厦民终字第1991号民事判决书。

〔2〕 参见国家法官学院案例开发研究中心编：《中国法院2017年度案例》（保险纠纷），中国法制出版社2017年版，第52页。广西壮族自治区梧州市苍梧区人民法院（2015）苍民初字第137号民事判决书。

【案例7－18】　石某某诉中国太平洋财产保险股份有限公司诸暨支公司保险合同纠纷案

一审法院认为，肇事逃逸属于法律、行政法规禁止性规定情形，保险人仍需对该类条款以足以引起投保人注意的文字、字体、符号或其他明显标志作出提示。太平洋保险未提供证据证明其已交付保险条款，以及将保险条款中之限制或免除保险人责任条款以合理方式提示给投保人或被保险人，应由其承担举证不能的法律后果。二审法院亦持同样意见，维持一审判决。[1]

【不同处理】　保险人虽需对免责条款履行提示说明义务，但如交强险无证免责条款作为法律法规之特别规定，保险人并无再行提示的必要。

【案例7－19】　厦门车宜贷汽车服务有限公司诉中国人民财产保险股份有限公司厦门市分公司保险合同纠纷案

判决观点，就交强险而言，驾驶人若因驾驶证超期1年被注销，依法虽可在注销2年内通过相关知识考试恢复驾驶资格，但上述恢复行为仅系行政部门对因特殊情形丧失驾驶资格的驾驶员重新赋予驾驶资格的便利行政措施，并不影响驾驶证注销后恢复前驾驶员无驾驶资格这一性质的认定。林某某虽于事后恢复驾驶资格，但事发时其驾驶证已因超期1年被注销，在法律上已丧失驾驶资格，该情形与“未取得驾驶资格”均属于“无驾驶资格”，故应作同等处理。人保公司未就交强险条款内容予以特别提示，但其内容系依据《交强险条例》第二十二条、《最高人民法院关于对安徽省高级人民法院如何理解和适用〈机动车交通事故责任强制保险条例〉第二十二条的请示的复函》之规定而约定，无须再行提示。因此，对于驾驶人未取得驾驶资格或驾驶证被注销之情形，保险公司在交强险范围内仅垫付抢救费用，对于其他损失一律免赔，人保公司无须在交强险范围内承担赔偿责任。[2]

5. 续期交纳保险费日期的说明

在保险合同中载明了投保人续期交费，但未明确载明投保人分期交纳各续期保险费的确切时间，保险公司则应对其进行说明，消除使用的词句意思模糊，或者有两种以上不同的解释情形。

---

〔1〕 参见张帆：《禁止性规定作为免责事由的法定义务认定》，载《人民法院报》2017年3月23日，第6版。浙江省绍兴市中级人民法院（2016）浙06民终3394号民事判决书。

〔2〕 参见国家法官学院案例开发研究中心编：《中国法院2019年度案例》（保险纠纷），中国法制出版社2019年版，第29页。福建省厦门市思明区人民法院（2017）闽0203民初9813号民事判决书。

【案例7－20】 黄某诉保险公司保险合同纠纷案

一审法院认为,保险合同条款及委托银行代扣保险费合同书中均没有明确约定续交保险费的截止时间,保险公司主张的每年3月15日之前续交保险费的主张不能成立,不能据此中止保险合同。判决保险公司应当继续履行与原告黄某所订立的保险合同中的权利义务,二审调解结案。[1]

6. 附加险说明义务

附加险是主险的从合同,但从内容和作用看,附加险免责条款与主险免责条款的地位却彼此独立,相互平等,两者既不相容,也不兼容,保险公司须尽分别提示和明确说明义务。也就是说,附加险免责条款提示说明义务应与主险免责条款提示说明义务相同,对附加险免责条款提示说明义务不因主险中的履行而免除。

【案例7－21】 张某某诉恒安标准人寿保险有限公司江苏分公司人寿保险合同纠纷案

二审法院认为,虽然涉案主险已对"意外事故"作了明确解释,但附加险没有,而主险与附加险属于两个独立险种,前者中"意外事故"所指的对象为被保险人,后者中"意外事故"所指的对象为投保人,两者适用对象完全不一致,因此上诉人不能当然认为主险解释即适用于附加险。另外,上诉人并未采用足以引起投保人注意的标识或字体对附加险的免责条款进行识别区分,故现有证据不足以认定上诉人已就意外事故的定义,向投保人履行了明确提示或说明义务。[2]

7. 其他说明义务

司法实践中,对保险公司认为不属于免责条款说明的范围,如"投保人、被保险义务"栏,对此没有明确说明的义务,但该条款涉及保险人保险责任的免除问题,仍应属于免责条款,而并非明确写明是免责条款的才是免责条款。因此,保险公司仍应承担明确说明义务,法院对其争议行使自由裁量权。

【案例7－22】 倪某诉中国人民财产保险股份有限公司临沂市兰山支公司保险公司保险合同纠纷再审案

再审法院认为,申诉人主张保险条款中第六条第六款的约定是在"投保人、被保险人义务"栏,其对此没有说明的义务,但该条款涉及保险人保险责

---

〔1〕 参见安凤德主编:《保险合同纠纷诉讼指引与实务解答》,法律出版社2013年版,第237页。

〔2〕 参见国家法官学院案例开发研究中心编:《中国法院2016年度案例》(保险纠纷),中国法制出版社2016年版,第214页。江苏省盐城市中级人民法院(2014)盐商终字第0529号民事判决书。

任的免除问题，保险人仍应承担明确说明义务。[1]

保险人需向投保人明确说明主管部门核发的具体证书的种类和名称，才能视为履行对该条款的说明义务。

【案例7－23】　林某某诉中国人寿财产保险股份有限公司福州市中心支公司等提供劳务者受害责任纠纷案

二审法院认为，一审法院综合在案证据，对事故的原因、性质进行认定，人寿福州支公司主张无法确认事故发生的原因及事故性质，但并未提供证据推翻一审认定的事实，故该项上诉请求，不予支持。案涉《中国保险行业协会机动车综合商业保险示范条款》第四十条属于免责条款，对有关免责事项的概念、内容及其法律后果进行了概括性的表述，其中“许可证书或其他必备证书”是指机动车驾驶证、道路运输从业资格证或是其他证书等无法明确，需要人寿福州支公司加以解释和说明。人寿福州支公司在一审过程中甚至提交上诉状期间，均未据此提出免责。而在二审庭审过程中作为上诉补充理由加以陈述，但未举证证明其以书面或者口头形式向通利达公司作出解释，以使通利达公司明白该条款的真实含义和法律后果。依照《保险法》第十七条的规定……结合本案事实及各方当事人应诉、陈述情况，该条款不发生免责效力，故对人寿福州支公司的该项上诉理由，不予支持，判决驳回上诉，维持原判。[2]

保险合同中能用于保险人免责的条款，保险人在订立合同时都必须全部明确、清晰地对投保人作出解释、说明，否则该条款不产生免责效力。

【案例7－24】　晨洲船业集团有限公司诉中国人民财产保险股份有限公司广东省分公司海上保险合同纠纷案

二审法院认为，本案中，特别约定清单中“不按保单约定支付保费将导致保单失效”的条款与投保单上人保《远洋船舶保险条款》（2009年版）中第七条“如果保险人同意，保费也可以分期交付，但保险船舶在承保期限内发生全损时，未发生的保险费要立即付清”的约定相悖。晨洲集团对于保险单和特别约定清单的签收行为并不能代表其当然接受了保险单不同的内容，该行为不能免除广东人保对于有利于自己免责条款的特别说明义务。因此，“不按

---

〔1〕　参见国家法官学院案例开发研究中心编：《中国法院2012年度案例》（保险纠纷），中国法制出版社2012年版，第106页。

〔2〕　参见最高人民法院中国应用法学研究所编：《人民法院案例选》2021年第8辑（总第162辑），人民法院出版社2021年版，第160页。福建省福州市中级人民法院（2020）闽01民终3713号民事判决书。

保单约定支付保费将导致保单失效”的条款不存在于本案的保险合同中。[1]

主车和挂车在同一个保险公司投保的,保险公司应对主车和挂车投保的险种免责条款分别作出说明。

【案例7-25】 迟某诉中国太平洋财产保险股份有限公司盘锦中心支公司保险合同纠纷案

二审法院认为,保险人只对第二十五条所约定的内容履行了明确说明义务,就该条款第十一条赔偿限额第二款约定具有责任免除的内容,保险人也有向投保人特别提示及明确说明义务,被上诉人投保时,同时投保了主车、挂车的强制险和挂车的商业险,在此情况下,被上诉人投保商业险的目的无法实现,上诉人所提供的证据不能证明其向被上诉人履行了明确说明义务,故该条款对被上诉人没有约束力,上诉人不能援引上述内容拒绝承担赔偿商业险的责任。[2]

应该注意的是,对投保人已过“犹豫期”的未退保的,不能证明已进行符合法定明确说明义务的内涵,并不能当然认定投保人阅读和理解了免责条款的内容。因此,不能认为投保人未在犹豫期提出退保就认定保险人已经履行了明确说明义务。

随着移动网络技术的迅猛发展,保险人用微信查勘方式定损越来越多。被保险人经联系保险人将事故照片用微信传送核损后,保险人又提出异议而发生纠纷。对保险事故进行查勘定损,是保险人的义务。保险人出于方便快捷理赔的考虑,选择适用微信查勘方式定损,应视为保险人认可被保险人自行拍照的取证方式,由此应对被保险人自行拍照的相关事项提出具体要求及注意事项,履行提示义务。因为被保险人员并非保险专业的查勘人员,其事故照片未必达到保险人查勘定损要求,这就要求保险人及时核实微信查勘照片并将异议告知被保险人。保险人在未告知被保险人自行拍照注意事项(不得移动车辆),又未及时核实微信查勘照片指出问题的情况下,以被保险人拍照时擅自移动了车辆为由拒绝赔偿的,法律不予支持,如王某因微信自助查勘现场未获赔付诉平安财险公司保险赔偿纠纷案。[3]

---

[1] 参见国家法官学院案例开发研究中心编:《中国法院2018年度案例》(保险纠纷),中国法制出版社2018年版,第136页。浙江省高级人民法院(2015)浙海终字第240号民事判决书。

[2] 参见国家法官学院案例开发研究中心编:《中国法院2015年度案例》(保险纠纷),中国法制出版社2015年版,第89页。辽宁省盘锦市兴隆区人民法院(2013)兴民二初字第00309号民事判决书。

[3] 参见《江苏省高级人民法院公报》2015年第1期。

8. 说明义务的除外范围

其一，保险责任条款或特定危险不属于保险责任的强调。保险人通过这些条款向相对人特别强调，某些危险属于或不属于保险人承保范围。例如，根据《保险法》第二条的规定，在人身保险合同中，保险责任是指当被保险人死亡、伤残、疾病或达到合同约定的年龄、期限等条件时保险公司承担的给付保险的责任。这类条款作用不在于免除保险责任范围的保险赔付义务，而在于说明某项危险保险人承保或不予承保。

其二，保险标的物转让批注后的保单说明，即对保险合同变更的说明。《保险法》修订前，因没有关于保险标的转让后权利义务界定的相关规定，保险公司在对保单等批注后，主张保险合同免责条款向其受让人说明。

【案例 7-26】　万某诉中国人民财产保险股份有限公司铜梁支公司保险合同纠纷案

判决观点，保险公司对保险标的过户批注后，应对保险合同的受让人即新投保人就免责条款负有明确说明义务，保险公司未履行此义务的，该免责条款对保险标的受让人不发生效力。[1]

其三，他保冲突。所谓他保冲突，是指两份保险合同的保障功能指向同一保险利益，由此造成两份合同上在赔付范围上互相限制。

其四，保险相对人违约责任。

需要注意的是，在《保险法》修订后，保险标的转让引发的保险合同转让时，保险公司在对保单批改后，无须对新的投保人履行免责条款的说明义务。

【案例 7-27】　刘某某诉中华联合财产保险股份有限公司无锡市惠山支分司保险合同纠纷案

一审法院认为，就保险合同中的免责条款，保险公司已向金箭公司明确说明，在被保险车辆被转卖给刘某某后，保险公司办理了批改手续，保险合同随保险标的之转让而同时转移。保险公司出具保险批单的行为是确认投保人变更后其继续履行承担义务的确认行为，该行为并不产生新的法律关系和义务，而仅发生确认保险主体的效果。保险公司在对投保人金箭公司履行了相应的免责条款的说明义务之后，无须对刘某某再进行相关说明。二审法院持同样意见。[2]

---

〔1〕 参见《人民司法·案例》2009 年第 10 期。

〔2〕 参见最高人民法院中国应用法学研究所编：《人民法院案例选》2011 年第 1 辑（总第 75 辑），人民法院出版社 2011 年版，第 30 页。

【案例7－28】 刘某诉中国人民财产保险公司邳州支公司保险合同纠纷案

二审法院认为，本案中，保险人就车辆未年检保险人则免责的条款已向投保人作了明确说明，该免责条款应合法有效，对投保人和被保险人具有约束力。[1]

对于不需要说明的问题，要从个案的实际出发，准确把握免责条款的说明义务。《保险法》及相关的司法解释中规定的立法本意实际在于使投保人能够明确地了解有关免责条款的真实含义和法律后果，从而避免投保人对保险合同中有关概念、内容及其法律后果产生理解上的歧义，防止保险人利用免责条款来规避责任，从而维护投保人的正当权益。有法官认为，并非所有免除责任的条款都属于《保险法》第十七条第二款规定的保险人需履行明确说明义务的免责条款，应综合免责条款存在的正当性以及设定保险人明确说明义务的立法目的进行综合考量。笔者赞同这种观点。对于是否属于免责条款的判断上，应当结合保险合同的特点，结合具体条款分析，从平衡保险人与被保险人的利益出发，合理界定范围，防止绝对化。也就是说，对个案中的免责条款，法官依据案情可以裁量即便保险人未予说明，其条款仍有效，防止对其说明义务的僵化理解，维护保险人的合法利益。

【案例7－29】 张某诉华某财产保险股份有限公司北京市顺义支公司等保险合同纠纷案

判决观点，争议的超载条款属于免责条款，但保险公司无须对此予以说明，保险公司无须赔偿。[2]

应予强调的是，免责条款应当不仅限于保险单中的"责任免除"部分的条款，还应包括散落于保险单其他部分的条款。

保险标的转让时是否需要再次履行提示和明确说明义务，现行《保险法》没有规定。《保险法解释(四)》第二条规定："保险人已向投保人履行了保险法规定的提示和明确说明义务，保险标的受让人以保险标的转让后保险人未向其提示或者明确说明为由，主张免除保险责任条款不生效的，人民法院不予支持。"该条规定有以下含义：其一，对保险标的受让人，保险人不再履行提示和说明义务。其二，受让人以未履行提示和说明义务主张格式条款不生效的，法院不予支持。其三，保险人在初次订立保险合同时未履行提示和说明义务，其受让人有权利抗辩。其四，适用本条款不存在前提条件限制，不需要满足其他条件，保险人可以根据本

---

〔1〕 参见最高人民法院中国应用法学研究所编：《人民法院案例选》2012年第2辑(总第80辑)，人民法院出版社2012年版，第223页。

〔2〕 参见北京市高级人民法院编：《审判前沿——新类型案件审判实务》2008年第1集(总第19集)，法律出版社2008年版，第61页。

条主张免责条款对保险标的受让人生效。

【案例7-30】 刘某与保险公司保险合同纠纷案

二审法院认为，本案中，某造漆公司将保险车辆过户给刘某后，刘某作为保险标的受让人就承继了某造漆公司的权利和义务。因某造漆公司已在投保单上的投保人声明栏加盖了公章，证明保险公司已就保险条款中责任免除等内容向其作了明确说明，故保险条款中的免责条款具有法律效力。保险公司在对某造漆公司履行了明确说明义务后，刘某作为保险标的受让人承继了某造漆公司的权利义务，保险公司无须再对刘某进行明确说明。保险公司出具保险批单是确认投保人及被保险人由某造漆公司变更为刘某后，其继续承保义务到保险期满的确认行为，该行为不产生新的法律关系权利和义务。〔1〕

应该注意的是，保险人明确说明义务可适当减轻但不免除问题。其一，同一投保人与同一保险公司或同一保险公司分支机构签订二次以上同种类保险合同的。但《保险法解释(二)》第十条中未作规定，持否定意见。〔2〕 实践中亦有免除说明义务的周某1、周某2诉中国人寿保险股份有限公司仪征支公司人身保险合同纠纷案。〔3〕 其二，保险合同续保非原保险合同继续，投保人与保险人之间签订的一个新合同。

(三)履行说明义务内容、时间和方式

1. 说明义务的内容

说明义务的内容，主要是保险合同主要条款所规定的事项，对于保险条款内容之外的事项，保险人不负有说明义务。说明义务的内容，包含免责条款的具体含义、法律后果等。保险人明确说明义务的核心是确保保险合同条款，特别是免责条款的公平性，通过法律规定的相关规定及司法上的事后审查来否认不公平条款的效力，对受显失公平条款影响的投保人和被保险人予以救济。因此，保险人的明确说明义务，不仅在于保护投保人一方的利益，更重要的是，通过要求保险人履行明确说明义务，提高处于弱势地位的投保人订约能力，尽量使缔约双方当事

---

〔1〕 参见最高人民法院民事审判第二庭编著：《最高人民法院关于保险法司法解释(四)理解与适用》，人民法院出版社2018年版，第64页。

〔2〕 参见最高人民法院民事审判第二庭编著：《最高人民法院关于保险法司法解释(二)理解与适用》，人民法院出版社2013年版，第254页。

〔3〕 参见《人民司法·案例》2011年第18期。

人的经验、水平处于平衡状态，减少和预防保险纠纷。

【案例7－31】 北京市怀柔区第六小学诉中国人民人寿保险股份有限公司北京市怀柔支公司人身保险合同纠纷案

二审法院认为，人保怀柔公司提供了有第六小学盖章的投保单，欲证明其就免责条款履行了明确说明义务，但该投保单中并没有对“国家基本医疗保险标准”的含义作出明确说明解释，且根据人保怀柔公司在庭审中的陈述，人保怀柔公司在投保时只是对第六小学提出疑问的条款进行解释和说明，而未就免责条款主动向第六小学履行明确说明义务，现第六小学否认人保怀柔公司就涉案免责条款进行了明确说明，人保怀柔公司也无其他证据证明其履行了明确说明义务，故据此认定保险合同中按照国家基本医疗保险标准核定医疗费用的赔偿条款对第六小学不产生效力，人保怀柔公司应就涉案非医保费用6021.97元向第六小学承担赔付责任。〔1〕

2.说明义务的实施时间

这个时间主要应当确定在签订合同之前，即订立保险合同的过程中，应当履行完毕说明义务。而保险合同一旦成立，则一般不需要再履行该项说明义务，除非保险条款内容遇有法律、政策调整等。保险人在保险合同履行中需进一步履行说明义务的情况为：解除保险合同、转换为新的保险合同、中途追加或变更保险合同的内容等。也就是说，保险合同成立以后是否需要履行说明义务，或者说明义务是否向后延伸，法律没有规定，需要根据个案中的案情确定。原则上，保险合同成立以后，保险人的说明行为不能被认定为履行了说明义务，但有例外。法官认为，除了上述一般情况外，还有两种比较特殊的情况：第一种是转换保险合同。如果在保险合同成立后需要解除该保险合同，转换为新的保险合同时，保险人需要履行进一步的说明义务：第一，对旧保险合同和新保险合同中，保险人所负担的保险责任的区别，转换后，保险人保险责任的变化；第二，对新保险合同成立有关的说明义务，其中包含新保险合同条款中所规定的免责条款等。虽然该说明是发生在保险合同成立之后，但实质上还是属于新保险合同成立之前必须履行的义务。这应当成为司法审判中审查的重点。第二种是中途追加或变更保险合同内容。由于有一些保险合同是长期合同，难免在签订保险合同之后，会有新的情况发生或对已经签订的保险合同所保障的内容需要进行调整或补充等。这是随着经济

〔1〕 参见国家法官学院案例开发研究中心编：《中国法院2015年度案例》（保险纠纷），中国法制出版社2015年版，第99页。北京市第二中级人民法院（2013）二中民终字第09038号民事判决书。

形势的发展要得到体现的新情况和新问题，司法实践中也应引起注意。[1]

【案例7－32】　陈某佐诉中国人民人寿保险股份有限公司灵山县支公司人身保险合同纠纷案

二审法院认为，上诉人在订立合同时应当就免除保险人责任的条款履行提示说明义务，使得投保人可以权衡利弊并选择决定是否投保。而本案上诉人到被上诉人的学校推销保险产品，投保人在缴纳保险费并过了两三天后，上诉人才将相关的保险条款告知投保人和被上诉人。上诉人主张将投保确认单和《致家长的一封信》交给学生家长就相当于告知保险条款，不符合法律规定的履行提示和说明义务的要求。[2]

【不同处理】　有的法院认为，合同的成立虽是特定时间点，但合同成立是一个要约与承诺的磋商过程，在合同磋商过程中向投保人明确说明免责条款的内容，也应认为履行了说明义务，即履行明确说明义务的时间不限于合同订立当时。

【案例7－33】　江苏省无锡市新宅运输有限公司诉天安财产保险股份有限公司无锡市锡山支公司保险合同纠纷案

二审法院认为，责任免除说明书中列明了包含三者险、车损险等保险险种的所有免责条款，不管新宅公司是在2014年3月19日或是20日投保，均应当认定保险公司已就免责条款履行明确说明义务，免责条款发生效力，保险公司可以免赔。综上，新宅公司的上诉理由不能成立。[3]

3. 说明义务的方式理解

《保险法》修订后，保险人的说明方式应采取提示与解释相结合的方法。换言之，保险人对一般条款的说明方式，法律不宜作强制性规定，既可采用书面的说明方式，又可采用口头说明方式。保险人对免责条款的说明，应从法律上限制必须采用书面为主、口头解释为辅的并用形式，《保险法解释（二）》第十一条只认可以书面形式的提示，[4]体现法律对保险人"明确说明"义务的严格要求。值得注意的是，保险人的提示和说明义务，是主动义务，不以投保人要求或询问为条件。

---

〔1〕　参见吴庆宝：《保险合同成立与说明义务修改的主要问题（上）》，载《人民法院报》2008年10月23日，第6版。

〔2〕　参见国家法官学院案例开发研究中心编：《中国法院2016年度案例》（保险纠纷），中国法制出版社2016年版，第154页。广西壮族自治区钦州市中级人民法院（2014）钦民一终字第247号民事判决书。

〔3〕　参见国家法官学院案例开发研究中心编：《中国法院2018年度案例》（保险纠纷），中国法制出版社2018年版，第92页。江苏省无锡市中级人民法院（2015）锡商终字第00973号民事判决书。

〔4〕　参见最高人民法院民事审判第二庭编著：《最高人民法院关于保险法司法解释（二）理解与适用》，人民法院出版社2013年版，第281页。

对于现实生活中,保险人仅采取合同中“重要提示”栏目的设定,提示投保人“保险合同由保险条款、投保单、保险单等组成”“请详细阅读承保险种对应的保险条款,特别是责任免除和投保人、被保险人义务”条款,并不能推定保险人已经尽到除外条款的说明义务。也就是说,除了在保险单上提示投保人注意外,还应对投保人的个体情况进行有针对性的解释,使其投保人在签字时认可看过全部内容并能明白理解。

提示的合理性问题。提示主要有两种方式:一为显著提示;二为单独印制。通过文字外形的特殊印制引起相对方的注意。采取较大字号、特殊字体、黑体加粗、加框印制、特殊颜色等办法,使得被保险人能够轻松识别应当注意的条款。单列应说明条款的书面解释。文件所用纸张上与保险合同所用纸张颜色加以区别,同时,对单列的条款以通俗的文字予以解释,再次引起被保险人的注意,而且可以采用特殊的文件外形,文件外形的特殊性也可以提请被保险人注意。针对不同对象区别使用不同提示方法,区别不同提示注意对象而为程度不同之提示注意,对因老、弱、病、残或文盲、半文盲等原因而对事物认知受到影响的人群要采取特别提示义务。提示注意的语言或文字必须清晰、明白、易解,一看即明。

【案例7-34】 戴某诉中国太平洋财产保险股份有限公司北京分公司保险合同纠纷案

一审法院认为,戴某取得的保险条款并未以黑体字、粗体字等对上述单独损坏免责条款加以提出,太平洋北京分公司也没有证据证明曾以其他适当的方式向戴某提示、说明该条款的内涵。二审法院持同样意见。[1]

关于保险单背面印制告知说明。虽然在格式保险单中专门设有重要提示栏目,提示投保人“保险合同由保险条款、投保单、保险单等组成”“请详细阅读承保险种对应的保险条款,特别是责任免除和投保人、被保险人义务”条款,但其印制在保单后面,往往会引起争议。

【案例7-35】 周某某诉中国人民财产保险股份有限公司深圳市分公司宝安支公司保险合同纠纷案

二审法院认为,本案上诉人没有举证证明作为合同组成部分的保险条款印刷于保险合同(保险单)的背面方便投保人阅读,或者已经将保险条款连同保险合同(保险单)一起送达给了投保人,也没有证明除了保险单上的“重要提示”以外,自己向被上诉人就整车盗抢险的免赔条款作出其他特别提示

〔1〕 参见最高人民法院中国应用法学研究所编:《人民法院案例选》2011年第1辑(总第75辑),人民法院出版社2011年版,第40页。

和说明，被上诉人从而在投保时已经清楚知晓。[1]

实践中，保险合同免责条款并非以书面的形式由保险公司向投保人提供，而是在保单中注明了自助查询网址，由投保人自行上网查询。对此，保险公司在其提供的保险单上并未采取特别的方式提请投保人注意，同时，由于保险单并未印制该免责条款，故可以推知在保险合同订立之初，保险公司并未对该免责条款尽到说明义务，投保人也无从得知该条款之内容。因此，保险公司将其公布网络上的免责条款作为合同的组成部分，缺乏法律依据，其说明的方式不受法律保护。

【案例7-36】 王某诉生命人寿保险股份有限公司北京分公司人身保险合同纠纷案

判决观点，双方保险合同采用保险人生命保险北京分公司提供的格式条款，在该公司交付王某的保单中虽注明自助查询网址，但并未附合同印制提示，不能足以引起投保人王某的注意，因此，生命保险分公司援引的免责条款依法不产生效力。[2]

卡式电子保单是一种新型的保险合同缔结形式，所缔结的是一个开放式的简易保险合同，只要是以符合保险人设定条件的个人资料通过网上的流程激活该卡的，保险人均接受其作为被保险人。保险人出售自动保险卡并收取费用，即为保险人同意承保，保险合同成立并生效。被保险人通过网上激活这种特定的投保形式，把本应在保险合同订立阶段履行说明义务的行为，顺延至激活时完成。这种完全电子化的保险业务，没有传统保险合同订立过程中签订书面投保单的程序。投保人在激活该卡时，根据保险公司网站设定的投保流程，去阅读该险种的具体说明内容，并确认“同意接受条款”才能激活该卡，否则无法形成电子保单。对这种通过激活自助保险卡的流程，向投保人履行保险条款及免责条款明确说明义务，尚需进一步研究并取得共识。

【案例7-37】 龚某某诉中国平安保险股份有限公司重庆分公司保险合同纠纷案

一审法院认为，保险人通过程序设置，向投保人履行了保险人免责条款的明确说明义务。平安保险公司应按自助电子保单卡册约定伤残评定结果所对应的标准给付意外伤残保险金。二审法院亦持同样意见，维持一审

---

〔1〕 参见最高人民法院中国应用法学研所编：《人民法院案例选》2006年第4辑（总第58辑），人民法院出版社2007年版，第317页。

〔2〕 参见国家法官学院案例开发研究中心编：《中国法院2012年度案例》（保险纠纷），中国法制出版社2012年版，第159页。

判决。[1]

【案例7－38】 韩某某等诉阳光人寿保险股份有限公司江苏分公司保险合同纠纷案

判决观点,证人宗某出具证言称,在收取保险费时误以为刘某是农民而未询问其职业,涉案保险卡系保险代理公司根据业务员对被保险人职业状况的陈述代为激活,后又交付给刘某,鉴于宗某作为向刘某销售被告阳光人保保险业务的经办人,与阳光人保有利害关系,其出具的不利于阳光人保的证言可信度较高,且阳光人保未能举证证明涉案保险卡由刘某自己激活,亦未能举证证明在收取保险费时对刘某的职业提出了书面询问,故可以认定阳光人保未能全面履行对保险合同条款的说明义务。[2]

由保险公司工作人员代为激活保险卡的,不应认定为保险公司履行了提示和明确说明义务。

【案例7－39】 时某某诉中国太平洋财产保险股份有限公司淄博中心支公司保险合同纠纷案

二审法院认为,本案保险卡系由保险公司代为激活,激活过程中投保人并未阅读保险条款,对代为填写的合同内容也不知晓,最后确认提交也未经投保人同意。故代为填写的内容和同意提交的行为不能视为投保人的真实意思表示,保险公司对涉案保险合同中免除保险人责任的条款,未能履行向投保人作出提示或者明确说明的义务,合同中免责条款不产生效力。[3]

保险公司人员代为激活行为不构成代理行为,其代为激活后仍应当就免责条款向投保人进行提示说明。投保人将激活所需的卡号及密码告知保险公司人员,保险公司人员独自通过网页办理完成了激活的所有步骤,在上述过程中,免责条款信息仍然停留在保险公司内部,并未到达投保人。因保险公司人员代为激活行为并不构成代理行为,其产生免责条款的法律效果亦不应由投保人承受。

【案例7－40】 中国人寿保险股份有限公司北京市分公司诉王某某等保险合同纠纷案

二审法院认为,本案中,张某某将卡号及密码告知人寿保险公司人员,由人寿保险公司人员通过网页办理完成了激活的所有步骤,在上述过程中,人

---

〔1〕 参见何庆华等:《卡式电子保单激活流程设置免责告知内容视为履行免责告知义务》,载《人民法院报》2018年6月7日,第6版。重庆市第四中级人民法院(2017)渝04民终61号民事判决书。

〔2〕 参见《最高人民法院公报》2010年第5期。

〔3〕 参见国家法官学院案例开发研究中心编:《中国法院2016年度案例》(保险纠纷),中国法制出版社2016年版,第182页。山东省淄博市中级人民法院(2014)淄商终字第350号民事判决书。

寿保险公司人员未向张某某提示网页自动弹出的免责条款内容，免责条款的信息仍然停留在人寿保险公司内部，并未到达张某某。此外，人寿保险公司人员出庭作证时认可，其亦未通过其他方式向张某某告知及解释过本案涉及的免责条款。综上可以认定，人寿保险公司并未对免责条款向张某某履行提示说明义务。关于人寿保险公司主张，人寿保险公司是受张某某委托代为激活保险卡，故人寿保险公司人员作为代理人，其代理行为的法律后果应由张某某承担的上诉理由，本院认为，人寿保险公司人员作为公司代表，张某某告知其卡号及密码，即为直接向人寿保险公司作出订立保险合同的意思表示，并无意委托其再代为向人寿保险公司作出相关意思表示，故对人寿保险公司该项上诉理由不予采信。〔1〕

近年来，保险公司积极推进营销方式和营销体制的改革和创新，为拓宽保险产品的销售渠道，开展了电话投保、网上保险等保险业务，这对于简化投保程序、方便大众投保具有积极意义。投保人通过拨打专线电话，登录保险公司投保网站填写相关表格的方式投保，然后通过网上缴费或者信用卡缴费的方式将保险费交纳保险公司，得到保险公司确认后，保险公司通过快递公司将保险单及保险合同送达投保人。在这一过程中，投递员不可能针对保险合同条款为投保人进行说明，而投保人与保险公司业务员甚至没有见面，保险公司采取何种方式履行说明义务成为需要关注的问题。有法官认为，电话销售保险产品时，保险人应履行说明义务，并进行电话录音，在与投保人签订保险合同时，要明确约定该段电话录音是保险合同的组成部分，应当由投保人予以确认。〔2〕《保险法解释（二）》第十二条确立以网页、音频、视频等形式履行提示和说明义务，应注意的是，在保险公司提供的网页上，并未采用特殊字体、颜色或者符号等特别标识的，或未主动出示保险条款的，应认定保险人未尽到提示义务。

4. 网络销售说明义务

网络销售形式之下，保险人的说明义务（或保险条款交付义务）有特殊性，具体表现为：其一，依法提供说明合同条款，即证明合同条款的合法性。其二，确保投保人始终能够通过网络随时获取合同条款。其三，通过网络交易流程设置确保投保人在签订保单前已知悉保险合同的获取渠道，至于投保人是否阅读或全部阅读，不予讨论。其投保流程设置合理性，可认定保险人适当履行了责任免除条款

---

〔1〕参见国家法官学院案例开发研究中心编：《中国法院2018年度案例》（保险纠纷），中国法制出版社2018年版，第191～192页。北京市第三中级人民法院（2016）京03民终字第3048号民事判决书。

〔2〕参见吴庆宝主编：《最高人民法院专家法官阐释民商裁判疑难问题》（2013～2014年卷），中国法制出版社2013年版，第66页。

的明确说明义务。

【案例7－41】 萧某等诉卢某、某财产保险有限责任公司广东分公司等机动车交通事故责任纠纷再审案

再审法院认为，投保人通过电子投保的方式投保商业三者险，保险公司主张已就免责条款履行提示义务的，应当举证证明电子投保流程中存在完整展示保险条款并对免责条款进行特别提示的设置，以及电子投保流程中已设置保证投保人在合理时间内强制阅读投保相关内容的强制停留阅读程序，否则不能认定保险公司已就免责条款履行《中华人民共和国保险法》第十七条规定的提示义务，相关免责条款依法不产生效力。[1]

【案例7－42】 彭某诉中国平安财产保险股份有限公司上海分公司保险合同纠纷案

判决观点，双方争议在于"投保人未在执行配送业务时发生的意外"免责条款的适用。在使用手机App购买保险时，该条款采用黑体字，但在投保流程的设置上未要求投保人强制阅读或阅读确认，从其他选项或链接查阅保险条款内容也无此相关约定。故保险公司虽有提示，但前述告知方式不能达到法律规定的明确说明义务，该免责条款不产生效力，被告平安保险上海分公司以此抗辩免责，不予采信。[2]

网络投保中，保险条款主动弹出问题亦是认定保险人履行说明义务的重要方面。

【案例7－43】 严某某诉昆仑健康保险股份有限公司人身保险合同纠纷案

一审法院认为，提示和明确说明义务应由保险人主动积极履行，而不是基于投保人的请求才被动产生的。本案中，投保人如需要阅读具体保险条款，需主动在网页中点击所链接的保险条款，被告亦确认网络中并无主动弹出保险条款页面，应当认定其并未主动向投保人出示提供保险条款，保险人未能尽到提示和明确说明义务，有违诚实信用原则，保险条款中免除保险人责任的上述条款均不产生效力。二审法院亦持同样意见，维持一审判决。[3]

电子投保形式下对保险人履行提示说明义务的认定。

---

〔1〕 人民法院案例库2024－07－2－374－001。广东省高级人民法院(2023)粤民申7504号民事裁定书。

〔2〕 参见国家法官学院案例开发研究中心编:《中国法院2019年度案例》(保险纠纷)，中国法制出版社2019年版，第198页。上海市静安区人民法院(2017)沪0106民初12657号民事判决书。

〔3〕 参见国家法官学院案例开发研究中心编:《中国法院2017年度案例》(保险纠纷)，中国法制出版社2017年版，第165页。上海市第二中级人民法院(2015)沪二中民六(商)终字第52号民事判决书。

【案例7-44】 谢某诉某财产保险某支公司财产保险合同纠纷案

判决观点,保险合同中特别约定条款是投保人和保险人经平等协商、在自愿基础上就所商讨内容达成合意的条款,故保险人对特别约定条款不负说明义务。若特别约定条款系保险人以格式条款的形式提供且不具有平等协商性,则其实质为格式免责条款,保险人仍应负说明义务。当投保人通过电话、网络等电子渠道自助与保险人订立保险合同时,还应当结合《保险法解释(二)》第十二条之规定,主动审查保险人是否通过网页、音频、视频、人工客服等形式向投保人提示和说明免责条款的内容,否则特别约定对投保人不发生法律效力。[1]

电子保险合同的免责条款说明义务。

【案例7-45】 姜某洁诉倪某兴、财险江阴支公司机动车交通事故责任纠纷案

判决观点,本案争议焦点为:保险公司业务员指导投保人通过手机App投保时,对免责条款是否有提示说明义务;如何认定保险人对电子投保单中的免责条款尽到提示说明义务。(1)电子投保是缔结保险合同的合法形式之一,只要是投保人和保险人作出真实意思表示,且不违反法律法规强制性规定的,保险合同就合法有效。因此,以涉案车辆为标的物的保险合同成立。(2)业务员指导投保人通过手机App投保的操作流程和方法不附带免责条款的提示说明义务。倪某兴系通过自己的手机下载App并投保,即使业务员未提示其查看条款,但在签署单证前,页面跳出免责提示对话框,倪某兴应知道保险合同存在免赔事项,并可以在签署单证前通过手机操作页面点击查看,业务员仅提供指导操作方法,倪某兴对于是否点击、阅读、支付购买具有决定权,倪某兴自行放弃查看,应承担相关法律后果。(3)保险公司的手机App投保流程对涉诉免责事项未尽提示说明义务,理由如下:j.投保流程中有免责提示对话框,根据对话框,投保人需将《免责事项说明书》中的黑体字内容及免责事项进行抄写,但系统设定了通过点击"确定"后由系统自动抄写,剥夺了投保人通过手动抄写从而具有足够时间接收、理解、记忆相关免责条款的机会,且免责事项一栏与其他保险条款共同并列为按钮选项,需另行点击才能查阅,并未将免责事项单独作为必经页面予以提示;k.其演示页面的免责事项中并无被保险车辆未按规定检验等内容,虽然保险公司的委托诉讼代理人辩称因系统原因无法复原倪某兴的投保页面及保险条款,且当庭演

---

〔1〕 人民法院案例库2023-16-2-333-004。广东省佛山市禅城区人民法院(2022)粤0604民初6324号民事判决书。

示的条款内容因版本更新已删除上述条款,但不能达到证明保险公司在倪某兴投保时已对其尽到“投保车辆未按规定检验系免赔事项”的提示和说明义务。判决:一、财险江阴支公司向姜某洁赔偿 89,709.93 元;二、驳回姜某洁的其他诉讼请求。[1]

保险公司采取 App 录单方式时,电子保单不能免除人工的提示与说明义务。

【案例 7-46】 曲某诉太平洋保险公司保险合同纠纷案

二审法院认为,就提示与明确说明义务,太平洋保险公司上诉主张因采用电子投保,且已在曲某投保过程中释明,故不应承担本案赔偿责任。但法院认为,就太平洋保险公司已向曲某释明免责条款之主张,与在案证人证言不符,应不予采信。上述人采用电子方式经营,但不能因此降低其向被上诉人予以提示与明确说明的义务。判决:驳回上诉,维持原判。[2]

【不同处理】 有法院认为电子保单中投保人对相关内容勾选激活生效的,视为保险人履行了提示与说明义务。

【案例 7-47】 周某、李乙诉财保重庆公司、财保南川公司保险合同纠纷案

二审法院认为,案涉“合家欢乐保险卡”属电子保单,由投保人登录保险人保险网站依次进行“卡片登录验证”、浏览“投保须知”“保险条款”并确认勾选相关内容后才可激活生效。现案涉保单已经激活并生效。根据现有证据并不能证明该保单上的网上激活等过程并非由李乙本人操作,可以认定被上诉人在订立合同时对免除保险人责任条款尽到了提示和明确说明义务具有高度可能性,故对周某、李乙的抗辩理由不予采信,保险人对案涉事故不承担赔偿责任。判决:驳回上诉,维持原判。[3]

(四)履行说明义务程度和标准

履行说明义务包括提示义务和对投保人的具体解释两部分。对提示义务和说明既有共同的程度、时间和相对人的性质等要求,但也有二者在细节上的诸多

---

〔1〕 江苏省江阴市人民法院(2020)苏 0281 民初 6267 号民事判决书。

〔2〕 参见国家法官学院、最高人民法院司法案例研究院编:《中国法院 2021 年度案例》(保险纠纷),中国法制出版社 2021 年版,第 24 页。北京市第一中级人民法院(2019)京 01 民终 10869 号民事判决书。

〔3〕 参见国家法官学院、最高人民法院司法案例研究院编:《中国法院 2021 年度案例》(保险纠纷),中国法制出版社 2021 年版,第 127 页。重庆市第三中级人民法院(2019)渝 03 民终 1477 号民事判决书。

不同点。

1. 提示义务的程度

《保险法》写明要“足以引起投保人注意”，但何为“足以引起投保人注意”，其未作进一步界定。《保险法解释（二）》第十一条第一款规定：“保险合同订立时，保险人在投保单或者保险单等其他保险凭证上，对保险合同中免除保险人责任的条款，以足以引起投保人注意的文字、字体、符号或者其他明显标志作出提示的，人民法院应当认定其履行了保险法第十七条第二款等特别标识规定的提示义务。”该条明确和细化了提示义务程度和形式，即采用加黑、放大、使用不同字体等特别标识进行醒目标注，与其他条款能够区别开来，使得投保人能够一目了然，便可认为达到使其引人注意的程度。同时，还应主动由保险人出示该条款，并提醒投保人注意到，保险条款中存在行为人违反禁止性规定将导致保险人责任免除的条款，即提示投保人“违反禁止性规定”与“保险人免责”之间存在关联性。[1] 对达到引人注意的程度要作正确理解，对其将免责条款列在其他栏下或显著位置的，也应认定未尽到提示义务。

【案例7-48】　谭某某诉中国人民财产保险股份有限公司北京昌平支公司保险赔偿纠纷案

判决观点，双方争议所涉“无责免赔”条款位于保险条款的“赔偿处理”项下而非“责任免除”项下，且该免责条款处于非明显的位置，无法引起原告的足够注意，因此，仅依据保险单上原告的签字不能认定保险人尽到了提请注意及明确说明之义务。[2]

【案例7-49】　厦门华厦国药储运有限公司诉中国平安财产保险股份有限公司厦门市杏林支公司保险合同纠纷案

一审法院认为，该条款属于免责条款，被告提供的格式保单中该条款印刷字体极小，不易阅读，也极易被忽略。被告在本案未能举证证明已提示原告作特别注意，并作出明确的说明或特别的解释，且保险公司业务员、验车人员、核保人员均未在该投保单上签名确认，故该免责条款对原告不产生法律效力。被告主张投保单相关文件中有“贵公司已向本人详细介绍了平安机动车辆保险条款的内容……”等内容，但上述相关文件的内容项目繁多，不具单一的告知性质，且其仍然是被告方提供的事先拟制好的格式文件，不容易引

---

〔1〕 参见最高人民法院民事审判第二庭编著：《最高人民法院关于保险法司法解释（二）理解与适用》，人民法院出版社2013年版，第253页。

〔2〕 参见国家法官学院案例开发研究中心编：《中国法院2012年度案例》（保险纠纷），中国法制出版社2012年版，第103页。

起投保人注意,而被告也没有证据证明原告在投保单上盖章时,被告的业务员确定已经投保单中相关文件的相关内容向原告做了解释、告知,故对其主张本院不予支持。二审法院持同样意见。[1]

合同订立时,投保人声明理解保险人对免责条款的法律含义所作出的解释说明的,通常应确认保险人对提示的免责条款履行了明确说明义务。

【案例7-50】 石柱土家族自治县四平运输有限公司诉中国人民财产保险股份有限公司石柱支公司财产保险合同纠纷案

二审法院认为,四平运输公司于签订保险合同当日在投保单的声明栏内签章,声明财保石柱支公司已向其详细介绍和提供了投保险种是所适用的条款,并对其中包含有减免保险人责任的内容条款做了充分说明和解释,其已理解有关条款的内容及其法律后果。这一声明表明,在签订保险合同过程中,财保石柱支公司对包含有减免保险人责任内容的合同条款,向四平运输公司作出了解释说明,且四平运输公司理解有关免责条款的内容及其法律后果。也就是说,四平运输公司认可:在签订保险合同过程中,经财保石柱支公司的解释说明,其已理解保险合同中有关免责条款的概念、内容及其法律后果。由此可知,财保石柱支公司对保险合同中有关免责条款的解释说明,符合《保险法解释(二)》第十一条第二款的规定,应确认其对保险合同中有关免责条款履行了明确说明义务;而且保险合同文本对争议的保险条款第八条以加粗加黑字体的方式予以了提示。因此,在签订保险合同当日,四平运输公司以作出声明的形式,对财保石柱支公司就该免责条款履行了明确说明义务予以确认,符合《保险法解释(二)》第十三条第二款的规定,除另有证据证明财保石柱支公司就该免责条款未履行明确说明义务外,应当认定财保石柱支公司对该免责条款履行了明确说明义务。再则,该免责条款对驾驶人实习期内驾驶牵引挂车造成的损失不予赔偿的法律后果,表述清晰明了,常人能够理解,且四平运输公司是专门从事车辆运输的公司,对订立与车辆相关的保险合同的程序,以及对保险合同的内容和条款的理解,均比较熟悉、专业。综上,根据《保险法》第十七条第二款的规定,应认定财保石柱支公司对该免责条款履行了提示和明确说明义务,该免责条款产生效力。[2]

保险人的明确说明义务应根据保险合同条款和概念的复杂程度予以区别,对

---

[1] 参见最高人民法院中国应用法学研所编:《人民法院案例选》2012年第3辑(总第81辑),人民法院出版社2012年版,第284页。

[2] 参见最高人民法院中国应用法学研究所编:《人民法院案例选》2020年第6辑(总第148辑),人民法院出版社2020年版,第158~159页。重庆市第四中级人民法院(2018)渝04民终1414号民事判决书。

较为复杂的免责条款或概念,应由保险人对相关概念进行分明界定,并告知投保人后,方可认定保险人履行提示义务。投保人的注意义务仅限于一般常人理解能力层面的注意。投保人作为合同相对方,并不是专业的保险行业的从业人员,在缔约能力及注意义务上显著低于保险人,其仅需具备对保险条款的通常理解能力,投保人在“投保人声明”处的签名或盖章仅能表明其以一般常人之理解能力接受了对免责条款等的说明,保险条款或概念具有高度专业性、复杂性的,或者概念范围与一般常人之理解存在差别的,保险人应当另行作出明确、清晰的说明,其保险人仅依“投保人声明”的签字、盖章就认为履行全面、确切的说明义务抗辩,不应得到法律支持。

【案例7-51】　武汉鑫君和建材工贸有限公司诉中国人民财产保险公司武汉市江夏支公司保险合同纠纷案

一审法院认为,首先,保险事故属于保险合同约定的保险责任范围。鄂A××××3牌号车属于特种车,根据《特种车保险条款》附则部分对“倾覆”的理解,本案中,被保险车辆出险时车辆属于保险条款约定的“倾覆”情形。其次,“作业中失去重心”的免责条款无效。“倾覆”与“作业中失去重心”的概念并非分明易辨甚至存在混淆,被告也未就免责条款履行明确的说明义务。……虽然鑫君和公司在投保单印有“投保人声明”的部分盖有公章,但是本案中“倾覆”与“作业中失去重心”两者概念存在混淆,不能仅以声明栏中的盖章认定保险人已履行明确说明义务。综上,本案中被保险车辆发生倾覆,应适用《特种车保险条款》第五条第一款的约定,属于保险理赔范围,被告人应承担保险责任。二审法院同意一审法院裁判意见。[1]

对保险单背面未印制保险条款的,不能视为交付且已履行提示义务。

【案例7-52】　郦某某诉中国人民财产保险公司临海支公司保险合同纠纷案

二审法院认为,其中的“重要提示”事项并未经郦某某签字确认,且保险单背面亦未印刷“保险条款”,故不能以此认定本案“保险条款”已经交付。[2]

说明义务的判断标准,从理论上可分为形式判断标准和实质判断标准。形式判断标准是以保险人说明义务的履行方式、形式进行判断。实质判断标准是指以

---

〔1〕　参见国家法官学院案例开发研究中心编:《中国法院2019年度案例》(保险纠纷),中国法制出版社2019年版,第72页。湖北省武汉市中级人民法院(2016)鄂01民终4414号民事判决书。

〔2〕　参见国家法官学院案例开发研究中心编:《中国法院2013年度案例》(保险纠纷),中国法制出版社2013年版,第125页。

投保人对免除责任条款真实含义的实际理解为基准进行判断。[1] 最高人民法院法研〔2000〕5 号批复对于保险人说明义务履行的判断标准,采用的是实质判断标准。在理论上也有称其为主观说和客观说之分:前者以说明的自我感觉为判断标准;后者则以另一方当事人对合同条款的理解为标准。客观标准又有个别标准与一般标准之别,前者强调具体保险合同中投保人对保险合同条款的理解,后者则以通常情况下具有一般知识的人对保险合同条款的理解为标准。从保险人说明义务的立法宗旨考虑,采取修正的一般标准为宜,即原则上以投保人所处阶层一般人的认识水平为标准,同时兼顾特定投保人的特殊个体状况,保险人若明知或应知特定相对人的认识水平或理解能力低于一般人,则须以更大的勤勉予以说明。所谓一般人,主要包括三层意思:其一,从文化水平衡量,一般人在我国应达到初中毕业的文化水平;其二,依靠自己的技能和劳动能力可以自食其力;其三,对一般事物有一个正当、合理的判断能力。在实务中,要强调说明有:要通俗、全面、客观,为一般人能认识和理解。《保险法解释(二)》第十一条第二款规定:"保险人对保险合同中有关免除保险人责任条款的概念、内容及其法律后果以书面或者口头形式向投保人作出常人能够理解的解释说明的,人民法院应当认定保险人履行了保险法第十七条第二款规定的明确说明义务。"

笔者认为,判断标准应采取客观标准和主观标准相结合的标准,以主观标准为主、客观标准为辅。也就是说,要考虑到保险人与投保人利益的平衡,应以理性外行人的标准,即原则上,应达到使普通智识能力的社会主体能够理解的程度即可,但兼顾智力欠缺、盲人、文盲等消费者的特殊情况。[2] 明确说明不应为个案标准,而应为合理的一般标准。判断标准的具体内容为:其一,对免责条款的解释,是在保险合同之外的,对保险合同免责条款概念、内容和法律后果的明确、具体的解释,即"除了在保险单上提示投保人注意外,还应当对有关免责条款的概念、内容及其法律后果等,以书面或者口头形式向投保人或其代理人作出解释,以使投保人明了该条款的真实含义和法律后果"。仅在保险合同中对免除责任的条款内容作了详尽的、清晰的、明确的表述,或在保险合同中以加黑印刷或其他提醒方式提示投保人注意,而不做进一步的说明和解释,并非明确说明。其二,保险人的明确说义务应当主动向投保人履行,不能以投保人未在规定时限内提出异议为由认定保险人履行了明确说明义务。其三,明确说明是针对投保人个体的一种积极解释行为。保险人就其免责条款应针对投保人个体进行积极的解释。一是保险合同中对免责条款予以解释和说明的条款,不能代替明确说明,因为这种条款

〔1〕 参见覃有土、樊启荣:《保险法学》,高等教育出版社 2003 年版,第 176 页。

〔2〕 参见最高人民法院民事审判第二庭编著:《最高人民法院关于保险法司法解释(二)理解与适用》,人民法院出版社 2013 年版,第 277 页。

仍然与免责条款相同属于合同的内容,并非针对投保人个体的积极解释行为,而是消极应对投保人全体的解释行为。二是保险公司在投保单上都设计了投保人声明一栏,“保险人已将保险条款的内容向我做了明确说明,我已对该保险条款的内容特别是责任免除部分的内容充分了解,同意按该保险条款与保险人订立合同”,并要求投保人签名、写明日期。如果投保人有证据证明投保时,保险人并未履行明确说明义务,尽管有投保人签字,也可否认其声明的效力,见《保险法解释(二)》第十三条第二款但书部分规定。需要强调的是,投保单签名可能仅表示了投保人投保的意愿,并不必然构成其对已知晓免责条例及相关后果的承认,更不能仅凭投保人在此处的签名,就证明保险人已就免责条款尽到了“明确提示或说明”义务。

【案例7－53】　曹某某诉中国人民财产保险股份有限公司莒南支公司保险合同纠纷案

判决观点,被告在订立保险合同时,虽然就有关免责条款保单上进行了提示,但未举出证据证明其对该条款的概念、内容及法律后果向投保人作出解释。应认定被告在订立保险合同中,没有完全履行法律规定的明确说明的法定义务,且该规定属于强行法规范。因此,该免责条款不发生法律效力,法院对被告的诉辩主张不予支持。[1]

【案例7－54】　刘某某诉中国平安人寿保险股份有限公司北京分公司人身保险合同纠纷案

二审法院认为,保险公司在投保书中声明和授权部分第一条中注明:“本人已认真阅读并理解产品说明书,对所投保险条款尤其是保险人责任免除条款、合同解除处理条款均已了解并同意遵守”,并对责任免除条款、合同解除处理条款进行了加黑处理。保险公司在订立合同时已经做出足以引起投保人注意的提示,并以书面形式向投保人作出了明确说明,履行了免责条款明确说明义务。此外,刘某某作为完全民事行为能力人,应当对自己的行为承担相应法律责任,即使由于文化程度导致其阅读和理解能力有限,其完全可以通过其他途径了解相关情况,或者在保险合同主险和附加险中规定的10天犹豫期内解除合同。[2]

司法实践中,对于保险单上提示的文字比正文大,或在声明或授权栏签字是否构成明确说明,是由法官行使自由裁量权裁定的,且尺度不一致。

---

〔1〕 参见最高人民法院中国应用法学研究所编:《人民法院案例选》2010年第2辑(总第72辑),人民法院出版社2011年版,第183页。

〔2〕 参见国家法官学院案例开发研究中心编:《中国法院2012年度案例》(保险纠纷),中国法制出版社2012年版,第195页。

【案例7-55】 浙江老板娘食品有限公司老板娘新光大酒店诉中国平安财产保险股份有限公司宁波市北仑支公司财产保险合同理赔纠纷案

判决观点,本案中,“保单”正面起语即用比正文大一号的黑体字提示:“注意:请仔细阅读所附条款。本投保单由投保人如实地、尽可能详细地填写并签章后作为本公司投保机器损坏险的依据。本投保单为机器损坏险的组成部分。”同时,投保人浙江老板娘食品有限公司在同样用比正文大一号的黑体字表述的“投保人兹声明……同意以本投保单作为订立保险合同的依据;对贵公司就机器损坏险条款及附加条款(包括责任免除部分)的内容及说明已经了解”上盖章确认,足以表明被告已经尽到了相关的提示说明义务,投保单背面的免责条款构成保险合同的有效组成部分。〔1〕

【案例7-56】 吴某某等诉中国人寿保险股份有限公司宜州支公司人身保险合同纠纷案

判决观点,保单背面附有免责条款只是保单的形式;从“特别声明”的内容看,被告并未对免责条款进行提示和说明,也无其他证据证实其对免责条款尽到明确说明义务,故该免责条款无效,被告的辩解不成立,其应承担给付保险金的责任。〔2〕

应该注意的是,对于投保人在投保单的“声明与授权”栏内签字承认保险公司已就免责条款向自己作了明确说明,但有证据推翻的,由法官裁量其是否作了明确说明。

【案例7-57】 王某某诉中国人寿新郑支公司保险合同理赔案

二审法院认为,投保人史某某虽然在保险单上签字,但由于被告业务员王某霞在办理此笔保险业务过程中未向史某某明确说明解释保险合同中所约定的免责条款,因此,该保险合同中第七条所约定的免除保险公司责任的条款不发生法律效力,被告对被保险人史某昌的死亡应承担保险责任。〔3〕

---

〔1〕 参见最高人民法院中国应用法学研所编:《人民法院案例选》2008年第1辑(总第63辑),人民法院出版社2008年版,第300页。

〔2〕 参见国家法官学院案例开发研究中心编:《中国法院2012年度案例》(保险纠纷),中国法制出版社2012年版,第207页。

〔3〕 参见最高人民法院中国应用法学研所编:《人民法院案例选》2005年第2辑(总第52辑),人民法院出版社2006年版,第297页。

【案例7－58】　中华联合财产保险公司珠海中心支公司诉张某某保险合同纠纷案

判决观点，保险合同在免责条款的告知形式上采取投保人声明等方式写入概括性告知内容，仅能起到提示投保人注意的作用，不足以证明保险人尽到了明确说明的义务，在这种情况下，该免责条款不产生效力。[1]

投保人在保险合同上盖章的行为，不能视为确认保险人对免责条款履行了说明义务的意思表示。

【案例7－59】　柳州市安联汽车运输有限责任公司诉中国平安财产保险股份有限公司柳州中心支公司保险合同纠纷再审案

再审法院认为，由于本案保险单系格式合同，且投保人盖章位置设在投保人声明处下方。安联汽车运输公司在该处加盖公章仅能证明是安联汽车运输公司对签订保险合同的确认，不能视为安联汽车运输公司认可平安财保柳州中心支公司对免责条款尽了说明义务。故平安财保柳州中心支公司主张其已向安联汽车运输公司明确说明了免责条款的理由不成立。[2]

如保单上的签名非投保人本人所签，则视为被保险人未接受保险人的提示说明义务。

【案例7－60】　张某某等四人诉陈某机动车交通事故责任纠纷案

二审法院认为，人寿财保韶关支公司应就保险合同中的免责条款已向陈某作足以引起其注意的文字、字体、符号或者其他明显标志提示予以举证，但根据广东天正司法鉴定中心作出的粤天正司鉴中心[2015]文鉴字第036号《鉴定意见书》中的鉴定意见，《机动车保险投保单》和《保险销售事项确认书》上"陈某"的签名不是陈某本人的签名。因此，人寿财保韶关支公司无法证实其已就保险合同中的免责条款向陈某本人作出了提示，其主张保险合同中免责条款生效理由不充分，法院不予支持。[3]

保单仅载明"仅限符合安全运输要求"，不能认定保险人尽到了提示、说明义务。

---

〔1〕参见《人民司法·案例》2009年第14期。

〔2〕参见国家法官学院案例开发研究中心编：《中国法院2014年度案例》（保险纠纷），中国法制出版社2014年版，第69页。广西壮族自治区柳州市中级人民法院（2012）柳市民再字第32号民事判决书。

〔3〕参见最高人民法院中国应用法学研究所编：《人民法院案例选》2016年第4辑（总第98辑），人民法院出版社2016年版，第167页。广东省韶关市中级人民法院（2015）韶中法民一终字弟672号民事判决书。

【案例7-61】 风景物流公司诉天安财保公司保险合同纠纷案

二审法院认为,在保险合同关系中,投保人在实际缔约上处于弱势地位。根据格式合同条款订入原理,未通过合理途径让对方知悉的条款不能够成为合同内容而发生效力。本案中,保单约定"仅限符合安全运输要求的公路运输"系承保范围的约定,并非免责条款。但是,因承保范围条款系对承保范围之外的事件均不承担责任,对投保人和被保险人更属不利,故至少应科以保险人对免责条款和承保范围条款同等的提示、说明义务。从保单内容来看,免责条款以列举方式对免责事由进行详细的列举,对承保范围却以"仅限符合安全运输要求的公路运输"概括的方式进行规定。如果保险人不进行列举式的提示和说明,可能导致投保人的合同目的不能实现。现有证据不能证明保险人已经就符合安全运输要求的行为,对投保人进行足以让投保人明确其权利和相应义务的提示、说明,该条款不能成为合同内容而发生效力。天安财保公司应按照保单约定承担保险责任。判决:(1)撤销一审民事判决;(2)天安财保公司应向风景物流公司给付保险金82,116.9元。[1]

2. 判断说明义务的标准

对于判断说明义务的标准,有法官认为,不应当对明确说明义务设置一个统一的标准,对不同性质的免责条款,应当适用不同的说明标准。例如,保险合同中的非格式条款,是投保人与保险人共同协商拟定的,投保人在订约过程中已充分了解合同条款的真实含义和法律后果,若仍让保险人负担说明义务,既没有必要,也有失公平。因此,对非格式条款中的免责条款,保险人不必负明确说明义务。[2] 笔者认为,上述观点有一定的合理性,即区分免责条款的不同性质,对明确说明义务提出相应要求。对法定的免责条款,因是法律对保险合同当事人所直接提出的行为规范,具有普遍约束力,属于众所周知的事实,投保人对法定免责条款的内容和法律后果一般较容易理解和掌握,不会产生文义上的歧义,故只要保险人在保险单或投保单上作出一般的提示,即可认为保险人已对这些免责条款尽了明确说明义务。对保险合同中所约定的免责条款,保险人明确说明义务的要求就应当要严格一些,除了在保险单上提示投保人注意外,保险人还应当对免责条款的概念、内容及其法律后果等,以书面的形式向投保人或其代理人作出解释,以使投保人明了该条款的真实含义和法律后果。对于除外责任条款,如果在保险条

---

〔1〕 参见国家法官学院、最高人民法院司法案例研究院编:《中国法院2021年度案例》(保险纠纷),中国法制出版社2021年版,第90~91页。重庆市第五中级人民法院(2019)渝05民终5038号民事判决书。

〔2〕 参见谢宪主编:《保险法评论》(第2卷),中国法制出版社2009年版,第323页。

款中通过加粗、红字等方式予以提示，在“投保人声明”或“重要提示”等栏目内表明保险人已就免责条款的内容、法律后果等向投保人作了明确说明，投保人已经充分理解等内容，投保人签字或盖章认可的，即可认定保险人已尽明确说明义务。对于抗辩条款，则要求其必须有“免除责任”的提示，及对条款内容、含义、法律后果等进行书面解释的凭证。

实践中，对于酒后驾车发生交通事故、肇事逃逸等免责条款说明义务的判断有其特殊性。因该类免责条款是法律明确禁止的行为是在民商领域的体现，属于规章性条款，保险人无权制定、修改，而只能是无条件执行，对其条款的说明类似于解释法律法规，故保险人说明程度应当从宽要求，比其他类型的免责条款要松，不应是一个判断标准。有法院认为，酒后驾驶机动车辆及肇事后逃逸均属于严重的交通违法行为，如果保险人对此理赔，将滋长该类交通违法行为的发生，严重威胁道路交通公共安全，有违社会公共利益。投保人应当清楚该类免责条款的文义，各方当事人对于该类条款的理解应当没有争议。保险公司在保险单上提示投保人详细阅读保险条款后，已尽到明确说明义务，该免责条款发生法律效力。〔1〕也有法官认为，肇事逃逸系法律明文禁止的公知性事项，肇事逃逸免责条款系法律禁止性规定在保险条款中的援引，即使保险公司对该条款履行明确说明义务的程度低于法律设定的标准，只要未侵害投保人的知情权，就应当对保险公司明确说明义务予以从宽把握或豁免。〔2〕《保险法解释(二)》第十条明确规定此类免责条款，只要求提示而不要求明确说明，其实质是减轻保险人明确说明义务标准程度。

【案例7-62】 吴某某诉安邦财产保险股份有限公司河南分公司保险合同纠纷案

二审法院认为，被上诉人吴某某辩称上诉人安邦财保河南公司在签订保险合同时对免责条款未尽提示和明确说明义务。经查，上诉人在与被上诉人签订保险合同时作为保险合同组成部分的机动车第三者责任保险条款中，责任免除部分用黑体字印刷，区别于其他保险条款。同时被上诉人作为保险人在投保单投保人申明一栏明示告知投保人“保险人已将投保险种对应的保险条款(包括责任免除部分)向本人作了明确说明，本人已充分理解：上述填写的内容均属实，同意此保单作为订立保险合同的依据”，并有投保人吴某某亲笔签名。投保人吴某某作为完全民事行为能力人，其对自己的签名应承担相应的法律后果。故保险人的免责条款提示说明义务已经履行，该免责条款对

〔1〕 南京市白下区人民法院(2010)白商初字第1669号民事判决书。

〔2〕 参见张斌、沈晓蓓：《机动车肇事逃逸与保险公司免责条款说明义务的减免》，载谢宪、李友根主编：《保险判例百选》，法律出版社2012年版，第431页。

双方具有法律效力。对于被上诉人提出3名证人证明保险公司未履行提示和说明义务的主张,由于证人证言主观性较强,证明力相对较弱,加之交通事故逃逸是法律禁止性规定情形,其含义明确,不易产生歧义,作为保险合同免责条款,保险公司的说明义务可适当减轻,投保人亦应对违反法律禁止性规定行为能否获得赔偿较一般免责条款具有更高的关注度,被上诉人的上述辩解理由不能成立。综上,上诉人的上诉理由成立,本院予以支持。原审判决安邦财保河南公司在商业三责险范围内赔偿吴某某损失20万元适用法律错误,应予纠正。[1]

根据《保险法》第十七条第二款的规定,保险人履行明确说明的方式:一是对免责条款进行提示;二是对条款的内容明确说明。《保险法解释(二)》第十条亦分两款分别规定。在履行说明义务中涉及的提示和说明两部分关系上,二者均不可缺少。缺少任何部分,均是对履行说明义务的违反。也就是说,仅有符合提示义务条件是不够的,必须在提示义务的基础上再进行明确的说明。但有例外,即违法情形条款。

【案例7-63】 杨某某诉中国平安财产保险股份有限公司天津市宝坻支公司保险合同纠纷案

一审法院认为,保险合同系专业性较强的合同,涉及专业术语较多,投保人,特别是如本案原告杨某某这样的农民,往往对此不甚了解,故保险人更有义务向投保人予以明确说明。平安保险宝坻支公司在涉案机动车辆第三者责任保险合同文本中以黑体字提示免责条款的行为,仅是尽到了提醒投保人注意的义务。根据本案事实、证据,不能认定平安保险宝坻支公司已经履行了就免责条款的概念、内容及其法律后果等以书面或者口头形式向投保人或其代理人作出解释,以使投保人明了该条款的真实含义和法律后果的明确说明义务。二审法院持同样意见。[2]

【案例7-64】 张某某诉安某某等机动车交通事故责任案

判决观点,太平洋保险公司虽然在涉案机动车辆第三者责任保险合同文本中以加黑突出标注的方式提示了免责条款,但仅是尽到了提醒投保人注意的义务。根据本案事实、证据,不能认定太平洋保险公司已经履行了就免责条款的概念、内容及其法律后果等以书面或者口头形式向投保人作出解释,

〔1〕 参见国家法官学院案例开发研究中心编:《中国法院2015年度案例》(保险纠纷),中国法制出版社2015年版,第111页。河南省信阳市中级人民法院(2013)信中法民终字第1027号民事判决书。

〔2〕 参见《最高人民法院公报》2007年第11期。

以使投保人明了该条款的真实含义和法律后果的明确说明义务。[1]

《保险法》未规定保险人履行说明义务的方法，仅指明保险人有提示的义务以及以书面或者口头进行明确说明的义务。一般来说，仅采用将保险条款送交投保人阅读的方式，不构成对说明义务的履行。保险公司应当根据保险合同签订的具体情况，采用足以引起一般人注意的合理方式明确提示投保人，向不同水平的投保人作针对性解释，尽量使其明确合同中责任免除条款的内容，确保投保人的利益不受损害。保险公司的行为是否构成对说明义务的履行，由法官依法确认。需要特别强调的是，保险条款的自身不能证明保险公司履行了说明义务，法院在审判实践中坚持这一态度。如胡某某诉渤海财产保险股份有限公司宁波分公司保险合同纠纷案。[2]

在对保险人违反说明义务判断时，不应对保险人是否存在主观过错进行判断，在适用判断标准时应排除主观过错。有学者认为，我国《保险法》在保险人违反说明义务的主观要件上采用的是无过错责任或严格责任原则，并不要求存在过错。只要保险人未尽说明义务，就构成说明义务的违反。[3]

投保单上没有投保人亲笔签名，而是由他人代签，因投保人缴纳保险费而应认定保险合同成立，但不能认定保险人对免责条款尽到过提示注意，除非能证明通过其他途径让投保人知悉免责条款。

【案例7－65】　颜某某诉中华联合财产保险股份有限公司邵阳县支公司保险合同纠纷案

二审法院认为，颜某某向中华财保邵阳县支公司投保后，中华财保邵阳县支公司向颜某某签发了保险单，颜某某虽然未在投保单和保险条款上签名，但其足额缴纳了保险费用，双方保险合同成立。但没有证据证明中华财保邵阳县支公司的工作人员向颜某某出示投保单和保险条款，且他人代颜某某在投保单和保险条款上签名，足以证实中华财保邵阳县支公司就保险合同中纠纷解决方式及免责条款未尽告知义务，原判以中华财保邵阳县支公司对纠纷解决方式和免责条款未提醒投保人，导致该纠纷解决方式的约定及免责条款为无效条款的裁判理由并无明显不当，故中华财保邵阳县支公司上诉提出"颜某某未在投保单上签字，保险合同无效，以及免责条款等字体进行了加粗，内容也告知投保人，且肇事逃逸是法律禁止性规定，本案第三者责任险属

---

〔1〕参见国家法官学院案例开发研究中心编：《中国法院2013年度案例》（道路交通纠纷），中国法制出版社2013年版，第188页。

〔2〕参见最高人民法院中国应用法学研究所编：《人民法院案例选》2009年第4辑（总第70辑），人民法院出版社2010年版，第406页。

〔3〕参见许崇苗：《保险法原理及疑难案例解析》，法律出版社2011年版，第97页。

免赔范围”的上诉理由，本院不予支持。[1]

投保人的同住家属代签保险合同并缴纳保险费，应当视为投保人对订立保险合同行为的追认，但不能因此推定保险人已经向投保人履行了免责条款的提示或明确说明义务。

【案例7-66】 甘某某等诉中国平安财产保险股份有限公司阆中支公司保险合同纠纷案

本案中，案涉车辆是何某某购买并登记于何某某名下，投保人是何某某，保险费由何某某实际支付，该车属于何某某所有。陈某基于与何某某的母子关系而使用该车，是家庭成员之间的借用，并不改变何某某投保人的身份。陈某在特别声明栏中签名时，并未向平安财险阆中公司提供何某某的授权委托书，平安财险阆中公司事后也未要求何某某对此予以追认。陈某并未以何某某委托代理人的身份签名，而是直接书写“何某某”的名字，该行为不符合委托代理人代签合同的行为特征。二审法院认为，案涉车辆的投保人是何某某，平安财险阆中公司未向何某某尽到提示或明确说明义务，平安财险阆中公司应当在第三者责任险项下承担赔偿责任。[2]

(五)说明义务的注意问题

修订前的《保险法》规定，保险人对于保险条款负有说明义务，对于免责条款负有明确说明义务，修订后的《保险法》沿袭了此种表述。“说明”和“明确说明”二者有何区别？从本质上讲，“说明”和“明确说明”并无差异。从立法本意讲，明确说明较之说明更能体现立法者对于弱势群体的人文关怀。有学者认为，所谓“说明”即“醒意”，[3]意为揭示或阐明合同条款的含义；所谓“明确说明”，则包括“醒示”和“醒意”两层含义。[4] 该观点实际上是将明确说明理解为提示与说明义务的结合。《保险法》第十七条已明确将提示作为单独义务，同时仍将保险人对免除保险人责任条款的说明义务表述为明确说明，显然明确说明义务与一般说

---

〔1〕 参见国家法官学院案例开发研究中心编：《中国法院2015年度案例》(保险纠纷)，中国法制出版社2015年版，第92页。湖南省邵阳市中级人民法院(2013)邵中民二终字第126号民事判决书。

〔2〕 参见刘远：《投保人对保险合同的追认不及于保险人对免责条款的提示或明确说明义务》，载《人民法院报》2017年4月6日，第6版。四川省南充市中级人民法院(2016)川13民终2204号民事判决书。

〔3〕 参见千闻：《保险人的醒意义务》，载《江苏保险》1996年第1期。

〔4〕 参见方乐华：《论保险合同的成立及其效力——关于保险合同法修改的法律思考》，载《上海保险》2005年第5期。

明义务的区别并不在于是否需要提示。[1] 最高人民法院法官认为，提示义务是一项独立的义务。提示义务是保险人通过特定方式提醒投保人注意免除保险人责任条款存在的义务，说明义务则是保险人对免除保险人责任条款进行解释，以使投保人理解免责条款的义务，二者具有不同的功能。在逻辑上，提示是明确说明的前置性义务，保险人只有先履行提示义务，使投保人知悉免责条款的存在，明确说明义务才有实际对象。审判实践中，保险人是否履行提示或者明确说明义务实际上是证据问题，即保险人能够提供何种证据来证明其已经履行了提示和明确说明义务。[2] 修订后的《保险法》，对于保险人免责条款，保险人首先应采取引起投保人注意的方式提示，即醒示，在此基础上再对该条款予以说明，即醒意，这才是保险人明确说明义务不同于说明义务的特别内涵。应该看到，“说明”义务的履行形式标准较“明确说明”更为宽松，只要保险人能够证明其以书面形式向投保人提交了完整的保险条款，且保险条款字迹印刷清晰，即应视为已经达到“说明”的形式标准。

实务中，也应避免以下误区：首先，不能认为两者是任意性与强制性的区别。不论是“说明”义务还是“明确说明”义务，都是保险人的法定义务，均具有强制性。其次，不能认为两者在说明程度上有差异。从语义说，“说明”与“明确说明”并无本质上差异，因为“明确”乃“说明”应有之义。最后，不能据此认为免责条款比一般条款更重要。事实上，足以影响投保人决定投保与否的重要条款，除免责条款外，还有保险责任、保险费及支付办法、保险金赔偿或给付办法等。但“说明”与“明确说明”亦有区别：“说明”，是指保险人阐明合同条款的含义，同时将要说明的一般条款列明于保单即可；“明确说明”，是指采取合理的方式提请投保人注意免责条款的存在，同时保险人阐明合同条款的含义，不能仅将免责条款列明于保单。

对以法律、行政法规中的禁止性规定作为免责事由的免责条款进行提示义务，就视为达到明确说明的要求，无须保险公司再进一步向投保人解释其定义和法律后果。

---

〔1〕 参见最高人民法院民事审判第二庭编著：《最高人民法院关于保险法司法解释（二）理解与适用》，人民法院出版社2013年版，第269页。

〔2〕 参见最高人民法院民事审判第二庭编著：《最高人民法院关于保险法司法解释（二）理解与适用》，人民法院出版社2013年版，第274页。

二、投保人告知义务

《保险法》第十六条规定了投保人告知义务。告知，是指投保人或者被保险人在签订和履行保险合同过程中，将其知道或者应当知道的有关保险标的重要情况如实地向保险人进行说明。[1] 告知分为事实告知与意见告知。事实告知，是指对已存在的事实、情况的告知；意见告知，是指对将来预料发生的事实、情况的告知。投保人的如实告知主要是事实告知，因为事实告知影响保险人是否承保以及以何种条件承保。至于意见告知，投保人与保险人可以在合同中约定，作为对将来事项的特约条件。投保人违反特约条件，保险人有权解除合同。[2]

如实告知是各国保险合同法的一个重要规则，也是保险合同中的基本行为规范，是投保人的一项法定义务。告知义务是投保人在订立保险合同过程中的义务，是先合同义务，不是保险合同履行中的义务，只有保险人在承保前依法提出了相关询问的，投保人才应当如实告知。在法院受理的保险纠纷案中，投保人因违反告知义务而败诉的比例长期居高不下，很多保险公司以投保人违反告知义务为由拒绝理赔。因此，加强对投保人告知义务的探讨，有助于化解纠纷，保护投保人、被保险人的合法利益。

(一)告知义务主体

告知义务主体，是指谁承担告知义务。根据现行法律规定，投保人应当承担告知义务。投保人直接参与保险合同的订立，无疑是保险合同的当事人，应该承担告知义务，这是没有争议的。但现实社会生活中，投保人与被保险人不是同一人的情况下，被保险人是否也应承担保险告知义务，这在理论和实践中都存在争议，需要进一步研究。从我国的规定来看，《保险法》采用的是单一主义立法。但是有不少人持双重主义，即把被保险人纳入如实告知义务人的范围。许多学者认为，如果被保险人知道的危险状况投保人并不知道，那么被保险人应当承担如实

---

[1] 参见安建主编：《中华人民共和国保险法(修订)释义》，法律出版社2009年版，第44页。

[2] 参见朱有彬主编：《保险法实务与案例评析》，中国工商出版社2003年版，第44～45页。

告知义务。[1] 有观点进一步提出,被保险人是否负有保险如实告知义务,应当视财产保险和人身保险而定:在财产保险中,仅投保人负有如实告知义务;在人身保险中,投保人、被保险人皆为如实告知义务人。[2] 对于被保险人是否应该承担告知义务,既是利益衡量问题,也是技术问题。最高人民法院法官认为,《德国保险契约法》的做法较为合理:一方面,在政策层面上解决了被保险人不是告知义务主体存在的弊端;另一方面,在技术上也未违反《合同法》的基本原理。因此,对于本条义务主体的理解,无须做扩大解释,仅将投保人作为告知义务主体即可,但是在判断投保人是否履行告知义务时,应将被保险人的知悉范围纳入考量范围。也就是说,被保险人不是告知义务的主体,但是投保人告知的范围不仅限于其知悉的事项,还应包括被保险人知悉或者应当知悉的事项。[3] 笔者同意以上观点,这体现了原则性和灵活性有机结合。因为立法者在其保险法释义中,将其告知义务主体里列有被保险人,但将被保险人也纳入告知义务主体的范围,不仅在理论上而且在实务操作上,都存在一定问题和难度,并不利于切实维护投保人、被保险人的利益。最高人民法院在制定《保险法解释(二)》中,并未规定被保险人作为告知主体。[4] 实践中,对于投保人与被保险人并不一致的情况,应注意以下几个方面:其一,要防止被保险人通过他人代为投保规避如实告知义务。其二,保险人不能以对被保险人询问代替对投保人的询问。其三,保险人如就相关事项同时向投保人和被保险人进行询问,投保人或被保险人只要有一人如实告知,则应视为投保人就该事项的告知义务已经履行。[5]

实践中,应注意到人身险种对告知义务主体的特殊性。团体保险中,投保人与被保险人通常是分离的,为不同主体,且被保险人人数众多,投保人是否需要对具体被保险人的风险状况进行告知有不同观点。例如,对于学生平安险的履行如实告知义务的主体是投保人以及学生或者其监护人,保险人就被保险人的有关情况提出询问的,应为各投保人如实履行告知义务提供必要条件,以使投保人知道询问的内容。保险人不能仅向学校询问,而将学生或者监护人排除在如实告知义

---

〔1〕 参见江朝国:《保险法基础理论》,中国政法大学出版社 2002 年版,第 151 ~ 165 页;施文森:《保险法总论》,台北,三民书局 1995 年版,第 115 页;梁宇贤:《保险法新论》,中国人民大学出版社 2004 年版,第 110 页;周玉华编著:《最新保险法疑义与适用》,法律出版社 2009 年版,第 34 页。转引自仲伟珩:《投保人如实告知义务研究——以中德法律比较为出发点》,载《比较法研究》2010 年第 6 期。

〔2〕 参见樊启荣主编:《保险法论》,中国法制出版社 2001 年版,第 138 页。

〔3〕 参见最高人民法院保险法司法解释起草小组编著:《〈中华人民共和国保险法〉保险合同章条文理解与适用》,中国法制出版社 2010 年版,第 93 页。

〔4〕 参见最高人民法院民事审判第二庭编著:《最高人民法院关于保险法司法解释(二)理解与适用》,人民法院出版社 2013 年版,第 155 页。

〔5〕 参见最高人民法院民事审判第二庭编著:《最高人民法院关于保险法司法解释(二)理解与适用》,人民法院出版社 2013 年版,第 155 页。

务主体之外。有法官认为,在立法上,将团体人身保险作例外规定,即在团体人身保险中,投保人与被保险人均为履行告知义务的主体。当然,也有相反观点,被保险人无法定告知义务。

用工单位为有劳动关系的劳动者投保人身险的,被保险人按投保单所附的被保险人名单确定。被保险人人员名单变动,投保人应及时通知保险人。建筑行业等人员流动性较强的行业的团体人身保险合同未附被保险人名单,保险人在未超出其承保人数的责任限额内承担赔偿责任。对于以上两种情形,其实质是否定了被保险人的告知义务。

(二)告知义务内容和范围

投保人告知义务的内容,是指投保人对哪些事项承担如实告知义务。告知义务制度设立的目的在于帮助保险人获得保险标的危险信息,以便保险人决定是否接受投保人的投保。从修订后的《保险法》第十六条规定看,采取的是主客观相结合告知内容的方式。告知义务是一种法定义务,也是被动性义务。从这个角度讲,告知义务的内容应当是关于保险标的危险状态,可以分为主客观两方面来理解:客观上指重要事实,主观上属于投保人"知道或者应当知道"。《保险法解释(二)》第五条规定:"保险合同订立时,投保人明知的与保险标的或者被保险人有关的情况,属于保险法第十六条第一款规定的投保人'应当如实告知'的内容。"

所谓重要事实,应看事实是否足以影响保险合同的成立并决定保险费。换言之,如果一个谨慎的保险人得知该事项之后,会产生不签订保险合同或者采取高于事先约定的保险费等变更保险合同的行为,则该种事实或事项即为重要事实。《海商法》第二百二十二条界定了该含义,该条规定:"合同订立前,被保险人应当将其知道的或者在通常业务中应当知道的有关影响保险人据以确定保险费率或者确定是否同意承保的重要情况,如实告知保险人。"而新修订的《保险法》第十六条没有正面定义重要事实,但是从其第二款的规定可以推知,立法者认为"足以影响保险人决定是否同意承保或者提高保险费率的事实"为重要事实。实践中,关键是确定对重要事实采用何种标准进行判断。有学者提出,就谨慎的保险人标准和合理的被保险人标准而言,应当说各有其合理性。从影响保险人承保决定的基本原则出发,谨慎的保险人标准应当说更符合逻辑,毕竟对自己的影响自己最清楚。但逻辑的可行并不意味着令人满意的现实结果,作为一种补充,充分考虑合理的被保险人或投保人的立场就成为必然和必要。因此,以谨慎的保险人标准为基础,兼采投保人或被保险人可合理期待的标准,或许是在判定一个事实是否属于应告知的重要事实时更为科学的做法。而在特定案例中,一个判断的作出,无疑还应综合各种具体情势具体分析。[1]

根据《保险法》第十六条的规定,投保人只有在询问后才承担告知义务,而且告知范围以其知道或者应当知道为限,即从主观方面限定告知的范围。有学者认为,投保人的告知,或者与保险标的危险程度相关;或者与被保险人的个人情况相关。限于三个方面的内容:对事实的陈述,对将来事件或行为的陈述,对他人的陈述的转述。[2] 具体来讲:

其一,以保险人询问的事项为限。《保险法》第十六条采用的是询问告知主义。此处的询问可以书面形式,也可以口头形式,实践中更多是以保险人提供风险询问表的形式出现。关于保险标的或者被保险人的有关情况,保险人有权在保险合同订立前询问投保人。保险人所谓询问,直接效果在于"激活"投保人的如实告知义务。在签发保险单以前,保险人没有询问的,投保人没有义务将其知道或者应当知道的情况告知保险人,因为投保人(被保险人)以诚实信用推定保险人已知道所有的必要情况,除非保险人另有要求,不以书面告知为限。也就是说,现行保险法律的如实告知以保险人的询问和投保人的答复为准,问什么,答什么,保险人没有问到的投保人可以不予主动答复。如实告知以保险人作出询问为前提,对未经询问的事项,投保人没有如实告知的义务。

【案例7-67】　刘某某诉中国平安人寿保险股份有限公司葫芦岛分公司保险合同纠纷案

判决观点,2001年1月23日,原告刘某某与被告平安人寿公司签订主险为平安鸿鑫终身寿险保险合同一份。在签订保险合同过程中,原告按照被告公司业务员的询问对被保险人的健康状况等相关情况作了如实回答,在保险合同"询问事项"吸烟饮酒栏目中由被告公司业务员填写记录了被保险人有吸烟喝酒习惯及历史。之后,按照保险合同约定,原告从2005年1月至2010年1月共6次缴纳保费7164元。后被保险人宋某因突发"急性心梗"在家中死亡。被告以未如实告知拒绝理赔。法院认为,本案被告未提供相关证据证明被保险人投保前存在影响被告承保决定的健康状况,且未有证据证明被保人死亡原因具有让被告免责的要件,故对被告此项辩解意见不予支持。[3]

现行《保险法》第十六条未明确因投保人故意或因重大过失未履行告知义务

---

〔1〕 参见刘学生:《如实告知义务研究》,载王利明主编:《合同法评论》2004年第1辑(总第1辑),人民法院出版社2004年版,第59页。

〔2〕 参见邹海林:《投保人如实告知义务的若干实务问题》,载《人民法院报》2000年2月26日,第3版。

〔3〕 参见国家法官学院案例开发研究中心编:《中国法院2012年度案例》(保险纠纷),中国法制出版社2012年版,第210页。

而使保险人有权解除合同的认定标准。实践中,该认定标准应围绕危险构成要件,以保险合同载明的内容及保险人询问的内容为限。在保险人询问过于笼统的情况下,应结合投保人的认知判断能力、就医诊疗情况等因素综合分析。投保人在投保时未认识到危险的严重性及危险发生的必然性,不应认定投保人故意或因重大过失未履行告知的义务。

【案例7-68】 欧阳某某诉甲保险公司人身保险合同纠纷案

一审法院认为,保险制度系为各类特定事故的危险实际发生时提供损失补偿。这种危险具备或然性,表现为危险发生时间、后果的不确定性以及被保险人的非有意性。判断是否符合《保险法》第十六条所规定的投保人故意或因重大过失而未履行如实告知义务,法院应综合考量,其一,保险代理人是否在投保时进行合理的询问。本案中,保险代理人仅笼统询问身体是否好,而未依据合同逐一、专业的询问,没有尽合理询问义务。其二,被保险人对自身疾病的认知度。投保人在投保前从未就发生的重大疾病进行救诊,其他就诊记录也不频繁,可见投保人对于身体状况凭主观判断是良好的,并没有意识到体检报告上的检查结果存在异常,投保时的告知与其一般认知相符。其三,投保时,被保险人所患重疾的状态是已确诊还是一种可能发生的危险。在本案中,重大疾病在投保时只是一种可能发生的危险,属于保险人可承保的范围。其四,关于投保时被保险人不履行告知义务的其他可能性因素。综合被保险人身份关系以及在理赔时保险人上门调取争议体检报告时投保人当场出示等情况,可见投保人没有主观上刻意隐瞒或阻碍的情况。综上,法院认为,本案投保人履行如实告知义务时不存在故意和重大过失的过错,保险人解除人身保险合同的条件不成立,应按约支付保险金。二审法院裁定准许保险公司撤诉。〔1〕

对自助式保险卡这种电子保险单的询问特殊性,应引起足够的注意。

【案例7-69】 韩某某等诉阳光人寿保险股份有限公司江苏分公司保险合同纠纷案

判决观点,阳光人保网站上可查阅被保险人的职业分类表,网上激活的过程中,被保险人职业栏如选择"营业用货车司机",保险卡会因被拒绝承保而不能激活。但是,本案所涉保险卡系民兴代理公司内勤代为激活,激活过程中,民兴代理公司仅向其业务员宗某而未向投保人刘某进行询问,而宗某并未询问过刘某的职业,使得刘某没有机会就其职业状况履行如实告知义

---

〔1〕 2019年度上海法院金融商事审判十大案例,上海金融法院(2019)沪74民终168号民事裁定书。

务，因此，刘某并未违反投保人如实告知义务。[1]

其二，以其知道以及应知道的内容为限。投保人告知义务的范围，存在两种观点：一种观点为无限告知主义，指投保人对一切重要事项承担告知义务；另一种观点为有限告知主义，指投保人仅对其知道或者应当知道的事项承担告知义务。现行的保险立法，均将保险告知义务的范围限于投保人知悉以及应当知悉的范围。如果要求投保人对于其所不知或无法得知的事实承担告知义务，无疑是给投保人施加了不可能实现的负担，违反私法上的不处罚善意的原则；如将告知义务仅限于已知的范围，则投保人几乎皆可以不知为由而免除该义务。[2]《保险法》第十六条虽然没有明确规定投保人所承担的告知义务以其知道或者应当知道的事项为限，但根据其第二款、第四款和第五款的规定，投保人只有存在故意或者重大过失必须以投保人知道或者应当知道未告知的内容为限，因此可以认定，投保人所承担的告知事项以其知道或者应当知道的内容为限。在投保人与被保险人并非同一主体时，应将被保险人知悉或者应当知悉的范围考虑在内，即投保人除了要告知其本身知道或者应当知道以外，还负有告知被保险人知道或者应当知道的事项。在投保人通过代理人进行投保时，除投保人或被保险人应当告知的事实外，代理人知道或应当知道的重要事实也应进行告知，因为代理人的认知状况代表投保人或被保险本人。

无须告知的事项。无论是以传统的诚实信用原则和最大善意原则为基础，还是以风险评估说、对价平衡说为基础，都存在一些免于告知的事项。其一，投保人不知道的重要事实是不需要告知的，当然也不可能告知。投保人知道某个事实，但基于善意认为不会影响保险人的而未告知的。其二，保险人知道或者应当知道的重要事实，投保人不必告知。这也包括保险人已经知道和推定其应当知道的情况。保险人被推定知道公共信息和常识，以及在其一般业务过程中应当了解的情况。其三，不影响保险人风险评估的事实，应当免于投保人告知。此处的保险人应当知道的标准一般采用谨慎保险人标准，即一个谨慎的保险人在正常业务活动中应该了解知道的事项。其四，经保险人申明不需告知的。其五，投保人按照默示或者明示担保条款不需告知的。其六，保险人放弃或双方约定排除的重要事实不必告知。虽然如实告知是一种法定义务，从理论上讲，当事人不可以免除自己的法定义务。但由于告知义务的实质价值在于当投保人违反此义务时，赋予保险人相应的救济权利。因此，只要双方同意保险合同完全可以约定排除某种事实的告知义务，或者约定排除当投保人未履行义务时保险人解除合同或免除保险责任的适用。从本质上讲，这种约定是一种权利放弃，与法定的告知义务并不冲突。

---

〔1〕 参见《最高人民法院公报》2010 年第 5 期。

〔2〕 参见江朝国：《保险法基础理论》，中国政法大学出版社 2002 年版，第 230 ~ 231 页。

实践中，保险人或者代理人代投保人填写保险单证并代投保人签字确认的，可视为不存在投保人的如实告知义务。

在实务中对一些事项是否告知存在争议。在体检程序能否减轻或免除投保人的告知义务问题上，有肯定说和否定说两种观点。我国理论界和实务界对此未形成一致的观点。[1] 最高人民法院法官认为，体检程序是否能够免除或减轻投保人的告知义务，不能一概而论，而应该结合体检的性质以及投保人的主观状况等因素综合考虑。[2]《保险法解释（三）》第五条规定："保险合同订立时，被保险人根据保险人的要求在指定医疗服务机构进行体检，当事人主张投保人如实告知义务免除的，人民法院不予支持。保险人知道被保险人的体检结果，仍以投保人未就相关情况履行如实告知义务为由要求解除合同的，人民法院不予支持。"该条有利于法律适用的统一。投保人的如实告知义务是一种法定义务，不因体检程序介入而免除。投保人未履行如实告知义务，体检结果正常，保险人可按《保险法》第十六条第二款、第三款、第四款、第五款处理；投保人未履行如实告知义务，而体检结果不正常，保险人仍同意承保，则按《保险法》第十六条第六款处理。如果不如实告知情形与保险事故发生无直接因果关系，保险人亦未举证证明被保险人死亡的原因就是投保人未如实告知的原因所致，不排除是其他疾病引起死亡的可能性，保险人同样应当承担保险责任。

【案例7－70】 冉某诉中国平安人寿保险股份有限公司重庆分公司人寿保险合同纠纷案

一审法院认为，从2010年10月2日冉某禄在丰都县人民医院入院时其妻子陈述病情及冉某禄2009年10月9日在丰都县人民医院作"CT"检查结果来看，冉某禄在投保前患有肺癌属实，冉某在投保时没有告知这一病情违反了保险的最大诚信原则，但结合本案情况，被告仍应支付保险赔偿金，其理由为：其一，投保时，被保险人冉某禄按平安人保公司的要求到指定医院进行了体检，体检结果为"胸肺部"系"正常"，说明体检时对胸肺部进行了检查；其二，被告根据体检结果，提高了保险费率，说明被告在承保时已经意识到了危险系数增加，但其仍然承保并收取两期保险费，故在保险事故发生后应当承担保险责任。二审法院持同样意见维持原判。[3]

---

〔1〕 参见最高人民法院保险法司法解释起草小组编著：《〈中华人民共和国保险法〉保险合同章条文理解与适用》，中国法制出版社2010年版，第96页。

〔2〕 参见最高人民法院保险法司法解释起草小组编著：《〈中华人民共和国保险法〉保险合同章条文理解与适用》，中国法制出版社2010年版，第96页。

〔3〕 参见国家法官学院案例开发研究中心编：《中国法院2013年度案例》（保险纠纷），中国法制出版社2013年版，第196页。

在体检时，医师对投保人关于是否存在健康问题的一系列询问过程中，投保人均作否定回答。在保险合同关于问题及健康告知中是否存在问题的问答中，投保人的所有答案也都是否定的。虽然投保人的体检是合格的，但该体检报告的主要内容还是投保人对自身健康情况的陈述。可以认定投保人在投保时故意不履行如实告知义务，保险公司因此拒赔符合法律规定。

【案例 7-71】　陈某与某人寿保险股份有限公司保险合同纠纷案

二审法院认为，2013 年 3 月 28 日，陈某在保险公司指定的体检中心体检，负责体检的医师成为保险公司的代理人。根据《保险法》第十六条第一款……的规定，对于体检医师的询问，陈某应当如实告知。《体检报告》中的相关描述，比如"吸烟五年，每天 10 支"等，足以说明体检医师按照该报告载明的项目对陈某进行了询问。陈某于当月 24 日才从武汉市汉口医院住院治疗出院，被诊断为冠心病、不稳定型心绞痛、心功能一级，高脂血症。但是，陈某在时隔几天后回答体检医师询问的健康问题时，对于最近 6 个月内是否有住院、接受诊疗，是否有胸痛、心脏病、高脂血症等，均作出否定答复，该回答结果显然与客观事实不符。陈某在明知客观事实的情况下，却故意隐瞒并作不实回答，属于故意不履行如实告知义务。保险公司于 2013 年 7 月 29 日以陈某在投保时故意不履行如实告知义务为由，作出解除该保险合同并不承担赔偿责任和不退还保险费的决定，符合《保险法》第十六条第二款、第三款、第四款……的规定，故陈某要求保险公司退还保险费的上诉请求不能成立，本院不予支持。[1]

对人身保险合同的复效是否适用投保人告知的规定，依然存在肯定说与否定说两种观点。最高人民法院法官认为，对投保人复效时是否应该承担告知义务，应该综合考量投保人、被保险人以及保险人之间的利益关系，乃至保险市场的健康发展等各项因素。[2]

复效后的合同既有原合同的内容也有新增加的内容，对于投保人在复效中的告知义务就应当区分对待。对于在合同中止期间保险标的发生变化甚至可能影响保险人是否同意复效的情形，投保人应当如实履行告知义务。除此之外，投保人可沿用原告知内容。

---

〔1〕 参见最高人民法院民事审判第二庭编著：《最高人民法院关于保险法司法解释（三）理解与适用》，人民法院出版社 2015 年版，第 124 页。湖北省武汉市中级人民法院（2014）鄂武汉中民商终字第 00316 号民事判决书。

〔2〕 参见最高人民法院保险法司法解释起草小组编著：《〈中华人民共和国保险法〉保险合同章条文理解与适用》，中国法制出版社 2010 年版，第 97 页。

【案例7－72】 范某与人寿保险公司人寿保险合同纠纷案

二审法院认为，合同效力依据规定中止的，经保险人与投保人协商并达成协议，在投保人补交保险费后合同效力恢复。范某在2015年、2016年连续两年未按期缴纳保险费，根据保险条款约定，此时合同效力已经中止。2017年6月22日，范某补交保险费后，根据合同约定合同效力恢复。在保险条款明确约定了合同生效或者合同效力恢复之日起1年内发生保险事故的赔付办法。范某虽称其申请保险合同复效之时人寿公司未告知该规定，但首先，范某本人即为保险经纪人，其在为自己投保该保险产品时，应当对保险条款的约定是明知的；其次，关于合同效力恢复后1年内发生保险事故的赔付办法与合同生效后1年内发生保险事故的赔付办法是在同一条款规定中，甚至仅在合同生效后以括号形式表示或合同效力恢复的字样，而范某对于合同生效后的赔付办法是清楚明知的，因此其也应当对该条款是清楚明知的。综上，该条款约定对范某已具有约束力。判决：驳回范某的全部诉讼请求。〔1〕

司法实践中，当投保人先前向某保险人购买保险时曾将保险标的或被保险人有关的事项如实告知保险人的情况下，如果该投保人在向同一保险人购买相同或不同保险时未将该事项如实告知保险人，则不应认为投保人已履行如实告知义务。

【案例7－73】 张某某诉中国人保新疆分公司按机动车第三者责任保险合同理赔案

涉及保险人在前举情况下免否对抗投保人一方？《人民法院案例选》责任编辑持有权对抗投保人观点。理由有二：(1)如果在这种情形下要求保险人应当知道该事项的真实情况，并否定保险人以投保人未履行如实告知义务对抗投保人一方，则其后果是，保险人在接受某一投保时，须对其在以往业务中涉及该保险标的和被保险人有关的情况进行全面的调查与整理，大大增加交易费用。而且，如果保险人在多次业务中掌握的与该保险标的和被保险人有关情况的资料不相同，则其还需对哪次业务中投保人提供的信息是正确的这一问题进行调查。另外，依《保险公司管理规定》等规定，保险公司在其住所地以外的各省、自治区、直辖市开展业务，需设立分公司。在实践中，一家保险公司通常具有为数众多的分公司、中心支公司、支公司、营业部或营销服务部。如果对第二个问题持肯定态度，则还存在如何认定同一保险人的问题，即将法律上的一家保险公司视为一个保险人，还是将同一分公司、中心支

---

〔1〕 参见国家法官学院、最高人民法院司法案例研究院编：《中国法院2021年度案例》(保险纠纷)，中国法制出版社2021年版，第174页。北京市朝阳区人民法院(2019)京0105民初30946号民事判决书。

公司、支公司、营业部或营销服务部视为同一保险人？可见，从制度设计看，对第二个问题持肯定态度是一种不经济、不合理的制度安排。(2)投保人如实告知义务的对象是保险标的或被保险人的有关情况。这种情况有两种：第一种是一经发生即不会随时间的变化而发生变化的，如人的出生时间、车辆的出厂时间等；第二种是可能会随时间的变化而发生变化的，如人的职业、车辆的使用性质等。在第二种情况下，如果保险标的或被保险人有关的情况发生了变化，则即使投保人在购买前一保险时曾将保险标的或被保险人有关情况如实告知保险人，但在与投保人签订第二份保险合同时，保险人事实上根本无法通过签订第一份保险合同时所掌握的信息来决定是否承保和以何种费率承保。[1]

在投保人如实告知义务范围上，应注意保险人不合理扩大影响风险评估的事项，其表现方式有两种：一种是在投保单中增加具体问题的数量；另一种是在投保单中插入所谓"兜底性"的问题，如"你是否还有其他重要事实应当向保险人告知？"应该看到，第一种方式将会相当抵销法律确定的询问回答主义减少交易成本的功能，而第二种方式实质上与自动申告主义无异，因此需要在立法上加以限制。有学者认为，对于投保单中的兜底性问题，需要根据具体情况加以判断。如果是没有任何限制的兜底性问题，应认定无效，或者视为保险人未提出询问。如果是位于列举的问题之后、针对某一方面提出询问的兜底性问题，通常应当认定为有效。[2]《保险法解释(二)》第六条第二款前半段规定保险人提出投保人违反概括性条款的限制，但书部分将概括性条款有具体内容的除外，不视为违反询问告知主义规定。这是根据保险实践需要，允许保险人使用一些形式上类似于概括性条款的表述，但内容上仍应达到相对具体的程度。至于是否达到相对具体程度，审判实践中应当结合具体案件事实进行判断。[3]

保险人的询问应当具体、明确，对"兜底条款""模糊询问"事务，投保人不负如实告知义务。

【案例7－74】　李某某诉中国平安人寿保险股份有限公司无锡中心支公司保险合同纠纷案

判决观点，本案中，保险公司不能证明其就李某某是否有体检异常及甲状腺是否有疾病等情况作出询问，李某某对未经询问的事项没有主动如实告

---

〔1〕参见最高人民法院中国应用法学研究所编：《人民法院案例选》2005年第3辑(总第53辑)，人民法院出版社2006年版，第311页。

〔2〕参见汪华亮：《论作为行为规范的告知义务》，载《法学杂志》2011年第12期。

〔3〕参见最高人民法院民事审判第二庭编著：《最高人民法院关于保险法司法解释(二)理解与适用》，人民法院出版社2013年版，第171页。

知的义务。故法院认定，李某某未违反如实告知义务，保险公司无权解除合同。李某某与保险公司之间的保险合同关系合法有效，李某某所患疾病属于智盈重疾保险责任范围，保险公司应该按约支付保险金10万元。[1]

应当指出的是，当投保人并非自然人时，如何界定知道或者应知道的事项？《民法总则》将民事主体分为自然人、法人。根据法学理论和法律规定，法人能够独立进行意思表达，法人并非多数自然人的简单相加。就法人知道或者应当知道的范围，也不应是其成员知道范围的简单叠加。换言之，在知道或者应当知道范围认定自然人与法人有所不同。法官认为，应当限定在投保人开展业务或者履行职能过程中的知道或者应当知道。法人的民事主体资格是法律赋予的一种拟制人格，虽然通过具体自然人从事民事活动，但是这些行为并不是其个人行为。反之，只有体现法人意志进行的业务活动或者履行职能的行为才由法人承担民事责任。所以，将法人成员知道的范围必然推定为法人知道的范围是片面的。[2] 笔者赞同上述观点，有利于准确把握非自然人作为投保人知道或者应当知道的范围。

在确定的告知范围中，有些事实是投保人已经知道的，还有些事实可能是投保人知道的。对于保险人已经询问而投保人又不知道的事实，投保人有没有义务进行调查并告知保险人，现行法律没有规定。有学者认为，对于保险人和投保人都不知道的信息，保险人可以主动搜集并负担相应的成本，也可以由投保人主动搜集并告知保险人，保险人对投保人由此支出的成本通过直接的或间接的方式予以补偿。也就是说，投保人在特定条件下负有调查义务。[3] 至于那些未知重要事实需要有投保人调查的，尚需在实践中探索。

如实告知，仅能适用于保险合同成立之前，在保险合同续展其效力时，有任何影响风险的新的事实存在，亦有如实告知的义务。投保人在回答保险人的询问时，应当将其知道的所有真实情况客观地告知保险人，不得有所隐瞒，也不得编造虚假情况回答保险人的询问。投保人已经知道的事项，应当如实告知；投保人应当知道的事项，因为投保人过失或者疏忽而没有知道的，投保人仍有如实告知的义务。

保险告知义务制度功能在于保险人和投保人之间合理地分配搜集风险评估信息的责任，而非将搜集风险评估信息的责任完全施加于投保人。投保人如实告知义务的范围以"询问"和"明知"为限。在投保人提供了明确的核实线索，且具

〔1〕 参见最高人民法院中国应用法学研所编：《人民法院案例选》2013年第3辑（总第85辑），人民法院出版社2014年版，第271页。江苏省无锡市崇安区人民法院（2012）崇商初字第0074号民事判决书。

〔2〕 参见张海棠主编：《保险合同纠纷》，法律出版社2010年版，第186页。

〔3〕 参见汪华亮：《论作为行为规范的告知义务》，载《法学杂志》2011年第12期。

备调取相关材料(如体检报告)手段的情况下,并未不合理增加其额外负担,应当予以核实而不核实的,应视为保险人应知的范围,且其后不得以材料上载明的事项作为投保人未如实告知的抗辩。

【案例7－75】　陆某某诉泰康人寿保险股份有限公司上海分公司人身保险合同纠纷案

一审法院认为,《保险法》规定投保人的如实告知义务不在于将如搜集风险评估有关的信息完全施加于投保人,而是让其协助保险人搜集相关信息,以弥补信息的不对称。保险人仍应当承担信息搜集和审查义务,该义务并不因投保人承担如实告知义务而免除。根据《个人寿险投保单》的备注栏可知,泰康人寿在与陆某某签订保险合同时,应当知道存在2013年10月26日的体检报告,泰康人寿作为谨慎的保险人,应当尽到一定的审查义务。泰康人寿在保单中设置对检查事项的询问,主要目的就是进一步核实投保人所做的陈述。备注栏的内容即投保人对询问事项中体检事宜的进一步明确,泰康人寿在操作过程中,只需审查体检报告,没有不合理增加其负担。另外,体检报告外科检查与超声波检查两部分对"甲状腺"的结论表述不明确,陆某某在回答询问事项时可能难以把握,若以外科检查为准,亦无法认定其存在未如实告知的情况。且陆某某已经主动告知泰康人寿体检事宜,可见其并无隐瞒之意,而泰康人寿疏于进行适当的核实就作出承保决定,使原告产生合理期待。因此,泰康人寿无权解除合同,现投保人发生保险事故,泰康人寿应当承担给付保险金的责任,其已经退还的保费5060元,应当予以扣除。据此,一审判决:被告泰康人寿赔付原告保险金194,940元。二审法院判决:驳回上诉,维持原判。[1]

需要注意的是,在保险人没有询问投保人如实告知上,《保险法》与《海商法》的区别。《海商法》第二百二十二条规定:投保人(被保险人)的如实告之义务履行不以保险人的询问为前提,无论保险人是否询问,投保人(被保险人)应当将有关保险的重要情况"主动"告知保险人。投保人无须告知的,仅以保险人知道或者在通常业务中应当知道的事项为限。可是《保险法》第十六条则明文规定,投保人对保险人"就保险标的或者被保险人的有关情况"提出的询问,应当如实告知,实际上确认"询问告知"主义。笔者认为,保险人经营保险业务,富有经验,在订立保险合同时,哪些事项应当由投保人告知,保险人最为清楚。不考虑保险人的询问,要求投保人判断何者为重要事项并主动告知保险人,保险人始终处于十

---

〔1〕　参见国家法官学院案例开发研究中心编:《中国法院2018年度案例》(保险纠纷),中国法制出版社2018年版,第223页。上海市第一中级人民法院(2015)沪一中民六(商)终字第605号民事判决书。

分有利的地位，这对投保人既不合理也不公平。因此，《海商法》关于如实告知义务的规定，应当作为与《保险法》第十六条相同的解释。

复效告知范围问题。司法解释制定者认为，复效合同既然是原合同与新告知内容的特殊组合，则由此决定了合同复效后的告知内容应当缩减，投保人无须再就原合同已经告知的内容进行告知，仅须针对复效申请书中的新告知内容进行告知。投保人的如实告知义务应当限于保险合同效力中止期间，因为之前的情况，即便危险显著增加，亦属于当时尚属有效保险合同的保障范围，不会产生逆选择的风险。之所以要求投保人对复效申请书中的新内容另行告知，是因为复效制度为了降低逆选择风险，赋予保险人危险选择权，而危险选择权的行使，离开投保人对合同效力中止期间危险情况的告知，便无法实现，正如订立新保险合同时，投保人必须将被保险人的相关情况告知保险人一样。[1]

（三）告知义务方式、时间和程度

投保人如实告知义务的履行用书面形式抑或口头形式，《保险法》并无明确规定。实践中，有的保险公司采用口头形式，多数保险公司要求书面形式。以书面形式履行如实告知义务可以避免当事人间的举证困难，也可以缩小投保人如实告知义务的范围，因此为当代各国立法所采纳。[2] 目前电话或网络营销模式中，保险公司的询问一般是以电话或者网页的方式进行，所有的电话都将录音保存作为证据使用，保险公司不会另行进行书面询问。发生纠纷时，通过保险人承担举证来解决。

投保人应当履行告知义务的时间，直接关系到保险合同当事人的权益。保险合同在履行过程中可能发生续约、变更、复效等各种情况，这些情况也将影响投保人履行告知义务，以下分项进行讨论。

1. 保险合同订立时

《保险法》第十六条第一款明确了订立保险合同投保人履行告知义务，关键是对于"订立保险合同时"的理解。一般的投保人认为，只要在填写投保单、询问表时将其所知道重要事实如实告知即可，而保险公司则认为在其没有发出保单前的重要事实，投保人都应当如实告知。

---

〔1〕 参见最高人民法院民事审判第二庭编著：《最高人民法院关于保险法司法解释（三）理解与适用》，人民法院出版社 2015 年版，第 225 页。

〔2〕 参见孙积禄：《投保人如实告知义务研究》，载《政法论坛》2003 年第 3 期。

保险合同成立的时间可根据合同法理论和《保险法》第十三条结合起来判断。合同双方意思表示一致,合同即成立。保险合同的订立与一般合同的订立一样,都有一个要约、承诺的过程。《保险法》第十三条规定,投保人提出保险要求,经过保险人同意承保,保险合同成立。投保人填写并向保险人递交的投保单或其他保险人制作的询问表,是投保人向保险人提出要约的书面方式,此时保险合同未成立。而在此之前保险人给付投保人的标准化、格式化的投保单、询问表只是要约邀请,而非要约。保险人对投保人投保单审查之后,同意承保,双方意思表示一致,即合同成立。法官认为,投保人履行告知义务的时间应当在保险人作出承诺之前。[1] 最高人民法院法官认为,不管是根据诚实信用原则还是风险评估理论,"保险承诺说"都更为合理,即投保人在保险人承保前应承担如实告知义务。[2] 笔者赞同上述意见,即将投保人如实告知的期限定在合同订立时填写投保单及询问表阶段为宜。如果投保人和被保险人按照保险人的书面询问履行了告知义务,在保险合同成立之前发生重要变化,投保人和被保险人应负有追加告知的义务。一旦保险合同成立,对于其后出现的情况,即使属于重要情况,投保人也不再负有告知义务。但要注意的是,这并不意味着被保险人没有义务告知其在合同成立后才知悉的或才发生的直接影响保险标的安全的重要情况。只不过,这时他所承担的是通知义务,而非告知义务。如此区分的意义在于,违反两种义务的法律后果不同。[3]

【案例7-76】　何某某诉中美联泰大都会人寿保险有限公司重庆分公司保险合同纠纷案

二审法院认为,结合本案事实,首先,2015年2月9日,根据双方的口头约定,投保人陈某某向大都会人寿重庆分公司缴纳了保险费,大都会人寿重庆分公司作出了承保的意思表示,保险合同于当日成立生效。但陈某某当日未在投保单上签字,且不认可大都会人寿重庆分公司在电话协商签订保险合同过程中向其询问了何某某是否患心血管疾病等事项,大都会人寿重庆分公司也没有提供证据证明其在与陈某某协商签订合同过程中,已向陈某某询问何某某是否患心血管疾病。其次,虽然陈某某于2015年2月11日在投保单上补签了名,但由于保险合同已于2015年2月9日成立并生效,此时陈某某已无如实告知之义务;而且,陈某某对合同第35页有关被保险人是否患心血管疾病的询问事项未作是或否的选择,可证明大都会人寿重庆分公司在签订

〔1〕 参见张海棠主编:《保险合同纠纷》,法律出版社2010年版,第190页。

〔2〕 参见最高人民法院保险法司法解释起草小组编著:《〈中华人民共和国保险法〉保险合同章条文理解与适用》,中国法制出版社2010年版,第89页。

〔3〕 参见许崇苗:《保险法原理及疑难案例解析》,法律出版社2011年版,第100页。

保险合同时未就相关事项进行询问。综上,在签订合同过程中,大都会人寿重庆分公司未向投保人询问被保险人何某某是否患心血管疾病等事项,故应认定投保人依法履行了如实告知义务,大都会人寿重庆分公司无权单方解除保险合同,应当依合同约定向何某某支付保险金。二审法院依法驳回上诉,维持原判。[1]

2. 续保告知期限

续保,是指保险合同期限届满后,双方当事人按照原保险合同约定的条件重新订立保险合同的行为。续保的实质是订立一份新的保险合同,只不过是新旧两份合同约定的条件相同而已。此时,应适用新保险合同如实告知的时间。

3. 变更告知期限

合同法上所指的变更,是指合同内容的变更。《保险法》第二十条第一款规定:"投保人和保险人可以协商变更合同内容。"保险合同变更时,投保人是否应当履行告知义务,应区分两种情况对待,而不能"一刀切"。实践中,保险合同的变更可分为增加危险程度的变更和不增加危险程度的变更。一般来讲,被保险人申请变更保险的地址、减少保险金额、缩小保险标的范围、变更受益人、缩短保险期间等情况,并不增加危险程度,无须保险公司同意,也不需要再界定告知期限。对保险责任范围扩大、保险标的范围增加、保险标的占有程度的改变、保险期间的延长等情况属于危险程度增加的,则应履行告知义务并界定之期限。

4. 复效告知期限

保险合同的复效是原保险合同的继续还是新保险合同的产生,存在不同的看法,故对此尚不能统一告知期限。

《保险法》虽然规定"投保人应当向保险人履行如实告知义务",但并未明确规定投保人履行告知的范围与程度。实践中出现了两种观点:第一种观点认为,应当以客观实际为限,只要投保人向保险人告知的事项与实际不符,且该事项对于保险公司判断是否应当承保具有重要意义,就可以认定投保人未履行告知义务。第二种观点认为,应当以其明知或者应当明知的范围为限,对于那些投保人不知道或者无法知道的事项,即使该事项对保险人判断是否应当承保具有显著意义,投保人也不承担告知义务。两种观点相较而言,第二种观点较为合理。因为如实告知,既是对投保人客观行为的要求,更是对投保人心理状态的要求。根据

---

〔1〕 参见《人民司法·案例》2019年第8期(总第847期)。重庆市第四中级人民法院(2017)渝04民终771号民事判决书。

最大诚信原则,只要投保人不是故意隐瞒、恶意欺诈,即投保人在主观上没有过错,即使其向保险人告知的情形与客观事实不尽相符,也不宜因此认定投保人的行为属于非诚信的行为。现实社会生活中,所有保险合同的投保人,都是普通的公民或组织,受其自身条件的限制而非万能,不可能做到无所不知。经验的缺乏、知识的有限、认知能力的不足,均有可能导致投保人对客观情形产生错误的判断。在订立保险合同的过程中,如果要求投保人将自己不知道的,尤其是无法知道的情况必须向保险人予以全面告知,否则即构成不诚信,实属过分要求。因此,应当将投保人"如实告知"之"如实",理解为"如其所知",而不宜理解为"如其实际"。相较而言,《海商法》第二百二十二条规定的"被保险人应当将其知道的或者在通常业务中应当知道的有关影响保险人据以确定保险费率或者确定是否承保的重要情况",作为告知程度比《保险法》的规定更为清晰明确,也更加合乎情理。

【案例7-77】 王某某诉中国平安人寿保险股份有限公司北京分公司保险合同纠纷案

承办法官对投保人如实告知程度分析为,被保险人姜某某在保险合同成立之前是否已经出现过抽搐现象属于客观情形,而投保人对此是否明知或者是否应当明知,则完全属于其主观认知的范围。除非王某某对此问题在某种场合作出过明确的意思表示(例如,向医生陈述姜某某的病史),在通常情况下难以有其他证据予以佐证。在本案诉讼中,保险公司即援引姜某某2007年8月21日住院病历中记载的,姜某某家长诉其入院前8个月月余(出生后18个月左右)出现抽搐的内容,推断出作为幼儿姜某某之母亲的王某某对此必定明知。如果这份病历是姜某某接受治疗的唯一记录,它将在很大程度上使审判人员产生这样一种判断:王某某明知其子姜某某出现过抽搐现象,但其在向保险公司投保时故意隐瞒了这一事实。不过审判人员注意到,姜某某在2006年12月另有一次住院接受治疗的经历,住院时间长达8天。在该份住院病历中,王某某并没有向医生介绍姜某某曾经出现过抽搐现象,医生在诊疗过程中也没有发现姜某某有过抽搐现象。对于这样两份内容并不完全一致的病历,证明力究竟如何,本案审判人员运用经验法则与逻辑推理分析为:(1)2007年8月之前姜某某历次接受治疗的病历中,均未记载姜某某出现过抽搐现象。(2)王某某的育儿经验有可能存在某些不足。对于姜某某的举止表现、健康状况作出错误判断的可能性完全存在。(3)爱子心切,人之常情。综合以上分析可以得出的结论是,即便姜某某在王某某为其投保前已经出现了抽搐现象,但王某某对此是否明知或者应当明知的可能性完全可以排除。[1]

---

〔1〕 参见北京市高级人民法院编:《审判前沿——新类型案件审判实务》2009年第6集(总第30集),法律出版社2010年版,第106页。

笔者认为，投保人如实告知义务程度，以投保人明知或者应当明知的范围为限。对于那些投保人不知道或者无法知道的事项，即使该事项对于保险人决定是否应当承保具有重要意义，投保人也不承担告知义务。相较而言，"明知"比较容易判断，因为它是一个纯粹的事实问题，而"应知"则是一个比较复杂的法律问题。判断是否应知，核心问题在于采用何种标准，即采用特定投保人标准还是一般人标准。有学者认为，应当以特定投保人标准来判断是否应知，即特定的投保人可以较低成本获取的信息，就属于其应知的信息。[1]

关于投保人主动告知的问题。实践中，投保人未经保险人询问而主动告知的情形时有发生，对此是否适用《保险法》有关如实告知义务的规定存在争议。北京市高级人民法院的指导意见为，投保人向保险人主动告知某事项并记载于投保书上的，视为保险人就有关情况提出询问，投保人负有如实告知义务。[2] 这里所说的"视为"，宜理解为对事实的推定，投保人通常不会无缘无故地、主动地向保险人说明某些事项，这些说明一定是在被询问之后作出的，其未用书面方式表现投保人主动说明有关询问记录。

(四)告知义务主观过错

《保险法》第十六条第二款前半段规定的"投保人故意或者因重大过失未履行前款规定的如实告知义务"，确立了投保人违反告知义务必须具备可归责于投保人的主观要件，即应当基于故意或者重大过失，强调致使损害后果发生的心理状态。该条规定中，故意，是指投保人明知某项与风险评估相关重要事项而故意不为告知或者不实告知。重大过失，是指投保人本应知道某项与风险评估相关的重要事项，但因个人疏忽没有知道；或者本应告知某项其明知的重要事项，但因其个人疏忽没有告知。重大过失的基本构成包含两个方面内容：一是重大过失是一种有认识的过失，即行为人知道行为的危险性和非正当性；二是行为人客观上制造了一种巨大的危险，其危险的巨大性体现在危险现实化为损害的盖然性与损害的可能规模。在性质上，重大过失是一种主观过错，行为人很大程度上可以避免该过错侵权的发生，并且重大过失是一种具有较强道德可责难性的过错。[3] 投保人明知相关重要事项，但仍可能基于不知道该事实具有重要性而未告知，或者虽知道该事实的重要性但因重大过失而未告知。也就是说，将投保人告知范围限

[1] 参见汪华亮：《论作为行为规范的告知义务》，载《法学杂志》2011年第12期。
[2] 参见刘兰芳主编：《商事审判指导规范与适用》，法律出版社2009年版，第133页。
[3] 参见叶名怡：《重大过失理论的构建》，载《法学研究》2009年第6期。

于“明知”,并不排除《保险法》第十六条规定中的“重大过失”违反如实告义务的情形。[1] 应注意的是,《保险法》修订前后对主观要件规定不同:修订前,投保人因一般违反如实告知义务的,即满足保险人解除合同或者拒赔的条件;而修订后,法律将条件限定为故意或者重大过失,改变了修订前对投保人严苛的如实告知义务。应强调的是,区分行为的故意或者过失以及过错程度的大小如何,本属于侵权法的研究范畴,而违反告知义务所承担的责任,显然并非侵权责任。将投保人的主观过错作为告知义务违反的构成要件,体现出保险合同不同于一般合同的特殊性。

在人身保险合同中,投保人在订立合同时明知保险事故已经发生或被保险人不符合保险合同规定的投保条件而隐瞒该事实或有意为不实告知的,可以认定为投保人的故意。投保人在订立保险合同时应知被保险人不符合《保险法》规定的投保条件的,经保险人询问未如实告知的,或经保险人询问,投保人对被保险危险程度作出与事实不符告知的,可以认定投保人重大过失未履行如实告知义务。应注意,投保人虽因故意或重大过失没有如实告知被保险人患有保险人询问范围内的疾病,但被保险人应保险人的要求进行了指定体检,且指定体检已发现了未如实告知的疾病,视为投保人已经履行了如实告知义务。对投保人的故意或重大过失的认定,由法官裁定。

【案例7－78】 张某某诉太平洋安泰人寿保险有限公司、姚某某人身保险合同纠纷案

判决观点,根据法院查明的事实,保险代理人姚某某在明知投保单须由投保人亲自填写并签名的情况下,违反业务操作,对保险人认为的重要事项代为填写,其虽称系询问原告后进行填写,法院也推定原告对此应知晓,但客观上使原告作为投保人失去了仔细阅读并审慎填写的机会。同时结合原告与保险代理人电话录音的内容,法院确认保险代理人姚某某对于原告真实的职业情况应是清楚的,但对不实填写可能引起的相应后果未明确告知原告。另外,根据保险人设计的表格中“是否已购买或正申请其他保险公司的人寿保险、意外保险?”后如打勾选择了“是”,则作为自1997年起就向多家保险公司投保的原告而言,其投保经历在表格所留狭小空白处也无从填写。故法院认为,上述综合因素的存在,客观上使得原告对于保险代理人代填写内容的准确性和重要性缺乏足够的认识,对于上述事项与双方保险合同的订立及原告遭受意外伤害后能否最终达到保险目的之间的重要关联缺乏正确的估

---

〔1〕 参见最高人民法院民事审判第二庭编著:《最高人民法院关于保险法司法解释(二)理解与适用》,人民法院出版社2013年版,第156页。

量。故对于未如实填写事项，系外在因素所致疏忽过失造成。而非故意。[1]

【案例7－79】 屈某诉正德人寿保险股份有限公司人身保险合同纠纷案

判决观点，根据屈某的门急诊病历手册及住院病历记载，其确曾患有胆囊炎、肾结石、腰椎增生，曾行阑尾炎切除术，且有饮酒吸烟习惯，上述记载与投保单中告知内容不符。屈某在接受治疗时能够提供既往病史，故其在正德寿险公司询问既往病史及生活习惯时作出虚假回答，不能解释为基于过失所致。鉴于此，屈某在与正德寿险公司订立保险合同时，对于正德寿险公司提出的询问，故意不履行如实告知的法定义务。[2]

有法官认为，在保险实务中，准确区分投保人未履行如实告知义务系出于故意抑或出于过失的要点在于，投保人是否存在使保险人陷于错误认识并因此获得本不应当获得的保险保障的主观意志，如果存在类似主观意志，即可认定投保人不履行如实告知义务是出于故意；反之，即可认定投保人未履行如实告知义务系出于过失。至于过失与重大过失的区别，则难以被确切量化，法官应当依据案件的具体事实判断投保人之疏忽大意程度，以此判断其过失是否足够重大。[3] 如果行为人的过失让一般人都觉得不可思议、不可理喻，缺少普通人最低限度的注意，即为重大过失。[4] 换言之，对故意或重大过失的认定是由法官行使自由裁量权裁量。

【案例7－80】 张某诉某人寿保险公司北京分公司保险合同纠纷案

法院注意到，保险公司之所以能够调查到万某在合同成立前的血液检查异常情况，完全基于张某在万某死亡之后向保险公司提供了该次体检的有关信息。如果张某拒不提供上述信息，保险公司对于万某的血液检查异常即无从知晓。此情节可以佐证，张某并不存在恶意隐瞒事实，通过使保险公司不了解真实情况而承担不利后果的主观故意。因此，张某有关询问事项系保险代理人代为选答，其仅予以签字确认并未仔细阅读的陈述是可以采信的。法院据此判定，张某未履行如实告知义务不是出于故意，而是出于重大过失。其过失之“重大”表现在，稍加注意即可以避免告知不实的结果发生，但是由于疏忽大意而未能避免。法院判决，被告保险公司给付原告张某保险金5

---

〔1〕 参见最高人民法院中国应用法学研究所编：《人民法院案例选》2008年第2辑（总第64辑），人民法院出版社2009年版，第304页。

〔2〕 参见国家法官学院案例开发研究中心编：《中国法院2012年度案例》（保险纠纷），中国法制出版社2012年版，第156页。

〔3〕 参见刘建勋：《保险法典型案例与审判思路》，法律出版社2012年版，第273页。

〔4〕 参见方乐华：《保险与保险法》，北京大学出版社2009年版，第264页。

万元。[1]

对于未履行如实告知义务的主观判断应当采用从宽原则，即能够认定重大过失的，尽量以重大过失进行裁判；有充分证据表明投保人确实故意隐瞒的，认定为故意。

【案例7－81】　郑某某等诉玉环县人寿保险公司保险合同纠纷案

一审法院认为，作为被保险人的谢某某对自身的疾病应当明知，而根据日常生活经验法则来判断，作为其妻子的投保人即原告郑某某对其疾病也没有理由不知悉，但在被告方提供的"个人保险投保单"中各类疾病（包括谢某某所患疾病）的问答罗列中均打"×"予以否认，足见其未履行如实告知义务。但是，知道该疾病是否属于按国际上寿险行业公认的投保标准已达到拒保条件的重大疾病，对一般投保人来说是一种苛求，故不宜认定投保方在投保时故意隐瞒，而应认定因重大过失而未履行如实告知义务。虽然在谢某某死亡后，投保人郑某某在接受被告工作人员的询问时否认知悉患病事实，但最有可能是希望借此获取保险金，并不一定能反推出其投保时进行刻意隐瞒。然原告方称其已履行如实告知义务，本院不予采信。二审法院持同样意见。[2]

投保人是故意还是重大过失未履行如实告知义务，是司法实践中的难点，也往往是案件的争议焦点，需要结合具体案件事实分析，通过投保人客观化的外在表现认定其主观心态。对于体检的相关指标偏高表现出不太在意的状态，不能认定为故意。投保人投保时未告知体检相关指标偏高，可否认定重大过失，尚需要根据具体案情而定。

【案例7－82】　周某诉泰康人寿保险股份有限公司保险合同纠纷案

判决观点，本案中，周某投保前的体检报告上虽显示相关检测指标有偏高状况，但因检测指标偏高可能存在多种诱因，并非唯一指向已患相关疾病，即便与以周某的名义仅有的一次仅购买2盒高血压药记录相结合，也无法认定周某在投保时已经得知罹患高血压病、糖尿病；周某在体检后，并未对相关指标偏高的状况予以关注，其饮食习惯甚至与相关疾病的控制和治疗背道而驰，直至到医院就诊。可见，其在就诊前并不认为自身已患有相关疾病。投保人的故意未履行如实告知义务，强调的是投保人的主观心态，在其自身都未认为已患相关疾病的情况下，很难认定其在投保时故意隐瞒相关情况，即

---

〔1〕参见刘建勋：《保险法典型案例与审判思路》，法律出版社2012年版，第272页。

〔2〕参见国家法官学院案例开发研究中心编：《中国法院2013年度案例》（保险纠纷），中国法制出版社2013年版，第216页。

保险公司拒赔的理由难以成立。周某在保险合同生效180日后,确诊患有脑膜瘤并实施了神经导航下左颞开颅肿瘤切除术,该疾病属于保险合同约定的保险范围,保险公司应对保险合同期间发生的保险事故承担给付保险金的责任。[1]

在保险人或其代理人代为填写保险单证的情形下,出于对保险人及其代理人这一特殊主体的信赖,投保人会不自觉地疏于代填内容的审查,如果代填内容存在虚假之处,投保人固然应当承担不利后果,保险人亦难辞其咎。因此,应当相应减轻投保人的主观过错程度,将其认定为"因重大过失未履行如实告知义务",不宜认定其构成"故意违反如实告知义务"。[2]

应注意在《海商法》中如实告知主观故意的问题。

【案例7-83】 某船务公司诉某保险公司合同纠纷案

其争议焦点为,木质船舶按钢制船舶承保,投保人是否违反了如实告知义务。一审法院认为,即使保险人对投保单疏于审查,也不能免除被保险人因未如实告知而应承担的民事责任。二审法院认为,船务公司投保时已经提供了能反映船舶情况的相关证书,已尽到了投保人的基本义务。法官认为,即使保险公司的业务员因为疏忽把船舶的类型搞错,作为一个通常的投保人,对于保险价值仅约为10万元的船舶在投保单上将保险金额登记为44万元的行为不可能不指出来。投保人在了解投保单内容以及明知自己船舶价值的情况下,没有告知保险人投保单上的错误,明显是有过错的。根据《海商法》的规定,即使保险人的经办人员确实因为疏忽导致对船舶性质的错误认定,也不能免除被保险人如实告知的义务,因为海上保险履行的是无限告知原则,对于任何足以确定保险费率和使保险人决定是否承保的因素,即使保险人没有询问,投保人都必须告知。投保人的过错究竟是故意还是过失,导致的后果是截然不同的。对本案而言,投保人是否如实告知,是故意还是过失,未如实告知的事项是否导致了保险事故的发生,应结合航运实践和投保时的具体情况进行分析。

要着重强调的是,投保人故意不履行如实告知义务,或者因重大过失未履行如实告知义务,二者的差别在于投保人的心理态度。通过庭审查明的事实,投保人在主观上并不是积极追求保险人对事实的错误认知和错误判断,未履行如实告知义务是由于疏忽或不负责任的缔约态度,属于过失。主观过错与意思表示瑕疵

---

〔1〕 参见国家法官学院案例开发研究中心编:《中国法院2019年度案例》(保险纠纷),中国法制出版社2019年版,第227页。江苏省无锡市梁溪区人民法院(2016)苏0203民初2640号民事判决书。

〔2〕 参见最高人民法院民事审判第二庭编著:《最高人民法院关于保险法司法解释(二)理解与适用》,人民法院出版社2013年版,第105页。

的区分问题,如果主观上没有恶意,只是意思表示瑕疵,则在处理后果上应加以区分。

(五)违反告知义务认定

告知义务的违反类型分为主观主义和客观主义两种模式。主观主义,是指根据投保人因主观上是否有过错来判断是否违反了告知义务,修订的《保险法》属于此种模式。其第十六条将违反告知义务分为两类,即故意不告知和重大过失未告知。客观主义,是指投保人是否告知了重要事项,而不管投保人违反时的主观心态,《交强险条例》属于此种模式。

投保人对于保险人有关保险标的或者被保险人的情况询问,应为告知而不告知或者作不实告知,即违反如实告知义务。"如实告知",是指全部告知和正确告知;凡对某一重要情况的全部或部分内容未告知或错误告知,均属未尽到如实告知义务。违反如实告知义务的主要情形有:故意为非重要事项的不实说明;无过失为重要事项的不实说明;故意为重要事项的不实说明;过失为重要事项事实的不实说明;对已知的事实不作说明或者作部分说明等。投保人违反如实告知义务的,要强调以重要事实为隐瞒、故意不履行为标准。当投保人对保险标的或者被保险人有关的情况不明知,就不能认定投保人应当如实告知的内容。

【案例7-84】 何某某诉中国人寿保险股份有限公司佛山市顺德支公司等保险合同纠纷案

二审法院认为,黄某某在投保涉案"祥和定期保险"时,被上诉人佛山分公司就投保记录向黄某某作出了询问,但黄某某隐瞒了自己在其他保险公司多次重复投保的实际情况,作出了与事实明显不符的答复,显然违反了如实告知的法定义务。一审法院结合黄某某重复投保时间密集及其曾兼职保险业务的具体情况认定黄某某为故意不履行告知义务,并无不当,应予维持。[1]

保险员单位代为填写的保险内容与投保人告知不一致时,应认定投保人履行了如实告知义务。

【案例7-85】 肖某诉保险公司人身保险纠纷案

二审法院认为,根据骆某的证人证言,其在听取肖某介绍自己的职业时,

[1] 参见《最高人民法院公报》2008年第5期。

所听取的内容为“工作不固定、有很多工作；快速分拣、水泥、沙石等项目”，骆某作为完全民事行为能力人，亦作为具有多年从业经验的保险员，知道或者应当知道肖某对工作的陈述，所表达的意思为无固定工作，而在其选择肖某职业时，并未如保险公司上诉所称“无固定职业”进而拒保，而是明知肖某不属于机关团体公司工作人员和该分类项下的外勤人员，亦不属于与特定公司建立长期劳动合同的分拣员，仍选择前述职业，以此促成保险合同的订立。肖某尽到了对职业的如实告知，并无故意或因重大过失未履行如实告知义务，保险公司主张肖某未尽到前述义务的理由不能成立。判决：驳回上诉，维持原判。[1]

应注意的是，投保人因家人隐瞒而作了不实告知是否违反了如实告知义务。笔者认为，投保人因家人隐瞒而作了不实告知的，不宜认定为违反告知义务。投保人只对保险人提出询问的，就自己所知道的一切情况履行如实告知义务，对其本身不知情事实不能告知，当然不能以此认定违反如实告知义务。投保人的家人不负有如实告知义务，对其隐瞒行为不能认定为投保人未如实告知。投保人对其家人没有告知其实情既非故意也非过失，保险人不能证明其有故意或过失，则不能认定为投保人违反如实告知义务。

【案例 7－86】　姚某诉某人寿保险公司保险合同纠纷案

一审法院认为，原告是癌症患者，在其生病初期手术后，按生活常理，其家人及其亲友不可能告知其真实病情，是其自认为疾病是良性的，不存在保险欺诈的故意或者重大过失。二审法院认为，家人及其亲友不可能告知其患病实情亦符合社会常理，人寿保险公司以“此为现实生活中的部分现象”来推定姚某应当知道真实病情并无依据。二审法院维持一审支持原告诉讼请求判决。[2]

实践中，投保人因重大过失未履行如实告知义务主要情形为：其一，根据常理，投保人应该了解被保险人的真实状况但其未能了解，常见的投保人与被保险人是夫妻关系并且长期共同生活，被保险人身患重病向家人隐瞒病情。投保人主张在投保时不知情，保险公司不能证明其知道，可以推定投保人应该了解被保险人的健康状况，由于疏忽大意未能了解，可认定为重大过失。其二，保险公司业务员代投保人在投保书中填写健康调查问卷，之后仅要求投保人在其问卷确认栏签名确认。投保人签名确认之前应阅读或检查投保书中健康问卷的内容，但未阅读

---

〔1〕 参见国家法官学院、最高人民法院司法案例研究院编：《中国法院 2023 年度案例》（保险纠纷），中国法制出版社 2023 年版，第 156 页。重庆市第二中级人民法院（2021）渝 02 民终 3252 号民事判决书。

〔2〕 参见肖和保：《投保人因家人隐瞒而做了不实告知与保险人的谨慎核保义务》，载谢宪、李友根主编：《保险判例百选》，法律出版社 2012 年版，第 89 页。

或检查，可认定为重大过失。对保险公司否认代为填写的，投保人应举证证明是保险公司业务员代填没有要求检查填写内容就要求其直接签字事实。其三，团体险中，保险公司询问事项包括作为被保险人的员工的健康状况及职业情况，一份团体保险的被保险人较多，投保人在投保前应详细了解每个被保险人的健康、职业等状况，在保险公司进行询问时应如实回答。一般而言，作为投保人的单位对其员工的职务应完全了解，对其员工在单位期间患有的重大疾病且请假住院治疗应了解。在员工入职单位之前患有某类疾病，单位应该对员工患有某类疾病但因疏忽大意不知道而没有如实告知，可以认定为重大过失。

【案例 7－87】 高某诉某保险公司保险合同纠纷案

判决观点，高某在宾馆投保前在医院住院治疗两次，每次均一个半月左右。住院治疗时，高某势必向单位请假，单位对其患病应是明知的，但在投保时针对保险公司的询问没有如实回答，保险公司有权解除合同，不给付保险金。法院判决驳回高某的起诉。〔1〕

电子保单的告知认定问题。随着电子保单的迅速发展，投保人如实告知是应研究问题之一。网上销售的电子保单，保险人就保险标的或者被保险人的有关情况提出询问，以及投保人履行告知义务，均是按照保险公司网站上设定的投保流程，通过电话或互联网在激活保险卡时进行的。投保人在通过电话或网络自主完成电子保单的过程中，即在激活过程中形成的数据资料，足以证明询问告知的有关情况。现实中卡式电子保单多为简易保险产品，如短期个人综合意外伤害保险，该种保险中被保险人的职业状况是确定能否承保的核心问题。保险公司对此精心设计，在网站上载有职业分类表，通过网页设置，在激活保险卡过程中，对包括被保险人职业在内的各种问题进行询问，并提供了可以承保的被保险人职业选项，要求投保人以填写或选择的方式进行告知。如填写或选择不符合，则不能激活。保险公司业务员未经询问，便激活保险卡，使其无法就其职业状况进行告知，则不能认定投保人违反告知义务。例如，韩某某等诉阳光人寿保险股份有限公司江苏分公司保险合同纠纷案。〔2〕笔者赞同法官观点，在电子保单中，如实告知义务不应规定得过分严格脱离社会一般公众的知识与道德水平，应当在尽量体现利益平衡的基础上，弱化对投保人的诚信要求而加强保险人的诚信义务。

申请复效时告知认定问题。所谓复效，是指导致人寿保险合同效力中止的事由消除之后，经过一定的程序，被中止的合同效力得以恢复。〔3〕一般而言，投保人在复效期内应该承担如实告知义务，但如实告知的事项仅限于复效期内是否发

---

〔1〕参见安凤德主编：《保险合同纠纷诉讼指引与实务解答》，法律出版社 2013 年版，第 229 页。

〔2〕参见《最高人民法院公报》2010 年第 5 期。

〔3〕参见温世扬主编：《保险法》，法律出版社 2003 年版，第 157 页。

生保险事故,对于其他事由在所不问,反之则应认定违反告知义务。对未告知事项发生在保险期内而非合同订立前,则不应认定为违反告知义务。实践中,不排除合同效力中止后,被保险人被检查患有疾病,投保人对合同进行复效的可能性。保险公司在保险合同中载明,在投保人申请复效时,应如实告知被保险人健康状况的询问。在此种情况下,保险公司向投保人再次询问被保险人在申请复效之前的健康状情况,投保人必须如实告知。

【案例7－88】 朱某、李某诉某保险公司保险合同纠纷案

判决观点,朱某、李某在申请保险单复效时填写了新的健康告知书,告知保险公司李某在保险合同成立后没有新发现既往病史,没有住院进行过治疗。根据本案查明事实,李某于2001年5月31日住院治疗20天,因此,朱某在健康告知书中没有如实告知保险公司被保险人李某的健康状况。法院判决驳回朱某、李某的诉讼请求。〔1〕

保险代理人为自己投保,未履行如实告知义务,保险人不承担保险金给付赔偿责任。

【案例7－89】 王某诉保险总公司、保险镇江支公司保险合同纠纷再审案

再审法院认为,王某在2018年11月的体检报告证明其有甲状腺结节、乳腺结节待查等异常情况,体检报告已通过电子方式向其送达。王某称对自身患有甲状腺结节、乳腺结节待查等情况不知情,不符合常理。且王某作为保险公司业务员,向他人销售过多起同款保险合同,案涉保险合同亦为其本人自保件,其作为投保人在投保时,知晓投保人有如实告知的义务及不如实告知可能导致的后果,故对王某的再审申请理由不予采信。裁定:驳回王某的再审申请。〔2〕

【案例7－90】 刘某诉某保险公司保险合同纠纷案

判决观点,投保人在申请复效对,未告知其在2009年11月被诊断为原发性肺癌的事实,依据原告、被告签订的保险合同第十条的约定,投保人故意不履行如实告知义务的,保险公司对本合同解除前发生的保险事故不承担给付保险金的责任并且不退还保费。综上,因投保人申请复效时未履行如实告知义务,故被告不应承担给付保险金的责任。法院判决驳原告的诉讼请求。〔3〕

---

〔1〕 参见安凤德主编:《保险合同纠纷诉讼指引与实务解答》,法律出版社2013年版,第235页。

〔2〕 参见国家法官学院、最高人民法院司法案例研究院编:《中国法院2023年度案例》(保险纠纷),中国法制出版社2023年版,第200页。江苏省镇江市中级人民法院(2021)苏11民申104号民事裁定书。

〔3〕 参见陈五星:《人身保险合同复效期内被保险人疾病死亡的赔付责任》,载谢宪、李友根主编:《保险判例百选》,法律出版社2012年版,第242页。

体检程序中违反告知义务的认定问题。被保险人在体检过程中以虚假或欺诈方式影响体检结果，足以影响保险人是否承保或者提高保险费率的，应认定为故意不履行告知义务。

关于投保人未如实告知的因果关系，在理论上和实践中都是有争议的问题。如果未履行如实告知义务与保险人风险评估、保险事故之间不存在因果关系，能否认定构成违反如实告知义务。也就是说，在评判违反告知义务的构成要件时，是否应当考虑违反告知义务事故与其因果关系，对此，《保险法》未有明确规定。司法实践理解不同，主要有非因果关系论、因果关系论、比例赔偿说三种观点。有法官认为，比例赔偿说试图均衡双方的利益。此说的理论依据在于保险业中发达的精算技术，通过精算，任何一种危险都可以"换算"成一定的保费，从而在保险人接受转移的危险和投保人支付的保费之间建立一一对应的平衡关系。违反告知事项对保险人的影响正是破坏了这种对价平衡关系。所以，只要投保人补交一定的保费，就可以恢复保险人与投保人之间的利益平衡，而不必采取解除合同的严厉措施。此说与前两种学说的最大区别在于，它在考虑合同双方利益时没有采取全盘否定或者全盘肯定的思维方式，很好地兼顾了双方的利益。但是与丰富多彩的现实生活相比，理论总是灰色的。任何一种学说都不能"包治百病"。比例赔偿说仅考虑了保费这一种因素。在保险实务中，如果保险人获知危险真相后所采取的调整措施除了增加保费外，还可能增订除外条款和保证条款。可见，从实务操作的角度看，增收保费并非保险人唯一愿意采取的措施。比例赔偿说代表了告知义务制度的发展方向，很值得借鉴，当然，该学说在理论上和实践中还需要进一步完善。〔1〕

投保人故意或重大过失认定是否需要存在因果关系的问题，二者是有区别的，应分别分析。最高人民法院法官认为，对于投保人故意不履行如实告知义务的，不要求未如实告知事项与保险事故发生之间存在因果关系；对于投保人因重大过失未履行如实告知义务的，则要求未如实告知事项与保险事故发生之间存在因果关系。〔2〕

【案例 7－91】　张某某诉太平洋安泰人寿保险有限公司、姚某某人身保险合同纠纷案

判决观点，原告张某某在家中擦窗时不慎从五楼坠落致残，该保险事故属意外，与原告的职业状况及投保经历无关联，保险事故的发生并非由于原告未告知的相关事项所引起，原告未如实告知的事项对保险事故的发生也不

---

〔1〕　参见张海棠主编：《保险合同纠纷》，法律出版社 2010 年版，第 200～201 页。

〔2〕　参见最高人民法院保险法司法解释起草小组编著：《〈中华人民共和国保险法〉保险合同章条文理解与适用》，中国法制出版社 2010 年版，第 95 页。

存在严重影响。原告伤情为二级伤残，其最高赔付比例根据保险条款约定为75%，故原告据此主张被告支付21万元的保险金，法院应予支持。[1]

通常认为，所谓“因投保人重大过失未履行如实告知义务，对保险事故的发生有严重影响”，是指未如实告知的事项与保险事故的发生存在因果关系。[2] 这种因果关系不要求表现为必然性，甚至不要求表现为高度盖然性，仅需要表现为一定程度的关联性即可。[3] 例如，吸烟与肺癌之间，肝炎与肝硬化或肝癌之间。对投保人故意或重大过失认定，应由法官在个案中视具体案情裁量。

【案例7－92】 邓某诉某保险公司保险合同纠纷案

二审法院认为，本案中，原告未告知其患有糖尿病的情形不足以影响保险公司决定是否同意承保或提高费率，也未与本案保险事故的发生即原告患癌有直接的因果关系。因此，被告在本案中不享有合同解除权。二审法院维持了一审判决，即支持原告的诉讼请求。[4]

---

〔1〕 参见最高人民法院中国应用法学研究所编：《人民法院案例选》2008年第2辑（总第64辑），人民法院出版社2009年版，第304页。

〔2〕 参见最高人民法院保险法司法解释起草小组编著：《〈中华人民共和国保险法〉保险合同章条文理解与适用》，中国法制出版社2010年版，第90页。

〔3〕 参见刘建勋：《保险法典型案例与审判思路》，法律出版社2012年版，第274页。

〔4〕 参见马更新：《如实告知义务的法理基础及法律适用》，载谢宪、李友根主编：《保险判例百选》，法律出版社2012年版，第93页。

三、保险相对人义务

在保险法律关系中，除保险人外，还有其相对人即投保人、被保险人和受益人等，而后一类人群中的投保人除如实履行告知义务外，还涉及交纳保险费、通知、协助等多项义务，这些义务均为法定义务。对这些义务的违反，亦是违反保险合同的违约行为，自然承担其相应的法律后果。

（一）交付保险费义务

保险合同订立后，投保人应按合同约定的时间、地点、数额和方法，向保险人交付保险费。交付保险费是投保人的主要合同义务。对投保人是否违反交付保险费义务的认定，主要应视保险合同交费的约定内容，违反约定即可以认为违反交费义务。

人身保险中，有的是短期保险，如健康保险，其保险费的支付方式类似于财产保险，一般在签订保险合同时一次性付清。除此之外，人身保险中大多数是长期保险，如人寿保险。人寿保险合同的保险期较长，因而保险费金额较高，法律规定人身保险合同的投保人可以按照合同约定一次性支付全部保险费，也可以按照合同约定分期支付保险费。对于交付保险费须由保险人通知问题，《保险法》和司法解释并未把通知投保人作为交付保险费义务的前提，一般保险合同也无此类约定，故投保人应按保险合同约定的时间支付保险费。

财产保险多为一次性交费，在实践中多见的现象为，投保人将其所有的机动车向保险公司投保相应保险，保险公司在保险单打印妥当准备向投保人收费时，由于投保人未带足够现金，表示过后交齐保险费，要求将保险单先带走，在征得保险公司同意后，交付了大部分保险费便带走保险单，但事后投保人因其他原因未能补交保险费，保险公司催告后仍然未能及时补交保险费。不久，保险车辆发生交通事故，投保人要求保险公司赔偿损失，保险公司仅同意返还已经收取的保险费，不同意赔偿损失，双方协商未果，引发诉讼。

对于第三人代为交纳保险费，会在保险人、投保人、第三人之间产生的法律后果，现行《保险法》对此未作任何规定，理论上争议很大。《保险法解释（三）》第七条规定："当事人以被保险人、受益人或者他人已经代为支付保险费为由，主张投保人对应的交费义务已经履行的，人民法院应予支持。"该条规定应该有以下几层含义：其一，第三人代交保险费，在性质上应视为第三人清偿。其二，第三人代交保险费可以产生清偿债务的法律效力。其三，仅凭代交保险费，其代交保险费之人无权要求将自己变更为投保人。司法解释制定者认为，我们并不否定投保人与第三人可以根据《民法典》有关合同转让的规定来变更投保人，只是认为仅代付保险费尚不足以使第三人当然地取得变更合同当事人的权利。[1] 其四，代交保险费的主体，司法解释未作明确限制界定。其五，第三人代交保险费向投保人追偿问题。对被保险人、受益人之外的人代交保险费追偿，争议较大，尚未形成主流观点。对被保险人、受益人的代交保险费的追偿，可能要区分不同情况区别对待。在没有保险单现金价值的保险产品中，被保险人、受益人交付的保险费是保险人承保风险的对价，而保险事故发生时取得保险金的是受益人或者被保险人的继承人，投保人并未因被保险人、受益人交付保险费获得利益，故不应允许被保险人或者受益人向投保人进行追偿，防止强制投保人投保。存在保险单现金价值的保险产品中，被保险人、受益人交付的保险费转化为投保人的保险单现金价值的，投保人因被保险人、受益人交付保险费的行为获得利益，应该允许被保险人、受益人向投保人进行追偿。保险事故发生前，投保人解除保险合同的，被保险人、受益人可要求投保人就其领取的现金价值进行追偿。投保人未解除保险合同的，被保险人、受益人如何追偿，有待进一步研究。保险事故发生后，保险单现金价值转化为保险金，而受益人得到的是保险金，此时不得再向投保人追偿。[2]

（二）通知义务

通知义务是一项法定义务。《保险法》涉及投保人、被保险人通知义务的条款为第二十一条、第四十九条第二款、第五十二条、第五十六条等。

1. 通知适用的险种范围

除财产险外，对危险增加在人身险中客观存在，很多人身保险也约定了危险增加通知义务。但该义务与财产险的危险增加通知义务的性质不同，人身险中的

---

〔1〕 参见最高人民法院民事审判第二庭编著：《最高人民法院关于保险法司法解释（三）理解与适用》，人民法院出版社 2015 年版，第 179 页。

〔2〕 参见最高人民法院民事审判第二庭编著：《最高人民法院关于保险法司法解释（三）理解与适用》，人民法院出版社 2015 年版，第 185 页。

通知是约定义务。

2. 通知的类型

其一,危险增加通知。所谓危险程度增加,是指保险合同当事人在订立保险合同时并不存在,也不能预见,但在保险合同有效限内发生的保险标的危险因素或危险程度显著提高。保险标的的危险程度是保险公司决定是否承保及计算保险费率的一个重要因素,如果保险合同订立后,保险标的危险程度增加,保险公司还依合同约定的条件承保,就会导致保险公司收取较低的保险费、承担较高的风险责任,这明显对保险公司不公平。在现实生活中,投保人与保险公司形成保险合同后,投保人未按照保险合同的约定使用保险标的而是擅自改变了保险标的用途(典型代表是投保人将其投保的供其家庭使用的机动车用作非法营运、自行将投保车进行改装等),致使保险标的危险性增加,而未将这一情况通知保险公司并办理保险合同批改手续,后保险标的发生保险事故。

【案例7-93】　宜昌弘洋水泥有限公司诉太平洋财产有限公司宜昌中心支公司保险合同纠纷案

判决观点,在原告、被告双方签订保险合同前,鄂EIJ×××牌号自卸车已改装为三层车厢并经夷陵区道路运输管理所核发了运输证,合法上路运输行驶。被告作为承保方负有对被保险车辆的审查义务,其在签订保险合同未对已改装的鄂EIJ×××牌号自卸车提出异议,应认定其对三层车厢的认可并承保。故,被告辩称原告在保险期间内鄂EIJ×××牌号自卸车进行改装导致危险程度增加,未通知被告办理改批及增加保险费,被告有权拒赔的理由不能成立。[1]

【案例7-94】　赖某某诉太平洋保险公司保险合同纠纷案

二审法院认为,从本案的事实可知,赖某某搭乘该陌生人仅属顺道,其行程并非以搭乘他人为目的,而双方关于50元车费的约定也仅为乘客自愿给予赖某某该次行程油耗等的合理补偿,不能改变该车辆此次行程仍为私人生活使用的性质。而本案中赖某某顺道搭载他人而导致车辆产生的风险亦在私人生活用车的正常风险范围内,太平洋公司与赖某某签订保险合同时对此应有预见,该风险程度不足以使太平洋公司解除保险合同、拒绝赔付并不退还保险费。

其二,出险通知。所谓出险通知义务,是指保险合同有效期内,如果发生保险

---

〔1〕　参见国家法官学院案例开发研究中心编:《中国法院2012年度案例》(保险纠纷),中国法制出版社2012年版,第87页。

事故,投保人、被保险人在知道事故发生后应及时将出险事实通知保险公司的义务,这是投保人的基本义务。适当履行这一义务,是为了使保险公司在事故发生后能够及时介入,采取必要措施防止损失扩大,也能够顺利勘察事故,保全证据以准确处理理赔案件。

【案例7-95】 杨某诉太平财产保险有限公司阳江中心支公司财产损失保险合同纠纷案

一审法院认为,本案中,杨某在事故发生后无正当理由未及时报警,也未及时通知太平财产保险有限公司阳江中心支公司,导致交警部门及太平财产保险有限公司阳江中心支公司对本次事故的事实及成因无法查清,杨某对此应承担相应的法律后果。二审法院认为,杨某在本次事故发生后,未及时报警亦未及时通知太平财产保险有限公司阳江中心支公司,存在明显的重大过失,致使本次事故的性质、原因、损失承担难以确定。[1]

【案例7-96】 赵某诉财产夷陵支公司财产损失保险合同纠纷案

判决观点,本案中,原告自述发生案涉交通事故时,系其本人驾驶,但在事故发生后,原告在有条件通知交警部门或者保险公司的情况下,未在第一时间通知交警部门对事故责任进行认定,亦未通知保险公司对事故现场进行勘验,在车辆撞击后几近报废的情况下,擅自弃车离开事故现场,对事故现场未采取有效的保护措施,未及时采取拍照、录像等方式固定案发现场,致使事故发生的性质、原因、损失程度及驾驶员的驾驶状态均难以确定。原告诉称被告就免责条款未尽提示义务,并称资料上非其本人签字,但原告提交的《机动车商业保险保险单(正本)》下部"重要提示"栏中详细载明"被保险人应当在保险事故发生后及时通知被保险人",故原告应当知晓在交通事故发生后有及时报案的义务。在法律对被保险人及时通知义务有明确规定以及原告、被告双方有合同约定的情况下,原告自称因时间太晚而未报案或报险的理由不具有充分性,无法排除可能存在禁驾或其他违法驾驶行为。原告的行为致使事故原因无法核实,主观上存在重大过失,故其请求被告支付保险赔偿款52,108.60元的诉讼请求于法无据。判决:驳回赵某的诉讼请求。[2]

被保险人未履行及时通知义务,保险人对于事故的性质、原因、损失程度可以确定的部分应当承担理赔责任。

---

〔1〕 参见国家法官学院、最高人民法院案例研究院编:《中国法院2020年度案例》(保险纠纷),中国法制出版社2020年版,第6页。广东省阳江市中级人民法院(2019)民终122号民事判决书。

〔2〕 参见国家法官学院、最高人民法院司法案例研究院编:《中国法院2022年度案例》(保险纠纷),中国法制出版社2022年版,第11页。湖北省宜昌市夷陵区人民法院(2020)鄂0506民初879号民事判决书。

【案例7-97】　张某诉财保德州支公司财产保险合同纠纷案

判决观点，第一，本案事故的性质、原因、损失程度是否难以确定。《保险法》第二十一条规定了投保人在事故发生后负有及时通知保险公司的义务，但仅指投保人、被保险人或者受益人因故意或者重大过失未通知，要承担不利后果。如果因客观原因或者一般过失未及时通知，保险公司仍应承担赔付责任，且保险公司仅对无法确定的部分不承担赔付责任。故只有当投保人故意不报案或者逾期报案是因本人故意或者重大过失造成，且由此导致事故的性质、原因、损失程度无法确定，保险公司才可以拒绝承担保险责任。本案中，张某虽未在发生事故后立即报警并通知保险公司，但其关于事发过程的陈述与被保险车辆损坏部位、现场树木的被撞痕迹、就医记录的时间可以相互印证，并无矛盾之处，足以对此次事故发生的地点和成因作出认定。第二，张某在未报警亦未通知保险公司的情况离开被保险车辆，是否构成免责条款中约定的免赔条件。免责条款约定的免赔情形包括未采取措施直接驾驶被保险车辆离开事故现场以及未依法采取措施遗弃被保险车辆两种情形。但保险条款另约定了发生保险事故后，被保险人应在48小时内通知保险人，而张某报险时间在上述时间范围内。此外，根据张某的陈述，事故发生后涉诉车辆损毁严重，且张某受伤，故先行就医而未第一时间报警并通知保险公司，上述解释并不违反生活常识。判决：(1)被告财保德州支公司给付原告张某保险金75,585.30元；(2)驳回原告张某的其他诉讼请求。[1]

其三，重复投保通知。《保险法》第五十六条第一款规定，投保人应当将“重复保险的有关情况通知各保险人”。

通知的期限。法律没有规定通知的时限，主要是考虑到实际情况比较复杂，不同类型的保险事故、不同险种所需要的通知时间不尽一致，在法律中难以对通知的具体时间作统一规定，可以由保险合同当事人依据法律的基本要求在保险合同中自行约定通的具体时间。[2]　在保险实务中，保险合同大多设有专门的条款明确具体的出险通知时限。及时通知，主要有主观标准、客观标准两种判断标准。修订后《保险法》采纳的是客观标准，即只有在由于未及时通知致危险事故的性质、原因、损失程度难以确定的情况下，保险人才对无法确定的部分不承担赔偿责任。客观标准降低了保险人的举证难度，可操作性更强。及时通知，要求是在保险事故发生后的第一时间内或者按合同约定的期限通知，防止对其产生不正确理解。

---

〔1〕　参见国家法官学院、最高人民法院司法案例研究院编：《中国法院2022年度案例》（保险纠纷），中国法制出版社2022年版，第41页。北京市顺义区人民法院(2020)京0113民初1705号民事判决书。

〔2〕　参见安建主编：《中华人民共和国保险法（修订）释义》，法律出版社2009年版，第53页。

【案例7－98】 贾某某诉华农财产保险股份有限公司北京市分公司保险合同纠纷案

判决观点，贾某某在48小时之内通知华农北京分公司，符合保险合同约定。贾某某在事发后报案的行为符合合同约定及法律规定，华农北京分公司的辩解意见缺乏事实及法律依据，法院不予采信。[1]

认定投保人等是否及时将保险事故通知保险人，不能机械地从事故发生至通知的间隔时间判断，而应从其是否知道或应当知道且结合保险事故发生地与保险人营业地等诸多因素给予一定合理的通知保险人的时间。投保人等知道保险事故已经发生的，固然可以及时履行通知，但对于投保人死亡或因伤神志不清，且其受益人不知发生保险事故、不知有投保行为等客观原因无法履行通知义务的，更应从其应当知道起至履行通知义务合理期间判断。

【案例7－99】 王某某、邱某某诉中国人民财产保险股份有限公司霞浦支公司人身保险合同纠纷案

在本案中，客观存在投保人邱某某死亡后3天，其亲属才通知保险人发生保险事故的事实。但据保险受益人即原告不知死者生前曾向保险人即被告投保，死亡事故发生后直至整理邱某某遗物时才发现保险凭据，方知邱某某生前向被告投保的事实，故其在尸体火化后方向被告报案，结合被告系在千里之外异地身亡、死亡至尸体火化仅间隔3天、尸体火化的次日即报案等情由判断，可认为原告在保险事故发生后有及时履行通知保险人的行为，对此并无过错。[2]

其四，其他通知。挂靠车辆转挂靠单位的，原保险人或新的被挂靠人对车辆转挂靠事宜，应及时通知保险人。

应当注意的是，诉讼中投保人或被保险人的通知问题。

【案例7－100】 蚌埠市企业职工疾病研究所海天医院诉中国人民财产保险股份有限公司固镇分公司医疗责任保险合同纠纷案

一审法院认为，被告对合同第十四条的理解，不符合本条款订立时的原意，该条规定，“被保险人获悉可能引起诉讼、行政处罚或仲裁时，或在接到法院传票或其他法律文书后，应立即以书面形式通知保险人”。该条款旨在规定可能引起诉讼或诉讼开始时，被保险人应尽的义务，属于选择性要件的规

---

〔1〕 参见国家法官学院案例开发研究中心编：《中国法院2012年度案例》（保险纠纷），中国法制出版社2012年版，第48页。

〔2〕 参见国家法官学院案例开发研究中心编：《中国法院2012年度案例》（保险纠纷），中国法制出版社2012年版，第166页。

定，并没有明确要求被保险人对该条规定的义务全部履行，也没有明确当一审判决宣判后，被保险人仍要履行相应告知义务的规定。二审法院持同样意见。[1] 在本案中，对事故诉讼情况通知保险人的通知义务，不属于《保险法》中所规定的“告知”范畴。

3. 通知的主体

通知的主体除投保人外，还有依法律规定的相关人。该相关人是指《保险法》第四十九条规定的保险标的转让的受让人，第二十一条规定的被保险人或者受益人。人身保险中有投保人、被保险人或受益人，财产保险中有投保人和被保险人。根据上述法条规定，二者或三者任一方向保险人通知，便视为履行该义务。

4. 通知的方式

《保险法》没有规定通知的方式。笔者认为，有通知义务的主体，以书面、口头或其他方式通知均可，而不应作强行性规定。

5. 通知的内容

实践中应区分类型确定通知的内容。危险增加通知，是指保险标的转让主体及其相关基本信息，以便保险人对保险标的受让进行调查，以决定是否提高保险费或者解除合同。出险通知，主要是指出险时间、地点、原因、受损标的种类、范围及损失程度等，满足保险人在保险事故发生后能立即展开对损失的调查，不致因调查的迟延而丧失证据，影响责任的确定之目的。重复保险通知，包括保险人的名称和住所、保险标的、保险价值、保险费、保险责任范围、保险金的给付等。

通知与合同效力的关系。保险标的转让的通知义务并不影响保险合同的效力。即使没有及时通知，发生保险事故后，被保险人向保险人提出要求支付保险金，也可视为履行了通知义务，保险人应当支付保险金，只是保险人可以扣除因为没有及时履行通知义务导致保险人的损失。如果没有履行通知义务，一旦发生保险事故，保险人可以以对方没有该义务为由进行抗辩。其法理基础就在于危险程度显著增加，与保险事故务发生存在因果关系。

6. 通知的履行

对于出险通知义务的履行，不应只从形式上审查是否有“通知”，还应审查投保人、被保险人或者受益人是否履行出险通知义务的实质内容，即是否协助有关

---

〔1〕 参见最高人民法院中国应用法学研究所编：《人民法院案例选》2008 年第 3 辑（总第 65 辑），人民法院出版社 2009 年版，第 286 页。

部门对保险事故的性质、原因、损失程度等情况进行确定。

【案例7－101】 林某某诉中国人民财产保险股份有限公司莆田市城厢支公司保险合同纠纷案

二审法院认为，本案中，林某某作为投保人在保险事故发生后，向公安部门报警后又撤案，使公安部门没有出具交通事故认定书，在庭审中林某某也不同意对气囊上的血迹和林某兵的血液进行比对检测，且因案件发生时间过久，埭头派出所存放的林某兵的血液样本已经清理，无法进行鉴定，林某某的行为导致事故的性质、原因、驾驶员情况等均无法确认，直接影响事故定损以及保险人应否理赔，属于投保人举证不能，应当由其承担不利的法律后果。据此，二审法院撤销一审判决，驳回林某某的诉讼请求。〔1〕

【案例7－102】 保定市鼎泰大件运输有限公司诉中国太平洋财产保险股份有限公司保定中心支公司保险合同纠纷案

二审法院认为，事故发生后被上诉人立即向当地公安机关报案，确定货物受损后向上诉人报险，上诉人委托中国太平洋财产保险股份有限公司甘肃分公司进行了勘查。故上诉人称货物出险后被上诉人未进行告知的理由不能成立。〔2〕

7.逾期通知的后果

《保险法》对逾期通知的法律后果内容明确规定，其第二十一条对保险公司免责事由仅为故意或者重大过失未及时通知，致使保险事故的性质、原因、损失程度等难以确定的，保险人对无法确定的部分，不承担赔偿责任或者给付保险金的责任。而且，出险通知仅为保险索赔中的一个程序和手续，逾期通知出险在绝大部分情况下并不影响保险公司对保险事故性质、原因、损失程度的确认，如果保险公司仅因为逾期通知而拒赔，违反公平原则。况且出险通知义务属于《民法典》规定的重大附随义务，违反附随义务，不构成根本违约，保险公司不能以此为由拒绝承担保险责任。

【案例7－103】 谢某剑等诉中国人寿保险股份有限公司广西壮族自治区分公司人身保险合同纠纷案

判决观点，被告主张以原告没有及时向其报告导致事故性质无法确定为

---

〔1〕 参见国家法官学院案例开发研究中心编：《中国法院2016年度案例》（保险纠纷），中国法制出版社2016年版，第54页。福建省莆田市中级人民法院（2013）莆民终字772号民事判决书。

〔2〕 参见国家法官学院案例开发研究中心编：《中国法院2015年度案例》（保险纠纷），中国法制出版社2015年版，第3页。河北省保定市中级人民法院（2013）保民四终字176号民事判决书。

由，主张免责，但由于原告已及时向百合派出所报案，并由该派出所认定了谢某云的死因。所以，即使原告迟延向被告报告，也不足以影响对谢某云死因的查明，故法院对被告该主张不予支持。[1]

【案例7－104】　清西大道建设工程指挥部诉中国人民财产保险股份有限公司清远市分公司等责任保险合同纠纷案

一审法院认为，保险事故发生后，清西大道建设工程指挥部作为投保人及被保险人，理应按照保险条款约定履行及时通知的义务。本案事故发生在2014年4月27日，而公安部门接到报案的时间是2014年7月2日，在长达2个月的期间内，清西大道建设工程指挥部既未通知公安部门，又未向中国人民财产保险股份有限公司清远市分公司报险，导致公安部门及保险公司均无法查实事故发生时的真实情况，也无法对事故发生的原因、性质及造成的损失进行认定。根据我国《保险法》及双方保险合同的规定，投保人、被保险人知道保险事故后，应当及时通知保险人。清西大道建设工程指挥部认为事故发生时杨某某的伤情不严重而没有报警、报险的说法，不能对抗被保险人及时通知保险人的法定义务，故中国人民财产保险股份有限公司清远市分公司对于清西大道建设工程指挥部所主张的损失30万元不承担赔偿责任。二审法院亦持同样意见维持一审判决。[2]

最高人民法院法官认为，合同约定投保人、被保险人或受益人在出险后应当及时通知相关职能部门，目的在于可以及时确定事故性质、发生原因以及损失程度。如果投保人等未及时通知，不影响事故定损的，保险人仍应承担保险责任。如果因未及时通知导致事故的性质、原因以及损失程度无法确认的，保险人对无法确定的部分可以不承担责任。虽然法律并未将出险后及时通知相关职能部门作为法定义务规定下来，但是保险事故发生后，投保人一方为获得保险赔偿，对于保险事故以及所受损失负有举证责任，如果因未及时通知导致事故的性质、原因以及损失无法确定的，属于投保人、被保险人或受益人举证不能，应当由其承担不利的法律后果。[3] 逾期通知的例外情况。《保险法》第二十一条后半段规定："但保险人通过其他途径已经及时知道或者应当及时知道保险事故发生的除外。"即保险人不得拒赔。这里的"保险事故发生"，其含义应该是保险公司不仅知道发

〔1〕参见国家法官学院案例开发研究中心编：《中国法院2012年度案例》（保险纠纷），中国法制出版社2012年版，第172页。

〔2〕参见国家法官学院案例开发研究中心编：《中国法院2019年度案例》（保险纠纷），中国法制出版社2019年版，第115～116页。广东省清远市中级人民法院（2016）粤18民终1727号民事判决书。

〔3〕参见最高人民法院保险法司法解释起草小组编著：《〈中华人民共和国保险法〉保险合同章条文理解与适用》，中国法制出版社2010年版，第148页。

生，而且知道是某个被保险人发生了保险事故。有些重大保险事故，保险人通过媒体等途径可以很快得知其发生，并及时进行现场查勘，在这种情况下，即使有关当事人未能及时通知保险人，也不应免除保险人的保险责任。

【案例7－105】 某大桥项目部诉某保险公司保险合同纠纷案

在保险期内，大桥工程遭受了七次属于保险责任范围的洪水灾害。项目部与保险公司就前五次水灾造成的损失签订了定损协议书，由保险公司赔付损失20万元。2002年10月30日至11月2日大桥施工工地发生第六次洪水灾害，保险公司及时派员到工地检查，项目部申报损失181，621元，但保险公司未及时作损失核定，也未发出拒赔通知书。2003年5月16日至18日，大桥工地遭受第七次洪水灾害，保险公司派员到现场察看，项目部在灾害发生后没有向保险公司发出通知，也未提供有关证明和资料。之后项目部索赔时，保险公司以未尽通知义务拒赔。法院认为，保险人明知发生了保险事故，即便投保人未及时通知也应迅速赴水灾现场调查受损情况，保险人对水灾损失未进行核损，过错在其自身。投保人对第七次火灾的损失未及时提供核损清单，造成了核定损失的困难，也存在过错。依此判决保险公司赔付项目部第六次损失133，620.30元，第七次洪灾损失40，000元。[1]

通知义务的目的在于使对方知情，据此，通知义务的履行"及时"为一般性要求。被保险人未及时通知，并不能与承担其不利后果画等号。在某些情形下，义务人履行通时不及时并不必然因此承担不利后果。如果保险事故不是因为保险标的危险程度显著增加而引起，保险公司仍应承担赔偿保险金的责任。应注意的是，被保险人将保险标的危险增加情况通知保险人后保险人解除合同前，因危险增加导致保险事故发生的，保险人应否承担赔偿责任，法律没有规定，实践中有不同观点。最高人民法院法官认为，在上述情形下，保险人虽有合同解除权，但仍应就已发生的保险事故承担赔偿责任。原因在于：一是根据《合同法》的规定，合同解除原则上具有溯及力，但是，保险合同属于继续性合同，其解除原则上不具有溯及力，只有在例外情况下，比如主观恶性极大的情况下才具有溯及力，危险增加导致合同解除的情况不属于例外情形，不应具有溯及力。二是法律规定保险人解除合同时，应当退还合同解除之后的保险费，保险人对合同解除之前的保险费并不退还，表明立法目的是合同解除不具有溯及力，仅向后发生效力。根据权利义务对等原则，保险人仍应当承担保险赔偿责任。[2] 同时对不解除保险合同而选择增加保险费的分析为，保险合同未解除，保险人已经选择行使要求增加保费的权

〔1〕 参见罗忠敏主编：《新保险法案例精析》，中国法制出版社2009年版，第96页。

〔2〕 参见最高人民法院保险法司法解释起草小组编著：《〈中华人民共和国保险法〉保险合同章条文理解与适用》，中国法制出版社2010年版，第346页。

利,应当对已发生的保险事故承担保险责任,但同时投保人应当交纳增加的保费。[1]

(三)防止或者减少损失义务

未适当履行施救义务,又称防止或者减少保险标的损失义务,是指保险事故发生后,投保人、被保险人需采取合理的措施,防止或者减少损失的义务。《保险法》第五十七条第一款规定:"保险事故发生时,被保险人应当尽力采取必要的措施,防止或者减少损失。"法律规定施救义务的目的,在于防止道德危险。道德危险在保险事故发生之后表现为,义务人凭借其获得的保险保障,怠于救灾减损、放任损失扩大。施救义务是被保险人的法定义务,对被保险人是否履行施救义务认定考量的因素为:其一,履行施救义务的限度。一是要求被保险人尽自己所能,即施救不能超出被保险人的能力范围,被保险人履行施救义务应与其事故发生时所具备的施救能力相适应;二是要求采取措施具有必要性。措施是否必要,应以危险共同体成员在此状况下可期待的行为加以判断。其二,是否存在过错。被保险人不是专业的施救人员,不应对其课以过重的注意义务。对被保险人的一般过失违反施救义务,则不应当让其承担责任。只有被保险人存在重大过失或故意,才能判其承担责任。

常见的投保人、被保险人未履行施救义务表现为,投保人、被保险人及其允许的合格驾驶员,在使用保险车辆的过程中,保险车辆遭受保险责任范围内的损失。而该损失已经被驾驶员所发现且已经意识到继续驾驶可能会造成机动车损失进一步扩大,但是由于该损失尚未造成保险车辆行驶不能,所以,驾驶员未进行必要检修继续驾驶保险车辆行驶,致使保险车辆损失扩大,后被保险人以全部损失要求保险公司赔偿,保险公司对损失扩大的部分拒绝赔付。对被保险人履行施救义务产生的费用,由保险人承担,发生纠纷后,由法官裁量。

【案例 7-106】 郭某某诉中国太平洋财产保险股份有限公司北京分公司财产保险合同纠纷案

判决观点,被告认为二次吊运费 1000 元及救援费用 437 元是由于原告方的原因而造成的扩大损失。对此,法院认为,由于被告在庭审中对原告去宝马 4S 店(原告购买涉案车辆处——北京宝泽行汽车销售服务有限公司)进行车辆修理认可,二次吊运费 1000 元、救援费用 437 元均发生在去 4S 店

---

〔1〕 参见最高人民法院保险法司法解释起草小组编著:《〈中华人民共和国保险法〉保险合同章条文理解与适用》,中国法制出版社 2010 年版,第 346 页。

进行修理的过程中，故法院认为二次吊运费用1000元与救援费用437元应为施救过程中发生的费用。上述施救费用总额为3627元，庭审中原告主张的施救费用为3620元，对于原告自行处分自己诉讼权益的行为，法院认为原告的上述行为不违反法律、法规的强制性规定，也未损害相对方的利益，故法院对此不持异议。[1]

《保险法》第五十七条第一款中规定的“应当尽力”，应理解为在这里的立法本意是防止放任损失的道德危险，并非必须实现减损效果。该条款的基本要求是应尽力而为、量力而行，明确义务人施救态度和施救行为，而不是不计成本无限度地承担施救义务，不能界定为减损效果的达到。义务人未履行施救义务，只能认定为违反保险合同的行为，即违约行为。虽然保险合同有其特殊性，但也应遵循合同法的原理。按照合同法的一般原理，是否构成违约只应从客观方面考察，看当事人的行为是否违反了合同义务，而不应顾及主观过错问题。[2] 也就是说，义务人只要在主观上没有故意或重大过失，尽到善良管理人的一般义务，虽然没有有效避免损失扩大，法官不应认定存在放任损失扩大的主观过错，不应判其承担其不利后果。

【案例7-107】 金某某诉某财产保险公司北京分公司保险合同纠纷案

被保险车辆在行驶过程中，车辆机油格与路面物体发生碰撞导致破损出现孔洞，进而导致机油泄漏。被保险车辆驾驶员在发现机油压力警示灯报警后立即停车，在使用过程中没有放任损失扩大的过错，车辆发动机的损坏不是由于驾驶员的过错所导致，而是意外碰撞导致连锁反应的最终结果，保险公司对于保险事故造成的被保险车辆之全部损失应当承担赔偿保险金责任。法院判决保险公司赔偿原告金某某保险金26,524元。[3] 本案中，被保险车辆的驾驶员在保险事故发生后未有效避免损失扩大是客观情形。

义务人在履行施救义务过程中发生的费用，通常情况下由保险人承担，且不得超过保险金额，但经常发生为了挽救较小利益而支出大额费用，在是否认定不合理上有争议。笔者认为，应区分情况而定。一般情况下，义务人非专业施救人员行为，只要不是明显的不合理的费用，未能实现减损目的，亦应由保险人承担，不宜过分苛刻。笔者赞同上述观点，如果义务人遵照保险人的指示为施救措施，

---

〔1〕 参见国家法官学院案例开发研究中心编：《中国法院2012年度案例》（保险纠纷），中国法制出版社2012年版，第80页。

〔2〕 参见崔建远主编：《合同法》，法律出版社2007年版，第276页。

〔3〕 参见刘建勋：《保险法典型案例与审判思路》，法律出版社2012年版，第301页。

则无论施救费用是否超过保险金额，一律由保险人承担。[1]

实践中，为防止保险事故发生，转移保险标的物所支出的费用是否应由保险人承担，《保险法》对此未有明确规定，故有不同观点。

【案例7－108】　某食品公司诉某保险公司保险合同纠纷案

某食品公司投保了财产保险综合险，保险金额为600万元。7月29日，该食品公司所在地的县防汛指挥部下达了紧急状态通告，要求食品公司所在镇全体非防汛人员转移到安全地区。保险公司据此向保户发出《隐患整改通知书》，规定各保户应尽快转移财产，如不按整改意见办理，保险公司将依法解除合同，并不承担保险责任。食品公司因此将需要转移的原料及存货转移。后来由于政府组织及时，食品公司并未遭受洪水。食品公司认为，其开支的11万元财产转移费用应由保险公司承担，要求保险公司赔偿遭拒，遂提起诉讼。本案后经法院调解结案，保险公司承担7万元费用，其余由食品公司自行承担。[2] 笔者认为，在法律和司法解释未明确规定的前提下，保险事故并未发生且发生转移标的支出费用，依据公平原则，由保险人与被保险人协商承担，因为是双方基于保险合同为防止可能发生保险事故而事先采取的预防措施。本案中，保险公司在长江洪水猛涨可能导致堤坝溃口，食品公司投保财产可能遭受损失的情况下，向食品公司发出《隐患整改通知书》，要求转移财产，这是对食品公司提出的新要约，食品公司接受这一要求，实施了投保财产的转移即属承诺，因此，保险人与被保险人之间形成了财产转移的民事法律关系。只是由于情况紧急，双方对转移投保财产的费用如何处理未作约定。如果事故未发生而由保险公司赔付全部预防措施的支出，一方面，对其他投保人不公平；另一方面，很难对被保险人是否应采取预防措施及采取何种措施进行制度性约束，很可能导致逆选择。本质上说，这一财产转移行为实际上是双方为了共同的利益共同实施的，这时应根据民法的公平原则，对转移财产的损失，由获得利益的双方食品公司和保险公司共同分担。本案经过协商，由食品公司和保险公司共同承担这笔费用，体现了上述观点。

被保险人违反施救义务应承担何种法律后果，现行《保险法》对此没有明确规定。实践中，一般参照《民法典》的相关规定，由被保险人承担与其过错程度相适应的法律后果。

---

〔1〕 参见刘宗荣：《新保险法：保险契约法的理论与实务》，中国人民大学出版社2009年版，第159页。

〔2〕 参见罗忠敏主编：《新保险法案例精析》，中国法制出版社2009年版，第103页。

【案例7－109】 联茂(无锡)电子科技有限公司诉阳光财产保险股份有限公司无锡中心支公司保险合同纠纷案

判决观点,联茂公司在暴风、暴雨将仓库屋顶掀翻后,采取断电措施是合理的,但断电后联茂公司应尽力对胶片采取必要的措施,防止或减少损失。联茂公司明知胶片的保存环境为恒温恒湿,应当预料到断电会造成温度失控,影响胶片的保存。虽然成品仓库内的基板价值较高,但冷库房内的胶片价值也不低,联茂公司应合理分配施救人员,采取施救措施,但联茂公司仅抢救了基板,对冷库内的胶片未采取任何施救措施。此外,根据法院查勘,生产车间内用胶片周转仓即使如联茂公司所述,在保险事故发生时满库存,但周转仓内的过道可以放置胶片。即使未能全部转移,也可以减少损失。对于胶片损失,阳光财险公司应赔偿联茂公司损失的70%,其余损失应由联茂公司自行承担。根据双方确认的理赔事项及赔付比例,扣除10%的免赔额,阳光财险公司应赔偿联茂公司保险金1,718,044.70元。联茂公司支出的施救费用依约应由阳光财险公司承担。公估公司作出公估报告后,阳光财险公司应当就确定的理赔金额先行赔付,阳光财险公司未先行赔付,应赔偿联茂公司相应的利息损失。对于联茂公司主张的超出部分的利息损失,法院不予支持。〔1〕

(四)维护标的安全义务

世界上多数国家和地区的保险法律,均规定被保险人应当承担维护保险标的安全的义务。这一法律制度的目的在于防止被保险人基于获得保险保障而漠视危险、疏于安全防范的道德危险,减少或阻止不恰当扩大保险人承担风险的范围,我国也不例外。《保险法》规定被保险人承担维护保险标的安全义务,目的并不在于追求保险标的的绝对安全,不发生保险事故,任何财产的绝对安全是不存在的,否则保险将失去存在的意义。

关于维护标的安全义务性质,在理论上有不同认识。有学者认为,维护保险标的安全的义务可以分为法定义务与约定义务。〔2〕 有法官认为,维护保险标的安全义务,在保险法的层面上虽然可以区分法定义务与约定义务,但是在具体的保险交易中均应当表现为由保险合同约定的义务。此外,依据《保险法》第五十

〔1〕 参见国家法官学院案例开发研究中心编:《中国法院2014年度案例》(保险纠纷),中国法制出版社2014年版,第219～220页。江苏省无锡市崇安区人民法院(2011)崇商初字第0991号民事判决书。

〔2〕 参见许崇苗:《保险法原理及疑难案例解析》,法律出版社2011年版,第290页。

一条第三款所采取的文字表述，维护保险标的安全义务的具体内容，也应当以合同约定为准。〔1〕 笔者赞同法官的观点。

《保险法》第五十一条从两个方面对维护标的安全义务的履行进行了规定：其一，被保险人主动履行维护标的安全义务。被保险人应当遵守国家有关消防、安全、生产操作、劳动保护等方面的规定，维护保险标的安全。其二，由保险人协助投保人和被保险人，共同加强风险管理。在保险合同的存续期内，出于维护当事人双方利益的考虑，根据合同约定，保险人可以对保险标的安全状况进行检查，及时向投保人、被保险人提出消除不安全因素和隐患的书面建议。保险人为了维护保险标的安全，经被保险人同意，可以采取安全预防措施。被保险人违反标的安全义务的法律后果，规定在第五十一条第三款，"保险人有权要求增加保险费或者解除合同"，并没有规定保险人可以不承担赔偿责任。一般而言，财产保险基本险中会约定保险人在其对方违反该义务条件下拒赔。

【案例 7－110】　南通长江工贸投资开发有限公司诉中国人民保险公司通州支公司保险合同纠纷案

火灾是因修理机器的电焊火花引起的，而进行电焊操作的副总经理赵某却没有电焊证，不能进行电焊操作，其法定代表人朱某某在场却未制止，最终导致火灾发生。二审法院认为，被保险人违反安全生产、劳动保护等方面的规定，不构成保险人拒绝赔偿的事由。投保人违反《保险法》第五十一条的法定义务，保险人可以增加保险费或解除合同。依据双方在保险合同中的约定，保险公司有权解除合同并不承担赔偿责任。

实践中，维护标的安全义务约定与免责条款交织在一起，增加了认定上的难度，需要慎重处理。

【案例 7－111】　曹某某诉某财产保险公司北京分公司保险合同纠纷案

争议的焦点在于保险合同所约定的免责条款的理解与适用，其实质在于约定被保险人维护保险标的安全的一项具体义务，即确保被保险车辆的驾驶员具有相应的驾驶资格。曹某某作为持准驾车型为 A2 的驾驶证的驾驶员，应当按照《驾驶证规定》向公安机关提交《身体条件证明》，如果在两个记分周期届满后的 1 年内未向公安机关提交《身体条件证明》，其驾驶证会被注销；如果曹某某在两个记分周期届满后的 1 年内向公安机关提交了《身体条件证明》，其驾驶证不会被注销，驾驶资格依然维持。曹某某未在 2009 年度相应期间内向公安机关提交《身体条件证明》，其实际提交的时间是 2010 年 1 月 7 日，上述时点虽然晚于记分周期届满后的 15 日，但尚未超过 1 年，且其

〔1〕 参见刘建勋：《保险法典型案例与审判思路》，法律出版社 2012 年版，第 292 页。

提交的《身体条件证明》已经被公安机关接受。曹某某逾期向公安机关提交《身体条件证明》的行为，并未导致其丧失驾驶资格，进而没有造成保险标的危险程度的增加，没有打破保险合同项下权利义务的平衡。也就是说，曹某某履行了维护保险标的安全义务。法院判决支持了原告的诉讼请求。[1]

在保险合同的范畴内，保险相对人不履行维护保险标的义务是违约行为，其认定条件为：其一，相对人有过错；其二，义务人的过错与保险事故之间有因果关系。对违反维护标的安全义务的认定，必须分清义务的适用条件。任何法定义务或合同约定义务的行使都必须有其适用的相对条件，不可能绝对、无限制适用。保险所承担的危险，其发生为可能、不确定，且非故意。投保人或被保险人履行维护标的安全义务应具备一定的条件，此义务不是绝对的，否则就加重了被保险人的义务，也是对最大诚信原则的违反。法官认为，对于被保险人违反维护保险标的安全义务的认定上，应视其过错程度而定，对被保险人轻微过错造成的事故，一般应考虑予以赔偿；而对于严重违反维护保险标的安全的义务，且这种违反义务的行为与保险事故的发生和损害结果的造成有直接因果关系的，可以酌定保险人对事故的损失不承担全部或部分责任。至于被保险人施救义务的履行，则必须以善意被保险人的应知和能够作为为前提。如果被保险人不知道或无法知道保险事故发生，保险人就不能以被保险人未采取必要的措施而拒绝；另外，如果损失已无法控制，或被保险人当时的客观条件已无法采取措施防止或减少保险标的的损失，保险人也不能拒赔。[2] 笔者赞同这种观点。

(五) 协助义务

协助义务的确认，是依据《保险法》第六十三条后半段的规定，“被保险人应当向保险人提供必要的文件和所知道的有关情况”。根据本条规定，保险人向第三者行使代位求偿权时，被保险人应当履行协助义务。这是因为保险人行使代位求偿权，需要了解被保险人与第三者的权利义务关系，即第三者是如何对保险标的造成损害的，如损害原因是违约还是侵权：如果是因为违约，有关合同是如何规定的；如果是侵权，侵权行为是如何发生的，等等。而上述有关情况，被保险人是最为清楚的，保险人往往并不掌握。被保险人如果不向保险人提供必要的文件和所知道的有关情况，很可能导致保险人代位求偿权无法实现，故法律对被保险人规定了此项义务。

---

〔1〕 参见刘建勋：《保险法典型案例与审判思路》，法律出版社2012年版，第290页。

〔2〕 参见《判解研究》2002年第3辑（总第9辑），人民法院出版社2002年版，第76页。

被保险人的协助义务主要包括:其一,要及时向第三者责任人发出索赔通知或者启动诉讼程序,避免损害赔偿请求权受到诉讼时效的限制。其二,尽可能地向保险人提供所有与事故有关的文件和证明材料,一般是指能够证明被保险人损害赔偿请求权存在的事实材料和被保险人与第三者之间的合同、第三者的有关情况,能够证明第三者对保险事故的发生负有责任的事实材料。其三,客观真实地向保险人提供与保险事故发生以及第三者责任有关的一切情况,不得虚假和有所隐瞒。

违反协助义务的法律后果。《保险法解释(四)》第十一条规定:"被保险人因故意或重大过失未履行保险法第六十三条规定的义务,致使保险人未能行使或者未能全部行使代位请求赔偿的权利,保险人主张在其损失范围内扣减或者返还相应保险金的,人民法院应予支持。"该条规定有以下几层含义:其一,协助义务的具体内容是提供必要的文件和所知道的有关情况。其二,不协助义务的心理状态是故意或者重大过失。其三,协助义务的存续期间,是保险人向第三者行使代位请求赔偿时。其四,法律后果限定在保险人损失范围内扣减或者返还相应保险金,保险不能主张损害赔责任。其五,保险人主张扣减或返还保险金的,应当对被保险人不履行协助义务具有故意或者重大过失承担举证责任。其六,本条规定不影响《保险法》第六十一条第三款作为第六十一条的兜底条款在其他情形下的适用,对出现其他积极或消极的妨碍代位行为的,仍需要其第六十条第三款规制。

【案例 7－112】　某工厂诉某保险公司保险合同纠纷案

某工厂向保险公司投保了企业财产保险,保险标的包括固定资产和流动资产。2007 年 3 月 27 日,该工厂的部分建筑物突然倒塌,原因是相邻的另一家企业持续排放的污水对该建筑物的基础造成了腐蚀浸润。事故发生后,某工厂向保险公司报案并申请财产损失赔付,保险公司认定是保险事故并予以赔付。保险公司还取得了某工厂签署的代位求偿权益转让书。保险公司要求某工厂提供有关致害企业造成建筑物倒塌的相关资料以及其了解的情况,但某工厂迟迟不提供,保险公司多次催要,某工厂却借故推托。随着时间的推移,原始现场不复存在,追偿已经不可能了。在这种情况下,保险公司要求某工厂返还部分赔款,遭拒生讼。法院支持了保险公司的诉求,判决某工厂对其过错致使保险公司不能行使代位求偿权的损失予以赔偿,从保险赔偿金中扣减 30%。

被保险人的法定继承人有义务协助保险公司进行死因调查。

【案例 7－113】　周甲、周乙诉某华泰财保重庆分公司保险合同纠纷案

一审法院认为,保险公司在查明保险事故原因、性质的基础上,对于承保风险范围内的保险事故承担支付保险金的责任。本案被保险人死亡原因无法查明,该死亡事故是否属于保险合同约定的保险事故不能确定,且被保险人死亡原因无法查明的结果系周甲、周乙不协助调查义务所致。在医院未确诊的情况下,周甲、周乙提供的材料不足以证明被保险人死亡原因,负有协助华泰财保重庆分公司查明被保险人死亡原因义务。高某尸体未经尸检即火化,主要原因在于周甲、周乙不同意尸检。根据《尸体解剖规则》第二条第三项"病理解剖:限于教学、医疗医学科学研究和医疗预防机构的病理科(室)施行。凡符合下列条件之一者应进行病理解剖:1. 死因不清楚者……上述1、2 项的尸体,一般应先取得家属或单位负责人同意……"之规定,医疗机构对死因不明的死者尸体进行解剖,需要经过死者家属或单位负责人同意。华泰财保重庆分公司在事故发生后通知提交法医鉴定死亡原因,但周甲、周乙明确不同意并签字确认,从而导致尸体未经尸检即被火化。周甲、周乙的行为违反了协助调查义务。判决:驳回周甲、周乙的全部诉讼请求。二审法院同意一审法院裁判意见。[1]

应该注意的是,被保险人违反协助义务认定,必须是以被保险人主观上具有故意或者重大过失为要件。因不可抗力或不可归责于被保险人影响保险代位求偿权行使的,不能认定被保险人违反协助义务。保险合同中约定因被保险人故意或重大过失致使保险人不能行使代位求偿权为保险人的免责事由,可以免除给付保险金的责任,在此种情况下,保险人不能相应扣减保险金。

〔1〕 参见国家法官学院、最高人民法院司法案例研究院编:《中国法院 2021 年度案例》(保险纠纷),中国法制出版社 2021 年版,第 120 页。重庆市第五中级人民法院(2019)渝 05 民终 8699 号民事判决书。

专题八　保险理赔纠纷

保险是规避风险或减少损失，而不是对损失的全额赔偿，或者理解为保险是一种补偿而非赔偿。之所以产生保险的补偿概念是因为保险是随着侵权赔偿这一古老赔偿方式的发展而产生的，一方面是对因赔偿陷入困境的侵权责任人的一种救济，另一方面也是对无从获得赔偿受害人的一种保障，即保险是独立于侵权关系之外的法律关系。保险理赔是保险的核心内容之一，诸多内容在理论和实践上均产生不同观点，有进一步研究之必要。

一、保险理赔理解

(一)保险理赔依据

保险理赔依据,一般是由投保人和保险人订立的保险合同约定,对其约定保险价值在合同中作出明确记载。当然也可以在保险事故发生时,按照当时保险标的实际价值确定。在财产保险合同中,保险金额可以等于或小于保险价值,保险价值可以等于或小于实际价值。保险法理论上通常认为,定值保险合同,是指投保人和保险人在订立财产保险合同时,根据保险标的实际价值来明确约定保险金额的保险合同。定值保险合同多适用于以某些不易确定价值的财产,如字画、古玩等,其保险标的保险价值由双方自愿确定。不定值保险合同表现为投保人和保险人在订立财产保险合同时不明确保险标的实际价值,只是列明保险金额作为保险赔偿的最高限额的保险合同。其实际保险价值只有等保险事故发生后,再另行估价。其适用于一般财产保险合同,尤其是火灾保险。定值保险合同成立后,一旦发生保险事故,双方在合同中事先确定的保险价值应为保险人给付保险赔偿金额的计算依据。审判实践中分为两种情况:一是保险标的发生全部损失,无论该标的实际损失如何,保险人均应支付合同约定的保险金额的全部,不必对保险标的重新估价;二是保险标的发生部分损失,则只需确定损失的比例,该比例与双方确定的保险价值的乘积,即为保险人应支付的赔偿金额,无须重新对保险标的实际损失的价值进行估量。不定值保险合同中,保险标的损失额以保险事故发生时保险标的的实际价值为计算依据,但最高赔偿金额不得超过保险金额。

【案例8-1】 赵某某诉中国人民保险公司温县支公司车辆损失理赔案

二审法院认为,原告与被告签订的车辆保险合同的格式条款已明确约定了投保车辆出险时,按车辆出险时的实际价值计算理赔方式。据此,应当认定该保险合同为不定值保险。原告投保车辆发生全部损失,被告保险公司应按该车出险时的实际价值计算赔偿。根据国家、河南省等有关汽车报废标准和涉案车辆价格评估等规定,确定投保人赵某某车辆出险时的实际价值为10万元。因此,原告投保的车辆发生全部毁损,被告应按该车出险时的实际价值10万元履行赔付义务。保险公司认为其与投保人签订的保险合同不属于定值保险,应按出险时的实际价值理赔的上诉理由成立,予以支持。原审将双方签订的财产保险合同认定为定值保险合同,并按双方当事人约定的25万元保险价值判决保险公司履行赔付义务不当。[1]

在不足额投保的情况下,保险标的发生损失,保险人按照保险金额与保险价值比例负赔偿责任,具体应按保险条款的约定办理。

【案例8-2】 宏基燃料公司诉太保财险公司广州分公司保险合同纠纷案

判决观点,原告、被告的备忘录是双方的真实意思表示,不违反法律强制性规定,合法有效,其中关于碰撞事故损失数额的约定应作为确定保险赔付数额的依据。[2]

实践中,保险公司更多的是按照有效保险合同约定进行赔付。保险金额是保险公司承担赔偿责任的最高限额,除法律和保险合同特别约定外,保险公司的赔付数额以保险金额为限。

【案例8-3】 宿州市北方汽车租赁有限公司灵璧分公司诉华安财产保险股份有限公司宿州中心支公司财产保险合同纠纷案

二审法院认为,在发生保险事故时,华安财保支公司应当按照保险合同约定进行赔付。《华安财产保险股份有限公司机动车辆商业保险条款(2006版)》对如何确定赔款进行了约定,按照约定,华安财保支公司的赔款=实际修复费用×30%。对于汽车租赁分公司投保车辆损失险的皖L23×××牌号车辆因交通事故受损的修理费用原判认定为71,970元,双方均未提出上诉,予以确认。因此,华安财保支公司应当赔付汽车租赁分公司车辆损失为21,591元(71,970元×30%)。汽车租赁分公司认为华安财保支公司应当赔付保险车辆的全部损失,不符合双方合同的约定,不予支持。[3]

保险赔付金额的确定,可以由双方委托鉴定机构作出结论,由法官裁量采信。

【案例8-4】 绍兴市顶味商贸有限责任公司诉中国太平洋财产保险股份有限公司绍兴中心支公司保险合同纠纷案

判决观点,深圳市智信达保险公估有限公司由被告委托,并经原告认可,该公司对于损失的评估过程应认为双方认可一致,由此而得出的公估结论,

---

〔1〕 参见最高人民法院中国应用法学研究所编:《人民法院案例选》(2004年商事·知识产权专辑)(总第49辑),人民法院出版社2005年版,第297页。

〔2〕 参见最高人民法院中国应用法学研究所编:《人民法院案例选》2005年第3辑(总第53辑),人民法院出版社2006年版,第438页。

〔3〕 参见最高人民法院中国应用法学研究所编:《人民法院案例选》2010年第2辑(总第72辑),人民法院出版社2011年版,第190页。

可以作为本案的定案证据，但公估报告中对财产权属的认定，不属于公估公司的职权范围，法院不予采信。法院调取的火灾报告表中载明直接损失5万元，该金额并无相应的损失明细清单，也无受损方提出的损失依据，且从该表的制作时间（2008年4月30日13时56分52秒）来看，在火灾发生尚不足14小时内，对火灾损失并不能作出一个准确的认定。因此，法院以公估结论认定火灾受损的情形。如前所述，本案所涉保险既为续保，则应采用原保险单确定部分内容，如承保标的。在原保险单中，存货的保险金额为150万元，而公估报告中最终确定的存货损失为2,028,332.7元，因此对存货部分的损失，原告可在存货保险金额的范围内请求理赔。对租赁房屋的损失，因原告提供的证据仅能证明其赔偿给出租人姜某某人民币5万元，该金额未超过原告、被告对承保标的的租赁房屋的保险金额（50万元），法院予以支持。[1]

修订后的《保险法》对被保险人与第三者签订的调解协议书能否作为保险赔偿依据并没有明确规定，在《保险法解释（四）》颁布前是有争议的问题。

【案例8－5】　任某某诉大众保险股份有限公司宁波分公司保险合同纠纷案

判决观点，对于《交通事故损害赔偿调解书》中确定的治疗费，因有医院出具的收费收据、收费项目明细单等证据证实，法院予以认定。对于丧葬费和死亡补偿费，原告、被告双方对金额无异议，法院予以认定。对于交通费和住宿费，因原告未提供调解书上相应金额的发票，故法院对被告核定的金额予以认定。[2]

调解协议和民事调解书中的赔偿费用是双方当事人自愿协商一致的结果，在保险纠纷中一般不宜作为认定赔偿费用的依据，除非保险人认可。如果保险人对这些费用提出异议，法官应当根据保险合同的约定重新作出认定。民事判决书是法院根据国家的有关法律法规作出的裁判文书，其确定的赔偿金能否作为保险纠纷中保险赔金的依据，应依保险合同的具体约定而定。如果民事判决书中约定的是按同一部法律来计算赔偿金的，则在审理保险纠纷中，对各项赔偿费用无须再重新审查，可以直接作为确定保险赔偿金的依据。否则，法官应依法对各项费用重新核定。换言之，在保险公司未参与调解的情况下，调解协议确定的赔偿数额不能直接认定为保险理赔的数额。

---

〔1〕　参见最高人民法院中国应用法学研究所编：《人民法院案例选》2011年第2辑（总第76辑），人民法院出版社2011年版，第183页。

〔2〕　参见最高人民法院中国应用法学研究所编：《人民法院案例选》2008年第3辑（总第65辑），人民法院出版社2009年版，第320页。

【案例8－6】 程某某诉中国太平洋财产保险股份有限公司云浮中心支公司保险合同纠纷案

判决观点,在交强险和商业险同时存在但保险公司未参与调解的情况下,请求权人与交通事故受害人达成调解协议,即使调解协议赔偿数额未超出保险赔偿限额,保险公司具体理赔数额也应由法院进行核实确认。经核实,该次交通事故造成原告的损失有:丧葬费20,387元,死亡补偿金310,671元,精神损失抚慰金20,000元,处理丧事及赔偿事宜误工费和交通费1000元,共计352,058元。[1]

法院主持投保人在交通肇事后与受害人达成调解协议,保险公司是否应当按照调解书确定的投保人承担的责任进行赔偿有争议。根据《保险法解释(四)》第十九条的规定,笔者认为,民事调解书中并不是对投保方与受害人的民事责任比例直接作出认定,只是确认双方自愿承担的责任比例,不应当直接将民事调解书确定的责任比例作为确定保险公司赔付保险金的依据。例如,王某某诉中国平安财产保险股份有限公司厦门分公司保险合同纠纷案。[2]

保险事故发生后,公安机关交通管理部门主持调解达成的协议,可以在诉讼中作为请求权人经济损失的依据。

【案例8－7】 覃某某诉中国太平洋财产保险股份有限公司贵港中心支公司保险合同纠纷案

二审法院认为,被上诉人驾驶其在上诉人处投保的车辆发生交通事故,致使案外人李某某的房屋受损,经具有资质的鉴定机构对受损房屋的安全性和受损价格进行鉴定和认定,其出具的《鉴定报告书》和《价格认证结论书》合法有效,依法应予确认。按照《价格认证结论书》所确定的房屋受损价格,经交警部门调解,被上诉人对受损房屋屋主进行赔偿,并无不当。据此维持了一审法院判决的保险公司给付覃某某垫付赔偿款30,500元。[3]

保险人放弃对保险标的价值调查核实作出承保,应以保险合同约定标的价值作为理赔依据。

---

〔1〕 参见国家法官学院案例开发研究中心编:《中国法院2014年度案例》(保险纠纷),中国法制出版社2014年版,第171页。广东省云浮市人民法院(2012)云城法民初字第288号民事判决书。

〔2〕 参见最高人民法院中国应用法学研究所编:《人民法院案例选》2009年第4辑(总第70辑),人民法院出版社2010年版,第396页。

〔3〕 参见国家法官学院案例开发研究中心编:《中国法院2018年度案例》(保险纠纷),中国法制出版社2018年版,第24页。广西壮族自治区贵港市中级人民法院(2016)桂08民终542号民事判决书。

【案例8－8】　重庆雄霸汽车运输有限公司诉中国太平洋财产保险股份有限公司垫江支公司保险合同纠纷案

二审法院认为,保险人放弃对保险标的价值调查核实作出承保的行为表明其认可保险合同约定的标的价值,应以保险合同约定标的价值理赔。原判适用不当,依法予以纠正。[1]

个案中,保险人对赔偿依据提出抗辩的,由法官行使自由裁量权确定。

【案例8－9】　中国冶金地质总局中南局长沙地质勘查院与中国人民财产保险股份有限公司长沙支公司等保险代位求偿权纠纷再审案

最高人民法院认为,财保长沙公司作为保险人,对投保人仓库虽依法具有检查的权利,可以提出消除不安全因素和隐患的书面建议,但即使未检查出安全隐患,也难以作为减轻其他主体责任的法律依据。[2]

应注意的是,投保车辆投保前已经改装,目的是超载,保险公司知情仍然同意承保,其限制保险公司绝对免赔率适用。

(二)保险理赔标准

1. 医保标准条款

《保险法解释(三)》第十九条规定:"保险合同约定按照基本医疗保险的标准核定医疗费用,保险人以被保险人的医疗支出超出基本医疗保险范围为由拒绝给付保险金的,人民法院不予支持;保险人有证据证明被保险人支出的费用超过基本医疗保险同类医疗费用的标准,要求对超出部分拒绝给付保险金的,人民法院应予支持。"该条规定有以下几层含义:其一,本条款适用前提条件是,保险人已对医保标准条款明确说明产生法律效力。其二,保险人应对主张超过基本医疗保险同类医疗费用的标准承担举证责任。其三,法律认可医保标准理由。医疗费用保险属于商业保险,医保标准是保险人厘定保险费率的基础,如果对医保标准条款完全不认可,判令保险人对医保标准之外的医疗费用全部赔付,会导致双方当事人之间的对价不平衡,且保险人需要赔付的范围无法控制,保险人将缺乏厘定保险费的基础,认定该条款无效亦缺乏充足的依据。但如果完全按照保险人的理解

---

〔1〕 参见国家法官学院案例开发研究中心编:《中国法院2019年度案例》(保险纠纷),中国法制出版社2019年版,第89页。重庆市第三中级人民法院(2017)渝03民终102号民事判决书。

〔2〕 最高人民法院(2013)民申字第85号民事裁定书。

仅判令保险人给付医保范围内的医疗费用,则不符合对价平衡原则,亦有违投保人的合理期待,对投保人一方有失公平。[1]

【案例8－10】 唐某某诉中国人民财产保险股份有限公司天津市津南支公司保险合同纠纷案

判决观点,被告在答辩中提出,同意按照交强险的规定,依照国家医保规定承担10,000元限额内的医疗费,不同意理赔非医保药品费用。对上述抗辩意见,法院认为,首先,被告并未举证证明,在签订保险合同时,非医保药品费用不在理赔范围之内,向原告履行了明确的告知义务,而且使用药品是医院的行为,治疗受害人需要使用何种药物取决于医院,而非被保险人或受害人所能控制的。因此,对被告的该项抗辩意见不予采信。据此,法院判决被告在交强险范围内给付原告保险理赔金23,800元。[2]

交强险中医疗费不应当按照国家基本医疗保险的赔偿标准计算理赔。

【案例8－11】 格尔木长城出租车有限公司诉中国人民财产保险股份有限公司格尔木市分公司财产保险合同纠纷案

判决观点,涉案保险合同是一份商业性的保险合同,保险人收取的保费金额远高于国家基本医疗保险。被告保险公司按照商业性保险收取保费,却按照国家基本医疗保险的标准理赔,有违诚信。故被告保险公司根据涉案保险合同约定,"按照国家基本医疗保险的标准核定医疗费用的赔偿金额"部分理赔的抗辩意见,法院不予采纳。[3]

2. 重复保险的赔付标准

损失填保原则是保险制度的一项重要原则。在财产保险中,为防止投机获益及道德风险的发生,保险的目的被限定在既定损失的补偿,而不允许投保人通过保险事故的发生获得额外的利益。重复保险获得的赔偿,从不同保险人处获得保险理赔金额不能超过向受害人赔偿的金额。

---

〔1〕 参见最高人民法院民事审判第二庭编著:《最高人民法院关于保险法司法解释(三)理解与适用》,人民法院出版社2015年版,第498页。

〔2〕 参见国家法官学院案例开发研究中心编:《中国法院2016年度案例》(保险纠纷),中国法制出版社2016年版,第36页。天津市和平区人民法院(2013)和民三初字第785号民事判决书。

〔3〕 参见国家法官学院案例开发研究中心编:《中国法院2014年度案例》(保险纠纷),中国法制出版社2014年版,第159页。青海省格尔木市人民法院(2012)格民初字第1124号民事判决书。

【案例 8 - 12】　茌平县第四汽车运输有限公司诉永诚财产保险股份有限公司聊城中心支公司财产保险合同纠纷案

判决观点，本案中，徐某某驾驶车辆发生交通事故，致使徐某某及随车人员马某某死亡，此时，对于徐某某、马某某的损失应当依据交通事故侵权责任的相关情况，由侵权人按照各自的份额共同赔偿。受害人徐某某、马某某均是原告公司雇员，原告为其投保有雇主责任险，同时，原告为其名义上所有的事故车辆鲁 P××××牌号重型半挂车投保有车上人员责任险，且事故发生时该两份保险均在保险期间内。雇主责任险与车上人员责任险均系财产保险，原告基于损失风险的分散，对同一保险标的、同一保险利益、同一保险事故分别与被告永诚财险保险公司及中国人民财产保险股份有限公司茌平支公司订立了保险合同，显然属于重复保险。依照《保险法》第五十六条关于重复保险的规定，对于本案交通事故造成的对徐某某、马某某的损失，其中属于原告第四汽车运输公司赔偿的部分，应当由被告永诚财险保险公司及中国人民财产保险股份有限公司茌平支公司共同赔偿，且各保险人赔偿保险金的总额不得超过保险价值。[1]

3. 保险赔付标准法官自由裁量

如果按被保险人受伤定残，保险人以伤残情形在《比例表》中查找不到对应标准为由拒赔的，法官可以行使自由裁量权，按照通常评定标准确定的伤残等级，对应《比例表》相应的等级来确定赔付金额。

【案例 8 - 13】　倪某某诉天安保险股份有限公司无锡市中心支公司人身保险合同纠纷案

一审法院认为，关于倪某某主张的意外伤害残疾保险金，虽其伤残情况与《比例表》中的伤残情形不能完全对应一致，但其伤残程度明显高于《比例表》中的第九级伤残；现在之所以不能找到对应关系，是因《比例表》所列的伤残情形范围过窄。现倪某某主张按第九级伤残要求赔偿意外伤害残疾保险金 4000 元（100,000 元×4%），符合法律规定，亦不损害天安保险无锡公司的权益，应予以确认。二审法院认为，保险条款虽约定了意外伤害残疾保险金的给付条件是被保险人所受的伤害需符合《比例表》中所列的残疾程度，但因《比例表》中所列举的残疾情况有限，而人身伤害的情况存在多样性，医务机构及医疗鉴定机构对受害人伤情所作的表述也无固定标准可循，

---

〔1〕　参见国家法官学院案例开发研究中心编：《中国法院 2017 年度案例》（保险纠纷），中国法制出版社 2017 年版，第 117～118 页。山东省聊城市茌平县人民法院（2015）茌商初字第 195 号民事判决书。

故《比例表》并不可能涵盖受害人可能受到的各种伤残。港务公司与天安保险无锡公司签订保险合同的目的是保障其员工在遭受意外伤害后能获得一定赔偿，且港务公司并非具有医疗专业知识的主体，故其无法预见其员工可能因所受伤害不在《比例表》中列举的伤残情形之列而无法获得赔偿，因此，将被保险人所受伤残情形限制在《比例表》列举情形之内并非港务公司签订合同时的真实意思表示。综上，原审法院所作判决结果并无不当，可予维持。[1]

实践中，被保险人投保后变更职业的，其赔偿标准的认定。

【案例8－14】　严某某诉中国太平洋人寿保险股份有限公司巴音郭楞中心支公司人身保险合同纠纷案

判决观点，被保险人投保后外出务工并改变职业，期间意外身亡，死亡原因与其职业没有直接的因果关系。保险公司没有证据证明其在出售保险时告知了投保人该项保险存在职业分类和赔付标准区别的规定，则其规定的职业分类和赔付标准条款对保险人不产生法律效力，保险公司应当按照投保时被保险人的职业分类进行理赔。[2]

应当注意的是，在保险价值能否随意约定上，有两种不同意见。最高人民法院法官认为，应当区别保险标的的实际价值是否可以确定，分别作出不同的处理。对于那些容易判断实际价值的保险标的，以其实际价值为保险价值的上限。否则，意味着被保险人可以通过保险事故的发生而获得利益，违反损失补偿这一财产保险的基本原则。对于那些不容易判定实际价值的保险标的，如文物、集装箱内的整箱货物等，则应允许当事人约定保险标的保险价值。但约定的保险价值在保险事故发生时显著高于保险标的物之实际价值的，为贯彻保险的补偿原则，仍不能以约定价值为赔偿标准。[3]

保险合同是由一组书面文件共同构成的，保险单与保险条款均是保险合同的组成部分。实践中，因保险条款需要保险公司向保险监管机构备案，而保险单的记载则可由保险公司自行决定，因此保险单记载与保险条款约定事项不一致时，应以保险条款作为赔偿标准，除非保险人能举证证明保险单与保险条款相抵触的记载得到了投保人的明示同意，否则不发生法律效力。

---

〔1〕 参见国家法官学院案例开发研究中心编：《中国法院2012年度案例》（保险纠纷），中国法制出版社2012年版，第187页。

〔2〕 参见《人民司法·案例》2008年第8期。

〔3〕 参见最高人民法院保险法司法解释起草小组编著：《〈中华人民共和国保险法〉保险合同章条文理解与适用》，中国法制出版社2010年版，第362页。

【案例8-15】　刘某某诉中国某保险股份有限公司保险合同纠纷案

二审法院认为，本案中，从投保单反映的订约过程可见，双方未就生存保险金金额明确计算，仅就保险条款进行告知和说明，而按照保险条款第七条约定，缴费期满生存保险金为累计缴纳保险费额。但保险公司以出具记载有不同内容保险单的方式单方变更了双方已商定的合同内容，即生存保险金金额为809,600元，并未得到刘某某的明示同意，对刘某某没有法律约束力。故一审判决保险公司还应该按照保险条款约定支付刘某某生存保险金60,000元并无不当。综上，保险公司的上诉请求不能成立，应予驳回；一审判决认定事实清楚，适用法正确，应予维持。[1]

4. 未交付保险条款理赔标准

【案例8-16】　邬某某与美亚财产保险有限公司上海分公司保险合同纠纷案

判决观点，就意外伤残赔残标准，原告主张按照交通事故赔偿标准，即十级计算为95,420元。被告则认为原告的伤情在保险合同约定的《残疾程度和保险金给付比例表》中没有对应的残疾程度项目，不予赔付。法院认为：第一，因被告未交付保险条款，故该条款中载明的《残疾程度和保险金给付比例表》不应适用本案。第二，原告所依据的道路交通事故人身损害赔偿标准是侵权行为人承担的相应责任的标准，本案中原告、被告双方系保险合同关系，被告并非侵权人，原告虽未收到保单及保险条款，但其提供的行程单上已经载明了保险项目及保险金额，被告承担保险赔偿责任的标准应与道路交通事故中侵权行为人的标准不同，故原告要求按照道路交通事故人身损害赔偿标准计算残疾赔偿金缺乏依据，法院难以支持。而在保险合同关系中，一般是根据被保险人的残疾之严重程度按照相应的比例支付意外伤残保险金，本案中，原告的残疾之严重程度，按照《道路交通事故受伤人员伤残评定》的标准构成十级伤残，故法院酌定被告按照10%的比例支付原告意外伤残保险金20,000元。关于医疗费2101.70元，因保险条款未交付原告，相应的行程单亦未明确为补偿型医疗保险，故应视为非补偿型医疗保险，被告应全额赔付医疗费2101.70元。[2]

5. 意外伤害保险标准套用工伤致残等级标准问题

团体意外伤害保险赔偿和工伤赔偿，虽然两者赔偿时都需依据伤残定级，

---

〔1〕 参见国家法官学院、最高人民法院案例研究院编：《中国法院2020年度案例》（保险纠纷），中国法制出版社2020年版，第196页。江苏省无锡市中级人民法院（2017）苏02民终5547号民事判决书。

〔2〕 参见郭伟清主编：《2017年上海法院案例精选》，上海人民出版社2018年版，第256页。

但是,团体意外伤害保险赔偿时依据的伤残评定能否直接套用工伤致残等级评定,还是应看保险合同所附条款的具体约定。保险合同约定团体意外伤害保险赔偿的伤残评定直接套用工伤致残等级评定的,按照约定优先的原则可按照工伤致残等级评定确认,反之限制适用工伤致残等级评定。两者的差异为:工伤序列中的劳动能力鉴定重在对劳动功能障碍程度的等级鉴定,而意外伤害保险重在对生活自理障碍程度的等级评定。前者的评定要求显然高于后者。

【案例8-17】 昊辰(无锡)塑业有限公司诉华夏人寿保险股份有限公司无锡分公司保险合同纠纷案

判决观点,关于昊辰公司所述华夏人寿保险公司在合同签订时向其说明伤残评定直接按照劳动鉴定部门鉴定的工伤级别进行赔付的意见,法院认为,昊辰公司申请到庭作证的证人陆某某已明确其并非华夏人寿保险公司的保险代理人,且陆某某亦无法明确其交付给昊辰公司"按照新残疾标准执行团体意外伤害"的附件是不是华夏人寿保险公司出具的。据此,昊辰公司该项辩解意见法院不予采信。法院认为,即使昊辰公司受让了6名职工向华夏人寿保险公司主张赔偿的权利,本案中,昊辰公司并未提供证据证明徐某某等6名职工发生意外伤害后存在按照《人身保险伤残评定标准》评定的伤残项目。昊辰公司已提供的证据仅能证明徐某某等6名职工的工伤等级,系按照《劳动能力鉴定职业工伤与职业病致残等级》(GB/T 16180—2014)评定。前后评定并非同一标准。综上,昊辰公司要求华夏人寿保险公司支付保险金34万元的诉讼请求,法院不予支持。[1]

对行政机关制定意外伤害保险赔偿文件中标的保险人,其发生保险事故的,亦应按文件规定赔偿标准执行。

【案例8-18】 杨某诉中华联合财产保险股份有限公司丹东市宽甸支公司保险合同纠纷案

判决观点,辽宁省住房和城乡建设厅于2013年5月22日下发辽住建〔2013〕132号文件,文件针对建筑工程施工人员意外伤残保险金的给付标准进行了明确的修正,而中华财产保险公司宽甸支公司作为中标单位,应遵守此文件中关于伤残保险金按照国家劳动部工伤伤残实际伤残标准的规定,即按照《职工工伤与职业病致残程度鉴定标准》(GB/T 16180—2006)的规定确定伤残给付标准。按此标准,原告的伤残等级经司法鉴定为七级伤残,

---

〔1〕 参见国家法官学院案例开发研究中心编:《中国法院2019年度案例》(保险纠纷),中国法制出版社2019年版,第174页。江苏省无锡市锡山区人民法院(2016)苏0205民初4443号民事判决书。

应由保险人既被告给付原告70,000元的伤残保险金。故对此节被告提出的应依据保险合同的约定,原告的损伤程度应按照保险合同给付比例表来确定其伤残程度的抗辩意见,法院不予采信。综上,对于原告请求被告赔偿其意外伤害保险金70,000元,医疗费22,000元(扣除人民币100元免赔额),住院补贴7200元,各项款项合计99,200元的诉讼请求,法院予以支持。[1]

6. 保险公司另行约定伤残评定标准

保险公司另行约定伤残评定标准实质改变法定标准,提高了定残标准,可视为免责条款,未作提示或者明说明的,该条款不产生效力。

【案例8-19】 周某诉安联财产保险(中国)有限公司保险合同纠纷案

二审法院认为,《人体损伤致残程度分级》是由最高人民法院、最高人民检察院、公安部、国家安全部、司法部联合发布的,适用于人身损害致残等级进行鉴定,是法定的、通用的人身损害致残程度等级鉴定标准。现安联保险公司以双方约定为由,主张适用《人身保险伤残评定标准》(行业标准)对周某的伤残等级进行鉴定。保险条款的约定改变了法定标准,存在提高定残标准之嫌,属于《保险法解释(二)》第九条规定的"减轻保险人责任的条款",可以认定为《保险法》第十七条第二款规定的"免除保险人责任的条款",安联保险公司依法应当履行提示和说明义务。本案中,且不论保险条款有无向周某送达或出示,安联保险公司自行提供的保险条款中对于伤残鉴定标准的约定并未使用能够引起投保人注意的特殊字体进行提示,更未能举证证明已经就该条款对投保人进行了明确说明。综上,安联保险公司未尽提示和明确说明义务,保险条款中有关适用《人身保险伤残评定标准》(行业标准)的约定对投保人不发生法律效力。安联保险公司请求按《人身保险伤残评定标准》(行业标准)对周某进行伤残鉴定理据不足,不予准许。[2]

---

〔1〕 参见国家法官学院案例开发研究中心编:《中国法院2017年度案例》(保险纠纷),中国法制出版社2017年版,第148页。辽宁省丹东市宽甸满族自治县人民法院(2015)宽民二初字第01663号民事判决书。

〔2〕 参见国家法官学院、最高人民法院案例研究院编:《中国法院2020年度案例》(保险纠纷),中国法制出版社2020年版,第156页。广东省珠海市中级人民法院(2018)粤04民终3220号民事判决书。

(三)保险理赔范围

1. 被保险人未在保险合同约定的医疗服务机构就医是否在理赔范围有不同观点

《保险法解释(三)》第二十条规定:“保险人以被保险人未在保险合同约定的医疗机构接受治疗为由拒绝给付保险金的,人民法院应予支持,但被保险人因情况紧急必须立即就医的除外。”该条规定有以下几层含义:其一,法律认可合同约定医疗机构治疗的效力,坚持合同约定优先。其二,存在例外情况,被保险人因情况紧急必须立即就医的除外。

【案例8－20】 李某与某保险公司保险合同纠纷案

判决观点,李某意外受到伤害,被告保险公司辩称李某没有到二级以上(含二级)医院进行治疗,不符合保险理赔条件。李某是经被告保险公司认可的医疗机构甲市人民医院的建议到某专业医院进行的治疗,并不是其随意行为。被告保险公司认为李某治疗意外伤害的医院不符合保险条款规定的等级,保险人不应当承担给付意外伤害医疗保险金责任的抗辩主张,不应得到支持。李某在被告保险公司投保的意外伤害医疗保险最高理赔金额为5000元,故其要求被告保险公司理赔7515元医疗费中超出5000元的部分不应得到支持。鉴于上述情况,故法院判决由被告保险公司给付原告李某意外伤害医疗保险金5000元。[1]

2. 宣告死亡保险理赔

《保险法解释(三)》第二十四条规定:“投保人为被保险人以订立以死亡为给付保险金条件的保险合同,被保险人被宣告死亡后,当事人要求保险人按照保险合同约定给付保险金的,人民法院应予支持。被保险人被宣告死亡之日在保险期间之外,但有证据证明下落不明之日在保险责任期间之内,当事人要求保险人按照保险合同约定给付保险金的,人民法院应予支持。”该条规定有以下几层含义:其一,被保险人宣告死亡确认为拟制死亡,属于死亡险的保险事故范围。其二,宣告死亡的时间是一种法律推定。其三,有证据证明被保险人下落不明日期在保险

---

〔1〕 参见最高人民法院民事审判第二庭编著:《最高人民法院关于保险法司法解释(三)理解与适用》,人民法院出版社2015年版,第508页。

责任期间,而宣告死亡时间在保险责任之外的,不影响请求保险理赔。其四,本条司法解释所确立的规则属于绝对强制规定,不得变更。[1]

【案例 8－21】　罗某与某保险公司保险合同纠纷案

一审法院认为,保险合同责任免除条款并无宣告死亡(时间)相应内容的表述,保险公司拒赔使宣告死亡情形变成了保险合同中保险人的"事实免责"。"事实免责",是指虽无明确的保险免责条款,但依相关法律可以推知保险人能够事实上免除其责任。二案中,被保险人陈某下落不明、罗小某意外伤害下落不明被法院宣告死亡经过的法定期间为 5 年及 2 年 3 个月,对于投保以死亡为给付保险金条件的 1 年期意外保险,尽管保险合同没有明确责任免除条款,但被保险人被宣告死亡的这种情形,保险公司事实上不可能赔付,这使得被保险人的保险权益"事实受损"。鉴于此,保险公司应当认定陈某、罗小某宣告死亡属于保险责任,应向受益人如实给付身故保险金。法院一审判决保险公司向陈某女儿、罗某给付身故保险金 10 万元、1 万元。二审法院亦持同样意见,维持一审判决。[2]

3. 保险合同附加险理赔

附加险属于投保人需要另行支付保险费用而承保的险种,其基本险(主险)和附加险之间的关系为主合同与补充合同的关系。但二者关系具有特殊性,附加险条款的规定应当优先适用,附加险条款就同一内容规定相抵触的,适用附加险条款的规定。附加险条款没有规定而主险条款有相应规定的,适用主险条款的规定。在主合同成立的情况下,保险人在附加险条款中以格式条款排除被保险人应享有的合同权利,不影响保险人在理赔范围承担义务。

【案例 8－22】　王某与太平人寿保险有限公司平顶山中心支公司保险合同纠纷案

一审法院认为,本案中,保险合同签订后,黄某依约交纳了 3 个险种的保费,全面履行了自己的合同义务。在理赔时,被告保险公司仅向原告王某支付了 2 个险种保险金的义务,未全面履行自己的合同义务。"太平附加真爱重大疾病保险"条款第 4 条的规定排除了投保人在履行交纳 3 份保险费的义务后享有得到相应保险金的合同权利,且该合同条款为被告保险公司提供的格式条款。依据《保险法》的相关规定,上述格式条款无效。被告保险公司

---

〔1〕 参见最高人民法院民事审判第二庭编著:《最高人民法院关于保险法司法解释(三)理解与适用》,人民法院出版社 2015 年版,第 574 页。

〔2〕 参见最高人民法院民事审判第二庭编著:《最高人民法院关于保险法司法解释(三)理解与适用》,人民法院出版社 2015 年版,第 572 ~574 页。

提供的格式保险条款将脑出血疾病排除在重大疾病之外,原告、被告对此产生争议。应当按通常理解作出有利于被保险人和受益人的解释,黄某所患疾病为合同约定的重大疾病范围。二审法院亦持同样意见,维持一审判决。[1]

4. 工伤与交通事故竞合理赔

工伤保险是一种隶属于劳动法体系下的社会保险制度,劳动者获得的工伤待遇具有国家强制性,与因第三人侵权而获得的民事赔偿是两种法律关系,由此产生两种赔偿请求权。两种赔偿请求权各自独立,侵权人并不能因受害人享受工伤待遇而免于承担侵权责任。与此同时,用人单位不能因职工已获得侵权赔偿而免除工伤赔偿责任。现行法律法规支持双重赔偿,只是医疗费不可兼得。

【案例8-23】 邓某与广安市联发民用爆破工程有限公司工伤保险待遇纠纷案

二审法院认为,本案中,邓某的受伤性质经人力资源和社会保障局认定为工伤,由于联发公司没有向社会保险经办机构为邓某办理缴纳社会保险费和参加工伤保险,邓某因工伤所应享有的工伤保障待遇依法应由联发公司支付。但交通事故案件中已确定由第三人支付邓某的医疗费用,应从工伤保险待遇总额中予以扣除。[2]

【案例8-24】 黄某某、林某某诉南安市水头镇阿红水暖经营部工伤保险待遇纠纷案

判决观点,团体意外保险理赔款100,000元不应在本案的工伤保险待遇款中作抵扣,黄某某、林某某有权向南安市水头镇阿红水暖经营部全额主张工伤保险待遇款。[3]

交通事故人身损害赔偿与工伤赔偿竞合时,多数法院选择适用补充赔偿方式,既可以选择工伤赔偿,也可以选择人身损害赔偿,当事人在获得其中一种赔偿后,还可以就其与另一种赔偿之间的差额另行主张,但其最终获得的赔偿不得超过其实际遭受的损失。

【案例8-25】 何某某等诉成都市新津大通桥梁附件厂工伤保险待遇纠纷案

判决观点,三原告已从交通事故的责任人郑某某处获得赔偿款572,900

---

〔1〕 河南省平顶山市中级人民法院(2010)平民二终字第352号民事判决书。

〔2〕 参见国家法官学院案例开发研究中心编:《中国法院2019年度案例》(保险纠纷),中国法制出版社2019年版,第177页。四川省广安市中级人民法院(2017)川16民终410号民事判决书。

〔3〕 参见国家法官学院案例开发研究中心编:《中国法院2019年度案例》(保险纠纷),中国法制出版社2019年版,第179页。福建省南安市中级人民法院(2016)闽0583民初10095号民事判决书。

元(含丧葬费72,900元)。故被告以交通事故责任方已赔偿费用抵扣其工伤赔偿责任的主张,法院予以支持。综上,被告还应支付三原告的工亡赔偿款为12,946元(585,846元－572,900元)。对被告提出的被告为工伤职工购买的人身意外险,应当抵扣被告的工伤赔偿责任的主张。人身意外险应属《保险法》调整范畴,用人单位为劳动者购买的人身意外险是用人单位给劳动者的福利,并不能减轻用人单位的工伤赔偿责任,故法院对被告的该项主张不予支持。[1]

【案例8－26】　成都市升阳升物业管理有限公司诉王某某工伤保险待遇纠纷案

一审法院认为,王某某在交通事故诉讼中获得的医疗费、交通费、误工费等费用系对王某某因伤治疗期间直接损失和间接损失的赔偿,而一次性工伤医疗补助金系对王某某定残后可能产生的续医费的一次性补偿,伤残就业补助金系对劳动者因伤致残后劳动能力降低所作的补偿,两类赔偿(补偿)费用目的不同,功能各异,不构成双重赔偿,故本院对升阳升公司要求无须支付王某某工伤保险待遇8539.5元的请求不予支持。关于停工留薪工资2500元,升阳升公司认为王某某已在交通事故诉讼中获得了误工费,升阳升公司无须再向王某某支付停工留薪工资,本院认为,侵权法中误工费的功能在于填补受害人因伤误工的收入损失,停工留薪工资的功能在于保证劳动者在治疗期内的收入不因工伤而降低,两者均不具有给予受害人额外利益的立法目的,故王某某有权获得的停工留薪工资和误工费之和不应超过受害人受伤后至定残前正常工作时的可得收入,即5600元(140天×1200元÷30天),因王某某在交通事故诉讼中已获得误工费3600元,故升阳升公司应当补足的停工留薪工资应为2000元。二审法院亦持同样意见,维持一审判决。[2]

5. 人身保险重复赔偿

在人身保险合同中,现行《保险法》并未限制重复投保,被保险人或受益人可以重复受偿。在保险合同中,损失补偿原则是适用财产保险的一项基本原则,但该原则不适用于人身保险。

---

〔1〕 参见国家法官学院案例开发研究中心编:《中国法院2014年度案例》(保险纠纷),中国法制出版社2014年版,第39页。四川省成都市新津县人民法院(2012)新津民初字第720号民事判决书。

〔2〕 参见国家法官学院案例开发研究中心编:《中国法院2014年度案例》(保险纠纷),中国法制出版社2014年版,第42页。四川省成都市中级人民法院(2012)成民终字第1450号民事判决书。

【案例8－27】 谢某某与中国人寿保险股份有限公司广西壮族自治区分公司人身保险合同纠纷案

判决观点,本案中,原告谢某某发生交通事故后,其医疗费虽已从第三方获得赔付,但原告谢某某的该项赔偿是依据其与侵权人之间产生的侵权法律关系而获取的侵权赔偿。原告谢某某要求被告中国人寿赔偿的保险金,是依据双方之间签订的保险合同产生的合同法律关系获取的赔偿。据此,对于住院费用6779.67元,被告中国人寿应当进行理赔。[1]

6.保险公司单方提供的“职业类别分类表”不能作为拒赔的依据

【案例8－28】 曹某等诉新华人寿保险股份有限公司郴州中心支公司保险合同金纠纷案

判决观点,被告提供职业类分类表(职业编码)一页,用于证明投保时被保险人邓某某被告知从事电梯安装非高空作业,但实际从事的是电梯安装高空作业,被保险人实际从事安装高空作业是属于被告拒保的职业类别。但被告并未将该职业分类表作为保险合同的附件送达投保人和被保险人签收。什么是高空作业,什么是非高空作业,非高空作业是否就是地面作业,被告并未提供证据证明其就“高空作业”与“非高空作业”的区别以及“高空作业”是属于被告拒保的职业类别向投保人作出明确说明,且《吉瑞综合意外伤害保险条款》第2.4条责任免除条款中对保险公司不承担保险责任的诸如“潜水、跳伞、攀岩、探险、武术、摔跤比赛、特技表演、赛马、赛车等高风险运动”作出了详细规定,却并未对“高空作业”作出拒保、免责和拒赔约定,故被告提供的“职业类别分类表”不能作为本案认定事实以及拒绝赔付保险金的依据。[2]

7.商业三者险赔偿范围

商业三者险赔偿范围应按照保险合同的约定来界定。

保险合同约定“按照国家基本医疗保险的标准核定医疗费用的赔偿金额”,但并没有规定对非医保用药如何进行处理。既然没有明确不予理赔,就不能认为非医保用药一定不能赔偿。也就是说,保险人按照国家基本医疗的标准来确定非医保用药是否合理,如在疗效和价格方面进行比较,只要疗效和价格与医保内用

[1] 参见国家法官学院案例开发研究中心编:《中国法院2017年度案例》(保险纠纷),中国法制出版社2017年版,第169页。广西壮族自治区柳州市柳北区人民法院(2015)北民二初394号民事判决书。

[2] 参见国家法官学院案例开发研究中心编:《中国法院2016年度案例》(保险纠纷),中国法制出版社2016年版,第174页。湖南省郴州市北湖区人民法院(2014)郴北民二初字第644号民事判决书。

药差不多,就属于合理用药,对此应予赔偿。但对明显不合理的非医保用药则可以拒赔。保险人认为非医保不合理用药应举证证明,举证不能的,应对非医保用药予以理赔。

【案例8-29】 潘某某诉丁某某、中国人民财产保险股份有限公司河南省濮阳市分公司等机动车道路交通责任纠纷案

二审法院认为,本案的争议焦点是被上诉人潘某某的非医保医药应否由被上诉人人保濮阳市分公司在机动车商业三者险项下予以赔偿。被上诉人人保濮阳市分公司和上诉人丁某某签订的机动车第三者责任保险合同约定,保险人按照国家基本医疗保险的标准核定医疗费用的赔偿金额,但该合同对超出国家基本医疗保险的标准医疗费用的赔偿问题未作出约定。因保险合同涉及第三者利益,依据民法基本原理,非经第三者同意,合同双方不能对合同之外的第三者的合法利益作出限制,而被上诉人潘某某的治疗过程完全由医疗机构决定,且被上诉人人保濮阳市分公司也未举证证明医疗机构在对被上诉人潘某某使用非医保医疗手段上不具有必要性和合理性的事实,故被上诉人人保濮阳市分公司应当对被上诉人潘某某的非医保医疗费用在机动车第三者责任保险限额内承担赔偿责任。原审法院已经判令被上诉人人保濮阳市分公司在机动车第三者责任保险限额内赔偿被上诉人潘某某医保范围内的医疗费、后续治疗费、护理费、残疾人赔偿金、交通费、住院伙食补助费、营养费、误工费、车辆损失费、拖车费等共计265,050.76元,由于保险限额的限制,其尚应赔偿被上诉人潘某某的非医保医疗费72,487.91元应由上诉人承担,被上诉人人保濮阳市分公司赔偿保险金限额已经满足,无须承担其他赔偿责任。综上,上诉人的上诉请求理由成立,二审法院予以支持。[1]

商业三者险赔偿范围包括自费药、诉讼费、鉴定费。

【案例8-30】 王某诉中国人民财产保险股份有限公司北京市怀柔支公司保险合同纠纷案

判决观点,在保险期限内,保险车辆发生交通事故,造成第三者党某某受伤,王某依据法院的判决承担了相应的赔偿责任,造成了损失,怀柔支公司应当依照保险合同的约定予以理赔。怀柔支公司关于自费药部分不予赔偿之辩解,法院认为该答辩减轻了保险人的责任,加重了被保险人的负担,该条款属于免责条款。保险公司关于鉴定费、诉讼费属于免责条款不予赔付的辩解,法院认为根据《保险法》第十七条第二款的规定……怀柔支公司未能举

---

〔1〕 参见《人民司法·案例》2015年第6期(总第713期)。浙江省宁波市中级人民法院(2016)浙甬民二终字第275号民事判决书。

证证明对责任免除条款向投保人作出明确的说明，此条款不发生效力，故对其答辩意见不予采信。根据《保险法》第六十六条的规定，责任保险的被保险人因给第三者造成损害的保险事故而被提起仲裁或者诉讼的，被保险人支付的仲裁费或者诉讼费用以及其他必要的、合理的费用，除合同另有约定外，由保险人承担。本案王某主张的鉴定费、诉讼费用应由怀柔支公司负担。〔1〕

8. 住院补贴保险金，不应以保险合同终止为核定范围依据。即便后续损失发生在保险责任期限届满之后，只要该损失与保险事故发生之间存在直接因果关系，保险公司就应当依照合同约定予以赔付

【案例8－31】 王某某诉生命人寿保险股份有限公司北京分公司保险合同金纠纷案

判决观点，本案中，王某某于2011年2月28日因病住院治疗，该疾病发生于保险合同有效期内，属于保险责任赔付情形，生命人寿公司应当依日计算并赔付医疗保险金。关于保险金的具体数额，法院认为，王某某因疾病住院治疗，该治疗期间处于持续状态，未有中断或中止治疗之情况，因此，应当按照保险条款约定以王某某实际住院天数乘以住院每天每日补贴日额，现生命人寿公司已赔付王某某1800元保险金，故还应再行向王某某支付剩余2400元保险金。〔2〕

9. 一切险赔偿范围

海上货物运输合同中的"一切险"，除包括平安险和水渍险的各项责任外，还包括被保险货物在运输途中外来原因所致的全部或部分损失。在被保险人不存在故意或过失的情况下，由于相关保险合同中除外责任条款所列明情形之外的其他原因，造成被保险货物损失的，可以认定属于导致被保险货物损失的"外来原因"，保险人应当承担运输途中由该外来原因所致的一切损失。

【案例8－32】 海南丰海粮油工业有限公司诉中国人民财产保险股份有限公司海南省分公司海上运输保险合同金纠纷案

最高人民法院认为，根据涉案"海洋运输货物保险条款"的规定，一切险除了包括平安险、水渍险的各项责任外，还负责被保险货物在运输途中由于

---

〔1〕 参见国家法官学院案例开发研究中心编：《中国法院2015年度案例》（保险纠纷），中国法制出版社2015年版，第128页。北京市密云县人民法院（2013）密民初字第1156号民事判决书。

〔2〕 参见国家法官学院案例开发研究中心编：《中国法院2014年度案例》（保险纠纷），中国法制出版社2014年版，第61页。北京市海淀区人民法院（2012）海民初字第10055号民事判决书。

各种外来原因所造成的损失。……(1)一切险并非列明风险,而是非列明风险。在海洋运输货物保险条款中,平安险、水渍险为列明的风险,而一切险则为平安险、水渍险再加上未列明的运输途中由于外来原因造成的保险标的的损失。(2)保险标的的损失必须是外来原因造成的。被保险人在向保险人要求保险赔偿时,必须证明保险标的的损失是因为运输途中外来原因引起的。外来原因可以是自然原因,亦可以是人为的意外事故。但是一切险承保的风险具有不确定性,要求是不能确定的、意外的、无法列举的承保风险。对于那些预期的、确定的、正常的危险,则不属于外来原因的责任范围。(3)外来原因应当限于运输途中发生的,排除了运输发生以前和运输结束后发生的事故。只要被保险人证明损失并非其自身原因,而是由于运输途中的意外事故造成的,保险人就应当承担保险赔偿责任。[1]

10. 意外险赔偿范围

高原反应是非常年生活在高原地区的人到高原地区游玩可能会发生的,这是基本的生活常识,但通过有效手段可预防或减轻高原反应发生的概率,因此,高原反应不属于无法预料的“意外”情形,不属于意外伤害保险赔偿范围。

【案例8-33】 唐某某诉某保险公司保险合同纠纷再审案

一审法院认为,本案中,双方确认唐某某出现的上述症状系高原反应,而高原反应是多种外在环境因素所导致的人体适应能力不足而产生的一系列症状,上述症状非置身特定环境下不能发生,而非唐某某自身疾病所致,该特定环境所引发的后果具有偶然性、突发性、非本意的特征,符合保险条款关于意外伤害的定义。高原反应并不属于保险条款中约定的免责事由,某保险公司亦未提供证据证明其就免责条款等履行了提示说明义务。综上,唐某某要求某保险公司赔偿医疗费7651.67元,符合双方合同约定,应予支持。二审法院认为,一审判决某保险公司赔偿唐某某医疗费7651.67元不当,予以纠正。二审法院撤销一审判决,驳回唐某某的诉讼请求。再审法院经审理后维持二审判决,驳回唐某某的再审请求。[2]

【不同处理】 有法院认为高原反应属于保险赔偿范围。

---

〔1〕 参见最高人民法院中国应用法学研究所编:《人民法院案例选》2016年第6辑(总第100辑),人民法院出版社2016年版,第13页。

〔2〕 参见朱子聪:《高原反应是否属于意外伤害保险赔偿范围》,载《人民法院报》2019年10月24日,第7版。广西壮族自治区高级人民法院(2019)桂民再396号民事判决书。

【案例8－34】 舒某某等诉中国人寿保险股份有限公司新津县支公司人寿保险合同纠纷案

二审法院认为,就本案而言,袁某某因严重高原反应导致死亡,虽然医学教材中将高原反应定义为"对高原环境适应能力不足引起以缺氧为突出表现的一种疾病",但是高原反应的本质系外来物理因素给身体带来的不良反应,袁某某所遭受的身体伤害系从低海拔地区进入高海拔地区后,由于高原空气稀薄、大气压力降低、氧气含量减少等外部因素导致的,因此,高原反应是意外伤害的结果,而非致害原因。另外,舒某某对袁某某在保险事故发生前的身体健康状态已明确"未因大病住过医院",人寿保险新津公司亦未提供证据证明袁某某系因自身内在疾病导致死亡。因此,袁某某的死亡符合关于"外来性"及"非疾病性"的定义。法院依法认定袁某某的死亡符合双方签订的保险合同中对意外伤害的定义,属于保险责任的范围,在保险合同并未将高原反应列明免责事由的情况下,人寿保险新津公司应当在保险责任范围内承担给付保险金的义务。〔1〕

11. 责任险与侵权竞合赔偿

用人单位为事故发生时驾驶员所驾驶的车辆投保的车上人员责任险,系用人单位对其驾驶员在工作过程中发生意外而作出的对用人单位自身利益的一种保障,该保险合同的双方为保险公司和用人单位。用人单位赔付受害者后,根据合同相对性原理,保险公司赔付该笔保险金应归用人单位所有。提供劳务者只享有一次按照侵权责任标准对应的赔偿款项的权利,而不享有两次主张同一款项的权利。

【案例8－35】 秦甲、延某诉中国人民财产保险股份有限公司雅安市分公司、汉源县顶宏物流有限责任公司财产保险合同纠纷案

判决观点,本案事故发生后,秦甲、延某以提供劳务者责任纠纷向汉源县人民法院提起诉讼后,汉源县人民法院亦作出判决。该判决发生法律效力后,秦甲、延某申请了强制执行,执行中承担义务之一的顶宏物流公司按判决将赔偿款转入汉源县人民法院账户,秦甲、延某也已领取该判决确定的赔偿款。随后财保雅安分公司按保险合同约定向被保险人顶宏物流公司履行了赔付义务。被保险人顶宏物流公司基于保险合同约定,在保险事故发生时对保险标的具有保险利益,在财保雅安分公司领取保险理赔款,是填补其基于

---

〔1〕 参见国家法官学院案例开发研究中心编:《中国法院2018年度案例》(保险纠纷),中国法制出版社2018年版,第203页。四川省成都市中级人民法院(2016)川01民终字第10531号民事判决书。

保险事故对车上人员司机秦乙死亡应负的赔偿责任而遭受的财产损失。秦甲、延某主张其不仅可以按已发生法律效力的民事判决要求顶宏物流公司、白某某支付赔偿款,还可以要求财保雅安分公司按保险合同向其支付车上人员责任险(司机)的保险理赔款,其所谓的"双重赔偿"没有合同依据和法律依据,其列举的证据不足以证明主张成立,故不予支持。据此,法院判决驳回秦甲、延某的诉讼请求。[1]

〔1〕 参见国家法官学院、最高人民法院案例研究院编:《中国法院2020年度案例》(保险纠纷),中国法制出版社2020年版,第84页。四川省雅安市雨城区人民法院(2018)川1802民初750号民事判决书。

二、保险赔偿法律适用

(一)保险理赔计算

司法实践中,如何计算保险赔偿数额是一个疑难问题。下文仅就几个常见的争议大的问题作以浅析。

1. 扣除问题,认定保险公司审核结果是否准确和合理性

在向被保险人给付商业医疗保险金时,保险公司是否有权扣除被保险人已从社保机构获取的医疗费金额有争议。笔者认为,对定额给付型医疗保险为按照约定的数额给付保险金的不应扣除,其依据为人身险中不适用损害补偿原则。具体来讲,在医疗保险中,如果保险合同未明确约定保险人只对扣除社保机构支付医疗费用的部分进行赔付,则保险人不得按照扣除社保机构支付的医疗费的金额给付医疗保险金。

【案例8-36】 柯某某诉中国人寿喀什分公司保险合同纠纷案

一审法院认为,被告应向原告赔付其医疗费中由职工医疗保险(社会医疗统筹)所支付的医疗费。因为,原告虽然参加了社会医疗统筹,即我们所说的“医保”,但是原告所享受的“医保”是国家强制性保险;而原告与被告签订的附加险是商业保险,因为附加险属于人身保险中的健康保险,在法律上,人身保险不禁止重复保险,被告方不能以原告享受了社会保险中的权利而减轻或不履行其应当在商业保险中所应尽的义务,更不能以此来免除保险责任。而且,对于人身保险中重复保险的赔付,允许被保险人获得超出其实际支出费用的保险金额。原告参加“医保”的保险费中包括其个人工资支出,说明原告在社会保险中同样支出了保险费,其发生健康风险,自应有权依据不同的保险条款,分别获得相应的赔付。二审调解结案。[1]

《保险法解释(三)》第十八条规定:“保险人给付费用补偿型的医疗费用保险

---

〔1〕 参见最高人民法院中国应用法学研究所编:《人民法院案例选》2005年第2辑(总第52辑),人民法院出版社2006年版,第287页。

金时，主张扣减被保险人从公费医疗或者社会医疗保险取得的赔偿金额的，应当证明该保险产品在厘定医疗费用保险费率时已经将公费医疗或者社会医疗保险部分相应扣除，并按照扣减后的标准收取保险费。”该条规定有以下几层含义：其一，本条适用条件是费用补偿型医疗保险，对定额给付型医疗保险不适用。其二，保险人承担补偿型医疗保险费用计算时举证责任。其三，保险合同约定是补偿型的医疗保险限制重复给付，对定额给付型的医疗保险则不限制重复给付。

【案例8－37】　钟某与某保险公司保险合同纠纷案

二审法院认为，一方面，在津粮公司与保险公司保险合同中，“被保险人如果已从其他途径获得补偿，则本公司只承担合理医疗费用剩余部分的保险责任”的内容，载明在“保险责任”项下，确定了在被保险人已从其他途径获得补偿的情况下，某保险公司应给付医疗费用保险金的范围，该合同内容不属于免除保险人责任的条款。另一方面，保险合同中保险费费率水平，并非与某保险公司的经营风险不对等，某保险公司作出前述合同内容，并无不当，前述合同内容虽是格式条款，但不具有合同法中“加重对方责任，排除对方主要权利”的情形。因此，依照本案保险合同中《附加意外伤害医疗费用保险（2006版）保险条款》第三条第二款的约定，在钟某已从其他途径获得了全部医疗费补偿后，某保险公司不再承担给付被保险人医疗费用保险费的保险责任。一审判决驳回钟某的诉讼请求，并无不当。综上所述，判决：驳回上诉，维持原判。[1]

遵医嘱院外购药的保险责任承担。

【案例8－38】　李某诉保险宜昌支公司人身保险合同纠纷案

判决观点，本案争议焦点为李某住院期间遵医嘱在药房购买免疫球蛋白的费用18,840元是否属于保险合同约定的“在指定医疗机构发生的住院医疗费用”问题。《乐享百万医疗保险（H2018）条款》第2.7条免责条款并未明确排除保险公司对于被保险人在指定医疗机构住院期间遵医嘱在外购买必需药品的费用的保险责任，保险合同全文也未对“在指定医疗机构发生的住院医疗费用”作出更进一步的明确释义。《保险法》第三十条规定：“采用保险人提供的格式条款订立的保险合同，保险人与投保人、被保险人或者受益人对合同条款有争议的，应当按照通常理解予以解释。对合同条款有两种以上解释的，人民法院或者仲裁机构应当作出有利于被保险人和受益人的解释。”对于本案保险合同第2.7条理解不一致的，应当作出不利于格式条款提

---

〔1〕　参见最高人民法院民事审判第二庭编著：《最高人民法院关于保险法司法解释（三）理解与适用》，人民法院出版社2015年版，第484页。

供方的解释。原告李某投保“乐享百万医疗保险(H2018)”,目的在于确保自己生病住院时能够享受更全面的医疗保障,弥补社保费用外的额外支出,主治医生根据李某住院治疗期间的病情开具免疫球蛋白处方,应当认定为“在指定医疗机构”发生的治疗行为,又因院方时常存在该类药品库存不足的情况导致李某外出购药,因其购药所发生的医疗费用也符合保险合同中约定的“合理且必要”的“药品费”释义,法律、行政法规亦未规定该情形下保险公司可以免责。据此,该笔医疗费用应当认定为保险合同中约定的“在指定医疗机构发生的住院医疗费用”,被告辩称没有在指定医疗机构购买的药品不属于“在指定医疗机构发生的住院医疗费用”的抗辩理由,不予采纳。判决:保险宜昌支公司支付李某医疗费 18,840 元。[1]

2. 定残后护理费的计算

定残后护理费的计算是民事审判领域中一个比较有争议的问题,其原因有两个方面:一是定残后护理费计算的主要依据是护理依赖等级鉴定意见,而该意见只确定等级,不确定赔偿指数,在法律和司法解释没有明确规定的情况下,需要法官行使自由裁量权来确定具体的赔偿指数。二是《人身损害赔偿解释》对于定残后的护理费计算规定比较原则,实践中理解各异,做法不一。该解释第二十一条第一款规定:“护理费根据护理人员的收入状况和护理人数、护理期限确定。”也就是说,护理费等于护理人员的收入状况、护理人数、护理期限 3 项的乘积。定残后的护理费计算当然也适用这一计算公式,但是,由于受害人通常已经治愈出院,因此,还需要考虑受害人的护理依赖程度,在上述 3 项乘积之后再乘以一个具体的赔偿指数,这一指数由法官自由裁量确定。

【案例 8-39】 郭某诉张某、荣昊公司、华农保险公司交通肇事损害赔偿纠纷案

一审法院认为,原告郭某要求定残后的护理费,由于其已经被鉴定为三级护理依赖,故法院依据相关司法解释并参照护理等级确定其护理费。二审法院持同样意见。[2] 本案中,原告郭某在定残后由其儿子长期护理,且并无医疗机构或者鉴定机构出具需要 2 人以上护理的意见,故按照 1 人护理进行计算。而其儿子工作期间的月收入为 1200 元。郭某被鉴定为部分护理依赖,法院根据鉴定结论并考虑其原有身体状况确定对郭某的赔偿指数为 30%。定残时郭某尚不足 60 岁,故法院确定其护理期限为 20 年。经核算,

---

〔1〕 湖北省宜昌市猇亭区人民法院(2020)鄂 0505 民初 253 号民事判决书。

〔2〕 参见北京市高级人民法院编:《审判前沿——新类型案件审判实务》2010 年第 2 集(总第 32 集),法律出版社 2010 年版,第 68 页。

郭某定残后的护理费为86,400元。

3. 机动车商业三者险中,当第三者的责任超过赔偿限额的计算

赔偿计算涉及保险免赔率时,是“先限后免”还是“先免后限”,是该类案件的焦点问题,具有广泛性和普遍性。保险公司在保险理赔和诉讼中几乎都采用“先限后免”的计算方法。司法实践中,法院采用计算方法亦不一致,有的法院采用“先限后免”,也有的法院采用“先免后限”。所谓先限后免,是指按保险合同约定的免赔率,在保险赔偿的最高限额内先减除免责部分,再按保险单约定的责任限额内给付。所谓先免后限,是指按照被保险人实际承担的数额以及相应免赔率计算保险公司的赔偿责任。二者计算的差别为,按先限后免的赔偿额低于保险合同责任险的最高限额,这与保险合同约定自相矛盾。

【案例8-40】 杨某某诉刘某某、中国平安财产保险股份有限公司惠州中心支公司保险合同纠纷案

一审法院认为,在免赔率的计算问题上,被告保险公司在不同的情形下均采取对己有利的方式进行计算,不仅背离了诚实信用和公平等基本民事原则,也违反了格式条款的解释原则。在免赔率有两种方式计算时,应当按有利于被保险人的方式计算,由于本案超出交强险部分金额即被保险人应付赔偿金额73,512.47元,低于赔偿限额10万元,因此,被告保险公司应在赔偿限额8.5万元内赔偿[赔偿=赔偿限额×(1-免赔率)]。二审法院亦持同样意见,维持一审判决。[1]

实践中,法院采用先免赔偿计算方法的,一般都是根据公平原则以及不利于保险人的合同解释原则。笔者认为,处理此类纠纷,应该对案件具体分析,根据涉案的保险条款及其相关的文字表述,再结合有关的合同解释原则和法律规则,确定采用“先限后免”或者“先免后限”,防止“一刀切”的现象。

4. 未知身份的人在交通事故中死亡时,先期赔偿计算问题

假定没有家属提出情况下,数额按死者个人标准计算。死者的抢救费用、拖车费用、丧葬费用等均可列入赔偿费用。先期赔偿并不意味着后续赔偿责任可以免除。如果受害人家属出现,提出新的索赔依据,只要符合法律规定,仍然可以申请后续补充赔偿。被保险人可以就已赔偿部分向保险公司要求理赔,当然保险公司赔偿金应当以投保的交强险及商业第三者险的赔偿限额为限。

---

〔1〕 参见国家法官学院案例开发研究中心编:《中国法院2016年度案例》(保险纠纷),中国法制出版社2016年版,第64页。广东省惠州市中级人民法院(2014)惠中法民四终字第447号民事判决书。

【案例 8－41】 蒋某某诉中国平安财产保险股份有限公司上海分公司保险合同纠纷案

判决观点，本案所涉交通事故的死者年龄在 30～40 岁，按照城镇居民的标准计算，死亡赔偿金约 40 万元，现原告已赔偿 298，587 元，未超过原告投保的交强险及第三者责任险的赔偿限额，被告应承担给付保险金的责任。若今后死者身份得到确认且原告的赔偿款因此降低，被告可另行向原告主张差额部分。〔1〕

5. 受害人误工费计算

发生交通事故时，受害人将到或已达到退休年龄的，误工费计算到法定退休年龄日，但确有证据证明受害人从事相对固定工作、有相对固定收入的除外。

【案例 8－42】 张某某诉梁某、中国平安财产保险股份有限公司南通中心支公司机动车交通事故责任纠纷案

判决观点，误工费 3029.91 元（51 天 ×59.41 元／天），因原告张某某生于 1957 年 5 月 24 日，至 2012 年 5 月 25 日已达到退休年龄，本起交通事故发生时间为 2012 年 4 月 4 日，故尽管有鉴定意见认为事发后原告休息期为 6 个月，二次手术期间需休息 2 个月，但法院只能支持原告误工期为 51 天（2012 年 4 月 4 日至 2012 年 5 月 25 日），并依据农村居民误工标准，法院计得本项。〔2〕

已逾退休年龄仍从事个体经营的自然人，因交通事故受伤可以获得相应的误工费赔偿。

【案例 8－43】 赵某诉岳某、某保险公司机动车交通事故责任纠纷案

判决观点，被告岳某与原告赵某发生交通事故，致赵某受伤。肇事车辆投保交强险的公司即被告保险公司应当在交通事故责任强制保险限额范围内先予赔偿。岳某作为出租公司的工作人员在出租车运营期间造成他人损害的，应由出租公司承担相应的责任。驾驶自行车的赵某在行经人行道时应当下车推行，其骑行本身存有过失，但综合其过错及原因与损害后果的关系等因素，不能因此减轻机动车一方的赔偿责任。其中对赵某主张误工费的诉讼请求，其提供了经营者姓名为赵甲的个体工商户营业执照和个体税务登记

〔1〕 参见国家法官学院案例开发研究中心编：《中国法院 2013 年度案例》（保险纠纷），中国法制出版社 2013 年版，第 39 页。

〔2〕 参见国家法官学院案例开发研究中心编：《中国法院 2015 年度案例》（保险纠纷），中国法制出版社 2015 年版，第 44 页。江苏省启东市人民法院（2013）启民初字第 0453 号民事判决书。

证,且保险公司亦认可赵某实际误工时间,故其主张误工收入法院予以支持,但因其未提供实际收入及纳税情况证明,故具体数额以上一年度北京城区城镇居民人均可支配性收入29,073元为标准计算3.5个月为8363元,对其主张的过高部分,法院不予支持。[1] 本案中,赵某出生于1937年6月18日,发生交通事故时已74岁。

司法鉴定意见书建议休息时间超过定残日的,误工时间应计算至定残前一日。

【案例8-44】　王某某诉东营陆达物流有限责任公司等机动车交通事故责任纠纷案

判决观点,《司法鉴定意见书》虽确定原告出院后需休养3个月,但该期间自出院之日起算已跨越原告定残之日2011年12月20日,依据相关法律精神,定残之后的损失应属于残疾赔偿金,不再属于误工费范畴。因此,结合原告伤情,其误工时间可自事故发生之日2011年9月30日计算至定残的前一日2011年12月19日,时间为80天。[2]

6. 非营运车辆替代性交通费计算

非营运车辆替代性交通费,是指被侵权人正在使用的非用于经营活动的车辆无法继续使用,为获得通常的替代性交通工具而支付的费用。该项费用作为财产损失可纳入交强险理赔范围,其数额的认定需要根据具体情形,从必要性、合理性等角度进行综合判断。

【案例8-45】　王某某诉郑某某、中国平安财产保险股份有限公司宁波市北仑支公司机动车交通事故责任纠纷案

判决观点,关于原告主张的交通费900元,根据原告车辆损坏及维修之事实,结合原告车辆维修天数(5天)、日常需要出行的实际情况(以出租车作为“中断期间”的替代性交通工具)、原告住址至工作单位的距离(约15公里)及实际需要(按每天两次搭乘计算)并参照侵权行为地出租车费用的市场价格,经核算,法院酌情认定为300元。[3]

---

〔1〕 参见北京市高级人民法院编:《审判前沿——新类型案件审判实务》2012年第2集(总第44集),法律出版社2013年版,第133~134页。

〔2〕 参见国家法官学院案例开发研究中心编:《中国法院2014年度案例》(保险纠纷),中国法制出版社2014年版,第184页。山东省东营市利津县人民法院(2012)利民初字第130号民事判决书。

〔3〕 参见最高人民法院中国应用法学研究所编:《人民法院案例选》2013年第3辑(总第85辑),人民法院出版社2014年版,第17页。浙江省宁波市北仑区人民法院(2013)甬仑民初第468号民事判决书。

7. 农村户籍按城镇居民赔偿计算问题

最高人民法院民一庭《关于经常居住地在城镇的农村居民因交通事故伤亡如何计算赔偿费用的复函》指出：虽然受害人是农村户口，但在城市经商、居住，其经常居住地和主要收入来源均为城市，有关损害赔偿费用应当根据当地城镇居民的相关标准计算。

【案例8－46】 李某某等五人诉中国平安财产保险股份有限公司南阳中心支公司等机动车交通事故责任纠纷案

二审法院认为，关于死亡赔偿金的计算标准问题，根据一审、二审查明的情况，李某某生前虽系农业户口，但其常年在外从事交通运输服务行业，且证人侯某某等人的证言也证实了李某某从2011年起在内乡县城租住侯某某房屋的基本事实，李某某的经常居住地和主要收入来源地为城镇，故该项损失应当按城镇标准计算。〔1〕

对于农村籍在校大学生遭遇交通事故的，应按城镇标准计算。

【案例8－47】 林某某等诉范某某等机动车交通事故责任纠纷案

判决观点，林某某与原告闭某某在发生交通事故时均为大学二年级在校学生，该两人虽属农村户口，但其连续在城镇居住、消费均已有两年时间，最高人民法院〔2005〕民他字第25号《关于经常居住地在城镇的农村居民因交通事故伤亡如何计算赔偿费用的复函》，虽然主要是针对进城务工人员遭遇交通事故伤亡赔偿问题，但无疑对在城镇具有稳定住所和消费行为的在校大学生遭遇类似案件具有参照意义。因此，法院从最高人民法院这一司法解释的精神以及公平正义价值理念出发，认为林某某死亡赔偿金与原告闭某某的各项损失赔偿也应当适用城镇居民赔偿标准；被告提出适用农村居民赔偿标准不当，法院不予采纳。〔2〕

【案例8－48】 吴某某诉中国人民财产保险股份有限公司南京市分公司财产保险合同纠纷案

判决观点，结合本案，孔某某系江苏省淮安工业中等专科学校的学生，为在城镇上学的在校生，该事实有学生证、学校证明予以证实，被告对上述证据

---

〔1〕 参见最高人民法院中国应用法学研究所编：《人民法院案例选》2017年第5辑（总第111辑），人民法院出版社2017年版，第150页。河南省南阳市中级人民法院（2016）豫13民终3299号民事判决书。

〔2〕 参见国家法官学院案例开发研究中心编：《中国法院2013年度案例》（道路交通纠纷），中国法制出版社2013年版，第165页。

虽有异议,但其并未提供证据证明自己的主张成立。[1]

对于同一交通事故造成多人死亡,按照《民法典》第一千一百八十条(原《侵权责任法》第十七条)的规定,其中一人为城镇户口的其他农村籍受害人按其城镇户口赔偿。

同一事故的赔偿数额确定,先审理的法院作出的生效裁判文书中认定的数额,后审理的法院应在有利于保险受益人的基础上予以确认;先审理法院按事故发生地城镇居民标准处理的,后审理异地法院对农村籍受害人仍应按事故发生地城镇居民标准作出处理。

【案例 8-49】 李某某等诉中国太平洋财产保险股份有限公司安阳中心支公司财产保险合同纠纷案

判决观点,事故发生后,盐池法院审理何某某等机动车交通事故责任纠纷。宁夏回族自治区《道路交通安全条例》第七十三条规定,自治区内发生道路交通事故造成人身伤亡的,死亡赔偿金按照自治区城镇居民上年度人均可支配收入标准计算,据此,李某明应按照城镇居民标准计算损失。现四原告要求按照宁夏城镇标准计算损失,同一事故中损失的计算不因省份不同而标准不同,原告的诉讼请求合法合理,法院判决太平洋财险安阳支公司赔偿四原告人民币 20 万元。[2]

对于留守儿童,应以经常居住地确定在交通事故责任纠纷中残疾赔偿金的计算标准。

【案例 8-50】 叶某诉赵洪云道路交通事故人身损害赔偿案

二审法院认为,上诉人叶某的父母已经脱离农业生产,收入来源于城镇,但由于上诉人叶某系农村居民户口,其经常居住地仍然在农村,根据最高人民法院〔2005〕民他字第 25 号《关于经常居住地在城镇的农村居民因交通事故伤亡如何计算赔偿费用的复函》的规定,认为原审按照农村标准计算叶某残疾赔偿金并无不当,对此上诉理由不予支持。[3]

失地农民赔偿应按照城镇居民标准进行赔偿。

---

〔1〕 参见国家法官学院案例开发研究中心编:《中国法院 2017 年度案例》(保险纠纷),中国法制出版社 2017 年版,第 29 页。江苏省淮安市淮安区人民法院(2015)淮法民初字第 0309 号民事判决书。

〔2〕 参见张慧玲、杨永红:《交通事故保险纠纷当事人资格认定及异地生效裁判效力》,载《人民法院报》2016 年 11 月 24 日,第 6 版。河南省安阳市北关区人民法院(2015)北少民初字第 10 号民事判决书。

〔3〕 参见国家法官学院案例开发研究中心编:《中国法院 2013 年度案例》(道路交通纠纷),中国法制出版社 2013 年版,第 159 页。

【案例8－51】 江西宜春汽车运输有限公司二〇五车队诉中国人民财产保险股份有限公司袁州支公司财产保险合同纠纷案

一审法院认为,本次交通事故造成陈某某不治身亡,虽然陈某某是农业家庭户口,但其土地在2003年被芦溪县银河镇政府征收,全家4口人仅剩耕地0.7亩。根据江西省人民政府和江西省萍乡市芦溪县人民政府的文件的规定,被征地时为原村民小组在册农业人口,且被征地后完全失地或人均耕地低于0.3亩(含),为失地农民。依照最高人民法院的司法精神,道路交通事故受害人为农业家庭户口的,是否按照城镇标准计算赔偿费用,应着重从受害人经常居住地及主要生活来源考虑。陈某某属于失地农民,其主要收入来源已不能依赖于土地,其家庭收入依靠其企业上班或者打工维持基本生计,故依法可按城镇标准计算有关赔偿费用。二审法院亦持同样意见,维持一审判决。〔1〕

应注意的是,根据《最高人民法院关于授权开展人身损害赔偿标准城乡统一试点的通知》(法明传〔2019〕513号)精神,一些地方法院已出台相关文件,施行农村与城镇统一赔偿标准试点,如新疆维吾尔自治区高级人民法院在2020年又一次下发163号通知作出安排。

8.被扶养人生活费计算

在交通事故中,受害人的成年家属虽有其他生活来源,但达不到上一年度城镇居民人均消费性支出或农村居民人均年生活消费支出标准的,也可以请求被扶养人生活费。赔偿额以补足被扶养人的收入和城镇居民人均消费性支出或农村居民人均年生活消费支出标准之间的差额为限。

【案例8－52】 施某某诉张某某、阳光财产保险股份有限公司嘉兴中心支公司机动车交通事故责任纠纷案

二审法院认为,根据《人身损害赔偿解释》第二十八条的规定,在计算被扶养人生活费时,如果被扶养人还有其他扶养人的,赔偿义务人只赔偿受害依法应当负担的部分。同时,如果被扶养人尚有一定收入的,在计算被扶养人生活费时,也应将该收入予以相应扣减。因此,施某某父亲的被扶养人生活费为2115.7元[(23,257元－175元×12个月)/年×10%÷5×5年],其母亲的被扶养人生活费为1471.99元[(23,257元－1061.9元×12个月)/年×10%÷5×7年]。上述两项合计3587.69元,加上原审认定的施某某子

〔1〕 参见国家法官学院案例开发研究中心编:《中国法院2015年度案例》(保险纠纷),中国法制出版社2015年版,第178页。江西省萍乡市中级人民法院(2013)萍民二终字第110号民事判决书。

女的被扶养人生活费16,279.9元,本案被扶养人生活费共计19,867.59元。原审未考虑施某某父母尚有其他扶养人且有一定收入的事实,导致被扶养人生活费计算有误,应予纠正。……综上,阳光保险嘉兴公司的上诉理由成立,其上诉请求应予以支持。[1]

在具体计算被扶养人生活费时,应以受害人在道路交通事故发生时的个人情况确定适用城镇标准还是农村标准。

【案例8-53】 郭某诉贺某某、中国人寿财产保险股份有限公司北京市分公司机动车交通事故责任纠纷案

二审法院认为,本案核心争议焦点为郭某主张的被扶养人生活费是否应当以受害人郭某的个人情况计算。依据法律规定,被扶养人生活费应根据扶养人丧失劳动能力程度,按照受诉法院所在地上一年度城镇居民人均消费性支出和农村居民人均年生活消费支出标准计算。本案中,赵某某的生活费来源基于郭某的劳动能力,受害人郭某因侵权致使劳动能力受损,间接导致赵某某的生活费受损,故赵某某的生活费标准应参照受害人郭某的实际情况确定。因郭某的经常居住地和主要生活来源地均位于城镇,故应按照城镇标准计算被扶养人生活费。基于此,二审法院支持了郭某以城镇居民标准计算赵某某的生活费的上诉主张。[2]

《人身损害赔偿解释》第十七条规定:"被扶养人生活费根据扶养人丧失劳动能力程度,按照受诉法院所在地上一年度城镇居民人均消费性支出和农村居民人均年生活消费支出标准计算。被扶养人为未成年人的,计算至十八周岁;被扶养人无劳动能力又无其他生活来源的,计算二十年。但六十周岁以上的,年龄每增加一岁减少一年;七十五周岁以上的,按五年计算。被扶养人是指受害人依法应当承担扶养义务的未成年人或者丧失劳动能力又无其他生活来源的成年近亲属。被扶养人还有其他扶养人的,赔偿义务人只赔偿受害人依法应当负担的部分。被扶养人有数人的,年赔偿总额累计不超过上一年度城镇居民人均消费性支出额或者农村居民人均年生活消费支出额。"根据该条文的规定,在被扶养人有数人的情况下,应先行计算各被扶养人生活费的年度数额及赔偿年限,在各被扶养人共同的赔偿年限中,应将受诉法院所在地上一年度城镇居民人均消费性支出额或者农村居民人均年生活消费支出额作为年度赔偿总额的上限;如各被扶养人生活费的

---

〔1〕 参见最高人民法院中国应用法学研究所编:《人民法院案例选》2016年第3辑(总第97辑),人民法院出版社2016年版,第161页。浙江省嘉兴市中级人民法院(2015)浙嘉民终字第491号民事判决书。

〔2〕 参见北京市高级人民法院研究室编:《审判前沿——新类型案件审判实务》(总第56集),法律出版社2017年版,第215页。

年度累计总额不超过上限,则应将该年度累计总额作为受害人的损失,由赔偿义务人全部赔偿。即受害人有多个被扶养人的情形,计算被扶养人生活费应当先限制年赔偿总额再乘残疾赔偿系数。

交通事故受害人有多个被扶养人的,被扶养人生活费年赔偿总额计算。

【案例8－54】 何某某诉某财产保险股份有限公司机动车交通事故责任纠纷案

二审法院认为,关于被扶养人生活费一节,被扶养人有数人的,年赔偿总额累计不超过上一年度城镇居民人均消费支出额。根据查明的事实,被上诉人赵某某的被扶养人有三人,赵某某主张的各个被扶养人生活费的金额已经考虑了鉴定报告建议的赔偿指数,年赔偿总额并未超过上一年度城镇居民人均消费支出额,核算数额并无不当,应当对该主张予以支持。最终二审法院判决,驳回上诉,维持原判。[1]

(二)保险理赔认定

投保人在患重大疾病的情况下,与保险公司订立保险合同。事实上,投保人投保的已经不再是“不确定事件”,而是确定的重大疾病,是已经发生的致损事件,不属于保险意义上的危险,不构成保险事故。在上述情况下,其不可抗辩的条款限制适用,显然不属于未如实告知2年后理赔范围。如果投保人在这种情况下的赔偿请求得到支持,势必影响每个被保险人在“保险基金”当中利益性的一致性,影响其他被保险人的合法利益,违背《保险法》的诚实信用原则。

【案例8－55】 李某某诉中国人民健康保险股份有限公司北京分公司人身保险合同纠纷案

二审法院认为,本案中,李某某在患有慢性肾功能衰竭尿毒症、肾性高血压、肾性贫血、双肾多发囊肿,已属患重大疾病的情况下,与保险公司订立保险合同。事实上,李某某投保的已经不再是“不确定事件”,而是确定的重大疾病,是已经发生的致损事件,不属于保险意义上的危险,不构成保险事故。在“大数法则”下,如果李某某的赔偿请求得到支持,将会影响每个被保险人在“保险基金”当中利益性的一致性,影响其他被保险人的合法利益,违背《保险法》的基本原则,即诚实信用原则。综上,李某某的上诉意见没有依据,法院对其上诉请求不予支持。一审判决认定事实清楚,适用法律正确,应

〔1〕 北京市第二中级人民法院(2023)京02民终10068号民事判决书。

予维持。[1]

保险合同纠纷中针对伤残情况是否符合合同载明给付保险金的伤残等级，往往需要依靠第三方鉴定机构进行鉴定，法官也会将鉴定结论作为重要证据。但在合同条款约定伤残等级与法定标准不一致的情况下，鉴定机构无法提出伤残情况是否与合同约定赔付标准匹配的确定结论，法官就需要运用自由裁量权进行判定。

【案例8－56】　宋某某诉中国平安人寿保险股份有限公司上海分公司人身保险合同纠纷案

判决观点，根据保险条款的文字表述，条款所附的“残疾程度与给付比例表”是用于衡量被保险人残疾之严重程度，并根据被保险人的残疾之严重程度按照相应的比例支付保险金，即被保险人的残疾严重程度如与“残疾程度与给付比例表”中的某一级别相当，保险公司就应当按照相应比例支付，而并不需要被保险人的残疾状况符合“残疾程度与给付比例表”中所列明的某一项目，故被告拒赔的理由法院认为不能成立。[2]

本案的争议焦点之一在于原告的伤残状况是否符合合同条款约定的被告支付保险金的伤残等级条件。交通事故鉴定结论虽然对原告伤残情况根据《道路交通事故受伤人员伤残评定》的法定标准进行了确定，但法定标准如何与合同约定标准对应，无法鉴定。法官根据两个标准对伤残情况不同程度的描述，运用自由裁量权匹配合同约定标准，从而对保险公司具体赔付数额作出判决。

交通事故中第三责任人逃逸，保险人是否可依据保险合同约定核减免赔率，应根据具体案情确定。

【案例8－57】　李某某诉中国人民财产保险股份有限公司华容支公司保险合同纠纷案

一审法院认为，人保财险华容支公司提出的依据是《电话营销专用机动车保险条款》第八条第二款的规定应扣减30%的免赔率的辩论意见，因该条款规定的是“被保险机动车的损失应当由第三方负责赔偿的，无法找到第三方时免赔率为30%”，因本案中第三方周某某有具体的联系方式，不属于无法找到的情形，人保财险华容支公司在向被保险人理赔后，可代为行使被保

〔1〕参见国家法官学院案例开发研究中心编：《中国法院2015年度案例》（保险纠纷），中国法制出版社2015年版，第194页。北京市第二中级人民法院（2013）二中民终字第15882号民事判决书。

〔2〕参见国家法官学院案例开发研究中心编：《中国法院2012年度案例》（保险纠纷），中国法制出版社2012年版，第162页。

险人对第三者周某某请求赔偿的权利，故人财保险华容支公司要求扣减30%的免赔率的辩论意见，不予支持。二审法院亦持同样意见，维持一审判决。〔1〕

保险责任范围条款约定的疾病名称不一致，但确系同一病种，只是因中医、西医表述不同而已，其在保险理赔范围内。

【案例8－58】 韩某某诉中国人寿保险股份有限责任公司焦作分公司保险合同纠纷案

二审法院认为，本案的关键在于韩某某所患"蛛网膜下腔出血"是否为保险合同约定的重大疾病。根据中医学理论，脑血管意外，又称"脑中风"，是因脑血管阻塞或破裂引起的脑血流循环障碍和脑组织功能或结构损害，因各种诱发因素引起的脑内动脉狭窄、闭塞或破裂，而造成急性脑血液循环障碍。脑卒中分为缺血性脑卒中和出血性脑卒中。出血性脑中风包括脑出血或蛛网膜下腔出血；缺血性脑中风包括脑动脉血栓形成、脑栓塞、腔隙性脑梗塞等。故韩某某所患珠网膜下腔出血属于双方签订的保险合同第二十三条释义重大疾病中的脑中风。在韩某某罹患重大疾病后，被上诉人作为保险人，应当作积极主动承担给付重大疾病保险金的义务。保险合同第四条第一项约定，"被保险人在本合同生效（或复效）之日起一百八十日后初次发生、并经本公司指定或认可的医疗机构确诊患重大疾病（无论一种或多种）时，本公司按基本保额的二倍给付重大疾病保险金，本合同的重大疾病保险金给付责任即行终止。……"故上诉人韩某某上诉请求被上诉人支付保险金120, 000元，双方签订的保险合同继续有效的理由充足，予以支持。上诉人要求退还保费690元及支付利息的请求，无法律依据，本院不予支持。被上诉人辩称韩某某罹患重大疾病不属于保险合同约定的重大疾病，理由不足，不予支持。原审认定事实不清，判决错误。〔2〕

未提供医保报销原件，不能成为保险公司拒赔理由。

【案例8－59】 晁某某诉中国大地财产保险股份有限公司安阳中心支公司等人身保险合同纠纷案

判决观点，被告大地财险安阳支公司以"原告未提供医疗费用原始单据，且已从医疗保险处获得赔偿，不能重复理赔"的辩解不能成立。理由是原告

---

〔1〕 参见国家法官学院案例开发研究中心编：《中国法院2016年度案例》（保险纠纷），中国法制出版社2016年版，第228页。湖南省岳阳市中级人民法院（2015）岳中民二终字第12号民事判决书。

〔2〕 参见国家法官学院案例开发研究中心编：《中国法院2015年度案例》（保险纠纷），中国法制出版社2015年版，第205页。河南省焦作市中级人民法院（2013）焦民二终字第45号民事判决书。

提供了在社会医疗保险机构报销过的票据复印件，且已加盖有社会医疗保险中心的印章，足以证明该费用的真实性。且原告与被告之间的合同系人身保险合同，由于人的生命和健康是难以用价值来衡量的，所以人身险可以多份投保、重复投保，也允许投保人得到多份保险金，多重赔偿，这种合同不适用补偿原则。[1]

团体意外伤害险的被保险人在工作过程外遭受伤害死亡，不属于保险理赔范围。

【案例8-60】 王某某等诉中国太平洋人寿保险股份有限公司昆明中心支公司保险合同纠纷案

二审法院认为，依据《云南省安全生产条例》的相关规定，生产单位应当为其从业人员办理人事意外伤害保险，因生产安全或职业危害造成健康损害的，被保险人应得到相应的保险赔付。双方签订的保险合同属安监局等相关部门强制要求投保的意外伤害保险合同，保险合同中明确约定：投保人福台砂场所投保的被保险人的职业为“作业人员”，岗位为作业。保险合同中特别条款约定：保险人仅承担被保险人在工作期间工作过程中遭受意外伤害事故导致的意外伤害责任。本案中，被投保人徐某于2012年5月5日在老家黑井从事农业生产过程中，发生意外事故身亡。按照通常解释，被投保人徐某的死亡不属于投保人与保险人之间约定的在工作期间工作过程中发生意外事故身亡，故不属保险合同约定的保险人赔偿责任范围，上诉人的上诉请求及理由成立，本院予以支持。原审判决认定事实清楚，但适用法律错误，本院据实予以纠正。[2]

保险公司以危险程度增加为由抗辩不承担赔偿责任的，可予支持，但机动车交强险除外。

【案例8-61】 郑某琦诉三星财产保险(中国)有限公司财产保险合同纠纷案

判决观点，保险公司拒绝赔偿的理由成立。郑某琦要求理赔的诉讼请求不成立，主要理由在于：结合《保险法》第五十二条及《保险法解释(四)》第四条的规定，并结合本案事实，保险公司是否应承担赔偿责任，需要注意以下问题：一是涉案车辆的用途是否改变；二是如果车辆用途改变是否因此导致危

---

[1] 参见国家法官学院案例开发研究中心编：《中国法院2015年度案例》(保险纠纷)，中国法制出版社2015年版，第226页。河南省安阳市内黄县人民法院(2013)内民初字第1693号民事判决书。

[2] 参见国家法官学院案例开发研究中心编：《中国法院2014年度案例》(保险纠纷)，中国法制出版社2014年版，第28页。云南省楚雄彝族自治州中级人民法院(2012)楚中民二终字第1645号民事判决书。

险程度显著增加;三是危险程度显著增加,是否属于保险人预见或者应当预见的保险合同承保范围。关于涉案车辆用途是否改变的问题,郑某琦投保时双方约定车辆的用途为"非营业个人","非营业"相对的概念是"营业"。"营业"一词解释来看,《现代汉语词典》给出的解释是"(商业、服务业、交通运输业)等经营业务",根据该解释"非营业"应当排除经营业务。从行业规范来看,公安部发布的《中华人民共和国公共安全行业标准机动车类型术语和定义》中明确"非营业机动车是指个人或者单位不以获取利益为目的而使用的机动车",该规范所附的《机动车使用性质细类列表》中列明营运类机动车包括公路客运、公交客运、出租客运、旅游客运、租赁、教练、货运、危化品运输。本案中,双方约定的车辆用途为"非营业个人",排除了对车辆以营利为目的的商业性使用。根据保险公司提供的证据,并结合郑某琦本人的陈述,法院有理由相信郑某琦将车辆出租于案外人宋某玉,宋某玉又将车辆转租于次承租人。显然车辆的使用性质已经不同于双方约定的"非营业个人",而是转变为以获取租金收益为目的的商业性使用。关于车辆的用途是否改变导致危险程度显著增加且超出保险人应当预见范围的问题。本案中,车辆危险程度的增加体现在以下几个方面:首先,郑某琦将车辆出租给微信名为宋某玉的案外人,而宋某玉通过网络发布公告,向不特定人员低价招揽租车用户的方式客观上大幅提高了车辆的出行频率、扩大了出行范围,车辆在运行过程中出险的概率也相应大幅提高,导致保险公司承担的风险远超过双方按"非营业个人"的用途所确定保费的承保范围。其次,车辆用途的改变同时伴随着车辆管理人与使用人的改变。郑某琦将车辆交付宋某玉管理。庭审中郑某琦的陈述表明其对宋某玉的真实情况并不清楚,无证据证明宋某玉具备经营车辆租赁所必需的对车辆进行规范管理维护、对客户进行风险管控的专业能力;而宋某玉承租车辆的目的在于转租再牟利,没有证据表明宋某玉在车辆转租过程中对相对人风险控制能力进行了必要的审查。因此车辆管理人的改变也足以导致危险概率的提高,而郑某琦与宋某玉对危险概率的提高均采取了放任的态度。在此情况下,车辆危险程度的增加完全超出了保险人可预见的范围,如果由保险人来承担风险将违反保险业的健康长久稳定发展。根据《保险法解释(四)》第四条的规定,应当认定该车辆的危险程度显著增加且超出了保险人应当预见的范围。据此,法院判决驳回郑某琦的诉讼请求。[1]

---

〔1〕 参见《最高人民法院公报》2022 年第 5 期。

【案例8－62】　李某潇诉中国平安财产保险股份有限公司北京分公司保险合同纠纷案

二审法院认为,在本案中,一审法院依据查明的被上诉人李某潇的职业状况、涉诉行程的始发地与李某潇到工作地点的距离,目的地与李某潇居住区域的距离以及乘车费用等因素综合认定李某潇驾驶车辆运送搭乘者的行为为顺风车,不具有营运性质,具有充分的事实依据,并无不当。应当指出,李某潇通过"嘀嗒"出行平台发布行程,属于网约车性质,但网约车性质并不具有营运性质;事故发生时间为晚间亦不是免除保险公司相应赔偿责任的事由;此外,平安保险公司亦未能举证证明案涉乘车费用超过了行程的实际成本。平安保险公司的上诉请求不能成立,应予驳回;一审判决认定事实清楚,适用法律正确,应予维持。综上,判决:驳回上诉,维持原判。[1]

保险公司对人力资源公司委托投保的雇主责任险不得拒赔。

【案例8－63】　管理咨询公司诉人保广东分公司保险合同纠纷案

二审法院认为,首先,管理咨询公司对案涉保险标的具有保险利益。管理咨询公司与人保广东分公司签订保险合同时,已按要求向人保广东分公司提交了雇员清单,为唐某投保雇主责任险。管理咨询公司在唐某受伤后先行赔付相关费用,因此管理咨询公司对案涉保险标的具有保险利益。因案涉保险合同系人保广东分公司提供,管理咨询公司在合同签订过程并无过错,亦未损害国家及第三人利益。人保广东分公司上诉称其提供的案涉保险合同因违反《保险法》第四十八条、第五十六条的规定而无效,不予支持。其次,管理咨询公司为唐某投保雇主责任险符合保险合同约定。管理咨询公司与人保广东分公司签订的《雇主责任保险单》特别约定载明,被保险人员工包括其他企业委托我单位参保的员工,且管理咨询公司提交了明确的被保险人员工清单。管理咨询公司为唐某投保雇主责任险符合保险合同约定,人保广东分公司称管理咨询公司隐名投保行为应及时通知保险人的上诉理由不能成立。最后,现有证据不足以证实存在免赔事由。管理咨询公司与人保广东分公司签订的《雇主责任保险单》合法有效,管理咨询公司按保险单要求提交保险理赔资料,人保广东分公司应支付保险赔偿金。现人保广东分公司提交的证据不足以证明管理咨询公司伪造理赔资料,其称本案存在法定和约定免赔事由的上诉理由不能成立。判决:驳回上诉,维持原判。[2]

---

〔1〕 参见《最高人民法院公报》2021年第12期。

〔2〕 参见国家法官学院、最高人民法院司法案例研究院编:《中国法院2023年度案例》(保险纠纷),中国法制出版社2023年版,第144页。重庆市第五中级人民法院(2021)渝05民终6107号民事判决书。

承运车辆紧急制动造成车载货物损失在保险责任范围内。

【案例8－64】 运输公司诉财保甘肃分公司财产保险合同纠纷案

二审法院认为，首先，涉案保险条款列举五项由于自然灾害或意外事故造成车载货物损失，保险人应予赔偿的情形，而承运车辆因避险紧急刹车造成车载货物损失，属于意外事故造成的损失，该意外事故导致的车载货物损失可以得到保险理赔符合一般投保人的合理期待。其次，该保险条款列举的自然灾害或意外事故的具体情形中，有运输工具发生碰撞、倾覆的情形，无车辆避险紧急制动的情形，而本案系车辆因规避交通事故的风险而紧急制动，系自救，避免造成更大损失的行为，应予提倡；反之，如果非因运输工具碰撞、倾覆而保险不赔偿，则可能放任其他事故发生，形成不良的社会价值导向和道德风险。最后，车辆紧急制动时，因惯性的作用，车载玻璃难免产生冲击、挤压；"碰撞"有两种以上解释的，可以作出不利于财保甘肃分公司的解释。判决：驳回上诉，维持原判。[1]

（三）保险理赔相关问题

实践中，保险公司在程序不规范的情况下，向被保险人提前支付款项，此款项性质的认定直接关系到案件的判决结果。保险公司没有给投保人代垫欠款的义务，保险公司的付款依据应是保险合同，因此此款应定性为理赔款。但保险公司可以要求被保险人补办相关理赔手续，至于被保险人拒绝补办而引起的责任是保险公司事先未严格履行理赔审查手续所致，只能由保险公司自行承担。

交通事故肇事司机为取得刑事责任的豁免和减轻处罚而自愿支付受害人的款项，责任人放弃向保险公司追偿已付赔偿金的，其性质在法律上应认定为给受害人的补偿款，不影响受害人向保险公司请求赔偿权，法院也不应当在赔偿范围中予以扣减。

【案例8－65】 党某某等诉中国平安保险股份有限公司河南分公司责任保险合同纠纷案

二审法院认为，关于原审认定的赔偿费款项是否存在重复计算的问题。胡某通过其家属与党某某、亢某某、李某某达成了协议并支付三原审原告的290,000元，系其为了取得被害人家属的谅解而支付的款项。协议中虽注

〔1〕 参见国家法官学院、最高人民法院司法案例研究院编：《中国法院2023年度案例》（保险纠纷），中国法制出版社2023年版，第68页。江苏省淮安市中级人民法院（2021）苏08民终514号民事判决书。

明"……抢救费、停尸费、丧葬费、被抚养人生活费、精神损害抚慰金等一切赔偿项目……"但更明确了"本次事故的保险金由甲方提供相关手续,乙方配合甲方办理,保险公司赔付多少全部由甲方领取,保险公司无论赔多少甲方不得再向乙方追偿……"即胡某放弃该29万元向保险公司的追偿权,故该29万元与保险公司理赔款项不冲突,不存在重复计算的情况。上诉人的该上诉理由不足,不予支持。[1]

投保人被宣告死亡期间拖欠保险费,涉及的理赔问题。

【案例8-66】　张某某、刘某某诉中国人寿保险股份有限公司江阴支公司保险合同纠纷案

判决观点,宣告死亡是人民法院依照法律规定所作的死亡认定判决,必须经法定的程序和期间,所需时间较长,刘某失踪这一客观事实导致不论是在客观上还是在主观上其均不能履行交费义务,应与因投保人主观上的故意或疏忽未交纳保费不同。保险合同属于最大诚信合同,双方在保险合同中对投保人、被保险人被宣告死亡期间发生拖欠保费的情况应如何处理未作出约定,保险人因投保人在此期间未按时交纳保费而中止或解除保险合同,有违保险合同保障风险之目的,故人寿公司不能以此为由解除保险合同,人寿公司应承担保险责任。同时,从公平角度考虑,人寿公司提供全额保险服务的对价是投保人交纳足额保险费,张某某、刘某某对此也认可,故人寿公司应从张某某、刘某某的康宁保险中扣除相应保费。据此,法院判决:被告人寿公司给付张某某、刘某某保险理赔款158,555元。[2]

投保人死亡后,保险公司应按合同约定豁免保险费。

【案例8-67】　张某某诉长城人寿保险股份有限公司聊城市阳谷支公司保险合同纠纷案

判决观点,根据被告《长城附加保险费豁免定期寿险条款》中"主险合同的投保人与主险合同的被保险人不为同一人时,主险合同的投保人可以投保本附加险合同,且作为本附加险合同的被保险人"和"被保险人身故,自被保险人身故后首个保险费应付日开始,本公司豁免主险合同缴费期内的主险合同及被告同意承保或同意续保的其他附加险合同的以后各期保险费,本附加险合同终止"的规定,张某某作为主险长城鸿盛两全保险(分红险)保险的投

〔1〕　参见国家法官学院案例开发研究中心编:《中国法院2018年度案例》(保险纠纷),中国法制出版社2018年版,第34页。河南省三门峡市中级人民法院(2016)豫12民终字第1725号民事判决书。

〔2〕　参见国家法官学院案例开发研究中心编:《中国法院2017年度案例》(保险纠纷),中国法制出版社2017年版,第187页。江苏省江阴市人民法院(2015)澄商初字第00734号民事判决书。

保人,投保了长城附加保险费豁免定期寿险,即是该附加险的被保险人,其在保险期间内身故,被告即应按照该条款的规定豁免已承担的主险合同及其他附加险合同以后的各期保险费。[1]

单方委托鉴定是车辆损失保险合同纠纷的常见问题。实践中,法院对单方委托鉴定在一般情况下不予采信。不可否认,单方委托仍时有发生,在某些情形下是具有合理性的。其一,保险公司在交通事故发生后拒绝定损或怠于定损,可视为保险公司放弃了查勘车损的权利,此时被保险人委托第三方鉴定机构对车损进行鉴定不存在过错。在保险公司没有提供反驳证据的情况下,法官可以采纳单方委托鉴定意见。其二,在充分保证保险公司程序参与的情况下,法官可以考虑采纳单方委托鉴定意见。其三,在法院委托鉴定的金额与被保险人单方委托鉴定的金额差距不大的情况下,亦是对法院委托鉴定意见的佐证,可以加强第二次鉴定意见的证明力。

【案例8-68】 顾某诉中国太平洋财产保险股份有限公司无锡分公司保险合同纠纷案

一审法院认为,保险车辆损失经公估公司评估后认定为14.7万元,公估公司具有评估资质,且在评估时通知保险公司到场。而保险公司未到场,其既无证据足以反驳该评估报告,也未提供证据证明鉴定程序严重违法或鉴定结论明显依据不足,故对该评估结论法院予以采信,保险公司提出的对评估报告不予认可、要求重新鉴定的抗辩,法院不予采纳。评估费系为确定保险车辆的损失程度所支付的必要的、合理的费用,依法应由保险公司承担。二审法院同意一审法院裁判意见。[2]

单方委托鉴定未送达对保险公司不具有约束力,但不免除保险公司的定损义务。

【案例8-69】 钱某诉保险公司财产保险合同纠纷案

判决观点,钱某与保险公司订立的保险合同系当事人的真实意思表示,依法成立,有效。事故发生在保险期间内,保险公司应当承担相应的保险责任。保险公司申请重新鉴定,经委托公估公司评估,案涉车辆评估损失金额为22,600元,公估公司具有鉴定资质,予以认可,保险公司应当向钱某赔偿22,600元。保险公司称其已在事故发生后进行定损,但无证据证明将定损

---

〔1〕 参见国家法官学院案例开发研究中心编:《中国法院2017年度案例》(保险纠纷),中国法制出版社2017年版,第190页。山东省聊城市阳谷县人民法院(2013)阳商初字第207号民事判决书。

〔2〕 参见国家法官学院、最高人民法院司法案例研究院编:《中国法院2020年度案例》(保险纠纷),中国法制出版社2020年版,第60页。江苏省无锡市中级人民法院(2018)苏02民终2279号民事判决书。

结果送达钱某处,不予采信。钱某称在委托评估前已向保险公司寄送了告知函,但钱某提供的快件物流信息中最后状态为“上门派件”,并未有签收的记录,保险公司亦否认收到上述告知函,故钱某系自行委托评估,保险公司未予参与,对钱某委托评估公司所做的鉴定结论书,不予采纳。保险公司在保险事故发生后未进行定损,系怠于履行保险合同约定的义务,钱某自行委托的评估费750元应由保险公司承担。保险公司申请委托评估产生的评估费1756元,系为查明和确定保险标的的损失程度所支付必要的、合理的费用,保险公司已预交,应由保险公司承担。判决:(1)保险公司赔偿保险理赔款22,600元;(2)驳回钱某的其他诉讼请求。[1]

单方委托鉴定侵权案胜诉,但在理赔案中保险公司有权申请重新鉴定。

【案例8-70】　王某龙诉中国人寿财产保险股份有限公司芜湖市中心支公司财产保险合同纠纷案

二审法院认为,保险合同关系成立并生效,双方均应恪守,现被保险车辆发生保险范围内的事故,王某龙虽然向侵权人主张赔偿,但损失未实际获得填补,因此保险公司仍应按约承担保险责任。王某龙要求侵权人承担侵权赔偿责任获得生效判决支持,但并不影响保险公司在履行保险赔偿责任后依法获得保险求偿权,在支付保险理赔款的范围内取得了王某龙依生效判决对侵权人享有的赔偿请求权。一审认定保险公司应当向王某龙支付保险理赔款,应予确认。根据保险合同条款的约定,保险事故发生后,王某龙应当及时向保险公司报案,并且会同保险公司检验,协商确定修理项目、方式和费用,否则保险公司有权重新核定。该约定依法有效,对双方当事人均有约束力。交通事故侵权案件中的车损金额系王某龙单方委托的鉴定机构评估而来,作为王某龙向侵权人索赔的依据,在侵权人未提出相反证据反驳的情况下,一审依据该数额判定侵权赔偿的范围,于法有据。但本案系保险合同纠纷,王某龙依据保险合同法律关系而行使被保险人索赔之权利,那么当然应当遵守保险合同条款关于保险报案与损失核定的相关约定,保障保险公司的知情权和定损参与权。本案中,王某龙在保险事故发生后未向保险公司报案,而是在待侵权案件生效后依据生效判决所认定的车损金额向保险公司申请理赔,违反了保险合同条款的约定,有违诚实信用,损害了保险公司在保险合同项下的权利,致使无法在法定期限内对标的车辆进行定损。王某龙在侵权案件中主张的车损金额因未经保险公司参与核定,对保险公司不发生法律效力,保

---

〔1〕　参见国家法官学院、最高人民法院司法案例研究院编:《中国法院2022年度案例》(保险纠纷),中国法制出版社2022年版,第2~3页。江苏省无锡市梁溪区人民法院(2020)苏0213民初3975号民事判决书。

险公司有权依据保险合同条款约定申请对保险车辆的损失重新核定。经法院委托,评估机构对被保险车辆的损失进行了重新鉴定,鉴定结论为被保险车辆的维修费用应为222,900元,保险公司与王某龙对该鉴定结论均表示认可,法院据此认定保险公司应当向王某龙支付的车辆损失保险金为222,900元。评估费作为查明和确定事故的性质原因和保险标的的损失程度所支付的必要、合理费用,应当由保险公司承担。综上,一审判决认定事实不清,适用法律错误,应予纠正。二审法院改判:撤销一审判决,改判保险公司支付王某龙保险理赔款220,900元。[1]

由于保险价值所反映的是被保险人对于保险标的所具有的保险利益,因此,被保险人对保险标的所具有的保险利益也是客观的,不会因是否享有国家补贴有所变化。

【案例8-71】 王某某诉中国平安财产保险股份有限公司北京分公司财产保险合同纠纷案

判决观点,在财产保险合同中,保险标的保险金额以保险价值为基础确定。保险价值是保险标的在某一特定时期可以用货币进行衡量的经济价值。不会因标的物是否享有国家补贴而有所变化。由于保险价值所反映的是被保险人对保险标的所具有的保险利益,因此,被保险人对保险标的所具有的保险利益也是客观的,并不会因是否享有国家补贴而有所变化。本案中,根据《机动车综合商业保险条款》(2014)(以下简称《保险条款》)第十二条规定,保险金额按投保时被保险机动车的实际价值确定。在机动车综合商业保险单"保险金额"一栏所对应的保险金额为169,801.2元,王某某在对该车进行投保时,平安北京分公司是以该车补贴前的官方指导价格确定保险费用。该处也能认证,平安北京分公司认为涉案车辆投保时的实际价值为169,801.2元。本案中,双方没有约定保险价值,因此根据《保险法》第五十五条第二款的规定,平安北京分公司应该以事故发生时保险标的的实际价值为赔偿计算标准。根据《保险条款》,本案事故车辆在发生保险事故折旧后的实际价值为169,801.2×(1-16×0.006)=153,500.2848元。本案中,王某某主张的车辆维修费为70,365元,该损失价值亦低于上述折旧后的实际价值,且在保险金额的赔偿范围之内,故对于王某某主张的车辆维修费用70,365元应予以支持,对于平安北京分公司主张的投保时按照补贴前的价格计算保险金额,赔偿时按照实际购车款6万元为标准计算保险金额的意见

[1] 参见《最高人民法院公报》2021年第7期。

不予采纳。[1]

在财产保险与人身保险并存时，被保险人先期得到的财产保险的赔付，在之后起诉要求得到人身保险赔付时，不应该扣除财产保险赔付部分的金额。

【案例8－72】　陈甲诉财险深圳分公司、物流公司人身保险合同纠纷案

一审法院认为，物流公司在财险深圳分公司处投保驾乘人员人身意外伤害保险，财险深圳分公司为其出具电子保险单，双方形成人身保险合同关系。保险期间内，驾驶员陈甲驾驶投保车辆发生交通事故受伤，保险人应当按照约定承担保险责任。(1)关于财险深圳分公司辩称按照特别约定，未在约定报案日期内报案的，绝对免赔90%后进行赔付的意见，该特别约定减轻保险人赔偿责任的条款，财险深圳分公司未能提供充足有效的证据证明其就免责条款尽到明确的提示说明义务，故对该辩解意见不予采纳。(2)关于财险深圳分公司主张按保险条款中约定的《人身保险伤残评定标准》重新评定按照伤残等级支付残疾赔偿金的意见，经查，其举证的保险条款系电子版，无投保人签章确认，投保人对此也不予认可，且该内容属于减轻保险人赔偿责任的条款，财险深圳分公司未能提供充足有效的证据证明其已尽到明确的提示说明义务，故对该项辩解意见不予采信。(3)关于财险深圳分公司辩称误工费、护理费、交通费、营养费、被抚养人生活费等均不属于保险责任的意见，而被扶养的生活费应计入伤残赔偿金，对该辩称意见部分认可。(4)关于财险深圳分公司和物流公司均主张应当扣除在车上责任险种理赔的100,000元的意见，根据《保险法》第九十五条第一款的规定，车上人员责任险属于财产保险，适用损害填补原则，而驾乘人员意外伤害保险属于人身保险，不适用填补原则，两者的保险标的不同，通过责任保险理赔获得赔偿后，不妨害人身保险的被保险人请求赔偿。因此，财险深圳分公司应在保险责任范围内支付原告损失196,196.41元。原告的其他主张，证据理由不充分，不予支持。被告的其他辩解意见，证据和理由不足，不予采纳。判决：(1)被告财险深圳分公司赔偿原告陈甲各项损失共计196,196.41元；(2)驳回原告陈甲的其他诉讼请求。二审法院同意一审法院裁判意见。[2]

侵权赔偿与保险赔偿共存的情况下，医疗费保险金的确定应根据具体案情确

---

〔1〕　参见最高人民法院中国应用法学研究所编：《人民法院案例选》2020年第11辑（总第153辑），人民法院出版社2021年版，第136页。北京市房山区人民法院（2018）京0111民初16838号民事判决书。

〔2〕　参见国家法官学院、最高人民法院司法案例研究院编：《中国法院2023年度案例》（保险纠纷），中国法制出版社2023年版，第151～152页。河南省平顶山市中级人民法院（2021）豫04民终3700号民事判决书。

定相应。

【案例8－73】 沈某诉保险南通支公司、安装集团公司人身保险合同纠纷案

判决观点，保险南通支公司酌情赔偿医疗保险金，保险南通支公司认为沈某从第三人处获得了赔偿，根据条款的约定，其只承担医疗费的剩余部分。经查，沈某与案外人郁某协商确定赔偿项目时包含医疗费在内，郁某共赔偿98万元。但沈某遭受损失中，仅残疾赔偿金就达到100万余元，加之医疗费27万余元，康复医疗护理费（目前已有8万余元）、护理费、误工费、精神抚慰金等显然已超出了赔偿数额。同时也不排除沈某方在订立协议时认为有保险可获得赔偿的情况下，可能存在放弃某些费用赔偿的心理，因此不能机械地按照比例确定医疗费或者赔偿。案涉争议的处理上，更要注重人文关怀，人的生命是无价的，沈某突遭意外，令人痛惜，保险公司虽是营利法人，但亦应履行社会责任，在合理范围内尽可能弥补沈某遭受的伤害。综上，酌情确定由保险南通支公司支付医疗保险金15万元。判决：（1）被告保险南通支公司支付给原告沈某意外伤害伤残保险金20万元、医疗保险金15万元、住院津贴保险金6800元，合计356,800元；（2）驳回原告沈某的其他诉讼请求。[1]

司法鉴定标准实质性符合保险合同约定标准的，可以作为理赔依据。

【案例8－74】 王某诉保险淮安支公司人身保险合同纠纷案

二审法院认为，开发公司与保险淮安支公司订立的保险合同合法有效，保险淮安支公司应按合同约定向被保险人赔付保险金额。王某作为被保险人之一，依法享有向保险人主张理赔的权利。关于王某依照司法鉴定的伤残等级请求给付保险金是否适当问题。经比对，司法鉴定意见依据的《人体损伤致残程序分级》在该部位认定伤残的标准要高于保险合同约定适用的《行业标准》。即该部位的同一伤情在《人体损伤致残程序分级》中被认定为十级伤残，则在《行业标准》下，必然也可以认定为十级伤残。故对保险淮安支公司以鉴定标准不一致为由拒绝赔付的辩称不予支持。综上所述，一审判决认定事实清楚，适用法律正确，但处理结果不当，本院予以改判。判决：（1）撤销一审判决；（2）保险淮安支公司向王某支付伤残赔偿金5万元；（3）驳回王某的其他诉讼请求。[2]

---

〔1〕 参见国家法官学院、最高人民法院司法案例研究院编：《中国法院2023年度案例》（保险纠纷），中国法制出版社2023年版，第181页。江苏省南通市海门区人民法院（2021）苏0684民初5265号民事判决书。

〔2〕 参见国家法官学院、最高人民法院司法案例研究院编：《中国法院2023年度案例》（保险纠纷），中国法制出版社2023年版，第185页。江苏省淮安市中级人民法院（2021）苏08民终2705号民事判决书。

保险人肯定性的答复意见可不受合同条款限制。

【案例 8－75】　朱某诉保险总公司、保险重庆分公司人身保险合同纠纷案

判决观点，关于朱某就诊时是否应对就诊医院的等级、资质进行审查。朱某在入院治疗时，已通过电话向保险公司的保险代理人卢某询问就诊医院是否可以进行理赔，卢某因其他被保险人患相同疾病到该医院治疗获得了保险理赔，便明确告知朱某入住涉案医院可以进行保险理赔。朱某在得到肯定的回复后进行住院治疗，无论就诊医院是否属于保险合同约定的医院，均应认定朱某在就诊时已履行了对医院等级、资质等的审查义务，保险公司的肯定性答复对于投保人、被保险人而言，属于认可该医院为保险合同所约定的医院。保险重庆分公司依法应支付医疗保险金。关于朱某支付利息的诉请，于法无据，应不予支持。朱某在诉讼中撤回另一被告的起诉，系民事权利的自由处分，且符合法律规定，予以准许。判决：(1)由保险重庆分公司向朱某支付医疗保险金 16,836.98 元；(2)驳回朱某的其他诉讼请求。[1]

(四)损伤参与度赔偿

损伤参与度案件，是指在机动车交通事故中，由交通事故等多种原因造成受害人损害的案件。对于该类案件的赔偿责任分担，是以过失大小还是原因力大小为标准，观点不一。笔者倾向于，以法律原因力比较为主、以过错程度比较为辅的综合方法来确定侵权责任的分担。因为侵权责任法的主要功能不是为了惩罚过错，而是为了弥补受害人的损失。在普通的交通事故中，只需要确定事故责任就可以确定赔偿责任，但在“多因一果”的交通事故中，首先应当确定交通事故各方原因力大小，再考虑事故责任比例，才能最终确定赔偿义务人的赔偿责任。对于此类案件的赔偿项目，应当区别对待，综合考察。原因力的大小强度取决于各个原因的性质、原因事实与损害结果的距离及原因事实的强度。司法实践中主要从主要原因和次要原因、直接原因和间接原因两个方面来判断侵权行为原因力的大小。因此，弄清原因力与损害后果之间关系，是处理此类案件的重要方面。对受害人的死亡赔偿金、丧葬费、精神抚慰金等应参照损伤参与度认定。

【案例 8－76】　徐某某诉童某某等道路交通事故损害赔偿纠纷案

判决观点，关于民事赔偿责任，考虑受害人李某某在受伤时已满 88 周

---

〔1〕 参见国家法官学院、最高人民法院司法案例研究院编：《中国法院 2023 年度案例》(保险纠纷)，中国法制出版社 2023 年版，第 204 页。重庆市垫江县人民法院(2020)渝 0231 民初 4272 号民事判决书。

岁,遭遇车辆外伤后,其机体抵抗力必然迅速下降,又因新伤左侧股骨转子间骨折进一步加重病情,加上糖尿病、高血压病及因伤、因病引发的各种并发病最终导致死亡,结合《江都市居民死亡注销户口证明》中所记载受害人因各种疾病死亡,法院酌定李某某死亡结果车辆外伤参与度为40%,原告死亡赔偿金确认为18,236元(45,590元×40%)。[1]

优者危险负担原则,是指在受害人具有过失的情况下,考虑到双方对道路交通法规注意义务的轻重,按机动车辆危险性的大小以及危险回避能力的优劣,分配交通事故的损害后果,确定各自的责任。

【案例8-77】 王某诉阳光财产保险股份有限公司葫芦岛中心支公司等机动车交通事故损害赔偿纠纷案

判决观点,因被告所有的肇事车辆辽P×××牌号货车与原告肇事的二轮摩托车相比,在危险性的大小及回避能力方面优于摩托车。根据优者危险负担原则,应按照40%的比例承担责任。[2]

【不同处理】 交通事故的受害人没有过错,其体质状况对损害后果的影响不属于可以减轻侵权人责任的法定情形,不能根据损伤参与度确定损害赔偿责任和交强险责任。

【案例8-78】 荣某某诉王某、永诚财产保险股份有限公司江阴支公司机动车交通事故责任纠纷案

二审法院认为,根据我国《道路交通安全法》的相关规定,机动车发生交通事故造成人身伤亡、财产损失的,由保险公司在机动车第三者责任强制保险责任限额范围内予以赔偿。而我国交强险立法并未规定在确定交强险责任时应依据受害人体质状况对损害后果的影响作相应扣减,保险公司的免责事由也仅限于受害人故意造成交通事故的情形,即便是投保机动车无责,保险公司也应在交强险无责限额内予以赔偿。因此,对于受害人符合法律规定的赔偿项目和标准的损失,均属交强险的赔偿范围,参照"损伤参与度"确定损害赔偿责任和交强险责任均没有法律依据。[3]

交通事故外伤引起受害人死亡的参与度,不能作为交强险责任减轻的考量因

---

〔1〕 参见国家法官学院案例开发研究中心编:《中国法院2013年度案例》(道路交通纠纷),中国法制出版社2013年版,第174页。

〔2〕 参见国家法官学院案例开发研究中心编:《中国法院2014年度案例》(保险纠纷),中国法制出版社2014年版,第173页。辽宁省瓦房店市人民法院(2012)瓦民初字第3662号民事判决书。

〔3〕 参见最高人民法院中国应用法学研究所编:《人民法院案例选》2016年第3辑(总第97辑),人民法院出版社2016年版,第21页。人民法院案例库2014-18-2-374-001。最高人民法院指导案例24号。

素。对受害人损失在扣除交强险责任后，超出交强险的损害部分应根据具体赔偿项目考虑损伤参与度的影响。

【案例8－79】　楚某某、楚某顺诉肖某某、孙某某、紫金财产保险股份有限公司河南分公司等机动车交通事故损害赔偿纠纷案

判决观点，本起交通事故造成的损害后果系楚某章被机动车碰撞、跌倒发生骨折所致，受害人在事故中无责任，对于事故的发生及损害后果的造成均无过错；虽然受害人年事已高，但其身体原因仅是事故造成后果的客观因素，并无法律上的因果关系。因此受害人楚某章对于损害后果的发生或者扩大没有过错，不存在减轻或者免除加害人赔偿责任的法定情形。……对于受害人符合法律规定的赔偿项目和标准的损失，均属交强险的赔偿范围。参照“损伤参与度”确定损害赔偿责任和交强险责任没有相关法律根据。因此，不应当把参与度作为计算赔偿数额依据。[1]

---

〔1〕　参见最高人民法院中国应用法学研究所编：《人民法院案例选》2016年第3辑（总第97辑），人民法院出版社2016年版，第156页。

三、保险理赔纠纷处理

（一）理赔损失处理

在民法上，《民法通则》并未对损失和损害下定义，而且在具体法律条文中，用语也很不规范，常常是损失、损害、侵害等混用，通说认为损失是财产上的损害，即指因他人的加害行为或可归责于某人的事件使民事主体受侵权法保护的权利或利益遭受不利益。此种不利益是指法律上之不利益。此种损失在法律上应有救济途径。一般认为，财产损失是指实际损失，包括直接损失和间接损失。就侵权损害而言，直接损失，是指侵权人的侵权行为侵占或损坏被侵权人的财产而直接造成的财产损害，是积极的财产损害，一般导致的是被侵权人现有财产价值数量的减少。间接损失，是指侵权人侵害被侵权人所有的财物，致被侵权人在一定范围内的未来财产利益的损失。间接损失是消极的财产损害，导致的是被侵权人可得利益的丧失。

保险损失，即指损失补偿原则中所称的损失，是指被保险责任范围之内的保险利益损失，该损失应当与保险事故的发生具有因果关系。这里的损失，应分财产、责任、费用补偿型三类情形具体阐释。财产保险中的损失，即财产损失，是指保险事故发生时被保险人的财产遭受经济利益的丧失，即保险标的之毁损，在道路交通事故导致受害人的车辆等实物财产毁损、灭失的损失。责任保险中的损失，是指保险事故导致的被保险人对第三者依法承担的赔偿责任。费用补偿型的健康保险与意外伤害保险中的损失，是指与保险事故有关的医疗费用支出或收入的减少。

1. 保险损失确定原则

对于保险损失确定，应遵循合同约定优先原则。

【案例 8－80】 山东隆盛进出口有限公司诉中国人民财产保险股份有限公司临沂市分公司海上保险合同纠纷案

判决观点，本案系保险合同纠纷，应按保险合同的约定计算原告的损失。本案保险合同约定保险金额为 3,881,863.19 美元，是在涉案货物购买价款

(3,528,966.54美元)的基础上考虑到被保险人的保险费、经营费用、预期利润等合理加成10%得出,符合海运保险惯例,被告对此无异议。发生短量保险事故时,应按货物短量率与保险金相乘再扣除免赔额的方法计算货物短量赔款。[1]

考量损失因素。实践中,造成损失的原因也是确定责任应考量的一个因素。关于多个原因造成保险标的损失,其中既有承保风险又有非承保风险,承保风险与损失之间的因果关系难以确定时,保险公司是否应当理赔,实践中存在不同认识,有待深入探讨。笔者倾向于近因原则确定损失。保险的基本原则之一是近因原则,损失原因无法确定的事故,应当考虑承保风险是否是近因,是近因则承担赔付责任,不是近因则不承担责任。

责任保险属于财产保险的一种,基于财产保险的损失补偿原则。一般情况下,被保险人的实际损失发生后,方能向保险人主张赔偿。责任保险合同纠纷中,并非一律以损失实际发生作为保险理赔的前提,应结合个案具体情况确定。

【案例8-81】　体育公司诉人保延庆支公司保险合同纠纷案

判决观点,本案的争议焦点在于人保延庆支公司就未实际发生的手术治疗费用赔偿以及手术费用估算数额是否合理。本案中,因郑某年龄尚小,直接进行全麻手术可能会对孩子的健康产生不利影响,即时矫正手术风险过大。基于保护儿童以及快速解决纠纷的考虑,体育公司与郑某的监护人私下协商并达成赔偿协议,并未违反法律、法规的禁止性规定。关于赔偿数额的合理性问题,体育公司及郑某的监护人结合伤者的年龄、医院的诊断,在没有相反证据证明赔偿数额不合理且双方均未申请鉴定的情况下,该和解金额应认定为合理。基于体育公司已实际向第三人足额支付3万元赔偿金的事实,体育公司作为保险合同的投保人、被保险人,就实际承担的损失有权依据保险合同的约定向人保延庆支公司主张支付保险金。根据保险单约定,每次事故每人人身伤亡责任限额10万元。人保延庆支公司对于发生在保险期间内的保险事故,应当在此限额内进行赔偿。现体育公司主张的赔偿数额显然未超出合同约定,故体育公司要求人保延庆支公司支付3万元保险金的诉讼请求,合法有据,法院应予支持。人保延庆支公司经法院合法传唤,无正当理由拒不到庭参加诉讼,应视为自愿放弃对本案的抗辩权利。判决:人保延庆支公司给付体育公司保险金3万元。[2]

---

〔1〕 参见国家法官学院案例开发研究中心编:《中国法院2015年度案例》(保险纠纷),中国法制出版社2015年版,第104页。山东省青岛海事法院(2013)青海法海商字第278号民事判决书。

〔2〕 参见国家法官学院、最高人民法院司法案例研究院编:《中国法院2022年度案例》(保险纠纷),中国法制出版社2022年版,第122页。北京市延庆区人民法院(2020)京0119民初5830号民事判决书。

火灾财产损失数额无法确定的，由法官行使自由裁量权确定。

【案例8－82】 洪泰公司诉人保滁州分公司财产保险合同纠纷案

一审法院认为，财产保险合同是保险人根据合同的约定对被保险人因保险事故造成经济损失进行补偿的合同，用以弥补被保险人的经济损失。故人保滁州分公司的赔付保险金数额应以洪泰公司因火灾事故造成的实际损失确定。火灾事故发生后，双方为确定火灾造成的损失，共同委托泛华财险安徽分公司对火灾损失进行公估理算。但泛华财险安徽分公司在公估过程中存在违法情形，泛华财险安徽分公司出具的《保险公估报告》不能作为确定洪泰公司损失的定案依据。案涉保险合同第二十五条约定，被保险人请求赔偿时，应向保险人提供财产损失清单、必要账簿等证据证明其损失财产的数额。洪泰公司所举证据并不足以证明其因火灾而遭受的实际损失金额，但洪泰公司遭受火灾客观属实，应当说洪泰公司账册凭证不完整、不准确，仅根据其目前提供的材料无法判断发生火灾时该公司库存货物的情况，因此洪泰公司不规范经营导致失火时被烧毁财产的实际价值无法确定，洪泰公司存在一定的过错。而人保滁州分公司在核保时未认真进行核查，就与洪泰公司签订了高达17，574，500元的保险合同，人保滁州分公司亦存在一定的过错。综合考虑洪泰公司的资金情况、生产能力与库存匹配程度，兼顾双方当事人的过错程度等因素，根据公平原则和诚实信用原则，酌定人保滁州分公司赔付洪泰公司保险金3，000，000元及相应的利息。判决：（1）人保滁州分公司赔付洪泰公司保险金3，000，000元及利息；（2）驳回洪泰公司的其他诉讼请求。二审法院同意一审法院裁判意见。[1]

2. 保险损失范围

《道路交通损害赔偿解释》第十一条、第十二条分别规定保险损失的范围。对《保险法》第二十三条第二款规定损失的理解是一难点。该款规定："保险人未及时履行前款规定义务的，除支付保险金外，应当赔偿被保险人或者受益人因此受到的损失。"这里的损失范围包括哪些内容？在实践中理解不一。一般认为是保险人应当支付相应的利息。[2] 最高人民法院法官认为，此处的"损失"，一般理解为因保险人迟延履行保险赔偿或给付义务而给被保险人或受益人造成的直接损失，如交通费用的额外支出、被保险人或者受益人应当获得赔偿或者保险金之

〔1〕 参见国家法官学院、最高人民法院司法案例研究院编：《中国法院2021年度案例》（保险纠纷），中国法制出版社2021年版，第102～103页。安徽省高级人民法院（2019）皖民终706号民事判决书。

〔2〕 参见安建主编：《中华人民共和国保险法（修订）释义》，法律出版社2009年版，第56页。

日起至保险人实际给付之日止的利息等。[1] 律师代理费用不属于该条款规定的损失范围。[2] 实践中,为查明和确定保险事故的性质、原因和保险标的的损失所支出的合理费用,保险公司应予赔偿。间接损失赔偿是司法实践中的难点,在理论界及实务界尚无定论,对间接损失的赔偿采用限制赔偿原则还是全部赔偿原则,争议也一直存在。

【案例8-83】　李某某、孟州市汽车运输有限公司诉中国人民财产保险股份有限公司孟州支公司保险合同纠纷案

二审法院认为,机动车第三者责任保险的责任范围是第三者遭受的人身伤亡和直接毁损,不包括间接损失。本案中,因被保险车辆豫H68×××、豫HC×××挂发生交通事故,造成的豫G11×××牌号普通客车停运损失6300元,该停运损失属于间接损失,人民财产保险公司作为保险人对此不负责赔偿。[3] 该案中对商业第三者险的间接损失不予赔偿。

事故车辆施救费和车辆损失鉴定费属于保险理赔范围。

【案例8-84】　吴某诉某财产保险股份有限公司淄博市分公司财产保险合同纠纷案

二审法院认为,保险公司主张鉴定费、施救费应当由吴某承担,但是鉴定费系为查明和确定保险标的的损失所支出的必要合理费用,施救费属于车辆受损而产生损失的一部分,应当予以赔偿。保险公司的上诉主张不成立,依法不予支持。判决:驳回上诉,维持原判。[4]

《道路交通损害赔偿解释》第十四条第四项规定:"非经营性车辆因无法继续使用,所产生的通常替代性交通工具的合理费用。"即明确了对包括租车费用在内的间接损失予以赔偿的态度,至于该合理费用数额的大小确定,由法官在个案中根据具体情形,从必要性、合理性等角度进行判断。应注意的是,该司法解释第十四条指的财产损失范围,是根据侵权法的一般原理确定的财产损害赔偿范围,与"交强险"限额内财产损失赔偿范围适用条件不同。本条中,"侵权人"是指依法应当承担损害赔偿责任的机动车一方,"当事人"是指依法享有损害赔偿请求权的机动车或非机动车一方。由于本条仅是就财产损失范围所作的规定,故在具体

---

〔1〕 参见最高人民法院保险法司法解释起草小组编著:《〈中华人民共和国保险法〉保险合同章条文理解与适用》,中国法制出版社2010年版,第161页。

〔2〕 参见《人民司法·应用》2009年第5期。

〔3〕 参见国家法官学院案例开发研究中心编:《中国法院2013年度案例》(保险纠纷),中国法制出版社2013年版,第92页。

〔4〕 参见国家法官学院、最高人民法院司法案例研究院编:《中国法院2023年度案例》(保险纠纷),中国法制出版社2023年版,第46页。山东省淄博市中级人民法院(2021)鲁03民终4361号民事判决书。

案件中,认定当事人是否享有损害赔偿请求权,还要根据不同情况适用相关法律或司法解释的其他规定。根据《道路交通安全法》第七十六条的规定,保险公司的赔偿责任在一定范围内与侵权责任相分离。《交强险条例》第三十一条规定,保险公司可以向被保险人赔偿保险金,也可以直接向受害人赔偿保险金。因此,受害人对承保交强险的保险公司有直接赔偿请求权。依本解释的规定,保险公司应作为当事人参加相关诉讼。因此,当事人请求侵权人赔偿修理费用、车上物品损失、施救费用以及重置费用时,如果没有超过"交强险"财产损失限额,法院直接判决由保险公司承担赔偿责任即可。本条适用的情况主要在交强险责任限额之外的部分,根据《道路交通安全法》第七十六条规定的不同的归责基础确定侵权人的赔偿责任。[1]

交通事故产生的停运损失,属于间接损失范畴,其不属于机动车车辆强制险、车辆损失险或第三者责任险理赔范围,而属于车辆停运损失险范围。保险公司一般都设有"车辆停运损失险"这一单独附加险,因发生车辆损失保险责任范围内的保险事故致使车辆停运的,保险公司应当按照车辆停运损失险约定的方式和限额承担赔偿责任。

【案例8-85】 吉发运输公司诉太平洋保险股份有限公司郑州市分公司财产保险合同纠纷案

二审法院认为,因被上诉人是基于双方签订的机动车损失险合同而提起的诉讼,故判定上诉人是否承担停运损失应依双方签订的机动车损失险合同的约定予以确认。双方签订的机动车损失险合同第五条对合同保险人的保险责任约定:保险期间内,保险机动车在被保险人或其允许的合法驾驶人使用过程中,因碰撞、倾覆等原因造成保险机动车的全部损失或部分损失,保险人依照保险合同约定负责赔偿。该保险险种是保险人针对被保险人或其允许的合法驾驶人在使用保险机动车过程中,因碰撞、倾覆等原因造成保险机动车的全部损失或部分损失。因被上诉人是基于双方签订的机动车损失险合同而提起的诉讼,而被上诉人提出的停运损失在保险合同中并未涉及,故被上诉人要求上诉人承担停运损失无合同依据。二审法院撤销一审判决,驳回被上诉人吉发公司对停运损失的诉讼请求。[2]

---

〔1〕 参见最高人民法院民事审判第一庭编著:《最高人民法院关于道路交通损害赔偿司法解释理解与适用》,人民法院出版社2012年版,第195页。

〔2〕 参见国家法官学院案例开发研究中心编:《中国法院2018年度案例》(保险纠纷),中国法制出版社2018年版,第100页。山东省菏泽市中级人民法院(2016)鲁17民终字第104号民事判决书。

【案例8-86】　仵某某诉中华联合财产保险股份有限公司乌鲁木齐市新市区支公司财产保险合同纠纷案

一审法院认为，至于财产损失中的间接损失部分即车辆停运损失、交通费损失，以及原告在其他财产损害赔偿纠纷案件中承担的诉讼费用，根据《机动车第三者责任保险条款》第七条的约定，下列损失和费用，保险人不负赔偿责任：被保险机动车发生意外事故，致使第三者停业、停驶、停电、停水、停气、停产、通信或者网络中断、数据丢失、电压变化等造成的该部分损失和其他各种间接损失，以及仲裁或者诉讼费用以及其他相关费用等。因此，该部分费用损失均不在商业第三者责任险的保险理赔范围之内，故对原告诉请的该部分费用损失，法院不予支持。二审法院亦持同样意见，维持一审判决。[1]

【不同处理】　有法院认为，在有关停运损失赔偿案件中，当事人请求侵权人赔偿经营性车辆因无法从事相应经营活动所产生的合理停运损失，法院应予支持。但该赔偿的前提是停运车辆必须是依法从事货物运输、旅客运输等经营性活动，应排除违法经营的情形。

出租车承包金损失应区分造成车辆停运原因决定是否赔偿：其一，出租车司机因人身损害的治疗和休息时间基本与车辆修复时间重合或超出车辆修理时间，则只吸收合并为误工费导致其无法正常驾驶车辆从事车辆运营而产生的车辆承包金损失，应计入误工损失的范畴，在交强险的死亡伤残赔偿限额项下予以先行赔偿。其二，若出租车司机治疗休息时间短于车辆修理时间，则需对车辆承包金损失区分两部分确定。出租车司机治疗及休息期间的车辆承包金损失作为误工费由交强险在死亡伤残项目下赔偿，超出治疗及休息期间的车辆承包金损失停运损失，由侵权人个人负担。若出租车司机伤情轻微不影响驾驶但车辆受损较为严重，此时可以认定车辆停运并非人身受损而系车辆受损所致，故车辆承包金应作为间接损失由侵权人负担，交强险不负责赔偿。换言之，仅因车辆受损导致出租车司机无法从事车辆运营而产生的车辆承包金损失属于间接的财产损失，不属于交强险的赔偿范围。

【案例8-87】　黄某诉任某、中国太平洋财产保险股份有限公司北京分公司机动车交通事故责任纠纷案

二审法院认为，本案焦点系保险公司是否应赔偿黄某车辆承包金损失。车辆承包金系黄某向出租汽车公司交纳的特定费用，来源于其驾驶出租车运营而产生的收益，系其日常工作收益的一部分。根据北京市出租车行业惯

---

〔1〕　参见国家法官学院案例开发研究中心编：《中国法院2018年度案例》（保险纠纷），中国法制出版社2018年版，第122页。山东省菏泽市中级人民法院（2016）鲁17民终字第104号民事判决书。

例，在黄某正常出车的情况下，该项收益是具有可预见性，系预期财产利益。黄某因交通事故人身受到伤害不能工作，必然导致其该项利益受到损失。根据《侵权责任法》第十六条之规定，黄某因人身损害导致的车辆承包金损失，应属于误工损失的范畴，应当在交强险死亡伤残限额项下予以赔偿。〔1〕

保险公司在设置险种时，一般将涉水行驶损失险作为一种单独的附加险。该附加险主要应对的是车辆因遭水淹或因涉水行驶导致发动机损坏的情况。发动机系车辆不可分割的关键部件，其投保人与保险人签订的保险单载明的新车购置价与车辆损失险的赔偿金额一致，故发动机应属于保险标的的一部分。虽然保险条款有车辆因遭水淹保险人不予理赔的规定，但应当综合考虑受损原因、保险合同、保险标的等因素确定列为赔偿范围。也就是说，车辆未单独投保涉水行驶损失险时发动机被淹的责任仍可以由保险人承担。

【案例8－88】 孙某诉中国平安财产保险股份有限公司上海分公司财产保险合同纠纷案

判决观点，因发动机系车辆不可分割的关键部件，保险单载明的新车购置价与车辆损失的赔偿金额也是一致的，故发动机应属于保险标的一部分。对于车辆因遭水淹保险人不予理赔的规定，应考虑到造成车辆发动机遭受水淹的原因。造成本案事故的主要原因系因雨天视线不佳致使车辆翻入水中发动机受损，原告并无涉水行驶的主观故意，被告以该条款予以抗辩，不符合车辆损失险的保险法理。〔2〕

【案例8－89】 顾某某诉中国人民财产保险股份有限公司石家庄分公司财产保险合同纠纷案

二审法院认为，对于人保石家庄公司主张依据《中国人民财产保险股份有限公司附加险条款》中发动机特别损失险条款，以此反推顾某某机动车涉水损失理赔应另投保发动机特别损失险。法院认为，顾某某并未投保此险种，人保石家庄公司一审、二审中亦无证据证明已对顾某某交付并明确说明该特别附加条款的内容，以及已明确告知顾某某投保特别附加险与否将发生不同的理赔结果，现其据此条款主张对顾某某车辆发动机涉水损失不予理

---

〔1〕 参见北京市高级人民法院研究室编：《审判前沿——新类型案件审判实务》（总第55集），法律出版社2017年版，第216页。

〔2〕 参见国家法官学院案例开发研究中心编：《中国法院2018年度案例》（保险纠纷），中国法制出版社2018年版，第108页。江苏省宿迁市宿豫区人民法院（2016）苏1311民初字第302号民事判决书。

赔,没有事实及法律依据。[1]

交通事故损害赔偿案件中,对车辆重置费用进行的司法鉴定结果是重要的赔偿依据,但并非唯一。鉴定得出的价格只是受害人可以购买到车辆所要支出的费用。但是受害人若想最终能够占用、使用、收益、处分该车辆,还需支付其他费用,因此产生的损失仍应作为车辆重置费用由侵权人一并予以赔偿。也就是说,重置费用包含范围还应包括税费、保险费。

【案例8-90】 于某某诉张某某、富德财产保险股份有限公司北京分公司机动车道路交通事故责任纠纷案

判决观点,于某某主张的车辆购置款、车辆购置税、车牌费、施救费,有证据佐证,法院予以支持。关于保险费,法院根据投保时间及交通事故发生时间予以确定。关于交通费,法院根据车辆因无法继续使用,所产生的通常替代性交通工具的合理费用予以酌定。法院判决:被告保险公司在交强险限额内赔偿原告于某某车辆购置款2000元,在商业三者险责任限额内赔偿车辆购置款52,800元、车辆购置税4500元、车牌费125元、施救费734元、交通费100元、保险费1022.83元(车架号码为LDNB43AZ2E0549×××机动车归被告保险公司所有)。[2]

交通事故涉及的交强险保险费损失。事故车辆所投交强险保险费是否可认定为交通事故财产损失,应分类认定:其一,车辆报废的是否构成损失有两种情况:一是车辆被依法注销的,投保人可以解除交强险合同,保险公司将剩余保险费退还投保人,故该种情形下不构成投保人的损失;二是未办理注销手续和保险合同解除手续,受害人不存在过错,其车辆又不满足上路条件的,该部分保险费可认定为损失。反之,若受害人对此存在过错,则不能认定为损失。其二,车辆全损的认定。一是车辆达到报废条件保险合同解除,处理与报废相同。二是保险合同继续有效,全损车辆经修复后继续上路,受害人仍可基于保险合同享有各种请求权,其保险费是享受保险金请求权的对价,自然不能认定为损失。其三,车辆所有权变更后的保险费,即使车辆被认定为全损,基于原保险合同继续有效,转让人未向受让主张该笔保险费,故不构成因侵权行为造成的损失,受害人亦不能向侵权人主张保险费损失。

---

〔1〕 参见国家法官学院案例开发研究中心编:《中国法院2018年度案例》(保险纠纷),中国法制出版社2018年版,第113页。新疆生产建设兵团第八师中级人民法院(2016)兵08民终字第414号民事判决书。

〔2〕 参见北京市高级人民法院研究室编:《审判前沿——新类型案件审判实务》(总第56集),法律出版社2017年版,第211页。

3. 损失与车辆修理关系

保险车辆发生保险事故后,即使未对车辆进行修理,车辆受损也是客观存在的,修理费的支出只表明将受损车进行了修理,但没有修理费的支出,不代表损失没有发生,并且损失在事故发生当时就已确定,损失的大小即评估价。修理是为了恢复汽车的使用价值而采取的一种手段,车辆所有权人其有权处分该车辆的权利,自由选择放弃车辆的使用价值而不予修复,因此而发生的修理费免予支出,自然不构成不当得利。发生交通事故后,车辆的损失由评估机构进行了评估,虽然车主未实际修理,但保险公司仍应理赔。

【案例8-91】 施某诉天安保险股份有限公司无锡市滨湖支公司财产保险合同纠纷案

判决观点,天安保险股份有限公司无锡市滨湖支公司提出受损车辆未实际修理而应扣除维修工时费、因车辆受损的状况与车辆是否维修没有关系,施某作为车辆所有人,有处分该车辆的权利,自由选择放弃车辆的使用价值,因此而发生的修理费免予支出不构成不当得利,更不应成为保险公司的收益。[1]

【案例8-92】 刘某某诉中国平安保险股份有限公司扬州中心支公司财产保险合同纠纷案

一审法院认为,保险公司应当按评估价赔偿原告损失。首先,保险公司赔偿保险金的基础条件是被保险车辆遭受实际损失,而不是该车辆是否被维修。根据《保险法》的规定和保险条款的约定,保险人赔偿保险金的条件之一是被保险人的财产因保险事故的发生遭受损失。也就是说,只要保险事故给被保险人造成了实际损失,保险人则负有按照损失大小赔偿保险金的责任。就本案而言,已经评估机构确认受损车辆的损失为279,700元,双方对此无异议。不管修理与否,苏K×××B3牌号轿车已遭受损失是一种客观存在的事实,该损失不以修理与否而发生转移,修理仅是恢复受损车辆价值或使用价值的一种手段,是车辆受损后采取的一种补救措施,即只有车辆受损的事实存在,才有对其进行修理的必要。受损是修理的前提条件,而并非修理产生车辆的损失。因此,修理与否并不是决定保险人是否赔偿的条件,保险人赔偿的是被保险标的实际遭受的损失。其次,《保险法》和保险条款均未规定受损车辆必须实际维修,也未规定理赔时必须提供维修发票,至于

〔1〕 参见国家法官学院案例开发研究中心编:《中国法院2013年度案例》(保险纠纷),中国法制出版社2013年版,第129页。

损失程度,已经评估确定,评估价格包括更换配件价格、工时费及喷漆材料价格,扣除残值后为279,700元,该费用是受损车辆恢复保险事故前应有价值的应有支出,是车辆恢复原状产生的必要的、合理的费用,无论原告是否实际修理或实际支出,被告保险公司应当按此价格进行理赔。最后,原告可以自行决定维修与否。基于修理与否并不是决定保险人是否赔偿的条件,至于是否修理,被保险人完全有权依据车辆受损情况的大小而自行决定,当事人有权决定放弃修理。保险公司不能因被保险人未实际修理就否认损失的存在而不予理赔。二审法院亦持同样意见,维持一审判决。[1]

被保险人主张保险理赔不以保险标的实际修复为前提。

【案例8-93】　南某诉人保江宁公司财产保险合同纠纷案

二审法院认为,本案一审中,关于案涉车辆损失金额的问题,具有公估资质的金典公司作为鉴定机构系双方当事人共同协商选定,一审法院依法委托金典公司对案涉车辆损失进行评估,金典公司所作车辆损失为262,000元的鉴定意见一审法院审核后可以作为认定案涉车辆损失金额的依据。对于人保江宁公司关于南某未提供维修发票不能证明其已经实际支付了维修费用,故人保江宁公司对案涉车辆损失不应赔偿的上诉意见,保险人给付保险金是保险人在保险合同项下应负担的主要义务。引发财产损失的保险事故发生之时,保险人已对被保险人负有确定的给付义务。案涉车辆因交通事故已造成损失,损失金额已经一审法院委托公估机构予以确定,车辆是否维修并非确定损失是否发生的前提条件,即使案涉保险条款约定南某在理赔时应当提交维修费用,该票据并不是确定损失是否发生的依据,人保江宁公司该项上诉意见,无事实和法律依据。判决:驳回上诉,维持原判。[2]

在车辆受损没有实际维修的情况下,被保险人按最高标准索要维修费不仅有违公平原则,甚至有保险诈骗之嫌。为打击保险理赔过程中的投机行为,鼓励受损车辆真实维修,维护正常的保险理赔秩序,此类纠纷采用保险公司的定损价格进行赔偿。

【案例8-94】　张某诉某保险公司财产保险合同纠纷案

一审法院认为,机动车损失保险是指被保险人或其允许的驾驶员在驾驶保险车辆时发生保险事故,造成保险车辆受损,保险公司在保险保额范围内

---

〔1〕　参见国家法官学院案例开发研究中心编:《中国法院2016年度案例》(保险纠纷),中国法制出版社2016年版,第89页。江苏省扬州市中级人民法院(2014)扬商终字第0095号民事判决书。

〔2〕　参见国家法官学院、最高人民法院司法案例研究院编:《中国法院2021年度案例》(保险纠纷),中国法制出版社2021年版,第8页。江苏省南京市中级人民法院(2019)苏01民终2768号民事判决书。

予以赔偿的一种汽车商业保险。在保险车辆未达全损的情况下,车辆损失一般是指车辆维修费。一般情况下,汽车销售服务4S店是维修费用最高的维修单位。对于车辆损失的确定,应当遵循《保险法》最大诚信原则和损失补偿原则,不应该盲从鉴定意见。本案中的鉴定意见确定的维修费和车辆残值之和不仅大于事故发生前的车辆价值,甚至大于保险金额,如果采信该鉴定意见将发生高赔低修、赚取保险差价的后果,而这一后果必然违反最大诚信原则和损失补偿原则,故该鉴定意见不应予以采信。发生保险事故后,被保险人对保险公司负有告知保险事故性质、原因和损失等情况的通知义务,还负有提供损失证明资料的协助义务,因故意重大过失而未尽到通知义务或协助义务导致损失无法确定的,保险公司对无法确定的损失部分有权拒绝赔偿。为打击保险理赔过程中的投机行为,根据《保险法》的上述规定,采纳保险公司定损价格,认定案涉车辆实际损失为87,433元。二审法院同意一审法院裁判意见。〔1〕

4. 损失范围除外情形

如果某些损失并非由于保险责任范围内的保险事故造成的,与保险事故不存在因果关系,不是保险人承保的危险,即便客观存在,也不能认定为保险责任意义上的“损失”,保险人对该损毁不承担填补义务。一般认为,保险标的与保险事故无关的损坏主要表现为:一为自然损耗,二为固有缺陷。

【案例8-95】 任某诉某财产保险公司北京分公司保险合同纠纷案

法院对任某购置铺地脚垫、更换轮胎、修理进气管、非驱动桥用支柱损坏等费用不予认可。本案中,被保险车辆的轮胎,其损坏表现为“缺气”而不是“爆胎”,据此可以认定该项损失与保险事故无关,而是长期使用造成的自然损坏之结果,保险人无须予以赔偿。任某为购置橡胶脚垫等物品所支付的费用,显然与保险事故之间不存在因果关系。任某支出的全部修理费73,764.90元中,有3316.05元应当自行负担,其余70,448.85元应当由保险公司负责赔偿。法院判决保险公司赔偿原告任某保险金70,448.85元。〔2〕

交通事故造成受害人误工,导致摊位停业的,受害人能否既要求赔偿误工费也要求赔偿病休期间的摊位租金?停业期间的摊位租金易被理解为间接损失,但由于摊位租金的损失与交通事故缺乏法律上的因果关系,受害人请求赔偿受伤期

〔1〕 参见国家法官学院、最高人民法院司法案例研究院编:《中国法院2023年度案例》(保险纠纷),中国法制出版社2023年版,第50~51页。山东省威海市中级人民法院(2021)鲁10民终705号民事判决书。

〔2〕 参见刘建勋:《保险法典型案例与审判思路》,法律出版社2012年版,第88页。

间的摊位损失,法院不予支持。

超过保险合同约定的保险责任范围损失,不属于涉案损失范围。

【案例 8 -96】　陆某某诉安盛天平财广保险股份有限公司广西分公司保险合同纠纷案

二审法院认为,被上诉人支付的停车费、车辆号牌工本费,是被上诉人因发生交通事故而支付的费用,不是被保险事故造成的被保险机动车的损失,不属于保险合同约定的保险责任范围。被上诉人因本案损失未得赔偿部分,应另行向侵权人主张权利。[1]

人体器官源及其手术费用因在医保范围内无同种类或同功能可使用的药品替代,不属于医保标准内的费用,保险人可拒绝支付该部分保险金。

【案例 8 -97】　刘某某诉中国人寿保险股份有限公司泰州市分公司保险合同纠纷案

判决观点,本案中,第一,因医保药品名录中并无器官源及其手术费用的相关项目,即眼角膜及眼角膜修补手术费在医保范围内无同种类或同类功能可使用的药品替代,故可免除保险人的举证责任,对被告拒绝赔付人体器官摘除、保存、运输、检验费 17,229.99 元的主张,法院予以支持。第二,对于原告发生的其他医疗费用 10,686.43 元,有门诊病历、住院费用明细分类账单等予以佐证,现被告认为医保范围内的费用为 9508.49 元,拒绝支付超过部分 1177.94 元,其仅提供核算的费用明细清单,并未举证证明医疗费中的哪些药品系非医保用药,以及非医保用药如何按照基本医疗保险范围内的同类医疗费用标准赔付,故对被告拒绝支付 1177.94 元的主张,法院不予支持。根据特别约定,扣除免赔额 100 元后,余额 10,586.43 元按赔付比例 90% 计算为 9527.79 元。第三,至于原告主张的配镜费 300 元,因不属于医疗费范围,故法院不予认定。综上,被告应在费用补偿医疗保险金额内给付原告 9527.79 元,在定额给付医疗保险金额内给付原告 500 元,合计 10,027.79 元。[2]

5. 财产损失界定方式

实践中,对财产损失数额的界定有鉴定和约定两种方式,且主要以鉴定机构

---

〔1〕 参见国家法官学院案例开发研究中心编:《中国法院 2016 年度案例》(保险纠纷),中国法制出版社 2016 年版,第 73 页。广西壮族自治区百色市中级人民法院(2014)百中民二终字第 122 号民事判决书。

〔2〕 参见国家法官学院案例开发研究中心编:《中国法院 2019 年度案例》(保险纠纷),中国法制出版社 2019 年版,第 170 页。江苏省泰州市海陵区人民法院(2017)苏 1202 民初 1198 号民事判决书。

鉴定的数额为准。

【案例8－98】 南通长江农工贸投资开发有限公司诉中国人民保险公司通州公司通州市支公司财产保险合同纠纷案

二审法院认为，关于火灾事故造成长江公司的实际损失，应根据法院依照法定程序委托有关中介机构对设备损失进行的鉴定结论，结合当事人双方在事故发生后共同委托的中介机构所出具的厂房损失咨询报告及双方当事人一致认可的原材料损失数额，综合作出认定，由保险公司赔偿长江公司的火灾损失合计795,744元。[1]

当然，也可以由双方当事人对损失数额进行约定。

【案例8－99】 深圳美视电力工业有限公司与华安财产保险股份有限公司保险合同纠纷案

最高人民法院认为，当事人双方签订保险合同，其中机损利损险保险条款约定：承保机器损坏险承保范围内的原因引起的停产、减产、营业中断期间的毛利润、减产、营业中断等间接损失。被保险人依约支付了保险费，后发生事故，保险公司应根据利损险保单对机器损坏导致的利润损失承担赔偿责任。但因被保险企业当年年度利润比上年度有大幅增加，上年度账册显示的利润失去了可比性，若按保险合同约定以上年度毛利润作为机器损坏利润损失赔偿额的计算依据，显然不符合实际经营情况，并有失公允。故保险公司关于应以被保险企业上年度毛利润作为机器损坏利润损失赔偿额计算依据的主张，因有悖公平原则，不予支持。由于被保险企业年度净利润数额更接近该公司的实际盈利额，具有可保利益，以该数额作为利润损失赔偿额的计算依据，不违背公平原则。[2]

6. 损失的确定

所谓定损，又称损失核定，是指保险理赔人员在分清保险责任的基础上，合同事故车方及事故有关当事人依据保险单、条款和法规，通过平等协商进一步确定事故车辆及相关的财产损失、核定事故人员伤亡的费用，以及进行损余物资作价处理等事项的工作。法律对定损权有明确要求，投保人、被保险人或者受益人应遵守《保险法》第二十一条通知的义务，第二十二条的损失证明资料提供义务。保险人应遵守《保险法》第二十三条的规定，即保险人负及时性义务。另外，定损

〔1〕 参见最高人民法院中国应用法学研究所编：《人民法院案例选》2005年第1辑（总第51辑），人民法院出版社2005年版，第341页。

〔2〕 参见最高人民法院（2001）民二终字第200号民事判决书。

环节是保险人确定是否承担赔偿责任的重要事实依据，任何机构和个人都是无权干涉的。

保险标的损失评估机构，应确认由保险公估资质的机构承担。鉴定意见要获得合法性，出具鉴定意见的主体必须合法。鉴定主体是采取分行业由其行政管理部行政许可，保险公估从业人员资格的核准是由中国保监会及其派出机构，而不同于物价部门设立的价格认证中心，对于价格认证中心欲从事保险标的评估首先应获得保险监管机构的许可取得保险公估资质；否则，其出具的鉴定意见将因主体不合法而不具有法律效力。保险标的损失鉴定的目的、基准日的选取、鉴定方法的选择的特殊性使其显著区别于普通的鉴定。

【案例 8－100】　某水电设备安装有限公司诉某财产保险公司保险合同纠纷案

判决观点，被告保险公司提出以该公司定损价格 22,000 元理赔，未得到原告认可，而某区价格认证中心作为物件价格评估的普适性社会机构，其对事故车损进行评估更具有中立性，其评估结果更具有客观性，故法院对被告的该点辩护意见不予采纳。法院认为，本案中，某区价格认证中心涉及保险标的损失的鉴定结论，因主体不具备法定资格而无效。[1]

【案例 8－101】　美亚财产保险有限公司上海分公司诉捷达国际运输公司保险人代位求偿权纠纷案

判决观点，关于第三项争议焦点，公估报告的效力以及对受损货物残值的认定。被告对公估报告的效力不予认可，主要理由是：(1)公估人员无资质；(2)被告未参与公估；(3)货物受损后经过移动，扩大损失无法确定；(4)货物推定全损不合理。法院认为，事故发生后，华力公司与上海捷达公司的邮件往来可以看出上海捷达公司已知晓涉案事故的发生，而被告在庭审中也已确认上海捷达公司是其委托处理相关事宜的，被告理应知晓涉案事故已发生，且被告的货运代理人 SCHENKER 公司参与了公估检验的全过程。虽然被告认为 SCHENKER 公司仅是其货运代理人，被告没有授权 SCHENKER 公司参与检验，但被告在知晓事故发生又不与自己的货运代理人联系沟通，于理不合。因此，法院认为，被告的货运代理人 SCHENKER 公司在整个公估检验过程中的身份对外界来说即代表了被告，被告或 SCHENKER 公司在检验之初未对公估人员的资质提出异议，应视为同意，法院对公估人员的资质及公估报告的效力予以确认。[2]

---

〔1〕 参见刘金锋：《保险标的损失评估应当由具有保险公估资质的机构承担》，载谢宪、李友根主编：《保险判例百选》，法律出版社 2012 年版，第 317 页。

〔2〕 参见郭伟清主编：《2015 年上海法院案例精选》，上海人民出版社 2016 年版，第 251 页。

对于保险公估机构出具报告书,由法官根据具体案情采信。

【案例8-102】 刘某某诉中华联合财产保险股份有限公司唐山中心支公司财产保险合同纠纷案

判决观点,河北博泰安保险公估有限公司系经中国保险监督管理委员会批准成立的全国性、综合性公估机构,其出具的公估报告书合法有效,法院予以确认。原告所提交的公估发票上的付款单位名称为朱永久,但公估车辆车牌号为冀BA××××,即被保险车辆,且票据合法有效,故法院予以确认。原告所提供施救票发票合法有效,法院予以认可。原告诉请的拆解费及公估费系为查明保险标的的损失程度所支付的必要的、合理的费用,且有相关票据予以佐证,该费用应由保险人(被告)负担。被告中华联合财产保险股份有限公司唐山中心支公司提出对车辆损失重新鉴定的要求缺乏事实依据,法院不予支持。被告中华联合财产保险股份有限公司唐山中心支公司的其他答辩意见缺乏事实和法律依据,法院不予支持。[1]

【案例8-103】 刘某诉保险公司财产保险合同纠纷案

二审法院认为,本案二审争议焦点为被保险车辆修理费用的数额认定问题。保险公司主张以司法鉴定意见作为确定被保险车辆的合理费用缺乏依据,具体理由如下:其一,涉案事故车辆有具体明确的维修项目。其二,刘某对涉案车辆的维修并未超出保险公司要求。其三,给付被保险人保险金属于保险公司合同义务。此外,关于修理厂《车辆维修明细》中超出定损项目的尾气检测一项,修理厂已就维修合理性作出解释,保险公司并未提交充分有效证据证明该项目为非必需项目,且该项修理费已由刘某实际给付,保险公司应向刘某支付该笔维修费。关于保险公司及修理厂已确认的维修项目所产生的维修费用,刘某亦实际支出,且金额并未超出承保范围,一审法院判决保险公司向刘某支付车辆保险金合法有据。刘某要求保险公司给付拖车租赁费7500元,具有事实依据,一审法院予以支持并无不当。判决:驳回上诉,维持原判。[2]

实践中,在发生交通事后,交警部门在处理和认定责任过程中,出于解决事故引发纠纷需要,依法委托价格认证中心对事故造成的损失进行鉴定,事故各方亦在交警部门的主持下达成调解协议,被保险人依该协议承担和支付了有关费用。当被保险人据此向保险公司申请理赔时,往往遭到保险公司的拒赔,保险公司认

---

〔1〕 参见国家法官学院案例开发研究中心编:《中国法院2016年度案例》(保险纠纷),中国法制出版社2016年版,第80页。河北省唐山市曹妃甸区人民法院(2014)曹民初字第848号民事判决书。

〔2〕 参见国家法官学院、最高人民法院司法案例研究院编:《中国法院2022年度案例》(保险纠纷),中国法制出版社2022年版,第87页。北京市第三中级人民法院(2020)京03民终11631号民事判决书。

为对保险定损权应由单独行使。在现行法律制度框架下,交警部门处理交通事故需要委托价格认证中心对事故造成的损失进行鉴定,于法不悖;且被保险人已据此承担了该损失,为维护被保险人的合法权益,保险公司作为保险人的合法权益,保险公司应依保险合同约定在保险限额承担理赔责任,法院应支持被保险人的诉讼请求。

【案例8-104】 蔡某某诉中国平安财产保险股份有限公司潮州中心支公司财产保险合同纠纷案

一审、二审法院均认可交警部门委托价格认证中心对损失作的鉴定。[1]

交通事故发生后,被保险人与保险公司没有当场达成理赔意见,被保险人委托认证中心对车损进行定损,如果保险公司对被保险人单方委托的鉴定结论持有异议,则应赋予保险公司申请重新鉴定的权利。但是,如果保险公司在交通事故发生后拒绝定损,则视为保险公司不履行义务的同时放弃了查勘车损的权利,此时被保险人单方委托认证中心进行鉴定不存在任何过错,在保险公司没有证据证明鉴定机构或者鉴定人员不具备相关鉴定资格、鉴定程序严重违法的前提下,法官对鉴定结论应予采信。也就是说,被保险人单方委托鉴定结论的效力不应仅从法律角度进行认定,还应结合被保险人和保险公司是否存在过错、价格认证中心车损评估业务的社会背景以及举证责任分配等因素综合考量。

停留在定损环节的代询价单,认定保险人是否同意理赔意思表示问题。代询价单是保险公司专业人员经到现场勘查后所作,代询价单处在定损环节,但是没有最终定损,是保险人迟延定损的行为,保险公司在没有充足理由的情况下没有定损,其之前所作的代询价单是可以作为被保险人主张保险金数额的证据。

【案例8-105】 李某某诉中国人民财产保险股份有限公司武宣支公司财产保险合同纠纷案

判决观点,事故发生后,李某某已及时按合同约定告知中国人民财产保险股份有限公司武宣支公司,中国人民财产保险股份有限公司武宣支公司也及时派员到事故现场查勘,且根据车辆受损情况出具了一份代询价单给李某某。李某某为修车辆共支出零部件更换费、修理费等21,135元,其中零部件更换费16,835元,没有超出中国人民财产保险股份有限公司武宣支公司制作的代询价单上的17,025元,且其维修的项目与中国人民财产保险保险股份有限公司武宣支公司提供的代询价单相符。因此,依据双方签订的保险合

---

〔1〕 参见国家法官学院案例开发研究中心编:《中国法院2013年度案例》(保险纠纷),中国法制出版社2013年版,第21页。

同约定，中国人民财产保险股份有限公司武宣支公司理应在机动车损失保险的责任限额内向原告支付保险金21,135元。[1]

保险人迟延定损的赔偿损失范围，应当包括营运车辆的停运损失。营运车辆在投保了车损险，而未投保车辆停驶损失附加险的情况下，停运损失作为间接损失无法得到赔偿。如保险人在接到报险后存在迟延定损的违约行为，应承担其违反合同的责任。营运车辆停驶必然导致停驶损失，保险人未能在30天法定定损期限内向被保险人出具定损意见，系不及时履行定损义务之违约行为，对因此而造成被保险人之停运损失，保险人应当承担赔偿责任。这种保险人因迟延定损之违约行为而产生的赔偿责任，与营运车辆是否投保车辆停驶损失险无关。

【案例8-106】 阳某诉某财产保险公司保险合同纠纷案

判决观点，在保险人存在迟延定损之违约行为的情况下，应赔偿因此给被保险人造成的停运损失，与被保险车辆是否投保了车辆停驶损失险无关。赔偿的时间范围应从其提出索赔请求后30日起至被告出具定损报告之日止，被告应当赔偿原告18天停运损失。[2]

合理停运损失应结合被保险人举证、停运的时间段、同类车型的收益及被保险人应尽的减损义务，由法官行使自由裁量权认定。

【案例8-107】 无锡市锦江旅游客运有限公司诉中华联合财产保险股份有限公司无锡中心支公司保险合同纠纷案

判决观点，关于损失数额，法院酌定7万元，主要考虑以下因素：(1)春运，即春节运输，是中国在农历春节前后发生的一种大规模的高交通运输压力的现象。2012年1月23日为我国传统节日春节，事故发生于2012年1月9日，根据我国国情，保险车辆停运正值春运期间，在该期间内，人流量大，交通运输业繁忙，因此，其收益必然会高于春运以外期间的收益。(2)外事公司、东南公司相关人员关于同类车型收益情况的陈述。(3)锦江公司应当预见保险公司迟延定损对其所造成的后果，对此，锦江公司应当采取必要措施防止损失扩大，在保险公司迟延定损后的合理期限内自行修理保险车辆，或通过委托具有相关资质的评估机构对保险车辆的损失进行认定。锦江公司在保险公司迟延定损后并未采取必要措施，存在相应过错，应当自行承担扩

---

〔1〕 参见国家法官学院案例开发研究中心编：《中国法院2013年度案例》（保险纠纷），中国法制出版社2013年版，第117页。

〔2〕 参见邢嘉栋：《机动车保险保险人迟延定损与营运车辆的停运损失》，载谢宪、李友根主编：《保险判例百选》，法律出版社2012年版，第399页。

大部分的损失。[1]

交通事故发生后，当事人修车费用超过保险公司定损范围，对其实际损失的界定。定损协议应当被认定为对事故车辆损失程度及修理费用的预判，当估算损失与实际损失不一致时，应将实际损失认定为保险事故所造成的确切损失。[2]笔者认为，对超出保险公司定损范围之外的修理费应否由保险公司赔偿上，不能"一刀切"，而应根据个案情况区别处理。当事人在修理过程中发现修理项目和费用超出了保险公司定损范围，应当与事故相对方及保险公司进行协商追加定损，或者选择具有评估资格的评估机构进行评估，不宜迳行对车辆进行修复。否则，应自行承担不必要的修理费用。

【案例8－108】　孙某某诉苏州市东方客运有限公司、中华联合财产保险服份有限公司苏州中心支公司等交通事故损害赔偿纠纷案

一审法院认为，原告因本案事故发生的维修费用为人民币47,558元，但原告在修理车辆过程中发现修理项目和费用超出了保险公司定损范围，应当与三被告进行协商追加定损，或者选择具有评估资格的评估机构进行评估，但原告却迳行对车辆进行了修复，已经修复的车辆在现有的技术条件下，已经无法评估出当时的损失情况，原告的直接处置行为，导致本案修车的合理费用难以确定，原告应当自行承担一部分修理费用，可酌情认定为5000元。故被告应赔偿原告汽车修理费用人民币42,558元。二审法院维持原判。[3]

在实践中，原告主张的修理费有可能不仅涉及因肇事产生的损害部位，也有可能还修理过车辆原本就存在的一些隐患或者更换了些不因事故而损坏的旧零部件。同样，保险公司的定损过程可能没有充分考虑物价的变动及具体所需修理的工时费用。因此，法官不能单纯地审查各方所提交对自己有利的证据，而应该从其他间接证据中寻求相关的信息，以便能证实一个合理的数额，行使自由裁量权，在争议较大的情况下更好的平衡各方利益。

【案例8－109】　中北交通旅游公司诉杨某某等道路交通事故财产损害赔偿纠纷案

判决观点，原告关于维修费28,985元的请求，其数额与中财保五华支公司的定损数额12,641元出入较大，故法院将根据修理费发票、修理厂的结算

---

〔1〕　参见最高人民法院中国应用法学研究所编：《人民法院案例选》2014年第4辑（总第90辑），人民法院出版社2016年版，第262页。江苏省无锡市崇安区人民法院（2013）崇商初字第0414号民事判决书。

〔2〕　参见刘建勋：《新保险法经典、疑难案例判解》，法律出版社2010年版，第138页。

〔3〕　参见最高人民法院中国应用法学研究所编：《人民法院案例选》2008年第3辑（总第65辑），人民法院出版社2009年版，第119页。

清单、中财保五华支公司出具的定损单、零部件更换项目清单综合考虑,在保险公司定损的基础上酌情认定为14,725元。[1]

应注意的是,机动车维修费用一般应依保险公司的定损单确定。被保险人主张依据维修发票赔偿维修费用的,应证明其主张维修费用的真实性、必要性和合理性,法官可根据民事诉讼优势证据规则,确定机动车维修费用。

【案例8-110】 许某与某保险公司保险合同纠纷案

判决观点,本案争议焦点在于许某因该次交通事故所花费修车费用是否合理。对此,保险公司申请对涉案车辆因该次交通事故发生的维修费用的合理性进行评估,现经评估机构评估维修费用评估值为5.73万元。上述评估公司具有相应的资产评估资格,且评估公司系双方当事人一致认可由北京市高级人民法院摇号确定,法院对上述评估结论予以认可。法院判决保险公司给付5.73万元修理费。[2]

在车辆有修复价值的情况下,应当支持投保人的主张,但对无修复价值的事故车辆,应当认定全损,其损失价格为事故发生时现值,即按现值给付保险金,车辆归投保人所有时应扣除残值。

【案例8-111】 陈某某诉中国平安财产保险股份有限公司渭南中心支公司保险合同纠纷案

二审法院认为,损失填补原则是财产保险的基本原则之一,投保人投保财产保险的基本目的是分担风险和弥补损失,而不能通过投保获得损失之外的多余利益。保险标的受损后的修复费用大于其实际价值,保险人承担的赔偿金额应以保险标的的实际价值为限。本案案涉事故车辆经鉴定评估,结论认定该车已无修复价值,但双方对损失数额发生争议,被上诉人主张依照车辆维修费用136,134元进行赔偿,但涉案车辆并未及时修复,被上诉人该损失亦未实际发生,根据损失补偿原则,本案中被上诉人实际损失应以事故发生日期2016年7月8日甘E××××8牌号车辆现值50,600元来计算。原审在被上诉人未提供充分证据证明其损失为136,134元的情况下认定车辆损失为136,134元不当,本院予以纠正。二审法院撤销一审判决,判决保险公司给付陈某某车辆损失50,600元、拖车费1500元,共计52,100元。[3]

---

〔1〕 参见国家法官学院案例开发研究中心编:《中国法院2012年度案例》(道路交通纠纷),中国法制出版社2012年版,第113页。

〔2〕 参见安凤德主编:《保险合同纠纷诉讼指引与实务解答》,法律出版社2013年版,第154页。

〔3〕 参见国家法官学院案例开发研究中心编:《中国法院2019年度案例》(保险纠纷),中国法制出版社2019年版,第69页。陕西省渭南市中级人民法院(2017)陕05民终1219号民事判决书。

在未达到推定全损的情形下,车辆未经修复即被出售对车损赔偿数额认定不产生影响。

【案例 8 - 112】 刘某某诉中国人民财产保险股份有限公司温岭支公司保险合同纠纷案

二审法院认为,车辆在保险期间发生保险事故并产生损失,上诉人应按约履行赔付保险金,车辆并未发生全部毁损。虽然案涉车辆已被出售,但是并不影响法院对损失的认定,而车辆亦未全损,上诉人关于车辆应归其所有的主张不能成立。工时费属于车辆损失的一部分,不应在实际损失中扣减。为确定车辆修理损失支付的评估费属必要、合理的支出。[1]

对车辆无法修复扩大的损失,可根据案情处理。

【案例 8 - 113】 王某某诉安邦财产保险股份有限公司江苏分公司保险合同纠纷案

判决观点,车辆及时维修的费用依法应由保险公司赔偿,但因车辆未及时维修导致损失扩大。导致损失扩大的原因有二:其一,保险公司未及时通知王某某损失核定等情况,对王某某的主观判断形成一定程度的影响;其二,作为车辆的所有人,王某某在车辆涉水后,未及时尽力采取必要措施避免损失的扩大。对此,双方各应承担同等责任。[2]

保险车辆已修复、鉴定不可行的情况下,应根据具体案情确定损失。

【案例 8 - 114】 朱某诉人寿北分公司保险合同纠纷案

判决观点,朱某及时向人寿北分公司报案,并经人寿北分公司同意将事故车辆送到汽修公司修理。但人寿北分公司提供的证据并不足以证明其对朱某的事故损失进行了核定且将审核结果通知朱某,故人寿北分公司未完全履行法定义务,由此造成双方对事故损失认定发生争议,人寿北分公司依法应承担相应后果。根据朱某提交的结算单及发票,结算单中关于配件项目的数量和单价明细约定清楚,亦属于合理定价范畴,能够证明车辆受损情况,由此发生的修理费应由人寿北分公司按照保险合同约定进行赔偿。且评估公司出具《退函》,表示事故车辆已修复,无法通过照片准确判断车辆受损及数量,故事故车辆已无继续鉴定之必要,人寿北分公司的抗辩意见无事实和法律依据,不予采信,综上,朱某要求人寿北分公司支付保险赔偿金 19,360 元,

---

〔1〕 参见国家法官学院案例开发研究中心编:《中国法院 2019 年度案例》(保险纠纷),中国法制出版社 2019 年版,第 75 页。浙江省台州市中级人民法院(2017)浙 10 民终 2330 号民事判决书。

〔2〕 参见国家法官学院案例开发研究中心编:《中国法院 2018 年度案例》(保险纠纷),中国法制出版社 2018 年版,第 85 页。江苏省东台市人民法院(2015)东时民初第 0224 号民事判决书。

合法有据，予以支持。判决：人寿北分公司给付原告朱某保险赔偿金19,360元。[1]

【案例8-115】 林某某诉太平洋财产保险有限公司威海中心支公司财产保险合同纠纷案

二审法院认为，本案属于机动车损失保险，车辆受损后一般需要更换新配件才能恢复使用，而市场上的汽车配件可分为原厂件、正厂件、拆车件、翻新件、副厂件等多个种类，众所周知的是不同厂家生产的同一部位汽车配件，市场价格差异悬殊，配件品质的好与差直接决定着维修费用的高与低，本案的争议焦点正是如何确定合理的修理费用。在本案审理过程中，为了寻求一份公平的鉴定意见，合理平衡当事人之间的利益，在法院委托鉴定时，不仅列明了鉴定事项，而且提出了八项具体的鉴定要求，方盛鉴定评估公司的鉴定报告根据委托要求逐一列举了受损配件的损坏程度以及更换（或维修）的理由，与以往鉴定意见相比有明显改进，法院予以肯定，但该鉴定机构在无法确认配件品质的情况下又根据所谓"正规厂家生产的合格配件"进行费用核算，自相矛盾，这种意见不仅缺乏鉴定的事实基础，也违反了法院的鉴定要求，该鉴定意见不具有专业性和科学性，法院决定不予采信。虽然法院没有采信任何鉴定意见，但车辆受损和已经维修是事实，在维修费用没有鉴定意见可参考时，人民法院有权酌定。《保险法》规定，因为被保险人没有履行通知义务导致损失无法确定的，保险人就无法确定的损失部分有权拒赔；民事证据规则规定，因为不能提供鉴定资料导致无法鉴定的，由负有举证证明责任的当事人承担不利的诉讼后果。本案无法合理定损，无法作出科学鉴定，是因为林某某没有履行通知义务，也没有通过昌运汽修公司提供完整可靠的进货手续所致，不利的诉讼后果应该由林某某承担。为了理顺保险人和被保险人、被保险人和维修单位之间的关系，惩戒恶意理赔，纠正维修行业乱象，依据上述实体法和程序法的规定，法院决定采用太平财险威海公司报价，酌定本案维修费用为6000元。[2]

7. 承保风险和非承保风险共同造成损失

实践中，被保险人的损失系由承保风险或非承保风险甚至还有免责事由共同造成损失的情形时有发生。在大多数"多因一果"的保险疑难案件中，其因多种

---

〔1〕 参见国家法官学院、最高人民法院司法案例研究院编：《中国法院2022年度案例》（保险纠纷），中国法制出版社2022年版，第20页。北京市朝阳区人民法院（2019）京0105民初63958号民事判决书。

〔2〕 参见最高人民法院中国应用法学研究所编：《人民法院案例选》2020年第5辑（总第147辑），人民法院出版社2020年版，第141页。山东省威海市中级人民法院（2019）鲁10民终2920号民事判决书。

原因造成且损失难以确定，当事人请求保险人给付保险金的，法官应当行使自由裁量权，将损失在承保风险或者非承保风险、免责事由之间进行合理分摊，按照承保风险所占事故原因的比例或程度，判决保险人承担相应比例的赔付责任。个案中，保险人按照多大比例赔付，应结合具体的案情由法官裁量。

【案例8-116】 张某某诉中国平安财产保险股份有限公司通州支公司保险合同纠纷案

一审法院认为，根据保险法审判实践，多因致损的保险事故，应按照每一种原因对造成事故结果的影响力判定保险公司的赔付责任，以平衡保险合同中各方当事人的利益，也更能符合公平价值取向。本案中，交警部门认定交通事故系多种原因造成，张某某醉酒驾驶是事故发生的主要原因，解某某违章驾驶是事故发生的次要原因。因解某某过错所造成的事故赔偿责任与张某某无关，故该部分损失应由平安财险通州支公司予以赔付。二审法院认为，虽然张某某醉酒后驾驶电动车系涉案事故发生的主要原因，但这并非引起事故的唯一因素，解某某对此负有过错，故一审法院判决保险公司对张某某的死亡事故损失承担40%的赔偿责任并无不当。[1]

【案例8-117】 张某某诉中国平安财产保险股份有限公司北京分公司保险合同纠纷案

一审法院认为，通过原告提交的巴斯蒂亚医院的医疗证明，可以证实原告因橄榄核碎片扎伤牙龈、滋生细菌，细菌入侵肺部导致感染，应属意外事故。但是通过原告和被告报险时的叙述以及法院调取的原告19次的住院病历，可以看出，原告在发生保险事故之前，就患有肝炎硬化失代偿期乙型、腹水、胸水、胸腔感染、低蛋白血症等多种病症，且多次就医住院，毫无疑问，原告的上述病症与本次原告不慎被橄榄核碎片扎伤共同造成了保险事故的发生和损失，并且原告认可其患有的肝病基础使这次意外扎伤事故导致的肝病病情反复、加重、恶化。……本院将依照所承保的风险所占事故原因的比例或程度，判决被告应承担的保险责任。二审法院同意一审法院裁判意见，予以维持原判。[2]

8. 交通事故中车辆贬值损失

车辆贬值损失，又称减值损失，是指车辆毁损并修复后前后价的差额，该差额

〔1〕 参见国家法官学院案例开发研究中心编：《中国法院2019年度案例》（保险纠纷），中国法制出版社2019年版，第158～159页。江苏省南通市中级人民法院（2017）苏06民终151号民事判决书。

〔2〕 参见国家法官学院案例开发研究中心编：《中国法院2019年度案例》（保险纠纷），中国法制出版社2019年版，第162页。北京市第四中级人民法院（2017）京04民终31号民事判决书。

可能有市场交易的单据佐证，也可能只是价格评估部门的无形评估结果（大多为此类情况）。现在理论界学者将车辆贬值损失分为技术性贬值、交易性贬值和附随性贬值三类。车辆损坏即使经过修复其使用价值仍难以完全恢复的为技术性贬值，车辆使用价值经修理全然恢复，但其交易价值下降所致贬损为交易性贬值。除此之外，实践中还存在其他因素导致车辆贬值损失，如事故车辆保质保修期限的缩短、保修期内部分维修项目免费维修的丧失、保险费用增加、保险理赔难度增大等附随性权利受损所致的车辆贬值损失，因该类贬值系附随权利受到侵害，社会通常观念认为事故车辆风险性加大，对车辆评价下降，故称为附随性贬值。现实中，这三类贬值损失并非彼此割裂、单独出现，多数情况往往相互结合，交错并生。车辆贬值费是道路交道案件中特有的一种损失。车辆因发生道路交通事故受损后即使经过修复等措施，其本身的价值也会有所贬损，这是众所周知的事实。我国现行法律对车辆贬值赔偿没有规定，在实践中对于这项损失是否予以赔偿一直存在广泛争议。车辆维修费是车辆修复至正常使用状态所产生的必要费用，是一种直接损失，属于必须赔偿的范围，但车辆的贬值损失是车辆修复后该车价值与未遭受损害前的价值比较后的贬值费，通常认为是一种间接损失，因为车辆受损经过修复，其在市场上的价格如何，一方面取决于车辆自身的损失及修复情况，另一方面受制于市场因素的影响，如一定时期内新车投放量的多少、居民可支配收入的变化、消费者的心理预期等，这些市场因素的多变性和不可控性使贬值损失的确定十分困难。也就是说，它并非必然会产生的损失，也不属于直接存在或将来必然发生的损失，所以一般不应赔偿。

【案例8－118】 孙某某诉苏州市东方客运有限公司、中华联合财产保险股份有限公司苏州中心支公司等交通事故损害赔偿纠纷案

一审法院认为，本案事故是一起追尾事故，并未造成原告汽车核心部件的损坏，也不影响汽车的安全性能及其他主要性能，原告主张价值贬值系其对汽车修复后的价值与发生事故前的价值跌落的心理评价，缺乏事实和法律上的依据。故本院对原告所主张的车辆价值损失不予支持。二审法院持同样意见。[1]

【案例8－119】 高某诉龙某、某公司交通事故赔偿纠纷案

二审法院认为，对于车辆的减值损失问题，我国尚无明确法律规定，一审法院所作处理缺乏依据，应予改判。二审法院变更了一审判决，没有支持高

〔1〕 参见最高人民法院中国应用法学研究所编：《人民法院案例选》2008年第3辑（总第65辑），人民法院出版社2009年版，第119页。

某主张的车辆减值损失。[1]

【案例8－120】 贾某诉大地公司保险合同纠纷案

判决观点,生效民事判决具有既判力。(2018)京0115民初17908号民事判决书已经在商业三者险的范围内对车辆贬值损失和鉴定费的负担做出了处理,并且认定"对于车辆贬值损失,其属于间接损失,且根据大地财险公司商业保险条款第二十六条,修理后因价值降低引起的减值损失,商业险不承担赔偿责任。根据以上两点,对于贬值损失,商业三者险不承担赔偿责任",现贾某起诉要求大地公司承担车辆贬值损失28,137元及车辆贬值损失鉴定产生的鉴定费10,000元,无法律依据,法院不予支持。判决:驳回贾某的全部诉讼请求。[2]

【不同处理】 实践中亦有车辆贬值损失应得到法律支持实例。

【案例8－121】 王某诉某保险公司保险合同纠纷案

2012年2月5日,郑某驾驶现代轿车追尾至王某驾驶的斯柯达轿车尾部,造成两车损害的交通事故,经交警部门认定,郑某负全部责任,王某无责任。事后,王某将郑某及其投保的某保险公司诉至法院,要求二被告赔偿原告车辆修理费1.7万元、交通费1000元,并以斯柯达轿车购买仅1个月(购买2012年1月4日)就发生严重交通事故为由,要求二被告赔偿车辆贬值损失2.2万元。诉讼中,经法院委托鉴定机构评估,认定斯柯达轿车实体性贬值为1.6万元。承办法官认为应支持原告的诉讼请求。[3]

【案例8－122】 王某诉某保险公司保险合同纠纷案

判决观点,保险事故发生之后,王某依据生效判决向第三者支付了车辆贬值损失8360元,保险公司辩称车辆贬值损失属于责任免除情形,保险公司不负责赔偿。但是根据保险公司提交的证据不能证明其已经就该免责条款以书面或者口头形式向投保人作出明确说明,而根据《保险法》的规定,对免责条款未作提示或者明确说明的,该条款不产生效力。故法院对保险公司不同意车辆贬值损失的答辩意见不予采纳,对王某请求法院判令保险公司赔偿其车辆贬值损失费8360元的诉讼请求予以支持。[4]

---

〔1〕 参见北京市高级人民法院编:《审判前沿——新类型案件审判实务》2005年第1集(总第11集),法律出版社2005年版,第142页。

〔2〕 参见国家法官学院、最高人民法院司法案例研究院编:《中国法院2021年度案例》(保险纠纷),中国法制出版社2021年版,第37页。北京市大兴区人民法院(2019)京0115民初7690号民事判决书。

〔3〕 参见孟德坡等:《交通事故中车辆贬值损失的处理》,载《人民法院报》2012年11月8日,第7版。

〔4〕 参见安凤德主编:《保险合同纠纷诉讼指引与实务解答》,法律出版社2013年版,第157页。

【案例8－123】 胡某某诉赵某等道路交通事故财产损害赔偿纠纷案

判决观点，原告的受损车为不满一年的新车，虽已得到修理，却很难完全恢复到事故前所具有的性能、安全性等，更无法达到出厂时的标准。而且，在汽车交易市场上，发生过交通事故的车辆的估价显然比无事故车辆要低。事故给该轿车造成了实际意义上的贬值，应系车辆的直接损失，车辆所有人的权益应得到保护。原告受损车辆经鉴定实际贬值损失费23,200元，为此，原告要求被告赔偿车辆贬值损失的诉讼请求法院也予以支持。法院判决被告毛某某赔偿车辆的贬值损失23,200元。[1]

亦有观点认为，交通事故中车辆贬值损失是否予以支持，要综合考虑主张者在事故中的过错程度、受损车辆的新旧程度和车辆受损情况，无责任方新车受损严重且提供证据的，应予以支持。

【案例8－124】 王某某诉牛某某、中国平安财产保险股份有限公司河南分公司机动车道路交通事故责任纠纷案

二审法院认为，原告车辆在购置半年时间发生本案交通事故，导致多部件修复。车辆贬值司法鉴定意见书分析说明，在修复过程中，要通过部件拆装及加压、拉伸、敲击等外力加工方式恢复部件原貌，车身原有预应力分配，原有设计意图都会改变。该意见书证明了王某某的车辆经过维修后，仍存在贬值损失。遂判决：撤销一审判决，保险公司支付王某某赔偿金4.75万元。[2]

在车辆贬值损失的问题上，最高人民法院法官认为，目前，我们对该项损失持保守态度，倾向于原则上不予支持。当然，在少数极端情形下，也可以考虑予以适当赔偿，但必须慎重，严格把握。[3] 笔者认为，在交通事故纠纷中，一般被损坏的车辆往往会得到修理就已经对被害人的财产损失进行了补偿，不需要对车辆贬值损失进行赔偿，但也不能绝对化，应区别情况而定。事实上，在交通事故中特别是比较严重的交通事故中，被损坏的车辆虽然得到修理，但很难完全恢复到事故前的性能，车辆安全性也相应降低。在交易市场上，车辆一旦发生交通事故，其交易价格要比同样状况但无事故的车辆要低，因此，车辆贬值损失在事实上是存在的。车辆贬值损失是交通事故造成的直接损失，不能因为该项损失是无形的，就认定

---

〔1〕 参见国家法官学院案例开发研究中心编：《中国法院2012年度案例》（道路交通纠纷），中国法制出版社2012年版，第123页。

〔2〕 参见禹爽、王林：《车辆贬值损失可视情予以赔偿》，载《人民法院报》2015年9月10日，第6版。河南省郑州市中级人民法院（2014）郑民一终字第2135号民事判决书。

〔3〕 参见最高人民法院民事审判第一庭编著：《最高人民法院关于道路交通损害赔偿司法解释理解与适用》，人民法院出版社2012年版，第200页。

为间接损失。并非所有的事故车辆都存在贬值损失,如车辆剐蹭、非重要零部件的损坏,这些都可以通过修理或更换,实现对受害人权益的完全赔偿。只有在车辆损坏达到一定程度时,才能认定损坏车辆存在贬值损失。对车辆贬值损失多少的认定是专业性问题,不应当由法官自由裁量。法官应当委托具有相应资质的评估机构,根据车辆的新旧程度、损坏情况等作出结论,以评估结论确定贬值损失的多少。应强调的是,已获得机动车维修费用的等财产损失赔偿的,其后赔偿权利人又主张车辆贬值损失赔偿的,一般不予支持;但属于待售中或者运输中的新车受到损害等特殊情况的,可酌情予以赔偿。

9. 拖延理赔处理

根据《保险法》第二十三条、第二十四条的规定,保险人未在其初次收到索赔请求及投保人、被保险人或者受益人提供的有关证明和资料之日起算30日内作出核定是否理赔并及时通知投保人的,应支付保险金和赔偿因此受到的利息损失。

【案例8-125】　陈某某等诉平安养老保险股份有限公司重庆分公司人身保险合同纠纷案

一审法院认为,郑某茂因肝性病死亡也属投保前疾病及其并发症身故。平安保险重庆分公司要求补充提交郑某洁、徐某某的授权委托书不属于《保险法》第二十二条规定的有关证明和资料,该分公司主张以陈某某补充提交郑某洁、徐某某授权委托书的时间即2016年4月1日为核定理赔期限的起算时间无法律依据。本案的核定理赔期限应从陈某某提交理赔申请和相关资料的2016年1月14日起算,平安保险重庆分公司未在法律规定的30日内即2016年2月12日前作出核定结论并及时通知陈某某等,依法应向陈某某等支付保险金10万元并赔偿因此受到的损失。二审法院持相同意见,维持一审判决。[1]

【案例8-126】　牛某诉人保北京分公司保险合同纠纷案

一审法院认为,第一,结合查明事实可知,牛某于事发当日向人保北京分公司报案,人保北京分公司一直未予定损,直到牛某起诉后,才出具损失情况确认书,定损金额仅为4700元。人保北京分公司称因牛某不配合对车辆进行拆解,该金额为外观定损。牛某则称未进行拆解的原因是双方对拆解费用有争议。对事故现场查勘,并评估损失、核定保险责任属于保险人的当然法

---

〔1〕　参见国家法官学院案例开发研究中心编:《中国法院2019年度案例》(保险纠纷),中国法制出版社2019年版,第238页。重庆市第三中级人民法院(2016)渝03民终2470号民事判决书。

定义务。对于机动车损失的评估应当全面、具体，并非局限于单纯的外观评估。而对于车辆内部部件的损失评估，在一定情况下必然需要进行拆解，故基于评估需求而产生的拆解费用，是保险人为评估实际损失所产生的必要费用。又因评估损失本身是保险人的法定义务，故人保北京分公司一再要求被保险人预先支付并承担拆解费用的行为，在理赔过程中显属不当，已经违反法律规定及合同约定。综上，可以认定人保北京分公司未及时、合理、恰当的履行查勘、定损义务。第二，《保险法》第二十三条第二款规定，保险人未及时履行前款规定义务的，除支付保险金外，应当赔偿被保险人或者受益人因此受到的损失。所谓“及时”，对于保险人而言，应当为“合理且尽可能快速”。本案中，人保北京分公司既未在法定期限内对保险金作出核定，亦未支付相应拆解费用对事故车辆受损金额进行合理评估。车辆迟迟未能拆解，亦是导致直接损失无法及时确定及次生损失发生的原因之一。在保险人报案后及定损的漫长过程中，人保北京分公司作为专业的保险公司并未对被保险人予以专业的指导，提示被保险人防范次生损失的发生。若人保北京分公司及时进行拆解评估，不仅可以及时作出损失评估，同时也会在拆解后采取措施，有效防范次生损失的发生。因此，对该部分自身损失的发生，被保险人并无主观过错。次生损失费用及拆解费用的损失，应当由人保北京分公司承担。二审法院同意一审法院裁判意见。[1]

保险人怠于履行及时通知核定结果的义务，被保险人有权自行委托机构对车辆损失进行评估，并据此对车辆进行修复，保险人应当按照评估意见支付保险金。

【案例8－127】 王某诉安诚财险有限公司上海分公司保险合同纠纷案

一审法院认为，被告应当及时对被保险人或受益人的赔付请求作出核定，即使情形复杂，核定的期限亦不应超出30日，现未能提供证据证明及时对受损车辆进行了定损并将定损单交付给原告。原告对受损车辆损失进行委托评估的行为，系因被告违反了法定义务所造成，物损评估中心出具的评估意见书具有证明力，车损费应当以评估意见书上载明的金额进行赔付。评估费系为确定车损金额产生的必要的、合理的费用，应予赔付。原告提供了施救作业单及发票，能够形成完整证据锁链，证明存在施救费损失。路产损坏赔偿中的油污费属被告免责范围。故判决被告赔偿原告共计保险金181，946元，驳回原告的其余诉讼请求。二审法院判决驳回上诉，维持原判。[2]

---

〔1〕 参见国家法官学院、最高人民法院司法案例研究院编：《中国法院2023年度案例》（保险纠纷），中国法制出版社2023年版，第21～22页。北京金融法院（2021）京74民终294号民事判决书。

〔2〕 参见何建：《保险人未及时作出核定的赔偿责任解析》，载《人民法院报》2016年12月1日，第6版。上海市第一中级人民法院（2016）沪01民终7977号民事判决书。

【案例 8－128】 中国平安财产保险股份有限公司大庆支公司与七台河市天宇选煤有限公司财产损失保险合同纠纷案

二审法院认为，平安保险大庆支公司主张，在双方的保险合同约定中不存在赔偿停运损失的约定。天宇公司在平安保险大庆支公司投保了车损险，根据《保险法》第二十三条的规定，平安保险大庆支公司应当赔偿天宇公司停运损失。平安保险大庆支公司认为，车辆未按时定损及未按时支付赔偿的责任在平安保险大庆支公司没有事实根据，该理由不能成立。天宇公司车辆系营运车辆，平安保险支公司未及时为天宇公司车辆定损及定损后怠于履行职责，造成停运损失应当承担相应责任。综上，平安保险大庆支公司的上诉请求不能成立，应予驳回。〔1〕

被保险人或受益人为数人的无须各重复申请理赔，保险人不得以被保险人或受益人未提交与理赔无关的补充资料为由拖延核定理赔。保险人未在法定期限内及时核定理赔并通知被保险人或者受益人的，应支付保险金和赔偿损失。

【案例 8－129】 陈某等诉某保险公司人身保险合同纠纷案

一审法院认为，某保险公司主张以陈某补充提交郑某某、徐某授权委托书的时间即 2016 年 4 月 1 日为核定理赔期限的起算时间无法律依据，某保险公司未在法定期限内核定理赔并将核定结果通知受益人陈某等，依法应向陈某等支付保险金 10 万元及赔偿因此受到的损失。二审法院认为，被保险人或受益人为数人的，无须各被保险人或受益人重复申请理赔。故判决驳回某保险公司的上诉，维持原判。〔2〕

(二) 高保低赔处理

所谓高保低赔，是指机动车承保时以新车购置价确定保险金额，而发生交通事故全损或推定全损时，保险金则以车辆折旧价值来限额赔付。这种高保低赔现象，一直都是保险实务以及司法实践中纠纷产生的重要原因。

《保险法》第五十五条第三款规定："保险金额不得超过保险价值。超过保险价值的，超过部分无效，保险人应当退还相应的保险费。"也就是说，被保险人对超额保险部分没有保险利益，保险人不应该承担超额部分的赔偿。假如一辆使用 5 年的旧车按新车购置价投保，则保险金额肯定高于车辆的使用价值。按照该条的

---

〔1〕 黑龙江省七台河市中级人民法院(2021)黑 09 民终 1 号民事判决书。

〔2〕 参见陈江平、郭金生：《保险人拖延理赔应支付保险金和赔偿损失》，载《人民法院报》2017 年 5 月 18 日，第 6 版。重庆市第三中级人民法院(2016)渝 03 民终 2470 号民事判决书。

规定,保险金额超过保险价值的部分无效,保险人应当退还相应的保险费。

【案例8－130】 王某某诉中国人民财产保险股份有限公司新昌支公司保险合同纠纷案

二审法院认为,旧机动车以新车价格投保,但发生全损时却按实际价值理赔,这是目前保险公司的普遍做法。而对于被保险机动车的实际价值,在目前的保险领域并不是通过评估方式确定,而是按照保险条款约定的折旧方式进行计算。如果该种折旧从机动车最初购置而不投保时至事故发生时,按照约定的折旧率进行计算,那么发生全损时,双方约定的保险金额一定高于保险价值。保险公司作为专门从事保险业务的公司在明知的情形下,却提供明显违反法律禁止性规定的格式条款,显然有违诚实信用原则。故应当视为被告已自愿排除《保险法》第五十五条第三款关于超额保险规定的适用。此外,保险公司一直按新车购置价格收取保费,对应地按照重置价赔偿,也符合权利义务对等原则。[1]

【案例8－131】 王某诉人保成都分公司财产保险合同纠纷案

二审法院认为,当投保人与保险人约定以新车购置价作为保险金额时,即使保险合同中未载明保险价值,亦应认为是保险合同中已隐含以新车购置价作为保险价值的意思表示,保险人应以该保险金额即保险价值为限承担赔偿责任。本案中,工程机械设备保险单及特别约定清单第八条明确约定:保险标的保险金额按照新设备购置价即265,000元投保,每次事故财产损失无免赔额。不足额投保时,保险标的的财产损失部分按保险金额与保险价值的比例承担保险责任。而特别约定清单第九条关于赔偿处理条款却约定:保险标的发生保险事故,导致全部损失,按折旧后的实际价值标准进行赔付。根据该条款人保成都分公司承担的最高赔偿限额即车辆出险时的实际价值,但保险合同却以必然高于车辆出险时的实际价值的新车购置价作为保险金额,导致保险金额失去其作为保险人承担赔偿或者给付保险金责任的最高限额的基本功能。因此,本案人保成都分公司制定的保险条款中关于赔偿处理的约定应仅适用于以车辆实际价值作为保险金额的保险合同,而不适用于本案以新车购置价作为保险金额的保险合同。据此,涉案车辆发生保险事故后人保成都分公司定损维修费用为100,236元,该金额未超过上述合同约定的财产损失保险金额,一审判决人保成都分公司应足额赔偿,并无不当。现人保成都分公司上诉主张应按推定全损处理,其公司仅需按该车折旧后现值

---

〔1〕 参见国家法官学院案例开发研究中心编:《中国法院2012年度案例》(保险纠纷),中国法制出版社2012年版,第78页。

79,500 元赔偿,无事实和法律依据,不予采纳。判决:驳回上诉,维持原判。[1]

【不同处理】 有法官认为,以新车购置价确定保险金额的车辆损失险实质上是重置成本保险,保险合同约定的保险金额并不属于超额保险的情形。[2]

这种否认高保低赔现象亦有实例支持。

【案例 8-132】 奚某某诉中国人民财产保险股份有限公司宁波市支公司财产保险合同纠纷案

二审法院认为,本案所涉的保险单载明的新车购置价为 171,000 元,合同约定的保险金额也为 171,000 元,故可认为投保时奚某某和保险公司双方选择了第三十八条第一款第一项,即按投保时被保险机动车的新车购置价确定保险金额。由于庭审中,奚某某和保险公司双方一致同意本案做推定全损处理,故保险公司按照保险条款第三十八条第一款第一项的约定,以投保时的新车购置价为依据来计算保险事故发生时被保险机动车的实际价值,并依据该条约定确定赔偿金额,并无不当。二审法院维持一审法院按实际价值计算赔偿金为 84,816 元判决。[3]

对于高保低赔条件条款,有法院认为,涉及赔偿时从有利于投保人的角度尺出发,高保高赔。

【案例 8-133】 王某诉人保成都分公司财产保险合同纠纷案

二审法院认为,当投保人与保险人约定以新车购置价作为保险金额时,虽保险合同未载明保险价值,但应认为此保险合同中已隐含以新车购置价作为保险价值的意思表示,保险人应以该保险金额即保险价值为限承担赔偿责任。本案中,保险单及特别约定清单第八条明确约定:保险标的的保险金额按照新设备购置价 265,000 元投保,每次事故财产损失无免赔额。而特别约定清单第九条关于赔偿处理条款却约定:保险标的发生保险事故,导致全部损失,按折旧后实际价值标准进行赔付。根据该条款的约定,人保成都分公司承担的最高限额即车辆出险时的实际价值,但保险合同却以必然高于车辆在出险时的实际价值的新车购置价为保险金额,导致保险金额失去作为保险人承担赔偿或给付保险金责任的最高限额的基本功能。因此,本案人保成都分公司制定的保险条款中相关赔偿处理的规定仅适用车辆的实际价值作为

---

〔1〕 参见国家法官学院、最高人民法院司法案例研究院编:《中国法院 2023 年度案例》(保险纠纷),中国法制出版社 2023 年版,第 8 页。江苏省无锡市中级人民法院(2019)苏 02 民终 5364 号民事判决书。

〔2〕 参见王静:《保险类案裁判规则与法律适用》,人民法院出版社 2013 年版,第 335 页。

〔3〕 参见《人民司法·案例》2012 年第 8 期。

保险金额的保险合同，而不适用于本案以新车购置价作为保险金额的保险合同。据此，涉案车辆发生事故后人保成都分公司定损维修费用为100,236元，该金额未超过合同约定的财产损失保险金额，一审判决人保成都分公司应足额赔偿，并无不当。判决：驳回上诉，维持原判。[1]

实践中，对于车辆实际价值的认定是争议焦点问题。

【案例8－134】 沈某某诉中国太平洋财产保险股份有限公司连云港中心支公司财产保险合同纠纷案

二审法院认为，太平洋保险公司认定保险车辆投保时实际价值为7.62万元仅是该公司单方抄单显示，沈某某并未认可，也没有鉴定机构的认定，因此，以7.62万元计算折旧无事实依据。太平洋保险公司与沈某某约定被保险车辆的车辆损失险保险金额为15万元，该约定系双方当事人的真实意思表示，该金额是保险合同约定的保险金的最高限额，也是保险人收取保险费的计算基础。太平洋保险公司按照15万元为标准收取了保险费，应当承担与该金额相应的保险责任，而从合同订立至事故发生，其间经过时间为11个月（不足1个月不计折旧），以15万元为基数计算11个月的折旧金额，保险车辆的实际价值为15万元－15万元×11×0.006＝14.01万元，而保险车辆的修复费用经鉴定为87,513元，修复费用并未超过出险时车辆的实际价值，不符合太平洋保险公司所主张的推定全损的条件。……而保险金额与投保时的新车购置价均为15万元，保险车辆又投保了不计免赔附加险，太平洋保险公司应承担的车损的保险金即为车辆的修复费用87,513元，一审法院以15万元为基础计算93个月的折旧属于重复折旧，其计算方式有误，上诉人沈某某上诉理由成立，本院予以支持。[2]

笔者认为，超额保险出现的原因是保险公司以新车购置价确定保险金额，故过错在于保险公司而不在于被保险人，《保险法》第五十五条第三款的规定并未考虑谁的过错，而是否定超额保险的存在目的是避免被保险人的不当得利。超额保险实为恶意多收保费，应在返还保费时应一并支付利息。

【案例8－135】 某公司诉某保险公司保险合同纠纷案

判决观点，双方当事人签订的保险合同中载明保险车辆的新车购置价为590,000元，保险公司在车辆损失险上的保险金额为590,000元，上述保险金

---

〔1〕 参见国家法官学院、最高人民法院司法案例研究院编：《中国法院2022年度案例》（保险纠纷），中国法制出版社2022年版，第49～50页。江苏省无锡市中级人民法院（2019）苏02民终5364号民事判决书。

〔2〕 参见国家法官学院案例开发研究中心编：《中国法院2014年度案例》（保险纠纷），中国法制出版社2014年版，第110页。江苏省连云港市中级人民法院（2011）连商终字第0069号民事判决书。

额是保险公司在“机动车商业保险单”上要求填写的新车购置价，并没有要求投保人填写车辆的实际价值，保险公司亦据此收取了保险费用，应当认为保险公司与某公司已经就投保车辆的“保险金额”达成一致，保险公司应当在承保的“保险金额”内依据双方当事人的合同约定承担保险责任。〔1〕本案保险约定推定全损的存在，因此，保险公司只应赔偿此时保险车辆的实际价值202,370元扣除残值的费用，而不是390,059元，多余的修理费用由被保险人承担。

对于保险公司的恶意多收保费行为，法院应判定保险公司返还并支付利息，但不得以此为由要求保险公司在推定全损的情况下按照超过实际价值的费用赔偿。因此，该案例法院的判决不符合《保险法》第五十五条的规定。实践中亦有按投保新车价赔付的实例，从一定意义上讲更能实现社会公平正义。

【案例8-136】　侯某某诉中国平安财产股份有限公司吐鲁番中心支公司财产保险合同纠纷案

二审法院认为，保险人在主观上明知被保险的标的物价值远低于保险金额，却依然按照原价值进行保险，并已经按照约定的保险金额收取保险费的，保险事故发生后，保险人再以《保险法》第五十五条第三款规定的保险金额不得超过保险价值，主张超过保险价值部分无效、保险人退还相应的保险费的，其理由不成立，保险人应当按照保险合同约定的保险金额进行赔偿。根据双方签订的《机动车辆保险单》，保险金额是按照新价购置价19万元确定。根据双方签订的保险单，在“特别约定”和“明示告知”部分，没有关于“当折旧金额超过购置价80%则按购置价20%赔付”的约定。故被告保险公司的辩称意见法院不予采纳，应当按照保险单上约定的保险金额19万元向原告侯某某进行全额赔偿。〔2〕

以车辆实际损失赔付车损标准，其实质是否认车辆折旧剩余价值赔付车损，实践中具有一定普遍性。

【案例8-137】　钟某某诉中华联合财产保险股份有限公司广州市增城支公司财产保险合同纠纷案

一审法院认为，原告主张涉案结论书的鉴定结论即50,367元作为被告应赔偿的车辆损失保险金，而被告则抗辩主张应按车辆损失保险条款中第二十七条所列明的赔偿标准计算，根据车辆使用年限和折旧率，以车辆损失险

〔1〕参见安凤德主编：《保险合同纠纷诉讼指引与实务解答》，法律出版社2013年版，第165页。

〔2〕参见国家法官学院案例开发研究中心编：《中国法院2013年度案例》（保险纠纷），中国法制出版社2013年版，第75页。

保额138,600元乘以折旧率80%得出应赔偿的保险金数额为27,720元。法院认为,首先,《保险法》第五十五条第一款规定:“投保人和保险人约定保险标的的保险价值并在合同中载明的,保险标的发生损失时,以约定的保险价值为赔偿计算标准。”本案中,商业险保险单载明的新车购置价和车辆损失险的赔偿限额均为138,600元,且被告亦系以138,600元作为基数向原告收取车辆损失险的保险费,故在保险事故发生后,被告再以被保险车辆折旧后的剩余价值作为损失赔偿金额,显然于法不符,亦违反诚实信用原则,法院不予采纳。二审法院亦持同样意见,维持一审判决。[1]

当投保人与保险人约定以新车购置价为保险金额时,隐含的意思是以新车购置价作为保险价值,保险人应以该保险金额即保险价值为限承担保险责任。

推定全损的计算标准应与保险金额的确定依据相对应。也就是说,当保险金额按照实际价值确定的,应以实际修理费是否超出实际价值来推定是否全损;当保险金额按照实际价值来确定的,应以实际修理费是否超出保险价值来推定是否全损。换言之,以实际价值作为认定全损的计算在某种情形下会导致高保低赔,即推定全损,则以实际价值作为最高赔偿限额,是符合法律和法理的;但如果推定为部分损失,则保险人所承担的实际修理费必定低于实际价值,如果保险合同约定的保险金额为高于实际价值的保险价值或者其他金额,将造成事实上永远不可能按照约定的保险金额进行赔偿的可能,等于取消了保险金额的功能。因此,以实际修理费是否超出被保险车辆的实际价值来推定是否全损,其实质是以被保险车辆的实际价值作为最高赔偿限额,该赔偿计算方式只适用按照实际价值确定保险金额的情形,而不适用以保险价值或者其他协商方式确定保险金额的情形。

【案例8－138】 江某某诉安邦财产保险股份有限公司安徽分公司财产保险合同纠纷案

二审法院认为,(1)当投保人与保险人约定以新车购置价作为保险金额时,虽保险合同中未载明保险价值,亦应认为此保险合同中已隐含以新车购置价作为保险价值的意思表示。保险人应以该保险金额即保险价值为限承担赔偿责任。(2)在具体的理赔过程中,以实际价值作为推定全损的计算标准,可能导致永远不可能按约定的保险金额进行赔偿。但保险合同却以必然高于车辆出险时的实际价值的新车购置价作为保险金额,架空了保险金额的最高赔偿或者支付限额的基本功能。因此,本案中保险公司制定的保险条款中,相关赔偿处理的规定仅适用于以车辆的实际价值作为保险金额的保险合

〔1〕 参见国家法官学院案例开发研究中心编:《中国法院2018年度案例》(保险纠纷),中国法制出版社2018年版,第132页。广东省广州市中级人民法院(2016)粤01民终11592号民事判决书。

同,而不适用于以新车购置价作为保险金额的保险合同。保险人应以该约定的保险金额为限承担赔偿责任。[1]

车辆推定全损后,车辆购置税的理赔有争议。依据保险合同的约定,新车购置价中包含车辆购置税,在保险事故发生时车辆的实际价值,由新车购置价扣除折旧而确定,因此,车辆购置税是事故发生时实际价值的组成部分。

【案例 8－139】　刘某某诉中国人民财产股份有限公司唐山市高新区支公司财产保险合同纠纷案

判决观点,保险事故发生时被保险机动车的实际价值根据保险事故发生时的新车购置价减去折旧金额后的价格确定。保险事故发生时的新车购置价根据保险事故发生时保险合同签订地同类型新车的市场价格(含车辆购置税)确定,无同类型新车市场销售价格的,由被保险人与保险人协商确定。本案中,事故车辆推定全损,被告应按事故车辆的实际价值赔偿,而被告提交的公估报告中认定,该车的现有价值为 64,615.6 元[新车购置价 65,800 元 × (1－月折旧率 0.6 × 已使用月数 3)],与保险条款对新车购置价中包含车辆购置税的约定不一致。同时在事故车辆全损的情况下,车辆购置税也是原告实际损失的一部分,被告应该予以赔偿,以弥补原告的损失,从而与财产保险的目的在于弥补损失的原则相符,更能体现出公平性。[2]

随着新能源汽车的快速发展,新能源汽车在汽车市场中的比例不断增加。但就目前来说,在现行《保险法》中,并没有关于新能源汽车保险的专门规定,在目前的车险体系中,亦没有针对新能源汽车的专用保险。保险公司的惯例是套用传统燃油车保险体系。对于新能源汽车而言,车主购买新能源汽车一般会享受国家补贴,故车主的实际新车购置价格比市场官方指导价格低。在机动车财产损失保险中,当前保险公司一般的做法是以补贴前的价格为基数计算保费,但在理赔时,则以补贴后的金额为标准进行上限赔付,这就会出现"高保低赔"的问题。笔者认为,在理赔时保险公司应该按照保险金额对被保险人进行保险金赔偿,不得按照扣除补贴后价格赔付,这符合保险法的损失填补原则。

【案例 8－140】　王甲诉中国平安财产股份有限公司北京分公司财产保险合同纠纷案

判决观点,具体到本案中,保险标的即王甲名下的涉诉保险车辆,保险价

---

〔1〕 参见国家法官学院案例开发研究中心编:《中国法院 2014 年度案例》(保险纠纷),中国法制出版社 2014 年版,第 113 页。江苏省无锡市中级人民法院(2012)锡商终字第 0509 号民事判决书。

〔2〕 参见国家法官学院案例开发研究中心编:《中国法院 2017 年度案例》(保险纠纷),中国法制出版社 2017 年版,第 132 页。河北省唐山市丰润区人民法院(2015)丰民初字第 1856 号民事判决书。

值是被保险人对于保险标的物所具有的保险利益的货币化体现,保险标的物的价值是客观存在的,不会因是否有国家补贴而有所变化。根据《机动车商业保险条款》(2014 年版)(以下简称《保险条款》)第十二条的约定,保险金额按投保时被保险机动车的实际价值确定。本案中,在机动车综合商业保险单"保险金额"一栏处所对应的保险金额为 169,801.2 元,即王甲在对该车进行投保时,平安北京分公司是以该车补贴前的官方指导价格为标准计算的保险金额以及保险费用,该处也能够认证,平安北京分公司认为涉案事故车辆投保时的实际价值为 169,801.2 元。故法院认定涉案事故车辆投保时的实际价值应为补贴前官方指导价格 169,801.2 元。……本案中,双方没有约定保险价值,因此平安北京分公司应该以事故发生时保险标的实际价值为赔偿计算标准。根据《保险条款》的约定,本案事故车辆在保险事故发生时折旧后的实际价值为 169,801.2 ×(1 - 16 ×0.0006)=153,500.2848 元。本案中,王甲主张的车辆维修费用为 70,365 元,该损失价值亦低于上述折旧后的实际价值,且在保险金额的赔偿范围之内。故法院对于王甲主张的车辆维修费用 70,365 元予以支持,对于平安北京分公司主张的投保时按照补贴前价格计算保险金额,赔偿时按照实际购车款 6 万元为标准计算保险金额的意见,法院不予支持。[1]

(三)减损施救费用处理

施救费用是否要以有实际效果为前提,由于《保险法》未作明确规定,理论界和实务界有不同观点,影响到执法尺度统一。《保险法解释(四)》第六条规定:"保险事故发生后,被保险人依照保险法第五十七条的规定,请求保险人承担为防止或者减少保险标的的损失所支付的必要、合理费用,保险人以被保险人采取的措施未产生实际效果为由抗辩的,人民法院不予支持。"该条规定有以下含义:其一,施救的对象必须是保险标的,但为施救保险标的而直接关联未承保的财物除外。其二,施救主体必须为被保险人,对被保险人委托的人应视为被保险人范畴。其三,施救时间必须为保险事故发生时,即保险事故发生开始至结束的期间。其四,施救目的是防止或减少保险标的损失而发生的费用。其五,施救费用的是被保险人采取必要措施而发生的合理费用。对施救措施及费用是否必要合理判断,应按照在保险事故发生的特定时空环境下一般被保险人通常可作出判断标准认

〔1〕 参见国家法官学院、最高人民法院案例研究院编:《中国法院 2020 年度案例》(保险纠纷),中国法制出版社 2020 年版,第 52～53 页。北京市房山区人民法院(2018)京 0111 民初 16838 号民事判决书。

定。其六,赔付施救费用不以施救措施产生实际效果为要件。其七,对损失扩大部分,保险人不予赔偿。但如果该损失扩大部分与被保险人违反施救义务无因果关系,则保险人应予赔偿。其八,施救费用分摊。被施救的财产含有保险合同未承保财产的,按被保险财产与被施救财产价值的比例分摊施救费用。

【案例8-141】　某公司与某人保公司财产保险合同纠纷案

一审法院认为,本次事故发生在高速公路上,涉案车辆损坏后丧失行驶能力,为避免车辆及货物损失扩大,某公司在这种情况下选择专业施救单位进行施救是唯一的选择。至于施救单位对某公司收取1.6万元的施救费用是否合理,要结合施救的难易程度、采取的施救措施及被施救财产的价值来综合认定,涉案车辆发生事故时装载1300张木工板,施救车辆时必须先将货物卸下,然后才能采取其他措施,施救难度较大,为此,施救单位动用了大量的人力、车辆。面对价值30余万元的财产和1.6万元的施救费用,某公司选择后者并无不当,且该费用已实际发生,也未超过保险金额,某人保公司以施救费明显过高,应按物价部门规定的标准赔偿某公司的抗辩理由不能成立,不应予以支持;某人保公司关于应按照《保险法》第二十七条第三项"……被施救的财产中,含有本保险合同未承保财产的,按被保险机动车与被施救财产价值的比例分摊施救费用"的约定分摊施救费用的抗辩成立,本院予以支持。因此,一审法院判决:某人保公司赔偿某公司保险车辆施救费12,923.5元。二审法院维持一审判决。[1]

紧急情况下,被保险人积极为防止或者减少保险标的损失所支付的必要、合理的费用,应由保险人承担。

【案例8-142】　姚某某等诉中国人民财产保险股份有限公司呈贡支公司保险合同纠纷案

一审法院认为,原告车辆倾覆损害的是正在运行的电力设施和道路旁的苗圃以及苗圃内树木,对于正在运行的电力设施如不及时抢修和恢复通电,将危害涉电线接入单位和个人的正常生产和生活,会造成更大的损失,因此对原告车辆造成的电力设施损失的抢修具有紧迫性、重要性、公益性。另外,对于原告对自己车辆造成的第三者道路旁的苗圃和苗木等损失赔偿问题,亦是原告为防止损失扩大和尽力降低赔偿数额而进行的及时赔偿,故在被告保险公司未及时定损并赔偿受损害第三者的情况下,原告为减少损失,先行对

---

〔1〕　参见最高人民法院民事审判第二庭编著:《最高人民法院关于保险法司法解释(四)理解与适用》,人民法院出版社2018年版,第128~129页。江苏省丰县人民法院(2011)丰商初字第158号民事判决书,江苏省徐州市中级人民法院(2012)徐商终字第243号民事判决书。

第三者云南莹河电力工程有限公司在本次事故中受损的低压电线等设施以及昆明阳辉园艺专业合作社在该次事故中受损害的苗圃、苗木进行赔偿并无不当，原告在事故发生后就在短时间内对受损害的第三者进行赔偿，恰好说明了原告的赔偿具有正当性和合理性，被告保险公司理应及时赔付原告。因此，本院对原告要求被告支付100,170元保险费的诉讼请求予以支持。二审法院亦持同样意见，维持一审判决。[1]

(四)自行修理费用处理

发生事故后，未通知(或未在48小时之内通知)保险公司而自行修理，因理赔金额有争议，对此应区分有正当理由和无正当理由两种情况处理。有正当理由的情形为：其一，对于人员受伤、车辆严重的，不能在48小时内通知保险公司。其二，对于交通不便，无法及时通知保险公司。其三，对于没有条件正常交付维修的，类似于出差在外地生病应当就近住院，而无须返回原地住院一样道理。对于有正当理由的修理费用，保险公司原则上应予支付，反之保险公司有权拒付。如对理赔金额有争议，应当请评估机构评估，法官也可以比照类似事故的后果，结合交通、鉴定部门的意见，行使裁量权确定。

(五)损失难以确定处理

《保险法解释(三)》第二十五条规定："被保险人的损失系由承保事故或者非承保事故、免责事由造成难以确定，当事人请求保险人给付保险金的，人民法院可以按照相应比例予以支持。"该条规定有以下几层含义：其一，适用的前提条件为被保险人的损失难以确定，在被保险人损失可以确定时限制适用。其二，适用的是分摊原则。但分摊原则并不能完全取代因果关系理论，它在损害是由承保危险和非承保危险共同造成时，才有适用余地，是传统因果关系学说的补充和纠正。[2] 其三，该条规定赋予法官自由裁量权，按照承保风险所占事故原因的比例或程度，判决保险人承担相应比例的保险责任。

---

〔1〕 参见国家法官学院案例开发研究中心编：《中国法院2019年度案例》(保险纠纷)，中国法制出版社2019年版，第64～65页。云南省昆明市中级人民法院(2017)云01民终4822号民事判决书。

〔2〕 参见最高人民法院民事审判第二庭编著：《最高人民法院关于保险法司法解释(三)理解与适用》，人民法院出版社2015年版，第585页。

【案例8－143】 陈某某诉保险公司意外伤害保险合同纠纷案

判决观点，根据鉴定结论，陈某虽有摔倒损伤的事实，但其伤势较轻，不足以引起死亡，陈某的死亡原因为冠状动脉粥样硬化性心脏病猝死。可见，陈某死亡的直接原因是心脏病猝死。换言之，摔倒损伤可能导致心脏病的发作，但如果陈某没有心脏病，摔倒损伤不会导致其死亡。所以，根据保险赔偿的近因原则，保险公司拒赔有理。[1]

意外伤害保险合同中，被保险人有明显外伤史但与保险事故之间因果关系难以确定的，应考虑按比例赔偿。

【案例8－144】 石某兰等诉中国人寿保险股份有限公司如皋支公司保险合同纠纷案

判决观点，围绕本案争议焦点，根据查明事实，首先，被保险人石某友身故前不久发生过意外伤害的事实确定。石某友身故前不久的病历、出院记录、用药清单等证据可以证明被保险人石某友在身故前不久因意外伤害导致右侧股骨粗隆间粉碎性骨折，在如皋市安康医院住院治疗，出院时并未治愈。但根据一般医学原理，单纯性右股骨粗隆间骨折经治疗并得到妥善的护理，在无其他并发症的情况下，不会导致死亡。其次，被保险人石某友身故前的意外伤害与死亡之间的因果关系无法进一步确定。石某友虽然身故前不久有明确的外伤史，但该外伤一般不会直接导致死亡，因为没有尸检，所以具体死亡原因客观上已无法查明，司法鉴定意见书也认定不能进一步确定意外伤害与其死亡之间的因果关系。最后，石某友身故时已届95岁高龄，根据一般常识，这个年龄的老人身体各项机能已经衰退，也不能排除其有一定的基础疾病，故本案中也无法排除被保险人石某友的死亡非其身患疾病所致。综合上述三点分析，法院认定造成被保险人石某友于2015年8月2日身故的事故，究竟是意外伤害还是疾病或是其他原因无法确定。据此，依据《保险法解释(三)》第二十五条……的规定，结合本案实际及保险法的最大诚信原则，法院酌情认定由被告人寿如皋公司向四原告给付50%的意外身故保险金，也就是两份保险合同的总保险金40,000元的50%，即20,000元。[2]

投保人未如实陈述导致保险事故的性质、原因无法查明，保险人对无法查明的部分免责。

---

〔1〕 参见最高人民法院民事审判第二庭编著：《最高人民法院关于保险法司法解释(三)理解与适用》，人民法院出版社2015年版，第588页。

〔2〕 参见国家法官学院案例开发研究中心编：《中国法院2019年度案例》(保险纠纷)，中国法制出版社2019年版，第166页。江苏省如皋市人民法院(2016)苏0682民初第10150号民事判决书。

【案例8-145】 张甲诉中华联合财产保险股份有限公司福州中心支公司保险合同纠纷案

二审法院认为,2018年1月23日,屏南县公安局交通警察大队出具《关于豫AT×××W小型客车事故反馈情况》认为,涉案事故可能存在顶包,驾驶员另有其人的情形,据此可以认定涉案事故实际驾驶员的身份无法确认,进而驾驶员是否处于适驾状态亦无法查明。因此,本案保险事故的性质、原因因实际驾驶员无法确认而无法确定。张乙陈述系由其驾驶不当导致涉案事故,但张乙对事故过程的描述与调取的监控有部分不一致的地方;同时,张甲及张乙关于事故发生后由谁先打电话的陈述亦不一致;另外,事故车内发现有血迹,而张乙本人身体无外伤。上述多处情节与张乙作为实际驾驶人的身份不相符合,因此应当推定张甲及张乙在谁是实际驾驶人的问题上未作如实陈述。虽然联保福州支公司负有查明事故性质的责任,但首先应当由张甲及张乙向保险人提供其所能提供的与确认保险事故的性质、原因、损失程度等相关信息,因此本案中张甲及张乙未作如实陈述是交警部门无法查明、联保福州支公司无法及时获悉保险事故性质的根本原因。其性质无异于怠于履行通知义务,由此导致的后果有过之而无不及,故张甲及张乙未作如实陈述应当视为未及时履行《保险法》第二十一条规定的通知义务。据此二审法院判决:驳回上诉,维持原判。[1]

【案例8-146】 郭某诉中国平安财产保险股份有限公司平度支公司保险合同纠纷案

二审法院认为,本案中,事故发生后,郭某在有条件通知交警部门或者保险公司的情况下,未在第一时间通知交警部门对事故责任进行认定,亦未通知保险公司对现场进行勘验,擅自离开事故现场,导致无法判断该事故是否为保险事故,保险事故发生的性质、原因以及驾驶员的驾驶状态均难以确定,郭某的上述行为存在重大过失,无法依据保险合同确定保险公司的保险责任,故对车辆造成的损失,保险公司不承担赔偿责任。[2]

(六)不定值保险纠纷处理

所谓不定值保险,是指保险双方对保险标的不预先确定其价值,投保时仅确

---

〔1〕 参见国家法官学院、最高人民法院案例研究院编:《中国法院2020年度案例》(保险纠纷),中国法制出版社2020年版,第28页。福建省宁德市中级人民法院(2018)闽09民终1932号民事判决书。

〔2〕 参见国家法官学院、最高人民法院案例研究院编:《中国法院2020年度案例》(保险纠纷),中国法制出版社2020年版,第36页。山东省青岛市中级人民法院(2017)鲁02民终6923号民事判决书。

定保险金额,保险标的发生事故时再确定其保险价值。采用不定值保险,保险金额的确定是在投保环节,而保险价值的确定是在出险环节。当发生保险责任范围内的损失时,是以保险事故发生时实际价值为赔偿计算标准。实践中,不定值保险中保险标的的保险价值可以按照保险事故发生时保险标的的市场价值确定,也可以通过委托鉴定机构确定,还可以由投保人和保险人协商确定。

【案例8－147】　陈某某诉中国人民保险有限公司阿荣旗支公司财产保险合同纠纷案

最高人民法院认为,对于火灾造成的房产损失,保险合同应如何赔偿问题。由于本案火灾房产系陈某某租赁而来,陈某某按照租赁合同约定对房产进行保险。房屋所有权人阿荣旗那吉屯农场金库砖瓦厂就房产损失向阿荣旗法院对陈某某提起诉讼。在该案中,阿荣旗人民法院依照职权委托内蒙古普惠会计师事务所有限责任公司对陈某某投保的车间房产烧毁的重置价值进行评估,对委估资产在2003年10月22日(评估基准日)所表现的市场价值鉴定。该所2003年10月27日以内普会评字(2003)第23号《曲金库单项资产(房屋)评估报告书》对烧毁房屋的评估基准日的评估值鉴定为87,033元。阿荣旗人民法院依照该评估结论,2003年12月8日以(2003)阿民初字第01388号民事判决,判令被告陈某某赔偿原告那吉屯农场金库砖瓦厂房产损失87,033元,并给付租金、支付租金违约金。该判决已经发生法律效力。该案也是由法院委托保险中介机构对遭受火灾房产损失进行评估,并以评估结论作为判决依据,当事人没有异议。保险公司相应地亦应当按照阿荣旗人民法院判决数额向陈某某支付保险房产损失赔偿金。[1]

由于车辆损失险的险种特点决定其为不定值保险,在订立保险合同时不预先确定保险标的的保险价值,待保险事故发生后,再行确定其实际价值和损失。

【案例8－148】　上海晶辉物流有限公司诉中国平安财产保险股份有限公司上海分公司财产保险合同纠纷案

判决观点,被告认为,自燃险保险金额低于投保时的新车购置价,属不足额投保,应当适用车损险的赔偿处理条款按比例赔付。法院认为,第一,条款总则约定,附加险条款未尽之处,以基本险条款为准。自燃附加险、车损基本险就“赔偿处理”分别予以了约定,不存在附加险条款“未尽之处”,应当分别予以适用,被告主张自燃险损失适用车损险条款没有依据。第二,不足额保险系指保险金额小于保险价值的保险。根据约定,系争保险合同为不定值保险合同,按照保险事故发生时保险标的实际价值确定保险价值,保险价值为

---

〔1〕 最高人民法院(2011)民提字第238号民事判决书。

出险时的实际价值,根据约定折旧计算为130,407.20元,低于自燃险保险金额153,270.80元,不属于不足额保险,被告主张按比例赔付没有依据。根据自燃险赔偿条款,在保险金额内,按实际损失计算赔偿,车辆实际修理费和施救费小于出险时的实际价值,属于部分损失,故应予以全部赔付。[1]

实践中,就保险金额确定方式这一问题,时常发生争议。

【案例8-149】 宋某某诉中国人民财产保险股份有限公司乌鲁木齐分公司财产保险合同纠纷案

二审法院认为,双方在合同中约定的保险金额为260,000元。保险条款虽约定了保险金额确定的三种方式,但合同中未明确保险金额确定的具体方式。宋某某认为保险金额是双方按投保时被保险车辆折旧后的实际价值确定的。由于保险条款为保险公司提供的格式条款,根据《合同法》关于格式条款的理解发生争议时,应作出不利于提供格式条款一方的解释的规定,二审法院采纳了宋某某的意见,认定本案被保险车辆是按投保时该车的实际价值确定的保险金额。对于保险事故发生时被保险车辆的实际价值双方未达成一致意见,双方又均未要求法院委托相关机构进行评估作价,故对于保险事故发生时被保险车辆的实际价值,二审法院以投保时车辆的实际价值按照保险条款约定的折旧比率折旧后确认,即折旧金额=投保时车辆的实际价值260,000元×被保险机动车已使用月数4个月×月折旧率0.6%=6240元;保险事故发生时车辆的实际价值投保车辆的实际价值260,000元-折旧金额6240元=253,760元。故保险公司应履行车辆损失险253,760元赔付义务。[2]

不足额保险是投保人与保险人在一定范围内自行约定保险金额,与之相对应的是投保人缴纳的保险费用与保险人的保险理赔责任。换言之,就是投保交多少保费就对应多大的保险金额。不足额保险必然对应着不足额赔付,赔付情况与投保情况保持一致,即保险金额与保险价值的比例等同于赔偿金额与损失金额的比例。一般比例赔付规则为,在无其他保险免责率或免责比例的情况下,投保人不足额投保时所获得的赔偿金额=损失金额×(保险金额÷保险价值)。

【案例8-150】 山东颐和塑胶有限公司诉中国人寿财产保险股份有限公司聊城市茌平支公司保险合同纠纷案

判决观点,涉案火灾发生在保险合同存续期间,且属于保险合同中约定

---

〔1〕 参见郭伟清主编:《2017年上海法院案例精选》,上海人民出版社2018年版,第216~217页。

〔2〕 参见国家法官学院案例开发研究中心编:《中国法院2018年度案例》(保险纠纷),中国法制出版社2018年版,第88页。新疆乌鲁木齐铁路运输中级人民法院(2016)新71民终20号民事判决书。

的保险事故,因此,对于原告颐和公司的损失,被告人寿财险公司应当依照保险合同(保险条款)的约定理赔。首先,依照《保险法》第五十五条之规定及保险条款约定,出险时保额不足的比例赔付,涉案保险明显为不足额投保,保险金额明显低于保险价值,因此,对于被告保险公司的理赔金额应当依照保险金额与保险价值的比例进行确定。其次,保险条款中明确约定,每次事故绝对免赔2000元或10%,火灾事故的免赔额为30%,并且原告颐和公司已经确认认真阅读了保险条款并盖章确认……最后,依照保险条款的特别约定,被保险人具有健全的财务账册,出险时以财务账册为准,如无法提供健全的财务账册,保险公司有权拒绝赔付或者加大免赔率,从公估报告书的记载及被告人寿财险公司提交的证据可以看出,原告颐和公司的资产负债并不唯一,在保险理算过程中,泛华公司对原材料和成品加大了30%的免赔率,符合保险合同约定,公估报告书所显示的核损金额294,403,342.50元及理算金额6,364,978元客观合理,法院依法予以采信。因此,被告人寿财险公司应当向原告颐和公司赔偿损失6,364,978元。[1]

【案例8-151】 赣州恒运交通有限公司诉中国人民财产保险股份有限公司仙游支公司保险合同纠纷案

判决观点,因本案没有约定保险价值,且在保险范围内发生保险事故的实际损失价值超过保险金额,属不定值不足额保险,故应按保险金额与保险标的的比例计算赔偿损失,即被告应赔付给原告保险金143,005.99元[保险金额200,000元÷保险价值291,243.74元×(实际损失205,493.74元+必要合理费用即公估费8248元)]。同时,原告亦应返还给被告货物残值26,864.62元(85,750元-85,750元×保险金额200,000元÷保险价值291,243.74元),对抵后,被告应赔偿给原告保险金人民币116,141.37元。原告主张从2012年2月20日向被告理赔未果起计付利息,缺乏证据证实,应调整从其起诉之日按银行同期利率计付利息。原告请求有理部分,法院予以支持,不合理部分,予以驳回。[2]

在保险单中载明车辆的实际价值,没有写明是保险价值,但保险价值就是保险标的价格,应认定为定值保险。在上述情况下,保险价值与保险金额一致,在保险标的全损时,应按保险金额全额赔偿,符合《保险法》第五十五条的规定。

---

〔1〕 参见国家法官学院案例开发研究中心编:《中国法院2019年度案例》(保险纠纷),中国法制出版社2019年版,第126页。山东省聊城市茌平县人民法院(2017)鲁1523民初第3370号民事判决书。

〔2〕 参见国家法官学院案例开发研究中心编:《中国法院2014年度案例》(保险纠纷),中国法制出版社2014年版,第229页。福建省莆田市仙游县人民法院(2012)仙民初第3677号民事判决书。

【案例8-152】 广告公司诉保险公司财产保险合同纠纷案

一审法院认为,双方对于案涉车辆已烧毁、没有残值的事实予以确认,故该车辆应按全损予以赔偿。保险公司认为,保险金额不能超过保险价值,保险价值应以实际购车金额为准;保险单中载明实际车辆的实际价值及保险金额均为2,487,680元,根据示范条款第十二条的约定,保险金额是按投保时被保险机动车的实际价值确认。另根据示范条款第十九条约定的赔偿计算方式及《保险法》第五十五条的规定,案涉车辆损失险应为定值保险,保险公司应按保险金额2,487,680元进行赔偿。虽然购车发票显示车辆二手购买的价格为195万元,但该车辆并不能等同于车辆的实际价值,买卖双方的身份关系等原因都会对价格造成影响。判决:保险公司支付广告公司保险赔偿金2,487,680元。二审法院同意一审法院裁判意见。[1]

(七)保险标的残值处理

保险标的残值处理可分两部分讨论,保险事故发生后,保险人已支付了全部保险金额,并且保险金额等于保险价值的,受损保险标的的全部权利归于保险人;保险金额低于保险价值的,保险人按照保险金额与保险价值的比例取得受损保险标的部分权利。司法实践中,法院仅在判决主文中论述如保险人支付了全部保险金额即可取得保险标的残值,一般不在判项中进行明确。从减轻当事人诉累、加速资本流转、有效保护商事主体权益促进交易出发,法官应主动就残值处理问题对当事人进行释明,征求当事人对残值的处理意见,直接将残值从应赔付中扣除。

【案例8-153】 豫北转向系统股份有限公司诉中国人寿财产保险股份有限公司郑州市中心支公司财产保险合同纠纷案

二审法院认为,关于人寿保险公司上诉称受损设备残余价值处理不当的问题。《中国人寿财产保险股份有限公司货物运输保险条款》第十八条载明:"经双方协商同意,保险人可将其享有的保险财产残余部分的权益作价归被保险人,并可在保险金中直接扣除"。一审时双方当事人未就残余价值的处理进行协商,二审中双方均同意将受损设备的残余价值在应付保险金中予以扣除。同时,鉴于受损设备现存放在韩国,且经法庭询问豫北公司称将重新从东成公司购买新设备,由豫北公司取得受损设备残值,更有利于促进交

---

〔1〕 参见国家法官学院、最高人民法院司法案例研究院编:《中国法院2022年度案例》(保险纠纷),中国法制出版社2022年版,第45页。浙江省绍兴市中级人民法院(2020)浙06民终2198号民事判决书。

易便捷、降低交易成本,减轻当事人诉累。一审判决认定基本事实清楚,但对受损设备残值的处理部分应予以变更。故确认从人寿保险公司应赔付保险金中扣除受损设备残值1.78万美元,由豫北公司取得该受损设备的全部权益。[1]

发生财产保险事故后,保险公司是应当先行赔付,还是先对保险标的物的残值进行处理其后再进行赔付,现行保险法并无统一的强制性规定。实践中,有的保险公司坚持先行获得财产保险全损事故中残值利益,在未获得标的物权利的情况时拒绝赔偿。尽管保险法对残值处理与赔偿并无统一的强制性规定,但是在保险人与被保险人没有约定的情形下,从《保险法》第二十一条、第二十三条的规定中可以得出保险人先行赔付防止久拖不赔的立法精神,其先行赔付并非保险理赔的前置程序具有一定的法律依据。从投保目的、保险价值的角度出发,财产保险全损保险事故中获得残值不应该成为保险理赔的前置程序。在保险人与被保险人对保险标的残值及处置方式存在争议的情况下,应维护被保险人的合法权益,确保被保险人不承担潜在损失,保险人应当对被保险人先行赔付,保险标的物权利归属于保险公司更为合理。

【案例8-154】　郑某诉中国平安财产保险股份有限公司吉林分公司保险合同纠纷案

判决观点,对于被保险机动车推定全损之后的理赔流程,平安保险吉林分公司一直强调要按照保险条款第十七条的约定,由保险人和被保险人协商处理。但本案的起因恰恰在于双方就该事项并没有协商一致。而理赔流程无法达成一致,并非保险人拒绝支付保险赔偿金的法定理由。根据《保险法》第五十九条的规定,保险事故发生后,保险人已支付了全部保险金额,并且保险金额等于保险价值的,受损保险标的全部权利归于保险人。可见,保险人已支付了全部保险金额是其取得受损投保标的物的权利的前提条件。因此,保险人不能以尚未取得受损投保标的物处分权利或残值为由,拒绝支付被保险人保险赔偿金。故法院对于郑某要求平安保险吉林分公司支付保险赔偿金的诉讼请求予以支持。[2]

---

〔1〕 参见《人民司法·案例》2017年第26期(总第793期)。河南省新乡市中级人民法院(2016)豫07民终1769号民事判决书。

〔2〕 参见国家法官学院、最高人民法院案例研究院编:《中国法院2020年度案例》(保险纠纷),中国法制出版社2020年版,第56页。北京市房山区人民法院(2018)京0111民初5664号民事判决书。

专题九　保险责任纠纷

保险责任是认定和处理保险纠纷必须要面临的问题，也是实践中的多发争议和疑难问题。

一、保险责任理解

(一)保险责任含义

《保险法》没有对保险责任作出明确定义,学者作出了不同的定义。有学者认为,保险责任是指当被保险人因合同约定保险事故的发生而遭受损失时或保险合同约定的事件出现时,保险人依照合同约定承担赔偿或给付保险金的责任。[1]也有学者认为,保险责任是指保险合同约定的,保险人承担赔付保险金责任的保险事故范围。[2] 笔者认为,参照《保险法》对"保险"作出的定义,可以将保险责任理解为,保险人根据保险合同约定,在保险事故发生后,对被保险人或受益人所承担的赔偿或给付保险金的合同责任,即依法应承担的不利法律后果。保险责任具有两个方面的含义:其一是指保险人承保危险的范围;其二是指保险人在保险事故发生后赔付保险金的义务。保险责任是保险合同约定的最为重要的内容之一。一方面,基于权利义务的相对性,所谓保险人的责任,就是保险相对人的权利;另一方面,保险责任的界定可以限制保险人承担危险的范围,以此实现保险人承担危险与收取保险费之间的对价平衡。[3]

保险责任一般区分为基本责任、除外责任和特约责任。基本责任,是指财产保险合同中载明的保险人承担经济损害赔偿责任的保险危险范围,一般包含自然灾害、意外事故、抢救或防止灾害蔓延采取必要措施造成的保险财产损失和保险危险发生时必要的施救、保护、整理等合理费用。除外责任,是指财产保险合同中列明的保险人不承担经济赔偿责任的风险损失。保险合同列明的免责事由,主要有两种:一种是约定对于保险责任之中的部分责任予以免除,此类被免除的责任,本身属于保险责任范围,但保险人通过责任免除条款将其从保险责任之中予以剔除,即缩小了保险责任范围;另一种是对于某些责任予以澄清,即被免除的责任本身就不属于保险责任范围,为了防止投保人、保险人、受益人产生误会,保险人特

---

〔1〕 参见任自力主编:《保险法学》,清华大学出版社 2010 年版,第 93 页。

〔2〕 参见方乐华:《保险与保险法》,北京大学出版社 2009 年版,第 323 页。

〔3〕 参见刘建勋:《保险法典型案例与审判思路》,法律出版社 2012 年版,第 41 页。

意将之列入责任免责条款内予以解释。也就是说，基本责任只是笼统规定了保险人应当赔偿的事项，该事项可能因免责条款的细化被排除在保险责任之外，保险责任立足于基本责任和除外责任，不能单独理解。特约责任，是指财产保险合同载明的基本责任以外，或列为除外责任的风险损失，经保险双方协商同意后特约附加承保的一种责任，属于约定扩大的保险责任，故也称为"附加责任"或"附加险"，它附属于基本责任，作为基本险的一项补充，如机动车盗抢险、玻璃单独破损险等。

保险责任开始的性质，主要有金钱给付说和危险负担说两种观点。有法官认为，危险承担说是合理的。保险人为投保人提供保险保障的范围是保险合同约定的保险期间内；只要在保险期间内，保险人提供的保险保障是持续存在的，但只有在保险事故发生时，保险人才承担赔偿或给付保险金义务。因此，保险责任的开始正是保险人提供的保险保险义务履行的开始。〔1〕 也就是说，保险责任开始之时被保险人即具有期待权，一旦发生保险事故，危险的承担便成了具体的责任。

所谓追溯保险责任，是指在法律规定的情形下，将保险责任的开始追溯到保险合同成立前的某一个时间点，保险人对保险合同成立前的保险事故承担保险责任。现行《保险法》对追溯保险没有在立法上确立。《海商法》第二百二十四条规定："订立合同时，被保险人已经知道或者应当知道保险标的已经因发生保险事故而遭受损失的，保险人不负赔偿责任，但是有权收取保险费；保险人已经知道或者应当知道保险标的已经因发生保险事故而遭受损失的，保险人有权收回已经支付的保险费。"该条规定表明，订立保险合同时，被保险人和保险人均不知道保险标的已经因发生保险事故而遭受损失的，则保险应当承担保险责任。在《最高人民法院关于审理海上保险纠纷案件若干问题的规定》第十条中，将追溯保险规定为"保险人与被保险人在订立保险合同时均不知道保险标的已经发生保险事故而遭受损失，或者保险标的已经不可能因发生保险事故而遭受损失的，不影响保险合同的效力。"同样是财产保险合同，同样是为符合保险分散风险的宗旨和商业风险，追溯保险不仅应在海上保险合同中适用，而且还应适用于财产保险。

保险责任与暂保责任的区别。所谓暂保责任，是指保险人对于投保人在预交保险费时起到保险合同成立时止的保险空白期内，保险人承诺对被保险人于保险事故发生时给予提供相当于保险合同成立生效时保险责任。在保险理论上，保险责任与暂保责任均为保险人承担的合同责任，但二者有诸多不同：其一，承担责任时间不同。保险责任在保险合同成立后；暂保责任在保险合同成立之前。其二，承担责任范围不同。保险责任范围是由保险合同约定的；暂保责任是保险人通过

---

〔1〕 参见最高人民法院民事审判第二庭编：《保险案件审判指导》（增订版），法律出版社2018年版，第200页。

暂保单承诺而限定责任范围。其三,承担责任期间不同。保险责任是保险人在保险期间承担的责任;暂保责任是在投保人预交保险费和填写投保单后不超过30天内或正式保险单出具前有暂保责任,在约定期限届满时或正式保险单出具后,暂保单即自动失效。

保险责任成立的前提是保险事故成就,其保险事故不成就的则保险人不承担保险责任。车上人员险是一种责任保险,该种保险标的为被保险人因交通意外而可能对车上人员所负担的民事赔偿责任。在因好意施惠行为发生意外事故的情况下,施予恩惠者非因故意或重大过失不对受予恩惠者负担民事赔偿责任,故保险事故未成就,保险人无须承担给付保险金的责任。

【案例9-1】　陈某军诉中国平安财产保险股份有限公司广东分公司保险合同纠纷案

二审法院认为,结合本案实际,陈某军在2011年5月8日搭载陈某淼、陈某礼、李某英、陈某学的行为没有以成立为法律关系为目的,因此,陈某军的搭载行为在法学理论上属于好意施惠行为。由于陈某军对涉案事故的发生并无过错,也不负事故责任,作为好意施惠者的陈某军对陈某淼、陈某礼、李某英、陈某学四人依法不应承担赔偿责任。据此表明,陈某军所投保的车上人员责任险并不成就,因而平安保险公司无须对陈某军的好意施惠行为承担保险赔偿责任。故二审予以改判,认定平安保险公司无须承担给付保险金责任。[1]

应注意的是,保险人与当事人之间不能构成正规的财产保险关系,其保险责任自然不能成立,但应当对其因过错而承担赔偿责任。

【案例9-2】　中国人民保险公司乌鲁木齐分公司等与李某某等120名购房户还本售房合同纠纷案

最高人民法院认为,李某某、徐某等120名购房户与天海房地产公司签订《五年还本售房协议书》时,国家法律、行政法规均没有禁止此类销售活动的规定,当事人之间所签协议意思表示真实明确,不违反公平原则和诚实信用原则,应当认定为有效。国内贸易部〔1994〕内贸函字第802号《关于禁止还本销售商品活动的通知》,不宜作为认定本案合同无效的根据,保险公司上诉主张双方当事人签订的《五年还本售房协议书》中有关售房的约定内容可以认定有效,对还本的约定内容应为无效,理由不充分,不予支持。保险公司

---

〔1〕　参见最高人民法院中国应用法学研究所编:《人民法院案例选》2016年第2辑(总第96辑),人民法院出版社2016年版,第157~158页。广东省广州市中级人民法院(2014)穗中法商民终字742号民事判决书。

认为其与天海房地产公司联合刊登广告的行为不构成有效承诺，与120名购房户没有形成保险法律关系，判决其承担30%的代赔责任于法无据，与事实不符，但从中国人民保险公司1994年12月3日批复的内容来看，信誉保险业务涉及经济担保，带有信誉担保性质，保险公司在新闻媒体上公开宣示信誉担保，对造成本案部分还本售房合同的签订和履行具有一定的过错，其与天海房地产公司达成的《关于对"商品房屋销售五年期还本销售信誉保险协议"终止的协议》，实际上是推卸责任，损害他人利益的行为，一审法院判决保险公司违背诚信原则，承担其刊登广告后购房户30%的信赖利益的损失，符合法律规定，保险公司的上诉理由不能成立，应予驳回。……因保险公司的保险责任不成立，判决其因信誉担保而引起的过错赔偿责任，并不违反"不告不理"的原则，故一审程序是合法的。综上，一审判决认定事实清楚，适用法律正确。[1]

（二）保险责任范围

一般认为，保险责任范围为保险人违反法律规定或合同约定的范围。具体来讲，其一，符合保险合同约定内容的界定。保险合同作为当事人合意产物，应当适用"当事人意思自治"原则，保险人是否承担责任，取决于保险合同的约定。

【案例9－3】 贾某某诉华农财产保险股份有限公司北京市分公司保险合同纠纷案

综观保险合同的全部内容，双方并未约定在交通事故发生后向交警部门报案系被保险人的义务，亦未约定履行该义务的时间限制。在双方所签保险合同的责任免除部分以及保险合同的全部内容中，均未约定被保险人未及时向交警部门报案系责任免除的范围。法院认为，贾某某与华农北京分公司之间保险合同关系存在，双方均应按照合同约定行使权利，履行义务。贾某某在48小时内通知了华农北京分公司，符合保险合同的约定。贾某某在事发后报案的行为符合合同约定及法律规定，华农北京分公司的辩解意见缺乏事实及法律依据，法院不予采信。贾某某的诉讼请求并无不当，法院予以支持。[2]

---

〔1〕 最高人民法院(2001)民一终字第32号民事判决书。

〔2〕 参见国家法官学院案例开发研究中心编：《中国法院2012年度案例》（保险纠纷），中国法制出版社2012年版，第49页。

【案例9－4】　董某某诉中国人寿保险股份有限公司三门峡分公司保险合同纠纷案

判决观点,被保险人所患疾病属于保险合同中约定的重大疾病,虽然其所施行的手术名称不在保险合同列明的范围之内,但该手术同样能够达到保险合同所列明的手术目的,根据《保险法》第三十一条的规定,被保险人所患疾病符合保险合同条款约定。[1]

对个案中,双方争议的内容是否符合合同约定,由法官行使自由裁量权。

【案例9－5】　李某诉中国人寿保险股份有限公司三门峡分公司重大疾病保险合同纠纷案

二审法院认为,确定李某在合同约定的重大疾病范围内,让寿险公司承担保险责任。[2]

【案例9－6】　李某诉中国平安财产保险股份有限公司天津分公司保险合同纠纷案

一审法院认为,在本案中,保险责任条款中约定的"火灾"条款明确其定义为:"指被保险机动车本身以外的火源引起的、在时间上或空间上失去控制的燃烧所造成的灾害。"霸州市公安消防大队出具的火灾事故认定书确认起火部位位于汽车前部,起火是汽车前部设备故障引发,而非被保险机动车本身以外的火源引起的。可见保险车辆的烧毁原因不属于机动车损失险约定的保险责任范围,故原告要求被告赔付车辆损失的诉讼请求不予支持。判决:驳回原告李某的全部诉讼请求。二审法院亦同意一审法院裁判意见。[3]

对投保人故意隐瞒被保险人的情况,不予告知,符合保险合同约定的认定。例如,现实生活中,投保人故意隐瞒其非法组织他人偷越国(边)境出国(境)劳务的情况,为其非法组织的人员投保人身意外伤害保险。此后,被保险人在睡眠中滚落跌伤,与打工地点无关联,并且投保人的犯罪情节并不影响合同的效力,因而保险人应当按照保险合同的约定承担保险责任,如王某某诉天安保险股份公司海安支公司人身合同案。[4]

---

〔1〕　参见最高人民法院中国应用法学研究所编:《人民法院案例选》2006年第3辑(总第57辑),人民法院出版社2007年版,第266页。

〔2〕　参见最高人民法院中国应用法学研究所编:《人民法院案例选》2006年第3辑(总第57辑),人民法院出版社2007年版,第284页。

〔3〕　参见国家法官学院、最高人民法院案例研究院编:《中国法院2020年度案例》(保险纠纷),中国法制出版社2020年版,第46页。天津市第一中级人民法院(2018)津01民终47号民事判决书。

〔4〕　参见国家法官学院、中国人民大学法学院编:《中国审判案例要览》(2006年商事审判案例卷),人民法院出版社、中国人民大学出版社2007年版。

人身保险纠纷案件的审理关键在于涉讼事故是否属于保险责任范围，最有争议的是意外伤害事故中的猝死问题。

【案例9－7】 何某某等诉合众人寿保险股份有限公司上海分公司人身保险合同纠纷案

判决观点，猝死的原因不仅包括疾病，还包括病理性以外的其他因素，不能将猝死等同于疾病死亡。本案被保险人的猝死不能认定为具有疾病因素。因为公安机关未认定被保险人因潜在疾病发作而死亡，而是认为猝死的诱因有精神、心理因素、冷热刺激、过度疲劳、暴饮暴食等。被保险人的生前医疗记录也未载明其存在可能引发死亡的疾病。而且，本案保险事故发生后，原告不同意对被保险人尸体进行解剖，也没有证据表明被告曾提出不同意见。在此情况下，尚不能认定被保险人猝死是由疾病所致。[1]

在交通事故中，负事故全部责任的一方驾驶员逃逸，应由其负责赔偿而确实无法找到参保的保险公司的，受害方车辆又无责的，受害方可就本次事故损失向本车参保的保险公司要求赔偿，保险公司应按保险合同担责。也就是说，无法找到第三者，保险公司仍应承担无责车辆损失赔偿责任。

【案例9－8】 秦某某诉平安保险公司安阳支公司保险合同纠纷案

一审法院认为，按照双方机动车保险条款的约定“发生保险事故时，应当由第三者负责赔偿且确实无法找到第三者的，实行30%的绝对免赔率”，本案事故虽由肇事另一方大货车驾驶人负全部责任，但其驾车逃逸，无法找到，按照上述条款约定，平安保险安阳支公司应赔偿秦某某车损的70%。秦某某经委托具有价格评估资质的评估公司鉴定评估，其车损为40,418元，且与其实际支出的修理费用40,500元基本相符，原告主张车损为40,418元，应予支持。秦某某因鉴定评估支出评估费2300元，因施救车辆支出施救费1000元，均属合理支出，应予支持。以上共计43,718元，平安保险安阳支公司按照70%的比例赔偿应为30,602.6元。二审法院维持原判。[2]

应注意交通事故同等责任的问题。

【案例9－9】 韩某某等诉中国人寿保险股份有限公司徐州市分公司意外伤害保险合同纠纷案

判决观点，根据交通事故认定书，认定交通事故双方当事人为同等责任。

---

〔1〕 参见国家法官学院案例开发研究中心编：《中国法院2012年度案例》（保险纠纷），中国法制出版社2012年版，第192页。

〔2〕 参见马小新：《无法找到第三者保险公司仍应承担无责车辆损失赔偿责任》，载《人民法院报》2012年12月6日，第6版。

因此，被保险人陈某某的死亡原因含有意外因素，符合《国寿安心意外伤害保险（A型）保险条款》第四条（保险责任）约定，被告应当承担给付保险金的责任。[1]

实践中，保险事故发生的原因并非单一因素造成，是否符合保险合同约定范围，由法官行使自由裁量权确认。

【案例9－10】　新余市赣顺汽车运输服务有限公司诉中国人民保险股份有限公司新干支公司保险合同纠纷案

判决观点，被告认为在保险合同中约定"违反安全装载的，增加免赔率5%；因违反安全装载规定导致保险事故发生的，保险人不承担保险责任"，所以，被告不应承担赔偿责任。根据墨江县公安局交通警察大队作出的道路交通事故责任认定书，本案事故发生的原因不是原告违反安全装载的唯一因素造成，且本案保险人与被保险人对此理解不一致，故应根据格式条款的解释规则作不利于保险人的解释。所以，被告以此拒绝赔偿的理由不充分，法院不予支持。[2]

例如，对疑难情形如罪犯纵火将车烧毁，应属于保险合同约定的火灾范围。又如，车辆到"黑店"维修，只要理由正当，事故发生突然，亟须维修返回等，仍属于保险合同责任范围。

虽然未提供就医绿色通道服务的义务，但其作为保险公司履行合同的一项内容，基于诚实信用原则，保险公司除应当按照约定履行保险合同项下的赔付义务外，还需承担对于保险事故的及时审核及通知义务，并对其承诺的保险利益提供相应服务，该项义务应当认定为保险公司的附随义务。保险公司违反附随义务的，应当承担违约责任。

【案例9－11】　金某诉人保北京分公司保险合同纠纷案

判决观点，首先，人保北京分公司作为保险人，其与金某缔结保险合同的主要义务为在发生保险事故时向被保险人支付理赔款。在本案中，人保北京分公司已经按约向金某支付了保险理赔款，故其在履行主要合同义务方面并不存在违约行为。保险人依照诚实信用原则，除履行保险合同项下的赔付义务外，还需承担对于保险事故的及时审核及通知义务，并对其承诺的保障利益提供相应服务。人保北京分公司认为重大疾病就医绿色通道专项服务属

[1] 参见国家法官学院案例开发研究中心编：《中国法院2013年度案例》（保险纠纷），中国法制出版社2013年版，第179页。

[2] 参见国家法官学院案例开发研究中心编：《中国法院2012年度案例》（保险纠纷），中国法制出版社2012年版，第121页。

于保险合同的增值服务，不属于保险合同内容的意见不能成立，不予采信。其次，金某在发生保险事故后致电人保北京分公司要求提供重大疾病就医绿色通道专项服务，但人保北京分公司未能将金某的该项服务录入系统，导致金某无法及时享受该项服务，也未能在承诺的2个工作日内对金某回复查询是否存在该项服务的结果。人保北京分公司在履行提供该项服务合同的义务时存在过错，应当承担相应的赔偿责任。最后，金某认为因人保北京分公司应当向其支付缴纳保险费的30%作为违约金，人保北京分公司认为即使向金某提供了重大疾病就医绿色通道专项服务，也仅保障金某由此产生的北京地区的交通费2000元。保险合同的核心义务是保险人对于出险后的理赔，并未约定保险人违反核心义务以及相应附随义务的违约责任。人保北京分公司虽存在违约行为，但金某主张的违约金支付标准并无合同依据。金某也未能提交证据证明其因此存在实际损失。而人保北京分公司提供的重大疾病就医绿色通道专项服务介绍中虽载明了报销交通费的金额，但该券的发放时间系2019年11月29日，晚于金某首次要求提供服务的时间，人保北京分公司也未能提交证据证明在金某投保时，已向金某告知并送达重大疾病就医绿色通道专项服务的相应条款，故本案的违约金标准并不单纯适用交通费损失2000元的约定。重大疾病就医绿色通道专项服务介绍中载明，人保北京分公司对于符合条件的客户将安排指定医院的专家向客户提供全面详尽的诊断和治疗意见，现人保北京分公司因其自身过错未能向金某提供该项服务，应赔偿金某由此造成的损失。结合重大疾病就医绿色通道专项服务条款及人保北京分公司的违约情形，对于人保北京分公司应当支付违约金予以酌定。判决：(1)被告人保北京分公司支付原告金某违约金2500元；(2)驳回原告金某的其他诉讼请求。[1]

其二，符合法律规定责任的界定。

办理变更期间发生保险事故的，保险人应承担保险责任。

【案例9-12】 史某某与中国人民财产保险有限公司天津市河西支公司保险合同纠纷案

二审法院认为，本案争议的焦点为，人保财险河西公司是否应对史某某的车辆被盗承担赔付的责任。在2006年6月13日保险事故发生时，车辆仍在人保财险河西公司的保险期限内，车辆被盗后，史某某及时通知了人保财险河西公司，人保财险河西公司在明知车辆被盗的情况下，仍然为史某某变

---

〔1〕 参见国家法官学院、最高人民法院司法案例研究院编：《中国法院2022年度案例》（保险纠纷），中国法制出版社2022年版，第142～143页。北京市东城区人民法院(2020)京0101民初4106号民事判决书。

更了保险合同,人保财险河西公司的上述行为表明其对史某某在发生保险事故时享有保险利益进行了追认,故人保财险河西公司应对史某某发生的保险事故承担赔付的责任。[1] 本案发生在《保险法》修订之前,原《保险法》第三十四条的含义目前已经为修订后《保险法》第四十九条所澄清与明确,即保险标的转让的,被保险人或者受让人有通知的义务,保险合同并不当然无效:"保险标的转让的,保险标的受让人承继被保险人的权利和义务。……被保险人、受让人未履行本条第二款规定的通知义务的,因转让导致保险标的危险程度显著增加而发生的保险事故,保险人不承担赔偿保险金的责任。"本案法官在适用法律时,准确把握了法律规定的实质内容,采取合同整体解释,正确适用了法律。

重复保险的保险责任。重复保险合同存在多个保险人,存在多人承担保险责任的情形,应根据损失填补原则即各保险合同责任总额不得超过保险价值确定适用范围。具体的保险险种为:其一,适用于财产保险。根据《保险法》第五十六条的规定,保险车辆重复保险的,保险公司按照保险合同的责任限额与各保险合同责任限额的总和承担赔偿责任。其二,人身险限制适用。有法官认为,虽然大部分人身保险属于定额给付保险,但是也有险种属于应当适用重复保险制度的损失填补保险。因此,我国可以将重复保险的适用范围从单纯的财产保险有限度地扩展到部分人身险。

应注意有几种特殊类型的保险责任,即免责条款适用的例外,如不可争条款适用被保险人不告知、不如实告知等场合,并不免除保险责任。再如,在交强险中,投保人未履行告知义务的,保险人仍应承担保险责任。

保险责任适用的例外。保险公司需要客户的配合(如及时报案、及时出具涉险财务价值证明等)才能及时完成理赔,由于被保险人的拖延或拒不履行相关义务导致保险公司未能按照法定期间完成理赔的,保险人不承担相应责任。

【案例9-13】 陈某某与中国人民保险公司阿荣旗支公司财产保险合同纠纷案

最高人民法院认为,本案中,保险公司收到索赔申请后即委托公估公司进行现场查勘、损失鉴定等,并向陈某某收集确认事故损失程度必需的各项资料,为客观所需。陈某某未按保险公司要求提供受损机器设备技术参数、型号等资料导致损失程度无法确定。本案没有得到及时赔偿原因在于本案保险标的损失价值无法确定,不存在适用《保险法》第二十三条规定的条件。

---

[1] 参见最高人民法院中国应用法学研究所编著:《人民法院案例选》(月版)2009年第7辑(总第7辑),中国法制出版社2009年版,第65页。

陈某某再审请求判令保险公司按保险合同约定给付赔偿金外,并按银行同期贷款利率支付从提起诉讼次日起至全部赔付时止利息,缺乏事实和法律依据,本院不予支持。[1]

在实践中保险公司虽不承担保险责任,但仍应承担民事责任的特殊情形。

【案例9-14】 刘某诉汪某某、朱某某、天安保险盐城中心支公司交通事故人身损害赔纠纷案

二审法院认为,上诉人天安盐城支公司在响水设有营销部,该营销部对外签订保险合同时使用天安盐城支公司的业务专用章,刘某某承认曾任该营销部的负责人,在任职期间,伪造了天安盐城支公司的业务专用章,私自印制了保单,并进行销售。上诉人认为刘某某2004年12月便擅自离开公司,自2005年起就不再是上诉人公司响水营销部负责人,但未能提供证据证实。且本案中,苏JFR×××正三轮载货摩托车的保险单(编号0500064×××)系刘某某通过响水营销部的销售员在该营销部内销售的,内容由销售员填写,保单的内容和形式与真保单一致。作为善意相对人的被保险人原审被告朱某某在上诉人的响水营销部购买第三者综合损害责任险,朱某某有理由相信其购买的保险是真实的,保单的内容也不违反有关法律的规定,响水营销部的行为在民法上应当视为上诉人的行为,因此,虽然朱某某持有的保单是假的,但此系由上诉人的工作人员利用职务上的行为所致,朱某某无从察知,上诉人则应当加强监督管理,故不能据此免除上诉人应承担的民事责任,常熟市人民法院判决上诉人在其保险限额内承担赔偿责任并无不妥。[2]

所谓追溯保险,是指在法律规定的情形下,将保险责任的开始追溯到保险合同成立前的某一个时间点,保险人对保险合同成立前保险事故承担保险责任的保险合同。[3] 现行《保险法》对追溯保险没有在立法上确立,但此种保险责任有客观存在的必要。

在保险近因中,保险人承担的赔偿责任范围限于承保风险为近因所造成的损失。如果近因属于保险责任范围内,则保险人应当承担保险责任,反之,保险人不承担保险责任。可参见保险合同纠纷专题中近因原则部分的阐述。

---

〔1〕 参见最高人民法院民事审判第二庭编:《最高人民法院商事审判指导案例》(公司与金融卷),中国法制出版社2013年版,第478页。

〔2〕 参见《最高人民法院公报》2012年第3期。

〔3〕 参见最高人民法院民事审判第二庭编:《商事审判指导》2011年第4辑(总第28辑),人民法院出版社2012年版,第103页。

(三)相应赔偿责任

实践中,诸多保险合同约定"保险人依据被保险机动车驾驶人在事故中所负的责任比例,承担相应的赔偿责任"。其赔付原则为,交警部门事故责任认定保险车辆驾驶人在事故中不负事故责任,即被保险车辆驾驶人事故责任为零,因此其赔偿金额也为零。无责任不赔,相应赔偿责任等,常被简称为"按责任比例赔偿条款"。也就是说,承保车辆在事故中责任越大,保险公司赔付比例就越高,零责任则为零赔付。保险合同对其赔偿责任的约定,是保险合同必备条款,也是保险公司承担赔偿责任的依据和义务。保险公司能否依此拒赔,实务中不乏对其相应赔偿责任的约定的争议。

笔者认为,保险公司在合同中设置的按责任赔付条款,其目的是无责不赔,实际就是免除保险公司应承担的赔偿义务,排除投保人获得保险金的权利。国家设置车损保险目的与功能均为使投保人及时、完全得到补偿,分散投保人的风险。保险公司该车损险条款有悖保险法的精神与原理,混淆财产损失保险与责任保险所采取的不同理赔规则。投保人购买车损险的目的就在于履行交纳保险费义务后,期望在车辆发生交通事故产生损失时,能得到保险金赔偿,减轻经济损失。保险公司关于保险车辆"零责任零赔付"条款,有悖于民法权利义务相一致的基本原则,不符合缔约目的,对被保险人亦无公平而言。这种违约或过错越大可以获得越多的经济利益,破坏了社会公平和优良风俗,当然与社会所追求的公平与正义价值背离,当为批判且无效,这种观点为多数法院和法官认同并在裁判中对此类条款作否定处理。笔者赞同法官根据《保险法》第六十条第一款规定推出的,在财产损失保险项下,因第三者的损害行为造成保险事故的,保险人的赔偿义务属于法定义务,被保险人的保险金请求权属于法定权利,且该权利不能被格式条款作出除外约定的结论。[1]

【案例9-15】 郭某某诉中国太平洋财产保险股份有限公司北京分公司财产保险合同纠纷案

判决观点,在因第三者对保险标的造成损害的保险事故中,保险人是否向被保险人赔偿保险金,并不以该保险事故发生时保险车辆驾驶员在事故中是否承担责任或者承担多少责任为标准。同时,《保险法》并没有赋予保险合同订立各方在订立合同时对该法律规定有另作约定的权利。因此,保险合

---

〔1〕 参见刘建勋:《保险法典型案例与审判思路》,法律出版社2012年版,第193页。

同条款中赔偿处理项下第十五条的约定，系利用格式条款，排除对方主要权利，并违反了法律的强制性规定，应当认定无效。[1]

【案例9-16】 谭某某诉中国人民财产保险股份有限公司北京市昌平支公司保险赔偿纠纷案

双方争议所涉“无责免赔”条款位于保险合同条款的“赔偿处理”项下而非“责任免除”项下，且该免责条款处于非明显的位置，无法引起原告的足够注意，法院认为对原告不产生效力。[2]

类似的还有欧某某诉安邦财产保险股份有限公司肇庆中心支公司保险合同案。[3]

被保险人允许的合法驾驶人驾驶保险车辆造成交通事故，在被保险人对外不需承担赔偿责任的情况下，保险公司仍应按照保险合同约定承担保险责任。

【案例9-17】 王某某诉中国平安财产保险股份有限公司奉化支公司保险合同纠纷案

判决观点，被告承保的车辆在保险期间内造成第三人人身损害、财产直接损毁，原告向第三人承担赔偿义务后，被告应当对超过机动车交通事故责任强制保险各分项赔偿限额以上的部分，在商业第三者责任险赔偿限额内向原告承担保险责任。被告未完全履行赔偿责任的行为构成违约，原告有权要求被告承担赔偿责任。[4]

现实社会生活中，如何认定保险合同中关于“相应赔偿责任”约定的适用范围问题，有一种理解应界定为在机动车之间发生交通事故适用；对于机动车与非机动车、行人之间发生交通事故的，保险公司“相应的赔偿责任”应是投保人实际所负的责任，而不应根据交警部门认定的事故责任比例分担。

【案例9-18】 王某某诉中国太平洋财产保险股份有限公司常州市武进支公司保险合同纠纷案

二审法院认为，在处理保险合同纠纷时，保险合同中关于“保险人依据保险车辆驾驶人员在事故中所负的责任比例，承担相应的赔偿责任”的约定仅

---

〔1〕 参见国家法官学院案例开发研究中心编：《中国法院2012年度案例》（保险纠纷），中国法制出版社2012年版，第80页。

〔2〕 参见国家法官学院案例开发研究中心编：《中国法院2012年度案例》（保险纠纷），中国法制出版社2012年版，第103页。

〔3〕 参见最高人民法院中国应用法学研究所编著：《人民法院案例选》（月版）2009年第12辑（总第12辑），中国法制出版社2010年版，第32页。

〔4〕 参见最高人民法院中国应用法学研究所编：《人民法院案例选》2016年第3辑（总第97辑），人民法院出版社2016年版，第202页。浙江省奉化市人民法院（2014）甬奉商初字第948号民事判决书。

在机动车之间适用，对于机动车与非机动车、行人之间发生交通事故的，该"责任比例"应该是投保人实际所负的责任比例，而非行政机关所认定的事故责任比例。这既实现了车辆所有人的投保目的和投保初衷，使其在遭到实际损失后能及时得到补偿，又体现了保险合同法的基本原则——损失填补原则，与立法精神相吻合。据此，本案中保险公司应根据王某某在该起事故中的赔偿责任，承担相应的理赔责任。二审法院认为一审法院适用法律不当，应予纠正，改判保险公司支付上诉人王某某保险金12,442元。[1]

对未确认保险车辆驾驶人员在事故中所负的责任比例，法院判决被保险人承担连带赔偿责任的，不适用按责赔偿条款。

【案例9-19】　万某某诉中国人民财产保险股份有限公司北京市直属支公司保险合同纠纷案

判决观点，公安交通管理机关并未确定贺某某、戴某某的交通事故责任，显然无法适用保险公司依据被保险人在事故中所负的事故责任比例承担赔偿责任这一条款。北京市第一中级人民法院已经确定了贺某某对第三者依法应负的赔偿责任，只不过该赔偿责任是贺某某及戴某某相互之间的连带责任。在北京市第一中级人民法院已经对万某某承担的赔偿责任作出确认后，保险公司依据该赔偿责任承担保险赔偿责任即可，无须依据万某某在事故中所负的事故责任比例承担赔偿责任，保险公司的主张既无必要也不合理，法院不予认可。[2]

应注意在车辆损失险中，按责赔付的条款是明显违法的也是无效的，法院应当给予否定评价。

【不同处理】　应注意的是，按责赔偿、无责不赔在实践中亦有法院支持的实例。

【案例9-20】　某公司诉某保险公司保险合同纠纷案

一审法院认为，原告公司的车辆损失中的2000元应由事故对方机动车投保的交通事故责任强制保险合同的保险人赔偿，余额按照原告在事故中所负责任比例赔偿50%，由被告赔偿46,980元。二审法院维持一审判决。判决理由为：上诉人与被上诉人在签订的保险合同中约定，保险事故发生时，被上诉人某保险公司按照被保险机动车驾驶人在事故中所负的事故责任比例，

---

〔1〕　参见翟翔、朱帅：《保险合同的"相应赔偿责任"系投保人实际所负责任》，载《人民法院报》2007年11月9日，第5版。

〔2〕　参见国家法官学院案例开发研究中心编：《中国法院2013年度案例》（保险纠纷），中国法制出版社2013年版，第71页。

承担相应的赔偿责任。该条款内容并不违反法律、法规的强制性规定,应当得到合同双方的遵守。《保险法》规定的保险代位求偿权赋予的是保险公司权利,即在给付保险金后,保险公司可以向侵权人追偿的权利,而并未限定保险公司负有必须先行承担超过约定比例的保险赔偿责任的义务。因此,上诉人的上诉理由不能成立,原审法院认定事实清楚,适用法律正确。[1]

有法官认为,在机动车辆第三者责任保险中,责任保险保障的是被保险人对第三者依法应负的赔偿责任。被保险人对第三者承担的责任大小,与其在事故中所负责任比例是密切相关的。因此,作为商业保险,保险公司在机动车辆第三者责任保险条款中与投保人约定"按责赔付"是完全合理的。[2]

在被保险人不承担事故责任的情况下,车上人员不能依据车上人员责任险就其所受损失要求保险公司赔偿。

【案例9-21】 郭某某等诉中国平安财产保险股份有限公司佛山市顺德支公司保险合同纠纷案

判决观点,本案中,因被保险人郭某某在保险事故中被认定无须承担责任,即其对车上人员包括其自身及王某林、胡某某、王某新、胡某风所受的损害不应负赔偿责任,也就意味着郭某某无须就其自身及王某林、胡某某、王某新、胡某风所受伤害承担赔偿费用的责任,故被告也不应承担保险责任。[3]

---

〔1〕 参见李伟群、李虎广:《车损险中约定比例责任的效力》,载谢宪、李友根主编:《保险判例百选》,法律出版社2012年版,第416页。

〔2〕 参见安凤德主编:《保险合同纠纷诉讼指引与实务解答》,法律出版社2013年版,第121页。

〔3〕 参见国家法官学院案例开发研究中心编:《中国法院2014年度案例》(保险纠纷),中国法制出版社2014年版,第96页。广东省佛山市顺德区人民法院(2013)佛顺法民二初字第20号民事判决书。

二、保险责任法律适用

(一)保险责任确认

司法实践中,因社会生活的复杂性、多样性,决定了保险责任形态的各种变异,故应由法官对保险责任是否成立进行确认。

1. 多个险种的保险责任

保险理论上,机动车辆保险基本险和附加险是根据承保条件所作的保险险种上的划分。基本险是可以单独投保和承保的险种,而附加险则是由基本险衍生出来的、在基本险基础上附加的、不能单独投保和承保的险种。被保险人可以根据自己的需求,在投保基本险的基础上选择投保不同的附加险种。虽然附加险以基本险的存在为前提,但从保险责任看,两者是不一样的,附加险是机动车辆保险责任的扩展,是为保障基本险责任范围以外可能发生的某些危险而设计的险别。机动车车辆的投保人在既投基本险又投附加险的情况下,当附加险条款约定的保险事故发生时,保险人不能以基本险约定的免责条款自然适用附加险为由拒绝理赔,即机动车辆基本险免责条款效力不自然及于机动车辆保险附加险。这是因为,机动车辆保险附加险作为机动车辆保险责任的扩展,虽然投保人必须在投保基本险后方可以投相应的附加险,但附加险并不完全依附于基本险,其具有相对独立性。

【案例9-22】 黄某某诉中国平安财产保险股份有限公司厦门分公司机动车辆保险合同纠纷案

二审法院认为,保险公司作为专业保险机构在办理保险业务时应尽其基本审核职责,其对保险车辆行驶证上记载的基本信息包括车辆年检情况应属明知。现保险公司上诉主张其不知保险车辆的年检情况,与保险业务操作规程不符,上诉理由不能成立。黄某某投保的全车盗抢险虽是附加险,但其有相对独立性,在全车盗抢险条款中已对责任免除范围作出明确约定,不存在所谓的“未尽之处”,上诉人保险公司主张基本险条款中的“责任免除”条款应适用于附加险,缺乏依据,本院不予支持。原审判决认定事实清楚,适用法律正确,应予维持。[1]

【案例 9－23】 谢某某诉中国人民财产保险股份有限公司北京市分公司财产保险合同纠纷案

判决观点,双方均认可被保险车辆涉水行驶的事实,且保险公司同意在发动机特别损失险项下赔偿发动机的合理损失,故本案争议焦点可确定为:在机动车损失险项下,保险公司是否应当承担保险责任;在发动机特别损失险项下,保险公司应当如何承担保险责任。关于保险公司是否应当在机动车损失险下承担保险责任,双方对被保险车辆受损是否因暴雨造成产生争议。根据查明的事实,被保险车辆的出险时间为 2016 年 8 月 7 日 12 时 20 分前后,结合驾驶员陆某某的陈述及其拍摄的事故现场照片,能够认定事发时没有降雨,除桥下有积水外,其余路面干燥,谢某某提交的降雨情况说明及气象凭证不足以证明事发时段在事故地点有暴雨天气。机动车损失险条款第六条约定,因暴雨造成的损失属于赔偿范围,但暴雨应是损失发生的直接原因,不宜作扩大解释。本案中,被保险车辆系因通过桥下积水导致受损,不属于机动车损失险的赔付范围,保险公司不应在机动车保险项下承担保险责任。关于保险公司在发动机特别损失险项下应当如何承担保险责任,经过鉴定,双方对赔偿项目及数额存在争议。机动车损失险条款第二十四条约定了保险人应及时受理被保险人的事故报案,并尽快进行查勘。保险人接到报案后 48 小时内未进行查勘且未给予受理意见,造成财产损失无法确定的,以被保险人提供的财产损毁照片、损失清单、事故证明和修理发票作为赔付理算依据,《保险法》第二十三条第一款亦对保险人的及时核定义务作出了规定。本案中,保险公司在受理事故报案后未及时出具定损意见,导致被保险车辆的损失处于不确定状态,保险公司无证据证明未及时定损系谢某某所致,应以谢某某提供的结算单及维修费发票等作为赔付依据,故法院仅采纳鉴定意见对于被保险车辆发动机损失和其他损失的区分,认定发动机损失为 94,727.83 元。因保险公司举证证明已就免责条款尽到了提示说明义务,故应适用 20% 的免赔率,据此,保险公司应当在发动机特别损失险项下赔偿保险金 75,782.26 元。[2]

---

〔1〕 参见最高人民法院中国应用法学研究所编:《人民法院案例选》2007 年第 3 辑(总第 61 辑),人民法院出版社 2008 年版,第 264 页。

〔2〕 参见国家法官学院案例开发研究中心编:《中国法院 2019 年度案例》(保险纠纷),中国法制出版社 2019 年版,第 52 页。北京铁路运输法院(2017)京 7101 民初 207 号民事判决书。

2. 投保人、被保险人行为引发保险责任

隐瞒非法出国劳务人员情况，不影响其后对人身意外伤害发生的保险事故的保险责任，如王某某诉天安保险股份有限公司海安支公司人身保险合同案。[1]

对被保险人不履行义务未提出增加保险费、解除合同，在保险事故发生时的保险责任。被保险人不履行遵守国家有关消防、安全、生产操作、劳动保护等方面的规定，未维护保险标的安全，保险人有权要求增加保险费或者解除合同。但保险人未提出上述两项要求的，保险合同继续有效，出现保险事故的，保险人不能拒绝承担保险责任。

【案例9-24】　南通长江农工贸投资开发有限公司诉中国人民财产保险股份有限公司通州市支公司财产保险合同纠纷案

二审法院认为，被保险人违反安全生产、劳动保护等方面的规定，不构成保险人拒绝赔偿的事由。投保人违反《保险法》第三十五条规定的法定义务，保险人可以增加保险费或解除合同，但保险人未提出上述两项要求，保险合同仍然继续有效，保险人不能拒绝赔偿，除非保险合同另有约定。[2]

被保险人死亡，保险责任的确定。被保险人死亡，不能简单地将其死亡确定为自杀、疾病或意外事故，排除保险公司的保险责任，而是应当结合具体案情确定其死因，进而依据《保险法》的规定以及立法精神来确定保险公司是否应当承担保险责任。详见保险合同纠纷专题自杀与自身死亡含义的阐述。宣告死亡属于法律推定死亡，与自然死亡产生相同的法律效果，应属于保险事故。

【案例9-25】　贾某某等诉中国人民财产保险股份有限公司丰县支公司人身保险合同纠纷案

判决观点，被保险人朱某某被宣告死亡属于本案争讼的保险合同约定的保险事故范围。保险公司依约应向被保险人朱某某的法定继承人贾某某、贾某尧、徐某某支付赔偿金20,000元。[3]

投保人投保时车牌号填写错误，保险公司负有严格审查被保险车辆信息的义务，疏于审查导致车牌号不一致的责任主要在于保险人，保险公司不因车牌号错

---

〔1〕 参见国家法官学院、中国人民大学法学院编：《中国审判案例要览》（2005年民事审判案例卷），中国人民大学出版社、人民法院出版社2006年版。江苏省南通市中级人民法院（2005）通中民二终字第0221号民事判决书。

〔2〕 参见最高人民法院中国应用法学研究所编：《人民法院案例选》2005年第1辑（总第51辑），人民法院出版社2005年版，第341页。

〔3〕 参见国家法官学院案例开发研究中心编：《中国法院2013年度案例》（保险纠纷），中国法制出版社2013年版，第175页。

误而免除责任。

【案例9－26】 张甲等诉中国太平洋财产保险股份有限公司包头中心支公司等机动车交通事故责任纠纷案

二审法院认为,机动车车辆识别号、发动机号具有唯一性,而车牌号及登记的权利人因转让行为等因素具有不确定性。涉案肇事车辆与被保险车辆识别号及发动机号一致,足以认定两车实际系同一车辆。太平洋财保包头支公司关于以车牌号码不同,否认肇事车辆就是投保车辆的主张,与事实不符,不予支持。其主张涉案车辆违法装载运输,依照保险条款约定应免除10%的赔偿责任,但未提交证据证实,不予支持。一审判决确定的赔偿数额,并无不当。综上所述,太平洋财保包头支公司的上诉请求不能成立,应予驳回;一审判决认定事实清楚,适用法律正确,应予维持。[1]

3. 投保车辆方面保险责任

明知被保险人与实际投保人名字不符的保险责任。车辆交易后没有办理过户手续,实际车主在为交易的车辆办理第三者责任保险时,已如实向保险公司说明了车辆交易的真实情况,经保险公司同意实际车主仍以原车主的名义办理了第三者责任险。在保险期限内发生了合同约定的保险事故,根据诚实信用原则,保险公司应依据保险合同对作为实际投保人的实际车主履行给付合同约定的保险金义务,而不能以保险合同中的被保险人与实际投保人名字不符而拒绝履行合同。

【案例9－27】 石某某诉中国人民财产保险股份有限公司荥阳支公司财产保险合同纠纷案

一审法院认为,虽然该保险合同的投保人、被保险人与付款人所写名字均是靖某某,但投保时原告是保险标的豫A59×××牌号东风大货车的实际所有人,且原告也将豫A59×××牌号东风大货车买卖情况告知了被告,并缴纳了保险费。被告按行车证上的车主将投保人、被保险人与付款人写为靖某某,原告虽未提出异议,但保险业务专业性强,对保险人而言,投保人处于弱者地位,且第三者责任险是针对车辆危险性而设立的,靖某某将车辆转让后,其对该车辆已不具有保险利益,故可认定原告是实际的投保人与被保险人,被告应当在第三者责任险的限额内承担赔偿责任。案件宣判后,原告、被

---

〔1〕 参见国家法官学院、最高人民法院案例研究院编:《中国法院2020年度案例》(保险纠纷),中国法制出版社2020年版,第43页。山东省莱芜市中级人民法院(2018)鲁12民终361号民事判决书。

告均未提出上诉。[1]

办理车辆过户及保险变更期间，发生保险事故的，保险公司应当承担保险责任。

【案例9-28】　黄某平、黄某明诉中国人民财产保险股份有限公司永春支公司拒付保险赔偿金案

二审法院认为，车辆所有人与买受人签订车辆买卖合同，即将车辆实际交付买受人，但尚未办理车辆过户及保险变更手续，则保险人应当对在此情况下出现的车辆保险事故承担保险责任。[2]

机动车转让他人并变更车牌号后未通知保险公司，保险公司不能因此免责。

【案例9-29】　李某某等诉中国人寿保险股份有限公司河北省分公司保险合同纠纷案

判决观点，本案中，张某某将小轿车过户给李某涛，保险标的所有权关系发生转移，受让人李某涛承继了保险合同的相关权利和义务。虽然李某涛将牌照号变更为冀D2×××T，张某某或李某涛未履行通知义务，但李某涛并没有改变车辆使用性质，李某涛作为适格的驾驶人，未导致保险标的危险程度显著增加，因此未对保险合同造成实质影响，李某涛在保险期间发生保险事故，保险合同并未终止，被告仍应当向受让人李某涛承担保险责任。[3]

【案例9-30】　北京迁喜搬家有限公司诉中国人民财产保险股份有限公司北京市石景山支公司保险合同纠纷案

判决观点，根据《保险法》第四十九条的规定，保险标的转让的，保险标的受让人承继被保险人的权利和义务。据此，财产保险合同保险标的转让后，相应的保险权利义务由受让人承继，保险合同继续有效，保险合同的变更不以通知保险人为条件。本案中，众泰公司和迁喜公司已经于2011年12月21日办理了车辆过户手续，迁喜公司自当日起承继了被保险人的权利和义务，迁喜公司和石景山人保之间形成保险合同关系，该合同属有效合同。石

---

〔1〕参见最高人民法院中国应用法学研究所编：《人民法院案例选》2007年第3辑（总第61辑），人民法院出版社2008年版，第270页。

〔2〕参见国家法官学院、中国人民大学法学院编：《中国审判案例要览》（2006年商事审判案例卷），人民法院出版社、中国人民大学出版社2007年版。福建省泉州市中级人民法院（2004）泉民终字第1883号民事判决书。

〔3〕参见国家法官学院案例开发研究中心编：《中国法院2019年度案例》（保险纠纷），中国法制出版社2019年版，第34页。河北省邯郸市永年区人民法院（2017）冀0429民初524号民事判决书。

景山人保对其后发生的保险事故，应向迁喜公司承担赔偿责任。[1]

机动车没有过错也应承担赔偿责任，如行人扒车致死的情形。

【案例9－31】 王某诉某保险公司侵权纠纷再审案

受害人杨某放学回家，车辆超越杨某时，杨某追击货车并扒车，受外力摔倒造成损伤，后经抢救无效死亡。受害人杨某应当对这起交通事故负全部责任，故应当减轻机动车一方的赔偿责任。原一审、二审法院认为机动车一方无任何过错就不需要对行人承担赔偿责任，系适用法律错误。再审法院改判机动车一方对扒车的受害人承担20%的赔偿责任是正确的。[2]

货物致车自损，保险责任确定。对于分别投保交强险和车辆损失险的牵引车与挂车在行驶过程中发生相互碰撞，挂车所载货物碰撞主车，致主车损坏，在分别投保情况下，保险公司应当按保险合同的约定承担赔偿责任，如张某某诉中国平安财产保险股份有限公司沧州中心支公司保险合同案。[3]

两车保险金总额责任。牵引车、挂车分别投保了机动车第三者责任险，牵引车或挂车造成保险事故，被保险人主张按牵引车和挂车保险金总额要求保险人承担保险责任的，法院应予支持。

4. 最终责任承担

由于《道路交通安全法》《交强险条例》《侵权责任法》等规范性文件对所有人与使用人不是同一人的交通事故最终责任承担者的规定不一，成为此类纠纷案件审理难点。出借人对出借车辆发生交通事故有过错的，亦应承担过错责任，且是最终责任承担者。

【案例9－32】 中国人民财产保险股份有限公司岐江支公司诉詹某某、魏某某追偿权纠纷案

二审法院认为，原审被告詹某某无证驾驶车辆造成他人构成侵权，上诉人魏某某在未核实詹某某是否具有骂驶车辆资质的情况下，将车辆借其使用，对造成该次事故具有过失，应承担一定的过错责任。根据《道路交通损害赔偿解释》第十八条的规定，保险公司在赔偿范围内有权向侵权人主张追偿，

---

〔1〕 参见国家法官学院案例开发研究中心编：《中国法院2014年度案例》（保险纠纷），中国法制出版社2014年版，第156页。北京市石景山区人民法院（2012）石民初字第3812号民事判决书。

〔2〕 参见丁风楚：《“行人扒车致死”情形下机动车方的损害赔偿责任》，载谢宪、李友根主编：《保险判例百选》，法律出版社2012年版，第388页。

〔3〕 参见国家法官学院案例开发研究中心编：《中国法院2013年度案例》（保险纠纷），中国法制出版社2013年版，第89页。

上诉人保险公司要求魏某某承担部分垫付款的请求并无不当。[1]

5. 复效中保险责任的确定

对于保险合同连续有效存续一定年限(如5年)后申请复效的,则不问复效期内保险事故发生与否,保险人均应当承担保险责任(类似于不可抗辩条款)。这是基于保护忠实的投保人的权利,避免出现投保人缴费多年却因保单一时中止而出现没有任何保障的现象,尤其是针对亟须保险给付金的老年人群。对于投保人在复效期间未如实告知的,如果在复效期内已经发生保险合同约定的保险事故,因投保人存在故意欺诈保险金主观故意,保险人可以拒绝履行给付责任。也有法官认为,保险合同在宽限期效力并未中止,仍然存在,所以保险人对宽限期内发生的保险事故承担保险责任无疑问。但是,保险合同的效力一经中止,则在效力中止期间,纵使有保险事故发生,保险人也无须承担给付保险金的责任。保险合同复效后,中止期间仍然要计入保险期间,保险期间视为从未间断。对于保险合同复效后所发生的保险事故,保险人才应依照保险合同成立时的约定,承担保险责任。

(二)保险责任与侵权责任关系

在侵权案件中产生的保险责任与侵权责任往往交织在一起,保险人是否承担保险责任、承担责任大小与侵权责任的界定有内在联系,即保险人为被保险人承担相应的民事侵权责任,支付相应的赔偿款。侵权责任的归责原则、构成要件、连带责任等均对保险责任有影响。特别是我国自2006年7月1日起开始施行交强险以来,使得道路事故损害赔偿由传统的侵权损害赔偿模式转变为侵权赔偿与保险赔偿相结合的现代型赔偿模式,新型、疑难案件不数增多,增加了该类案件的处理难度。应予强调的是,根据《道路交通损害赔偿解释》第十六条的规定,在涉及交强险、商业三者险和侵权赔偿时,顺序为,按照先由交强险保险公司赔付,再由商业三者险保险公司赔付,最后由侵权人赔偿顺序处理。但应注意一点,保险公司承担的是替代赔偿责任,而非保险公司自身侵权的赔偿责任。

1. 交强险责任与侵权责任关系

我国现行法更为强调交强险的基本保障功能,更为重视交强险对受害人损失

---

〔1〕 参见国家法官学院案例开发研究中心编:《中国法院2015年度案例》(保险纠纷),中国法制出版社2015年版,第33页。江西省吉安市中级人民法院(2013)吉中民二终字第170号民事判决书。

的填补功能,采纳的是基本保障模式,即在交强险责任限额内,保险公司的赔偿责任与被保险人与侵权责任相互脱钩。[1] 这是讲交强险责任是法定责任,虽先产生被保险人的侵权责任基础事实,其后方发生保险人在交强险范围内承担赔偿责任行为,但不以被保险人侵权责任为前提。交强险的归责基础是法律的规定,并不以民事侵权的归责原则作为基础,保险公司承担赔偿责任与被保险人的责任大小之间并没有必然的联系。当然也不适用过失相抵原则,限制保险公司用过失相抵减轻自身责任。也就是说,交强险赔付的基础虽然是有交通事故侵权事实存在,但与投保人或者受益人的法律关系却并不是侵权关系,而是基于法律上的强制性规定,保险公司并不是侵权人或加害人,其赔付责任并不是一种补充责任或连带责任,而是独立保险人的法定责任,其承担赔偿责任与交强险的被保险人在交通事故中有无过错以及过错大小无关。保险公司在承担交强险责任时,并无主、次责任之分,只是在交强险赔偿限额不足以赔偿受害人的损失时,才由交通事故的责任方按照各自过错责任比例分担赔偿责任,如在罗某某诉苏某某等机动车交通事故责任案中二审法院的观点。[2] 机动车一旦投保交强险,在责任限额内,发生交通事故造成损失,事故双方谁有过错都在此不论,即便一方无责任,交强险承保公司也应承担保险责任,如李某等诉中国太平洋财产保险股份有限公司梧州中心支公司机动车交通事故保险合同案。[3] 也就是说,交强险赔付责任不因损害参与度的原因得以减轻或免除。

【案例 9 –33】 顾某某、刘某诉信达财产保险股份有限公司重庆分公司保险合同纠纷案

判决观点,从重庆市法医学会司法鉴定所出具的司法鉴定意见书可以得知,车祸导致的重型颅脑损伤以及刘某某自身患有晚期肺癌导致多功能衰竭系致使刘某某死亡的共同原因,其中任何一个原因均不能单独导致刘某某立即死亡,即本次交通事故导致刘某某受伤,与刘某某自身恶病体质在导致刘某某最终死亡的结果上均具有一定的原因力。但刘某某死亡并无证据证明系其故意造成,因此,对于刘某某死亡所产生的损失,交强险不能免除赔偿。但在交强险赔付后,应当根据导致刘某某死亡致害后果的原因力对侵权责任进行比例划分,有一部分费用原告方应当自行承担。由于本次交通事故引发的重型颅脑伤是导致刘某某死亡的直接原因,故法院确定刘某某死亡所产生

---

〔1〕 参见最高人民法院民事审判第一庭编著:《最高人民法院关于道路交通损害赔偿司法解释理解与适用》,人民法院出版社 2012 年版,第 211 页。

〔2〕 参见国家法官学院案例开发研究中心编:《中国法院 2013 年度案例》(道路交通纠纷),中国法制出版社 2013 年版,第 191 页。

〔3〕 参见国家法官学院案例开发研究中心编:《中国法院 2013 年度案例》(道路交通纠纷),中国法制出版社 2013 年版,第 221 页。

的损失在交强险赔付后由其自行承担30%。[1]

交强险责任因果关系的重点在于责任成立的因果关系，只要可以认定交通事故与第三者的损害之间具有因果关系，保险公司即应承担交强险责任。在无关联性的交通事故中承保交强险的保险公司不承担赔偿责任。

【案例9－34】　董某某诉葛某某、中国平安财产保险股份有限公司云南分公司机动车交通事故责任纠纷案

二审法院认为，本案中董某某所受损伤并不是与葛某某驾驶的货车发生碰撞而造成，而是其在避让过程中自行摔翻受伤，董某某驾驶的摩托车与葛某某驾驶的货车未发生碰撞，葛某某的驾驶行为并不属于其损害发生的直接原因，因此，董某某在本次事故中所受损害不属于中国平安财产保险股份有限公司云南分公司承保交强险的赔偿范围。董某某要求葛某某赔偿其此次交通事故受到的损失，并由中国平安财产保险股份有限公司云南分公司在保险责任范围内承担赔偿责任的主张，不符合上述法律规定，本院不予支持。[2] 该损害发生是因原告未掌握机械操作技能过错驾驶所致，是其自身过错行为产生的后果。

至于交强险责任的范围，应依据法律规定的交通事故损害赔偿项目和标准、交强险责任限额、免责事由等予以确定，而不应参照损伤参与度这一确定责任范围的因果关系时才予以参照的因果关系。出借或非法出借以及未经允许驾驶他人机动车导致交通事故发生，但并不影响保险公司在交强险责任限额内承担赔偿责任，交强险的保险标的是保险车辆而非车辆所有人或管理人，只要所投保的车辆发生交通事故，无论该车辆由谁驾驶，除了法定的免责事由，保险公司都应在交险限额内承担赔偿责任。《道路交通损害赔偿解释》第二条规定擅自驾驶他人车辆的主体责任，将《侵权责任法》第五十二条规定的情形除外。套牌肇事车辆投保交强险，保险公司有过错的，仍应承担赔偿责任。

【案例9－35】　陈某某等诉中华联合财产保险股份有限公司肥乡支公司等道路交通事故人身损害赔偿纠纷案

二审法院认为，被上诉人虽购置非法制造车辆，套用车架号和号牌，但上诉人在对该车承保时未对保险标的注意审查，即予以承保，因此，上诉人在订立保险合同时的过失，不能成为交强险拒赔的抗辩理由。故上诉人的上诉理

---

〔1〕 参见国家法官学院案例开发研究中心编：《中国法院2016年度案例》（保险纠纷），中国法制出版社2016年版，第40页。重庆市大足区人民法院（2013）足法民初字第05603号民事判决书。

〔2〕 参见国家法官学院案例开发研究中心编：《中国法院2013年度案例》（保险纠纷），中国法制出版社2013年版，第4页。

由不能成立,本院不予支持。二审法院维持一审判决。[1]

实践中,保险公司在被保险人未赔偿受损害的第三者之前向被保险人给付保险金的,仍应当对损害的第三者负有补充赔偿责任。应注意的是,当事人对交通事故的发生均无过错,保险公司仍应在责任限额内承担赔偿责任。

2. 商业三者险与侵权责任关系

根据侵权责任确定的保险责任。法官先确认被保险人是否存在侵权责任及责任大小,而后保险公司在机动车一方应当承担责任范围内按保险合同约定进行赔付。保险公司承担商业三者险保险责任的基础是保险合同,保险公司不是侵权人或加害人,只需要承担合同约定内的义务。也就是说。首先要确定侵权责任的性质,明确加害人基于侵权行为所应承担的赔偿范围。在商业三者险保险公司依据保险合同对侵权人(被保险人)依法应当承担的赔偿责任作出赔偿后,剩余部分的侵权责任即应由侵权人承担。在交通事故纠纷中,交通事故责任无法认定应适用何种归责原则有争议。所谓归责原则,实际上是归责的规则,它是指司法人员处理侵权纠纷行为人的侵权民事责任的根据和标准。笔者认为,行人与机动车发生交通事故后,交警部门对双方引发事故的责任无法认定时,应适用过错推定原则。也就是说,如机动车主或驾驶人不能证明损害的发生自己没有过错,就从损害事实的本身推定加害人损害的行为有过错,并为此承担相应的赔偿责任。如受害者存在过错,根据过失相抵原则,可适当减轻致害方的赔偿责任。

【案例 9-36】 庄某龙、庄某海诉金华市恒辉热镀锌有限公司、中国人民财产保险股份有限公司金华市分公司道路交通事故损害赔偿纠纷案

判决观点,本起交通事故经交警部门认定,张某某和被告金华市恒辉热镀锌有限公司方驾驶员何某某的事故责任无法认定,在无法认定事故责任的情况下,被告金华市恒辉热镀锌有限公司作为何某某所驾驶车辆的车主,依据法律规定应对原告的其余损失承担全部赔偿责任,但张某某在本起交通事故中经人行横道过路口未下车推行,其行为违反了《道路交通安全法实施条例》第七十条的规定,张某某有一定的违章行为,故可适当减轻被告的赔偿责任。结合本案的实际情况和张某某的过错,由被告金华市恒辉热镀锌有限公司对原告的其余损失承担80%的赔偿比例为宜。[2]

---

〔1〕 参见国家法官学院案例开发研究中心编:《中国法院2013年度案例》(道路交通纠纷),中国法制出版社2013年版,第217页。

〔2〕 参见最高人民法院中国应用法学研究所编:《人民法院案例选》2008年第3辑(总第65辑),人民法院出版社2009年版,第127页。

3. 分别承担责任

侵权赔偿责任承担并不必然排除保险责任承担问题。被保险人或受益人从实施致害行为的第三者取得侵权赔偿后,仍然可以向保险人主张保险理赔。也就是说,保险人亦应承担保险责任。人身保险中个人意外伤害保险,不适用财产险中的损失补偿原则。

【案例9-37】　冯某某诉光大永明人寿保险有限公司保险合同纠纷案

判决观点,冯某某因涉案交通事故受伤后,在已经获得交通事故肇事司机赔偿损失的情况下,仍然可以再向光大永明主张保险理赔。意外伤害保险的被保险人或受益人依保险合同取得赔偿系基于保险合同关系,这与意外伤害保险的被保险人作为受害人,因侵害人的过错获取赔偿属于不同的法律关系。因此,保险人不能以实施致害行为的第三人已经向被保险人、受益人给予赔偿为由拒绝保险金理赔。交通事故损害赔偿义务人黄某某对原告冯某某所支付的赔偿,是基于侵权行为的发生而产生的侵权责任赔偿,被告光大永明不得因此拒绝向冯某某履行保险赔偿的合同义务。本案是基于冯某某与光大永明签订的个人意外伤害保险合同所发生的纠纷,涉案交通事故属于该险种保险条款所规定的保险事故,光大永明对此也不存异议,故光大永明应承担相应的保险责任,给付冯某某保险金。[1]

【案例9-38】　邬某某与美亚财产保险有限公司上海分公司保险合同纠纷案

判决观点,被告及第三人认为依据上海市闵行区人民法院的判决,既然构成了侵权责任,那就不是意外伤害。法院认为,侵权损害赔偿关系与保险赔偿关系属于不同的法律关系,按照被告提供的保险条款上对意外事故的释义,即意外事故是指因遭遇外来的、突发的、非本意的、非疾病的、不可预见的客观事件,并以此为直接且单独原因导致其身体伤害、残疾或身故,即使按照该定义,原告在乘坐快艇时因风浪大从座位上摔落,仍属于意外事故的范畴。原告可以就损失同时向保险公司和侵权人主张权利,二者并不冲突。被告应当承担意外伤残保险金的责任。[2]

应注意的是,在交强险中受害人从侵权人获得全部或部分赔偿的处理,最高人民法院态度为,本条司法解释(指《道路交通损害赔偿解释》第十八条)所规定的保险公司的赔偿责任,应当理解为受害人对向侵权人请求赔偿或向保险公司请

---

〔1〕 参见《最高人民法院公报》2007年第11期。

〔2〕 参见郭伟清主编:《2017年上海法院案例精选》,上海人民出版社2018年版,第256页。

求赔偿具有选择权，在受害人已经从侵权人处获得全部赔偿的情况下，其无权再向保险请求赔偿；在受害人从侵权人处获得部分赔偿的情况下，保险公司可以在赔偿时相应扣减。[1] 另外，按照《民法典》第一千二百零八条和《道路交通安全法》第七十六条第一款的规定，交强险保险公司的赔偿不足以弥补受害人全部损失的，受害人就未从保险公司取得赔偿的部分有权向侵权人请求赔偿。

4. 侵权行为担责特殊情形

侵权行为所致外伤诱发或加重受害人原有疾病，因此而产生的医疗费是否由侵权人承担赔偿责任问题。笔者认为，上述侵权行为是否赔偿取决于一定条件：其一，侵权行为与加重或诱发受害人原有疾病的危险状态出现具有因果关系。其二，消除侵权行为造成原有疾病加重或被诱发危险状态而支出的费用属合理费用。其三，为消除原有疾病被加重或被诱发危险状态而支出的费用是受害人遭受的损失。在满足三个条件时，法官应支持受害人的诉讼请求。

【案例 9－39】 罗某某诉华安财产保险股份有限公司重庆分公司道路交通事故人身损害赔偿纠纷案

二审法院认为，罗某某提供的医疗费中虽有 2595.67 元的用药与其在交通事故造成的外伤不符，但本次交通事故给罗某某造成的外伤可能加重或诱发其心脏病等其他疾病的发生，为防止其心脏病等其他疾病发生而花费的医疗费是罗某某的损失，赔偿义务人应当予以赔偿。因魏某某现只有一个女儿罗某某在世，加之平时魏某某一直由罗某某照顾，故罗某某为魏某某住院支付的护理费 2950 元是本次交通事故造成罗某某的必然损失，赔偿义务人应当予以赔偿。一审酌情认定其精神抚慰金 1000 元并无不当。二审法院改判保险公司在交强险医疗费用赔偿限额内赔偿罗某某 4840 元，在交强险死亡伤残赔偿限额内赔付罗某某自身和支付魏某某护理费 5750 元。[2]

交通事故损害赔偿案件，损害赔偿涉及保险责任和侵权责任时，先由交强险限额范围承担赔偿责任，其余由相关人承担赔偿责任的情形：其一，机动车承包期间造成损害，不足部分由承包人承担赔偿责任，发包人对损害的发生有过错的，承担相应的赔偿责任。其二，未经机动车所有人、管理人许可，使用机动车造成损害的不足部分，由机动车使用人承担赔偿责任；机动车所有人或者管理人有过错的，承担相应的赔偿责任。其三，为机动车使用人提供泊车、代驾等服务过程中造成

---

〔1〕 参见最高人民法院民事审判第一庭编著：《最高人民法院关于道路交通损害赔偿司法解释理解与适用》，人民法院出版社 2012 年版，第 242 页。

〔2〕 参见国家法官学院案例开发研究中心编：《中国法院 2012 年度案例》（道路交通纠纷），中国法制出版社 2012 年版，第 104 页。

损害的不足部分,由提供服务方承担赔偿责任。其四,机动车质押期间造成的损害不足部分,质押权人对损害发生有过错的,承担相应的赔偿责任。其五,机动车在维修者管理期间造成损害的不足部分,由维修者承担赔偿责任,机动车所有人对损害发生有过错的,承担相应的赔偿责任。其六,机动车驾驶受训人在培训活动中造成损害的不足部分,由培训单位承担赔偿责任。其七,机动车陪练过程中造成损害的不足部分,由驾驶员承担赔偿责任。其八,多车相撞造成的损害,因原因力竞合而产生的按份责任。

(三)保险责任中的连带责任

1. 连带责任适用前提

《保险法》第六十五条明确了责任保险范围为被保险人对第三者依法应负的赔偿责任。从概念看,赔偿责任解决的是行为人的行为要不要承担民事责任及承担什么样的民事责任的问题。而连带责任解决的是如何承担民事责任,权利人的请求权行使对象及行使方法。因此,两者并无本质的区别。从两者关系讲,存在赔偿责任是适用连带责任的前提,而连带责任是实现赔偿责任的方式。《保险法》与保险条款均确定保险责任范围为被保险人对第三者依法应负的赔偿责任,且未对赔偿责任的方式加以限定。

【案例9-40】 浙江嵊州客运出租车有限公司诉长安责任保险股份有限公司嵊州支公司保险合同纠纷案

一审法院认为,本案中,原告的赔偿责任已由法院依法确定,被告应当理赔。被告长安保险答辩称,根据条款约定,保险范围限定在直接的赔偿责任,其与原告的理赔产生分歧。根据法律规定,双方对格式条款有不同理解时,应作出不利于格式条款提供方的解释。从保险法原则来看,根据补偿原则被保险人应对因保险事故所造成的实际损失负赔偿责任。从公平原则考虑商业三责险的目的在于减少或免除投保车辆因保险事故所导致的损失,被告对投保人履行连带责任的赔付行为也符合该原则。而且被告长安保险对投保人进行理赔后,并未丧失救济渠道,仍可向连带责任人李某进行追偿。二审法院亦持同样意见,维持一审判决。[1]

---

[1] 参见国家法官学院案例开发研究中心编:《中国法院2016年度案例》(保险纠纷),中国法制出版社2016年版,第127~128页。浙江省绍兴市中级人民法院(2013)浙绍商终字第844号民事判决书。

2. 连带责任主要情形

根据《民法典》侵权责任编（原《侵权责任法》）和《道路交通损害赔偿解释》的规定，在保险赔偿中的连带责任情形主要有：

其一，挂靠关系中的连带责任。以挂靠形式从事道路运输经营活动的机动车发生交通事故造成损害，属于该机动车一方责任，由挂靠人和被挂靠人承担连带责任。

【案例 9－41】 孙某某诉苏州东方客运有限公司等交通事故损害赔偿纠纷案

判决观点，至于责任的分担，俞某军将苏 E4C×××牌号大型汽车挂靠在东方公司的名下，故俞某军与东方公司对本次交通事故的损害赔偿承担连带责任。[1]

具有外部特征的特种车辆，享受特种车辆待遇，即使在挂靠人、被挂靠人之间的挂靠合同约定了合同终止时间，在终止时间后，挂靠车辆并未变更所有人和消除车辆外部明显特征的，足以使一般人产生误解或错认的特种车辆，不应因挂靠合同约定的终止来判定挂靠关系的实际结束，被挂靠人仍需承担连带责任。

【案例 9－42】 中国人民财产保险股份有限公司呼和浩特市分公司诉武某钢、内蒙古邮政快递物流有限责任公司保险人代位求偿权纠纷案

二审法院认为，对于内蒙古邮政物流公司主张的挂靠关系于 2010 年 1 月 1 日起已经终止，并提交了呼和浩特市回民区法院（2016）内 0103 民初 2001 号民事判决书予以佐证。经审查，该判决主要审理的是内蒙古邮政物流公司所举的与案外人庞某滨书面签订的《车辆挂靠经营协议》，该协议中约定了挂靠经营终止期间，即 2009 年 12 月 31 日。但本案事故发生时，涉案车辆仍然登记在内蒙古邮政呼分公司名下，并未变更所有人。且车辆外观仍然使用中国邮政标识。而武某钢作为自然人并不具有从事道路运输经营活动资质，故涉案车辆与内蒙古邮政物流公司之间仍形成事实上的挂靠关系。因此，本院对内蒙古邮政物流公司的上诉意见不予支持。根据《道路交通损害赔偿解释》第三条“以挂靠形式从事道路运输经营活动的机动车发生事故造成损害，属于机动车一方责任，当事人请求由挂靠人和被挂靠人承担连带责任的，人民法院应予以支持”的规定，内蒙古邮政物流公司作为涉案车辆的

---

〔1〕 参见最高人民法院中国应用法学研究所编：《人民法院案例选》2008 年第 3 辑（总第 65 辑），人民法院出版社 2009 年版，第 119 页。

被挂靠单位,应承担连带责任。〔1〕

其二,套牌车造成损害属于应承担责任方,被套牌机动车所有人或者管理人同意套牌的,套牌人与被套牌机动车的所有人或者管理人承担连带责任。

其三,拼装车,已达到报废标准的机动车或者依法禁止行驶的其他机动车被多次转让,并发生交通事故造成损害,转让人和受让人承担连带责任。

其四,机动车陪练过程中造成损害的,驾驶员未取得驾驶执照的,由驾驶员与陪练员对超出交强险限额的损害赔偿承担连带责任。

其五,多车相撞中的连带责任。根据个案的具体情形,在行为与损害后果之间的因果关系难以确定、不能区分各个机动车的原因力大小、过错程度等特殊情形下,根据《民法典》第一百七十八条的规定,多个机动车责任主体承担连带责任。对于能够区分主次责任的,则不承担连带责任。

【案例9-43】　王某玉等诉陈某某等道路交通事故人身损害赔偿纠纷案

一审法院认为,本次事故经昆山市交警队调查,事发后肇事车辆逃逸,至今未查获,现有事故责任人陈某某负次要责任、王某娥负次要责任。在本次事故中,肇事逃逸方驾车在南侧机动车道撞击王某娥,致王某娥弹到北侧机动车道,又与在北侧车道行驶由陈某某驾驶的车辆发生碰撞,两次撞击具有相对的独立性,陈某某对路面情况疏于观察,遇情况采取措施不力的过错行为与肇事逃逸方驾车撞击王某娥的行为不存在共同故意或共同过失,因此,本次事故应根据双方大小比例各自承担相应的赔偿责任。二审法院持同样意见,维持原判。〔2〕

其六,投保义务人与侵权人不一致时的连带责任。实践中经常发生,机动车的所有人或管理人将未投保交强险的机动车以借用等方式供他人使用,在此期间发生交通事故。对于此种主体不一致的情形下,应在交强险责任范围内投保义务人和驾驶员承担连带责任。关于出借人是否承担连带责任问题,并非"一刀切"而应区别不同情形分别处理。只有在出借行为中出借人存在过错的情况下,才会产生出借人的民事责任。具体来讲,只有在以下四种情况出借人才承担相应的民事责任:(1)出借车辆不符合安全要求的,如制动性能不良。(2)出借不能上路行驶的车辆,如出借无证或超过使用年限的报废车辆。(3)将车辆出借给无相应驾驶资格的人员,没有尽到对借用人驾驶资格审慎的审查义务,如借给无驾驶证或准驾车型与所借车型不符。(4)将车辆借给虽有驾驶证但不符合安全驾驶要求

〔1〕参见最高人民法院中国应用法学研究所编:《人民法院案例选》2019年第8辑(总第138辑),人民法院出版社2019年版,第156页。呼和浩特铁路运输中级法院(2018)内71民终10号民事判决书。

〔2〕参见国家法官学院案例开发研究中心编:《中国法院2013年度案例》(道路交通纠纷),中国法制出版社2013年版,第77页。

的人如有证却醉酒人员。除此之外，出借人依法不需要承担赔偿（共同过失或过失直接结合）或过错按份赔偿责任（过失间接结合）。

【案例9－44】 刘某某诉胡某某等道路交通事故人身损害赔偿纠纷案

判决观点，胡某某借用聂某某车辆为他人运输瓷砖，在运输过程中发生交通事故致刘某某损伤，根据新余市公安局交通警案支队渝水大队责任认定，胡某某对刘某某的损伤应承担全部赔偿责任。聂某某借车给有开车资质的胡某某驾驶，尽到了安全注意义务，没有过错，对刘某某的损伤不应承担赔偿责任。因该事故车辆已在中国人民财产保险股份有限公司新余市城区支公司处投保了交强险和第三者责任险，故中国人民财产保险股份有限公司新余市城区支公司应在保险限额范围内承担赔偿责任。法院判决，保险公司赔偿刘某某医疗费、残疾赔偿金58,000元，胡某某赔偿刘某某医疗费、误工费、护理费等102,928.66元，保险公司对此承担连带责任，驳回对聂某某的诉讼请求。〔1〕

【案例9－45】 刘某某等诉人保云阳支公司等道路交通事故人身损害赔偿纠纷案

二审法院认为，本案机动车本身的瑕疵与驾驶人操作不当均是本案交通事故发生的原因之一，对本案交通事故造成的损害后果，机动车所有人向某某、借用人雷某某、驾驶人黎某某均有过错，均应承担相应的民事赔偿责任，原审未判决向某某承担赔偿责任不当，应予改判。〔2〕

其七，借名买车连带责任。借名买车情形下，应从两个方面判断车主是否承担赔偿责任：（1）登记车主是否实际支配控制车辆；（2）登记车主能否从车辆运行中取得利益。在不实际支配车辆无从机动车运行中取得利益的情况下，登记车主对交通事故中的发生不存在过错、不承担赔偿连带责任。

【案例9－46】 佟某甲、佟某乙等诉洪某、刘某等道路交通事故人身损害赔偿纠纷案

判决观点，本案中，被告洪某购买肇事车辆后实际控制使用该车辆，并一直未投保交强险，洪某应对肇事车辆的保险情况最为了解，故其作为肇事车辆的投保义务人，未依法投保交强险，对此事故给原告造成的损失应当承担赔偿责任。被告王某丙作为侵权人未尽到审核所驾驶小客车是否投保交强险的注意义务，应当在交强险责任限额内与洪某承担连带责任。本案系机动

〔1〕 参见国家法官学院案例开发研究中心编：《中国法院2012年度案例》（道路交通纠纷），中国法制出版社2012年版，第202页。

〔2〕 参见国家法官学院案例开发研究中心编：《中国法院2012年度案例》（道路交通纠纷），中国法制出版社2012年版，第212页。

车交通事故责任纠纷，洪某主张质押权人王某丁擅自处分质押物造成损害应由其承担赔偿责任的主张属于质押合同纠纷，应另案解决为宜。关于佟某甲、佟某乙、佟某丙、王某乙要求刘某承担连带赔偿责任的诉讼请求，因刘某并非车辆控制人其在此事故中不存在过错，故对此诉讼请求，法院不予支持。[1] 在本案中，刘某是登记车主被借名人。

其八，其他连带责任。应注意的是，这里讲的连带责任是投保车辆交强险保险公司与借用人，而不是出借人（被保险人）与借用人的连带责任，出借人与借用人承担连带责任的前提是出借人有过错且应承担民事责任。出借人未告知借用人未投保交强险的情形下，应与借用人就交强险部分承担连带责任。

【案例9－47】　赵春明等诉烟台市福山区汽车运输公司、卫德平等机动车交通事故责任纠纷案

二审法院认为，机动车所有人或者管理人将机动车号牌出借他人套牌使用，或者明知他人套牌使用其机动车号牌不予制止，套牌机动车发生交通事故造成他人损害的，机动车所有人或者管理人应当与套牌机动车所有人或者管理人承担连带责任。[2]

车主未对车辆实际使用人的驾驶资格尽合理的审查义务的承担连带责任。

机动车出租后发生交通事故，机动车所有人对损害发生有过错的应承担责任。

【案例9－48】　毕某某诉蔡某某等机动车交通事故责任纠纷案

判决观点，被告王某某将肇事车辆交由被告蔡某某进行出租营运，并收取营运收益，应对被告蔡某某承担的赔偿款项承担连带赔偿责任；被告淄博市公共汽车公司周村分公司与被告王某某之间虽签订出租车租赁经营合同，但该公司并无出租客运的出租权限，其将车辆的出租运营权进行租赁经营不符合相关规定，亦应对被告蔡某某承担的赔偿款项承担连带责任。[3]

根据《民法典》第一百七十八条（《侵权责任法》第十二条）的规定，能够区分主次责任人的不承担连带责任。

【案例9－49】　陈某某诉洪某某等机动车交通事故责任纠纷案

二审法院认为，本案诉争交通事故属侵权人分别实施侵权行为造成同一

---

〔1〕 参见北京市高级人民法院研究室编：《审判前沿——新类型案件审判实务》（总第55集），法律出版社2017年版，第134页。

〔2〕 人民法院案例库2013－18－2－374－001。上海市第二中级人民法院（2010）沪二中民一（民）终字第1353号民事判决书。最高人民法院指导性案例19号。

〔3〕 参见国家法官学院案例开发研究中心编：《中国法院2013年度案例》（道路交通纠纷），中国法制出版社2013年版，第70页。

损害后果情形,洪某某、蔡某对本案诉争交通事故所应承担的各自责任已经交警部门确认,故洪某某、蔡某对本案诉争交通事故所造成的损失应各自承担相应的赔偿责任。原审判决洪某某、蔡某互负连带赔偿责任缺乏法律依据,对此应予以改判。[1]

保险人已向被保险人赔偿保险金的,第三者请求被保险人支付赔偿款,并要求保险人在已向被保险人支付的保险金范围内承担连带责任的,法院应予准许。也就是说,保险公司已向被保险人理赔不能免除其对受害人的赔偿义务。

【案例9-50】 驻马店市恒兴运输有限公司诉陈某某等交通事故责任纠纷案

二审法院认为,本案中,陈某某为其事故车辆在陕西保险公司投保有交强险,陕西保险公司依法应对被保险车辆因交通事故给第三者恒兴运输公司造成的车辆损失在交强险财产损失赔偿限额内承担赔偿责任。陕西保险公司在被保险人陈某某未向恒兴运输公司承担赔偿责任的情况下,向陈某某赔偿保险金,不符合上述法律规定,不能免除其对第三者恒兴运输公司应依法承担的赔偿责任。鉴于陕西保险公司已将应向恒兴运输公司赔偿的车损款支付给了陈某某,故为减少当事人的诉累,应由陈某某将该赔偿款支付给恒兴运输公司,陕西保险公司承担连带责任。一审法院在陈某某认可已收到陕西保险公司支付的保险赔偿款的情况下,判令陕西保险公司重复向恒兴运输公司赔偿保险金,对陕西保险公司有失公平,且增加了当事人的诉累,二审法院依法予以纠正。[2]

3.被保险人承担连带责任时的保险责任

被保险人在共同侵权案件中的连带责任是否纳入保险责任的范围,是有争议的问题。《保险法解释(四)》第十六条规定:"责任保险的被保险人因共同侵权依法承担连带责任,保险人以该连带责任超出被保险人应承担的责任份额为由,拒绝赔付保险金的,人民法院不予支持。保险人承担保险责任后,主张就超出被保险人责任份额的部分向其他连带责任人追偿的,人民法院应予支持。"该条规定有以下几层含义:其一,共同侵权行为所致各项赔偿义务人负担的连带责任,属于依法确定由被保险人承担的赔偿责任的范围。该赔偿责任既包括根据被保险人过

---

〔1〕 参见国家法官学院案例开发研究中心编:《中国法院2013年度案例》(道路交通纠纷),中国法制出版社2013年版,第61页。

〔2〕 参见最高人民法院中国应用法学研究所编:《人民法院案例选》2016年第6辑(总第100辑),人民法院出版社2016年版,第218~219页。河南省漯河市中级人民法院(2014)漯民二终字第157号民事判决书。

错大小而确定的按份责任，也包括共同侵权中依法确定的连带责任。由于连带责任是被保险人在侵权案件中应承担的民事责任，将其纳入保险责任范围符合责任保险的保险标的特点。其二，保险人对超出被保险人责任承担份额的，享有对共同侵权人追偿的权利。换言之，保险人对外部承担的全部责任，而在内部则按责任份额承担责任。共同侵权行为所导致的连带责任的本质，在于使共同侵权人群体中的某一个人，无论其行为与结果的发生具有多大的原因力，都不能只承担自己应承担的那一份责任，而要承担全部责任。因此，共同侵权人承担的连带责任所指向的，是侵权后果及赔偿责任的全部而不是其中的一部分。[1]

【案例9－51】　吴江市正大电器有限公司诉中国太平洋财产保险股份有限公司吴江支公司财产保险合同纠纷案

一审法院认为，被告太保公司对原告正大公司承担的赔付责任，不仅包括依法确定的由正大公司承担的共同侵权人的内部份额，而且应包括依法确定的由正大公司对外承担的连带责任部分。太保公司对正大公司所负连带责任部分承担保险赔偿义务后，可依照《保险法》第四十五条规定的原则，在查实后向逃逸车辆方进行追偿。二审法院认为，吴江市人民法院（2010）吴江民初字第1038号生效判决已认定，对于李某某的死亡，逃逸车辆和苏ET2×××牌号轿车构成共同侵权，承担连带责任，且推定过错相当，各承担50%的赔偿责任。故太保公司主张对于连带责任部分不应予以理赔的上诉理由，无事实和法律依据，不予采纳。[2]

对保险事故的发生负有共同责任，法官可根据具体情况划分连带责任中的份额。

【案例9－52】　中国冶金地质总局中南局长沙地质勘查院与中国人民财产保险股份有限公司长沙支公司等保险代位求偿权纠纷再审案

最高人民法院认为，一审法院判决长沙地勘院与周某某负直接责任，共同承担70%的赔偿责任。二审法院判决长沙地勘院承担70%的火灾损失责任，并对周某某应承担的10%损失赔偿责任承担连带责任。……周某某所办旭昂塑料模具厂虽擅自搭建仓库并将不符合安全条件的仓库出租他人，但上述行为与保险事故不具有法律上的因果关系，难以构成火灾损害的共同侵权人，二审判决其承担10%的事故损失赔偿责任，并无不当。[3]

---

〔1〕 参见刘建勋：《保险法典型案例与审判思路》，法律出版社2012年版，第466页。

〔2〕 参见最高人民法院中国应用法学研究所编：《人民法院案例选》2012年第3辑（总第81辑），人民法院出版社2012年版，第278页。

〔3〕 最高人民法院（2013）民申字第85号民事裁定书。

虽然都是涉及连带责任的判决，但判决理由却各不相同。

【案例9－53】 某出租汽车公司诉某财产保险公司北京分公司保险合同纠纷案

判决观点，出租公司依据宣武法院的判决，与乘客孟某某连带向第三者张某承担的赔偿责任，属于该公司依法向张某承担的赔偿责任，该赔偿责任是交强险的保险标的。出租公司实际向张某承担的赔偿责任中，在交强险死亡伤残赔偿限额、医疗费用赔偿限额以内的部分，保险公司应当以各分项赔偿限额为限，向出租公司承担赔偿保险金的责任。保险公司有关该公司仅应当就出租公司赔偿张某全部损失的50%赔偿保险金的答辩意见，系错误地解读了责任保险之保险标的的概念，法院对于该答辩意见不予以采纳。〔1〕

【不同处理】 在实践中亦有保险人对被保险人承担连带责任不承担的实例。

【案例9－54】 某机动车责任保险合同纠纷案

判决观点，连带责任虽然也是民事赔偿的一种责任类型，但该处的责任与机动车驾驶人在事故中所负的责任，二者含义并不相同，保险人所应赔偿的第三者责任险仅对驾驶人在事故中所负责任而衍生的赔偿责任进行赔付，而不涉及其他。连带责任是基于法律规定或当事人约定责任形式，《保险法》并未规定连带责任属第三者责任范畴，而且双方在保险合同中也未对此进行约定，因此被保险人所承担的连带责任不在第三者责任险的范畴……基于共同侵权而产生的连带责任应当而且可以通过追偿的方式来实现，被保险人将这种连带责任转嫁给保险人承担，缺乏事实和法律依据。〔2〕

交强险中连带责任问题。在交强险中连带责任是指在交通事故中负有责任人员，在交强险限额外对其赔偿负连带责任。

【案例9－55】 王某诉王某某等道路交通事故人身损害赔偿纠纷案

判决观点，事故发生时原告驾驶的是非机动车，负次要责任，机动车一方在扣除交强险赔偿限额后应负80%的赔偿责任。被告王某某在本次事故中过错明显，应在80%的责任范围内承担主要赔偿责任，第三人田某某未经机动车所有人和修理厂负责人同意，擅自驾驶该车并借予他人，导致该事故发生，其应与被告王某某承担连带责任。修理厂对到该厂送修的车辆在送修期

〔1〕 参见刘建勋：《保险法典型案例与审判思路》，法律出版社2012年版，第461页。

〔2〕 参见《人民司法·案例》2011年第8期。安徽省芜湖市中级人民法院（2011）芜中民抗字第1号民事判决书。

间有妥善保管的义务,其应在80%的责任范围内承担赔偿责任。被告济钢集团已丧失了对车辆的控制支配权,不应承担本次事故的赔偿责任。[1]

应注意的是,不是被保险人与保险人在交强险限额之外承担连带责任。

【案例9-56】　中北交通旅游公司诉杨某某等道路交通财产损害赔偿纠纷案

判决观点,此时交通事故发生的原因是由于杨某某驾车左转弯时未让直行车辆先行所致,故石公交认字[2009]第00113号事故认定书确定杨某某承担事故的全部责任。因此,原告合法合理的损失,依法应由作为云ABU×××牌号车辆保险人的中财保五华支公司在交强险财产损害赔偿限额项下赔偿2000元,不足部分,依法应由被告杨某某承担赔偿责任。故原告请求由被告杨某某、中财保五华支公司承担连带赔偿责任的请求依法不能成立。[2]

交通事故中共同过失致人损害构成共同侵权,在交警部门无法认定责任且未认定导致死亡主要原因的情况下,依据查明案件事实和证据,析明多方当事人各自的过错程度,确定其应承担的赔偿责任。

【案例9-57】　王某芬等诉张某等交通事故损害赔偿纠纷案

判决观点,张某和王某在本起交通事故中共同过失致人损害,构成共同侵权,故张某、王某对其在超出交强险限额(二份)外应赔偿王某芬、叶某的损失应负连带责任,叶某在本起交通事故中亦存在一定过错,法院按照过错程度认定对超出机动车交强险限额的损失由张某承担55%的赔偿责任、王某承担35%、王某芬和叶某自负10%。[3]

对于连续撞人行为的性质,实践中一直有不同意见。个案中,应区分是否分别驾驶车辆、撞击和碾压行为系分先后各自作出的,在损害发生前无共同的意思联络,对受害人造成的损害都是身体伤害,且从事实上难以查明,受害人所受伤害哪些是先侵权人造成的、哪些是由后侵权人造成的,因此,这种损害具有同一性。每个侵权人的侵权行为都足以造成全部损害的,行为人承担连带责任。

---

〔1〕参见国家法官学院案例开发研究中心编:《中国法院2012年度案例》(道路交通纠纷),中国法制出版社2012年版,第134页。

〔2〕参见国家法官学院案例开发研究中心编:《中国法院2012年度案例》(道路交通纠纷),中国法制出版社2012年版,第113页。

〔3〕参见国家法官学院案例开发研究中心编:《中国法院2013年度案例》(道路交通纠纷),中国法制出版社2013年版,第11页。

【案例9-58】 计某某、赵某某诉王某某等机动车交通事故责任纠纷案

判决观点,本次交通事故经交通队现场勘查未确定事故责任,双方亦未能提供其他相关证据。根据《道路交通安全法》的有关规定,对于计某某、赵某某因此事故造成合理损失,首先由人保顺义支公司在二机动车交通事故责任强制保险相应保险限额内予以赔偿,不足部分,法院结合本次交通事故的实际情况并兼顾公平原则,酌情确定由王某某承担70%的赔偿责任,由张某某承担30%的赔偿责任。根据北京市顺义区法医院司法鉴定所鉴定结论,王某某的撞击行为和张某某的碾压行为都可以造成死者计某身体损伤,故法院依照《侵权责任法》第十一条确定王某某、张某某对二原告损失负连带责任。[1]

肇事车辆已转让但未办理所有权转移登记,转让方是否应对保险事故承担连带赔偿应根据案件具体情况确定。转让方有过错的承担连带赔偿责任,反之,无过错则不承担连带赔偿责任。

【案例9-59】 华泰财产保险有限公司北京分公司诉周某某、吴某某保险人代位求偿权纠纷案

判决观点,本案中,为京P1T×××牌号的车辆虽登记在周某某的名下,但其已于2011年12月3日将该车辆以18,500元的价款卖给了吴某某,且于当日交付了车辆,故吴某某驾驶该车辆发生本案交通事故后应其承担相应赔偿责任,周某某无赔偿责任,华泰北京分公司虽不认可周某某与吴某某签订的购车协议书的真实性,称周某某是该车辆的登记车主,吴某某驾驶未经年检且未投保交强险的车辆发生交通事故,周某某应负管理不善的责任,但并未就此予以充分举证,且涉案道路交通责任认定书中并未载明事故发生与车辆未年检有关联,故华泰北京分公司要求周某某连带赔偿损失的诉讼请求,于法无据,法院不予支持。[2]

4.交强险保险人承担连带责任的限额

理论界在此问题上有两种不同观点。一种观点为各保险人共同对受害人以一份保险金额为保障,称一份保险金额保障说。另一种观点为受害人可在保险金额乘以共同侵权保险机动车数之范围获得实际损失的赔付,称其数份保险金保障说。在《道路交通损害赔偿解释》出台前,现行法律和司法解释对交强险保险人

---

〔1〕 参见国家法官学院案例开发研究中心编:《中国法院2014年度案例》(保险纠纷),中国法制出版社2014年版,第145页。北京市顺义区人民法院(2012)顺民初字第6900号民事判决书。

〔2〕 参见国家法官学院案例开发研究中心编:《中国法院2015年度案例》(保险纠纷),中国法制出版社2015年版,第254页。北京市大兴区人民法院(2013)大民初字第11769号民事判决书。

承担连带责任未规定。实践中,诸多地方法院就审理道路交通损害赔偿案件的意见中大都规定两个以上机动车共同侵权致他人人身损害、财产损失的,如受害人的损失超出交强险限额总和的,各保险公司以其交强险限额对受害人承担连带责任;超过交强险限额的部分,由交通事故当事人根据《道路交通安全法》第七十六条第一款的规定承担连带责任。[1] 最高人民法院制定的《道路交通损害赔偿解释》第十八条第一款规定:"多辆机动车发生交通事故造成第三人损害,损失超出各机动车交强险责任限额之和的,由各保险公司在各自责任限额范围内承担赔偿责任;损失未超出各机动车交强险责任限额之和,当事人请求由各保险公司按照其责任限额与责任限额之和的比例承担赔偿责任的,人民法院应予支持。"

5. 没有投保交强险的连带责任

《道路交通安全法》第七十六条只规定了投保交强险发生交通事故担责处理原则,未对未投保交强险担责进行规定。《道路交通损害赔偿解释》第十九条规定了未投保交强险的赔偿责任。机动车所有人应履行投保交强险的法定义务,未能履行投保义务的,应在交强险限额内承担无过错赔偿责任,超过部分,由事故当事人根据其双方在事故中的过错予以分担,共同侵权人互负连带责任。其赔偿原则不仅适用机动车与行人之间的赔偿,也适用在机动车之间发生交通事故赔偿。

【案例9-60】 刘某某诉连某等道路交通事故人身损害赔偿纠纷案

判决观点,由于事故发生时,被告施某某未为闽CZA×××牌号二轮摩托车办理机动车交通事故强制责任保险,根据《道路交通安全法》第七十六条的规定,原告因本起交通事故造成的损失,应先由被告施某某在交通事故责任强制保险限额范围内予以赔偿,超过责任限额的部分由被告连某、林某某各承担一半,并互负连带赔偿责任。[2]

【案例9-61】 胡某某等诉晏某某等道路交通事故人身损害赔偿纠纷案

判决观点,根据被告晏某某承担60%的责任,被告骆某某及死者罗某某各承担20%的责任。被告晏某某已支付40,000元,还应支付184,969.22元。被告骆某某已支付38,000元,还应支付116,989.74元。罗某某因此次交通事故身亡是两被告共同侵权所致,两被告对清偿赔偿费用应依法承担连

---

[1] 参见《深圳市中级人民法院关于审理道路交通事故损害赔偿纠纷案件的指导意见》《江西省高级人民法院关于审理道路交通事故损害赔偿纠纷案件适用法律若干问题的解答》。

[2] 参见国家法官学院案例开发研究中心编:《中国法院2012年度案例》(道路交通纠纷),中国法制出版社2012年版,第205页。

带清偿责任。[1]

应注意的是,连带责任的例外情况。在原车主投保的机动车转让后未办理变更手续,其行为并未增加风险,在受让车主驾驶受让机动车发生交通事故中无交通事故责任的,不应与受让车主承担连带责任。

6. 代位权诉讼中连带责任

行使保险代位求偿权的保险公司可以在合同法律规范与侵权法律规范中选择其一作为请求权基础,当选择侵权法律规范作为请求权基础时,其可将名义上的承运人与实际承运人作为共同被告,根据有无过错确定是否承担连带责任。

【案例9－62】 美亚财产保险股份有限公司上海分公司诉福建联冠物流有限公司、福建盛丰物流集团有限公司保险人代位求偿权纠纷案

二审法院认为,在代位行使原属被保险人的请求权时,原告系选择侵权法律关系作为请求权内容,故二被告是否应承担赔偿责任,应视二被告于损失的造成是否存在有过错而定。根据深圳万宜麦理伦保险公估有限公司上海分公司出具的公估报告,本次货物系因货物间叠码挤压致损,被告盛丰物流公司作为实际承运人,在货物叠码时未履行叠码齐整这一基本的注意义务致木箱破损,在货物中转过程中对雨天情形又未采取必要的防范措施,致雨水渗入木箱导致货物损失,对此具有重大过错,应承担赔偿责任。被告盛丰物流公司虽辩称公估公司及检测机构不具备公估及检测资质,但对原告所提供的公估业务许可证、营业执照、检测机构资质认定计量认证书等证据,未提供反驳证据,法院对其辩称不予采信。被告联冠物流公司在与敦豪货运公司订立的合同中约定,“除非事先得到甲方的书面认可,否则乙方不得将本协议下的运输业务部分或全部交由第三方履行”,其应对擅自委托盛丰物流公司承运货物并疏于监管的行为承担责任。在责任类型上,二被告构成共同侵权,应对原告承担连带赔偿责任。[2]

7. 不真正连带责任

不真正连带责任是由数个独立的责任构成,各个责任基于不同的违约或侵权

---

〔1〕 参见国家法官学院案例开发研究中心编:《中国法院2012年度案例》(道路交通纠纷),中国法制出版社2012年版,第147页。

〔2〕 参见最高人民法院中国应用法学研究所编:《人民法院案例选》2017年第7辑(总第113辑),人民法院出版社2017年版,第111～112页。福建省厦门市中级人民法院(2015)厦民终字第4020号民事判决书。

行为而分别存在。不真正连带债务虽主要在同一损害,数人以各自角度负填补义务的情形中发生,但合同上债务的竞合也发生不真正连带责任。赔偿权利人对于各个责任人都享有请求权,都可以单独向其行使请求权。任一责任人对赔偿权利人都承担全部的赔偿责任。任何一个责任人承担了自己的责任之后,其他责任人的责任归于消灭。当一个责任人承担了赔偿责任之后,赔偿权利人的损害就已经得到了完全救济,其请求权消灭,不能再行使另外的请求权。

【案例9-63】 张某某诉中国人寿股份有限公司南通市分公司、新华人寿保险股份有限公司南通中心支公司责任保险合同纠纷案

一审法院认为,不论顾某某、徐某某等人当时是新华保险南通公司的员工还是保险代理人,其从事案涉保险业务、收取保费的行为,应由保险人新华保险南通公司承担责任。虽然本案中扬子公司或张某某并未填写投保单交与顾某某、徐某某等人,但是保险业务实践中也不乏有保险代理人代办投保事宜的情形。就本案而言,扬子公司及张某某向新华保险南通公司的员工或保险代理人交付身份证复印件并缴纳了保险费,而双方如未就保险种类、保险金额等达成合意,则保险费无从计算。换言之,就投保时协商的顺序而言,必然是先协商好要投保的险种、保险金额,然后才涉及保险费的计算、交纳。既然扬子公司及张某某已按新华保险南通公司从业人员的要求交纳了保险费,相关人员也予以接收,可以推定扬子公司及张某某已向被告新华保险南通公司发出投保要约,并为其接受。相关司法解释亦有类似意见……而本案中新华保险南通公司并未抗辩张某某有不符合承保条件的情形。至于徐某某收到转交来的保费,但未向新华保险南通公司交纳并办理相关保险手续,却借百乐公司的名义最终向国寿保险南通公司投保并订立保险合同的行为,并无证据证明在案涉保险事故发生前扬子公司或张某某对此为明知;相反,徐某某在本可向扬子公司及张某某说明情况,仍由扬子公司向国寿保险南通公司投保的情况下,却另以他人名义投保,说明徐某某对扬子公司及张某某刻意隐瞒了变更保险人的情况。徐某某的相关行为如未得到新华保险南通公司的授权,则属于超越代理权的情形,但如前所述,扬子公司及张某某在保险事故发生前对此并不知情,其有理由相信顾某某、徐某某等应将保险费交至新华保险南通公司,当时与新华保险南通公司订立的保险合同,徐某某相关行为的后果,仍应由新华保险南通公司承担。对于保险事故发生后,张某某本可获得赔付的保险金,新华保险南通公司仍应承担相应的赔偿责任。……虽然国寿保险南通公司与新华保险南通公司应向同一债权人即张某某给付的标的相同,但两者的债务基于不同的原因形成,属于不真正连带责任,即各债务人基于不同的发生原因而对于同一债权人负有以同一给付为标的的数个债务,不真正连带责任因一个债务人的履行而使全体债务均归于消灭。二审法院亦持同样意见,维持一审判决。[1]

【案例9-64】 中国人民财产股份有限公司北京市分公司诉孟州市汽车运输有限公司、北京恒通安达物流有限公司保险人代位求偿权纠纷案

二审法院认为,第一,恒通公司无法证明泰杰燕园公司同意将涉案货物交由孟州公司承运,故应向泰杰燕园公司承担责任。孟州公司认可孟某为其司机,承运车辆为孟州公司名下的车辆,结合货物托运行业的惯例,故孟州公司应对孟某的行为承担责任。第二,恒通公司与孟州公司基于交通事故这一偶然原因的发生而对泰杰燕园公司负有给付目的一致的债务,该情形构成了民法上的不真正连带债务。一审法院关于恒通公司与孟州公司承担连带赔偿责任的认定有误,法院依法予以纠正。第三,一审法院依据《公估报告》确定人保北京分公司主张的赔偿金额并无不当。第四,人保北京分公司起诉并未超过诉讼期间。[2]

8. 申请财产保全错误的连带责任

申请人申请财产保全金额与其可能获得的法院支持金额差距巨大,而其诉讼请求因撤诉等自身原因没有获得法院支持,且其主观上对申请财产保全错误具有故意或者重大过失的,属于《民事诉讼法》第一百零八条规定的申请有错误情形,申请人应当赔偿被申请人应该申请财产保全错误所遭受的直接财产损失。

【案例9-65】 安徽中诺置业有限公司诉施某良、中国大地财产保险股份有限公司马鞍山中心支公司赔偿合同纠纷案

一审法院认为,在439号案中,施某良主张的欠付工程款总额虽无人民法院法律文书确认,但在施某良请求的数额中包含其未作的3项工程款,其申请保全金额明显超过实际欠付工程款金额且差距巨大,应认定施某良具有一定主观过错,故应承担相应的赔偿责任。对中诺公司向致远担保公司交纳的担保费用11万元,属于实际发生的费用应当予以赔偿。大地财保为施某良出具诉讼财产保全责任保险保单保函,故应对上述11万元担保费用承担连带赔偿责任。二审法院判决驳回上诉,维持原判。[3]

---

〔1〕 参见国家法官学院案例开发研究中心编:《中国法院2019年度案例》(保险纠纷),中国法制出版社2019年版,第193~194页。江苏省南通市中级人民法院(2015)通中商终字第00662号民事判决书。

〔2〕 参见国家法官学院、最高人民法院案例研究院编:《中国法院2020年度案例》(保险纠纷),中国法制出版社2020年版,第217页。北京市第一中级人民法院(2018)京01民终1341号民事判决书。

〔3〕 参见《人民司法·案例》2023年第14期(总第997期)。安徽省高级人民法院(2022)皖民终207号民事判决书。

(四)保险责任起始时间

保险责任的起始时间与保险期间、保险费交付、保险合同成立、生效不是同一个概念,它们有密切联系,又有严格区别,要注意区别开来。

保险责任始于何时,主要取决于保险期间的约定。保险责任的开始时间与保险期间并非同一概念。有法官认为,保险责任开始的时间,是指保险人开始承担保险责任的具体时间,也是被保险人真正获得保险保障的起始时间。而保险期间是保险合同中约定的一定期间,是指保险人承担保险责任的时间段,有两个比较重要的时间点,即保险期间的开始时间和保险期间的结束时间,只有保险事故发生在保险期间内,保险人才承担赔偿或给付保险金责任。[1] 换言之,保险期间是保险人所负责任的起始日期及保险责任的存续期间,其起始日(时)即保险责任开始时间。即便保险合同成立并已生效,如果保险事故发生在保险期间之外,保险人不承担赔偿或给付责任。如果保险事故发生于约定的保险期间的起始日(时)之前,即使损失发生在保险期内,保险人也不承担赔偿或给付责任;如果保险事故发生于约定的保险期间的到期日(时)之前,即使损失发生在保险期间外,保险人也应承担赔偿或给付责任。应注意的是,保险责任开始与保险期间绝非必须同步一致,有特别约定的保险责任开始可以早于或晚于保险期间的开始。

【案例 9-66】 李某诉财产保险公司北京分公司保险合同纠纷案

判决观点,合同约定的保险期间起始于2010年8月8日0时,本案争议所涉及的交通事故发生于2010年8月7日10时28分,即交通事故发生的时点在保险期间之外,该时点不属于保险公司承担危险的时间范围,故上述交通事故不是保险公司应当承担保险责任的保险事故。据此,法院不批准李某提出的鉴定被保险车辆损失程度的申请,并且不支持李某要求保险公司赔偿损失的诉讼请求。[2]

对于某些保险合同而言,保险人并不对全部保险期间内发生的危险承担保险责任,为了在保险期间内进一步限制保险人承担危险的时间范围,保险人会与投保人约定保险责任开始时间。重大疾病保险合同通常会在保险期间的基础上另约定一个"观察期",一般为90日,保险人仅对被保险人在观察期之后发生的重

---

〔1〕 参见最高人民法院民事审判第二庭编:《商事审判指导》2011年第4辑(总第28辑),人民法院出版社2012年版,第94页。

〔2〕 参见刘建勋:《保险法典型案例与审判思路》,法律出版社2012年版,第40页。

大疾病承担保险责任。该观察期届满之日，方为保险责任开始之时。在保险责任开始时间与保险期间关系上，通常认为保险责任开始时间必定在保险期间之内。[1] 即便追溯保险也不能例外。所谓追溯保险，是指当事人约定的保险责任开始于保险合同成立之前。[2] 由于保险公司的保险责任并未产生，这段时间被保险人发生的保险事故保险人一般不负保险责任。应注意的是，保险公司在打印的交强险保单中规定投保后至次日零时生效的做法，则会导致被保险机动车在投保后至次日零时的时段成为保险的空白期，这与交强险的立法目的相悖，是错误的，应属于变相拖延承保的行为，被保险机动车在此空白期发生交通事故，造成第三人人身伤亡、财产损失的，保险公司应在交强险责任限额范围内予以赔偿。

保险责任的开始时间与保险费的关系。承担保险责任和交付保险费分别是保险人和投保人最为重要的保险合同义务，但根据《保险法》第十四条的规定可知，此二者之间并不具有必然的联系，应当是相互独立的。实践中通常认为，保险费交付对保险责任的确定是有影响的。如果保险合同明确约定保险费的交付是保险责任期开始，而没有交付的，保险责任期间将不开始计算。如果保险合同没有约定保险费的交付对合同生效以及责任期间产生影响，也没有约定上述的保险人免除责任的情况，而仅约定了投保人交付保险费的时间，保险责任应在保险合同生效时开始，投保人不按时交付保险费则仅构成保险合同义务的违反，应承担违约责任。保险事故发生后，保险人以投保人逾期支付保险费为由拒绝承担保险责任的，法院不予支持。在人寿保险实务中，保险人在收到投保人投保单后往往要先收取一部分保险费，然后进行核保，保险合同的订立过程一般为：收到投保单、预收保险费、核保、决定承保、通知投保人。预收保险费一方面是因为保险法禁止保险人通过诉讼方式要求人寿保险合同的投保人支付保险费；另一方面也在一定程度上大大减少了投保人在保险人出具保险单证之前反悔。在保险人预收保险费与作出承保的意思表示期间，发生保险事故，保险人能否以未同意承保，保险合同未成立为由不承担保险责任？《保险法解释（二）》第四条第一款规定：“保险人接受了投保人提交的投保单并收取了保险费，尚未作出是否承保的意思表示，发生保险事故，被保险人或者受益人请求保险人按照保险合同承担赔偿或者给付保险金责任，符合承保条件的，人民法院应予支持；不符合承保条件的，保险人不承担保险责任，但应当退还已经收取的保险费。”在此之前，《北京市高级人民法院关于审理保险纠纷案件若干问题的指导意见（试行）》第一条对人身保险作出类似规定。保险公司未出具保险单或者其他保险凭证，但收取了投保人交付

[1] 参见吴定富主编：《〈中华人民共和国保险法〉释义》，中国财政经济出版社2009年版，第54页。
[2] 参见温世扬主编：《保险法》，法律出版社2007年版，第272页。

保险费,如果发生保险事故是否承担保险责任?法官认为,在正式签订合同一签发保险单之前,保险人应当出具暂保单,即意味着在正式签订书面合同之前的日期内,如果发生保险事故,保险人承担保险责任。特别是在人身保险合同中,这种情况比较普遍。但是,也可能存在不签订保险合同的情况,在一定期限到来时,保险人书面通前投保人,不再接受其投保申请,不与其签订保险合同,那么,如果此期限内发生了保险事故,保险人是应当承担保险责任的。如果此期间内未发生保险事故,而在投保人接到拒保次日才发生保险责任的,保险人不承担保险责任。[1] 财产保险合同有"保险责任自保险费到账之日起开始生效"的特别约定时,保险期间经过后,保险人请求投保人支付保险费的,法院不予支持,即保险期间未承担风险的保险人无权追讨保险费。

【案例9-67】　中华联合保险公司宁波分公司诉浙江省宁波市明殷汽车客运出租公司保险合同纠纷案

二审法院认为,本案双方间的36份保险合同自成立时即生效。保险费的交纳属于保险合同履行的范畴,并不涉及合同的生效。但保险合同生效并不意味着保险责任即开始。由于双方在29份机动车辆综合保险单中均特别约定"保险责任自保费到账之日起开始生效",而上诉人明殷客运公司在保险期间内一直未交纳保险费,故被上诉人联合保险公司的保险责任并未开始,即被上诉人在整个保险期间内均未承接自上诉人转移的风险,其要求上诉人支付相应的对价——保险费,不仅有违保险制度设立的初衷,也不符合公平原则。被上诉人诉请上诉人交付保费的实质为追究上诉人的违约损害赔偿责任,本案上诉人未交费虽构成违约,但被上诉人并未因此遭受损害(与一般合同不同,此种损害主要表现为保险人实际负担的风险,该风险负担与投保人应支付的保费构成对价),故被上诉人诉请上诉人承担损害赔偿责任欠缺事实和法律依据。此外,根据《保险法》第六十条的规定,保险人对人身保险的保险费,不得用诉讼方式要求投保人支付,故联合保险公司诉请明殷客运公司支付7份人身保险的保费亦不予支持。据此,二审法院撤销一审判决,驳回联合保险公司的诉讼请求。[2]

由于现实社会生活的复杂性,在保险责任的开始与保险费的关系上,不能绝对化,应区分具体情况确认。有法官提出:(1)对投保人局部的保险费拖欠,不能成为保险人免除保险责任的理由,要考虑投保人对保险合同是否继续履行的态

---

〔1〕 参见最高人民法院民事审判第二庭编:《民商事审判指导》2008年第2辑(总第14辑),人民法院出版社2008年版,第250页。

〔2〕 参见赵江涛:《未承担保险责任风险的保险人是否有权追讨保险费》,载《法律规则的提炼与运用——〈人民司法·案例〉重述》(商事卷),法律出版社2012年版,第182页。

度，以及对整个合同义务履行的态度。(2)投保人有意不交保险费的，如经过多次催缴仍不予理会，实际就是放弃保险责任的最好证明。(3)虽然约定不交保险费，保险人不承担保险责任，但投保人由于合理原因，导致未能及时交纳保险费的，不能成为保险人免除保险责任的依据和事由。(4)合理拖欠，如双方约定或者允许拖欠的情形；保险人有催收行为，投保人有请求缓交的意思表示。[1] 应注意的是，对拖欠保险费的后果未作出约定的，视为投保人对保险费的拖欠，不能成为保险人免除保险责任的事由和依据。保险合同约定合同生效后60日完成保险费缴付，即便发生保险事故时投保人未缴保险费，保险人仍应承担保险责任。

保险责任开始时间与保险合同成立的关系问题。保险责任的开始时间，与保险合同的成立时间或者保险单签发时间是有区别的，并非保险合同一旦成立或者保险单一经签发，保险责任就开始。根据《保险法》第十四条的规定，保险人开始承担保险责任的时间可以与保险合同成立不一致，而是按照约定的时间开始承担保险责任。保险合同的成立时间，取决于保险承诺到达要约人的时间；保险责任的开始时间，取决于当事人在保险合同中的约定，包括在保险单上的约定或者当事人之间的特别约定。依照当事人在保险合同中的约定，保险责任开始的时间即可以早于，也可以等于或者晚于保险合同成立时间；而保险单只是反映保险合同磋商过程，或者经磋商成立的保险合同具体内容的一个工具，因此，其是否签发以及何时签发，与保险合同的成立以及保险责任的开始没有直接的、必然的联系。

【案例9－68】 江苏外企公司诉上海丰泰保险公司海上货物运输保险合同纠纷案

判决观点，本案保险合同成立于1999年10月18日，双方当事人均承认，保险单上的签发日期1999年9月12日，是倒签。能否将此倒签日期作为保险责任的开始时间，保险合同没有明文约定，必须结合对保险合同的具体分析作出判断。江苏外企公司主张将保险单倒签的日期作为保险责任开始时间，该主张缺乏法律依据，不予采信。[2]

如果没有在合同中约定合同生效的时间，保险合同一般自成立时生效。有学者认为，保险责任开始的时间与保险合同生效的时间可以一致，也可以不一致，但保险责任开始时间一般应迟于保险合同生效时间，且保险责任开始一般以投保人交纳保险费为前提条件。投保人不交纳保险费，虽然保险合同可以成立、生效，但

---

〔1〕 参见最高人民法院民事审判第二庭编：《民商事审判指导》2008年第2辑（总第14辑），人民法院出版社2008年版，第250页。

〔2〕 参见《最高人民法院公报》2005年第11期。

保险责任一般不开始,保险公司对保险责任开始前发生的保险事故不承担保险责任。[1]

应注意的是,电子保单涉及保险责任的开始时间认定。有学者认为,应当是当事人有约定的,保险责任自约定之时开始,而当事人没有约定的,则自投保人获取电子保单之时开始。[2]

实践中出现先交费、后签合同,保险事故又发生在合同签订前的情况,根据《保险法解释(二)》第四条的规定处理,即保险合同补签情况下保险期间应从投保人履行支付保险费主要义务时起算。

【案例9-69】 海西顺达物流有限公司与中国人民财产保险股份有限公司德令哈支公司财产保险合同纠纷案

二审法院认为,案涉保险合同虽书面约定保险期间自2014年5月1日起计算,但由于下列原因,保险期间应自2014年4月29日起计算,被上诉人保险公司应对上诉人顺达公司于2014年4月30日发生的交通事故承担保险责任:(1)双方均认可原告在2014年4月29日交纳了保险费后,于同年5月20日补签了保险合同。被告在庭审中自述:"2014年4月29日双方口头协商了半年保险期,考虑到方便计算时间,就从5月1日起算。"该意思表示是否与原告在4月29日即已协商一致,应由被告举证证明。现原告否认双方协商的保险期间是自2014年5月1日起算,被告又举证不能的情况下,应当推定双方未达成保险期间自2014年5月1日起计算的合意。(2)首先,在保险合同中,投保人的主要合同义务是支付保险费,因不能认定投保人与保险人约定的保险期间是自2014年5月1日起计算,而上诉人又于2014年4月29日履行了合同主要义务,认定保险期间自2014年4月29日起计算符合权利、义务对等原则。其次,参照《保险法解释(二)》第四条之规定……综上,一审法院以书面约定的保险期间计算实际保险期间不符合本案实际情况。二审法院撤销一审判决,判决被上诉人保险公司支付上诉人海西物流公司保险金227,502.49元。[3]

---

〔1〕 参见许崇苗:《保险法原理及疑难案例解析》,法律出版社2011年版,第157页。

〔2〕 参见王利明主编:《判解研究》2012年第2辑(总第60辑),人民法院出版社2012年版,第148页。

〔3〕 参见国家法官学院案例开发研究中心编:《中国法院2017年度案例》(保险纠纷),中国法制出版社2017年版,第111页。青海省海西蒙古族藏族自治州中级人民法院(2015)西民二终字第9号民事判决书。

（五）被保险人对第三者应负的赔偿责任确定

《保险法解释（四）》第十四条规定："具有下列情形之一的，被保险人可以依照保险法第六十五条第二款的规定请求保险人直接向第三者赔偿保险金：（一）被保险人对第三者所负的赔偿责任经人民法院生效裁判、仲裁裁决确认；（二）被保险人对第三者所负的赔偿责任经被保险人与第三者协商一致；（三）被保险人对第三者应负的赔偿责任能够确定的其他情形。前款规定的情形下，保险人主张按照保险合同确定保险赔偿责任的，人民法院应予支持。"该条规定有以下几层含义：其一，被保险人对第三者所负的赔偿责任是法律责任，并不一定属于保险责任范围。其二，被保险人对第三者所负的赔偿责任包括侵权责任和违约责任，但不包括被保险人的刑事责任或行政责任。其三，赔偿责任确定的具体事由，生效判决、仲裁书，被保险人与第三者协商一致（双方形成意思一致的证明）以及兜底条款。其四，保险人有权按照保险合同确定保险赔偿责任。

【案例 9－70】 曾某与甲保险公司财产保险合同纠纷案

一审法院认为，本案中，交通事故发生后，第三人吴某就其受到的损失另案提起诉讼，另案判决书确定了被保险人曾某应向第三人吴某承担的损害赔偿责任，该判决书于 2012 年 2 月 14 日发生法律效力。至此，第三者责任保险项下的保险事故发生，故本案诉讼时效应从另案判决生效之日计算，根据《保险法》第二十六条的规定，曾某向甲保险公司请求赔偿或者给付保险金的诉讼时效期间为 2 年。本案曾某于 2016 年 6 月才提起诉讼，且曾某并未举证证明有诉讼时效中止、中断的情形，故甲保险公司所提曾某诉求超过诉讼时效的答辩意见，应予以采纳。曾某的诉求，依法不予以支持。一审法院判决驳回曾某的全部诉讼请求。二审法院亦持同样意见，维持一审判决。[1]

---

〔1〕 参见最高人民法院民事审判第二庭编著：《最高人民法院关于保险法司法解释（四）理解与适用》，人民法院出版社 2018 年版，第 307 页。

三、免责条款适用

免责条款亦称责任免除条款,有广义和狭义之分。广义的责任免除条款,是指根据法律规定或双方协商一致,免除或限制保险人承担赔偿责任;狭义的责任免除条款即除外责任条款,意指免除保险人所负赔偿责任之条款。根据对明确说明义务的规定可以推定,修订前《保险法》中的免责条款为狭义,而修订后的《保险法》免责条款大大扩展,包括不负赔付责任的条款、限制责任条款和涉及责任的条款。

免责条款常被一方当事人写入合同或格式合同之中,作为明确或隐含的意思要约,以获得另一方当事人的承诺,使其发生法律效力。从内容上看,有些免责条款违背民法的基本精神,即公平、公正、诚实、信用的精神,法律规定其无效。从形式上讲,有些免责条款的生效,必须基于一方当事人对另一方当事人的说明义务履行。免责条款是一种特殊的格式合同条款,由保险公司设计、报保险监管部门备案后提供给客户。《保险法》并未对免责条款作出明确界定,且缺乏客观标准,这在《保险法》修订前尤为明显,造成实践中掌握标准的不统一,保险纠纷在很大程度上产生免责条款的适用问题。

(一)免责条款理解

对于免责条款有两种不同的理解。保险公司一般认为,对免责条款应从狭义上理解,免责条款仅限于保险条款中明确的"除外责任"或是"免除责任"条款。投保人、被保险人则认为,免责条款应从广义和实质内容上把握,凡是保险人援引可减少或免除承担保险责任的合同条款均应为免责条款,包括保险合同约定的免赔率,免赔额,等待期,保证条款,按责赔付,医药费限于医保用药以及当投保人或被保险人不履行义务时,保险人全部或部分免除赔付责任的条款。目前就免责条款的范围如何界定,学者观点不统一,最高人民法院倾向性认为,基于立法目的和文义,"免除保险人责任条款"是指保险合同中载明的保险人不负赔偿或者给付保险金责任的条款。该条款不仅指保险合同中的"责任免除"部分的条款,还包括一些散落在各章节的限制或者免除保险人责任的条款。[1] 笔者认为，保险合同责任免除条款，是指任何可以实质性免除或减轻保险赔偿责任的条款，包括除外责任条款以及保险人可以授以终止、解除保险合同或减轻、免除保险责任的条款。也就是说，采用保险人提供的格式条款订立的保险合同中，"责任免除"、"除外责任"及其他免赔率、免赔额、比例赔付等部分或全部免除保险人赔偿或者给付保险金责任的条款，应当归入《保险法》第十七条第二款规定的"免除保险人责任的条款"范畴。司法实践中，有关责任免除内容通常散见于保险合同中的诸如责任限额、权利义务、赔偿处理、释义、附则等各个部分，而不是集中起来单独列出的。免责条款是在合理合法前提下对分配风险的一种约定，但由于保险人固有的实力和语义上的强势，为了保险合同双方当事人的平等，保险合同免责条款应采用广义说。

1. 免责条款范围

其一，除外责任条款，可细分为原因除外责任条款和损失除外责任条款。原因除外责任条款，是指约定保险人对特定原因造成的损失不负赔偿责任，如约定因被保险人的自杀、自伤、饮酒过度、滥用药物、吸食或注射毒品、殴斗等违法犯罪行为导致出现保险事故的，保险人不承担保险责任。实践中常见不予赔偿的有，无证驾驶机动车引发事故的、被保险人故意犯罪自杀身亡，不论这种原因是直接还是间接，保险人不给付保险金责任。患有疾病开车发生保险事故的，保险人不承担保险责任。保险事故发生后，被保险人允许的驾驶员遗弃被保险机动车逃离现场或故意破坏、伪造现场、毁灭证据的，保险公司免除责任。损失除外责任条款，是指约定对何种损失不承担赔偿。实践中常见的有对精神损害、诉讼费用不予赔偿。

其二，免赔率（额）条款，是指保险人对标的物损失可免除一定限额的责任条款，在性质上属于限制责任条款。

【案例9－71】 黄某某诉中国人民财产保险股份有限公司武鸣支公司保险合同纠纷案

判决观点，保险人在依保险合同约定计算赔偿的基础上，在保险单载明的责任限额内，被保险人负交通事故次要责任的，保险人免赔率为5%，负同等事故责任的免赔率为10%，负主要事故责任的免赔率为15%，负全部责任的负赔率为20%。原告在本案所涉交通事故中负次要责任，被告可按约定

[1] 参见最高人民法院保险法司法解释起草小组编著：《〈中华人民共和国保险法〉保险合同章条文理解与适用》，中国法制出版社2010年版，第104页。

免除对原告5%的赔偿。[1]

【案例9-72】 吴某诉某保险公司保险合同纠纷案

判决观点,本案的争议焦点为保险公司提供的保险条款中所约定的免赔事由及免赔率是否属于免责条款,以及该约定是否生效。本案中,保险公司提供的保险条款中关于免除保险人责任的约定,应当属于《保险法》规定的"免除保险人责任的条款",保险人应就这些条款履行明确说明义务。[2]

免赔率分为相对免赔率与绝对免赔率两种。现行的车辆保险采用的是绝对免赔率,其做法是:保险公司对超出免赔率部分的损失进行赔偿,赔偿金额不包含免除金额。

【案例9-73】 高某某诉华安财产保险公司扬州市中心支公司财产保险合同理赔纠纷案

判决观点,原告、被告在订立合同之初,原告没有确定免赔率,被告也无证据证明就免赔率达成了合意。因此,由被告在事后选定一个免赔标准而限定自己承担责任的范围的做法或想法,对原告来说都是不公平的,也不符合合同成立的要求。被告陈述的,投保人没有选定免赔率标准,即推定适用20%免赔率的主张,既无法律依据,也无约定依据,故不予采信。[3]

【不同处理】 实践中,有的法院不认为免赔率(额)属于免责条款。

【案例9-74】 王某某诉中国太平洋财产保险股份有限公司常州市武进支公司理赔纠纷案

二审法院认为,保险合同中的绝对免赔率(额)条款不应属于免责条款的范畴。本案所涉保险合同第二十一条"负同等责任免赔10%"的规定,因保险公司在订立保险合同时已提请投保人王某某注意,故对其效力,法院予以认定。[4]

商业三者险中在被保险人未投保不计免赔率附加险的情况下,保险公司根据驾驶人在交通事故中所承担的责任享有一定比例的免责额度,符合合同及法律规定,对缔约双方公平合理,并不具有减轻或者免除其自身责任的性质,也非《保险

---

〔1〕 参见国家法官学院案例开发研究中心编:《中国法院2012年度案例》(保险纠纷),中国法制出版社2012年版,第25页。

〔2〕 参见《准确理解适用〈解释(二)〉 促进保险业健康稳定发展 最高人民法院公布三起保险合同纠纷典型案例》,载《人民法院报》2013年6月8日。

〔3〕 参见最高人民法院中国应用法学研究所编:《人民法院案例选》2008年第4辑(总第66辑),人民法院出版社2009年版,第274页。

〔4〕 参见翟翔、朱帅:《保险合同的"相应赔偿责任"系投保人实际所负责任》,载《人民法院报》2007年11月9日,第5版。

法》中规定的免责条款，由此，保险公司责任的免除不需要履行对投保人进行提示及说明的义务。

有法官认为，保单中限制每次赔偿的最高限额，不属典型的责任免除条款，而属于责任限制条款。保险公司并非完全不承担保险责任，而是将应承担的保险赔偿限制在一定幅度内，这类条款也属于“霸王条款”，属于可变更、可撤销条款。如果该类条款的限制会导致不能有效弥补投保人损失，投保人可要求在保险额度内赔偿，将责任限制条款予以撤销。[1]

其三，比例赔付或者给付的条款，此类条款同除外责任条款一样，实际上也是一种免除保险人责任。

【案例9－75】 严某某诉中国人民财产保险股份有限公司上饶市分公司保险合同纠纷案

一审法院认为，《家庭自用汽车损失保险条款》第二十六条关于比例赔付的规定，核心是减轻或免除保险人的保险责任，应当认定为《保险法》第十七条第二款规定的“免除保险人责任的条款”。二审法院亦持同样意见，维持一审判决。[2]

其四，影响保险合同效力的条款。保险合同中有关合同是否即时生效、何时生效或何种情况下生效的条款直接影响投保人或被保险人合同期待利益的实现，而保险人为维护自身利益，常常在保险合同中作出一些限制性规定，如必须体检合格、必须取得合法的汽车牌照等，以推迟合同生效的时间。这类条款在很大程度上起到限制保险人责任作用，因此，其也应属于广义的免除条款。

【案例9－76】 骆某某诉都邦财产保险股份有限公司北京分公司财产保险合同纠纷案

一审法院认为，都邦保险公司未提供证据证明其针对免责条款向骆某某履行了明确说明义务，故保险条款中有关“第三者财产因市场价格变动造成的贬值、修理后因价值降低造成的损失，都邦保险公司不负责赔偿”的免责条款对骆某某不产生法律效力。二审法院维持原判。[3]

---

〔1〕 参见吴庆宝主编：《最高人民法院专家法官阐释民商裁判疑难问题》（2013～2014年卷），中国法制出版社2013年版，第68页。

〔2〕 参见《人民司法·案例》2014年第14期（总第697期）。江西省上饶市中级人民法院（2013）饶中民二终字112号民事判决书。

〔3〕 参见国家法官学院案例开发研究中心编：《中国法院2012年度案例》（保险纠纷），中国法制出版社2012年版，第33页。

【案例9－77】　张某某等诉李某某等机动车交通事故责任纠纷案

判决观点,保险公司不承担诉讼费的免责条款不生法律效力。[1]

其五,车辆折旧率条款。保险条款中所约定的车辆折旧率,是保险行业长期以来的内部规定,没有相关的依据,特别是与《报废标准》所规定的车辆使用年限存在冲突,在保险理赔计算时车损失险赔偿数额时,减轻了保险人责任,根据《保险法解释(二)》第九条的规定,应认定为免责条款。

【案例9－78】　孔某某诉安邦财产保险股份有限公司盐城中心支公司保险合同纠纷案

二审法院认为,本案中,保险车辆行驶证中载明车辆报废年限为15年,这符合相关规定,也较为合理,按此计算保险车辆的月折旧率应为0.6%左右,进而计算出事故车辆的实际价值应为134,550元。而保险条款约定的保险车辆的月折旧率为1.1%,以此计算出事故的实际价值与按0.6%相比,相差接近一倍,明显减轻了保险人的赔偿责任。……保险条款中有关折旧率的约定对孔某某不发生法律效力,本案应按照月折旧率0.6%计算保险事故发生时保险车辆的实际价值更为合理。[2]

【不同处理】　有的法院认为车辆折旧率条款从性质上为技术性条款,不属于免除责任条款。

【案例9－79】　奚某某诉天平汽车保险股份有限公司北京分公司保险合同纠纷案

一审法院认为,本案中,双方已在保险单中明确约定车辆的新车购置价为95,800元。现双方均认可车辆的月折旧费标准为月6‰,本案投保车辆在事故发生时,已行驶近9个月时间,故在事发时投保车辆的折旧费应为48‰(以月6‰为标准,按8个月计算)。据此,投保车辆实际价值应为91,201.6元(95,800元－4598.4元),对于奚某某超出部分的损失,本院不予支持。二审法院亦持同样意见,维持一审判决。[3]

其六,概括性免责条款。该种条款是指其内容为法律、行政法规中禁止性规定,保险条款只是对其规定予以载明的情形。

---

〔1〕参见国家法官学院案例开发研究中心编:《中国法院2013年度案例》(道路交通纠纷),中国法制出版社2013年版,第225页。

〔2〕参见国家法官学院案例开发研究中心编:《中国法院2016年度案例》(保险纠纷),中国法制出版社2016年版,第93～94页。江苏省扬州市中级人民法院(2014)扬商终字第00154号民事判决书。

〔3〕参见国家法官学院案例开发研究中心编:《中国法院2014年度案例》(保险纠纷),中国法制出版社2014年版,第78页。北京市第一中级人民法院(2012)一中民终字第6918号民事判决书。

【案例9－80】 厦门车缘商贸有限公司诉中国人民财产保险股份有限公司厦门市分公司保险合同纠纷案

二审法院认为,双方保险合同中责任免除部分第六条约定:“下列情形下,不论任何原因造成被保险机动车损失,保险人均不负责赔偿:(一)地震及其次生灾害……(七)驾驶人有下列情形之一者:1. 无驾驶证或驾驶证有效期届满;2. 驾驶的被保险机动车与驾驶证载明的准驾车型不符……4. 依照法律法规或公安机关交通管理部门有关规定不允许驾驶被保险机动车的其他情况下驾车。”上述约定采取了列举加兜底的方式阐述免责事由的范围。该“其他情况下驾车”的条款在性质上属于概括性条款。虽未直接明确列举不允许驾车的其他情形,但内容指向非常明确,在外延上强调的是法律、法规或公安机关交通管理部门作出的不允许驾车的相应规定,与合同前文约定的“无证驾驶”“驾驶证有效期已届满”等列举规定是并列协调关系,亦是对列举规定的补充。[1]

《保险法解释(二)》第九条第一款对免责条款进行列举,但规定了“等”即表明并非封闭性,除了本条规定列举之外,仍可能存在其他免责条款,需在个案中确定。这种类型条款可列入为概括性条款范畴。所谓概括性条款,一般是指词义模糊、概括性极强、外延开放的条款。常见的概括性条款往往以“其他”“除此之外”“等”兜底条款的方式出现。对于概括性条款是否为免责条款,必须运用合理的解释方法予以解释和判断,但要防止“一刀切”的扩大解释。

对于免责条款的范围,有法官认为,首先,法定免责条款不属于除外责任条款。法律、法规中有些条文明确规定了保险人不承担或减轻承担保险责任的情况,由于对于这些责任免除情况,当事人既不能通过合同约定加以排除,也不能加以限制,其始终具有法律效力,与当事人是否约定无关。即使当事人将其订立在合同中,也是对法律法规的重复,因此,该类条款本质上属于法定免责条款,而非除外责任条款。其次,合同解除条款不属于除外责任条款。《保险法解释(二)》第九条第二款规定……虽然此类条款也可能导致保险人不承担赔偿或者给付保险金的责任,但与除外责任条款不同,该结果是保险人解除保险合同的法律后果,而不是直接免除保险人的保险责任。合同解除条款制定的目的是,在一方违约的情况下,另一方主动选择退出合同的权利,以最大限度地保障自身权利。[2]

---

〔1〕 参见最高人民法院中国应用法学研究所编:《人民法院案例选》2016 年第 9 辑(总第 103 辑),人民法院出版社 2017 年版,第 106 页。福建省厦门市中级人民法院(2014)厦民终字第 1991 号民事判决书。

〔2〕 参见最高人民法院中国应用法学研究所编:《人民法院案例选》2018 年第 10 辑(总第 128 辑),人民法院出版社 2019 年版,第 147 页。

2. 免责条款内容

免责条款的边界，应当以保险合同缔约双方对保险责任的约定为标准，而对保险责任约定的本身决定了该保险产品是此种保险产品，而非彼种保险产品。

【案例 9－81】　齐某某诉中国平安财产保险公司北京分公司财产保险合同纠纷案

判决观点，责任保险的保险标的是被保险人向第三者承担的赔偿责任。齐某某作为交通事故全部责任的承担方，理应对该交通事故中的受伤者赵某某支付的医药费用承担赔偿责任。该赔偿责任，并不因为赵某某是否使用了国家规定的医保范围以外的药物而有所改变。本案中，若平安保险北京分公司根据"医保范围内赔偿条款"的规定进行理赔，那么，其对被保险人齐某某承担的保险责任必将小于被保险人齐某某向伤者赵某某承担的赔偿责任，因此，根据司法解释的相关规定，"医保范围内赔偿条款"应认定为《保险法》第十七条第二款规定的"免除保险人责任的条款"。[1]

免责条款的类型问题。依据是否符合客观公平原则，可分为实质免责条款和形式(假)免责条款两类。实质免责条款又可分为绝对无效型和有生效可能型两种。前者是指严重偏离客观公平原则，使合同目的无法实现，为法律禁止，即使当事人达成特别合意也不生效的条款，如《保险法》第十九条的规定。后者是指偏离客观公平原则，但尚未达到绝对无效程度，法律允许以特别合意使之生效的条款，如《保险法》第十七条的规定。形式免责条款，是指实现保险交易"对价平衡"必要内容，具有免责功能，但符合客观公平原则的条款，如责任除外条款。

免责条款的依据问题。按照保险人责任的不同依据，可以将保险人的责任免除区分为法定免责与约定免责。法定免责又称为法定除外责任，是指由《保险法》与保险相关的法律中明确规定保险人不承担或者可以不承担赔偿责任的情形。[2] 保险公司免责事由，基本围绕法律法规确定的各类违法情形来列举，如事故发生驾驶员存在违法情形保险公司即可拒赔，那么，保险合同中根据违法行为所作的免责事由，从一定意义上讲可视为没有必要。约定免责又称为合同除外责任，是指在保险合同中，以保险合同条款明确规定保险人不承担赔偿责任的情形。在保险合同中，一切约定保险人免除保险责任的条款均被称为"免责条款"，但是这些免责条款既可能是当事人自由处分权利义务的结果，也可能是法律规定的合同化。事实上，保险人在拟定格式条款时，将保险人有关保险人免责的规定予以

〔1〕 参见国家法官学院案例开发研究中心编：《中国法院 2017 年度案例》(保险纠纷)，中国法制出版社 2017 年版，第 43 页。北京市房山区人民法院(2015)房民(商)初字第 03593 号民事判决书。

〔2〕 参见温世扬主编：《保险法》，法律出版社 2007 年版，第 189 页。

纳入的情形比比皆是。类似的免责条款,虽然以合同条款为表现形式因而貌似约定免责,但是,条款所承载的权利义务内容与法律规定存在高度契合,故此类免责在实质上仍然属于法定免责。[1] 区分的意义,在于认定其合法性有所不同,对于法律明确规定合同化的免责条款,不能被认定为违法条款;反之,不具有法律明确规定免责条款,才可界定为违法条款。

免责条款中没有定义的理解。一般情况下,在保险合同中对容易引起争议或保险公司有特殊要求免责条款中的免责事项事先进行界定,只要根据保险合同的约定判断即可。对于保险条款没有定义的责任免除事项,则需要根据不同事项的性质、所属行业、保险惯例和法律、法规的规定进行界定,如确定故意伤害、杀害和故意犯罪等,要根据刑法进行判断。如果保险合同把违法行为、违法犯罪行为作为责任免除事项,根据合同法的"意思自治"原则,该约定与法律、法规中的授权性规范或任意性规范虽有不同或重叠,但不抵触,约定是有效的,对保险合同当事人有约束力。对于它们的含义,应具体情况具体分析,结合各个条款的具体内容,作符合逻辑的公平的解释,不能一概而论:对于违法行为,应当采取列举方式;对于违法犯罪行为,应理解为仅指故意犯罪行为。[2]

免责条款的扩张解释问题,是需要研究的。被保险车辆司机酒后违规停车而引发保险事故,投保人能否以保险事故发生时不是驾驶状态为由,不适用酒后驾驶条款,请求保险公司承担赔偿责任,在实践中意见不一致。被保险人酒后违反交通规则,将其驾驶的车辆随意占道停放,并且未设置必要的警示标识,其车辆虽然不属于通常意义上的"驾驶"状态,但因其未将车辆移出交通运行领域,给正处在途中的其他交通参与人造成了现实的危险障碍,被保险车辆自身发生交通事故的危险系数相应提高。故应对保险合同中的"酒后驾驶"免责条款作目的扩张解释,认定酒后随意占道停放车辆引发交通事故属于"酒后驾驶"情形,保险公司可依据免责条款拒绝理赔。

【案例9-82】 顾某某诉中国人民财产保险股份有限公司新沂支公司保险合同纠纷案

二审法院认为,由于顾某某酒后驾驶,致使其无法正常驾驶,无法正常停靠车辆及未采取必要的安全防范措施,对出现交通事故的风险采取一种放任的态度,加大了出现保险事故的可能性,故可以认定顾某某的饮酒行为与保险事故的发生存在因果关系。根据"酒后驾驶免赔"的约定,中国财保新沂支公司对顾某某的损失不承担赔偿责任。综上,原审判决认定事实不清,适

---

〔1〕 参见刘建勋:《保险法典型案例与审判思路》,法律出版社2012年版,第141页。
〔2〕 参见许崇苗:《保险法原理及疑难案例解析》,法律出版社2011年版,第233页。

用法律错误，依法应予改判。〔1〕

应注意的是，在《人身损害赔偿解释》实施前，当时法院在审理道路交通事故引起的人身损害赔偿纠纷案件，均是根据《道路交通事故处理办法》中规定的赔偿项目来确认侵权方的赔偿责任，所以，保险公司在起草保险条款时，也将该方法作为理赔款的计算标准。因此，在保险合同签订时，保险公司作为条款的提供方，并无借此条款减轻自身责任的意思表示，根据当时所适用的法律，该条款事实上也不可能减轻保险公司的赔偿责任，显然该条款不属于免责条款。实践中，法院亦对保险合同中约定的赔偿计算方式不认为是免责条款。

在理赔过程中免责条款认定问题。保险事故发生后，当被保险人已经履行了其对第三者的赔偿责任，保险人给付保险金后与被保险人签订赔偿协议。该赔偿协议中关于免除保险人责任的"一切赔偿终了、一次性赔偿"条款或收据，应认定为免责条款。

【案例9-83】　中国人民财产保险股份有限公司广州市天河支公司诉广州市和埔汽车运输公司保险公司保险合同纠纷案

原告、被告于2011年4月8日达成赔偿协议，其中有"被保险人广州市和埔汽车运输有限公司承认中国人民财产保险股份有限公司广州市分公司关于该出险案一切赔偿责任已终了，领取上述赔款后不再以任何方式(含诉讼或仲裁)、任何理由向中国人民财产保险股份有限公司广州市分公司提出索赔"。一审法院认为该赔偿协议属于免除保险人责任的免责条款。〔2〕

对于此类赔偿终了的协议或收据，只要保险人履行了提示和明确说明义务，应当认定属于被保险人对自己民事权利的处分行为，也不涉及第三人的利益，应当具有法律约束力，法院不应干涉。

(二)免责条款判断

保险人免除赔偿责任的情形应当在合同中具体明确，即便如此其争议不断，故有必要对免责条款进行判断。

---

〔1〕　参见最高人民法院中国应用法学研究所编著:《人民法院案例选》(月版)2010年第3辑(总第15辑)，中国法制出版社2010年版，第30页。

〔2〕　参见国家法官学院案例开发研究中心编:《中国法院2013年度案例》(保险纠纷)，中国法制出版社2013年版，第53页。

1. 免责条款理由

免责条款理由应由保险合同约定或法律法规及相关管理部门明确规定。

伤残鉴定超过合同约定的鉴定期间不属于保险人免责理由。

【案例9－84】 余某某诉中国人民人寿保险股份有限公司深圳市分公司保险合同纠纷案

二审法院认为,保险条款对鉴定时间设限的初衷是为督促被保险人积极治疗并排除被保险人构成伤残是因保险事故之外的其他原因导致的可能性,同时也便于及时确定保险人的赔偿责任。余某某发生工伤事故后一直在医院接受治疗,于症状及体征达到相对稳定及时进行了伤残鉴定,并无证据证明其存在懈怠治疗或拖延鉴定的情形,亦无证据证明超过180天后所做的鉴定提高了伤残等级。因此,人寿保险深圳分公司仍应承担残疾保险金理赔责任,不因伤残鉴定超过意外伤害发生之日起180天免责。〔1〕

违反安全装载规定导致交通事故所造成的损失,属于保险合同约定的全额免赔情形。

【案例9－85】 宜宾市铁龙运业有限公司诉中国人民财产保险股份有限公司筠连支公司保险合同纠纷案

判决观点,原告的驾驶员赵某某驾驶的事故车载货超过核定载重量,致使路基下塌发生交通事故,该事故属于保险合同约定的保险公司不承担赔偿责任的情形。综上,原告主张被告支付保险赔偿金103,200元,法院不予支持。〔2〕

在为货物投保的情形下,运输货物的车辆是否超载不能成为保险公司免赔的理由。

【案例9－86】 曹某某诉中国人民财产保险股份有限公司淄博高新技术产业开发区支公司保险合同纠纷案

二审法院认为,首先,本案所涉保险合同的标的是货物,而非车辆。涉案货物已因火灾全部损失,并经中国人民财产保险股份有限公司格尔木支公司书面确认。其次,本案中曹某某并非货物运输人,而是以货物价值权益人的身份投保。因此涉案车辆是否超载,是否因超载发生火灾,均与曹某某无关。

---

〔1〕 参见国家法官学院案例开发研究中心编:《中国法院2019年度案例》(保险纠纷),中国法制出版社2019年版,第147页。江苏省无锡市中级人民法院(2016)苏02民终4756号民事判决书。

〔2〕 参见国家法官学院案例开发研究中心编:《中国法院2018年度案例》(保险纠纷),中国法制出版社2018年版,第65页。四川省筠连县人民法院(2015)筠连民初字第777号民事判决书。

即使确实存在超载等情形，依照《国内水路、陆路货物运输保险条款(2009版)》第十三条的约定，人保财险亦应先行向曹某某承担理赔责任。人保财险主张因涉案运输车辆超载，导致事故发生，根据保险合同及保险条款，其不应承担赔偿责任的上诉理由不符合双方的合同约定，不能成立。综上所述，原审判决认定事实清楚，适用法律正确，依法应予维持。[1]

驾驶员疲劳驾驶不属于保险合同免责理由。

【案例9-87】　青岛安信通大件运输有限公司诉安邦财产保险股份有限公司菏泽支公司财产保险合同纠纷案

一审法院认为，保险条款约定，驾驶人或操作人饮酒、吸食或注射毒品、被药物麻醉后使用被保险机动车、保险人不负赔偿责任，但该项合同约定并未包含疲劳驾驶，被告认为疲劳驾驶属于法律规定的禁止驾驶机动车的情形，依照保险条款的约定，依照法律法规或公安机关交通管理部门有关规定不允许驾驶被保险机动车的其他情况下驾车，保险人不应承担保险责任。该规定为兜底性条款，其免责事项并不明确，更无从向投保人作出明确说明，应认定该条款不发生效力。二审法院亦持同样意见，维持一审判决。[2]

投了机动车损失保险的车辆发生自燃，保险公司可以免责。

【案例9-88】　陆某诉中国人民财产保险股份有限公司镇雄支公司财产保险合同纠纷案

二审法院认为，陆某收到保单后，未对保单提出变更或补充，结合中国人民财产保险股份有限公司家庭自用车损失保险条款和中国人民财产保险股份有限公司附加险条款，可以看出，其所购买的车损险和附加险是不同的两种保险，附加险系在投了车损险的基础上对车损险进行的补充保险。陆某驾驶的车辆发生自燃属于保险公司应当免责的情形。据此认定原判事实清楚，适用法律正确，程序合法，上诉人的上诉理由不能成立，不予支持。[3]

医疗机构在不具备防范医疗风险必要条件的情况下，上门为患者静脉输液，导致患者因药物过敏没有相应抢救条件而死亡，该诊疗行为应认定为"未经国家有关部门许可的诊疗护理工作"，保险人免除赔偿责任。

---

〔1〕 参见国家法官学院案例开发研究中心编：《中国法院2018年度案例》(保险纠纷)，中国法制出版社2018年版，第139～140页。山东省淄博市中级人民法院(2015)淄商民终字第603号民事判决书。

〔2〕 参见国家法官学院案例开发研究中心编：《中国法院2017年度案例》(保险纠纷)，中国法制出版社2017年版，第81页。山东省菏泽市中级人民法院(2015)菏商终字第427号民事判决书。

〔3〕 参见国家法官学院案例开发研究中心编：《中国法院2017年度案例》(保险纠纷)，中国法制出版社2017年版，第102页。云南省昭通市中级人民法院(2015)昭中民三终字第119号民事判决书。

【案例9－89】 江苏省滨海县陈涛镇中心卫生院诉中华联合财产保险股份有限公司盐城中心支公司保险合同纠纷案

一审法院认为，医生为村民上门诊治的行为并无不当，这也是乡村医生的职责之一，但静脉输液相对于其他给药方式，是一种存在较高风险的诊疗方式，输液治疗有严格适应症，对其医生、护理、设施等方面均有严格的要求。目前虽未有法律明令禁止到患者家中输液，但各地医疗、卫生主管部门均出台相关文件对输液条件作了规定。但条件不是普通居民家中所能具备的。本起医疗事故专家分析意见也指出，“医师到患者家中作输液治疗，违反医疗规范，又没有相应的抢救条件，导致患方病情变化时失去宝贵抢救时机”。可见，本案中医生刘某至患者家中输液的行为明显不当，有违医疗规范，原告的医务人员到患者家中输液的诊疗行为，违反相关医疗规范，符合“被保险人从事未经国家有关部门许可的诊疗护理工作”的免责情形，同时也违反了保险合同第二十一条的约定。据此，一审法院判决驳回原告的诉讼请求。二审法院亦持同样意见，维持一审判决。〔1〕

交通事故中自费药赔偿，不属于保险公司的免赔理由。

【案例9－90】 龚某某诉中国人民财产保险股份有限公司茂名市分公司责任保险合同纠纷案

判决观点，因原告龚某某是保险车辆的使用人，具有保险利益，可视为被保险人。原告龚某某已垫付2800元，故被告中保茂名公司应当在商业第三者责任险的保险限额内承担赔偿责任。原告龚某某请求被告中保茂名公司支付粤G9××××牌号小轿车商业第三者责任险的赔偿金2800元，未超过商业第三者责任险的保险限额，应予以支持。本案中，因被告中保茂名公司未能提供证据证明本案交通事故受害人王某华所用的自费药，对其抗辩理由，法院不予采信。〔2〕

在机动车与非机动车、行人之间的交通事故中，当事人在调解协议中约定机动车车损由机动车自负并无实际意义。根据严格责任原则，非机动车、行人并不是机动车车损的赔偿义务人，亦即机动车对非机动车、行人的车损赔偿请求权并不存在，故对保险公司依据《保险法》第六十一条的规定就机动车车损拒绝全额理赔的主张，应认定与事实不符。也就是说，机动车车主放弃对个人的车损赔偿请求权不构成保险免责事由。

〔1〕 参见《人民司法·案例》2018年第17期（总第820期）。江苏省盐城市中级人民法院（2017）苏09民终1228号民事判决书。

〔2〕 参见国家法官学院案例开发研究中心编：《中国法院2016年度案例》（保险纠纷），中国法制出版社2016年版，第67页。广东省茂名市茂南区人民法院（2014）茂南法民二初字第197号民事判决书。

侵权人应当对全部损失承担赔偿责任不能成为保险公司免责理由。

【案例9－91】　徐某某等诉中国太平洋财产保险股份有限公司深圳分公司交通事故损害赔偿纠纷再审案

再审法院认为,关于直接侵权人应当对全部损失承担直接赔偿责任是不是保险公司的免责事由的问题。直接侵权人对受害人徐某某等造成的损失,固然应当承担相应的侵权责任,但是保险公司对于责任保险的被保险人给第三者造成的损害,依照其在商业第三者责任保险合同中约定的范围,可以直接向受害人履行。保险公司对于受害人徐某某等人的起诉,并不具备先诉抗辩权。故直接侵权人是否应当向徐某某等人承担赔偿责任以及承担责任的数额,均不能作为保险公司免于承担责任的抗辩理由。因此,一审、二审对此所作的认定并无不当。

未经年审的机动车,不属于保险赔偿免责事由。

【案例9－92】　在平县冯屯镇宏源劳务服务部诉中国人寿财产保险股份有限公司聊城市中心支公司保险合同纠纷案

一审法院认为,人寿保险公司辩称被保险人的工作人员驾驶的二轮摩托车未有效年审,属于保险公司免责事由,保险公司不予赔付。对此,首先,本案属正常交通事故,成某逆向行驶及观察操作不当是事故发生的原因,并非机械故障等车辆状况所致,事故的发生与车辆未有效年审没有直接的联系;其次,车辆未有效年审属于违反《道路交通安全法》的规定,应由行政主管部门处理,对于理赔问题应按照合同约定及《保险法》的相关规定解决,不能当然作为拒赔的根据;最后,保险合同中第六条第六项“被保险人的工作人员犯罪或者违反法律、法规的,保险人不负赔偿”的规定,属格式条款,该条款加重了投保人、被保险人的责任,当属无效条款,人寿保险公司以此作为拒赔的理由不能成立,不予采纳。另外,保险合同与侵权损害赔偿是两个不同的法律关系,人寿保险公司以事故相对方已部分赔偿受害人,不应重复赔偿的抗辩理由于法无据,不予采纳。二审法院同意一审法院裁判意见。[1]

保险公司主张投保人骗保依据不足,应依法承担理赔责任。

【案例9－93】　华某诉中国人民财产保险股份有限公司北京分公司保险合同纠纷案

一审法院认为,人保公司主张本案事故系卢某故意驾驶车辆入水造成依

---

〔1〕　参见国家法官学院、最高人民法院案例研究院编:《中国法院2020年度案例》(保险纠纷),中国法制出版社2020年版,第87页。山东省聊城市中级人民法院(2018)鲁15民终395号民事判决书。

据不足。理由如下:第一,淮工鉴定所出具的司法鉴定意见书不应采信。该司法鉴定意见书系人保公司单方委托鉴定形成,其在鉴定之前未告之华某及驾驶员卢某,在鉴定过程中未通知华某及驾驶员卢某参与,在鉴定意见形成后、本案诉讼前未向华某及驾驶员卢某提供,现华某明确对此不予认可,且法院在庭审过程中明确要求人保公司通知淮工鉴定所的鉴定人、人保公司事故勘察人员到庭,但上述人员无正当理由均未到庭,故对淮工鉴定所作出司法鉴定意见书及人保公司的该抗辩意见均不予采信。第二,根据事故现场照片、交警部门出具的道路交通事故认定书并结合华某、卢某、袁某等人的陈述,事故发生地道路路况不佳,落水处路面变窄、驾驶人路况不熟,法院确认案涉事故系因卢某驾驶车辆行驶过程中避让车辆不慎驶入河道造成。第三,人保公司主张卢某系故意驾驶车辆入水,后又要求理赔已经涉嫌刑事犯罪,但其并未向公安机关报案,仅提供司法鉴定意见书予以证明,在该证据不予采信的情形下,应由人保公司承担举证不能的责任。华某同时主张车辆损失513,827元及发动机损失145,770元,但车辆损失中已包含了发动机损失部分,华某的该主张于法无据,对于其主张的要求人保公司赔偿车辆损失513,827元的诉讼请求予以支持,对于其要求人保公司赔偿发动机损失145,770元的诉讼请求不予支持。综上,依据双方订立的保险合同,人保公司应支付华某保险理赔款515,727元(车辆损失513,827元+施救费1900元),华某的其他主张于法无据,法院依法不予支持。二审法院同意一审法院裁判意见。[1]

建设工程团体险中的被保险人通常是工程施工人员,系保险合同的受益人。建设工程团体险与其他团体保险不同,该险种具有一定的社会保障性和公共利益,应当得到保护。该险种实际上起着对施工人员替代性社会保障功能,发挥着工伤保险的作用。在此种保险法律关系中,被保险人在保险合同中并无特别需要履行的义务,所以其通常为保险纠纷的无过错方。保险人不得以投保人未如实告知工程造价为由,而拒绝向被保险人赔付。

【案例9-94】 杨某等诉平安养老保险股份有限公司广东分公司保险合同纠纷案

一审法院认为,第一,本案系团体意外的建筑工程团体意外保险(以下简称建工团体险),由用人单位作为投保人,为施工人员在施工过程中的人身安全进行投保,属施工单位对施工人员提供劳动保障的一部分,本案保险合同

---

〔1〕 参见国家法官学院、最高人民法院案例研究院编:《中国法院2020年度案例》(保险纠纷),中国法制出版社2020年版,第90~91页。江苏省无锡市中级人民法院(2018)苏02民终3122号民事判决书。

除了投保人与被保险人之间的商业行为之外，亦承载了对施工人员意外的社会保障功能。第二，被告作为专业金融保险机构，对于投保人提供的信息有核实的权利与义务，其在保险合同订立时应当清楚工程的地理位置、建筑面积，以上信息可以使其作出工程造价是否属实的判断。本案中，投保人提供的《建设施工合同》载明工程建筑面积19,360.3平方米，但工程造价款只有160万元，该工程造价明显低于市场合理价格，然而保险人在明知的情况下仍继续予以承保，未尽谨慎核查的义务。第三，被保险人未参与合同的订立，对投保人是否履行"如实告知义务"既无过错亦不知情，而是将本保险合同视为其劳动保障的一部分，现发生保险事故，其作为意外事故中死亡的劳动者，若被告仅依据投保人故意不履行如实告知义务，对所发生的保险事故不承担给付保险金责任，则意味着未履行如实告知的后果实际由被保险人承担，这显失公平，亦非正义。因此，参照《保险法》第十六条第六款"保险人在合同订立时已经知道投保人未如实告知的情况的，保险人不得解除合同；发生保险事故的，保险人应当承担赔偿或者给付保险金的责任"之立法精神，不管本案中投保人是否履行如实告知的义务，被告平安养老保险公司仍应对本案保险事故承担支付保险金的责任。判决被告平安养老保险公司向原告杨某、张小甲等人支付保险金65万元。二审法院同意一审法院裁判意见。[1]

2. 从个案中判断

个案中，法官不应局限于合同文字刻板地认定只要出现保险合同约定免责事由就必然免责，而应分析具体案情合理认定保险事故及免责是否成立。

【案例9-95】　张某与某保险公司意外伤害医疗保险合同纠纷案

判决观点，本案的争议焦点在于保险条款所约定的保险人免责事由"被保险人斗殴"应当作出怎样的理解。"斗殴"一词的词义，在商务印书馆《现代汉语词典》中为"争斗殴打"。保险合同仅约定保险人对于被保险人因斗殴引起的保险事故免除保险责任，并没有对斗殴的性质与责任作出更为明确的划分。如果对斗殴的性质与责任不作区分，认为被保险人只要发生了与他人互相打斗的行为，保险人对与此有关的保险事故与损害结果即一概免责，将会导致一个荒谬的结论：被保险人对于其遭受的不法侵害不得实施防卫性行为，不能作出反抗，只能被动接受或逃避，否则，一旦发生损害结果，保险人将免除保险责任。这一结论违背了公众普遍的价值观，所以不合理。一般而

---

〔1〕 参见国家法官学院、最高人民法院案例研究院编：《中国法院2020年度案例》（保险纠纷），中国法制出版社2020年版，第145页。广东省广州市中级人民法院（2018）粤01民终15045号民事判决书。

言,可以将斗殴区分为有过错的斗殴与无过错的斗殴,判断标准如下:在主观上,取决于行为人是恶意地主动挑起斗殴还是被动地参与斗殴;在结果上,取决于行为人对斗殴行为所造成的损害结果是否承担法律责任。行为人即便参与了斗殴,但如果依法判定其主观上没有恶意并且无须承担责任,即可以认定其参与斗殴的行为不具有过错。反之,行为人参与了斗殴并且依法判定其主观上具有恶意或者应当对于斗殴所造成的结果承担法律责任,即可以认定其斗殴行为属于有过错的斗殴。就本案而言,张某作为投保人与被保险人有理由相信,其在合同成立后只要不是主动地、恶意地实施侵害他人的打斗行为,被动地、无责任地参与打斗并由此造成的损害结果,可以获得保险保障。据此,审理本案的法院将前述免责条款解释为:被保险人对于其实施的斗殴行为有主观过错,或者对于斗殴所造成的自身损害结果负有法律责任的,保险人可以免除保险责任;反之,被保险人虽有参与斗殴的行为并因此受到伤害,但如果该被保险人对于斗殴行为不具有主观过错或者对斗殴所造成的自身损害结果不承担法律责任,保险人的保险责任不能免除。[1]

商业保险免责条款是否有效应根据订立合同时该条款是否合理判断,而非从免责事由在具体保险事故中的"参与度"判断。

【案例9-96】 黄某枝诉吴某记等机动车交通事故责任纠纷案

一审法院认为,本案争议焦点为:吴某记未取得道路货物运输资格的从业资格证,驾驶货运车辆从事货物运输时发生交通事故能否成立商业第三者险免赔。从事道路货物运输依法应先取得道路从业资格证是《道路运输条例》第二十二条及《道路运输从业人员管理规定》第十条的要求。从业资格是对道路运输从业人员所从事的特定岗位职业素质的基本评价。经营性道路客货运输驾驶员和道路危险货物运输从业人员必须取得相应从业资格,方可从事相应的道路运输活动。根据上述行政法规、部门规章的规定,驾驶员从事货物运输,除持有符合规定的机动车驾驶证外,还必须经过考试合格取得道路运输从业资格证书,道路从业资格证书为从事货物运输的必备证件。本案保险公司明确在保险合同免责条款中约定:"驾驶出租汽车或营运性机动车无交通运输管理部门核发的许可证书或者其他必备证书",保险公司不负责赔偿,该条款将行政法规、部门规章的禁止性规定列入保险合同的免责范围,并未免除保险人依法应当承担的义务或者加重投保人、被保险的责任,也未排除投保人、被保险人或者受益人依法享有的权利的。根据《保险法》

〔1〕 参见最高人民法院民事审判第二庭编著:《最高人民法院关于保险法司法解释(三)理解与适用》,人民法院出版社2015年版,第555页。

规定,保险公司对保险免责条款的明确说明和提示义务的对象限于投保人,财产保险厦门分公司就本案保险免责条款在投保单等保险凭证上对投保人进行了提示和说明,投保人亦在投保单上盖章确认,应认定为财产保险公司厦门分公司已履行了提示和明确说明义务,上述保险免责条款对保险合同当事人均具有法律效力。对于财产保险厦门分公司主张因肇事车辆赣 B×××××牌号驾驶员未取得道路货物运输从业资格证违反保险合同约定,其因此不予承担保险责任的意见予以采纳。吴某记系陈某山雇用的司机,其系在履行货物运输任务过程中致人损害,其雇主陈某山应当承担赔偿责任。根据交警事故认定书,吴某记在事故中承担事故全部责任,对事故的发生具有重大过错,应与雇主陈某山承担连带赔偿责任。陈某山将肇事的赣 B×××××牌号车辆挂靠在远行公司名下经营,挂靠单位远行公司应与陈某山承担连带赔偿责任。判决:(1)陈某山、吴某记、远行公司赔偿黄某枝各项经济损失 564,645.10 元;(2)驳回黄某枝的其他诉讼请求。二审法院经审理同意一审法院的裁判意见,判决:驳回上诉,维持原判。[1]

保险公司未能在网络投保流程中主动、规范履行提示义务。即使投保人按照投保流程完成投保,并不足以证明保险公司已以合理的方式提醒投保人注意免责条款。因保险公司就商业三者险的免责条款未尽到提示义务,其据以主张免责的免责条款不产生法律效力。

【案例 9－97】　冯某萍诉林某锋等机动车交通事故责任纠纷案

二审法院认为,本案争议焦点为:保险公司在商业三者险项下可否予以免赔。(1)关于本案的免责事由。根据《道路交通安全法实施条例》第二十八条规定,林某锋在驾驶证"超分、停止使用、扣留期间"的情形下仍驾驶车辆上路,违反了上述行政法规的禁止性规定。而涉案车辆投保的商业三者险保险条款明确约定"无证驾驶,驾驶证被依法扣留、暂扣、吊销、注销期间"驾驶机动车发生交通事故是平安保险公司的免责事由。(2)关于禁止性规定免责条款的提示义务。根据《保险法解释(二)》第十条的规定,保险公司据以主张免赔的免责条款内容,符合以法律、行政法规禁止性规定作为免责事由之情形,在林某锋的行为违反禁止性规定的情况下,能否直接导致保险公司免赔的法律后果,关键在于保险公司是否已履行提示义务。(3)关于提示义务的一般要求。根据《保险法解释(二)》第十一条第一款的规定,保险人履行提示义务应是主动履行,包括主动向投保人提供保险条款,并以合理的方式充分提示其注意。(4)关于网络投保中的提示义务。《保险法解释

---

〔1〕 福建省厦门市中级人民法院(2019)闽 02 民终 97 号民事判决书。

(二)》第十二条对网络投保进行了规范,网络投保应结合其特点,由保险人主动、规范地提供提示说明义务。(5)本案保险人履行提示义务的情况。第一,保险公司确认网络投保流程中的《免责事项说明书》《机动车商业险条款》等电子单证,需要由投保人主动点击后方可展开阅读,若投保人未点击阅读保险条款,而是直接勾选"已查阅并同意以上信息"承认已阅读保险条款,可继续完成后面的投保流程。上述投保程序反映,投保人在未点击阅读保险条款的情况下,仅在形式上确认已阅读保险条款即可进入下一流程,实际上将保险人应主动履行的提示义务转为应投保人要求才履行的义务,显然不利于保护投保人。由此可见,保险公司未能在网络投保流程中主动、规范履行提示义务。即使投保人按照投保流程完成投保,并不足以证明保险公司已以合理的方式提醒投保人注意免责条款。第二,保险公司应进一步提供证据如同步录音录像等,证明投保人不仅在形式上确认已阅读保险条款,而是实质上已阅读保险条款,但保险公司未能进一步提供有效证据对此予以证明。第三,本案中,完成实名验证进入投保流程的是林某城本人还是仅持有其身份证照片的案外人、林某城的电子签名是否其本人所签尚存在争议,即使该电子签名由林某城本人所签,因保险公司的网络投保程序设置不规范,且未能进一步提供证据证明本案投保人已实质阅读保险条款,在此情况下,由投保人签名确认仅是流于形式的确认,同样不足以证明保险公司已主动、规范履行提示义务。第四,保险公司还主张林某城缴纳相应保险费的行为也应视为对保险合同以及保险人已履行提示、说明义务的追认。根据《保险法解释(二)》第三条第一款的规定,该条款目的在于解决由保险人或其代理人代投保人或其代理人签字或盖章的情况下保险合同的效力问题,而不应及于对保险人已履行免责条款提示、说明义务的追认。综上,因保险公司就商业三者险的免责条款未尽到提示义务,其据以主张免责的免责条款不产生法律效力。经法院核定冯某萍请求的各赔偿损失共计144,870.21元。超出交强险的损失58,319.32元,应由保险公司在商业三者险范围内予以赔偿。判决:(1)维持广东省佛山市禅城区人民法院(2019)粤0604民初13511号民事判决第一项;(2)撤销广东省佛山市禅城区人民法院(2019)粤0604民初13511号民事判决第三项;(3)变更广东省佛山市禅城区人民法院(2019)粤0604民初13511号民事判决第二项为:保险公司在商业第三者责任保险限额范围内向冯某萍赔偿损失58,319.32元;(4)驳回冯某萍的其他诉讼请求。[1]

人身保险中,按残疾程度给付残疾保险金的约定和费用补偿型医疗保险适用

〔1〕 广东省佛山市中级人民法院(2020)粤06民终1675号民事判决书。

损失补偿原则的约定不属于免除保险人责任的条款。

【案例9－98】　于某诉中国平安人寿保险股份有限公司人身保险合同纠纷案

二审法院认为，根据《保险法》第十一条第一款的规定可知，保险合同的订立应兼顾投保人与保险人的利益，合理分担各方的权利义务。人身意外伤害保险合同中，关于被保险人因意外伤害造成不同程度的伤残，由保险人进行不同额度赔付的约定，即为保险合同公平原则的体现。本案中，依据平安附加倍保安行意外伤害保险条款约定可知，该条款将被保险人伤残程度的重与轻和保险人给付保险金的多与少相对应，是给付伤残保险金的条件及相应的保险金计算方式，是平安人寿公司的保险责任，并未排除投保人、被保险人或者受益人依法应享有的权利，亦未在平安人寿公司承担保险责任的范围内减轻或排除其应当承担的风险与损失，故该条款的约定内容不属于《保险法解释（二）》第九条规定的“比例赔付或者给付”，不应当认定为免除保险人责任的条款。因此，于某的上诉理由于法无据，法院不予支持。〔1〕

【案例9－99】　程某诉中国人寿保险股份有限公司呈贡县支公司人身保险合同纠纷案

判决观点，按残疾程度给付残疾保险金的约定和费用补偿型医疗保险适用损失补偿原则的约定不属于免责的条款，程某关于保险公司未向其尽到提示和明确说明义务条款不生效的主张，法院不予支持。保险公司在本案中的保险责任应以合同约定为准。〔2〕

车辆被牵引状态中，因被保险人仅可对行驶方向进行微调以及刹车减缓车速，不宜认定被保险人当时正在驾驶，并因此排除无证驾驶免责条款的适用，而判决保险公司向死者家属赔偿意外保险金。

【案例9－100】　王某某等诉中国人民财产保险股份有限公司北京市分公司人身保险合同纠纷案

二审法院认为，本案的争议焦点有二：一是无有效驾驶证驾驶或驾驶无有效行驶证的机动交通工具期间发生事故免于赔偿的免责条款在本案中是否可以适用；二是事故发生时邱某某是否处于驾驶状态。一、关于免责条款可否适用问题。……本案中，邱某某通过网络在被告处购买保险，被告通过

〔1〕　参见国家法官学院案例开发研究中心编：《中国法院2018年度案例》（保险纠纷），中国法制出版社2018年版，第176页。云南省昆明市呈贡区人民法院（2016）云0114民初1644号民事判决书。

〔2〕　参见国家法官学院案例开发研究中心编：《中国法院2019年度案例》（保险纠纷），中国法制出版社2019年版，第143页。北京市第一中级人民法院（2017）京01民终2063号民事判决书。

网络向邱某某送达了电子版的保险条款，并对其中的“期间除外，被保险在下列期间遭受意外伤害导致身故或残疾的，保险人不承担给付保险人金责任：……(7)被保险人酒后驾驶、无有效驾驶证驾驶或驾驶无有效行驶证的机动交通工具期间”免除责任内容以黑体字的方式进行了提示，且在释义部分对本案所涉无有效驾驶证驾驶或驾驶无有效行驶证的含义进行了解释，其行为已经完成了免责条款的提示和解释说明义务，故该免责条款具有法律效力。至于原告所称事故发生与邱某某无有效驾驶证驾驶、无有效行驶证不具有因果关系，故该条款不应适用本案的主张，法院认为，保险条款中已经明确无有效驾驶证驾驶或驾驶无有效行驶证的机动交通工具属于期间除外，而不是保险条款中约定的原因除外，即无论事故原因为何，只要发生在无有效驾驶证驾驶或驾驶无有效行驶证的机动交通工具期间，保险人即可免除赔偿责任。综上，被告所依据无有效驾驶证驾驶或驾驶无有效行驶证的机动交通工具属于期间免于赔偿的免责条款，在本案中可以适用。二、关于邱某某是否处于驾驶状态的问题。本案中，邱某某驾驶已被注销的正三轮摩托车上路行驶，在行驶途中车辆发生故障，失去动力和制动效果。在由牵引车牵引过程中，发生意外，导致邱某某死亡。法院认为“驾驶”其含义为操纵车辆、船舶、飞机等使其行驶。本案中，事故发生时，邱某某虽然正坐在三轮摩托车上，但是仅能调整方向和踩刹车，故法院认为，邱某某当时对事故车辆的控制行为不能构成驾驶。保险条款中虽然约定无有效驾驶证驾驶或驾驶无有效行驶证的机动交通工具期间免于赔偿，但邱某某当时并非处于驾驶状态，其发生翻车致死属于意外事故，被告不能依据上述免责条款免于赔偿，故判决被告赔偿保险金10万元。二审法院判决：驳回上诉，维持原判。[1]

保险人援引的免责条款应具有合理性和关联性。

【案例9-101】 泰龙公司诉人寿镇江公司保险合同纠纷案

一审法院认为，泰龙公司车辆在保险期间内发生保险事故，人寿镇江公司应按约赔付保险金。人寿镇江公司提供的商业险免责条款未区分车辆未年检或年检不合格两种情形，均不负赔偿，存在不合理之处。机动车检验不合格会增加风险发生的概率，但是合格的车辆未年检不会增加风险发生概率。本案中，泰龙公司车辆在事故后年检合格，并不存在安全隐患，非导致事故的原因。在此情况下，保险人依然以未年检为由主张免责，已经明显超出保险人控制经营风险的合理需要，不符合公平原则及被保险人的合理期待，该格式条款减轻

〔1〕 参见最高人民法院中国应用法学研究所编：《人民法院案例选》2020年第10辑（总第152辑），人民法院出版社2021年版，第34～35页。北京市第二中级人民法院（2019）京02民终6042号民事判决书。

了被保险人自身责任而加重了投保人责任,应为无效条款。泰龙公司主张的损失金额61,840元,事实清楚,证据充分,予以支持。判决:人寿镇江公司赔付泰龙公司保险金61,840元。二审法院基本同意一审法院裁判意见。[1]

保险公司经招投标程序与卫生行政部门签订的保险合同,其被保险人行为符合约定的责任免除条款,可拒赔偿。

【案例9-102】　刘某某等诉中国太平洋人寿保险股份有限公司宜宾中心支公司保险合同纠纷案

二审法院认为,该《独生子女保险合同》载明:"……责任免除:因下列、情形之一造成被保险人(参保对象)身故或残疾的,乙方将不付保险金给付责任:……(5)被保险人酒后驾驶、无有效驾驶执照驾驶或者驾驶无有效行驶证的机动交通工具……"的内容不适用《保险法》第十七条……的规定,太平洋保险支公司对免责条款中的免责事由无须作出诸如加黑、加粗等足以引起投保人注意的提示。被保险人刘某某、肖某之子肖小某无证驾驶无牌照机动车违反了《道路交通安全法》第十九条……的禁止性规定,太平洋保险支公司按照双方签订的《独生子女保险合同》约定的免责条款拒赔的理由成立,法院予以支持。[2]

通常未明确列入责任免除章节的条款称为隐性免责条款,对隐性免条款的认定,亦是法官裁定的难点。

【案例9-103】　孙某诉某保险公司保险合同纠纷案

判决观点,保险公司以《机动车交通事故责任强制保险条款》第二十条第一款的规定作为拒绝赔偿的抗辩理由,但是该条款免除了保险公司的责任,应属免责条款,而保险公司未就该条款进行提示及解释说明,保险公司认为《机动车交通事故责任强制保险条款》第二十条不在"责任免除"章节,不属于免除保险人责任的条款的理由不能成立。[3]

【案例9-104】　亓某某诉中国平安财产保险股份有限公司莱芜中心支公司保险合同纠纷案

一审法院认为,虽然该第十一条未明确列入责任免除章节,但从其文义及作用来看,对保险公司在赔偿限额内的责任进行了限定,属于免除保险人

---

〔1〕 参见国家法官学院、最高人民法院司法案例研究院编:《中国法院2021年度案例》(保险纠纷),中国法制出版社2021年版,第87页。江苏省镇江市中级人民法院(2019)苏11民终3661号民事判决书。

〔2〕 参见国家法官学院案例开发研究中心编:《中国法院2017年度案例》(保险纠纷),中国法制出版社2017年版,第173页。四川省宜宾市中级人民法院(2015)宜民终字第1731号民事判决书。

〔3〕 参见安凤德主编:《保险合同纠纷诉讼指引与实务解答》,法律出版社2013年版,第172页。

依法应承担的义务、排除被保险人依法享有的权利的格式条款，符合免责条款的本质特征。被告对该条款作为普通条款设置，并未对该条款作出足以引起原告注意的提示，也没有证据证实对上述条款履行了提示及明确说明义务，本院对被告依该条款免除保险责任的主张不予支持。二审法院亦持同样意见，维持一审判决。[1]

人身保险合同中，保险人设置的条件明显违反自然规律，免除了其应承担的保险责任，虽未出现在合同责任免除一章中，但仍属于免除责任条款，即隐性免责条款。

【案例9－105】　滁州妇女儿童医院诉中国平安财产保险股份有限公司滁州中心支公司保险合同纠纷案

二审法院认为，《平安医疗责任保险条款》第三条要求“在保险期间或保险合同载明的追溯期内，被保险人在从事与其资格相符的诊疗活动时，因过错造成患者损害，由患者或其代理人在保险期间内首次向被保险人提出损害赔偿请求”明显违反自然规律，免除了其应承担的保险责任。故平安财保滁州支公司在保险合同中设置的“由患者或其代理人在保险期间内首次向被保险人提出损害赔偿请求”的条件无效。平安财保滁州支公司上诉认为，原审判决否定保险制度中期内索赔发生制度错误的理由亦不能成立，不予采纳。[2]

意外伤害保险中，被保险人超过180日身故，保险人不能免责。

【案例9－106】　李某贤、李某云诉中国人民人寿保险股份有限公司如皋支公司保险合同纠纷案

二审法院认为，本案中，从现有证据分析，李某贤、李某云亲属李某全的死亡原因是“头部遭受较大外力作用导致严重颅脑损伤合并肺部感染、褥疮等并发症死亡”，造成该死亡原因的前因是李某全遭受的交通事故，且后因是前因的必然结果，而交通事故属于案涉保险合同的保险风险，故保险公司理应承担赔付责任。现人寿如皋公司在无证据证明李某全的死亡与交通事故之间无因果关系的情况下，忽视近因原则，仅以被保险人身故时间与发生意外时间间隔大于180天，不满足“被保险人自意外伤害发生之日起180日内因同一原因身故……”这一条款的理由而拒绝，与《保险法》第四条……的规

---

〔1〕 参见国家法官学院案例开发研究中心编：《中国法院2016年度案例》（保险纠纷），中国法制出版社2016年版，第101页。山东省莱芜市中级人民法院（2014）莱中商终字第66号民事判决书。

〔2〕 参见国家法官学院案例开发研究中心编：《中国法院2016年度案例》（保险纠纷），中国法制出版社2016年版，第149页。安徽省滁州市中级人民法院（2014）滁民二终字第00055号民事判决书。

定相背离，极易导致被保险人在遭受意外伤害后无法获得及时救治甚至被二次伤害等道德风险。故保险公司的该上诉理由，本院不予支持。[1]

责任保险中，被保险人因发生保险事故而向第三者承担的赔偿责任是保险标的。因此，计算保险赔偿款时应以被保险人向第三者赔偿的金额作为保险人计付赔偿款的基数。以保险金额作为保险赔偿金计算基数的计算公式条款属于部分免除保险人责任的条款。

【案例9－107】　万州区天子客运出租汽车有限公司诉安诚财产保险股份有限公司重庆分公司万州中心支公司保险合同纠纷案

二审法院认为，安诚财保万州支公司提供的《商业第三者保险条款》第二十条约定：当被保险人应负赔偿金额高于赔偿限额时：赔偿＝赔偿限额×（1－事故责任免赔率）×（1－绝对免赔率）。这一条款是由事故责任免赔率和绝对免赔率组成的计算公式，事故责任免赔率和绝对免赔率本身属于《保险法》第十七条第二款规定的"免除保险人责任的条款"。因此，由事故责任免赔率和绝对免赔率组成的计算公式，计算结果必然减轻保险人的赔偿责任，也应属于"免除保险人责任的条款"。[2]

应注意对免责条款"度"的把握，不应无限地扩大或缩小，主要把握的方面并非有无除外责任或免责条款的字样，而应从实质上界定是否有属于免除保险人单方责任义务内容的条款，即保险人责任的免除具有绝对化，其只享有权利不承担义务，导致保险人和被保险人之间的权利义务不对等。一般来说，保险责任条款和程序性条款不属于免除保险人责任条款。其余的条款是否属于免除保险人责任条款，应该在个案中结合案件事实来判断。在格式保险条款中，通常有被列名为"责任免除""责任除外"等字样的章节或者段落，保险人在这些章节中集中设置与免除保险人责任条款有关的条款，这些被注明的条款为显性的免责条款。另外，保险合同另有一些内容，虽然未被注明为免责条款，但是这些条款在实质上具有免除保险责任的功能，即隐性的免责条款。也就是说，判断一个保险条款是否属于免责条款的标准，是保险条款的实质内容，而不是其外在形式，应坚持具体分析内容，防止判断失误。在保险合同中没有被冠以"免责条款"之称谓的条款，未必不是免责条款；被冠以"免责条款"之称谓的条款，未必是真正意义上的免责条款。凡保险人利用该条款以限制自己的给付责任的，均应归入免责条款之列。

---

〔1〕　参见国家法官学院案例开发研究中心编：《中国法院2016年度案例》（保险纠纷），中国法制出版社2016年版，第179页。江苏省南通市中级人民法院（2014）通中商终字第0415号民事判决书。

〔2〕　参见国家法官学院案例开发研究中心编：《中国法院2016年度案例》（保险纠纷），中国法制出版社2016年版，第138页。重庆市第二中级人民法院（2013）渝二中法民终字第00637号民事判决书。

【案例9-108】 郭某某诉某财产保险公司北京分公司保险合同纠纷案

判决观点,该合同条款的作用在于,针对原本属于保险责任的、被保险人依法赔偿第三者的医疗费用中的特定部分,即第三者医疗费用中的自费金额,作出了保险公司不负赔偿的除外约定。该除外约定的作用在于减轻、限制保险公司对保险责任的承担。因此,上述条款虽然并未被设置于格式条款的"责任免除"段落,而被设置于格式条款的"赔偿处理"段落,但是该条款就其实质与功能而言,仍然属于"责任免除"条款。[1]

《保险法解释(二)》第九条第二款规定:保险人因投保人、被保险人违反法定或者约定义务,享有解除合同权利的条款,不属于《保险法》第十七条第二款规定的"免除保险人责任的条款"。

对保险单中特别约定条款效力区分情况认定:其一,通俗易懂的,一般应认定有效。其二,有利于保护投保人利益的,一般不加以限制。其三,不利于保护投保人利益的,分投保人同意、不同意或根本违约三种情形处理。

确实无法找到第三者是免赔条款适用的前提,对此应予以严格的理解,即在穷尽一切办法皆没有找到第三者的可能。对确实无法找到第三者,不能理解为诉讼案件(判决)时还没有找到第三者。

【案例9-109】 张某某诉中国平安财产保险股份有限公司成都市锦城支公司保险合同纠纷案

一审法院认为,原告的投保车辆被他人砸坏,被告对车辆损坏范围、原告提供的维修结算单、维修费付款数额予以认可,也未否认应承担的保险赔偿责任,但主张适用双方约定的绝对免赔率条款,即"发生保险事故时,应当由第三者负责赔偿且确实无法找到第三者的,实行30%的绝对免赔率"。双方的上述约定,只有在确定无法找到第三者的条件下才能适用。事故发生后,原告及时向公安机关报案,公安机关已经立案侦查,被告主张适用上述绝对免赔率条款,未提供确实无法找到第三者的证据,且被告作为提供格式条款的一方,在对该条款有两种以上的解释时,依法应当作出对其不利的解释,故对被告的该主张不予支持,对原告主张被告支付保险赔偿金27,382元的诉讼请求,予以支持。二审法院亦持同样意见,维持一审判决。[2]

教练车在教练过程中发生事故后,基于保险公司已放弃对免责情形的抗辩以及合理期待原则,投保人有权要求保险公司承担相应的赔偿责任,保险公司却不

---

〔1〕 参见刘建勋:《保险法典型案例与审判思路》,法律出版社2012年版,第141页。

〔2〕 参见国家法官学院案例开发研究中心编:《中国法院2014年度案例》(保险纠纷),中国法制出版社2014年版,第99页。四川省成都市中级人民法院(2012)成民终字第3027号民事判决书。

能依据机动车第三者责任保险约定的教学练习免责情形来免除自身责任。换言之,教练车在教练中发生事故,属于保险责任范围。

【案例9-110】 江苏省常州市武进诚信机动车驾驶技术培训中心诉阳光财产保险股份有限公司常州中心支公司保险合同纠纷案

一审法院认为,对于涉案事故造成第三者人身伤害的,阳光保险常州公司应予赔偿。首先,根据阳光保险常州公司提交的投保单,其在签订保险合同时对投保车辆为教练车是明知的,对该车辆用于教学练习的正常用途也是明知的,但阳光保险常州公司仍然予以承保应视为对教学练习免责情形抗辩权的放弃。其次,虽然三者险条款约定对教学练习中的损失免责,但该约定不仅违背了投保人投保的初衷,也排除了投保人依法享有的权利,使得投保人投保的目的无法实现,该免责条款无效。最后,本案中保险人并未明确告知投保人不投保教练车附加险,在教练过程中发生事故将得不到赔偿的后果;保险人不能在未明确告知不投保教练车附加险后果的情况下,由投保人自行选择,以此转嫁保险风险。对于赔偿金额,诚信培训中心同意扣除医保外不可报用药及糖尿病、高血压用药费用合计10,714.77元,法院予以确认。二审法院亦持同样意见,维持一审判决。[1]

驾驶员弃车离开现场,保险公司可依据免责条款拒赔。

【案例9-111】 无锡市江成运输有限公司诉中国太平洋财产保险股份有限公司无锡分公司保险合同纠纷案

二审法院认为,本案中蒋某在事故发生后,虽有报警行为,但无正当理由未留在现场配合保险事故性质、原因的查明,客观上导致对其事故当时生理状态无法确定,无法排除存在饮酒驾车等免责情形。因此,保险公司有权依据有效的免责条款拒赔。二审法院判决:驳回上诉,维持原判。[2]

被保险机动车发生交通事故,驾驶员授意他人谎冒驾驶员,并无故离开事故现场而致事故原因、责任无法查清,有违如实告知义务,符合保险合同免赔约定的,保险公司有权拒绝赔偿。

【案例9-112】 张某某诉中国平安财产保险股份有限公司永州中心支公司保险合同纠纷案

二审法院认为,本案事故发生后,被保险人、肇事人均未如实向保险人报

---

〔1〕 参见《人民司法·案例》2014年第14期(总第697期)。江苏省常州市中级人民法院(2013)常商终字第516号民事判决书。

〔2〕 参见国家法官学院、最高人民法院案例研究院编:《中国法院2020年度案例》(保险纠纷),中国法制出版社2020年版,第67页。江苏省无锡市中级人民法院(2018)苏02民终1291号民事判决书。

案，导致事故发生的原因无法查清、核实。在本案审理过程中，张某某自认其驾驶车辆引起事故，但其在事发时未在现场，在事发后亦未如实向保险人陈述事故过程，是其授意妻子李某某谎报驾驶员。其无故离开事故现场未能给出合理解释，应推定其意图隐瞒、掩盖事故真相，并致事故原因、责任无法查清，有违如实告知义务，平安财保永州中心支公司据此拒赔并无不当。〔1〕

《保险法》第二十一条的内容已纳入保险合同约定且保险人未就该免责条款进行提示和明确说明，故该保险合同中约定的免责条款未生效，但这并不影响保险法的效力，保险人仍可依据法律规定拒绝承担保险责任。

【案例9－113】　孔某诉中国太平洋财产保险股份有限公司重庆分公司保险合同纠纷案

一审法院认为，投保单和投保人声明处的投保人签字不是本人所签，保险人未就保险合同中的免责条款向投保人尽到提示和明确说明义务，该免责条款不发生效力。但发生交通事故后立即停车、保护现场并报警等候处理是每个取得驾驶资格的驾驶人员应当知晓的基本常识。本案中，尤某作为被保险车辆的驾驶人，在交通事故发生后依法应当承担对保险人的通知义务。尤某明知交通事故处理流程和报警义务，但在交通事故发生后却离开事故现场，后在具备报警或报险条件时仍未及时报警、报险，且未能提供合理说明，可以认定其具有重大过失。虽然保险合同的免责条款无效，但是驾驶人尤某在事故后因重大过失未及时通知保险人的行为导致本案交通事故的性质、成因无法查清，符合《保险法》第二十一条规定的免赔情形。保险人有权拒绝承担赔偿责任，原告孔某的诉讼请求法院不予支持。一审法院判决：驳回原告孔某的诉讼请求。二审法院同意一审法院裁判意见。〔2〕

《人身保险伤残评定标准》的条款，系对保险责任范围的约定，而非免责条款。

【案例9－114】　蒋某诉安盛天平财产保险股份有限公司保险合同纠纷案

判决观点，原告称被告未向原告明确告知保险合同约定伤残程度等级应适用《人身保险伤残评定标准》，故该约定无效，原告在交通事故中受伤应当适用《道路交通受伤人员伤残评定标准》。根据《保险法》第十七条第二款的规定……从该条款内容可知，保险人对保险合同中免除保险人责任的条款未

---

〔1〕　参见最高人民法院中国应用法学研究所编：《人民法院案例选》2019年第8辑（总第138辑），人民法院出版社2019年版，第147页。江西省吉安市中级人民法院（2018）赣08民终563号民事判决书。

〔2〕　参见国家法官学院、最高人民法院案例研究院编：《中国法院2020年度案例》（保险纠纷），中国法制出版社2020年版，第78页。重庆市第五中级人民法院（2018）渝05民终4690号民事判决书。

尽提示及明确告知义务,方导致该条款不产生效力,故本案需要审查的是保险合同约定应当适用《人身保险伤残评定标准》确定伤残程度等级的条款,是否属于免责条款范围。对此分析如下:(1)保险合同将《人身保险伤残评定标准》约定于保险责任范围项下,意在明确保险人承担的保险责任范围和保险金给付标准,而非免除保险人的责任,故《人身保险伤残评定标准》不应当属于免责条款,而应当属于免责条款之外的确定保险人责任范围的条款。(2)《保险法解释(二)》第九条第一款规定……《人身保险伤残评定标准》有按照比例支付保险金的内容,但该标准中的比例给付是按照伤残等级的高低程度向被保险人支付保险金,是为了确定保险金的支付标准,而不是免除保险责任。《人身保险伤残评定标准》所列的伤残程度,基本覆盖了大多数伤残情况,同时体现了被保险人伤残程度与保险金数额的相互对应关系,即重伤的多赔,轻伤的少赔。《人身保险伤残评定标准》不仅兼顾了保险人与被保险人双方利益,也反映了对遭受特定风险的被保险人予以分担风险的保险功能,适用该标准相对合理与公平,该标准并未在保险责任范围内免除或者减轻保险人责任。综上,保险合同约定伤残等级应符合《人身保险伤残评定标准》的条款,系对保险责任范围的约定,而非免责条款。原告称被告未明确告知,该条款无效的理由,依法不予采纳。原告在法院明确告知其如不按照《人身保险伤残评定标准》对伤残等级进行重新评定,可能承担败诉风险的情况下,明确表示拒绝重新鉴定,应承担不利的法律后果。原告蒋某之诉讼请求,依法不予支持。判决,驳回原告蒋某的诉讼请求。[1]

限制承保疾病理赔治疗方式条款,不应认定为免责条款。

【案例9-115】　徐某诉人寿保险公司保险合同纠纷案

一审法院认为,本案的焦点为人寿公司能否依照保险合同约定的"颈动脉狭窄超过80%且实际实施了颈动脉内膜切除手术"条款而徐某未实际进行手术为由承担保险责任。合同约定为颈动脉狭窄超过80%且实际实施了颈动脉内膜切除手术,也即颈动脉闭塞为轻症疾病需要同时满足两个条件,一为颈动脉狭窄程度要在80%以上,二为实际实施了颈动脉内膜切除手术,两者缺一不可。本案中,人寿保险公司认可徐某左侧颈动脉狭窄超过80%,其拒绝理赔的原因在于徐某未实际实施手术。徐某提交医院门诊病历证明其颈动脉闭塞程度已不能实施手术。根据门诊病历的诊断结果,徐某颈动脉闭塞无法介入治疗,需要随访。本案中,徐某手术未实施的原因非因本人主

〔1〕参见国家法官学院、最高人民法院案例研究院编:《中国法院2020年度案例》(保险纠纷),中国法制出版社2020年版,第133~134页。四川省成都市武侯区人民法院(2018)川0107民初34号民事判决书。

观拒绝接受手术治疗，或病轻微无须手术治疗，而是客观上因现有的医疗水平所限导致无法实施手术。也即徐某无法通过手术治疗颈动脉闭塞，需要徐某一直接受其他治疗手段缓解症状。人身保险合同存在的重要价值就是投保人一旦发生疾病等意外时，能够通过保险理赔手段更好地治疗疾病或弥补损失。本案中，徐某的病情虽然不满足条款中实际实施手术的理赔条件，但是无法实施手术非其本人意愿，徐某也未因无法实施手术而不再治疗疾病，其终身都需要接受其他方式的治疗用于缓解病症并为此支付治疗费用。此种情况下，人寿保险公司仅以条款约定的实施手术条件为由拒绝理赔，与条款设立的本意不符，亦与《保险法》立法的本意相悖，法院不予采信。综合以上情况，徐某的病症满足合同约定的理赔条件。判决：人寿保险公司给付徐某保险金6万元。二审法院同意一审法院裁判意见。[1]

（三）免责条款适用限制

免责条款缩小保险人的责任范围，各国保险法为保护保险合同相对人利益，对免责的适用均采取一定限制。免责条款的适用要受到法律明确规定和合同约定的限制，凡不符合法律规定或合同约定的，则不能适用免责条款，具体为：

1. 未履行说明义务的，保险人不能以免责条款拒绝赔偿，这是从程序上对免责条款的规制

【案例9－116】 常熟市银联网络信息科技有限公司诉中国人民财产保险股份有限公司常熟中心支公司保险合同纠纷案

判决观点，本案中，保险公司并未举证证明其对免责条款向银联公司进行了明确说明，银联公司亦未在投保单或保险合同上签字、盖章或者以其他形式予以确认，上述免责条款对银联公司不产生效力。故保险公司应按保险合同约定履行赔付义务。[2]

【案例9－117】 华地设计院诉信达保险万州支公司保险合同纠纷案

二审法院认为，关于特别约定清单中的免责条款是否生效的问题。首

---

〔1〕 参见国家法官学院、最高人民法院司法案例研究院编：《中国法院2022年度案例》（保险纠纷），中国法制出版社2022年版，第155～156页。北京市第三中级人民法院（2020）京03民终4468号民事判决书。

〔2〕 参见国家法官学院案例开发研究中心编：《中国法院2019年度案例》（保险纠纷），中国法制出版社2019年版，第18页。江苏省常熟市中级人民法院（2017）苏0581民初13269号民事判决书。

先，李某某系因从事高空作业未系安全带导致死亡，信达保险万州支公司主张依据保险单的附件特别约定清单第九项，其不负赔偿责任，华地设计院在投保单的特别约定、投保人声明处均盖章予以确认，依据《保险法解释(二)》第十三条之规定，应视为信达保险万州支公司就免责条款履行了明确说明义务。但该解释第十三条同时也规定，另有证据证明保险人未履行明确说明义务的除外。华地设计院主张信达保险万州支公司仅向其交付了保险单、保险费发票、保险条款、未交付保险单的附件即特别约定清单，得到了信达保险万州支公司的时任负责人黄某某的证实。其次，华地设计院虽然在相关文书上盖章确认，但依据信达保险万州支公司在订立保险合同时编造被保险人清单的前行为判断，华地设计院为配合保险公司工作而盖章，实际上盖章前信达保险万州支公司并未就免责条款向其履行明确说明义务的可能性更大。最后，华地设计院主张信达保险万州支公司在其盖章前并未实际履行明确说明义务得到了信达保险万州支公司的时任负责人黄某某的证实。综上所述，该免责条款对华地设计院不产生法律效力。[1]

关于商业三者险实习期免责条款效力的司法审查。

【案例9－118】　赵某军诉保险公司等机动车交通事故责任纠纷案

二审法院认为，本案争议焦点为：关于保险公司是否应承担商业三者险赔偿责任问题。在本案中，肇事车辆的驾驶员王某已经根据《道路交通安全法实施条例》第二十二条的规定完成初次领证的12个月实习期，且已取得与本案肇事车辆车型相符的机动车驾驶证。王某在本案事故发生时所处的“实习期”是根据公安部《机动车驾驶证申领和使用规定》第七十四条规定设立的，驾驶员增加准驾车型后还需经历12个月的实习期。该增驾实习期为公安部在行政法规规定的基础上另行设定的实习期。根据《保险法解释(二)》第十条的解释，保险人将法律、行政法规中的禁止性规定情形作为保险合同免责条款的免责事由，保险人对该条款作出提示后，投保人、被保险人或者受益人以保险人未履行明确说明义务为由主张该条款不生效的，人民法院不予支持。因此，对于行政法规所规定的实习期，保险公司只要进行了提示就视为履行了说明义务。虽然保险公司有对保险合同中的免责条款进行概括性的提示，但是本案中王某所处的实习期为公安部《机动车驾驶证申领和使用规定》所设定的增驾实习期，而保险公司并未举证证明其有就免责条款中的实习期还包括前述《机动车驾驶证申领和使用规定》补充设定的实习期进行

---

〔1〕 参见国家法官学院案例开发研究中心编：《中国法院2019年度案例》(保险纠纷)，中国法制出版社2019年版，第154页。重庆市第二中级人民法院(2017)渝02民终150号民事判决书。

必要的说明,造成本案当事人对实习期免责条款的适用范围发生争议。在此情况下,一审法院根据格式条款的解释规则对保险公司主张的免责条款不予采纳并无不当,可予维持。保险公司主张不承担鉴定费有合同依据,应予采纳,鉴定费应由各方按责任比例分担。王某在向高某宇提供劳务的过程中发生交通事故,相关赔偿责任应由雇主高某宇承担;王某驾驶车辆挂靠三龙物流公司经营,故三龙物流公司应承担连带赔偿责任,故高某宇、三龙物流公司应共同承担鉴定费4040元(10,100元×40%)。综上所述,一审判决除鉴定费处理不当外,其余认定事实清楚,适用法律正确,应予维持。判决:(1)撤销厦门市集美区人民法院(2018)闽0211民初2494号民事判决第二项;(2)变更厦门市集美区人民法院(2018)闽0211民初2494号民事判决第一项为:保险公司赔偿赵某军1,016,732.76元;(3)高某宇、三龙物流公司共同向赵某军支付鉴定费4040元;(4)驳回赵某军一审的其他诉讼请求;(5)驳回保险公司二审的其他上诉请求。[1]

保险人能否以"知险后出运"主张免责,应当从以下两个方面进行判断:保险合同格式条款效力受程序及内容双层规范,约定免责条款的,保险人应在充分履行法定的提示和明确说明义务,否则可能导致免责条款无效;认定被保险人是否构成"知险后出运"事实时,应结合出口信用保险制度鼓励、促进国际贸易的价值,充分考虑交易习惯,审慎认定事实。

【案例9-119】 重庆宝雄进出口贸易有限公司诉中国出口信用保险公司重庆分公司、中国出口信用保险公司进出口信用保险合同纠纷再审案

二审法院认为,关于合同中约定的"知险后出运"免责条款效力及适用,首先,宝雄公司仅在第一次签订保险合同时,签署了《投保人声明》,在后续的续签时,未再次作出声明,中信保重庆分公司未就免除或限制责任保险人的责任条款尽到足够的提示和明确说明义务,在保险期间,宝雄公司与巴西买方建立了持续性合同关系,双方存在未按合同约定时间及金额的持续滚动付款的交易习惯。从巴西买方与宝雄公司的往来邮件来看,巴西买方一直在积极想办法履行付款义务,无证据显示其资金及信用状况恶化,故宝雄公司不当然有权拒绝继续供货。因此,中信保重庆分公司不能以宝雄保险公司"知险后出运"主张免责。

再审法院认为,中信保重庆分公司未出示足够充分的证据证明其对免除或限制保险责任条款在每年签订保险合同时,都尽到了提示和说明义务。在

[1] 福建省厦门市中级人民法院(2019)闽02民终610号民事判决书。

宝雄公司与巴西公司买方存在长期持续滚动付款习惯，且买方一直积极想办法履行付款义务的情况下，宝雄公司的发货行为不构成“知险后出运”。[1]

2. 未履行注意义务、审查不严的免责条款应予以限制

【案例9－120】　郑某诉中华联合财产保险股份有限公司梅州中心支公司保险合同纠纷案

一审、二审法院判决理由为，保险人在接受车辆投保时，应承担主动审查义务，并在发现投保车辆不符合相关规定时及时拒保。如果保险人在签订合同时不严格把关，发生事故后又积极审查投保车辆的情况，尔后再以套牌车辆系“套牌车”为由，认为保险合同无效或依照合同中免责条款而拒绝理赔，使合同双方的权利义务不对等，损害了投保人的利益，违背了公平原则。[2]

3. 未向投保人交付保险合同条款文本，在保险事故发生后不得援引约定的免责条款拒绝承担赔偿责任

在保险业的通常经营模式中，财产保险合同由两部分组成，即保险单和条款文本。通常情况下二者相分离，保险合同条款由保险公司拟定并事先印刷，保险单在投保人投保、保险人决定承保后予以打印。保险公司在订立合同时向其投保人提交保险合同条款文本是当然的义务，否则，将使投保对于合同无法完全了解的内容，如依然以合同条款的约定确定当事人之间的权利义务具体内容，对于投保人和被保险人具有极大的不公平。

【案例9－121】　刘某诉中国平安财产保险股份有限公司北京分公司保险合同纠纷案

判决观点，保险公司没有提交证据证明其已经向刘某提交了保险合同条款文本。进而，法院认定刘某对于保险合同项下的权利义务具体内容没有条件进行了解。在此情况下，保险公司作为格式合同的制定者，不得援引保险合同条款的有关内容拒绝承担保险责任。[3]

---

〔1〕　参见最高人民法院中国应用法学研究所编：《人民法院案例选》2021年第8辑（总第162辑），人民法院出版社2021年版，第141页。重庆市高级人民法院（2019）渝民申2769号民事裁定书。

〔2〕　参见最高人民法院中国应用法学研究所编著：《人民法院案例选》（月版）2010年第3辑（总第15辑），中国法制出版社2010年版，第14页。

〔3〕　参见北京市高级人民法院编：《审判前沿——新类型案件审判实务》2009年第2集（总第26集），法律出版社2010年版，第66页。

【案例9-122】 物流公司诉财产公司保险合同纠纷案

判决观点,本案中,一是财保公司未能举证证明在订立合同时,已将案涉《中国保险行业协会机动车综合商业保险示范条款》交付给物流公司。二是对免责条款中“驾驶出租机动车或营运性机动车无交通运输管理部门核发的许可证或其他必备证书”的含义约定不清,并未明确要求驾驶人取得何种许可证书或必备证书,难以认定所要求许可证是《道路运输许可证》或是对要求驾驶员取得道路运输从业资格证。保险公司亦未提供证据证明其履行了明确告知义务。三是管理部门核发的许可证书仅是对从事相关运输行业驾驶员职业素养的基本评价,并不涉及对驾驶员驾驶能力的考核。涉案司机为未取得道路运输从业资格证,但其持有A2驾驶证,具有驾驶案涉车辆的资格。司机未取得道路运输从业资格与事故的发生不存在必然的因果关系,不能显著增加承保车辆发生交通事故的概率,进而增大其理赔风险。四是该条款系格式条款,存在免除己方责任、加重对方责任义务、排除对方依法应享有的主要权利的情形,应认定为无效。综上所述,该保险条款不能成为保险公司免除其承担相关保险赔偿的免责事由,对物流公司诉请财保公司在保险限额内理赔交通事故损失30,600元的诉讼请求,予以支持。判决:财保公司支付物流公司理赔款30,600元。[1]

投保人举证推翻其确认保险人履行免责条款其实说明事实的,免责条款不发生法律效力。

【案例9-123】 会发公司诉渤海保险重庆分公司保险合同纠纷案

一审法院认为,蔡某未取得从业资格驾驶车辆的行为,属于保险条款中约定的免除保险人赔偿责任的情形。但根据会发公司工作人员与渤海保险重庆分公司负责本案保险合同联系、洽谈事宜工作人员丁某的通话录音,渤海保险重庆分公司从未向会发公司交付过保险条款,保险条款中的相关免责条款不产生效力,故渤海保险重庆分公司应当向会发公司进行赔付。判决:渤海保险重庆分公司支付会发公司保险金209,842.20元。二审法院同意一审法院裁判意见。[2]

实践中,保险公司援引兜底条款,即其他未尽事宜以某某保险条款为准,因其未能进入保险合同,对投保人无约束力。

---

〔1〕 参见国家法官学院、最高人民法院司法案例研究院编:《中国法院2022年度案例》(保险纠纷),中国法制出版社2022年版,第7页。湖南省资兴市人民法院(2020)湘0181民初724号民事判决书。

〔2〕 参见国家法官学院、最高人民法院司法案例研究院编:《中国法院2021年度案例》(保险纠纷),中国法制出版社2021年版,第81页。重庆市第一中级人民法院(2019)渝01民终6005号民事判决书。

4. 合同约定的保险责任免除不符合法律规定，不能据此免责，这是从内容上对免责条款的规制

这里的法律应作广义的理解，既包括法律、行政法规，也包括地方性法规和部门规章，还应包括不违反社会公共利益原则，尊重社会公德，承担社会责任。

5. 举证不能情况下，限制免责条款的适用

保险事故发生后，保险公司不能证明保险事故系除外责任时，不能拒赔。

【案例9－124】　一起机动车商业三者险中免责事由“检验不合格”案

判决观点，被告也未能提供充分证据证明：原告明知或应当知道保险车辆的性能已不符合安全驾驶标准，却拒不采取防止事故可能发生的任何措施，仍然正常上路行驶，因此导致事故的发生。故被告的上述辩称理由，因不符合法律规定和合同约定，法院不予采信。[1]

6. 保险人弃权的，保险人对弃权事项不适用免责

司法实践中，保险人明知投保人不符合保险条款等事实的情况下，仍接受投保，应视其放弃了拒绝承保权，不影响投保。发生保险事故后，保险人就不能再以投保人患病等各种理由拒付保险金。

保险公司拒赔保险金后，又续收保险费的其实质是弃权行为，应承担保险责任。

【案例9－125】　陈某某诉新华人寿保险股份有限公司福建分公司保险合同纠纷案

二审法院认为，案涉防癌、附加重大疾病保险的保险责任范围均约定为被保险人初次患癌或重大疾病，诚然，该条款不具有双重解释。但陈某某再次发生癌症治疗后申请理赔，新华人寿公司以陈某某未尽如实告知义务为由予以拒赔，但并未明确以本案癌症发病情形不属于保险责任范围内的保险事故为拒赔理由；相反地，其拒赔后仍就案涉保险继续收取相应保险费，在明知已不可能出现保险合同约定的被保险人初次患癌或重大疾病的情形下，新华人寿公司本可选择依法解除合同，但是，其却继续向陈某某收取保费，继续履行合同。因此，新华人寿公司的继续收取保费行为，应当被认定为保险责任范围条款被其主动调整为不再局限于初次患癌或其他重大疾病，并效力追溯

[1] 参见张志坡、陈耀东：《机动车商业三者险中免责事由“检验不合格”的意义》，载谢宪、李友根主编：《保险判例百选》，法律出版社2012年版，第439页。

于变更前患病情形;否则,陈某某若再次患癌症或其他重大疾病,显不属于保险条款约定"初次"之情形,新华人寿公司仍可以本案所涉理由拒赔并继续收取保费,此明显构成对陈某某的不诚信甚至欺诈。若支持新华人寿公司以不可能出现的保险事故为保险责任范围而任意收取保险费,将助长保险公司违背保险宗旨、恶意兜揽类似保险业务不良之风气。综上,纵使双方对是否如实询问及告知有争议,新华人寿公司本可以选择解除合同、明确拒赔理由的方式让己方处于有利的诉讼地位。但遗憾的是,新华人寿公司放弃了解除合同的机会,仍然继续催收保险费,也未明确指出非初次患癌或重大疾病保险责任范围的事由,致使己方丧失有利时机,陷入极为不利的诉讼地位,并因此承担理赔责任,新华人寿公司应引以为戒,诚信、规范经营。陈某某因重大过失未如实告知其曾患有癌症之情形,并不实质影响本案理赔,其申请赔付康建吉顺定期防癌疾病保险项下保险金 121,800 元、附加 08 定期重大疾病保险项下保险金 200,000 元,合计 321,800 元,于法有据,应予支持。上诉人陈某某的上诉请求成立,应予支持。一审法院未全面综合判断双方之履约情节,判决结论错误,予以纠正。[1]

7. 国家基本医疗保险条款,在实践中是极有争议的问题

无论是中保协的交强险条款还是各保险公司自己制定的第三者责任险条款,国家基本医疗保险条款均规定在赔偿处理一项,而不是在责任免除栏内。国家基本医疗保险条款的核心内容,是医疗费根据国家基本医疗规定的费用予以核定,超过该规定的范围不予承担。司法实践中,对国家医疗保险条款的效力,有否定和认可两种裁判实例,其否定的,要求保险人赔偿全部医疗费;其认可的,核减保险公司医疗费赔偿金额,这两种不同裁判均有不少实例。因国家基本医疗保险条款的免责属性,法官在对该条款效力判断上,将《保险法》第十七条之免责提示、说明的规定作为标准。有法官认为,同样条款在不同保险中的法律效力也不一样,交强险中国家基本医疗保险条款无效,第三者责任险中可以约定国家基本医疗保险条款。[2] 笔者同意这种观点。由于交强险是一种带有强制性和法定性特征的商业保险,并非社会保险的性质。排除非医保用药的赔付,从性质上看,属于交强险的赔付的重大内容;从金额来看,其对交强险首要的价值目标——被保险人造成了重大的经济影响,排除非医保用药的赔付应当以《交强险条例》为准。

---

〔1〕 参见国家法官学院案例开发研究中心编:《中国法院 2019 年度案例》(保险纠纷),中国法制出版社 2019 年版,第 202 ~ 203 页。福建省福州市中级人民法院(2017)闽 01 民终 2803 号民事判决书。

〔2〕 参见刘渊恺:《交通事故侵权诉讼中交强险、第三者责任险"国家基本医疗保险"条款之辩》,载李少平主编:《疑难侵权案件理论与实务研究》,法律出版社 2012 年版,第 225 ~ 226 页。

而《道路交通安全法》第七十六条和《交强险条例》第二十一条均明确规定，机动车发生交通事故造成人身伤亡、财产损失的，由保险公司在强制保险责任限额范围内予以赔偿，并未授权保险人按照国家基本医疗保险核定医疗费用。交强险中“国家基本医疗保险标准”是保险公司为减轻自身责任而设定的条款，不恰当地超越法律和行政法规限定了自身责任，限制了交强险首要价值保护目标受害人获得保险赔付的权利，应当直接认定为无效，不应适用《保险法》第十七条之规定来审定条款的效力。〔1〕 第三者责任险作为一般商业险种，其保险条款内容可以由保险人和投保人双方平等互利、协商一致的基础上达成。投保人有投保的权利，也有不投保的自由。保险的功能和作用是转移风险、补偿被保险人所应承担的交通事故侵权责任，并非向受害人支付赔偿。在法律未禁止的情况下，保险人和投保人可以对国家基本医疗保险条款作出相关约定，其实质上选择了保险人承担医疗费用范围，则法官自然可以运用《保险法》第十七条之规定判定其效力。也就是说，因为《道路交通安全法》《交强险条例》的限制，在交强险中，保险公司无权在国家基本医疗保险范围内核减费用，应当赔偿全部医疗费。对于超出交强险赔付限额的非医保费用，如在第三者责任险中约定有国家基本医疗保险条款，在符合《保险法》第十七条规定的情况下，保险公司可以拒赔。

8. 交强险中车辆所有权变更未办手续的，应限制免责条款适用

现实中，机动车因转让易主而发生所有权转移，承保的保险公司常以应当办理而未办理变更手续为由拒赔，其拒赔无法律依据，而应限制适用免责条款。最高人民法院法官认为，机动车所有权在交强险有效期内发生变动，保险公司在交通事故发生后，以该机动车未办理交强险合同变更手续为由主张免除赔偿责任的，人民法院不应予以支持。〔2〕

9. 基本险中的免责条款不能当然适用附加险

基本险和附加险是一般和特殊关系，二者应是相对的，内容上并不是相同的。当附加险条款约定的保险事故发生时，保险人以基本险约定的免责条款适用于附加险为由拒绝理赔的，法院不予支持。

---

〔1〕 参见刘渊恺：《交通事故侵权诉讼中交强险、第三者责任险“国家基本医疗保险”条款之辩》，载李少平主编：《疑难侵权案件理论与实务研究》，法律出版社 2012 年版，第 225 ~ 226 页。

〔2〕 参见最高人民法院民事审判第一庭编著：《最高人民法院关于道路交通损害赔偿司法解释理解与适用》，人民法院出版社 2012 年版，第 302 页。

【案例9-126】 黄某某诉中国平安财产保险股份有限公司厦门分公司保险合同纠纷案

一审、二审法院均认为，该案机动车保险条款中车辆损失险（基本险）的免责条款不能适用于全车盗抢险（附加险），保险公司应当依据保险合同的约定对黄某某因车辆被盗产生的损失承担赔偿责任。[1]

10. 不确定概念不能作为保险合同的免责条款

【案例9-127】 王某等诉永安财产保险股份有限公司上海分公司意外伤害保险合同纠纷案

一审法院认为，鳌太线路是否属于被告免责条款中的无人区。根据《自然保护区条例》第十二条第二款、第十四条第一款、第二十七条、第二十八条的规定，“地方级自然保护区的建立，由自然保护区所在的县、自治县、市、自治州人民政府或者省、自治区、直辖市人民政府有关自然保护区行政主管部门提出申请，经地方级自然保护区评审委员会评审后，由省、自治区、直辖市人民政府环境保护区行政主管进行协调并提出审批建议，报省、自治区、直辖市人民政府批准，并报国务院环境保护行政主管部门和国有关自然保护区行政主管部门备案”“自然保护区的范围和界线由批准建立自然保护区的人民政府确定，并标明区界，予以公告”“禁止任何人进入自然保护区的核心”“禁止在自然保护区的缓冲区开展旅游和生产经营活动”。由此，无人区的划定需由行政机关进行审批公示，被保险人有理由相信被告免责条款的无人区与行政机关划定的生态无人区相符合，而本案中并无行政机关对鳌太线路进行过无人区的划定，因此对被告的免责辩称，法院不予支持。二审法院认为，本案一审、二审中，双方对高风险运动、无人区、海拔3500米以上的独立山峰等内容的理解及免责条款是否适用争议较大，而被上诉人陈述是通过慧择保险经纪有限公司业务员周某购买了保险，而上诉人认可被上诉人通过慧择保险经纪有限公司推荐的链接购买保险，但对于周某是否为业务员及承保的具体情况表示不清楚，也未能就投保时已经对该保险的免责条款向投保人进行明确说明充分举证。综上所述，上诉人所设计的网络中并未主动提供保险条款及投保须知等，对上述免责条款并未尽到提示或明确说明义务，免责条款不发生效力，上诉人对被上诉人应按意外伤害保险金额给付身故保险金及其他保险金，同时对被保险人的保险责任终止；对于上诉人提出异议的丧葬处理保险金、身故遗体运返保险金，上诉人一审中对被上诉人提交的涉及上述费

---

〔1〕 参见《人民司法·案例》2008年第6期。

用的证据质证表示无异议,二审中虽提出异议,但未能提交证据予以反驳,一审法院所作处理并无不当,予以维持。综上,上诉人的上诉请求不能成立,不予支持。[1] 本案中,被告在用“无人区”作为免责条款内容时,并未对“无人区”的概念做到准确定义,也未尽到主动明确的说明义务,而是任由投保人自行臆断,发生保险事故后即以字面意义作出有利于自己的解释,其解释不符合损益同归的基本理念,也与合同正义原则相悖,故被告以不确定概念作为免责条款内容,发生保险事故,不能免除被告的赔偿责任。

(四)免责条款疑难问题

1. 免责条款与承保范围约定交叉重合

当保险合同中的免责条款与承保范围的约定有交叉重合之处时,如何确定保险公司的保险责任,是颇有争议的问题。

【案例 9 - 128】 周某某诉大地财产保险公司徐州支公司财产保险合同纠纷案

涉案保险合同第四条约定“由于下列原因造成保险标的损失,保险人依照本条款负责赔偿”中的第一项为“火灾”。保险合同第八条约定“保险人对于下列损失也不负责赔偿”中的第二项为“保险标的本身缺陷……烘烤所造成的损失”。这里的保险合同第四条第一项是承保范围,而第八条第二项是免责条款,两者的约定存在一定交叉重合之处,即保险公司承保损失范围财产险应包含有“火灾损失”,但保险合同中第八条第二项免责条款却又将其排除在承担责任范围之外。一审法院认为,周某某与大地保险公司所签订的财产保险合同属合法有效合同。尽管原告周某某在大地保险公司的投保单上签了字,大地保险公司认为已经尽了告知义务,但“烘烤所造成的损失”按一般的理解可以有不同的解释。例如,烘烤保险标的物造成该标的物本身的焦糊、变质损失及烘焙保险标的物造成火灾损失等。而火灾造成保险标的的损失,根据保险条款约定,保险人应负责赔偿,且烘焙是板材行业正常的工作流程,只要需要就须烘焙。没有证据证明大地保险在履行告知义务时向周某某明确说明了因烘焙引起的火灾损失不予赔偿。再者,对于板材行业来说,

---

[1] 参见国家法官学院、最高人民法院案例研究院编:《中国法院 2020 年度案例》(保险纠纷),中国法制出版社 2020 年版,第 151 ~ 152 页。云南省昆明市中级人民法院(2018)云 01 民终 2756 号民事判决书。

签订保险合同的目的，应当是在发生火灾损失后能够从保险公司获得理赔，弥补损失。而本案所涉保险标的发生意外火灾损失后，大地保险公司却以“烘焙所造成的损失”不予赔偿抗辩，致使周某某签订合同目的落空，这也不合情理。二审法院持同样意见，维持原判。〔1〕

【案例9－129】 长春市鸿程物流有限公司诉中国平安财产保险股份有限公司扬州中心支公司保险合同纠纷案

一审法院认为，保险人向投保人出具的保险单，保险条款中约定因暴风所造成的损失应负赔偿责任，承保条件第7条又约定“因自然灾害及不可抗力造成的货物损失不在本保险责任范围内”。不仅条款前后矛盾，而且大大限缩了保险人赔偿义务。该条款承保条件的约定与原告投保的目的不相一致，损害了原告的利益。〔2〕

免责条款与承保范围约定交叉重合的情形，在实践中时有发生。笔者认为，投保人依据保险人承保责任主张保险赔偿，保险公司以免责条款为由拒付时，应放在个案中视具体情况作具体分析，从保险合同的性质、免责条款说明义务履行情况、被保险人依据保险合同所期待应是客观和合理的三个方面综合考虑率，公平地处理此类纠纷。

2. 免责条款与保险责任关系

免责条款与保险责任条款是保险合同格式条款的核心内容。从理论上讲，免责条款与保险责任的概念清楚，但不乏误解现象的存在。有人提出，免责条款与保险责任是相对应的概念，这容易使人对二者之间的关系产生误解，认为二者之间非此即彼的关系。也有个别判例中出现由于保险公司的拒赔事由非免责条款规定的内容，即被判令承担赔偿或给付保险金责任的情况。有法官认为，保险责任范围与责任免除条款之间并非一个非此即彼的关系。应当说，只有在保险责任范围内的事故，保险人才承担保险责任，不能把保险责任条款没有规定不承担保险责任的事故，理解为保险人应当承担保险责任；也可以说，保险人只对没有在责任免除条款中剔除的保险责任范围内的事故承担保险责任。所以，在事故发生之后，首先应当解决的恰恰不是保险公司是否可以依据免责条款而免责的问题，而

〔1〕 参见最高人民法院中国应用法学研究所编：《人民法院案例选》2008年第2辑（总第64辑），人民法院出版社2009年版，第311页。

〔2〕 参见国家法官学院案例开发研究中心编：《中国法院2013年度案例》（保险纠纷），中国法制出版社2013年版，第147页。

是应当先行判断所发生的事故是否属于保险责任范围的问题。[1] 也有法官认为，免责条款中所谓“责”，是根据保险合同的约定，保险人本应承担的保险责任，而保险责任条款的作用就是界定保险人承担保险责任的基本范围。保险标的存在的风险是多种多样的，不是所有的风险都可以作为承保风险，也不是所有的承保风险都可以由一个保险合同来承保。而保险责任条款的意义就在于明确该保险合同的保险人对此风险而非彼风险承担保险责任，即“责”本身；而免责条款是在保险责任条款的基础上明确其中有哪些是被免除的，二者虽然都有明确保险责任的作用，但有逻辑上的先后顺序，免责条款依附于保险责任条款，所以不能把保险责任条款也作为免责条款来对待。[2] 笔者认为，保险责任不属于免责条款，免责条款与保险责任条款之间有内在联系，但不能画等号，不限于包含关系，并且免责条款本身也是对保险责任范围的限定。如果把保险责任画成一个圆，在圆圈内的是保险责任的范围，免责条款的作用在于明确圆圈内部哪些范围不属保险人承担责任的部分，也就是界定哪些范围除外。免责条款适用的前提是该免责情形所针对的保险事故属于保险责任范围之内，只有保险责任范围内的保险事故，才存在保险责任的免除可能性，而保险责任范围之外的事件造成保险标的的损失，保险人当然不存在承担保险责任，也不存在免责之说。保险责任范围是由多项条款划定的责任区域，其中部分条款与免责条款的界限并不是很清晰，是否属于免责条款需要具体分析。

【案例 9－130】　张某某诉民生人寿保险股份有限公司江苏分公司人身保险合同纠纷案

一审法院认为，张某某所患“系统性红斑狼疮”按照常人的理解应属于重大疾病，而民生人寿江苏公司在保险合同重大疾病中的第 37 项“系统性红斑狼疮”解释中第三个条件中规定：狼疮肾炎致使肾功能减弱，血肌酐的清除率低于每分钟 30MI，该解释远小于常人所理解的“系统性红斑狼疮”的疾病范围，实际上是对保险责任范围的一种缩小，是一种限责条款。二审法院认定涉案保险合同名词释义部分对重大疾病附加的指标条件应当认定为免责条款。[3]

保险合同中重大疾病是一个大概念，不是所有重大疾病都在承保范围内，保

---

〔1〕 参见陆正勤、周宏跃：《攀趴在机动车引擎盖上时伤亡与条款约定的意外伤害》，载谢宪、李友根主编：《保险判例百选》，法律出版社 2012 年版，第 265 页。

〔2〕 参见王利明主编：《判解研究》2011 年第 2 辑（总第 56 辑），人民法院出版社 2011 年版，第 134 页。

〔3〕 参见国家法官学院案例开发研究中心编：《中国法院 2013 年度案例》（保险纠纷），中国法制出版社 2013 年版，第 213 页。

险合同列明了承保的疾病种类;同时并不是列出的疾病种类都会达到“重大”的程度,保险合同对承保疾病规定了具体医学指标。对疾病种类条款,投保人一般不能理解。例如,承保疾病包含糖尿病,即使肾病综合征与糖尿病密切相关,但两者毕竟是不同的病种,不需要保险人提示和说明肾病综合征不属承保范围。而疾病医学指标条款,显然不是一般投保人所能够理解的。医学指标条款具有很强的专业性,其对承保疾病所作的限缩,也就是免责条款对保险责任的限制。应注意的是,免责条款不能排除不可抗辩条款的适用。

司法实践中,法官在界定免责条款与保险责任条款关系上要遵循一定的步骤,正确行使自由裁量权。最高人民法院法官认为,实践中,对于免除保险人责任条款的审查,应先审查保险合同约定的保险责任范围以及涉案事故属于保险责任范围内。[1]《江苏省高级人民法院关于审理保险合同纠纷案件若干问题的讨论纪要》第二条中,就对二者之间的关系及保险合同纠纷的裁判路径有了明确的指导意见。该条规定,事故不属于保险责任范围的,无须审查事故是否属于免责范围以及相关免责条款的效力;事故属于保险责任范围的,应进一步审查事故是否属于免责条款规定的情形,以及免责条款是否有效。

一般情况下,免责条款的适用自然排除保险责任的承担;反之,亦应承担保险责任。

【案例 9-131】 孟某诉某财产保险公司保险合同纠纷案

判决观点,孟某为保险车辆进行投保时保险车辆尚在检验合格期限内,而事故发生时间为 2009 年 12 月,事故发生时保险车辆已经超过了检验合格期限,处于未按规定期限进行检验之状态。法院根据保险合同条款的约定,判决驳回原告孟某的诉讼请求。[2]

实践中存在例外情况,即被保险人的行为违法,对社会公共利益造成危害,虽然排除免责条款适用,但保险公司同样不承担保险责任。

【案例 9-132】 吴某某诉天安保险股份有限公司上海市黄浦支公司保险合同纠纷案

判决观点,现生效民事判决书已认定吴某系在知道或者应当知道自己患有癫痫病且未及时服用药物的情况下仍然独自驾车出行,并因此导致涉案事故,故应认定案外人吴某在涉案事故发生时系在明知其依法不得驾驶机动车的情况下驾驶被保险车辆。虽然天安公司因未就上述事项相关的免责条款

[1] 参见最高人民法院民事审判第二庭编著:《最高人民法院关于保险法司法解释(二)理解与适用》,人民法院出版社 2013 年版,第 234 页。

[2] 参见安凤德主编:《保险合同纠纷诉讼指引与实务解答》,法律出版社 2013 年版,第 182 页。

向吴某某予以说明而无法据此主张免责,但法院认为,吴某与吴某某既系父子关系,则吴某某应对吴某的健康状况有所了解,但吴某某仍将保险车辆交予吴某驾驶,此举实际上导致了保险车辆的危险程度显著增加。依据旧《保险法》第三十七条,应认定天安公司无须对本案保险事故承担赔偿责任。另外,作为机动车辆的所有人,吴某某应当知晓患有癫痫疾病的个人依法不能驾驶机动车辆,但仍然予以放任,并导致涉案事故发生,此举实质上对社会公共利益造成了损害。《民法通则》第七条规定……而吴某某的放任行为显然已经违反了上述法律规定,具有相应过错。基于以上两点,法院判决驳回吴某某的诉请。〔1〕

保险人使用原因免责条款进行抗辩,但造成损失的近因与该条款不相符的,其抗辩意见不应采纳。

【案例9-133】 季某诉天平汽车保险股份有限公司江苏分公司保险合同纠纷案

判决观点,车损险保险条款规定,发生事故时驾驶人应当进行体检而未按期体检的,不予赔偿。该条款属原因免责条款,即当驾驶人未按期体检是造成被保险车辆损失产生的原因时,保险人方不承担赔偿责任。本案中,被保险车辆系夜晚停放于路边被撞致损,造成车损发生的近因是其他车辆的碰撞,属于车损险被保风险范围。原告虽未按期体检,但是否按期体检与案涉保险事故之间不存在因果关系。根据近因原则,保险人对导致损失产生的近因是被保风险的事故,应承担赔付义务。被告抗辩原告未按期体检,保险人应予免赔的意见,不予采纳。〔2〕

交通肇事后驾驶人因救人驾驶机动车离开事故现场,保险公司在商业第三者险范围内不能免责。

【案例9-134】 刘某某诉梁某某、中国大地财产保险股份有限公司佛山中心支公司等机动车交通事故责任纠纷案

一审法院认为,关于商业第三者险的责任承担问题,经查,事故发生后,梁某某立即将原告送至医院进行救治而离开了事故现场,在主观上并没有故意逃避法律责任,其将伤者的生命价值放在第一位才忽略了采取拍照、标明事发位置等现场保护措施。因此,保险公司仍应在商业第三者责任险范围内

〔1〕 参见国家法官学院案例开发研究中心编:《中国法院2012年度案例》(保险纠纷),中国法制出版社2012年版,第118页。

〔2〕 江苏省南京市鼓楼区人民法院(2011)鼓商初字第174号民事判决书。

承担赔偿责任。二审法院亦持同样意见，维持一审判决。[1]

保险公司以保险合同中约定的投保人营业处所与实际缔约合同的处所不一致所提出的免责抗辩不能成立，其依法应当承担保险理赔责任。

应注意的是，免责条款和保险责任条款之间的关系问题。

【案例9－135】 永安财产保险股份有限公司泰州中心支公司与泰州市长鑫运输有限公司通海水域保险合同纠纷再审案

最高人民法院认为，涉案保险条款第三条约定了保险人承担保险责任的范围，第六条约定了保险人不承担保险责任的除外情形，分别属于《海商法》第二百一十七条第六项规定的"保险责任和除外责任"，二者都是海上保险实务中常见的合同条款。保险责任条款主要约定保险人负责赔偿的风险项目，除外责任条款则用于明确保险人不承担保险赔偿责任的风险项目。两类条款从正、反两个角度对承保风险的范围进行了明确约定。在被保险人举证证明发生了保险责任条款约定的事故时，保险人仍有权依据除外责任条款的约定主张免责，只是需要对其主张的免责事实承担举证责任。根据涉案保险条款第六条第三项的约定，因台风自然灾害造成的损失、费用和责任，保险人不负责赔偿。该项除外责任条款的约定是明确的，只要保险人举证证明损失是由于台风造成的，即可免于承担保险责任，不存在两种以上的解释。[2]

3. 免责条款与说明义务关系

根据《保险法》第十七条第二款的规定，免责条款由保险人履行说明义务。从该条规定可以得出，凡属免责条款的，保险人必须履行说明义务，否则该条款不发生效力。免责条款是履行说明义务的基础，而说明义务是免责条款是否生效的条件，不属于免责条款的则不存在说明义务，说明义务如果缺少免责条款则无存在必要，二者存在紧密联系。在认定上，是应确认免责条款而不是先判断说明义务的履行，这是不能颠倒而又容易搞错的问题。

司法实践中，被保险人经常以保险人未尽明确说明义务为由对抗保险公司的免责条款，而保险公司则以履行说明义务抗辩，但又往往不能举证证明，承担举证不能的责任。笔者认为，在被保险人提出保险人未尽明确告知义务时，不是先决定保险人承担举证责任，而是应当辨别双方当事人的约定是否属于免责条款，如果只是特别的普通约定，则不能举证责任分配给保险人。也就是说，法官对其免

---

〔1〕 参见国家法官学院案例开发研究中心编：《中国法院2019年度案例》（保险纠纷），中国法制出版社2019年版，第6～8页。广东省佛山市中级人民法院（2017）粤06民终1195号民事判决书。

〔2〕 参见最高人民法院中国应用法学研究所编：《人民法院案例选》2018年第10辑（总第128辑），人民法院出版社2019年版，第141页。最高人民法院（2017）最高法民再269号民事判决书。

责条款与其说明义务发生冲突时,其审查步骤为:先确定争议的内容是否为免责条款,其后才审查保险人是否履行说明义务。

【案例9-136】 侯某某诉中国人民财产保险股份有限公司东平支公司保险合同纠纷案

人保东平支公司与侯某某签订的机动车保险单(正本)特别约定一栏当中的约定"保险车辆发生保险事故、保险人实行招标修理",一审时,侯某某以该特别约定为免责条款,人保东平支公司未尽说明义务主张不生效,法院以人保东平支公司未举证证明其履行说明义务而不支持抗辩。二审法院则认为原告、被告的该约定不属于免责条款,不适用《保险法》第十七条第二款的规定,对侯某某在未经与人保东平支公司协商并该公司已经招标的情况下即擅自对受损车辆修理行为,属于违约。[1]

应注意的是,对于以法定禁止性规定情形作为免责事由的免责条款,保险人的说明义务降低,保险人仅需履行提示义务,即可产生法律效力。

4. 责任按比例赔付与保险代位权关系

现行《保险法》规定保险人代位权,即在给付保险金后,保险人可以向有过错的第三者请求赔偿,而未限定保险人负有必须先行承担超过约定比例的保险赔偿责任义务。代位追偿权的规定是指可以先行赔付,而不是必须先行赔付。

【案例9-137】 三门峡市清洁生产审核中心诉中国人民财产保险股份有限公司三门峡市分公司保险合同纠纷案

二审法院认为,《保险法》第六十条关于保险公司代位求偿权的规定与双方约定保险公司承担的责任比例不存在冲突的情况。原审法院对此认定不当,应予纠正。清洁中心所有的豫M67×××牌号小型普通客车在本次事故中负主要责任,根据其投保的机动车损失条款约定,人财保险公司对该车承担的事故责任比例为其损失33,800元的70%,即23,660元。[2]

5. 顺风车与网约车区别与免责条款适用

顺风车有别于一般网约车,表现在车主身份、接单动机、行车规划、定价标准、交通影响、危害程度等方面,尤其是从危害程度分析,网约车使用频次高、时间消

---

〔1〕 参见国家法官学院案例开发研究中心编:《中国法院2013年度案例》(保险纠纷),中国法制出版社2013年版,第67页。

〔2〕 参见国家法官学院案例开发研究中心编:《中国法院2015年度案例》(保险纠纷),中国法制出版社2015年版,第95页。河南省三门峡市中级人民法院(2013)三民三终字第265号民事判决书。

耗长,兼之驾驶员精力消耗、疲劳程度增加,危险程度增加。而顺风车车主有预设路线和自我出行需求,不会使车辆使用频率增加,危险程度也不会增加。从这个意义上讲,对顺风车不适用免责条款拒绝理赔。

【案例9－138】 唐某某诉平安财产保险上海分公司保险合同纠纷案

判决观点,关于非营业机动车用于顺风车业务是否属于免责条款中改变车辆使用性质的行为,结合当事人陈述,分析如下:第一,根据《国务院办公厅关于深化改革推进出租汽车行业健康发展的指导意见》(国办发〔2016〕58号)规定,顺风车是一种分摊部分出行成本的共享出行方式,有利于缓解交通拥堵和减少空气污染,也得到城市政府的鼓励;第二,涉案顺风车业务的目的地上海市嘉定区马陆镇境内,与原告在沪的居住地相邻,符合原告出行的合理区间;第三,就常理而言,顺风车的确能给车辆使用人带来收益,但此种收益的数额有限,有别于营运性质的车辆。根据上述分析,法院认定原告从事顺风车业务系非营业行为,既不属于免责条款中改变车辆使用性质的行为。审理中,被告对沪AFE35××车损金额29,900元及拖车费1500元均无异议,法院予以确认。原告撤回要求被告赔偿第三者责任保险金额53,000元的主张,系其处分自己的诉讼权利,可予准许。综上,被告应根据保险合同的约定赔付原告保险金31,400元。判决:平安财产保险上海分公司赔付原告唐某某保险金31,400元。[1]

〔1〕 参见陈昶主编:《2020年上海法院案例精选》,上海人民出版社2022年版,第287页。

四、保险责任纠纷处理

（一）涉及第三者赔偿责任处理

第三者在保险人承担保险赔偿责任前，已经向被保险人作出赔偿的，应根据《保险法》第六十条第二款的规定，被保险人已经从第三者处取得赔偿的，保险人可以扣减相应的保险赔偿金。被保险人对保险人故意隐瞒已从第三者取得赔偿情况，导致保险人仍支付保险赔偿金，其保险人行使代位求偿权，要求第三者重复承担赔偿责任的，其诉求不应得到法律支持。但保险人可以依据《保险法》第六十条第二款的规定，另行起诉被保险人，要求返还相应的保险赔偿金。

第三者在保险人承担赔偿责任后，向被保险人作出赔偿的，应根据《民法典》第五百四十六条（原《合同法》第八十条）规定的债权转让规则处理。保险人给付保险赔偿金后，保险人或被保险人应当通知第三者。以通知到达第三者时间确定处理后果。一是通知到达前，第三者已经向被保险人作出赔偿，从性质上讲属于善意清偿，可以产生债务消灭的法律效力，限制保险人行使代位求偿权。被保险人从第三者取得的赔偿金，应当返还保险人。二是通知到达后，第三者仍向被保险人赔偿的，从性质上讲属于恶意清偿，自然不产生债务消灭的法律效力，保险人向第三者行使代位求偿权受法律保护。被保险人与第三者之间的给付关系，在本案中不作处理，可以另案处理。应注意的是，保险人在承担责任后，不通知第三者的则视为弃权行为。

保险人向被保险人支付保险金给第三者造成损害的责任处理。《保险法解释（四）》第二十条规定："责任保险的保险人在被保险人向第三者赔偿之前向被保险人赔偿保险金，第三者依照保险法第六十五条第二款的规定行使保险金请求权时，保险人以其已向被保险人赔偿为由拒绝赔偿保险金的，人民法院不予支持。保险人向第三者赔偿后，请求被保险人返还相应保险金的，人民法院应予支持。"该条规定有以下几层含义：其一，责任保险的基本原则是先行赔付，保险人负有审查义务。其二，在被保险人尚未向第三者赔偿之前，限制保险人向被保险人理赔。其三，保险人赔付第三者的基础是保险合同的代位求偿权。

【案例9－139】 朱某与祝某、某保险公司机动车交通事故赔偿纠纷案

二审法院认为，根据《道路交通安全法》第七十六条以及《交强险条例》第二十一条的规定，交通事故的受害人对于保险公司享有直接请求权，保险公司对受害人负有在交强险责任限额内承担保险责任的法定义务。朱某虽然已与祝某自行协商达成协议，确认应支付的赔偿款项，但是祝某仅支付了2000元，尚余2443元未支付，朱某仍然有权起诉祝某以及保险公司要求赔偿损失。保险公司虽已向交强险的被保险人祝某给付了保险金，但其对受害人的赔偿义务不能因此免除。〔1〕

（二）保险事故不明责任处理

保险事故的性质、原因、损失程度等无法确定时的责任承担是疑难问题。在实践中，经常出现的情况是，在投保人、被保险人或者受益人及时履行通知义务，但在保险公司核保前因种种原因，其已经发生的保险事故的原因、性质、损失无法确定。其主要有三种原因：一是投保人原因，常见的人身保险中核保前被保险人被火化，车辆损失险中核保前自行到修理厂修理事故车。二是保险公司原因，常见的有未及时核保、事故现场勘查导致保险事故无法认定。三是因客观条件和现有技术发展水平限制，对有的保险事故的原因、损失程度无法查明、无法确认。对于第一种、第二种原因，其处理原则为依据过错划分责任。因投保人的故意或者重大过失致保险事故的原因、性质、损失程度等无法确定，保险人可以对无法确定的部分不承担保险责任。反之，因保险人的故意或者重大过失致保险事故的原因、性质、损失程度等无法确定，保险人应对无法确定的部分承担保险责任。对于因客观原因造成的，即投保人或保险人双方均不存在故意或者重大过失致保险事故的原因、性质、损失程度等无法确定，则应依公平原则由法官根据具体案情裁量。

现实状况总是复杂多变，出于种种原因，公安机关无法查明事故事实或成因而无法作出当事人事故责任认定，或当事人对事故事实及成因有争议，依现有证据无法核实。在这种情况下，由法官裁量承担举证责任方承担举证不能的责任，承保保险公司承担保险责任。

被保险人死亡原因无法查明时，法官按照比例赔偿原则处理。

---

〔1〕 参见最高人民法院民事审判第二庭编著：《最高人民法院关于保险法司法解释（四）理解与适用》，人民法院出版社2018年版，第412页。浙江省嘉兴市中级人民法院（2012）浙嘉民终字第355号民事判决书。

【案例 9－140】　黄某等诉保险宜昌分公司保险合同纠纷案

一审法院认为，被保险人刘甲死亡后，某医院“120”出诊医生郑某先后出具三份诊断证明，诊断结果分别为“猝死”“1. 猝死；2. 脑外伤”“突发性呼吸心跳骤停”，其内容有差异，法院无法仅凭医院出具的诊断证明书确认刘甲死亡的原因。原告方申请证人出庭作证，以证明刘甲因在卫生间摔倒致死。但证人并非专业医疗鉴定人员，其证言也只是对亲身经历的描述，仅凭外观和主观猜测的判断无法作为确定刘甲死亡原因的依据。保险宜昌分公司主张刘甲因疾病“哮喘”病发死亡，但并未提交充分证据证明刘甲生前有可能导致猝死的疾病，且无法排除外伤对起死亡的作用和影响。故就本案而言，被保险人刘甲的死亡原因未经司法鉴定是无法查明的。刘甲死亡原因理应经过司法鉴定程序确定，以便明确相关责任，但刘甲尸体未经法医司法鉴定就已被火化安葬，致使死因无法确定，就刘甲死亡原因无法确定一事，黄某等人、科技公司和宜昌保险分公司均存在过错，黄某等人作为受益人未直接向保险人申请保险金给付并沟通理赔事宜，科技公司有无及时将尸检要求告知黄某等人无法查明，黄某等人、科技公司对刘甲死亡原因无法查明均存在过错；保险宜昌公司未将《保险告知函》直接送达黄某等人，且保险宜昌分公司告知尸检的形式、内容及告知对象上均存在瑕疵，保险宜昌分公司对刘甲死亡原因无法确定也存在过错。判决：(1) 被告保险宜昌分公司给付原告黄某、刘某、李某保险赔偿金 150,000 元；(2) 驳回原告黄某、刘某、李某的其他诉讼请求。二审法院同意一审法院裁判意见。[1]

(三) 保险人不同阶段责任处理

保险人收费签单前发生保险事故的责任。《保险法解释(二)》第四条规定：“保险人接受了投保人提交的投保单并收取了保险费，尚未作出是否承保的意思表示，发生保险事故，被保险人或者受益人请求保险人按照保险合同承担赔偿给付保险金责任，符合承保条件的，人民法院应予支持；不符合承保条件的，保险人不承担保险责任，但应当退还已经收取的保险费。保险人主张不符合承保条件的，应承担举证责任。”该条司法解释有以下含义：其一，适用的前提是保险人已经收取保险费，没有收取保险费的限制适用。其理论依据为权利义务对等原理，保

〔1〕 参见国家法官学院、最高人民法院司法案例研究院编：《中国法院 2023 年度案例》(保险纠纷)，中国法制出版社 2023 年版，第 159～160 页。湖北省宜昌市中级人民法院(2021)鄂 05 民终 1635 号民事判决书。

险人收取了保险费就应承担对等的义务。其二,保险标的或被保险人符合承保条件,这是承担保险责任的基础。而不是只要收取了保险费,无论是否符合承保条件,保险人一律承担保险责任。其三,对于不符合承保条件的,保险人应退回收取的保险费,但不得扣除手续费。其四,对于不符合承保条件的,保险人应承担举证责任。保险人举证不能的,仍应承担保险责任。

应注意的是,保险合同对其生效附有期限或条件的,作为例外情形处理。

【案例9-141】 邵某某诉安盛天平财产保险股份有限公司沧州中心支公司等保险合同纠纷案

判决观点,被告天平保险公司于2014年9月24日9时36分已接受了原告邵某某的投保请求并收取了保险费,后于当日12时08分,原告驾驶投保车辆发生了保险事故,符合承保条件,原告要求被告天平保险公司按车辆损失险保险合同承担给付保险金责任,依据《保险法解释(二)》第四条的规定,法院予以支持。[1]

保险人在订立合同时已经知道投保人未如实告知情况,且在发生保险事故及收到被保险人给付保险金请求后没有作出核定的,应当依法承担给付保险金责任。

【案例9-142】 郭某诉中国人民财产保险股份有限公司察哈尔右翼后旗支公司等保险合同纠纷案

判决观点,虽然本案保险合同约定的保险标的为奶牛,但被告在订立保险合同时已经知道原告没有如实告知情况,将雪龙黑牛按奶牛进行投保,而仍然与原告签订保险合同并依约收取保险费用,且在收到原告给付保险金请求后一直没有作出核定,故被告应当依法承担给付保险金责任。原告死亡雪龙黑牛23头,每头牛的保险金额为6000元,共计保险金额为138,000元,被告应予依法赔偿。[2]

保险人行使变更权或解除权前发生保险事故的责任。根据《保险法》第四十九条第三款、第五十二条第一款的规定,因保险标的的转移或危险显著增加,受让人或被保险人通知保险人后,保险人有权作出增加保险费或者解除合同决定。但在保险人行使变更权或者解除权前,保险合同仍然在有效状态,发生保险事故的,保险人应当根据保险合同承担保险责任。

---

〔1〕 参见国家法官学院案例开发研究中心编:《中国法院2016年度案例》(保险纠纷),中国法制出版社2016年版,第76页。河北省沧州市青县人民法院(2014)青民初字第878号民事判决书。

〔2〕 参见史秀永:《知道投保人未如实告知情况未作出核定的保险人承担责任》,载《人民法院报》2017年11月9日,第6版。内蒙古自治区察哈尔右翼后旗人民法院(2016)内0928号民事判决书。

保险标的转让通知发出后保险人回复前保险责任。《保险法解释(四)》第五条规定:"被保险人、受让人依法及时向保险人发出保险标的转让通知后,保险人作出答复前,发生保险事故,被保险人或者受让人主张保险人按照保险合同承担赔偿保险金的责任的,人民法院应予支持。"该条规定有以下几层含义:其一,标的转让依法及时通知保险人。其二,标的转让通知的主体是被保险人、受让人,行使权利主体亦是被保险人、受让人,即行使权利义务的主体不仅有保险人,还包括受让人。其三,标的转让未导致危险程度显著增加,保险事故并非因此发生,在此种情况下,无论被保险人或受让人是否向保险人发出转让通知,保险人均应承担保险责任。

【案例9－143】　王某与某保险公司保险合同纠纷案

判决观点,淮安市某公司与保险公司签订的保险公司合同合法有效。在保险合同有效期内,该公司将保险车辆转让给王某,虽然没有通知保险公司,但其将车辆转让并没有导致保险标的危险程度显著增加,依据《保险法》第四十九条的规定,保险公司应承担保险责任。判决保险公司赔付王某保险金10万元。[1]

保险人承担部分保险责任。保险事故发生后,保险人未赔偿保险金之前,被保险人放弃第三者赔偿请求权的,保险人免除赔偿责任。被保险人放弃部分赔偿请求权的,保险人承担相应的赔偿责任。例如,宏基燃料公司因在关联诉讼中怠于行使权利不得向保险人太平财险公司广州分公司主张全部保险赔偿金船舶保险合同纠纷案。[2]

在合同等待期内接受TCT筛查不属于就诊,保险公司应承担保险责任。

【案例9－144】　冯某诉某某人寿保险公司河北分公司保险合同纠纷案

一审法院认为,在本案审理过程中,针对本案的争议焦点,被告申请法院前去河北省某某医院就冯某在合同等待期内的2014年12月29日液基薄层细胞检测情况进行调查取证。经法院调查,该项检测(简称TCT检查)确系河北省某某医院妇科所做。并了解到该项检测系筛查宫颈癌(原位癌)的一项技术,该检测报告单上的筛查结果不是最终确诊,该检测标本系外送的,冯某本人并没有到该院就诊。那么,该项筛查是否属于就诊就成为本案的关键问题。法院认为该项筛查不同于就诊,该项筛查系医疗机构进行的妇科疾病普查项目,具有体检性质,并非被筛查者因病就诊。因此,本案中冯某在合同

---

〔1〕 参见最高人民法院民事审判第二庭编著:《最高人民法院关于保险法司法解释(四)理解与适用》,人民法院出版社2018年版,第111页。

〔2〕 参见最高人民法院中国应用法学研究所编:《人民法院案例选》2005年第3辑(总第53辑),人民法院出版社2006年版,第433页。

等待期接受医疗机构宫颈癌(原位癌)筛查并不属于就诊,冯某于2015年5月4日前往某某国际医院就诊则已超出等待期,按照合同约定,应当赔偿。本案被告认为原告在合同等待期90日内出险为由不予理赔,并终止本附加合同效力的答辩意见,法院不予采信。被告某某人寿保险公司应当依"某某人寿附加万能重大疾病保险C款"合同约定承担给付原告冯某轻症重疾保险金(本附加合同的基本保险金额100,000元×20%=20,000元)的保险责任。综上所述,原告冯某要求被告某某人寿保险公司给付轻症重疾病保险金20,000元的诉讼请求符合合同约定与法律规定,法院予以支持。二审法院亦持同样意见,维持一审判决。[1]

被保险人在人身保险合同宽限期内到医院治疗,直到合同效力中止期确诊为重大疾病,保险人应承担保险责任。

【案例9-145】 曲某某诉中国太平洋人寿保险股份有限公司黑河中心支公司保险合同纠纷案

判决观点,本案中,投保人与被告订立人身保险合同后,支付了首期保险费。在合同宽限期内,被保险人即本案原告到哈医大一院门诊治疗,先后进行了放射科检查、血液23项分析检验、彩色多普勒超声诊断;在合同效力中止期间进行了彩色多普勒超声检查,并住院治疗,病理诊断为左侧甲状腺乳头状癌,属于重大疾病。虽然最后确诊时间是在合同效力中止期间确诊,是一个连续没有间断的过程,医疗部门的诊疗确诊过程不是由被保险人的主观意志决定的,且在合同宽限期内即2012年11月28日门诊检查已初步确诊原告为癌症(占位),所以,应认定被保险人即原告在宽限期内发生了保险事故,依照法律规定,被告应承担保险责任。[2]

投保人和被保险人系同一人的,其死亡后,因保险人未告知受益人索赔需提交的材料导致事故原因无法查清的,保险人应承担赔偿责任。

【案例9-146】 邓某某等诉中航安盟财产保险有限公司四川省分公司保险合同纠纷案

一审法院认为,本案所涉保险合同的投保人和被保险人均为古某,保险公司在与古某签订合同时虽然履行了合同条款的告知义务,但因投保人和被保险人古某死亡,其继承人并不当然知晓古某所签保险合同相关条款和理赔

---

〔1〕 参见国家法官学院案例开发研究中心编:《中国法院2019年度案例》(保险纠纷),中国法制出版社2019年版,第214~215页。河北省石家庄市中级人民法院(2017)冀01民终972号民事判决书。

〔2〕 参见国家法官学院案例开发研究中心编:《中国法院2017年度案例》(保险纠纷),中国法制出版社2017年版,第183~184页。黑龙江省黑河市爱辉区人民法院(2014)爱商初字第357号民事判决书。

事项，对于投保人和被保险人为同一人，其身故而死因不明的情况下，保险公司应当对保险受益人充分履行理赔事项等告知义务，让受益人知晓死因不明可能导致其申请赔付无法实现。本案中，安盟保险四川分公司并未提供证据证明其在被保险人身故后，对死者家属或者保险受益人告知应将尸检报告作为申请保险理赔的重要材料，故安盟保险四川分公司应承担相应的责任。综上所述，投保人、被保险人古某死亡，因保险公司未对保险受益人履行相应的告知义务，导致被保险人意外死亡的原因不明，保险公司在无证据证明被保险人死亡属于免责事由，保险公司应当予以赔付。根据保险合同的约定，保险金额为10万元，故三原告作为死者的法定继承人要求被告支付保险赔偿金10万元的诉讼请求正当合法，法院予以支持。被告拒绝赔付的理由不成立，法院不予采信。二审法院亦持同样意见，维持一审判决。[1]

承运人应当对自接收货物时起至交付货物时止所发生的货物毁损、灭失承担损害赔偿责任。承运人已将货物运抵目的地，在准备卸货的过程中因车辆侧翻导致货物毁损，因收货人尚未清点签收，应视为货物尚在运输过程中，承运人应对货物的损毁承担损毁赔偿责任。

【案例9－147】　中国平安财产保险股份有限公司上海分公司诉厦门西北南物流有限公司保险人代位求偿权纠纷案

二审法院认为，根据涉案货物采购合同的约定，交货方式为车板交货，即货物运至收货地点后尚未卸货前，收货人进行清点验收。西北南公司作为实际承运人并未提交收货人清点签收的证据，一审法院向ABB公司核实亦可证实讼争事故发生时李某某尚未进行清点签收。西北南公司主张已交收货人的理由不能成立。[2]

在保险事故发生后，保险人怠于履行法定定损、理赔义务及延期支付维修款，造成被保险人损失应当承担民事赔偿责任。

在保险事故发生后，投保人才开通保险卡的，应该对保险事故自负其责，保险公司不承担保险责任。

---

〔1〕 参见国家法官学院案例开发研究中心编：《中国法院2018年度案例》（保险纠纷），中国法制出版社2018年版，第150～151页。四川省成都市中级人民法院（2016）川01民终3137号民事判决书。

〔2〕 参见最高人民法院中国应用法学研究所编：《人民法院案例选》2018年第2辑（总第120辑），人民法院出版社2018年版，第141页。福建省厦门市中级人民法院（2015）厦民终字第4850号民事判决书。

（四）特殊情形保险责任处理

部分受益人丧失受益权的保险责任。在一份保险合同中，指定了多个受益人，其中部分受益人“故意造成被保险人死亡、伤残、疾病的，或者故意杀害被保险人未遂的”，该受益人自然不能获得保险金，其他受益人的受益权不受影响，保险人仍应承担保险责任。实践中，保险人赔偿数额是依照保险价值全额获得赔偿还是仍依约定份额受益，或是将其他赔偿额转为被保险人个人财产有争议。笔者认为，根据《保险法》第四十三条的规定，受益人应依照保险价值全额获得赔偿，而非依约定份额受益或转为被保险人个人财产。

对没有选择保险合同限定治疗方式保险责任，被保险人有权根据自身病情选择最佳的治疗方式，而不受保险合同关于治疗方式的限制，保险人对没有选择保险合同指定的治疗方式承担保险责任。

【案例9－148】 王某某诉中国人寿保险公司淮安市楚州支公司保险合同纠纷案

一审法院认为，本案中，原告、被告对双方之间存在的保险合同关系及原告所患的主动脉疾病均无异议，只是对原告没有采取开胸而是行主动脉夹层覆膜支架隔绝术治疗疾病是否属于保险责任范围产生争议。原告、被告双方订立的保险合同已明确约定重大疾病的保险范围有“主动脉手术”，该合同第二十三条第十款项目是对医疗术语“主动脉手术”的解释和描述，以进一步明确保险责任范围，“主动脉手术”指为治疗主动脉疾病的手术，主动脉指胸主动脉和腹主动脉，不包括胸主动脉和腹主动脉的分支血管。由此可见，胸主动脉和腹主动脉疾病应属原告、被告签订的康宁终身保险合同约定重大疾病的保险责任范围。本案中，根据江苏省人民医院司法鉴定所法医学鉴定意见书及答复函意见，原告王某某所患主动脉夹层（stanford b 型）疾病属于主动脉疾病，符合康宁终身保险合同约定重大疾病的保险责任范围。该合同第二十三条第十款项目关于“实际实施了开胸或开腹进行的切换、置换、修补病损主动脉血管”显然不属于对疾病症状的解释和描述，而是对于疾病治疗方式的限制，排除了被保险人享有的对疾病治疗方式的选择权。按常理理解，重大疾病并不会与某种具体的治疗方式相联系。对于被保险人来说，其在患有重大疾病时，往往会结合自身身体状况，选择具有创伤小、死亡率低、并发症发生率低的治疗方式而使自己所患疾病得到有效治疗，而不会想到为确保重大疾病保险金的给付而采取保险人限定的治疗方式。保险人以限定治疗方式来限制原告获得理赔的权利，免除自己的保险责任，根据《保险法》

第十九条的规定,该条款应认定无效。而且,随着医学技术的进步,外科手术向微创化发展,许多原先需要开胸或开腹的手术,已被腔镜或介入手术所取代,而重大疾病的保险期间往往很长甚至终身,因此,保险人以被保险人投保时的治疗方式来限定被保险人患重大疾病时的治疗方式不符合医学发展规律。保险公司不能因为被保险人没有选择合同指定的治疗方式而拒绝理赔。二审法院亦持同样意见,维持一审判决。[1]

驾驶员被自己的车辆在维修中侧翻砸中致死,不属于道路交通事故,保险公司不需要按照第三者责任险对死者家属承担赔偿责任。

【案例9-149】 唐某某等诉中国人民财产保险有限公司绥江县支公司保险合同纠纷再审案

再审法院认为,首先,马某某作为被保险人,不属于"第三者"的范畴,不能获得第三者责任险的赔偿;第三者责任险赔偿的条件是被保险人(马某某)在使用被保险机动车的过程中发生意外事故并造成第三者伤亡或财产损失,且该意外事故依法应当由被保险人承担赔偿责任,只有符合上述条件才能启动第三者责任险的赔偿。其次,第三者责任险只对超过交强险限额以上的部分负责赔偿,如果交通事故造成受害人的损失不超过交强险赔偿限额,则直接由交强险全额赔偿,仅有交通事故受害人的损失超过交强险限额,交强险赔偿不足的部分,才能启动第三者责任险对受害人进行赔偿。如前所述,马某某是机动车交通事故责任强制保险的被保险人,也是第三者责任险的被保险人,本案的事故并没有发生于被保险人使用被保险机动车的过程中,故马某某依法不能获得交强险赔偿,也不能获得第三者责任险的赔偿。综上,马某某死亡的事故不属于道路交通事故,中财保绥江支公司不需要按照第三者责任险对死者家属承担赔偿责任。[2]

投保第三者责任险的车辆系非法组装的车辆,车辆行驶证系伪造,发生交通事故保险人是否承担保险责任应放在个案中确定。投保人通过欺诈方式投保第三者责任险的,保险人知道或应当知道投保人故意违反告知义务之日起30日内未行使合同解除权的,应承担赔偿或给付保险金的责任。

车辆维修、养护过程中造成车辆损失时,保险公司是否承担保险责任应区分情况而定。车辆维修后,在一定场所或者期间必然要进行测试,其检测环节导致保险事故增加的,基于是在车辆的有效使用期间和保险期间,保险公司仍然应当

---

〔1〕 参见《最高人民法院公报》2015年第12期(总第230期)。

〔2〕 参见最高人民法院中国应用法学研究所编:《人民法院案例选》2013年第4辑(总第86辑),人民法院出版社2014年版,第240页。云南省高级人民法院(2015)云高民再终字第56号民事判决书。

承担保险责任。保险合同约定发生保险事故时的维修场所、地点的，在一般情况下应根据就近和便利原则，车主（被保险人）应前往维修，保险公司对其修理费应承担保险责任。反之，车主应当前往而拒不前往的，保险公司有权主张免责。事故发生突然，车主找不到约定的维修场所，或者到达约定的维修场所距离较远不方便等，车主有权选择就近的包括“黑店”在内的修理店维修，只要审查理由正当成立的，保险公司应承担保险责任。

家庭车辆从事网约车的赔偿责任。以家庭自用名义投保的车辆，在从事网约车服务时发生交通事故，对保险人是否承担保险责任有争议。以家庭自用名义投保非营业性保险的车辆，从事网约车服务，改变了家庭自用性质，从家庭自用变为营运车辆，运行里程多且使用频率高，发生交通事故的概率自然也更大，无疑增加了车辆的风险。被保险人应当就显著增加风险及时通知保险人；被保险人未通知的，因载客服务发生的交通事故，保险人在第三者险内不承担赔偿责任。家庭自用车辆从事网约车服务只有投保营业性保险，保险人才对发生的交通事故承担第三者险赔偿责任。

【案例9－150】 程某某与张某、中国人民财产保险股份有限公司南京分公司机动车交通事故责任纠纷案

判决观点，本案中，被告张某通过打车软件接下网约车订单，其有收取费用的意图，且所载乘客与其没有特定关系，符合营运的特征。被告张某的营运行为使被保险车辆危险程度显著增加，张某应当及时通知被告人保南京分公司，人保南京分公司可以增加保险费或者解除合同返还剩余保险费。张某未履行通知义务，且其营运行为导致了本次交通事故的发生，人保南京分公司在商业三者险内不负赔偿责任。[1]

【案例9－151】 岳某某诉中国人民财产保险股份有限公司北京市分公司保险合同纠纷案

判决观点，本案中记载的车辆使用性质为“家庭自用汽车”，批单未对车辆使用性质作出变更，原告作为保险标的受让人理应承继相应的义务。其通过滴滴平台注册并用被保险车辆搭载乘客的行为符合家庭自用汽车损失保险条款第三十七条对于“营业运输”的定义，改变了车辆“家庭自用”的使用性质，增加了车辆的行驶风险。因原告未向保险公司履行通知义务，故因保险标的危险程度显著增加而发生的保险事故，被告不负有赔偿责任。[2]

---

〔1〕 参见《最高人民法院公报》2017年第4期。《江苏省高级人民法院公报》2016年第5期。

〔2〕 参见国家法官学院案例开发研究中心编：《中国法院2018年度案例》（保险纠纷），中国法制出版社2018年版，第61页。北京铁路运输法院（2016）京7101民初字第1169号民事判决书。

网约车与顺风车交叉时保险责任认定是疑难问题。从事网约车的投保车辆在开顺风车时发生事故，保险公司应依据保险条款正确认定事故发生时被保险车辆的用途，从用途上确定是否承担保险责任。顺风车与家庭自用和网约车的本质区别是在本就规划好的路线顺带他人，被保险人应当对搭乘行为是私人小客车合乘还是从事网约车业务进行举证。

【案例 9－152】　刘某、刘某某诉邓某某、中国人寿财产保险股份有限公司德阳市中心支公司等保险合同纠纷案

二审法院认为，第一，是否改变使用性质。……故法院认为，从事网约车业务属于改变车辆使用性质，但顺风车不同于网约车，其是在本就计划的出行线路上顺带他人，属于分摊出行成本的共享出行方式，并未改变车辆性质。第二，被保险人是否及时通知保险人。邓某某在投保单中明确车辆性质为私家车，也未将其网约车、顺风车的事实告知人寿财险德阳支公司，邓某某与人寿财险德阳支公司对该事实均无异议，法院予以确认。第三，是否显著增加车辆风险。网约车需要搭乘不特定多数人，增加行驶线路，应认定为显著增加了驾驶车辆的风险。顺风车虽有可能在部分程度改变驾驶人的出行路线，但它是在本就规划的线路上顺带他人，总体上不至于达到显著增加风险的程度，故开顺风车不符合免责条款中关于“改变车辆性质并显著增加保险机动车的危险程度”的情形。第四，关于造成事故的原因。开顺风车并未改变车辆使用性质并显著增加车辆风险，故邓某某在开顺风车过程中发生交通事故并不符合商业险免责条款中关于保险条款的约定，保险公司不能因此在商业险范围内免责。虽然开网约车改变车辆使用性质并显著增加车辆风险，但邓某某日常从事过网约车业务不是造成本案交通事故的原因，亦不符合免责条款的 4 个条件，故保险公司不能以邓某某从事过网约车业务而免责。[1]

学校的教学环境、活动设施必须符合安全性要求，以保障学生生命健康不受损害。若因归责于学校的原因导致学生生命健康权受损，按照投保的校园方责任险应由学校承担赔偿责任的，应当依据保险合同约定由保险公司代为赔偿。学校以免除己方责任为条件与家长签订人道主义援助补偿协议，应主要认定其所具有的补偿性，而非免除保险公司的赔偿责任，在学校怠于请求保险赔偿时，不应依据该协议剥夺受害人的保险索赔权。

---

〔1〕　参见《人民司法·案例》2018 年第 26 期（总第 829 期）。四川省德阳市中级人民法院（2018）川 06 民终 31 号民事判决书。

【案例9－153】 仇某某等诉中国人民财产保险股份有限公司灌云支公司等意外伤害保险合同纠纷案

关于被上诉人仇某某与灌云高级中学达成人道主义援助协议后，仇某某是否有权依据《校园方责任保险条款》向人保江苏分公司主张有关保险赔偿问题。二审法院认为，灌云高级中学给付仇某某150,000元款项在涉案协议中明确为人道主义援助款，并非赔偿性质的款项，双方达成的协议中未涉及赔偿责任问题和有关索赔权问题，即仇某某没有明确放弃保险赔偿的权利。依据《保险法》第二条的规定，仇某某、卞某某有权向人保江苏分公司主张权利。[1]

旅行社未按约定为游客代办旅游意外保险，在保险事故发生后，致使当事人不能作为保险受益人获得保险赔偿，旅行社应当承担违约责任，赔偿当事人相当于同类险种保险金额的赔偿责任，即赔偿可得利益损失。

【案例9－154】 王某某、陈某某诉雄都旅行社旅游合同纠纷案

二审法院认为，上诉人雄都社应当按照行政法规的规定和合同约定，在旅游出发前履行为王某代办旅游意外保险的义务。雄都社未履行此项义务，应当承担违约责任。雄都社虽然在事故发生的次日补办了旅外意外保险，但该补办的手续依法不能生效，使被上诉人王某某、陈某某不能作为受益人获得保险赔偿，雄都社对此应当承担赔偿责任。按照行政规章的规定和雄都社事后补办的旅游意外保险中约定，旅游意外保险的最高保险金额为30万元，这是王某某、陈某某的可得利益，也是雄都社应当承担的赔偿责任限额。一审认定雄都社违约，判决其赔偿王某某、陈某某的可得利益损失，适用法律正确，判处恰当，应当维持。二审法院驳回上诉，维持原判。[2]

【案例9－155】 黄某某等诉宜昌市天娇旅行社有限责任公司旅行合同纠纷案

二审法院认为：(1)旅游意外险是一种独立的险种，且目前中国人寿保险股份有限公司仍然在销售此种产品。根据合同第二条第五项的约定，天娇旅行社应当保证游客安全，为游客投保旅游意外保险。但是天娇旅行社并未投保此种保险，没有履行合同约定的投保义务。其辩称旅游意外保险是旅行社责任险，不符合《国寿旅游意外保险》所规定条款的真实意图，本院不予采信。(2)因治疗医院已经诊断，曾某某系急性病发作身亡，如果天娇旅行社为游客投保旅游意外险，按中国人寿保险股份有限公司的此款险种，则曾某

---

〔1〕 参见《最高人民法院公报》2017年第7期。

〔2〕 参见《最高人民法院公报》2002年第3期。

某因高血压Ⅲ级引起脑出血导致呼吸循环衰竭而身故后,可得到死亡保险金6万元、丧葬保险金5000元及医疗保险金298.74元,合计65,298.74元。(3)由于旅游意外保险均为团体险,旅游团体险报价中含此保险费。《合同法》第一百零七条规定,当事人一方不履行合同义务或者履行合同义务不符合约定的,应当承担继续履行、采取补救措施或者赔偿损失等违约责任。故天娇旅行社应当赔偿因违约而给原告造成的损失65,298.74元。据此判决:撤销一审判决,改判天娇旅行社赔偿原告损失65,298.74元。[1]

在连续性的保险业务中,保险公司未尽合理注意义务,导致投保人上下年度保险期间出现空档。其在空档期内发生的保险事故,保险公司应当承担保险责任。

【案例9-156】 郭某诉中国人民财产保险股份有限公司靖江支公司保险合同纠纷案

二审法院认为,按照投保人的正常期望以来以及保险公司的通常做法,并基于保险最大诚信原则的要求,作为保险单的提供者,保险公司应当尽到合理注意义务,在投保人对保险期间无明确意见的情形下,应确保上下年度保险期间的连续性,避免上下年度的保险期间出现空档。而本案由于保险公司未尽合理注意义务,导致投保人上下年度保险期间出现空档,投保人恰恰在空档期内发生保险事故,故保险公司仍应承担保险责任。[2]

被保险人被宣告死亡,保险公司应承担保险责任。

【案例9-157】 张某某、刘某某诉中国人寿保险股份有限公司江阴支公司保险合同纠纷案

判决观点,从传统民法理论及《民法通则》的相关规定来看,死亡包括生理死亡和宣告死亡,保险合同中并未对"身故"的含义进行明确界定,亦未将宣告死亡排除在保险责任范围外,在双方对合同条款发生争议时,法院应当作出对提供格式合同一方不利的解释,故法院认为"身故"应包括生理死亡和宣告死亡两种情形,刘某被宣告死亡属于保险合同约定给付身故保险金的保险责任范围。[3]

---

〔1〕 参见最高人民法院中国应用法学研究所编:《人民法院案例选》2009年第4辑(总第70辑),人民法院出版社2010年版,第273~274页。

〔2〕 参见国家法官学院案例开发研究中心编:《中国法院2019年度案例》(保险纠纷),中国法制出版社2019年版,第15页。江苏省泰州市中级人民法院(2017)苏12民终2888号民事判决书。

〔3〕 参见国家法官学院案例开发研究中心编:《中国法院2017年度案例》(保险纠纷),中国法制出版社2017年版,第186页。江苏省江阴市人民法院(2015)澄商初字第00734号民事判决书。

新购未上牌轿车被盗,保险公司应承担保险责任。

【案例9－158】 杜某某诉中国人民财产保险股份有限公司平昌支公司保险合同纠纷案

判决观点,原告杜某某与被告财保公司订立的保险合同合法有效,虽然原告杜某某投保的车辆在未领取交管部门核发的车辆正式号牌被盗,但保险单中载明了车架号和发动机号,所指向的标的明确、具体。是否取得号牌,并不必然加重保险公司的义务。被告财保公司明知保险车辆无正式号牌,而与原告杜某某签订保险合同,收取保费,应视为同意承保。合同中的"特别约定"意即保险公司收取了保费,但又不承担车辆在领取正式号牌前被盗的赔偿义务,有违公平原则,该约定条款应为无效,被告财保公司不能因此免责,应按保险合同约定的责任限额承担保险责任。[1]

保险人因自身过错承担责任处理。第三人持授权委托书到保险公司理赔或冒充投保人领取退保费时,保险公司对第三人或冒充人是否充分具有相应的代理权及适格身份负有谨慎审查义务。因未审查或审查不严造成理赔金被错领或由此引发纠纷的,保险公司仍应当向保险受益人理赔。

【案例9－159】 许某某诉新华人寿保险股份有限公司昌吉中心支公司阜康营销服务部保险合同纠纷案

判决观点,原告认为被告未认真审核领取保险费人员的身份及手续,导致保险费被原告前夫冒领,侵害了原告的合法权益。被告抗辩原告前夫带着貌似原告的人前去领款,被告已尽到了审慎核对的义务。……本案中,只有原告有权单方解除合同,未经原告同意,被告无权解除合同。故双方签订的保险合同的解除必须由原告本人或其授权的人办理。被告提交的证据材料显示,被告在签订保险合同及办理退保手续中,存在以下瑕疵:(1)签订保险合同时未让原告本人签名;(2)因被告未能提交原告前夫领着貌似原告的人前来办理退保业务的证据,故可以认定被告未认真核对前去办理退保业务人员的身份;(3)保险合同投保人及解除合同申请书中确认人的签名存在较明显的笔迹不符的。以上说明,申请退保不是原告本人的意愿和行为,被告在办理退保手续中没有认真审核办理退保业务人员的身份,审查不仔细、操作不规范,导致他人有机可乘。故被告没有健全的管理制度和安全防范措施,是导致原告保险费被他人冒领的主要原因。因其过失给原告造成损失,保险

---

〔1〕 参见国家法官学院案例开发研究中心编:《中国法院2016年度案例》(保险纠纷),中国法制出版社2016年版,第114页。四川省巴中市平昌县人民法院(2014)平民初字第223号民事判决书。

公司应当承担赔偿责任。[1]

多车事故中人身损害与财产损害责任确定。二人以上分别实施侵权行为造成同一损害，能够确定责任大小的，各自承担相应的责任；难以确定责任大小的，平均承担赔偿责任。也就是说，在过错比例确定的前提下，参酌原因力比例确定各侵权人的损害赔偿责任份额。在某些特定情形下，人身损害赔偿责任的承担与财产损害赔偿责任的承担由于原因力比例认定不同，并非简单的等同关系，而应该分别确定。

【案例9－160】　中国人民财产保险股份有限公司吴江支公司诉孟某某、中国平安财产保险股份有限公司吴江支公司保险人代位求偿权纠纷案

一审法院认为，从车辆受损情况看，第一次追尾事故中车辆的碰撞程度较第二次追尾事故中车辆碰撞程度严重，该事实有相应的现场照片予以证实，且(2013)吴江开民初字第0188号生效判决已进行了认定。但该生效判决确定的是因王某死亡所产生的赔偿责任承担，在现有证据无法认定王某死亡与两次追尾事故之间因果关系的情形下，推定两次追尾事故各占50%的原因力，认定沪B92×××牌号重型普通货车驾驶员徐某承担15%的民事赔偿责任，苏E06×××牌号小型普通客车驾驶员倪某某承担50%的赔偿责任，受害人王某自负35%的责任。但本案要确定的是王某所驾驶的保险车辆损失的赔偿责任承担问题，在某些特定情形下，物损的责任承担并不能简单地等同于人身损害的责任承担。本案中，第一次追尾事故中车辆的碰撞程度较第二次追尾事故中车辆碰撞程度严重，因此，第一次追尾事故对造成保险车辆损害后果的原因力比例应当较第二次追尾事故更高。平安吴江支公司认为第二次追尾事故仅对保险车辆后部造成损失的抗辩主张，否认了第二次追尾对保险车辆的损失仅限于车身后部的情形下，被告的这一抗辩主张，法院难以采信。法院认定，对保险车辆的损失，被告孟某某作为倪某某的雇主承担30%的赔偿责任；由于死者王某对于第一次追尾事故负事故主责，且第一次追尾事故碰撞较严重，故其自负40%的责任；沪B92×××牌号重型普通货车驾驶员徐某承担30%的赔偿责任。二审法院亦持同样意见，维持一审判决。[2]

未按约定进行伤残评定，但按照交通事故的有关标准进行伤残评定的，不能

---

〔1〕　参见国家法官学院案例开发研究中心编：《中国法院2015年度案例》(保险纠纷)，中国法制出版社2015年版，第229页。新疆维吾尔自治区阜康市人民法院(2012)阜民初字第469号民事判决书。

〔2〕　参见《人民司法·案例》2017年第26期(总第793期)。江苏省苏州市中级人民法院(2015)苏中商终字第01604号民事判决书。

免除保险公司的责任。

【案例9－161】 石某诉中国人寿保险股份有限公司盐城市分公司保险合同纠纷案

判决观点，本案中，石某虽对案涉事故负有次要责任，但该事故的发生并非出于石某的本意，该交通事故的发生符合《国寿绿洲团体意外伤害保险》中关于意外伤害的定义。上述条款约定：保险公司根据《工伤残疾程度与保险金给付比例表》的规定，按该被保险人的保险金额乘以该项残疾所对应的给付比例给付残疾保险金。该约定系就保险金给付比例的计算方式进行的约定，原告虽是按照交通事故的有关标准进行伤残评定，但并不能产生免除被告保险公司责任的效力。现原告要求参照其在案涉交通事故中鉴定的伤残等级计算本案的残疾保险金给付比例，依法予以准许。[1]

保险人知悉投保人故意未履行如实告知义务，足以影响其决定是否同意承保或者提高保险费率的情况下，超过规定时间未解除合同。该合同解除权受到除斥期间的限制，超过该期限权利归于消灭，在发生保险事故时保险人仍应当承担责任。

【案例9－162】 张某诉中国太平洋保险股份有限公司湖北分公司保险合同纠纷案

二审法院认为，关于太平洋财保湖北分公司是否应当承担保险责任问题。《保险法》第十六条规定……本案中，被上诉人张某通过网络投保的方式与上诉人太平洋财保湖北分公司签订《中高端住院医疗保险合同》，由于张某在投保中高端住院医疗保险过程中未履行如实告知义务，以致影响到太平洋财保湖北分公司作出是否同意承保的决定。因此，太平洋财保湖北分公司有权解除双方签订的上述保险合同。由于太平洋财保湖北分公司未在知道有解除事由之日起30日内行使解除权，致使其行使解除权的权利消灭。《保险法解释（二）》第八条规定，保险人未行使合同解除权，直接以存在《保险法》第十六条第四款、第五款规定的情形为由拒绝的，人民法院不予支持。但当事人就拒绝赔偿事宜及保险合同存续另行达成一致的情况除外。据此，一审法院判令太平洋财保湖北分公司承担保险责任符合法律规定。太平洋

---

〔1〕 参见国家法官学院、最高人民法院案例研究院编：《中国法院2020年度案例》（保险纠纷），中国法制出版社2020年版，第160～161页。江苏省盐城市盐都区人民法院（2018）苏0903民初503号民事判决书。

财保湖北分公司关于其不应承担保险责任的理由不能成立，法院依法不予支持。[1]

保险人与物流运输企业缔结货物运输保险合同过程中，应基于诚信原则就货物运输险和物流责任险等险种、费率、保险责任、追偿等影响投保人投保的要素事项上进行告知和说明。保险人因告知披露不充分而致物流运输企业受损的，应承担损失赔偿责任，赔偿范围以信赖利益为限。换言之，保险人应以过错程度对承运人错投货损险赔偿损失。

【案例9－163】　甲物流公司诉保险公司保险合同纠纷案

判决观点，甲物流公司对于其承运的货物不享有货主的所有人利益，与其利益匹配的应为物流责任险。乙保险公司作为专业保险机构完全有能力区分两险种在保险利益归属及投保人利益保护上的不同，其在向投保人推荐保险产品时应当进行如实告知和说明。结合物流货物保险单有关免于追偿条款的约定，法院有理由确信甲物流公司订立合同目的在于转移责任风险，而并非纯为第三人即货主利益投保。现甲物流公司在向货主赔偿完毕后因欠缺保险利益而无法自其投保的货物运输险中得到赔偿，其损失发生与乙保险公司未尽告知和说明义务存在因果关系，法院认定其在承保过程中存在过错。甲物流公司在缔约时未审慎合理了解保险产品，履约中存在违约行为，亦应适用过失相抵原则，自担部分损失。综上，法院判令乙保险公司赔偿甲物流公司的60%的货物损失，即125，203.54元。[2]

保险人不履行询问、审查义务的，应自行承担保险风险责任。

【案例9－164】　唐某某诉阳光财产保险股份有限公司淮安中心支公司保险合同纠纷案

二审法院认为，关于第一个争议焦点，上诉人阳光保险公司应当承担保险赔偿责任。理由如下，首先，上诉人阳光保险公司在向被上诉人销售保险卡时未尽到询问义务。根据《保险法》第十六条第一款规定……投保人依法负有如实告知的义务，而保险人同时亦具有主动询问和审慎审查的义务。本案中，被上诉人唐某某所投保的“阳光灿烂”个人意外伤害综合保险根据不同职业可能发生的人身风险系数高低将各类社会职业进行了类别划分，针对不同类别分别设置了相应的赔付标准，并将部分存在高风险的职业列入禁止

---

〔1〕 参见国家法官学院、最高人民法院案例研究院编：《中国法院2020年度案例》（保险纠纷），中国法制出版社2020年版，第187～188页。湖北省宜昌市中级人民法院（2018）鄂05民终3278号民事判决书。

〔2〕 2019年度上海法院金融商事审判十大案例，上海市虹口区人民法院（2018）沪0109民初9552号民事判决书。

承保职业予以拒保。因此，投保人的职业是决定保险人是否同意承保的一项重要因素，上诉人亦在保险条款中将符合承保职业作为保险合同生效的条件，在此情况下，保险公司理应对投保人的职业负有审慎审查的义务，以确保被保险人符合承保要求。虽然涉案"灿烂阳光"个人意外伤害综合保险卡中以加粗、加黑字体对承保职业要求作出了提示，明确将建筑机械车辆操作驾驶人员列入禁止承保职业，但是该提示并不能免除上诉人的询问和审查义务，上诉人在销售保险卡时应主动询问被保险人的职业，对不符合承保职业的购卡者应拒绝销售或履行明确的说明义务，上诉人在被上诉人向其缴纳保费后即向其交付了涉案"灿烂阳光"个人意外伤害综合保险卡，未对其职业作询问。其次，上诉人对电子保单的激活信息未尽到审查义务。上诉人在该保险卡的网络激活页面虽然设置了职业一栏，但并未将该设置为必填项，被上诉人在该职业空置未填的情况下依然成功激活了保单。上诉人明知被上诉人未如实告知其所从事的职业，依然未进一步履行询问及审查义务，因此，上诉人因其疏于审查而导致的保险风险，应由上诉人自行承担，双方当事人签订的涉案保险合同依法成立并生效。最后，本案事故并未增加上诉人的诉讼风险。从涉案保险设置禁止承保职业的目的来看，由于风险系数高的职业会相应增加保险公司的保险风险，故而保险公司根据职业风险进行分类，并将一些高危职业排除在承保范围之外，其本意是通过排除高危职业所涉的高风险情形，从而降低自身的保险风险。本案中，虽然被上诉人的职业属于涉案保险约定的禁止承保职业范围，但本案事故系一起普通交通事故，并非发生在被上诉人从事职业过程中，事故的发生与被上诉人是否从事高危职业无关联性，并未增加上诉人的风险，因此对本案事故承担保险责任并未违背上诉人设置禁止承保职业的初衷，亦未损害上诉人的利益。综上，上诉人应当向被上诉人承担保险赔偿责任。[1]

（五）涉及被保险人犯罪保险责任处理

《保险法解释（三）》第二十三条第二款规定："被保险人在羁押、服刑期间因意外或者疾病造成伤残或者死亡，保险人主张根据保险法第四十五条的规定不承担给付保险金责任的，人民法院不予支持。"

司法解释制定者认为，被保险人故意犯罪触犯刑法的，原则上不应影响保险

---

〔1〕 参见最高人民法院民事审判第二庭编：《商事审判指导》2019 年第 1 辑（总第 48 辑），人民法院出版社 2019 年版，第 215～216 页。江苏省淮安市中级人民法院（2018）苏 08 民终 2047 号民事判决书。

责任的承担,因为保险责任是基于保险合同的约定在保险事故发生时保险人需要承担的责任,法律应当尊重私法领域当事人的意思自治。但基于公共利益考量,在被保险人故意犯罪触犯刑法时,一定程度地允许保险人不承担保险责任,是对保险合同和当事人意思自治的有限介入。这种介入不需要利益平衡:一方面允许被保险人故意犯罪时保险人不给付保险金,另一方面对保险人不承担保险责任又有一个限制,即必须在故意犯罪与损失有因果关系时保险人方可不承担保险责任,否则不符合保险制度的设计初衷,也是对当事人签订保险合同时的意思自治过分干预。[1]

【案例9-165】 张某与某保险公司意外伤害医疗保险合同纠纷案

判决观点,本案的实际情形是,法院经刑事审判程序认定李某犯故意伤害罪,且没有认定张某对斗殴行为及其自身受到伤害的结果负有责任。因此,法院判定,张某与李某之间虽然发生过斗殴行为,但是张某的斗殴行为不属于有过错的斗殴,在此情形下保险公司不能免除责任。[2]

【案例9-166】 王某与某保险公司意外伤害医疗保险合同纠纷案

二审法院认为,从贲某犯罪与为王某签订保险合同关系看,为王某签订保险合同不是贲某进行犯罪活动的手段,贲某犯组织他人偷越国(边)境罪与为王某投保是两个不同的法律关系,两个法律关系之间在违法性上没有因果关系。尽管王某出国打工是事实,但人民法院没有认定王某参与犯罪,也没有认定王某到上海打工违法。故保险公司关于贲某犯罪导致其为王某投保无效的理由不能成立。从地域范围看,案涉保险合同未设定保险地域范围,未明确仅对王某在蒙古国打工提供保险,也未设定保险公司对上海打工跌伤可以免责的条款。从出险可能看,没有证据证明到蒙古国打工的风险一定小于国内,也没有证据证明在国内打工的风险大于到国外打工。何况,王某并非在打工过程中跌伤,而是在睡眠中滚落跌伤。而睡眠作为自然人必需的生理需要,与在何处打工没有关系。保险公司关于到蒙古国打工风险小于到上海打工的理由,与王某在睡眠中滚落跌伤出险的事实之间缺乏逻辑联系。从意外险出险方式看,合同没有设定意外险出险的方式范围,更没有设定诸如王某在睡眠中滚落跌伤免责的条款。关于此前贲某与王某是否到以色列打工,与本案保险合同法律关系无涉。至于保险公司所称的"公平"问题,我国法律规定,依法成立的保险合同受法律保护。原审依照法定程序审

---

〔1〕 参见最高人民法院民事审判第二庭编著:《最高人民法院关于保险法司法解释(三)理解与适用》,人民法院出版社2015年版,第550页。

〔2〕 参见最高人民法院民事审判第二庭编著:《最高人民法院关于保险法司法解释(三)理解与适用》,人民法院出版社2015年版,第555页。

理本案,依据事实和法律规定作出判决,依法保护当事人的合法权益,正体现了公平精神。〔1〕

因被保险人故意犯罪或者抗拒依法采取的刑事强制措施导致其伤残或者死亡的,保险人不承担给付保险金的责任。因为被保险人的行为属于对社会的危害性行为,应当受到社会的否定,其故意犯罪不赔原则是明确的。但如果被保险人在犯罪预备或中止阶段死亡或因司法机关采取强制措施导致死亡,被保险人是否犯罪无法确定,保险人是否承担保险责任,现行《保险法》和司法解释均未有规定。被保险人死亡,法院显然无法通过刑事判决来确定其行为是否属于犯罪,对保险人能否承担保险责任应予以研究,取得共识。

投保人犯罪过程中致损的保险责任。

【案例9－167】 粟某某父母与中国人民财产保险股份有限公司交口分公司保险合同纠纷仲裁案

仲裁庭认为,投保人的犯罪行为使得保险标的危险程度增加并且没有履行通知义务,违反了最大诚信原则。保险人没有及时作出赔偿或者不赔偿的通知,已经违约。同时,保险标的的损毁并非粟某某故意造成的,并不属于保险合同的免责范围。根据双方的约定及损失补偿原则,保险人应该按照17万元进行赔偿。故,裁决被申请人应在本裁决生效之日起10日内按照保险标的的25%承担责任,即42,500元;同时,加算同期贷款利息,即11,513.25元。综上,共计54,013.25元。〔2〕

(六)保险人责任减轻处理

保险人责任减轻,实际就是过失相抵,在保险理赔中的适用。所谓过失相抵,是指在侵权结果发生后,如果受害人对于损害的发生也有过错,则根据其过错程度相应抵减侵权人的赔偿数额。

《道路交通安全法》第七十六条第二款规定,在确立不同主体间的过错责任与无过错责任的同时,明确许可了过失相抵的适用。并非绝对排除"过错"因素,仅是判断责任归属的情况下不考虑侵权人的过错,以便尽快确定责任,免除受害人的举证责任,不致陷于烦琐诉讼程序而得不到及时救济,但在确定损害赔偿数

〔1〕 参见最高人民法院民事审判第二庭编著:《最高人民法院关于保险法司法解释(三)理解与适用》,人民法院出版社2015年版,第558～559页。

〔2〕 参见王利明主编:《判解研究》2012年第1辑(总第59辑),人民法院出版社2012年版,第6～7页。

额时,亦应当考虑受害人的过错,作出相应抵减。但此项规定仅适用超过保险责任限额的部分。至于保险公司在其赔偿范围内是否适用过失相抵,现行法律无明文规定。从现行法律和司法解释的规定看,在交强险保险责任范围内,不适用过失相抵,对侵权人(被保险人)和受害人的过失都不考虑过失相抵,保险人也不能适用过失相抵减轻自身责任。即使受害人损害后果是受害人自身疾病与交通事故共同所致,交通事故在受害人损害结果中占一定比例的参与度,但也不可参照该损伤参与度减轻或免除保险公司的交强险责任。保险人不能适用过失相抵的实质,是被保险人即侵权人在保险责任限额内不能适用过失相抵。因为责任保险中"保险人责任应以被保险人责任为依归",保险人给付保险金的行为不过是在保险责任限额内代替被保险人承担侵权赔偿责任。对于受害人有过错的,可以减轻侵权人即被保险人的责任。虽然受害人对道路交通事故的发生无直接责任,但对于侵权的民事责任,其放任的行为主观上有过错,故对于受害人的损害,应当适当减轻被保险人的责任。

【案例 9-168】 张某某等诉王某某等道路交通事故人身损害赔偿纠纷案

判决观点,死者张某秀作为车上乘客,系与陈某某及其他乘客一同饮酒,其在明知陈某某已经醉酒且该二辆摩托车严重超载仍然乘坐,将自己置身于危险之中,并放任危险的发生,本身存在过失,依法应适当减轻侵权人的责任。[1]

在交通事故中侵权人承担全部责任,但父母未尽监护职责的,可减轻侵权人的赔偿责任。

【案例 9-169】 全某等诉唐某某等道路交通事故人身损害赔偿纠纷案

判决观点,虽然交警部门认定被告唐某某承担此事故的全部责任,但并不意味着全某的父母无须承担监护责任。事故时,原告吴某某让全某在佛山市三水区白坭镇富景村山水龙盘工地吴川施工队临时宿舍门前玩,没有成人监护,自己关上门洗衣服,在行人及小车可出入该宿舍区的情况下,全某完全可以自行走离宿舍区,而全某在宿舍出入口被发现受伤也足可见其能远离宿舍区。以上事实可见,两原告对全某的死亡存在较重大的过错。从事故现场看,该宿舍区路面凹凸不平,普通的碰撞是很难发觉的,故被告唐某某无法感知碰撞到全某是合情合理的。根据过失相抵原则,法院认为,两原告在此事故中存在疏于监护的过错,是事故发生的不可忽视的原因,故酌情减轻被告唐某某的赔偿责任。综合分析原告、被告在此事故中的行为性质和过错程

---

〔1〕 参见国家法官学院案例开发研究中心编:《中国法院 2012 年度案例》(道路交通纠纷),中国法制出版社 2012 年版,第 192 页。

度,被告唐某某对两原告的损失超出机动车交通事故责任强制保险责任限额的部分,应承担50%的民事赔偿责任。[1]

但应注意的是,在这里减轻的是在交强险赔偿限额之外,由被保险人自身赔偿部分的责任。过失相抵不仅适用过错责任领域,也已扩展运用到无过错责任领域。在交通意外事故中,除侵权人应承担主要责任外,受害人有过错的也应承担一定责任。

实践中,侵权损害赔偿责任按各自过错分担,即保险公司在对被保险标的损害案件中,根据自身过错承担保险责任。但侵权人有过错的,可以减轻保险公司的保险责任。

【案例9-170】 中国人民财产保险股份有限公司北京市宣武支公司诉房某某侵权损害赔偿纠纷案

二审法院认为,房某某在参加拍卖预展过程中,因疏忽大意撞破展柜橱窗玻璃,致使展柜内摆放的清乾隆青花折枝花卉六棱瓶掉在地上毁损。房某某主观上并无毁损参展拍卖物的故意,但在客观上,其行为造成参展拍卖物被毁损的后果发生,房某某应当对此后果承担相应的民事赔偿责任。北京HB拍卖有限公司对展柜的设置有可能存在缺陷,但宣武支公司已承保,并对可能发生参展拍卖物遭受损失的风险已认可,北京HB拍卖有限公司与宣武支公司应当依据保险合同解决双方之间发生的纠纷,现宣武支公司已经进行了理赔,有权向事件责任人追偿,数额应依据所负责任确认。宣武支公司在承保时对保险物及保险的设施有义务进行审查,宣武支公司在承保后,未尽相应的审查义务,对造成的参展拍卖物被毁损的后果,应承担主要责任。原审法院依据本案事实确定责任比例所作出的判决并无不当。[2]

机动车发生道路交通事故,造成本车无偿搭乘的搭乘者损害的,应适当减轻本车赔偿义务人的赔偿责任,但本车驾驶员有重大过错的除外。无偿搭乘者有过错的,应相应减轻本车赔偿义务人的赔偿责任。

【案例9-171】 周某某等诉颜某某等机动车交通事故责任纠纷案

判决观点,经查,被告免费送原告回家,是一种好意同乘。对于好意同乘过程中发生的交通事故,虽然同乘人对于交通事故的发生并无过错,但由于被告颜某某并未收取任何费用,是一种无偿行为,也是一种助人为乐的行为,

---

〔1〕 参见国家法官学院案例开发研究中心编:《中国法院2013年度案例》(道路交通纠纷),中国法制出版社2013年版,第117页。

〔2〕 参见北京市高级人民法院编:《审判前沿——新类型案件审判实务》2008年第1集(总第19集),法律出版社2008年版,第119页。

为鼓励助人为乐的行为。法院根据公平原则,酌情减轻被告颜某某5%的责任(实际承担45%)。[1]

与刑事责任相比,民事侵权责任的承担更加侧重于补偿性。交通事故的受害人对事故发生没有过错,其个人体质状况对损害后果的影响不属于可以减轻侵权人责任的法定情形,侵权人应当承担给受害人造成的全部损失赔偿责任。

【案例9-172】 荣某某诉王某、永诚财产保险股份有限公司江阴支公司机动车交通事故责任纠纷案

二审法院认为,本案中,虽然原告荣某某的个人体质状况对损害后果的发生具有一定的影响,但这不是《侵权责任法》等法律规定的过错,荣某某不因个人体质状况对交通事故导致的伤残存在一定影响而自负相应责任,原审判决以伤残等级鉴定结论中将荣某某个人体质状况“损伤参与度评定为75%”为由,在计算残疾赔偿金时作相应扣减属适用法律错误,应予纠正。……根据我国《道路交通安全法》的相关规定,机动车发生交通事故造成人身伤亡、财产损失的,由保险公司在机动车第三者责任强制保险责任限额范围内予以赔偿,而我国交强险责任立法并未规定在确定交强险责任时应依据受害人体质状况对损害后果的影响作相应扣减,保险公司的免责事由也仅限于受害人故意造成交通事故的情形,即便是投保机动车无责,保险公司也应在交强险无责限额内予以赔偿。因此,对于受害人符合法律规定的赔偿项目和标准的损失,均属交强险的赔偿范围,参照“损伤参与度”确定损害赔偿责任和交强险责任均没有法律依据。[2]

【案例9-173】 缪某某诉邱某某、紫金财产保险股份有限公司南通中心支公司等保险合同纠纷案

一审法院认为,关于紫金保险公司对缪某某治疗心律失常的医疗费不予认可并拒绝赔偿的抗辩意见,根据司法鉴定意见,缪某某心律失常——阵发性心动过速不排除交通事故事件本身刺激及外伤后局部疼痛诱发上述疾病发生的可能性,且在交通事故中,无论受害人体质状况如何及机动车驾驶人是否能够预见,驾驶人都应当具有同样的高度注意义务,并对其行为产生的损害后果承担保险责任。缪某某个人的特殊体质对损害后果有一定影响,但并不是《侵权责任法》等法律规定的过错,所以,缪某某对损害发生或扩大没有法定过错。因此,本案不存在减轻或者免除加害人邱某某责任的法定情

---

〔1〕 参见国家法官学院案例开发研究中心编:《中国法院2013年度案例》(道路交通纠纷),中国法制出版社2013年版,第7页。

〔2〕 人民法院案例库2014-18-2-374-001。最高人民法院指导案例24号。

形，对紫金保险公司的上述抗辩意见，法院不予支持。二审亦持同样意见，维持一审判决。[1]

在投保人未如实告知隐瞒行为存在过错，保险人未履行说明义务或在核保过程中未履行判断和考察亦存在过错，其处理应综合考虑双方过错，酌情减轻投保人主观过错强度，保险人亦应对自身过错承担相应责任，平衡双方的利益。

【案例9－174】 冯某某诉中国平安人寿保险股份有限公司北京分公司人身保险合同纠纷案

一审法院认为，依据冯某某提交的和平安北京分公司业务员梁某某的通话录音，虽然冯某某向保险公司如实告知了田某某喝酒的情况，但是没有如实告知其每天喝酒的量，田某某来京十余年，据冯某某所述，其经常前去看望照顾，因此，田某某每天喝酒的量应为冯某某明知的与被保险人有关的情况，而该情况足以影响保险公司决定是否承保或者提高保险费，且未如实告知事项与保险事故的发生具有重要因果关系，因此，认定冯某某因重大过失未向保险公司履行如实告知义务。平安北京分公司应当退还冯某某已交纳的保险费7000元，而不是退还现金价值3284.05元。二审法院亦持同样意见，维持一审判决。[2]

【案例9－175】 钟某某诉中国人寿保险股份有限公司广西壮族自治区贺州中心支公司人身保险合同纠纷案

二审法院认为，钟某某、贺州人寿保险公司在订立保险合同的过程中，双方均未履行各自相应的说明和告知的先合同义务，考虑到本案合同订立过程中，当事人双方的过错程度，并充分注意保障处于相对弱小地位的投保人的合法权益，同时兼顾保险人的合法权益。本院认为，应当各自承担一半责任为宜，即保险公司除退还钟某某已缴纳的保险费7140元，还应赔偿钟某某因重大疾病造成的损失45，000元。[3]

在意外伤害保险合同中，被保险人对损失扩大有过错，亦应合理划分保险人与被保险人的责任。

---

〔1〕 参见《人民司法·案例》2018年第14期（总第817期）。江苏省南通市中级人民法院（2016）苏06民终4092号民事判决书。

〔2〕 参见国家法官学院案例开发研究中心编：《中国法院2017年度案例》（保险纠纷），中国法制出版社2017年版，第179～180页。北京市第四中级人民法院（2015）四中民（商）终字第3号民事判决书。

〔3〕 参见国家法官学院案例开发研究中心编：《中国法院2014年度案例》（保险纠纷），中国法制出版社2014年版，第58页。广西壮族自治区贺州市中级人民法院（2012）贺民二初字第116号民事判决书。

【案例9-176】 杨某某诉中国人民人寿保险股份有限公司广西壮族自治区分公司意外伤害医疗保险合同纠纷案

判决观点,杨某某所受伤害虽属于意外伤害,但根据博白县人民医院出具的《入院记录》,杨某某受伤当时自行包扎止血,并在当地卫生院输液治疗,入院10天前发现伤口溃烂、流脓,脓量少、质稀,有恶臭味,仍继续输液治疗,于受伤1个多月后才前往博白县人民医院入院治疗。前述诊疗记录的内容反映杨某某对其右小腿伤情处置存在不当之处,杨某某作为具有完全民事行为能力的成年人,对其自身伤情应当具备尽量采取有效措施防止损失扩大的能力,但其在发现伤口出现异常情况后并未及时采取更加有效的措施,而是待10天后才前往博白县人民医院入院就诊,导致损失进一步扩大,由此造成的扩大部分的损失不应由人保寿险广西分公司承担赔偿责任。综合本案案情,法院酌定杨某某应自行承担60%的责任,人保寿险广西分公司应承担40%的保险赔偿责任。[1]

机动车所有者在交纳高速公路通行费后与高速公路管理者形成有偿使用公路的合同关系,高速公路管理者负有保障公路完好、安全、畅通的职责和义务。因高速公路管理者疏于养护、巡者或未及时清除路上障碍物致使机动车在使用高速公路过程中发生事故并受到损害的,机动车所有者可以选择以高速公路管理者为被告提起侵权之诉或违约之诉,要求其承担侵权损害赔偿责任或违约损害赔偿责任。机动车驾驶人对损害发生亦有过错的,高速公路管理者的赔免偿责任可适当减轻。

【案例9-177】 中国平安财产保险股份有限公司北京分公司诉华北高速公路股份有限公司保险合同纠纷案

二审法院认为,本案所涉交通事故发生的原因在交通事故认定书中有记载,系投保车辆撞路面长形方钢所致。华北高速公司系京津塘高速公路的管理者,其向在该道路上通行的车辆收取相应的费用,与交纳费用的人之间形成了有偿使用公路的合同关系。本案中的被保险人杨某某履行了缴费义务,华北高速公司应当履行道路管理者的义务,在巡视和清扫公路过程中及时发现道路上的方钢,设置相应警示标志并尽快清除方钢。由于其未能尽到上述管理义务,导致本案所涉交通事故发生,其应当承担相应的赔偿责任。平安保险北京分公司在向杨某某赔付后,向华北高速公司行使代位求偿权,二审法院予以支持。一审法院综合考虑投保车辆司机在高速路上行驶,应集中注

〔1〕 参见国家法官学院案例开发研究中心编:《中国法院2016年度案例》(保险纠纷),中国法制出版社2016年版,第165页。广西壮族自治区南宁市青秀区人民法院(2014)青民二初字第1809号民事判决书。

意力谨慎驾驶,其未尽足够注意义务避免事故发生,本身亦存在过失,应适当减轻被告华北高速公司的赔偿责任。依据双方当事人提交的证据,认为此次事故华北高速公司应承担70%的赔偿责任,酌判适当。[1]

个案中,法官根据具体案情划分被保险人承担部分责任的,保险人亦按被保险人的责任承担保险责任,而不是全部责任。

【案例9-178】 华安财产保险股份有限公司青岛分公司与青岛金世纪实业有限公司保险代位求偿权纠纷案

最高人民法院认为,金世纪公司未完全履行合同义务,造成了中远物流公司的损失,应当按照约定承担赔偿责任。虽然双方在系列合同中约定由金世纪公司负责仓库的防火保卫、消防安全、检查隐患、定期修缮,中远物流公司在使用仓库过程中,应当负有基于租赁合同产生的租赁物保管义务,包括防范火灾的注意义务。中远物流公司作为专业的橡胶仓储经营企业,应当知道橡胶存储场所要求的消防等级,在选择租赁涉案仓库仓储橡胶之后,未提示金世纪公司采取升级消防等级的改进措施,未尽到注意义务,对火灾的损害的发生亦有过错。对于《保险法》第六十条第一款规定的第三者对保险标的的损害,应当理解为因第三者而是保险标的受到不利益影响,既可以因第三者的侵权法律事实造成,也可以因第三者违法合同的法律事实造成。本案中,金世纪公司未完全履行与中远物流公司之间约定的合同义务,导致仓库中电气线路故障引发火灾,侵害了中远物流公司的财产权益,中远物流公司即可向金世纪公司请求承担违约责任,亦可向金世纪公司请求承担侵权责任,在请求权竞合的情况下,一审判决认定金世纪公司应当承担相应的侵权责任,并根据双方过错程度,参照消防部门的事故认定意见,认定金世纪公司承担70%的赔偿责任,其余损失应当由中远物流公司自行承担,并无不当,应予维持。华安财险青岛分公司上诉认为一审判决对责任定性错误,并主张应当由金世纪公司承担全部损失赔偿责任,依据不足,本院不予支持。[2]

---

〔1〕 参见最高人民法院中国应用法学研究所编:《人民法院案例选》2013年第1辑(总第83辑),人民法院出版社2013年版,第226页。北京市第一中级人民法院(2011)一中民终字第8578号民事判决书。

〔2〕 参见最高人民法院民事审判第二庭编:《商事审判指导》2019年第1辑(总第48辑),人民法院出版社2019年版,第180~181页。最高人民法院(2019)民终299号民事判决书。

专题十　机动车保险合同纠纷

机动车保险合同纠纷，主要涉及道路交通事故责任强制险（以下简称交强险）和商业第三者责任保险。交强险，是指由保险公司对被保险机动车发生道路交通事故造成的本车人员、被保险人以外的受害人的人身伤亡、财产损失，在责任限额内予以赔偿的强制性责任保险。在中国境内道路上行使的机动车的所有人或者管理人，都应当投保机动车强制险，实行的是无过错责任原则，具有强制性特点。司法实践中，在适用交强险过程中，尚存在法律、法规不明确之处，有些问题争议颇大，尚需进一步深入探讨。

一、机动车保险理解

(一)交强险投保范围

按照《道路交通安全法》的规定,可以决定投保交强险范围。同是有田间作业功能的车辆,兼用型拖拉机应投交强险,可是联合收割机是否也应投交强险,是有争议的问题。机动车是以动力装置驱动或者牵引,上道路行驶的供人员乘用或者用于运送物品以及进行工程专项的轮式车辆。因兼用型拖拉机可以通过铰接连接牵引挂车进行运输作业,故兼用拖拉机属于机动车的种类,而联合收割机只能属于农业机械,不属于应投交强险的机动车。

【案例10-1】 钱某某诉张某某人身损害赔偿纠纷案

二审法院认为,本案中,张某某驾驶的自走式联合收割机,作为专用于田间作业的农田作业机械,无法通过铰接连接牵引挂车进行运输作业,不属于兼用型拖拉机的范畴。江苏省人民政府办公厅颁布的《关于做好2008年农业保险试点工作的通知》以及作为农机具主管部门的江苏省农业机械管理局下发的《关于开展农机政策性保险试点工作的通知》中,均明确农机具的试点险种包括兼用型拖拉机交强险和联合收割机第三者责任险,将兼用型拖拉机和联合收割机划分为两类农机具,进一步说明两者不能等同。故自走式联合收割机不适用交强险等保险方面的规定。钱某某上诉要求张某某在交强险限额范围内承担赔偿责任,无法律依据,不予支持。[1]

重复投保交强险的法律效力如何?主要有两种观点,其依据均是《交强险条例》第六条交强险"实行统一的保险条款和基础费率"的规定,这两种观点对该条理解不同:一为无效。理由是交强险分别理赔,实质上等同于变更了交强险的条款和基础费率。有法官认为,投保多份交强险的,应认定第一份有效,其余的各份均为无效。二为有效。投保人就同一机动车重复投保交强险有变相改变合同条款和费率之嫌,但我国目前并无法律法规明文禁止机动车投保多份交强险。现实

---

〔1〕 参见最高人民法院中国应用法学研究所编著:《人民法院案例选》(月版)2009年第6辑(总第6辑),中国法制出版社2009年版,第22页。

中重复投保现象的成因复杂,专业机构的保险公司,负有对投保人是否重复投保的审查义务。如果在投保时,保险公司办理投保并收取费用而不主张合同无效,一旦发生事故,保险公司则随时主张合同无效,这对投保人是不公平的。笔者认为,由于重复投保的交强险并未违反我国现行法律、法规的强制性规定,故对同一机动车投保多份交强险的,不宜认定第一份以外的交强险合同无效。

【案例10-2】 田某某诉刘某某等道路交通事故损害赔偿纠纷案

二审法院认为,《交强险条例》第六条虽然规定了交强险实行统一的保险条款和基础费率,但由于现实中重复投保的成因复杂,其主要原因是各保险公司只顾推销保险而不履行审查义务的缘故造成。与目前的商业保险相比,从交强险现行的保费和赔率看,重复投保多份交强险并非完全有利于投保人。保险公司作为专业的机构,负有对投保人是否重复投保交强险的审查义务。由于重复投保的交强险并无违反我国现行法律、法规的强制性规定,上诉人财产保险阳江公司在发生保险事故之后主张其承保的第二份交强险合同无效缺乏法律依据,也不利于维护社会的公平正义。故此,对财产保险阳江公司的上诉请求不予支持。[1]

这里还应分析未购买交强险也未购买商业第三者险的,肇事后的责任承担问题。笔者认为,机动车未依法购买交强险的,车辆肇事后,为保护受害人一方的合法权益,车主应在机动车交强险范围内直接予以赔偿,限额外再按双方当事人过错承担责任。最高人民法院民一庭意见为:未按照国家规定投保机动车第三者强制险的机动车,发生交通事故造成损害的,由机动车第三者责任强制保险的投保义务人在机动车第三者责任强制保险限额范围内予以赔偿。不足部分,由侵权人按照《侵权责任法》和《道路交通安全法》的规定向被侵权人承担侵权责任。[2]

【案例10-3】 余某某等诉吴某某道路交通事故人身损害赔偿纠纷案

判决观点,本案系因一起道路交通事故引发的人身损害赔偿纠纷,应由保险公司在机动车第三者责任强制保险责任限额予以赔偿,不足部分各方当事人应按责任大小来承担民事赔偿责任,因吴某某未按规定购买交强险,应由吴某某在交强险责任限额内予以赔偿,不足的部分,各方当事人按事故大小来承担赔偿责任。吴某某主张应直接按事故责任大小来承担赔偿责任,缺

---

〔1〕 参见最高人民法院中国应用法学研究所编著:《人民法院案例选》(月版)2009年第2辑(总第2辑),中国法制出版社2009年版,第68页。

〔2〕 参见最高人民法院民事审判第一庭编:《民事审判指导与参考》2012年第1辑(总第49辑),人民法院出版社2012年版,第122页。

乏依据,依法不予支持。[1]

【案例10-4】 肖某某、李某诉董某某、云南昊宇汽车销售服务有限公司等机动车交通事故责任纠纷案

一审法院认为,对于赔偿责任,发生交通事故时,董某某驾驶的无号牌"兰博基尼"未投保交强险,车辆的所有人为被告昊宇汽车公司,根据《道路交通安全法》第七十六条第一款……的规定,本案的交通事故,本应由保险公司在交强险责任限额范围内承担的赔偿责任,现则应由投保义务人,即车辆所有人昊宇汽车公司及侵权人董某某在交强险赔偿范围内连带赔偿原告死亡赔偿金7万元、精神抚慰金4万元,共计11万元,扣除被告昊宇汽车公司在事故发生后支付给原告的补助款1万元,还应支付10万元。二审调解结案。[2]

双方均未缴纳交强险的机动车发生交通事故的,应按事故责任认定赔偿。

【案例10-5】 罗某某诉黎某某机动车交通事故责任纠纷案

一审法院认为,本案中,黎某某承担事故的主要责任,故应当赔偿罗某某因本次事故造成损失的70%,而原告罗某某提出要求被告黎某某在道路交通强制保险赔偿限额内赔偿的请求,因双方均未购买交强险,从公平、合理的角度出发,应按事故责任认定赔偿为宜。二审法院亦持同样意见,维持一审判决。[3]

《道路交通损害赔偿解释》第十九条对此种情形作了明确规定,最高人民法院法官解释为,未投保交强险的机动车发生交通事故造成损害,投保义务人应当承担侵权责任,其法律依据为《侵权责任法》第六条第一款,其责任范围即本条司法解释所规定的交强险限额范围内的赔偿责任。[4] 由于投保义务人未投交强险导致受害人(第三人)不能从交强险中获得赔偿的损失,应当受到《侵权责任法》的保护。[5] 在实践中,发生交通事故的两辆机动车都未投保交强险的,亦应该包

---

〔1〕 参见最高人民法院中国应用法学研究所编:《人民法院案例选》2011年第1辑(总第75辑),人民法院出版社2011年版,第115页。

〔2〕 参见最高人民法院中国应用法学研究所编:《人民法院案例选》2015年第2辑(总第92辑),人民法院出版社2016年版,第175~176页。云南省昆明市中级人民法院(2014)昆民三终字第237号民事判决书。

〔3〕 参见《人民司法·案例》2014年第12期(总第695期)。广东省清远市中级人民法院(2013)清中法民一终字第353号民事判决书。

〔4〕 参见最高人民法院民事审判第一庭编著:《最高人民法院关于道路交通损害赔偿司法解释理解与适用》,人民法院出版社2012年版,第245页。

〔5〕 参见最高人民法院民事审判第一庭编著:《最高人民法院关于道路交通损害赔偿司法解释理解与适用》,人民法院出版社2012年版,第248页。

含在该条规定内。对交强险脱保而商业车险未脱保的情形,亦应按交强险赔付。在多车事故情形下,其中部分机动性未投保的,受害人请求先由已承保交强险的保险公司承担的,应得到法律支持。需要引起注意的是,机动车所有人将其未投交强险的机动车出借给肇事人,机动车所有人也应在交强险的范围内承担赔偿责任。这里着重强调一点,因保险公司的原因,造成投保人脱保的,则亦然由保险公司承担赔偿责任。《道路交通损害赔偿解释》第十七条规定:“具有从事交强险业务资格的保险公司违法拒绝承保、拖延承保或者违法解除交强险合同,投保义务人在向第三人承担赔偿责任后,请求该保险公司在交强险责任限额范围内承担相应赔偿责任的,人民法院应予支持。”

(二)交强险赔偿范围

交强险实行的是无过错责任赔偿原则,即非机动车驾驶人、行人故意行为造成的交通事故情形,其余的人身伤害均在交强险赔偿责任范围之内。本节就实践中,出现争议大的几种情形,分别予以阐述。

1.无证驾驶、醉酒等交强险责任

无证驾驶、醉酒、故意制造事故等情形下机动车致第三人人身伤害,保险公司应否承担赔偿。对此,存在两种不同观点。第一种观点认为,保险公司仅负有在强制保险责任内垫付抢救费用的义务,而无赔偿之责任。第二种观点认为,保险公司不仅负有垫付抢救费用的义务,而且负有赔偿相应损失的责任。无证驾驶等情形引发交通事故的赔偿在当前司法界争议较大,各地法院判决结果不尽一致,判决理由更是众说纷纭。归结起来,主要是对《交强险条例》第二十二条的理解问题。

正确解读《交强险条例》第二十二条,是正确处理无证驾驶等情形致第三人伤害是否承担赔偿责任的前提和关键。从《交强险条例》的立法宗旨看,国家通过交强险制度,强制机动车所有人或管理人购买相应的责任保险,以提高第三者责任保险的投保面,在最大限度上为交通事故受害人提供及时和基本保障。交强险具有稳定社会的特殊功能,有利于受害人获得及时有效的经济保障和医疗救治。基于此,交强险具备了商业责任保险所没有的强制性,即机动车强制投保和保险公司强制承保。这种强制性来源于政府的社会管理职能,来源于该险种的公益性。换言之,交强险制度的设立初衷是通过保护受害人利益来维护社会稳定和公平,体现以人为本,以生命权为本的理念。因此,在交强险制定和实施过程中,在平衡保险公司、被保险人、受害人三方利益的同时,应当更多地倾向受害人的利益保障。《交强险条例》第二十二条所设的四种情形都是机动车方存在严重过错的情形,为体现公平合理、保护保险公司的利益,在一般的商业保险中常常成为免责条款,在以上情形下,当保险公司的合理免责诉求和受害人的正当赔偿诉求发生冲突时,交强险应如何平衡涉及法律价值的选择。交强险制度必然更多考虑受害一方的利益,使受害方及时获得救济,但同时又在可能的范围内考虑保险公司一方的利益,即规定保险公司有追偿权。具体来讲,对人身伤亡倾向于保护受害人的利益,对于财产损失则倾向于维护保险公司一方的利益,即以上情形下保险对财产损失不承担赔偿责任。这里还要谈到第二十二条第一款关于"垫付和追偿"的规定,可以推定,该款不但不是免除保险公司的人身伤亡赔偿的除外责任,而是强化了在该四种情形下对受害人的保护。以垫付责任推导出人身伤亡赔偿的除外责任,是对第二十二条的误读或曲解。另外,联系第二十三条规定,即交强险实行分项责任限额,即细分为死亡伤残、医疗费用以及财产损失三大类责任限额,财产损失仅定第三者损失的一个项目,《交强险条例》第二十二条规定的驾驶人未取得驾驶资格发生交通事故,保险公司不承担赔偿责任,仅指"财产损失",死亡伤残和医疗费用不属"财产损失",仍属赔偿之例,故保险公司对受害人财产以外的损失应在其责任限额内承担赔偿责任。因此,在第二十二条本身并未明文规定保险公司的人身伤亡赔偿除外责任,而该责任在第二十一条总体原则中已有体现的情况下,即使存在无证驾驶、醉酒等四种情形之一,发生道路交通事故的,保险公司仍然应当按照《交强险条例》第二十一条的规定,对人身伤亡承担赔偿责任。最高人民法院法官认为,在《交强险条例》第二十二条未被修改之前,存在无证驾驶、醉酒等四种情形之一,对受害人的财产损失,保险公司可不承担赔偿责任,但仍然应当对受害人遭受的人身损失承担赔偿责任,且保险公司在依法赔付受害人人身损失后享有向致害人追偿的权利。[1] 死亡伤残赔偿限额和财产损失赔偿限额是两个并列存在的赔偿限额,保险公司对受害人的财产损失依法不承担赔偿责任,但不能免除其支付受害人的伤残赔偿金、死亡赔偿金的法定义务。实践中,许多法院从《交强险条例》立法本意出发,对第二十二条进行扩大解释,对发生无证驾驶、酒后驾车等情形的伤害事故,保险公司在交强险范围内优先承担,承担后向上述责任人追偿。这一做法获得最高人民法院认可,最高人民法院[2012]40号《关于当前形势下加强民事审判切实保障民生若干问题的通知》第五条"妥善处理交通事故损害赔偿纠纷案件,依法惩恶扬善,确保公平正义"对此进行了明确。[2] 2012年11月27日,最高人民法院公布了《道路交通损害赔偿解

---

〔1〕 参见最高人民法院审判监督庭编:《全国法院再审法律疑难问题》,中国法制出版社2011年版,第58页。

〔2〕 参见最高人民法院民事审判第一庭编:《民事审判指导与参考》2012年第2辑(总第50辑),人民法院出版社2012年版,第71页。

释》,其第十八条(现为第十五条)第一款对此作了明确规定予以赔偿,该条第二款规定了保险公司赔偿之后享有追偿权,至此,该争议画上了句号。以下是在该司法解释出台之前发生的实例,亦符合该司法解释的精神。

在司法实践中,对于被保险机动车无证驾驶情形下发生交通事故,致使受害人遭受人身伤亡的,保险公司应当承担赔偿责任。

【案例10-6】 李某某诉吴某成、吴某全、大众保险股份有限公司宁波分公司道路交通事故人身损害赔偿纠纷案

判决观点,至于被告大众保险公司所称肇事人未取得驾驶资格,按交强险第九条保险公司不承担赔偿责任,此辩称不符《道路交通安全法》第七十六条和《交强险条例》第二十一条第一款和第二十二条的规定内容。被告答辩时所称"交强险第九条"系错误表述,且按被告辩称内容,此第九条应为〔2006〕1号保监会依据《交强险条例》的内部规定,且此规定仅针对保险公司的"垫付与追偿"所作,并非法律和行政规章赋予保险公司的免赔权利,而《机动车交通事故责任保险条例》第二十二条的规定也是对肇事人未取得驾驶资格造成财产损失的情形下,保险公司才不承担赔偿责任,而人身伤亡所致的损失保险应不承担赔偿责任,此规章未作规定,故法院不予采纳被告大众保险公司对原告不负责赔偿责任和垫付责任的辩称。〔1〕

【案例10-7】 郝某某诉人保财险铁厂支公司、蔡某某等道路交通事故人身损害赔偿纠纷案

二审法院认为,上诉人引用《机动车交通事故责任强制保险条款》第九条作为免责理由,但该条款即使合法有效,也仅在缔结合同的当事人即投保人和保险人之间发生法律效力。因此,该条款对于第三人即受害人不具有约束力,由于保险公司对于受害人的赔偿责任是一种法定责任,不能通过约定予以免除。对于上诉人引用的最高人民法院〔2009〕民立他字第42号函,该函主要是针对《交强险条例》第二十二条中"财产损失"如何理解的答复,并未涉及保险公司是否应当对受害人承担赔偿责任的问题,故上诉人请求免除其向受害人的赔偿责任依据不足,不予支持。〔2〕

---

〔1〕 参见最高人民法院中国应用法学研究所编:《人民法院案例选》2008年第4辑(总第66辑),人民法院出版社2009年版,第111页。

〔2〕 参见最高人民法院中国应用法学研究所编:《人民法院案例选》2011年第1辑(总第75辑),人民法院出版社2011年版,第111页。

【案例 10-8】 周某某、阳光财产保险股份有限公司泰州中心支公司与丁某某、王某某道路交通事故损害赔偿纠纷再审案

二审法院认为,驾驶人未取得驾驶资格造成交通事故,对受害人的人身伤亡损失,保险公司应在死亡伤残赔偿限额内予以赔偿。[1]

【不同处理】 无证驾驶发生交通事故,有的法院持不负赔偿责任之意见,保险公司也可以不负垫付义务。

【案例 10-9】 王某诉中国平安财产保险股份有限公司河南分公司财产保险合同纠纷案

判决观点,本案李某某无有效驾驶资格,驾驶被保险车辆发生交通事故,造成李某某死亡,李某某在事故发生后赔偿受害人 32,500 元,受害人的损失已经得到足额赔偿,保险公司不再负垫付义务。李某某无证驾驶机动车发生交通事故,根据保险合同约定,被告平安财险河南分公司不负赔偿责任。[2]

实践中,对于无证驾驶构成交通肇事犯罪,保险公司能否以此免责,是极有争议的问题。交通肇事罪作为多发性犯罪,发案率呈逐年上升趋势,附带民事诉讼的赔偿问题往往是此类案件的处理重点,国务院于 2006 年 7 月 1 日颁布实施的《交强险条例》无疑为受害者提供了重要的经济保障。笔者认为,对于无证驾驶构成交通肇事犯罪,保险公司应依法在交强险范围内承担赔偿责任。

【案例 10-10】 被告人孙某某交通肇事附带民事赔偿纠纷案

判决观点,因肇事车附带民事诉讼被告保险公司参投强制险,依照《道路交通安全法》的规定,保险公司应在齐齐哈尔农垦兴盛合参投保强制险限额 110,000 元的死亡伤残限额内承担赔偿责任。该案在重审中,在法院主持调解,保险公司赔偿附带民事诉讼原告 56,000 元,附带民事诉讼被告高某赔偿原告 30,060 元,保险公司自愿放弃对附带民事诉讼被告高某、孙某某的追偿权。[3]

酒后驾驶机动车致人死亡,保险公司是否应在交强险范围内赔偿,赔偿的具体范围有争议。对此,笔者认为,依照《道路交通赔偿解释》第十八条之规定,被

---

〔1〕 参见最高人民法院审判监督庭编:《全国法院再审典型案例评注》(上),中国法制出版社 2011 年版,第 229 页。

〔2〕 参见国家法官学院案例开发研究中心编:《中国法院 2018 年度案例》(保险纠纷),中国法制出版社 2018 年版,第 26 页。河南省驻马店市泌阳县人民法院(2016)豫 1726 民初字第 1394 号民事判判决书。

〔3〕 参见最高人民法院中国应用法学研究所编著:《人民法院案例选》(月版)2010 年第 3 辑(总第 15 辑),中国法制出版社 2010 年版,第 16 页。

保险人的过错不影响保险人承担交强险的责任,被保险人酒后驾车造成交通事故的,保险公司应在交强险范围内赔偿。

【案例 10-11】 窦某诉方某等道路交通事故赔偿纠纷案

判决观点,方某未遵守道路交通安全法律、法规的要求,驾驶车辆发生交通事故,导致窦某身体受到损伤,对于窦某由此产生的损失,方某应依据责任予以赔偿。方某在保险公司投保了机动车交通事故强制保险,交通事故发生在保险责任期间内,保险公司理应在保险限额范围内对窦某的损失予以赔偿。不足部分,由方某按责赔偿。机动车交通事故责任强制保险是依法订立的非营利性强制保障制度,旨在保障交通行为中的弱势群体,根据强制保险的设定及保障性质,保险公司不同意承担赔偿责任理由不足,法院不予支持。最后,法院综合案件实际情况,判决被告保险公司给付原告窦某伤残类赔偿79,706.6 元。[1]

【案例 10-12】 李某某交通肇事刑事附带民事案

判决观点,被告人李某某违反《道路交通安全法》,醉酒驾驶机动车辆,发生重大事故致二人死亡、一人受伤,且两车损坏,负事故主要责任,其行为构成交通肇事罪,情节特别恶劣,依法应当严惩。……法院对附带民事诉讼原告人要求第三人在交强险赔偿额内赔偿死亡伤残金和医疗费的请求予以支持,原告提出的财物损失赔偿,法院不予支持。[2]

【不同处理】 司法实践中,也有醉酒驾驶造成第三人人身损害或财产损失,保险公司不承担交强险赔偿责任实例。

【案例 10-13】 龚某某诉中国人民财产保险股份有限公司宁波市鄞州支公司保险合同纠纷案

一审法院认为,本案原告作为致害人在醉酒驾驶肇事后不能要求被告承担交强险赔偿责任,判决驳回原告的诉讼请求。二审法院调解结案,被告保险公司给付原告 35,000 元。[3] 对本案一审法院的免责判决,承办法官肯定一审判决结果。

被保险人先赔偿受害人后再向保险公司主张赔偿款,因其醉酒驾驶其对诉求

---

〔1〕 参见北京市高级人民法院编:《审判前沿——新类型案件审判实务》2012 年第 1 集(总第 43 集),法律出版社 2013 年版,第 120 页。

〔2〕 参见最高人民法院中国应用法学研究所编著:《人民法院案例选》(月版)2009 年第 11 辑(总第 11 辑),中国法制出版社 2010 年版,第 125 页。

〔3〕 参见最高人民法院中国应用法学研究所编:《人民法院案例选》2010 年第 1 辑(总第 71 辑),人民法院出版社 2010 年版,第 245 页。

法院不予支付。在被保险人醉酒的情形下，即使侵权人没有财产理赔，保险公司也可以垫付抢救费用。

【案例10-14】 裴某某诉中国太平洋财产保险股份有限公司北京分公司保险合同纠纷案

一审法院认为，对于驾驶员醉酒的，保险公司只在交强险范围内垫付抢救费用。而且，即使对于垫付的抢救费用，保险公司都有权向致害人追偿。很明显，保险公司垫付抢救费用后，保险公司不再在交强险限额内承担其他赔偿责任。在驾驶人醉酒驾车的情况下，如果保险公司需在交强险限额内承担赔偿责任，则《交强险条例》第二十二条无须规定保险公司在承担垫付抢救费用后还有权向致害人追偿。因此，该条款的规定是保险公司不再承担其他交强险责任限额范围内的法定免责事由，故《交强险条款》第九条的内容不是免责条款，不适用免责条款的相关规定。《交强险条例》作为行政法规，对裴某某和保险公司双方产生约束力，保险公司在垫付抢救费用后，无须再承担其他赔偿责任。醉酒驾驶保险车辆可以成为保险公司不负责理赔死亡伤残赔偿限额110,000元的理由，本院对此予以支持。另外，本案中，保险公司向杨某某垫付了抢救费用10,000元，现保险公司向裴某某追偿，要求裴某某返还其垫付的10,000元，对此，本院予以支持。二审法院亦持同样意见，维持一审判决。[1]

机动车驾驶人在无驾驶证或醉酒驾驶情形下，导致第三人财产损失，当事人请求保险公司在交强险责任限额范围内赔偿是否包括财产部分有争议。

【案例10-15】 崔某某诉渤海财产保险股份有限公司青岛分公司机动车交通事故责任强制保险合同纠纷案

一审法院认为，渤海保险公司提出的本案栾某某系无证、酒后驾驶车辆不予赔偿的抗辩理由，与交强险的立法精神相违背，不予支持。判决渤海保险公司在交强险122,000元限额内赔偿崔某某车辆损失费40,401元、鉴定费1200元、施救费751元，共计42,352元。二审亦持同样意见，维持一审判决。对再审法院的请示，最高人民法院审判监督庭作出(2013)民监他字第6号函明确，即在本案中应当适用条例的相关规定，受害人就其财产损失请求保险公司承担交强险赔偿责任的，不应予以支持。……条例中分项确定交强险责任限额的规定，与《道路交通安全法》中保险公司在交强险责任限额范围内承担赔偿责任的规定精神是一致的，《道路交通安全法》中也并未就交

---

〔1〕 参见国家法官学院案例开发研究中心编：《中国法院2014年度案例》(保险纠纷)，中国法制出版社2014年版，第124页。北京市第一中级人民法院(2012)一中民终字第11778号民事判决书。

强险规定不分项的“全部责任限额”。因此，在保险公司承担交强险赔偿责任的情况下，受害人请求保险公司对超出交强险相应分项限额范围的损失予以赔偿的，人民法院亦不予支持。[1]

2. 驾驶证符合法律规定问题

驾驶证是否符合法律规定，是实践中最常见的争议之一。其他争议还有：驾驶人持有的机动车驾驶证上记载的准驾车型与驾驶人在交通肇事时所驾车型类型不符，是否属于驾驶人未取得驾驶资格驾车，保险人应否承担保险责任。笔者认为，驾驶人持有的机动车驾驶证上注明的准驾车型与驾驶在交通肇事时所驾车辆类型不符，不属于驾驶未取得资格的情形，而应归入相应驾驶资格类型，保险公司应在保险责任限额范围内承担赔偿责任。也就是说，在驾驶人准驾车型与实际驾驶车辆不一致造成交通事故的情况下，对于导致第三人的人身损害，承保交强险的保险公司仍应承担赔偿责任，但赔偿范围仅限于人身损害，而不包括财产损失。

【案例 10－16】 肖某某诉中国人民财产保险股份有限公司通江支公司保险合同纠纷案

二审法院认为，保监厅（2007）327 号对吉林省东丰县人民法院的复函认为在实务中“未取得驾驶资格”包括驾驶人实际驾驶车辆与准驾车型不符的情形，该复函违背了《交强险条例》的规定，不具有法律效力。在保险期内，2008 年 6 月 27 日，肖某某持 D 型机动车驾驶证驾车肇事致张某某死亡，肖某某已对张某某家属进行了赔偿，肖某某申请理赔，保险人拒赔的理由不能成立，应在保险责任限额内赔偿。[2]

【案例 10－17】 魏某某诉中国人民财产保险股份有限公司仪征支公司保险合同纠纷案

判决观点，对于原告是否属于无证驾驶，法院认为，原告为其所有的变形拖拉机投保了商业第三者责任保险，保险公司作为专业的保险机构，应对投保人提供的证件予以审核，原告行驶证是拖拉机行驶证，但本案保险单及投保单上载明的机动车种类均为货车，故原告持有 A2 照可以驾驶货车，保险公司在填写保单时存在一定的过失，且交警部门也未认定原告所驾车辆与准

---

〔1〕 参见杜万华主编：《最高人民法院民商事案件审判指导》（第 4 卷），人民法院出版社 2016 年版，第 486～489 页。

〔2〕 参见国家法官学院案例开发研究中心编：《中国法院 2012 年度案例》（保险纠纷），中国法制出版社 2012 年版，第 8 页。

驾车型不符。故原告不存在“无证驾驶”的情形,保险公司应当予以理赔。[1]

【不同处理】 实践中,亦有类似保险公司不承担赔偿责任的案例。

【案例10-18】 李某某诉永安财产保险股份有限公司无锡中心支公司保险合同纠纷案

判决观点,被保险机动车属B1准驾车型,驾驶人李某某驾驶证载明的准驾车型为C1,李某某未按其驾驶证载明的准驾车型驾驶机动车,应认定其未取得被保险机动车的驾驶资格。在此情形下发生道路事故的,根据《交强险条例》第二十二条的规定,保险公司无须承担赔偿责任,只负有在交强险责任限额内垫付抢救费用的义务,且垫付之后有权向致害人追偿。本案中,李某某已向受害人唐某某的亲属实际履行赔付义务,已不存在需要保险公司垫付抢救费用的情形,故保险公司对李某某不承担赔偿责任。[2]

【案例10-19】 唐某某诉中国人寿财产保险股份有限公司伊犁哈萨克自治州中心支公司保险合同纠纷案

判决观点,本案中,原告因准驾不符造成他人的人身和财产损失,其本人即该损失的终局责任承担主体,而其在已承担相应赔偿责任后,又依据保险合同向被告保险公司主张赔付保险金,于法无据,法院不予支持。据此,判决驳回原告的诉讼请求。[3]

驾驶员驾驶的机动车辆与所持驾驶证准驾车型不符的,视为无证驾驶,保险公司交强险限额内承担责任并有权向侵权人追偿,也有权拒赔商业险。

【案例10-20】 唐某、陈某诉徐某、中国人民财产保险股份有限公司成都市青白江支公司等保险合同纠纷案

二审法院认为,驾驶员驾驶证准驾车型应当与所驾驶车辆相符属于法律的明确规定,被告徐某持B2驾驶证驾驶运输型拖拉机,属于准驾车型不符的情形,保险公司在商业险范围内以营业货车的标准收取保费系双方协商的结果,并不改变驾驶员应当持与驾驶车辆相符的驾驶证上路行驶的法定义务。且对准驾车型不符的免责事由保险公司已尽到提示告知义务,故本案应属保

---

〔1〕 参见国家法官学院案例开发研究中心编:《中国法院2015年度案例》(保险纠纷),中国法制出版社2015年版,第125页。江苏省仪征市人民法院(2013)仪商初字第0017号民事判决书。

〔2〕 参见国家法官学院案例开发研究中心编:《中国法院2012年度案例》(保险纠纷),中国法制出版社2012年版,第10页。

〔3〕 参见国家法官学院案例开发研究中心编:《中国法院2016年度案例》(保险纠纷),中国法制出版社2016年版,第33页。新疆维吾尔自治区伊犁哈萨克自治州新源县人民法院(2014)新民初字第979号民事判决书。

险公司在商业险范围内免赔的情形。[1]

当发生交通事故时,驾驶员所持驾驶证已超过了原证规定的有效期,后补办了换证手续,即驾驶证换证期间发生交通事故,保险公司仍应承担保险责任。也就是说,对于驾驶证已过期,并不等于没有取得驾驶资格,驾驶员只要通过了公安机关车辆管理部门组织的驾驶资格考试,便具有了驾驶资格,只要未被依法取消驾驶资格,就应确认具备驾驶资格。

【案例10-21】 中国人民财产保险股份有限公司苏州市分公司诉高某某追偿垫付款纠纷案

判决观点,高某某驾驶机动车发生交通事故期间所持驾驶证虽已超过有效期,但此情况不属于保险公司有权追偿的保险人未取得驾驶资格的情形。[2]

【案例10-22】 傅某某诉中国人民财产保险股份有限公司宁波市余慈支公司保险合同纠纷案

一审法院认为,在交强险中,被告制定的格式条款表述为驾驶人未取得驾驶资格情形下,保险人不负责其他损失和费用的垫付和赔偿。本案原告已经取得驾驶资格,只是在事故发生时持有的驾驶证超过驾驶证上注明的有效期间,但并不属于被吊销、注销驾驶证等情形,仍在可以办理换证的期间内。因此,原告的行为不属于无证驾驶,被告理应在交强险范围内赔偿原告的损失。二审中调解结案。[3]

如果发生交通事故,保险公司不能以驾驶证超过有效期为由拒绝赔偿。

【案例10-23】 钟某诉韩某、某保险公司保险纠纷案

判决观点,根据公安部《机动车驾驶证申领和使用规定》第四十二条的规定,只有超过机动车驾驶证有效期1年以上未换证的,机动车驾驶证才应当被注销。本次事故中韩某虽持驾证已过期,但并不等于没有取得驾驶证资格考试,驾驶员只要通过了公安机关车辆管理部门组织的驾驶证资格考试,便具有了驾驶资格,只要未被依法取消驾驶资格,就应确认具备驾驶资格。

---

〔1〕 参见《人民司法·案例》2014年第12期(总第695期)。四川省泸州市中级人民法院(2013)泸民终字第354号民事判决书。

〔2〕 参见国家法官学院案例开发研究中心编:《中国法院2012年度案例》(保险纠纷),中国法制出版社2012年版,第31页。

〔3〕 参见《人民司法·案例》2014年第4期(总第687期)。浙江省宁波市中级人民法院(2011)浙甬商终字第604号民事调解书。

显然，保险公司以韩某的驾驶证超过有效期为由拒绝赔偿，是没有法律依据的。[1]

【案例10－24】 天长市天成汽车运输有限公司诉天安财产保险股份有限公司滁州中心支公司保险合同纠纷案

二审法院认为，根据保险近因原则，本起事故经公安机关责任认定，刘某某驾驶机动车未能遵守道路交通安全法律、法规的规定，未按照操作规范安全驾驶、文明驾驶是造成本起事故的直接原因，负有事故的全部责任。刘某某持有未审验的驾驶证并非导致保险事故发生的近因，刘某某驾驶证逾期未审验与此案损害结果的发生并不存在法律上的因果关系。故天安保险公司以本案驾驶证未按规定审验拒绝赔偿的上诉理由不能成立，故不予支持。[2]

驾驶证已过期未超1年，不能成为保险公司免责理由。

【案例10－25】 曾某某诉中国平安财产保险股份有限公司茂名中心支公司财产保险合同纠纷案

判决观点，被告辩称在事故发生时，原告曾某某的驾驶证已过期，原告在事故发生时是处于无证驾驶的状态，根据《交强险条例》，保险人在交强险责任限额内赔付后，可以向有关责任人追偿。本案中，原告的驾驶证虽然超过有效期，但并不符合公安部《机动车驾驶证申领和使用规定》中1年的注销期限，且保险公司也未提供证据证明原告曾某某自初次领取驾驶证起至保险事故发生时止存在驾驶证被吊销或者驾驶许可被撤销的情况。在发生事故后，原告及时到车管部门办理换证手续，车管所核发给原告曾某某的驾驶证显示，其有效期为2015年1月14日至2025年1月14日，且在交警部门作出的《道路交通事故责任认定书》中也并未写明原告曾某某是无证驾驶，因此原告不属于无证驾驶。故对被告的上述辩称，法院不予采纳。[3]

驾驶员记分是否达到或超过12分的，保险人承担保险责任问题。《道路交通安全法实施条例》明确规定，机动车驾驶人记分达到12分的，不得驾驶机动车，保险双方签订的机动车商业保险合同均规定，依照法律法规或公安机关交通管理部门有关规定不允许驾驶被保险机动车的其他情况下，违反上述情形，保险公司不

---

〔1〕 参见最高人民法院中国应用法学研究所编著：《人民法院案例选》（月版）2010年第1辑（总第13辑），中国法制出版社2010年版，第174页。

〔2〕 参见国家法官学院案例开发研究中心编：《中国法院2018年度案例》（保险纠纷），中国法制出版社2018年版，第8页。安徽省滁州市中级人民法院（2016）皖11民终字第1484号民事判决书。

〔3〕 参见国家法官学院案例开发研究中心编：《中国法院2017年度案例》（保险纠纷），中国法制出版社2017年版，第218页。广东省信宜市人民法院（2015）茂信法民初字第346号民事判决书。

承担赔偿责任。该条款约定系一兜底条款,虽驾驶员违法记分达12分仍驾驶机动车系违法行为,但违法行为并不当然可以免除保险公司的保险合同义务,产生保险合同纠纷时,仍应根据双方合同关系审查权利义务。

【案例10-26】 吴某某诉天安保险股份有限公司湖州中心支公司保险合同纠纷案

判决观点,本案中吴某如因违法行为予以记分14分,不得再驾驶机动车上路行驶,虽公安机关交通管理部门未及时扣留其驾驶证,但扣分的行政处罚均发生在事故发生之前,作为驾驶人员应当知晓。因吴某如的违法处罚行为系其个人行为,作为雇主的吴某某在吴某如不告知的情况下未必全部清楚,其在交通管理部门未予扣证的情形下仍安排吴某如驾车,其主观上并无过错,而保险公司未提供证据证明对免责条款以及"依照法律法规或公安机关交通管理部门有关规定不允许驾驶被保险机动车的其他情况下驾车"所包含的范围已向被保险人吴某某作明确说明,由此,上述免责条款不发生法律效力。保险公司的抗辩法院不予采信,保险公司应在交强险、第三者责任险、机动车辆损失险限额内承担赔偿责任。[1]

机动车驾驶人驾驶证被累计扣满12分不属于免责事由。

【案例10-27】 陶某某诉中国人民财产保险股份有限公司南昌市分公司财产保险合同纠纷案

二审法院认为,虽然事故发生时陶某某持有的机动车驾驶证在一个记分周期内因交通违法行为被记分达12分,但是该行为不属于法定的或约定的保险人免除责任情形,保险人应当在责任范围内承担赔偿责任。[2]

【不同处理】 机动车驾驶人记12分后,不得再驾驶机动车,其驾驶资格受到限制。保险公司将此法律明确规定的禁止情形纳入免责条款,只要尽到提示义务,该免责事由对投保人产生效力。

【案例10-28】 上海景建运输有限公司诉中国太平洋财产保险股份有限公司上海分公司财产保险合同纠纷再审案

一审法院认为,涉案车辆驾驶员因违章行为被公安部门记满12分,根据《道路交通安全法实施条例》第二十八条的规定,机动车驾驶人在机动车驾驶证丢失、损毁、超过有效期或者被依法扣留、暂扣期间以及记分达12分的,

---

〔1〕 参见国家法官学院案例开发研究中心编:《中国法院2012年度案例》(保险纠纷),中国法制出版社2012年版,第47页。

〔2〕 参见国家法官学院案例开发研究中心编:《中国法院2019年度案例》(保险纠纷),中国法制出版社2019年版,第81页。江西省九江市中级人民法院(2017)赣04民终626号民事判决书。

不得驾驶机动车。结合《机动车第三者责任保险条款》第七条第三款第六项的约定:驾驶人在法律、法规规定的其他属于无有效驾驶资格的情况下,不论任何原因造成的人身伤亡、财产损失和费用,保险人均不负责赔偿。原告的诉请缺乏依据,不予支持。法院判决驳回原告的诉讼请求。一审判决生效后,原告不服,申请再审。再审法院经审查后裁定,驳回上海景建运输有限公司的再审申请。[1]

【案例10－29】　上海朗月物流有限公司诉中国人民财产保险股份有限公司上海分公司财产保险合同纠纷案

二审法院认为,本案的争议焦点是事发时驾驶员扣分已达15分,保险公司可否以此为由拒赔。第一,保单正面重要提示栏载"保险合同由保险条款、投保单、保险、批单和特别约定组成,收到保单后应立即核对,如有不符或疏漏应在48小时内通知保险人",据此可以认定投保人应当收到保险条款。第二,保单正面重要提示栏载明"请详细阅读保险条款,特别是免责条款",而且免责条款用黑体加粗文字印制以区别于其他条款,故可以认定保险公司已就免责条款尽到了提示义务,免责条款具有法律效力。第三,《道路交通安全法实施条例》第二十八条规定驾驶员扣分达12分时不得驾驶机动车,本案的商业车损险和三者险条款均规定"违法违规驾驶机动车"属于免赔事项,而本案事发时周某扣分已达15分,其不能驾驶机动车,故人保徐汇公司有权依据上述免责条款拒赔。原判正确,应当维持。[2]

行车证上未加盖年检验合格条形章,承担保险责任问题。行车证上未加盖年审检验合格条形章表明该车未进行安全技术检验,违反了《道路交通安全法》的有关规定,但不能以此认定属于保险合同约定的"保险车辆不具备有效行驶证件"。即使保险车辆不具备有效行驶证件,因保险人未尽说明义务,亦不能免除其应承担的赔偿责任。保险人应按保险合同予以理赔。

【案例10－30】　中国人民财产保险股份有限公司石河子市分公司与侯某某财产保险合同纠纷再审案

再审法院认为,中国财产保险公司石河子市分公司提出的免责事由是侯某某的行车证上未加盖年审检验合格条形章。行车证上未加盖年审检验条形章表明该车未进行安全技术检验,违反了《道路交通安全法》的有关规定,

〔1〕　参见何建:《机动车驾驶人记满12分驾驶机动车发生交通事故的保险责任解析》,载《人民法院报》2015年10月22日,第6版。上海市第一中级人民法院(2014)沪一中民六(商)申字第5号民事裁定书。

〔2〕　参见郭伟清主编:《2016年上海法院案例精选》,上海人民出版社2017年版,第202页。

但不能以此认定该行驶证无效。[1]

冒用他人的名字考取驾驶证驾驶造成交通事故的,不影响保险公司承担保险责任。

【案例10-31】 新疆中青旅旅游汽车有限公司诉中华联合财产保险公司乌鲁木齐分公司责任保险合同纠纷再审案

再审法院认为,马某采用冒用他人姓名及身份证件的欺骗等不正当手段向行政机关申请驾驶机动车并取得行政许可,依法应当予以撤销,撤销是对非法手段取得行政许可所作出的终止驾驶资格的处理决定,而不是确认行政许可自始无效,终止自撤销决定作出并生效之日起发生法律效力。但对于撤销行政许可案件应当以行政违法为前提、以信赖保护为原则、以利益权衡为内容等多方面进行考量。本案中,中青旅公司依法审查了马某获得行政许可并由行政机关颁发的真实有效证件,已尽到应有的注意,不存在过错,中青旅公司向联合财保乌县支公司投保的目的是其为投保车辆若发生保险事故,造成的经济损失可通过投保方式获得补偿。如果要求中青旅公司具有超出行政审查公权力的公安机关发现查证马某所提交的所有证明资料存在冒用行为,显然超出第三人所应具有的能力和承担的义务,具有不客观、不现实及不合理性。故双方签订了保险合同,联合财保乌县支公司应当承担保险责任。判决撤销二审判决,维持一审判决。[2]

在法律法规没有规定争议行为无效时,应认定为有效,保险人不能拒赔。如悬挂辖区内临时号牌跨行政辖区临行驶出险,在其没有规定为无效时,保险人应承担保险责任。

【案例10-32】 李某诉中国平安财产保险公司北京市第一营业部财产保险合同纠纷案

二审法院认为,虽然《机动车登记规定》第三十六条、第三十七条对机动车所有人应当向车辆管理所申领临时行驶号牌的情形作出了规定,但并没有对悬挂辖区内临时号牌跨行政辖区临时行驶的,其临时号牌的效力作出明确规定,在法律法规未明确规定上述情况下临时号牌为无效的情况下,且李某在发生保险事故时,该号牌亦在有效期限内,故应认定该临时号牌为合法有效。保险公司为李某投保时明知李某的投保车辆尚未办理正式号牌。因此,

---

〔1〕 参见最高人民法院审判监督庭编:《全国法院典型案例评注》(下),中国法制出版社2011年版,第570页。

〔2〕 参见国家法官学院案例开发研究中心编:《中国法院2018年度案例》(保险纠纷),中国法制出版社2018年版,第38~39页。新疆维吾尔自治区高级人民法院(2016)新民再字第176号民事判决书。

保险公司有义务就办理正式号牌之前投保人可能悬挂临时号牌上路行驶的情况作出特殊提示,但保险公司并未能就提供证据予以证明。综上分析,一审判决以李某乃跨行政区域行驶,但其并未申领跨行政区域行驶之临时号牌,属于未持有合法有效的临时号牌或临时移动证,符合车辆损失险与商业第三者责任险条款所约定的保险公司责任免除事项为由,判决驳回李某要求保险公司在车辆损失险与商业第三者责任险范围内赔偿保险金的诉讼请求不当,本院予以纠正。〔1〕

临时车牌过期时发生交通事故,保险公司不能以此免责。

【案例10-33】　黄某某诉中国人民财产保险股份有限公司重庆市巴南支公司财产保险合同纠纷案

判决观点,车辆临时号牌过期并不简单等同于车辆无号牌。因此,被告人保财险巴南支公司关于"发生保险事故时被保险机动车无公安机关交通管理部门核发的行驶证或号牌,保险公司免责"的条款对原告黄某某不产生效力。〔2〕

【案例10-34】　赵某诉中国人民财产保险股份有限公司湖州市分公司财产保险合同纠纷案

判决观点,原告车辆发生交通事故时已持有临时车牌号,仅有效期过期一天。原告于一天后也继续领取了临时车牌号,故引起事故发生的直接原因并非车辆性能不合格或公安部门核发的号牌。临时车牌过期既没有导致车辆的危险程度增加,更没有加重保险人的承保风险。且保险条款中虽有免除保险人责任的条款,但保险人在订立合同时没有对免责条款的内容以书面或口头形式向投保人作出明确说明,该免责条款无效,对投保人不发生法律效力。故对原告要求被告理赔车辆损失险的诉请予以支持,但原告数额计算有误。〔3〕

【不同处理】　有的法院认为,临牌过期免赔并未排除投保人的主要权利。车辆临牌过期后上路行驶属未经行政机关许可,擅自从事经行政许可的活动,系一项违法行为。保险人将临牌过期后上路行驶的情形纳为免赔范围,并未排除投保人的主要权利,在保险人依法尽到提示义务的情况下,该免责条款合法有效。

---

〔1〕　参见国家法官学院案例开发研究中心编:《中国法院2013年度案例》(保险纠纷),中国法制出版社2013年版,第63页。

〔2〕　参见国家法官学院案例开发研究中心编:《中国法院2016年度案例》(保险纠纷),中国法制出版社2016年版,第146页。重庆市巴南区人民法院(2014)巴法民初字第04093号民事判决书。

〔3〕　参见《人民司法·案例》2014年第4期(总第687期)。浙江省湖州市吴兴区人民法院(2012)湖吴商初字第292号民事判决书。

临牌过期与保险事故发生是否具有因果关系并不影响临牌过期免责条款是否有效的认定。

【案例10-35】 朱某诉天安财产保险公司上海分公司财产保险合同纠纷案

判决观点,原告事故发生时,涉案临时牌照尚未有相关交通管理部门签发,原告不持有合法的临时牌照,涉案免责事由系法律、行政法规的禁止性规定,被告亦对涉案免责条款进行了突出标示,可以认定被告已尽到明确说明义务,故判决被告赔付交强险保险金2000元,驳回原告的其余诉讼请求。〔1〕

暂扣机动车驾驶证,是行政机关对于道路交通安全违法行为作出的一种处罚。《道路交通安全法实施条例》第二十八条虽规定机动车驾驶人在机动车驾驶证被依法扣留、暂扣期间不得驾驶机动车,但驾驶证被暂扣并非等同于驾驶资格丧失或者未取得驾驶资格,不属于《交强险条例》中驾驶人未取得驾驶资格的情形,保险人在交强险范围内不能免除保险责任。

【案例10-36】 王某某诉张某某、中国大地财产保险股份有限公司北京分公司保险合同纠纷案

二审法院认为,根据已查明的事实,苗某某本人实际取得驾驶证,但因违章被扣留,现于2017年10月16日已领取。在驾驶证被扣留期间,苗某某的驾驶资格虽应受限不得驾驶机动车,但该资格受限制并非等同于资格丧失或者未取得驾驶资格,故对于大地北京分公司认为苗某某在驾驶证暂扣期间驾驶机动车的行为属于未取得驾驶资格的主张,法院不予采信。考虑到《交强险条例》对机动车交通事故责任强制保险设立的宗旨在于保护交通事故受害人的利益,故在上述法律未明确将保险公司仅承担垫付责任的范围扩大到驾驶证被暂扣的情形下,大地北京分公司仍应在机动车交通事故责任强制保险范围内对受害人依法予以赔偿。二审法院判决驳回上诉,维持原判。〔2〕

逾期提交身体条件证明通过审验,保险公司不能免赔。

【案例10-37】 雍某某诉中国人民财产保险股份有限公司重庆市万盛支公司财产保险合同纠纷案

一审法院认为,依照《机动车驾驶证申领和使用规定》第六十二条之规定,年龄在60周岁的机动车驾驶人,应当每年进行一次身体检查并提交《身

---

〔1〕 参见孔燕萍、顾天翔:《"临牌过期"情形下保险责任的析定》,载《人民法院报》2015年12月24日,第7版。

〔2〕 参见《人民司法·案例》2019年第23期(总第862期)。北京市第二中级人民法院(2017)京02民终9615号民事判决书。

体条件证明》。发生交通事故时，雍某某已满60周岁，其应当于2014年7月5日提交《身体条件证明》进行审验，雍某某虽于2014年10月9日向重庆交通管理局车管所提交了《身体条件证明》，但车管所回执中注明了下次提交日期为2015年7月5日，说明雍某某已通过审验。因此，对于保险万盛支公司该辩称意见不予采纳。据此，依法判决保险万盛支公司赔偿雍某某因两次交通事故产生的修车工时费及材料费18,477元。二审法院亦持同样意见，维持一审判决。[1]

应注意的是，驾驶人持机动车驾驶证驾驶变型拖拉机是具备驾驶资格还是属于无证驾驶，就这个问题，司法实践中存在不少争议。《道路交通安全法》等相关法律法规对拖拉机管理都作出了特别规定，拖拉机不论是管理主体还是驾驶证的核发等方面与机动车都有明显的不同。驾驶人驾驶拖拉机应当按照《拖拉机驾驶证申领和使用规定》向农机监理机构申请相应准驾车型的拖拉机驾驶证，持拖拉机驾驶证驾驶。驾驶人在未取得拖拉机驾驶证或未持有与所驾车型相对应的合法准驾证明的情况下驾驶拖拉机，均属于无证驾驶。

网约车驾驶人未取得交通运输管理部门核发的许可证书或其他必备证书，保险公司在对上述条款进行提示及明确说明，可以拒赔；反之，则应承担赔偿责任。

【案例10－38】　A公司诉某保险公司保险合同纠纷案

判决观点，保险公司未能举证证明其对保险合同约定的“驾驶营业性机动车无交通运输管理部门核发的许可证书或其他必备证书，保险人对造成被保险机动车的任何损失不负责赔偿”的免责条款向A公司进行了明确说明，A公司亦未在投保单或保险合同上签字、盖章或以其他形式对免责条款予以确认，免责条款对A公司不产生效力。[2]

3. 醉酒交强险责任

驾驶员自认醉驾时保险人有权拒付保险赔偿。

【案例10－39】　王某诉保险澄海服务部责任保险合同纠纷案

二审法院认为，案涉交强险和第三者责任保险条款明确约定保险人对保险机动车驾驶员存在醉酒驾车和饮酒驾车造成受害人的财产损失不予赔偿，王某在事故后出具《交通事故私了声明》，自认因其醉驾造成事故。交警出

---

〔1〕　参见国家法官学院案例开发研究中心编：《中国法院2017年度案例》（保险纠纷），中国法制出版社2017年版，第108页。重庆市第五中级人民法院（2015）渝五中法民终字第02073号民事判决书。

〔2〕　参见李丽：《网约车驾驶人未取得资格证保险公司可以拒赔》，载《人民法院报》2018年6月14日，第6版。江苏省常熟市人民法院（2017）苏0581民初13269号民事判决书。

具的事故证明虽对其是否存在饮酒驾车无法佐证，但其在事故后未及时报警并通知保险澄海服务部，使公安机关和保险人丧失甄别是否存在饮酒后驾车的良好时机，进而导致保险事故的性质、原因等难以确定，属故意和重大过失，根据《保险法》第二十一条……第二十二条第一款……的规定，王某应承担举证不能的法律后果，保险澄海服务部主张免于承担保险金的责任于法有据，一审法院以公安部门没有认定王某醉酒驾驶为由判决保险澄海服务部应承担相应赔偿保险赔偿责任不当，二审法院依法予以纠正。判决：(1)撤销一审判决；(2)驳回被上诉人王某的全部诉讼请求。[1]

4. 肇事后逃逸交强险责任

实践中，车辆驾驶人员肇事后逃逸的，不影响交强险的保险人承担保险金给付义务。机动车商业险合同通常约定，肇事逃逸的不承担保险赔偿金给付，很少引起纷争。但交强险不同，保监会颁布的合同条款中亦无肇事逃逸可以拒赔的规定，而《交强险条例》第二十四条第三项又规定机动车肇事逃逸的，由道路交通事故社会救助基金承担垫付责任，故保险公司应否承担保险赔偿金给付义务，司法实践中存疑。笔者认为，根据体系解释、目的解释的要求，车辆驾驶人肇事后逃逸的，但能确定交强险保险人的，保险人仍应当履行保险赔偿金的给付义务。

【案例 10-40】 凌某某诉永诚财产保险股份有限公司北京分公司机动车交通事故责任强制保险合同纠纷案

判决观点，原告于事故发生后逃逸，既违反了国家有关法律法规，也有悖于社会的善良风俗与道德伦理，应当承担相应的法律责任并予以道义上的谴责。但法律法规并未规定，保险人可据此免除交强险的赔偿责任，诉争交强险合同也没有约定被告有权拒绝赔偿，故被告未按约及时赔偿的行为已经构成违约，应当承担违约责任。[2]

【不同处理】 驾驶员在事故后以身体不适离开现场构成逃逸，符合免责事由。

【案例 10-41】 上海碧恒投资管理有限公司诉中国人寿财产保险股份有限公司上海市分公司保险合同纠纷案

判决观点，原告以杨某某需治疗为由为逃逸开脱，从治疗情况判断，杨某

---

〔1〕 参见国家法官学院、最高人民法院司法案例研究院编：《中国法院 2023 年度案例》(保险纠纷)，中国法制出版社 2023 年版，第 34 页。广东省汕头市中级人民法院(2022)粤 05 民终 649 号民事判决书。

〔2〕 参见最高人民法院中国应用法学研究所编著：《人民法院案例选》(月版)2009 年第 12 辑(总第 12 辑)，中国法制出版社 2010 年版，第 18 页。

某并无外伤,“眩晕、风阳上扰,椎基底动脉供血不足,高血压病”与交通事故亦无因果关系,故其完全有能力也应该留在现场抢救受伤人员、等候交通警察进行事故勘察和责任认定。但其非但未尽法律规定的义务,更是弃车不顾,离开现场,故公安机关认定其发生事故后弃车逃逸符合法律规定。虽然刑事判决没有再次强调其逃逸行为,但其已被入罪。综上,在无任何证据反驳公安机关事故责任认定及调解对杨某某弃车逃逸行为认定的情况下,原告要求被告赔偿保险金既无法律依据又与合同约定不符,其诉讼请求不应支持。〔1〕

行为人因饮酒驾驶肇事后逃逸,并找人“顶包”致使公安机关无法进行酒精测试,从而无法认定行为人是否构成醉驾。行为人在赔偿事故受害人损失后,向法院起诉要求保险公司在交强险范围内予以理赔,不应得到支持。

【案例 10-42】 赵某诉中国人寿财产保险股份有限公司六安分公司保险合同纠纷案

一审法院认为,赵某酒后驾驶车辆属于严重违法的行为,亦是对社会危害很大的行为,如果对违法行为予以赔付,会纵容违法行为的发生,引导错误的价值取向,也有违保险制度设立的初衷。另外,交强险是法定保险,具有社会公益性和救助性,是针对机动车造成第三者人身损害而设立的,主要目的在于最大限度地为交通事故受害人提供及时和基本的保障,有利于受害人获得及时有效的医疗救助,且赔偿费用是用于补偿受害人而不是赔偿肇事者。据此判决驳回赵某的诉讼请求。二审法院经审理后判决驳回上诉,维持原判。〔2〕

无正当理由脱离事故现场符合保险人免责事由。

【案例 10-43】 黄某某诉中国人民财产保险股份有限公司成都锦江支公司保险合同纠纷案

判决观点,黄某某在事故发生后未报警、未抢救伤员即离开现场,属未依法采取措施逃离事故现场。黄某某未证明委托了同车乘员朱某在现场处理,且朱某事故前大量饮酒,不具备善后处理能力。黄某某也未对其因受伤需紧急就医救治的正当性、合理性提供确实充分的证据,不足以认定其健康权与负有的法定义务发生紧迫冲突而别无选择。故本案符合前述免除保险人责

---

〔1〕 参见国家法官学院案例开发研究中心编:《中国法院 2014 年度案例》(保险纠纷),中国法制出版社 2014 年版,第 88 页。上海市虹口区人民法院(2012)虹民二(商)初字第 1088 号民事判决书。

〔2〕 参见赵应军、耿广玉:《行为人饮酒驾驶、肇事逃逸后能否要求获赔交强险》,载《人民法院报》2019 年 6 月 13 日,第 7 版。安徽省六安市中级人民法院(2019)皖 15 民终 1036 号民事判决书。

任事由。[1]

【案例 10 -44】 彭某某诉中国平安财产保险股份有限公司上海分公司保险合同纠纷案

判决观点,本案中驾驶员在事故发生后未及时报警、未去医院就诊,弃车离开现场,既无法定事由,又不能作出合理解释,主观上存在逃避法律责任的动机,构成逃离现场,符合保险条款的免赔情形,应就此承担相应责任。因此,法院对原告要求被告依据商业保险条款承担理赔责任不予支持。但前述情形不属于交强险的免责事由,原告主张损失中仅有路政设施赔款 1780 元属于交强险理赔范围,被告应付赔付。[2]

持有部队驾驶证驾驶地方车辆,不属于保险公司"无证驾驶"的免赔情形。

【案例 10 -45】 戚甲诉中国平安财产保险股份有限公司广东分公司保险合同纠纷案

判决观点,根据《道路交通安全法》第一百二十条……的规定,戚乙的驾驶证的核发和考核工作应由中国人民解放军有关部门负责。戚乙的驾驶证为中国人民解放军南京军区联勤部军事交通运输部颁发准驾车型为 B,该驾驶证属于有权部门核发的驾驶证件且在有效期内,所以戚乙的驾驶证是合法有效的驾驶证件。另根据《机动车驾驶证申领和使用规定》第三十三条……的规定,戚乙驾驶的系小型越野客车,持有 C 照的人就能驾驶,而戚乙是持 B 照驾驶的被保险车辆,本案交通事故认定书也未认定戚乙系无证驾驶。被告辩称戚乙属无证驾驶,按照保险合同约定不应赔偿,其依据的是《公安部关于持军队和武装警察部队驾驶证驾驶民用车辆如何定性问题的批复》。但是,该批复已于 2004 年 8 月 19 日被《公安部关于保留修改废止部门规章及规范性文件的通知》明文废止,故对被告的前述主张不予采信。此外,《保险法》第十七条第二款规定……故被告应对"无驾驶证"这一免责情形在签订合同过程中尽到明确说明义务,现原告、被告对"无驾驶证"这一术语在理解上存在歧义,而根据本案证据,不能认定被告已告知投保人持部队驾驶证驾驶地方车辆属于"无驾驶证"的情形,故该免责条款对投保人不产生效力。法院判决,被告赔偿原告戚甲机动车损失、施救费用共计 597,028 元。[3]

---

〔1〕 参见国家法官学院案例开发研究中心编:《中国法院 2016 年度案例》(保险纠纷),中国法制出版社 2016 年版,第 111 页。四川省成都市锦江区人民法院(2014)锦江民初字第 1621 号民事判决书。

〔2〕 参见国家法官学院案例开发研究中心编:《中国法院 2014 年度案例》(保险纠纷),中国法制出版社 2014 年版,第 81 页。上海市青浦区人民法院(2012)青民二(商)初字第 746 号民事判决书。

〔3〕 参见国家法官学院、最高人民法院案例研究院编:《中国法院 2020 年度案例》(保险纠纷),中国法制出版社 2020 年版,第 80 ~81 页。河南省通许县人民法院(2018)豫 0222 民初 417 号民事判决书。

5. 特殊情形下交强险责任

机动车被盗枪期间肇事承担赔偿责任问题。这一问题在学界争议颇多，司法实践中的裁判结果也不尽相同。笔者认为，机动车被盗枪期间肇事，不能构成保险公司的免责事由。

【案例 10－46】　王某某等诉张某某等道路交通事故人身损害赔偿纠纷案

判决观点，在车辆被精神病人张某某盗抢肇车的情形下，法院判决中国人民财产保险股份有限公司上海市分公司在交强险限额内承担赔偿责任。[1]

交通意外事故中，保险公司在交强险范围内的承担赔偿责任问题。发生交通意外事故，各方当事人均无责任、无违章行为的情形下，机动车所投保交强险的保险公司对事故受害方的损失是否需要承担赔偿责任，如何承担赔偿责任有必要明晰。根据《道路交通安全法》第一百一十九条第五项、第七十六条第一款以及《交强险条例》等规定，交通意外事故属于交通事故的范围，投保交强险的机动车发生了交通意外事故造成受害人的人身伤亡、财产损失的，因为保险公司不存在受害人故意的免责事由，因此，机动车一方虽不承担责任，保险公司仍应在交强险限额范围内承担赔偿责任。笔者赞同保险公司应在有责任的赔偿限额内承担赔偿责任之观点。[2]

【案例 10－47】　朱某诉尹某、尹某所在公司、某保险公司交通侵权纠纷案

判决观点，本案相关人员对事发具体时间的陈述虽不完全一致，但原告朱某及证人张某、周某等关于原告受伤经过的陈述基本一致，且其关于途经车辆的状况及肇事车辆有关“天盛”“30 号”字样的描述与被告尹某关于途经事发地的情形及当日所驾车辆的特征的自述相符，故可以认定尹某于事发当日驾驶混凝土搅拌车（编号 30 号）时轧到一块鹅卵石，致该石块飞起砸中原告朱某，从原告受伤的经过可以看出，原告及机动车一方对本案的发生均不存在主观上的故意或过失，本案属于交通意外事故。因此，根据规定并结合前述分析，被告保险公司的强制保险责任不能免除，且应当在各分项限额范围内予以赔付。超出保险责任限额的部分，因被告尹某是在履行职务过程中发生的意外事故，故尹某对原告的损失不承担赔偿责任，该部分损失按公平原则，由原告朱某与被告尹某所在的某公司各半负担。法院判决，保险公司

---

〔1〕　参见国家法官学院案例开发研究中心编：《中国法院 2012 年度案例》（道路交通纠纷），中国法制出版社 2012 年版，第 12 页。

〔2〕　参见李延军、刘锐：《机动车强制保险若干问题研究》，载《国家行政学院学报》2007 年第 2 期。

在交强险范围内向原告朱某赔偿 21,371 元,超出保险限额部分 5039.30 元,按公平原则由尹某所在公司向原告朱某赔偿 2519.65 元。[1]

【案例 10－48】 刘某诉周某某等道路交通事故财产损害赔偿纠纷案

判决观点,刘某驾车在正常行驶过程中,车辆的前挡风玻璃被周某某的车辆在行驶过程中溅起的石子击坏,对此损害的发生,周某某和刘某均无过错,即本起交通事故属交通意外,刘某和周某某均不负交通事故的责任。但是,《民法通则》第一百三十二条规定,当事人对造成损害都没有过错的,可以根据实际情况,由当事人分担民事责任。法院判决,刘某因本次交通事故造成的损失 6230 元,由中国太平洋财产保险股份有限公司无锡分公司在机动车交通事故强制保险责任限额范围内赔偿 2000 元,由周某某赔偿 2115 元。[2]

实践中,类似的车辆碾石伤人事件,有的法院按交通事故认定,在处理上交强险范围内赔付。

【案例 10－49】 叶某某等诉涂某等交通事故损害赔偿纠纷案

一审法院认为,本案中,事故发生时肇事车川 A91×××大型货车行驶在用于公众通行的公路上,行驶过程中因碾出的飞石击伤原告叶某某并致其受伤住院的事件已符合法律关于交通事故的认定,本案依法认定为交通事故并予以依法处理,因此,第三人中国平安蜀都支公司对被投保肇交车川 A91×××大型货车运行过程中致人损害的事件,在交强险责任保险范围内理应承担保险责任。不足部分由第三者商业险赔付。判决后,各方当事人均未提起上诉,判决已发生法律效力。[3]

特种车辆在工地作业时发生责任事故属于交强险赔付范围。

【案例 10－50】 郭某诉财保蚌埠支公司保险合同纠纷案

二审法院认为,本案被保险车辆虽为特种车辆,但亦属于机动车,其主要用于特殊作业而非行驶,案涉吊车交强险投保单对车辆性质亦明确标注为"特种车",财保蚌埠支公司作为被保险人对此应明确清楚。交强险作为一种强制保险制度,其目的为保障受害人及时获得经济保障和医疗救治,具有

---

〔1〕 参见黑长保:《机动车轧飞石块致人受伤与交强险赔付》,载谢宪、李友根主编:《保险判例百选》,法律出版社 2012 年版,第 512 页。

〔2〕 参见国家法官学院案例开发研究中心编:《中国法院 2012 年度案例》(道路交通纠纷),中国法制出版社 2012 年版,第 127 页。

〔3〕 参见国家法官学院案例开发研究中心编:《中国法院 2012 年度案例》(道路交通纠纷),中国法制出版社 2012 年版,第 107 页。

较强的保障性和强制性。如果仅将交强险的理赔范围限于道路通行状态下发生的事故,显然有违特种车辆投保交强险的目的,不利于受害人权益的保护,也有悖于《道路交通安全法》的立法意图。郭某为案涉吊车投保了交强险并缴纳了相应保费,双方在保险合同中亦未约定涉案吊车在作业过程中发生的事故财保蚌埠支公司不予赔偿。故本案事故亦可比照适用交强险条例处理,财保蚌埠支公司应在交强险保险范围内予以赔偿,综上所述,财保蚌埠支公司上诉请求不能成立,应予驳回;一审判决认定事实清楚,适用法律正确,应予维持。判决:驳回上诉,维持原判。[1]

关于连带责任问题。交强险中涉及连带责任的内容颇多,如从事道路经营的机动车发生道路事故致人损害,实际经营人与名义经营人不一致的,由实际经营人和名义经营人对超出强制险的保险责任限额的损害赔偿承担连带责任。当投保义务人与侵权人不一致时,根据《道路交通损害赔偿解释》第十六条第二款的规定,在交强险责任限额范围内承担连带责任的。应注意的是,该条规定并未明确超过交强险限额是否承担连带责任问题,赔偿不足部分按该司法解释第十三条规定的处理,即表明并非连带责任。如果赔偿超过交强险内承担部分由商业三者险的保险公司与侵权人承担连带责任,然后根据法官确定的责任比例,向侵权人(被保险车辆)及其保险人追偿。详见保险责任纠纷专题中相关内容。

出借或非法出借以及未经允许驾驶他人机动车导致交通事故发生,但并不影响保险公司在交强险责任限额内承担赔偿责任,交强险的保险标的是保险车辆而非车辆所有人或管理人,只要所投保的车辆发生交通事故,无论该车辆由谁驾驶,除了法定的免责事由,保险公司都应在交险限额内承担赔偿责任。也就是说,机动车在被非法占有期间发生交通事故,保险公司应在交强险范围内赔偿。《道路交通损害赔偿解释》第二条规定擅自驾驶他人车辆的主体责任,将《民法典》第一千二百一十五条规定的情形除外。

【案例 10－51】　王某某诉赵某某等道路交通事故人身损害赔偿纠纷案

一审法院认为,肇事车辆浙 JC2×××牌号轿车系陈某某从被告裘某某开办的天台志强汽车服务中心承租,期间被他人诈骗,后转抵给被告赵某某,被告裘某某丧失了对车辆的支配权,故被告裘某某对本案交通事故的发生没有过错,不应承担赔偿责任。被告赵某某无证驾驶机动车肇事且逃逸,是造成事故的直接原因,故应当对原告王某某因交通事故造成的经济损失超出交

---

〔1〕 参见国家法官学院、最高人民法院司法案例研究院编:《中国法院 2023 年度案例》(保险纠纷),中国法制出版社 2023 年版,第 64 页。安徽省蚌埠市中级人民法院(2021)皖 03 民终 1911 号民事判决书。

强险各分项赔偿限额的部分承担赔偿责任。二审法院持同样意见,维持原判。[1]

需要研究的是,机动车在道路上将宠物狗轧死,能否认定为道路交通事故,能否按交强险赔付,有两种截然不同观点。

【案例 10-52】 彭某诉某保险公司等交通事故赔偿纠纷案

八里桥市场内气象局小区门前的道路内,原告彭某的京叭狗被丁某轧死。原告要求三被告共同赔偿京叭狗的价值、养犬证费用、精神损失费共计4300元,保险公司在交强险限额内承担赔偿责任。承办法官认为,结合本案的实际情况,机动车和狗在道路上发生的事故应认定为道路交通事故,应适用于《道路交通安全法》。我国目前道路交通安全方面的相关法律、法规均未就动物(宠物)在道路上通行进行相关规定(不考虑有关畜力车的规定,因其与本案不具有可比性),那么,是否就意味着动物(宠物)在道路上与机动车发生事故就不在法律的调整之内呢?回答是否定的。动物(宠物)与人类所拥有的其他财产相比其最主要的特征就在于它是有生命的,但其本质属性仍在于它是人类财产的一部分,造成动物(宠物)的伤亡就意味着侵犯动物所有人或者管理人的财产权。[2]

【案例 10-53】 纪某某诉陆某某等道路交通事故财产损害赔偿纠纷案

判决观点,陆某某碾压纪某某犬只并致犬只死亡的损害后果有过失,判决保险公司赔偿纪某某1500元。[3] 该案中,陆某某碾压犬只致死,作为交强险的理赔范围处理。

在交通事故中,承担责任的车辆各自投保的交强险保险公司应如何承担责任是容易引起争议的问题。笔者认为,承担事故主要(同等)责任的被保险人的保险公司在交强险范围对受害人承担赔偿责任,承担事故次要(同等)责任的被保险人的保险公司在交强险限额内对受害人承担赔偿责任。也就是说,有责任的被保险人投保的保险公司分别在交强险的限额内承担赔偿责任,而不是由一个保险公司对受害人承担赔偿责任。

---

〔1〕 参见国家法官学院案例开发研究中心编:《中国法院2012年度案例》(道路交通纠纷),中国法制出版社2012年版,第143页。

〔2〕 参见北京市高级人民法院编:《审判前沿——新类型案件审判实务》2008年第2集(总第20集),法律出版社2008年版,第73页。

〔3〕 参见国家法官学院案例开发研究中心编:《中国法院2012年度案例》(道路交通纠纷),中国法制出版社2012年版,第121页。

【案例 10－54】　郜某某诉赵某某等道路交通事故人身损害赔偿纠纷案

被告华安保险山西分公司的交强险投保人赵某某在事故中承担主要责任，所以，该保险公司应在交强险限额内对原告郜某某承担赔偿责任。被告中保太原市杏花岭支公司的交强险和第三者责任险投保人任某在交通事故中承担次要责任，所以该保险公司也应在交强险限额内对原告郜某某承担赔偿责任，并且按责任比例在第三者责任保险范围内对原告郜某某承担保险责任。〔1〕

车载货物掉落引发交通事故造成的各项损失，应属于交强险的赔偿范围。

【案例 10－55】　王某某诉信达财产保险股份有限公司南阳中心支公司财产保险合同纠纷案

判决观点，张某某的行为造成了陈某某及程某某的人身、财产损害，侵害了二人的健康权、财产权，依法应当进行赔偿。由于事故车辆系原告所有，该车辆在被告信达财险南阳公司投保有交强险及机动车第三者责任险保险，并投保有不计免赔条款，且事故正发生于承保期限内，被告信达财险南阳公司应在交强险保险合同的赔偿范围内直接予以赔偿。因此，根据双方保险合同的约定，被告信达财险南阳公司应将原告垫付费用中的合理部分予以返还。〔2〕

交强险投保人未履行如实告知义务，保险公司是否应承担赔偿责任有不同观点。

【案例 10－56】　金某某诉中国人寿保险股份有限公司齐齐哈尔中心支公司保险合同纠纷案

二审法院认为，保险人如果以投保人故意或重大过失未履行如实告知义务为由解除合同的，应证明投保人未履行如实告知义务的重要事项与保险事故发生的风险评估之间存在因果关系。本案因人寿财保未能举证证明，故其不能行使合同解除权。本案交强险合同有效，并未解除，人寿财保应当承担本案的保险责任。〔3〕

笔者认为，在交强险中投保人未履行如实告知义务不影响保险公司承担赔偿

---

〔1〕　参见国家法官学院案例开发研究中心编：《中国法院 2012 年度案例》（道路交通纠纷），中国法制出版社 2012 年版，第 141 页。

〔2〕　参见国家法官学院案例开发研究中心编：《中国法院 2016 年度案例》（保险纠纷），中国法制出版社 2016 年版，第 15 页。河南省南阳市卧龙区人民法院（2014）宛龙高民初字第 212 号民事判决书。

〔3〕　参见国家法官学院案例开发研究中心编：《中国法院 2013 年度案例》（保险纠纷），中国法制出版社 2013 年版，第 47 页。

责任。其理由为:其一,交强险性质上属于为公众利益实行强制险的险种,不同于一般商业保险。交强险的赔偿规则显然具有强制保险的特殊性,所以,依照《交强险条例》第二条的规定,应当适用《交强险条例》而不能适用《保险法》。其二,《交强险条例》对不予赔偿的条件作了明确规定。保险公司在投保人未履行如实告知义务的情况下,仅有权解除保险合同,而不能拒绝赔偿受害人。同时,《交强险条例》第十四条对保险公司行使解除权也有限制,保险公司应举证证明其在交通事故发生前已经以书面通知的方式解除合同。最后,从《交强险条例》第十四条、第十七条的规定看,保险人不能以交强险的投保人未履行如实告知义务为由主张不承担赔偿责任。[1] 如允许保险公司不予赔偿,将不利于交强险功能的实现,违背设立交强险的初衷。因此,投保人不履行如实告知义务与保险人是否承担赔偿责任之间不应有直接的关联,否则将有违机动车强制保险制度的设立目的。[2]

未按时年检的发生保险事故不属于免责事由。

【案例 10－57】 中国人寿财产保险股份有限公司宿迁市中心支公司诉中国平安财产保险股份有限公司淮安中心支公司财产保险合同纠纷案

二审法院认为,本案中,平安财保淮安公司以“未在规定检验期内进行机动车安全技术检验或检验未通过,保险人不承担保险责任”的保险条款,主张免除保险责任。因交警部门在认定本案涉案交通事故责任时并不涉及对车辆的检验,平安财保淮安公司亦无证据证明事故发生前车辆存在安全隐患,且对于小型轿车新车6年内检验只是作形式上的审查,涉案机动车为小型轿车,未按规定检验并未增加风险发生的概率。因此,并无证据显示本案涉案事故的发生与涉案车辆未通过年检具有关联性。结合本案案情,如果平安财保淮安公司据此免赔有违公平原则。[3]

【案例 10－58】 杨某某等诉中国人民财产保险股份有限公司广州分公司债权人代位权纠纷案

二审法院认为,发生保险事故时被保险机动车未按规定检验,但机动车行驶证年检是交管部门对车辆进行行政管理的一种措施,未按期年检并不能说明车辆必然存在安全技术隐患,没有证据证明被保险车辆未办理年审手续与涉案保险事故的发生有任何直接的因果关系。被上诉人对于涉案保险事

---

〔1〕 参见最高人民法院民事审判第一庭编著:《最高人民法院关于道路交通损害赔偿司法解释理解与适用》,人民法院出版社 2012 年版,第 305 页。

〔2〕 参见刘锐、李祝用、曹顺明:《中国机动车强制保险制度研究》,法律出版社 2010 年版,第 125 页。

〔3〕 参见国家法官学院案例开发研究中心编:《中国法院 2019 年度案例》(保险纠纷),中国法制出版社 2019 年版,第 85 页。江苏省淮安市中级人民法院(2017)苏 08 民终 43 号民事判决书。

故的发生并没有直接过错,上诉人以被上诉人未依法办理车辆年审手续为抗辩理由拒绝赔付,不予支持。原判论据充分,说理清晰,认定事实清楚,适用法律正确,应予维持。[1]

免检期内未及时更换标志的车辆,出险时不能成为保险公司免责理由。

【案例 10－59】 徐某诉中国平安财产保险股份有限公司上海分公司等财产保险合同纠纷案

二审法院认为,至于涉案保险事故是否属于保险合同免责条款规定的情形,依据《公安部、国家质量监督检验检疫总局关于加强和改进机动车检验工作的意见》以及上海市公安局交通警察总队车辆管理所出具的涉案车辆信息查询单,可以认定发生保险事故时,涉案车辆属于免于安全技术检验的车辆。涉案车辆虽未按时申领检验标志,但事后经履行相关手续,车辆行驶证的检验有效期已经延续至 2017 年 2 月,因此,难以认定涉案保险事故属于保险合同免责条款规定的情形。[2]

【案例 10－60】 田某某诉阳光财保北碚支公司机动车交通事故责任纠纷案

二审法院认为,涉案车辆于 2011 年 5 月 12 日注册登记,交通事故发生在 2015 年 6 月 7 日,按照该规定,涉案车辆处于新车 6 年免检期,免于安全技术检验,即不存在“车辆未按规定检验或检验不合格”的情况,故保险公司不能免责。[3]

6. 交强险限制适用

【案例 10－61】 袁某某诉华安财产保险股份有限公司北京分公司财产保险合同纠纷案

二审法院认为,发生交通事故后,如果投保人依据两份或两份以上的交强险主要权利的请求得到支持,则投保人将获得双份或者多份限额赔偿,由此带来的法律后果是变相增加了交强险的法定赔偿限额,违背了交强险的公益性和法定性的特点,同时也在一定程度上弱化了对侵权人的惩戒作用,与《交强险条例》等的立法目的不符。另外,对第二份交强险合同的签订,投保

---

〔1〕 参见国家法官学院案例开发研究中心编:《中国法院 2017 年度案例》(保险纠纷),中国法制出版社 2017 年版,第 25 页。广东省广州市中级人民法院(2015)穗中法少民终字第 344 号民事判决书。

〔2〕 参见最高人民法院中国应用法学研究所编:《人民法院案例选》2018 年第 8 辑(总第 126 辑),人民法院出版社 2018 年版,第 169 页。上海市第二中级人民法院(2016)沪 02 民终 7657 号民事判决书。

〔3〕 参见最高人民法院中国应用法学研究所编:《人民法院案例选》2018 年第 7 辑(总第 125 辑),人民法院出版社 2018 年版,第 95 页。重庆市第一中级人民法院(2016)渝 01 民终 4051 号民事判决书。

人袁某某未能提供证据证明华安财产保险股份有限公司北京分公司存在过错,故在第一份交强险合同已获赔偿的前提下,华安财产保险股份有限公司北京分公司不予赔偿不违反法律规定。关于袁某某向华安财产保险股份有限公司北京分公司缴纳的保险费问题,双方可另行解决。[1]

违反《保险法》规定的行为,如受益人未按约定或法律规定履行出险通知义务的,并非保险人一律不承担保险责任,而要根据具体案情界定。

【案例10-62】 张某诉中国太平洋人寿保险股份有限公司厦门分公司保险合同纠纷案

判决观点,保险事故发生后,受益人未依约定或法律规定履行出险通知义务,导致保险人无法核实保险事故的原因以确定保险责任的,由受益人承担举证责任,举证不能的,受益人承担不利的法律后果。保险人不能仅以受益人未履行及时通知义务为由不承担保险责任。[2]

7. 应引起注意的问题

对《机动车交通事故责任强制保险条款》第九条应准确理解。2006年,保监会发布《机动车交通事故责任强制保险条款》,根据其第九条的规定,驾驶人醉酒发生交通事故的,对于符合规定的抢救费用,保险人在医疗费用赔偿限额内垫付。对于其他损失和费用,保险人不负责垫付和赔偿。《交强险条例》第二十二条、第二十三条规定,保险责任限额分为死亡伤残、医疗费用、财产损失等。驾驶员醉酒,发生道路交通事故的,保险公司应在机动车交强险责任限额范围内垫付和赔偿,但是对于受害人的财产损失,保险人不承担赔偿责任。由此可见,两规定有不一致之处。根据《立法法》第八十条的规定,国务院各部、委员会、中国人民银行、审计署和具有行政管理职能的直属机构,可以根据法律和行政法规、决定、命令,在本部门的权限范围内,制定规章。《立法法》第十二条还规定,被授权机关不得将规章制定权转授给其他机关。若保监会制定相关规定,则属于国务院授权保监会制定的部门规章,而保监会发布的《机动车交通事故责任强制保险条款》,制定主体是中保协,其只是保险行业的自律性组织,因而该条款不应属于部门规章。所以,当该条款与行政法规的规定不一致时,应适用《交强险条例》的规定。从另一方面讲,《机动车交通事故责任强制保险条款》第二条规定:"机动车交通事故责任强制保险(以下简称交强险)合同由本条款与投保单、保险单、批单和特别约

---

〔1〕 参见国家法官学院案例开发研究中心编:《中国法院2019年度案例》(保险纠纷),中国法制出版社2019年版,第11~12页。北京市第四中级人民法院(2017)京04民终13号民事判决书。

〔2〕 参见《人民司法·案例》2009年第6期。

定共同组成。"这清晰地表明,该条款只是交强险合同的组成部分。其性质相当于格式合同。显然,其效力绝不能对抗作为行政法规的《交强险条例》,对其理解也应当以《交强险条例》作为制度背景。其第九条"对于其他损失和费用,保险人不负责垫付和赔偿"的规定是表明保险公司对需要垫付以外的其他损失和费用不负责赔偿,它不恰当地减轻了保险公司法定责任,该规定因与《交强险条例》的相关规定相悖而无效。

在一般的合同关系中,只要能够反映当事人的真实意愿且不违背强行法的规定,都应当认定为有效。然而,交强险合同因其社会公益性与强制性,加之涉及的是不确定第三人的利益,故而对受害人的认定范围随意通过当事人合意加以排除和限缩。对此类限缩交强险受害人范围的约定,应当认定为无效,不免除保险公司的责任。

【案例10-63】　上海前中模具有限公司诉中华联合财产保险公司保险合同纠纷案

一审法院认为,虽然被告的交强险条款对"本车人员"增加了"车上"两个字,意欲限缩交强险的受害人范围,但此与交强险条例设立目的有悖,其效力不应被认可。二审法院持同样意见。[1]

动物侵权与交通事故纠纷交叉竞合时的责任认定。肇事车辆虽未直接与被害人驾驶的车辆碰撞,但其车辆撞到动物后开启了一个危险源,该危险源又致被害人车辆翻倒,被害人的伤害与该危险源有直接的因果关系,因此,对肇事车辆承保的保险公司应承担赔偿责任。

【案例10-64】　刘某某等诉大地财险南阳公司等交通事故纠纷案

二审法院认为,本案中魏某某驾驶车辆与狗相撞,所撞的狗在惊吓之中,慌不择路又撞上刘某某驾驶的三轮摩托车,并造成刘某某驾驶的三轮摩托车翻倒,致刘某某、崔某某受伤,所以刘某某、崔某某的受伤与肇事车辆存在因果关系。二审法院维持一审,支持保险公司赔偿判决。[2]

未注册登记的车辆发生事故,保险公司在交强险项下必须予以赔付,其理由不是因为行为是否违法,而是因为交强险设立的目的——保护受害人、提供社会保障。未年检车辆发生交通事故,因车辆年检合格期限已届满,保险人就不需要承担保险责任。

---

〔1〕 参见国家法官学院案例开发研究中心编:《中国法院2013年度案例》(保险纠纷),中国法制出版社2013年版,第34页。

〔2〕 参见王彬、王中强:《动物侵权与交通事故纠纷交叉竞合时的责任认定》,载《人民法院报》2013年6月20日,第6版。

与交强险责任范围相关问题为,交强险保险事故认定以是否属于“交通事故”为核心。交通事故的认定不以是否“在道路上”这一场所限制为要件,应当以车辆是否作为交通工具使用的通行状态为核心要件。[1]

(三)商业第三者险赔偿范围

商业第三者险不同于交强险,通常在保险条款中均有如下约定,保险人依据保险机动车驾驶人在事故中所负的责任比例承担相应的赔偿责任,即保险公司三者险的赔付是根据投保车辆在事故中的责任所确定的,如责任无法确定的,则赔付数额不确定。被保险机动车驾驶人过失致人死亡,保险人按驾驶人全责标准赔付保险金。

【案例10-65】 北京市恒基客运有限公司诉中国人民财产保险股份有限公司北京市通州支公司保险合同纠纷案

一审法院认为,根据刑事附带民事判决认定,李某某应在确保安全的情况下启动车辆,但因疏忽大意未能仔细查看车辆前方情况,驾驶车辆致人死亡,导致事故发生。(2012)通刑初字第306号刑事附带民事判决认定的民事部分赔偿数额,系法院根据案件具体情形,综合考虑后判令客运公司等承担的赔偿数额。故对于保险公司抗辩意见,不予支持。二审法院亦持同样意见,维持一审判决。[2]

实习期独自驾车在高速公路发生事故属于商业险免责理由。

【案例10-66】 某建设工程有限公司诉中国人民财产保险股份有限公司财产保险合同纠纷案

判决观点,人保公司主张辽宁某建设工程有限公司司机在驾照实习期内单独驾驶机动车上高速公路行驶,违反了《机动车驾驶证申领和使用规定》第七十五条第二款中“驾驶人在实习期内驾驶机动车上高速公路行驶,应当由持相应或者更高准驾车型驾驶证三年以上的驾驶人陪同”的规定,符合“依照法律法规或公安机关交通管理部门有关规定不允许驾驶被保险机动车的其他情况下驾车”的情形,属于非营业用汽车损失保险条款责任免除第六条第七项与第三者责任保险条款责任免除第六条第七项的约定,人保公司拒

---

〔1〕 参见王静:《保险类案裁判规则与法律适用》,人民法院出版社2013年版,第434页。

〔2〕 参见国家法官学院案例开发研究中心编:《中国法院2015年度案例》(保险纠纷),中国法制出版社2015年版,第168页。北京市第二中级人民法院(2013)二中民终字第00508号民事判决书。

赔有合同依据。此外,在驾照实习期内单独上高速公路行驶的行为本身就具有一定危险性,对道路上其他的人身和财产安全亦造成了危险,法律不应保护这种行为。[1]

【案例 10－67】　严某某诉中国人民财产保险股份有限公司无锡市分公司财产保险合同纠纷案

判决观点,保险事故发生时,严某某系实习驾驶员,在无持相应或者更高准驾车型驾驶证 3 年以上的驾驶人陪同的情况下驾驶保险车辆在高速公路行驶,不属于合法驾驶人,由此发生的事故所造成的损失不属于车损险及三责险约定的保险范围。经交警队认定,本案所涉事故不属于交通事故,亦不属于交强险赔偿范围。对严某某的诉讼请求,法院不予支持。[2]

【不同处理】　有法院认为,实习期独自驾车在高速公路发生事故不属于商业险免责理由。

【案例 10－68】　重庆淏园环保科技有限公司诉中国太平洋财产保险股份有限公司重庆分公司财产保险合同纠纷案

判决观点,首先,双方在保险合同条款中并没有关于驾驶人在实习期内单独驾驶机动车在高速公路上行驶发生交通事故,保险人不负赔偿责任的约定。其次,双方在保险合同条款中约定了"驾驶人有下列情形之一者:……6. 法律法规规定的其他属于无有效驾驶资格的情况下"免于赔付的兜底性条款,但是驾驶人杨某在实习期内单独驾驶机动车在高速公路上行驶并未违反任何法律、法规的规定。太平洋财产保险公司指出驾驶人杨某的行为违反了公安部发布的《机动车驾驶证申领和使用规定》第七十五条第二款规定,该规定属于部门规章,并不属于法律、法规范畴,驾驶人杨某违反了《机动车驾驶证申领和使用规定》,应当受到相关行政部门的处罚,但不能认定其无有效驾驶资格,不应作为太平洋财产保险公司免除责任的依据。综上,太平洋财产保险公司不存在免责情形。[3]

驾驶证增加车型后的实习期并不等同于驾驶证必然丧失效力,增驾实习期不应成为保险拒赔理由。

---

〔1〕 参见国家法官学院案例开发研究中心编:《中国法院 2019 年度案例》(保险纠纷),中国法制出版社 2019 年版,第 78 页。北京铁路运输法院(2017)京 7101 民初 68 号民事判决书。

〔2〕 参见国家法官学院案例开发研究中心编:《中国法院 2017 年度案例》(保险纠纷),中国法制出版社 2017 年版,第 78 页。江苏省无锡市崇安区人民法院(2015)崇商初字第 0639 号民事判决书。

〔3〕 参见国家法官学院案例开发研究中心编:《中国法院 2018 年度案例》(保险纠纷),中国法制出版社 2018 年版,第 104 页。重庆市渝中区人民法院(2016)渝 0103 民初 59 号民事判决书。

【案例10－69】　孙某诉黄某、阳光财产保险股份有限公司焦作中心支公司等财产保险合同纠纷案

二审法院认为，肇事车辆的驾驶员虽处于A2证实习期，但交警部门认定其承担全部责任的原因是转弯时未让直行车辆先行，交警部门作出的交通事故认定书亦认可黄某具有合法的驾驶资格，故上诉人保险公司认为肇事车辆驾驶员不具有驾驶资格，因此，不应当承担赔偿责任的理由不能成立，对其上诉请求，二审法院不予支持。[1]

驾驶机动车离开事故现场，商业第三者险项下免赔能否成立，应考虑驾驶人的主观状态。驾驶人明知事故发生或应当发生，而未依法采取措施驾驶被保险机动车离开事故现场的，保险人的保险责任免除。驾驶人不明知事故发生的，则保险人的保险责任不免除。

【案例10－70】　林某某诉刘某等机动车交通事故责任纠纷案

二审法院认为，关于本案是否符合上述免责条款约定的免责情形。交警卷显示，刘某在接受交警询问时陈述，其于事发当日中午11时30分许从陈村镇驾驶涉案混凝土车回公司，途经事发路段，其于12时35分许回到公司，12时50分许公司车队队长致电通知其所驾驶的混凝土车在事故路段发生了交通事故，其立即把车开至交警中队处理；肇事前其没有发现对方的二轮摩托车，其起步时看后左视镜，没有注意右后方，当时不知道发生了交通事故；其在事故前没有饮酒，有准驾车型相符的驾驶证，车辆年检合格，有交强险和车保。结合刘某的上述陈述，按照常理，刘某确实不存在事故后逃逸的必要；陈某某及林某某在事故发生后接受交警询问时的陈述、事故路段监控视频，均未显示刘某有明知事故发生或应当知道事故发生而离开事故现场之情形；结合事故后交警取证的照片，刘某驾驶的重型混凝土车仅有前护杠右侧、右后轮毂有轻微碰撞刮痕，林某某驾驶的摩托车仅前装饰板、前护杠、后尾部、右侧叶子板有碰撞、变形痕迹，车辆整体损坏并不严重，加上刘某所驾驶的重型混凝土车的驾驶室高度、车辆结构的特点，驾驶该类型车辆确实存在视觉盲区，刘某称不知道事故发生，并不明显违反常理；交警部门经调查后虽认定刘某存在事故发生后驾车驶离现场的行为，但最终并未认定其属于肇事后逃逸。因此，现有证据未能反映刘某存在明知或应当知道事故发生而驾驶车辆离开现场之情形，本院结合上述免责条款的理解，认定保险公司辩称其可依据上述保险条款的约定免赔依据不足，不予支持，一审法院

---

〔1〕 参见《人民司法·案例》2017年第32期(总第799期)。河南省焦作市中级人民法院(2017)豫08民终1789号民事判决书。

认为本案符合保险人免责情形不当，本院对此予以纠正。综上所述，保险公司在商业三者险项下的责任不应免除，故保险公司对林某某的损失中超出交强险的部分，应在商业三者险项下承担赔偿责任，且本案中的损失没有超出商业三者险赔偿限额，故保险公司应在商业三者险项下向林某某赔偿1,023,910.04元。[1]

代驾司机驾驶车辆发生交通事故后逃逸，被代驾人停留在现场并对被害人积极履行法定救助义务的，不属于商业三者险合同约定的驾驶人逃逸的免责情形，保险公司应在商业三者险赔付范围内承担赔偿责任。

【案例10－71】　张某某诉人保沙坪坝公司、陈某某、周某某等保险合同纠纷案

二审法院认为，虽然周某某在事故发生后离开事故现场，但陈某某一直在事故现场等待救援与事故处理，周某某系代驾司机，陈某某对案涉车辆持续享有实际控制权，保险合同约定的关于逃逸的免责事由不适用本案。二审遂改判：人保沙坪坝公司在交强险和商业三者险承保范围内予以赔付。[2]

驾驶员利用私家车从事顺风车服务并未改变车辆的使用性质，如在此过程中发生交通事故，保险公司不得以车辆使用性质改变导致危险程度显著增加为由拒绝赔偿。

【案例10－72】　李某诉太平洋保险北京分公司财产保险合同纠纷案

一审法院认为，事故发生时，李某驾车用于顺风车接单，顺风车以车主既定目的为终点，顺路搭乘，目的在于分摊行驶成本，客观上不会导致车辆使用频率增加；同时，因顺路搭乘，行驶范围亦在合理可控范围内，并未因此而导致车辆危险程度显著增加。故保险公司应在保险限额范围内赔偿李某的损失。二审法院认为，参照《网络预约出租汽车经营服务管理暂行办法》的规定，网约车是网络预约出租汽车的简称，与顺风车非同一概念。李某的行为应界定为顺风车，并未从本质上改变车辆的家庭自用性质，保险公司拒赔缺乏依据，故判决：驳回上诉，维持原判。[3]

---

〔1〕参见国家法官学院案例开发研究中心编：《中国法院2019年度案例》（保险纠纷），中国法制出版社2019年版，第57～58页。广东省佛山市中级人民法院（2017）粤06民终9883号民事判决书。

〔2〕参见余彦龙、黄晨、刘婷婷：《代驾人逃逸而被代驾人积极履行救助义务商业险不得拒赔》，载《人民法院报》2018年11月1日，第6版。重庆市第一中级人民法院（2017）渝01民终8526号民事判决书。

〔3〕参见史智军、孙京：《顺风车不构成保险公司拒赔的理由》，载《人民法院报》2018年6月7日，第6版。北京市第三中级人民法院（2017）京03民终2038号民事判决书。

二、机动车保险法律适用

（一）交强险赔付

交强险旨在就交通事故提供社会性保障，原则上不考虑当事人的过错（在事故系由受害人一方故意造成等情况除外），故在致害机动车一方和受害人均对事故的发生存在过错时，交强险的赔偿不应考虑机动车一方的责任比例。《贵州省高级人民法院关于审理涉及机动车交通事故责任强制保险案件若干问题的意见》第五条规定："被保险机动车发生交通事故，不论被保险人在交通事故中有无过错及过错程度，保险公司均负有在交强险责任限额范围内向受害第三者直接赔付的法定义务。"在机动车一方无责时，在由保险公司对受害人一方的损失承担赔偿责任后，超过限额的部分，视案件是机动车之间发生的交通事故还是机动车与非机动车、行人之间发生的交通事故而定。若为机动车之间发生的交通事故，应适用过错责任原则，无责的机动车一方不再承担赔偿责任。若为机动车与非机动车、行人之间发生的交通事故，则机动车一方当事人仍应视事故情况，承担非机动车、行人损失5%～20%的赔偿责任。对机动车之间发生交通事故，保险公司也应在交强险责任限额内承担赔偿责任。故对此种情况，应由两方机动车各自所投保的保险公司对对方的损失在交强险责任限额内承担赔偿责任，不足部分再按过错比例确定赔偿责任。

1. 受害人未获得赔付

道路交通事故人身损害赔偿纠纷案中，在保险人已向被保险人赔付交强险赔偿金但被保险人仍未向受害人赔偿的情形下，保险人应承担何种法律后果，《保险法》并无明确规定。笔者认为，保险公司在被保险人并未向受害人支付交强险保险金，且被保险人获得保险金后未向受害人支付，未实际获得赔偿的受害人仍有权请求保险公司依法向其赔偿，保险公司与被保险人应承担连带责任。在保险公司向受害人实际承担保险金赔偿责任后，再向被保险人追偿。保险公司是否已履行交强险赔偿金的赔付义务的主要判断标准，并非其是否已依约定向被保险人支付了赔偿金，而是其是否已保障受害人获得交强险责任限额内的及时有效赔偿。

也就是说,保险公司可以受害人的请求向其直接支付交强险赔偿金,如原告杨某诉被告谢某、第三人某保险公司保险合同纠纷案。[1] 应注意的是,保险公司能否以已向被保险人理赔为由对抗受害人的交强险赔偿请求权。对此,司法实践中有不同观点,一种观点为可以,另一种观点为不可以。实践中亦有可以对抗的实例,如陈某诉保险公司保险理赔案。[2] 最高人民法院民一庭持不能对抗受害人的赔偿请求权意见。[3]

在受害人已经从侵权人获得赔偿的情况下,根据《民法典》侵权责任编(原《侵权责任法》)确立的损害赔偿,主要是采取填补原则,即有损害才有赔偿,实际损害是多少,赔偿就赔付多少,没有损害的则不予赔付。应区分两种情况处理,在受害人已经从侵权人处获得全部赔偿的情况下,其无权再向保险公司请求赔偿;在受害人从侵权人处获得部分赔偿的情况下,保险公司可以在赔偿时相应扣减。对承保交强险保险公司的赔偿不足以弥补受害人全部损失的,受害人未从保险公司取得赔偿的部分,应有权向侵权人请求。按照当前法院立案要求的受害人起诉侵权人时必须与保险公司一并起诉,审理中,法官在确定交强险保险公司承担赔偿时,对超出交强险赔偿部分应确定侵权人承担的赔偿数额。对侵权人无力承担超过保险限额的侵权责任的分配,在《道路交通赔偿损害解释》出台之前,实践中具体操作时,可以优先考虑人身损害赔偿。

【案例 10－73】　田某某诉冯某某、顾某某、中华联合财产保险公司苏州支公司道路交通事故损害赔偿纠纷案

一审法院认为,本起交通事故是多人多车事故,整个交通事故第三者实际损失已经远超过保险责任限额,且兼有人身损失和财产损失。为了更好地保护受害人的身体健康和合法权益,对于第三者责任限额范围内的赔偿款分配,首先应当考虑受害人的医疗费支出,在首先确保受害人医疗费支出的前提下,考虑车辆的损失,然后再考虑其他损失。根据本起事故的实际情况,田某某、王某某、吴某某三位受害人人身损害至今造成的医疗费支出约为人民币 13,857.57 元,应当在第三者责任限额的赔偿款内为其保留;四车的汽车损失共计人民币 57,979 元,已经超过了第三者责任限额范围。根据公平原则,对第三者责任限额范围内的赔偿款应扣除受害人的医疗费用后,根据车辆损失大小比例分配。根据以上数据测算,车辆损失各方可按照 62.3% 的

---

〔1〕 参见郭琳佳、付建勇:《交强险的保险人对未获赔的受害人负连带赔偿责任》,载《人民法院报》2011 年 5 月 12 日,第 7 版。

〔2〕 参见最高人民法院民事审判第一庭编:《民事审判指导与参考》2010 年第 2 集(总第 42 集),法律出版社 2011 年版,第 159 页。

〔3〕 参见最高人民法院民事审判第一庭编:《民事审判指导与参考》2010 年第 2 集(总第 42 集),法律出版社 2011 年版,第 162 页。

比例享受第三者责任限额的赔偿，对于超过责任限额的车辆损失和其他损失部分，由被告冯某某承担。各方当事人均未提出上诉，该一审判决已发生法律效力。[1]

在同一交通事故存在多个受害人的情形下，交强险如何分配是一个疑难问题。《道路交通赔偿损害解释》第十九条规定："同一交通事故的多个被侵权人同时起诉的，人民法院应当按照各被侵权人的损失比例确定交强险的赔偿数额。"该条司法解释进一步明确了由各受害人按照各自损失的比例分配交强险赔偿金的原则，受害人获取的赔偿数额以交强险责任限额为限。但是对多个受害人未同时在同一法院起诉的实际操作，司法解释并未作出统一规定，尚由各地法院作探索，这些情形包括：多个受害人分别在同一法院起诉，分别在不同法院起诉，未同时起诉，等等。

根据《道路交通安全法》《交强险条例》的规定，交强险责任是一种法定赔偿责任，交强险赔偿的范围、标准、免责事由等均由法律予以强制性规定。在交通事故造成第三者人身伤亡的情况下，保险公司的免责事由仅限于《交强险条例》第二十一条第二款规定的交通事故的损失是受害人故意造成的情形。我国交强险立法并未规定在确定交强险责任时应考虑损伤参与度，[2]对于受害人符合法律规定的赔偿项目和标准的损失，均属交强险的赔偿范围。因此，只要机动车发生交通肇事造成了第三者损害，除非该损害是受害人故意造成的，保险公司均应对受害人的全部人身伤亡损失在责任限额予以赔偿。保险公司以损伤参与度作为减轻免除其交强险责任的抗辩理由，缺乏法律依据，不应得到支持。

【案例10－74】 叶某英、何某一、何某二诉中华联合财产保险股份有限公司宁波分公司等责任保险合同纠纷案

二审法院认为，本起交通事故经交警部门认定，原审被告刘某某应承担事故的主要责任，原审被告阮某某应承担事故的次要责任，被上诉人何某二、叶某英及何某漠无责任。根据各自的过错责任，雄鹰装潢厂、刘某某及杰达运输公司理应赔偿三被上诉人由此造成的经济损失。上诉人中联保险公司、原审被告人民保险公司应在交强险限额范围内先行理赔。虽然本起交通事故在何某漠死亡结果中的参与度为25%左右，但交强险具有公益性，其立法目的是弥补受害人的损失，法律并未明文规定应考虑事故参与度，故原审法院认定受害人死亡的全部损失为368,507.5元，由上诉人在交通险范围内赔偿78,085.9元，并无不当。上诉人之上诉理由不足，不予支持。原判认定事

---

〔1〕 参见最高人民法院中国应用法学研究所编：《人民法院案例选》2005年第4辑(总第54辑)，人民法院出版社2006年版，第122页。

〔2〕 参见损伤参与度，是指被诉过错行为在损害后果中所介入的程度或所起作用的大小。

实清楚，程序合法，判决妥当。据此判决，驳回上诉，维持原判。[1]

2. 交强险分项赔付

交强险分项赔偿法律依据为《交强险条例》，其第二十三条第一款规定，《机动车交通事故责任强制保险条款》对其以上各项作了具体规定。

【案例10－75】　储某诉赵某、李某、中国人民财产保险股份有限公司北京怀柔支公司道路交通人身损害赔偿纠纷案

一审法院认为，怀柔支公司应在保险范围内承担赔偿责任。怀柔支公司以交强险的责任限额属于分项赔偿为由，提出上诉。二审法院认为，尽管本案受害人的总损失并未超过机动车交通事故责任保险总额6万元，但保险公司只对受害人8000元医疗费用承担赔偿责任。对于医疗费用8000元以外的超出部分，应由赵某承担赔偿责任。据此判决：撤销一审判决；怀柔支公司赔偿储某医药费8000元、营养费560元、护理费1332元，出院后护理费2000元；赵某赔偿储某医疗费26,784.44元。[2] 本案中，一审、二审法院判决有差异，这种差异是《交强险条例》与《道路交通安全法》有冲突造成的。

《交强险条例》与《道路交通安全法》两者在赔偿原则、赔偿项目存在重大区别，即存在明显不一致，这不仅影响了法律的权威，增加了司法裁判的难度，而且加重了交通事故机动车方的负担，同时还可能助长道德风险的发生。北京某法院认为，上述条例规定和条款设定分项责任限额偏重保护保险公司的利益，使交强险的保障能力进一步降低，其公平合理性值得探讨。但条例作为国务院的行政法规，在法律位阶上属于法院审理案件的依据；保险监管机构的条款作为保险合同的格式条款，属于保险合同内容的一部分。故在当前法律没有具体规定或司法解释的相关适用性规定的情况下，法院在审理道路事故损害案件中只能适用条例的相关规定和尊重保险合同的相关约定，按分项责任限额确定保险赔偿责任。但综合考虑《道路交通安全法》的立法意图和《交强险条例》的制定目的，在确定交通事故受害人的赔偿项目和赔偿数额时，应在交强险的各项赔偿限额内从宽认定，使受害人尽可能获得充分的救济。[3] 笔者赞同这种观点。《道路交通安全法》第七十六条的立法目的是保护受害人，同时也保护投保人。如投保人一次交足保险

---

〔1〕 参见最高人民法院中国应用法学研究所编：《人民法院案例选》2012年第2辑（总第80辑），人民法院出版社2012年版，第217页。

〔2〕 参见北京市高级人民法院编：《审判前沿——新类型案件审判实务》2009年第3集（总第27集），法律出版社2010年版，第42页。

〔3〕 参见北京市高级人民法院编：《审判前沿——新类型案件审判实务》2008年第1集（总第19集），法律出版社2008年版，第167页。

费,且未明确细分投保项目,则赔偿项目也不应分项。

【案例10－76】 廖某某诉黄某某、平安财产保险公司等保险合同纠纷案

一审法院未细分投保项目判决赔偿。二审法院认为,一审法院在交强险赔偿限额范围内不分项判决是正确的。……本案中,被上诉人黄某某的桂L93×××牌号机动车在上诉人处投保了机动车第三者责任强制险,责任限额总额为12.2万元。该机动车在保险有效期内发生交通事故,依照《道路交通安全法》第七十六条的规定,上诉人应在交强险的责任限额总额内承担赔偿责任。对保险赔偿责任在交强险的责任限额12.2万元内不进行分项赔偿,是为最大限度保护被保险人的合法权益,实现强制保险的社会公益性和对生命权、健康权的充分保护,这符合第三者强制责任保险的立法宗旨、原则和精神,故上诉人要求分项赔偿不符合法律规定。[1]

【案例10－77】 莫某某诉中国人民财产保险股份有限公司宜州支公司、韦某等道路交通事故人身损害赔偿纠纷案

受害人的医药费40,299.07元,超过医疗费用赔偿限额10,000元,一审、二审法院在交强险的限额内判决保险公司赔付莫某某116,190.27元,而没有分项赔偿。[2]

对此问题,现阶段最高人民法院民一庭意见为,根据《道路交通安全法》第十七条、《交强险条例》第二十三条,机动车发生交通事故后,受害人请求承保机动车第三者责任强制保险的保险公司对超出机动车第三者责任保险分项限额范围的损失予以赔偿的,人民法院不予支持。[3] 最高人民法院法官在解析《道路交通损害赔偿解释》时仍坚持上述立场:“在目前的立法和国情之下,人民法院在审理涉及交强险的交通事故损害赔偿时,应当遵循分项限额的规定。”[4]

交通事故发生后,受害人因交通事故受伤住院治疗,但其伤情程度未达到伤残等级,其住院期间造成的误工费、护理费、交通费等不属于交强险中的医疗费用赔偿项目范围,该部分损失是否可在交强险中的死亡伤残赔偿限额内予以赔偿,有两种处理意见。一种意见认为,死亡伤残赔偿限额项下负责赔偿的前提是受害人因事故造成死亡或者残疾,没有达到伤残的,不能取得死亡伤残赔偿。另一种

---

〔1〕 参见罗昌明、姚慧芬:《未细分投保项目则赔偿项目也不应分项——广西百色中院判决廖坤雄诉黄正崇等保险合同纠纷案》,载《人民法院报》2012年8月2日,第6版。

〔2〕 参见国家法官学院案例开发研究中心编:《中国法院2012年度案例》(道路交通纠纷),中国法制出版社2012年版,第130页。

〔3〕 参见最高人民法院民事审判第一庭编:《民事审判指导与参考》2012年第2辑(总第50辑),人民法院出版社2012年版,第111页。

〔4〕 参见最高人民法院民事审判第一庭编著:《最高人民法院关于道路交通损害赔偿司法解释理解与适用》,人民法院出版社2012年版,第216页。

意见认为，上述情况下可以在交强险中的死亡伤残赔偿限额内予以赔偿。笔者同意后一种意见。《机动车交通事故责任强制保险条款》中规定的死亡伤残赔偿限额、医疗费用赔偿限额是赔偿范围的大概念，并非要求受害人必须达到死亡或伤残才能取得死亡伤残赔偿限额内的赔偿，只要受害人因事故受伤造成了损失，就应在相应的死亡伤残赔偿限额或医疗费用赔偿限额范围内得到相应的赔偿。根据《机动车交通事故责任强制保险条款》第八条的规定，受害人住院期间造成的误工费、护理费、交通费等损失应属于交强险中的死亡伤残赔偿范围，应在交强险中的死亡伤残赔偿限额内予以赔偿，对未构或残疾等级的亦应赔伤残用具费。

【案例 10－78】　李某某诉宋某等机动车交通事故纠纷案

判决观点，原告主张的义齿安装费 16,000 元，原告李某某因本次交通事故造成 4 枚牙齿折断，根据鉴定结论，更换义齿需要 16,000 元，法院予以确认。[1]

3. 交强险扣减人寿险的费用问题

在交通事故中，无责任的受害人从其投保的保险公司获得意外伤害医疗保险赔偿金，投保交强险的保险公司主张在交强险的限额内扣减的，现行法律无明文规定。笔者认为，受害人获得赔偿金，不应在交强险中扣减，同样也不应在商业第三者险中扣减。因为人身保险并不同于责任保险中的财产保险是以填补损害为原则的，人身保险更多的是基于对人自身价值的考量，人的身体不是商品，其价值不能用货币量化，人身保险事故发生后，保险金额的确定也不能用财产保险方法予以衡量，否则无助于对人身价值的维护，这并非保险公司所称的不应双赔问题。

【案例 10－79】　黄某等诉庄某、中国大地财产保险股份有限公司莆田中心支公司道路交通人身损害赔偿纠纷案

二审法院认为，上诉人大地财保莆田支公司提出被上诉人黄某从中国人寿保险公司获得的 3482.82 元应予扣减问题，因上诉人大地财保莆田支公司向被上诉人黄某承担赔偿责任是基于法律的强制性规定，而被上诉人黄某是基于其另行向中国人寿保险公司投保《国寿学生、幼儿保险附加意外伤害医疗保险》而获得赔偿，两者性质不同，该商业险与交强险并不互相排斥，故上诉人大地财保莆田支公司提出应扣减该部分金额的上诉理由不能成立，不予支持。[2]

---

〔1〕 参见国家法官学院案例开发研究中心编：《中国法院 2013 年度案例》（道路交通纠纷），中国法制出版社 2013 年版，第 168 页。

〔2〕 参见国家法官学院案例开发研究中心编：《中国法院 2012 年度案例》（道路交通纠纷），中国法制出版社 2012 年版，第 154 页。

4. 多车碰撞赔付

多车碰撞时，未投保交强险的责任人与投保交强险的保险公司赔付问题。笔者认为，根据《道路交通损害赔偿解释》第十八条第三款的规定，由投保交强险的保险公司在交强险赔偿限额内先行赔偿，不足部分，由责任人按各自的责任比例承担。也就是说，虽然未超过交强险赔偿限额，未投交强险的责任人仍应承担赔偿责任。保险公司承担的是法定责任和垫付责任，法定责任是已投保交强险的责任人应赔偿的责任，垫付责任是未投交强险责任人应赔偿的责任，保险公司垫付之后，可向未投保交强险的责任人追偿。

【案例 10－80】 游某某诉黄某某等道路交通事故人身伤害赔偿纠纷案

二审法院认为，本案交通事故经交警部门认定黄某某负主要责任，刘某某应负次要责任，游某某不负事故责任，而本案中仅刘某某在宜丰财保公司投保了交强险，宜丰财保公司应在交强险限额内予以赔偿，不足部分由黄某某、刘某某按责任承担。本案赔偿权利人可获赔偿以交强险限额足以支付，原审判决上诉人在交强险限额内承担赔偿责任并无不妥，上诉人亦可对其已承担的超出其份额的部分对相关责任人追偿，上诉人提出仅承担本案30%左右的赔偿责任的上诉理由与法律规定不符，不予采纳。[1]

连环相撞事故中，首先应当由几家保险公司在各自的交强险限额内承担，超出部分再由机动车按照责任比例承担。在不存在无责赔偿限额的情况下，几家保险公司应当平均分担受害人的损失。当然，几家保险公司不应当承担连带赔偿责任。

【案例 10－81】 张某诉贾某、安诚财产保险股份有限公司北京分公司等道路交通人身损害赔偿纠纷案

判决观点，贾某驾驶摩托车在非机动车道内逆行是发生此次事故的全部原因，应承担事故的全部责任。张某、吴某没有引起事故发生的过错行为，在此次事故中无责任。吴某系李某雇用的司机，其在从事雇佣活动中致人损害的，应由其雇主李某承担赔偿责任。……给张某造成的合理经济损失，由贾某按照交通事故第三者责任强制保险的责任限额予以赔偿，李某车辆保险人安保北京分公司在李某车辆交通事故第三者无责任赔偿限额范围内予以赔偿，不足部分，由李某承担10%的赔偿责任。[2]

---

〔1〕 参见国家法官学院案例开发研究中心编：《中国法院2012年度案例》（道路交通纠纷），中国法制出版社2012年版，第164页。

〔2〕 参见北京市高级人民法院编：《审判前沿——新类型案件审判实务》2011年第3集（总第39集），法律出版社2012年版，第62页。

5. 交强险赔付其他问题

试管婴儿植入手术费用适用交强险赔偿问题。实践中,受害人进行试管婴儿手术的费用具有准物权效力,根据我国民法的填平原则,受害人因事故造成腹中胎儿流产,其进行试管婴儿手术的费用应当属于财产损失,故对于该损失应当予以赔偿。对该类案件既不能当然地认定其适用交强险理赔,也不能随意扩大法官自由裁量权的行使范畴,任意界定受害人的合理损失。

【案例 10－82】　贺某诉北京奥华出租汽车有限公司、中国人民财产保险股份有限公司北京市昌平支公司侵权赔偿纠纷案

判决观点,原告主张植入试管婴儿的医疗费为其他财产损失,法院对此不持异议,经法院核算,数额为 28,884.30 元。法院支持了该项诉讼请求。[1]

保险期间内发生多次保险事故时交强险的赔偿问题。在保险期间内,只要发生交通事故,保险公司即应承担交强险责任,其赔偿限额是一次事故损失的最高赔偿限额,而不是保险期间多次交通事故的赔偿限额或者总额。法官认为,保险期内发生多次事故,每次事故的交强险责任限额应当是各自独立的,不存在任何联系。从公平的角度出发,也没有理由让后发生事故中的受害人比先发生事故的受害人获取较低的保险保障。这讲的是从第二次交通事故起的受害人依法享有获得交强险赔偿的权利,保险公司负有承担交强险赔偿的义务,但多次事故的机动车将须交付最高上涨 30% 的保险费。

同一被保险人投保的车辆之间发生保险事故,保险公司亦应承担保险责任。也就是说,属于同一所有人名下的机动车发生事故,只要能够排除故意制造事故的可能性,保险公司应当在交强险范围内予以赔偿。例如,吉林森林工业股份有限公司北京分公司诉信达财产保险股份有限北京分公司保险合同案。[2]

【案例 10－83】　上海派尔威集装箱有限公司诉中国人民财产保险股份有限公司上海市黄浦支公司机动车交通事故损害赔偿纠纷案

判决观点,机动车第三者责任强制保险属于财产保险范畴,是以财产及其有关利益为保险标的保险合同,故该保险中所指的"第三者"应以财产作为判断标准,而非以财产的所有人作为判断标准。原告派尔威公司为 B 车投保的交强险承保范围是该车辆造成的人身及财产损失。虽然 A 车与 B 车同

---

〔1〕 参见国家法官学院案例开发研究中心编:《中国法院 2013 年度案例》(保险纠纷),中国法制出版社 2013 年版,第 19 页。

〔2〕 参见国家法官学院案例开发研究中心编:《中国法院 2013 年度案例》(保险纠纷),中国法制出版社 2013 年版,第 76 页。

为派尔威公司所有，但在本起事故中，A车为B车的第三者车辆，故B车给A车造成的损失，应当属于B车交强险责任范围，在无证据证明投保车辆存在故意制造事故的情况下，被告人保黄浦支公司应在交强险范围和限额内对原告的合理损失承担赔偿责任。[1]

同一车主购买的车辆分别登记、挂靠于不同的运输公司，并且由所挂靠的运输公司向不同的保险公司投保，形成各自独立的保险合同法律关系。属于同一车主的车辆相撞，该车主既是致害方的赔偿义务主体，又是受害方的权利主体，作为受害方的权利主体，可以作为商业三者险的第三者，向另一车辆的保险公司要求赔偿，保险公司应当承担赔偿责任。

【案例10－84】 沁阳市远方汽车运输有限公司诉中华联合财产保险股份有限公司沁阳支公司财产保险合同纠纷案

二审法院认为，本案中，豫HB1×××（豫HN×××挂）半挂车和豫H83×××（豫HJ×××挂）半挂车的实际车主虽为同一自然人，但该两辆机动车分别挂靠在不同的两家运输公司进行营运，并接受不同的运输公司业务指导和管理，这种挂靠是目前运输市场的一种经营模式，并不为法律法规所禁止。该两辆机动车由两家不同的运输公司向保险人分别投保，与保险人分别形成了各自独立存在的保险合同法律关系，按照合同相对性原理，合同中的权利义务关系仅存在于合同当事人之间，而不能及于合同之外的其他主体，因此，存在于各自不同的保险关系之间的机动车辆发生的损害赔偿，应当按照各自不同的保险合同约定的权利义务予以处理。豫HB1×××（豫HN×××挂）半挂车挂靠在本案上诉人沁阳远方公司名下，豫H8×××（豫HJ×××挂）半挂车挂靠于温县顺风运输公司名下，两家运输公司分别与被上诉人中华联保沁阳支公司签订了保险合同，并按法律规定的费率缴纳了保险费，三方分别签订的保险合同合法有效，均应按照合同的约定享受权利并承担义务。豫HB1×××（豫HN×××挂）半挂车和豫H83×××（豫HJ×××挂）半挂车虽为同一人所有，但在营运过程中发生损害事故，没有证据证明投保车辆存在故意制造保险事故的事实，按照权利义务相对等原则，被上诉人中华联保沁阳支公司应当按照保险合同的约定承担赔偿责任。原审判决以发生事故的两辆机动车实际车主为同一人，判决不予赔偿，属于适用法律错误，本院予以改判。[2]

---

〔1〕 参见国家法官学院案例开发研究中心编：《中国法院2015年度案例》（保险纠纷），中国法制出版社2015年版，第20页。上海市宝山区人民法院（2013）宝民一（民）初字第4348号民事判决书。

〔2〕 参见国家法官学院案例开发研究中心编：《中国法院2013年度案例》（保险纠纷），中国法制出版社2013年版，第96页。

机动车发生滑坡事故造成受害人损失，投保人可以请求保险公司在交强险范围内予以赔偿。

【案例10－85】　焦作市朝阳实验学校诉安诚财产保险股份有限公司河南分公司保险合同纠纷案

判决观点，本案中车辆滑坡将受害人撞伤，可以判断该车辆尚未完全处在"停车状态中"，而是处于"行驶状态"的延续之中。被告辩称该事故不是发生在道路上，拒绝承担理赔责任，但根据《交强险条例》第四十四条之规定，机动车在道路以外的地方通行时发生事故，造成人身伤亡、财产损失的赔偿，比照适用本条例。根据上述规定，即便是在道路以外的地方发生交通事故，保险公司也应该承担理赔责任。据此，被告的辩解理由不能成立，不予支持。[1]

发生交通事故后驾驶人逃逸，侵权方驾驶员和车主无法查明，受害人与侵权人负同等责任。受害人起诉保险公司的，可作为必要共同诉讼的例外处理。

【案例10－86】　徐某某诉中国人民财产保险股份有限公司杭州市余杭支公司保险合同纠纷案

一审法院认为，原告徐某某因本次交通事故损失医疗费38,135.87元、住院伙食补助费510元、鉴定费840元、施救费100元、交通费115元、误工费14,683.50元、护理费5873.40元、营养费1200元，合计61,457.77元，对上述损失，被告杭州保险公司作为浙A×××牌号普通二轮摩托车交强险的保险人，应在交强险责任限额范围内先行支付。对于杭州保险公司要求按交强险分项限额赔付的抗辩，因不符合交强险对"道路交通事故受害人依法得到赔偿"的功能及立法目的，法院不予支持。鉴于浙A×××牌号普通二轮摩托车驾驶员"某某某"身份不明、登记车主"汤俊敏"查无此人的实际情况，徐某某自愿放弃停车费并负担本案诉讼费用，不违反法律规定，本院予以准许。综上，法院判决被告杭州保险公司在交强险责任限额范围内支付给原告徐某某61,457.77元。二审法院亦持同样意见，维持一审判决。[2]

一起交通事故存在多个受害人，因治疗等原因往往并不会同时起诉，应防止对先起诉的受害人在交强险及第三者商业险内足额赔偿用尽额度问题，应当为未起诉受害人预留适当赔偿份额。

---

〔1〕　参见国家法官学院案例开发研究中心编：《中国法院2015年度案例》（保险纠纷），中国法制出版社2015年版，第30页。河南省焦作市解放区人民法院（2012）解民初字第79号民事判决书。

〔2〕　参见国家法官学院案例开发研究中心编：《中国法院2014年度案例》（保险纠纷），中国法制出版社2014年版，第162页。浙江省杭州市中级人民法院（2013）浙杭民终字第1049号民事判决书。

【案例 10－87】 杜某某等诉赵某某等道路交通事故责任纠纷案

判决观点,因赵某某负此次事故的全部责任,且其对鄂 D×××牌号车辆在荆州财保公司投保了交强险和第三者商业险,对五原告的损失,应由荆州财保公司在交强险和第三者责任商业保险限额范围内先行赔付,不足部分由赵某某赔偿。鉴于本次交通事故造成了杨某某死亡、任某某受伤的事实,而任某某尚未向法院提起诉讼,法院在交强险的范围内预留 20,000 元,在第三者责任商业保险范围内预留 20,000 元,另案处理。[1]

在机动车之间发生交通事故,原告起诉后被告反诉的,应否追加原告投保交强险保险公司问题。笔者认为,因交强险旨在通过保险赔偿投保机动车之外的人身与财产损失,故在被告反诉原告赔偿的案件中,应当追加原告投保交强险的保险公司为反诉被告,以便确定保险公司的赔偿责任。

(二)交强险与商业第三者险的关系

从《道路交通安全法》第七十六条的规定看,该条款设计了责任限额之内的强制保险与限额之外的任意保险制度。从保险法理论上讲,商业第三者险是指以被保险人依法对第三者应负的赔偿责任为保险标的保险。交强险与商业第三者险属于保险同一种类,但二者在赔偿原则、赔偿范围等方面存在本质区别:其一,赔偿原则不同。交强险实行的是无过错责任原则,即无论被保险人员是否在交通事故中负有责任,保险公司均将在统一的责任限额内予以赔偿。而商业第三者险采取的是过错责任原则,即保险公司根据被保险人在交通事故中所承担的事故责任来确定其赔偿责任。出于有效控制风险的考虑,商业第三者险规定了较多的责任免除事项和免赔率(额)。而交强险的保险责任几乎涵盖了所有道路交通风险,且不设免赔率和免赔额,其保障范围远大于商业第三者险。其二,赔偿范围不同。交强险的责任限额全国统一。各保险公司对商业第三者险的条款费相互存在差异,并设有 5 万元、10 万元、15 万元、20 万元、30 万元、50 万元乃至 100 万元以上等不同档次的责任限额。其三,是否具有强制性不同。交强险具有强制性,根据《道路交通安全法》和《交强险条例》的规定,机动车的所有人或管理人都应当投交强险;同时,保险公司不能拒绝承担,不得拖延承保和随意解除合同。而商业第三者险的投保不具有强制性,投保人可自主选择是否投保以及保险责任限额。其四,赔付顺位不同。交强险和商业第三者险是各自独立的两种法律关系,

〔1〕 参见国家法官学院案例开发研究中心编:《中国法院 2014 年度案例》(保险纠纷),中国法制出版社 2014 年版,第 165 页。湖北省当阳市人民法院(2011)当民初字第 01240 号民事判决书。

但存在赔付顺位关系，即应当先由交强险按照分项责任范围先行赔付，其交强险责任限额不足以弥补交通事故所造成的损失时再由商业第三者险理赔。其五，责任免除情形不同。交强险免除责任的情形为受害人故意造成，而商业第三者险免除责任情形由保险公司与投保人约定，具体形式为保险公司在其提供的保险条款中载明。其六，解除合同不同。交强险对投保人和保险公司解除合同均有限制，对投保人在除《交强险条例》第十六条规定外限制解除合同，《保险法》所赋予投保人解除保险合同的权利，不适用于交强险这一特殊险种，对保险公司在除《交强险条例》第十四条外限制解除合同；而商业第三者险除保险合同另有约定外，投保人可以随时解除合同，保险公司解除合同条件较投保人严格。其七，限缩受害人范围约定效力不同。在交强险中，排除和限缩受害人范围的约定无效，而商业第三者险中保险人出于自身商业利益考虑而制定此类条款有效。

在现实社会生活中，机动车所有人在购买交强险后的同时又购买商业第三者险，商业第三者险对交强险赔付限额之外的金额进行赔付。投保了交强险的两车相撞致第三者受损，保险公司进行商业第三者险赔付时，能否直接扣除两个保险公司的两份交强险赔付金额，是有争议的。

【案例 10－88】　中国人民财产保险股份有限公司重庆九龙坡支公司诉重庆神州运输有限公司万盛分公司等保险合同纠纷案

二审法院认为，本案的争议焦点在于人保财险九龙坡支公司是否应该多扣除应由平安财险四川分公司承担的交强险死亡伤残赔偿限额 11 万元。人保财险九龙坡支公司与神州运输万盛分公司、李某某之间已形成合法有效的保险合同法律关系，人保财险九龙坡支公司依照保险合同应承担约定的保险赔付责任。由于川 AQK×××牌号车与平安财险四川分公司之间形成的保险合同关系属于另一法律关系，与本案无关，相关当事人可另行解决。因此，人保财险九龙坡支公司无权对应由平安财险四川分公司承担的交强险死亡伤残赔偿限额 11 万元予以扣除。神州运输万盛分公司、李某某对受害人的赔偿金额系双方依法达成的调解协议，人保财险九龙坡支公司应予以赔偿，对超出交强险死亡伤残赔偿限额 11 万元的部分应属于第三者责任险赔付范围，人保财险九龙坡支公司应予赔付。[1]

依商业第三者险合同条款，保险人对交强险限额之外的金额进行赔付。商业第三者险合同签订，其发生保险事故，被保险人对受害人赔偿后，即使另一个交强险保险公司未作出交强险赔付，也并不影响商业第三者险合同义务的履行。依据

〔1〕　参见国家法官学院案例开发研究中心编：《中国法院 2012 年度案例》（保险纠纷），中国法制出版社 2012 年版，第 26 页。

合同相对性，保险人负有在交强险限额之外进行赔付的义务，而不受另一份交强险合同的影响。对于保险公司来讲，保险人的赔偿责任与被保险人的责任大小无关，故承担交强险的两个保险公司之间应平均分担交强险赔付金额，保险公司进行交强险赔付后，有权请求另一个保险公司分摊其应负担的赔偿份额。依照《道路交通安全法》第七十六条的规定，发生交通事故后，承保交强险的保险公司应当首先对因交通事故造成的人身伤亡和财产损失在责任限额内予以赔偿，不足部分，应当通过其他途径解决，双方当事人可以直接自行协商解决，如机动车一方投有其他商业险种，也可以在其他险种的第三种中寻求解决。被保险人违反了商业第三者险的约定，如未按规定对车辆进行检验，发生交通事故致使第三人损害的，商业第三者险不承担保险责任，但并不影响交强险中的赔偿责任承担，如张某某诉中国人民财产保险股份有限公司北京市延庆支公司责任保险合同案。[1]

交强险合同中的受害人，是指因被保险机动车发生交通事故遭受人身伤亡或者财产损失的人，但不包括被保险机动车车上人员、被保险人。在商业第三者险合同约定赔偿范围，排除本车人员、被保险人赔偿的，根据转化观点，车上人员在特定时空下保险事故发生后在车外身亡的，亦非本车车上人员（被保险人员），其符合交强险受害人的定义，可在交强险中获得赔偿，而在商业第三者中不能获得赔偿。

【案例10－89】 徐某某等诉中国人寿财产保险股份有限公司灌云县支公司保险合同纠纷案

一审法院认为，根据涉案的机动车第三者责任保险合同约定……本保险合同的第三者是指因被保险机动车发生意外事故遭受人身伤亡或者财产损失的，但不包括投保人、被保险人和保险事故发生时被保险机动车本车车上的人员。保险责任和赔偿范围属于保险合同订立双方协商一致的内容，系当事人意思自治范畴，徐某某作为投保人签订保险合同，表明其已认可该保险合同中确定的保险责任范围，故其作为投保人遭受损害并不属于三者险的保险责任赔偿范围。二审法院亦持同样意见，维持一审判决。[2]

如果机动车既投保了交强险，又投保了商业第三者险，发生交通事故损害赔偿争议后，保险公司的诉讼地位如何确定问题。在审判实践中，道路交通事故损害赔偿的审理主要有两种做法：一种为受害人起诉侵权人，承保交强险的保险公司作为第三人或共同被告，但承保商业第三者的保险公司不参加诉讼，由当事人

〔1〕 参见国家法官学院案例开发研究中心编：《中国法院2013年度案例》（道路交通纠纷），中国法制出版社2013年版，第203页。

〔2〕 参见国家法官学院案例开发研究中心编：《中国法院2019年度案例》（保险纠纷），中国法制出版社2019年版，第26页。江苏省连云港市中级人民法院（2017）苏07民终1965号民事判决书。

另诉解决商业第三者险的赔偿问题。另一种为受害人起诉，将侵权人和承保肇事机动车交强险和商业第三者险的保险公司都作为被告，合并审理。实践中不统一做法，造成诸多弊端如诉讼程序相对繁复和当事人诉累，其诉讼权利和实体权利难以得到保障，也浪费了司法资源。笔者认为，虽然交强险与商业第三者险原理与确定因素不同，两种保险责任可以在一案中一并解决。《道路交通损害赔偿解释》第二十五条规定："人民法院审理道路交通事故损害赔偿案件，应当将承保交强险的保险公司列为共同被告。但该保险公司已经在交强险责任限额范围内予以赔偿且当事人无异议的除外。人民法院审理道路交通事故损害赔偿案件，当事人请求将承保商业三者险的保险公司列为共同被告的，人民法院应予准许。"将交强险与商业第三者险合并审理，让承保商业第三者险的保险公司加入受害人的侵权之诉中，可避免赔偿义务人多走程序，这既能一次性解决纠纷，也有利于提高审判效率、节约诉讼资源，减少当事人的诉累，更有利于害人合法权益的及时救济。在两险并审过程中，对于责任认定、责任分配、赔偿顺序，依照《道路交通损害赔偿解释》第十六条处理。

【案例 10－90】　杜某诉郭某、中华联合财产保险股份有限公司聊城中心支公司道路交通损害赔偿纠纷案

能否就交强险与商业第三者险在一案中合并审理，产生了不同观点。一审法院认为，审理道路交通事故损害案件，当事人请求将承保商业三者险的保险公司列为共同被告的，应予准许。本案应当将承保"交强险""商业险"的中华联合财产保险股份有限公司聊城中心支公司列为共同被告，且将"商业险"纳入本案审理范围，与"交强险"一并审理。[1]

如果原告未投交强险，只投保了商业第三者险，而任何一个保险险种，均有特定的保险范围，被保险人只能在相应的保险范围内享有保险利益。发生争议时，要依据商业第三者险的约定，在交强险赔偿限额以外再予以赔付。

【案例 10－91】　陈某某诉中国人民保险股份有限公司惠民支公司保险合同纠纷案

判决观点，原告于 2006 年 8 月 23 日投保商业第三者责任险，发生事故是 2006 年 11 月 15 日，均在交强险条例实施以后。应当按照交强险的无过错赔偿原则，从交通事故造成第三者损失的全部数额中，扣除交强险应予赔付的各项限额后，由保险人按照原告承担的责任予以赔付。被告中国人保惠民支公司作为保险合同的相对人与原告签订的保险合同，能够独立对外承担

---

〔1〕 参见石东洋：《"交强险"与"商业险"合并审理之赔偿顺序》，载《人民法院报》2013 年 9 月 19 日，第 7 版。

责任，因此法院认为，本案的赔付责任应由被告中国人保惠民支公司承担，被告中国人保滨州分公司不承担赔付责任。[1]

【案例10－92】 魏某某诉中国人民财产保险股份有限公司仪征支公司保险合同纠纷案

判决观点，交强险与商业第三者责任险系不同的险种，且原告曾投过交强险，应知两者之间的区别；事故发生时，原告投保的交强险已过期未续保，即事故发生期间，原告并未在被告处投保交强险，故原告要求被告承担交强险责任损失的诉讼请求无事实依据；从保险合同中有关第三者责任保险范围的约定看，其中第四条明确约定，"对于超过机动车交通事故责任强制保险各分项赔偿限额以上的部分负责赔偿"。综上，原告要求被告赔偿交强险范围内损失的请求，无事实和法律依据，法院不予支持。[2]

在交强险实施之后，对未投保交强险的机动车发生交通事故，应当由肇事机动车一方在交强险责任限额范围内首先承担赔偿责任，不足部分再按过错责任原则按责任比例分担。

【案例10－93】 陈某某与张某某交通事故损害赔偿纠纷案

二审法院认为，未参加交通事故责任强制保险的机动车发生交通事故，应参照《道路交通安全法》第七十六条的规定处理，但应排除对未投保交强险的机动车与机动车之间发生交通事故造成车上乘员伤亡的情形的适用。虽然《江苏省道路交通安全条例》第五十二条规定："机动车发生交通事故造成人身伤亡、财产损失的，由保险公司在机动车第三者责任强制保险责任限额范围内予以赔偿，未参加第三者责任强制保险的，由机动车方按照该车应当投保的最低保险责任限额予以赔偿。"但该规定只针对机动车与非机动车驾驶人、行人之间发生交通事故，强调保护的是非机动车驾驶人、行人的利益。本案中，张某某驾驶苏BY3×××牌号小客车与由陈某某驾驶未经公安机关管理部门登记的二轮摩托车（车上乘坐周某某）发生相撞，致陈某某、周某某受伤，两车均未投保交强险，应按未投保交强险的机动车与机动车之间发生交通事故的一般分责原则处理，参照《道路交通安全法》第七十六条第一款第一项的规定，由张某某承担70%的赔偿责任。原审法院认定事清楚，但判决张某某首先承担交强险赔偿责任限额后再与其他共同侵权人分责赔

〔1〕 参见国家法官学院案例开发研究中心编：《中国法院2012年度案例》（保险纠纷），中国法制出版社2012年版，第56页。

〔2〕 参见国家法官学院案例开发研究中心编：《中国法院2015年度案例》（保险纠纷），中国法制出版社2015年版，第124页。江苏省仪征市人民法院（2013）仪商初字第0017号民事判决书。

偿有违公平原则,应予纠正。[1]

未参加商业第三者险的,由机动车方按照该车应当投保的最低险责任限额予以赔偿,即《江苏省道路交通安全条例》第五十二条规定适用的范围只限于机动车与非机动车驾驶人、行人之间发生交通事故,没有将机动车与机动车之间发生交通事故纳入该条规定或作相同规定。

保险合同另有约定保险人的免责条件,该免责条款经保险人说明之后亦生效,但效力在交强险和商业第三者险中有别,即在商业险中是有效的,而在交强险中是无效的,则保险人仍应当承担相应赔偿责任。

【案例10-94】 王某诉都邦保险公司保险合同案

2012年3月,王某投保交强险和第三者综合保险。保险合同约定,被保险人未在办理正式牌照后一周内到保险公司办理批改手续,发生盗抢损失,保险公司不负赔偿责任。同年8月,王某发生交通事故,其自车定损1.8万元,赔偿另两辆车修理费1.1万元,向都邦保险公司索赔遭拒便向法院起诉。一审法院判决支持王某2.8万元的诉讼请求。二审法院改判在交强险财产损失限额赔偿王某2000元。[2] 在本案中,王某知道有关责任免除约定,但其时隔5个月均未对该车进行注册登记,其行为违反了法律规定和保险合同约定。

保险公司在商业险项下不承担赔偿责任,但在交强险中,无牌照上路并非免责事由,保险公司对此部分的财产损失应在交强险限额内予以赔偿。

关于商业第三者险在特定时间段内视为交强险问题。在《道路交通安全法》于2004年5月1日起实施,国务院《交强险条例》尚未制定出台,此阶段的商业第三者险是否具有强制性,成为处理此类案件的关键。2004年4月26日,保监会下发《关于机动车第三者险责任强制保险有关问题的通知》(以下简称39号文件),自5月1日起,各财产保险公司暂时按照各地现行做法,采用公司现有第三者险条款来履行道路交通安全法中强制第三者险的有关规定和要求。并且各保险公司也相应上调了保险费率化解经营风险。通过各部门的规定及现行做法,均可以认定现行商业第三者险已实际具有强制性。按照有关规定2006年7月1日以后商业第三者险尚未到期的,投保人可以不投保交强险。

---

〔1〕 参见最高人民法院中国应用法学研究所编著:《人民法院案例选》(月版)2009年第11辑(总第11辑),中国法制出版社2010年版,第84页。

〔2〕 参见安海涛:《车辆保险理赔面面观》,载《人民法院报》2013年7月21日,第3版。

【案例10－95】 杨某诉中国人民财产保险股份有限公司北京市石景山支公司保险合同纠纷案

一审法院认为，本案中，杨某与人保石景山支公司所签订的保险合同是在2004年4月13日签订的，是在《道路交通安全法》颁布之后、生效之前。而保险事故发生在《道路交通安全法》施行之后，保险公司在交通事故中的垫付已成为超越了保险合同义务上的法定义务，人保石景山支公司应当依据《道路交通安全法》的规定在杨某投保的机动车第三者责任保险责任限额10万元范围内赔偿第三者曾某因交通事故造成的损失。因保险公司的该项义务已在《道路交通安全法》中明确规定，故无须当事人以诉讼方式确认。二审法院亦持同样观点，维持原判。[1]

【案例10－96】 宋某诉中国人民财产保险股份有限公司通州支公司保险公司保险合同纠纷案

判决观点，宋某与张某发生交通事故，张某对此次事故承担全部责任。被告张某在中国人民财产保险股份有限公司北京市通州支公司处投保了机动车第三者责任险，保险金额为5万元，此次事故发生在保险期限内。故判决被告张某赔偿原告宋某各项损失共计人民币160,918.43元，被告中国人民财产保险股份有限公司北京市通州支公司在张某车辆的保险责任限额内承担上述费用的保险责任。[2]

第一个案例发生的时间是2004年9月1日，第二个案例发生的时间是2007年3月12日，两案中商业第三者险均按交强险赔付。也就是说，在2006年7月1日以后，机动车投保的商业第三者险已经到期，机动车未投保交强险而仍然投保商业第三者险的，该机动车如发生交通事故致他人损害，由机动车一方按照一方相当于交强险的责任限额予以赔偿。超过责任限额的部分按照《道路交通安全法》第七十六条的规定确定赔偿责任。应当注意的是，2006年4月19日，最高人民法院给浙江省高级人民法院的答复中，认定第三者责任险的性质为商业保险。同年7月26日，最高人民法院将该复函以明传电报形式转发给各地高级人民法院。

【案例10－97】 常某某诉尉迟某等道路交通事故人身损害赔偿纠纷案

二审法院认为，辽PB6×××牌号夏利车在中保财险葫芦岛分公司投保的机动车辆第三者责任险，根据保监会39号文件的规定，实质上具有强制的

---

〔1〕 参见贺荣主编，北京市高级人民法院编：《审判前沿——新类型案件审判实务》2006年第1集（总第15集），法律出版社2006年版，第205页。

〔2〕 参见北京市高级人民法院编：《审判前沿——新类型案件审判实务》2010年第2集（总第32集），法律出版社2010年版，第135页。

第三者责任保险的性质,应当对交通事故受害人承担赔偿责任。中保财险葫芦岛分公司认为应当适用最高人民法院批复中第三者责任险的性质为商业保险的规定,肇事车辆未办理被保险人变更手续,其不应当承担赔偿责任,因原审法院审结时最高人民法院的复函尚未以明传电报形式转发各地高级人民法院,本案应当适用保监会 39 号文件,故对中保财险葫芦岛分公司的主张不予支持。原再审判决结果正确,应予维持。〔1〕

(三)精神抚慰金适用

关于交强险中的精神损害赔偿问题,一直是司法实践中争议比较突出的问题。《道路交通损害赔偿解释》第十一条明确"损害":"包括《民法典》第一千一百七十九条和第一千一百八十三条规定的各项损害"。《民法典》第一千一百七十九条和第一千一百八十三条规定精神损害赔偿,也就是说从司法解释上明确了交强险应当赔偿精神损害。〔2〕 在性质上,它区别于死亡赔偿金或者残疾赔偿金。对于在交通事故的精神损害严重程度的标准,目前没有明确的标准。最高人民法院的态度是认同以实践中伤残标准作为严重损害的依据,笔者亦然赞同。原则上,只有达到伤残等级标准,才能请求精神损害赔偿,而没有达到伤残等级标准的精神损害是否构成后果严重,则应视情而定,但要从严把握。至于仅仅引起些许的不高兴或不舒服,不能请求精神损害赔偿。〔3〕 因为现实生活的复杂性,对于未构成伤残的精神损害赔偿的情形采取灵活态度,不搞"一刀切",有利于化解矛盾,案结事了。至于哪些情形可以支持精神损害赔偿,由法官在个案件行使自由裁量权裁定。精神损害赔偿在交强险中的赔偿次序确定问题,有不同观点。最高人民法院法官认为,在现行法尚无明确规定的情况下,精神损害赔偿与财产损害赔偿(或称物质损害赔偿)在交强险的赔偿次序,应当由请求权人选择行使。〔4〕 实践中,交通肇车一方构成或涉嫌构成交通肇事罪时,保险公司是否应当在交强险范围内支付精神损害抚慰金,是有争议的。笔者认为,在构成或涉嫌构成交通肇事罪的情况下,交强险应当赔付受害人精神损害抚慰金。其主要理由为:保险

〔1〕 参见国家法官学院案例开发研究中心编:《中国法院 2012 年度案例》(道路交通纠纷),中国法制出版社 2012 年版,第 179 页。

〔2〕 参见最高人民法院民事审判第一庭编著:《最高人民法院关于道路交通损害赔偿司法解释理解与适用》,人民法院出版社 2012 年版,第 186 页。

〔3〕 参见最高人民法院民事审判第一庭编著:《最高人民法院关于道路交通损害赔偿司法解释理解与适用》,人民法院出版社 2012 年版,第 187 页。

〔4〕 参见最高人民法院民事审判第一庭编著:《最高人民法院关于道路交通损害赔偿司法解释理解与适用》,人民法院出版社 2012 年版,第 200 页。

公司不是侵权人,承担的是法定责任,受害人可以选择请求先行赔付精神损害抚慰金。应注意的是,在商业三者险中,精神损害抚慰金往往是排除在赔偿责任之外的。应强调的是,《民法典》第一千一百八十三条亦明确规定被侵权人有权请求精神损害赔偿,这自然适用于交通事故的受害人。

【案例 10－98】 田某某等诉陈某某等道路交通事故人身损害赔偿纠纷案

判决观点,未知名驾驶机动车致伤、致死他人,且负事故的主要责任,应当承担 80% 的赔偿责任,被告吴某某无证驾驶无牌机动车也有过错,应当承担 20% 的赔偿责任。被告陈某某作为肇事车辆所有人,对他人使用自己的车辆应当履行严格的审查义务,且在诉讼中不到庭应诉和举证,应当承担举证不力的法律后果,被告陈某某和实际驾车人应当承担连带赔偿责任。法院对原告精神损害抚慰金在交强险中优先赔偿请求予以支持,未支持保险公司主张驾驶人逃逸中止审理的请求。〔1〕

【不同处理】 有的法院认为,在构成交通肇事罪的不支持精神损害抚慰金。

【案例 10－99】 李某某等五人诉中国平安财产保险股份有限公司南阳中心支公司等机动车交通事故责任纠纷案

二审法院认为,关于精神损害抚慰金问题,由于尹某某因交通肇事罪已被判处刑罚,使受害人家属得到了精神慰藉,一审对该主张不予支持,二审法院亦不持异议。〔2〕

普遍共识为交强险中明确列明精神抚慰金则属于理赔范围之内,而商业第三者险中精神抚慰金则属于拒赔项目。交强险中伤残死亡补偿金与精神抚慰金的赔偿次序问题,将直接影响被保险人获得赔偿的金额。如果交强险先付死亡补偿金,对超出保额的精神抚慰金,在商业第三者险中又得不到赔偿,这部分损失将全由被保险人自己埋单。如果交强险先付精神抚慰金,对超出保额的伤残、死亡补偿金,在商业第三者险中能得到赔偿,则被保险人将获得更多的赔偿金。也就是说,保险理赔方式的选择应遵循有利于被保险人原则。

【案例 10－100】 李某诉董某、韩某、某保险公司机动车交通事故责任纠纷案

一审法院认为,本案中,被保险车辆驾驶人韩某负全部责任,故被告应当承担全部赔偿责任。被告拒赔的第三者精神损害赔偿 6000 元,依据三者险

---

〔1〕 参见国家法官学院案例开发研究中心编:《中国法院 2012 年度案例》(道路交通纠纷),中国法制出版社 2012 年版,第 176 页。

〔2〕 参见最高人民法院中国应用法学研究所编:《人民法院案例选》2017 年第 5 辑(总第 111 辑),人民法院出版社 2017 年版,第 150 页。河南省南阳市中级人民法院(2016)豫 13 民终 3299 号民事判决书。

被告有权拒赔,依据交强险被告应予赔偿,对此应采取有利于被保险人的理赔方式,即该6000元第三者精神损害保险金应当在交强险限额内优先理赔,故被告不应再以三者险免赔第三者精神损害赔偿为由拒付6000元的保险金。二审法院亦持同样意见,维持一审判决。[1]

现行的法律对交强险赔偿费用的顺序没有作出规定,保险合同中亦未有约定,保险人与被保险人往往对此存在不同理解,各自作出对自己有利的解释。

【案例10－101】　任某某诉大众保险股份有限公司宁波分公司保险合同纠纷案

判决观点,对精神抚慰金,被告认为在死亡伤残限额内应优先赔偿其他费用。但保险条款中只是明确约定死亡伤残赔偿限额项下的赔偿项目包括精神损害抚慰金,并未约定赔偿顺序,被告也无证据证明死亡伤残限额内其他费用应优先赔偿;保险条款系被告提供的格式条款,根据《合同法》的规定,对格式条款有两种以上解释的,应当作出对提供格式条款一方即被告不利的解释,且根据《保险法》的规定,对保险条款有争议的,应当作有利于被保险人的解释。所以,精神抚慰金应在交强险死亡伤残限额内赔偿。[2]

精神损害抚慰金赔偿列为交强险还是第三者责任险范围,应根据个案确定。一般来讲,在人身损害赔偿纠纷案中的判决明确判令交强险保险人承担精神损害抚慰金的,则第三者责任险保险人不再承担。人身损害赔偿纠纷案未明确交强险保险人是否承担精神损害抚慰金的,另案审理的法官应当询问受害人,其确定交强险赔付范围是否包括精神损害抚慰金。受害人选择由交强险保险人承担的,应予支持。受害人选择不由交强险赔偿精神损害抚慰金的,第三者责任险保险合同又明确约定精神损害抚慰金不予赔偿的,第三者责任险保险人可以不承担精神损害抚慰金。

地方法院正在加强对此方面的探索和规范,如上海市高级人民法院民事审判第五庭制定的《关于审理保险合同纠纷案件若干问题的解答(一)》第八条第一款规定:如人身损害赔偿纠纷的判决明确判令交强险保险人承担精神损害抚慰金的,商业责任保险保险人不再承担。第二款规定,前诉判决主文未明确交强险保险是否承担精神抚慰金的,后续审理保险合同纠纷案的法院应当询问交通事故受害人,由其确定交强险赔付范围是否包括精神损害抚慰金。受害人选择由交强险保险人承担的,按前款规定处理。受害人选择不由交强险赔偿精神损害抚慰金的,商业责任保险合同又明确约定精神损害抚慰金不予赔偿的,商业责任保险保

〔1〕　参见北京市高级人民法院编:《审判前沿——新类型案件审判实务》2011年第3集(总第39集),法律出版社2012年版,第164页。

〔2〕　参见最高人民法院中国应用法学研究所编:《人民法院案例选》2008年第3辑(总第65辑),人民法院出版社2009年版,第320页。

险人可以不承担精神损害抚慰金。[1] 最高人民法院在复函中指出:"精神损害赔偿与物资损害赔偿在强制责任保险限额中的赔偿次序,请求权人有权进行选择。请求权人选择优先赔偿精神损害,对物资损害赔偿不足部分由商业第三者责任险赔偿。"[2]《道路交通损害赔偿解释》第十六条第二款规定:"被侵权人或者其近亲属请求承保交强险的保险公司优先赔偿精神损害的,人民法院应予支持。"笔者认为,法官应支持请求权人在交强险中优先赔偿精神损害赔偿请求,超过限额的财产部分由商业第三者险赔偿。司法实践中,在请求权人提出此项请求情况下,法官应当向当事人释明是否要求精神损害赔偿在交强险责任保险限额内优先赔偿,实现保护受害人的目的,确保受害人能够及时得到赔偿。

对于道路交通事故引发的第一次诉讼中,法院支持受害人精神损害抚慰金请求的,在受害人就后一次诉讼中再请求精神损害抚慰金的则不能得到支持,如童某某诉吕某某机动车交通事故责任案。[3]

实践中,若损失额大于交强险的责任限额对精神抚慰金理赔顺序与比例有不同意见:第一种意见为全额赔偿,对精神抚慰金首先在交强险中赔偿;第二种意见为限额赔偿;第三种意见为比例赔偿。所谓比例赔偿,对于精神损害抚慰金的诉讼请求,在交强险责任限额内,按照各项诉讼请求在总的诉讼请求中所占的比例予以赔偿,未得到赔偿的人身伤亡和财产损失部分,可在商业第三者险中予以理赔。在舞阳县江源出租汽车有限公司与中华联合财产保险股份有限公司漯河中心支公司保险合同纠纷案中,法院即为比例赔付判法。[4]

发生交通事故,被保险人作为肇事方主动赔偿受害人精神损害抚慰金,是对其侵害了受害人合法权益承担侵权责任,保险公司应向被保险人赔付精神损害抚慰金。

【案例 10-102】 吴某某诉中国人寿财产保险股份有限公司信阳市中心支公司保险合同纠纷案

一审法院认为,因原告与死者父亲吴某青经交通大队主持调解于 2014 年 5 月 5 日达成了协议,赔付各项损失 260,500 元,该款且已实际履行,依照相关法律规定,参照 2013 年度河南省人身损害赔偿损失计算标准,能够纳入

---

〔1〕 参见最高人民法院民事审判第二庭编:《商事审判指导》2012 年第 1 辑(总第 25 辑),人民法院出版社 2011 年版,第 27 页。

〔2〕《最高人民法院关于财保六安市分公司与李福国等道路交通事故人身损害赔偿纠纷请示的复函》(〔2008〕民一他字第 25 号复函)。

〔3〕 参见国家法官学院案例开发研究中心编:《中国法院 2013 年度案例》(道路交通纠纷),中国法制出版社 2013 年版,第 128 页。

〔4〕 参见最高人民法院中国应用法学研究所编著:《人民法院案例选》(月版)2009 年第 6 辑(总第 6 辑),中国法制出版社 2009 年版,第 14 页。

被告理赔范围的损失有:……故无论本案原告在此次事故中是否承担刑事责任均不影响其民事责任的承担,故被告关于原告应当承担刑事责任,精神抚慰金不应当赔偿的抗辩理由本院不予采纳。原告主张该项理赔的数额过高,依据原告的过错程度及死者的实际情况酌定精神抚慰金的数额为50,000元。以上共计241,485.9元。二审法院亦持同样意见,维持一审判决。[1]

行为人涉嫌交通肇事罪,检察机关作相对不起诉决定。相对不起诉不属于刑事附带民事诉讼,或者说尚未进入刑事附带民事诉讼程序便已完结。《最高人民法院关于人民法院是否受理刑事案件被害人提起精神损害赔偿民事诉讼问题的批复》只是禁止受害人在刑事附带民事诉讼中或结案后提出精神损害赔偿,并没有禁止尚未进入刑事附带民事诉讼便已结案的刑事案件提出精神损害赔偿事宜,更未禁止交通事故肇事方依据保险合同主张权利。故行为人涉嫌交通肇事罪被相对不起诉的,在民事诉讼中精神抚慰金应予支持。

【案例10-103】　陈某某诉中国人民财产保险股份有限公司信阳市分公司保险合同纠纷案

二审法院认为,被上诉人虽因涉嫌交通肇事罪被检察机关决定不起诉,但根据《刑事诉讼法》第十二条的规定,未经人民法院依法判决,对任何人都不得确定有罪,故上诉人认为被上诉人已经构成交通肇事罪,不应支付精神抚慰金的上诉理由,由于缺乏法律依据,不予支持。[2]

交通事故发生后,受害者因CT检查影响胎儿健康发育,在医生的建议下选择终止妊娠,由此产生的相关费用与交通事故存在因果关联;受害者有权就终止妊娠要求侵权人赔偿精神损害抚慰金。

【案例10-104】　李某某诉华某某、阳光财产保险股份有限公司宁波市分公司机动车交通事故责任纠纷案

判决观点,原告终止妊娠与本案交通事故存在因果关系,原告因终止妊娠所支付的费用及相应的损失均系本案事故中的损失。……关于精神损害抚慰金,终止妊娠,对原告的精神伤害显而易见,应予精神抚慰,法院酌情确定精神损害抚慰金为5000元。[3]

---

〔1〕　参见国家法官学院案例开发研究中心编:《中国法院2016年度案例》(保险纠纷),中国法制出版社2016年版,第17~18页。河南省信阳市中级人民法院(2014)信中法民终字第1714号民事判决书。

〔2〕　参见国家法官学院案例开发研究中心编:《中国法院2015年度案例》(保险纠纷),中国法制出版社2015年版,第162页。河南省信阳市中级人民法院(2013)信中法民终字第1192号民事判决书。

〔3〕　参见最高人民法院中国应用法学研究所编:《人民法院案例选》2014年第2辑(总第88辑),人民法院出版社2015年版,第162页。浙江省宁波市鄞州区人民法院(2013)甬鄞邱民初字第186号民事判决书。

三、机动车保险纠纷处理

(一)主、挂车赔付处理

1. 交强险赔付

机动车主车和挂车在连接使用行驶过程中发生交通事故,承保交强险的保险公司赔付问题。笔者认为,根据保监会2006年6月19日下发的《关于对〈机动车交通事故责任强制保险承保、理赔实务规程要点〉进行备案的函》、2008年1月30日保险行业协会制定《关于印发〈交强险承保、理赔实务规程〉(2008版)和〈交强险互碰赔偿处理规则(2008版)的通知〉》之规定,主车与挂车连接使用时,当事人可获得两份交强险赔付。这意味着受害人可以获得3份或3份以上的交强险赔付。在主车和挂车投保人分别投两份交强险,主车牵引挂车行驶过程中,依其不可分割性,主、挂车对事故发生均有直接因果关系,因而应分别在交强险限额内赔付。

【案例10-105】 牛某某诉阳光财产保险股份有限公司郑州中心支公司保险合同纠纷案

判决观点,本案中,牛某某的车辆主车和挂车是作为各自独立的保险标的分别进行投保的,存在不同的保险利益,是两个不同的保险利益,是两个相互独立的保险客体。从《营业用汽车损失保险条款》关于"碰撞"的释义来分析,"外界物体"是相对于"被保险机动车"而言。原告就主、挂车分别向被告投保了两份车辆损失险和第三者责任险,被告也将该主、挂车分别作为各自独立的保险标的进行承保并将主车与挂车分开出具保单,那么针对被保险主车,挂车应为其"外界物体";针对被保险挂车,主车应为其"外界物体"。因此,原告车辆单方肇事所导致的车辆损坏应属于车损险责任范围。原告牛某某提交的证据能够证明,在两次事故中造成的主、挂车的车辆损失共计21,100元,没有超过主、挂车投保商业险中车损险的责任限额,故阳光财险应当予以赔付。[1]

在主、挂车连接使用发生交通事故的情况下，首先，由保险公司在两车交强险责任限额总和的范围内进行赔偿。其次，在主、挂车二者之间，按照两辆车之间责任程度进行责任分担。一般情况下，无论是车头还是车尾引起的事故，交警部门只对主车认定责任，而不会划分主、挂车二者之间的责任。因此，主车和挂车的保险人对各受害人的各分项损失平均分摊，保险公司无须承担证明责任。

【案例 10－106】　厦门市松翔物流有限公司诉中国平安财产保险股份有限公司厦门分公司财产保险合同纠纷案

判决观点，原告所有的主、挂车闽 C×××和闽 D×××挂均具有独立号牌、独立行驶证，依照法律规定，两部车辆均应投保交强险。在诉争事故发生时，闽 C×××和闽 D×××挂均为事故车辆，在事故发生后应由主、挂两部车辆的交强险共同赔偿。原告违反《道路交通安全法》和《交强险条例》未就闽 D×××挂向保险公司投保交强险，其应承担不利后果。原告向死者家属赔偿的费用共计 150,000 元，应当在本次事故闽 C×××车和闽 D×××挂两份交强险限额内共同赔偿，因每部车辆交强险为 110,000 元，原告向死者家属赔偿 150,000 元，并未超出 220,000 元的限额，故每部车辆交强险应分别担 75,000 元。原告只向被告投主车闽 C×××车的交强险，故对原告请求被告在交强险范围内赔偿其 75,000 元，予以支持。原告向死者家属赔偿元后，其 150,000 请求被告在交强险范围内赔偿其 110,000 元和在商业险范围内赔偿其 40,000 元，缺乏依据，不予支持。原告请求被告在车辆损失险范围内赔偿其闽 C×××车的车辆施救费 2000 元和停车费 4300 元，合计 6300 元，因负交通事故的主要责任方的车辆也是机动车辆，其中 2000 元车损应当由对方交强险中的财产损失限额 2000 元进行赔付，故对原告请求被告赔偿其车辆损失险 4300 元，予以支持，超出部分，不予支持。原告请求被告在车辆损失险范围内赔偿其死者的尸检费 500 元、交通费 1000 元，缺乏依据，不予支持。[2]

主车与挂车相互碰撞的赔付问题。

【案例 10－107】　誉恒汽车运输公司诉阳光财产保险公司保险合同纠纷案

一审法院认为，本案被告将原告主、挂车分开承保，分别出具保单，由此

[1] 参见国家法官学院案例开发研究中心编：《中国法院 2015 年度案例》（保险纠纷），中国法制出版社 2015 年版，第 63 页。河南省新郑市人民法院（2012）新民初字第 2738 号民事判决书。

[2] 参见国家法官学院案例开发研究中心编：《中国法院 2014 年度案例》（保险纠纷），中国法制出版社 2014 年版，第 134 页。福建省厦门市思明区人民法院（2012）思民初字第 9988 号民事判决书。

可见,被告在承保时是将主车与挂车视为不同的主体来看待的。那么针对主车而言,挂车应视为其“外界物体”,故主、挂车碰撞损失属于保险责任范围。故根据双方在《营业用汽车损失保险条款》中对“碰撞是指被保险机动车与外界物体直接接触并发生意外撞击,产生撞击痕迹的现象。包括被保险机动车按规定载运货物时,所载货物与外界物体的意外撞击”之定义,结合交警对该起事故事实及责任认定,应确定该事故系保险事故,被告作为保险人应当依照承保险种承担赔偿责任。宣判后,双方当事人均未上诉,判决已发生法律效力。〔1〕

应注意的是,《交强险条例》修改稿明确规定,从2013年3月1日起,国内甩挂运输企业将不必投保交强险。修改稿规定,甩挂车和牵引车连接使用时,发生道路交通事故造成人身伤亡、财产损失的,由牵引车投保交强险的保险公司在机动车交通事故责任强制保险责任限额范围内予以赔偿,不足部分由牵引车方和挂车方依照法律规定承担。这表明,今后牵引车和挂车不再分别投交强险,其连接使用是一份交强险,而不是两份交强险。《道路交通损害赔偿解释》第二十一条第二款关于牵引车和挂车在各自责任限额范围内平均赔偿的规定,宜应作相应调整。

2. 主、挂车分别设立第三者责任保险赔付

主车和挂车分别设立第三者责任保险是行政规章的特殊要求,法官在裁判中根据适法性原则,合同目的及格式条款等解释性规则,应当认定最高保险责任限额为主车保险责任限额与挂车保险责任限额之和,而非主车赔偿限额。主、挂车在行进过程中发生交通事故是主车的牵引动力以及主、挂车共同的惯性共同作用的结果。因此,挂车虽没有保险,但并不影响和免除主车的保险人在主车保险范围内承担赔偿责任。

【案例10-108】 厦门华厦国药储运有限公司诉中国平安财产保险股份有限公司厦门市杏林支公司保险合同纠纷案

判决观点,主、挂车发生交通事故造成他人损害的,交强险和商业险保险人应在主、挂车保险责任限额之和的范围内承担赔偿责任。闽D2×××牌号挂车虽没有保险,但并不影响和免除主车的保险人即本案被告中国平安杏林支公司在闽D19×××牌号主车交强险和商业险保险范围内承担赔偿责

〔1〕 参见最高人民法院中国应用法学研究所编:《人民法院案例选》2011年第3辑(总第77辑),人民法院出版社2011年版,第254页。

任。二审法院持同样意见,维持原判。[1]

【案例10-109】　北京长安银泰运输有限公司诉中国太平洋财产保险股份有限公司北京分公司等保险合同纠纷案

二审法院认为,京G68×××牌号牵引车与京AD×××挂号挂车在发生事故时系连接使用,交通事故认定书将两者作为一个整体进行责任认定,而非作为两个独立车辆。在太平洋保险和人民保险公司的商业三者险保险合同条款中均约定主车与挂车连接使用时视为一体,对于保险赔偿,由主车和挂车的保险人根据各自承保的限额按比例分担。本案中,太平洋保险和人民保险公司承保的限额均为50万元,长天银泰公司已经赔付了京N10×××轿车及乘车人的财产和人身损失,根据保险条款约定,人民保险公司与太平洋保险对长天银泰公司支付第三者的合理费用应承担相同比例的赔偿责任。太平洋保险该项上诉理由有事实与法律依据,本院予以采信。……本案中,京G68×××牌号牵引车与京D×××挂号挂车均投保了交强险及商业三者险,财产损失部分的赔偿限额均为2000元,但承保的人民保险公司及天安保险公司仅赔偿了医疗费用类保险金及死亡伤残类保险金,对财产部分损失尚未进行理赔。长天银泰公司共支付京N10×××轿车车辆维修费、施救费、停车费31,980元,就该部分费用,长天银泰公司应先向承保交强险的保险公司申请理赔,其余不足部分再申请商业三者险理赔,故在长天银泰公司未就交强险中的财产损失部分申请理赔的情况下,其向商业三者险承保公司主张全部损失于法无据,本院对其交强险财产损失赔偿限额以外的合理损失予以支持。另外,(2012)昌民初字第12538号民事判决书判令天安保险公司给付长天银泰公司2585.51元,该部分费用长天银泰公司已用于赔偿京N10×××轿车乘车人员王某及闫某的医疗费用,故该部分费用应从长天银泰公司主张的赔偿总额中扣除。太平洋保险该项上诉理由成立,本院予以采信。[2]

主、挂车连接使用,商业三者责任保险分别在不同保险公司投保且数额不同时,赔款时投保限额比例赔付。

【案例10-110】　赵某某诉华安财产保险股份有限公司安阳中心支公司等机动车交通事故责任纠纷案

判决观点,本案中,肇事车辆豫J26×××牌号半挂货车主车、冀DW×××牌号挂车分别在被告华安财产保险股份有限公司安阳中心支公司、中国人民

---

〔1〕参见最高人民法院中国应用法学研究所编:《人民法院案例选》2012年第3辑(总第81辑),人民法院出版社2012年版,第285页。

〔2〕参见国家法官学院案例开发研究中心编:《中国法院2015年度案例》(保险纠纷),中国法制出版社2015年版,第73~74页。北京市第一中级人民法院(2013)一中民终字第12085号民事判决书。

财产保险股份有限公司邯郸市复兴支公司投保了机动车交通事故责任强制保险和机动车第三者责任保险各1份，所以被告华安财产保险股份有限公司安阳中心支公司、中国人民财产保险股份有限公司邯郸市复兴支公司应先在机动车交强险财产损失赔偿限额2000元范围内赔偿原告；不足部分，依照《道路交通安全法》和《侵权责任法》的相关规定，由被告华安财产保险股份有限公司安阳中心支公司、中国人民财产保险股份有限公司邯郸市复兴支公司在被告张某某承担的责任比例范围内予以赔偿。因被告张某某在本案所涉交通事故承担次要责任，因原告承担事故的主要责任，故原告与被告张某某承担责任的比例应为7∶3，所以，被告华安财产保险股份有限公司安阳中心支公司、中国人民财产保险股份有限公司邯郸市复兴支公司应在不计免赔率的商业三者险500,000元（主车）和500,000元（挂车）中对原告的在交强险赔偿以外的损失承担30%的赔偿责任，根据第三者责任商业保险条款第十二条规定……故对交强险以外的损失应由两保险公司按商业三者险限额的比例负担。仍有不足的，依照《道路交通安全法》和《侵权责任法》的相关规定由侵权人被告张某某按照其应承担的比例予以赔偿，但因被告张某某是被告张某昌雇用的司机，且被告张某昌是主车豫J26×××（挂车冀D×××）牌号半挂货车的实际车主，所以，被告张某某对外不承担民事赔偿责任，而应由被告张某昌对外承担民事赔偿责任。[1]

（二）交强险赔偿后追偿

《交强险条例》第二十二条规定四种情形不承担受害人的财产损失赔偿责任，而要对人身损害承担赔偿责任，规定了对四种情形赔偿后向致害人有权追偿。保险人在四种情形下对交强险范围内进行赔偿，是出于保障受害人生命健康权和社会公益的需要，但该赔偿应当限制驾驶人保险权利的滥用。其四种情形中，驾驶人发生道路交通事故有很大程度的主观故意，如果不予追偿，则易造成纵容驾驶人的不当行为和保险权利的滥用。《道路交通损害赔偿解释》第十五条第二款规定："保险公司在赔偿范围内向侵权人主张追偿权的，人民法院应予支持。追偿权的诉讼时效期间自保险公司实际赔偿之日起计算。"该条即明确保险人对人身损害承担赔偿责任的同时，赋予保险人追偿权。保险人在交强险范围内承担终局赔偿责任的情形不包括醉酒驾驶等四种情形，保险人因四种情形下对受害人在交

---

〔1〕参见国家法官学院案例开发研究中心编：《中国法院2015年度案例》（保险纠纷），中国法制出版社2015年版，第78页。山东省菏泽市牡丹区人民法院（2013）菏牡民初字第2861号民事判决书。

强险项下的赔付产生的追偿权属于法定追偿权。侵权人应承担最终的赔偿责任，这是对侵权人侵权行为的制裁。

交强险保险公司的追偿权，与传统保险法理论上的保险公司的代位求偿权有所不同。代位求偿权往往在普通财产保险关系中存在，而追偿权财存在于特别保险法律关系中，如交强险赔付后产生的追偿权。从法理上看，代位求偿权源于受害人的损害赔偿请求权，实质上是被保险人索赔权利的转移。而追偿权源于法律规定，是新产生的权利，直接发生在权利人与义务人之间，并不依赖于他人的权利而存在。也就是说，一般情况下，保险公司的代位追偿权，是在第三人侵害保险标的，造成被保险人财产损失的情况下，保险公司对被保险人实际赔偿后，代被保险人之位，取得向第三人的损害赔偿请求权。而本条司法解释规定的追偿权，是代受害第三人之位，向侵权人求偿的权利。[1] 其追偿权源于受害人对侵权人的损害赔偿请求权，相应追偿权的范围应限于受害人请求侵权人的损害赔范围。保险公司只能在实际赔付受害人后取得追偿权，追偿权范围不应超过其实际向受害人赔付的范围。保险公司追偿权行使的方式，可直接向侵权人主张，更多的是通过向法院起诉。

1. 追偿对象

保险公司追偿权行使的对象以事故责任主体的确定为标准，一般以肇事车辆驾驶人（使用人）、所有人、被挂靠人（出租人）为追偿对象。应注意的是，交强险的赔付不区分过错责任主体及事故发生原因，保险公司不应将交强险风险转嫁给他人，不能向车辆生产者或销售者追偿交强险费用。

交通事故发生后，对于因驾驶人未取得驾驶资格造成交通事故，保险人在承担赔偿责任后进行追偿，追偿的对象不应当是投保人，而应当是实际过错人。实际过错人应当根据其过错程度承担相应的赔偿责任，保险人的追偿范围也应当与实际过错人在该起事故的过错责任相当。

【案例 10－111】　安邦财产保险股份有限公司江苏分公司诉贾某、吴某某财产保险合同纠纷案

一审法院认为，根据相关规定，对于驾驶人因未取得驾驶资格造成交通事故，保险人在承担赔偿责任后有权追偿。但在该交通事故中，过错人应当根据其过错程度承担相应的赔偿责任，原告的追偿范围也应当和被告贾某在该起事故中的过错责任相当，原告不能因其追偿行为而要求被告贾某承担应当由受害人应当承担的过错责任。被告贾某在该起事故中的过错责任是主要责任，本院

---

〔1〕 参见最高人民法院民事审判第一庭编著：《最高人民法院关于道路交通损害赔偿司法解释理解与适用》，人民法院出版社 2012 年版，第 240 页。

酌定该责任范围为70%,原告追偿的范围应限定在该范围之内,即被告贾某向原告安邦保险江苏分公司返还赔偿款为28,891.05元(41,272.93元×0.7)。虽然被告吴某某作为该车辆的车主,出借车辆给无驾驶资格的贾某驾驶,其没有尽到必要的谨慎审查和注意义务,但是根据保险合同相关约定,保险公司追偿得的对象是机动车的驾驶人即本案被告贾某。故原告要求被告吴某某对贾某应承担的责任负连带责任的诉讼请求,没有法律依据,本院不予支持。一审判决后,双方当事人均未提出上诉,该判决书已发生法律效力。[1]

驾驶人未取得准驾车型驾驶证发生交通事故,保险公司享有追偿权。其驾驶人作为雇佣单位的工作人员,雇佣单位明知驾驶人未取得准驾车型驾驶证仍将车交由其驾驶,存在过错,雇佣单位与驾驶人构成共同侵权,作为共同侵权人属于保险公司的追偿对象。

【案例10-112】 中国人民财产保险股份有限公司长海支公司诉大连维安娜贸易有限公司、谢某追偿权纠纷案

一审法院认为,本案中,被告谢某持准驾车型C1的驾驶证驾驶中型普通客车与马某小型轿车相撞,造成小型轿车乘车人应某受伤。被告谢某是在驾驶被告大连维安娜贸易有限公司的车辆执行工作任务时致人损害,但因被告谢某未取得相应驾驶资格存在重大过错,故应当与被告大连维安娜贸易有限公司承担连带赔偿责任。原告中国人民财产保险股份有限公司长海支公司已在交强险责任限额内赔偿120,000元,现原告向侵权责任人被告谢某、被告大连维安娜贸易有限公司追偿120,000元,有事实和法律依据,本院予以支持。二审法院亦持同样意见,维持一审判决。[2]

取得驾驶证,驾驶证超过有效期与无证驾驶性质不同,保险公司对驾驶证过期但未被吊销的驾驶者不享有追偿权。

【案例10-113】 太平洋财产保险股份有限公司天津分公司津西支公司诉储某某追偿权纠纷案

二审法院认为,被告驾驶证超过有效期限并非属于“未取得驾驶资格”的情形,交通事故发生时,被告的驾驶证资格并未被公安交管部门吊销或撤销,原告不得因此向被告行使追偿权。[3]

---

〔1〕 参见最高人民法院中国应用法学研究所编:《人民法院案例选》2012年第4辑(总第82辑),人民法院出版社2013年版,第259页。

〔2〕 参见国家法官学院案例开发研究中心编:《中国法院2017年度案例》(保险纠纷),中国法制出版社2017年版,第226页。辽宁省大连市中级人民法院(2015)大民三终字第1102号民事判决书。

〔3〕 参见国家法官学院案例开发研究中心编:《中国法院2018年度案例》(保险纠纷),中国法制出版社2018年版,第16页。天津市第二中级人民法院(2016)津02民终字第4273号民事判决书。

机动车驾驶人发生交通事故后逃逸，保险公司对交强险部分赔偿不享有追偿权。

【案例 10 - 114】　中国人寿财产保险股份有限公司曲靖市中心支公司诉沈某责任保险合同追偿权纠纷案

二审法院认为，根据《侵权责任法》第五十三条之规定，机动车驾驶人发生交通事故逃逸，该机动车参加强制保险的，由保险公司在机动车强制保险责任限额范围内予以赔偿。《交强险条例》第二十二条及《机动车交通事故责任强制保险条款》第九条均未规定肇事后逃逸属于保险人享有追偿权的情形。被上诉人对其在交强险范围内承担赔偿责任的 29,300 元，不享有追偿权。对于被上诉人在商业第三者责任保险范围内赔偿的 16,655.94 元，符合《机动车第三者责任保险条款》第五条第六项约定的保险人责任免除的情形，被上诉人享有追偿权。原审判决处理不当，本院依法予以纠正。[1]

【不同处理】　《道路交通损害赔偿解释》未将交通肇事逃逸的情形纳入追偿的范围，有法院对其扩大解释，将交通肇事逃逸也纳入了追偿的情形，由侵权人承担终局责任。

【案例 10 - 115】　中国太平洋财产保险股份有限公司淮安中心支公司诉张某某追偿权纠纷案

二审法院认为，虽然法律、司法解释均未明确规定驾驶人肇事逃逸保险公司是否享有追偿权，但上诉人张某某在发生交通事故后驾车逃逸，应承担事故的全部责任，被上诉人太平洋财保淮安中心支公司已承担相应赔偿责任。在此情形下，原审法院对其行使追偿权的诉讼请求予以支持并无不妥。[2]

【案例 10 - 116】　永诚财产保险股份有限公司威海中心支公司诉刘某某保险人代位权纠纷案

一审法院认为，本案中，刘某某在事故发生后再无饮酒行为，在事故发生近 12 小时后其血液中的乙醇含量为 65.4mg/100ml，尚无法以此确定刘某某在发生事故时是否处于醉酒状态。但刘某某在发生交通事故后不及时救助伤者，而是故意逃离现场，主观上存在严重过错，尽管法律、司法解释并未将肇事逃逸规定为保险公司可追偿的情形，但肇事后逃逸与醉酒驾驶、无证驾

---

〔1〕　参见国家法官学院案例开发研究中心编：《中国法院 2017 年度案例》（保险纠纷），中国法制出版社 2017 年版，第 17 页。云南省曲靖市中级人民法院（2015）曲中民终字第 1057 号民事判决书。

〔2〕　参见国家法官学院案例开发研究中心编：《中国法院 2017 年度案例》（保险纠纷），中国法制出版社 2017 年版，第 224 页。江苏省淮安市中级人民法院（2015）淮中民终字第 02049 号民事判决书。

驶一样都是严重违反道路交通法律的行为,其所产生的社会危害性极大,如果由保险公司承担终局的赔偿责任,则与鼓励驾驶人谨慎、安全、守法驾驶的价值取向相违背,根据"举轻以明重"的法律解释原则,在刘某某逃逸的情况下,应当赋予永诚财产保险股份有限公司威海中心支公司追偿权。永诚财产保险股份有限公司威海中心支公司取得追偿权后,可随时向刘某某主张权利,刘某某未能及时支付,永诚财产保险股份有限公司威海中心支公司要求刘某某自起诉之日起按中国人民银行同期贷款利率支付利息之诉讼请求,理由正当,本院予以支持。二审法院亦持同样意见,维持一审判决。[1]

被追偿主体是多人的,应根据各主体的过错确定责任。车辆所有人将车辆挂靠于出租行,由出租行出租车辆,出租行将车辆交给承租人使用,承租人又将车辆转借他人使用发生交通事故。在此情况下,明确具体的侵权人,判断认定各责任主体对事故的发生是否存在过错,即有过错应根据过错大小或者原因力比例承担相应的赔偿,没有过错则不承担赔偿责任;并非不区分过错大小、责任大小一律承担连带赔偿责任。

【案例10-117】 中国人民财产保险股份有限公司漾濞支公司诉普某、李某、辉某某、杨某某追偿权纠纷案

判决观点,原告保险公司主张向侵权人被告普某及有过错的其他被告追偿在交强险限额内赔偿第三人的45,438.35元,有其事实和法律依据,法院予以支持。因租赁、借用等情形机动车所有人与使用人不是同一人时,发生交通事故后机动车一方有责任的,由机动车使用人承担赔偿责任,机动车所有人对损害的发生有过错的,承担相应的赔偿责任。被告杨某某在明知被告李某无驾驶资格的情况下将车租给李某,有一定过错,应承担相应的赔偿责任;被告李某在明知被告普某无驾驶资格证的情况下把车借给普某驾驶并发生交通事故,有较大的过错责任,应承担相应的赔偿责任;被告普某是机动车使用人,在驾驶机动车中发生交通事故并造成人身损害,是事故的直接责任人,应承担主要的过错责任;被告辉某某是肇事车辆所有人,但该车挂靠在杨某某经营的租车行,对外出租、审查承租人有无驾驶资格及其他禁驾情形的义务已转移给租车行,辉某某无过错,不承担赔偿责任。本案各被告在此次交通事故中过错大小不等,应按各自过错大小各自承担相应责任,不宜共同承担连带赔偿责任。视各被告过错大小,被告普某承担70%的赔偿责任,即31,743.85元;被告李某承担20%的法律责任,即9069.67元;被告杨某某承

---

〔1〕 参见国家法官学院案例开发研究中心编:《中国法院2017年度案例》(保险纠纷),中国法制出版社2017年版,第230页。山东省威海市环翠区人民法院(2015)威环商初字第416号民事判决书。

担10%的赔偿责任,即4534.83元。[1]

多辆机动车发生交通事故造成第三人损害,其中部分机动车未投保交强险,当事人请求先由已承保交强险的保险公司在责任限额范围内予以赔偿的,法院应予支持。保险公司按照判决赔偿后,就超出其应承担的部分向未投保交强险的投保义务人或者侵权人行使追偿权的,法院应予支持。

【案例10－118】　长安责任保险股份有限公司聊城中心支公司诉孙某某追偿权纠纷案

判决观点,长安公司聊城支公司在交强险责任限额范围内已对张某某家属进行了赔偿,其理应有权就超出其承担的部分向未投保交强险的孙某某进行追偿。因被告孙某某与鲁PA2×××江淮牌重型仓栅式货车司机赵某某共同承担50%的事故责任,故原告在(2016)豫0922民初1324号民事判决书中支付的11万元的交强险赔偿额应由原告、被告平均分担,原告请求被告返还垫付款5.5万元的诉讼请求,法院依法予以支持。[2]

2. 追偿比例

保险人行使追偿权,法律并未明确规定保险人的追偿比例,应结合侵权人在交通事故的过错情况加以确定。根据侵权法原理及有关规定,人身损害赔偿以过错为基本的归责原则,因此,在保险公司履行赔偿义务之后,可根据被保险人在交通事故中的过错情况对赔偿金进行追偿,具体比例依据被保险人承担责任加以确定。若被保险人负全责,保险公司可主张全额追偿;若被保险人负主责或次责,保险公司可按责任比例追偿相应的数额;若被保险人无责,保险公司不能追偿。

【案例10－119】　安邦财产保险股份有限公司江苏分公司诉江苏丰硕酒店家具有限公司保险合同纠纷案

判决观点,由于事故发生于机动车之间,并且王某某负事故主要责任,吴某负次要责任,因此,吴某应承担30%的赔偿责任。又因吴某驾驶车辆的行为构成职务行为,因此,该30%的赔偿责任由丰硕公司承担,故丰硕公司应按其承担赔偿责任的比例30%向安邦保险公司返还垫付款110,530元的30%,即33,159元。[3]

---

〔1〕参见《人民司法·案例》2017年第2期(总第769期)。云南省大理州弥渡县人民法院(2015)弥民初字第171号民事判决书。

〔2〕参见谭会民、赵瑞娜:《多车事故后保险公司向未投保责任人的追偿问题》,载《人民法院报》2016年12月8日,第6版。河南省清丰县人民法院(2016)豫0922民初2733号民事判决书。

〔3〕参见国家法官学院案例开发研究中心编:《中国法院2012年度案例》(保险纠纷),中国法制出版社2012年版,第2页。

【案例 10－120】 中国太平洋财产保险股份有限公司汕头市澄海支公司诉张某某责任保险合同纠纷案

判决观点，被告未取得驾驶资格驾驶保险标的车辆发生了交通事故，符合该司法解释第十八条规定的情形，因此，原告在向李某某支付了保险赔偿款之后，提出向交通事故受害人能够依法得到赔偿的同时，不能使机动车所有人因投保交强险反而加重自己在事故中的责任。李某某在该事故中既是受害人又是侵权人，应与另一侵权人被告按比例承担事故侵权责任，在这种情况下，原告主张将该事故而支付给李某某的全部赔偿款向被告一人追偿，是将本应该由受害人李某某负担的该部分事故责任也加给了被告，这显然有违公平原则。因此，被告应按其在该事故中应承担的70%责任份额偿还原告因该事故而支付给李某某的交强险赔偿金 120,000 元的 70%，即 84,000 元。[1]

【不同处理】 在追偿权范围上，有法院亦认为，保险公司在行使追偿权时应与交强险赔偿时一样无须考虑侵权责任，即侵权责任大小不影响保险公司追偿权范围，被追偿的侵权人不得以对抗受害人的事由来对抗保险公司，也不得以承担侵权责任的份额对抗保险公司。

【案例 10－121】 中华联合财产保险股份有限公司石河子分公司诉杨某某责任保险合同纠纷再审案

再审法院认为，《道路交通损害赔偿解释》第十九条规定……可见，即便投保人未投保交强险，无论投保人的侵权责任大小，均需替代保险公司进行赔偿，投保人已经投保交强险，侵权责任的大小也不影响交强险范围内的赔偿责任。保险公司追偿后，侵权人对交强险限额内赔偿的人身损害承担全部责任，剩余部分按侵权责任大小确定。判令维持二审判决。[2]

【案例 10－122】 阳光财产保险股份有限公司南阳中心支公司诉刘某某保险人代位求偿权纠纷案

判决观点，本案中，阳光财产保险股份有限公司南阳中心支公司已经法院判决在交强险责任范围内向受害人赔偿。故原告有权就其按生效判决所确定的且已实际履行的赔偿款项向被告追偿，但追偿的范围应在致害人的责任限额内，鉴于（2014）方杨民初字第 94 号判决书判决刘某某所有

---

〔1〕 参见国家法官学院案例开发研究中心编：《中国法院 2017 年度案例》（保险纠纷），中国法制出版社 2017 年版，第 46～47 页。广东省汕头市澄海区人民法院（2015）汕澄法民二初字第 12 号民事判决书。

〔2〕 参见国家法官学院案例开发研究中心编：《中国法院 2018 年度案例》（保险纠纷），中国法制出版社 2018 年版，第 41 页。新疆维吾尔自治区高级人民法院生产建设兵团分院（2015）新兵民提字第 40015 号民事判决书。

的豫RE××××牌号小轿车承担的责任为50%,被告刘某某在其责任限额内向阳光财产保险股份有限公司南阳中心支公司承担责任,即承担金额为阳光财产保险股份有限公司南阳中心支公司实际理赔款79,492.9元,原告放弃507.1元,实际请求78,985.8元。故原告的诉讼请求,法院予以支持。被告刘某某辩称保险公司不应当向其追偿,是保险公司应当承担的责任的抗辩意见,法院不予采信。[1]

被追偿方不能以自身的侵权责任大小来限制保险人追偿权的行使。

【案例10-123】　财险永州支公司诉申某雄追偿权纠纷案

二审法院认为,《道路交通损害赔偿解释》第十八条规定:……本条从文义上理解,保险公司在交强险责任限额内承担赔偿责任后,即享有对醉酒驾驶的侵权人追偿权,而追偿的范围为保险公司"赔偿范围内",即追偿范围不应超过保险公司实际向受害人赔付的范围。这是法律赋予保险公司的法定权利,该条并未规定保险公司应按事故责任比例进行追偿。保险公司在交强险责任限额内承担保险责任,并不以事故责任大小为前提,即保险公司承担的赔偿责任,并不因侵权人在事故中责任大小而不同,只要侵权人对事故负有责任,保险公司即应在交强险限额内予以赔偿。既然保险人在交强险范围内向受害人赔付时并非基于被保险人一方对受害人承担的侵权责任,那么赔付之后基于法律规定向被保险机动车侵权人一方追偿时,被追偿方当然也就不能以自身的侵权责任大小来限制保险人追偿权的行使,保险人有权在交强险的赔付范围内全额向侵权人追偿。另根据上述司法解释第十九条第一款规定:"未依法投保交强险的机动车发生交通事故造成损害,当事人请求投保义务人在交强险责任限额范围内予以赔偿的,人民法院应予支持。"即在发生交通事故时,无论机动车一方有无投保交强险,均要在交强险责任限额内承担全部赔偿责任。保险公司在追偿时,如果对其追偿范围以"事故责任划分"给予限制,保险公司仅能部分追偿,由此会降低醉酒驾驶者的违法成本,其中未能得到追偿的损失部分必然转嫁给保险公司,无疑纵容了醉酒驾驶等严重违法行为。赋予保险公司在向受害人赔付后享有向醉酒驾驶人全额追偿的权利,体现了对醉酒驾驶人违法行为的否定评价。本案中,申某雄醉酒驾驶机动车发生交通事故,上诉人财险永州支公司在交强险责任限额内已向受害人赔付102,908.24元,根据上述司法解释第十八条规定,上诉人财险永州支公司依法享有在赔偿范围内向被上诉人申某雄追偿的权利,财

---

〔1〕　参见国家法官学院案例开发研究中心编:《中国法院2017年度案例》(保险纠纷),中国法制出版社2017年版,第221页。河南省南阳市方城县人民法院(2015)方博民初字第34号民事判决书。

险永州支公司追偿范围应为其已赔付的102，908.24元范围内，其可在该范围内向申某雄行使全额追偿权。原审以申某雄在事故中责任大小来确定财险永州支公司追偿范围，明显不当，对此予以纠正。遂依照《民事诉讼法》第一百七十条第一款第二项之规定，判决如下：(1)撤销富川瑶族自治县人民法院民事判决；(2)被上诉人申某雄支付上诉人财险永州支公司102，908.24元。[1]

(三)交强险赔偿疑难问题

1. 特种车辆赔付

作业车辆在道路以外从事作业发生事故能否获得交强险赔偿，在实践中时常发生纠纷。混凝土泵车属于特种车辆，主要用于工程作业，其在道路以外工程作业区行驶，应属正常使用。《机动车交通事故责任保险条例》第四十四条规定："机动车在道路以外的地方通行时发生事故，造成人身伤亡、财产损失的赔偿，比照适用本条例。"商业第三者险不仅限于交通事故，还应包括车辆作业过程中发生的意外事故。商业第三者险对受害人或近亲属超过交强险各分项限额部分损失进行赔偿，因此，无论是发生交通事故还是安全生产事故，保险公司均应在商业第三者险责任限额内对受害人或近亲属进行赔偿。也就是说，在道路以外机动车事故中，适用交强险的关键是通行状态，而商业第三者险往往并不在条款中对事故发生时车辆的具体用途、行驶状态作硬性规定，仅规定车辆在"使用"过程中发生事故即可获赔。

【案例10－124】 扬州裕顺配套工程有限公司诉朱某某、中国人民财产保险股份有限公司扬州市维扬支公司等追偿权纠纷案

一审法院认为，本案中，裕顺公司作为雇主，在向雇员陈某某的近亲属承担赔偿责任后，有权向相关侵权人追偿。被告人保维扬支公司作为保险人应对被告朱某某因本起事故对受害人造成的损失承担赔偿责任。因被告朱某某系超载驾驶，按照特种车辆保险条款的约定，应当在商业险范围内扣除5%的免赔。而商业第三者险是建立在交强险基础上的，对受害人或近亲属超过交强险各分项限额部分损失的赔偿。因此，无论是发生交通事故还是安全生产事故，保险公司均应在交强险和商业第三者险责任限额内对受害人或

〔1〕 广西壮族自治区贺州市中级人民法院(2019)桂11民终1357号民事判决书。

近亲属进行赔偿。但是,溢滨建材厂与朱某某系合同运输关系,非雇佣关系,溢滨建材厂系托运人,朱某某系承运人,承运人应对运输过程中给第三人造成损失承担侵权责任,溢滨建材厂对于事故不存在过错,不应承担事故责任。二审法院亦持同样意见,维持一审判决。[1] 该案是作业车辆在封闭厂区内发生的保险事故。

实践中,法院将特种机动车事故损害认定为交强险赔偿范围。

【案例10-125】　郭某某诉中国人民财产保险股份有限公司北京市石景山支公司保险合同纠纷案

二审法院认为,本案双方当事人争议的主要焦点问题是责任事故是否属于交强险、三者险赔偿范围。对此,首先,本案涉案车辆属于特种作业车辆,该种车辆的主要用途是工地作业,并非主要用于交通通行。因此,其除在交通通行状态下可能发生交通事故外,更多的事故亦会在其发挥特种功能的作业过程中,故依据交强险保障受害人得到及时有效的基本赔偿的立法精神,特种车辆在进行作业时发生的责任事故,应当比照适用《交强险条例》的有关规定进行赔偿。其次,《机动车第三者责任保险条款》第四条规定:……本案涉案起重车系在进行作业过程中发生的事故,属于在使用被保险机动车过程中发生意外事故的情形,故符合上述条款规定的适用范围。因此,石景山人保的上诉理由于法无据,法院不予采信。综上,一审法院认定事实清楚,适用法律正确,应予以维持。[2]

【案例10-126】　李某诉中华联合财产保险股份有限公司德阳中心支公司等机动车交通事故责任纠纷再审案

再审法院认为,案涉机动车非普通车辆,是主要用于起重、吊装货物的特种机动车车辆。案涉事故正是姜某在操作该特种机动车车辆吊装货物作业过程中,因操作不慎,所吊运的物品掉落所致。虽然不属于通常意义上的交通事故,但是交强险设立的目的是通过强制机动车的所有人或者管理人依法投保,让保险人来承担、分摊社会风险,保障机动车相关事故中的受害人能及时从保险公司得到赔付而得以获得必要的救济。若将此损失排除在交强险的赔偿范围之外,受害人李某将不能获得交强险救济,投保人投保交强险的目的也会落空,该结果显然不符合交强险的立法目的。一审、二审法院根据《交强险条例》的立法精神,比照适用此条例,认定由联合财保德阳公司在交

〔1〕 参见国家法官学院案例开发研究中心编:《中国法院2018年度案例》(保险纠纷),中国法制出版社2018年版,第3页。江苏省扬州市中级人民法院(2016)苏10民终字第2629号民事判决书。

〔2〕 参见国家法官学院案例开发研究中心编:《中国法院2018年度案例》(保险纠纷),中国法制出版社2018年版,第8页。北京市第一中级人民法院(2016)京01民终字第1451号民事判决书。

强险限额内承担责任，并无不当，予以支持。联合财保德阳公司申请再审的理由不能成立，其再审申请应予驳回。[1]

【不同处理】 有观点认为，吊车除了生产功能外，还有在道路通行的功能。既属于交通车辆，又属于生产车辆。吊车在工地上通行造成事故，可以比照交通事故，如在作业中进行移动或调整位置，这也可以比照交通事故。如吊车底车不移动位置，纯粹是起吊过程中因操作不慎造成事故，就不能将该事故归结为交通事故，自然不能按交强险处理，但可按商业第三者险赔付。

【案例10－127】 罗某某诉柴某某、中国人民财产保险股份有限公司南阳市分公司、中国人寿财产保险股份有限公司南阳中心支公司保险合同纠纷案

一审法院认为，柴某某在操作吊车吊装钢筋笼的过程中，在没有看见正在下面捆扎钢丝的罗某某的情况下突然起吊，致使罗某某被钢丝绳和钢筋笼挤轧致伤，因此，柴某某具有重大过失，而罗某某自身猝不及防，对于其造成的伤害自身没有过错。所以，柴某某对罗某某的伤害后果应负完全责任。……而本案中该吊车是在施工作业过程中致人损害，不是在道路上发生交通事故，故承保交强险的中国人寿财产保险股份有限公司南阳中心支公司不应承担赔偿责任。二审法院亦持同样意见，维持一审判决。[2]

在施工场地且混凝土专项作业车进行混凝土泵送作业发生事故，不属于道路交通事故。即便混凝土泵车在运行状态，但非交通工具的通行状态，自然不属于交强险范围内的道路事故。

【案例10－128】 张某某诉中国太平洋财产保险股份有限公司青岛分公司保险合同纠纷案

判决观点，本案争议焦点系涉案事故是否属于交强险的赔付范围。对此，原告主张，涉案事故系在车辆施工运行过程中由于气阻造成的事故，不是静止状态下造成，属于广义范围内的交通事故，应由被告在交强险范围内承担保险理赔责任。对此，法院认为，根据《交强险条例》第三条规定，交强险系针对被保险车辆发生道路交通事故后才予以理赔；同时，根据《道路交通安全法》的规定，"交通事故"指车辆在道路上因过错或者意外造成的人身伤亡或财产损失的事件；而涉案事故系车辆在施工现场进行混凝土泵送作业时发

---

〔1〕 参见国家法官学院、最高人民法院案例研究院编：《中国法院2020年度案例》（保险纠纷），中国法制出版社2020年版，第23页。四川省高级人民法院（2018）川民申1736号民事裁定书。

〔2〕 参见国家法官学院案例开发研究中心编：《中国法院2016年度案例》（保险纠纷），中国法制出版社2016年版，第11～12页。河南省南阳市中级人民法院（2014）南民二终字第00096号民事判决书。

生,且原告也无法提供相应的交通事故责任认定书来证明涉案属交通事故,故法院认定,涉案事故不属于交强险规定的道路交通事故。原告要求被告承担交强险范围内的保险责任,缺乏事实与法律依据,法院不予支持。据此,判决驳回原告的诉讼请求。[1]

适用交强险的前提,必须是道路交通事故,或道路以外机动车事故。后者不仅指机动车发生事故的地点在道路以外,且需符合发生事故的机动车处于"通行"状态的条件。道路以外机动车事故,机动车是否处于"通行状态"是影响交强险适用的关键因素,商业险则不受被保险人车辆用途、状态之影响。也就是说,无论是否为道路交通事故,抑或"道路以外"机动车事故,只要被保险车辆在作业、行驶等"使用"过程中发生意外事故,其事故损失商业险均应赔偿。在重型专项作业车辆处于停车状态下施工作业时发生的事故,不应认定由交强险保险人承担保险责任,而应结合案件情况适用《侵权责任法》的相关规定,在商业险赔偿范围内保险人理赔。

【案例 10－129】 岑某某诉中国人寿财产保险股份有限公司天津市分公司等高度危险活动损害责任纠纷案

二审法院认为,根据已查明的事实,本案事故是肇事起重车在工地进行货物吊装作业时货物坠落所导致,车辆作业时肇事车辆固定在地面上,并未处于通行状态,由此发生的纠纷并非道路交通事故责任纠纷,原审法院按照道路交通事故纠纷的相关法律规定,判令人寿天津公司在交强险范围内承担赔偿责任,是由于对法律纠纷定性错误导致的适用法律错误,对此法院予以纠正。人寿天津公司无须在交强险范围内承担岑某某的各项损害赔偿责任。……本案中,昕亿德公司就其所有的肇事起重车在人保武清支公司投保第三者责任保险,对该车辆作业中导致的岑某某人身损害赔偿损失,根据该第三者责任保险合同约定,应由人保武清支公司在第三者责任保险范围内予以赔偿。鉴于人保武清支公司在一审、二审中均未提出依第三者责任保险合同约定不应赔偿的项目、理由和证据,故本案上诉人岑某某的各项损失应由人保武清支公司予以赔偿。[2]

实践中,当投保人、被保险人、受害人三者的身份重合时,特殊情形下,投保人、被保险人应视为商业三者险中的第三者,对于其损失,保险公司应在商业三者险责任限额内赔偿。

---

〔1〕 参见国家法官学院案例开发研究中心编:《中国法院 2016 年度案例》(保险纠纷),中国法制出版社 2016 年版,第 30 页。上海市青浦区人民法院(2014)青民二(商)初字第 510 号民事判决书。

〔2〕 参见最高人民法院中国应用法学研究所编:《人民法院案例选》2016 年第 1 辑(总第 95 辑),人民法院出版社 2016 年版,第 117 页。天津市第二中级人民法院(2015)二中民三终字第 146 号民事判决书。

【案例10－130】 刘某波诉刘某立、中国人民财产保险股份有限公司郑州市分公司保险合同纠纷案

判决观点，本案中，原告在被告中国人财保险公司为事故车辆投保了交强险、第三者责任保险等，由于本案不属于交通事故，故原告损伤不属于交强险的保险责任。而机动车第三者责任保险的保险责任为，保险期间内，被保险人或其允许的合法驾驶人在使用被保险机动车过程中发生意外事故，致使第三者遭受人身伤亡或财产直接毁损，依法应当由被保险人承担的损害赔偿责任。因此，第三者责任保险不仅限于交通事故，应包括起重机作业过程中发生的意外事故。原告在本案中既是受害者，又是第三者责任保险的投保人和被保险人，即原告具有三重身份。被告刘某立作为被保险人（原告）允许的合法驾驶人，故其应当受到投保人（原告）与被告中国人财保险公司之间的第三者责任保险合同的制约，即被告刘某立驾驶该起重机时，取代了第三者责任保险中"被保险人"的地位。被告刘某立驾驶该起重机作业过程中发生意外事故，致使原告遭受人身损害，原告在此事故中的受害人地位是符合第三者责任保险的"第三者"的，故原告应视为第三者责任保险的"第三者"。综上，被告刘某立（具有第三者责任保险"被保险人"的地位）应承担的原告（应视为第三者责任保险的"第三者"）的损失，依法应由被告中财保险公司在商业三者险范围内承担。[1]

2. 道路外事故比照机动车事故处理

道路外事故比照机动车事故处理，需满足以下条件：其一，事故发生在道路以外的地方；其二，事故发生时车辆处于通行状态。

【案例10－131】 宋某某诉中国太平洋财产保险股份有限公司宜昌中心支公司等机动车交通事故责任纠纷案

一审法院认为，本案事故发生时，车辆系在无人驾驶的情况下自行向前滑行，形式上虽未表现出通常意义的通行状态，但实质上可认定为处于具有通行性质的运动状态。故本案可适用上述两条规定比照机动车交通事故处理，由太平洋财保宜昌中心支公司在交强险范围内予以赔偿，不足部分由原告与被告闫某某、吴某、陈某某按责任比例分担。二审法院认为，本案事故发生时，车辆在修理过程中一直处于未熄火的状态，故本案可适用上述两条规定比照机动车交通事故处理，原审判决太平洋财保宜昌中心支公司在交强险

〔1〕 参见最高人民法院中国应用法学研究所编：《人民法院案例选》2013年第4辑（总第86辑），人民法院出版社2014年版，第117页。河南省中牟县人民法院（2012）牟民初字第411号民事判决书。

范围内予以赔偿,并无不当。上诉人太平洋财保宜昌中心支公司认为本案事故不适用交强险赔偿的上诉理由不能成立,本院不予支持。[1]

机动车停在路边修理认定交通事故理赔问题。机动车停靠路边修理时,因车辆自身原因而导致的损害能否认定交通事故理赔有不同观点。主流观点认为,判断是否属于交通事故的关键在于肇事车辆是否正处于"通行"的状态,机动车处于停车状态下的施工作业等情况下发生的事故,不属于交通事故。[2] 停靠路边维修的车辆已脱离了"通行"状态,在维修过程中因车辆自身原因而导致人身或财产损害的,不属于道路交通事故,据此造成的损害自然不应纳入机动车交强险的赔偿范围。

3. 发生交通事故未向保险公司报案处理

保险事故发生后,交警部门出具道路交通事故责任认定书,清楚地载明了交通事故发生的情况。被保险人自己花钱修理车辆,车辆损失已实际发生。现行法律未规定交通事故发生后当事人未向保险公司报案的应予拒赔,应当从公平角度及合同整体考虑双方的权利义务,合理妥当处理此类纠纷。

【案例 10-132】 陆某某诉中国大地财产保险股份有限公司柳州中心支公司保险合同纠纷案

判决观点,虽然原告在车辆发生保险事故未及时通知被告,在将车辆送至柳州建润汽车销售服务有限公司维修时也未告知被告,导致被告对原告此次事故的发生并无任何报案记录,也无法及时对车辆损失进行核定,但是本案交通事故的发生是事实,原告的车辆损失也实际发生,被告应该作出相应的赔付。故对于原告的诉讼请求,法院依法予以支持。被告主张对原告车辆损失不能确定的部分不承担赔偿责任,但被告亦未能证实原告的车辆的具体哪些损失不能确定,故对被告的辩称,法院不予采信。同时,原告理应吸取本案事故的教训,对于保险事故的发生应当及时向保险公司报案,以便保险公司更好地核实事故的损失。[3]

---

〔1〕 参见国家法官学院案例开发研究中心编:《中国法院 2015 年度案例》(保险纠纷),中国法制出版社 2015 年版,第 54~55 页。湖北省宜昌市中级人民法院(2013)鄂宜昌中民一终字第 00341 号民事判决书。

〔2〕 参见最高人民法院民事审判第一庭编著:《最高人民法院关于道路交通损害赔偿司法解释理解与适用》,人民法院出版社 2012 年版,第 372 页。

〔3〕 参见国家法官学院案例开发研究中心编:《中国法院 2017 年度案例》(保险纠纷),中国法制出版社 2017 年版,第 49~50 页。广西壮族自治区柳州市柳北区人民法院(2015)北民二初字第 8 号民事判决书。

4. 调解协议达成后处理

交通事故双方达成赔偿协议后，能否主张伤残赔偿金、精神损害赔偿金问题。事故发生后，受害人与侵权人在交警部门的主持下所达成的赔偿协议，应当是双方当事人真实的意思表示，是合法有效的。在其双方达成的协议中未涉及伤残赔偿，在赔偿完毕后，受害人对伤情进行鉴定后发现所受伤构成残疾，且伤残赔偿金的数额与双方协议达成的赔偿有很大的差距，以《合同法》规定的“显失公平”或者“签订合同所依据的客观事实发生重大变化”为由，受害人要求补充赔偿的，应当是符合法律规定的。侵权人虽在申请理赔时向保险公司书写声明，表示今后发生任何纠纷都与保险公司无关。但是该声明并不能免除保险公司在交强险限额范围内承担赔偿责任的义务，仍应在交强险保险限额内承担赔偿责任。

【案例 10－133】 沈某某诉王某某等道路事故人身损害赔偿纠纷案

判决观点，被告王某某虽在申请理赔时向保险公司书写声明，表示今后发生任何纠纷都与保险公司无关。但是，此声明不能免除保险公司在交强险限额范围内承担赔偿责任的义务。故保险公司的此项主张，不予支持。原告方与被告王某某在签订赔偿协议时，原告伤残结果尚未确定，且协议也未明确残疾赔偿金和精神抚慰金的相关内容，故原告沈某某要求被告支付残疾赔偿金和精神抚慰金的请求，应予支持。法院判决保险公司赔偿残疾赔偿金和精神损害抚慰金。[1]

5. 私家车被骗丢失处理

车主将其所有的车辆出租给承租人，车辆与承租人同时失踪导致车主对车辆失去控制的情形，不属于盗抢险赔偿责任范围。

【案例 10－134】 李某某诉锦泰财产保险股份有限公司四川分公司财产保险合同纠纷案

判决观点，根据公安机关出具的《接（报）处警登记表》及《不予立案通知书》，投保人李某某在报案时称其与案外人成都风车汽车租赁有限公司，在租赁期间承租人与被保险车辆同时失踪导致李某某对被保险车辆失去控制，但公安机关并未对该事件予以立案侦查，并认为系经济纠纷。另根据《全车盗抢险条款》的约定，保险车辆全车被盗窃、抢劫、抢夺，经县级以上公安部门立案侦查，自立案之日起满 2 个月未查明下落的，保险人在保险金额内负责赔

---

〔1〕 参见国家法官学院案例开发研究中心编：《中国法院 2013 年度案例》（道路交通纠纷），中国法制出版社 2013 年版，第 149 页。

偿。综上,由于公安机关并未对李某某所称的被保险车辆被盗抢事件予以立案侦查,李某某也未提供其他证据证明其所有的被保险车辆发生了被盗抢事件,故本案中李某某对被保险车辆失去控制的情形并不能认定为被保险车辆发生了全车被盗抢的保险事故,且该情形也符合上述《全车盗抢险条款》约定的保险人免责情形,即"承租人或经承租人许可使用保险车辆的驾驶人与保险车辆同时失踪"。故李某某要求锦泰财保四川分公司支付盗抢险保险金的诉讼请求,由于无事实及法律依据,法院不予支持。[1]

6. 交通事故鉴定费处理

交强险以及商业三者险合同中责任免除部分约定,"因交通事故产生的仲裁或者诉讼费用以及其他关费用",保险人不负责赔偿和垫付,但并未明确鉴定费是否为免赔范围。当事人对"其他相关费用"是否包鉴定费有不同理解,在这种情况下,保险人主张不承担鉴定费的,法院不予支持。也就是说,交通事故鉴定费应由保险人负担。

【案例 10－135】　重庆市涪陵区陵都加油站诉张某某、国任财产保险股份有限公司重庆分公司财产保险合同纠纷案

二审法院认为,国任财险公司虽与投保人在本案事故车辆保险合同的免责条款中有"其他相关费用"的约定,并在投保提示事项确认书中责任免除项下载明"详见《机动车交通事故责任强制保险条款》第二十条规定",但对该"其他相关费用"的概念和内容未予明确表述。现当事人对该"其他相关费用"具体是指哪些费用、是否包括鉴定费用发生争议,国任财险公司不能提供相应的证据,证明已就该"其他相关费用"的概念和内容向投保人进行了释明,尽到了说明义务。因此,不能认定本案鉴定费 4 万元属于涉案保险合同免责条款中约定的"其他相关费用",该部分费用应由张某某、国任财险公司和陵都加油站分担。因事故发生后,张某某未在当日及时报案,影响了国任财险公司对事故现场的及时查勘、定损等,应承相部分责任,二审法院将该责任酌定为 10% 即 0.4 万元;陵都加油站在交警队查勘事故现场、划分事故责任时,未提出房屋有损,且在诉求中扩大损失数额,故也应承担一定责任,二审法院将其责任约定为 5% 即 0.2 万元;国任财险公司否认陵都加油站房屋受损与本次交通事故存在因果关系,以致该笔鉴定费用产生,故其应承担

〔1〕 参见国家法官学院案例开发研究中心编:《中国法院 2017 年度案例》(保险纠纷),中国法制出版社 2017 年版,第 94 ~95 页。四川省成都市锦江区人民法院(2015)锦江民初字第 1798 号民事判决书。

主要责任,二审法院将其责任酌定为85%即3.4万元。[1]

(四)电动车保险纠纷

本部分所讲电动车指电动自行车、电动三轮车等。随着法院受理电动车肇事案件逐年增多,因涉及的方面和问题多争议大,本部分就涉及保险的争议展开。

1. 电动车适用交强险问题

交警部门对肇事电动车属于机动车的认定,系从行政管理角度所作出,且实践中,保险人也不可对该类所谓机动车办理交强险。所以,导致无法投保交强险的后果并非投保义务人主观意原所致,该种状况不具有可责难性,故投保义务人亦不得因此加重责任。通常情况下,电动自行车不适用交强险的有关规定。在交通事故案件中,电动车被鉴定为机动车后,车主不宜按《道路交通损害赔偿解释》第十九条第一款的规定,先行在交强险限范围内承担赔偿责任。

2. 电动车适用第三者责任险问题

电动车与机动车之间发生交通事故时,无论电动车属于机动车还是非机动车,无论电动车驾驶人有无驾驶证,无论电动车驾驶人是否违反《道路交通安全法》,只要电动车驾驶人不是故意碰撞造成的,根据《道路交通安全法》第七十六条的规定,保险公司都应在机动车第三者责任强制保险责任限额范围内予以赔偿,保险公司以电动车驾驶人具有某种过错而请求免责的抗辩理由并不能成立。保险公司承担了第三者责任强制保险责任以后,法院在认定电动车驾驶人与机动车驾驶人之间的赔偿责任时,电动车驾驶人的过错问题在《侵权责任法》上才具有意义。[2]

3. 电动车保险责任问题

电动车被交警部门认定为机动车,只是作为事故责任认定及确定赔偿比例的依据。由于现行法律法规并未规定骑电动车应持有机动车驾驶证,且电动机客观上也办不了驾驶证,故对保险合同中“被保险人无有效驾驶证驾驶机动车”中的“机动车”,应按普通人的理解和识别力判断,作出不利于格式条款提供方保险公司的解释,即具有通常的机动车外观及动力和办理证照等准入审批义务的狭义机

---

〔1〕 参见《人民司法·案例》2019年第26期(总第865期)。重庆市第三中级人民法院(2018)渝03民终854号民事判决书。

〔2〕 参见《人民司法·案例》2017年第29期(总第796期)。

动车,而不包括交警在处理事故时认定为按机动车处理的超标电动机。无证驾驶超标电动机不构成保险免责事由,保险人应承担保险责任。

无牌照的电动自行车不能成为保险公司免责理由。

【案例10-136】 李某某诉中国平安人寿保险股份有限公司北京分公司保险合同纠纷案

二审法院认为,关于涉案无号牌二轮车的性质。李某某作为消费者并未被销售商告知所购买车辆的性质,且车辆合格证上面写明产品名称为"电动自行车"。普通人对机动车的概念通常为以燃油为燃料的四轮车,李某某不具备专业的判断能力,一审法院认定李某某不可能产生涉案车辆属于保险人责任免除条款约定的机动车存在不同理解时,应作出有利于被保险人一方的解释,认定争议无号牌二轮车不属于免责条款约定的机动车,该认定亦无不当。李某某驾驶涉案车辆发生交通事故造成意外伤害,保险公司应当依照合同约定承担保险赔偿责任。保险公司的上述意见本院不予支持。[1]

按机动车处理的超标电动车不属于意外伤害保险中约定的"机动车交通工具"范畴。

【案例10-137】 吉甲、谌甲诉保险公司保险合同纠纷案

一审法院认为,在保险条款对"机动车交通工具"的定义未约定的情况下,"机动车交通工具"按照普通人的理解和识别力进行判断,解释具有普遍意义上的机动车外观等,且可以办理机动车驾驶证照等手续的机动车。交管部门出具的交通事故认定书将超标电动车认定为机动车,是基于交通事故发生后从技术角度对电动车的动力、速度、质量等因素作出的一种推断,是为处理交通事故赔偿作出的认定,用于区分事故责任。但是站在管理规范角度,相关法律、法规未明确规定超标电动车属于机动车,而且按照电动自行车交通管理的相关规定,超标电动车并未按照机动车进行管理,无法取得机动车牌照,也无法申领机动车驾驶证和行驶证。因此,免责条款中所列的情况应该是针对驾驶者怠于申领证照义务的制约和风险提示,该条款中"机动车交通工具"应理解为可以取得有效驾驶证和车辆牌照的机动车,不应包括交管部门在处理事故时按技术参数鉴定后按机动车处理的超标电动车。判决:保险公司支付吉甲、谌甲保险金50,000元。二审法院同意一审法院裁判意见。[2]

---

〔1〕 参见国家法官学院案例开发研究中心编:《中国法院2018年度案例》(保险纠纷),中国法制出版社2018年版,第144页。北京市第四中级人民法院(2016)京04民终字第66号民事判决书。

〔2〕 参见国家法官学院、最高人民法院司法案例研究院编:《中国法院2023年度案例》(保险纠纷),中国法制出版社2023年版,第140页。江苏省无锡市中级人民法院(2021)苏02民终4276号民事判决书。

专题十一　保险合同纠纷举证

在诸多保险纠纷中，案件的焦点表面上是保险公司应否支付理赔款的问题，实际上是举证责任的承担问题。重视对举证责任的深入探讨，是化解保险纠纷的实践需要。

一、保险合同举证责任分配

(一)保险合同举证理解

《民事诉讼法》第六十七条第一款规定:“当事人对自己提出的主张,有责任提供证据。”这里的有责任,通常指举证责任。举证责任是指在诉讼中,当法官或陪审团无法确定某种事实(确定某种法律效果的权利发生、变更或消灭所必要的事实)的存在时,对当事人所产生的不利后果。具体地说,是指对于当事人有利的法律效果(或者当事人的请求)未获得法庭承认。[1] 也有学者认为,举证责任又称证明责任,是指诉讼当事人就特定的待证事实,根据举证责任分配规则,为了满足法官形成某种内心确信的需要所应负担的相应责任。[2] 一般认为,举证责任这一概念包含有两种责任——主观的举证责任与客观的举证责任,前者为提出证据证明争议事实的行为责任,后者为事实真伪不明时承受不利裁判的结果责任。[3]

保险纠纷作为民事诉讼的一种,其举证责任的分配对保险赔付诉讼的当事人至关重要,负有举证责任的一方如果不能证明自己主张的事实,则将面临败诉的后果。一般认为,民事诉讼举证责任应按以下原则分配:依据法律规定分配;根据司法解释分配;法无明文规定的情况下,法官可根据经验法则分配;在既无法律、司法解释,亦缺乏经验法则的情况下,应以公平及诚实信用原则为基础,合理分配举证责任。[4]

从法律规定层面理解举证责任。《保险法》第二十二条第一款规定:“保险事故发生后,按照保险合同请求保险人赔偿或者给付保险金时,投保人、被保险人或者受益人应当向保险人提供其所能提供的与确认保险事故的性质、原因、损失程度等有关的证明和资料。”上述规定实际上是对举证责任的分配,明确了证明保险

---

〔1〕 参见叶自强:《举证责任》,法律出版社 2011 年版,第 36 页。

〔2〕 参见周明金:《试论民事诉讼举证责任的分配规则》,载《福建师范大学福清分校学报》2004 年第 3 期。

〔3〕 参见李浩:《民事证据立法前沿问题研究》,法律出版社 2007 年版,第 120 页。

〔4〕 参见叶自强:《民事证据研究》,法律出版社 1999 年版,第 175 ~ 185 页。

事故发生的责任在于投保人、被保险人、受益人。[1] 也就是说，被保险人、受益人要求保险人支付保险金时，应提供其所能提供的与确认保险事故性质、原因、损失程度等有关的证明和材料，不仅是在非诉讼的保险索赔过程，而且也适用于诉讼过程。第二十三条规定："保险人收到被保险人或者受益人的赔偿或给付保险金的请求后，应当及时作出核定……"对保险事故的调查和定损是保险公司的法定义务，也是诉讼举证的责任。

保险合同的举证责任应当根据保险合同的内容，结合民事诉讼"谁主张，谁举证"一般原理以及《保险法》的专门规定进行。一般来说，根据"谁主张，谁举证"的原理，保险金请求人（被保险人、受益人）为证明其赔付主张的成立，必须就保险事故的发生、原因、性质、损失构成等进行举证，使对事故一无所知的法官和保险人相信事故发生的经过以及由此造成的损失金额全过程，保险人为否定保险金请求人的主张也必须就抗辩的免责事由进行举证。例如，针对以死亡为给付保险金的人身保险合同，凡主张合同有效的一方，无论其为投保人、保险人抑或受益人，均应当承担被保险人"同意"的责任。但主张并非举证责任分配的唯一标准，在特殊情况下，某些证据一方当事人确实无法或难以取得时，法官可适当参与调查取证或对行为举证责任调整，以充分查明事实，作出正确处理。有法官认为，在审判实务中的通常情况下，对于定义式保险，保险人应当对于"事故或危险不属于责任范围"承担证明义务；而对于列举式保险，保险相对人应当对"事故或危险属于责任范围"承担证明责任。[2] 应注意的是，保险纠纷举证责任的顺序，首先由保险金请求权人对其诉求承担举证责任，其次保险人因抗辩而对抗辩事实承担举证责任。

（二）保险金请求权人证明责任

保险赔付主要围绕保险事故发生、损失的确定，主要证明的事项包括：

其一，保险合同成立并合法有效。《证据规定（修订）》第一条规定："原告向人民法院起诉或者被告提出反诉，应当提供符合起诉条件的相应证据。"保险金请求权人起诉时，应向法院提交保险单、保险证及相应条款。

【案例 11－1】 孙某诉太平人寿保险有限公司本溪中心支公司人身保险合同纠纷案

判决观点，原告于 2007 年 12 月 3 日办理了补签名手续，应视为原告对

---

〔1〕 参见最高人民法院保险法司法解释起草小组编著：《〈中华人民共和国保险法〉保险合同章条文理解与适用》，中国法制出版社 2010 年版，第 151 页。

〔2〕 参见刘建勋：《保险法典型案例与审判思路》，法律出版社 2012 年版，第 43 页。

合同效力的确认。虽原告辩称其在2007年12月3日已不在本市居住，但该辩解推翻不了其签字确认保险合同的事实。关于原告主张被告存在欺诈行为一节，因原告未提供证据予以佐证，故原告的主张不予支持。[1]

需要明确的是，保险费是否交付，对于保险合同的成立与生效与否不产生实质性的影响，至于保险人是否需要承担保险责任则视为合同内容的约定予以确定。但投保人缴纳了保险费，保险人接受后尚未出具保险单或其他保险凭证的，可确定双方之间成立了保险合同关系。[2]

其二，保险事故确已在保险期间发生。该项证明对象包括两项内容：一是事故发生保险期间内；二是某项承保危险与事故的发生有直接的因果关系。实践中，该项证明责任细化为提交事故发生的时间、地点、性质、情节、结果等证明材料。被保险人一般只要提供了交警管理部门出具的交通事故认定书，就可以认定被保险人完成了举证义务。这就要求发生交通事故后，被保险人应当立即报警并向保险公司报案。当然，即使没有交通事故认定书，但有其他证据证明保险事故发生的，也可以认定保险事故实际发生。

其三，保险事故的原因及性质。在保险理赔中，通常是由与被保险人、保险人均无利害关系的第三方出具事故证明，证明所发生的事故的性质、时间、地点，便于未经历事故的保险公司对该事故性质进行判断，进而确定是否是保险事故。因承保的险别不同，所需的事故证明也不同。例如，机动车的事故证明通常是由交警部门出具事故责任认定书；人身险的事故证明则是由医院开具的死亡或伤残证明书；火灾的事故证明则是由公安机关消防部门出具的火灾原因认定书。

【案例11-2】　江苏桐宇运输有限公司诉中国太平洋财产保险股份有限公司无锡分公司财产保险合同纠纷案

二审法院认为，本案中，保险公司的车损险保险条款对于营运车辆的自燃是不予赔偿的，保险公司对该种车辆另设有自燃险。桐宇公司从事危险品运输，其在运输中对车辆因货物引起的自燃应有充分的预见性，但其投保时未附加自燃险。桐宇公司未能举证证明保险车辆除“固化剂泄漏遇热燃烧”外还有其他可能的起火原因，其应承担举证不能的后果，“固化剂泄漏遇热燃烧”符合保险条款中关于自燃的定义，即载运的货物自身原因造成的起火燃烧，故原审法院将本案车辆的起火原因定义为保险条款中规定的自燃并无不

---

〔1〕　参见国家法官学院案例开发研究中心编：《中国法院2012年度案例》（保险纠纷），中国法制出版社2012年版，第164页。

〔2〕　参见吴庆宝：《阐释保险合同纠纷实践中的疑难问题》，载最高人民法院民事审判第二庭编：《民商事审判指导》2008年第2辑（总第14辑），人民法院出版社2008年版，第254页。

当。本院对桐宇公司认为本案车辆起火原因不属自燃的上诉意见不予支持。[1]

保险人承担保险责任必须证明存在因果关系。发生保险责任范围内的意外事故和人身意外伤害的,必须证明意外事故和人身意外伤害之间存在因果关系。

【案例 11-3】 赵某亲属诉平安人寿保险上海分公司人身保险合同纠纷案

二审法院认为,本案争议焦点是被保险人的死亡是否属于团体人身险合同约定的意外身故。被保险人死亡的主要原因系脑出血和急性心肺功能衰竭引起。虽然尸检报告的小结中提到被保险人"脑、肺的病理表现仍提示有急性栓塞的可能。尚请结合临床进行分析"。而临床诊断被保险人系猝死,尸检报告对其死亡主要原因的结论仍为脑出血和心肺功能衰竭引起。我国《保险法》规定,保险事故是指保险合同约定的保险责任范围内的事故,保险人按照保险合同的约定承担给付保险金的责任。现上诉人并无证据证明被保险人因脑出血和急性心肺功能衰竭而死亡与其 8 天前在工作中遭受意外导致的左趾骨骨折之间存在直接因果关系,被上诉人认为被保险人的死亡系本案所涉保险合同约定的意外身故,并无事实和法律依据,故判决不支持上诉人要求被上诉人支付意外身故保险金的上诉请求,驳回上诉,维持原判。

受益人不能举证被保险人猝死原因的事故,不能认定其属于保险理赔范围。

【案例 11-4】 喻某等诉永安财产保险股份有限公司扬州中心支公司保险合同纠纷案

判决观点,本案中,保险条款意外伤害指"以外来的、突发的、非本意的和非疾病的客观事故为直接且单独的原因致使身体受的伤害"。被保险人胡某在扬州猝死,对引发其猝死的原因,三原告虽提供了村委会出具的"因下班途中骑自行车不慎摔倒导致死亡"的证明,但三原告未能提供事发当地公安等部门出具的意外事故证明、胡某的抢救记录、尸检证明等,三原告提供的证据仅能证明胡某的猝死符合突发、非本意的特征,但并不能证明其原因是外来的、非疾病的。对照法医学词典对猝死的解释,"外表健康的人因为内在的病变而发生急速的、意外的死亡",表明猝死的原因一般并不是外来的、非疾病的。故三原告现提供的证据不能证实胡某的猝死属于意外伤害的范畴,三原告要求被告支付意外伤害身故保险金,缺乏事实与法律依据,依法不予

---

〔1〕 参见国家法官学院案例开发研究中心编:《中国法院 2019 年度案例》(保险合同纠纷),中国法制出版社 2019 年版,第 45 页。江苏省无锡市中级人民法院(2017)苏 02 民终 5042 号民事判决书。

支持。[1]

其四,保险事故造成的损失及数额。保险标的确已遭受损失是保险赔付的前提条件,保险金请求权人必须证明损失是客观存在和直接的。一般来说,损失证明可以是被保险人财产的损失清单、受损企业的财务账册、受害人的医疗费票据、施救和证明损失支出的合理费用票据等,尽可能全面、准确、详细。需要注意的是,保险人应予赔付的损失必须是直接损失,因为保险事故引发的间接损失不属理赔范围。对于保险金请求权人没有提供损失证据的,则不能得到法律的支持。

【案例11－5】　王某诉生命人寿保险股份有限公司北京分公司人身保险合同纠纷案

判决观点,王某主张的救援费用其尚未实际支付,法院对此部分不予支持。在王某发生保险事故后,生命保险北京分公司未安排救援机构对其进行救援,亦未垫付医疗费用,导致王某不能在瑞士当地完成治疗。鉴于王某回国后的继续治疗费用系属因生命保险北京分公司违反双方保险合同的违约行为所致损失,故对其在国内发生的医疗费用,亦应由生命保险北京分公司予以赔偿。王某关于康复费用等其他损失未向法院提供证据,法院对此不予支持。[2]

其五,被保险人按照合同履行义务并且具备理赔条件。应注意的是,提供这些证明和资料的前提是被保险人或受益人能够提供。《保险法》第二十二条将被保险人或受益人的举证责任界定于"其所能提供的证明和资料"的范围内。"其所能提供的证明和资料"的举证责任要求与一般的举证责任的要求是不同的,它不是一种绝对的举证责任,而是指作为一个正常合理的举证人所能提供的"客观所能提供"。"所能提供"标准的确立,是基于保险索赔方往往是广大的贸易商或生产厂家或普通民众,他们自身缺乏保险的专业素质和技能,再加上保险事故的复杂性,因此,无法对他们举证责任的要求过于苛刻。倘若苛以保险索赔方严格的举证责任,不仅有悖公平和诚信原则,无疑也会大大妨害他们获得保险赔偿,其投保也就失去了实际存在的意义。[3]

---

〔1〕 参见国家法官学院案例开发研究中心编:《中国法院2014年度案例》(保险纠纷),中国法制出版社2014年版,第21～22页。江苏省扬州市广陵区人民法院(2012)扬广商初字第324号民事判决书。

〔2〕 参见国家法官学院案例开发研究中心编:《中国法院2012年度案例》(保险纠纷),中国法制出版社2012年版,第159页。

〔3〕 参见何丽新:《保险索赔中举证责任特殊性的思考》,载《河北法学》2000年第3期。

（三）保险人证明责任

保险人的证明责任，主要围绕保险金请求权人的主张而展开，通过不断进行抗辩，促使法官作出有利于自己的判断。当保险金请求权人主张赔付保险金时，保险人有权以保险合同未成立、解除、无效或损失系除外原因等为由主张免责，在抗辩的同时必须承担相应的举证责任，这既是保险人的权利，也是保险人的义务。就结构而言，一般保险金请求权人处于主张请求方即原告，保险人为被告处于抗辩方，但并非全部证据的举证责任都归结于保险金请求权人，尤其是保险金请求权人主张的事实无法确定，既存在是承保危险造成又存在非承保危险造成的可能性时，法官通常会根据被保险人利益优先的原则对因果关系的证明采取缓和的态度，推定保险事故成立，此时保险人的免责事由举证显得更为重要。但是，保险人不能证明危险事故是由除外原因造成，又认为事故原因不具备完全的排他性时，不能认为保险人拒赔理由成立，而应由其继续举证。此外，保险人拒绝赔偿的另一重点依据就是举证证明原告提供的事实依据存在瑕疵或不能证明其主张。应强调一点，保险人以合同订立时投保人或被保险人不具有保险利益为由主张合同无效或主张免除保险赔付责任的，应当承担举证责任。保险人接受投保单并预收保险费后，非因投保人原因在合理期限内未对投保处理发生争议的，保险人承担对投保人是否符合承保条件的举证责任。从平衡双方当事人的举证能力以及考量保险法立精神后，在保险金请求权人已初步证据证明，则保险人应对免除自身责任举证。

由于现实社会生活的多样性，在某种情况下保险人也有可能作为原告起诉，主张合同成立，此时应承担举证责任。

【案例 11－6】 中国人民财产保险股份有限公司广东省分公司直属支公司诉肇庆市联裕实业有限公司保险合同纠纷案

二审法院认为，根据本院二审补充查明的事实，可以充分证明简某某为联裕公司的职员，其代表联裕公司经办与人财保广东直属公司就联裕公司投保一切险的事宜，其行为为履行职务的行为，由此而产生的法律后果应当由联裕公司承担。上诉人人财保广东直属公司提供的 2009 年 1 月 4 日《财产保险投保标的明细表》虽然为传真件，但是该传真件经第三人简某某确认属实，本院对 2009 年 1 月 4 日《财产保险投保标的明细表》的真实性予以确认。联裕公司在上述明细表上加盖公章的行为，应当视为联裕公司对向人财保广东直属公司投保财产一切险进行了确认。人财保广东直属公司在收到联裕公司确认的 2009 年 1 月 4 日《财产保险投保标的明细表》后，向投保人联裕

> 公司发出了正式保单及发票，简某某于2009年1月12日予以签收。据此，联裕公司与人财保广东直属公司之间的保险合同关系成立，且合法有效。[1]

应注意的是，《保险法》明确规定一切险举证责任主体，是保险人而非被保险人，除非保险人证明所有损失是属于除外责任范围，否则所有损失均属于保险责任范围之内。

【案例11－7】　中禾公司因职员过失造成财产损失诉平安保险公司保险理赔案

> 二审法院认为，中禾公司向平安保险公司投保财产一切险，财产一切险主要保险范围是除了保险单列有的除外责任外的自然灾害和意外事故。财产一切险的举证责任在保险人而非被保险人，除非保险人证明损失是属于除外责任范围，否则所有损失均属于保险责任内。[2]

在涉及保险人解除保险合同诉讼中，保险人为证明其解除合同行为的合理性，对于投保人如实告知的举证分配问题；有法官认为，在与如实告知义务有关的诉讼中，法院似乎更倾向于要求保险人证明"投保人未履行如实告知义务"，而保险人也很愿意向法院承担此项证明义务。至少在习惯上，在保险人的证据促使法官形成"投保人未履行如实告知义务"的初步心证之前，法院不会要求投保人证明其妥善地履行了这一义务。保险人的证明责任具体包括以下内容：第一，保险人应当向法院证明，其就保险标的或被保险人的有关情况向投保人提出了询问。第二，保险人应当向法院证明保险标的或被保险人的真实状况。第三，保险人应当向法院证明投保人就有关问题的告知内容与事实不符，并且足以影响保险人决定是否承保或者提高保险费。[3]

（四）举证责任特殊情形

1. 举证责任的二次分配

《民事诉讼法》规定了"谁主张，谁举证"的一般规定，即当事人对其提出的主张，有责任提供证据证明。从结果意义的举证责任来说，当待证事实处于真伪不

---

〔1〕 参见最高人民法院中国应用法学研究所编：《人民法院案例选》2011年第3辑（总第77辑），人民法院出版社2011年版，第249页。

〔2〕 参见最高人民法院中国应用法学研究所编：《人民法院案例选》2006年第1辑（总第55辑），人民法院出版社2006年版，第258页。

〔3〕 参见刘建勋：《保险法典型案例与审判思路》，法律出版社2012年版，第256页。

明的状态时，主张该事实的当事人应承担不利的法律后果。这强调的是在作为裁判基础的事实处于真伪不明的状态时，法官如何裁判的问题。也只有在待证事实真伪不明的情况下，才需要进行举证责任的分配。《保险法》第二十二条规定了被保险人证明限度，即"其所能提供的"。这是考虑到被保险人可能遇到的举证方面种种困难，该条还规定"保险人依照保险合同的约定，认定有关的证明和资料不完整的，应当通知投保人、被保险人或者受益人补充提供有关的证明和资料"。但对于保险人所要求的证明和资料无法提供的情况下如何处理没有规定，从举证责任上讲，存在举证责任的二次分配，这是适应现实社会生活复杂、多样性。实践中，法官根据公平和诚实信用原则，综合当事人举证能力来确定举证责任的承担。

【案例11－8】 孙某等诉保险公司保险合同纠纷案

俞某的继承人向法院提交了公安机关出具的死亡调查结论、鉴定结论书、拍摄的证明该酒店房屋内的窗户存在危险性的照片、代理费发票、交通费发票等证据，已尽其所能向保险公司提供与确认保险事故的性质、原因有关的证明和资料，但原因仍然无法证明，综合考量保险金请求权人的专业素质和该起保险事故的复杂性，如果要求俞某的继承人就俞某死因是否为意外伤害提供更为详尽的证据，有悖于公平和诚信原则，也不符合《保险法》"被保险人权益优先"的原则。保险受益人已尽其所能证明了保险事故的性质，关于保险事故原因的举证责任由此转移给保险人。而且保险公司主张是除外责任，也对其主张负有举证的责任，即证明保险事故的原因是除外责任中列明的原因。法院认为，某保险公司如认为保险事故系由除外责任事由所致应当承担举证责任，某保险公司未就除外责任事由进行举证，应当承担举证不能的法律后果。[1]

货物运输保险中，被保险人货物交付举证后则转由保险人对免责事由举证。

【案例11－9】 上海金望文化传播有限公司诉中国人民财产保险股份有限公司上海市直属支公司财产保险合同纠纷案

关于被告主张的原告应对货物在运输途中灭失承担举证责任的意见是否成立的问题。一审法院认为，原告作为被保险人只要证明其交付的货物在保险期间内发生了短少，其举证义务即告完成。被告作为保险人应对其免责事由承担举证责任。按照涉案保险合同可以得出，如果被保险货箱内物品的短损不是发生在运输途中，则被告免责。因此，被告须对此承担举证义务。庭审中，被告认为货箱的外包装是完好无损的，说明货物的短少不是发生在

〔1〕 参见北京市高级人民法院编：《审判前沿——新类型案件审判实务》2010年第4集（总第34集），法律出版社2011年版，第80页。

运输途中,其中的因果关系一审法院不予支持,理由在上文中已经阐述。因被告主张的免责事由不能成立,对其上述意见一审法院无法采信。二审法院亦持同样意见,维持一审判决。[1]

在诉讼中,当事人若欲证明自己的主张均须提出证据,其中包含一方对另一方意见的否定,但这些都是基于主观的举证责任的要求。若一方证据的证明力处于优势,使法官得以形成全面心证时,由谁承担客观的举证责任并不重要。而当双方证据力相当,事实处于"真伪不明"的状态时,客观的举证责任分配至关重要。[2]

在某些特殊情形下,依照"谁主张,谁举证"举证责任分配的一般规则,则有可能造成极不公正、极不合理的结果,就需要法官进行重新分配举证责任。举证责任配置的根本宗旨在于维护法律的公平和正义,举证责任配置为此有必要考虑当事人举证的难易程度、收集证据的能力强弱以及是否有利于实体法的立法宗旨等因素,来重新确定某些特殊情形下的举证责任配置标准。[3] 举证责任的除外、举证责任的倒置和举证责任的转换就是特殊情形下举证责任的分配。在举证责任规定不明时,保险金请求权人提供了客观上能够提供的材料、提出了承保事故引起损失的表面证据后,应视为完成了力所能及的证明义务和举证责任,除非保险人举证证明该损失系由除外责任所引起。举证责任由此转移给保险人,如果保险人经审核认定的损失与保险金请求权人主张的数额不同,则保险人应就其认定损失的依据进行举证并承担相应的举证不能的责任。

司法实践中,人身意外保险事故的意外性处于"真伪不明"状态时,究竟应由谁承担客观的举证责任,承受不利的裁判结果,是极有争议的问题。人身意外伤害保险条款一方面规定了保险事故须具有"非故意性",另一方面又规定了被保险人故意造成保险事故的,保险人免于保险金给付。依照《民事诉讼法》之"法律要件分类说",保险金请求权人必须就权利产生的法律事实"非故意"的事故承担举证责任,而保险人须就权利不存在的法律事实——"故意"的事故存在承担举证责任。实践中,相关案件因法官举证责任的分配不同而出现截然的处理结果。理论上对举证责任承担,有保险金请求权人承担和保险人承担两种观点。保险人承担举证责任,其主要理由为:第一,故意免责条款具有决定举证责任归属的特殊法律意义。第二,消极事实的证明不利于保护请求权人的利益。第三,从经验上推定事故的"非故意性"。有学者认为,我国《保险法》有关故意免责的规定于举证责任分配上具有强行性法属性,故举证责任应由保险人承担。由于《保险法》未将"非故意"作为"意外"的构成要件,那么,人身意外伤害保险中,实际上只有

---

[1] 参见邹碧华主编:《2013年上海法院案例精选》,上海人民出版社2013年版,第239页。

[2] 参见岳卫:《人身保险中故意免责的举证责任》,载《法学》2010年第5期。

[3] 参见李浩:《民事举证责任研究》,中国政法大学出版社1993年版,第158页。

"外来的""突发的""非疾病的"这三者为保险事故的构成要件,而"非故意"并非构成要件,而仅为确认故意免责事由不存在的要素而已。因此,请求权人只需要就"非故意"以外的三个要件承担举证责任即可。[1]

【案例 11-10】 湖北省宜都农村合作银行诉中国人寿财产保险股份有限公司湖北省分公司保险合同纠纷案

二审法院认为,非疾病死亡对宜都银行而言,是消极事实。在宜都银行已提供熊某是突然死亡且死亡与被保险人主观意志无关的初步证据后,其行为意义上的举证责任即已完成。此时,应由人寿保险公司提交熊某是死于疾病等属于保险合同免责范围的相关证据,否则应承担不利的法律后果。人寿保险公司可以通过举证证明熊某是死于疾病等方式完成行为意义上的举证责任,从而阻止不正当请求案件的发生。原审法院将所有的举证责任自始至终均交由宜都银行承担,可能使正当的请求权人蒙受不利裁判,应予纠正。综上,原判认定事实清楚,但适用法律错误。[2]

【案例 11-11】 卓某诉中国人寿保险股份有限公司厦门市分公司保险合同纠纷案

判决观点,被告与陈某之间存在合法有效的保险合同关系。现陈某已死亡,原告主张陈某系意外伤害死亡,为此,提供了汀溪派出所出具的报警回执及汀溪镇汪前村民委员会出具的证明,证明陈某系意外摔倒致死。对此,被告虽然提出异议,却未能提供充分的证据加以反驳。其提供的死亡医学证明书,仅是复印件,原告对该证据的真实性提出异议,而被告却无法证明其真实性,亦无法提供证据证明原告持有该证据原件拒不提供。被告称其曾要求原告对陈某的尸体进行尸检被拒绝,但提供的自称与陈某侄女及侄子谈话的录音资料,原告对真实性不予认定,而被告无法提供被录音者的姓名以供核实,亦缺乏其他相应的证据予以佐证,且被告亦缺乏证据证明其曾向原告要求对陈某进行尸检,故法院对该证据不予认定。被告提供的另一份自称系与汀溪派出所警官的录音资料,同样无法提供被录音者的姓名以核实其真实性。综上,被告应承担举证不能的法律后果,原告有权作为死者陈某的合法继承人向被告主张保险金,被告应支付原告保险金 10 万元。[3]

保险索赔纠纷中,证明责任分配属于特殊证明责任分配形式——举证责任就

---

〔1〕 参见岳卫:《人身保险中故意免责的举证责任》,载《法学》2010 年第 5 期。

〔2〕 参见国家法官学院案例开发研究中心编:《中国法院 2018 年度案例》(保险纠纷),中国法制出版社 2018 年版,第 159 页。湖北省宜昌市中级人民法院(2015)鄂宜昌中民二终字第 00345 号民事判决书。

〔3〕 参见国家法官学院案例开发研究中心编:《中国法院 2016 年度案例》(保险纠纷),中国法制出版社 2016 年版,第 201 页。福建省厦门市思明区人民法院(2013)思民初字第 10936 号民事判决书。

发生转换。这种举证责任的转换是指请求权人只要完成法定的举证责任之后,举证责任就发生转移,这里的法定举证责任是实体法明确规定的初步举证责任,而非完整的举证责任,请求权人完成法律规定的举证责任之后,举证责任转移到了相对方,而相对方的举证责任相对较重,若其未能完成证明将承担不利的诉讼后果,这种举证责任转移(或二次分配)客观上有利于初步举证方即请求权人。

【案例 11-12】 王某福、王某英诉中国人民保险股份有限公司厦门市分公司财产保险合同纠纷案

一审法院认为,原告已提交了死亡证明书证明王某系意外死亡,其已完成了力所能及的初步证明义务,根据公平原则,应当认定原告已完成了证明保险事故发生的举证责任。此时,被告应提供证据证明该事故不属于保险事故。但是被告却不能提供相应的证据证明王某的死存在故意的或疾病的或非外来的情形;故被告理应按照保险合同的约定支付保险金 160,000 元,原告有权作为死者王某的合法继承人向被告主张保险金。二审调解结案。[1]

2. 适用公平原则分配举证责任

在法律对举证责任规定不明的情况下,法官应当考虑保险案件的特点,公平分配举证责任。综合考量三个因素分配举证责任:其一,保险合同的特殊性,保险合同具有保险事故的偶然性、射幸性、救助性和保险相对人处于明显弱势地位。其二,民事举证责任可调整性。其三,《保险法》有关规定的字面含义。[2]

投保车辆事故原因不明时应适用公平原则分配举证责任。

【案例 11-13】 永春诚德物流有限公司诉中国人寿财产保险股份有限公司泉州市中心支公司保险合同纠纷案

判决观点,根据永春县公安局交通警察大队蓬壶中队出具的交通事故出警证明,闽 C××××3 牌号重型自卸货车该车后斗掉落、相关部件损坏的事故的原因有两种可能:一是驾驶员操作不当引起的,二是车辆机械故障引起的,但无法查证清楚导致车斗掉落的原因是驾驶员操作不当还是车辆自卸器等机械问题。永春诚德物流有限公司主张事故是因驾驶员操作不当引起的,要求保险公司承担全部损失的赔偿责任,中国人寿财产保险股份有限公司泉州市中心支公司主张事故因车辆机械故障引起,属于保险公司的免赔范围而

---

〔1〕 参见国家法官学院案例开发研究中心编:《中国法院 2014 年度案例》(保险纠纷),中国法制出版社 2014 年版,第 34~35 页。福建省厦门市思明区人民法院(2012)思民初字第 2723 号民事判决书。

〔2〕 参见成立等:《财产保险损失的举证责任》,载谢宪、李友根主编:《保险判例百选》,法律出版社 2012 年版,第 344~345 页。

拒绝赔偿。因双方均无法举证证明各自的事实主张,应各自承担举证不能的法律后果。永春诚德物流有限公司对闽C××××3牌号重型自卸货车已向中国人寿财产保险股份有限公司泉州市中心支公司投保了机动车损失保险(保险金额155,480元)、不计免赔率险等险种,事故发生保险期内,依据公平原则,双方对闽C××××3牌号重型自卸货车的事故损失各自承担50%的责任比较合乎情理,事故损失金额以双方认可的鉴定评估报告的评估金额48,360元为准。〔1〕

【不同处理】 有的法院将事故不明的举证责任分配给保险人。

【案例11-14】 一起机动车车辆险不明原因火灾的诉讼案

判决观点,由于被告不能举证证明该起火灾事故系其他原因所致,故对被告辩称的火灾原因不明,没有火警证明,因而不予赔偿的抗辩主张,法院依法不予采纳。判决支持原告的诉讼请求。〔2〕 本案判决存在的问题为:将机动车车辆险的举证责任分配给了保险人,且未说明缘由。在机动车车辆险中,如果火灾原因不明,保险人应当承担保险金给付责任,但这并不意味着举证责任分配给了保险人。除了"故意制造保险事故"这一火灾原因例外具有举证责任评价意义之外,一般而言的火灾原因不明并不涉及举证责任的分配,既不用分配给被保险人,也不用分配给保险人。

应注意的是,请求权人对保险事故原因负有初步证明责任,不能完成初步原因举证的,则不存在其后的分配责任,则承担败诉风险。

【案例11-15】 刘某某诉中国太平洋财产保险股份有限公司北京分公司财产保险合同纠纷案

二审法院认为,本案中,由北京市丰台区公安消防支队出具的情况说明显示,涉案火灾原因不能排除人为因素所致,存在放火嫌疑。而根据合同约定对涉案事故的原因、性质确定的结论直接关系到涉案事故导致的损失是否属于保险合同约定的事故和是否属于保险公司保险责任范围的判断。当事人未能提供证据或者证据不足以证明其事实主张的,由负有举证证明责任的当事人承担不利的后果。刘某某还提出了京N3××××牌号车辆维修费的理赔请求,但发生涉案事故时,京EB××××牌号车辆处于静止状态,并未与京N3××××牌号车辆发生机动车道路交通事故,不属于第三者商业责

---

〔1〕 参见国家法官学院案例开发研究中心编:《中国法院2019年度案例》(保险纠纷),中国法制出版社2019年版,第92页。福建省泉州市永春县人民法院(2017)闽0525民初2171号民事判决书。

〔2〕 参见武亦文:《机动车车辆险不明原因火灾的举证责任分配》,载谢宪、李友根主编:《保险判例百选》,法律出版社2012年版,第475页。

任险中的保险事故。刘某某此项主张没有事实和法律依据。[1]

涉及两个保险责任范围不同的保险合同，请求权人对于事故属于保险责任范围负有举证责任，保险人对于存在免责情形也负有举证责任，应分别作出分析认定，不能一概而论。

【案例 11－16】　鲍某某、奚某某诉中国平安人寿保险股份有限公司台州中心支公司人身保险合同纠纷案

判决观点，从奚某雅死亡当日留下的字条内容来看，奚某雅存在自杀的可能，但其究竟死于自杀还是意外，在本案中无法查明。根据《民事证据规定》第二条的规定……本案中，关于平安护身福终身寿险（分红型）合同，原告、被告主要争议在于是否存在保险责任免除的情形，被告平安公司对存在责任免除的情形负有举证责任。由于两原告不能举证证明奚某雅死于意外伤害，即不能证明奚某雅死亡属于平安附加护身福意外伤害保险合同约定的责任范围，应承担举证不能的法律后果，其要求被告支付保险金 300,000 元和相应利息的诉请，本院不予支持。而被告不能举证证明奚某雅死于自杀，即不能证明存在平安护身福终身寿险（分红型）合同约定的责任免除情形，也应承担举证不能的法律后果。因此，被告应当根据平安护身福终身寿险（分红型）合同约定支付保险金。[2]

3. 法院依职权取证

根据《民事诉讼法》第六十七条第三款的规定，法院有依职权收集证据的责任。最高人民法院多次强调："谁主张，谁举证"，强化当事人的举证责任，这是举证的基本规则，也是民事审判方式改革的方向，绝不能动摇。但对此不能片面理解，人民法院也有职权调查收集证据的责任。[3]

【案例 11－17】　中国人民财产保险股份有限公司广东省分公司直属支公司诉肇庆市联裕实业有限公司保险合同纠纷案

二审法院依职权调取查明案件事实的关键证据。本案中的关键事实是第三人简某某是否为联裕公司职员？联裕公司极力否认第三人简某某为其公司职员，人财保广东直属公司虽然提供了简某某的银行卡及其银行卡的部

---

〔1〕 参见国家法官学院案例开发研究中心编：《中国法院 2018 年度案例》（保险纠纷），中国法制出版社 2018 年版，第 52 页。北京市第二中级人民法院（2017）京 02 民终 770 号民事判决书。

〔2〕 参见国家法官学院案例开发研究中心编：《中国法院 2016 年度案例》（保险纠纷），中国法制出版社 2016 年版，第 212 页。浙江省台州市椒江区人民法院（2014）台椒民初字第 00211 号民事判决书。

〔3〕 参见最高人民法院民事审判第一庭编：《民事审判指导与参考》2007 年第 1 集（总第 29 集），法律出版社 2007 年版，第 32 页。

分流水单,但其证据不足以证明该银行卡为联裕公司向简某某发放工资的事实。故二审法院依职权向中国银行调查取证,证明联裕公司在合同洽谈保险事宜期间,向简某某发放工资。并且二审法院经多次联系第三人简某某,向其调查取证,简某某本人对其作为联裕公司行政总监办理保险事宜均予以确认。据此,可以充分认定简某某为联裕公司职员,其代表联裕公司向人财保广东直属公司投保,联裕公司与人财保广东直属公司之间的保险合同成立。本案中,一审法院虽然追加简某某为本案第三人,但其没有对本案的关键人物简某某进行调查并查明身份,只是关注当事人提供的证据。对事实进行表面上的分析,而忽视了查明案件事实的关键证据,没有深入分析这些事实的内在联系,这是本案一审判决被改判的根本原因。[1]

4. 举证责任分配自由裁量

在司法实践中,还需要注意法官对个案中举证责任的自由裁量权问题。法官从个案实际出发,避免对举证责任的僵化理解,维护保险公司的合法利益。

【案例 11 -18】 张某诉华某财产保险股份有限公司北京分公司保险合同纠纷案

一审法院认为,本案涉及交通事故,经公安交通管理部门认定该车辆驾驶超速且超载,违反了《道路交通安全法》中有关机动车辆装载的规定,“超载”的概念明晰,不会产生理解上的歧义。且该行为既属于违法行为,又违反了保险合同中的投保人、被保险人义务。华某顺义支公司依据保险合同第三十条的约定有权拒绝赔偿。一审法院驳回张某的诉讼请求,二审法院驳回张某上诉,维持原判。[2] 本案中,法官以超载概念清楚而免除了保险人举证责任。

财产保险事故造成损失到底是多少,是一个事实问题。但在发生争议时,其争议的损失事实无法查清,法官可以行使自由裁量权分配举证责任。在事实无法查清的情况下,义务是否履行,权利是否合理行使将为证明责任的分担提供依据,法官可以据此将举证责任分配给主张保险金请求权的原告承担。如保险车辆在外地发生交通事故,原告即被保险人拒绝当地定损,保险车辆开回承保地后拒不提供车辆存放处,不通知保险公司定损,直接维修并对损失进行鉴定的,其原告单方修理、鉴定行为的证据并不能证明其主张的损失是否本次事故造成、是否真实、

---

〔1〕 参见最高人民法院中国应用法学研究所编:《人民法院案例选》2011 年第 3 辑(总第 77 辑),人民法院出版社 2011 年版,第 249 页。

〔2〕 参见北京市高级人民法院编:《审判前沿——新类型案件审判实务》2008 年第 1 集(总第 19 集),法律出版社 2008 年版,第 61 页。

是否必要、是否合理，法官可以违反《保险法》的相关规定，将举证责任分配给原告。由原告承担照片证明当时的现场情况，换下的受损部件与当时碰撞相吻合、证明车辆实际维修与事故有因果关系等。法官可根据情况分配保险人承担举证责任。

【案例 11－19】　甲厂诉某财产保险公司保险合同纠纷案

争议的焦点在于流动资产的损失确定举证问题。二审法院认为，甲厂起诉称其尚存在流动资产（原材料、产成品）损失 116.3318 万元，其主要依据是其持有的总分类账和库存账册，但该两本账册不足以证明其主张的损失数额。判决撤销一审判决赔偿流动财产损失 114 万元判项。甲厂申请再审，调解结案，财产保险公司赔偿甲厂 56.163 万元。[1] 本案中，二审法院认为被保险人应负举证责任，以被保险人举证不能而不支持其请求的做法属于适用法律不当。虽然消防大队出具火灾原因认定书对流动资产的损失未予以认定，但从现有证据可以认定，流动资产损失是存在的。鉴于定损理赔的责任应由保险人承担，因此在被保险人列明损失后，保险人应就其主张的损失在保险金额范围内进行理赔。如果保险人经审核认定的损失与被保险人主张的数额不同，则保险人应就其认定损失的依据进行举证。在保险人不能提供相应证据的情况下，应由其承担举证不能的责任。

【不同处理】　实践中，通常将证明保险欺诈的证明责任分配给保险人，但也有相反的观点。法官不认为保险人承担保险欺诈的证明责任，而应由被保险人承担证明事件为“意外”。

【案例 11－20】　胡某诉平安人寿保险公司哈尔滨分公司保险合同纠纷案

判决观点，胡某确系在保险期间内被其狩猎用猎枪击掉左手拇指，但根据有关法律和保险条款的规定，胡某有责任提供证据，证实其左手拇指被猎枪击残是意外事故所致，才能获取保险金。鉴于胡某现在不能提供充分的证据证实其左手拇指伤残是猎枪意外伤害，故对其请求保险金给付的诉讼请求，不予支持。[2] 在本案中，因猎枪性能完好、胡某违背其经济能力的巨额投保反常行为，使法官认为保险事故存疑，而将事故为意外的证明责任分配给胡某，在胡某不能证明事故为意外情形下判定其承担不利后果。

等待期存在争议时，举证责任分配给保险人。

---

〔1〕 参见成立等：《财产保险损失的举证责任》，载谢宪、李友根主编：《保险判例百选》，法律出版社 2012 年版，第 341～343 页。

〔2〕 参见许崇苗、李利：《中国保险法原理与适用》，法律出版社 2006 年版，第 257 页。

【案例11-21】 吴某某诉阳光人寿保险股份有限公司重庆市壁山支公司保险合同纠纷案

判决观点,被保险人在保险合同约定的等待期内,在保险公司指定之外的医院诊断为保险合同列明的"重大疾病"之外的某病(肺炎),出院后(已超过保险合同等待期)遵医嘱前往上级医院(保险公司指定的医院)继续诊治,诊断为保险合同列明的"重大疾病"(左肺泡细胞癌伴脑转移),如何理解本案第二次诊断中的"重大疾病",以及两次诊断是否具有关联性,该关联性由谁负责举证,成为本案裁判的关键。阳光保险壁山公司未举出相关证据证明吴某某第一次在非定点医院诊断属轻症重疾或重大疾病范畴,也未举示证明第一次诊断为肺炎与第二次在定点医院诊断为重大疾病之间的关联性,保险公司应当承担相应的保险责任。[1]

5. 举证倒置

机动车与电动自行车发生交通事故时,实行举证责任倒置,即首先推定机动车一方负有全部责任,除非机动车方有证据证明电动自行车驾驶人存在过错。

【案例11-22】 杨某某诉张某等机动车交通事故责任纠纷案

判决观点,被告并未向法院提交有效证据证明原告杨某某存在过错且自己采取了必要处置措施,故法院依法认定原告无责任。[2]

6. 举证责任疑难问题

《保险法》第二十三条规定保险人"应当通知"义务,从一定意义上讲亦是一项典型的保险金请求权人举证责任免除的事由。根据规定保险人有指导举证的义务,如认为保险金请求权人索赔不够完善需补正,必须履行通知义务。如果保险人违反规定没有及时通知,导致确认事故原因及损失金额的证据材料丢失而无法重新取得,保险人应承担由此引起的法律后果,保险金请求权人的举证责任免除。

有学者认为,法院完全可以以被保险人保险费交纳数额与收入不成正常比例、短期内突出投保、枪支于结构上不存在任何缺陷非人为因素不会走火等可疑情形为间接证据,直接判定保险人举证成功,而无须将举证责任分配给被保险

---

〔1〕 参见国家法官学院案例开发研究中心编:《中国法院2016年度案例》(保险纠纷),中国法制出版社2016年版,第219页。重庆市壁山区人民法院(2014)壁法民初字第03325号民事判决书。

〔2〕 参见国家法官学院案例开发研究中心编:《中国法院2013年度案例》(道路交通纠纷),中国法制出版社2013年版,第146页。

人。[1] 有法官认为,法律有关举证责任的规定只能是方向性的指引,而不可能是面面俱到地规范每一种带有特殊性的具体事实。因此,如果一概而论地将证明保险欺诈的责任分配给保险人,必将导致裁判的机械与僵化,并且在客观上纵容道德危险。保险欺诈行为通常秘而不宣,由保险人证明该行为"客观属实"具有极大的难度。因此,在某些保险事故严重存疑、蕴含道德危险的可能性明显存在的情形下,法院应当将"证明事故之偶然性"的证明责任分配给保险相对人,并且在相对人不能完成证明义务的情形下判定其承担不利后果。[2]

应该清楚看到,现行法律对保险合同举证责任分配的缺陷问题。有学者认为,我国《保险法》以及诉讼法中未针对保险合同的特点规定相应的举证责任分配制度。因此,关于举证分配更多由保险合同条款决定。如果将结果责任的保险合同条款规定为列明风险责任的保险合同条款,由于该条款的使用加重了被保险人或者受益人的举证负担,那么所涉及的条款应无效。如将定期寿险的保险人的给付保险金的责任限定为被保险人因为意外或者疾病身故。依据该条款被保险人的继承人或者受益人不仅需要证明被保险人死亡的事实,而且需要证明被保险人死亡的原因(疾病或者身故),这无疑加重了被保险人的举证责任负担。[3]

---

〔1〕 参见岳卫:《人身保险中故意免责的举证责任》,载《法学》2010 年第 5 期。

〔2〕 参见刘建勋:《保险法典型案例与审判思路》,法律出版社 2012 年版,第 369 页。

〔3〕 参见管贻升:《无效保险合同条款的类型化分析》,载胡晓珂、陈飞主编:《保险法律评论》2010 年第 1 集,法律出版社 2010 年版,第 188 页。

二、保险合同举证范围

保险举证范围,在个案中因诉求主张不同,当事人不同而有所差异;因其险种的不同,其举证的范围亦有差别。以下分类阐述举证范围。

从当事人分类讲,有赔偿金请求权人和保险人。

(一)保险金请求权人举证范围

1.如实告知义务的举证

如实告知是投保人的一项法定义务,也是保险金请求权人承担的一项主要举证义务。证明内容是如实告知的事实,但投保时与复效时告知内容有别,复效时事项仅限于复效期内是否发生保险事故,对于其他事由在所不问。

【案例11-23】 李某某、金某某诉新华人寿保险股份有限公司吉林分公司人身保险合同纠纷案

判决观点,被告答辩称原告属于隐瞒病情,带病投保,没有履行告知义务,系依据农安县人民医院的住院病历中的"出院记录"页,但医院病历中病人主诉部分均载明为"间断性右上腹部不适3个月,家中伴发热3天,病史为3个月前",而出院记录所载明的"乙肝病史3余年"与原告入院的主诉不符,且被告业务员曲某荣证实医院医师浦某广承认系其在出院记录中表述错误所致。此外,医院载明病史3个月依据的是肿瘤医院的检验单,而载明病史3年余没有任何依据,因此,出院记录的证明效力低于入院记录的证明效力。再者,被告在原告投保时未组织被保险人金某某进行体检,且被告也未提交原告金某某在投保前曾在医院因病诊治过的证据,因此,被告仅依据该病历中前后矛盾的内容认定原告未履行告知义务的辩解理由不够充分,不予

支持。[1]

现实生活中，在订立保险合同时，在书面问答有关询问项目时往往由其业务员代为填写，之后再要求投保人签字确认，这其中就存在投保人口头如实告知但业务员没有将实际情况记入调查问卷的情形实际存在，由于投保人难以提供充分证据佐证这些事实的存在，法官不可能依据投保人的口头陈述就对此加以认定。对此争议，由投保人承担已如实告知而保险人故意不填的举证责任。

【案例11-24】　王某诉韩某、保险北京分公司人身保险合同纠纷案

判决观点，本案中，王某该诉讼主张不能成立理由如下：第一，现有证据不足以证明韩某存在阻碍王某履行如实告知义务、诱导王某不履行如实告知义务的行为。根据王某提交的证据，可以认定投保单系在王某在场情况下由韩某代为填写后经王某签字确认，因此，依据《保险法解释（二）》的规定，投保书中有关健康告知的部分内容，应视为王某的真实意思表示，除非王某提供证据证明韩某存在《保险法》第一百三十一条相关规定情形。依据王某提交的现有证据，不能认定韩某存在阻碍王某履行如实告知义务、诱导王某不履行如实告知义务的行为，王某作为负有举证义务的一方，应当承担举证不能的不利后果。第二，即便韩某存在《保险法》第一百三十一条第三项规定之行为，也不能直接产生合同无效的法律后果。保险代理人系根据保险人的委托，在保险人授权的范围内单位办理保险业务，保险代理人在授权范围内代办保险业务的行为，应由保险人承担责任。结合《保险法》第十六条第五款的规定，如保险代理人阻碍投保人履行如实告知义务或诱导投保人不履行如实告知义务，其法律后果应为保险人丧保险合同解除权，并对相应保险事故继续承担保险责任，而非直接导致保险合同无效。判决：驳回王某的全部诉讼请求。[2]

病历记录中患者主诉内容不能作为人身保险中，投保人未如实告知的直接证明依据。

【案例11-25】　刘某诉人保上海分公司人身保险合同纠纷案

判决观点，第一，出入院记录、出院小结中载明的“主诉”和“入院情况”不同于医院检查或诊断结果，准确性可能受到患者陈述的精准性及医生理解、总结患者陈述情况的影响。第二，原告对该记录出现的解释具有一定合

---

〔1〕 参见国家法官学院案例开发研究中心编：《中国法院2016年度案例》（保险纠纷），中国法制出版社2016年版，第208页。吉林省农安县人民法院（2014）吉农民初字第4658号民事判决书。

〔2〕 参见国家法官学院、最高人民法院司法案例研究院编：《中国法院2023年度案例》（保险纠纷），中国法制出版社2023年版，第132页。北京市海淀区人民法院（2020）京0108民初5404号民事判决书。

理性。原告陈述其去医院办理住院时，医生问其什么时候发现的甲状腺结节，没有出示体检报告，只是口头回答春节之前检查发现的，该陈述与原告2020年1月12日参加单位组织的体检情况一致，且可能导致医院将“主诉”记录为“体检发现甲状腺结节1年”。同时，本次住院穿刺检查是2020年4月16日原告就诊的延续，而在2020年4月16日的就诊记录中，医生记录的信息为“最近体检发现甲状腺结节”，与“体检发现甲状腺结节1年”不一致。第三，被告主张原告在投保时已明知自己患有甲状腺结节缺乏其他佐证。根据在案证据及原告、被告的陈述，被告的举证不足以证明原告投保时未如实告知，故对被告的相关辩称意见不予采纳。原告要求确认案涉保险合同继续有效、要求被告支付保险金的诉请，予以支持。判决：(1)原告刘某与被告上海分公司签订的《健康终身疾病保险》合同继续有效；(2)被告人保上海分公司支付原告刘某保险金390,000元。[1]

2. 对人寿保险的举证

证明内容为，被保险人死亡或生存至约定年龄。被法院宣告死亡的，不应视为是客观死亡，亦应认定为保险合同中约定的死亡。

3. 对健康型保险的举证

健康型保险应分两种类型确定证明内容。属于定额给付型的，证明被保险人所患为约定范围之内的重大疾病，是以保险合同约定为准，而不是社会生活常识意义的疾病，对保险合同没有约定的重大疾病不能认定。属于费用补偿型的，证明被保险人患病并接受治疗，以及因此支出费用或减少收入。

4. 对意外伤害与意外伤害事故的举证

意外伤害应区分两种类型确定证明内容。属于定额给付型的，证明被保险人受到意外伤害的事实，以及因此造成被保险人死亡、伤残的结果。属于费用补偿型的，证明被保险人受到意外伤害并接受治疗，以及因此支出费用或减少收入。保险金请求权人主张保险金的，应当对被保险人死于“意外伤害”进行证明，包括证明其符合“非本意的”“突发的”“外来的”“非疾病的”四个要件。

---

〔1〕 参见国家法官学院、最高人民法院司法案例研究院编：《中国法院2022年度案例》(保险纠纷)，中国法制出版社2022年版，第177～178页。上海市浦东新区人民法院(2020)沪0115民初70257号民事判决书。

5. 对财产损失保险的举证

证明内容为保险合同约定责任范围内的保险事故发生,以及该事故造成保险标的损失的程度。

水路货物运输过程中产生货损,被保险人向保险人要求保险赔偿时,不仅要证明双方存在保险合同关系,还需举证证明涉案事故符合保险合同的约定属于保险事故。保险人怠于出具拒赔通知书,亦不能免除被保险人的上述举证义务。

【案例 11－26】　洋浦福海船务有限公司诉中华联合财产保险股份有限公司保险合同纠纷案

二审法院认为,福海公司提起本案一审诉讼,主张涉案货物遭受盗窃发生短少,其作为原告和被保险人,有责任提供证据证明其所主张的保险事故实际发生。本案中,福海公司虽提供证据证明涉案货物发生短少,联合财保公司对此亦予以认可,但在案证据并不能证明货物短少是因为遭受盗窃所造成的,福海公司所提交的证据中,并无有关保险事故发生的直接证据,其未就事故性质完成初步举证证据。联合财保公司接到报案后,对事故现场进行核验,未出具拒赔通知书等行为,尚不构成对发生保险事故的自认,不能以此免除福海公司对该项主张的举证责任。故,福海公司关于发生了遭受盗窃损失的保险事故,联合财保公司应承担保险赔偿责任的主张证据不足,二审法院不予支持。据此,二审法院撤销一审判决,驳回福海公司的诉讼请求。[1]

6. 对责任保险的举证

证明内容为被保险人对第三者依法承担民事责任的事实,要求被保险人承担这种事实是被法律已经确定的事实,被保险人承担民事责任的合法性,且被保险人对第三者的债务已经实际履行。

责任保险第三者行使保险金请求权的,应对符合直接请求权条件举证。

【案例 11－27】　刘某诉某保险公司保险合同纠纷案

一审法院认为,刘某作为保险人,被保险人以外的第三者,在本次诉讼中,没有证据证明被保险人某商贸公司应当对其承担赔偿责任以及具体明确的赔偿数额,亦没有证据证明被保险人某商贸公司存在怠于向保险人请求保险赔偿,故目前刘某并不享有直接请求保险公司赔偿的权利。最终依法驳回

---

〔1〕 参见《人民司法·案例》2017 年第 17 期(总第 784 期)。天津市高级人民法院(2016)津民终 420 号民事判决书。

了刘某的全部诉讼请求。刘某上诉后又撤回上诉。[1]

7. 同意的举证

《保险法》第三十四条第一款所采取的文字表述是同意，既包括事先同意，也包括事后的同意。针对"以死亡为给付保险金条件"的人身保险合同，凡主张合同有效的一方当事人，无论其投保人、被保险人或受益人，均应承担举证被保险人"同意"的举证责任。

8. 宣告死亡的举证

宣告死亡与真实死亡具有相同的法律效力，以死亡为给付条件的人身险中包括真实死亡和宣告死亡。在以死亡（不问原因）为给付条件的人身险中，保险金请求人承担证明承保危险即死亡发生举证责任。提交法院宣告死亡判决，即属完成举证责任。

根据《保险法解释（三）》第二十四条第二款规定，保险请求人对被保险人下落不明之日在保险责任期间负有举证责任。

9. 出险通知义务的举证

保险事故发生后，受益人未依约定或法律规定履行出险通知义务，导致保险人无法核实保险事故的原因以确定保险责任的，由受益人承担举证责任，证明履行出险通知符合约定或法律规定。

【案例 11－28】 张某诉中国太平洋人寿保险股份有限公司厦门分公司保险合同纠纷案

判决观点，保险事故发生后，受益人未依约或法律规定履行出险通知义务，导致保险人无法核实保险事故的原因以确定保险责任的，由受益人承担举证责任，举证不能的，受益人承担不利的法律后果。[2]

10. 违法拒绝承保、拖延承保或者违法解除交强险合同的举证

《道路交通损害赔偿解释》第二十条规定了保险人违法拒绝承保、拖延承保或者违法解除交强险合同的民事责任。对此，由投保人承担举证责任，证明保险人违法拒绝承保、拖延承保或者违法解除交强险合同的事实。

---

〔1〕 参见北京市高级人民法院研究室编：《审判前沿——新类型案件审判实务》（总第 57 集），法律出版社 2019 年版，第 185 页。

〔2〕 参见最高人民法院中国应用法学研究所编：《人民法院案例选》2008 年第 4 辑（总第 66 辑），人民法院出版社 2009 年版，第 282 页。

11. 对认为欺诈订立合同的举证

欺诈,是指以使他人陷于错误并因而为意思表示为目的,故意陈述虚伪事实或隐瞒真实情况的行为。一般而言,一方当事人故意告知对方虚假情况,或者故意隐瞒真实情况,诱使对方作出错误意思表示的,可以认定为欺诈行为。也就是说,欺诈行为可以通过积极作为故意告知对方虚假情况的方式进行,也可以通过消极地不作为如故意隐瞒真实情况的方式进行。

【案例 11－29】　赵某诉中国人寿保险股份有限公司北京分公司人身保险合同纠纷案

判决观点,人寿公司所持投保单的保险期限虽有涂改,但涂改后的内容通过赵某在保险合同送达回执签字并将保险合同送达回执剪下转送人寿公司的行为得到赵某的确认,现赵某提供的证据不足以证明人寿公司存在涂改行为,亦不能证明涂改发生于赵某在投保单上签字之后,故赵某关于人寿公司在订立保险合同过程中存在故意欺诈、隐瞒行为的诉讼主张证据不足,法院不予采信。[1]

实践中,如果投保人对保险人坚持已经对履行提示和说明义务事由及证据抗辩的,则应举证证明保险人未实际进行提示和明确说明。在因现金价值表引发的纠纷中,如果投保人认为保险人未提供现金价值表、现金价值表存在错误、保险人未尽到说明义务等情形时,则由投保人举证证明。在投保人否认保险单背面附有保险条款,主张通知或通过协商一致变更合同的,均应承担举证责任。

12. 保险标的转让举证

保险标的受让人以保险人未履行提示和说明义务,而主张免责条款不生效的,应当举证证明保险人在订立保险合同时,根本未向投保人履行《保险法》第十七条第二款规定的履行提示和说明义务,或其履行的程度未符合《保险法解释(二)》所规定要求。保险人不负有证明在订立保险合同之初履行了提示和说明义务,或证明履行提示和说明义务符合法律规定的要求。

13. 施救必要且合理费用的举证

被保险人就其施救费用的主张承担举证责任,证明采取了什么样措施、产生费用数额,同时证明在当时的事故环境下作为一般被保险人采取措施和发生费用

---

〔1〕　参见北京市高级人民法院编:《审判前沿——新类型案件审判实务》2009 年第 5 集(总第 29 集),法律出版社 2010 年版,第 46 页。

的必要性和合理性。

14. 受益人变更的举证

投保人及被保险人向保险人的代理人员申请变更受益人，因保险人内部原因没有办理受益人变更的批注手续，应由主张未变更受益人承担举证责任。

【案例 11-30】 常俊某与常乐某等人身保险合同纠纷再审案

第二次再审法院认为，本案中，虽没有直接证据表明常鸿某曾变更保险合同受益人为其女儿常乐某，但下列间接证据能得到认证：保险公司保险代办员王某向保险公司提供了该保险合同正本、常鸿某的身份证、户口簿，并数次作证承认是受常鸿某的委托向保险公司申请变更受益人，保险公司审查后办理了受益人变更批单，常鸿某交纳保险合同变更后下一年的续期保费。常俊某作为原告既然诉求常鸿某没有变更保险合同受益人，则应举证证明。而常俊某在历次审理中均没有对常鸿某变更保险合同受益人的行为不是其真实意思表示，予以提供证据证明。综合本案事实来看，常鸿某变更保险合同受益人为其女儿不存在道德风险，且以上间接证据能相互印证变更保险合同受益人为其女儿属真实意思。常鸿某采用口头方式委托变更受益人，由保险公司的保险代办人员王某代为办理相关手续，保险公司予以变更保险受益人，符合当前人身保险合同行为的日常习惯，故可以认定为双方当事人的合意。常鸿某变更保险受益人的意思表示真实，可以认定。《保险法》第四十一条规定：被保险人或者投保人可以变更受益人并"书面通知保险人……"该法条旨在规范合同双方的行为，减少并预防矛盾的发生。保险公司违反《保险法》的规定，对常鸿某变更保险合同受益人的行为予以批注认可，没有认真核实常鸿某变更保险受益人申请书，应当对其瑕疵的变更行为承担相应责任，但不能据此否定该变更行为的有效性。判决维持原再审民事判决。[1]

15. 期限起算和扣除的举证

被保险人主张保险人逾期核定违约责任的，应当证明何时提出赔付请求和提交资料的事实；对核定期限暂停后恢复计算的，应当证明何时补齐资料送到保险人处的事实。

---

〔1〕 参见最高人民法院民事审判第二庭编著：《最高人民法院关于保险法司法解释（三）理解与适用》，人民法院出版社 2015 年版，第 291 页。河南省高级人民法院（2008）豫法民再字第 00034 号民事判决书。

16. 对抗辩举证

否认保险合同内容的应承担举证责任。

【案例 11－31】　神龙汽车有限公司与华泰财产保险股份有限公司等保险合同纠纷案

最高人民法院认为,本案《保险条款》是否存在于保险单背面是认定华泰保险公司和神龙公司双方当事人具体权利义务的一个重要前提。但本案中神龙公司称其所持上述23份保险单正本原件已全部丢失,无法予以出示。现华泰保险公司以保险单抬头明确载明其根据保险单所载条款等承担保险责任;保监会北京办事处出具的《关于华泰保险公司分期付款购车保险合同有关问题意见的函》中明确载明华泰保险公司使用的分期付款购车合同保险条款已于1998年在原保险监管部门中国人民银行北京市分行备案,且根据保险行业惯例,保险条款附在保险单背面,作为保险合同的重要组成部分,以约束保险合同双方当事人;武汉市中级人民法院已先行审理的京贵云雀案中003号保险单原件背面附有保险条款;以及2000年3月华泰保险公司和神龙公司签订的《会谈纪要》表明神龙公司要根据《保险条款》等向华泰保险公司提供有关材料等证据,主张保险单正本背面附有保险条款,神龙公司对此不予认可,应由其负举证责任。鉴于神龙公司至今仍未举出有关证据证明其所持23份保险单正本背面没有保险条款,应由其承担举证不能的责任。故原审法院关于神龙公司对保险单记载内容,包括保险条款已经全部接受,保险条款是本案保险合同一部分内容的认定,本院予以维持。[1]

对弃权抗辩的举证。保险人弃权属于投保人应当主张的抗辩,投保人如欲以保险人存在弃权进行抗辩的,应当在诉讼中提出该主张,并提供相应证据证明存在《保险法解释(二)》第七条规定的情形。

对自杀无民事行为能力抗辩举证。《保险法解释(三)》第二十一条第二款规定:"受益人或者被保险人的继承人以被保险人自杀时无民事行为能力为由抗辩的,由其承担举证责任。"

(二)保险人举证范围

根据《证据规定(修订)》第一条规定,在保险纠纷中,保险人一般作为被告而

〔1〕 最高人民法院(2000)经终字第295号民事判决书。

承担抗辩事实的举证,且主要是对保险合同是否履行的举证。

1. 说明义务的举证

一般认为,保险人应对已经履行了明确说明义务负有举证责任,对此,《保险法解释(二)》第十三条第一款予以明确规定。明确说明的对象,包括免责条款、除外条款等。对原告提出的“被告未就免责条款作出明确说明”,则被告保险人应提供向原告明确说明免责条款的相关证据,以证明其在何时、何地,通过何种方式已向投保人说明了免责条款的具体内容和确切含义。如果保险人不能证明其就免责条款作出了说明,其就应当承担举证不能的法律后果。

【案例11-32】 杨某某诉中国平安财产保险股份有限公司天津市宝坻支公司保险合同纠纷案

一审法院认为,平安保险宝坻支公司在涉案机动车辆第三者责任险合同文本中以黑体字提示免责条款的行为,仅是尽到了提醒投保人注意的义务,根据本案事实、证据,不能认定平安保险宝坻支公司已经履行了免责条款概念、条款的真实含义和法律后果的明确说明义务。[1]

【案例11-33】 丰海公司与海南人保海运货物保险合同纠纷案

判决观点,本案中的保险除外责任中并不包括因承运人的非法行为将整船货物盗卖或者走私造成的保险标的损失,保险人亦不能证明其在签订保险合同时向被保险人说明因承运人的非法行为将整船货物盗卖或者走私造成的损失不属于保险责任范围。[2]

实践中,保险人援引免责条款拒绝赔偿的,必须证明就争免责条款内容尽到提示及说明义务。

【案例11-34】 李某某诉西陵人保公司人身保险合同纠纷案

二审法院认为,保险人以不重复赔偿为由拒绝理赔,又不能证明自己已经明确向被保险人声明此项免责事项的,人民法院不予支持。[3]

【案例11-35】 沈某某诉永诚财产保险股份有限公司上海市静安支公司财产保险合同纠纷案

二审法院认为,保险人援引免责条款拒绝赔偿的,应当证明保险车辆符合约定的免责情形并在投保时已就该免责条款向投保人尽到提示及明确说明义务。双方均确认系争投保单上被上诉人的签字并非其本人所签,上诉人

---

〔1〕 参见《最高人民法院公报》2007年第11期。
〔2〕 参见《最高人民法院公报》2006年第5期。
〔3〕 参见《最高人民法院公报》2006年第7期。

也未举证证明其在双方签订保险合同时就系争免责条款内容尽到了提示及明确说明义务，该免责条款对投保人不产生效力。[1]

应注意两种情形下举证范围不同：一种情形是在投保单中书面载明“请您在投保前务必详细阅读相关保险条款，特别注意责任免除、投保人及被保险人义务、赔偿处理等内容”提示语的，投保人在印有提示语的投保单上签字的，保险人必须就其善尽明确说明义务举证。另一种情形在投保单上印制“投保人声明”栏，内容多为投保人对保险人已经履行明确说明义务认可的一种声明。投保人在该声明栏签字的，即可视为保险人已尽说义务。但这只是一种推定，如果投保人能够提供充分的反证予以推翻的，则不应认定保险人已尽明确说明义务。保险单中没有填写险种名称，应当由负有说明合同内容义务的保险人承担举证责任。

网络投保中，保险人需对保险合同的免责条款已尽到提示及明确说明义务和投保人收到保险条款承担举证责任。

投保人签署了投保书并在投保书上声明已经了解了免责条款，但有证据证明保险人确实没有履行免责条款的提示、解释和说明义务的，则该免责条款亦不产生效力。

【案例 11－36】　周某某诉中银保险公司北京分公司保险合同纠纷案

一审法院认为，原告在投保时虽然签署了投保单并声明被告已对免责条款作了明确说明，但是，证人丛某某证实，在投保时未向原告送达保险条款，亦未对免责条款进行提示和说明，而被告对丛某某的证人证言未提出异议。事实上，原告在买车当日 17 时即离开了汽车销售公司，而保险条款是在 17 时 53 分才打印出来，并且一直放在丛某某处，直到保险事故发生时，原告才取得了保险条款。而丛某某在向原告销售汽车和保险时，刚上岗 1 个月，自己对免责条款的内容和含义还不清楚，根本无法向原告解释和说明免责条款。因此，丛某某的证人证言具有较高的证明力，一审法院对被告在投保时没有向原告送达保险条款，也没有对免责条款进行解释说明的事实予以确认。……在被告确实没有履行免责条款的提示、解释和说明的情况下，即使原告签署了投保书并声明理解了免责条款，免责条款也不能生效。二审调解结案。[2]

---

〔1〕 参见茆荣华主编：《2018 年上海法院案例精选》，上海人民出版社 2020 年版，第 259 页。

〔2〕 参见最高人民法院中国应用法学研究所编：《人民法院案例选》2013 年第 2 辑（总第 84 辑），人民法院出版社 2013 年版，第 295 页。北京市第二中级人民法院（2012）二中民终字第 11156 号民事判决书。

2. 对询问范围及内容有争议的举证

《保险法解释(二)》第六条第一款后半段规定："当事人对询问范围及内容有争议的,保险人负举证责任。"

《保险法解释(四)》第九条规定,保险人对是否询问被保险人存在放弃负有举证责任。

【案例 11－37】 段某某等诉中国平安人寿保险有限公司菏泽中心支公司保险合同纠纷案

二审法院认为,本案中,对于投保时平安寿险菏泽公司是否就李某某的职业进行了询问,双方当事人存在争议。首先,关于本案的举证责任问题。根据《保险法解释(二)》第六条之规定,平安寿险菏泽公司就订立保险合同时对李某某的职业进行了询问的主张,应负举证责任。平安寿险菏泽公司除了提出投保书作为支持上述主张的证据外,未能举出其他证据。其次,关于投保书能否作为证明平安寿险菏泽公司上述主张的有效证据问题。第一,本案被保险人系投保人李某某本人,投保书"投保人"栏目内虽然设定了被保险人的职业填写项,但该投保书中没有载明就该填写项的具体内容进行询问的相关问题;第二,在投保书"声明和授权"栏目中,投保人声明"健康告知""财务及其他告知"栏目的内容均属真实,否则平安寿险菏泽公司有权解除合同,但投保人并未就"投保人"等栏目内容作出上述声明和授权;第三,本案实际操作上投保书先由平安寿险菏泽公司打印填写,后经李某某签字确认完成,但其法律后果与李某某直接填写并无二致。因此,投保书不能证明平安寿险菏泽公司对投保人进行过询问。综上,平安寿险菏泽公司无权以投保书中被保险人的职业填写与实际不符为由解除保险合同,应当按照合同约定对保险事故承担保险责任。[1]

【案例 11－38】 刘某诉民生人寿保险有限公司许昌中心支公司襄城营销服务部保险合同纠纷案

二审法院认为,本案投保单"询问事项"均系选构式固定格式,保险公司对上述事项询问的范围、内容及询问事项的说明负有举证责任。在投保单上"投保人与被保险人/法定监护人声明及授权"之上的书写部分与投保尾部投保人签名的内容明显属不同的人书写,在证人孙某出庭作证明确陈述保单签署前的介绍、联系过程的情况下,结合被上诉人对投保过程的陈述,不能证

〔1〕 参见国家法官学院案例开发研究中心编:《中国法院 2015 年度案例》(保险纠纷),中国法制出版社 2015 年版,第 233 页。山东省菏泽市中级人民法院(2013)菏少民终 37 号民事判决书。

明上诉人对相关内容进行了询问，且本案诉讼多次开庭，上诉人截至本次二审庭审时仍未对其询问的情况进一步举证，故一审认定上诉人未进行询问并无不当。上诉人仅以投保单相关选项栏为“否”，即主张被上诉人存在隐瞒、欺诈证据不足，故保险公司以投保人未履行如实告知义务不承担给付保险金的上诉理由缺乏依据。[1]

3. 危险程度显著增加举证

根据《保险法》第五十二条的规定，对危险程度显著增加的举证责任应当由保险人承担。在实践中，由于保险车辆状况的信息一般是由被保险人掌握，即保险人判定了保险车辆的危险程度显著增加，但一般很难掌握可以被法院采信的证据加以证明。

【不同处理】 实践中，亦有法院将危险责任显著增加的举证责任分配给被保险人承担。

【案例 11－39】 文某某诉亚太财产保险有限公司四川分公司保险合同纠纷案

二审法院认为，对于网约顺风车搭载行为是否明显增加事故风险，不能一概而论。在发生争议时，作为车辆的使用人，车主应就出行目的、行驶线路、出行频率、费用分摊等事实承担举证事实。本案中，对于案涉车辆在事故发生前的具体接单、行程等信息，文某某在二审中陈述为“之前的取消了，只有最近的记录”，因此，对于出行目的、出行频率，文某某应承担举证不能的不利后果。从文某某驾车前往成都市崇州、双流、龙泉三地先后搭载案外人的行驶路线判断，亦不能认定文某某的行为属于顺路搭载他人的行为。综上，认定文某某的行为属于导致保险标的危险程度显著增加的行为。[2]

4. 重要事实的举证

重要事实认定有两个标准：其一，是否足以影响保险人决定是否同意承保。其二，是否足以影响保险人决定提高保险费率。由特定保险人辨别其是否属于重要事实，并由其证明询问的事项是否为重要事实。

---

〔1〕 参见国家法官学院、最高人民法院案例研究院编：《中国法院 2020 年度案例》（保险纠纷），中国法制出版社 2020 年版，第 192 页。河南省许昌市中级人民法院（2018）豫 10 民终 797 号民事判决书。

〔2〕 参见国家法官学院案例开发研究中心编：《中国法院 2019 年度案例》（保险纠纷），中国法制出版社 2019 年版，第 21～22 页。四川省成都市中级人民法院（2017）川 01 民终 14506 号民事判决书。

【案例11－40】 朱某某诉中国某某保险有限公司北京分公司保险合同纠纷案

二审法院认为，在朱某某的体检报告中，朱某某患有甲状腺多发结节；专家建议与指导内容为：甲状腺结节是临床常见的病症，恶性病变虽不常见，但术前难以鉴别、突然迅速无痛地增大或有甲状腺肿瘤家族史者，建议及时去医院专科进一步检查，以明确诊断。保险公司主张，朱某某未告知其患有甲状腺多发结节，该病史与其所患有的重大疾病具有关联性，同时该情形影响其决定是否同意承保或者提高保险费率，但保险公司就两者之间的因果关系并未用充分证据予以证明。〔1〕

5. 符合承保条件的举证

《保险法解释(二)》第四条第二款规定："保险人主张不符合承保条件的，应承担举证责任。"

【案例11－41】 郭某某等诉中国人寿保险股份有限责任公司新宁支公司保险合同纠纷案

判决观点，人寿保险公司虽抗辩杨某某在投保前已患有严重疾病不符合投保条件及未履行如实告知义务和原告主张杨某某死亡符合意外伤害保险的理赔条件没有提供事实依据，从而导致保险合同不成立或可解除而拒赔，结合案情来看，人寿保险公司业务员在承保时未就投保人是否符合理赔条件一一主动进行询问，杨某某死后，人寿保险公司亦派人到场查看后亦未对杨某某死亡原因进行调查和申请鉴定，人寿保险公司不能证明免责情形的存在，就应当按照《国寿附加长久呵护意外伤害保险合同》条款的约定以意外身亡标准对死者家属进行理赔。〔2〕

6. 国家基本医疗保险条款的举证

一般认为，国家基本医疗保险条款具有免责属性，应当划入免除保险人责任的条款范围，故应按保险人说明义务来承担责任，证明内容为提示和解释两部分。

7. 费用补偿医疗保险举证

根据《保险法解释(三)》第十八条的规定，保险人应当证明纠纷所涉保险产

〔1〕 参见国家法官学院、最高人民法院案例研究院编：《中国法院2020年度案例》(保险纠纷)，中国法制出版社2020年版，第176页。北京市第四中级人民法院(2018)京04民终162号民事判决书。

〔2〕 参见国家法官学院案例开发研究中心编：《中国法院2015年度案例》(保险纠纷)，中国法制出版社2015年版，第246页。湖南省邵阳市新宁县人民法院(2013)宁民一初字第1239号民事判决书。

品在厘定医疗费用保险费率时已将公费医疗或社会医疗保险部分相应扣除，并且保险人按照扣除之后厘定的保险费率收取。

对于非国家基本医疗费用的举证，保险人应举证经当地医保或相关部门出具的权威审定文件认定非医保费用，方能认定举证责任完成，对其保险人内部核保部门出具的保险事故伤亡人员医疗费用审核表，不应认定为完成举证责任。

8. 交付保险合同文本的举证

在保险业的通常经营模式中，财产保险合同由两部分组成，即保险单和保险合同条款文本。在通常情况下二者相分离，保险合同条款由保险公司拟定并事先印刷，保险单在投保人投保、保险公司决定承保后予以打印。保险公司对于其履行向对方当事人提交合同条款文本义务，负有举证责任。在投保人否认收到过合同条款文本的情况下，应当由保险公司证明其已经将合同文本交付给对方。

【案例 11－42】　陈某某诉联合财保公司吴江支公司财产保险合同纠纷案

二审法院认为，陈某某虽主张未收到保险条款，但其并没有在收到保险单后进行核对，亦没有将未收到保险条款的情况立即通知保险人。结合保险合同的正常交易习惯以及保险单中记载的事项，认定其在收到商业险保险单的同时已收到相应的保险条款。[1]

在本案中，二审法院采用推定规则认定保险人交付了保险条款。其保险条款证明标准，应当遵守客观真实的标准，即只要保险人举出客观真实的证据证明其投保人或者被保险人进行了交付的动作，投保人、被保险人签收了保险条款即可。

【案例 11－43】　马某诉永安财产保险股份有限公司北京分公司保险合同纠纷案

判决观点，现永安北京分公司未提供证据证明其将保险条款交付给马某，亦未提供证据证明其针对免责条款向马某履行了明确说明义务，故保险条款中的免责条款对马某不产生效力。[2]

网络销售模式中，保险人合同条款交付义务应是举证审查的重点。

【案例 11－44】　李某诉华泰财产保险有限公司保险合同纠纷案

判决观点，现被告称原告的理赔申请不符合保险条款的约定，故不予赔

---

〔1〕 参见国家法官学院案例开发研究中心编：《中国法院 2019 年度案例》（保险纠纷），中国法制出版社 2019 年版，第 100 页。江苏省苏州市中级人民法院（2015）苏中商民终字第 01856 号民事判决书。

〔2〕 参见国家法官学院案例开发研究中心编：《中国法院 2015 年度案例》（保险纠纷），中国法制出版社 2015 年版，第 158 页。北京市朝阳区人民法院（2013）朝民初字第 1980 号民事判决书。

付。被告应证明已将保险条款提供给原告,并就条款内容特别是责任免除、责任减轻及投保人和被保险人的义务内容,向投保人作了明确说明,特别是本案,保险合同的签订系通过网络形式,没有被告的工作人员与原告当面交流的情形下,被告更应对此予以举证,在法院向被告释明后果后,被告仍未在规定期限提供相应证据,故法院视为其未履行告知义务,被告所称条款不产生效力,原告的诉请并无不当,法院予以支持。[1]

9. 合同复效的举证

对于被保险人的危险程度是否显著增加,保险人是否可以增加保险费、被保险人是否丧失了可保条件等问题,应当由保险人承担证明责任。

10. 修理费用不合理的举证

实际修复费用明显不合理的证明责任,应当由保险人承担。被保险人只需要证明损失是意外事故造成的,而不是正常损耗或固有缺陷的结果就可以了,举证责任接着转移到保险人,他需要证明损失源于某些明示或暗示的原因。[2]

11. 对医疗费的合理性举证

对医疗费进行单方审核,在被保险人不予认可的情况下,保险公司对其审核结果的准确性和合理性承担举证责任。

【案例11-45】 重庆涪陵区菁峰运输有限责任公司诉中国大地财产保险股份有限公司重庆分公司涪陵中心支公司保险合同纠纷案

判决观点,在菁峰运输公司申请理赔时,保险公司自行按照当地社会基本医疗保险规定的标准对第三人的医疗费15,020.6元进行审核,确定应赔付医疗费金额为8769元,该结果系其单方审核结果,在菁峰运输公司不予以认可的情况下,保险公司却不能提供充分证据证明其审核结果的准确性和合理性,故保险公司依法应承担举证不能的法律后果。[3]

保险公司对受害人治疗医疗费有异议的,就其医疗费的必要性和合理性承担举证责任。

---

〔1〕 参见国家法官学院案例开发研究中心编:《中国法院2016年度案例》(保险纠纷),中国法制出版社2016年版,第188页。上海市浦东新区人民法院(2014)浦民六(商)民初字第8081号民事判决书。

〔2〕 参见[美]约翰·F.道宾:《美国保险法》(第4版),梁鹏译,法律出版社2008年版,第137页。

〔3〕 参见国家法官学院案例开发研究中心编:《中国法院2012年度案例》(保险纠纷),中国法制出版社2012年版,第5页。

【案例 11 - 46】　童某某诉吕某某机动车交通事故责任纠纷案

二审法院认为，一审、二审期间，作为赔偿义务人的吕某某并未提供任何证据证明丹参川芎嗪注射液、盐酸贝那普利片、低分子肝素钙注射液三种药物与童某某尿蛋白的治疗无关，应承担举证不能的法律后果。二审期间，平安保险公司盘锦支公司虽提供了三种药物的使用说明书，但已过举证期限，且用药的必要性和合理性应由医学专家来评判，仅凭使用说明书无法作出准确判断。因此，对于童某某要求吕某某赔偿丹参川芎嗪注射液、盐酸贝那普利片、低分子肝素钙注射液三种药物费用的上诉主张，本院予以支持。[1]

【案例 11 - 47】　徐某某诉童某某等道路交通事故损害赔偿纠纷案

判决观点，被告提出不承担受害人用于治疗糖尿病、高血压病的费用，同时对于第二次住院期间只承担与交通事故相关的费用。法院认为，没有提供证据证明受害人对原发疾病进行的治疗与治疗交通事故损伤之间没有关联性，因此，对于其不承担受害人用于治疗自身基础性疾病费用的抗辩意见，法院不予采纳。[2]

根据《保险法解释(三)》第十八条的规定，保险人主张扣减被保险人从公费医疗或者社会医疗保险取得赔偿金额负有举证责任。其第十九条规定，保险人对被保险人支出的费用超过基本医疗保险同类医疗费用标准拒绝支付部分负有举证责任。

12. 自杀死亡原因的举证

保险法中的自杀通常指故意自杀，构成要件包括自杀行为人存在结束自己生命的主观故意，客观上有将结束自己生命意图的行为。若行为人仅实施了足以使自己丧失生命的行为，但没有自杀的企图，也不能认定为自杀，主、客观要件二者缺一不可。有法官提出，采用保险人和受益人分担举证责任的做法，更为符合现代保险的实践。《保险法解释(三)》第二十一条第一款规定："保险人以被保险人自杀为由拒绝给付保险金的，由保险人承担举证责任。"

【案例 11 - 48】　于某与某保险公司意外伤害保险合同纠纷案

判决观点，本案的争议焦点在于被保险人于某在旅游住宿期间因坠楼身故，保险公司以于某系自杀为由拒绝承担保险责任，应由谁负担举证责任。于某的继承人已尽其所能提供了有关证据，且证据足以证明保险事故的原因

---

〔1〕 参见国家法官学院案例开发研究中心编：《中国法院 2013 年度案例》(道路交通纠纷)，中国法制出版社 2013 年版，第 129 页。

〔2〕 参见国家法官学院案例开发研究中心编：《中国法院 2013 年度案例》(道路交通纠纷)，中国法制出版社 2013 年版，第 173 页。

(被保险人坠楼),结果(被保险人死亡)以及二者之间的直接因果关系。在此情形下,原告的证明义务已经履行完毕。保险人如果认为被保险人于某死亡并非由于意外伤害,而是死于自杀,并以此主张其保险责任的免除,应当就免责事由的存在承担证明责任,即保险人应当向审理案件的法院证明,被保险人于某身故是由其自杀所致。在本案中,保险人有关于某住宿客房窗户狭小、钻出困难,故被保险人自该窗户失足坠落的可能性较小的分析有一定的合理性,但其并未向审理案件的法院提交充分证据证明于某自杀事实的存在,因此,保险公司以其对于某自杀可能性的推测拒绝承担保险责任,理由不能成立,应当承担举证不能的法律后果,按照保险合同约定,承担给付保险金25万元的责任。[1]

【案例11-49】 刘甲、王甲诉中国平安财产保险股份有限公司连云港中心支公司意外伤害保险合同纠纷案

一审法院认为,本案平安保险公司认为被保险人系自杀而拒绝给付,则平安保险公司应当承担被保险人是自杀的举证责任。一审法院综合双方所举证据及本案查明的事实,能够认定被保险人系自杀,理由如下:(1)在保险单生效的当天,刘乙的姐姐、姐夫即报警称"其弟弟刘乙可能要想不开,刚刚发条短信给报警人说让其照顾好家人后就关机了"。该报警电话有办案警察证实,并与园林派出所电脑截屏显示的接处警详细信息相互印证,且刘甲、王甲在庭审中予以认可。(2)在庭审中,刘甲陈述:"他(死者)去花果山玩的,家里人不知道他有自杀的情况,晚上找他吃饭没有回去,就觉得他有自杀的情况。"(3)救援队员及目击证人的证人证言、现场监控视频与其他证据也能相互印证,形成证据锁链,能够充分证明本院查明的相关事实。(4)刘甲对公安机关作出的排他杀结论予以认可,不要求对死者进行尸检,没有要求公安机关查明溺水死亡的真正死因。(5)刘乙在保险生效的当日即溺水死亡,其不可能为了到本市花果山游玩而特意购买短期健康保险和意外伤害保险,临别告诉其姐姐、姐夫照顾好家人,不排除有为父母获得保险利益的嫌疑。二审法院亦持同样意见,维持一审判决。[2]

13. 近因原则中结果风险的举证

在近因原则下,举证责任的分配根据承保风险的性质不同而有所不同。按照

---

〔1〕 参见最高人民法院民事审判第二庭编著:《最高人民法院关于保险法司法解释(三)理解与适用》,人民法院出版社2015年版,第519页。

〔2〕 参见国家法官学院案例开发研究中心编:《中国法院2019年度案例》(保险纠纷),中国法制出版社2019年版,第151~152页。江苏省连云港市中级人民法院(2017)苏07民终1509号民事判决书。

因果关系,属于结果风险有火灾、爆炸、碰撞、船舶的沉没或触礁等。对于属于结果的风险,保险人负有主要的举证责任,因为损失与结果之间已经具有有效的因果关系,保险人必须证明造成这种结果风险的原因才是损失的近因,否则即应承担保险责任。

14. 享有保险代位求偿权的举证

【案例 11-50】　中华联合财产保险股份有限公司绍兴中心支公司诉长沙时代帝景大酒店有限公司保险代位求偿权纠纷案

判决观点,关于原告保险代位求偿权的认定。基于"谁主张,谁举证"原则,原告联合财保绍兴公司主张保险代位求偿权,诉请被告给付车辆损失赔偿金,根据我国《保险法》相关规定,其应举证证明原告向被保险人赔偿了保险金,被告对保险标的的损害存在过错。本案中:(1)经查明,涉案车辆受损的根本原因是暴雨导致洪水倒流进入市政排水管道,致使车库积水所致,是为不可抗力,被告对此损失的造成并无主观上的故意;(2)原告在诉讼中提交的证据不足以证明涉案车损是因被告过错,因此,原告承担举证不能的不利后果;(3)基于权利义务相一致和公平原则,被告在本案中应承担有限注意义务。本案中,被告提交的证人证言证明被告在事发当晚通知了车辆使用人,并采取了抗洪措施。那么,在原告未提供相反证据证明的情况下,应推定被告已履行了必要之注意义务,主观上无过错。综上,现有证据不能证明被告对保险标的损害发生存在过错,原告不享有保险代位求偿权。[1]

15. 期限起算和扣除的举证

保险人主张在核定期间因补齐资料而需要暂停计算的,应证明何时向被保险人发出一次性补齐通知的事实。

16. 诉讼抗辩中的其他举证

保险人对原告的诉讼请求进行抗辩,亦应该对其抗辩提供其证据加以证明,举证不能则抗辩理由不能被法院采信。实践中,保险人对原告的诉讼请求的抗辩举证反映在多方面。如保险人认为原告出具的证据无效的,亦应举证。

---

〔1〕　参见最高人民法院中国应用法学研究所编:《人民法院案例选》2013 年第 2 辑(总第 84 辑),人民法院出版社 2013 年版,第 300 页。湖南省长沙市岳麓区人民法院(2012)岳民初字第 01304 号民事判决书。

【案例 11－51】 谢某某等诉中国人寿保险股份有限公司广西壮族自治区分公司人身保险合同纠纷案

判决观点，原告主张谢某云的死因是失足溺水身亡，其提供的由百合派出所出具的《证明》明确说明了经调查确认谢某云为失足溺水身亡，由于百合派出所是认定其辖区内公民死亡原因的法定部门，故法院对原告该主张予以采信。被告主张百合派出所的《证明》无效，由于被告未能提供相反证据足以推翻该《证明》无效，法院对被告该主张不予支持。[1]

【案例 11－52】 左甲等诉财保福建分公司、人力资源公司保险合同纠纷案

一审法院认为，左甲、左乙、尹某提供的居民死亡医学证明（推断）书证明王某猝死，人力资源公司据此于 2020 年 8 月 7 日向财保福建分公司申请理赔，而财保福建分公司于 2020 年 8 月 24 日直接以居民死亡医学证证明（推断）书载明的猝死认定王某因疾病死亡作出拒赔告知函，未及时通知补充相关证明或其他资料。猝死是一种死亡表现形式，而非病理性死亡原因，并非疾病之一种。案涉保险条款并未将猝死列为财保福建公司免责范畴，而财保福建分公司主张王某猝死系属疾病致死，应承担举证责任。财保福建分公司认为火化证载明王某系"因病死亡"。火化证的出具主体系殡仪馆，而殡仪馆没有鉴别死因的资质，其所填写的"因病死亡"不具有证明力；财保福建分公司未能举证证明王某生前疾病情况，且怠于履行前述及时通知义务，致死王某是否因疾病死亡无法查明，应由财保福建分公司承担由此引起的不利后果，故财保福建分公司关于王某猝死系属疾病，属于其免责范畴的主张，不予采纳。判决：(1)被告财保福建分公司向原告左甲、左乙、尹某支付保险金 500,000 元；(2)驳回原告左甲、左乙、尹某的其他诉讼请求。二审法院同意一审法院裁判意见。[2]

对于险种赔偿差异的举证。

【案例 11－53】 陈某某诉中国平安人寿保险股份有限公司锦州中心支公司人身保险合同纠纷案

判决观点，关于被告辩称因原告没有提供医疗费原始凭证及原告投保的附加人身意外伤害医疗险属费用补偿型保险，故被告不能立即给付保险赔偿款的主张，因人身意外伤害医疗险属人身保险范畴，现被告没有提供证据证明双方约定此险种为费用补偿型医疗保险及无原始凭证拒赔，故此抗辩理由

---

〔1〕 参见国家法官学院案例开发研究中心编：《中国法院 2012 年度案例》（保险纠纷），中国法制出版社 2012 年版，第 172 页。

〔2〕 参见国家法官学院、最高人民法院司法案例研究院编：《中国法院 2023 年度案例》（保险纠纷），中国法制出版社 2023 年版，第 148 页。福建省宁德市中级人民法院（2021）闽 09 民终 1560 号民事判决书。

法院不予支持。[1]

对保险人抗辩原告有过错,保险人以此请求免责的亦应举证。

【案例 11－54】　刘某某诉永诚保险股份有限公司本溪中心支公司保险合同纠纷案

判决观点,被告永诚财产保险股份有限公司本溪中心支公司亦未提供证据证明原告刘某某在事故中有过错,故本次事故应由本次事故逃逸方承担全部责任。[2]

对原告提出的随车人员抗辩的应举证。

【案例 11－55】　董某某等诉永诚财产保险股份有限公司四川分公司人身保险合同纠纷案

二审法院认为,上诉人永诚财产保险股份有限公司四川分公司主张高某某在事故发生时的职业为随车工人应承担相应的举证责任,但其在本案中仅凭高某某在事故发生时与司机和同乘人共同解开缠绕在高压线上的篷布的事实,不能证明高某某的职业就是该货车的随车工人,上诉人在本案中亦无其他证据能够证明其上诉主张,故应承担举证不能的不利法律后果。[3]

保险公司应对投保人之前就诊的相关疾病与重大疾病之间的"导致"关系承担举证责任。

【案例 11－56】　邵某某诉中国平安人寿保险股份有限公司金华中心支公司人身保险合同纠纷案

二审法院认为,《人身保险合同》的生效日为 2014 年 7 月 1 日 0 时,等待期为合同生效之日起 90 日内。而邵某某首次被诊断为结肠癌的时间为 2014 年 9 月 29 日,已是合同生效之日起的第 91 天,非等待期内。现有证据显示邵某某于 2014 年 9 月 9 日首次到河南省南阳市第一人民医院就诊,经诊断为结肠炎、结肠不全梗阻。保险公司认为邵某某的该次就诊属于导致"重大疾病"的相关疾病就诊,此次就诊的结肠疾病导致后来确诊的结肠癌。保险公司未就相互之间的"导致"关系举证证明。二审法院认为,保险公司不能

---

〔1〕 参见国家法官学院案例开发研究中心编:《中国法院 2012 年度案例》(保险纠纷),中国法制出版社 2012 年版,第 175 页。

〔2〕 参见国家法官学院案例开发研究中心编:《中国法院 2012 年度案例》(保险纠纷),中国法制出版社 2012 年版,第 61 页。

〔3〕 参见国家法官学院案例开发研究中心编:《中国法院 2012 年度案例》(保险纠纷),中国法制出版社 2012 年版,第 150 页。

免责，故对邵某某请求支付保险金予以支持，但对给付利息的请求未予支持。[1]

施救费用抗辩举证。保险人抗辩被保险人主张施救费用的，应当对被保险人采取的措施不必要或发生的费用不合理两方面承担反证责任。

抗辩因犯罪不承担保险责任举证。《保险法解释（三）》第二十三条第一款规定："保险人主张根据保险法第四十五条的规定不承担给付保险金责任的，应当证明被保险人的死亡、伤残结果与其实施的故意犯罪或者抗拒依法采取的刑事强制措施的行为之间存在因果关系。"

保险人抗辩合同中的手写内容错误的应承担举证责任。

【案例11－57】 袁某诉中国人寿保险股份有限公司江阴支公司保险合同纠纷案

二审法院认为，第一，当事人对自己提出的主张有责任提供证据。本案投保单及保险证均明确载明每年领取保险金金额为7440元，人寿江阴公司提出该金额系业务员手写错误的理由不能成立，法院不予支持。第二，根据《保险法解释（二）》第十四条之规定，投保单、保险证中关于年领取金额记载位置均以手写方式载明固定的领取金额，即使认为保险证附后的独生子女父母养老保险金办法中关于期满领取金额随利率变动系针对本案被保险人，但投保单上并未约定该条款，也即投保单与保险证关于期满领取金额存在不一致，现人寿江阴公司未提供证据证明对此作出说明且经投保人同意，故本案应当以投保单载明的年领取金额7440元为准。第三，保险活动当事人行使权利、履行义务应当遵循诚实信用原则。人寿江阴公司未提供证据证明其提供的养老月领金额表系双方订立合同时约定的计算领取金额依据，而投保单、保险证系双方协商一致后自愿订立。根据诚实信用原则，人寿江阴公司应当遵守约定，按照合同载明的领取额支付保险金。故对人寿江阴公司主张适用公平原则，以其提供的养老金月领金额表计算本案保险金领取金额，法院不予支持。[2]

17. 被保险人不履行协助义务具有故意或者重大过失举证

保险人认为被保险人不履行协助义务对其造成损失，应对其不履行义务具有

---

〔1〕 参见国家法官学院案例开发研究中心编：《中国法院2017年度案例》（保险纠纷），中国法制出版社2017年版，第201～202页。浙江省衢州市中级人民法院（2015）浙衢商终字第346号民事判决书。

〔2〕 参见国家法官学院、最高人民法院案例研究院编：《中国法院2020年度案例》（保险纠纷），中国法制出版社2020年版，第199～200页。江苏省无锡市中级人民法院（2018）苏02民终2471号民事判决书。

故意或者重大过失承担举证责任。

【案例11－58】　张某某与T财险公司财产保险合同纠纷案

判决观点，本案中，张某某已提交了载明事故各方基本信息的道路交通事故认定书和维修费、施救费发票，维修费金额亦符合T财险公司的定损，其赔偿主张已经满足前述保险条款规定的条件。T财险公司主张按照张某某一方在事故中承担次要责任按30%比例赔偿其损失和张某某应当提交主责方驾驶员、实际车主或挂靠公司、责任险承保公司等材料的抗辩，均未见于保险条款，亦无法律依据，该院不予采纳。T财险公司无证据证明张某某有故意或重大过失致使其不能行使代位请求赔偿的权利的行为，其主张扣减保险金的抗辩该院亦不予采纳。[1]

18. 主张除外责任举证

【案例11－59】　福建宝航海运有限公司诉中国平安财产保险股份有限公司福建分公司保险合同纠纷案

二审法院认为，平安财险福建分公司主张林某死亡属于除外责任应举证证明。根据在案的证据，林某死亡的原因既可能是因为生前劳累、情绪激动、精神紧张而诱发，也可能是因为心源性疾病而造成，即死因不明。因平安财险福建分公司无法证明死亡因为心源性疾病，因此，其应承担举证不能的后果。[2]

在机动车保险合同纠纷中，被保险人请求支付保险理赔款时，尤其在肇事司机未及时报案而离开现场的情况下，保险公司若以驾驶状态不明要求免责或违法驾驶免责，应由保险公司就存在违法驾驶情形承担举证责任。

【案例11－60】　洪某诉苏州平安财产保险公司保险合同纠纷案

二审法院认为，苏州平安以本案存在免责事由而拒赔，理应对存在免责情形进行举证证明，其所提交的证据材料中无证据表明事故发生时驾驶人存在非法驾驶情形；相反，事故对方当事人在接受公安机关调查时确认驾驶员并未饮酒，且洪某在事故发生后驾车离开现场是为了送事故伤者至医院就诊，不属于逃离现场的情形。二审法院维持一审判决的苏州平安承担保险责任。[3]

---

〔1〕 参见最高人民法院民事审判第二庭编著：《最高人民法院关于保险法司法解释（四）理解与适用》，人民法院出版社2018年版，第244页。安徽省合肥市蜀山区人民法院（2015）蜀民二初字第01269号民事判决书。

〔2〕 福建省高级人民法院（2013）闽民终字第475号民事判决书。

〔3〕 参见《人民司法·案例》2017年第2期（总第769期）。江苏省苏州市中级人民法院（2015）苏中商终字第01573号民事判决书。

19. 向第三者追偿时保险事故损失程度举证

【案例 11－61】 中国平安财产保险股份有限公司青岛分公司诉吴某保险人代位求偿权纠纷案

二审法院认为，本案的争议焦点为保险事故损失程度的举证责任应当由谁承担。上诉人主张，其已经出具定损单，举证责任已经完成，被上诉人如果对损失程度有异议，应当由被上诉人提供鉴定所依据的材料，上诉人不负有进一步提供鉴定材料的义务。被上诉人对上诉人单方出具的定损单不予认可。法院认为，依据《民事诉讼法解释》第九十条……的规定，上诉人应当对本案车辆的损失程度负有举证责任。本案中，上诉人在定损时未通知吴某到场，吴某亦未对上诉人的该定损情况予以确认，上诉人与吴某之间就车辆损失情况并未达成合意，而上诉人与被保险人之间就车辆损失达成的合意不及于被上诉人吴某。现被上诉人吴某对损失程度提出异议，应当由上诉人举证证明车辆损失程度及对车辆定损的依据，不能仅凭上诉人单方制作的定损单就认定上诉人完成了举证责任，而上诉人不能提供相应资料致使车辆损失无法确定，应当由其承担相应的举证不能的法律后果，一审法院判决并无不当，法院予以确认。[1]

从承保险种讲，分为人身险、财产险、一切险。其人身险、财产险属于列明险，与一切险举证范围不同。

（三）人身险举证范围

人身险中，保险金请求权人对死亡原因是在承担举证范围之内。

【案例 11－62】 史某某、裴某某等诉中国平安人寿保险股份有限公司无锡中心支公司人身保险合同纠纷案

二审法院认为，史某锋的死亡原因为猝死，经过当地公安部门调查，已排除了他杀的可能性，故应当认定史某锋的死亡非外来原因所致。况且，猝死在法医学上明确为外表似乎健康的人因内在病变而发生的死亡。四上诉人认为史某锋的具体死亡原因没有查清，不应排除有外来伤害的可能，对此，原审法院将举证责任分配给上诉人并无不当。在上诉人无证据证明史某锋猝

---

〔1〕 参见国家法官学院、最高人民法院案例研究院编：《中国法院 2020 年度案例》（保险纠纷），中国法制出版社 2020 年版，第 222 页。山东省青岛市中级人民法院（2018）鲁 02 民终 8921 号民事判决书。

死系外来原因所致的情况下,对其要求平安人寿无锡公司支付意外伤害保险理赔款的上诉请求,不予支持。[1]

在人身险中,保险人的举证范围,是针对被保险人死亡原因的抗辩。如否定猝死,应证明死因是有疾病或潜在疾病。

【案例11－63】　何某某等诉合众人寿保险股份有限公司上海分公司人身保险合同纠纷案

判决观点,本案中,被保险人的猝死不能认定为具有疾病因素。因为公安机关未认定被保险人因潜在疾病发作而死亡,而是认为猝死的诱因有精神、心理因素、冷热刺激、过度疲劳、暴饮暴食等。被保险人的生前医疗记录也未载明其存在可能引发死亡的疾病。而且,本案保险事故发生后,原告不同意对被保险人尸体进行解剖,也没有证据表明被告曾提出不同意见。在此情况下,也尚不能认定被保险人猝死是由疾病所致。被告应对不能举证证明死因是既有疾病或潜在疾病而承担不利的后果。[2]

【案例11－64】　胡某某等诉中国人寿保险股份有限公司兴化支公司人身保险合同纠纷案

被保险人胡某的继承人已举证证明胡某死亡前曾跌倒的事实,现有的医学水平无法排除跌倒引起心脏猝死的可能性。因此,在一审原告已举出初步证据证明胡某的死亡属于意外伤害,即属于保险事故的情况下,保险人欲免除自己的责任,就要举出相反的证据来证明胡某的死亡并非意外伤害,但本案中保险人未能提供充分的证据加以证明,故应承担举证不能的法律后果。法院判决保险公司按意外伤害赔偿。[3]

对影响承保的健康状况的举证。

【案例11－65】　刘某某诉中国平安人寿保险股份有限公司葫芦岛分公司保险合同纠纷案

判决观点,本案被告未提供相关证据证明被保险人投保前存在影响被告承保决定的健康状况,且未有证据证明被保人死亡原因具有让被告免责的要

---

〔1〕 参见国家法官学院案例开发研究中心编:《中国法院2012年度案例》(保险纠纷),中国法制出版社2012年版,第198页。

〔2〕 参见国家法官学院案例开发研究中心编:《中国法院2012年度案例》(保险纠纷),中国法制出版社2012年版,第192页。

〔3〕 参见国家法官学院案例开发研究中心编:《中国法院2013年度案例》(保险纠纷),中国法制出版社2013年版,第172页。

件,故对被告此项辩解意见不予支持。[1]

根据《保险法解释(三)》第十四条的规定,保险人需对被保险人继承人保单遗失而支付保险金时,对有充分证据证明保单遗失这一事实负有举证责任。

(四)意外险举证范围

由于意外险所承保的意外事故所致死亡或伤残,而不仅是死亡或伤残,所以意外事故的存在,死亡及其因果关系都是受益人权利发生的要件事实,原则上受益人应负举证责任。保险人并不负担对死因为非"意外事故"的举证责任,但保险人主张死亡系除外原因时,其对除外原因负担举证责任。

【案例 11-66】 范某诉财险宜兴公司意外伤害保险合同纠纷案

判决观点,一方面,根据《保险法》规定,保险事故发生后,按照保险合同请求保险人赔偿或者给付保险金时,投保人、被保险人或者受益人应当向保险人提供其所能提供的与确认保险事故的性质、原因、损失程度等有关的证明和资料,说明保险金请求权人需要提出相关的证据证明发生了保险事故,其须尽初步的证明义务,本案中,原告范某提供的证据证明了范甲经法医鉴定排除他杀,在报案后公安部门出具的居民死亡医学证上载明的范甲死亡原因为摔伤,死亡注销登记上载明的死亡原因为其他非正常死亡。范某等人也将相关情况通知了财险宜兴公司。据此,范某作为一个正常合理的举证人提供了客观上其所能提供的全部证据,并无恶意规避的行为,与其举证能力相适应,而不应对其举证责任过于严苛,从而导致本案所涉的具有公益性的残疾人团体人身意外伤害保险失去应有的实质意义,故可以认定原告对范甲系意外死亡尽到了举证义务。另一方面,保险人有权以保险未成立、解除、无效或损失系除外原因造成等为由主张免责,但是抗辩的同时必须承担相应的举证责任。在本案原告已尽到初步证明义务的情况下,此时,对于范甲的确切死因的确定问题上,财险宜兴公司具有专业的经验和技术优势,对程序也比较熟知,故其举证能力相对更强,由其承担相应的举证责任更为合理,财险宜兴公司也应当在接到通知后及时对范甲的确切死因进行查勘,如果查勘后对其死因仍有异议,可要求通过科学手段如尸检来确定,现财险宜兴公司未采取前述措施,将死因不明的意外死亡直接推定为非意外伤害死亡,证据不足,

---

〔1〕 参见国家法官学院案例开发研究中心编:《中国法院 2012 年度案例》(保险纠纷),中国法制出版社 2012 年版,第 210 页。

法院不予采信。保险人仍应承担理赔责任。判决:财险宜兴公司给付范某105,800元。[1]

(五)财产险举证范围

在财产险中,保险人对原告提出的经济损失抗辩应举证。

【案例11-67】　北京龙菲食品有限公司诉长安责任保险股份有限公司北京分公司财产保险合同纠纷案

判决观点,原告因交通事故对于其名下京KR3×××牌号货车进行了修理,并已实际支出了相关修理费用。虽被告以实际修理费用高于其定损费用为由不同意对于超出部分的修理费承担责任,但其并未提出相关证据证明原告所支出费用存在不合理或扩大损失的内容,同时,经法院释明,被告亦自行放弃了对于原告京KR3×××牌号货车受损部分及修车费用是否合理的鉴定评估。据此,被告所提出抗辩缺乏事实和法律依据,法院不予采信。现原告要求被告赔付其修车费9840元的诉讼请求符合法律规定,法院予以支持。[2]

对保险标的物使用性质变化的举证。

【案例11-68】　宜昌弘洋水泥有限公司诉太平洋财产保险有限公司宜昌中心支公司保险合同纠纷案

判决观点,该车从一开始就确定仅为水泥公司自用车,为公司提供运输服务,其服务的对象特定,且在投保后的使用过程中,均是保证公司运输水泥需要,从未对外承接过运输业务,出险时系为公司运输水泥,未背离公司自用目的,被告亦未提交证据否认鄂EIJ×××牌号自卸车自用的性质。被告作为承保方负有对被保险车输的审查义务,其在签订保险合同时未对已改装的鄂EIJ×××牌号自卸车提出异议,应认定其对三层车厢的认可并承保。故,被告辩称原告在保险期间内鄂EIJ×××牌号自卸车进行改装导致危险程度

---

〔1〕参见国家法官学院、最高人民法院司法案例研究院编:《中国法院2021年度案例》(保险纠纷),中国法制出版社2021年版,第144~145页。江苏省宜兴市人民法院(2019)苏0282民初10106号民事判决书。

〔2〕参见国家法官学院案例开发研究中心编:《中国法院2012年度案例》(保险纠纷),中国法制出版社2012年版,第67页。

增加，未通知被告办理改批及增加保险费，被告有权拒赔的理由不能成立。[1]

对车损险与附加险别中的自燃险适用争议的举证。

【案例 11 - 69】 上海晶辉物流有限公司诉中国平安财产保险股份有限公司上海分公司财产保险合同纠纷案

判决观点，原告认为车头起火即火灾致损，应适用车损险；被告认为原告未能提供起火原因，属于车损险的免责事由"不明原因火灾"。法院认为：首先，原告主张适用车损险，应当对涉案事故属于该险种的保险责任范围负举证责任。车损险虽将火灾列为承保风险，但条款明确区分了"火灾"和"自燃"，并将前者定义为"车辆本身以外的火源引起的"，表述清晰无歧义，且明确将"自燃及不明原因火灾"列入免责事由，而原告提供的《出警证明》仅载明"车头冒烟起火"，不能证明是由外来火源引起，且原告自认无法提供起火的原因，应承担举证不能的责任，不予适用车损险。其次，原告单独投保自燃险，"车头冒烟起火"符合"自燃"的现象，在被告未能举证事故属于自燃险免责范围的情况下，法院确认本案应当适用自燃险理赔。[2]

理赔定损时举证责任表现为，被保险人主张保险金并提供的证据包括货物清单和发票等，保险公司主张货物损失并非被保险人诉请，则应对货物的损失程度负举证责任。

【案例 11 - 70】 隆兴汽运公司诉中国太平洋保险股份有限公司淮南中心支公司财产保险合同纠纷案

二审法院认为，就本案而言，事故发生后，隆兴汽运公司当即通知了太平洋财险淮南支公司，并在索赔时提供了其所能提供的证据包括货物清单和发票，完成了自己的举证。此后，证明事故是否属于保险事故、保险标的损害程度、是否属于保险责任、是否具备免除责任情形等证明责任即转移到太平洋财险淮南支公司。太平洋财险淮南支公司对现场进行了查勘，负有对车上货物损害程度的证明义务，其虽否认隆兴汽运公司主张的货物损失金额和赔偿价款，但在一审所举证据无法证实车上货物损害程度及价值，应承担举证不能的后果。一审法院在确认保险事故存在的前提下，以隆兴汽运公司所举证据"未能提交相关证据证实实际的货物损失金额"为由驳回其诉讼请求，属于举证责任分配不当，适用法律错误。依据双方签订的"神行车保机动车保

---

〔1〕 参见国家法官学院案例开发研究中心编：《中国法院 2012 年度案例》（保险纠纷），中国法制出版社 2012 年版，第 87 页。

〔2〕 参见郭伟清主编：《2017 年上海法院案例精选》，上海人民出版社 2018 年版，第 216 页。

险单”及所附保险条款，隆兴汽运公司投保的车上货物责任险保险金额为50,000元，每次赔偿实行20%的绝对免赔率，故太平洋财险淮南支公司应当赔付隆兴汽运公司保险金40,000元(50,000元×80%)。[1]

对于财产损失是否与保险事故存在因果关系，因为被保险人不是专业人员，故被保险人的举证义务的程度以其能够证明保险事故发出后财产受到了损失为限。既然保险事故发生，而财产发生了损失。如果保险公司未能举证证明财产损失与保险事故发生不具有因果关系，则可以认定财产损失与保险事故存在因果关系。

【案例11－71】　卢某诉某保险公司保险合同纠纷案

判决观点，就本案而言，卢某已尽其所能向保险公司提供了与确认保险事故性质、原因、损失程度等有关的证明和资料，保险公司如认为DVD导航系统损坏并非因交通事故所致应当承担举证责任，现保险公司就二者之间不存在因果关系未提供证据，应当承担举证不能的法律后果。[2]

(六)一切险举证范围

在一切险中，投保人购买财产险的唯一和终极目的，是能够分散被保险财产的损失危险，由保险人最终承担被保险人财产的损害。财产一切险承保的是除保险单列有的除外责任范围外的一切自然灾害或意外事故造成的直接物资损坏或灭失，因此，财产一切险的举证责任在保险人而非被保险人，除非保险人证明损失是除外责任范围，否则所有损失均属于保险责任内。在一切险条件下，被保险人、受益人只须证明损害发生和损害是由保险期间某些确定或不确定因素引起即可，无须就发生损害的具体原因承担举证责任。[3] 正由于一切险承保范围的广泛性，被保险人的举证责任相对宽松，除非保险人能够证明损害是由于除外原因造成的，否则均应承担保险责任。需要引起注意的是，对于风险列明式保险，被保险人、受益人则须证明损害事实与损害是由保险期间内某些承保危险引起。当损害事实是由单一原因造成时，该项证明义务较易完成，但对损害事实是多种原因造成时，关于事故近因的认定问题就极易引起争议。一般而言，承保危险必须是损害发生的决定性、有效性原因，保险人才需担责。当各个原因之间的效力高低不

[1] 参见国家法官学院案例开发研究中心编：《中国法院2019年度案例》(保险合同纠纷)，中国法制出版社2019年版，第130页。安徽省淮南市中级人民法院(2017)皖04民终1044号民事判决书。

[2] 参见安凤德主编：《保险合同纠纷诉讼指引与实务解答》，法律出版社2013年版，第130页。

[3] 参见刘宗荣：《新保险法》，三民书局股份有限公司2007年版，第136页。

易判断时，如果数个原因无先后之分且有的属于承保危险，有的不属于承保危险，被保险人只须举证证明事故原因中存在承保危险即可；如数个原因之间有先后顺序并互为因果关系，被保险人也只须举证至其中任何一个原因系承保危险即可；如果多个先后原因之间无直接的因果关系，则被保险人必须就损害发生的直接原因系承保危险进行举证。[1]

（七）责任险举证范围

为确保受害第三人利益得到保护，在赔偿责任已确定且第三人未获赔偿的情况下，举证责任分配应向保险人倾斜，由保险人就被保险人不构成"怠于情求"情形，承担举证责任。[2]

---

〔1〕 参见周馨：《保险赔付诉讼举证规则》，载谢宪主编：《保险法评论》（第2卷），中国法制出版社2009年版，第178页。

〔2〕 参见最高人民法院民事审判第二庭编著：《最高人民法院关于保险法司法解释（四）理解与适用》，人民法院出版社2018年版，第312页。

三、保险合同举证判断

在保险纠纷诉讼中,对举证的判断主体是法官,法官对证据有无效力和证明力大小作出认定。

(一)证明标准

法官判断首先应明确证明标准,对举证责任人证明程度量化。所谓证明标准,是指诉讼中负有举证责任的一方对案件待证事实进行证明所要达到的程度。通过当事人举证所查明的事实一般情况下不可能是绝对的客观真实,而只是尽可能接近客观真实的法律真实,是法官综合整个审理情况所形成的内心确信,随着举证情况的变化,法官的内心确信也随之改变。一般认为,民事诉讼的证明标准应当是一种高度盖然性的证明要求。[1] 若一方提出的证据已经证明该事实发生具有高度的盖然性,法官即可以对该事实予以确认。针对保险合同的特殊性质,保险赔付诉讼的证明标准要视案情的不同而作出相应调整,尤其是各类保险危险的发生千变万化,预定的规则往往会被特殊情形推翻,只能通过法官的人品、才能、理性、经验来补充。法官根据已经获得的事实信息结合自身的心证,确信某一事实确已发生,则应认为主张该项事实的证明标准即已达到。

【案例 11 -72】 卫某某诉中保财产保险有限公司台山市支公司等渔船保险合同纠纷案

二审法院认为,被上诉人卫某某起诉时提交的《现金缴款单》和《中国人民保险公司渔船投保单》,原审被告农行营业所出具的《关于卫勤俭渔船保险的投保经过》以及农行营业所副主任杨某某的书面证言都证实,卫某某是为订立保险合同而派人来农行营业所,携带的现金已被农行营业所作为保险费收账。这些证据足以证明保险合同已经成立,上诉人台山保险公司的第一

---

〔1〕 参见李浩:《民事证据立法前沿问题研究》,法律出版社 2007 年版,第 120 页。

点上诉理由不能成立。[1]

【案例11－73】 中国太平洋人寿保险股份有限公司大连分公司等与中国石油天然气管道局、大连龙兴海运有限公司履约保险合同纠纷案

最高人民法院认为，上诉人太平洋保险公司上诉称投保人龙兴公司和受益人管道局恶意串通，转嫁风险，证据不足，本院不予支持。[2]

（二）证据采信

对证据有无效力和证明力大小的判断，是保险纠纷证据认定的普遍情形。在保险合同缔约过程中，涉及传真件效力认定问题。现实生活中，为了适应社会快速发展以及便捷上的需要，当事人之间在交易过程中通过各种有效载体作为其意思表示的方式，其中，相互发送传真是其中重要而常见的方式之一，对于这种交易上的习惯性做法，《民法典》第四百六十九条（原《合同法》第十一条）对此已明确规定。但传真件作为诉讼上的一种证据方式，它有较为特殊的表现形态与认定方式。因为凡是发送的传真件，传真的原始件只能留在发传真的人手中，而接受传真的人手中收到的只是该传真的复制件。在诉讼中，当一方当事人将一份传真件作为支持其事实主张的证据时，如果另一方当事人对该传真件上的签名或者印章上真实性提出质疑，该传真件就不能作为合适的检材进行鉴定。因而在审理上，对传真件证据真实性的审查，就要求法官要查明双方当事人是否有相互发送传真件作为表达其真实意思的载体与方式。

【案例11－74】 中国人民财产保险股份有限公司广东省分公司直属支公司诉肇庆市联裕实业有限公司保险合同纠纷案

二审法院认为，上诉人人财保广东直属公司提供的2009年1月4日的《财产保险投保标的明细表》虽为传真件，但是该传真件经第三人简某某确认属实，且简某某是联裕公司的负责办理保险业务的职员，因此，二审法院对2009年1月4日《财产保险投保标的明细表》的真实性予以确认。一审法院以联裕公司不予确认该传真件为由，不予查明与该传真件相关的事实，对该

---

〔1〕 参见《最高人民法院公报》2001年第3期。

〔2〕 参见最高人民法院民事审判第二庭编：《最高人民法院商事审判指导案例》（金融卷），中国法制出版社2011年版，第317页。

传真件不予采信的做法显属不当。[1]

对证据效力的认定,法官应遵循国家机关依职权制作的公文书证证明力一般大于其他书证的原则进行。

【案例 11-75】 谢某某诉中国人寿保险股份有限公司广西壮族自治区分公司人身保险合同纠纷案

判决观点,原告主张谢某云的死因是失足溺水身亡,其提供的由百合派出所出具的《证明》明确说明了经调查确认谢某云为失足溺水身亡,由于百合派出所是认定其辖区内公民意外死亡原因的法定部门,故法院对原告该主张予以采信。[2]

对证据证明力大小的裁量,是法官运用逻辑推理和日常生活经验来判断的。

【案例 11-76】 王某莲诉中国人寿新郑支公司保险合同纠纷案

二审法院认为,投保人史某安虽然在保险单上签字,但由于被告业务员王某霞在办理此笔保险业务过程中未向史某安明确说明解释保险合同中所约定的免责条款,因此,该保险合同中第七条所约定的免除保险公司责任的条款不发生法律效力,被告对被保险人史某昌的死亡应承担保险责任。一审判决认定事实基本清楚,审判程序合法,处理并无不当,据此判决驳回上诉,维持原判。[3] 本案中,王某霞是被告人寿新郑支公司的业务员,其对自己在经办该保险业务时是否代理被告向投保人明确说明义务最清楚,其有条件对事实进行证明。王某霞未代理被告向投保人作此明确说明,属于失职行为,如果被告因此而受到损失时,作为业务员的王某霞不仅将难辞其咎,甚至可能因此对被告承担赔偿责任。按常理,王某霞不应作损己利人的假证明。在保险实务中,保险业务员在未向投保人明确说明免责条款内容的情况下要求投保人签署"声明与授权"的情形并不鲜见。而且,在本案中,"声明与授权"是被告为了重复使用的格式条款。不仅如此,该"声明与授权"除了注明投保人声明保险人已经履行了明确说明义务外,还同时掺杂了许多其他内容,这也加大了欠缺专业知识的投保人了解"声明与授权"之真实内容的难度,且缺乏录音录像证据证明被告向原告履行明确说明义务。二审法院认定保险业务员王某霞之证言的证明力大于"声明与授权",无疑是正确的。

---

〔1〕 参见最高人民法院中国应用法学研究所编:《人民法院案例选》2011 年第 3 辑(总第 77 辑),人民法院出版社 2011 年版,第 249 页。

〔2〕 参见国家法官学院案例开发研究中心编:《中国法院 2012 年度案例》(保险纠纷),中国法制出版社 2012 年版,第 172 页。

〔3〕 参见最高人民法院中国应用法学研究所编:《人民法院案例选》2005 年第 2 辑(总第 52 辑),人民法院出版社 2006 年版,第 296 页。

【案例11－77】 烟台宏辉食品有限公司与中国平安财产保险股份有限公司莱阳支公司财产保险合同纠纷再审案

最高人民法院认为，本案所涉保单上载明受益人为中国工商银行股份有限公司莱阳支行而非宏辉公司，保险项目为房屋建筑，并附有一份加盖有抵押人宏辉公司及抵押权人中国工商银行股份有限公司莱阳支行公章的《抵押物清单》。该《抵押物清单》上载明了相关房屋建筑的基本情况。可见，本案中，宏辉公司为满足中国工商银行股份有限公司莱阳支行的贷款条件，向平安莱阳公司购买贷款抵押物保险的交易关系明显。本案所涉保险标的物范围应当根据当事人交易背景、综合全案证据加以判定。《财产保险综合险投保单》是本案重要书证之一，双方当事人对该证据的真实性均无异议，仅对其中涂改部分所证明的内容发生争议。尽管该投保单记载的被保险人证件号码、保险财产项目、投保金额、事故绝对免赔额等部分数字有涂改痕迹，但这些数字内容在投保单的其他地方也进行了明确记载，包括大写的"总保险金额"与小写的"802.37万元"，二者完全一致。宏辉公司在诉讼中承认该份投保单系公司在空白页上加盖公章交给平安莱阳公司形成的。该事实表明，宏辉公司并未在该投保单上记载其投保的财产是其厂区内全部建筑物，其应对在空白投保单上盖章的行为承担相应的民事责任。本案中，《财产保险综合险保单明细表》《财产保险综合险投保单》《抵押物清单》上记载的保险标的物房屋估价均为802.37万元，数额一致且与《工业房地产抵押价值评估报告》中806.76万元的房地产估价接近。《财产保险综合险保单明细表》上明确保险项目标的地址在莱阳市经济开发区海河路北天回路（房产证隆茂街西武当山北），《财产保险综合险投保单》、《抵押物清单》、山东省莱阳市人民政府莱字第00033×××号房权证和莱国用（2006）第1138号土地证书、《工业房地产抵押价值评估报告》上载明的标的物均明确指向宏辉公司拥有房产权证的位于莱阳市经济开发区隆茂街西、武当路北，面积为4463.47平方米、砖混和钢筋混凝土结构的办公楼、综合楼、车间（冷库）3栋房屋建筑。上述证据内容之间相互印证，证明本案所涉保险标的物范围就是上述特定的3栋房屋，而不包括宏辉公司厂区内其他建筑物和道路。因此，宏辉公司关于本案保险标的物是其厂区内全部建筑物的诉讼主张没有相应的证据证明。[1]

当事人通过交警部门的"事故e处理"手机App签订的交通事故快速处理协议有效。

［1］ 最高人民法院（2013）民提字第121号民事判决书。

【案例 11-78】 马某诉中国人民财产保险股份有限公司沧州市分公司保险合同纠纷案

判决观点,关于事故认定,被告对原告提交的机动车交通事故处理协议书不予认可,经核实,本案为轻微交通事故,发生事故时事故双方通过交管部门“事故 e 处理”手机 App 程序,用手机对事故现场、车辆碰撞位置等进行拍照、上传,远程交警工作人员对上传材料进行审核后作出责任认定,双方在“事故 e 处理”手机 App 中对责任认定进行确认,原告提交的机动车交通事故处理协议书,该协议书与纸质的快速处理协议书具有同等的证明效力,法院依法确认其具有证明力,即王某某负本次事故的全部责任。〔1〕

实践中,法官对证据采信需要具体问题具体分析,既不迷信被保险人的有关陈述,也不能固执于案件的某一点而忽略其他,在此过程中突出逻辑推理和日常生活经验的作用。法官对证据的认定是行使自由裁量权,在个案中对当事人证明责任的程度作出相应判断,如果投保人与被保险人的关系特别密切(如父母为子女投保),证明责任可以适当减轻;如果投保人与被保险人的关系相对疏远(如远房亲戚)且投保人兼为受益人时,证明责任应当适当加重甚至达到苛刻的程度。

【案例 11-79】 蒋某某诉中国平安财产保险股份有限公司保险合同纠纷案

判决观点,赵某某驾驶渝 CF3×××牌号车发生意外事故,被告核定的车辆损共 76,000 元及司机座位责任损失 10,000 元理应得到及时赔付。被告辩称赵某某利用渝 CF3×××牌号车从事犯罪活动并拒绝赔付,但其提供的证据不足以证明赵某某致人伤害构成犯罪,并将渝 CF3×××牌号车作为犯罪工具,其拒赔理由不充分。〔2〕

【案例 11-80】 王某某诉新华人寿保险股份有限公司人身保险合同纠纷案

新华人寿在上诉理由中提出《法医学鉴定意见书》属于北京市法庭科学技术鉴定研究所出具的专业性鉴定结论应当作为定案依据,而一审法院并未采纳该证据材料,而直接依据该法院对平谷区医院神经内科主任所作的咨询笔录作为定案依据。但是一审法院并无完全否定该证据的效力,这从一审法院的民事判决书中可以体现;一审法院虽承认该证据书中对于王某某遗留中度智能障碍的鉴定结论,但否认了该证据“认为王某某的目前情况尚不符合新华人寿保险股份有限公司《人身险意外伤害残废给付标准》的赔付规定”的内容。这是因为,北京市法庭科学技术鉴定研究所作为法医学专业鉴定机

---

〔1〕 参见国家法官学院案例开发研究中心编:《中国法院 2018 年度案例》(保险纠纷),中国法制出版社 2018 年版,第 106 页。河北省黄骅市人民法院(2016)冀 0983 民初字 6669 号民事判决书。

〔2〕 参见国家法官学院案例开发研究中心编:《中国法院 2012 年度案例》(保险纠纷),中国法制出版社 2012 年版,第 96 页。

构,有能力依据病历材料、调查情况和躯体检查等方式鉴定出本案当事人王某某所患疾病和疾病后的身体情况;但是王某某所患疾病和疾病后的身体情况与新华人寿《人身险意外伤害残废给付标准》之间的关联性,并非属于法医学的判断范围。故此,一审法院仅采信了《法医学鉴定意见书》中关于王某某遗留中度智能障碍的内容,符合法律和事实。另外,一审法院对平谷区医院神经内科主任所作的咨询笔录属于该院依职权调取的证据,该证据进一步明确证明了王某某所受的伤害属于中枢神经系统机能的损伤,有力地佐证了《法医学鉴定意见书》中的关于王某某遗留中度智能障碍的内容,故依照《民事诉讼法》的有关规定可以作为定案依据。故此,一审法院对于证据认定合法。对于王某某所患疾病和疾病后的身体情况与新华人寿《人身险意外伤害残废给付标准》之间是否存在关联性问题,一审、二审法院没有直接说明,但均从新华人寿《人身险意外伤害残废给付标准》与本案中所涉及的人身意外伤害保险条款所附的《人身保险残废程度与保险金给付比例表》不具有关联性这一角度直接否定了从新华人寿《人身险意外伤害残废给付标准》在本案中的效力,从而间接否定了《法医学鉴定意见书》中关于"认为王某某的目前情况尚不符合新华人寿保险股份有限公司《人身险意外伤害残废给付标准》的赔付规定"的内容。此属法官开放性逻辑思维的应用,具有借鉴意义。[1]

法官行使裁量权过程中,对证据的"三性"作出判断并作出是否采信决定。

【案例11-81】 纪某某诉中国人寿保险股份有限公司徐州市分公司人寿保险合同纠纷案

一审法院认为,本案中,原告所提供的投保单及保险费缴纳收据中均无有关保费缴纳方式及缴纳期间的记载。被告举证的《个人养老金保险试行办法》是复印件,没有生效和截止日期,且试行办法条款对保险合同的复效问题未作出规定,本院对该试行办法的真实性、与本案的关联性不予确认,对被告电脑下载的原告的个人养老金保险信息,该信息是由被告单方制作,并不是原告、被告签订保险合同时共同形成的资料,也不是保险合同的组成部分,虽然记载了原告的缴费方式,但缺少来源依据,本院不能依据被告单方制作的证据来确认保险合同的缴费方式,因此,对被告举证的电脑信息的来源的合法性不予确认。另外,从双方当事人履行保险合同的方式来看,亦存在长期间断缴纳保险费的习惯存在。由此,原告、被告所举的证据均不能证实双方对保险费分期付费的缴纳方式及缴纳期间作出约定,故本院确认原告、被告

〔1〕 参见张柳青主编,北京市高级人民法院民一庭编:《北京民事审判疑难案例与问题解析》(第三卷),法律出版社2007年版,第379页。

在签订保险合同时未明确约定保险费的缴纳期间及方式。判决后，双方当事人均未上诉，该判决已发生法律效力。[1]

【案例 11－82】　烟台宏辉食品有限公司与中国平安财产保险股份有限公司莱阳支公司财产保险合同纠纷再审案

最高人民法院认为，申请人平安莱阳公司对于施救费用中的水费、器材费、工人施救补助费均提出了异议，认为宏辉公司未能区分上述费用是用于实际施救保险标的物还是其他费用。关于水费，宏辉公司在原审中提交了其2009年3月、4月、5月、6月4个月的水费结算单、代收水资源费结算单、污水处理费结算单，表明前3个月的水费基本持平，而2009年6月即在火灾发生后，水费明显大幅上升。考虑到火灾发生在6月初，火灾后工厂便停产，正常用水费用所占比例很小，“正常用水”与“灭水用水”二者在数量上无法准确计算，故原审法院判决认定的灭火水费并无明显不当。关于器材费与工人施救补助费，宏辉公司已经尽了举证责任，提供了有关器材费发票及工人施救补助费领用单，且费用合理。《保险法》等法律鼓励被保险人尽可能地降低不必要的损失。如果对被保险人的举证责任要求过严，则不利于该立法目的的实现，进而有损于保险法律关系中双方当事人的切身利益。因此，原审法院对于宏辉公司关于施救费用举证责任的要求并无不当。但该部分费用中包括了宏辉公司厂区内所有建筑物及设施的施救费用，显然超过了本案所涉保险标的物范围，超出部分不应由平安莱阳公司承担。本案保险事故发生在多年以前，火灾现场早已清理完毕，现再让宏辉公司举证证明针对本案所涉保险标的物范围的施救费用已无可能。鉴于原审判决支持的施救费用针对的是宏辉公司厂区内6栋建筑物及设施，现已查明本案保险标的物仅限其中的3栋房屋，故本院依据公平原则，酌定平安莱阳公司赔付50%的施救费用。同理，本案的案件受理费及鉴定费，亦应由宏辉公司和平安莱阳公司各承担50%。[2]

意外伤害应区分原因意外与结果意外，涉及的举证问题。

【案例 11－83】　张甲、张乙与新华人寿保险股份有限公司江苏分公司保险合同纠纷案

判决观点，本案争议的焦点是被保险人高某死亡是意外伤害还是自身疾病致死、是否属于新华人寿保险责任赔偿范围。对此法院认为，首先，因监控

〔1〕 参见最高人民法院中国应用法学研究所编：《人民法院案例选》2011年第1辑（总第75辑），人民法院出版社2011年版，第29页。

〔2〕 最高人民法院（2013）民提字第121号民事判决书。

录像无法显示高某摔倒时的具体细节，亦无其他证据证实高某摔倒瞬间的详情，盐城市公安局交通警察支队向盐城市盛世华城住宅区保安所作的调查，也仅能证实高某摔倒、后被“120”急救车送走抢救的经过，因此无证据证实高某摔倒系外力作用或者是其避让他人而引发碰撞等情况导致。交警部门的出警记录对该起事故记载为“高某驾驶电动自行车在盐城市亭湖区青年路盛世华城南门发生单方交通事故摔倒”，但出警记录不能等同于交通事故认定书，高某未碰撞任何物品而意外摔倒非等同于交通事故，故张甲、张乙认为高某摔倒属于交通事故证据不足。其次，高某入盐城市第一人民医院抢救过程中，该院诊断其有“高血压病病史多年，具体服药及血压控制情况不详，4年前有胃穿孔术后治疗病史，6年前有左下肢骨折病史，具体部位不详”，对其头颅CT检查显示“左侧基底节区脑出血破入脑室，有铸行及中线移位”，该院急诊处理并联系神经外科医生会诊后建议手术治疗，但高某家属拒绝而要求内科保守治疗。该院出具的死亡医学证明记载高某死亡原因为脑出血。现代医学认为，脑出血是指原发性非外伤脑实质内的自发性出血，多发于50岁以上人群，多伴有高血压病史。盐城市第一人民医院对高某的医学检查显示，高某并无任何外伤或颅脑损伤，因此高某脑出血可以排除系外力作用所致。张甲、张乙认为高某死亡系“交通事故”引起，属于外伤性致脑出血致死原因，与客观事实不符。最后，现有证据能够证明高某意外摔倒被送至医院抢救无效死亡的事实，虽然摔倒原因无法查明，但摔倒不是致死的直接原因，导致高某死亡的真正原因是脑出血。张甲、张乙未提供充分的证据证实高某脑出血系外力所致，应承担举证不能的法律后果，故新华人寿辩称高某脑出血死亡不属于外来的意外事件死亡原因，法院予以采信。判决：驳回张甲、张乙的诉讼请求。[1]

在诉讼中，原告、被告双方均未举出进一步证据证明诉争的事实是否为承保险种合同约定内容的直接证据，而事故性质应当从各证据与案件事实的关联程度、各证据之间的联系、结合举证责任等方面进行综合判断。根据《保险法》的规定，保险金请求权人依照其自身条件提供其客观上所能提供的证明和材料即应视为完成了举证责任，而不能以原因无法查明而否认其完成举证责任。

【案例11-84】 孙某等诉某保险公司保险合同纠纷案

一审法院认为，根据《保险法》的规定，保险索赔人依照其自身条件提供其客观上所能提供的证明和材料即完成证明责任。本案俞某的继承人已尽

---

〔1〕 参见国家法官学院、最高人民法院案例研究院编：《中国法院2020年度案例》（保险纠纷），中国法制出版社2020年版，第122～123页。江苏省盐城市盐城区人民法院（2017）苏0903民初6571号民事判决书。

其所能向某保险公司提供与确认被保险事故的性质、原因、损失程度等有关的证明和资料,某保险公司如认为保险事故系由除外责任所致应当承担举证责任,某保险公司未就除外责任事由进行举证,应当承担举证不能的法律后果。二审法院持同样意见。[1] 本案中,双方均未举出进一步证据证明俞某死亡是否属于旅游安全意外伤害保险条款所约定的意外事件的直接证据,某保险公司不能证明俞某之死属于除外责任,但又认为保险事故的发生可能属于恶意例外的情形,既然某保险公司无法举出相应的证据证明有免除其赔偿责任存在,便可认定其主张不能成立。

【案例 11－85】 赵某某等诉中国人民财产保险股份有限公司漳州分公司营业部保险合同纠纷案

被告认为被保险人的猝死不属于意外伤害保险的理赔范围,原告认为应将猝死认定为意外伤害,而在庭审过程中双方当事人提交的证据均无法认定猝死的具体原因。法院认为,虽然刘某某在交通事故中的损伤为非致命性外伤,但尸体检验报告书并未对刘某某猝死的原因进一步分析,被告也未能举证证明刘某某生前具有某种疾病或本案交通事故的发生具有《中国人民财产保险股份有限公司机动车驾驶人员意外伤害保险条款》责任免除情形。据此,可以认定该交通事故的发生是刘某某猝死的近因。上诉人以猝死属于疾病死亡而非意外伤害事故拒赔的理由证据不足,法院不予支持。[2]

投保人、被保险人或者受益人对保险事故发生的性质、原因及经济损失程度等具有初步举证证明义务,“初步”以应当能够提供的原始资料范围为限。投保人等未完成初步举证证明义务的,不得适用近因原则或分摊原则确定保险责任,而应由投保人等承担举证不能的不利后果。

【案例 11－86】 吴某甲等诉平安养老保险股份有限公司等人身保险合同纠纷案

判决观点,第一,三原告是否完成初步证明义务。根据《保险法》第三十二条第一款之规定,保险事故发生后,投保人等对保险事故发生的性质、原因及损失程度等具有初步举证证明义务,保险人拒赔时的举证责任承担以投保人等完成初步举证证明义务为前提,“初步”以相关法律规定应当能够提供的原始资料范围为限。本案中,合法有效的“死亡证明”即是受益人能够提供的死亡及死因的证明之一。然而,三原告提供的“死亡证明”并不具有合

---

〔1〕 参见北京市高级人民法院编:《审判前沿——新类型案件审判实务》2010 年第 4 集(总第 34 集),法律出版社 2011 年版,第 77 页。

〔2〕 参见国家法官学院案例开发研究中心编:《中国法院 2012 年度案例》(保险纠纷),中国法制出版社 2012 年版,第 124 页。

法性，主要表现在以下两个方面：首先，出具流程违反行政法规。根据《殡葬管理条例》第十三条第二项之规定，遗体处理必须遵守下列规定："……（二）火化遗体必须凭公安机关或者国务院卫生行政部门规定的医疗机构出具的死亡证明。"然而，本案中，被保险人吴某丙遗体火化先于死亡证明的开具时间，开具流程违反上述行政法规。其次，出具主体违反国家有关规定。《关于进一步规范人口死亡医学证明和信息登记管理工作的通知》规定，自2014年1月1日起，各地医疗卫生机构启用全国统一制定的新版《死亡证明》，签发单位为负责救治和正常死亡调查的医疗卫生机构；《死亡证明》填表说明载明家中、养老服务机构、其他场所正常死亡者，由本辖区社区卫生服务机构或乡镇（街道）卫生院负责调查的职业（助理）医师填写。本案中，建湖县医院并未实际救治过吴某丙，且也非死因链调查的适当主体。综上，三原告提供的《死亡证明》不具有合法性，未完成初步举证证明义务，应当承担举证不能的不利后果。第二，被保险人吴某丙死因是否属于猝死。根据保险单特别约定，"猝死"须满足"直接致死原因无法确定"，然而，本案中，被保险人吴某丙死因无法确定的根本原因在于三原告未按法律规定开具合法且有效的《死亡证明》，三原告若按规定流程，申请适当主体开展死因调查，被保险人吴某丙的直接死因很大程度上可以确定。因此，被保险人吴某丙死因既有可能出于意外事故，也有可能源于高血压病，还有其他因素介入的可能，致死原因无法确定并非客观所致，吴某甲、倪某某等对死因无法查明具有过错。该情形不符合保险单特别约定的"直接、完全有急性症状所致身故且直接致死原因无法确定内容"。判决：原告吴某甲、倪某某、吴某乙的诉讼请求不予支持。[1]

实际上，由于民事诉讼中对于证据所采取的"高度盖然性原则"与刑事诉讼所采取的"排除合理怀疑原则"存在根本区别，故在民事诉讼活动中，未必要求当事人对于其主张的全部事实都要提供确切的证据加以证明。法官完全可以在现有证据的基础上，运用生活经验与逻辑推理，认定某些事实虽然不能被现有证据确切佐证，但是该事实存在的可能性非常大或者非常小，进而决定对当事人所主张的事实采信或者不采信。实质上，是法官对证据认定行使自由裁量权，对证据有无证明力和证明力大小进行判断，并公开判断的理由和结果。

【案例11－87】　黄某、沈某某诉天安保险股份有限公司保险合同纠纷案

一审法院认为：(1)由于投保人尸体已经火化，失去了通过司法鉴定查

---

〔1〕　参见最高人民法院中国应用法学研究所编：《人民法院案例选》2022年第10辑（总第176辑），人民法院出版社2022年版，第147～148页。上海市静安区人民法院（2020）沪0106民初40529号民事判决书。

明投保人死亡真正原因的直接证据,法院只能根据原告、被告提供的其他证据对投保人的死因进行认定。(2)原告提供的病历卡记载2002年1月7日和11日投保人因摔倒引发头痛等症状,两次去医院就诊。在当时的情况下,原告和投保人不可能预料到投保人会死亡,将会引发保险纠纷,因而要预先做好证据的收集。因此,法院认定原告提供的病历卡及所记载的内容属客观真实。(3)虽然投保人患有右颞叶脑血管畸形,但是,被告不能证明投保人在没有摔倒的情况下,在2002年1月会发生脑血管出血。也就是说,被告不能证明投保人右颞叶脑血管畸形的自然发展与他于2002年1月死亡具有直接因果关系。因此,被告认为投保人系病故而非意外死亡的主张本院难以采信。相反,原告的证据可以使人相信,投保人的摔倒与投保人血管破裂具有因果关系,是导致投保人死亡的近因。(4)原告的证据尚不足以证明投保人的死亡是因意外摔倒造成,需要证据补强。由于原告已失去了通过司法鉴定提供投保人死因的直接证据的可能性,原告本应承担举证不能的后果。但是,由于原告失去提供直接证据的主要因素是被告通知瑕疵所导致,而非原告过错所造成。因此,让原告承担举证不能的后果不仅难合情理,更难显公正。法院权衡再三,认为在双方都不能提供直接证据的情况下,由被告承担举证不能的后果,比较符合法理,也更能体现司法公正的本意。由此,法院采信原告主张,即投保人因摔倒而造成脑部血管破裂并导致死亡。对投保人的死亡是否属于被告在保险合同中所确定的意外死亡。法院认为,本案并无证据证明投保人在投保前已知道自己患有脑血管畸形。……因此,法院必须根据法律规定,解释投保人的死亡属于合同约定的意外死亡事故。二审法院持同样意见。[1] 现有证据仅为原告提供的病历,记载病人陈述"摔倒后头痛"。因摔倒诱发畸形血管破裂而死亡,该种死亡依据因果关系规则应为意外死亡,原告提供该证据即视为举证责任的完成。而被告虽主张被保险人之死属病理性死亡,但其无法证明被保险人系"头痛后摔倒",即因畸形血管破裂导致摔倒。因此,原告显然已经获得证据优势。

【案例11-88】 湖北东方国际旅行社有限公司诉中国人民财产保险股份有限公司武汉东湖新技术开发区营业部保险合同纠纷案

一审法院认为,观看红艺人表演是原旅游行程所定的自费项目,第三人虽然在旅游行程中改变了行程,但其原因是当事人意志以外的原因,即飞机晚点,且行程改变并未增加张某等人的旅游负担,张某在自费观看红艺人表演后提前回酒店休息而猝死,其死亡原因从表象上与旅游活动并无联系,但

〔1〕 参见最高人民法院中国应用法学研究所编:《人民法院案例选》2005年第3辑(总第53辑),人民法院出版社2006年版,第320页。

从本质上讲，张某死亡的原因未经法医鉴定，属于死因不明。东方旅行社称因其和第三人未尽到安全保障义务导致张某死亡证据不足，故东方旅行社关于张某的死亡与其和第三人未尽安全保障义务有关，被告应对张某的死亡应承担保险责任的观点不能成立，对东方旅行社的诉讼请求，不予支持。二审法院亦持同样意见，维持一审判决。[1]

对存在是否属于保险责任范围难以确定时，可参照证据高度盖然性的原则作出倾向性判断。

【案例11－89】　王某某诉中国人民财产保险股份有限公司北京市分公司保险合同纠纷案

判决观点，不论将证明火灾系外来火源引起的举证责任加于王某某，还是将火灾系自燃引起的举证责任加于人保公司，对双方来说均存在举证不能的风险，且举证责任的分配会造成对一方当事人事实上的不公平。然而，综合以下几点分析和判断，可以认定本案火灾系外来火源引起的可能性更大。……第三，火灾认定书之所以作出不排除外来火源的结论，是因为从现场监控视频可以看出车头有垃圾，停车的车头位置顶着5个垃圾桶，在事故发生前的2～3小时内有2个人倒垃圾但没把垃圾倒进垃圾桶里，而是把垃圾倒在垃圾桶旁边了，涉案车的车头直接压在垃圾上，垃圾中是否有火源，包括是否有烟头、炉渣灰残火不能确定。垃圾桶全部烧化了，说明车的位置离垃圾桶非常近。附近是农家院，垃圾中的木筷子、餐巾纸、烟头等都有可能导致垃圾阴燃，烟头的温度就有700多度。车把垃圾盖住了，车头左前部正下方有炉渣灰残骸，但是根据对倒灰的人调查，倒灰的人说他们往灰里倒水了，但是具体是否倒水、倒水倒到什么程度，垃圾里是否有木筷子、烟火等易燃物，这些都无法确定。由此可见，本案火灾事故系外来火源引起的可能性更大。[2]

在个案中现有证据证明力不足，还原客观真实存在障碍，有必要运用高度盖然性证明标准判定现有证据及当事人行为，推断出相应的法律事实，而该推断的一个前提就是穷尽证据证明，衡平双方的举证责任。

---

〔1〕 参见国家法官学院案例开发研究中心编：《中国法院2014年度案例》（保险纠纷），中国法制出版社2014年版，第24页。湖北省武汉市中级人民法院（2012）鄂武汉中民商终字第00896号民事判决书。

〔2〕 参见国家法官学院案例开发研究中心编：《中国法院2019年度案例》（保险合同纠纷），中国法制出版社2019年版，第95～96页。北京市平谷区人民法院（2017）京0117民初2845号民事判决书。

【案例 11－90】　唐某某等诉中国人寿保险股份有限公司盐城市分公司保险合同纠纷案

判决观点，根据两份保险利益条款的约定，意外伤害是指遭受外来的、突发的、非本意的、非疾病的客观事件直接致使身体受到的伤害；而精神病人是特殊患者，患病期间大多属于无民事行为能力或限制民事行为能力人，往往无意识或欠缺意识控制自己的行为，会造成自身伤害的事件，故钱某某自杀是否属于意外伤害，关键在于钱某某自杀时是否有意识，是否能控制其行为。法院认为，精神病人自杀在医学上具有冲动性、突发性、隐蔽性等特点，也是医学上公认的难以防范的意外。根据事发当晚医院病例记载，钱某某的自知力为"缺"，"严重程度标准：社会适应能力明显受损，管理困难，自知力无"，钱某某的就诊时间为 2015 年 4 月 27 日 19 时 30 分，死亡时间为同日 22 时 50 分，事发时钱某某仍处于诊疗阶段。盐城市人保公司并未提供证据证明钱某某自缢前有康复的迹象，三原告作为钱某某的亲属在短短的几小时内也无法对钱某某的行为能力申请法院作出认定；钱某某发病前一直正常从事工作、劳动，家庭和睦，性格随和，盐州市人保公司也未提供证明钱某某若非发病，在毫无理由、毫无征兆的情况下有其他自杀的理由。据此判决被告盐州市人保公司支付 100,000 元保险金。[1]

当双方就同一事实提供的证据相互矛盾时，应按照认定证据的原则，认定证明力较强的证据有效。

【案例 11－91】　平安财产保险公司北京分公司因未能证明被告艾派克斯海运公司为肇事船舶的所有人承担举证不能后果海上运输合同货物纠纷案

原告提交的网络证据材料经过了国家公证机构的保全和公证，但这只能证明在网联网上的确有这些网络证据材料。因被告基于网络证据的"唯一性特征模糊、易于伪造"的特点而否认"www. apexmar. com"是其拥有的网站，原告又无其他证据证实"www. apexmar. com"就是被告的网站，因而该案件事实仍然处于真伪不明状态，负有举证责任的原告对此应承担不利后果。船舶登记证书是国家法定机关依职权所制作的公文书证，其证明力一般大于其他书证，包括大于网络证据。当船舶登记证书上记载的所有权人与网络证据表明的船舶所有权人相矛盾时，法院只能以登记机关的记载为准，即塔特航

〔1〕　参见国家法官学院案例开发研究中心编：《中国法院 2018 年度案例》（保险纠纷），中国法制出版社 2018 年版，第 169 页。江苏省滨海县人民法院（2016）苏 0922 民初 5837 号民事判决书。

运才是“塔特”轮的所有权人，被告并非其所有权人。[1]

应注意的是，在个案中法官免除保险人履行免责条款说明义务的举证问题。

【案例11－92】 张某诉华某财产保险股份有限公司北京市顺义支公司等保险合同纠纷案

二审法院认为，本案所涉交通事故，经公安交通管理部门认定该车辆驾驶员超速且超载，违反了《道路交通安全法》中有关机动车辆装载的规定。因此，该保险车辆违反了保险合同投保人、被保险人义务条款第二十五条的规定，“超载”的概念明晰，不会产生理解上的歧义。且该行为既属于违法行为，又违反了保险合同中的投保人、被保险人义务。华某顺义支公司依据保险合同第三十条的规定有权拒绝赔偿。我国道路交通安全法律将超载作为禁止性规定加以限制，是为保证机动车驾驶员在内的社会群体的公共安全。保险公司在保险合同中将违法超载视为违反合同义务的行为而作为拒赔的事由，并不仅仅是出于维护保险公司的利益，更不是所谓的“霸王条款”。一审法院的判决认定事实清楚，适用法律正确，判决并无不当。二审法院维持一审判决。[2] 在本案的处理过程中，法官通过对“免责条款义务”立法本意的分析，免除了保险公司对其履行说明义务的举证责任，直接认为超载条款合法有效，驳回了张某的诉讼请求。这种处理思路从个案实际出发，避免了对免责条款说明义务及相应举证责任的僵化理解，符合《保险法解释(二)》第十条规定。

对投保人未履行如实告知义务证据的判断，是司法实践中的一个难点和重点问题。在人身保险合同纠纷案件中，保险公司如果以投保人未如实告知被保险人病情的依据是其住院病历，应区分两种情形分析该依据。在投保前，可以依据该病历诊断结果判断投保人是否如实告知。在投保后，保险公司有可能会根据病历中“病史主诉”内容证明被保险人在投保前的患病情况。“病史主诉”，是指在医院治疗过程中病人或亲属对病人病情及既往病情的陈述，包括医疗证明书及病历中的主诉、现病史、既往史、家族史等内容。“病史主诉”的主诉人包括投保人、被保险人及其他人。笔者认为，“病史主诉”是一种书证，对其主诉内容的证明力，应具体问题具体分析，结合其他证据综合分析判断，既不一概排斥也不一律采信。如果结合其他证据可以否认“病史主诉”的内容，就不能将其作为认定投保人未履行如实告知义务的证据。不同主体进行的“病史主诉”的效力应区别对待：其

---

〔1〕 参见最高人民法院中国应用法学研究所编：《人民法院案例选》2005年第3辑(总第53辑)，人民法院出版社2006年版，第440页。

〔2〕 参见北京市高级人民法院编：《审判前沿——新类型案件审判实务》2008年第1集(总第19集)，法律出版社2008年版，第63页。

一,主诉人为患者本人,且是投保人又是被保险人的,其主诉的内容使用的是确切性的语言,包括病症、患病时间等,则应认定其证明力。反之,应结合案件其他证据判断。其二,主诉人为患者本人,是被保险人但非投保人的,需查明投保人对保险公司询问的被保险人健康状况是否明知或者应知。其三,主诉人为患者亲属,即非被保险人,也不是投保人的,一般不能以他人主诉为投保人是否履行如实告知义务的依据,但可以此为线索收集其他相关的证据。其四,主诉人为投保人。应依采取主诉内容为确切性语言为判断标准进行判断,主诉人使用了确切语言的,应认定主诉内容;反之则不予认定,但允许投保人有相反证据推翻主诉内容。

【案例11-93】　王某诉某保险公司保险合同纠纷案

判决观点,王某作为投保人向保险公司的告知义务,以其明知或者应知的事项为限。以此为前提,本案需解决的问题是,王某是否明知或应知在投保前姜某出现抽搐。姜某2007年8月再入院病历记载的主诉内容用语为“8月余”与“18个月左右”,这应当是王某在医生询问、提示下凭回忆所描述的估算时间,该时间为大致时间而非确切时间。此外,该病历落款时间为姜某的出院日,这一细节足以使法院确信,该病历是医生在姜某出院时整理打印的文件,而并非第一手原始记录。因此,在没有入院就诊时直接、准确主诉记录的情况下,不应当仅凭借此再入院记录判断姜某出现抽搐现象的确切时间。另外,凭借经验法则对事实加以判断可得出以下结论:首先,姜某为王某所生育的第一个孩子。因育儿经验不足,即使姜某在王某为其投保前曾经出现过一定程度的抽搐,王某作为不具有医学知识的人员,也难以准确判断该抽搐究竟属于病症表现还是幼儿生长发育过程中的正常现象。其次,姜某于2006年12月9日至12月27日住院长达18天。其间医院无姜某有抽搐表象的记载。在这期间内,如其有抽搐现象,医生不可能没有发现。此外,爱子之心人皆有之,如果姜某其时确有抽搐现象且王某夫妻已经明知,作为父母,不可能为了7个月后为姜某投保成功,而在其该次住院治疗期间处心积虑地故意向医生隐瞒有关情形。因此,王某所陈述的在其投保时不知道姜某是否有抽搐现象的观点,法院予以认同。[1]

对以死亡给付保险金条件的人身保险合同证据判断,需放在个案中具体问题具体分析,既不能完全相信被保险人的有关陈述(其死亡的除外),也不能死守于案件的某一点而忽略其他方面,重视逻辑推理和日常生活经验在判断证据中的作用。法官可以根据人身关系的远近,决定证明力的大小。投保人与被保险人的关系特别密切(父母为子女投保、子女为父母投保),证明责任可以适当减轻。投保

---

〔1〕　参见安凤德主编:《保险合同纠纷诉讼指引与实务解答》,法律出版社2013年版,第255页。

人与被保险人相对疏远(远房亲戚)且投保人又为受益人的,证明责任即应当适度加重乃至达到苛刻程度。

应予强调的是,对于保险合同中约定的被保险人对其某项事故承担举证责任,如果加重被保险人的责任,如约定机动车辆险不明火灾事故的举证由被保险人承担,因符合格式条款无效的条件,应判定该约定无效。

保险合同纠纷中,交通事故认定书、火灾事故认定书原则上应当作为认定案件事实的依据,但是当事人有证据和理由足以反驳认定书的除外。对于反驳认定书的证据和理由应放在个案中判断,由法官行使裁量权确定。对于没有交通事故认定书,但被保险人能够举证证明成立保险事故的,由法官采信其举证证明的事项。

对证明事项推定问题。在团体人身险中,投保人为被保险人投保死亡险,如无证据证明被保险人知道投保事宜而明确表示反对的,应视为被保险人已就投保事项和保险金额同意。

民事责任依据确认问题。交通管理部门对机动车之间发生交通事故的责任认定书,法官审查后可以直接作为确定当事人民事责任的依据。但当事人有充分证据证明交通管理对事故的责任认定结果存在错误的,法官可以根据查明的事实作为确定当事人民事责任依据。应注意的是,交通管理部门对机动车与非机动车、行人之间发生交通事故的责任认定结果,法官不能直接作为确定当事人民事责任的依据。

民事案件的证明标准为高度盖然性标准,只要相关证据能够证明肇事人具有逃离现场的高度可能性,即可认定其事故发生后逃离现场。而刑事案件的证明标准更加严格,即排除合理怀疑,也称严格证据原则,只要有排除逃逸的可能性,哪怕可能性很小,也不得认定为逃逸情节。因刑事、民事案件证明标准不同导致关联案件事实认定存在差异,即对同一事实在先刑事判决未认定交通肇事逃逸,在后的民事保险赔偿部分也可认定为逃离事故现场。

【案例11-94】 余某群诉鼎和财产保险股份有限公司儋州支公司财产保险合同纠纷案

二审法院认为,逃离和逃逸在主观上是有所区别的,逃逸侧重考量是否为了逃避法律的惩罚,逃离则有多种主观因素,既有逃避刑事惩罚,也有逃避民事赔偿责任,还有害怕遭到他人的报复。本案中,余某荣承认撞到狗后当时害怕狗的主人报复而逃离现场,而刑事判决不认定交通逃逸是基于余某荣案发后投案自首和积极赔偿被害人家属经济损失等多种因素考量;而且,虽然刑事判决认为不宜认定交通逃逸,但刑事诉讼和民事诉讼对事实认定的证据标准不一样,刑事的标准是排除一切合理,民事的标准则是高度盖然性。根据本案证据、现场勘查笔录及现场照片证实,事发时摩托车划印长6米,被害人的尸体及受损摩托车都停留在马路上或马路边上,作为正常人,应当知道事故发生,而且余某荣在发生事故逃离现场后,又原路返回经过事故现场,在车灯光正常情况下,其辩称看见停留在路上的狗的尸体而没有看到同样停留在现场的被害人的尸体和摩托车不符合情理。据此,对余某群及余某荣的答辩意见不予采纳,一审法院认定余某荣主观上不知道事故发生而离开事故现场不构成逃离现场不当,应予纠正。[1]

检察机关存疑不诉决定不影响民事审判认定逃逸行为,也不能推定肇事者驶离事故现场的行为并非逃逸行为。

【案例11-95】 太和出租汽车有限责任公司诉中国人民财产保险股份有限公司奉节支公司财产保险合同纠纷案

二审法院认为,刑事诉讼证明标准与民事诉讼证明标准存在区别。结合交警部门的事故认定书、证人的询问笔录、驾驶员王某的讯问笔录、事故现场照片、勘查笔录等证据以及日常生活经验法则等综合分析,驾驶员王某在本案事故发生时知道或者应当知道发生了交通事故这一事实具有高度可能性,应予认定。事故发生后,王某在未依法采取任何救护救助及报警措施的情况下驾驶被保险机动车离开事故现场,符合保险条款约定的免责情形。而且,本案保险合同签订时,人保奉节公司对保险合同的免责条款履行了提示和明确说明义务,该免责条款具有法律约束力。二审法院撤销一审判决,驳回太和公司的诉讼请求。[2]

被保险人是否死于意外,没有直接证据的,可以通过若干间接证据形成完整的证据链认定事实。

【案例11-96】 罗某诉保险焉耆支公司保险合同纠纷案

判决观点,本案争议焦点为被保险人是因意外死亡还是因疾病死亡问题。双方签订的意外伤害保险合同约定,意外伤害是指以外来的、突发的、非本意的、非疾病的客观事件为直接且单独的原因致使身体受到的伤害。原告(系罗某之女)提交的被保险人杨某死亡原因的证据是杨某死亡是否构成保险事故的关键。庭审中,原告提交了下列证据:第一,保险焉耆支公司对罗某的询问笔录,证实被保险人杨某去世前与罗某共同居住。事发当晚,杨某睡着后,罗某也去睡觉了。第二天早上罗某起床后,发现杨某摔下床、在地上躺

---

〔1〕 参见国家法官学院案例开发研究中心编:《中国法院2019年度案例》(保险纠纷),中国法制出版社2019年版,第40~41页。海南省第二中级人民法院(2017)琼97民终898号民事判决书。

〔2〕 参见国家法官学院案例开发研究中心编:《中国法院2019年度案例》(保险纠纷),中国法制出版社2019年版,第47~48页。重庆市第二中级人民法院(2017)渝02民终148号民事判决书。

着。罗某忙上前去搀扶,发现杨某已无呼吸,人已死亡,额头部有瘀青,估计是从床上摔到地上时碰的。第二,社区于2016年11月24日出具证明,证实杨某因不慎摔倒意外去世。第三,派出所于2017年6月19日出具户口注销证明,证实杨某因不慎摔倒意外去世。第四,派出所于2017年8月17日出具证明,证实杨某因摔倒死亡为意外。原告提供的上述证据能够形成完整的证据锁链,证实被保险人杨某系因意外摔倒而死亡,对原告主张杨某于2016年6月19日因意外摔倒死亡的事实,予以认定,对原告要求被告支付保险金30,000元的诉讼请求,予以支持。被告辩称被保险人杨某因疾病死亡,未提供相关证据加以证实,不予采纳。[1]

当事人诉讼外对损失金额的自认,可以作为认定损失金额的重要证据。

【案例11-97】 纺织公司诉保险诸暨支公司财产保险合同纠纷案

一审法院认为,原告、被告之间的保险合同,系双方当事人的真实意思表示,双方主体适格,主要内容未违反国家法律、法规的强制性规定,应属有效。被告认为,吴某、叶某构成失火罪,原告及有关人员构成包庇罪,刑事责任的追究将直接影响鉴定及保险责任的免除,要求移送公安机关并中止本案审理。经依法移送后,公安机关未予立案,被告也未就该主张继续举证,故其该主张缺乏事实依据,不予采纳。鉴于鉴定评估无法得出结论,就火灾损失如下分析确定:首先,火灾事故发生后,公安机关所做的询问笔录,其中2017年12月12日和21日笔录有吴某本人签字确认,可以确认火灾发生的过程、受损范围及受损金额。其次,被告在火灾事故发生后第一时间会同吴某对火灾事故现场进行了实地查勘和现场清点,原告及吴某也在现场查勘笔录及询问笔录、报损清单上进行盖章及签字确认,再次确认了损失范围及受损金额。事后原告曾以损失金额20万元向被告进行索赔,也与吴某的陈述基本相符。从上述一系列事实来看,该损失金额具有客观真实性。再次,根据《保险法》第二十二条第一款规定,原告对损失范围和金额负有法定举证义务。本案火灾事故发生后,原告未能提交火灾发生时的企业报表及其客户的原始账本等相关资料以查明案件事实,其曾经自认损失范围及金额,却以单方制作的相关账册、发票,主张实际损失达400万元,明显有违诚信原则,不具有可信度。最后,原告对于错过评估的基础和调查的最佳时机负有相应责任。判决:(1)保险诸暨支公司应支付纺织公司理赔款14万元;(2)驳回纺织公司的其

[1] 新疆维吾尔自治区焉耆回族自治县人民法院(2020)新2826民初1153号民事判决书。

他诉讼请求。二审法院同意一审法院裁判意见。[1]

(三)证据采信分析与表述

对保险人是否履行说明义务证据的判断,是实践中极应注意和研究的问题。现实社会生活中,对保险单有加粗、加框、特殊字体、特殊颜色印刷等提示内容,在“特别声明”处,有投保人签字的,是否能证明保险人尽到说明义务,法官在对此认定时往往还要求有证据加以证明,如未有证据则认为未履行说明义务,法官对此表述也不尽相同。在骆某某诉都邦财产保险股份有限公司北京分公司财产保险合同案中,法官使用的是“未提供证据”;[2]在赵某某诉中国人民财产保险股份有限公司北京市大兴支公司保险合同案中,法官使用的是“未能证明其履行了交付保险条款的义务”;[3]在成都联成物流有限公司诉渤海财产保险股份有限公司新都支公司财产保险合同案中,法官使用“未向法庭举证其在订立保险合同时就特别约定条款向原告作出明确说明的证据”。[4] 而一些法院对此类情况判断,则有所不同。在吴某某等诉中国人寿保险股份有限公司宜州支公司人身保险合同案中为,从“特别声明”的内容看,被告并未对免责条款进行提示和说明,也无其他证据证实其对免责条款尽到明确说明义务。[5] 在段某某诉中国人民财产保险股份有限公司南京分公司保险合同纠纷案中为,保险人为证明已经尽到告知义务而提供的证据是涉案保险投保单声明以及签名,但该段声明的内容并没有对争议条款的具体内容作出明确解释,不能证明保险人已经向投保人陈述了该条款包含“医保外用药不予理赔”即部分免除保险人的责任的含义。[6] 从所举的两类法院判决对证据要求看,其共同点都要求单独提供证据,而后一类判决首先是对特别声明的内容进行分析,其次再要求举证,这样的处理更符合公平原则,当然也符合证明标准。

---

〔1〕 参见国家法官学院、最高人民法院司法案例研究院编:《中国法院 2023 年度案例》(保险纠纷),中国法制出版社 2023 年版,第 83～84 页。浙江省绍兴市中级人民法院(2021)浙 06 民终 3820 号民事判决书。

〔2〕 参见国家法官学院案例开发研究中心编:《中国法院 2012 年度案例》(保险纠纷),中国法制出版社 2012 年版,第 33 页。

〔3〕 参见国家法官学院案例开发研究中心编:《中国法院 2012 年度案例》(保险纠纷),中国法制出版社 2012 年版,第 39 页。

〔4〕 参见国家法官学院案例开发研究中心编:《中国法院 2012 年度案例》(保险纠纷),中国法制出版社 2012 年版,第 76 页。

〔5〕 参见国家法官学院案例开发研究中心编:《中国法院 2012 年度案例》(保险纠纷),中国法制出版社 2012 年版,第 207 页。

〔6〕 参见《最高人民法院公报》2011 年第 3 期。

【不同处理】 实践中亦有对上述情形相反的实例。

【案例11－98】 徐某等诉美国友邦保险有限公司上海分公司人身保险合同纠纷案

判决观点，由郑某签名的投保单上载明，被保险人驾驶无有效行驶证的机动交通工具造成事故的，被告不负任何赔偿责任等免责条款，保险合同中亦以加粗的字体载明上述条款。而且，在投保单的投保人与被保险人声明与授权一栏中也记载，本人已认真阅读并理解了保险合同的主要条款。被告友邦公司通过书面明示方式，即以书面保险合同条款的形式向投保人进行明确说明，并无不当，且保险合同中加粗的字体以及投保人声明中关于保险合同主要条款的提示，已经足以达到提请投保人注意相关免责条款的程度，可以认为被告友邦公司在投保中的行为已经符合履行明确说明义务的形式标准。[1]

【案例11－99】 王某诉中国人民财产保险股份有限公司乐亭支公司保险合同纠纷案

一审法院认为，由于在人保乐亭支公司向原告出具的机动车车辆保险单重要提示部分明确载明“请您详细阅读所附保险条款，特别是有关责任免除、投保人和被保险人义务的部分”，因此，人保乐亭支公司已尽到合理说明义务，对原告的主张不予支持。二审法院持同样意见。[2]

有法官认为，如果投保人在这一栏签了字，保险人便完成了关于明确说明义务的举证责任。在这种情况下，如果投保人主张保险公司没有尽明确说明义务，尽管有投保人的签字，也可以否认该声明的法律效力。保险人以口头方式说明免责条款的，除投保人承认的情况外，保险人应提供相应的笔录、音像资料等。[3]笔者认为，仅有投保人签署声明的证据并不足以保险人认定保险人履行了明确说明义务，保险人还需证明其已尽“提示义务”，这两种证据齐全方可认定履行了说明义务。

---

〔1〕 参见张海棠主编：《保险合同纠纷》，法律出版社2010年版，第156页。

〔2〕 参见北京市高级人民法院编：《审判前沿——新类型案件审判实务》2009年第6集（总第30集），法律出版社2010年版，第72页。

〔3〕 参见最高人民法院中国应用法学研究所编：《人民法院案例选》2011年第1辑（总第75辑），人民法院出版社2011年版，第46页。

（四）鉴定意见采信

司法实践中，非依法定程序、由当事人单方委托重新作出的司法鉴定意见能否推翻一审法院已依法采信的鉴定结论，能否作为认定案件事实的依据，应作分析。原《证据规定》第二十七条对重新鉴定的情形作出了严格的限制，但并没有限制单方委托作出的鉴定的效力，只是规定在另一方当事人有证据足以反驳并申请重新鉴定的情况下，法院应准许鉴定，这就造成了单方委托鉴定泛滥的现状。法官应严格依据证据规则，审慎甄别单方委托作出的鉴定意见。修订《证据规定》第四十条对重新鉴定的情形作了规定，应注意修订前后重新鉴定规定的变化。

【案例11－100】　兰某某诉尹某等机动车交通事故责任纠纷案

二审法院认为，经一审法院组织庭审质证，上诉人对该鉴定结论未提出异议，且未提供证据证明丹东市中心医院司法鉴定所出具的鉴定结论存在法定可以重新鉴定的情形，亦未申请重新鉴定。因此，一审法院采信丹东市中心医院法医司法鉴定所出具的鉴定结论并作出判决并无不当。宣判后，兰某某再向丹东江城法医司法鉴定所申请鉴定并不符合上述法律规定。且兰某某所患L4、L5间盘突出是在该起交通事故发生5个多月后检查发现的，在兰某某于东港市椅圈医院住院治疗的患者主诉中亦未记载其有腰痛症状，并无充分证据证明该病的发生与该起交通事故之间存在直接因果关系。因此，本院对兰某某要求依据丹东江城法医司法鉴定所的鉴定意见予以判决的上诉主张不予支持。[1]

【案例11－101】　周某诉安联财产保险（中国）有限公司保险合同纠纷案

二审法院认为，周某自行委托广东正光法医临床司法鉴定所进行伤残鉴定。虽然该鉴定系由周某单方委托，但广东正光法医临床司法鉴定所系有资质的司法鉴定机构，其出具的司法鉴定意见书对周某的伤情描述客观准确，亦具体陈述了评残的标准和依据。安联保险公司虽然不认可，但未能举证证明该鉴定意见存在明显违法或不合常理之处，依法应予采纳。一审法院根据该鉴定意见判令安联保险公司赔偿周某保险金50,000元理据充分，予以维持。[2]

交警大队在处理交通事故中委托的鉴定，虽是第三方委托，但其性质上应归

---

〔1〕 参见国家法官学院案例开发研究中心编：《中国法院2013年度案例》（道路交通纠纷），中国法制出版社2013年版，第139页。

〔2〕 参见国家法官学院、最高人民法院案例研究院编：《中国法院2020年度案例》（保险纠纷），中国法制出版社2020年版，第157页。广东省珠海市中级人民法院（2018）粤04民终3220号民事判决书。

属单方委托,保险人不服需以证据反驳,法官有权采信。

【案例 11 -102】 王某某诉宋某某、中国人寿财产保险股份有限公司大同市中心支公司财产保险合同纠纷案

二审法院认为,人寿财险大同支公司以鉴定部门未经双方共同选定为由,对鉴定意见不予认可,但不能证明鉴定意见存在程序严重违法或鉴定结论明显依据不足等不能作为证据使用的法定情形;评估费、拆解费、停车费、血检费、痕迹鉴定费、车检费等费用是为防止或者减少、查明和确定保险标的损失支付的必要合理费用。[1]

对有证据足以反驳鉴定意见,现行法律和司法解释并没有明确规定是何种证据。司法实践中,一方有证据足以反驳的类型较多,其中一个重要的切入点就是鉴定程序的形式合法性。若异议人能够提供从鉴定程序的形式合法性找出自行委托的鉴定意见瑕疵,法院便可不采纳自行委托的鉴定意见。对于自行委托鉴定意见的反驳,在证明程度和要求上低于法院委托鉴定机构出具的鉴定意见。法官认为异议人没有证据或证据不足以反驳的,其一方自行委托的鉴定意见则可作为裁判依据。

【案例 11 -103】 郭某某诉中国人民财产保险股份有限公司北京市直属支公司财产保险合同纠纷案

二审法院认为,针对保险公司提交的邯郸燕赵司法鉴定中心出具的鉴定意见书,郭某某提出了质疑和反驳。但郭某某无证据足以反驳且在一审审理中未提出鉴定申请,故保险公司提交的邯郸燕赵司法鉴定中心的鉴定意见书中"排除发生碰撞事故引发本身起火的可能"的结论,一审法院对此予以采信系正确做法。[2]

鉴定报告的结论性意见作为鉴定意见的核心内容,在整个鉴定报告中尤为重要,指向必须明确,且应具有唯一性,开放性的鉴定意见无法解决案件中产生问题。不具有唯一性的鉴定意见不应被采纳为定案依据,其举证责任人视为未完成举证责任。

【案例 11 -104】 赵某等诉中国平安财产保险股份有限公司无锡分公司保险合同纠纷案

二审法院认为,平保公司要求依据免责条款的约定不予赔付,那么,其对

---

〔1〕 参见国家法官学院案例开发研究中心编:《中国法院 2016 年度案例》(保险纠纷),中国法制出版社 2016 年版,第 121 页。天津市第二中级人民法院(2014)二中速民中字第 636 号民事判决书。

〔2〕 参见国家法官学院案例开发研究中心编:《中国法院 2019 年度案例》(保险纠纷),中国法制出版社 2019 年版,第 104 页。北京市第一中级人民法院(2017)京 01 民终 7527 号民事判决书。

免责事由的存在负有举证证明责任，即需要证明陶某某确实存在酒后驾车的情形。现有证据虽然证明陶某某血液中的乙醇含量达到了醉酒驾驶的标准，但是陶某某体内未检测到乙基葡萄糖醛酸苷，而一般情况下，如有人饮酒，那么该人血液中的乙醇与乙基葡萄糖醛酸苷是并存的，因此，一审法院未认定陶某某是酒后驾车并无不当。平保公司二审申请出庭的专家证人虽然提出上述乙醇与乙基葡萄糖醛酸苷没有并存在陶某某体内可能是因为陶某某血样已腐败，需要进一步检测，但是平安公司只陈述了一种可能性，没有提供证据证明乙醇与乙基葡萄糖醛酸苷未在陶某某血液中并存的原因，也没有排除陶某某确实有未饮酒的可能，说明平保公司没有完成举证义务证明陶某某存在酒后驾驶的情形。另外，经江阴交警大队多方调查，无人反映陶某某有饮酒的习惯和迹象。综上，二审法院对平保公司的该项主张不予采信。[1] 该案中，一审法院未采信两份鉴定意见。

没有证据推翻鉴定意见的，亦应作为赔偿损失的依据。

【案例 11－105】 中国电子系统工程第二建筑有限公司与中国人民财产保险股份有限公司上海市分公司等保险代位求偿权纠纷再审案

最高人民法院认为，现二建公司因其施工过失导致损害，在其未能举证证明广电公司对损失的发生或扩大具有过错的情况下，其要求减轻或免除责任的再审理由亦不能成立。罗便士公估公司作为独立的第三方对事故损失作出认定，在二建公司不能充分举证证明该公估程序违法或损害赔偿过高的情况下，一审、二审判决据此认定案涉损失赔偿的数额并无不当。[2]

对多次鉴定意见的采信，要经过双方质证，并综合衡量评定。

【案例 11－106】 高某某诉华安财产保险股份有限公司天津分公司财产保险合同纠纷案

一审法院认为，高某某主张车损赔偿，依法应就车辆实际损失情况承担举证责任。现高某某单方委托车损鉴定得出的鉴定结论与华安财险天津分公司单方委托公估机构得出的鉴定结论具有同等证明效力，但二者相差极大，高某某的证据不足以证明车辆的实际损失情况。华安财险天津分公司申请重新鉴定，据此得出的鉴定结论合法、客观、有效，且鉴定人出庭对鉴定资质、价格确定依据和价格鉴定时间效力作出合理解释，一审法院对该鉴定结

---

〔1〕 参见国家法官学院案例开发研究中心编：《中国法院 2019 年度案例》（保险纠纷），中国法制出版社 2019 年版，第 188 页。江苏省无锡市中级人民法院（2016）苏 02 民终 4198 号民事判决书。

〔2〕 最高人民法院（2013）民申字第 577 号民事裁定书。

论予以采纳，并据此认定保险车辆的实际损失为87,866元。二审法院亦持同样意见，维持一审判决。[1]

法院依职权委托鉴定，双方当事人对指定鉴定机构作出的鉴定意见均有异议，该鉴定意见依法可以采信。

【案例11－107】 潮州市欧华能源有限公司诉阳光财产保险股份有限公司汕头中心支公司财产保险合同纠纷案

判决观点，2013年1月12日，欧华能源公司投保的保险标的物因火灾受到财产损失，深圳市智信达保险公估有限公司接受法院委托后，作出《保险公估报告》，公估意见公正合法，故予以采信。阳光财险汕头中心支公司应在财产综合险赔偿限额内向欧华能源公司支付保险赔偿金58,032.68元。法院依法委托公估而产生的评估费，由阳光财险汕头中心支公司承担。欧华能源公司单方委托鉴定取得的《检验报告》不予采信，公估费2万元由其自行承担。律师代理费2万元的主张，不予支持。[2]

鉴定意见推翻简易事故认定书的证明力问题。根据相关法律规定并结合审判实际，目前能够推翻交通事故认定书证明力的主要有鉴定意见、交通事故发生时的监控录像等。在交通事故现场无监控录像，则由专业机构进行鉴定便成为审查交通事故认定书证明力的重要手段。

【案例11－108】 张某某诉中国人民财产保险股份有限公司北京市昌平支公司财产保险合同纠纷案

二审法院认为，在财产保险合同中，保险事故的发生是被保险人申请理赔的前提和依据。本案中，良乡大队出具的简易事故认定书记载保险车辆发生事故的事实，但经人保昌平支公司申请由鉴定中心出具的鉴定意见书却明确了京P70×××牌号轿车前部损伤痕迹与京NS5×××牌号轿车后部损伤痕迹不相符，京P70×××牌号轿车前部损伤痕迹不能在简易事故认定书记载的事故中形成。经审查，鉴定中心据以作出鉴定意见书的照片、简易事故认定书系张某某提供，鉴定程序合法。后张某某对鉴定意见书有异议，经本院通知，鉴定人出庭作证，张某某提出的异议给予了相应的答复，张某某虽不认同，但并未提出充分的证据予以反驳，故本院对鉴定意见书及鉴定人的当庭陈述予以确认。根据《保险法解释(二)》的相关规定，行政管理部门依

〔1〕 参见国家法官学院案例开发研究中心编：《中国法院2017年度案例》(保险纠纷)，中国法制出版社2017年版，第97页。天津市第一中级人民法院(2015)一中民三终字第0519号民事判决书。

〔2〕 参见国家法官学院案例开发研究中心编：《中国法院2017年度案例》(保险纠纷)，中国法制出版社2017年版，第135页。广东省潮州市饶平县人民法院(2014)潮平法民二初字第74号民事判决书。

据法律规定制作的交通事故认定书,人民法院应当依法审查并确认其相应的证明力,但有相反证据能够推翻的除外。本案中,鉴定意见书足以推翻良乡大队出具的简易事故认定书,故一审关于鉴定意见书不能推翻良乡大队出具的简易事故认定书的认定有误,本院予以纠正。人保昌平支公司的上诉理由具有事实与法律依据,本院予以采信。张某某提供的现有证据不能证明其主张的保险车辆发生保险事故,故张某某要求人保昌平支公司支付保险金无事实和法律依据。据此,撤销一审判决,驳回张某某的诉讼请求。[1]

交通事故认定书并非保险事故是否客观发生的终极证据。如果有对车辆痕迹的鉴定意见认为事故并无真实发生,结合驾驶的经验法则判断及当事人的不诚信言行,依法应否定交通事故认定书的证据效力。

【案例 11－109】　杨某某诉中国太平洋财产保险股份有限公司广州市黄埔支公司财产保险合同纠纷案

二审法院认为,云南警官学院司法鉴定中心作出的(2012)云警院司鉴字第 X09×××司法鉴定检验报告书依法应当作为认定涉案事故性质的依据,即车辆损失不属于涉案交通事故所导致。因此,杨某某所主张的保险事故没有发生,一审法院判决驳回杨某某的保险请求适当。[2]

保险公估报告是在保险事故发生后,由保险人或(和)被保险人委托有资质的公估机构对保险事故进行评估和鉴定后出具的书面文件。在理赔阶段,是确定保险事故损失的重要参考,在代位求偿权阶段,亦是确定责任人赔偿金额的主要依据。因公估师资质、公估程序、公估依据或公估报告存在瑕疵,法官可行使自由裁量权不予采信公估报告。

【案例 11－110】　丘博保险(中国)有限公司诉上海浦东申通快递有限公司保险人代位求偿权纠纷案

判决观点,涉案公估报告公估师的执业证有效期至 2010 年 4 月,而检查评估的时间为 2010 年 9 月,出具公估报告的时间为 2010 年 12 月 26 日,均在有效期之后。因此,该公估师在作出公估报告时并无公估资质,法院对该公估报告的法律效力不予确认。故法院对于货物损失金额无法确认。[3]

---

〔1〕 参见国家法官学院案例开发研究中心编:《中国法院 2015 年度案例》(保险纠纷),中国法制出版社 2015 年版,第 153 页。北京市第一中级人民法院(2013)一中民终字第 13319 号民事判决书。

〔2〕 参见《人民司法·案例》2014 年第 18 期(总第 701 期)。广东省广州市中级人民法院(2014)穗中法金民终字第 261 号民事判决书。

〔3〕 参见国家法官学院案例开发研究中心编:《中国法院 2014 年度案例》(保险纠纷),中国法制出版社 2014 年版,第 206 页。上海市浦东新区人民法院(2011)浦民六(商)初字第 5069 号民事判决书。

【案例 11 －111】 中华联合财产保险股份有限公司本溪中心支公司诉大连金滕航运有限公司、大连港黑嘴子船务有限公司保险人代位求偿权纠纷案

一审法院认为，被告金滕公司在以“新盛港”轮运输热卷货物的过程中未尽到妥善和谨慎地保管和照料货物的义务，导致货物发生损失，故原告联合保险公司有权向被告金滕公司主张货物损失。因《钢材受损案公估报告》对受损货物的数量、重量和贬值单价认定缺乏充分依据，法院认定卸货港货物清单记载的货物损失数量，并裁量确定货物损失重量为 194 吨，货物贬值单价为每吨贬值金额为 300 元。综上，原告联合保险公司主张的货物损失中的 58,200 元及其利息，被告金滕公司应当承担赔偿责任。二审法院亦持同样意见，维持一审判决。〔1〕

【案例 11 －112】 杨某诉中国人民财产保险股份有限公司北京市通州支公司保险合同纠纷案

判决观点，关于中达信公司出具的公估报告，该公估报告系人保丽泽桥中心单方委托，且委托后中达信公司表示未进行查勘，根据人保丽泽桥中心提供的照片进行定损。同时考虑到电线杆抢修不同于正常情况下的修理，故对于该公估报告书确定的金额，法院不予采信。〔2〕

机动车辆损失险的保险人与被保险人就被保险车辆损失所涉的车辆修理项目、方式、费用等存有争议情况下，对修复费用价格的鉴定意见不能单独作为认定保险车辆损失的依据。在确定保险车辆损失争议诉讼的裁判尚未作出，对车辆修复费用的价格鉴定意见有重大争议，车辆也未实际修理并发生修复费用的情况下，被保险人在未取得保险人同意时以出售等方式擅自处置车辆，导致难以复勘、再次鉴定等方式确定修复费用的，应承担举证不能的不利后果。

【案例 11 －113】 陈某与华安财产保险股份有限公司盐城中心支公司保险合同纠纷再审案

再审法院认为，案涉价格鉴定意见书不能作为认定变速箱损失的依据。理由是：陈某、华安财险公司虽然均认可变速箱存在损坏，但对变速箱损坏程度及由此造成的损失数额存有争议。陈某认为变速箱壳体损坏，壳体损坏后只能更换变速箱总成，同时，华安财险公司不能确定变速箱内部没有损坏，因发生了撞击事故，故应当更换变速箱总成。华安财险公司认为变速箱仅存在

---

〔1〕 参见国家法官学院案例开发研究中心编：《中国法院 2014 年度案例》（保险纠纷），中国法制出版社 2014 年版，第 210 页。辽宁省高级人民法院（2012）辽民三终字第 00702 号民事判决书。

〔2〕 参见国家法官学院案例开发研究中心编：《中国法院 2014 年度案例》（保险纠纷），中国法制出版社 2014 年版，第 227 页。北京市朝阳区人民法院（2012）朝民初字第 22313 号民事判决书。

外壳散热片破损,可以进行修复而无须更换变速箱总成。锐信公司执业范围为价格评估,价格鉴证人员孙某某、陈某某持有的亦是价格鉴证师执业注册证书,在无证据证明变速箱损坏不能修复而只能更换变速箱总成的情况下,锐信公司出具的价格鉴定意见关于变速箱总成单价104,714元的内容只能证明变速箱总成的价格,而不能证明案涉车辆变速箱损失的金额即为104,714元。[1]

---

〔1〕 参见《人民司法·案例》2019年第8期(总第847期)。江苏省高级人民法院(2018)苏民再101号民事判决书。

专题十二　保险合同其他纠纷

一、保险合同溯及力纠纷

法律的溯及力，即法律溯及既往的效力，是指法律颁布后对其生效以前的行为和事件是否适用的问题。[1] "按照法律的内在道德性，一般不允许溯及既往的法律，但有时为了矫正法律体系之中的错误，其中有溯及力的法律就在所难免。"[2]由此可见，法不溯及既往原则是法律适用的一般原则，法溯及既往为其例外。

在保险活动中，法的溯及力问题亦存在，尚需进一步分析和研究。

(一)保险合同溯及力理解

对于修订前《保险法》成立的保险合同，如何确定其效力即修订后的《保险法》有无法律溯及力，是有争议的问题。《保险法解释(一)》第一条第一款规定："保险法施行后成立的保险合同发生的纠纷，适用保险法的规定。保险法施行前成立的保险合同发生的纠纷，除本解释另有规定外，适用当时的法律规定；当时的法律没有规定的，参照适用保险法的有关规定。"笔者认为，依据修订前《保险法》成立的保险合同，适用当时《保险法》有效的则适用之，适用当时《保险法》无效而适用修订后的《保险法》有效的则其修订后的《保险法》有溯及力。修订后的《保险法》新增的内容，在法官裁量时可参照适用。

修订后的《保险法》第三十九条第二款规定："……投保人为与其有劳动关系的劳动者投保人身保险，不得指定被保险人及其近亲属以外的人为受益人。"从该条关于该问题的立法宗旨看，其在此前成立的保险合同发生的该类纠纷应适用新法。此次《保险法》的修订，很重要的一个指导思想就是加强对投保人和被保险人利益的保护，强化保险人的义务。修订后的《保险法》施行后，如果受理的案件仍然可以以投保人本人为受益人，就会使大量施行前成立的该类保险合同，特别是作为被保险人的劳动者的利益长期处于不稳定状态，同时也与加强对弱势群体

---

〔1〕 参见李龙主编：《法理学》，武汉大学出版社 1996 年版，第 358 页。

〔2〕 参见吴新耀：《当代西方法学思潮评析》，辽宁大学出版社 1991 年版，第 163 页。

保护的立法精神相悖。从司法实践经验和现实需要看,应赋予上述规定以溯及力,因为是司法实践长期积累的经验总结。司法实践中,一些单位为员工投保人身险,是为了在员工遭受意外伤害时能得到及时保障,然而,实际中,大量关于单位为其员工投保团体人身险的合同,被以格式条款的形式"强行"指定受益人为投保人本人,令劳动者处于同意与不同意的两难境地,即同意则单位最终获利而自己作为被保险人却得不到该保险的保障,不同意有违单位的"意志",这显然违背了团体人身险保障员工的旨意,亦不符合一般情理,也不能体现被保险人的真实意思表示。修订后的《保险法》将其规范化,使司法有了明确的法律依据,法院应保证裁判效果的连续性。同时,在现实生活中,发挥法的指引作用,规范单位为员工的投保行为和保险人的承保行为,利于稳定的保险关系,实现保险双方的权利义务的平衡,促进保险业的健康发展。

【案例 12－1】 蒋某某等五人诉中国平安财产保险股份有限公司淮安中心支公司保险合同纠纷案

二审法院认为,根据新《保险法》第三十一条的规定,上诉人对蒋某胜具有保险利益,根据司法解释第二条的规定,适用新《保险法》可以认定保险合同有效并无不当。此外,因蒋某胜在声明中的签名真实性不能认定,故不能认定蒋某胜同意指定上诉人为受益人,新《保险法》第三十九条第一款、第二款规定与本案处理并无关联,故二审法院无须进一步审查一审法院引用新《保险法》第三十九条第一款、第二款规定作出判决是否构成适用法律错误。故判决驳回上诉,维持原判。[1] 本案一审、二审法院认为修订后的《保险法》有溯及力,对修订前《保险法》没有规定的,参照适用其修订后的《保险法》是正确的。

保险合同无效的溯及力,现行法律并未对此规定。多数学者都认为,保险合同无效或者被撤销的应具有溯及力,即溯及于合同成立之时即无约束力,当事人应按《合同法》中关于合同无效或被撤销后的规定,互相返还财产,有过错的一方应承担缔约过失责任。而可撤销及未被追认的保险合同,在撤销后则可比照保险合同的无效处理。

保险标的转让合同生效的溯及力问题,因现行法律对此未明确规定,实践中出现争议。从有利于消除保险责任的空白期、有利于保护受益人的利益、不违背保险人继续承保的意愿出发,坚持平衡双方当事人权利,有法官提出,在法定保险中,保险合同转让效力自转让标的所有权转让时生效;其他情形中,有约定的从约

〔1〕 参见最高人民法院中国应用法学研究所编:《人民法院案例选》2012 年第 2 辑(总第 80 辑),人民法院出版社 2012 年版,第 210 页。

定,无约定的依保险人同意并批注背书时生效,但生效效力溯及力至保险标的转让时。

大部分人身保险合同具有履行期限较长的特点,保险公司在经营中常常会根据社会情势的变化,修改部分保险条款内容。现实生活中,一些被保险人或受益人单方要求适用有利于其的新条款,引发争议。虽然单方变更保险合同条款并不能产生合同变更的法律效力,但一律拒绝被保险人援引新条款的要求,严格根据旧条款拒赔,极易导致社会否定评价。

(二)解除合同溯及力

保险合同一方(主要为保险人)行使解除权后,保险合同自始归于消灭,但是解除后的效力却与一般合同有很大不同。按照一般的原则,合同解除后,未履行的不再履行,已经履行的应当恢复原状,即合同解除溯及力。对于继续性合同,《民法典》合同编根据典型合同类型作了不同的规定,如租赁、承揽合同等。保险合同也属于继续性合同,其解除不具有溯及力。保险合同有别于买卖合同的即时结清,保险人收取保险费的对价即承担了危险,一旦在保险责任期间发生保险事故,保险人将按照约定赔偿。保险人承担危险行为在时间上具有不可逆性,即只要在保险责任期间内,保险人就时刻承受着危险,不能因为没有发生理赔就认为这段期间所收取的保险费没有对价存在。投保人正是基于此才得以在经济上和精神上免于忧虑。因此,保险人不返还保险合同解除时的保险费是基于保险人已经承担了被保险人或保险标的危险。在保险合同解除前,保险责任依然存在。合同的解除并不消灭已开始的保险责任,保险人对解除合同前的保险事故继续承担保险责任。

修订《保险法》中关于保险合同解除溯及力上,可分三种情形:其一,完全不具有溯及力,指该法第十五条、第三十七条、第五十一条第三款、第五十八条第一款等规定。其第五十一条第三款讲的是被保险人的违约责任,而不是合同解除的溯及力,在合同没有保险人免责约定的情形下,保险人只能就被保险人不履行维护保险标的安全的行为解除合同,而不能主张免责。其二,有限的溯及力,指该法第四十九条第三款、第五十二条第一款等规定。保险人对于解除前发生的保险事故是否承担保险责任,视危险程度显著增加具体情况而定,其有关责任免除,无关的责任不能免除,在这两种情形下解除合同所具有的溯及力是有限的。其三,具有溯及力。根据《保险法》第十六条第四款的规定,保险人以投保人故意不履行如实告知义务为由解除合同的效力具有溯及力,但是该溯及力是单方的,投保人无权基于合同被解除而请求保险人返还保险费,保险人免除保险责任。也就是说，此时的合同解除，对不同当事人具有不同的溯及力。[1] 对交强险合同解除的溯及力问题，最高人民法院法官认为，保险公司对于保险合同解除前发生的交通事故所造成的损失，仍然要承担保险赔偿责任。[2]

在现代社会生活中，对解除的合同来讲，由于正在履行的合同存在履行部分和未履行的部分等情形，合同解除就涉及解除溯及力问题，即合同是自始解除还是未履行部分解除。就保险合同而言，保险合同解除没有溯及力，对已经履行部分应当按照合同约定处理。

【案例 12－2】 李某诉中国人寿保险股份有限公司三门峡分公司保险合同纠纷案

二审法院认为，保险公司与李某之间关于解除保险合同的效力没有经过确认，而且保险公司上诉认为解除也涉及履行部分效力的观点没有法律依据。[3] 本案一审、二审法院对解除合同按没有溯及力处理，故判决保险公司给付李某 4 万元保险金，并退还李某 2004 年度所缴保险费 726 元是正确的。

在解除保险合同溯及力上，因解除人不同而溯及力有别。投保人解除保险合同的溯及力又可分为人身保险合同和财产保险合同两种情形。投保人解除人身保险合同，解除的效力对于其交纳的保险费来说具有溯及力，退还保险单的现金价值。对于保险人已经支付的保险金来说，保险合同的解除不具有溯及力，不能要被保险人或者受益人返还。投保人解除财产保险合同的，解除的效力是否具有溯及力，要看保险责任是否已经开始，保险责任未开始的，则具有溯及力，扣除手续费后退还保险费。反之，保险责任已经开始，则不具有完全溯及力，扣除经过保险责任期间的保险费剩余部分退还。但是对于已经支付的保险金，则不具有溯及力，保险人不能要求被保险人退还。保险人依照法律规定解除保险合同的，是否具有溯及力，根据被保险人的过错程度而定。故意违反法定义务（不履行如实告知义务、谎报或故意制造保险事故等），对于投保人交纳的保险费不具有溯及力，即不予退还，对于保险人已经支付的保险金则具有溯及力，即应当退还。保险合同解除的溯及力更多体现在保险费和保险金的支付与返还上，《保险法解释（二）》第八条明确规定保险人只有在解除保险合同的情况下才能拒赔。

保险合同约定合同生效后 60 日内完成保险费缴付，但保险事故发生时投保人未缴保险费，保险人仍应当承担保险责任。法官认为，原则上，保险公司承担保

---

〔1〕 参见温世扬主编：《保险法》，法律出版社 2007 年版，第 165 页。

〔2〕 参见最高人民法院民事审判第一庭编著：《最高人民法院关于道路交通损害赔偿司法解释理解与适用》，人民法院出版社 2012 年版，第 264 页。

〔3〕 参见最高人民法院中国应用法学研究所编：《人民法院案例选》2006 年第 3 辑（总第 57 辑），人民法院出版社 2007 年版，第 284 页。

险责任后，不能再要求追回赔款。虽然合同撤销或者解除是因保费未缴付而产生，但是它只对此后发生效力，并不能溯及已经发生的赔偿行为，否则就应当约定60日内不缴纳保费，保险公司不承担保险责任。[1]

应注意的是，在犹豫期内解除保险合同，保险人将退全部保险费，合同解除具有溯及力。在犹豫期过后解除合同的，保险人退还的不是全部保险费，而是剩余保险期间对应的保险费。也就是说，已过保险期间，投保人支付了保险费，保险人也相应地承担了风险，因双方在该期间内都已经分别履行完毕了自己的义务，这种保险合同的解除而失效，故对此无溯及力。

(三)保险文件溯及力

在行业监管中，保险监管部门形成了诸多文件，以规范保险公司的保险行为。保险监管部门的文件，对业已生效并履行保险合同的效力如何，即对保险合同的溯及既往的效力，在司法实务中认定发生分歧。

【案例12－3】　刘甲诉某保险公司保险合同纠纷案

原告刘甲与被告保险公司订立两份人身保险99鸿福终身保险。合同约定，刘甲向被告投保99鸿福终身保险，被保险人和受益人均为其女儿刘乙，保险金额1万元。3年后，原告刘甲又与被告订立一份国寿金色夕阳养老保险合同，投保人刘甲，被保险人刘乙，保险金额1万元。双方在该合同中特别约定，被保险人身故，保险公司给付保险金不超过5万元。合同签订后，原告刘甲按合同交纳了保险费。2003年3月21日，被保险人刘乙因疾病死亡，同年，保险公司进行理赔，向原告支付保险金5万元。原告认为，依据3份保险合同，保险公司应给付保险金7万元，遂要求被告支付下余2万元保险金。保险公司认为按照第三份保险合同的特别约定及保监会的规定，只能赔付原告5万元保险金。此案围绕保监会发(1999)43号文件规定，即父母为其未成年子女投保的人身保险，死亡保险总数不得超过人民币5万元，而产生两种意见，归为一点是对保监会43号文件有无溯及力。法院经审理认为，保监会43号文件的规定，仅对原告、被告双方2001年4月26日签订的国寿金色夕阳养老保险合同产生法律效力，其效力不能溯及1998年4月17日双方所签订的两份99鸿福终身保险合同，原告要求被告支付下余2万元保险金理由成立，判决被告保险公司告支付原告保险金2万元。

---

〔1〕　参见吴庆宝主编：《最高人民法院专家法官阐释民商裁判疑难问题》(2013～2014年卷)，中国法制出版社2013年版，第66页。

该案的处理涉及保险监管部门文件溯及力，法院在审理的法律适用的问题。从文件规定层面上看，该文件规定有两层意思：第一层意思是父母为其未成年子女投保的含身故责任的人身保险，每一被保险人死亡保险人总额不得超过5万元；第二层意思是已签发的保单继续履行其保险责任，直到保险合同终止。可以这样理解，在此文件规定之前，投保人投保的保险合同，若被保险人死亡，保险公司应按合同约定支付被保险人保险金。因为该文件明确规定，已签发的保单继续履行其保险责任，直到保险合同终止。说明该文件规定对以往的保险合同没有溯及力，既然该文件规定对以往的合同没有约束力，那么，双方应当按照合同履行各自的义务。结合本案，保险公司除按第三份保险合同支付原告5万元保险金外，还应按照前两份合同支付原告保险金2万元。从法的时间效力层面看，一般以法律不溯及既往为原则。这是由于法律应当具有普遍性和可预测性，人们根据法律从事一定的行为，并为自己的行为承担责任。如果法律溯及既往，就是以今天的规则要求昨天的行为，就等于要求某人承担自己从未期望过的义务。败诉者将不是因为他违反了他已有的某个义务，而是因为他违反了一个事后才创造出来的新法律所规定的义务而受到惩罚，这是不公正的。保险监管部门的文件，至少应属于规范性文件，无疑应遵循这一原则。但是，一律不溯及既往并非绝对。目前各国采用的通则是“从旧兼从轻”的原则，即新法原则上不溯及既往，但是新法不认为犯罪或者处刑较轻的，适用新法。我们也可以把这个原则称为“有利原则”，它同样具有其正当性或合理性基础。如果适用保险监管部门文件，更有利于保护原告刘甲利益的，则可以适用；而实际则相反，当文件溯及前两份保险合同时，甲最高得5万元保险金额，这对刘甲是不利的，从这点考虑并不能溯及既往。

二、保险诉讼时效纠纷

诉讼时效,是指权利人不行使权利的事实状态持续经过法定期间,其权利即发生效力减损的制度。诉讼时效制度是民商法中的一项基本制度,具有较强的实践性,在司法实务中适用广泛,这也包括保险实务在内。保险索赔时效,是指保险金请求权人向保险人提出请求赔偿或给付保险金的期间,也即保险金请求权人行使请求权的期间。

(一)保险诉讼时效期间

修订后的《保险法》第二十六条规定:"人寿保险以外的其他保险的被保险人或者受益人,向保险人请求赔偿或者给付保险金诉讼时效期间为二年,自其知道或者应当知道保险事故发生之日起计算。人寿保险的被保险人或者受益人向保险人请求给付保险金的诉讼时效期间为五年,自其知道或者应当知道保险事故发生之日起计算。"可见,修订后的《保险法》明确索赔时效为原《民法通则》规定的诉讼时效,结束了解释上对索赔时效性质之争。非寿险包括财产保险和人寿保险以外的其他人身保险,具体来讲,包括海上保险以外的各类的财产保险、意外伤害保险以及健康保险。非寿险的索赔时效期间为2年,时效期间的起算点为知道或者应当知道保险事故发生之日,这与原《民法通则》普通诉讼时效期间的规定是一致的,现《民法典》总则编的时效为3年。人寿保险是人身保险中最主要的险种,有一种特殊性,法律规定请求权时效为5年,亦是合理的。其第二十六条规定的"知道或者应当知道",应包含有两层意思:一是被保险人知道已经发生了保险事故;二是知道了保险事故发生时间、地点和相关的人。对知道或者应当知道,在个案中由法官自由裁量。

对一个合同项下同一险种涉及财产损害或人身损害多个赔付的,应以最后一个赔付请求权确定起算诉讼时效。一个合同项下涉及多个保险险种赔付的,因各保险请求权种类不同,各保险请求权从各自保险事故发生时起分别计算诉讼时效。应注意的是,诉讼时效作为法定期间,当事人不能约定变更。

【案例12－4】 朱某诉华安保险公司保险合同纠纷案

一审法院认为，朱某在2004年1月起未依借款合同约定向银行偿还借款本息，至2004年3月时已连续3期未依约还款，保险事故已发生，银行应当知道。银行在2004年10月22日才向华安保险公司提出索赔，已超过合同约定的6个月的索赔时效，其已自动放弃索赔权。因此，华安保险公司不承担赔偿义务。二审法院认为，索赔期限的规定是强制性规定，非经法律明确允许，不能由当事人通过约定来加以变更。由于现行法律法规没有明确规定允许当事人自行约定索赔期根，故保险当事人与《保险法》第二十六条规定不一致的约定，属于违反法律的强制性规定而无效。

《道路交通安全法》赋予交通事故受害人向保险公司的直接请求权，保险公司据此承担的交强险赔偿义务是基于其为肇事车辆承保的交强险，并非替代侵权人承担部分侵权赔偿责任，因此，不应适用侵权行为诉讼时效期间1年的规定。因《道路交通安全法》《保险法》《交强险条例》均未对交通事故受害人向保险公司请求交强险赔偿的诉讼时效期间作出明确规定，故对受害人行使该项请求权的诉讼时效应适用《民法典》总则编（在此之前为《民法通则》、《民法总则》）的普通诉讼时效规定。

【案例12－5】 天平汽车保险股份有限公司江苏分公司与叶某某、黄某某等机动车交通事故责任纠纷案

二审法院认为，叶某某、黄某某此次起诉要求天平保险江苏分公司在交强险责任限额内向其承担赔偿责任，即是基于杨某某与天平保险江苏分公司之间的保险法律关系，以及《道路交通安全法》第七十六条第一款赋予交通事故受害人向保险公司的直接请求权；天平保险江苏分公司据此承担的交强险赔偿义务是基于其为本案肇事机动车承保的交强险，并非替代王某承担部分侵权赔偿责任。因此，天平保险江苏分公司主张叶某某、黄某某请求其给付交强险赔偿金的诉讼时效，应适用《民法通则》第一百三十六条第一项关于人身损害侵权赔偿的诉讼时效期间为1年的规定，于法无据。因《道路交通安全法》《保险法》《交强险条例》均未对交通事故受害人向保险公司请求交强险赔偿的诉讼时效期间作出明确规定，故对受害人行使该项请求权的诉讼时效应适用《民法通则》第一百三十五条的规定，即向人民法院请求保护民事权利的诉讼时效期间为2年。叶某某、黄某某于2012年5月15日向法院起诉天平保险江苏分公司依法给付交强险赔偿金，未超过上述2年的法定诉讼时效。[1]

保险法是民法的特别法,修订后的《保险法》将索赔时效定性为诉讼时效,虽然《保险法》对索赔时效的中止、中断和延长未作规定,但有关索赔时效的中止、中断和延长仍应适用《民法通则》的规定。[2]

保险代位求偿权不是一种独立的请求权,而是法定请求权转让,故《保险法》没有为其设定单独的诉讼时效期间,其诉讼期间以及诉讼时效期间的起算均应与被保险人对第三者的损害赔偿请求权相同,即保险人向第三者行使赔偿请求权的诉讼时效期间与被保险人向第三者行使赔偿请求的诉讼时效期间相同,适用《民法典》总则编中关于债权请求权的规定。

【案例 12－6】 中华联合财产保险股份有限公司绍兴中心支公司诉长沙时代帝景大酒店有限公司保险代位求偿权纠纷案

判决观点,具体到本案中,依涉案被保险车辆使用人与被告间的合同约定,“被告免费提供停车位”,从其文意及合同履行来看,双方未形成车辆寄存关系,仅形成停车位借用关系。该车受损发生于 2008 年 6 月 8 日,当日被保险人即知道了受损发生的原因及事实,因此,本案的诉讼时效应自此日起计算至 2010 年 6 月 7 日止。在该期间内,本案原告在给付了保险赔偿金后与被保险人保险标的代位求偿权进行约定,于 2010 年 5 月 26 日向原告提出主张,那么自该日起诉讼时效中断,诉讼时效应重新计算。因此,原告在 2012 年 5 月 17 日向法院提起诉讼,并未超过诉讼时效。[3]

(二)保险诉讼时效起算点

在保险合同纠纷中,对于保险的索赔时效的理解至关重要,而在索赔时效的理解中,保险事故发生之日的起算点的理解则是重中之重。修订后的《保险法》第二十六条规定的时效起算点为知道或者应当知道保险事故的发生之日,现行法律并没有对保险事故发生之日作出明确规定。保险事故发生之日不等同于交通事故发生之日,保险事故发生之日,应当是依法最终确定被保险人的民事责任之

〔1〕 参见最高人民法院中国应用法学研究所编:《人民法院案例选》2013 年第 3 辑(总第 85 辑),人民法院出版社 2014 年版,第 9 页江苏省南京市中级人民法院(2013)宁民终字第 607 号民事判决书。

〔2〕 参见梁展欣主编:《诉讼时效司法实务精义》,人民法院出版社 2010 年版,第 303 页。

〔3〕 参见最高人民法院中国应用法学研究所编:《人民法院案例选》2013 年第 2 辑(总第 84 辑),人民法院出版社 2013 年版,第 299～300 页。湖南省长沙市岳麓区人民法院(2012)岳民初字第 01304 号民事判决书。

日，因第三者起诉，被保险人的责任不能确定，应当是法院的法律文书生效的日期为保险事故的发生之日。

【案例 12－7】 贾某某等诉中国人民财产保险股份有限公司丰县支公司人身保险合同纠纷案

判决观点，被保险人朱某某于 2011 年 6 月 20 日被丰县人民法院宣告死亡，保险事故发生。2011 年 9 月 28 日，三原告向丰县人民法院提起诉讼，要求被告财保丰县支公司给付保险金 20,000 元。因此，三原告的诉讼请求并未超过诉讼时效。[1]

【案例 12－8】 菏泽市路通运输有限公司诉中国人民财产保险股份有限公司菏泽分公司财产保险合同纠纷案

判决观点，原告的车辆发生交通事故，原告向被告报案，证明原告的被保险车辆发生了交通事故，并未确定为保险事故，保险事故发生之日，应当是依法确定被保险人的民事责任之日，因第三者起诉，责任不能确定，应当依据人民法院的法律文书生效的日期为保险事故的发生之日，人民法院的最后一份判决书是 2008 年 8 月 11 日作出，至原告起诉，不超过 2 年，况且原告未向第三者赔偿，被告也不能向原告支付保险金，因此，被告的辩解，法院不予采纳。[2]

对于受害人身体受到伤害比较严重，需要住院治疗，甚至需要后期治疗的，以治疗终结之日开始计算诉讼时效。

【案例 12－9】 钱某诉孙某、某保险公司道路交通事故人身损害赔偿纠纷案

判决观点，交通事故人身损害的损失要根据以后的治疗、休息、护理以及是否构成伤残等情况才能确定，所以，诉讼时效从治疗终结之日或损失确定之日起算更为合理。本案钱某身体受到伤害比较严重，需要住院治疗，且需要后续治疗，又构成残疾，其损失在治疗终结或定残后才能确定。钱某首次治疗于 2008 年 4 月 23 日出院，出院医嘱：1 年后进行二次手术。故其首次出院时治疗尚未终结。钱某于 2009 年 4 月 17 日进行二次手术，同年 4 月 24 日出院。从治疗终结、损失能确定之日起算诉讼时效，钱某的起诉未超过诉讼时效，故被告关于钱某的起诉超过诉讼时效的辩称意见不能成立。[3]

---

〔1〕 参见国家法官学院案例开发研究中心编：《中国法院 2013 年度案例》（保险纠纷），中国法制出版社 2013 年版，第 175 页。

〔2〕 参见国家法官学院案例开发研究中心编：《中国法院 2012 年度案例》（保险纠纷），中国法制出版社 2012 年版，第 19 页。

〔3〕 参见北京市高级人民法院编：《审判前沿——新类型案件审判实务》2011 年第 4 集（总第 40 集），法律出版社 2012 年版，第 95～96 页。

应注意的是,《保险法》规定自被保险人知道或者应当知道权利受侵害之日开始计算。但是,如果仅仅只有报案人知道保险事故的发生,而被保险人或者受益人不知道保险事故已发生的,索赔时效不开始计算。

责任保险索赔时效的起算关键是理解责任保险所指的"保险事故"。《保险法》第十六条第七款规定:"保险事故是指保险合同约定的保险责任范围内的事故",第六十五条第三款、第四款规定:"责任保险的被保险人给第三者造成损害,被保险人未向该第三者赔偿的,保险人不得向被保险人赔偿保险赔偿金。责任保险是指以被保险人对第三者依法应负的赔偿责任为保险标的的保险。"以交强险为例,该险种涉及"保险事故"究竟是指"交通事故"本身,还是指"交通事故发生后,受害人向被保险人请求赔偿"的事件,依据《交强险条例》第三条的规定,交强险的"保险事故"是指"因被保险机动车发生交通事故致使受害人遭受人身伤亡或者财产损失,受害人依法请求被保险人承担损害赔偿责任"之事件,而非"被保险机动车发生交通事故"本身。笔者认为,第三者责任险中"保险事故发生"是指被保险人对第三者造成损害且对第三者应负赔偿责任。其含义不同于安全事故或侵权事件发生。被保险人对外造成损害,依法对外应承担损害赔偿责任的,被保险人请求保险诉讼时效期间从被保险人对第三者应负的赔偿责任最终确定之日起算。

商业责任保险的被保险人向保险人请求赔偿保险金的诉讼时效的起算点确定颇有争议。保险监管部门在一个批复中明确指出:责任保险索赔时效的起算,对于责任保险而言,其保险事故就是第三人请求被保险人承担法律责任之日。[1]"在责任保险中,投保人或被保险人对于保险人的索赔请求权,是基于第三人的请求而产生,因此,责任保险的索赔时效应自第三人请求被保险人承担法律责任之日起计算。"[2]法官认为,责任保险的索赔时效应从"第三者请求被保险人承担法律责任之日"起算。[3]《保险法解释(四)》第十八条规定:"商业责任险的被保险人向保险人请求赔偿保险金的诉讼时效期间,自被保险人对第三者应负的赔偿责任确定之日起计算。"该条有以下几层含义:其一,被保险人对第三者应负的赔偿责任确定之日是诉讼时效起算之日,而不是请求之日。其二,被保险人对第三者应负的赔偿责任确定的理解。司法解释制定者认为,责任保险的保险事故并非损害事故本身,而是被保险人对第三者赔偿责任的发生。[4] 其三,本条规定没有强

---

〔1〕 参见中国保险监督管理委员会:《关于索赔期限有关问题的批复》(保监复[1999]256号)。

〔2〕 参见江朝国:《保险法基础理论》,中国政法大学出版社2002年版,第412页。

〔3〕 参见最高人民法院民事审判第二庭编著:《最高人民法院关于民事案件诉讼时效司法解释理解与适用》,人民法院出版社2008年版,第178页。

〔4〕 参见最高人民法院民事审判第二庭编著:《最高人民法院关于保险法司法解释(四)理解与适用》,人民法院出版社2018年版,第373页。

调被保险人的主观状态,即知道或者应当知道。

【案例 12－10】 某广告中心与某险公司保险合同纠纷案

判决观点,本案中,许某的损伤有一个确诊其损伤程度及治疗的过程,其在鉴定结论后的 1 年内提起诉讼未超过诉讼时效,保险公司有赔偿许某的责任。关于某保险公司提出的丰某起诉已经超出申请理赔的 2 年期限,其起诉已经过诉讼时效的辩称,法院认为丰某虽未在事故发生后 2 年内向保险公司请求赔偿,但《保险法》(2002 年修正)第二十七条是指被保险人对保险人请求保险金赔付的索赔时限,不同于《民法典》规定的诉讼时效,两者不冲突,各自产生独立的法律后果。本案所涉保险事故发生在 2005 年 2 月 26 日,而丰某应承担的赔偿责任直至 2009 年 9 月 27 日经法院调解才确定,其向人民法院起诉请求保险公司承担保险责任的诉讼时效未超过,对保险公司的抗辩法院不予采纳。[1]

【案例 12－11】 北京城乡旅游汽车出租有限责任公司诉中国人民财产保险股份有限公司北京市朝阳支公司财产保险合同纠纷案

二审法院认为,2003 年 1 月 1 日,本案保险车辆与第三人金某驾驶的车辆发生意外事故,造成两车损坏。2006 年 10 月,金某以道路交通事故财产损害赔偿为由,将城乡公司诉至北京市大兴区人民法院,北京市大兴区人民法院于 2007 年 3 月 5 日判决城乡公司赔偿金哲汽车修理费、拖车费共计 33,794 元。根据现有证据,应认定本案所涉保险事故的发生之日应为北京市大兴区人民法院关于金某与城乡公司道路交通事故财产损害赔偿纠纷案判决生效之日。故城乡公司提起本案诉讼未超过索赔时效。原审判决将保险车辆发生意外事故之日认定为保险事故发生之日有误,本院予以纠正。[2]

责任保险中,被保险人向保险公司主张给付保险金的诉讼时效起算点为保险事故发生之日,即应为被保险人向第三者履行了赔偿义务之日。

【案例 12－12】 田某某诉中国人民财产保险股份有限公司北京市宣武支公司责任保险合同纠纷案

二审法院认为,《保险法》第六十五条第三款规定,责任保险的被保险人给第三者造成损害,被保险人未向该第三者赔偿的,保险人不得向被保险人赔偿保险金,故田某某如果要获得保险金,前提是其向第三人徐某某赔偿,即

---

〔1〕 参见最高人民法院民事审判第二庭编著:《最高人民法院关于保险法司法解释(四)理解与适用》,人民法院出版社 2018 年版,第 384～385 页。

〔2〕 参见最高人民法院中国应用法学研究所编:《人民法院案例选》2008 年第 4 辑(总第 66 辑),人民法院出版社 2009 年版,第 291 页。

田某某只有在向徐某某赔偿后才可以向保险公司主张赔偿。基于《保险法》的规定,诉讼时效应从田某某向徐某某赔偿之日起算。田某某于2011年6月8日经北京市朝阳区人民法院执行,向徐某某赔偿了75,000元。2011年7月4日,田某某向北京市西城区人民法院起诉保险公司,其诉讼请求未超过诉讼时效。[1]

团体保险中,被保险人仅知悉其患病的客观事实,但不知道属于保险事故的,其诉讼时效应从知悉疾病构成保险事故时起算。

【案例12-13】　于某诉太平养老保险股份有限公司深圳分公司人身保险合同纠纷案

判决观点,本案被保险人主张理赔人身保险金未超过诉讼时效,理由:(1)基于保险最大诚信原则,于某在2011年向保险公司理赔医疗费时,提交的理赔材料出院记录中已载明其患右侧甲状腺微小乳头状癌,保险公司明知纽迪希亚公司为其投保了团体重疾险,在知晓其患癌事实可能符合团体重疾险的理赔条件时,却未向于某提示或告知,保险公司的行为有违诚实信用原则。(2)于某于2011年4月经人民医院确诊患右侧甲状腺微小乳头状癌,如其明知纽迪希亚公司为其投保了团体重疾险而不向保险公司申请理赔该重疾险项下的20万元保险金,而仅申请理赔5794.57元的住院及门诊费用,与常理不符,故其不知道纽迪希亚公司为其投保了团体重疾险存在高度盖然性。(3)关于诉讼时效的适用宜采取从宽的原则,纽迪希亚公司虽在投保书中声明投保单项下的所有被保险人均已知悉投保的保险相关事宜,但不足以证明于某已知晓,且于某对此予以否认,现无证据证明于某2011年就已知悉。(4)于某于2011年被确诊,但出院至今一直在服药,疾病处于持续状态,至2017年知悉所投保的险种时方才知晓构成"保险事故",两年诉讼时效应当自此时开始计算。综上,于某的理赔请求未超过诉讼时效,其所患疾病属于团体重疾险的保险责任范围,保险公司应当给付保险金。[2]

《九民会议纪要》第九十九条规定:"商业责任保险的被保险人给第三者造成损害,被保险人对第三者应当承担的赔偿责任确定后,保险人应当根据被保险人的请求,直接向第三者赔偿保险金。被保险人怠于提出请求的,第三者有权依据《保险法》第六十五条第二款的规定,就其应获赔偿部分直接向保险人请求赔偿

---

〔1〕 参见北京市高级人民法院编:《审判前沿——新类型案件审判实务》(总第49集),法律出版社2014年版,第163页。

〔2〕 参见国家法官学院、最高人民法院案例研究院编:《中国法院2020年度案例》(保险纠纷),中国法制出版社2020年版,第182~183页。江苏省无锡市梁溪区人民法院(2018)苏0213民初2777号民事判决书。

保险金。保险人拒绝赔偿的,第三者请求保险人直接赔偿保险金的诉讼时效的起算时间如何认定,实务中存在争议。根据诉讼时效制度的基本原理,第三者请求保险人直接赔偿保险金的诉讼时效期间,自其知道或者应当知道向保险人的保险金请求权行使条件成就之日起计算。”

保险合同诉讼时效起算应以知晓保险合同存在为前提。

【案例 12 – 14】 于某、唐某诉财保渝中公司保险合同纠纷案

判决观点,人身意外伤害保险的诉讼时效期间为 3 年,自知道或者应当知道保险事故发生之日起计算。本案交通事故发生于 2014 年 12 月 12 日,受益人于 2019 年 4 月 10 日提起诉讼,但不宜认定超过了诉讼时效。关于诉讼时效的起算点。(1)《保险法》规定的保险事故并非单纯的交通事故,应当是指在保险合同中具有法律意义,能够引起保险合同当事人权利义务变更的保险事实。故诉讼时效起算的实质条件应以当事人或者受益人知晓保险合同及合同权利受到损害,能够依据保险合同行使权利为前提。(2)涉案险种为团体人身意外伤害保险,存在被保险人或受益人不知晓公司为其购买保险的情形,即虽然被保险人或受益人知晓交通事故,但不知道享有保险权利。基于公平原则,此时不宜认定其怠于行使权利开始计算诉讼时效。故诉讼时效的起算应当从受益人知晓交通事故的发生,同时被保险人或者受益人知晓团体人身意外伤害保险合同之日起开始计算。至于具体起算日期问题。(1)涉案保险系记名投保的人身险,财保渝中公司理应在投保或保险事故发生时通知被保险人或受益人,但财保渝中公司并未进行通知,故不宜以交通事故发生时为知晓保险合同之日开始计算诉讼时效。(2)涉案保险合同事实清楚,受益人在知晓保险合同的情况下,通常会通过各种方式向财保渝中公司主张权利,然而直到 2019 年其才在《执行和解笔录》中首次确认向财保渝中公司主张权利。受益人主张 2018 年法院强制执行工伤待遇纠纷时才知道保险合同,该事实与《执行和解笔录》能够相互印证。故法院认定受益人于 2014 年 12 月 12 日知晓交通事故的发生,于 2018 年执行期间知晓保险合同,并于 2019 年 4 月 10 日提起诉讼,并未超过诉讼时效。判决:财保渝中公司支付于某、唐某保险金 200,000 元。[1]

保险代位求偿权诉讼时效起算点,《保险法》第六十条并没有作出明确的规定,实践中对此存在诸多争议。主流观点认为,从法律上说,代位求偿权是基于被保险人对第三者的损害赔偿权产生的,两个时效权利的范围、时间应当完全一致,

---

〔1〕 参见国家法官学院、最高人民法院司法案例研究院编:《中国法院 2021 年度案例》(保险纠纷),中国法制出版社 2021 年版,第 113 ~ 114 页。重庆市渝中区人民法院(2019)渝 0103 民初 12094 号民事判决书。

故应当从被保险人知道或者应当知道其权利受到损害之日起算。有学者认为,保险代位求偿权的诉讼时效期间以及诉讼期间的起算均应与损害赔偿请求权相同,应当从被保险人知道或者应当知道损害发生时起算。[1] 笔者亦持赞同意见。《道路交通损害赔偿解释》第十五条第二款规定:“追偿权的诉讼时效期间自保险公司实际赔偿之日起计算。”《保险法解释(二)》第十六条第二款规定:“保险人代位求偿权的诉讼时效期间应自取得代位求偿权之日起计算。”

【案例12-15】　吉木萨尔县人保支公司诉吉木萨尔县汽车站等因过错造成保险财产损失代位求偿纠纷案

一审法院认为,在张某因火灾被追究刑事责任于1995年4月27日生效后,保险公司方知其权利受张某侵害而提起诉讼,诉讼时效并未届满,张某辩称其主张权利的时效已过的理由不能成立,予以驳回。二审法院认为,被上诉人保险公司在上诉人被追究刑事责任后才知道其权利受到侵害,从此时起至向法院起诉主张权利未超过2年的诉讼时效,上诉人张某提出本案诉讼时效已经届满的理由不能成立,其请求予以驳回。[2] 本案虽然发生在《保险法》修订前,法院在司法实践中坚持从知道或者应当知道时作为诉讼时效起算点。

【案例12-16】　中国人民财产保险股份有限公司江门市蓬江支公司诉云南省国际旅行社保险人代位求偿权纠纷案

判决观点,本案中,依据人民法院生效判决,原告于2010年1月6日在旅行社责任险保险限额10万元范围内全额支付保险赔偿款10万元给被保险人春秋旅行社。2010年1月8日,受伤游客徐某某出具的收据明确收到春秋旅行社赔偿款109,057.60元及诉讼费,原告作为保险人,依法取得代位求偿权,诉讼时效自2010年1月6日起算。直到2012年8月7日,人保蓬江支公司申请以独立请求权的第三人身份参加春秋旅行社诉云南国旅的委托合同纠纷一案,并提出云南国旅直接支付10万元的保险代位求偿权,此时距其取得代位求偿权之日已经2年零7个月,已经超过2年的诉讼时效期间,原告的诉讼请求依法不能得到支持。[3]

关联案件裁判生效之日或实际垫付之日,均不能视为保险公司代位求偿权的诉讼时效起算点。

---

〔1〕 参见梁展欣主编:《诉讼时效司法实务精义》,人民法院出版社2010年版,第301页。

〔2〕 参见最高人民法院中国应用法学研究所编:《人民法院案例选》1999年第4辑(总第30辑),时事出版社2000年版,第191页。

〔3〕 参见国家法官学院案例开发研究中心编:《中国法院2016年度案例》(保险纠纷),中国法制出版社2016年版,第247页。云南省昆明市官渡区人民法院(2014)官民二初字第429号民事判决书。

【案例 12－17】 紫金财产保险股份有限公司诉张某等保险人代位求偿权纠纷案

二审法院认为，汪某于 2012 年 2 月 18 日向紫金财保公司请求给予垫付款时，承诺将及时偿还救助基金已垫付费用，但并未承诺具体归还时日。且汪某、沈乙、沈丙等人辩称案涉交通事故损失的赔偿款至一审答辩时尚未得到全部赔偿，汪某、沈乙、沈丙、黄某等人在获得有关赔偿款时亦未通时紫金财保公司，故紫金财保公司向汪某、沈乙、沈丙、黄某等人主张权利并未超过诉讼时效期间，故被上诉人汪某、沈乙、沈丙、黄某应当在继承遗产范围内返还紫金财保公司 9814.76 元。[1]

《保险法》关于保险时效的第二十六条，仅原则性规定发生保险事故时保险时效的期限，未涉及保险合同项下保险事故不同险种时效的处理。一般情况下，机动车辆综合保险条款中包括车辆损失险、第三者责任险，车上人员责任保险、自燃险、盗抢险等不同的子险种，供投保人根据自身需要选择投保。从这些子险种的名称可以看出不同险种的保障内容是不同的。在事故发生时，通常会发生第三者责任保险和机动车保险损失，如何计算诉讼时效有分歧意见。笔者认为，从诉讼时效制度宗旨出发，对在上述情形下，应当以事故全部处理终结时开始计算诉讼时效。迟延要求赔偿车辆险是因客观事由造成，并非被保险人放弃自身权利。被保险人只有在确定自身的全部损失后，才会向保险公司提出理赔，而全部损失就包括人身损害赔偿及财产损失，人身损害赔偿中医疗费等费用都要等到伤情痊愈或基本治愈后才能确定；财产损失的赔偿也要根据责任比例赔偿后，才能确定自己应承担损失金额。以事故全部处理终结时开始计算诉讼时效，符合维护被保险人利益是保险立法的目的，且并不与诉讼时效相悖。

【案例 12－18】 石某诉天安保险股份有限公司无锡中心支公司财产保险合同纠纷案

判决观点，石某投保的第三者人身伤害责任险、第三者财产损失责任险、汽车碰撞险虽然系不同的险种，但其针对的是同一保险对象，且亦是因同一事故发生的保险赔偿，因此三项险种互为关联，系同一保险；应当自石某为该次事故提起诉讼，人民法院作出的判决生效时起计算诉讼时效和理赔期限，至石某 2007 年 11 月 17 日要求天安保险公司履行赔偿义务，未超过 2 年的期限。[2]

---

〔1〕 参见国家法官学院、最高人民法院案例研究院编：《中国法院 2020 年度案例》（保险纠纷），中国法制出版社 2020 年版，第 232 页。江苏省宿迁市中级人民法院（2017）苏 13 民终 4329 号民事判决书。

〔2〕 参见国家法官学院案例开发研究中心编：《中国法院 2012 年度案例》（保险纠纷），中国法制出版社 2012 年版，第 64 页。

保险期内发生事故，被保险人即向保险人进行报险，保险公司进行定损。被保险人因自身原因提出暂停支付保险金，保险人同意暂停支付可视为已经协商变更，其具体时间没有明确，应认定合同履行期限处于不确定的状态，被保险人有权随时要求履行，被保险人在保险事故发生2年后请求支付保险金并未超过诉讼时效。

【案例12-19】　淮安嘉诚高新化工股份有限公司诉淮安紫金财产保险股份有限公司淮安中心支公司财产保险合同纠纷案

二审法院认为，被上诉人于2012年3月7日出险，依据《保险法》第二十六条第一款的规定，被上诉人应自保险事故发生之日起2年请求赔偿，即2014年3月6日之前。本案中，从上诉人2012年3月7日委托上海恒量保险公估有限公司对事故进行公估的时间看，被上诉人在出险后即向上诉人报验并积极提供材料等配合上诉人及上海恒量保险公估有限公司定损，而定损通常是为了理赔，被上诉人在事故发生之日起2年内已向上诉人主张过赔偿。而根据被上诉人一审提供的电脑截屏及上诉人工作人员的证人证言，印证被上诉人在公估确认损失金额后，向上诉人申请要求延迟赔偿，并得到上诉人的同意，应视为双方当事人对保险金的赔偿时间进行了变更，但因双方未就具体赔付时间进行明确约定，根据2008年《最高人民法院关于审理民事案件适用诉讼时效制度若干问题的规定》第六条的规定，被上诉人可随时要求上诉人赔偿。现被上诉人陈述其2014年3月向上诉人主张付款遭拒，因此，本案诉讼时效应从2014年3月开始起算2年，而被上诉人一审的起诉并未超过该期间，故上诉人的上诉理由于法无据，本院不予采纳。据此，二审法院判决驳回上诉，维持一审判决。[1]

(三)保险诉讼时效中断

《保险法》对保险诉讼时效中断未作规定，但有关保险诉讼时效的中断，应适用《民法典》和《诉讼时效规定》来认定。

交通事故后，受害人一直在进行治疗，其后续治疗费用应适用诉讼时效中断规定。

---

[1] 参见国家法官学院案例开发研究中心编：《中国法院2017年度案例》(保险纠纷)，中国法制出版社2017年版，第132页。江苏省淮安市中级人民法院(2015)淮中商终字第00292号民事判决书。

【案例 12 - 20】 唐某诉郭某某等机动车交通事故纠纷案

一审法院认为，本案中，原告、被告双方虽达成了调解协议，但原告因病情未痊愈，一直在进行治疗。同时，原告一直在向被告方主张赔偿的权利，且评残之日为 2011 年 8 月 30 日。因此，原告的请求并没有超过法定的诉讼时效期间。二审亦持同样意见，维持一审判决。[1]

提起诉讼是作为诉讼时效中断的法定事由，关于撤诉是否具有诉讼时效中断的法律效力，《民法典》及其司法解释并未进行规定，最高人民法院出台《诉讼时效规定》亦未最终对该问题规定。最高人民法院法官认为，起诉后撤诉的，如果权利人主张意思表示已经达到义务人的，应认定诉讼时效中断。[2] 换言之，权利人通过诉讼方式主张权利的意思表示未到达义务人的，诉讼时效不中断。笔者认为符合《民法典》第一百九十五条第七项规定提出诉讼发生时效中断之精神。

【案例 12 - 21】 石某诉天安保险股份有限公司无锡中心支公司财产保险合同纠纷案

判决观点，应当自石某某为该次事故提起诉讼，人民法院作出的判决生效时起计算诉讼时效和理赔期限，至石某 2007 年 11 月 17 日要求天安保险公司履行赔偿义务，未超过 2 年的期限；后石某于 2008 年 1 月 4 日提起诉讼，虽然诉讼中对保险车辆损失赔偿金不予主张，可视为对车辆损失赔偿金诉讼请求申请撤诉，诉讼时效自 2008 年 1 月 4 日中断，至 2008 年 3 月 7 日起重新计算；石某于 2010 年 3 月 5 日提起诉讼，未超过 2 年的期限，故天安保险公司提出的超过保险公司的理赔时效和诉讼的抗辩理由不能成立，不予采信。[3]

保险代位求偿权的诉讼时效中断问题。保险人通过保险代位求偿权承继原属于被保险人的赔偿请求权，该赔偿请求权附属的时效利益应当一并转移。被保险人在取得保险赔偿金向第三者请求赔偿或提起诉讼的，产生保险代位求偿权诉讼时效中断的效力。保险代位求偿权是一种法定请求权转让，根据《诉讼时效规定》第十六条的规定，保险人取得代位求偿权后，保险人或者被保险人通知第三者的，诉讼时效从通知到达第三者之日起中断。这里强调的是通知到达主义即第三者知悉相关事实。保险人行使代位求偿权，第三者以诉讼时效已经届满为由抗辩

---

〔1〕 参见国家法官学院案例开发研究中心编：《中国法院 2014 年度案例》（保险纠纷），中国法制出版社 2014 年版，第 187 页。四川省乐山市中级人民法院（2012）乐民终字第 514 号民事判决书。

〔2〕 参见最高人民法院民事审判第二庭编著：《最高人民法院关于民事案件诉讼时效司法解释理解与适用》，人民法院出版社 2008 年版，第 250 页。

〔3〕 参见国家法官学院案例开发研究中心编：《中国法院 2012 年度案例》（保险纠纷），中国法制出版社 2012 年版，第 64 页。

的,法官应当依照被保险人对第三者行使权利的诉讼时效的规定处理。被保险人向第三者请求赔偿、提起诉讼的,产生保险代位求偿权诉讼时效中断的效力。

【案例12-22】 中国人民财产保险股份有限公司佳木斯市永红支公司与中国工商银行股份有限公司佳木斯分行保险代位求偿权纠纷案

最高人民法院认为,关于本案起诉是否超过诉讼时效的问题,1999年、2001年、2003年省工行三次为省保险公司出具证明,证实省保险公司曾因华联商厦火灾一案,多次向其主张权利,虽然省保险公司和省工行并非本案诉讼直接当事人,但分别是本案当事人的上级主管单位,本案双方当事人上级单位的行为可以视为本案当事人之间的行为,能够引起本案诉讼时效中断的效果。原审判决对此认定正确。另外,省工行2004年6月1日向省保险公司出具的《关于佳木斯市华联商厦火灾代位求偿的意见》,其内容也表明双方争执一直处于延续之中,纠纷并没有中断或者最终解决,本案当事人之间以及双方当事人上级单位之间就有关赔偿问题的争议一直延续。因此,永红公司就本案向原审法院提起诉讼没有超过诉讼时效期间。[1]

责任保险中,虽然保险事故发生了,但被保险人的责任往往并不能马上确定,往往要经过多种方法、多重程序才能最终明确被保险人的责任,这个确定责任的过程必然要花去一定的时间。这个时间过程,应当适用诉讼时效的中止、中断、适长等规定。[2]

次责方对主责方的侵权之债与次责方对保险公司的保险合同之债,虽然都是基于同一事故而产生,但因性质不同、责任主体,不属于同一债权。其侵权之债发生诉讼时效中断,而合同之债亦不发生诉讼时效中断,即侵权之债的诉讼时效中断不及于合同之债。

【案例12-23】 云浮市汽车运输集团有限公司诉中华联合财产保险股份有限公司云浮中心支公司财产保险合同纠纷案

一审法院认为,对于车损险部分损失的诉讼时效,运输公司从车损鉴定作出之日就知道该损失可通过要求保险公司承担保险责任而得到理赔,故该部分损失的诉讼时效应从鉴定作出之日即2012年7月20日起算,至今已超过2年,对该部分诉求不予支持。对于第三者责任保险部分损失的诉讼时效,应从支付完赔偿款之日即2013年3月4日起计算,至运输公司于2014

---

〔1〕 参见最高人民法院保险法司法解释起草小组编著:《〈中华人民共和国保险法〉保险合同章条文理解与适用》,中国法制出版社2010年版,第401页。

〔2〕 参见最高人民法院保险法司法解释起草小组编著:《〈中华人民共和国保险法〉保险合同章条文理解与适用》,中国法制出版社2010年版,第178页。

年10月29日起诉,并没有超过2年的诉讼时效。罗某某已赔偿了67,547.85元给受害人家属张某某、陈某某,该赔偿款并没有超过第三者责任保险的赔偿责任限额。运输公司没有购买该险种的不计免赔险,按照保险合同约定负次要事故责任的免赔率为5%的规定,保险公司应赔偿上述损失的95%即64,170.46元给运输公司。由于罗某某是粤W×××牌号大客车的承包经营者、保险投保人,且运输公司请求将该保险金直接支付给罗某某,故该保险金应当直接支付给罗某某。据此,一审法院判决保险公司在商业第三者责任险赔偿限额范围内支付保险金64,170.46元给罗某某。二审法院亦持同样意见,维持一审判决。〔1〕

保险公司销售人员收取理赔材料的行为,构成时效中断的事由。

【案例12-24】 香橙物流公司诉小品财险公司财产保险合同纠纷案

二审法院认为,上诉人称本案证人张某系其员工,但没有权限接收索赔材料,被上诉人向其提交资料索赔,不能证明上诉人收到了给付保险金的请求,因此可以主张时效抗辩。但本案案涉保险合同订立时,即由该员工代表上诉人与投保人协商,而在保险事故发生后,被上诉人向该员工提供索赔资料主张索赔,也符合保险合同履行的常规。如上诉人对该员工的权限有限制,要求其不得接收理赔申请,也应将此限制通知相对人,否则该限制对相对人不发生效力。现上诉人未就此提交证据,故即便上诉人对其员工权限存在限制,也不能因此对抗被上诉人,此项上诉理由不能成立。关于损失金额问题。本案案涉车辆损失金额,经一审法院委托有资质鉴定机构评估确定,现上诉人并未举证证明评估过程和评估结论存在违法行为,故对其关于评估结论的异议不予支持。综上所述,一审法院认定事实清楚,适用法律和处理结果正确。判决:驳回上诉,维持原判。〔2〕

---

〔1〕 参见国家法官学院案例开发研究中心编:《中国法院2017年度案例》(保险纠纷),中国法制出版社2017年版,第36~37页。广东省云浮市中级人民法院(2015)云中法民二终字第220号民事判决书。

〔2〕 参见国家法官学院、最高人民法院司法案例研究院编:《中国法院2021年度案例》(保险纠纷),中国法制出版社2021年版,第17页。广东省广州市中级人民法院(2019)粤01民终13669号民事判决书。

三、保险欺诈纠纷

所谓保险欺诈,是指投保人、被保险人、受益人以骗取保险金为目的,以虚构保险标的、编造保险事故的发生或保险事故发生的原因、夸大损失程度,故意制造保险事故等手段,致使保险人陷于错误认识而向其支付保险金的行为。[1] 保险欺诈行为严重损害保险人的正当利益,严重可以构成刑事犯罪。针对保险欺诈,现行法律为保险人规定了免责、解除合同、保险金返还以及费用赔偿等救济措施。

(一)保险欺诈理解

《民法典总则编解释》第二十一条规定:"故意告知虚假情况,或者负有告知义务的人故意隐瞒真实情况,致使当事人基于错误认识作出错误意识表示的,人民法院可以认定为民法典第一百四十八条、第一百四十九条规定的欺诈。"保险欺诈仍属于民法上欺诈范畴,依据其民法上欺诈理论。欺诈,是指以使他人陷于错误而为意思表示为目的,故意陈述虚假事实或隐瞒真实情况的行为。一般认为,构成欺诈的要件有:其一,欺诈人须有欺诈故意。其二,欺诈人须有欺诈行为。其三,受欺诈人因错误而为意思表示。其四,欺诈行为与错误的意思表示之间具有因果关系。所谓欺诈行为,是故意使他人陷于错误的行为,本质上是某种虚假事实表示。一般而言,一方当事人故意告知对方虚假情况,或者故意隐瞒真实情况,诱使对方作出错误意思表示的,可以认定为欺诈行为。也就是说,欺诈行为可以通过积极作为如故意告知对方虚假情况的方式进行,也可以通过消极不作为如故意隐瞒真实情况的方式进行。

保险欺诈的范围,按照修订的《保险法》规定,可以分为以下类型:其一,谎称发生保险事故,即《保险法》第二十七条第一款规定。其二,故意制造保险事故,即《保险法》第二十七条第二款规定。其三,编造虚假事故原因,即《保险法》第二十七条第三款规定。其四,夸大损失程度,即《保险法》第二十七条第三款规定。

---

[1] 参见吴定富主编:《中华人民共和国保险法释义》,中国财政经济出版社2009年版,第70页。

其五，故意造成被保险人死亡、伤残或者疾病，即《保险法》第四十三条第一款规定。其六，受益人故意造成被保险人死亡、伤残、疾病，或者故意杀害未遂的，即《保险法》第四十三条第二款规定。其七，被保险人在 2 年内自杀的，即《保险法》第四十四条第一款规定。除了法律规定之外，有学者认为，超额保险、重复投保，伪造投保时间和出险时间等，皆属于保险欺诈行为。[1] 也有法官认为，在理论上，一切使保险人陷于错误认识的故意行为皆可归于保险欺诈，因此，投保人故意不履行如实告知义务，使保险人基于对保险标的之危险程度的错误判断从而作出承保或者减少保险费的决定，也属于广义上的保险欺诈行为。[2]

(二)保险欺诈认定

保险欺诈的认定标准，现行法律和司法解释并未有规定。笔者认为，根据欺诈的一般理论，结合保险合同的特点，宜采主客观相结合的判断标准。在主观上具备故意，行为人具有使保险人陷于错误认识的故意，对于过失不构成欺诈，而不问过失严重程度。在客观上具有实施行为，即行为人必须实施了使保险人陷于错误认识的行为。在其主客观两点上都强调了陷于错误认识，其是以一般合理人为标准进行界定是否为错误认识。保险欺诈的目的在于行为人追求与保险有关的不当利益，其不当利益的表现形式有别，可为不应当获得赔付，也可为不应当获得保险保障。在主客观的关系上，要求二者具备方构成保险欺诈。

【案例 12－25】 洪某诉某人寿保险公司北京分公司保险合同纠纷案

判决观点，洪某请求保险公司给付保险金的 2007 年 8 月住院治疗这一保险事故高度存疑，且洪某对于该次保险事故的前述各项疑点均不能作出合理解释，法院据此认定，2007 年 8 月住院治疗的患者并非洪某本人，洪某存在谎称发生保险事故并请求保险公司给付保险金的行为。[3]

【案例 12－26】 王某某诉海康人寿保险股份有限公司人寿保险合同纠纷案

判决观点：(1)被告存在欺诈的撤销事由。华康镇江公司的保险经办人张某某出庭作证其在推销保险过程中，根据公司的意思告知原告购买该保险可获赠华康公司的将上市原始股，并且原告还提供了华康镇江公司其他业务人员出具的情况说明予以佐证，原告是基于该信赖才予投保该带有分红性质的险种，华康公司是华康镇江公司的上级单位，华康公司则是被告涉案保险

---

〔1〕 参见李玉泉：《关于保险欺诈及其对策研究》，载《法学杂志》2000 年第 1 期。
〔2〕 参见刘建勋：《保险法典型案例与审判思路》，法律出版社 2012 年版，第 363 页。
〔3〕 参见刘建勋：《保险法典型案例与审判思路》，法律出版社 2012 年版，第 360 页。

合同的代理人,而被告是涉案保险合同的保险人,应对其代理人在合同代理过程中的过错行为承担责任。被告是合同的相对人,原告有向其主张撤销合同的权利。(2)被告的欺诈行为导致原告在违背真实意思表示的情况下订立合同。经办人张某某陈述原告在空白投保单上签字,其他信息均是华康公司的内勤填写的,说明原告并不知晓保险合同的真实内容,结合原告收入不高的情况,每年投保10万元并非真实意思,所以保险合同违背原告的真实意思。(3)原告行使撤销权没有超过期限,而根据2009年4月22日华康公司给予张某某的"激励股份认购权授予通知书",只授予在广州华康投资咨询有限公司或该公司的关联公司未来上市时获得激励股份的认购权,至于上市的具体时间并不明确,被告经办人也向原告承诺华康公司的股票将上市,因股票上市存在不确定状态,原告是基于等待股票上市的期待一直与被告交涉,所以原告主张在2010年华康公司未上市并经交涉未果后才知道权利受到侵害的理由成立,应予支持。[1]

实践中,主张保险欺诈的不仅有保险人,亦有投保人起诉保险人欺诈的。

【案例12-27】　赵某诉中国人寿保险股份有限公司北京市分公司保险合同纠纷案

一审法院认为,人寿公司向赵某出具保险合同送达书,作出有关"认真核对合同构件是否完整、检查合同内容与投保单要求是否一致,如对保险合同及构件检查无误,在保险合同送达回执上签名确认,并剪下保险合同送达回执交业务员转送人寿公司存档备查"的书面提示,现赵某在保险合同送达回执上签名确认,并将该回执转交人寿公司存档备查,证明赵某对保险合同内容及构件已检查无误。人寿公司所持投保单的保险期限虽有涂改,但涂改后的内容通过赵某在保险合同送达回执签字并将保险合同送达回执剪下转送人寿公司的行为得到赵某的确认,现赵某提供的证据不足以证明人寿公司存在涂改行为,亦不能证明涂改发生于赵某在投保单上签字之后,故赵某关于人寿公司订立保险合同过程中存在故意欺诈、隐瞒行为的诉讼主张证据不足,本院不予采信。二审期间,赵某以双方当事人达成庭外和解为由申请撤诉。[2]

【案例12-28】　刘某某诉安邦财产保险公司保险合同纠纷案

二审法院认为,本案中,从电话回访的内容分析,被上诉人刘某某同意销

---

〔1〕参见邹碧华主编:《2013年上海法院案例精选》,上海人民出版社2013年版,第231~232页。

〔2〕参见北京市高级人民法院编:《审判前沿——新类型案件审判实务》2009年第5集(总第29集),法律出版社2010年版,第46页。

案的原因是此前上诉人安邦公司拒绝理赔,致使其误以为因交通事故造成的损失将不能从安邦公司处获得赔偿。安邦公司认为其不应赔偿的理由分别是被上诉人未投保货物损失险、被保险车辆装载货物超高及不属于赔偿范围,但在诉讼中未能对其拒赔理由提供法律及合同上的依据。安邦公司作为专业保险公司,基于工作经验及对保险合同的理解,其明知或应知本案保险事故在其赔偿范围之内,在其认知能力比较清楚,结果判断比较明确的情况下,对被上诉人作出拒赔表示,有违诚信原则。在涉案销案协议订立过程中,安邦公司基于此前的拒赔行为,故意隐瞒被上诉人可以获得保险赔偿的重要事实,对被上诉人进行错误诱导,致使被上诉人误以为将不能从保险公司获得赔偿,并在此基础上作出同意销案的意思表示,该意思表示与被上诉人期望获得保险赔偿的真实意思明显不符。故安邦公司的行为构成欺诈,依照《合同法》第五十四条第二款之规定,该销案协议应予撤销。[1]

重大疾病保险中对保险欺诈的认定,为司法实践中的难点问题。关于重大慢性疾病发现时间节点问题,由于涉及被保险人的主观因素,法官查明这一事实的难度颇大。被保险人作为慢性疾病的患者,通过身体生理病化应当对自身病情发展到何种阶段有一定程度的了解,被保险人在已经明知保险合同条款的免责约定的情况下,可以对求诊的时间进行人为控制,以达到其骗取保险的目的。笔者认为,关键是对被保险人重大疾病时间节点的认定,不仅应考虑被保险人求诊时间,还应从整个诊疗过程,被保险人病情发展以及被保险人对其病情的认识角度出发,综合分析和认定。

【案例 12-29】 曹某某诉中国太平洋人寿保险股份有限公司上海分公司人身保险合同纠纷案

被保险人初次就诊前自行采取的药物措施反映病情已达到严重程度,其初次就诊时间超过保险合同约定免赔期仅 5 天,时间跨度如此短暂,足以引起一般理性人的合理怀疑,从被保险人要求进行肾移植,可以推定被保险人此时对肾功能衰竭已经有充分的认识,并且对作风险较大的手术也有一定程度的心理准备。一审法院据此认定被保险人在免责期内即已经知晓该情况,认定其存在欺诈行为。[2]

---

〔1〕 参见《最高人民法院公报》2013 年第 8 期。

〔2〕 参见沈志先主编:《2012 年上海法院案例精选》,上海人民出版社 2012 年版,第 230~233 页。

（三）保险欺诈与保险诈骗罪关系

行为人实施保险欺诈行为，其行为后果严重的，可以构成保险诈骗罪。但并非行为人实施编造虚假事故原因或者夸大损失程度，即构成保险诈骗罪。对保险诈骗情节轻、后果不严重的，只成立保险欺诈，而不构成保险诈骗罪。特别是在保险诈骗犯罪未遂的形态下，行为人亦不构成保险诈骗罪。“保险诈骗罪作为紧密型复合行为犯，其实行行为由虚构保险理赔原因的欺诈行为即虚构保险事故行为和骗取保险金行为构成。”[1]因此，对于保险诈骗罪而言，只有行为人成功地骗取保险金，才成立既遂。基于保险诈骗罪的特征，情节较轻的保险诈骗未遂犯，往往具有较小的社会危害性，在法律上不认为是犯罪。

司法实践中，对保险诈骗未遂，除非情节特别严重，一般不以犯罪论处。最高人民法院在司法解释中规定：“已经着手实行诈骗行为，只是由于行为人意志以外的原因而未获取财物的，是诈骗未遂。诈骗未遂，情节严重的，也应当定罪并依法处罚。”[2]最高人民检察院也曾在对河南省人民检察院的答复中称：“行为人已经着手实施保险诈骗行为，但由于意志以外的原因未能获得保险赔偿的，是诈骗未遂，情节严重的，应依法追究刑事责任。”[3]因此，保险诈骗罪并非一概定罪，如果情节较轻可不追究刑事责任。

投保人故意虚构保险标的骗取保险金。

【案例 12 - 30】　陈某超、陈某芝保险诈骗案

二审法院认为，陈某超、陈某芝以非法占有为目的，故意虚构保险标的，用套牌车辆冒充投保车辆，共同骗取保险金 111.515 万元，其行为已构成保险诈骗罪。[4]

投保人、被保险人或者受益人对发生的保险事故编造虚假的原因或者夸大损失的程度，骗取保险金的。

【案例 12 - 31】　李某兵、李某国保险诈骗案

二审法院认为，被告李某国伙同李某兵对发生的保险事故编造虚假的原

---

〔1〕 参见龙洋：《论保险诈骗罪的着手》，载《法学评论》2009 年第 5 期。

〔2〕 参见《最高人民法院关于审理诈骗案件具体应用法律的若干问题的解释》第一条。

〔3〕 参见《最高人民检察院法律政策研究室关于保险诈骗未遂能否按犯罪处理问题的答复》（[1998]高检研发第 20 号）。

〔4〕 四川省南充市中级人民法院（2020）川 13 刑终 16 号刑事判决书。

因，骗取保险金，数额巨大，其行为已构成保险诈骗罪。[1]

（四）保险欺诈与不当得利区分

保险欺诈与不当得利的概念分明，但实践中仍存在误解。

【案例12－32】 英大泰和财产保险股份有限公司台州中心支公司诉应某不当得利纠纷案

二审法院认为，上诉人英大保险公司作出理赔是基于其与被上诉人间存有保险合同，显然该法律关系不属不当得利。上诉人主张被上诉人存在伪造事故现场、骗取保险金的嫌疑，却在诉讼中明确不向公安机关报案，其提交的电池检测报告就电池进水发生在报案日期前的分析及判断不具有确定性，不排除被上诉人在事故后将车辆开往维修站途中电池进水的可能，故上诉人的上诉理由不能成立，本院不予支持。一审判决认定事实清楚，适用法律正确，依法应予维持。[2]

（五）保险欺诈处理

保险公司提供的保险产品，无论是财产保险还是人身保险，其目的是保障个人财产和生命健康所需，使被保险人在发生意外、损害后果后能弥补损失，具有保障、补偿功能，因此，保险公司提供的保险产品符合《消费者权益保护法》所称的生活消费范畴。保险消费受《消费者权益保护法》保护，保险公司构成欺诈同样应当适用惩罚性赔偿。

【案例12－33】 尤某某诉新华人寿保险股份有限公司、新华人寿保险股份有限公司上海分公司保险合同纠纷案

二审法院认为，关于尤某某是否有权按照《消费者权益保护法》的规定要求保险公司承担惩罚性赔偿责任的问题。《消费者权益保护法》的立法目的是保护整体上为弱者的消费者一方的合法权益。保护消费者处于非常弱势的地位，保险公司出具的保险合同包含大量难懂的专业术语，如保险金额、保险利益、现金价值等，特别是保险公司的业务员存在故意隐瞒、虚假宣传行

---

〔1〕 湖北省宜昌市中级人民法院（2021）鄂05刑终16号刑事判决书。

〔2〕 参见国家法官学院案例开发研究中心编：《中国法院2019年度案例》（保险纠纷），中国法制出版社2019年版，第108页。浙江省台州市中级人民法院（2017）浙10民终2141号民事判决书。

为时，会严重侵害投保人、被保险人的利益。因此，要维护投保人的合法权益，杜绝保险违法行为的发生，对保险欺诈起到警示和惩戒作用，应对保险欺诈行为适用《消费者权益保护法》惩罚性赔偿的规定。原审法院认定尤某某超过撤销权的行使期间和诉讼时效错误，属于法律适用不当，应予纠正。二审法院判决：撤销一审判决，保险公司返还尤某某保险费20.7万元并赔偿尤某某20.7万元。[1]

根据《消费者权益保护法》的规定，消费者系指为个人目的购买或使用商品、接受服务的社会成员，其本质特征在于其购买商品的目的主要是用于个人或家庭需要而不是经营和销售。投保人购买保险投保的是具有一定金额的分红型保险，主要目的在于通过购买保险获得原始股的投资回报，从而获得相应的收益，因此不能归入为获得人身保障的生活消费需要，因此投保人不是《消费者权益保护法》意义上的消费者，不能适用该法的规定，法院对其要求双倍赔偿的诉讼请求不予支持。

【案例12－34】　王某某诉海康人寿保险股份有限公司人寿保险合同纠纷案

判决观点，关于原告依据《消费者权益保护法》的相关规定向被告主张双倍赔偿的责任，法院认为应从原告的消费目的入手对原告是否符合《消费者权益保护法》所规定的消费者身份加以判断。根据《消费者权益保护法》第二条规定，"消费者为生活消费需要购买、使用商品或者接受服务，其权益受本法保护；本法未作规定的，受其他有关法律、法规保护。"本案中，原告投保的是具有一定金额的分红型保险，属于以获取回报为目的的投资行为，结合原告的实际经济状况，其接受被告的保险相关服务是为了在保险市场上获取利益，显然不仅仅是为获得人身保障的"生活消费需要"，因而，原告身份不符合《消费者权益保护法》对"消费者"的定义，故本案并不适用《消费者权益保护法》的相关规定，因此对于原告要求双倍赔偿经济损失10万元的诉讼请求，法院不予支持。[2]

---

〔1〕　参见国家法官学院案例开发研究中心编：《中国法院2018年度案例》（保险纠纷），中国法制出版社2019年版，第220页。江苏省无锡市中级人民法院（2015）锡商终01110号民事判决书。

〔2〕　参见邹碧华主编：《2013年上海法院案例精选》，上海人民出版社2013年版，第232～233页。

四、责任保险纠纷

保险业的发展大致可以划分为三个阶段：第一阶段是传统的海上保险和火灾保险（后来扩展到一切险）；第二阶段是人寿保险；第三阶段是责任保险。责任保险既是法律制度走向完善的结果，又是保险业直接介入社会发展进步的具体表现。现今责任保险已经成为一个形成具有相对独立理论体系和运作系统的保险制度。我国的保险业也经历了这三个发展阶段，引入了责任保险制度，责任保险作为保险业发展的最高阶段在未来我国保险业中肯定会有长足的发展。

（一）责任保险理解

责任保险，又称为第三者责任保险，是指以被保险人对第三者依法应负的赔偿责任为保险标的的保险。也就是说，当被保险人对第三者负损害赔偿责任时，由保险人承担其赔偿责任，向被保险人或者第三者赔偿保险金的一种保险。[1][2]

责任保险合同，实际上是由保险人担负被保险人对第三者的损害赔偿责任的约定。责任保险的范围，包括公众责任保险、产品责任保险、旅行社责任保险、商业第三者险、交强险、保证保险等。

责任保险的标的，是被保险人在法律上应该承担的损害赔偿责任，这与以某一具体的物质形体的财产为标的保险有区别。但是，由于发生民事赔偿责任，就需要向受损害的第三者支付金钱或实物作为赔偿，所以，这种保险实际上是以被保险人的全部财产为保险标的一种保险，也应属于财产保险的范畴。也就是说，责任保险应具财产保险性质。责任保险属于意外险，其区别于人寿保险或一般财产保险的最大特点，就在于其最终保护对象不是被保险人，而是因为被保险人的行为而遭受损害的第三者。

责任保险的具体赔偿方式与一般的财产保险不同，即当保险事故发生时，保

---

〔1〕 参见安建主编：《中华人民共和国保险法（修订）释义》，法律出版社2009年版，第106页。

〔2〕 参见最高人民法院中国应用法学研究所编：《人民法院案例选》2022年第1辑（总第167辑），人民法院出版社2022年版，第131～132页。上海金融法院（2020）沪74民终541号民事判决书。

险人可以直接向第三者赔偿保险金,这是由责任保险的目的决定的。在保险期间,一旦发生被保险人对第三者损害的保险事故,被保险人对第三者的损害赔偿责任,由保险人代为承担。因此,保险人不必先将保险赔偿金支付给被保险人,而可以直接向受损害的第三者赔偿保险金。

责任保险赔偿的范围,是法律规定或者合同的约定。依照法律和法规确定范围,如发生交通肇事,按交强险限额范围支付保险赔偿金。保险人和被保险人也可以在合同约定具体范围,这包括仲裁和诉讼费用在内。事故发生时,保险人支付第三者赔偿金。被保险人因给第三者造成损害的保险事故而被提起仲裁或者诉讼的,在参加仲裁或者诉讼程序,会支出相应的费用。这些费用是确定责任保险的被保险人对第三者应负的赔偿责任所必需支出的费用,在性质上属于查明和确定责任保险的保险事故性质、原因及受害的第三者损失程度所支出的费用。根据《保险法》第六十六条的规定,如保险合同对责任保险的被保险人支付的仲裁或者诉讼费用以及其他必要的、合理的费用承担作出约定,则应按合同约定执行。如果合同约定保险人不承担这部分费用的,则应由被保险人承担。如果保险合同没有约定被保险人承担,被保险人已经支付了仲裁或诉讼费用等,其可以向保险人请求给付。如果被保险人尚未支付这些费用,则可以由保险人代为支付。

应注意的是,强制性责任保险对保险范围约定的限制,如旅行社责任保险、交强险等。旅行社责任保险中强制性表现在旅行社和保险公司对保险合同条款约定不是完全自由,要受到一定限制,如投保旅行社责任保险的责任范围不能小于特定要求(《旅行社投保旅行社责任保险规定》第五条)、旅行社责任保险金额不得低于特定标准(《旅行社投保旅行社责任保险规定》第十条)。旅行社具体责任范围要根据保险合同约定确定,保险合同的内容可以大于但不能小于这个范围。

(二)职业责任保险

职业责任保险是以从事各种专业技术工作的单位或者个人因其工作过错给第三者造成损失或者人身伤害时应承担的经济赔偿责任为标的一种保险。以下就实践中常见的几种职业责任保险予以分析。

1. 律师执业责任保险

律师执业责任保险,是以被保险人律师事务所依法对委托人应负的责任为保险标的的保险。具体是指,律师事务所律师在执业过程中,由于过错造成委托人的经济损失,依法应由被保险人律师事务所承担赔偿责任的,而由保险人负责赔偿的商业保险行为。有关律师事务所在执业过程中因违法或过错所承担的法律责任，通常可以分为民事法律责任、行政法律责任和刑事法律责任三种。而律师执业责任保险所承保的则是律师事务所在执业过程中，由于过错造成委托人经济损失时，由律师事务所依法承担的经济赔偿责任，故属于民事责任。

在实践中，如何确定律师执业民事责任为研究重点。笔者认为，律师执业责任保险所承保的律师执业民事责任，不同于普通的民事责任。律师事务所律师因私自接受法律委托事务而对外承担的民事赔偿责任，依约不属于“律师执业责任保险”所承保的责任险范畴。

【案例 12－35】 上海市竞业律师事务所诉平安财产保险股份有限公司上海分公司律师执业责任保险理赔案

二审法院认为，本案系保险合同的理赔纠纷，有关理赔事宜应以双方合同约定的条款为准。上诉人平安财险上海公司与上海市律师协会订立的《律师执业责任保险统保保险合同》的除外责任，即第五条第二项明确约定，因注册执业律师未经被保险人同意私自接受业务，造成委托人经济损失的，不予承担理赔责任。据此，基于朱某私自接受虹乔公司诉讼代理业务的事实，上诉人平安财险上海公司可依约不予承担本案保险的理赔责任。二审法院撤销一审判决，对原告的诉讼请求不予支持。[1] 竞业律师事务所之所以被生效法院判决判令与朱某共同向虹乔公司承担民事赔偿责任，主要是基于竞业律师事务所对于朱某私自利用该所聘请律师合同文本并以该事务所名义与虹乔公司签订聘请律师合同的行为，存在管理上的过失。而不是直接基于朱某在私自开展法律委托事务中所存在的行为。就该案民事责任的归责原则而言，朱某只是民事责任的行为主体，而竞业律师事务所则为民事责任的承担主体。因为，虹乔公司有理由相信朱某系代表竞业律师事务所接受该公司诉讼委托及代收案件诉讼费用，故由此产生的损害后果，理应由合同的相对方即竞业律师事务所对外承担相应的民事责任。律师事务所对于登记执业的律师负有法人管理的职责，并应就事务所执业律师所实施的过错行为，对外承担相应的民事责任。律师执业责任保险承担的民事责任区别于普通的民事责任，应为执业律师在从事由事务所委派或经事务所认可的委托事务中所产生的民事责任，而并不涉及执业律师因个人私自开展法律委托事务而产生的民事赔偿责任。一审法院混淆了律师执业保险承担的民事责任与其一般民事责任区别，因而发生判决错误。

---

〔1〕 参见最高人民法院中国应用法学研究所编：《人民法院案例选》2008 年第 2 辑（总第 64 辑），人民法院出版社 2009 年版，第 290 页。

2. 保险代理人职业责任保险

所谓保险代理人职业保险,是指保险代理人在办理保险代理业务的过程中,因疏忽或过失未能履行代理合同约定的义务给被代理人造成损失,由保险人依照保险合同约定来承担经济赔偿责任的一种职业责任保险。

《保险法》第一百二十四条规定:“保险代理机构、保险经纪人应当按照国务院保险监督机构的规定缴存保证金或者投保职业责任保险。”但关于保险代理人职业责任保险的主要内容和保险责任范围等并无相应具体、明确的规定,导致司法实践中的争论颇多。

实践中,对于保险代理人职业责任保险范围的认定,应根据双方当事人经过合意约定的保险条款内容加以分析。也就是说,判断是否属于职业责任保险的标准是保险合同,如不符合保险合同的约定,则不能认定为职业责任的保险事故,亦不属于保险责任范围。

【案例 12-36】 浙江安信保险代理有限公司诉中国大地财产保险股份有限公司浙江分公司保险合同纠纷案

一审法院认为,本案的争议焦点在于安信保代公司诉请的损失是否属于保险责任范围以及大地财保浙江分公司能否依照保险代理人职业保险条款中的相关免责条款主张拒赔。从保险代理人职业责任保险条款的内容来看,保险代理人职业责任保险的保险标的是被保险人在办理保险代理业务时因疏忽或过失未能履行代理合同约定的义务给被代理人造成损失而应负的民事赔偿责任;且保险代理业务的范围系指代理销售保险产品、代理收取保险费根据保险公司的委托代理相关业务的损失勘查和理赔。结合本案现有证据和相关事实来看,安信保代公司在人保余杭支公司授权的业务范围、经营区域内,以人保余抗支公司的名义为人保余抗支公司代理保险业务。同时,在审理过程中,原告、被告双方对于安信保代公司委托其保险代理从业人员王某某从客户处收取保险费以及王某某未将其已自客户处收取的保险费1,608,909.79元交纳给安信保代公司的事实均无异议。可见,安信保代公司与王某某建立代理合同关系后,王某某承接业务、收取保险费的行为应属执行职务的范围。现安信保代公司确认已签发商业保险、交强险各类保单应收保险费合计1,608,909.79元,并自认客户已付清保险费,即应履行向被保代理人即人保余杭支公司交纳保险费的合同义务。至于王某某是否将其自客户收取的保险费上交给安信保代公司仅属于安信保代公司的内部管理事务,并不能产生阻却安信保代公司向人保余杭支公司交纳保险费的法律后果。换言之,安信保代公司未向人保余抗支公司交纳已自客户处收取的保险费的违约行为,并非其在办理保险代理业务的过程中因疏忽或过失所致,安信保代公司诉请的损失不应属于保险责任范围。况且,原告与大地财保浙江分公司双方已就不属于保险责任范围大地财保浙江分公司不承担赔偿责任的情形进行了具体约定,其中包括了“挪用、侵占保险费或保险金、赔款”的违法行为。同时,安信保代公司作为专业的保险代理机构,亦书面确认大地财保浙江分公司已就保险代理人职业责任保险条款(包括责任免除内法容)作了明确说明,并知悉其概念、含义和法律后果。安信保代公司关于上述该项约定的主体仅指被保险人,以及保险代理机构从业人员的挪用或侵占行为包括在保险责任范围内符合被保险人的合理期望的意见,缺乏相应事实与法律依据。据此判决:驳回安信保代公司的诉讼请求。二审法院认为,首先,当事人在保险条款中约定仅将“疏忽或过失”作为保险责任,该保险条款并不会因保监会的文件而无效;其次,从双方当事人约定的保险条款中有关保险责任的定义及保险代理业务的定义来看,安信保代公司工作人员的故意行为以及安信保代公司收取保险费后缴付保险费的行为不属于本案所涉保险代理人职业责任保险的保险责任范围。据此判决,驳回上诉,维持原判。[1]

(三)诉讼财产保全责任险

实践中,当事人向法院申请保全时,常因为自有资金紧张、实物资产不足或短时间内无法寻觅到合适保证人等原因,难以在规定时间内提供相应保全担保。针对这一现象,保险公司出台了财产保全责任险。

所谓财产保全责任险,即由保险公司承保申请人因保全错误对被申请人造成损害的风险,并向法院出具保函;当保险事故发生后,由保险人承担对被申请人的赔偿责任。这一担保模式于2016年10月被《最高人民法院关于人民法院办理财产保全案件若干问题的规定》所认可。其第七条规定:保险人以其与申请保全人签订财产保全责任险合同的方式为财产保全提供担保的,应当向人民法院出具担保书;担保书应当载明,因申请财产保全错误,由保险人赔偿被保险人因保全所遭受等内容,并附相关证据材料。诉讼财产保全责任险的创设打破了担保规则的局限性,有利于降低当事人的诉讼成本及法院启动保全的风险。

对于保险公司出具的保函,法官应审查其担保函表述承担担保责任的内容、期限、方式等,若经法官认定存在足以影响承担保险责任的情形,法官有权拒绝保险人提供的责任保险担保。

---

〔1〕 参见最高人民法院中国应用法学研究所编著:《人民法院案例选》(月版)2010年第2辑(总第14辑),中国法制出版社2010年版,第99页。

【案例12－37】　中国平安财产保险股份有限公司上海分公司诉上海绿地建设(集团)有限公司其他保险合同纠纷案

一审法院认为,原告未能完全履行自身合同义务。诉讼财产保全责任保险作为一种新兴险种,是财产保全申请人作为投保人与保险人签订保险合同,在发生保全错误时,财产保全申请人依据财产保全责任险约定,要求保险公司在保险限额内予以赔偿,继而实现诉讼财产保全担保的目的。对于这一责任保险担保,法院有权审查具体案件情况、保险人的资信状况、经营许可、担保范围、承担责任等内容,决定是否接受担保;对于担保材料中最为关键的保单保函材料,法院应当审查其保函表述承担担保责任的内容、期限、方式等,若经法院认定存在足以影响承担保险责任的情形,法院有权拒绝该保险人提供的责任保险担保。据此,原告作为保险人,既应按约出具保单保函,同时应确保该保单保函被相关法院所接收并认可,上述系保险人基于合同产生的主要义务。

本案中,一方面,原告出具的保单保函未被常州市中级人民法院认可。谈话笔录中,常州市中级人民法院明确要求保函必须是清洁的且不加任何附加条件,要求重新调整出具,否则保全也会在该附加限制性说明范围内。从该表述可见,首先,常州市中级人民法院要求对保单保函进行调整;其次,若保险人原告与投保人被告能够协商一致明确向常州市中级人民法院表示对保单保函不作修改,可径行在保单保函的限制性范围内出具相应保全裁定,常州市中级人民法院也仍是能够在限制性范围内出具的。但本案中,原告后续未能跟进了解保单保函接收情况,也未能与被告协商一致向常州市中级人民法院明确作出上述不变更、可径行出具的意思表示,故常州市中级人民法院最终仍是不认可该保单保函的担保单效力。另一方面,原告在履约过程中存在明显懈怠:(1)原告作为专业的保险人,对于此险种项下的保单保函材料须经有关法院接收并认可应属明知,其本应关注保单保函能否被法院所确认及后续保全裁定出具情况。但王某送交材料至常州市中级人民法院,在未见到承办法官的情况下,将材料留放在法官指定周转箱后便自行离去,未留下有效的原告联系方式,事后也再未与承办法官取得联系,以至于常州市中级人民法院发现保单保函瑕疵后也只能联系保全申请人即本案被告。(2)原告自身员工并未与投保人被告直接接触,送交材料后本应主动向投保人跟进了解,但包括王某、张某在内的原告员工在送达之后并未积极与被告展开沟通。(3)原告明知肖某仅为中介身份,在无自身业务员与被告、常州市中级人民法院对接的情况下,本应积极督促肖某及时反馈业务进展,但在原告否认肖某曾反馈保函未被常州市中级人民法院采纳的情况下,原告自始至终未能知悉保单保函未被法院确认的事实,原告对此难谓不具有过失。结合以上，关于原告认为自身已完全履行合同义务的意见，法院不予采纳。保险合同系双务合同，保险人在己方未履行主要义务的情形下，无权要求投保人对价支付保费，且保单保函所担保的案件最终撤诉，保险人再无履行的客观条件和必要，投保人可以此抗辩。

《协议书》系原告、被告的真实意思表示，内容均合法有效，双方应予恪守。双方对保费金额、支付方式、保费退还等均有约定，但未明确约定保费支付事宜。《诉讼财产保全责任保险条款》虽记载"投保人应当在保险合同成立时一次性交付保险费"，但由于保费支付问题关系双方当事人权利义务甚巨，且双方就保费支付时间及条件存在明显分歧，在原告未能证明交付过被告上述条款的情况下，难以认定被告知悉上述条款。本案中，由于原告出具的保单保函存在影响责任保险担保范围的情形，在原告、被告未一致向常州市中级人民法院表示可径行在限制性范围内出具裁定的情况下，常州市中级人民法院最终不认可该保单保函的担保效力，也未出具相应保全裁定，这与《协议书》中所约定的法院"拒不认可"的情形相互吻合。即便被告在合同签订后已主动缴纳保费，一旦发生上述约定的法院不认可保单保函的情形，被告仍可要求原告退还保费。本案中，被告并未实际支付保费，常州市中级人民法院未予认可保单保函后，被告又同时享有要求退还保费的权利，两者一经折抵，被告也无须再行支付。至于原告认为《协议书》约定退回保费须以退回保单保函为前提，被告若未取回保单保函则保费无退回之可能，则失之偏颇。实践中，保单保函未能退回既有当事人主观原因又有其他诸多客观因素，该约定究其关键还是约束原告在法院不予认可保单保函的情况下无权收取保费，保单保函的取回只是形式上施与被告的义务。被告在知悉保函瑕疵后未取回，的确构成合同义务的违反，但尚不足以就此推导出被告须支付全额保费。

在原告、被告未就保费支付事宜达成实质性约定的情况下，原告此时究竟有无权利收取保费，须进一步结合公平原则予以确定。根据《合同法》第五条之规定，当事人之间的权利义务要公平合理，强调一方给付与对方给付之间的等值性，防止出现一方仅享有权利而一方仅承担义务或权利义务极端不对等的现象。另根据《保险法》第十一条之规定，应遵循公平原则确定各方的权利和义务，其亦强调合同双方享有的权利与承担的义务应为对等。保险合同相较于其他合同有其特殊的射幸性质，但仍严格遵循权利义务对等的公平原则，外观上双方当事人所取得的价值可能不完全对等，但彼此间的权利义务却始终处于对等状态。投保人主要义务为支付保费，而保险人主要义务在保险期间内承受可能发生保险事故的风险并于出险后予以赔付。针对案涉诉讼财产保全责任保险，保险人承保风险在于保全申请人因申请错误而给保全人造成的损失，而该风险的实质发生须以法院出具保全裁定并启动保全程序为前提。本案中，常州市中级人民法院最终未出具保全裁定，这使得保全错误的发生根本不具有事实上的可能性，原告承保风险自始未曾发生，后续也绝无发生之可能。既然保险人无法履行其主要义务，那么投保人支付保费的主要义务也相应得以免除。

另需说明的是，原告保单保函出具并送达时间为2016年8月上旬，常州市中级人民法院告知被告保单保函瑕疵的谈话笔录时间为2016年8月25日，被告在常州市中级人民法院的案件申请撤诉的时间为2016年9月23日。根据《民事诉讼法》有关规定，人民法院接受保全申请后，必须在48小时内作出裁定。若原告出具的保单保函能为常州市中级人民法院所认可，那么常州市中级人民法院早已出具保全裁定，原告承保风险也相应得以开启；即使保单保函一开始未被常州市中级人民法院所认可，若原告能与常州市中级人民法院、被告、肖某三方中的任何一方沟通，在被告案件撤诉之前原告重新出具能被认可的新保单保函也并非不可能。据此，对于原告所称被告撤诉行为导致常州市中级人民法院未出具保全裁定的意见，法院不予采纳。

综上所述，一方面原告未完全履行自身合同义务，另一方面结合公平原则，原告应收取与自身实际承受风险相对应的保费。在原告未承担任何风险的情况下，原告主张保费并无法律依据，故对于原告要求被告支付保费的诉讼请求，法院无法支持。原告主张被告支付逾期利息的诉讼请求，法院亦不予支持。一审判决：驳回原告中国平安财产保险股份有限公司上海分公司的全部诉讼请求。二审法院同意一审法院裁判意见。[1]

诉讼财产保全责任险保险人因被保险人保全错误的，对第三人负有赔偿责任。

【案例12－38】　南通四建集团有限公司诉上海华辰通达物流有限公司等诉中财产保全损失损害赔偿纠纷案

二审法院认为，平安保险应承担赔付责任。平安保险与华辰公司的保险合同也已解除（平安保险出具保单保函系为华辰公司作为79675号案件被告提起的反诉案件所用，而华辰公司将该保函用于6451号案件，系构成《保险法》第十六条第二款规定的"投保人故意或者因重大过失未履行前款规定的如实告知义务，足以影响保险人决定是否同意承保或者提高保险费率的，保险人有权解除合同"，平安保险根据该条第三款规定于知道有解除事由之日

---

〔1〕　参见国家法官学院、最高人民法院案例研究院编：《中国法院2020年度案例》（保险纠纷），中国法制出版社2020年版，第99～102页。上海市第二中级人民法院（2018）沪02民终8624号民事判决书。

起30日内,即2019年7月2日向华辰公司发出解除保险合同通知书)。因保单保函与责任险合同具有有因性,因此其向法院出具的保单保函亦自然失去效力,故平安保险不应承担向南通四建的赔偿责任。法院认为,首先,平安保险出具的保单保函时间为2019年1月16日,保全金额为4030万元,无论出具时间抑或保全金额都与6451号案件相同,与79675号反诉有较大差异,结合保险投保单上关于案件审理阶段"未立案"的表述,投保单与被申请人之间存在其他纠纷为"(2018)沪0115民初79675号"之记载情形,法院有理由相信华辰公司已向平安保险公司尽到如实告知义务,平安保险对于华辰公司转用于其另案出具的保单保函于6451号案件的主张未提供相应证据予以充分证明,故不予采信。其次,即使华辰公司因未如实告知义务而使平安保险享有合同解除权,但本案中,平安公司也已向法院出具保单保函。依据诉讼财产保全案件性质,结合保护被申请人利益考量,保单保函的本质应是根据《最高人民法院关于人民法院办理财产保全案件若干问题的规定》第七条"保险人以其与申请保全人签订财产保全责任险合同的方式为财产保全提供担保的,应当向人民法院出具担保书"之规定作出的,以担保书为形式的单方承诺,该承诺并非因保险合同解除而当然撤销。若华辰公司确有违反法律或保险合同约定义务的情形,平安保险亦可于另案中起诉追偿,而并非本案处理范围。华辰公司因申请财产保全错误而应对南通四建承担损害赔偿责任,南通四建基于华辰公司与平安保险合同约定以及平安保险出具的保单保函对平安保险享有直接请求权。华辰公司的损害赔偿责任与平安保险的直接赔偿责任系针对南通四建同一项损失,构成不真正连带之债,华辰公司、平安保险任意一方完全履行其债务,另一方的赔偿义务消灭。[1]

诉讼保全责任险中,保险人向被保险人追偿权成立的前提为被保险人的保险金给付请求权,不能成立。

【案例12-39】 保险无锡分公司诉常某某追偿权纠纷案

二审法院认为,保险无锡分公司无权向常某某追偿或者主张赔偿。第一,保险无锡分公司与常某某之间成立担保追偿关系,保险无锡分公司对常某某可能因诉讼保全错误而给建筑实业公司或他人造成的损失承担保证担保责任。第二,保险无锡分公司与常某某之间成立担保追偿关系的同时亦成立保险合同关系。对属于诉讼保全责任保险责任范围的情形保险无锡分公司应向常某某履行责任保险的保险金给付义务。第三,常某某投保诉讼保全

〔1〕 参见最高人民法院中国应用法学研究所编:《人民法院案例选》2022年第2辑(总第168辑),人民法院出版社2022年版,第167页。上海市第一中级人民法院(2020)沪01民终4306号民事判决书。

责任保险的同时还向保险无锡分公司出具承诺提供反担保,常某某承诺为保险无锡分公司在诉讼保全责任险保险责任范围以外或者属于保险无锡分公司免责情形下作出的赔偿责任提供反担保,保险无锡分公司对建筑实业公司作出赔偿后有权依据承诺函对常某某追偿或主张赔偿。第四,保险无锡分公司以常某某存在重大过失未履行如实告知义务拒绝赔偿诉讼保全责任险保险金的意见不能成立。该义务对应的是保险无锡分公司的合同解除权,现保险无锡分公司既未在法律规定的合同解除权行使期间内主张解除保险合同,又未举证证明保险无锡分公司存在其他保险除外责任情形,故而保险合同仍然成立有效,保险无锡分公司应当按照保险合同的约定向常某某履行赔偿义务。因此,保险无锡分公司向建筑实业公司履行赔偿责任后享有的对常某某的担保追偿权,与保险无锡分公司未主张解除保险合同情况下常某某享有的对保险无锡分公司的保险金给付请求权实质上构成抵销。第五,保险无锡分公司依据保证条款和承诺函要求常某某承担赔偿责任的意见不能成立。保险无锡分公司依据保证条款要求投保人对诉讼保全责任险中保险无锡分公司的赔偿责任提供反担保,改变了责任保险不能向被保险人进行追偿的性质,应属无效条款。保险无锡分公司依据承诺函对常某某所享有的担保权的范围,并未超过无锡分公司依据《保单保函》对常某某所享有的担保追偿权的范围。在保险合同未解除的情况下,保险无锡分公司向建筑实业公司承担连带担保责任实质是履行保险合同中保证赔偿保险金义务的行为,此情形不属于承诺函所约定的适用情形,保险无锡分公司无权以保证条款及承诺函向常某某追偿或者主张赔偿。判决:(1)撤销一审判决;(2)驳回保险无锡分公司的诉讼请求。[1]

(四)责任保险与一般财产保险区分

广义上的财产保险是填补损失的保险,按照保险承保的风险类型和保险标的性质,可以分为两种基本类型,即一般财产保险和责任保险。一般财产保险,是指以被保险人的财产(利益)为保险标的,以意外事故为承保危险的保险。被保险人利用一般财产保险的目的,在于保护其自身财产免受意外事件造成的经济上的不利后果,该意外事件的发生并不考虑民事责任的归责原则。

---

〔1〕 参见国家法官学院、最高人民法院司法案例研究院编:《中国法院 2023 年度案例》(保险纠纷),中国法制出版社 2023 年版,第 126 ~ 127 页。江苏省无锡市中级人民法院(2021)苏 02 民终 5952 号民事判决书。

责任保险与一般财产保险的区别为:其一,承保的危险不同。责任保险所承保的危险,是被保险人向其他第三人移转某种利益或给付的责任。一般财产保险的保险危险,若其发生必将立即造成被保险人的财产利益的灭失或减损,以致被保险人将失去利用它们的机会。其二,保险标的不同。责任保险的保险标的为被保险人对第三者承担的赔偿责任,被保险人因给付赔偿而受利益的消极损失,该损失并不因意外事故的发生而直接发生。一般财产保险的保险标的为被保险人的财产利益,该财产利益因意外事故的发生而受到直接的损失。其三,保险的保障范围不同。责任保险仅限于被保险人对第三者所承担的责任,被保险人因有责任保险,可免受承担责任而发生财产上的损失。一般财产保险则以被保险人自身财产发生的损害为保障范围,不会涉及第三人。其四,理赔原则有所不同。责任保险中,保险人承担保险责任的前提是被保险人对第三方的损害并依法应承担经济赔偿责任,即有责赔偿,这也是责任保险最基本的原则。一般财产保险在保险事故的发生造成被保险人的财产损失时,保险人就应承担赔偿保险金责任,即有损失就有补偿,这是保险补偿原则最直接的体现。

从理论上讲,责任保险与一般财产保险界限非常清楚,但因对责任保险制度认识和理解不足,一些保险公司将本应在责任保险合同中适用条款引入一般财产保险合同,造成保险合同形式和内容上的混乱,给被保险人索赔设置了障碍。

【案例12-40】 邢某某等诉中国人民财产保险股份有限公司芜湖市分公司保险合同纠纷案

二审法院认为,本案保险条款第二十五条的效力是人保芜湖分公司是否承担理赔责任的关键。一审中,被上诉人已对该条款的效力提出了异议,法院应当对该条款的效力作出认定。从其内容看,该条款违反了保险法和合同法的基本原理,应为无效。理由是:首先,本案当事人签订的是家庭自用汽车损失保险,这是一种财产损失保险,而非责任保险。对于财产损失保险,在保险期限内,只要保险标的因保险事故的发生造成的损失,作为被保险人支付保费的对价,保险人就应当承担理赔责任。按照保险条款第二十五条的约定,保险人依据被保险人在事故中所负的责任比例承担相应的赔付责任,被保险人有责任时保险人才承担赔付责任,被保险人不负责任时,保险人将不承担赔付责任。该条款以被保险人在事故中承担的责任而非财产损失作为保险人理赔的依据,改变了财产损失保险的性质,违背了保险法保险补偿的基本原则。其次,在财产损失保险中,如果因为第三人的原因造成被保险人财产损失的,被保险人可以基于侵权关系向第三人请求损害赔偿,也可以基于保险合同关系向保险人请求承担理赔责任,是向第三人主张还是向保险人主张,被保险人有选择的权利。被保险人向保险人主张的,根据保险代位原则,保险人理赔后即代位取得向第三人请求赔偿的权利,保险人保险代位权

> 的取得和行使并不以被保险人先行向第三人主张为条件。根据保险条款第二十五条的约定,因第三人的原因造成财产损失的,被保险人只能向第三人请求损害赔偿,保险人却不承担理赔责任。该条款限制和剥夺了被保险人选择请求权的权利,单方面减免了保险人本应承担的理赔责任,为被保险人索赔设置了障碍,加重了被保险人的责任。原审法院对该条款的内容进行了审查,并作出该条款无效的认定符合法律规定。[1]

根据本案保险合同第二十五条的约定,保险人承担赔偿保险金责任的依据不是被保险车辆因保险事故造成的损失,却是被保险人在保险事故中所负的责任,名为一般财产保险合同,却适用责任保险的理赔原则。依据该条款,投保人违章驾驶车辆造成车辆毁损的反能获得赔偿,此结果实有违法律所追求的公平正义理念,也与一般的道德评价相背离。人保芜湖公司辩解称,原告应先向肇事车辆的车主主张权利,只能在主张不能的情况下将其权利转让给保险人,保险人承担赔付责任后再向对方追索。此辩解与其主张矛盾,违背了保险法基本理论。

---

〔1〕 参见最高人民法院中国应用法学研究所编:《人民法院案例选》2008 年第 3 辑(总第 65 辑),人民法院出版社 2009 年版,第 304 页。

五、保证保险纠纷

修订后的《保险法》第九十五条在保险公司的业务中提到了作为财产保险的“保证保险”,但立法的步伐仅止于使保证保险的定位得到了《保险法》上的明确体现,实现了保证保险的有名化,但保证保险的定义、基本规范和主要内容仍然在立法中处于空白,在理论和实践中有诸多争议,各地法院的执法尺度有较大的差异。

保证保险是财产保险的一种,是指由作为保证人的保险人为作为被保证人的被保险人向权利人提供担保的一种形式,如果由于被保险人的作为或不作为不履行合同义务,致使权利人遭受经济损失,保险人向被保险人或受益人承担赔偿责任。[1]

(一)保证保险理解

1. 保证保险性质

在保证保险业务实践中,合同当事人之间的纠纷发生率较高,而各地法院对保证保险的法律性质认识存在差异,表现在适用法律和处理结果上的差异。

在法院方面,在关于保证保险关系的性质上,最高人民法院在不同阶段和不同案件中有不同认识。第一种界定为保证说,最高人民法院在中国银行山东省分行与中保财产保险有限公司信用保证保险案件[最高人民法院(1998)经终字第291号民事判决书]中认为,由于这种保证保险不同于普通的财产保险,其受益人并非投保人,通常认为只有人身保险的受益人可以为第三人,因此,基于该险种的特殊性,普通财产保险的法律规定不能调整该险种所涉及的三方当事人之间所形成的法律关系。所以,从其形成的民事法律关系来看,更符合保证的法律性质,即中保财产保险有限公司为中国银行山东省分行与惠德公司之间的债权债务关系

---

〔1〕 参见最高人民法院民事案件案由规定课题小组编著:《最高人民法院民事案件案由规定理解与适用》,人民法院出版社2008年版,第129页。

提供保证,对这一关系应适用《担保法》及相关的司法解释予以调整。第二种界定是混合说。最高人民法院在中国工商银行郴州苏仙区支行与中保财产保险有限公司湖南省郴州市苏仙区支公司保证保险合同一案(最高人民法院[1999]经监字第266号答复)中认为,保证保险是由保险人为投保人向被保险人(债权人)提供担保的保险,当投保人不能履行与被保险人签订的合同所规定的解放生产力,给被保险人造成经济损失时,由保险人按照其对投保人的承诺向被保险人承担代为补偿的责任,因此,保证保险虽是保险人开办的一个险种,其实质是保险人对债权人的一种担保行为,应按借款保证合同纠纷处理,适用有关担保的法律。第三种界定为保险说。最高人民法院在神龙汽车有限公司与华泰财产保险股份有限公司保险合同纠纷管辖权案件[最高人民法院(2000)经终字第295号民事判决书]中认为,华泰保险公司与神龙汽车公司签订的《分期付款购车保险协议》是双方当事人依据《保险法》的规定而成立的保险合同,神龙汽车公司是投保人,华泰保险公司是保险人。在保险合同法律关系中,其他民事合同的权利义务虽是保险人确定承保条件的基础,但其不能改变两个合同在实体与程序上的独立性,其他民事合同与保险合同之间不存在主从关系。

最高人民法院于2008年2月4日以法发〔2008〕11号下发的《民事案件案由规定》将保证保险合同纠纷作为四级案由列于三级案由保险合同纠纷项下,清楚地表明了最高人民法院对保证保险关系法律性质的最新认识。也就是说,随着《保险法》的修改和司法实践认识的不断变化,对保证保险的认识也不断清晰,最高人民法院下发的《民事案件案由规定》确定了新的认定规则。应该清醒地看到,司法实践中,各地法院对此认识并没有随其最高人民法院认识变化而随之转变,造成处理结果上的诸多偏差。

虽然保证保险某种程度上具有保障合同债权实现的功能,其合同的标的是借款合同的还款义务,与一般保险合同的标的不同,但是,界定民事法律行为的法律性质的依据应当是该行为本身,而不是行为的目的或者功能。

【案例12-41】 中国农业银行股份有限公司黄山滨江路支行诉中国人民财产保险股份有限公司绩溪支公司等保证保险合同纠纷案

一审法院认为,保险合作协议与保险单及其附件保证保险条款共同构成保证保险合同的内容。上述内容是确定合同各方当事人权利义务和法律责任的依据。本案应当遵循当事人自主约定的基本原则,因滨江农行是以保证保险法律关系主张的权利,故认定本案为保证保险性质,适用《保险法》来调整。二审法院持同样意见。[1]

〔1〕 参见最高人民法院中国应用法学研究所编:《人民法院案例选》2012年第1辑(总第79辑),人民法院出版社2012年版,第306页。

最高人民法院在答复中明确:汽车消费贷款保证保险是保险公司开办的一种保险业务。在该险种的具体实施中,由于合同约定的具体内容并不统一,在保险公司、银行和汽车销售代理商、购车人之间会形成多种法律关系。在当时法律关系尚不明确的情况下,应依据当事人意思自治原则确定合同的性质。你院请示所涉及中国建设银行股份有限公司葫芦岛分行诉中国人民保险股份有限公司葫芦岛分公司保证保险合同纠纷案,在相关协议、合同中,保险人没有作出任何担保承诺的意思表示。因此,此案所涉保险单虽名为保证保险,但性质上应属于保险合同。同意你院审判委员会多数意见,此案的保证保险属于保险性质。〔1〕 法官对此解读为,修订的《保险法》正式实施前,即2009年10月1日前,人民法院审理该类案件应当遵循这样的原则——尊重当事人意思自治的原则,即按照合同具体约定确定,在当事人明确约定保险人承担保证责任的,则按担保定性,适用《担保法》确定双方当事人的权利义务;没有约定的适用《保险法》。也就是说,在相关法律或司法解释未对此作出明确详细规定的情况下,当事人合同约定的内容,是判断合同性质以及如何适用法律的重要依据。修订的《保险法》正式实施后,由于法律并未对如何具体适用作出规范,因此,司法解释将对此作出具体规定。正在起草的保证保险司法解释的指导思想是立足现实,着眼未来,初步意见是根据《保险法》的规定,保证保险合同为保险合同,同时但书规定,当事人有特别约定的,从其约定。〔2〕

2. 保证保险范围

保证保险范围,是指保险人应当依保险合同约定的范围承担保险责任。保证保险是对投保人履约还贷能力的保险,其具体范围为保险人依约定对投保人未能还款范围内应承担还款责任。

保证保险责任的范围,是由保险合同约定内容来确认的。根据保险单所载明的内容,保险协议与保险单载明的其他条款共同构成了保险合同的内容。保险协议与保险条款所规定的内容是一种互为补充、相辅相成的关系,且即使出现冲突,因保险单形成在后,是对保险协议的具体化、确定化,也应以保险单所载条款为准。

---

〔1〕 参见《最高人民法院关于保证保险合同纠纷案件法律适用问题的答复》(2010年6月24日,[2006]民二他字第43号),载最高人民法院民事审判第二庭编:《商事审判指导》2010年第3辑(总第23辑),人民法院出版社2011年版,第81页。

〔2〕 参见最高人民法院民事审判第二庭编:《商事审判指导》2010年第3辑(总第23辑),人民法院出版社2011年版,第81页。

【案例12－42】　何某诉某保险公司保险合同纠纷案

一审法院认为，由于《保险法》并没有对保证保险这一近年来新产生的险种作出专门规定，故在审理涉及还贷保证保险纠纷时，应当尽量依据保险合同的规定来确定当事人的权利义务具体内容。二审法院认为，《保险法》并没有对保证保险这一险种作出专门规定，故本案应依据保险合同的约定和保证保险的法理来确定当事人的权利义务。[1]

【案例12－43】　湖北省武汉神龙汽车有限公司等诉神龙汽车有限公司北京销售服务公司保险合同纠纷案

最高人民法院认为，华泰保险公司根据神龙公司的投保单，在明确了具体的投保人、被保险人以及保险标的等后，向神龙公司出具的每一份保险单中均明确载明了双方当事人的权利义务，故每一份保险单上所载内容为保险合同的具体内容。保险单中明确载明华泰保险公司"按照保险单所载条款、附加条款以及所列项目承担保险责任"，且在备注栏内标明"保单按照保险人与被保险人之间分期付款保险协议执行，保单对应于被保险人和购车人之间分期付款购车合同"，故保险单所载明的条款、附加条款、所列项目以及保险协议、分期付款购车合同等均是保险合同的内容。……因保险合同约定的保险标的是购车人付清首付款之后的分期付款义务，首付款是否按时足够交付，直接关系到承保人的保险范围，故原审法院认定保险合同标的是购车人分期付款义务，且不包括首付款是错误的。但鉴于华泰保险公司并未提供有关证据证明神龙公司在购车人首付款未到位时即发车。故对其关于购车人未付清首付款神龙公司就发车导致保险标的危险程度增加，其不应承担赔偿责任的上诉主张，本院不予支持。[2]

【案例12－44】　北京银行某某支行诉中国人民财产保险公司机动车辆消费贷款保证保险合同纠纷案

一审法院认为，由于借款人刘某未按借款合同约定期限偿还借款的事实属于保险条款第三条中所述保险事故发生的范畴，某某支公司作为保险人应依合作协议中"先赔后诉"的约定承担相应的保险责任，在某某支行向某某支公司提交了相应的索赔证据后，其不及时履行支付保险金的义务属违约行为，是产生纠纷的原因。某某支行作为保险人依据合作协议及保证保险合同的内容，要求某某支公司给付保险金98，214.15元的请求，于法有据，应予以

---

〔1〕 参见北京市高级人民法院编：《审判前沿——新类型案件审判实务》2008年第6辑（总第24辑），法律出版社2008年版，第28页。

〔2〕 参见最高人民法院办公厅编：《最高人民法院公布裁判文书》（2003年），人民法院出版社2004年版，第173～192页。

支持。二审法院维持原判。[1]

保险责任承担是基于保险事故的发生,保险事故的发生是保险责任承担的前提。对是否发生保险事故,由法官依据保险合同约定内容裁定。

【案例 12－45】 郑某、王某等诉中国人民财产保险股份有限公司北京市昌平支公司等还贷保证保险合同纠纷案

一审法院认为,关于保险公司辩称被保险人并未造成逾期还款,尚未构成保险事故的意见。因郑某死亡不可能再履行还贷义务,其父母代替其还贷并不能否认保险事故已发生的客观事实。故保险公司的抗辩意依据不足,法院对此不予采信。[2]

应注意的是,只有债务人不履行债务满足保证保险合同约定的保险责任构成要件时,保险人才承担保险金给付义务。而且,在有的保证保险合同中,当事人还约定,被保险人(债权人)必须穷尽合同所有的救济途径仍然不能满是债权,才能行使保险金请求权。例如,债务合同如果设定抵押担保的,债权人须首先行使抵押权,在抵押财产无法满足全部债权时,剩余部分由保险金赔付。

保证保险约定的保险责任范围,可以有不同的形式。

【案例 12－46】 黄某、沈某某诉天安保险股份有限公司按照还贷保证保险合同约定承担还贷责任案

双方当事人签订抵押保证保险合同后,上海市保险业公会公告《上海个人抵押住房综合保险条款》。该条款规定,被保险人在保险期间内因遭受意外伤害事故所致死亡或伤残,而丧失全部或部分还贷能力造成3个月未履行或未完全履行《个人住房抵押借款合同》约定的还贷责任,由保险人按条款中约定的条文偿付比例承担被保险人出险当时《个人住房抵押借款合同》项下借款余额的全部或部分还贷责任。二审法院认为,上海市保险同业公会作为保险行业的行业自律机构,并不具体经营保险业务,故其向社会公众发布公告,扩展保险责任的行为,应系代表其会员单位作出,有关公告的内容应视为其会员单位的意思表示。上诉人在系争公告发布后并未对公告效力进行否认,故法院确认上述公告的内容系上诉人的意思表示。[3] 本案特殊性在于由保险业公会公告的形式扩展保证保险责任的范围,法院认可其效力。

---

〔1〕 参见北京市高级人民法院编:《审判前沿——新类型案件审判实务》2008 年第 3 集(总第 21 集),法律出版社 2008 年版,第 125 页。

〔2〕 参见北京市高级人民法院编:《审判前沿——新类型案件审判实务》2010 年第 4 集(总第 34 集),法律出版社 2011 年版,第 19 页。

〔3〕 参见最高人民法院中国应用法学研究所编:《人民法院案例选》2005 年第 3 辑(总第 53 辑),人民法院出版社 2006 年版,第 313 页。

实践中,借款人向银行借款签订借款合同时又要同步与保险公司签订贷款保证保险合同,银行发放贷款晚于借款合同签订时间属于商事惯例,保险公司在签订保险合同时明知其借款合同内容,且应明知贷款实际发放时间可能晚于借款合同时间,但往往保险公司并未在保险条款中明确保险责任从贷款时间起算,有可能引发还贷责任是已经实际存在的还贷责任还是可以预期还贷责任的争议。笔者认为,只要借款合同继续实际履行,应从贷款发放时间开始承担保险责任,而不能以被保险人死亡此时贷款未发放拒绝承担还贷责任。

【案例 12－47】 刘某诉某保险公司保证保险合同纠纷再审案

一审、二审法院认为,被保险人王某与保险公司签订的保险单上约定了保险期限为 2006 年 5 月至 2021 年 5 月,但王某与杭州住房公积金管理中心、某银行签订借款合同中约定的贷款期限为 2006 年 6 月 2 日至 2021 年 6 月 1 日,王某与保险公司签订保险合同时尚无还贷责任。从借款合同的性质来看,只有当出借方向借款人交付了相应款项后,借款人才应承担还贷责任,而本案中王某虽然于 2006 年 5 月 29 日与杭州住房公积金管理中心、某银行签订借款协议,但直到王某死亡时,杭州住房公积金管理中心和某银行尚未履行该借款合同约定的放贷义务,故王某在死亡时尚不存在本案保险合同项下的还贷责任。综上,刘某主张王某系在保险期限内死亡,应由保险公司承担保险责任的诉讼请求无事实和法律依据,不予支持。再审法院认为,保险公司在签订保险合同时,并未在保险合同中明确保险责任从贷款发放时开始承担,故应按保险条款约定的保险责任期间承担保险责任。王某在借款合同签订后贷款发放前死亡,并不影响其作为借款人的法律地位。投保时保险公司对于贷款延后发放是明知的,且保险期限从 2006 年 5 月起始,本案保险事故已经发生,保险公司以被保险人还贷责任并未开始为由拒绝于法无据。王某在保险责任期间内发生了保险合同约定的保险事故,保险公司应承担保险责任。判决撤销一审、二审判决,保险公司承担相应的保险责任。[1] 笔者认为,再审法院判决是合法正确的,保险公司以被保险人还款责任并未开始拒赔是错误的。在本案中,保险公司并未在保险条款中明确保险责任从贷款发放时开始承担,故只要借款合同继续实际履行,王某的还贷责任应是确定的。还贷责任始于借款合同成立之时,银行有无放款,虽具有不确定性,但被保险人在投保时基于的前提即为如果按揭贷款办理成功、银行同意放款的事实。投保人于 2006 年 5 月 29 日与保险公司签订保险合同并按期支付了保费,保险合同的保险期限自 2006 年 5 月至 2021 年 5 月,保险责任应已从保险期限

---

〔1〕 参见倪佳丽:《关于房屋贷款保证保险合同纠纷的若干法律问题探讨》,载谢宪主编:《保险法评论》(第 4 卷),法律出版社 2012 年版,第 151 页。

开始之日起,即保险公司从2006年5月开始承担保险责任。保险公司从2006年5月收取保费,却主张应从银行放款时(2006年7月25日)被保险人才有还贷责任,保险公司才具有保险责任,显然不符合保险合同最大诚信原则和双方对保险期间、保险责任开始时间约定的要求。虽借款合同中借款人为王某,但由于款项用于购买属于夫妻共同财产的房屋,因而刘某也负有归还借款的责任。王某在保险期限内因车祸死亡的事实,使得被保险人的还贷能力削弱,且刘某无固定职业,其还贷能力发生困难,符合保险事故发生的要件。

(二)保证保险法律适用

保证保险是一种比较新的保险类型,常见的有住房按揭保证保险、汽车消费贷款保证保险等。

1.保证保险适用原则

保证保险的法律适用是有争议的问题。梁慧星先生认为,"既然保证保险采用保险合同形式,属于'财产保险的一种',则人民法院审理保证保险合同纠纷案件就应当适用保险法的规定;既然保证保险的实质是'保险人对债权的一种担保行为',则人民法院审理保证保险合同纠纷案件也应当适用担法关于人的担保(保证合同)的规定"。在此基础上,梁慧星先生提出三条原则:"(1)关于保险法和担保法均有关规定的事项,应当优先适用保险法的规定;(2)保险法虽有规定但适用该规定将违背保证保险合同的实质和目的情形,应当适用担保法的规定,而不应当适用该保险法的规定;(3)对于保险法未有规定的事项,应当适用担保法的规定。"有学者对其提出异议,认为,保证保险合同的法律适用,首先应该适用《保险法》,如果《保险法》没有规定,就应该适用《合同法》,以及适用民商法的基本原则。[1] 也有法官认为,应当区分保证保险合同的具体内容分别适用《合同法》《担保法》《保险法》的有关规定。这样的做法才符合当事人各方订立保证保险合同的主观意图,贯彻合同自由的基本原理。简单地将其归入任何一种有名合同的做法可能无助于有关法律问题的解决。[2] 笔者认为,保证保险合同纠纷的法律适用,不能"一刀切",而应视保证保险的性质而定,即体现最高人民法院在

〔1〕 参见宋刚:《保证保险是保险,不是担保——与梁慧星先生商榷》,载《法学》2006年第6期。

〔2〕 参见何利萍:《保证保险的性质与法律适用》,载谢宪、李友根主编:《保险判例百选》,法律出版社2012年版,第357页。

现阶段的保险说观点,根据保险合同的约定而确立适用法律。即在当事人明确约定承担担保责任的,则按担保定性,适用《担保法》确定双方当事人的权利义务;没有约定的适用《保险法》。[1] 在没有约定排除适用《保险法》外,自然应包括适用《合同法》等相关法律法规和司法解释。也就是说,《保险法》有规定的,应当适用《保险法》的有关规定;《保险法》没有规定的,可以适用《民法典》的有关规定。

保证保险合同的效力应依据《保险法》《民法典》的相关规定及当事人之间的约定进行认定。被保险人存在恶意串通或欺诈的,保险人可以主张保证保险合同无效或行使撤销权。

与其保证保险法律适用密切相关的是保险合同的关联性、独立性,这是正确适用法律的前提。

【案例12-48】　北京银行某某支行诉中国人民财产保险公司某某支公司机动车辆消费贷款保险合同纠纷案

《合作协议》是某某支行与某某支公司及汽车公司为合作开展汽车消费贷款保证保险业务而协商一致达成的,该协议根据中国人民保险公司制定颁布的《保证保险条款》等文件,约定了汽车消费贷款保证保险业务开展的具体操作规程和各方在合作开展此项业务中的权利义务,并进一步解释、说明或确定了《保证保险条款》中的相关内容。案件中借款人向某某支公司投保汽车消费保证保险、某某支公司向借款人出具保证保险单的事实过程,也是基于《合作协议》的约定而发生。故《合作协议》与《保证保险条款》在约定的内容与履行的事实上均构成关联关系,某某支行与某某支公司作为《合作协议》和保证保险合同的当事人,从权利义务应以《合作协议》和《保证保险》为约束,一审、二审法院均认为,本案中《合作协议》和《保证保险条款》亦应是认定各方责任的依据。因此,某某支公司认为《合作协议》与本案无关联的主张不成立。[2]

有学者认为,保险关系与被保险的法律关系具有独立性,保险关系的存在是依据单独的保险合同而创设的,它是一个独立的商业行为,其效力只是取决于保险合同,而并不是由其被保险的基础法律关系决定的。[3] 当基础合同不成立、无效或被撤销时,保证合同的效力不应受到影响。因此,担保规则中的主合同决定从合同的效力规则而不能适用保证保险,保险合同的效力根据《保险法》《民法

---

〔1〕 参见刘德权主编:《最高人民法院司法观点集成》(民商事续卷),人民法院出版社2011年版,第515页。

〔2〕 参见北京市高级人民法院编:《审判前沿——新类型案件审判实务》2008年第3集(总第21集),法律出版社2008年版,第125页。

〔3〕 参见覃有土、樊启荣:《保险法学》,高等教育出版社2003年版,第18页。

典》合同编认定。如果保险合同有效,而基础关系无效,则债务人不履行其还款义务的保险事故不可能发生,保险人就不必承担保险责任。在保险法律关系中,其他民事合同的权利义务是保险人确定承保的基础即具有关联性,但其不能改变两个合同在实体与程序上的法律独立性,其他民事合同与保险合同之间不存在主从关系。虽然借款合同与保险合同相伴但其在实体与程序上各自独立,两者不存在主从关系。

保证保险中被保险的基础关系同时设有物的担保问题。借款合同约定保证或物的担保,而保险合同条款明确约定被保险人索赔时应先行处分抵(质)押物或向担保人追偿的,被保险人不得在未向担保人追偿前,单独起诉保险人。被保险人违反前述约定,在未先行处分抵(质)押物未向其他担保人追偿前,单独起诉被保险人的,不受法律保护。借款合同设定了保证或物的担保,保险合同条款未约定被保险人索赔时应先行处分抵(质)物或向担保人追偿的,不适用物的担保优先。实践中,借款人向贷款人提供了抵押或其他担保保险合同约定被保险人可以以先行处分抵押物再向保险人请求赔偿,也可以请求保险人一次性承担保险责任的,被保险人有权选择何种权利。法院审查第三人提供保证有效成立的,被保险人同样有选择保险索赔或行使担保权的权利。

应注意的是,还贷保证保险的保险事故发生后,保险人应向债权人支付保险金,被保险人及其继承人向保险人请求支付保险金的,法院不予支持。

2.保证保险人减免责任

关于保险人减免责任问题,是指保险人能否以被保险人(银行)未对投保人(借款人)进行资信审查为由主张免除承担责任。保险人是否怠于承担责任是根据法律规定和保险合同的约定,只要不违反强行法规定,保险合同都是允许的。[1] 在实践中,一般的保证保险合同都是由保险人、投保人和被保险人(银行,有的地方将银行为受益人)共同签订协议达成的,该保险合同对于三方都有效力。如果保险合同中约定了被保险人负有资信审查义务,则保险人并非当然有权以此为由拒绝支付保险金。保险人是保险合同中负责投保人资信审查的义务主体,保险人有责任对投保人进行资信调查,银行对借款人的审查不能替代保险人对投保人的审查义务。保险人不能以银行未尽审查义务为由要求免除保险责任。保险合作协议中明确约定银行具有资信审查义务,并规定银行因资信调查不实,导致其自身贷款损失,保险人免责的,银行应依约进行审查。法院经审查确认银行未尽到约定审查义务,保险人和银行各自在其核保和审贷义务范围内承担相应责任。银行与保险人之间对审查义务约定不明或约定存在冲突,但银行要求保险合

〔1〕 参见宋刚:《保证保险是保险,不是担保——与梁慧星先生商榷》,载《法学》2006年第6期。

同先行订立以作为贷款前提条件的，保险人仅以保险单约定银行未尽审查义务系免责条款为由要求免除保险责任，不应得到法律支持。

3. 保证保险合同与基础民事合同关系

通说认为，保证保险合同与被保证人和被保险人之间的基础民事合同相互独立，并不存在主从关系。也就是说，当被保证人逾期不履行合同义务时，被保险人不能同时要求被保证人和保险人互负连带责任，保险人只能按照保证保险合同的约定，在保险事故发生后独立承担保险责任。

4. 还贷保证保险中出险时间

在还贷保证保险中，保险公司通常将借款人宣告死亡判决作出日界定为出险时间。但是，宣告死亡判决需经过特定期间和法定程序，其作出时间受申请人行为及裁判迟速左右，具有不确定性和迟延性，据此认定出险时间不合理不公平；同时，宣告死亡判决仅为防范投保人恶意骗保风险的前置程序，系对借款人可能已经死亡事实的司法确认，增加保险赔付的确定性，不能以此认定出险时间。出险时间的确定不能过于拘泥于合同字词而忽视对合同性质、目的的考察，出险时间属于格式合同中的权利限制条款，在约定不明情况下应作出对投保人有利的裁判。从保护被宣告死亡人、受益人利益和满足公序良俗角度考虑，应将出险时间界定为借款人下落不明或意外事故发生之日。

【案例 12－49】 何某某诉中华联合财产保险公司舟山中心支公司、中国银行股份有限公司舟山定海支行贷款保险合同纠纷案

二审法院认为，关于保险公司承担赔付责任的时间节点问题。首先，从合同约定内容来看，按保险单约定，保险公司承担赔付责任的时间点应为“出险时”，即保险事故发生的时间。本案中，2014 年 5 月 13 日为陈某被宣告死亡的时间，保险事故发生的时间为陈某因抢劫下落不明的时间，即 2009 年 4 月 5 日。其次，从发生赔付的条件来看，还贷保证保险中保险公司承担赔付的条件是投保人丧失偿债能力。本案中，2009 年 4 月 5 日陈某因发生抢劫事件下落不明，虽然不能认定当时陈某已经遇害，但结合公安侦查的财物被劫、现场留下血迹乃经公安多方侦查和法院公告寻找仍不能确定陈某下落等因素考量，客观上可以认定陈某当时已经丧失偿债能力。最后，从合同的目的来看，陈某投保是为了在其丧失偿债能力的情况下，由保险公司代其偿还银行贷款。如果认定保险公司赔付时间点为法院宣告死亡时间，那么，就会出现在丧失偿债能力后到宣告死亡之前期间的贷款仍由陈某偿还的情况，既不符合情理也难显公正。综上，原审法院将陈某出险时间 2009 年 4 月 5 日作为赔付时间点并无不当,二审法院依法予以支持。[1]

5. 保证保险与保证区别

保证保险与保证合同具有相似之处,二者的相似主要为:

其一,保障功能相同。二者均以其资信能力向债务人作保,在保证保险中当债务人不履行债务时,由保险人依约履行保险责任来保护债务人所享有债权的实现。在保证中,保证人以保证债权得以实现,为确保债权效力而创设的制度。

其二,履行的或然性相同。被保险人和被保证人是否履行债务都具有不确定性,当保证保险合同所涉及的消费借贷合同的债务人未履行或保证合同的主债务人未履行债务时,保险人或者保证人才需要向被保证的或被担保的债务人履行保险责任或保证责任。

其三,结果相同。被保险人债务履行完毕,被保险标的不存在,保险责任消灭。被保证人债务履行完毕,被保证债务消灭,保证责任随之消灭,保证人的保证责任免除。

其四,免责事由相同。二者免责事由一般为不可抗力和债权人过错,如债权人与债务人恶意串通、骗取保证人为债务人提供保证的,应认定其行为无效,保险人不承担保险责任或保证人不负保证责任。

保证保险与保证合同虽有相似之处,但二者有本质的区别,二者具体差别表现在以下方面:

其一,主体不同。保证保险合同是投保人和保险人签订,其债权人一般不是保证保险合同的当事人,通常作为合同的第三人。其中,投保人和第三人同时为买卖合同(或贷款合同)的买方(或借款方)和卖方(或贷款方),保险一方必须依据《保险法》取得经营保证保险业务的商业保险公司,即保证保险的主体是特定的,且不能是自然人。反之,则不构成保证保险的主体。

【案例12-50】 中国农业股份有限公司黄山滨江路支行诉中国人民财产保险股份有限公司绩溪支公司、安徽亚夏实业股份有限公司保证保险纠纷案

一审法院认为,本案被告之一亚夏公司系不具有开展经营商业保险业务的主体资格,其在本案中不应当承担保证保险合同的责任。[2]

保证合同的主体是债权人和保证人,保证人的资格条件除《担保法》对部分

---

〔1〕 参见《人民司法·案例》2017年第17期(总第784期)。浙江省舟山市中级人民法院(2015)浙舟商终字第74号民事判决书。

〔2〕 参见最高人民法院中国应用法学研究所编:《人民法院案例选》2012年第1辑(总第79辑),人民法院出版社2012年版,第306页。

主体作出限制外,其余的具有代偿能力的主体均有资格担当。

其二,合同内容不同。保证保险是双务有偿合同,其内容主要是由投保人交纳保险费的义务和保险人承担保险责任构成,从担保法理论来说,保证合同是典型的单务无偿合同,当主债务人不履行债务时,债权人有权要求保证人履行保证义务,保证人应当依约履行所承担的保证义务。保证人除在一般保证中享有先诉抗辩权外,在保证合同中不享有任何权利。

其三,合同责任性质不同。在保证保险合同中,保险责任是保险人的主要责任,只要发生了合同约定的保险事故,保险人即应承担保险责任,这种责任因在合同有效期未发生保险事故而消灭。在保证合同中,保证人承担的是保证责任,保证人履行了保证责任标志着合同目的实现。同时,保证人的保证责任只是一种补充责任。只有在主债务不履行债务的情况下,保证人才根据债权人的要求承担责任,如债务人已履行债务,则保证责任消灭。

其四,责任形态内容不同。保证保险的责任形态体现为连带责任,其责任内容为承担保险法上的赔偿责任。而保证合同有一般担保与连带责任担保之分,而且在责任内容上是可以是代为履行或承担赔偿责任。

其五,独立性上不同。保证保险合同与基础关系具有独立性,二者不区分主次关系。保证合同中对主债权合同和保证合同是主从关系,主合同是否有效,决定着从合同效力及其担责。

其六,利益追求不同。从利益追求看,保证保险合同是保险公司通过开展保证保险业务化解和分散商业风险,获取商业利润。保证合同以担保主债务为目的,并不追求任何经济利益。

其七,合同适用目的不同。保证保险合同是以降低违约风险和分散风险为目的,而保证合同适用的唯一目的是担保债权的实现,除此之外无任何存在价值。

其八,适用的法律不同。保证保险适用《保险法》《合同法》等,而保证合同主要适用《担保法》。

(三)保证保险纠纷处理

保险合同本质就是由投保人进行投保交纳保险费,把未来可能发生的风险事故转由保险人承担。保险人代为承担还款责任系保险合同约定的义务,为此投保人支付相应的保险费作为对价。因此,保险事故一旦发生,被保险人或其继承人基于保险合同的约定要求保险人履行保险义务,支付保险金,并不存在显失公平的情况。在保证保险中,保险人承担保险责任后,可依据其与被保险人的有关约定或法律规定要求被保险人将其借款合同项下的主债权及从债权转让给保险人,保险人可以在其承担保险责任范围内向借款人及担保人追偿。实践中,由此产生两个问题:一是保险人追偿的保险合同约定垫付范围是全部借款,还是部分借款;二是保险人在履行部分垫付借款后,能否行使追偿权。

1. 保证保险追偿权范围

保证保险中,保险人承担保险责任范围与追偿权行使范围并不一定等同。笔者认为,保险人行使向投保追偿的前提是已经履行了保证保险合同约定的全部责任(义务),而不是部分责任(义务),即偿还保险合同项下的全部借款而不是部分借款,否则应认定为没有履行保证保险合同约定的义务。

【案例12-51】 C保险公司诉郭某保证保险合同纠纷案

2002年11月23日,郭某向C保险公司投保机动车辆消费保证保险,约定被保险人为H银行,保险期限从2002年11月24日起至2007年11月23日止,保险金额为23.7万元,投保人未能按机动车辆消费贷款合同约定的期限偿还欠款的视为保险事故发生。保险事故发生后3个月,投保人仍未履行约定的还款义务,保险人按本保险合同约定负责偿还投保人所欠款项,但以不超过保险金额为限。合同签订后,郭某未能按约定履行还款义务,C保险公司履行保证保险责任,2006年2月,H银行与C保险公司签订机动车消费贷款保证保险结案协议书及保证保险权益转让书,双方核定此次保险事故保险赔偿金额为139,498.86元,C保险公司已先行赔付。后郭某并未偿还C保险公司先行赔付的金额,故C保险公司诉至法院,请求判令郭某偿还该公司代其偿还的贷款本金、利息及其他各项费用139,498.86元。一审法院认为,郭某未按贷款合同约定还款,C保险公司向H银行偿还了郭某所欠款项,履行了保证保险责任,其有权向郭某进行追偿,且郭某向H银行签订的借款合同中对此亦进了明确约定,故支持C保险公司的相应诉讼请求。二审法院维持原判。[1]

保证保险约定受益人通过受让债权取得保险标的,实质上居于被保险人的法律地位,应当认定在保险事故发生时该受益人具有保险利益,享有保险索赔权,保险人应当根据约定向受益人支付保险金。

【案例12-52】 投资公司诉保险公司保证保险合同纠纷案

一审法院认为,本案系保证保险合同纠纷。案外人A公司的法定代表人虽因涉嫌非法吸收公众存款被立案侦查,但本案涉及的是保险合同关系,

---

〔1〕 参见北京市高级人民法院编:《审判前沿——新类型案件审判实务》2009年第5集(总第29集),法律出版社2010年版,第125页。

与刑事案件基于不同的法律事实,分属不同的法律关系,故上述刑事案件不影响本案的处理。首先,投资公司作为保证保险"受益人"的同时也作为保险标的的受让人,实质上居于被保险人的法律地位,享有保险索赔权。其次,投资公司受让债权后对保险标的具有保险利益,享有提起索赔的权利基础。最后,保险公司向投资公司出具的承诺函应视为对涉案保证保险合同的补充约定。承诺函承诺发生未履约的情况按《业务合作协议》约定进行处理,《业务合作协议》中约定"第三人王某指定投资公司为《保险合同》中保险保障权益唯一受益人,并授权投资公司代理其向保险公司办理相关理赔事宜",应视为保险公司通过承诺函对保险理赔作了补充约定,故《业务合作协议》关于"受益人"的约定应当予以适用,投资公司享有索赔权。保险事故是否发生,应当根据保险条款的约定予以判断。保险条款约定,投保人在约定的期间内未履行还贷义务,或借款到期仍未履行还贷义务的,视为保险事故发生。首先,第三人段某作为借款人,在审理过程中已明确未向第三人王某或作为债权受让人的投资公司偿还借款本息,投资公司作为债权受让人在借款到期后未收到投保人偿还的借款本息。其次,根据《业务合作协议》,保险公司应知悉涉案还款情况,保险公司认为保险事故未发生,但并未提出证据加以反证,应承担相应的不利后果。因此,根据保险条款的约定,保险事故已经发生。判决:(1)被告保险公司支付原告投资公司保险金5,642,866.67元;(2)驳回原告投资公司的其余诉讼请求。二审法院同意一审法院裁判意见。[1]

2. 保证保险追偿权行使前提条件

保险人享有追偿权,但前提是保险人履行保证保险合同约定的偿还全部借款,而不是偿还部分借款。对于保险人只履行了偿还部分借款义务的,则应视为行使追偿权的条件不成就,限制其行使追偿权。换言之,保险人只履行保证保险合同约定的部分保险责任,其行使追偿权的条件不能成就。

【案例12－53】　东山保险公司诉江某、粤通公司保证保险合同纠纷案

2004年3月24日,银行与江某签订商业用房抵押贷款合同,粤通公司作为保证人。借款期限自2004年3月24日至2014年3月24日,借款金额1100万元。同年3月22日,粤通公司(江某)与东山保险公司签订商品房抵押贷款合同履行保证保险单,保单写明,投保人粤通公司,被保险人银行,保险金额18,603,200元,保险费111,619.20元,保险期限自2004年3月23日

---

[1] 参见国家法官学院、最高人民法院司法案例研究院编:《中国法院2023年度案例》(保险纠纷),中国法制出版社2023年版,第112～113页。上海金融法院(2020)沪74民终906号民事判决书。

至2014年3月22日。保险单签订后,粤通公司依保单向东山保险公司交纳了全额保费111,619.20元。2005年12月,东山保险公司依银行申请,支付其656,558.86元。银行给东山保险公司出具赔付证明,证明写明:兹有我行借款人江某,借款期限空白,已连续5期未按时归还我行贷款,发生应收未收本息656,558.86元,东山保险公司按照合同约定,已向我行赔付上述款项。东山保险公司持赔付证明向粤通公司、江某索款未果,向法院起诉。一审法院认为,双方共同提交的商品房抵押贷款合同履约保证保险45号文规定,赔偿金额为合同项下所拖欠的已到期还款期限的本金和利息,并在此后按合同约定按期支付欠款,直至投保人恢复履行本公司付清投保人的全部欠款为止,在支付赔款后,本公司有权向投保人追偿代付的欠款及其利息。而江某与农行兵团支行签订的借款合同中,未约定分期还款期限,只约定了利息和贷款履行按月支付。但东山支公司提供的赔付证明,写明借款人江某,现已连续5期未按时归还贷款,发生应收本息656,558.86元。而江某贷款金额为1100万元,依据45号文规定,东山区支公司未清全部欠款,暂无权向投保人追偿。故东山区支公司的诉讼请求不能成立,本院不予支持。一审法院判决驳回东山保险公司的诉讼请求。东山保险公司不服,提起上诉。二审法院查明的事实与一审法院相同,认为,履约保证保险合同约定,在东山区支公司支付赔款后,其有权向投保人粤通公司追偿代付的欠款。现粤通公司对东山区支公司已支付赔款的事实无异议,粤通公司理应按约定支付东山区支公司代付的欠款。……粤通公司与东山区支公司签订的保险合同虽然约定保险期限为10年,但该期限只是对保险合同保险期限的约定,并不是对其行使追偿权期限的限定,且保险合同第七条第三项约定在支付赔款后,东山区支公司有权向粤通公司追偿代付的欠款及利息,粤通公司未按期交付房款而由东山区支公司替付的保险事实已发生,故粤通公司的抗辩理由不符合合同约定,本院不予采信。东山区公司的此项上诉请求成立,本院予以支持。原审法院认定事实正确,但适用法律有误,本院予以纠正。二审法院撤销一审判决,判决粤通公司赔付东山保险公司本金和利息。〔1〕 笔者认为,二审法院适用法律是错误的,因为对东山保险公司没有偿还保证保险合同第七条第二项约定理解发生偏差,错误地割断该条第二项与第三项的内在联系。第七条第二项约定:"赔偿金额为《商品房抵押贷款合同》以下所拖欠的到还款期限的本金的利息,并在此以后按《商品房抵押贷款合同》规定按期支付欠款,直至投保人恢复履行《商品房抵押贷款合同》或本公司付清投保人的全部欠款为

---

〔1〕 参见王军:《保险公司只履行保证保险合同约定的部分义务能否向投保人追偿》,载《新疆律师》2009年第4期。

止。”该条第三项约定:“在支付赔款后,本公司有权向投保人追偿代付的欠款及其利息(赔款利息按赔款期限长短,以中国人民银行同期企业定期存款利率计息),直至处置抵押商品房”。保险公司、粤通公司对该条款是存在保险公司支付部分拖欠贷款,还是支付全部拖欠贷款才有追偿权理解有分歧。保险公司认为,代为粤通公司偿还了多少都可以随时向粤通公司主张追偿垫付款及其利息,即部分履行部分追偿。粤通公司坚持,依据该履约保证保险第七条第二项、第三项之规定,应对投保人投保范围的欠款向银行垫付,其后才可以向粤通公司追偿。保险公司提供的商品房抵押贷款合同履约保证保险书面文,应视为是由保险公司制定保险合同,为格式条款。对于第七条第二项、第三项,结合条文字面含意及其制定目的,应界定为对粤通公司向银行借款中拖欠的到期还款期限的本金和利息,由保险公司向银行垫付,且到期一期,垫付一期,直到垫付到付清被告所欠的全部款项为止,其例外的情况是被告恢复偿还能力的能够向银行付款时才停止垫付。也就是说,在保险公司付清粤通公司拖欠的银行全部本金利息(有例外情况)时,方享有向被告追偿权。当然也可一次性付清保险项下的全部借款,如上文所举的两个案例。这是因为如果按保险公司的观点,垫付一期,向粤通公司追偿一期,粤通公司投履约保证保险就变为保险部分没有偿付能力时的风险,这样做粤通公司又何必花十几万元投这份履约保证保险呢?粤通公司没有一期一期向银行偿还欠款的能力,难道就有向保险公司一期一期支付的能力吗?答案显然是否定的,这也与投保的条款内容不符,与履约保证保险合同约定的保险范围、保险人的责任相悖。粤通公司投履约保证保险,就是为了在自己暂时无能力支付银行欠款时,由保险公司垫付欠款,履行保证保险责任。粤通公司向保险公司交纳全额保费,就是要保证粤通公司全额能偿还银行的欠款,保险公司收取了粤通公司全额保险费,履行的义务应该是粤通公司拖欠银行的全部欠款,而不是也不应该是部分欠款,如果允许保险公司只为粤通公司垫付部分款项后向粤通公司追偿,则实际上变成保险公司只履行了部分保险义务,这与其已收取的全额保费所应承担的义务不符,也违反了保险合同订立的保险目的,这显然是不利于粤通公司,加重了粤通公司的责任,而大大有利于保险公司,减轻并免除了保险公司的责任,这显然违反了《保险法》第三十条明确的提供格式条款一方不得加重相对方的责任,减轻或免除自己责任的强制性规定,当然也是不合法的。据此,一审法院坚持不利解释原则在对其对该条款的理解上并未采纳保险公司的观点,认为保险公司主张追偿权的条件不成就,驳回其诉讼请求,无疑是符合法律规定精神的。通过以上分析不难看出,二审法院因为对保证保险定性错误,混淆保险公司承保的范围和权利义务及对价关系,违背保险的本质,错误地割断保证保险合同第七条第二项与第三项的有机联系及前提，在保险公司没有按保险合同约定履行全部义务便认定追偿权成就，并支持其诉讼请求，显然是不合法的。二审法院另一个错误是，将保证保险的期限与保险范围后的追偿权相混淆，保险期限与履行保险义务后的追偿权是两个概念，保险期限内保险公司履行完义务可以主张返偿权。需要说明的是，保险公司暂时没有追偿权是因为没有履行全部保险义务，而在以后履行全部保险义务自然可以行使追偿权。

3. 追偿权的限制

如果被保险人没有物的担保，且已实现部分债权，则保险人在承担保险责任时，可以根据"实际损失"的原则，赔付被保险人尚未实现的债权。

被保险人或受益人自其知道保险事故发生之日起2年不行使赔付请求权的，其权利消灭。当事人另行约定索赔期限短于2年的，该约定无效。

【案例12－54】 中国农业银行股份有限公司黄山滨江路支行诉中国人民财产保险股份有限公司绩溪支公司等保证保险合同纠纷案

二审法院认为，本案中，周某某未能按照借款合同的约定归还借款本息，致使保险事故发生，诉讼时效开始计算；由于合同项下的债权已公证赋予强制执行效力，滨江农行向屯溪区人民法院申请强制执行，依法诉讼时效中断；后因周某某无财产可供执行，屯溪区人民法院于2009年2月7日作出终结执行的民事裁定，诉讼时效重新开始计算，据此应当认定，滨江农行于2009年12月23日向绩溪财保提起诉讼，主张保证保险赔偿权利并未超过诉讼时效。[1]

保险事故发生后，保险公司无权要求投保人缴纳保险费。

【案例12－55】 中国人民财产保险股份有限公司南通市分公司诉严某保证保险合同纠纷案

判决观点，人保南通分公司无权要求严某继续缴纳剩余保险费。理由如下：《合同法》第九十一条规定，合同权利义务关系因债务由当事人按照约定履行而终止。本案保证保险中，借款合同的借款人为投保人，借款合同的贷款人即银行为被保险人，银行对借款人享有的债权为保险标的，若借款人逾期未能偿还借款，保险公司按照约定向银行承担赔偿责任。因严某未按期还款导致发生保险事故，人保南通分公司根据保险公司约定向华夏银行承担赔偿责任后，本案保险标的即华夏银行对严某享有的债权已不复存在，则人保

〔1〕 参见最高人民法院中国应用法学研究所编：《人民法院案例选》2012年第1辑（总第79辑），人民法院出版社2012年版，第307页。

南通分公司与严某签订的保险合同由此而终止。因保险合同业已终止,而缴纳保险费系投保人在保险合同存续期间的义务,故人保南通分公司在保险合同终止后再行严某收取保险费,违反了《合同法》第九十一条的规定。[1]

4. 保证保险合同中违约金条款的处理

融资性保证保险纠纷适用保险法的规定。在基础借贷关系合法的前提下,保险人依据保证保险合同主张违约金的,违约金以一年期贷款市场报价利率为限。

【案例12-56】 中国平安财险诉王某某保险人代位求偿权纠纷案

二审法院认为,本案的争议焦点为一审法院调整的违约金计算标准是否妥当。涉案保险合同中约定保险人自理赔当日开始计算,以理赔金额为基数,按每日1‰向投保人收取违约金。该合同中约定的违约金计算标准明显过高,显失公平,在此情形下,一审法院有权调整该违约金的计算标准。关于具体的违约金计算标准,因平安财险每月向王某某已经收取借款金额1.9%的保费,且未提供证据证明其实际损失高于一审法院酌定的违约金,故其主张按照日1‰的标准计算违约金,缺乏依据,二审法院不予支持。[2]

---

〔1〕 参见国家法官学院、最高人民法院案例研究院编:《中国法院2020年度案例》(保险纠纷),中国法制出版社2020年版,第94~95页。江苏省南通市通州区人民法院(2018)苏0612民初6990号民事判决书。

〔2〕 参见最高人民法院中国应用法学研究所编:《人民法院案例选》2022年第2辑(总第168辑),人民法院出版社2022年版,第154页。北京市第二中级人民法院(2019)京02民终12499号民事判决书。